The Theology of
PAUL the Apostle

바울 신학

제임스 던
박문재 옮김

CH북스
크리스천 다이제스트

알립니다

이 책은 2003년 당사에서 출간한 〈바울 신학〉의 디자인 개선판으로,
본문 내용은 구판과 동일합니다.

차례

서언 15
참고도서 21
약어표 31

제1장 프롤로그

§ 1 바울 신학 서설
§ 1.1 왜 바울 신학을 다루는가? 39
§ 1.2 바울 신학이란 무엇인가? 45
§ 1.3 과연 바울 신학을 기술할 수 있는가? 54
§ 1.4 바울 신학을 어떻게 기술할까? 63
§ 1.5 바울 신학에 관하여 69

제2장 하나님과 인류

§ 2 하나님
§ 2.1 공리로서의 하나님 73
§ 2.2 하나이신 하나님 77
§ 2.3 다른 신들? 81
§ 2.4 하나님과 우주 88
§ 2.5 이스라엘의 하나님 94
§ 2.6 경험 속의 하나님 98
§ 2.7 결론 103

§ 3 인류

§ 3.1 인간론적 전제들 ······ 105
§ 3.2 소마 ······ 110
§ 3.3 사륵스 ······ 119
§ 3.4 소마와 사륵스 ······ 131
§ 3.5 누스와 카르디아 ······ 135
§ 3.6 프쉬케와 프뉴마 ······ 138
§ 3.7 정리 ······ 142

제3장 정죄 아래 있는 인류

§ 4 아담

§ 4.1 인간의 어두운 면 ······ 143
§ 4.2 유대인의 성경에 나타난 아담 ······ 146
§ 4.3 성경 이후의 유대교 전통에 나타난 아담 ······ 150
§ 4.4-9 바울 신학에 나타난 아담 ······ 158
§ 4.4 로마서 1:18-32 ······ 159
§ 4.5 로마서 3:23 ······ 162
§ 4.6 로마서 5:12-21 ······ 163
§ 4.7 로마서 7:7-13 ······ 168
§ 4.8 로마서 8:19-22 ······ 172
§ 4.9 정리 ······ 173

§ 5 죄와 사망

§ 5.1 악의 권세 ······ 175
§ 5.2 하늘의 권세들 ······ 178
§ 5.3 죄 ······ 186
§ 5.4 죄의 효과 — 오도된 종교 ······ 191
§ 5.5 죄의 효과 — 자기 탐닉 ······ 198
§ 5.6 죄의 효과 — 온갖 죄들 ······ 203

§ 5.7 사망 205
§ 5.8 정리 208

§ 6 율법
§ 6.1 죄, 사망, 율법 209
§ 6.2 토라, 노모스, 호 노모스 213
§ 6.3 하나님의 요구 및 심판의 척도 215
§ 6.4 율법 아래 있는 이스라엘 220
§ 6.5 지난 과거의 관계 227
§ 6.6 생명을 위한 율법이냐, 사망을 위한 율법이냐? 237
§ 6.7 율법은 죄인가? 243
§ 6.8 결론들 248

제4장 예수 그리스도의 복음

§ 7 복음
§ 7.1 유앙겔리온 252
§ 7.2 "성경대로" 258
§ 7.3 케리그마 정형구와 신앙고백 정형구 264
§ 7.4 예수 그리스도의 묵시 268
§ 7.5 종말론적 현재 272

§ 8 사람 예수
§ 8.1 바울은 얼마나 예수의 생애를 알았고 관심을 가졌는가? 275
§ 8.2 몇 가지 선험적 고찰들 278
§ 8.3 바울 서신에 나타나는 예수 전승의 반영들 283
§ 8.4 예수 292
§ 8.5 메시아 293
§ 8.6 아담 297
§ 8.7 성육신한 아들? 303

§ 8.8 결론 ········· 306

§ 9 십자가에 못 박히신 그리스도

§ 9.1 한 사람이 죽었은즉 ········· 308
§ 9.2 속죄제 ········· 313
§ 9.3 바울의 속죄제 신학 ········· 320
§ 9.4 사랑하는 아들 ········· 328
§ 9.5 율법의 저주 ········· 330
§ 9.6 구속 ········· 333
§ 9.7 화해 ········· 335
§ 9.8 권세들의 정복 ········· 337
§ 9.9 결론들 ········· 338

§ 10 부활하신 주

§ 10.1 십자가에 못 박히신 이의 부활 ········· 342
§ 10.2 마지막 아담 ········· 349
§ 10.3 능력을 입은 하나님의 아들 ········· 351
§ 10.4 주 ········· 354
§ 10.5 예수는 하나님인가? ········· 364
§ 10.6 살리는 영 ········· 376
§ 10.7 결론들 ········· 381

§ 11 선재(先在) 하신 이

§ 11.1 하나님의 지혜 ········· 383
§ 11.2 지혜로서의 예수 ········· 390
§ 11.3 그 밖의 다른 지혜 구절들 ········· 396
§ 11.4 빌립보서 2:6-11 ········· 402
§ 11.5 그 밖의 다른 선재하는 아담에 관한 구절들 ········· 411
§ 11.6 결론들 ········· 416

§ 12 주께서 오실 때까지
§ 12.1 그리스도의 재림(파루시아) 419
§ 12.2 데살로니가전후서에 나타난 재림 소망 423
§ 12.3 데살로니가후서 이후의 서신들에 나타나는 종말사건들 속에서 그리스도의 역할 433
§ 12.4 재림의 지연 439
§ 12.5 결론들 443

제5장 구원의 시작

§ 13 결정적 전환
§ 13.1 새 시대 446
§ 13.2 사건으로서의 은혜 449
§ 13.3 새로운 시작 454
§ 13.4 구원에 관한 은유들 460

§ 14 이신칭의
§ 14.1 바울을 바라보는 새로운 관점 467
§ 14.2 하나님의 의 473
§ 14.3 바울의 회심이 미친 영향 480
§ 14.4 유대교에서의 율법의 행위 490
§ 14.5 행위로 말미암음이 아니다 497
§ 14.6 자력(自力)에 의한 의 506
§ 14.7 오직 믿음으로 513
§ 14.8 그리스도에 대한 믿음 524
§ 14.9 칭의의 축복들 532

§ 15 그리스도에의 참여
§ 15.1 그리스도 신비주의 538
§ 15.2 그리스도 안에서, 주 안에서 545

§ 15.3 그리스도와 함께 552
§ 15.4 관련 정형구들 556
§ 15.5 집단 인격으로서 그리스도 561
§ 15.6 그리스도에의 참여의 결과들 564

§ 16 성령을 받음
§ 16.1 세번째 측면 567
§ 16.2 종말론적 성령 570
§ 16.3 성령을 받음 573
§ 16.4 성령 체험 581
§ 16.5 성령의 축복들 591
§ 16.6 결론 599

§ 17 세례
§ 17.1 전통적인 견해 601
§ 17.2 주해상의 쟁점들 606
§ 17.3 구원의 순서? 617
§ 17.4 유아 세례 620

제6장 구원의 과정

§ 18 종말론적 긴장
§ 18.1 중간 시기 623
§ 18.2 이미 — 아직 628
§ 18.3 분열된 "나" 636
§ 18.4 육신과 성령 642
§ 18.5 그리스도의 고난에 참여함 648
§ 18.6 구원 과정의 완료 656
§ 18.7 결론들 663

§ 19 이스라엘(로마서 9~11장)
§ 19.1 하나님의 말씀은 폐하여졌는가?(9:1-5) 670
§ 19.2 이스라엘은 누구인가?(9:6) 676
§ 19.3 이스라엘의 택함의 성격(9:7-29) 682
§ 19.4 부르심에 대한 이스라엘의 오해(9:30~10:21) 689
§ 19.5 버림받지 않은 이스라엘(11:1-24) 696
§ 19.6 온 이스라엘이 구원을 받으리라(11:25-36) 705
§ 19.7 최후의 목표(15:7-13) 709
§ 19.8 결론들 711

제7장 교회

§ 20 그리스도의 몸
§ 20.1 공동체적 정체성의 재정의 714
§ 20.2 하나님의 교회 717
§ 20.3 제의(祭儀) 없는 공동체 725
§ 20.4 그리스도의 몸 732
§ 20.5 카리스마적 공동체 737
§ 20.6 공유된 성령체험 748
§ 20.7 비현실적인 비전 750

§ 21 직임과 권한
§ 21.1 은사와 직분 753
§ 21.2 바울의 사도적 권위 759
§ 21.3 그 밖의 다른 정규적인 직임들 772
§ 21.4 여자들의 사역과 권위 779
§ 21.5 회중의 권위 787
§ 21.6 영들 분별함 789
§ 21.7 결론 794

§ 22 주의 만찬

§ 22.1 바울의 주의 만찬 신학 평가의 문제점 796
§ 22.2 다른 종교들로부터의 영향 798
§ 22.3 주의 만찬의 유래 804
§ 22.4 고린도 교회의 상황 807
§ 22.5 바울의 주의 만찬 신학: 신령한 음식 813
§ 22.6 바울의 주의 만찬 신학: 한 몸에의 참여 815
§ 22.7 바울의 주의 만찬신학: 기독론 821

제8장 신자들은 어떻게 살아야 하는가?

§ 23 동기 부여를 위한 원칙들

§ 23.1 직설법과 명령법 825
§ 23.2 다시 한 번, 율법 831
§ 23.3 믿음과 "믿음의 법" 835
§ 23.4 성령과 "성령의 법" 845
§ 23.5 그리스도와 "그리스도의 법" 855
§ 23.6 자유와 사랑 867
§ 23.7 전통적인 지혜 870
§ 23.8 결론들 878

§ 24 윤리의 실제

§ 24.1 사회적 배경 881
§ 24.2 적대적인 세상에서 사는 삶 — 로마서 12:9~13:14 883
§ 24.3 근본원리가 서로 다른 사람들과 함께 하는 삶 — 로마서 14:1~15:6 892
§ 24.4 두 세계 사이에서의 삶: 성 윤리(고린도전서 5~6장) 903
§ 24.5 두 세계 사이에서의 삶: 결혼과 이혼(고린도전서 7장) 907
§ 24.6 두 세계 사이에서의 삶: 노예제도(고전 7:20-23) 914
§ 24.7 두 세계 사이에서의 삶: 사회 관계들(고전 8~10장) 918

§ 24. 8 연보(捐補) ·· 925
§ 24. 9 결론 ·· 931

제9장 후기

§ 25 바울 신학에 대한 후기(後記)
§ 25. 1 대화로서 바울의 신학 ·· 933
§ 25. 2 바울 신학의 견고한 토대 ·· 937
§ 25. 3 바울 신학의 지렛목 ·· 945
§ 25. 4 중심과 발전 ·· 953
§ 25. 5 혁신적인 특징들과 지속적인 특징들 ·· 958

참고문헌 ·· 963
국내 번역 도서 ·· 987

서언

내가 바울에게 매료되기 시작한 것은 대략 사십 년 전의 일이었을 것이다. 중고등 학생 시절에도 나는 바울의 선교 사역의 성과에서, 특히 그의 광범위한 여행과 유럽에 기독교를 세우는 데에 성공을 거둔 사실에서 큰 감동을 받지 않을 수 없었다. 대학 시절에는 신학자 바울의 면모를 조금 파악하기 시작하면서부터 더욱 더 깊이 바울에게 매료되어 갔다. 심오한 신학적 성찰과 지극히 인간적인 모든 문제들을 민감하게 다루는 모습이 그의 단호한 논지와 목회자적 통찰과 하나로 묶어져 있다는 사실이, 여러 가지 면에서 나를 매혹시켰던 것이다. 그리고 그 후 대학에서 가르치는 선생으로서 지금까지 이십오 년 이상을 바울과 그의 신학에 대해 강의해 오면서 여러 가지 다른 주제들과 씨름하는 동안 그의 매력이 끊임없이 나를 사로잡아왔고, 바울 신학의 여러 면들을 계속해서 더 탐구해 들어갈수록 — 나의 바람이겠지만 — 내 강의들이 꾸준히 더 풍성해져왔다.

바울 신학과의 대화는 1970년대 중반부터 1980년대 초반까지 꾸준히 진지하게 진행되었다. 「예수와 성령」(*Jesus and the Spirit*, 1975), 「신약의 통일성과 다양성」(*Unity and Diversity in the New Testament*, 1977), 「그리스도론의 형성」(*Christology in the Making*, 1980) 등 나의 저서들은 모두 바울의 사상을 더욱 깊이 대면하도록 만들어 주었다. 그리고 샌더스(E. P. Sanders)가 그의 「바울과 팔레스타인 유대교」(*Paul and Palestinian Judaism*, 1977)에서 소개하는 "바울에 대한 새로운 관점"을 접하면서 완전히 새로운 사고의 필요성을 절감하게 되었고, 1980년 안디옥 사건(갈 2:11-14)을 면밀히 연구하면서 바울이 그의 동료 유대인 그리스도인들과 조상 대대로 내려온 자신의 신앙에 대해서 어떤 태도를 가졌고 어떻게 관계했는지에 대해서 지속적으로 재평가를 시도하게 되었고, 그 작업은 지금도 계속되고 있다.

그리고 나의 최초의 주요 주석서인 「로마서」(*Romans*, 1988)를 준비하는 과정에서 갈라디아서와 충실하게 씨름할 필요가 생겼고, 그 결과들을 「예수, 바울, 그리고 율법」(*Jesus, Paul and the Law*, 1990)과 그 이후에 출간된 주석서인 「갈라디아서」(*Galatians*, 1993)에 반영시켰다. 그리고 「골로새서와 빌레몬서」(*Colossians and Philemon*, 1996)의 집필 작업을 통하여 후기의 바울 사상을 더 친숙하게 자세히 접하게 되었고, 고린도전서와 에베소서를 간략하게 다루는 작업을 통해서 바울 서신에 대한 상세한 지식의 폭을 넓히는 데에 도움을 받았다. 이 모든 일은 수업 시간에 나눈 의견 교환이나, 바울에 대한 대학원생들의 수업 과정을 통해서 계속 자극을 받았고, 신약학회(the Society of New Testament Studies)와 성서학회(the Society for Biblical Literature)의 연례 세미나들에 참여하면서 계속 유지되었으니, 이 모두에게 측량할 수 없는 빚을 지고 있는 셈이다.

나는 오랫동안 여러 차례 개정 작업을 한 나의 강의 노트들을 전면적인 바울 신학서로 만들고 싶은 소망이 있었다. 그런데 전면적인 교과 과정 개정 작업이 임박해져서 내가 소망해온 그 작업에 최종적인 박차를 가하게 되었고, 1996년 부활절부터 여름까지 연구 휴가가 주어져 필요한 기회가 마련되었다. 연구 휴가가 시작될 즈음 내 마음에 여러 개의 지류(支流)가 함께 모여 이룬 강(江) — 물의 흐름이 막혀 있어서 물의 양과 압력이 계속 높아져 가고 있는 그런 강 — 의 이미지가 느껴졌다.

때로는 강을 막아놓은 둑이 터져 버릴 것만 같은 느낌이 들었고, 그리하여 서두(2장)의 몇 단락들은, 나의 낡은 맥킨토쉬 플러스 컴퓨터(Mac Plus) 앞에 앉아서 본격적인 작업을 시작하기 훨씬 전부터 이미 내 머릿속에서 작성되어 있었다. 6개월 동안의 집중적인 작업 덕분에 초고(初稿)가 완성될 수 있었고(1장과 25장은 거기에 없었다), 또한 내 바람이기는 하지만, 본문이 어느 정도 일관성을 갖게 되었다. 그렇지 않았으면 아마 그런 것을 얻기가 매우 힘들었을 것이다.

그 초고에서 나는 여러 가지 어려운 결단을 할 수밖에 없었다. 그 중 한 가지 결단은, 이미 오래 전에 예견된 것이지만, 로마서를 일종의 모체(母體)로 삼아서 그것을 기초로 바울 신학 전체에 좀 더 충실한 해명을 시도하는 것이었다. 그 결단에 대해서는 서론(1장)에서 해명하고자 한다. 이 방법론이 지니는 가치는 바로 바울 자신이 로마서에서 전개시키는 여러 주제들을 지속적으로 해명하도록 해 준다는 점에 있다. 그러나 동시에 이는 다른 서신서들을 다루는 작업이 연결성이 없이 그저 불쑥불쑥 이루어져서 그런 점에서 덜 만족스럽다는 뜻이기도 하다. 바울 신학을 주제별로 다루는 데에는 이런 약점이 불가피하다. 각 서신서를 분석하는 다른 방법론 역시 나름대로 다른 약점들이 있게 마련이다.

두 번째 중요한 결단은 (바울의) 신학적 근거와 (나의) 주석적 근거를 분명하게 하기 위하여 주제들을 충분히 상세하게 다룬다는 것이었다. 특정한 주제들을 다루면서 과거의 논의들을 다 인지하고 있다는 가정을 했다면, 본서가 더 짧아졌겠지만, 그러나 그런 조건이 그렇게 완비되어 있지 못했다. 그리고 똑같은 이유로 나는 주요 본문들 자체를 포함시켰고, 어떤 경우에는 굉장히 광범위하게 인용하기도 하였다. 온갖 일들로 독서의 기회가 방해를 받는 사람으로서 나는 독자들이 언제나 바울 서신의 본문을 손에 들고 있는 것이 아니라는 점을 매우 의식하고 있다. 그렇다면 독자들이 기억하는 본문이 본서에서 논의하는 논점과 맞지 않아서 맥을 놓쳐 버릴 위험이 항상 있을 수밖에 없고, 그런 점에서 독자들의 편의를 위해서 또한 그들을 설득하고자 하는 저자의 바람으로 인하여 그런 방법을 택한 것이다(그렇다고 해서 분량이 많이 늘어난 것은 아니다).

세 번째 결단은 동료 학자들의 논지나 그 구체적인 내용에 대해서 어느 정도나 관계하느냐 하는 것이었다. 그런 논의는 끝이 없을 수도 있으니(주석서들의 분량이 계속 늘어나는 것이 이를 잘 보여 준다), 그것부터가 이미 책이 지나치게 길어질 위험을 초래하는 요인이었다. 아주 어렵사리 취사 선택을 하였고, 전개되고 있는 당면 문제에 관한 문헌들을 입증하는 것으로 논의를 제한시켰다. 그러자니 무엇을 포함시키며, 누구를 참조하느냐 하는 등등의 문제에 대해 그저 내 나름대로 때로는 임의로 결단을 내릴 수밖에 없게 되었다. 혹시 내가 어떤 중요한 면이나 중요한 문헌을 무시하고 지나갔다고 생각하는 분들이 있다면 나로서는 그저 양해를 구할 따름이다. 혹 중요한 내용들이 본서에서 빠져 있다면 서평들에서 그 점들을 밝혀서 후에 교정될 수 있도록 해 주었으면 하는 마음이다.

네 번째 문제는 본서의 제호(題號)를 어떻게 잡느냐 하는 것이었다. 우리네 신약 학도 혹은 초기 기독교 학도들로서는 초점이 매우 좁아서(혹은 교만하여) "바울 신학"(the theology of Paul)이라는 용어를 쓰기를 아주 당연시하는 경향이 있다. 그러나 제목을 그렇게 붙이면 본서가 성경 학자와 교회의 울타리 속에서만 주목을 받게 되도록 돕는 결과가 생길 것이다. "바울 신학"이라는 제목을 쓰게 되면, 이 울타리 바깥의 사람들에게는 도대체 신학이라는 것이 무엇인가? 바울은 또

누구인가? 라는 식의 반응을 불러 일으킬 것이다 — 혹시 반응이 있다면 그런 반응이 있을 것이라는 말이다. "성 바울의 신학"이라고 제목을 붙이면 좀 더 알아보기가 쉬울 것이다. 그러나 내 속에 흐르는 옛 개신교도의 정서는 과연 모든 그리스도인들을 성도라 불렀던 바울이 그리스도인 엘리트를 지칭하는 뜻으로 쓰이는 그런 "성"(聖: Saint)이라는 용어를 과연 환영하겠는가 하는 데에 아직도 의심을 갖게 만든다.

바울 자신에게는 다른 모든 칭호보다 가장 즐겨 사용했던 한 가지 칭호가 있었다. 그는 서신들의 수신자들에게 자기를 소개할 때에 가장 비근하게 자기를 지칭하는 뜻으로 그것을 사용하기를 고집하였다. 그것은 바로 "사도"(使徒: apostle)였다. 그 용어는 또한 기독교 내에서도 독특한 것이었고, 기독교 바깥에서도 아주 널리 알려져 있는 것이기도 하다. 자, 이렇게 해서 그 문제가 해결되었다. 본서의 제호로서 적당한 것은 오직 한 가지 「사도 바울의 신학」(*The Theology of Paul the Apostle*)일 것이다.

1996년 9월에 초고를 어드만스에 발송하였고, 그로부터 일주일 내에 나는 수업과 세미나에서 쓸 수 있도록 낱장이 떨어지게 묶인 책을 여러 권 받았다. 이를 가능하게 해 주신 빌 어드만스(Bill Eerdmans) 씨에게 심심한 감사를 드리며, 후속 편집 작업을 주도해 주신 존 심프슨 씨(John Simpson)에게도 감사를 드린다. 그리하여 나는 초고를 읽어 주기로 친절하게 약속해 준 여러 동료들에게 그 책들을 발송할 수 있었고, 나의 학부 강의들에서 사용할 수 있었고(그런데 여기서는 전혀 먹혀 들어가지 않았다), 또한 첫 분기 내내(1996년 가을) 진행된 나의 대학원 신약 세미나 진행을 위해서도 충분할 만큼 교재를 공급받을 수 있었다.

다음과 같이 여러 가지 다른 방식으로 반응을 보여 주신 여러분에게 말할 수 없이 감사한 마음을 갖는다. 특히 미국의 폴 악트마이어(Paul Achtemeier), 밥 주잇(Bob Jewett), 존 류만(John Reumann) 등 여러 교수들과, 독일의 에두아르트 로제(Eduard Lohse) 교수와, 영국의 그레이엄 스탠턴(Graham Stanton) 교수 등이 그분들이다. 특별히 옛적부터 나의 스승이요 아버지 같은 찰리 모울(Charlie Moule)님은 페이지마다 일일이 다 읽고 빽빽한 글자들 속에서 오자(誤字)를 잡아내고, 나의 영어를 개선시켜 주고, 여러 가지 점들에 대해서 다시 생각하도록 권고해 주셨다. 사제(師弟)지간의 오래된 정이 다시 생겨나고, 그런 관계가 60년대 중반 케임브리지 시절이나 지금이나 변함 없이 큰 유익이 되는 것 같아서 매우 흐뭇한 마음이다.

대학원 세미나를 통해서 10주 동안 초고를 현미경으로 보듯이 읽어가면서 희미한 것을 분명하게 만들고, 특이한 내용들은 더 잘 변론하도록(때로는 없애버리기도 했다) 만드는 기회를 가졌다. 다른 기관에 나의 동료들 가운데서 여러 주간을 계속해서 마치 고리를 던져 넣는 게임에서 고리가 되는 것 같은 그 기막힌 기분을 경험해 보지 못한 분들이 많을 텐데, 그분들에게 그것을 적극적으로 추천하고 싶은 마음이다. 여기서 나의 가장 가까운 동료인 월터 모벌리(Walter Moberly)를 특별히 언급한다고 해도 세미나의 다른 회원들이 놀랄 일은 없을 것이다. 얼마 지나지 않아서부터 세미나는 한 가지 특별한 의례를 따르기 시작하였다. 곧, 먼저 침묵이 잠시 흐른 뒤 월터가 부드러운 목소리로, 자기가 제기하고 싶은 것은 "그저 세 가지 소제(小題)와 두 가지 중요한 대제(大題)밖에는 없다"고 선언하는 것이 그것이었다.

위에서 언급한 모든 분들에 대해서 나는 그저 마음으로부터 "감사합니다"라는 말밖에는 할 수가 없다. 다음에 이어지는 페이지들의 내용과 표현들이 여러 방식으로 개선된 것을 나는 너무도 잘 알고 있다. 그들의 도움 때문에 나는 몇 가지 부끄러운 일을 면하게 되었고, 또한 본서의 전체적인 가치가 그만큼 향상되었음은 두 말할 필요도 없다. 그래도 아직 남아 있는 흠이나 좀 의심스러운 판단들은 전적으로 나의 것임은 물론이다.

나는 지극히 분명하게 드러나는 오점들을 잡아내는 것뿐 아니라 초고에 대한 논평이나 논의들을 할 수 있는 대로 최대한 수렴하였는데, 이는 신학작업을 하나의 협동작업으로, 혹은 — 다음에 이어지는 내용에 나타나는 바람직한 "모델"을 사용하여 말하자면 — 하나의 대화(對話)로 보는 사고를 가능한 한 구체적으로 드러내 보이고 싶은 마음에서였다. 본서가 — 아니면 그 어떤 책이라도 — 바울 신학에 관한 "최종적인 발언"이라거나 혹은 최종적인 발언이 될 수 있다는 착각은 하지 않는다.

본서의 의도는 오히려 바울 신학이 무엇이었고 또한 무엇이며 신앙과 신학을 연구하고 실천하는 데에 그것이 주는 지속적인 타당성이 어떤 것인가에 대하여 계속 진행되고 있는 대화 혹은 논의에 그저 하나의 기여를 하고자 하는 것뿐이다. 차후에 수정하여 개선될 수 있도록 도움을 주는 것이라면 어떠한 논평이나 비판이라도 똑같은 심정으로 감사하게 받을 것이다.

마지막으로 나의 반석이요 지혜로운 조언자인 사랑하는 아내 미타(Meta)에게 감사를 표하고 싶다. 그녀가 없었다면 이 프로젝트 자체가 애초부터 불가능했을 것이다.

제임스 던
1997년 1월 25일
(사도 바울의 회심일이자 라비 번스[Rabbie Burns]의 생일)

주 — 달리 표시가 없는 한, 각주에서 인용하는 모든 저작들의 완전한 제호(題號)들은 전체 참고도서나 각 절의 참고문헌(이 책 말미를 보라)에서 찾을 수 있을 것이다. 또한 생략 기호에도 참고문헌들이 포함되어 있다.

참고도서

일반 참고도서

J. Ådna, et al., eds., *Evangelium–Schriftauslegung–Kirche,* P. Stuhlmacher FS (Göttingen: Vandenhoeck und Ruprecht, 1997); **J.-N. Aletti**, *Comment Dieu est-il juste? Clefs pour interpréter l'épître aux Romains* (Paris: Seuil, 1991); **L. Baeck**, "The Faith of Paul," *Judaism and Christianity* (New York: Harper, 1966) 139-68; **W. Barclay**, *The Mind of St Paul* (London: Collins/New York: Harper, 1958); **C. K. Barrett**, *Essays on Paul* (London: SPCK/Philadelphia: Westminster, 1982); *Freedom and Obligation: A Study of the Epistle to the Galatians* (London: SPCK/Philadelphia: Westminster, 1985); "Paulus als Missionar und Theologe," *ZTK* 86 (1989) 18-32; *Paul: An Introduction to His Thought* (London: Chapman/Louisville: Westminster/John Knox, 1994); **M. Barth**, "St. Paul — A Good Jew," *HBT* 1 (1979) 7-45; **M. Barth**, et al., *Foi et Salut selon S. Paul* (AnBib 42; Rome: Biblical Institute, 1970); **J. M. Bassler**, ed., *Pauline Theology* 1: *Thessalonians, Philippians, Galatians, Philemon* (Minneapolis: Fortress, 1991); **F. C. Baur**, *Paul: The Apostle of Jesus Christ* (1845; 2 vols.; London: Williams and Norgate, 1873, 1875); *Vorlesungen über neutestamentliche Theologie* (1864; Darmstadt: Wissenschaftliche Buchgesellschaft, 1973) 128-207; **J. Becker**, *Paul: Apostle to the Gentiles* (Louisville: Westminster, 1993); **J. C. Beker**, *Paul the Apostle: The Triumph of God in Life and Thought* (Philadelphia: Fortress, 1980); "Paul's Theology: Consistent or Inconsistent?" *NTS* 34 (1988) 364-77; **S. Ben-Chorin**, *Paulus. Der Völkerapostel in jüdischer Sicht* (Munich: DTV, 1980); **K. Berger**, *Theologiegeschichte des Urchristentums. Theologie des Neuen Testaments* (Tübingen/Basel: Francke, 1994); **H. D. Betz**, *Paulinische Studien. Gesammelte Aufsätze III* (Tübingen: Mohr, 1994); **W. Beyschlag**, *New Testament Theology* (2 vols.; Edinburgh: Clark, 1895) 2.1-281; **J. Blank**, *Paulus. Von Jesus zum Christentum* (Munich: Kösel, 1982); **J. Bonsirven**, *Theology of the New Testament* (London: Burns and Oates/Westminster: Newman, 1963) 193-368; **G. Bornkamm**, *Early Christian Experience* (London: SCM/New York: Harper and Row, 1969); *Paul* (London: Hodder and Stoughton/New York, Harper and Row, 1971); **M. Bouttier**, *Christianity according to Paul* (London: SCM/Naperville: Allenson, 1966); **D. Boyarin**, *A Radical Jew: Paul and the Politics of Identity* (Berkeley: University of California, 1994); **F. F. Bruce**, *Paul: Apostle of* *the Free Spirit* (Exeter: Paternoster,1977) = *Paul: Apostle of the Heart Set Free* (Grand Rapids: Eerdmans, 1977); **C. Buck and G. Taylor**, *Saint Paul: A Study in the Development of His Thought* (New York: Scribner, 1969); **R. Bultmann**, *Theology of the New Testament* I (London: SCM/New York: Scribner, 1952); **G. B. Caird**, *New Testament Theology* (Oxford: Clarendon/New York: Oxford University, 1994); **W. S. Campbell**, *Paul's Gospel in an Intercultural Context: Jew and Gentile in the Letter to the Romans* (Frankfurt: Lang, 1992); **H. Cancik**, et al., eds., *Geschichte–Tradition–Reflexion*, M. Hengel FS, *Band I Judentum* (ed. P. Schäfer), *Band III Frühes Christentum* (ed. H. Lichtenberger) (Tübingen: Mohr, 1996); **B. S. Childs**, *Biblical Theology of the Old and New Testaments* (London: SCM/Minneapolis: Fortress, 1992); **H. Conzelmann**, *An Outline of the Theology of the New Testament* (London: SCM/New York: Harper and Row, 1969) 155-286; **C. H. Cosgrove**, *The Cross and the Spirit: A Study in the Argument and Theology of Galatians* (Macon: Mercer University, 1988); **N. A. Dahl**, *Studies in Paul* (Minneapolis: Augsburg, 1977); **G. N. Davies**, *Faith and Obedience in Romans: A Study in Romans 1–4* (JSNTS 39; Sheffield: JSOT, 1990); **W. D. Davies**, *Paul and Rabbinic Judaism* (London: SPCK/Philadelphia: Fortress, 1948, [4]1981); *Jewish and Pauline Studies* (Philadelphia: Fortress, 1984); **C. A. Davis**, *The Structure of Paul's Theology: "The Truth Which Is the Gospel"* (Lewiston: Mellen, 1995); **A. Deissmann**, *Paul: A Study in Social and Religious History* (1912, [2]1926; New York: Harper, 1957); **M. Dibelius and W. G. Kümmel**, *Paul* (London: Longmans, 1953); **C. H. Dodd**, *The Meaning of Paul for Today* (London: Allen and Unwin/New York: Meridian, 1920); *The Bible and the Greeks* (London: Hodder and Stoughton, 1935); **K. P. Donfried**, ed., *The Romans Debate* (Peabody: Hendrickson, [2]1991); **K. P. Donfried and I. H. Marshall**, *The Theology of the Shorter Pauline Letters* (Cambridge: Cambridge University, 1993); **J. Drane**, *Paul: Libertine or Legalist?* (London: SPCK, 1975); **J. D. G. Dunn**, *Jesus and the Spirit: A Study of the Religious and Charismatic Experience of Jesus and the First Christians as Reflected in the New Testament* (London: SCM/Philadelphia: Westminster, 1975 = Grand Rapids: Eerdmans, 1997); *Christology in the Making: A New Testament Inquiry in the Origins of the Doctrine of the Incarnation* (London: SCM, [2]1989 = Grand Rapids: Eerdmans, 1996); *Jesus, Paul and the Law: Studies in Mark and Galatians* (London: SPCK/Louisville: Westminster, 1990); *Unity and Diversity in the New Testament* (London: SCM/Philadelphia: TPI, [2]1990); *The Partings of the Ways between Christianity and Judaism* (London: SCM/Philadelphia TPI, 1991); *The Theology of Paul's Letter to the Galatians* (Cambridge/New York: Cambridge University, 1993); *1 Corinthians* (Sheffield: Sheffield Academic, 1995); **G. Ebeling**, *The Truth of the Gospel: An Exposition of Galatians* (Philadelphia: Fortress, 1985); **H.-J. Eckstein**, *Verheißung und Gesetz. Eine exegetische Untersuchung zu Galater 2.15–4.7* (WUNT 86; Tübingen: Mohr, 1996); **G. Eichholz**, *Die Theologie des Paulus im Umriß* (Neukirchen-Vluyn: Neukirchener, 1972); **N. Elliott**, *The Rhetoric of Romans: Argumentative Constraint and Strategy and Paul's Dialogue with Judaism* (JSNTS 45; Sheffield: JSOT, 1990); *Liberating Paul: The Justice of God and the Politics of the Apostle* (Maryknoll: Orbis, 1994); **E. E. Ellis**, *Paul and His Recent Interpreters* (Grand Rapids: Eerdmans, 1961); **M. S. Enslin**, *Reapproaching Paul* (Philadelphia: Westminster, 1972); **T. Engberg-Pedersen**, ed., *Paul in His Hellenistic Context* (Minneapolis: Fortress, 1995); **P. Feine**, *Theologie des Neuen Testaments* (Leipzig: Hin-

richs, 1910) 230-549; **J. A. Fitzmyer**, *To Advance the Gospel* (New York: Crossroad, 1981); *Paul and His Theology: A Brief Sketch* (Englewood Cliffs: Prentice Hall, [2]1989); *According to Paul: Studies in the Theology of the Apostle* (New York: Paulist, 1993); **R. T. Fortna and B. R. Gaventa**, *The Conversation Continues: Studies in Paul and John,* J. L. Martyn FS (Nashville: Abingdon, 1990); **A. Fridrichsen**, *The Apostle and His Message* (Uppsala: Almqvist and Wiksells, 1947); **D. B. Garlington**, *Faith, Obedience and Perseverance: Aspects of Paul's Letter to the Romans* (WUNT 79; Tübingen: Mohr, 1994); **D. Georgi**, *Theocracy in Paul's Praxis and Theology* (Minneapolis: Fortress, 1991); **H. Gese**, *Essays on Biblical Theology* (Minneapolis: Augsburg, 1981); **J. Gnilka**, *Theologie des Neuen Testaments* (Freiburg: Herder, 1994) 16-132; *Paulus von Tarsus. Zeuge und Apostel* (Freiburg: Herder, 1996); **M. Goguel**, *L'Apôtre Paul et Jésus-Christ* (Paris: Librairie Fischbacher, 1904);
E. J. Goodspeed, *Paul* (Nashville: Abingdon, 1947, 1980); **L. Goppelt**, *Theology of the New Testament* 2: *The Variety and Unity of the Apostolic Witness to Christ* (Grand Rapids: Eerdmans, 1982) 31-150; **M. Grant**, *Saint Paul* (London: Weidenfeld and Nicolson/New York: Scribner, 1976); **A. J. Guerra**, *Romans and the Apologetic Tradition: The Purpose, Genre and Audience of Paul's Letter* (SNTSMS 81; Cambridge: Cambridge University, 1995); **D. Guthrie**, *New Testament Theology* (Leicester: Inter-Varsity/Downers Grove: InterVarsity, 1981); **D. A. Hagner and M. J. Harris**, eds., *Pauline Studies,* F. F. Bruce FS (Exeter: Paternoster/Grand Rapids: Eerdmans, 1980); **D. M. Hay**, ed., *Pauline Theology* 2: *1 and 2 Corinthians* (Minneapolis: Fortress, 1993); **D. M. Hay and E. E. Johnson**, eds., *Pauline Theology* 3: *Romans* (Minneapolis: Fortress, 1995); **R. B. Hays**, *The Faith of Jesus Christ: An Investigation of the Narrative Substructure of Galatians 3.1–4.11* (Chico: Scholars, 1983); *Echoes of Scripture in the Letters of Paul* (New Haven: Yale University, 1989); **M. Hengel**, *Between Jesus and Paul* (London: SCM/Philadelphia: Fortress, 1983); *The Pre-Christian Paul* (London: SCM/Philadelphia: TPI, 1991); **M. Hengel and U. Heckel,** eds., *Paulus und das antike Judentum* (WUNT 58; Tübingen: Mohr, 1991); **M. Hengel and A. M. Schwemer**, *Paul between Damascus and Antioch* (London: SCM, 1997); **O. Hofius**, *Paulusstudien* (WUNT 51; Tübingen: Mohr, 1989); "Paulus — Missionar und Theologe," in Ådna, et al., eds., *Evangelium* 224-37; **H. J. Holtzmann**, *Lehrbuch der neutestamentlichen Theologie* (Tübingen: Mohr; 1911) 2.1-262; **M. D. Hooker**, *Pauline Pieces* (London: Epworth, 1979); *From Adam to Christ: Essays on Paul* (Cambridge/New York: Cambridge University, 1990); **M. D. Hooker and S. G. Wilson**, eds., *Paul and Paulinism,* C. K. Barrett FS (London: SPCK, 1982); **D. G. Horrell**, *The Social Ethos of the Corinthian Correspondence* (Edinburgh: Clark, 1996); **G. Howard**, *Paul: Crisis in Galatia: A Study in Early Christian Theology* (SNTSMS 35; Cambridge/New York: Cambridge University, 1979, [2]1990); **H. Hübner**, "Paulusforschung seit 1945. Ein kritischer Literaturbericht," *ANRW* II.25.4 (1987) 2649-2840; *Biblische Theologie des Neuen Testaments* 2: *Die Theologie des Paulus* (Göttingen: Vandenhoeck, 1993); *Biblische Theologie als Hermeneutik. Gesammelte Aufsätze* (Göttingen: Vandenhoeck, 1995); **A. J. Hultgren**, *Paul's Gospel and Mission: The Outlook from His Letter to the Romans* (Philadelphia: Fortress, 1985); **A. M. Hunter**, *The Gospel According to St Paul* (London: SCM/Philadelphia: Westminster, 1966); **J. C. Hurd**, *The Origin of 1 Corinthians* (London: SPCK, 1965); **E. Käsemann**, *Essays on New Testament Themes* (London: SCM/Naperville: Allenson, 1964); *New Testament Questions of*

Today (London: SCM/Philadelphia: Fortress, 1969); *Perspectives on Paul* (London: SCM/Philadelphia: Fortress, 1971); **R. D. Kaylor**, *Paul's Covenant Community: Jew and Gentile in Romans* (Atlanta: John Knox, 1988); **L. E. Keck**, *Paul and His Letters* (Philadelphia: Fortress, 1982); **H. A. A. Kennedy**, *The Theology of the Epistles* (London: Duckworth, 1919) 13-160; **K. Kertelge**, *Grundthemen paulinischer Theologie* (Freiburg: Herder, 1991); **J. Knox**, *Chapters in a Life of Paul* (1950; Macon: Mercer University, [2]1987); **W. L. Knox**, *St Paul and the Church of the Gentiles* (Cambridge: Cambridge University, 1939); **H. Koester**, *Introduction to the New Testament* 1: *History, Culture, and Religion of the Hellenistic Age,* 2: *History and Literature of Early Christianity* (Berlin: de Gruyter/Philadelphia: Fortress, 1982); **L. Kreitzer**, *2 Corinthians* (Sheffield: Sheffield Academic, 1996); **W. G. Kümmel**, *Heilsgeschehen und Geschichte. Gesammelte Aufsätze 1933-1964* (Marburg: Elwert, 1965); *The Theology of the New Testament* (Nashville: Abingdon, 1973) 137-254; *Introduction to the New Testament* (revised ed., Nashville: Abingdon, 1975); **O. Kuss**, *Paulus. Die Rolle des Apostels in der theologischen Entwicklung der Urkirche* (Regensburg: Pustet, 1975); **T. Laato**, *Paulus und das Judentum. Anthropologische Erwägungen* (Åbo: Academy, 1991); **G. E. Ladd**, *A Theology of the New Testament* (Grand Rapids: Eerdmans, [2]1993) 397-614; **K. Lake**, *The Earlier Epistles of St Paul* (London: Rivingtons, 1911); **J. Lambrecht**, *Pauline Studies* (BETL 115; Leuven: Leuven University, 1994); **P. Lapide and P. Stuhlmacher**, *Paul: Rabbi and Apostle* (Minneapolis: Augsburg, 1984); **A. T. Lincoln and A. J. M. Wedderburn**, *The Theology of the Later Pauline Letters* (Cambridge: Cambridge University, 1993); **E. A. Livingstone**, ed., *Studia Biblica 1978 Vol. 3* (JSNTS 3; Sheffield: JSOT, 1980); **W. von Loewenich**, *Paul: His Life and Work* (Edinburgh: Oliver and Boyd, 1960); **E. Lohse**, *Die Einheit des Neuen Testaments. Exegetische Studien zur Theologie des Neuen Testaments* (Göttingen: Vandenhoeck, 1973); *Die Vielfalt des Neuen Testaments. Exegetische Studien zur Theologie des Neuen Testaments* 2 (Göttingen: Vandenhoeck, 1982); *Paulus. Eine Biographie* (Munich: Beck, 1996); **L. De Lorenzi**, ed., *Paul di Tarse: Apôtre du notre temps* (Rome: Abbaye de S. Paul, 1979); **G. Lüdemann**, *Paulus und das Judentum* (Munich: Kaiser, 1983); *Paul, Apostle to the Gentiles: Studies in Chronology* (Philadelphia: Fortress, 1984); *Opposition to Paul in Jewish Christianity* (Minneapolis: Fortress, 1989); **S. Lyonnet**, *Études sur l'épître aux Romains* (AnBib 120; Rome: Biblical Institute, 1989); **J. G. Machen**, *The Origin of Paul's Religion* (Grand Rapids: Eerdmans, 1925); **A. J. Malherbe**, *Paul and the Popular Philosophers* (Minneapolis: Fortress, 1989); **T. W. Manson**, *On Paul and John* (London: SCM/Naperville: Allenson, 1963) 11-81; **S. B. Marrow**, *Paul: His Letters and His Theology* (Mahwah: Paulist, 1986); **U. Mauser**, "Paul the Theologian," *HBT* 11 (1989) 80-106; **W. A. Meeks**, *The First Urban Christians: The Social World of the Apostle Paul* (New Haven: Yale University, 1983); **W. A. Meeks**, ed., *The Writings of St. Paul* (New York: Norton, 1972); **O. Merk**, "Paulus-Forschung 1936-1985," *TR* 53 (1988) 1-81; **H. Merklein**, *Studien zu Jesus und Paulus* (WUNT 43; Tübingen: Mohr, 1987); **P. S. Minear**, *The Obedience of Faith: The Purposes of Paul in the Epistle to the Romans* (London: SCM/Naperville: Allenson, 1971); **M. M. Mitchell**, *Paul and the Rhetoric of Reconciliation: An Exegetical Investigation of the Language and Composition of 1 Corinthians* (Louisville: Westminster/John Knox, 1993); **C. G. Montefiore**, *Judaism and St. Paul: Two Essays* (London: Goschen, 1914); **O. Moe**, *The Apostle Paul: His Message and Doctrine* (1928; Minneapolis: Augsburg, 1954);

R. Morgan, *Romans* (Sheffield: Sheffield Academic, 1995); **L. Morris**, *New Testament Theology* (Grand Rapids: Zondervan, 1986) 19-90; **C. F. D. Moule**, *Essays in New Testament Interpretation* (Cambridge/New York: Cambridge University, 1982); **J. Munck**, *Paul and the Salvation of Mankind* (London: SCM/Richmond: John Knox, 1959); "Pauline Research since Schweitzer," in J. P. Hyatt, ed., *The Bible in Modern Scholarship* (Nashville: Abingdon, 1965) 166-77; **J. Murphy-O'Connor**, *Becoming Human Together: The Pastoral Anthropology of St. Paul* (Wilmington: Glazier, 1982); *The Theology of the Second Letter to the Corinthians* (Cambridge: Cambridge University, 1991); *Paul: A Critical Life* (Oxford: Clarendon/New York: Oxford University, 1996); **J. Murphy-O'Connor and J. Charlesworth**, eds., *Paul and the Dead Sea Scrolls* (New York: Crossroad, 1990); **M. D. Nanos**, *The Mystery of Romans: The Jewish Context of Paul's Letter* (Minneapolis: Fortress, 1996); **J. H. Neyrey**, *Paul in Other Words: A Cultural Reading of His Letters* (Louisville: Westminster, 1990); **G. W. E. Nickelsburg with G. W. MacRae**, eds., *Christians among Jews and Gentiles,* K. Stendahl FS (Philadelphia: Fortress, 1986); **K.-W. Niebuhr**, *Heidenapostel aus Israel: Die jüdische Identität des Paulus nach ihrer Darstellung in seinen Briefen* (WUNT 62; Tübingen: Mohr, 1992); **A. D. Nock**, *St. Paul* (London: Oxford University/New York: Harper, 1938); **E. H. Pagels**, *The Gnostic Paul: Gnostic Exegesis of the Pauline Letters* (Philadelphia: Fortress, 1975); **C. M. Pate**, *The End of the Ages Has Come: The Theology of Paul* (Grand Rapids: Zondervan, 1995); **D. Patte**, *Paul's Faith and the Power of the Gospel: A Structural Introduction to the Pauline Letters* (Philadelphia: Fortress, 1983); **S. Pedersen**, ed., *The Pauline Literature and Theology* (Aarhus: Aros/Göttingen: Vandenhoeck, 1980); **R. Penna**, *Paul the Apostle* 1: *Jew and Greek Alike,* 2: *Wisdom and Folly of the Cross* (Collegeville: Liturgical/Glazier, 1996); **O. Pfleiderer**, *Paulinism: A Contribution to the History of Primitive Christian Theology* (2 vols.; London: Williams and Norgate, 1877); **S. E. Porter and C. A. Evans**, eds., *The Pauline Writings* (Sheffield: Sheffield Academic, 1995); **F. Prat**, *The Theology of Saint Paul* (2 vols.; London: Burns, Oates, and Washbourne, 1926, 1927); **H. Räisänen**, *Jesus, Paul and Torah: Collected Essays* (JSNTS 43; Sheffield Academic, 1992); **K. H. Rengstorf**, ed., *Das Paulusbild in der neueren deutschen Forschung* (Darmstadt: Wissenschaftliche Buchgesellschaft, 1964); **A. Richardson**, *An Introduction to the Theology of the New Testament* (London: SCM/New York: Harper, 1958); **P. Richardson and J. C. Hurd**, eds., *From Jesus to Paul,* F. W. Beare FS (Waterloo: Wilfrid Laurier University, 1984); **P. Richardson with D. Granskou**, *Anti-Judaism in Early Christianity* 1: *Paul and the Gospels* (Waterloo: Wilfrid Laurier University, 1986); **H. Ridderbos**, *Paul: An Outline of His Theology* (Grand Rapids: Eerdmans, 1975); **R. Riesner**, *Die Frühzeit des Apostels Paulus: Studien zur Chronologie, Missionsstrategie und Theologie* (WUNT 71; Tübingen: Mohr, 1994); **J. A. T. Robinson**, *Wrestling with Romans* (London: SCM/Philadelphia: Westminster, 1979); **C. J. Roetzel**, *The Letters of Paul: Conversations in Context* (Atlanta: John Knox, 1975, [2]1982); **R. L. Rubenstein**, *My Brother Paul* (New York: Harper, 1972); **A Sabatier**, *The Apostle Paul: A Sketch of the Development of His Doctrine* (London: Hodder and Stoughton/New York: Pott, 1906); **E. P. Sanders**, *Paul and Palestinian Judaism* (London: SCM/ Philadelphia: Fortress, 1977); *Paul* (London: Oxford University, 1991); "Paul," in J. Barclay and J. Sweet, eds., *Early Christian Thought in Its Jewish Context,* M. D. Hooker FS (Cambridge: Cambridge University, 1996) 112-29; **S. Sandmel**, *The Genius of Paul* (1958; Philadelphia: Fortress, 1979); **K. O.**

Sandnes, *Paul — One of the Prophets?* (WUNT 2.43; Tübingen: Mohr, 1991); **K. H. Schelkle**, *Theology of the New Testament* (4 vols.; Collegeville: Liturgical, 1971-78); *Paulus. Leben — Briefe — Theologie* (Darmstadt: Wissenschaftliche Buchgesellschaft, 1981); **A. Schlatter**, *Die Theologie der Apostel* (Stuttgart: Calwer, 1922) 239-432; **H. Schlier**, *Grundzüge einer paulinischen Theologie* (Freiburg: Herder, 1978); **W. Schmithals**, *Paul and the Gnostics* (Nashville: Abingdon, 1972); *Theologiegeschichte des Urchristentums. Eine problemgeschichtliche Darstellung* (Stuttgart: Kohlhammer, 1994); **H. J. Schoeps**, *Paul: The Theology of the Apostle in the Light of Jewish Religious History* (London: Lutterworth/Philadelphia: Westminster, 1961); **G. Schrenk**, *Studien zu Paulus* (Zurich: Zwingli, 1954); **A. Schweitzer**, *Paul and His Interpreters: A Critical History* (London: Black/New York: Macmillan, 1912); **E. Schweizer**, *Neotestamentica: German and English Essays 1951-1963* (Zurich: Zwingli, 1963); *Beiträge zur Theologie des Neuen Testaments. Neutestamentliche Aufsätze (1955-1970)* (Zurich: Zwingli, 1970); *A Theological Introduction to the New Testament* (Nashville: Abingdon, 1991) 55-95; **C. A. A. Scott**, *Christianity according to St Paul* (Cambridge: Cambridge University, 1927); **R. Scroggs**, *Paul for a New Day* (Philadelphia: Fortress, 1977); **A. F. Segal**, *Paul the Convert: The Apostolate and Apostasy of Saul the Pharisee* (New Haven: Yale University, 1990); **J. N. Sevenster and W. C. van Unnik, eds.,** *Studia Paulina in honorem Johannis de Zwaan septuagenarii* (Haarlem: Bohn, 1953); **M. L. Soards**, *The Apostle Paul: An Introduction to His Writings and Teaching* (New York: Paulist, 1987); **E. Stauffer**, *New Testament Theology* (London: SCM/New York: Macmillan, 1955); **K. Stendahl**, *Paul among Jews and Gentiles* (Philadelphia: Fortress, 1976/London: SCM, 1977); *Final Account: Paul's Letter to the Romans* (Minneapolis: Fortress, 1995); **G. B. Stevens**, *The Theology of the New Testament* (Edinburgh: Clark/New York: Scribner, [2]1918) 325-482; **J. S. Stewart**, *A Man in Christ: The Vital Elements of St. Paul's Religion* (London: Hodder and Stoughton/New York: Harper, 1935); **S. K. Stowers**, *A Rereading of Romans: Justice, Jews and Gentiles* (New Haven: Yale University, 1994); **G. Strecker**, *Eschaton und Historie. Aufsätze* (Göttingen: Vandenhoeck, 1979); *Theologie des Neuen Testaments* (Berlin: de Gruyter, 1996) 11-229; ***Studiorum Paulinorum Congressus Internationalis Catholicus 1961*** (2 vols.; Rome: Pontifical Biblical Institute, 1963); **P. Stuhlmacher**, *Reconciliation, Law and Righteousness: Essays in Biblical Theology* (Philadelphia: Fortress, 1986); *Biblische Theologie des Neuen Testaments* 1: *Grundlegung von Jesus zu Paulus* (Göttingen: Vandenhoeck, 1992) 221-392; **G. Theissen**, *The Social Setting of Pauline Christianity* (Philadelphia: Fortress/Edinburgh: Clark, 1982); *Psychological Aspects of Pauline Theology* (Philadelphia: Fortress/Edinburgh: Clark, 1987); **W. Trilling**, *A Conversation with Paul* (London: SCM/New York: Crossroad, 1986); **A. Vanhoye**, ed., *L'Apôtre Paul. Personnalité, style et conception du ministère* (BETL 73; Leuven: Leuven University, 1986); **J. C. Walters**, *Ethnic Issues in Paul's Letter to the Romans: Changing Self-Definitions in Earliest Roman Christianity* (Valley Forge: TPI, 1993); **F. Watson**, *Paul, Judaism and the Gentiles* (SNTSMS 56; Cambridge: Cambridge University, 1986); **A. J. M. Wedderburn**, *The Reasons for Romans* (Edinburgh: Clark/Minneapolis: Fortress, 1988); **H. Weinel**, *St Paul: The Man and His Work* (London: Williams and Norgate/New York: Putnam, 1906); *Biblische Theologie des Neuen Testaments* (Tübingen: Mohr, [3]1921) 261-436; **B. Weiss**, *Biblical Theology of the New Testament* (2 vols.; Edinburgh: Clark, 1882, 1883) 1.274–2.149; **D. E. H.**

Whiteley, *The Theology of St Paul* (Oxford: Blackwell, 1964); **U. Wilckens**, *Rechtfertigung als Freiheit: Paulusstudien* (Neukirchen-Vluyn: Neukirchener, 1974); **B. Witherington**, *Paul's Narrative Thought World* (Louisville: Westminster/John Knox, 1994); **W. Wrede**, *Paul* (London: Philip Green, 1907); **N. T. Wright**, *The Messiah and the People of God* (University of Oxford D. Phil. thesis, 1980); *The Climax of the Covenant: Christ and the Law in Pauline Theology* (Edinburgh: Clark, 1991); **F. Young and D. F. Ford**, *Meaning and Truth in 2 Corinthians* (London: SPCK/Grand Rapids: Eerdmans, 1987); **D. Zeller**, *Juden und Heiden in der Mission des Paulus: Studien zum Römerbrief* (Stuttgart: Katholisches Bibelwerk, ^{2}1976); **J. A. Ziesler**, *Pauline Christianity* (Oxford/New York: Oxford University, ^{2}1990).

바울 서신에 관한 주석들

로마서

C. K. Barrett, *The Epistle to the Romans* (BNTC/HNTC; London: Black/New York: Harper and Row, 1975, ^{2}1991); **K. Barth**, *The Epistle to the Romans* (1919, ^{2}1922, ^{6}1929; ET London/New York: Oxford University, 1933); **M. Black**, *Romans* (NCB; London: Oliphants/Grand Rapids: Eerdmans, ^{2}1989); **F. F. Bruce**, *The Epistle of Paul to the Romans* (TNTC; London: Tyndale/Grand Rapids: Eerdmans, 1963); **C. E. B. Cranfield**, *The Epistle to the Romans* (ICC, 2 vols.; Edinburgh: Clark, 1975, 1979); **C. H. Dodd**, *The Epistle to the Romans* (MNTC; London: Hodder and Stoughton/New York: Harper, 1932); **J. D. G. Dunn**, *Romans* (WBC 38, 2 vols.; Dallas: Word, 1988); **J. A. Fitzmyer**, *Romans* (AB 33; New York: Doubleday, 1993); **E. Käsemann**, *An die Römer* (HNT 8a; Tübingen: Mohr, 1973) = *Commentary on Romans* (Grand Rapids: Eerdmans/London: SCM, 1980); **O. Kuss**, *Der Römerbrief* (3 vols.; Regensburg: Pustet, 1957, 1959, 1978); **M.-J. Lagrange**, *Épitre aux Romains* (ÉB; Paris: Gabalda, ^{2}1922, ^{6}1950); **F. J. Leenhardt**, *L'Épitre de Saint Paul aux Romains* (CNT; Neuchâtel: Delachaux, 1957) = *The Epistle to the Romans* (London: Lutterworth/Cleveland: World, 1961); **H. Lietzmann**, *An die Römer* (HNT 8; Tübingen: Mohr, 1906, ^{4}1933, ^{5}1971); **O. Michel**, *Der Brief an die Römer* (KEK; Göttingen: Vandenhoeck, ^{10}1955, ^{14}1978); **D. Moo**, *The Epistle to the Romans* (NICNT; Grand Rapids: Eerdmans, 1996); **L. Morris**, *The Epistle to the Romans* (Pillar; Grand Rapids: Eerdmans/Leicester: Inter-Varsity. 1988); **J. Murray**, *The Epistle to the Romans* (NICNT, 2 vols.; Grand Rapids: Eerdmans, 1959, 1965); **A. Nygren**, *Commentary on Romans* (London: SCM/Philadelphia: Muhlenberg, 1952); **W. Sanday and A. C. Headlam**, *The Epistle to the Romans* (ICC; Edinburgh: Clark, 1895, ^{5}1902); **H. Schlier**, *Der Römerbrief* (HTKNT 6; Freiburg: Herder, 1977); **W. Schmithals**, *Der Römerbrief* (Gütersloh: Gütersloher, 1988); **P. Stuhlmacher**, *Der Brief an die Römer* (NTD 6; Göttingen: Vandenhoeck, 1989) = *Paul's Letter to the Romans* (Louisville: Westminster/John Knox, 1994); **U. Wilckens**, *Der Brief an die Römer* (EKK 6, 3 vols.; Zürich: Benziger/Neukirchen-Vluyn: Neukirchener, 1978, 1980, 1982); **T. Zahn**, *Der Brief des Paulus an die Römer* (Leipzig: Deichert, 1910, ^{3}1925); **D. Zeller**, *Der Brief an die Römer* (RNT; Regensburg: Pustet, 1985); **J. Ziesler**, *Paul's Letter to the Romans* (London: SCM/Philadelphia: TPI, 1989).

고린도전후서

C. K. Barrett, *The First Epistle to the Corinthians* (BNTC/HNTC; London: Black/ New York: Harper, 1968); *The Second Epistle to the Corinthians* (BNTC/HNTC; London: Black/New York: Harper, 1973); **H. D. Betz**, *2 Corinthians 8 and 9* (Hermeneia; Philadelphia: Fortress, 1985); **F. F. Bruce**, *1 and 2 Corinthians* (NCB; London: Oliphants, 1971 = Grand Rapids: Eerdmans, 1980); **R. Bultmann**, *Der zweite Brief an die Korinther* (KEK; Göttingen: Vandenhoeck, 1976) = *The Second Letter to the Corinthians* (Minneapolis: Augsburg, 1985); **H. Conzelmann**, *Der erste Brief an die Korinther* (KEK; Göttingen: Vandenhoeck, 1969) = *1 Corinthians* (Hermeneia; Philadelphia: Fortress, 1975); **E. Fascher**, *Der erste Brief des Paulus an die Korinther 1–7* (THKNT; Berlin: Evangelische, 1975); **G. D. Fee**, *The First Epistle to the Corinthians* (NICNT; Grand Rapids: Eerdmans, 1987); **V. P. Furnish**, *2 Corinthians* (AB 32A; New York: Doubleday, 1984); **J. Héring**, *The First Epistle of Saint Paul to the Corinthians* (London: Epworth, 1962); *The Second Epistle of Saint Paul to the Corinthians* (London: Epworth, 1967); **P. E. Hughes**, *Paul's Second Epistle to the Corinthians* (NICNT; Grand Rapids: Eerdmans, 1961); **H.-J. Klauck**, *1 Korintherbrief* (Wurzburg: Echter, 1984); **H. Lietzmann**, *An die Korinther I/II* (HNT 9; Tübingen: Mohr, 1949); **R. P. Martin**, *2 Corinthians* (WBC 40; Waco: Word, 1986); **J. Moffatt**, *The First Epistle of Paul to the Corinthians* (MNTC; London: Hodder and Stoughton/New York: Harper, 1938); **A. Plummer**, *Second Epistle of St Paul to the Corinthians* (ICC; Edinburgh: Clark, 1915); **A. Robertson and A. Plummer**, *First Epistle of St Paul to the Corinthians* (ICC; Edinburgh: Clark, 1911); **W. Schrage**, *Der erste Brief an die Korinther* (EKK 7, 2 [of 3] vols.; Zürich: Benziger/Neukirchen-Vluyn: Neukirchener, 1991, 1995); **M. E. Thrall**, *2 Corinthians 1–7* (ICC; Edinburgh: Clark, 1994); **J. Weiss**, *Der erste Korintherbrief* (KEK: Göttingen: Vandenhoeck, 1910); **H. D. Wendland**, *Die Briefe an die Korinther* (NTD 7; Göttingen: Vandenhoeck, 1964); **H. Windisch**, *Der zweite Korintherbrief* (KEK; Göttingen: Vandenhoeck, 1924); **C. Wolff**, *Der erste Brief des Paulus an die Korinther 8–16* (THKNT; Berlin: Evangelische, 1982).

갈라디아서

J. Becker, *Der Brief an die Galater* (NTD 8; Göttingen: Vandenhoeck, 1990); **H. D. Betz**, *Galatians* (Hermeneia; Philadelphia: Fortress, 1979); **P. Bonnard**, *L'Épitre de Saint Paul aux Galates* (CNT; Neuchâtel: Delachaux, 1953); **U. Borse**, *Der Brief an die Galater* (RNT; Regensburg: Pustet, 1984); **F. F. Bruce**, *The Epistle to the Galatians* (NIGTC; Grand Rapids: Eerdmans/Exeter: Paternoster, 1982); **E. de W. Burton**, *The Epistle to the Galatians* (ICC; Edinburgh: Clark, 1921); **G. S. Duncan**, *The Epistle of Paul to the Galatians* (MNTC; London: Hodder and Stoughton/New York: Harper, 1934); **J. D. G. Dunn**, *The Epistle to the Galatians* (BNTC; London: Black/Peabody: Hendrickson, 1993); **R. Y. K. Fung**, *The Epistle to the Galatians* (NICNT; Grand Rapids: Eerdmans, 1988); **M.-J. Lagrange**, *Saint Paul Épitre aux Galates* (ÉB; Paris: Gabalda, [2]1925); **H. Lietzmann**, *An die Galater* (HNT 10; Tübingen: Mohr, [4]1971); **J. B. Lightfoot**, *Saint Paul's Epistle to the Galatians* (London: Macmillan, 1865); **R. N. Longenecker**, *Galatians* (WBC 41; Dallas: Word, 1990);

D. Lührmann, *Der Brief an die Galater* (ZBK; Zurich: Theologischer, 1988); **F. Mussner**, *Der Galaterbrief* (HTKNT; Freiburg: Herder, [3]1977); **A. Oepke**, *Der Brief des Paulus an die Galater* (THKNT; Berlin: Evangelische, [3]1973, edited by J. Rohde); **J. Rohde**, *Der Brief des Paulus an die Galater* (THKNT; Berlin: Evangelische, 1989); **H. Schlier**, *Der Brief an die Galater* (KEK; Göttingen: Vandenhoeck, [4]1965); **T. Zahn**, *Der Brief des Paulus an die Galater* (Leipzig: Deichert, 1905).

빌립보서

F. W. Beare, *The Epistle to the Philippians* (BNTC/HNTC; London: Black/New York: Harper, 1959); **P. Bonnard**, *Épitre de Saint Paul aux Philippiens* (CNT; Neuchâtel: Delachaux, 1950); **G. B. Caird**, *Paul's Letters from Prison (Ephesians, Philippians, Colossians, Philemon)* (Oxford: Clarendon, 1976); **J.-F. Collange**, *The Epistle of Saint Paul to the Philippians* (London: Epworth, 1979); **J. Ernst**, *Die Briefe an die Philipper, an Philemon, an die Kolosser, und an die Epheser* (RNT; Regensburg: Pustet, 1974); **G. D. Fee**, *Paul's Letter to the Philippians* (NICNT; Grand Rapids: Eerdmans, 1995); **J. Gnilka**, *Der Philipperbrief* (HTKNT 10.3; Freiburg: Herder, 1968); **G. F. Hawthorne**, *Philippians* (WBC 43; Waco: Word, 1983); **J. H. Houlden**, *Paul's Letters from Prison: Philippians, Colossians, Philemon and Ephesians* (Harmondsworth: Penguin/Philadelphia: Westminster, 1970); **J. B. Lightfoot**, *Saint Paul's Epistle to the Philippians* (London: Macmillan, 1868); **E. Lohmeyer**, *Die Briefe an die Philipper, Kolosser und an Philemon* (KEK; Göttingen: Vandenhoeck, [8]1929, [13]1964); **R. P. Martin**, *Philippians* (NCB; London: Oliphants, 1976 = Grand Rapids: Eerdmans, 1980); **P. T. O'Brien**, *The Epistle to the Philippians* (NIGTC; Grand Rapids: Eerdmans, 1991); **M. R. Vincent**, *Philippians and Philemon* (ICC; Edinburgh: Clark, 1897).

골로새서, 빌레몬서

J.-N. Aletti, *Saint Paul Épitre aux Colossiens* (ÉB; Paris: Gabalda, 1993); **M. Barth and H. Blanke**, *Colossians* (AB 34B; New York: Doubleday, 1994); **H. Binder**, *Der Brief des Paulus an Philemon* (THKNT 11.2; Berlin: Evangelische, 1990); **F. F. Bruce**, *The Epistle to the Colossians, to Philemon, and to the Ephesians* (NICNT; Grand Rapids: Eerdmans, 1984); **G. B. Caird** (see Philippians); **M. Dibelius**, *An die Kolosser, Epheser, an Philemon* (HNT 12; Tübingen: Mohr, [3]1953); **J. D. G. Dunn**, *The Epistles to the Colossians and to Philemon* (NIGTC; Grand Rapids: Eerdmans/Carlisle: Paternoster, 1996); **J. Ernst** (see Philippians); **J. Gnilka**, *Der Kolosserbrief* (HTKNT 10.1; Freiburg: Herder, 1980); *Der Philemonbrief* (HTKNT 10.4; Freiburg: Herder, 1982); **J. H. Houlden** (see Philippians); **J. B. Lightfoot**, *The Epistles of St Paul: Colossians and Philemon* (London: Macmillan, 1875); **A. Lindemann**, *Der Kolosserbrief* (ZBK; Zurich: Theologischer, 1983); **E. Lohmeyer** (see Philippians); **E. Lohse**, *Die Briefe an die Kolosser und an Philemon* (KEK; Göttingen: Vandenhoeck, 1968) = *Colossians and Philemon* (Hermeneia; Philadelphia: Fortress, 1971); **R. P. Martin**, *Colossians and Philemon* (NCB; London: Oliphants, 1973 = Grand Rapids: Eerdmans, 1981); **C. Masson**, *L'Épitre de Saint Paul aux Colossiens*

(CNT 10; Neuchâtel: Delachaux, 1950); **C. F. D. Moule**, *The Epistles to the Colossians and to Philemon* (Cambridge: Cambridge University, 1957); **P. T. O'Brien**, *Colossians, Philemon* (WBC 44; Waco: Word, 1982); **P. Pokorný**, *Der Brief des Paulus an die Kolosser* (THKNT 10.1; Berlin: Evangelische, 1987) = *Colossians: A Commentary* (Peabody; Hendrickson, 1991); **E. Schweizer**, *Der Brief an die Kolosser* (EKK 12; Zürich: Benziger/Neukirchen-Vluyn: Neukirchener, 1976) = *The Letter to the Colossians* (London: SPCK, 1982); **P. Stuhlmacher**, *Der Brief an Philemon* (EKK; Zürich: Benziger/Neukirchen-Vluyn: Neukirchener, 1975); **M. Wolter**, *Der Brief an die Kolosser. Der Brief an Philemon* (ÖTK 12; Gütersloh: Mohn, 1993); **N. T. Wright**, *The Epistles of Paul to the Colossians and to Philemon* (TNTC; Leicester: IVP/Grand Rapids: Eerdmans, 1986).

데살로니가전후서

E. Best, *The First and Second Epistles to the Thessalonians* (BNTC/HNTC; London: Black/New York: Harper, 1972); **F. F. Bruce**, *1 and 2 Thessalonians* (WBC 45; Waco: Word, 1982); **E. von Dobschütz**, *Die Thessalonicher-Briefe* (KEK; Göttingen: Vandenhoeck, 1909, 1974); **J. E. Frame**, *The Epistles of St. Paul to the Thessalonians* (ICC; Edinburgh: Clark, 1912); **T. Holtz**, *Der erste Brief an die Thessalonicher* (EKK 13; Zürich: Benziger/Neukirchen-Vluyn: Neukirchener, 1986); **I. H. Marshall**, *1 and 2 Thessalonians* (NCB; London: Oliphants/Grand Rapids: Eerdmans, 1983); **B. Rigaux**, *Saint Paul. Les Épitres aux Thessaloniciens* (ÉB; Paris: Gabalda, 1956); **W. Trilling**, *Der zweite Brief an die Thessalonicher* (EKK 14; Zürich: Benziger/Neukirchen-Vluyn: Neukirchener, 1980); **C. A. Wanamaker**, *The Epistles to the Thessalonians* (NIGTC; Grand Rapids: Eerdmans/Exeter: Paternoster, 1990).

약어표

AB	Anchor Bible
ABD	*Anchor Bible Dictionary,* ed. D. N. Freedman (6 vols.; New York: Doubleday, 1992)
Aland[26]	*Novum Testamentum Graece,* ed. K. Aland, et al. (Stuttgart: Deutsche Bibelstiftung, [26]1979)
AnBib	Analecta Biblica
ANRW	*Aufstieg und Niedergang der Römischen Welt*
Apoc. Abr.	*Apocalypse of Abraham*
Apoc. Elij.	*Apocalypse of Elijah*
Apoc. Mos.	*Apocalypse of Moses*
Apoc. Zeph.	*Apocalypse of Zephaniah*
AV	Authorized Version = KJV
b.	Babylonian Talmud
BAGD	W. Bauer, *A Greek-English Lexicon of the New Testament and Other Early Christian Literature,* ET and ed. W. F. Arndt and F. W. Gingrich. 2nd ed. revised by F. W. Gingrich and F. W. Danker (Chicago: University of Chicago, 1979)
BAR	*Biblical Archaeology Review*
BCE	Before the Christian era
BDB	F. Brown, S. R. Driver, and C. A. Briggs, *Hebrew and English Lexicon of the Old Testament* (Oxford: Clarendon, 1907)
BDF	F. Blass, A. Debrunner, and R. W. Funk, *A Greek Grammar of the New Testament* (University of Chicago/University of Cambridge, 1961)
BETL	Bibliotheca ephemeridum theologicarum lovaniensium
Bib	*Biblica*
BibRes	*Biblical Research*

BJRL	*Bulletin of the John Rylands University Library of Manchester*
BNTC	Black's New Testament Commentary
Bousset/Gressmann	W. Bousset and H. Gressmann, *Die Religion des Judentums im späthellenistischen Zeitalter* (HNT 21; Tübingen: Mohr, 1925, [4]1966)
BR	*Biblical Research*
BU	Biblische Untersuchungen
BWANT	Beiträge zur Wissenschaft vom Alten und Neuen Testament
BZ	*Biblische Zeitschrift*
BZNW	Beihefte zur *ZNW*
CBQ	*Catholic Biblical Quarterly*
CE	Christian era
cf.	*confer,* compare
ch(s).	chapter(s)
CIJ	*Corpus Inscriptionum Judaicarum*
CNT	Commentaire du Nouveau Testament
ConB	Coniectanea biblica
ConNT	*Coniectanea neotestamentica*
CRINT	Compendia Rerum Iudaicarum ad Novum Testamentum
Daube, *Rabbinic Judaism*	D. Daube, *The New Testament and Rabbinic Judaism* (London: Athlone, 1956)
Deissmann, *Biblical Studies*	A. Deissmann, *Bible Studies* (Edinburgh: Clark, 1901)
Deissmann, *Light*	A. Deissmann, *Light from the Ancient East* (New York: Doran, 1927)
DJD	Discoveries in the Judaean Desert
Dodd, *Bible*	C. H. Dodd, *The Bible and the Greeks* (London: Hodder and Stoughton, 1935)
DPL	*Dictionary of Paul and his Letters,* ed. G. F. Hawthorne, et al. (Leicester: Iner-Varsity/Downers Grove: InterVarsity, 1993)
DSS	Dead Sea Scrolls
ÉB	Études bibliques
ed(s).	edited by, editor(s)
EDNT	*Exegetical Dictionary of the New Testament,* ed. H. Balz and G. Schneider (3 vols.; Grand Rapids: Eerdmans, 1990-93)
e.g.	*exempli gratia,* for example

EKK	Evangelisch-katholischer Kommentar zum Neuen Testament
Ep. Arist.	*Epistle of Aristeas*
ET	English translation
et al.	*et alii,* and others
ETL	*Ephemerides theologicae lovanienses*
Eusebius	
HE	*Historia Ecclesiastica*
EvT	*Evangelische Theologie*
ExpT	*Expository Times*
FRLANT	Forschungen zur Religion und Literatur des Alten und Neuen Testaments
FS	Festschrift, volume written in honour of
García Martínez	F. García Martínez, *The Dead Sea Scrolls Translated: The Qumran Texts in English* (Leiden: Brill/Grand Rapids: Eerdmans, ²1996)
GLAJJ	M. Stern, *Greek and Latin Authors on Jews and Judaism* (3 vols.; Jerusalem: Israel Academy of Sciences and Humanities, 1976, 1980, 1984)
GNB	Good News Bible
hap. leg.	*hapax legomenon,* sole occurrence
HBT	*Horizons in Biblical Theology*
Hengel, *Judaism*	M. Hengel, *Judaism and Hellenism* (2 vols.; London: SCM/Philadelphia: Fortress, 1974)
HeyJ	*Heythrop Journal*
HKNT	Handkommentar zum Neuen Testament
HNT	Handbuch zum Neuen Testament
HNTC	Harper's New Testament Commentaries
HTKNT	Herders theologischer Kommentar zum Neuen Testament
HTR	*Harvard Theological Review*
ICC	International Critical Commentary
IDB	G. A. Buttrick, ed., *Interpreter's Dictionary of the Bible* (4 vols.; Nashville: Abingdon, 1962)
IDBS	*IDB Supplementary Volume,* ed. K. Crim (Nashville: Abingdon, 1976)
Int	*Interpretation*
JAAR	*Journal of the American Academy of Religion*
JBL	*Journal of Biblical Literature*
JJS	*Journal of Jewish Studies*
JLW	*Jahrbuch für Liturgiewissenschaft*

Josephus	
Ant.	*Jewish Antiquities*
Ap.	*Contra Apionem*
War	*The Jewish War*
JR	*Journal of Religion*
JSJ	*Journal for the Study of Judaism*
JSNT	*Journal for the Study of the New Testament*
JSNTS	*JSNT* Supplement Series
JSOT	*Journal for the Study of the Old Testament*
JSP	*Journal for the Study of the Pseudepigrapha*
JSPS	*JSP* Supplement Series
JSS	*Journal of Semitic Studies*
JTC	*Journal for Theology and the Church*
JTS	*Journal of Theological Studies*
Jub.	*Jubilees*
KEK	H. A. W. Meyer, Kritisch-exegetischer Kommentar über das Neue Testament
KJV	King James Version (1611) = AV
KuD	*Kerygma und Dogma*
Loeb	Loeb Classical Library
Long/Sedley	A. A. Long and D. N. Sedley, *The Hellenistic Philosophers* (2 vols.; Cambridge: Cambridge University, 1987)
LSJ	H. G. Liddell and R. Scott, *A Greek-English Lexicon,* rev. H. S. Jones (Oxford: Clarendon, [9]1940) with Supplement (1968)
LXX	Septuagint
m.	Mishnah
Metzger	B. M. Metzger, *A Textual Commentary on the Greek New Testament* (London: United Bible Societies, 1975)
MM	J. H. Moulton and G. Milligan, *The Vocabulary of the Greek Testament* (London: Hodder, 1930)
MNTC	Moffatt New Testament Commentary
Moore, *Judaism*	G. F. Moore, *Judaism in the First Three Centuries of the Christian Era: The Age of the Tannaim* (3 vols.; Cambridge: Harvard University, 1927-30)
Moule, *Idiom Book*	C. F. D. Moule, *An Idiom-Book of New Testament Greek* (Cambridge: Cambridge University, 1953)
Moulton, *Grammar*	J. H. Moulton, *Grammar of New Testament Greek* (2 vols.; Edinburgh: Clark, 1906-29)
ms(s).	manuscript(s)

MT	Masoretic text (of the Old Testament)
NCB	New Century Bible (new edition)
NDIEC	G. H. R. Horsley, *New Documents Illustrating Early Christianity* (North Ryde: The Ancient History Documentary Research Centre, 1981-)
NEB	New English Bible (NT 1961; OT and Apoc. 1970)
NICNT	New International Commentary on the New Testament
NIGTC	New International Greek Testament Commentary
NIV	New International Version (1978)
NJB	New Jerusalem Bible (1985)
NovT	*Novum Testament*
NovTSup	Supplement to *NovT*
NRSV	New Revised Standard Version (1989)
NT	New Testament
NTD	Das Neue Testament Deutsch
NTS	*New Testament Studies*
NTTS	New Testament Tools and Studies
OCD	N. G. L. Hammond and H. H. Scullard, eds., *Oxford Classical Dictionary* (Oxford: Clarendon, 1970)
OT	Old Testament
ÖTKNT	Ökumensicher Taschenbuchkommentar zum Neuen Testament
OTP	*The Old Testament Pseudepigrapha,* ed. J. H. Charlesworth (2 vols.; London: Darton/Garden City: Doubleday, 1983, 1985).
pace	with due respect to, but differing from
par(s).	parallel(s)
passim	elsewhere
PG	*Patrologia graeca,* ed. J. P. Migne
Philo	
Abr.	*De Abrahamo*
Aet. Mund.	*De Aeternitate Mundi*
Cher.	*De Cherubim*
Conf.	*De Confusione Linguarum*
Cong.	*De Congressu Quaerendae Eruditionis Gratia*
Decal.	*De Decalogo*
Det.	*Quod Deterius Potiori Insidiari Soleat*
Ebr.	*De Ebrietate*
Fuga	*De Fuga et Inventione*
Gigant.	*De Gigantibus*
Heres	*Quis Rerum Divinarum Heres*

Immut.	*Quod Deus Immutabilis Sit*
Leg. All.	*Legum Allegoriae*
Legat.	*Legatio ad Gaium*
Migr.	*De Migratione Abrahami*
Mos.	*De Vita Mosis*
Mut.	*De Mutatione Nominum*
Opif.	*De Opificio Mundi*
Plant.	*De Plantatione*
Post.	*De Posteritate Caini*
Praem.	*De Praemiis et Poenis*
Prob.	*Quod Omnis Probus Liber Sit*
Qu. Exod.	*Quaestiones et Solutiones in Exodum*
Qu. Gen.	*Quaestiones et Solutiones in Genesin*
Sac.	*De Sacrificiis Abelis et Caini*
Som.	*De Somnis*
Spec. Leg.	*De Specialibus Legibus*
Virt.	*De Virtutibus*
Vit. Cont.	*De Vita Contemplativa*
Pss. Sol.	*Psalms of Solomon*
QD	Quaestiones Disputatae
RB	*Revue biblique*
REB	Revised English Bible (1989)
rev.	revised by
RGG	*Die Religion in Geschichte und Gegenwart. Handworterbuch für Theologie und Religionswissenschaft,* ed. K. Galling, et al. (3rd ed., 7 vols.; Tübingen: Mohr, 1957-65)
RNT	Regensburger Neues Testament
RSV	Revised Standard Version (NT 1946, OT 1952, Apocrypha 1957)
RTR	*Reformed Theological Review*
Sanders, *Judaism*	E. P. Sanders, *Judaism: Practice and Belief 63* BCE–*66* CE (London: SCM/Philadelphia: TPI, 1992)
SANT	Studien zum Alten und Neuen Testament
SBL	Society of Biblical Literature
SBLDS	SBL Dissertation Series
SBLMS	SBL Monograph Series
SBLSP	*SBL Seminar Papers*
SBM	Stuttgarter biblische Monographien
SBS	Stuttgarter Bibelstudien
SBT	Studies in Biblical Theology
Schneemelcher	W. Schneemelcher, *New Testament Apocrypha,* ET

	ed. R. McL. Wilson (2 vols.; Cambridge: Clarke/Louisville: Westminster/John Knox, ²1991, 1992)
SEÅ	*Svensk exegetisk årsbok*
Sib. Or.	*Sibylline Oracles*
SJT	*Scottish Journal of Theology*
SNT	Studien zum Neuen Testament
SNTSMS	Society for New Testament Studies Monograph Series
SNTU	*Studien zum Neuen Testament und seiner Umwelt*
SPCIC	*Studiorum Paulinorum Congressus Internationalis Catholicus 1961* (AnBib 17-18; Rome: Biblical Institute, 1963)
SR	*Studies in Religion/Sciences Religieuses*
ST	*Studia Theologica*
Str-B	H. Strack and P. Billerbeck, *Kommentar zum Neuen Testament* (4 vols.; Munich: Beck, 1926-28)
SUNT	Studien zur Umwelt des Neuen Testaments
Schürer	E. Schürer, *The History of the Jewish People in the Age of Jesus Christ,* rev. and ed. G. Vermes and F. Millar (4 vols.; Edinburgh: Clark: 1973-87)
T. Abr.	*Testament of Abraham*
T. Ben.	*Testament of Benjamin*
T. Dan	*Testament of Dan*
T. Iss.	*Testament of Issachar*
T. Job	*Testament of Job*
T. Jos.	*Testament of Joseph*
T. Jud.	*Testament of Judah*
T. Levi	*Testament of Levi*
T. Naph.	*Testament of Naphthali*
T. Reub.	*Testament of Reuben*
T. Zeb.	*Testament of Zebulun*
TDNT	G. Kittel and G. Friedrich, eds., *Theological Dictionary of the New Testament* (ET 10 vols.; Grand Rapids: Eerdmans: 1964-76)
TDOT	G. J. Botterweck and H. Ringgren, eds., *Theological Dictionary of the Old Testament* (ET Grand Rapids: Eerdmans, 1974-)
THKNT	Theologischer Handkommentar zum Neuen Testament
ThQ	*Theologische Quartalschrift*
ThViat	*Theologia Viatorum*

TLZ	*Theologische Literaturzeitung*
TNTC	Tyndale New Testament Commentaries
TQ	*Theologische Quartalschrift*
TR	*Theologische Rundschau*
TRE	*Theologische Realenzyklopadie,* ed. G. Krause and G. Müller (Berlin/New York: de Gruyter, 1976-)
TS	*Theological Studies*
t.t.	technical term
TU	Texte und Untersuchungen
TynB	*Tyndale Bulletin*
TZ	*Theologische Zeitschrift*
UBS	*The Greek New Testament,* ed. K. Aland, et al. (New York: United Bible Societies, [1]1966, [3]1975)
Urbach, *Sages*	E. E. Urbach, *The Sages: Their Concepts and Beliefs* (2 vols.; Jerusalem: Magnes, 1979)
USQR	*Union Seminary Quarterly Review*
VC	*Vigiliae christianae*
Vermes	G. Vermes, *The Dead Sea Scrolls in English* (London: Penguin, [4]1995)
VF	*Verkündigung und Forschung*
v.l.	*varia lectio,* alternative reading
viz.	*videlicet,* namely
vol.	volume
v., vv.	verse, verses
WBC	Word Biblical Commentary
WMANT	Wissenschaftliche Monographien zum Alten und Neuen Testament
WTJ	*Westminster Theological Journal*
WUNT	Wissenschaftliche Untersuchungen zum Neuen Testament
ZBK	Zürcher Bibelkommentare
ZNW	*Zeitschrift für die neutestamentliche Wissenschaft*
ZTK	*Zeitschrift für Theologie und Kirche*

제 1 장

프롤로그

§1 바울 신학 서설[1)]

§ 1.1 왜 바울 신학을 다루는가?

바울은 기독교 최초의 신학자요 또한 최고의 신학자였다. 후 세대의 안목으로 보면, 바울이야말로 두말할 여지도 없이 첫째가는 기독교 신학자이다. 물론, 그리스도인으로서 신앙을 생각하고 표현하는 모든 사람들을 다 "기독교 신학자들"이라 부를 수 있을 것이고, 아니면 최소한 신학적으로 활동한다고 말할 수는 있을 것이다. 그러나 바울은 자기의 믿음을 글로써 구체화시키고 다른 이들에게 그 공통적인 믿음을 가르치는 것을 소명의 일부로 여겼고 그리하여 생애의 상당 부분을 그 일에 바친 그런 그리스도인 그룹에 속하는 사람이다. 그러므로 최소한 오늘날 우리의 입장에서 보면, 바울은 이러한 소명에 자기 자신을 효과적으로 바친 최초의 그리스도인이었다. 다른 이들도 처음부터 신학적으로 역할을 담당하기도 했다. 가장 초기의 기독교 교회들에는 상당히 많은 사도들과 선지자들과 교사들과 목회자들이 있었다. 그러나 최초의 기독교 세대로부터는 단 하나의 직접적인 증언밖에는 얻을 수가 없다. 단 한 사람, 즉 바리새인 사울이었던 사도 바울의 신학 작업의 결과밖에는 없는 것이다. 바울의 서신들을 통해서만 기독교의 첫 세대와 또한 그 첫 세대의 기독교 신학 작업을 접하게 된다는 것을 충분히 확신할 수 있을 것이다.[2)]

---

1) 이 책 말미의 참고문헌을 보라.

2) 물론 그렇다고 해서 예수의 가르침과 사역에 대한 기억이 기독교의 첫 세대 동안 이미 상당한 신학적 성찰을 거쳤다는 사실에 대해 이의를 제기하는 것은 아니다. 그러나 누가 신

더 나아가서, 바울은 걸출하다는 의미에서도 "첫째"가는 기독교 신학자였다. 그는 기독교의 형성과 신학에서 그 이후의 다른 어느 시대보다 더 창조적이고 더 결정적인 시대에 속하는 사람이었다. 그리고 그 세대 내에서도 바울이야말로 다른 어느 누구보다도 예수에게서 시작된 그 새로운 운동이 진정으로 국제적이며 지적으로 일관성 있는 종교가 되도록 기초를 마련한 인물이었다. 바울은 사실 "기독교의 두 번째 창시자"로 불려왔고, 또한 "첫 번째 창시자에 비할 때에 더 강력한 … 영향을 미친" 인물로 일컬어져왔다.[3] 혹 이런 진술을 바울의 의의에 대하여 지나치게 부풀려진 평가로 간주해야 한다 하더라도, 바울의 영향력과 그의 저작들이 다른 어떠한 인물의 저작들과 신학과도 비교할 수 없을 만큼 기독교의 형성에 기여했다는 사실은 분명하다. 공관복음서가 우리를 예수의 가르침에 더 한층 가깝게 접근시켜 주는 것은 사실이다. 요한의 복음서는 구체적으로 예수 그리스도에 관한 — 그리고 기독교 영성 전반에 관한 — 후세대의 사고를 위하여 측량할 수 없을 만큼 큰 영향을 미쳤다. 또한 사도행전이 없었다면 기독교가 처음에 어떻게 퍼져나갔는지에 대해서 분명한 이해를 할 수 없었을 것이다. 그러나 신학이 기독교 믿음을 명확히 해명해 나가는 면을 통해서 가늠되는 것이라면, 바울의 서신서들이야말로 절대로 다른 것들이 넘볼 수 없는 기독교 신학의 확고한 터전을 놓은 것이라 하겠다.

그러므로 바울이야말로 역사상 가장 위대한 기독교 신학자라는 주장이 제기된다. 결국 이는 바울의 서신서들의 정경으로서의 위상(the canonical status)에 대한 전통 기독교의 승인을 다시 진술하는 것이나 마찬가지다. 그러한 위상에는 처음 받아들여진 이후부터 그 서신서들이 권위를 누려온 사실을 인정하는 면이 그 속에 내재되어 있기 때문이다. 그 서신서들은 그것들을 수신한 교회들에서 귀하게 여겨졌고, 기독교 신앙과 예배와 일상적인 삶의 교훈을 위하여 지속적인 가치가 있는 것으로 높임을 받았고, 또한 다른 교회들에까지 널리 회람되어 그 권위를 인정하는 범위가 점점 더 넓어져서 결국 2세기에 가서 그 서신서들의 정경적 위상

학 작업을 하고 있었고 또한 누가 신학자였느냐 하는 것은 분명하지 않다. 신약의 다른 저작들도 바울의 서신서들만큼 저작 시기가 이른 것들이 있을 수 있지만(야고보서가 가능성이 있다), 바울의 서신서들만큼 의의가 크지는 못할 것이다.

3) Wrede, *Paul* 180; Meeks, *Writings* Part V.

(믿음과 삶의 공식적인 규범을 제시하는 것으로서)이 인정받기에 이른 것이다.[4] 이렇게 하여 신약 정경 내의 바울의 위상 그 자체가 바울의 신학 저작들에 그 후에 이어지는 모든 기독교 신학자들을 압도하고도 남는 탁월함을 준다.

그렇다고 해서 신학자로서 바울의 권위가 그저 형식적일 뿐이었다는 말은 아니다. 여러 세기를 흐르는 동안 가장 두드러지게 나타난 것은 정경화(政經化)된 교회의 창시자 바울에 대한 존경심보다는[5] 오히려 바울의 신학 그 자체가 미친 영향력이었다. 또한 바울의 신학이 특히 초기 교회에 합당한 만큼 제대로 영향력을 발휘했다고 주장하는 것도 아니다. 그러나 교부 시대부터도 클레멘트(Clement), 이그나티우스(Ignatius), 이레나이우스(Irenaeus)에게 미친 그의 영향이 충분히 분명하게 드러난다. 그리고 고대의 후기에 와서 아우구스티누스는 하나의 바울 신학의 형태로 기독교 신학을 재진술하였고 그것이 중세기 대부분에 걸쳐서 주도적인 영향을 미치게 되었다. 또한 종교개혁을 형성한 것이 바로 바울 신학의 영향이었다는 것도 구태여 상기시킬 필요조차 없는 분명한 사실이다. 그리고 현대에 들어와서는 바우어(F. C. Baur)와 칼 바르트(Karl Barth)의 다양한 증언들이 또한 그 첫째가는 위대한 사도 및 신학자의 동일한 지속적인 영향을 증거해 주는 것이다. 어쩌면 여기에 한 가지 덧붙여야 할 것이 있을 것 같다. 곧, 문제는 바울 자신이 이 사람들보다, 혹은 동서고금(東西古今)을 막론하고 그 어떠한 사람들보다 더 나은 신학자였느냐 하는 것이 아니라는 것이다. 오히려 중요한 것은 불가피하게 바울의 신학이, 지금도 계속 흐르고 있는 기독교 신학 작업의 강(江)을 위하여 여전히 그 근원으로서 역할을 다하고 있고 또한 그 작업을 위하여 없어서는 안될 터전을 제공하고 있다는 사실이다. 그렇기 때문에 심지어 바울의 신학을 비판하고자 하거나 또는 다른 것을 기초로 삼아서 자기들 나름대로 신학을 세우기를 바랐던 사람들까지도 바울과 교류하는 것이 필요하고 또한 가능한 곳에서는 그의 저작으로부터 지원을 이끌어낼 필요가 있다는 것을 깨달아온 것이다.

---

4) 이 과정들에 대해서 더 상세히 들어갈 필요는 없을 것이다. 바울 초기의 영향에 대해서는 특히, E. Dassmann, *Der Stachel im Fleisch. Paulus in der Frühchristlichen Literatur bis Irenäus* (Münster: Aschendorff. 1979); A. Lindemann, *Paulus im ältesten Christentum. Das Bild des Apostels und die Rezeption der paulinischen Theologie in der frühchristlichen Literatur bis Marcion* (Tübingen: Mohr, 1979) 등을 보라.

5) 공식적으로는 베드로가 바울보다 훨씬 더 영향력이 있었다.

그러므로, 기독교 신학의 각 세대들마다 바울의 신학을 새롭게 조명하는 일이 매우 중요하다. 지난 세대들을 보면 그런 시도들이 없었던 적이 없었다.[6] 그러나 불트만의 획기적인 신약신학 해설 이후[7] 지난 오십 년 동안에는 바울의 신학을 재진술하거나 깊이 있게 씨름하는 본격적인 시도가 아주 미미했다. 신약신학의 일부로서 간략하게 다룬 것들[8]이나 혹은 대중적인 수준에서 다룬 것들[9]이 더러 있었을 뿐이다. 여러 가지 개별적인 연구서들이 부분적인 신학서들 속에 모아지기도 했다.[10] 바울의 생애와 신학을 함께 취급한 저작들도 몇 가지 있었다.[11] 이와 더불어 발전적인 모델과 관련된 것들로서 바울의 회심으로부터 선교 사역과 서신 기록의 과정을 지나는 동안 바울의 신학이 발전해 가는 과정을 추적하는 것들이 있는데, 이는 바울 신학을 대하는 하나의 중요한 대안적인 모델이라 하겠다.[12] 그러

6) 전체 참고도서와 이어지는 각 절 도입부의 참고문헌들이 이 점을 잘 입증해 준다.

7) Bultmann, *Theology*.

8) 예컨대, Conzelmann, *Outline*; Kümmel, *Theology;* Goppelt, *Theology;* Gnilka, *Theologie* 등이 그것들이다. 최근에 나온 Stuhlmacher, *Biblische Theologie;* Strecker, *Theologie* 등은 지나치게 압축되어 있거나 여러 가지 문제들을 대강 질러가는 점이 있다. Schlier의 많은 계발을 주는 연구서(*Grundzüge*)는 다소 꼬리를 감추는 면이 있다.

9) 특히 대중적인 연구서로서는 Keck, *Paul*; Ziesler, *Pauline Christianity*, 그리고 그 전에 나온 Dodd, *Meaning* 등이 있다. Barrett의 *Paul*이 다음 세대를 위해서 비슷한 역할을 해 줄 수 있을 것이다. 좀 더 충실한 것으로는 Witherington, *Paul's Narrative Thought World*를 들 수 있다.

10) 특히 영향을 미친 것은 Käsemann의 논문들(*Perspectives; Essays; New Testament Questions)*이다. 또한 특별히 Kertelege, *Grundthemen;* Hofius, *Paulus-studien;* Penna, *Paul the Apostle* 등을 보라.

11) Gnilka, *Paulus*(신학 부문에서는 상당 부분을 그의 *Theologie*에서 빌려왔다); Lohse, *Paulus*; Murphy-O'Connor, *Paul* 등이 1996년에 갑자기 쏟아져 나왔다. 그 이전의 연구서인 Bornkamm, *Paul*이 여전히 영향을 미치고 있다.

12) 예컨대, Sabatier, *Paul*; Buck and Taylor, *Saint Paul*; Bruce, *Apostle*; Becker, *Paul* 등이 그것들이다. 또한 바울 서신서의 신학들을 전후 관계에 따라 논의하는 SBL의 바울 신학 그룹의 시도(여러 권으로 된 *Pauline Theology*, eds., Bassler, Hay, and Hay and Johnson)도 주목할 필요가 있다. 또 다른 대안으로 신약신학 전체의 주제별 연구서인 Richardson, *Introduction*; Guthrie, *New Testament Theology*; Caird, *New Testament Theology* 등이 있는데, 이는 바울 신학의 일관성이나 그 독특한 특질들을 지속적으로 파악하는 데에는 어려움이 있다. 예를 들어서, Caird의 *Theology*에서는 바울 신학에서 율법의

나 이전 세대에 속하는 좀 더 전면적인 연구서들과 비교하면[13] 근자에 들어서는 바울의 신학을 하나의 질서정연하고 일관성 있고 스스로 유지되는 체계로서 철저하게 재진술을 시도하는 저술들이 몇 가지 되지 않는다. 데이비스(W. D. Davies), 요하네스 뭉크(Johannes Munck), 크리스천 베커(Christiaan Beker), 한스 휘브너(Hans Hübner) 등의 중요한 저작들은 특정한 논지를 추구하였다 — 데이비스는 바울을 가능한 한 충실하게 랍비들의 유대교(Rabbinic Judaism)의 맥락 속에 설정하며,[14] 뭉크는 바우어(Baur)가 제시한 가장 초기 기독교의 재구성의 계속되는 영향을 지속적으로 비평하며, 베커는 바울의 일관성과 의존성 이론을 전개하며, 휘브너는 신약 저자들을 구약과 일치하도록 신학적으로 개종시키는(Umgang) 작업(Aufarbeitung)으로서 그의 「성서 신학」(*Biblische Tehologie*)의 과제를 해명하고 있다.[15] 최근의 연구서 중에서는 과거의 연구 성과와 범위 면에서 완전하게 견줄 수 있는 것으로는 아마 헤르만 리더보스(Herman Ridderbos)의 「바울」(*Paul*)밖에는 없을 것이다. 그러나 영국 쪽에서 나온 언어 연구로 굉장히 지속적으로 영향을 미치고 있는 휘틀리(D. E. H. Whiteley)도 반드시 언급하고 지나가야 할 것이다.[16]

그런데 오늘날 대개 "바울에 대한 새로운 관점"이라고 일컬어지고 있는 연구에 비추어 볼 때에, 바울 신학의 전면적인 재진술을 새로이 시도할 필요성이 더욱 더 절실해지고 있다.[17] 지난 한두 세대 동안에 바울 신학에 대한 전면적인 체계적 연구가 없었던 사실은 아마도 바울 신학의 재진술 작업이 너무도 예측 가능해져 버린 탓이었을 것이다. 새로이 진술할 거리가 거의 없으니 똑같은 과거의 재료를 그대로 반복하자면, 혹은 새로운 패턴을 찾기 위해서 그저 똑같은 과거의 재료를 이

역할에 대한 분명한 인상을 얻을 수가 없다.

13) Baur, *Paul*; Pfleiderer, *Paulinism*; B. Weiss, *Biblical Theology*; Feine, *Theologie*; Prat, *Theology*, Cerfaux의 3권으로 된 저서(§10 주1, §14 주1, §20 주1) 등을 생각할 수 있다.

14) 그는 바울을 헬레니즘 종교와 문화의 맥락 속에 설정하던 그 당시 주류를 이룬 경향에 대한 반작용에서 그렇게 하였다.

15) Hübner, *Biblische Theologie* 1. 28.

16) Whiteley, *Theology*.

17) §14. 1을 보라.

리저리 뒤섞어 놓기만 하자면, 구태여 책이 더 나올 필요가 어디 있겠는가? 그런데, 이처럼 조용한 막다른 골목에 이른 것 같던 신약과 기독교 신학 연구에 에드 샌더스(Ed Sanders)의 「바울과 팔레스타인 유대교」(*Paul and Palestine Judaism*)가 등장하여 신경을 건드리며 각성을 촉구한 것이다. 그가 주목을 끈 문제는 그 자체로서는 그렇게 새로운 것이 아니었다. 곧, 팔레스타인의 유대교의 성격을 신적 은혜의 주도 아래 있는 하나의 종교 체계로 가정하는 것이었다. 그러나 그의 작업으로 말미암아, 기독교의 시작 전반이나 혹은 구체적으로 바울 신학을 이해하고자 하는 진지한 열망을 불태우는 자들로서는 그가 재진술하는 팔레스타인 유대교와 기독교 신학 내에서 전통적으로 재구성해 놓은 유대교 사이의 예리한 대조를 절대로 무시할 수 없게 되었다. 바울 신학에 대한 우리의 현대적 이해를 위하여 뒤따라 올 수밖에 없는 갖가지 심각한 결과들은 차치하고라도, 바울의 조상 때부터 내려온 종교와 바울 자신의 관계가 무엇이었는지에 대한 완전한 재평가 작업이 필요하게 된 것이다.

그 재평가 작업은 지금도 계속해서 펼쳐지는 과정에 있다. 이로 말미암아 바울 신학에 대한 연구가 다시 왕성하게 진행되었는데, 이런 현상은 25년 전만 해도 불가능한 것으로 보였다. 그리고 몇 차례의 신선한 논쟁들이 일기 시작하였다. 이러한 새로운 양상에서 특별히 기뻐할 만한 점은 유대인 바울을 연구하는 유대인 학도들과의 새롭고 창조적인 대화가 이제 열렸다는 사실이다.[18] 바울이 기독교 신학 전반에 기초적이며 중추적인 역할을 담당하기 때문에 그런 재평가 작업이 그토록 중요한 것이고, 또한 과거의 패러다임에 근거하여 오랫동안 정설로 확립되어 온 바울의 복음의 재진술의 편에서는 그야말로 민감하고 논쟁을 불러일으키는 문제이다. 다음에 이어지는 내용은 그 재평가 작업에 조화를 이루도록 긍정적으로 기여하고자 하는 의도로 제시하는 것이다.

18) 특히, Segal, *Paul the Convert*; Boyarin, *A Radical Jew*; Nanos, *Mystery* 등이 있다. Montefiore, *Judaism*; Schoeps, *Paul*; Sandmel, *Genius* 등은 초기의 대화를 대변해 준다. 이와는 대조적으로, H. Maccoby의 *The Mythmaker: Paul and the Invention of Christianity*(London: Weidenfeld and Nicholson/New York: Harper and Row, 1986)은 안타깝게도 과거의 논쟁으로 다시 복귀하고 있다.

§ 1.2 "바울 신학"이란 무엇인가?

"신학"이라는 용어 자체를 해명하는 것부터가 하나의 도전이다. 갖가지 정의들이 제기되었고, 또한 몇 가지 껍질들을 벗겨서 명확히 해명하는 일이 가능하기도 하다.[19] 그러나 그 정의가 복잡하거나 세련된 것일수록, 지지를 받기가 더 어려워질 것이다. 언뜻 보면, 최소한 아주 간단한 실질적인 정의로 시작하는 것이 합당할 것처럼 보이기도 한다. 그리하여 예를 들어서, "신학"을 하나님(데오스)에 대한 논설(로고스)로 정의하여, 거기에 관련되고 그런 논설에서 직접적으로 파생되는 모든 것들을, 특별히 종교적 신앙과 삶의 일관성 있는 전개를 그런 식으로 표현할 수 있을 것이다. 그러나 사람이 어떻게 "하나님에 대해 논설"할 수 있으며 또한 어떻게 논설해야 하느냐는 질문을 제기하거나, 혹은 "신학"이라는 단어를 다른 단어들과 연계시키거나 혹은 그 범위를 달리 규정하게 되면, 문제점이 곧바로 발생하는 것이다.

구체적으로 말해서, "신학"이라는 단어 앞에 "신약"이라든가 "성경"(biblical)이라든가 하는 단어를 붙여 놓게 되면 곧바로 여러 가지 문제들이 제기된다. 이 수식어들이 안고 있는 문제점들 때문에라도, "신약신학" 혹은 "성경신학"에 대해서 과연 어떤 의미로 논할 수 있으며 또한 어떤 의미로 논하여야 하는가 하는 등등의 문제들이 제기되는 것이다. 그러나 우리는 바울에 초점을 맞추고 있으므로, 이런 문제들 가운데 몇 가지는 피할 수 있고 또한 그 문제들을 해결할 수도 있을 것이다. 그러나 이와는 달리 바울 자신의 사역의 성격과 그의 자아 인식(self-perception)에서 나오는 다른 문제점들이 있다. 그는 우선적으로 신학자였는가, 아니면 선교사였는가, 교회 개척자였는가, 아니면 목회자였는가? 바울의 신학에 대해 초점을 맞추게 되면 불가피하게 제한성이 생기는 것은 아닌가? 하는 문제들이다. 또한 바울의 의사 전달의 성격 — 신학적 논고가 아니라 서신들을 사용함 — 과 관련한 문제점들도 있다. 곧, 바울의 신학에 초점을 맞추면 혹시 그가 이루고자 애썼던 그런 의사 전달에 대해서와 그 서신서들의 지속적인 의사 전달의 가능성에 대해서 우리가 갖는 인식이 왜곡되지는 않을까? 하는 것이다.

지나간 두 세기 동안 그런 문제점들이 제기되고 논의되어온 과정에 대해서, 그

19) 예컨대, 필자의 "In Quest of Paul's Theology"에서 제시한 몇 가지 최근의 정의들에 대한 논평을 보라.

리고 성경신학의 개념에 대하여 제기된 갖가지 비평들에 대해서 간단히 살펴보면 그 주요한 이슈들이 충분히 부각될 것이다.

a) 서술인가, 대화인가? 신약신학을 친숙하게 아는 사람들에게는 그것이 확실하게 구별된 하나의 학과로서의 성격을 지니게 된 것은 불과 이백여 년 정도밖에는 안 된다는 것을 구태여 상기킬 필요가 거의 없을 것이다. 최초로 성경신학을 교의신학과 별도로 구분시킨 가블러(J. P. Gabler)의 시도가 1787년에 이루어졌으니 말이다.[20] 그 당시 그가 제창한 성경신학과 교의신학의 구분 — 성경신학은 본질적으로 역사적 성격을 띠며 교의신학은 교훈적 성격을 띤다는 — 으로 말미암아 계몽 시대 이후의 본문 연구에 불가피하게 하나의 긴장이 발생하게 되었다. 그러한 긴장은 신약의 신학에 대해서나 신약 가운데 어느 책의 신학에 대한 모든 논의 이면에 깔려 있었던 것으로, 신약신학의 적합성과 방법론이 논의될 때마다 항상 겉으로 드러나는 것이었다. 그저 몇몇 주요 학자들의 이름만 들어도 충분히 이 점을 알 수 있을 것이다. 윌리엄 브레데(William Wrede), 크리스터 스텐달(Krister Stendahl), 헤이키 레이제넨(Heikki Räisänen) 등, 신약신학(이런 명칭이 적절한지도 확실치 않을 뿐더러)이 절대로 서술적(敍述的)인 성격 이상의 성격을 지닐 수 없다고 — 엄밀히 말하자면 신학이라기보다는 차라리 일종의 종교현상학이라고 할 수 있을 것이다 — 강변하는 대표적인 주자들이 한쪽에 있다.[21] 그리고 다른 쪽에는, 성경신학의 역사적 성격 때문에 그것이 교의신학에서 분리된다는 사고를 인정하지 않는 아돌프 슐라터(Adolf Schlatter)와 앨런 리처드슨(Alan Richardson),[22] 그리고 하나님의 말씀, 곧 케리그마가 바울의 말씀을 통해

---

20) *On the Proper Distinction between Biblical and Dogmatic Theology and the Specific Objectives of Each*; ET by J. Sandys-Wunsch and L. Eldredge in *SJT* 33 (1980) 134-44 (주석과 내용 요약은 144-58); W. G. Kümmel, *The New Testament: The History of the Investigation of Its Problems* (London: SCM/Nashville: Abingdon, 1973) 98-100에서도 그 주요 내용이 정리되어 있는 것을 접할 수 있다.

21) W. Wrede, "The Task and Method of 'New Testament Theology,'" in Morgan, *Nature of New Testament Theology* 68-116; K. Stendahl, "Biblical Theology," *IDB* 1. 418-32; Räisänen, *Beyond New Testament Theology*.

22) A. Schlatter, "The Theology of the New Testament and Dogmatics," in Morgan, *Nature of New Testament Theology* 117-66; Richardson, *Introduction*. 후자는 L. E. Keck, "Problems of New Testament Theology," *NovT* 7 (1964) 217-41에게서 신랄한 비판을 받

서 여전히 소리를 발한다고 주장하는 칼 바르트(Karl Barth)와 루돌프 불트만(Rudolf Bultmann),[23] 그리고 명칭 그 자체 속에 함축되어 있는 기독교의 입장을 분명히 밝히도록 성경신학을 재진술하는 한스 휘브너(Hans Hübner)와 피터 스툴마허(Peter Stulmacher) 등,[24] 여러 범주의 학자들을 쉽게 접할 수 있을 것이다.

물론 그 문제에 대한 논쟁은 가블러가 일률적으로 시도한 구분에서 훨씬 더 멀리 나아갔다. 그리하여 지금에 와서는 그 어떤 내용에 대한 순전히 객관적인 서술이 — 다른 사람의 사상은 말할 것도 없고 — 한마디로 불가능하다는 것을 다 알고 있다. 본문을 읽는 데에 "두 지평"이 있다는 것과 그 둘을 서로 합치는 해석학적 작업(Horizont-verschmelzung)[25]이 있어야 한다는 점을 우리 모두가 의식하고 있다. 그러나 바울의 경우는 이런 것과는 약간 다른 도전이 제기되는데, 이것은 어떤 면에서는 더 쉽고 또 어떤 면에서는 더 어렵기도 하다. 그것은 곧 바울의 서신서들이 본질상 감정이 개입되지 않은 논고(論考)들이 아니라 아주 개인적인 성격이 농후한 편지들이라는 점이다. 그리고 바울은 그 편지들 속에서 근본적인 의의를 지니는 문제들을 거듭거듭 다루고 있고, 그는 그것들을 독자들의 생명과 죽음을 가늠하는 문제로 생각하고 있다는 것이다. 각 편지들마다 정도는 다르지만 모두가 "복음의 진리"(갈 2:5, 14)를 변론하고 해명하는 것이다. 그러므로, 이러한 내적인 강렬한 의지와 그의 메시지가 지니는 이러한 실존적인 의의를 인식하지 않고는 바울을 진지하게 대한다는 것이 — 하나의 서술적인 작업으로서도 — 불가능한 것이다. 그가 제시하는 논지들과 그가 표현하는 견해들에 대해서 최소한 어느 정도라도 신학적인 평가를 하지 않고서는 아무리 간략하게라도 그의 사상 세계로 들어갈 수 없고, 더욱이 그의 진술들에 대해 해석을 시도한다는 것은 전혀

고 있다.

23) Barth, *Romans*, Preface to the second edition (2-15); R. Bultmann, "The New Testament and Mythology," in H.-W. Bartsch, ed., *Kerygma and Myth* 1 (London: SPCK / New York: Harper and Row, 1953) 1-44; 또한 그의 *Theology* 2. 251을 보라.

24) Hübner, *Biblische Theologie;* Stulmacher, *Biblische Theologie.* "성경신학"이라는 개념에 대한 몇 가지 문제점들에 대해서는 필자의 "Das Problem 'Biblische Theologie,'" in Dohmen and Söding, *Eine Bibel* 179-93을 보라.

25) 이 용어는 가다머(Gadamer)의 것이다. A. C. Thiselton, *The Two Horizons* (Exeter: Paternoster / Grand Rapids: Eerdmans, 1980) 15-16.

불가능하다. 다시 말해서, 죽어 있는 시체를 임상적으로 분석하는 식보다는 살아 있는 상대자와 대화를 시도하는 식의 해석학적 모델이 필요하다.[26] 본문 내에 있는 "실재"(實在: real presence)[27]를 대면하지 못하면 바울 신학은 만족스러울 수가 없는 것이다.

그러므로 특히 바울의 경우에 필자는 신학적 해석학의 긴장을, 주요 주제에 대한 비평적인 객관적 자세(critical disinterestedness)와 개인적인 연루의 자세(personal involvement) 사이의 긴장으로 재진술하고 싶은 마음이다. 즉, 바울 신학의 분석 결과들을 모두 원칙적으로 동등하게 받아들이고 당사자 자신의 신학이나 사고 등과는 결부시킬 필요가 없는 그런 전혀 객관적인 자세와, 또한 가능한 만큼 역사적 객관성을 추구하면서도 분석의 결과들에 따라서 아무리 작은 것이라도 당사자의 전반적인 이념적 입장과 생활방식에 어떤 조정이나 변화가 생기도록 개인에게 영향을 미치는 그런 개인적인 연루의 자세 사이에 긴장이 있다는 것이다.[28] 이렇게 이해하고 볼 때에 과연 바람직한 바울 신학이냐 하는 것을 테스트하는 기준은, 과연 그것이 독자와 교회로 하여금 바울의 사상 세계 속으로 들어가게 하고 그리하여 바울이 제기하는 주장들과 그가 전하는 문제들과 신학적으로 교감하게 하여 본문 그 자체로 새롭게 나아가게 하고 거기서 읽는 바에 의해서 정보를 얻게 하고 또한 바울이 말한 바에 관하여, 또한 계속해서 신학적 관심을 불러일으키는 문제들에 대하여 바울과 논쟁에 참여하도록 자극을 주느냐 하는 것이 될 것이다.[29]

---

26) 필자는 이러한 해석학적 대화의 모델이 무슨 의미인지를 Dunn and Mackey, *New Testament Theology in Dialogue* 1장에서 간략하게 설명하였다. §1.5를 보라.

27) G. Steiner, *Real Presences* (London: Faber and Faber / Chicago: University of Chicago, 1989)에서 따온 말이다.

28) 그러한 개인적인 연루의 자세에는 보통 특정한 믿음의 (기독교의) 전통과 예배 드리는 공동체에 참여하는 것 (혹은 거기에 반대하는 것)과, 그런 참여에 (혹은 반대에) 수반되는 전이해(前理解: preunderstanding)가 포함된다.

29) 이와 관련되는 좀 더 폭넓은 문제들은 "신약신학"이라는 제목을 붙여 논의하는 것이 더 적절한데, 이에 대해서는 예컨대, R. Morgan, "Theology"(NT), *ABD* 6. 473-83, 특히 480-83; 그리고 W. G. Jeanrond, "After Hermeneutics: The Relationship between Theology and Biblical Studies," in F. Watson, ed., *The Open Text: New Directions for Biblical Studies* (London: SCM, 1993) 85-102, 특히 92-98을 보라.

b) 신학인가 아니면 종교인가? 신약학의 역사에서 두 번째 중요하고도 타당성 있는 발전 양상은 신학을 교리로 이해하고 거기에 초점을 맞추는 일은 "신약신학"이라고 알려져온 해석학적 작업을 이해하는 데에는 너무도 편협하다고 보는 종교사학파(religionsgeschichtlich)의 인식이었다.[30] 그런데 이러한 인식이 바울의 경우에도 그대로 적용된다는 점은 두말할 필요도 없을 것이다. 신학적 논증과 권면이 결합되어 있는 그의 서신서들의 전형적인 구조만으로도 이 점이 분명히 드러난다 하겠다. 예를 들어서 로마서 12~16장을 무시하고 1~11장에만 초점을 두거나, 혹은 갈라디아서 5~6장을 무시하고 1~4장에만 초점을 두는 식으로 바울의 신학을 다루려고 한다면, 그것은 균형이 없는 불완전한 시도로서 스스로 설득력을 잃고 말 것이다. 일상 생활에서와 교회 모임들에서 그가 믿었던 내용을 다루는 것이 바울의 복음 이해에 근본적으로 중요한 일이다.

이러한 사실은 바울이 자기 자신의 유대교적 유산 및 과거와 과연 어떠한 관계를 맺고 있었느냐에 대한 최근의 재평가 작업이 중요하다는 점을 새롭게 부각시켜 준다. 과연 "신학"이라는 것이 유대인들의 믿음과 생활을 묘사하는 가장 적절한 명칭이냐 하는 문제가 계속해서 남아 있기 때문이다. 사실 전통적인 유대교에서 무게 중심은 믿음보다는 실천 쪽으로 훨씬 더 기울어져 있었던 것 같다. 곧, 토라 — 교훈 혹은 지침 — 와 할라카 — 어떻게 행할 것인가 — 가 더 비중이 있었다는 뜻이다. 결과적으로, 바울이 무엇을 믿었느냐 하는 것에 즉, 그의 믿음에 초점을 맞추게 되면, 바울의 신학이 그의 유대적 유산과 어떻게 관계를 맺었느냐 하는 문제에 대한 분석이 시초부터 편파적이 되어 버리는 것이다. 바울의 종교와 그의 조상들의 종교가 서로 이반되어 있기 때문이다.

결국, 차라리 바울의 종교(religion)를 연구하는 더 광범위한 작업에 대해 논하기를 원하는 사람들이 생길 수도 있을 것이다. 그러나 필자로서는 "신학"이라는 용어를 좀 더 폭넓은 의미로 이해하고 싶다. 즉, 하나님에 대한 논의와 또한 그런 논의에서 직접 파생되는 모든 내용들 — 믿음과 실천 사이의 상호 작용에 대한 내용도 포함하여 — 에 대한 논의를 의미하는 것으로 말이다. 고전적 기독교 신념에 대한 옛 자유주의적 개신교의 재진술 — 즉, 윤리와 인간 관계들을 시험 기준으로 삼아서 어떤 교의를 파괴하거나 입증했던 — 을 그저 비판만 할 것이 아니

30) 이에 대한 고전적인 진술에 대해서는 Wrede, "Task and Methods" (각주21)을 보라.

라 다시 먼지를 털어서 신학의 범위 내에서 새롭게 검토할 필요가 있다. 일상 생활과는 거리가 먼 신학은 바울의 신학이라 할 수 없을 것이다.

종교사학파 사람들이 인식하고 있듯이, 그렇게 초점을 넓히게 되면, 이제 곧 살펴보게 되겠지만, 바울 신학이 그 당시 사회의 다른 종교적 세력들과 더 긴밀한 관계 속으로 들어가게 되는 일이 불가피해질 것이다. 바울의 신학은 엄밀히 말해서 그 자체가 일 세기의 지중해 동부 세계를 풍미했던 여러 가지 종교적 요인들과 사회적 특색 가운데 하나로서 고린도서에서 구체적으로 암시되듯이 그것들과 온갖 교류와 영향을 주고 받는 것이었다. 계속해서 이어지는 통찰력 있는 연구들이 제시하듯이[31] 이런 요인들을 무시하고 — 예컨대 고린도전서에서 다루는 문제점들이 순전히 "신학적" (즉, 교리적) 성격을 띠는 것이라고 전제하고서 — 바울의 신학을 쓴다는 것은 이제는 현실성이 없다. 바울의 논지들과 권면들을 신학적으로 분석하는 데에는 후견인들의 영향력, 권력의 조직 계통, 사회적 처지, 노예제도의 성격, 의사 전달 체계로서의 음식, 그룹간의 경계를 설정해 주는 의례 등의 문제들을 반드시 고려해야만 하는 것이다.[32] 그런 요인들을 인정하는 것을 신학 작업에서 타협하는 것으로 여겨서는 절대로 안될 것이다. 오히려 반대로, 너무도 현실적인 당시 시대의 사회적 관계 속에 그렇게 뿌리 박혀 있고 또한 상관 관계를 맺고 있다는 점을 인정하는 것이야말로 바울 신학의 살아 있는 성격을 제대로 드러내도록 도와 주는 것이다.

c) 신학인가 아니면 수사학(修辭學: rhetoric)인가? 현대 성경 연구에서 나타나고 있는 세 번째 발전 양상으로서 구체적으로 바울 신학과도 무관하지 않은 것은 바로 문학 비평(literary criticism)의 발전이다. 그러나 여기서는 그 영향이 명백하게 드러나지는 않는다. 신약의 다른 많은 문서들의 경우와 마찬가지로, 우리는 어쩔 수 없이 그저 암시된 저자만을 다룰 수밖에 없다. 실제 저자가 우리에게는 알려져 있지 않기(어쩌면 그 이름이나 한두 가지 세부적인 내용 이외에는 아무것

31) 필자는 구체적으로 Theissen, *Social Setting*; Holmberg, *Paul and Power* (§21 각주 1); Meeks, *First Urban Christians*; N. R. Petersen, *Rediscovering Paul* (§21 각주 57); Neyrey, *Paul* 등을 지목하고 싶다.

32) S. R. Garrett, "Sociology (Early Christianity)," *ABD* 6. 89-99; S. C. Barton, "Social-Scientific Approaches to Paul," *DPL* 892-900 등의 최근의 논평들과 또한 Horrell, *Social Ethos* ch. 1의 비평을 보라.

도) 때문이다. 사정이 그러하므로, 저자에 대해서와 저작 정황에 대한 이런저런 사색으로 인하여 빛(光)보다는 열기(熱氣)만 더 많이 생겨나고, 해당 본문 자체에 대한 신중한 연구보다 그 문서에 대한 신학적 성찰을 위하여 열매가 덜하게 될 공산이 크다. 사색이 많으면 많을수록 거기서 도출된 신학적 결과들의 무게는 가벼워지게 마련이다. 더욱이 복음서들은 고대 세계에서도 아주 고유한 특성을 지니고 있으므로, 그 메시지를 파악하기 위해서는 복음서 그 자체에 의존할 수밖에 없다.

고대 세계에서 복음서와 병행되는 인접한 장르에서 직접적인 조명을 받을 수가 없으므로, 해석의 과제를 위해서는 복음서의 세계 그 자체 속에 더욱 굳게 갇힌 상태에 있는 것이다. 그러나 반면에 사도행전의 경우는 사화(史話)의 서술 이론이나, 이야기 전달과 관련된 고대의 기법들을 잘 살핀 후에야 비로소 그 온갖 처지와 형편 가운데서 효과적으로 내용을 다시 들을 수 있게 되는 것이다. 그리고 그것이 효과가 있으려면 이야기 줄거리의 드라마, 인물 제시의 생생함, 담화(談話: speeches)의 질 등이 보장되어 있어야 하는 법이다. 그래야 사도행전이 그나마 자체로서 모든 것을 완비하여 스스로 충족한 문서로서의 역할을 하는 것이다.

그러나 바울 서신들의 경우에는 편지라는 그 성격을 도저히 피할 수가 없다. 곧, 잘 알려져 있는 저자가 매우 구체적인 상황 속에서 잘 알려진 특정한 사람들에게 보내는 의사 전달 수단으로서의 성격을 벗어날 수가 없다는 말이다. 그것들은 아주 강렬한 개인적인 성격을 지니고 있으므로, 그 말씀하는 내용을 저자의 인간성과 인격에서 유추해낸다는 것이 전혀 불가능하지는 않다 할지라도 최소한 아주 지혜롭지 못한 일일 수밖에 없는 것이다.[33] 이 서신들이 매력을 끄는 근본적인 요인 중의 하나는 바로 스스로 자기를 드러내는 성격(self-revelatory character)에 있다. 즉, 강력한 힘을 발휘하며 또한 (그의 서신서들이 보존되었다는 사실로 판단할 때에) 아주 효과적인 설득자(persuader)로서의 바울, 화를 잘내는 우두머리로서의 바울, 그리고 무엇보다도 (최소한 바울 자신의 눈으로 볼 때에는) 그리스도를 통하여 하나님께로부터 임무를 부여받은 사도로서의 바울 — 그의 선교 사역 자체가 그의 복음의 구체화요 표현이었다[34] — 의 모습이 그의 서신들에서 드러

33) 이 점은 최근 갈라디아서를 연구하는 동안 특히 더 분명해졌다. 필자의 *Theology of Galatians* 1-6을 보라.

나는 것이다. 이와 마찬가지로, 바울의 논지들과 교훈들이 그의 청중들의 상황과 그와 동의하지 않는 자들의 견해에 초점을 맞추는 경우가 너무나 자주 나타나므로, 그런 상황들과 또한 바울이 반대한 그 사람들의 견해들에 대해서 어느 정도라도 인지하고 있지 않으면 그의 논지들과 교훈들을 완전히 이해하기가 불가능하다.[35] 이 점에 대해서는 다시 논의하기로 하자. 요컨대, 바울 서신들의 신학적 힘은 그 서신 수신자들과의 대화로서 지니는 성격과 계속해서 깊이 얽혀 있다는 것이다. 그 서신들은 그 구체적인 대화들의 한쪽 편의 결과이며, 그 주제들은 최소한 당시의 상황에 의해서 결정된 것이다.

그러므로 바울 신학은 역사 분석과 상황에 대한 적응(contextualization)과 밀접하게 연관되어 있다. 이러한 점은 대부분의 다른 초기 기독교 저작들의 경우에는 불가능하기도 하고 또한 필요도 없는 것이다. 바울의 논지가 또 다른 그룹을 대상으로 그들과의 관계에서 제기되는 특정한 이슈에 대해서 제시되는 경우에는 그 논지가 특정한 효과를 지니게 되므로, 그 논지의 흐름을 따라가고 또한 바울이 의도하는 뉘앙스를 집어낼 수 있을 만큼 그 구체적인 사실들을 충분히 파악하지 않고서는 그 논지를 정당하게 인식할 소망을 가질 수 없는 것이다. 이 경우 본문의 "세계"와 바울의 기독교의 "사회적 세계"(social world)가 그 서신서가 기록된 역사적 맥락 속에서 본질적으로 중복되게 마련이다.

이런 점에서 문학적 수사학적 분석들이 1세기의 문학적 산물들로서 그 서신서들이 지니는 몇 가지 특성들을 파악하도록 하는 데에 도움이 되었다. 예를 들어서, 그러한 분석들을 통해서 우리는 바울의 서신서들의 서두와 종지부들을 그 당시 서신들의 일상적인 예와 비교하여 그 독특한 특징들에 대해서 주의를 기울이게 되었고 그리하여 바울이 독자들을 설득하기 위하여 사용한 수사적인 기법들에

---

34) §21 n. 35를 보라.

35) 예컨대, J. P. Sampley, "From Text to Thought World," in Bassler, *Pauline Theology* 7: "바울이 그의 반대자들의 입장에 초점을 맞추는 경우가 비일비재하기 때문에, 바울의 반대자들을 얼마나 이해하느냐에 따라서 바울을 얼마나 이해하느냐가 직접적으로 결정되는 것이다." 그러나 이 점이 과장될 수도 있다. 예를 들어서 필자의 동료인 Walter Moberly는 고린도후서에 나타나는 바울의 십자가 신학의 신학적 힘은 바울의 반대자들이 누구냐 하는 문제에 대한 상세한 지식보다는 오히려 고린도후서의 바울의 진술의 내적인 일관성에 훨씬 더 의존한다는 점을 지적한 바 있다.

대해서 더 잘 인식하게 된 것이다.[36] 바울 신학 학도들은 역시 이 점을 계속해서 주지하여야 하며, 또한 복음서들이 예수에 대한 감정 개입이 전연 없는 묘사가 아니듯이 그의 서신들 역시 감정 개입이 전혀 없는 신학 논고들이 아니라는 점을 주지하여야 하는 것이다. 동시에 기억해야 할 것은 그런 설득의 수사학은 그것을 반대하는 부인(否認)의 수사학이나 혹은 적대적인 의혹의 해석에 취약하다는 사실이다. 바울 신학과 순전한 교류가 대화의 성격을 띤다면, 그 대화의 한쪽 상대자가 다른 상대자의 관심사에 대해서 어느 정도나 공감하느냐에 따라서 그 대화가 과연 열매가 있느냐 하는 것이 결정된다는 점을 알아야 할 것이다.

한편, 수사학적 분석이 그 나름대로 고집스런 편견을 낳을 수도 있다. 구체적인 실례를 들어 말하자면, 바울이 어떠한 모델을 빌려왔든 그의 창조성이 그 자신의 목적에 맞게 그 모델을 변용하였으므로 그와 비슷한 다른 것들이 도움을 주기보다는 오히려 오도할 가능성이 많다는 점을 거의 대부분이 인정하고 있는 상황에서, 바울의 서신서들이 "장식 위주"(epideictic)인가, "내용 위주"(deliberative)인가, 아니면 다른 어떤 성격을 지니는가를 논한다는 것은 필자가 보기에는 거의 무의미한 것 같다.[37] 바울의 서신서들에 대하여 제의된 정교한 구조들 몇 가지에 대해서는, 어느 한 서신서에서 제시되는 "엑스 자(X字) 구조"(chiasm)가 길고 정교할수록 그것이 바울의 논지에 비추어 주는 빛이 별로 없는 것 같다는 것을 그냥 보기만 해도 쉽게 간파할 수 있을 것이다. 바울 신학의 그 강렬한 힘은 어떤 정형을 갖춘 문법적인 구조와 구문상의 구조 내에서 그렇게 쉽게 파악될 수 있는 것이 아니다!

요컨대, 지나간 이백 년 동안의 "신약신학"의 성격과 과제에 관한 갖가지 단계

36) H. D. Betz, *Galatians*가 이를 주도했다. 바울의 통렬한 책망에 대해서는 특히 S. K. Stowers, *The Diatribe and Paul's Letter to the Romans* (SBLDS 57; Chicago: Scholars, 1981)을 보라. 또한 H. D. Betz, "The Problem of Rhetoric and Theology according to the Apostle Paul"과 W. Wuellner, "Paul as Pastor: The Function of Rhetorical Questions in First Corinthians," in Vanhoye, ed., *L'Apotre Paul* 16-48, 49-77 등의 논문과 특히 고대 수사학 이론의 사용 문제에 대한 좀 더 충실한 비평에 대해서는 특히 R. D. Anderson, *Ancient Rhetorical Theory and Paul* (Kampen: Kok Pharos, 1996)을 보라.

37) 예컨대, Longenecker, *Galatians* cxi-cxiii에 나타나는 Betz, *Galatians*에 대한 비평을 보라.

의 논의들이 바울의 신학을 저술하는 과제를 명확히 하는 데에 도움을 주었다. 바울의 신학을 저술한다는 것은 바울이 믿은 바를 그저 기술하는 것만이 아니라 바울과 대화를 하는 것이요, 바울의 신학이 그리스도인의 사고는 물론 그리스도인의 삶까지도 포괄한다는 것을 인정하는 것이요, 이따금씩 이루어지는 대화의 귀결로서 바울의 신학에 기꺼이 경청(敬聽)하는 것이다. 그런데 이 마지막의 내용이 한 가지 문제를 제기한다.

§ 1.3 과연 바울 신학을 기술할 수 있는가?

바울이 시간적으로 문화적으로 우리와 거리가 멀기 때문에, 이 질문은 그저 쓸데없이 한가하게 묻는 질문은 아니다. 기독교 초기 백 년 동안의 그 어느 누구의 신학보다도 사실 바울의 신학이 우리로서는 더욱 저술하기가 나은 것 같다. 이와 대조적으로 예수의 신학은 매력은 더 있을지 모르지만, 확실한 출발을 보장해 줄 수 있는 예수의 직접적인 저작이 하나도 없다. 복음서 기자들의 신학들 역시 거의 똑같이 문제점이 있다. 그들은 예수의 사역과 가르침에 초점을 맞추고 있으므로 그들 자신의 신학들은 훨씬 더 파악하기가 어렵다. 더욱이 네 명의 복음서 기자들 중에서 최소한 두 사람의 경우는 오로지 하나의 문서밖에는 사용할 수가 없다. 그 문서에 나타난 신학에 대해서는 어느 정도 신빙성 있게 논의할 수 있으나, 그 무명의 저자의 신학의 경우는 참으로 안타깝게도 손에 잡히지를 않는 것이다. 신약의 다른 서신들의 경우도 마찬가지다. 특정한 저자의 서신이 단 하나밖에 없거나, 혹은 저자를 모르거나, 혹은 서신이 너무 짧아서 그 신학을 다룰 수가 없을 정도이거나, 아니면 세 가지 모두 다 해당되기도 한다. 베드로전서의 신학은 절대로 바울의 신학만큼의 깊이와 폭을 지닐 수가 없다. 1세기의 기독교 내에서 [바울과] 가장 가까운 것은 이그나티우스의 경우인데, 물론 이의를 제기하기도 하지만 순전한 그의 서신서들이 바울의 서신만큼이나 많다. 그러나 그렇다 할지라도, 그의 일곱 서신들은 아주 짧은 기간 내에 기록되었고, 하나를 제외한 나머지 서신들은 상대적으로 아주 작은 지역에 보내졌으며, 비슷한 상황 속에서 아주 제한된 범위의 주제들을 다루고 있는 것이다.[38]

---

38) W. R. Schoedel, *Ignatius of Antioch* (Hermeneia; Philadelphia: Fortress, 1985)을 보라.

그러나 바울의 경우는 서신들이 매우 다양하다. 의심의 여지 없이 바울의 저작권이 분명히 입증되는 서신이 일곱 개가 있고, 거기에 후속 서신 혹은 혜성의 꼬리 부분이라 부를 수 있는 — 아니 그보다는 바울의 학파, 혹은 바울의 지지 세력에 속하는 것으로 볼 수 있는 — 서신들이 덧붙여져 있어서 그것들 역시 그 전에 있었던 일에 대해서 무언가를 이야기해 줄 수 있는 것이다.[39] 그 서신들은 지중해 연안 북동쪽 지역의 여러 다양한 교회들에게 — 동쪽의 갈라디아에서부터 서쪽의 로마에 이르기까지 — 쓴 것으로서 최소한 세 개의 서로 다른 지역과 관련되어 있고 또한 다양한 국지적 상황들을 반영하고 있다. 그리고 그 서신서들은 아마도 6년에서 8년, 어쩌면 그 이상의 기간에 걸쳐서 쓴 것들이다. 다시 말해서, 바울의 신학의 입체적인 모습을 세우고 또한 아주 깊이 있는 그림을 그릴 수 있는 가능성이 우리에게 있다는 말이다. 혹은 표현을 달리하자면, 어떤 주제들에 대한 바울의 입장을 삼각 측량법을 이용하여 어느 정도 고정시킬 수 있는 가능성이 있다는 말이다. 그러나 기독교의 처음 세 세대에 속하는 다른 기독교 저작자들의 경우는 이런 일이 도저히 불가능하다.

그렇기 때문에 바울의 신학을 기술하는 과제가 훨씬 더 도전이 되며 하나의 시험 케이스로서 결정적인 사안이 되는 것이다. 그렇게 모든 여건이 호의적인데도 불구하고 바울의 신학을 기술할 수 없다면, 신약신학이나 혹은 기독교 첫 세대들의 신학을 기술한다는 희망은 더더욱 우리의 능력 밖일 수밖에 없기 때문이다. 만일 바울의 신학을 기술하는 과제가 — 앞으로 다루게 될 여러 가지 이유들 가운데 어느 한 가지 때문에라도 — 우리의 능력을 뛰어 넘는 것이라는 것이 입증된다면, 신약에 대해서 논한다거나 신약신학을 논한다는 것 가체가 사실상 무의미해

39) 이는 물론 로마서, 고린도전서, 고린도후서(두 편, 혹은 그 이상인가?), 갈라디아서, 빌립보서, 데살로니가전서, 빌레몬서를 지칭하는 것이다. 골로새서와 데살로니가후서에 대해서는 비평적인 주석가들 사이에 의견이 대략 반반으로 갈라져 있고 (필자는 데살로니가후서는 바울의 저작으로 보고 골로새서는 아마도 바울 사망 전에 디모데가 쓴 것이라고 본다. §11 각주 7과 §12 각주 23을 보라), 에베소서와 목회서신들은 대다수가 확실하게 바울 이후의 저작으로 간주하고 있다(필자도 이를 따른다). 그러나 에베소서와 목회서신들도 사도 바울의 신학에 대한 묘사를 시도할 때에 전혀 무시해서는 안 된다. 이 점에서 개개의 본문들을 정경의 입장에서 읽어야 한다는 Childs, *New Testament as Canon*의 호소를 비중 있게 받아들일 수 있을 것이다.

지고 말 것이다.

그러나 이러한 갖가지 사실들은 더 도전적인 이슈를 위하여 그저 근거를 마련해 놓은 것에 불과하다. 바울의 신학을 기술하는 문제는 다음과 같이 다시 진술할 수 있을 것이다: "바울의 신학"을 논한다는 것은 과연 어느 특정한 서신의 신학을 논하는 것인가 아니면 모든 개별적인 서신들의 신학을 전체로 묶어서 하나로 만든 것을 논하는 것인가? 한 걸음 더 나아가서 바울이 쓴 서신이 전부 다 보존되어 있지 않다는 사실을 염두에 두고 볼 때에, "바울의 신학"이란 과연 서신들 뒤에 서 있는 바울의 신학을 뜻하는가, 아니면 실제로 그 서신을 쓴 저자인 바울의 신학을 뜻하는가? 바울이 실제로 종이에 기록한 것보다 바울 자신은 더욱 더 풍성한 신학을 지녔다는 것이 전적으로 타당성 있는 가정이다. 그러므로 "바울의 신학"이라 할 때에 서신서들 뒤에 있는 것으로 가정할 수 있는 그 더 크고 더 완전하고 더 풍성한 신학을 뜻하는가? "바울 신학"이라 할 때에 바울의 신학적 의식이라 부를 수 있는 그런 거대한 수조(水槽)나 냇물과 같은 것을 뜻하는가, 아니면 그 수조나 냇물에서 그가 구체적으로 길어올린 들통에 견줄 수 있는 그런 신학을 뜻하는가?[40]

이 질문에 대하여 필자 스스로 제시할 수밖에 없는 답변은 바울의 신학은 개별적인 각 서신서들의 신학을 다 합쳐 놓은 것 이상일 수가 없고, 그러면서도 서신서들의 신학들의 총체 이상이어야 한다는 것이다. 이런 이상야릇한 대답에 대해서는 약간의 설명이 필요하다.

바울의 신학이 개별적인 서신들 하나하나의 신학을 다 합쳐 놓은 것 이상일 수 없는 것은 오직 이 서신들만이 우리가 바울 신학에 대해서 지니고 있는 유일하고 확실한 증거이기 때문이다.[41] 결과적으로 우리는 그것들에 매여 있을 수밖에 없다.

---

40) 참조. Keck, *Paul* ch. 2; Hultgren, *Paul's Gospel* ch.1. 이것은 SBL 바울 신학회(Pauline Theology Group)의 초기를 주도했던 문제였다(Basler, ed., *Pauline Theology*; Hay, ed., *Pauline Theology*를 보라). 필자가 편집자로 섬긴 케임브리지 대학교 출판부(Cambridge University Press)의 신약의 각권들의 신학을 다루는 시리즈(The Theology of the New Testament)에 기고한 한두 명의 저자들도 이와 비슷한 문제점을 제기하였다. 한 서신의 신학이 어떻게 바울의 다른 서신들에서 나타나지 않을 수 있겠는가? 예컨대, 갈라디아서의 신학이 어떻게 바울의 신학이 되지 못할 수 있겠는가?

41) 사도행전에 나타나는 증거는 이차적이고 보조적인 증거 이상이 될 수 없다.

그것들을 조금이라도 버리려 하면, 우리의 주된 유일한 진정한 전거(典據)와의 접촉이 사라져 버리고 마는 것이다.

그러나 동시에, 바울의 신학은 그 이상이어야만 한다. 왜? 서신서들 자체가 그 서신서들 이면에까지 들어가야 할 필요성을 시사하기 때문이다. 그러므로 한층 충만한 신학을 염두에 두지 않고서는 절대로 그 서신들을 충실하게 해명해 낼 수가 없는 것이다. 서신서들은 마치 물 위에 떠 있는 빙산의 일부분과 비슷하다고 할 수 있다. 곧, 눈에 보이는 부분을 근거로 보이지 않는 부분을 연역해 낼 수 있다는 말이다. 아니면, 바울의 서신들은 마치 이런저런 형태의 물건들이 종이의 뒷면을 눌러서 그 종이의 이곳저곳이 들쑥날쑥 돋아나 있는 모양과 같다고 할 수 있다. 이 모양들을 보면 그 종이 뒷면을 누르고 있는 그 들쑥날쑥한 물건들의 형태와 아주 일치하는 그림을 얻을 수 있다.

이는 곧, 살아 있는 대화나 서신 교환의 불가피한 특징으로서 반드시 나타나게 마련이고 또한 바울의 서신들에서도 확연히 드러나고 있는 그 무수한 암시들과 반향들을 염두에 두고 하는 말이다. 그것들이 서신의 본문과 그 역사적 정황 사이를 연결시켜 주는 긴요한 연결 고리를 형성하는 것이다. 다음에 이어지는 장(章)들에서 필자는 몇 차례 그런 암시들을 언급하고 또한 그 암시들의 성격에 대해서 논의하게 될 것이다.[42] 여기서는 다만 그런 암시들의 범위와 중요성을 시사하는 것으로 족할 것이다.

우선 첫째로, 우리는 바울의 언어 자체가 암시적으로 무엇을 지칭하는 성격이 있음을 인식해야 할 것이다. 바울은 고대의 언어로 서신을 기록하였다. 그 언어는 오로지 코이네 헬라어(Koine Greek)로서만 의미가 통하며, 기원 후 일 세기의 코이네 헬라어의 용법에 비추어서만 이해가 가능하다. 헬라어 신약성경의 페이지마다 써 있는 글들은 오로지 격변화와 단어 배열, 구문, 스타일 등과 관련하여 오랫동안 세워져 온 신약성경 문법학자들의 모든 기술들을 습득한 자들에게만 읽혀질 수 있고 또한 의사 전달이 이루어질 수 있다. 이 지극히 기본적인 사실들 자체만으로도, 바울이 작성한 본문들은 그 당시 언어 사용의 맥락 속에 뿌리를 박고 있으며, 무수한 뿌리들과 가지들이 그 본문들을 그런 언어가 바울 서신 수신자들

42) §8. 3, §11. 4, 그리고 §23. 5를 보라. 그런 암시들이나 "본문 간의 반향"(intertextual echoes)의 중요성과 그에 대한 인식에 대해서는 Hays, *Echoes of Scripture* ch.1을 보라.

의 생각 속에서 보통 추리해 내는 의미들과 은유적 표현들과 연결시켜 준다는 사실을 해석자들에게 상기시켜 주기에 충분하다. 이 점은 너무도 명약관화하여 구태여 상세한 설명을 할 필요가 없다. 그러나 본문의 자율성(autonomy)에 대해서 너무 조심성 없이 이야기하다 보면, 역사적 본문이 지니는 이런 기본 성격을 잊게 되는 경우가 많은 것 같다. 곧, 영어로(또는 한국어로) 번역된 역사적 본문이 "자율성이 있다"(autonomous)고 말하는 것이 합당한 것처럼 생각하게 될 위험이 있다는 말이다. 최소한 이것은 다시 진술해야 마땅하다.[43] 문법학자와 사전편집자가 제시한 경계들을 소홀히하거나 무시하려 하는 사람이 있다면 그것은 발명(發明)을 이해(理解)와 혼동하는 것 외에는 아무것도 아니다.

둘째로, 유대인들의 성경 — 대부분의 경우는 헬라어로 번역된 성경(칠십인역: LXX) — 에 대한 공유된 지식이 그러한 언어의 공통적인 유통의 일부였을 것이 분명하다. 도드(C. H. Dodd)의 적절한 은유법을 빌면, 성경은 바울 신학의 "하부구조"(the substructure)였다고 할 수 있다. 곧, 단순히 그저 바울의 분명한 성경 인용들이 아니고, 성경의 용어, 숙어, 비유적 표현 등이 바울 서신의 내용 가운데 굉장히 많은 부분을 형성시켰고 또한 결정지었다는 점을 염두에 두어야 한다는 것이다.[44] 바울이 그의 서신 수신자들이 그런 암시들의 의미를 이해할지 못할지에 대해서 전혀 관심이 없었다고 생각하지 않는 한, 우리는 바울이 그의 회심자들의 편에서 칠십인역에 대하여 상당한 지식이 있는 것으로 느꼈다고 보아야 할 것이다. 여러 경우들에는 회심하기 이전에 유대인들의 성경을 이미 접한 상태였을 것이고, 또한 회심 후에도 집중적인 가르침을 통해서 그 성경을 알게 되었을 것이다.[45] 예를 들어서, 후에 논하게 되겠지만 바울은 그의 독자들이 "의"와 "율법의

---

43) 더 상세한 내용에 대해서는 필자의 "Historical Text as Historical Text: Some Basic Hermeneutical Reflections in Relation to the New Testament," in J. Davies, et. al., eds., *Words Remembered, Texts Renewed*, J. F. A. Sawyer FS (JSOTS 195; Sheffield: Sheffield Academic, 1995) 340-59를 보라. "비현대적 신약신학"(non-modern New Testament theology)에 대한 Adam, *making Sense*의 제안은 신약 해석에 불가피하게 개입되는 이런 기본적인 역사적 요인을 별로 고려하지 못한 것이라 하겠다.

44) §7 각주 34, 37, 그리고 특히 Hübner, *Biblische Theologie*를 보라.

45) 필자는 최초의 이방인 회심자들의 주류는 유대교 개종자(proselytes) 혹은 하나님 경외자들(God-fearers)로서 유대인의 회당을 통해서 기독교로 들어오게 되었다는 견해를 강력하게 지지한다. 예컨대, 필자의 *Partings* 125-26을 보라. 하나님 경외자들에 대해서는

행위" 같은 주요 용어들의 의미를 당연히 잘 알고 있을 것으로 간주하였던 것이다.[46)]

셋째로, 이미 독자들에게 있는 것을 시사하는 바울의 여러 가지 암시들에는 바울과 독자들에게 이미 공통적으로 있는 믿음이 포함되어 있다. 그렇기 때문에 바울의 전도 설교를 재구성하기가 그렇게 힘드는 것이다. 한마디로 그는 그의 회심자들에게 보내는 서신들에서 그 설교를 반복할 필요를 느끼지 않았던 것이다. 그 대신 그는 그 설교를 간단히 언급하거나[47)] 아니면 간단한 형식 문구 — 대개 "케리그마에 속한 전승"으로 요약 정리되어 있는 — 를 사용하여 암시하고 지나간 것이다.[48)]

그는 그렇게 간단한 문구만을 언급해도 그가 과거 그 독자들에게 예수 그리스도의 복음을 전하고 그들을 새로운 교회로 세울 당시에 전수해 준 기본 가르침의 핵심적인 부분에 대한 지식을 불러일으키리라는 것을 알고서 그렇게 한 것이다. 이 점을 우리는 확신할 수 있다. 그러므로 그런 암시들은 그 간단함만을 기준으로 평가해서는 안 된다. 바울이 분명하게 다루는 비율을 따져서 그것을 기준으로 바울의 신학을 재구성한다면, 틀림없이 바울과 그의 서신 수신자들이 즉시 균형을 잃었다고 지적해 마지않을 그런 진술이 나올 수밖에 없을 것이다. 바울이 사용한 단어의 숫자를 세는 식으로 바울 신학의 비중을 따질 수는 없다.

넷째로, 특히 바울 서신들의 권면 부분에서 나타나는 바 예수에 관한 전승에 대한 암시들을 거론할 수 있는데 이는 좀 더 논쟁의 여지가 있다. 차차 살펴보게 되겠지만, 바울이 예수에 관한 전승을 사용하여 암시하고 있는 점을 확실하게 의미가 통하도록 해 주는 길은 바로 이 전승의 상당 분량이 이미 초기 교회들의 기초가 되는 전승의 일부로 자리를 잡고 있었다고 보는 것이다. 그 전승을 예수 자신에게서 나온 전승으로서 굳이 인용할 필요가 거의 없었다. 왜냐하면 교회들의 공통적인 강론과 예배에서 그 전승이 예수께로부터 왔다는 것이 이미 다 알려져 있

Hengel and Schwemer, *Paul between Damascus and Antioch* 61-76 (357-70), 107-8을 보라. LXX이 광범위한 그리스-로마 사회에 알려져 있지 않았다는 사실은, 바울이 독자들에게서 기존의 사실로 간주하고 있는 그런 성경에 대한 친숙함이 최소한 많은 경우에 회당과 연계되어 오랫동안 성경을 접한 데서 온 것임을 확증해 준다.

46) §14. 2, §14. 4-5를 보라.

47) 이에 대한 분명한 예는 고전 2:2; 갈 3:1; 살전 1:9-10이다.

48) 더 상세한 내용은 특히 §7. 3를 보라.

었기 때문이다. 그렇기 때문에 바울의 신학적 권면이 그저 암시만 하는 방법을 사용함으로써 가장 큰 효과를 낼 수 있었던 것이다.[49] 그렇기 때문에, 바울 신학을 재구성하고자 할 때에 반드시 그와 그의 독자들이 기정 사실로 간주하고 있는 내용을 비중 있게 다루어야 하는 것이다.

다섯째로, 바울의 서신들 속에는 바울이 그와 그의 독자들 간에 놓여 있는 현안들을 분명히 암시해 주는 구절들이 많다. 무엇보다도 바울과 일부 그의 독자들 간에 논란이 되는 구체적인 문제들을 암시하는 것이다. 사실 바울은 그 문제들 때문에 그들에게 서신을 전한 것이기도 하다. 이 경우들에서도 바울로서는 자기가 반대하고 있는 일부 독자들의 논지나 입장들을 구태여 구구하게 명시할 필요가 없었다. 독자들이 이미 너무나 잘 알고 있지 않은가! 그러나 바울의 신학을 기술하고자 하는 우리들에게 문제를 제기하는 것은, 바울이 그 논지들에 대하여 답변하는 가운데 그것들을 반박하기 위하여 자기 자신의 해명이나 논지의 관점에서 그것들을 기술하고 있다는 사실이다. 이는 곧, 바울이 반박하고 있는 일부 독자들의 논지들에 대해서 어느 정도라도 인지하지 않고서는 바울의 어느 특정한 논지나 강조점의 "이유"를 진정으로 이해할 수 없다는 뜻이 된다.[50] 적절한 곳에 가서 살펴보게 되겠지만, 고린도전서에서 이러한 면이 아주 잘 드러난다.[51]

이제 정리해 보자. 바울 신학을 탐구하는 데에, 우리 자신을 바울의 개별적인 서신들의 신학들에만 제한시키려 한다는 것은 한마디로 현실성이 없다. 그렇게 하면 잘해야 바울의 신학보다는 바울의 논쟁점들의 신학밖에는 접하지 못할 것이다. 그러나 더 중요한 사실은 그 서신들 자체가 대화의 한쪽 당사자로서의 성격을 띠고 있고 또한 그 속에 암시들이 매우 자주 나타나고 있어서, 특정한 서신들이 이끌어 내고 있는 더 완전한 신학 — 즉, 서신서들의 개별적인 구절들의 명암(明暗)과 강조점 등을 확실하게 알려 주고 그리하여 초점의 깊이와 폭넓은 시각으로 하나의 그림을 그려낼 수 있도록 해 주는 그런 더 완전한 신학과 맥락 — 을 탐구하는 것 이외에 다른 선택의 여지가 없는 것이다. 그러한 대화 속의 대화 — 즉,

49) 다음의 §8. 3과 §23. 5를 보라.

50) 앞의 §1. 2c를 보라.

51) 특히 다음의 §24를 보라. 로마서에 대해서는 특히, Donfried, ed., *The Romans Debate*를 보라. 그리고 갈라디아서에 대해서는 J. M. G. Barclay, "Mirror Reading a Polemical Letter: Galatians as a Test Case," *JSNT* 31(1987) 73-93을 보라.

더 광범위한 해석학적 대화 속에서 이루어지는 본문과 역사적 맥락과의 대화 — 를 성공적으로 수행하기란 쉽지 않다. 그러나 그 대화에 참여하는 기술이야말로 신약 전문가가 지녀야 할 전문적인 식견의 일부인 것이다.

바울의 서신서에서 드러나는 바, 바울 신학의 여러 겹으로 나타나는 성격(the multilayered character)에 관한 기본 사실을 오늘날 유행하고 있는 서사 신학(narrative theology)의 언어로 좀 달리 표현할 수 있을 것이다. 바울 신학에의 서사 신학적 접근을 주창하는 주요 학자 가운데 한 사람인 리처드 헤이스(Richard Hays)는 이렇게 말하고 있다: "바울의 사상적 틀은 교리들의 체계나 그의 개인적인 신앙적 체험에 있는 것이 아니고, '신성한 이야기'(sacred story)와 이야기 서술의 구조에 있는 것이다"; "이야기가 바울의 논지를 세우는 기초적인 구조를 제공해 주는 것이다."[52] 사실상, 바울의 신학은 여러 가지 이야기들 간의 상호 작용에서 비롯되었으며 그의 신학 작업은 바로 그 상호 작용에 스스로 참여하는데 있다고 말할 수 있을 것이다.

다음에 이어지는 장들의 구조가 암시해 주듯이, 우리는 바울 신학의 하부 구조를 하나님과 창조 세계의 이야기로, 그리고 거기에 덧붙여진 이스라엘의 이야기로, 논할 수 있을 것이다. 그리고 그 위에 예수의 이야기가 있고, 그 다음 바울 자신의 이야기가 있다. 이 두 가지 이야기들이 처음으로 얽히는 과정이 바울의 생애와 신학에 결정적인 전환점이 되는 것이다. 끝으로, 바울 자신의 이야기와 그보다 앞서서 믿은 자들의 이야기들과 또한 그들이 세운 교회들을 형성하게 된 자들의 이야기들이 서로 복잡하게 뒤엉켜 있는 현상들이 있는 것이다.

좀 더 개괄적으로 말하자면, 어떠한 신학 작업이든 거기에 세 가지 단계 혹은 수준이 있다고 본다. 그 첫째, 혹은 가장 깊은 수준은 물려받은 신념들 혹은 전통적인 삶의 패턴의 수준이다. 이 수준에서는 공리(公理)와 전제(前提)들 — 주로 숨겨져 있고 겉으로 드러나지 않는데 — 을 다루게 된다. 바로 이런 전제들에 대한 비판적인 자기 성찰을 가능하도록 만드는 것이 신학 교육의 중요한 부분이다. 바울의 경우에는 특히 위에서 언급한 처음 두 가지 이야기들(하나님과 이스라엘

52) Hays, *Faith* 5, 6. 또한 Wright, *Climax*를 보라. Witherington, *Narrative*은 네 가지 이야기를 제시한다: (1) 잘못된 세상에 관한 이야기, (2) 이스라엘에 관한 이야기, (3) 그리스도에 관한 이야기, (4) 바울 자신을 포함한 그리스도인들에 관한 이야기.

의 이야기)이 포함된다. 둘째 수준은 개인의 (혹은 공동체의) 성장과 발전에서 전환 과정들을 다루는 것이다. 이처럼 눈을 뜨는 체험들을 통해서 대개 다른 통찰들과 결과들이 생겨나서 어떤 자세를 형성하게 하고 또한 중요한 삶의 선택을 결정짓게 한다. 이런 과정들은 그 당사자의 신학의 표면 가까이에 나와 있어서 옆에서 보는 사람들에게 더 분명하게 드러난다. 바울의 경우에 우리는 즉시 그의 회심을 상정할 수 있을 것이다. 그러나 초기에 바울보다 먼저 그리스도인이었던 자들과 접촉한 사실이, 특히 안디옥에서 베드로와 접촉한 사실(갈 2:11-18)이 아마도 그의 신학 형성에 중요한 역할을 했을 것이다.[53] 셋째 수준은 물론 당면 현안들과 이에 대한 생각들이다. 이것은 표면에서 가장 가까이 있는 부분으로서, 옆에서 보는 사람들에게 가장 접근하기 용이한 수준이다. 그러나 그렇다고 해서 이것이 가장 피상적인 수준이라는 말은 아니다. 바울의 경우는 물론 서신서들 자체의 수준이 여기에 해당된다. 곧, 바울이 여러 가지 다른 서신서들에서 다루는 구체적인 문제들과 또한 거기서 추구하는 목표들의 수준이 그것이다.

그러므로, 바울 신학의 실체는 바로 그의 서신서들이 증명해 주는 여러 가지 다른 이야기들 혹은 수준들 사이의 상호 작용에 있는 것이다. 바로 그러한 상호 작용이 바울 신학에 역동적인 성격을 부여하고 있다. 정체되어 있는 "바울 신학"이라면 바울 신학이 아니다. 이런 암시들을 인정하고, 그것들이 더 큰 이야기들 속에서 발휘하는 특정한 기능들을 잘 의식하며, 전제들과 당연한 사실로 인정되는 내용들을 알아차리고, 특정한 수신자들을 염두에 둔 진술들에 민감해질수록, 제목에 걸맞는 가치 있는 바울 신학을 기술할 희망이 더욱 커질 것이다. 서로 다른 이야기들과 수준들에 대한 논의 역시 가치가 있다. 그것들 상호간의 작용이 바울 신학을 탐구하는 데에 항상 나타나게 마련인 긴장들을 해명하는 데에 도움을 줄 것이기 때문이다. 그 많은 긴장 가운데 최소한 서로 다른 이야기들과 서로 다른 수준들 간의 긴장이 반드시 있을 것이기 때문이다. 바울 자신이 바리새파에 속한 유대인으로서 예수 그리스도의 사도가 되어 이방인들에게 보내심을 받은 사람으로서 이러한 긴장들 가운데 가장 고통스러운 긴장을 자기 자신 속에 지니고 있었다.[54] 그러니, 이러한 긴장들을 하나의 일관성 있는 전체 속에 붙들어 두는 그런 정도의 시도가 바울의 신학 작업에 게재되어 있었다는 것은 전혀 놀랄 일이 아닌

53) 다음의 §14. 5a를 보라.

것이다.

그러므로 세 번째 질문 — 과연 바울 신학을 기술할 수 있는가? — 에 대한 필자의 대답은 이제 충분히 분명해졌다. 그 대답은 기술할 수 있다는 것이다. 암시들을 인식하고, 서로 다른 이야기들을 경청하고, 표면 아래 잠겨 있는 여러 수준들의 사안들을 해명해 낼 수 있는 것이다.[55] 물론, 그 모든 것들이 불완전하고 불확실할 경우도 있을 것이다. 그러나 산 사람이든 죽은 사람이든 그 어느 누구의 사상과 생각을 재구성하고자 할 때에도 역시 그러한 한계는 벗어날 수가 없을 것이다. 바울의 저작들이 교회들에 보낸 서신의 성격을 지닌다는 사실을 볼 때에, 바울의 경우야말로 고대의 그 어느 인물의 경우보다도 성공의 희망이 더 큰 것이다. 바울 신학은 그냥 피해 버리기에는 그 도전이 너무나도 중요하다.

§ 1.4 바울 신학을 어떻게 기술할까?

이렇게 해서 그저 바울의 가르침이나 신앙이나 혹은 수사학에 대해서가 아니라 바울의 신학에 대해서 논할 수 있게 되었고, 또한 그의 서신들의 신학에 대해서가 아니라 바울 자신의 신학에 대해서 논할 수 있게 되었지만, 그래도 한 가지 질문이 제기된다. 곧, 그 신학을 기술하는 과제를 어떻게 처리하느냐 하는 것이다.

어떤 이들은 탐구의 주요 대상을 중심(the centre), 혹은 좀 더 분명히 이야기해서 바울 신학의 구조적인 중심으로 잡는다. 이것은 여전히 학계에서 시끄러운 잡음을 내고 있는 그 오랜 논의를 다시 촉발시킨다. 특히 독일의 학계에서는 과거에 제기된 대안들이 아직도 제기되고 변호되고 있다.[56] 바울 신학의 중심적인 역동성이 유대인 기독교와 이방인 기독교 사이의 긴장 속에 있는가?(과거에 바우어

54) 특히 §19를 보라.

55) H. Räisänen의 *Paul and the Law*(§6 각주 1)은 하나씩 개별적으로 떼어서 해석하는 방식을 취함으로써 바울의 사상의 통일성을 인지하지 못하고 있다. 그의 서신서들의 논지의 전반적인 흐름에 그 통일성이 있고, 또한 기정사실로서 그 논지에 전제되어 있고 그러면서도 표면상으로는 드러나지 않는 그런 내용들에 있기 때문이다. 또한 Sanders의 "Paul" 124와 비교하라: "그는 종교적 천재로서 체계적인 일관성이라는 학구적인 요구 조건에 전혀 구애를 받지 않는 사람이었다."

56) 또한 V. P. Furnish, "Pauline Studies," in E. J. Epp and G. W. MacRae, eds., *The New Testament and Its Modern Interpreters* (Atlanta: Scholars, 1980) 333-36을 보라. 또한

[Baur]가 제안한 대로) 바울 신학의 중심이 "이신칭의"(以信稱義)인가?(불트만[Bultmann]과 에른스트 케제만[Ernst Käsemann]이 굉장한 확신을 갖고서 계속해서 주장한 대로)[57] 아니면 "그리스도에의 참여" 혹은 모종의 "그리스도-신비주의"에서 그 중심적인 특질을 찾아야 하는가?(특히 알버트 슈바이처[Albert Schweitzer]의 주장처럼)[58] 아니면 오히려 십자가의 신학이 중심적인 위치를 확고히 하고 있는가?(예컨대, 울리히 빌켄스[Ulrich Wilckens]의 주장처럼)[59] 이것도 저것도 아니면, 바울의 인간론에 나타나는 마지막 세대에 대한 논지에서[60], 혹은 구원사에서[61], 아니면 언약이나 그리스도의 이야기에 대한 좀 더 최근의 논증에서,[62] 바울 신학 전체를 하나로 엮어 주는 어떤 원리를 찾아야 하는가?

그러나 중심, 핵심, 원리 등의 개념의 문제점은 너무 고정되어 있고 신축성이 없다는 점이다. 처음부터 바울 신학이 정체되어 있고 변화의 여지가 없었다는 인상을 주는 것이다.[63] 혹시 토대(土臺: substratum), 주 상징(master symbolism), 기본 어법(basic grammar) 등 다른 표현들을 사용하면 도움이 될까? 최근 북아메리카에서 진행되어온 바울 신학에 대한 논의에서는 "렌즈"(lens)라는 표현이 가장 인기리에 사용되고 있다. 물론 그 렌즈가 과연 무엇이었고, 그것을 통과하는 것이 무엇이었는가 하는 것은 논란의 여지가 있지만 말이다. 에드가 크렌츠(Edgar Krentz)가 보기에는 "묵시론(apocalyptic)이 신학적 렌즈였다."[64] 헤이스

더 범위가 넓은 신약신학 전체의 중심에 관한 문제에 대해서는, Hasel, *New Testament Theology* ch. 3; Plevnik, "Center"를 보라.

57) 잘 알려져 있는 대로, "이신칭의"는 Bultmann의 비신화화 작업의 신학적 근거였고, 또한 Käsemann에게는 "정경 내의 정경"(canon within canon)이라는 개념을 갖게 했다(§14 각주 4-5를 보라). 또한 Hübner, "Pauli Theologiae Proprium"을 보라.

58) Schweitzer, *Mysticism* (§15 각주 1); Sanders, *Paul* 453-63, 502-8을 보라.

59) Wilckens, *Römer,* index "Sühnetod (Christi)"; 또한 J. Becker (각주 78)를 보라.

60) Braun, "Problem". 또한 §3 각주 7을 보라.

61) O. Cullmann (§18 각주 1)의 저작들을 보라.

62) 각주 52를 보라. 어떤 이들은 이를 그저 과거의 구원사 모델을 다시 개량한 것에 지나지 않는 것으로 보기도 한다.

63) Achtemeier는 "생성의 성격을 지닌 중심"(generative center)을 거론하면서, 그것을 바울의 "하나님께서 예수를 죽은 자 가운데서 다시 살리셨다는 확신"에서 찾는다("Continuing Quest" 138-40).

가 보기에는 그 목표는 "바울이 그 공동체의 상징 세계의 표상들을 렌즈를 통과시켜 그 공동체의 삶이라는 스크린에 비추는데, 그 해석학적 렌즈의 윤곽을 추적하는 것"이었다.[65] 또한 주엣 바슬러(Jouette Bassler)가 보기에는 "바울 신학의 천연 재료"가 통과한 바울의 경험이 바로 그 렌즈였다.[66] 이런 몇 가지 실례들이 있긴 하지만, 렌즈라는 이미지는 부자연스럽고 인위적인 것이 되어가고 있다. 그리고 과연 그것이 바울 신학 작업의 역동성을 충분히 포착하고 촉발시켜 주는지도 지극히 의심스럽다. 사실상, 지나간 10년 동안 계속된 SBL 바울 신학회의 논의에서 계속해서 인상을 준 것 가운데 하나는 바로 바울 신학의 역동적 성격이었다. 곧, 바울의 신학이 하나의 "활동"이고, 언제나 서로 상관하는 성격을 지녔다는 감(感)[67]이요, 바울은 그저 범상한 신학자가 절대로 아니었고 언제나 신학자요, 동시에 선교사요, 동시에 목회자인 바울이었고, 한마디로 사도 바울이었다는 인상이었던 것이다.[68]

이에 대한 가장 명백한 대안은 바울 신학의 변화하는 성격을 인식하는 것이요 또한 그 성격을 바울의 서신들에서 나타나는 발전을 따라서 묘사하는 것이다. 그렇게 보면, "역동성"이란 곧 "발전"을 의미한다는 것이 당연시된다. 이에 대한 실례로서 가장 흔히 인용되는 것은 바로 바울의 종말론인데, 대개는 파루시아

64) E. Krentz, "Through a Lens: Theology and Fidelity in 2 Thessalonians," in Bassler, ed., *Pauline Theology* 1. 52-62 (특히 52).

65) R. B. Hays, "Crucified with Christ: A Synthesis of the Theology of 1 and 2 Thessalonians, Philemon, Philippians and Galatians," in Bassler, ed., *Pauline Theology* 1. 227-46 (특히 228).

66) J. M. Bassler, "Paul's Theology: Whence and Whither?" in Hay, ed., *Pauline Theology* 2. 3-17 (특히 11).

67) Bassler (각주 66), *Pauline Theology* 2. 10-11, 16-17. 또한 Furnish, cited by C. B. Cousar, "The Theological Task of 1 Corinthians," in Hay, ed., *Pauline Theology* 2. 90-102 (특히 91); D. M. Hay, "The Shaping of Theology in 2 Corinthians," in Hay, ed., *Pauline Theology* 2. 135-55 (특히 135-36); S. J. Kraftchick, "Death in Us, Life in You: The Apostolic Medium," in Hay, ed., *Pauline Theology* 2. 156-81 (특히 157) 등을 보라.

68) 참조. B. R. Gaventa, "Apostle and Church in 2 Corinthians," in Hay, ed., *Pauline Theology* 2.193-99; R. Jewett, "Ecumenical Theology for the Sake of Mission: Romans 1.1-17 + 15. 14-16.24," in Hay and Johnson, eds., *Pauline Theology* 3.89-108.

(parousia: 종말)의 지연이 종말에 대한 바울의 임박한 기대를 약화시켰다거나 혹은 부활의 몸으로의 전환이 이루어지는 그 과정에 대한 그의 이해가 변했다고들 가정한다.[69] 이러한 논리가 지니는 문제점들은 아주 잘 알려져 있다. 곧, 서신서들 사이의 연대기적 발전에 대하여 확고한 순서를 결정지어 줄 만큼 서신서들의 저작 연대를 확실히 알 수가 없다는 것이고,[70] 또한 각 서신에 나타나는 구체적인 내용들 가운데 어느 정도가 신학의 변화가 아닌 상황의 변화를 반영하는지를 확정지을 수 있을 만큼 각 서신서의 정황에 대해서 잘 알지 못한다는 것[71]이 바로 그것이다.

최근에 와서는 바울이 그의 서신서들을 쓰기 이전의 발전 과정을 논할 필요가 있는지에 대해서 관심이 더 모아지고 있다.[72] 바울 자신에 관한 한 주요 문제는 이것들일 것이다: 회심 사건의 결과로 조상으로부터 물려받은 신앙의 고정 관념들이 어느 정도나 변화되었을까? 완전히 변화되었을까, 아니면 그저 일부만이 변화되었을까? 예수 그리스도를 믿게 되면서 바울은 과연 "유대교"와 결별했을까?(갈 1:13-14에 의하면 그럴 것으로 보이는데) 아니면 "회심"에 대한 논의를 — 최소한 종교를 바꾼다는 의미에서는 — 주저해야 할까?[73] 또한 바울의 박해 활동이 주로 헬라주의적 유대인들을 대상으로 이루어졌음을 생각할 때에, 헬라주의적 유대인들이 이미 율법에서 결정적으로 이탈했고, 또한 바울은 바로 이들의 견

69) §12와 각주 81을 보라. 좀 더 구체적으로 고전 15장과 고후 5장의 상호 관계에 대해서는 예컨대, Martin, *2 Corinthians* 97-99를 보라.

70) 예컨대, P. J. Achtemeier, "Finding the Way to Paul's Theology," in Basler, *Pauline Theology* 1. 27을 보라.

71) Moule (§12 각주 1); J. Lowe, "An Examination of Attempts to Detect Development in St. Paul's Theology," *JTS* 42 (1941) 129-42; V. P. Futnish, "Developments in Paul's Thought," *JAAR* 38 (1970) 289-303; Beker, "Paul's Theology" 366-67 등을 보라.

72) 특별히 최근 다른 시기와 구별되는 독특한 안디옥 시절의 신학을 채워 넣고자 하는 시도들이 봇물처럼 제기되었다(Berger, *Theologie*; E. Rau, *Von Jesus zu Paulus: Entwicklung und Rezeption der antiochenischen Theologie im Urchristentum*[Stuttgart: Kohlhammer, 1994]; Schmithals, *Theologiegeschichte*, index "Antiochien"). 그러나 Hengel and Schwemer, *Paul between Damascus and Antioch* 279-91을 보라.

73) §7. 4를 보라.

해를 받아들이는 쪽으로 입장을 바꾼 것은 아닐까?[74] 아니면, 자신이 이방인들에게 보냄을 받았다는 바울의 의식이나, "율법의 행위"에 대한 그의 적대적인 자세가 오로지 다메섹으로 가는 길에서 있은 그리스도의 현현 사건(christophany)과 그의 최초의 서신서 사이의 기간에 발전된 것으로 볼 필요가 있을까?[75] 이 점들에 대한 논쟁이 지금도 계속되고 있고 아직도 폭넓은 의견의 일치가 이루어지지 않고 있다.

정체 상태를 상징하는 중심이라는 개념과 변화를 상징하는 발전의 개념을 서로 중재시키고자 하는 시도가 생겨났다. 곧, 발전해 가고 흘러 가는 과정 속에서도 상대적으로 안정감 있게 남아 있는, 혹은 발전 과정에서 결정적인 요인이 되는 어떤 특정한 순간이나 원리를 밝혀 내고자 하는 것이 그것이다. 여기에 해당될 만한 것으로 가장 분명한 후보는 다시 말하지만 바울의 회심 그 자체다. 바울의 신학 전체가 한마디로 그 최초의 그리스도 현현 사건의 의미가 밝혀지는 것이라는 주장까지도 가능하다.[76] 아니면 샌더스의 표현대로, 그리스도의 현현 그 자체가 인간의 곤경과 신적인 구속에 대한 바울의 신학 전체를 정리할 수 있는 해결책을 제시해 주는 것으로 볼 수도 있다.[77] 최근의 연구 중에서, 위르겐 베커(Jürgen Becker)는 발전적인 체계를 중심을 찾는 노력과 결합시키는 시도를 하였다.[78] 그는 원칙적으로 바울의 신학 저술에 세 가지 단계가 있음을 주장하였다. 첫째는 선택의 신학(Erwählungstheologie — 데살로니가 전서)이요[79], 둘째는 십자가의 신학(Kreuzestheologie — 고린도전후서)이요, 셋째는 칭의의 메시지(Rechtfertigungsbotschaft — 갈라디아서)인데, 이 세 가지 중 두 번째가 진정한

74) §14. 3를 보라.

75) 예컨대, Watson, *Paul*과 N. Taylor, *Paul, Antioch and Jerusalem*(JSNTS 66; Sheffield: Sheffield Academic, 1992)의 주장들을 보라.

76) 특히 Kim, *Origin* (§7 각주 1).

77) Sanders, *Paul* 442-47. 또한 §7.5와 각주 101을 보라.

78) J. Becker, *Paulus. Der Apostel der Völker* (Tübingen: Mohr, 1989) = *Paul.*

79) 데살로니가전서에서 바울 신학의 초기 단계를 규명해 내고자 하는 시도가 계속 있었다. 예컨대, T. Söding, "Der Erste Thessalonicherbrief und die frühe paulinische Evangeliumsverkündigung. Zur Frage einer Entwicklung der paulinischen Theologie," *BZ* 35 (1991) 180-203; Schulz, *Neutestamentliche Ethik* (§23 각주 1) 301-33; §16 각주 31. 그러나 또한 Lohse, "Changes of Thought"을 보라.

중심이라고 한다. 곧, 십자가의 신학이야말로 선택의 신학을 규정하는 "가늠자"(canon)요, 칭의의 메시지는 곧 십자가의 신학을 표현하는 언어라는 것이다.

그러나 이 분야에 나타나는 온갖 시도들 가운데서 가장 정교하고 또한 가장 많은 영향을 미친 것은 아마도 베커가 제창한 우연성 속의 일관성(coherence within contingency)이라는 모델일 것이다. 그는 "복음의 일관성은 그리스도의 죽음과 부활에 대한 묵시론적 해석으로 구성된다"고 말한다.[80] 이 모델의 강점은 일관성이 어떤 정체된 문구나 혹은 변경이 불가능한 사상의 구조로 화하지 않는다는 점이요 또한 그렇기 때문에 온갖 변화무쌍한 우연성의 격류에도 쉽게 깨뜨려지지 않는다는 점이다. 오히려 그 일관성은 바로 베커가 "바울의 선포의 확실한 기초"(the convictional basis of Paul's proclamation)라 부르는 것, 혹은 바울 자신이 "복음의 진리"(갈 2:5, 14)라고 지칭하는 그것을 표현해 주는 그 안정적이고도 변함 없는 요소인 것이다.[81]

바울 신학을 연구하는 학도로서는 그런 모델을 취하는 것이 지혜로울 것이다. 바울의 사상과 실천에 본질적인 일관성이 있음을 상정하는 — 일관성이 없다는 것이 입증되지 않는 한 — 일은 우리의 연구의 주제를 존중하는 것이기도 하고 또한 바울이라는 인물의 그 절대적인 품격을 존중하는 것이기도 하다. 또한 그러한 일관성이 갖가지 다양한 형식을 취할 것이라는 것은 상식에 속하는 문제다. 그런 다양한 형식 가운데서 발전적인 모델을 통해서 규명될 수 있는 것도 있을 수 있지만, 그 모든 것들은 정도는 다르지만 우연성을 내포하고 있다. 결국, 신축성이 강한 모델일수록 바울 신학을 분석하는 도구로서 그 효과가 입증될 가능성이 가장 높다.[82]

---

80) Beker, "Paul's Theology" 364-77; 또한 "Recasting Pauline Theology," in Bassler, ed., *Pauline Theology* 1.18. 이는 그 이전의 그의 저작인 *Paul the Apostle*을 반영하고 있다.

81) Beker, "Paul's Theology" 368; 또한 "Recasting" 15.

82) Beker에 대한 Childs의 비판(*Introduction* 310)은 Beker의 논제를 오해한 탓인 듯하다. 정경(正經)이 서신서들의 우연성을 보존하는 경우에는 우연성과 일관성 사이의 동일한 긴장도 역시 증거하게 되며 따라서 정경적 해석(a canonical reading)에서는 각 서신서의 암시적 성격에 대한 역사적 탐구와 또한 그 서신서의 주제들 사이에 동일한 대화가 지속적인 중요성을 지니는 것으로 여겨지는 것이다.

§ 1.5 바울 신학에 관하여

지금까지의 논의에 비추어 볼 때, 독자들로서는 필자 자신이 바울 신학의 기술을 시도하면서 두 가지 방법론적인 결단을 행하였음을 알 것이다.

a) 앞에서 여러 차례 암시된 바와 같이, 필자 자신이 선택한 모델은 바로 대화의 모델이다. 사람들 간의 대화가 (비단 신학적 대화만이 아니라) 개개인들이 다른 이들에 대해서 배우고 또 이해하게 되는 주된 수단이다. 바로 대화 가운데서 암시들(allusions)을 인식하기를 배우게 되는 것이다. 대화 상대방의 이야기들이 자기 자신의 이야기와 다르다는 사실을 더 잘 인식하게 되는 것도 바로 대화를 통해서이다. 그러므로 다른 상대방과 진정으로 대면하는 가운데 우리가 우리 자신의 원칙들과 가치들의 여러 가지 다른 단계 혹은 수준들을, 또한 우리 자신의 사고와 결단 과정을 형성하고 또한 그것을 결정지어 주는 여러 가지 수준들을 더 날카롭게 의식하게 된다는 것이 결코 작은 일이 아닌 것이다.

물론 오래 전에 죽은 사람과의 대화를 논한다는 것은 그저 비유적인 표현의 연장일 뿐이다. 그러나 그럼에도 불구하고 우리는 바울이 서신 기록자로서 나아온다는 사실에서 즉, 일련의 대화의 한쪽으로서 혹은 파트너로서 등장한다는 사실에서 유익을 얻게 된다. 이는 곧 우리가 여러 가지 방식으로 바울과의 신학적 대화를 시도할 수 있다는 것을 의미한다.

한 가지 예로, 우리는 바울이 그의 서신 수신자들과 나누는 역사적 대화를 엿들을 수 있다. 바울을 연구하는 학도들 모두가 대개 동의하는 일이지만, 우리는 바울의 서신들을 그 역사적 정황 속에 집어 넣고 또한 그 대화의 다른 쪽 상대의 이야기에 귀를 기울여 암시하는 바를 들음으로써 그 대화의 다른 쪽 상대를 최소한 어느 정도까지는 재구성할 수가 있다. 그리고 그 정도로는 바울이 대화 가운데서 하는 말을 인식할 수 있는 것이다.

또 한 가지 예를 들면, 바울이 그 자신과 행하는 대화를 어느 정도 감지할 수 있다. 이를 위해서는 바울의 서신 기술에 나타나는 암시적 성격 — 바울이 연루된 여러 가지 다른 이야기들에 대한 암시나 혹은 바울 자신의 이야기의 여러 가지 다른 수준들에 대한 암시를 포함해서 — 에 대해서 앞에서 행한 논의들을 진지하게 받아들여야 한다. 그렇게 하면, 이런 암시들을 인식하는 능력이 생기는 만큼 결국 이 여러 다른 이야기들과 수준들 사이의 상호 작용 때문에 생겨나는 긴장들을 가늠하며 바울과 씨름할 수 있는 능력이 생기는 것이다. 다시 말해서, 바울 자신의 신학 작업에 대해서 최소한 어느 정도라도 감정이입을 할 수가 있다는 말이다.

또 한 가지, 우리는 자연스럽게 우리 자신의 문제들과 전통들을 바울이 말한 바를 탐구하는 데에 개입시키게 된다. 다시 말하자면, 바울이 자기 편에서 하는 말을 듣는 정도 만큼 우리 편에서 그와 순전하게 대화를 시작할 수 있게 되는 것이다. 중간에 시간적인 간격이 현격하게 크지만, 그럼에도 불구하고 일방적인 독백(a monologue)이 아니라 쌍방 간의 순전한 대화(dialogue)가 가능하다는 말이다. 왜냐하면 우리가 제기하는 질문들은 오로지 바울의 언어로만 합당하게 답변될 수 있기 때문이다. 그리고 유용한 답변들이 생겨나기 위해서는, 그 질문들을 그 대화에 비추어 표현을 재구성하여 결국 바울이 진정으로 대답을 줄 수 있는 그런 언어로 구성하여야 할 것이다.

그러므로 필자는 이런 방향을 따라서 필자에게 주어진 과제를 추구하는 데 대해서 구태여 변명하고 싶지 않다. 구체적으로 말하자면, 필자는 주로 골동품으로서의 가치나 호기심을 채워 주는 것으로서의 가치를 지닌 하나의 역사적 가공물로서 바울 신학을 재구성하는 데에는 관심이 없다. 신학이란 실체와 인간 존재의 가장 고귀한 질문들과 씨름하는 것이다. 이미 지적한 바와 같이, 기독교 신학의 안목에서 볼 때에, 이런 문제들에 대한 계속되는 대화에 바울은 타의 추종을 불허하는 크나큰 공헌을 하고 있다. 그러므로 필자의 작업은 무엇보다도 가능한 만큼 바울의 표면 속으로 들어가 그의 눈을 통해서 사물을 보며, 그의 사상으로 사고하는 것이요, 또한 그리하여 다른 사람들로 하여금 그의 통찰과 미묘함과 관심사 그 자체를 함께 인식하도록 돕고자 하는 것이다. 동시에 필자는 바울과 함께 신학 작업을 하면서 그와 상호 간에 비평적인 대화를 나누고 싶은 마음이다. 마치 성숙한 학도가 그 스승의 사상과 비평적으로 대화를 나누기를 소원하듯이 말이다. 물론 일 대 일의 대화로는 바울 신학의 풍성한 것들을 완전히 끄집어내기는 어려울 것이다. 다음에 계속되는 페이지에서 무수한 각주(脚註)들을 보게 되겠지만, 그럼에도 불구하고 다른 목소리를 이 대화에 끌어들이는 시도는 상당히 제한시켰다. 한편, 일 대 일 지도(指導)의 모델이 여전히 교육과 학습을 위하여 크게 유용한 도구로 남아 있다. 영국 내 대학교 학부 과정에서는 급속히 사라져가고 있기는 하지만 말이다. 필자는 본서에 대한 서평자들의 비평적인 교감을 통하여, 또한 그 이상으로, 대화가 계속되기를 소망한다.

b) 이제 본론을 시작하기에 앞서 한 가지 결정되어야 할 것이 남아 있다. 그것은 바울의 사상의 흐름 내에서 자신을 어디에 위치시켜야 그 사상과 대화를 시작하는 데에 가장 좋겠느냐 하는 것이다. 그런 결정은 반드시 필요할 것이다. 만일 바울의 갖가지 기억들과 서신들의 범위 전체를 넘나들며 자유로이 바울과 대화하게 되면, 어느 특정한 시기에 바울이 지니고 있었을 바울의 신학을 얻는 것이 아니라 그저 모든 것이 뒤범벅이 될 수밖에 없을 것이다. 다메섹 도상의 그리스도 현현 사건을 경험한 직후에 그의 믿음을 기술한 바울의 신학은 예루살렘에서 사도들과의 만남과 안디옥 사건 어간의 바울의 신학과는 결코 같지 않을 것이며, 또 그 바울 신학은 갈라디아로부터 온 소식을 듣기 전과 후의 바울 신학과는 상당히 다를 것이며, 또한 그 신학은 고린도 교회와의 교류 동안의 바울 신학과도 상당히 다를 것이다.

그러나 사실상, 그런 결정은 쉽게 내릴 수 있다. 다른 서신들보다 바울과 그의 교회들과의 역사적 교류와 발전 과정에 덜 개입하는 서신이 하나 있기 때문이다. 그것은 바로 로마서이다.[83] 바울의 신학 작업의 움직임과 대화 가운데서, 그의 로마서는 상대적으로 고정된 특질을 지니고 있다. 로마서는 그가 세우지 않은 교회에 보낸 것이었고, 바울의 선교 여행 주요 과정의 말기에 쓴 것이다(롬 15:18-24). 그 서신은 그의 선교 사역 가운데 가장 유쾌한 형편 가운데서, 깊은 묵상과 저술의 시간적 여유가 있는 상황에서 쓴 것이다. 그리고 무엇보다도 그 서신서는 그가 지금껏 선포해 왔고 또한 예루살렘과 로마를 지나 스페인에까지 전하기를 소망하는 대로 복음에 대한 그의 성숙한 이해를 제시하고 변론하기 위하여 쓴 것이 분명하다(롬 1:16-17). 한마디로 말해서, 로마서는 신학에 대한 교의적 혹은 체계적 논고와는 성격이 판이하게 다르다. 그러나 그럼에도 불구하고 그것이야말로 바울 자신이 바울 자신의 신학에 대하여 기록한 가장 지속적이고도 사려 깊은 진술이다.

그렇다면, 바울 신학을 어떻게 기술할 것인가? 로마의 그리스도인들에게 보낸 바울의 서신이 이 질문에 대한 바울 자신의 대답으로서 우리가 보유하고 있는 것 가운데 가장 근접한 것이다. 뿐만 아니라 로마서는 바울이 친히 그의 신학의 주제

83) 참조. Hultgren의 *Paul's Gospel*의 소제목. Melanchthon의 *Loci Communes* (1521)은 굳이 언급할 필요가 없을 것이다.

들의 전후 순서를 정한 하나의 모범을 우리에게 제시해 준다. 그러므로, 바울의 성숙한 신학을 파악하고 그것과 대화를 나누고자 하면, 로마서를 바울 신학에 대한 우리 자신의 진술을 형성할 일종의 받침목으로, 우리의 덜 중요한 여러 가지 악기들을 튜닝해 주는 기준이 되는 코드(chord)로 취하는 것보다 나은 방법은 없는 것이다. 바울이 로마서를 기록할 때에 지니고 있던 그의 신학을 묘사하고 논의하며 또한 끊임없이 로마서를 다림줄로서 이용하며 참조하는 그런 바울 신학이라면 확실히 바른 방향을 지향하고 있다 할 것이다. 자, 이제 계속 나아가기로 하자.

제 2 장

하나님과 인류

§2 하나님[1]

§ 2.1 공리(公理)로서의 하나님(God as axiom)

바울 신학을 체계적으로 연구하기 위해서는 하나님에 대한 바울의 믿음에서 시작해야 한다. 그러나 이는 "신학"이라는 용어가 그 주된 어의(語義)처럼 "하나님에 대한 언설"이라고 말할 수 있기 때문은 아니다.[2] 오히려 하나님이 바울 신학의 근본적인 전제요, 그의 신학 작업의 출발점이요, 그의 모든 저작의 주된 주제이기 때문이다.

"하나님"이라는 단어가 바울 서신 전체에서 548회 나타나고, 로마서에만 153회 나타나고 있다. 바울의 저작들 가운데 오로지 두 장(章)에서만 "하나님"을 명확히 언급하지 않는다. 바울 서신에서는 대개의 경우 하나님이 즉시 바울의 생애의 사역을 정당화시켜 주는 주된 요인으로 언급되고 있으며 — "하나님의 뜻을 따라 … 사도로 부르심을 받은 바울"(고전 1:1), "하나님 아버지로 말미암아 사도 된 바울"(갈 1:1) — 또한 그 이후로는 거의 틀에 박힌 듯한 요인으로 나타난다: "하나님의 뜻으로 말미암아 그리스도 예수의 사도 된 바울."[3] 그의 서신서에 나타나는 일상적인 인사는 "하나님 우리 아버지와 주 예수 그리스도로부터 은혜와 평강이 있기를 원하노라"이고, 거기에 하나님께 드리는 감사가 덧붙여진다.

로마서를 주의 깊게 살펴보면 1장에 계속해서 일련의 소유격을 사용한 문구들

---

1) 이 책 말미의 참고문헌을 보라.

2) 이 점과 관련하여 불트만의 실수를 떠올릴 필요가 있을 것이다.

3) 고후 1:1; 엡 1:1; 골 1:1; 딤후 1:1.

이 나타나고 있음을 보고 놀라지 않을 수 없다 — "하나님의 복음," "하나님의 아들," "하나님의 사랑하심을 받은 자," "하나님의 뜻," "하나님의 능력," "하나님의 의," "하나님의 진노," "하나님을 알 만한 것," "하나님의 영광," "하나님의 진리," "하나님의 심판." 바울 신학을 얼마든지 달리 설명할 수도 있겠지만, 그것은 과연 "하나님에 관한" 이야기였다. 또한 로마서의 주제를 드러내는 진술이 바로 "하나님의 의"에 대한 확언(1:17)이라는 것도, 첫 번째 주요 단락이 "하나님의 진노"에 대한 확언(1:18)으로 시작한다는 것도, 또한 그의 고발의 첫 출발점이 "하나님을 알 만한 것"(1:19, 21)이라는 것도, 모두 우연이 아니다.

그러나 우리에게 닥치는 문제는 하나님에 대한 바울의 확신들이 모두 지나치게 공리적이라는 점이다. 그것들이 공리들이기 때문에, 바울은 한 번도 그것들을 해명하는 수고를 들이지 않는다. 그것들은 그의 신학의 기저(基底)에 속하며 따라서 눈에 드러나지 않고 숨겨져 있다. 그러므로 로마서 3~4장을 근거로 칭의와 믿음에 대한 바울의 이해를 가늠할 수 있고 또한 고린도전서 15장을 근거로 부활에 관한 그의 이해를 추출해 낼 수 있으나, 하나님에 관한 바울의 신학은 바울 서신의 어느 특정한 구절을 근거로 추출해 낼 수가 없는 것이다. 바울의 신학을 분석하는 여러 시도들이 "하나님"에 관한 부분은 그냥 건너뛰고 다른 면이나 전제들에게로 — 대개는 인간의 처지에 대한 분석으로 — 넘어가는 것은 아마도 이런 이유 때문이라 여겨진다.[4] 그들은 바울의 기록된 사상이 명확하게 드러나는 수준에 가까이 머물러 있음으로써 그 저작의 성격을 반영하고자 한다. 그러나 한편으로 그들은 표면 밑에 — 바울 신학의 근본이 되는 하부 구조에 — 감추어져 있는 바울 신학의 경향들을 설명하는 데 도움이 되는 몇 가지 신학적 연관점들을 놓쳐 버릴 위험이 있다.

---

4) 금세기에는 Holzmann, Prat, Scott, Bultmann, Whiteley, Ridderbos, Eichholz, Kümmel, Ladd, Goppelt, Berger 등을 들 수 있다. Feine, Schlier, 그리고 바울 서신의 첫 단락을 "중심에 계신 하나님"(God at the Center)이라는 제목을 붙인 Morris(25-38), Fitzmyer, 그리고 Becker, *Paul* 379-82는 예외에 속한다. 그리하여 Dahl은 그의 논문의 제목을 "신약신학에서 소홀히 취급한 요인: 엄밀한 의미에서의 신학"(The Neglected Factor in New Testament Theology: *theo*-logy in the strict sense of the word)으로 잡았다(153). "초기의 기독교 신학은 실제로 거의 그리스도론 일색이다"라는 Cullmann의 진술(*Christology* 2-3)에 대한 Dahl의 비평(154)은 훨씬 더 폭넓게 적용된다.

다행히, 똑같은 현상이 우리에게 유리한 쪽으로 작용하고 있다. 좀 달리 표현하자면, 바울이 하나님에 대한 그의 믿음을 설명할 필요를 느끼지 않은 것은 이미 그의 독자들도 똑같이 그런 믿음을 갖고 있었기 때문이라는 것이다. 그의 "하나님에 대한 발언"은 일세기 기독교 공동체의 공통적인 발언의 일부였고, 그들의 공통적인 강론의 근본적인 "기정사실화된 부분"이었던 것이다. 그러므로 예를 들어서, "하나님의 뜻"에 대해서 구체적으로 설명하지 않고 그저 그 뜻에 호소하는 것만으로도 효과를 발휘했는데, 이는 하나님의 뜻을 행하는 것이 중요하다는 사실이 그들에게도 똑같이 공리가 되어 있었기 때문이다. 그러므로 하나님에 대한 거듭되는 언급과 암시들을 좀 더 일관성 있고 최소한 서로 연관된 "하나님에 대한 발언"으로 채워 넣으려면, 그것들을 바울이 그의 독자들과 공통적으로 갖고 있던 하나님에 대한 믿음의 맥락 속에 집어 넣어야 하는 것이다. 다시 말해서, 바울의 개별적인 진술들을 역사적 맥락 속에 — 이 경우는 바울이 독자들에게 알려 주고 또한 그들의 믿음을 북돋울 것으로 기대했을 하나님의 대한 믿음의 맥락 속에 — 집어 넣고 보아야 할 필요가 있다는 첫 번째 실례를 여기서 접하게 되는 것이다.

이제 분명히 드러나겠지만, 이처럼 바울과 그의 독자들이 공유하고 있던 믿음들은 철저히 유대적인 것이었다. 바울이 하나님에 대한 자기의 믿음을 설명하거나 변호할 필요가 없었던 이유 가운데 하나는, 그것이야말로 그의 전통의 근본적인 믿음이요 자신이 어려서부터 교육받았고 그의 생애 내내 줄곧 지켜온 믿음이었기 때문이다. 그리하여 로마서에서는 다음과 같이 그의 언어가 계속해서 하나님에 대한 유대교의 전통적인 단언(斷言)들의 리듬을 타는 것을 보게 되는 것이다 — "영원히 찬송할 하나님"(1:25), "진노를 내리시는 하나님"(3:5), "죽은 자를 살리시는 하나님"(4:17), "마음을 살피시는" 하나님(8:27) 등.[5] 다시 말해서, 바울이 회심한 이후로도 하나님을 믿는 믿음이나 그에 대한 믿음은 변하지 않은 것이다. 그에게 빛을 비추신 분은 바로 창세기의 창조주 하나님이셨다(고후 4:6; 창 1:3을 되풀이함). 자기를 택하신 하나님은 예레미야를 부르셨던 바로 그 하나님이셨다(갈 1:15; 렘 1:5을 되풀이함). 바울을 바울 되게 한 것이 바로 이 하나님의 은혜였다(고전 15:10). 요컨대, 그가 기정사실로 받아들여온 가장 근본적인 믿음은 전혀 손상되지 않고 그대로 있었던 것이다.

---

5) Moxnes, *Theology in Conflict* 15-31을 보라.

그러나 동시에, 이 하나님께서 주신 "그리스도의 계시"로 말미암아 하나님에 대한 그의 근본적인 믿음이 영향을 받지 않을 수 없었다. 사실 바울 신학 연구의 가장 매혹적인 면들 가운데 하나는 바로 그리스도에 대한 바울의 믿음이 하나님에 대한 그의 신학에 어떤 식으로 영향을 미쳤는가를 탐구하는 것이다.[6] 그러나 당분간은 바울이 그의 조상들로부터 물려받은 하나님에 대한 바울의 발언의 주요 특질들에만 초점을 맞추기로 하자.

바울의 회중의 대다수가 이방인들이었으나, 그러한 사실은 "하나님에 관한 발언"의 근본적인 유대적 성격을 인정하는 데에 전혀 걸림돌이 되지 않는다. 바울의 이방인 회심자들은 아마도 상당 부분이 이 당시 여러 디아스포라 회당에 모여들었던 이방인들이었을 것이기 때문이다.[7] 그들이 "하나님을 예배하는 자들"(세보메노이 톤 데온: God-worshipers)로 불렸다는 사실 자체가 유대교의 하나님에 대한 믿음이 유대교가 매력를 끄는 주요 포인트 가운데 하나였음을 시사해 준다.[8] 앞에서 주지한 바와 같이,[9] 바울이 그의 독자들이 칠십인역을 친숙하게 알고 있고 또한 높이 기리고 있음을 상정했다는 사실은 그들에게 사전에 칠십인역에 대한 지식이 있었음을 전제하는 것인데, 칠십인역에 대한 지식은 오로지 유대인의 회당

6) 이 점은 하나님에 대한 바울의 신학을 초점으로 삼는 대부분의 연구들에서 주로 논의되어 왔는데(Klumbies, *Rede* 13-33), 이는 "하나님에 대한 논의가 그리스도의 십자가와 부활에 대한 고백으로 말미암아 결정된다"(Lindemann, "Rede von Gott" 362)거나, "신약신학이 그리스도론적으로 결정된다"(Rahner and Thüsing, *New Christology* [§10 각주 1] 85)거나, 그리스도론이 "유일신론의 지평 내에 있다"(Holz, "Theologie" 108)거나, "하나님을 그리스도론적으로 해석함," "하나님을 그리스도론적으로 정의함"(Klumbies, *Rede* 237, 247), 또는 바울의 "그리스도론적 유일신론"(Wright, *Climax* 99, 129) 등의 문구들로 정리할 수 있다. §10 .5를 보라.

7) 참조. 행 13:43, 50; 16:14; 17:4, 17; 18:7.

8) 가장 분명하게 비유대적이요 비기독교적인 묘사 가운데 하나는 Juvenal의 것이다: 하나님 경외자들(God-fearers)은 "그저 구름들과 하늘의 신성을 경배하는" 자들이다 (*Satires* 14:96-97). 유대인들이 하나님을 하늘과 동일시했다는 관념은 Hecataeus of Abdera(기원후 300년경; *GLAJJ* 1. 28, 305-6을 보라)에까지 거슬러 올라간다. 하나님 경외자들에 대해서는 예컨대, Schürer, *History* 3.160-71, J. Reynolds and R. Tannenbaum, *Jews and Godfearers at Aphrodisias* (Cambridge: Cambridge Philological Society, 1987) 48-66 등을 보라.

9) §1. 3과 각주 45를 보라.

과 메시아 예수의 이름으로 모이는 새로운 모임에서만 얻을 수 있는 것이었다.

유대인들의 전통에 친숙하지 않은 이방인들을 향한 전도에 대해서는 누가가 바울의 두 차례의 "이방인을 대상으로 한 설교"를 묘사하고 있는데, 이것들이 거의 하나님에 관한 선포에 할애되고 있고 예수에 대해서는 거의 언급이 없다는 사실은 결코 우연이 아닐 것이다.[10] 그러한 묘사를 통해서 누가는 유대인이 아닌 자들을 대상으로 하는 유대인의 설교의 논리를 그대로 표현해 주고 있다. 하나님에게로 돌아온다는 것은 곧, 유대인들이 고백하는 하나님에게로 돌아온다는 뜻이었다.[11] 그런데 바울 역시 이방인들을 대상으로 한 설교에서 바로 그런 논리를 그대로 따르고 있음을 확증해 준다. 곧, 데살로니가의 회심자들에게 그는 "너희가 어떻게 우상을 버리고 하나님께로 돌아와서 살아 계시고 참되신 하나님을 섬기는지"를 상기시키고 있는 것이다(살전 1:9).[12]

바울 사상의 하부 구조를 적나라하게 드러내고, 하나님에 대한 그의 암시들을 그보다 더 충실한 "하나님에 관한 발언"과 연관지어 주는 "지당한 사실들"을 들으려면, 그의 유대적 전제들을 좀 더 상세히 해명해야 할 것이다. 이와 관련하여 가장 명백하게 드러나는 초점은 바로 유대교의 유일신론, 즉 창조주시요 주권자시요 최후의 심판주이신 하나님에 대한 믿음이요, 또한 이스라엘의 하나님으로서의 하나님에 대한 믿음이다.

§ 2.2 하나이신 하나님

하나님에 대한 유대교의 가장 근본적인 믿음은 하나님이 한 분이시라는 것이었다. 바울은 분명 어린 시절부터 쉐마를 날마다 고백하고 암송하도록 가르침을 받았을 것이다: "이스라엘아 들으라 우리 하나님 여호와는 오직 유일한 여호와이시니"(신 6:4). 경건한 유대인은 — 바울이 분명 한때 그러했다 — 신 6:7에 근거하여 하루에 두 차례씩 쉐마를 고백하였다. 이와 비슷하게 유대교 규칙의 기본 진술인 십계명도 다음과 같은 분명한 명령으로 시작하고 있다: "너는 나 외에는 다른

10) 행 14:15-17; 17:22-31.

11) 행 14:15; 15:19; 26:18, 20.

12) Klumbies는 바울이 "우상들과 유대인들의 하나님과 대조를 이루는 기독교의 하나님"을 설정한다고 근거 없는 주장을 제기한다(*Rede* 143-44).

신들을 네게 두지 말라"(출 20:3). 그러므로 유대인 변증가의 글들이 이것을 출발점으로 잡고 있다고 해서 놀랄 것이 없다. 기원후 2세기 후반에 기록된 것으로 보이는 「아리스테아스의 편지」(*Letters of Aristeas*)는 "무엇보다 먼저 하나님이 한 분이심을 증명함으로써" 율법에 대한 설명을 시작하고 있다(*Ep. Arist*. 132). 필로(Philo) 역시 십계명 해설 가운데서 바울 당시의 디아스포라 유대인들에게 첫 계명이 가장 중요함을 이렇게 표현하고 있다:

> 그러므로, 만물 위에 계신 한 분 하나님을 인정하고 존귀히 여겨야 한다는 이 사실을 계명 중에서도 첫째가는 가장 신성한 것으로 여겨 우리 마음 속 깊이 새기도록 할 것이요, 또한 삶의 법칙을 순결함과 선함 가운데 진리를 찾는 데 두는 사람으로서는 신(神)들이 많다는 생각일랑 절대로 귀에 들리지 않도록 할 것이다(*Decal*. 65).

또한 요세푸스(Josephus)도 역시 "[십계명의] 첫 말씀이 하나님이 한 분이심을 우리에게 가르쳐 준다"고 한다(*Ant*. 3. 91).[13)]

또한 하나님이 눈에 보이지 않는다는, 혹은 좀 더 정확히 말하자면, 형상화할 수 없으며(un-image-able, 출 20:4) 또한 바라볼 수 없는 분(unlookable-on, 출 33:20)이시라는 확신이 이와 밀접하게 연결되어 있다. 그러므로 애초부터 유대교는 우상숭배를 철저하게 대적해온 것이다.[14)] 바울보다 약간 나이가 적은 동시대 인물인 요세푸스는 유대교 종교에 대한 가장 간명한 변증에서 이 점과 관련한 그의 민족의 확신을 다음과 같이 세련되게 표현하고 있다:

> [모세는 하나님을] 한 분이시요, 창조되지 않고 영원토록 변함이 없으시며, 모든 썩어질 생각을 뛰어넘을 만큼 아름다운 분이시요, 그의 권능으로 우리에게 알려진 분이시며, 그의 진정한 존재의 본질이 지식을 전하는 분으로 묘

---

13) Rainbow, "Jewish Monotheism" (§10 각주1) 81-83의 자료와 참고 문헌을 보라.

14) 고전적인 예를 들면, 사 44:9-20; 지혜서 11-15; 예레미야 서신 등이 있다. 예루살렘 성전에서 주상(柱象)이 발견되지 않은 것은 "그들이 하나님께서 어떠한 형상도 취하지 않으신다고 생각했기 때문이라"는 Livy의 보도가 유대인의 종교의 이러한 특질을 더욱 널리 알려지게 만들었다(*GLAJJ* 1. 330-31; 2. 353).

> 사하고 있다 … 그가 이루신 일들과 베푸신 은혜로 말미암아 그가 분명히 보이니, 다른 모든 것보다도 더 분명하다. 그러나 그의 형체와 위엄은 우리의 묘사 능력을 뛰어 넘는 것이다. 아무리 값비싼 재료로도 그의 형상을 만들기에 적합한 것은 없고, 아무리 기교가 있고 재주가 있어도 그것을 생각하고 표현할 수 없다. 그와 같은 분을 우리는 절대로 본적이 없고, 상상하지도 못한다. 그를 추측한다는 것은 더구나 불경한 짓이다(AP. 2. 167, 190-91).

지나가면서 관찰할 수 있는 것은, 이와 같은 비평이 하나님이라는 개념 자체를 내적인 감상의 외적인 투사(投射)로 보는 포이어바흐(Feuerbach)와 프로이트(Freud)의 현대적 비평을 미리 암시해 준다는 것이다. 그러므로, 전통적인 유대교 신학이 그러한 자기 투사의 위험을 인식하고 자기들의 확신을 그것과 구분한 사실은 의미심장한 일이라 하겠다.

바울은 이 확연히 유대적인 성격을 지닌 믿음들을 함께 공유한 것이 분명하다.[15] 우상에게 드려진 음식에 대해 논의하는 중에(고전 8:1), 가장 먼저 그는 그의 조상으로부터 물려 받은 하나님이 한 분이시라는 믿음을 확언하고 있다: "우리가 우상은 세상에 아무것도 아니며 또한 하나님은 한 분밖에 없는 줄 아노라"(고전 8:4). 그는 쉐마를 고백한 것이다(이와 비슷하게 엡 4:6). 갈 3:20에 나타나는 하나님이 한 분이시라는 명제 역시 이와 똑같이 명확한 것이었다: "하나님은 한 분이시니라." 또한 로마서 초반부에서도 그는 "하나님은 한 분이시니라"는 유대교의 고백을 기반으로 하여 행위로 말미암는 칭의를 반박하고 있다(롬 3:30). 다소 놀라운 일이기는 하지만, 유대교의 유일신론을 가장 충실하게 단언하고 있는 것은 바울 서신 중에서도 후기의 작품에 속하는 디모데전서였다: "홀로 하나이신 하나님"(1:17); "하나님은 한 분이시요"(2:5); "하나님은 복되시고 유일하신 주권자이시며 만왕의 왕이시며 만주의 주시요 오직 그에게만 죽지 아니함이 있고 가까이 가지 못할 빛에 거하시고 어떤 사람도 보지 못하였고 또 볼 수 없는 이시니"(6:15-16). 바울이 그 서신을 쓴 것은 아니었으나, 그 고백들은 분명 그의 것들이다. 초기에 로마서에 가필(加筆)된 결론 부분의 영광송 — "지혜로우신 하나님께"(롬 16:27) — 도 어쩌면 바울 자신의 믿음과 동일한 성격의 믿음을

15) 또한 Hahn, "Confession"을 보라.

가진 동일 인물에 의해서 기록되었을 것이다.[16)]

우상 숭배에 대한 바울의 적개심도 똑같이 분명하게 드러나며, 유대교의 특징적인 두려움과 당혹스러움 그리고 조소와 함께 표현되고 있다. 누가는 아덴의 바울을 묘사하면서 "그 성에 우상이 가득한 것을 보고 마음에 격분하"였으며(행 17:16) 우상 숭배를 한마디로 배격하였다고 한다(17:29). 그러한 모습은 데살로니가의 독자들이 "우상을 버리고 하나님께로 돌아"온 사실에 대한 바울의 회상에서도 잘 드러나고 있다(살전 1:9). 죽은 우상과는 대조적으로, 하나님은 "살아 계시고 참되신 하나님"이신 것이다(살전 1:9).[17)] 로마서에서도 인간의 불경에 대한 첫 번째 말씀에서도(1:18) 하나님께서 보이지 않으신다는 사실을 기정 사실로 간주하여 말씀하며(1:20)[18)] 또한 우상숭배를 배격하는 전통적인 유대교의 자세를 그대로 따르고 있다: "썩어지지 아니하는 하나님의 영광을 썩어질 사람과 새와 짐승과 기어다니는 동물 모양의 우상으로 바꾸었느니라"(1:23).[19)] 그리고 다른 곳에서도 바울은 그의 유대교 선배들에 못지 않게 우상 숭배를 단호히 정죄하고 있다: "우상 숭배하는 일을 피하라"(고전 10:14).[20)]

이와 같이 유대교의 유일신론이야말로 하나님에 대한 바울의 사고와 또한 인간이 하나님을 생각하고 예배하는 합당한 길과 합당치 못한 길에 대한 사고의 가장

---

16) 참조. 마카베오2서 1:24-25 ("오 여호와, 만물의 창조자이신 여호와 하나님 … 주만이 왕이시요 자비하시며, 주만이 은혜로우시고, 주만이 의로우시고 전능하시고 영원하시도다"); 벤 시라 1:8 ("지혜로운 이는 한 분이시니"); Philo, *Fuga* 47 ("유일한 지혜자"), *Pseudo-Phocylides* 54 ("오직 하나님만 지혜로우시도다").

17) "살아 계신 하나님" — 또한 롬 9:26 (호 1:10, LXX 2:1을 인용함); 고후 3:3; 6:16; 딤전 3:15; 4:10. 이 문구는 구약에 빈번하게 나타난다 — 예컨대, 신 2:26; 수 3:10; 삼상 17:26, 36; 시 84:2; 사 37:4, 17.

18) 또한 골 1:15("보이지 아니하는 하나님")와 딤전 1:17("썩지 아니하고 보이지 아니하고 홀로 하나이신 하나님")을 주목하라.

19) 여기의 언어는 시 106:20과 렘 2:11, 22-23에서 취한 것이며, 사 44:9-20과 지혜서 11~15장(구체적으로 11:15; 12:24; 13:10, 13-14; 14:8; 15:18-19)을 되풀이하고 있다. 또한 참조. *Ep Arist*. 138. 또한 §5. 4를 보라.

20) 또한 고전 5:10-11; 6:9; 10:7; 갈 5:20을 보라. 참조. 골 3:5; 엡 5:5. 에이돌라트리아, 즉, "우상 숭배"라는 용어 자체는 바울이 만들어낸 것일지도 모른다. 왜냐하면 성경 다른 곳에서는 오직 벧전 4:3에서만 나타나기 때문이다. 물론 *T. Jud*. 19.1; 23.1과 *T. Ben*. 10.10에도 나타나기는 한다.

주된 전제요 출발점 가운데 하나였다는 것이 너무도 분명히 드러나는 것이다.

§ 2.3 다른 신(神)들?

그러나, 이렇듯 분명하게 드러나는 바울의 유대적 유일신론과 이방인들의 다신론과 우상 숭배 사이의 이러한 첨예한 대립의 모양새는 어쩌면 너무 지나치게 분명한 것일 수도 있다. 그런 의혹이 세 가지 전선(戰線)으로부터 제기된다: 그리스 로마 종교의 유일신적 형태에 대한 인식으로부터; 유대교 유일신론의 철저함에 대한 의문 제기로부터; 이 문제와 관련된 바울 자신의 몇 가지 진술들로부터.

a) 하나님이 한 분이시라는 유대교의 믿음의 독특성을 과장해서는 안 된다. 대부분의 옛 종교들과 그 시대의 종교 제의들은 신적인 계급 체제의 우두머리에 최고의 신을 상정하고 있었으며,[21] 좀 더 철학적인 사고를 지닌 사람은 하나님이 한 분이라는 생각을 기꺼이 가질 수 있었다. "다른 모든 '신들'은 갖가지 행동 영역에서 이루어지는 그 하나님의 뜻"이라고 생각하고서 말이다.[22] 그러나 그럼에도 불구하고 이것은 유대인들의 철저한 유일신론과는 분명 다른 것이었다. 헬레니즘이 번창하던 시기의 자유 상태의 전형적인 모습이 바로 이렇게 수많은 신적인 현현들로 나타나는 신성을 기꺼이 인정하는 것이었다.[23] 경건은 지역적으로 조상 대대로 내려오는 관습에 따라서 신성을 높이 기린다는 의미에서 다른 신들과 그들의 의식들에 대해서 진정으로 존중하는 자세를 불러일으켰다. 그런데 이와는 대조적으로, 유대교는 이런 다른 신들을 야훼의 현현들로 (혹은 야훼를 제우스의 현현으로)[24] 인정하기를 거부하고 용납하지 않았고, 바로 이것이 유대인들을 무신론자

---

21) MacMullen, *Paganism* 7, 소아시아의 비문들에서 제우스에게 비는 경우가 다른 신들의 경우보다 두배 반 이상 더 많이 나타난다.

22) MacMullen, *Paganism* 87; 또한 예컨대, H. Chadwick, *Origen: Contra Celsum* (Cambridge: Cambridge University, 1953) xvi-xx을 보라.

23) 예를 들어서, 제우스(Zeus)와 지역의 신이 함께 묶여 있는 경우를 계속해서 보게 된다 — 제우스 사라피스(Zeus Sarapis), 제우스 디오니소스(Zeus Dionysus), 제우스 암몬(Zeus Ammon), 제우스 바알(Zeus Baal), 제우스 아후라마즈다(Zeus Ahuramazda) 등. 그리고 세 신이 함께 묶인 경우도 나타난다 — 제우스 헬리오스 사라피스(Zeus Helios Sarapis) (LSJ, *Zeus* II; H. Kleinknecht, *theos*, *TDNT* 3. 76; MacMullen, *Paganism* 83-84, 90).

24) 아우구스티누스는 바로(Varro: 기원전 2세기)가 "유대인들의 하나님을 제우스와 동

로 보게 만들었던 것이다. 즉, 다른 신들의 실체를 인정하기를 거부하는 자들로 볼 수 있게 만들었다는 것이다(Josephus, *AP*. 2. 148).[25]

켈수스(Celsus)가 2세기 그리스도인들에게 재빨리 상기시켜 주고 있듯이(*Contra Celsum* 1. 5, 헤라클레이토스를 인용함), 헬라의 철학도 똑같이 우상 숭배에 대해 비판적이었다고 볼 수 있다. 신들이 육체가 없고, 인간의 감정도 없으며 희생 제사를 요하지 않는다는 것이 철학자들의 일반적인 상식이었다.[26] 하나님의 의인화(擬人化: anthropomorphism)에 대하여 일어난 후대 기독교계의 비판은 우상 숭배를 배격한 유대교의 논리에서는 물론 그에 못지 않게 전통적인 신들에 대한 헬라 철학자들의 비판에도 영향을 받은 것이다.[27] 그러나, 신들에 대한 철학적 논의가 아주 미세하게 정제되어 개념화되어 있었지만, 성행하고 있는 제의들이 도시와 국가에 미치는 중대한 영향에 대해서는 논란의 여지가 없었다. 저물어 가는 아테네의 지성적인 전통의 영화(榮華)가 우상이 가득한 그 도시(행 17:16)에 아주 편안하게 자리잡고 있었다. 이와는 대조적으로, 하나님의 모양을 상상하기를 거부하고 또한 사람이 공교하게 만들어낸 형상들에 머리를 조아리는 형태로 시행되는 그런 예배를 거부하는 유대인들의 처사는 대부분의 헬라인들과 로마인들에게는 상당히 당혹스러운 문제였다. 2세기 초엽 로마의 시인 유베날리스(Juvenal)는 유대교로 전향하는 동포들의 혼란스러운 성격을 풍자하여 말하기를, "겨우 구름과 하늘의 누멘(numen, 신령) 따위에게 예배하는 자들"이라고 하였는데(*Satires* 14. 97), 이것이 아마도 일반 사람들의 전형적인 태도였을 것이다.

그러므로, 이스라엘의 유일신론의 철저한 배타성과 우상 숭배에 대한 타협 없는 공격이 고대 세계에서 두드러지게 드러난 것이다. 바울 역시 하나님의 형상을 더럽히는 온갖 행위들에 대하여 배격하는 그러한 자세를 유대교와 함께 공유하였음은 의심할 필요도 없는 사실이다: "스스로 지혜 있다 하나 어리석게 되어 썩어지지 아니하는 하나님의 영광을 썩어질 사람과 새와 짐승과 기어다니는 동물 모양의 우상으로 바꾸었느니라"(롬 1:22-23).

일한 존재로 생각했음"을 회상하고 있다(*GALJJ* 1. 209-10).

25) *Martyrdom of Polycarp* 3. 2; 9. 2에서 이미 나타나는 대로, 이것은 기독교인들을 무신론자들로 규정한 대중적인 편견의 뿌리이기도 하다.

26) MacMullen, *Paganism* 76.

27) Grant, *Gods* 76-77. 또한 Long/Sedley, §23의 발췌된 내용을 보라.

b) 어떤 이들은 유대교의 유일신론에 대하여 유대인들 쪽에서 또 다른 제한 조건을 찾고자 한다. 하나님과 우주 사이에 개입하는 것으로 여겨진 중보적 존재들이 특히 제2성전 시대에 폭발적으로 제기된 것과[28] 또한 디아스포라 유대교에서 혼합주의의 기미가 감지되어온 데서 그런 제한 조건을 찾으려 하는 것이다.[29] 물론 바울 이전 2백여 년 동안에 천상적인 존재들이 급격하게 늘어났던 것으로 보이기도 하지만, 그러나 이것이 유대교의 유일신론에 위협이 된 것은 아니었다.[30] 그것은 결국 유대교의 변증가들이 다른 민족들의 신들을 개념화하는 한 방법이었다. 곧, 그들을 야훼의 천상(天上)의 시종들의 일부로,[31] 혹은 야훼께서 이 민족들을 다스리도록 지명하신 천사들로 여긴 것이다.[32] 또한 그 시기의 유대교 문헌들은 천사들은 신들로 여겨서도 안되며 예배해서도 안 된다고 거듭거듭 경고하고 있다.[33] 또한 신적 지혜(divine Wisdom)라는 존재[34] 역시 아무리 그 지혜에 대한

28) Bousset/Gressmann, 319; Hengel, *Judaism* 1.155. 가장 극단적인 입장은 M. Barker, *The Great Angel: A Study of Israel's Second God* (London: SPCK, 1992)에 나타난다.

29) 특히 골로새의 "거짓 가르침"과 관련해서는, 예컨대, 필자의 *Colossians* 27-28과 또한 *GLAJJ* 1. 359; C. E. Arnold, *The Colossian Syncretism: The Interface between Christianity and Folk Belief at Colossae* (WUNT 2. 77; Tübingen: Mohr, 1995) 등을 보라. 또한 Hengel and Schwemer, *Paul between Damascus and Antioch* 76-80과 비교하라.

30) Wicks, *Doctrine of God* 122-28; "각 세기마다 대다수 저자들의 분명한 가르침은, 그들이 어떠한 천사론을 갖고 있든 간에 하나님은 그의 피조물과 중보 없는 접촉을 하신다는 것이다"(124). 또한 Hurtado, *One God* (§10 각주 1) 17-39를 보라.

31) 예컨대, 출 15:11; 시 29:1; 82:1; 89:6-7; 95:3; 103:21; 148:2. 또한 Caird, *Principalities* (§5 각주 1) 1-4, 11-12; Wink, *Unmasking* (§5 각주 1) 109-11을 보라.

32) 신 32:8-9; 단 10:13, 20-21; 벤 시라 17:17; 요벨 15:31; 에녹 89:59-60; 90:22-25. 창 11:7-8에 대한 Targum Pseudo-Jonathan을 보라. 이러한 관념은 기독교 시대에까지 이어진다. 그리하여 예컨대 로마 황제 율리안(Julian)은 "갈릴리인들"을 대적하여 말하기를, "각 민족마다 민족의 신이 있고 천사가 그의 대리자 역할을 한다 … "고 하였다 (MacMullen, *Paganism* 82); 또한 Wink, *Unmasking* (§5 각주 1) 92의 다른 예들을 보라.

33) *Apoc. Zeph.* 6:15; *Apoc. Abr.* 17:2; Philo, *Fuga* 212; *Som.* 1. 238. 또한 L. T. Stuckenbruck, *Angel Veneration and Christology: A Study in Early Judaism and in the Christology of the Apocalypse of John* (WUNT 2.70; Tübingen: Mohr, 1995)을 보라.

34) 잠 8:22-31; 바룩 3:9-37; 지혜서 6:12~11:1; 벤 시라 24:1-22; 1 에녹 42; Philo, 여러 곳 (필자의 *Christology* 169, 171, 173-74).

시적인 표현이 강력하다 할지라도 유대교 내에서는 하나님과 별개인 어떤 신적인 존재가 아니다. 그 지혜는 사실상 하나님의 초월성(transcendence)을 훼손시킴이 없이 하나님의 내재성(immanence)를 생생하게 나타내고자 하는 또 다른 표현인 것이다. 예를 들어서, 지혜서 10장에서는 지혜를 족장들과 이스라엘을 향한 야훼의 보살피심으로 묘사하고 있다.[35] 이보다 생생하지는 않으나, 하나님의 영과 하나님의 영광도 하나님의 지혜와 동일한 역할을 하는 유사한 완곡 어법들이었다.[36]

디아스포라 유대교의 혼합주의적 전통에 대해서는, 구브로의 "거짓 선지자인 마술사" 엘루마나(행 13:6-8) "유대의 한 제사장" 스게와의 일곱 아들들(행 19:14)의 극단적인 예들을 제외하고 나면, 그 증거가 아주 미약하고 또한 아무리 잘 보아도 그저 애매할 뿐이다. 좀 더 구체적으로 말하면, 소아시아 지방의 유대인들의 혼합주의적인 천사 숭배에 대해서 오랫동안 논란이 있어 왔으나, 나타난 자료는 오히려 그저 절반쯤 이해한 유대교의 개념들을 이교도들이 빌려간 것으로 이해하는 것이 더 나을 것으로 보인다.[37] 그렇게 이해하는 것이 유대인 공동체들이 그들의 민족적 정체성과 조상 때부터 내려오는 관습들을 지키고자 애를 썼다는 일관성 있는 증거와 가장 잘 부합되는 것이다. 그렇다면, 더 건전한 증언은 바로 요세푸스의 것이라 하겠다. 그는 아무런 단서도 붙이지 않고, "한 분 하나님을 인정하는 것이 모든 히브리인들의 공통적인 믿음이었다"고 증언하고 있다(*Ant*. 5. 112). 그리고 유대인들을 폄론한 로마의 비평가들 중에서도 가장 극심한 2세기의 타키투스(Tacitus)도 똑같이 마지못해서 다음과 같이 존중심을 표현하고 있다:

---

35) Dunn, *Christology* 168-76, 215-30. §11. 1을 보라.

36) 또한 Kleinknecht, *TDNT* 3. 98-99; Casey, *Jewish Prophet* (§10. 각주1); Hurtado, *One God* (§10 각주 1) 2장 등을 보라.

37) 특히 A. P. R. Shepherd, "Pagan Cults of Angels in Roman Asia Minor," *Talanta* 12-13 (1980-81) 77-101; P. Trebilco, *Jewish Communities in Asia Minor* (SNTSMS 69; Cambridge: Cambridge University, 1991) 137; S. Mitchell, *Anatolia: Land, Men and Gods in Asia Minor*, 2 vols. (Oxford: Clarendon, 1993) 2. 46 등을 보라. Arnold(각주 29)는 골로새서에 나타나는 전통적인 유대교의 특질들을 무시한다. 그러나 골로새서는 기독교 가정 교회들에 유대교의 위협이 전반적으로 있었음을 시사해 준다. 필자의 "The Collossian Philosophy: A Confident Jewish Apologia," *Bib* 76 (1995) 153-81을 보라.

> 유대인들은 오직 한 하나님만을, 그것도 정신만 있는 하나님을 생각한다. 그들은 없어지고 말 물질을 써서 사람의 형상을 만들어 그것들로 신들을 표현하는 행위를 불경한 것으로 여긴다. 그 지고하고도 영원한 존재는 그들에게는 표현할 수도 없고 끝도 없는 분이다. 그러므로 그들은 그들의 도시에도, 또 신전에는 더더욱, 주상들을 세우지 않는다. 이러한 아첨은 그들의 왕들에게도 하지 않으며, 이러한 영예는 카이사르들에게도 주어지지 않는 것이다(*Hist.* 5. 5. 4).

바울 역시, 쉐마를 계속하여 인정하면서 유대교의 유일신론에 대해서 전혀 의심하지 않았음이 분명하다. 이제 주(主)로 높이 올려진 예수가 이러한 유일신론에 어떻게 부합되는지에 대해서 그가 어떤 사고를 가졌는지, 또한 구체적으로 그가 신적 지혜라는 존재를 사용하여 예수를 주로 말하고 있는 점에 대해서는 다시 살펴보게 될 것이다.[38] 당분간은 바울을 한 분이신 하나님을 믿는 유대교의 신앙을 일관성 있게 인정하고 분명하게 그것을 토대로 사고한 것으로만 논의할 필요가 있을 것이다.

c) 그러한 논의들의 맥락 속에서 볼 때에 바울 자신이 하나님에 대하여 좀 더 폭넓은 믿음을 드러내 보이는 예들이 나타나는데, 이는 참으로 관심을 끄는 것이요 때로는 고개를 갸우뚱하게 만드는 것이기도 하다. 그는 고린도전서 8장에서 한 분이신 하나님을 고백하는 가운데 다음과 같은 애매한 진술을 하고 있다: "비록 하늘에나 땅에나 신이라 불리는 자가 있어 많은 신과 많은 주가 있으나 그러나 우리에게는 한 하나님 곧 아버지가 계시니"(고전 8:5-6). 바울의 언어 자체를 보면, 과연 그의 의도가 "신이라 불리는 자"라는 단서를 그 다음에 이어지는 구문에까지 계속 연장시키려는 것인지 아니면 그런 식으로 불리는 다른 신들이 있음을 그저 언급하고 지나가려는 것인지가 분명하지 않다. 그 이전에는 더 단호했었다. "신이라 불리는 모든 것"(살후 2:4)이라고도 언급했고, 또한 이방인들이 예배하는 신들이란 "본질상 하나님이 아닌 자들"(갈 4:8)이라고 했던 것이다.[39] 그러

38) 특히 §10. 5를 보라.

39) 이는 특징적인 유대교의 주장이다(대하 13:9; 사 37:19; 렘 2:11; 5:7; 16:20; 지혜서 12:27; Ep. Jer. 23, 29, 51-52, 64-65, 69, 72장).

므로 고린도전서 8장에 나타난 애매한 표현은 어쩌면 의도적인 것일지도 모른다. 어느 정도나 인정해야 할지를 그 자신이 확신하지 못했기 때문이거나 아니면 그가 목회적인 민감성을 갖고서 — 아드 호미넴(ad hominem)의 자세로 — 고린도의 "연약한 자들"의 두려움에 대하여 할 수 있는 만큼 의미심장하게 표현하려는 의도로 그렇게 했을 수도 있을 것이다.[40] 방문하는 도시들마다 여러 신들을 섬기고 있는 현실을 그가 모를리 없었을 것이기 때문이다. 그러나 그의 의도는 이처럼 전반적으로 퍼져 있는 다른 믿음들이 있는 가운데서 한 분이신 하나님에 대한 믿음을 담대하게 선포함으로써, 하나님에 대한 그러한 고백의 힘을 극대화하고자 하는 데 있었던 것으로 보인다. 자, 다른 사람들이 그렇게 믿고 있다면 어떻게 될까? 그렇다 해도 "하나님은 한 분이시라"는 우리에게 주어진 진리는 거기에 전혀 영향을 받지 않는다!

이와 마찬가지로, 동일한 논의를 진행하는 가운데 나중에 가서 우상들 속에 귀신들이 거하고 있다는 암시(고전 10:20-21)가 나타나는데 이 역시 애매모호하다. 여기서도 우리는 이런 질문을 하게 된다: 바울이 고린도 교회의 "연약한" 회원들이 정말 두려워하는 바를 그저 반영하고 있는 것뿐인가? 그래서 자기 자신도 확신이 없으면서 그 실체들을 거명하고 있는 것인가?[41] 아니면, "귀신"이라는 용어를 신 32:17을 암시하는 뜻으로 — 또한 고전 10:22은 신 32:21을 암시하고 있는데 — 의도적으로 사용하여, 결국 우상은 "하나님 아닌 것"(신 32:21)임을 암시하고자 함이었는가? 이와 관련하여, 바울의 저작권에 대해 논란이 없는 서신서에서는 절대로 다시 "귀신"이라는 용어가 언급되지 않으며,[42] 또한 바울이 어느 곳

40) 예컨대, Conzelmann, *1 Corinthians* 143과 Fee, *1 Corinthians* 372-73의 논의를 보라. 바울은 "다른 신들의 존재론적 존재에 대해서는 관심을 갖지 않고, 사람이 무엇을 예배하든 그 예배하는 사람에게 그것이 신이 된다는 실존적인 사실에 관심을 갖는다"(Wink, *Unmasking* [§5 각주 1] 113; 125).

41) 시 96:5에서 LXX(95:5)은 엘릴림(우상들)이라는 히브리어 단어를 다이모니아(귀신들)로 번역하고 있다. 참조. Philo: "다른 철학자들이 귀신(혹은 영)이라, 혼이라 부르는 즉, 공중을 날아다니고 떠다니는 존재들에게 천사라는 이름을 붙여서 부르는 것이 모세의 습관이다 … 그러므로 혼들과 귀신들과 천사들이 동일한 대상을 이름만 달리 부르는 것이라는 것을 알게 되면, 가장 근심스러운 짐에서 즉, 귀신들이나 미신들을 두려워하는 데에서, 헤어날 수 있을 것이다"(*Gigant* 6. 16). 그 시대의 대중 종교에서 귀신들에 대해서는 MacMullen, *Paganism* 79-80과 §5. 1을 보라.

에서도 귀신을 내어쫓는 일에 대해서 말하지도 않는다는 점을 주시하지 않을 수 없을 것이다.[43] 그리하여 그는 다른 신들/귀신들의 위상을 애매한 상태로 내버려 둘 수 있었던 것이 분명하다. 그에게 무엇보다도 중요한 것은 다음 두 가지였기 때문이다: (1) 하나의 궁극적인 실체는 바로 하나님이시므로, 그 사실에서 이탈하는 것이 있다면 그 무엇이라도 — 심지어 "아무것도 아닌" 허망한 것(우상)이라 할지라도 그것은 여전히 하나님이라는 궁극적인 실체를 깎아내리는 것이다. (2) 우상들/귀신들은 모두 실존하는 실체를 지니고 있으며 — 다른 신들에 대한 인간적인 투사(投射)에 불과하든(앞의 § 2. 2) 아니면 객관적으로 실존하는 귀신들이든 — 그 실존하는 실체가 절름발이와 종의 상태에 있을 수 있으므로 그것에 대하여는 아무런 위치도 부여하지 말아야 한다는 것이다.[44]

"사탄"은 귀신보다 더 흔히 나타난다.[45] 그러나 시종일관 정관사가 사용된다는 사실은 아마도 본래의 개념 — 하나님을 대적하는 세력이면서도 하나님의 뜻을 섬기며 행동하도록 하나님께로부터 허락을 받은 그런 존재라는 개념 — 이 계속해서 영향을 미치고 있음을 반영하는 것일 것이다.[46] 그리하여 고전 5:5의 교회원을 사탄에게 내어주어서 그의 영이 구원받도록 한다는 암시가 나타나며(딤전 1:20도 유사하다),[47] 또한 고후 12:7에서는 "사탄의 사자"가 언급되는데 이는 바울에게 가장 값진 가르침을 받도록 하는 계기를 제공하였다(고후 12:9-10). 로마서에서 나타나는 유일한 언급은 "평강의 하나님께서 속히 사탄을 너희 발 아래에서 상하게 하시리라"이다(16:20). 로마서의 앞부분에서 바울은 다른 적대적인 하늘의 권세들에 대해서 언급하면서 그것들이 그리스도 안에서 하나님 앞에서 무기력하다는 사실을 증거하고 있다(롬 8:38-39).

이와 관련된 문제들 중에는 뒤에 가서 바울의 악의 개념에 대해서 논의할 때에

42) 그러나 딤전 4:1을 주목하라.

43) 참조. 행 16:18; 19:13.

44) §24. 7을 보라.

45) 롬 16:20; 고전 5:5; 7:5; 고후 2:11; 11:14; 12:7; 살전 2:18; 살후 2:9; 딤전 1:20; 5:15. 또한 "이 세상의 신"(고후 4:4), "벨리알"(고후 6:15), "악한 자"(살후 3:3; 엡 6:16), "공중의 권세 잡은 자"(엡 2:2), "마귀"(엡 4:27; 6:11; 딤전 3:6-7; 딤후 2:26).

46) 욥 1~2장; 슥 3:1-2; 또한 삼하 24:1의 해석인 대상 21:1.

47) Wink, *Unmasking* (§5 각주 1) — "사탄이 그를 구원하는 수단이다!"(16).

다시 살펴보아야 할 것들도 있다.[48] 그러나 당분간은 그러한 세력들이 바울에게 어떠한 현실성으로 와닿았든 간에 그의 유일신 사상은 전혀 타협의 여지가 없었다는 점을 주지하는 것으로 족할 것이다. 하나님에 대한 바울의 신뢰는 전혀 흔들림 없이 그대로 남아 있었던 것이다.

§ 2.4 하나님과 우주

로마서의 처음 몇 절을 보면, 창조주로서 하나님의 역할이 바울 신학의 또 다른 근본적인 공리라는 사실이 분명히 드러난다. 하나님은 "창세로부터" 알려지셨고(1:20), 또한 그는 창조주시라는 것이다(1:25).[49] 이 점은 바울의 유일신론 가운데 논쟁이 적은 부분이었다. 창조와 창조주라는 개념은, 혹은 최소한 신적인 설계자라는 개념은 그리스-로마의 종교와 철학의 범주 내에서도 쉽게 그 예를 찾아볼 수 있다.[50] 그렇기 때문에 바울은 이 점에서 스토아 철학의 용어로 간주되어야 마땅할 그런 용어를 채용하는 데에 전혀 어려움이 없었다. "영원하신"과 "신성"이라는 용어들(1:20)은 이미 솔로몬의 지혜서와 필로가 스토아 사상에서 뽑아내어 유대교 지혜의 전통 속에 심어 놓은 것이다.[51] 그리고 "에게서," "말미암아," "에게로" 라는 전치사들을 사용하여 창조를 논하는 것도(롬 11:36에 나타나듯이) 전형적인 스토아의 특색이었던 것이다.[52] 그러나 여기서도 우리는 유대교의 독특한 영향을 인정해야 할 것이다. 곧, "창조하다/창조"라는 용어를 신적인 창조의 행위와 그 사실에 대해서만 사용함으로써, 히브리어 바라("창조하다")에서 나타나는 동일

48) §5를 보라.

49) 또한 롬 8:19-22, 39; 고전 11:9; 골 1:15-16, 23; 3:10; 엡 3:9; 이와 결부되는 개념인 "새 창조"(고후 5:17; 갈 6:15) 등을 보라.

50) Plato의 *Timaeus*는 헬라 사상의 근본이 되는 자료였다. 또한 Kleinknecht, *TDNT* 3.73-74; H. Sasse, *kosmos*, *TDNT* 3. 874-80을 보라. *De Opificio Mundi*에 나타나는 Philo의 창조에 대한 묘사는 중기(中期) 플라톤 사상에서 크게 영향을 받은 것이다. 또한 J. Dillon, *The Middle Platonists* (London: Duckworth/Ithaca: Cornell University, 1977) 155-78을 보라.

51) 아이디오스 — 참조. 지혜서 2:23; 7:26; 데이오테스 — LXX에서는 지혜서 18:19에만 나타난다. Lietzmann, *Römer* 31-32; W. Michaelis, *aoratos, TDNT* 5.368-69.

52) 예컨대, Pseudo-Aristotle, *De Mundo* 6; Philo, *Cher.* 125-26; Seneca, *Epistle* 65. 8. 또한 필자의 *Romans* 701을 보라.

한 용례를 반영해 주고 있는데, 이는 헬라 사상에서 그 용어를 무차별적으로 사용하고 있는 것과 대조를 이룬다.[53]

헬라의 특징적인 우주관과 유대교의 특징적인 우주관은 서로 이보다 훨씬 더 예리한 대조를 보이고 있다. 전자의 경우, 감각으로 접할 수 있는 가시적 세계와 정신을 통해서만 접할 수 있는 관념의 세계를 구분하는 근본적인 플라톤적 사고가 널리 영향력을 미치고 있었다.[54] 그리고 주로 이 두 세계가 아주 예리하게 서로 반대되는 관계 속에 있는 것으로 보는 경향이 있었다. 온갖 부패의 가능성을 지닌 물질 세계는 멸하지 않는 정신의 세계보다 훨씬 더 열등한 것으로 보았다. 거기서 한 걸음 더 나아가서 육체적인 것을 멸시하고, 물질을 하나의 짐으로 또한 밑으로 끌어내리는 것으로 여겼고, 그러한 물질성(materiality)에서 피하는 것을 구원이라고 이해한 것이다.[55] 창조주와 피조물을 서로 대립하는 것으로 보는 유대교의 사고나, 초기 모세오경의 전승에 나타나는 의인법들을 제거한 데에서도 무언가 동일한 본능이 있다고 할 수 있다. 또한 이사야 31:3은 이런 점에서 아주 고전적인 자세를 보여 준다: "애굽은 사람이요 신이 아니며 그들의 말들은 육체요 영이 아니라."[56] 그러니 바울 역시 이러한 예리한 대립의 영향을 받지 않은 것이 아니다. 이 문제는 §3에서 다시 논하기로 하자.

그러나 여기서 의미심장한 것은 바울에게서 우주가 선하게 창조되었다는 본질적인 유대교의 사고(창 1:26-31)가 나타난다는 점이다. 인간은 여전히 하나님의 형상이다(고전 11:7). "땅과 거기 충만한 것이 주의 것이다"(고전 10:26; 시 24:1을 인용함). "무엇이든지 스스로 속된/부정한 것이 없다"(롬 14:14). 디모데전서의 진술은 이보다 더 분명하다: "하나님께서 지으신 모든 것이 선하다"(딤전

53) 필자의 *Romans* 57-58을 보라.

54) Philo, *Opif.* 16-44에서 특히 이러한 영향이 분명히 드러난다.

55) 소마 세마, 즉, "육체는 (영혼의) 무덤"이라는 꼬리표에서, 또한 흔히 인용되는 Empedocles의 "잘 맞지 않는 육체라는 옷"(알로그노스 키톤 사르코스)라는 문구에서 전형적인 예를 볼 수 있다. 이 두 가지 예는 각각 E. Schweizer, *TDNT* 7.1026과 1027에서 인용한 것이다.

56) 지혜서 9:15("썩어 없어질 육체는 영혼을 내리누르고 이 땅의 장막은 생각 있는 마음에 짐을 지운다")은 헬라의 사고가 얼마나 헬라주의적 유대교에 침투해 있었는지를 잘 보여 준다.

4:4). 창조된 세계가 아직도 하나님에 대해서 말하며(롬 1:19-20)[57], 또한 비록 현재는 허무한 데 굴복해 있으나 장차 마지막 구속에 함께 참여하게 될 것이다(롬 8:19-23). 그러므로, 하나님의 구원 사역의 절정인 부활의 활동을 그의 창조의 역사와 동격으로 말씀한다는 사실이 전혀 놀라울 것이 없는 것이다. "죽은 자를 살리시는"[58] 하나님이 또한 "없는 것을 있는 것으로 부르시는 분"이신 것이다(롬 4:17).[59] 계속해서 바울의 사상은 창조와 구원의 결합이 더욱 분명하게 드러나는 방향으로(골 1:15-20; 20절 — "만물"이 하나님과 화목된다),[60] 또한 창조주의 형상에 합당하도록 갱신하는 방향으로 발전된다(3:10; 엡 4:24).

또한 하나님께서 우주와 인간 사회의 질서를 유지하신다는 바울의 관념 역시 유대적 특징을 드러내는 것이다(롬 13:1-5).[61] 이미 지적한 바와 같이, 하나님의 뜻이 바울 자신의 삶과 계획에 결정적인 요인이었다(롬 1:10; 15:32).[62] 경건한 "유대인"과 마찬가지로 바울에게도 "하나님의 뜻을 분간하는" 것이야말로 가장 중요한 일이었다(롬 2:18; 12:1). 엄밀히 말해서 "하나님의 뜻이라면"이라는 경건한 단서가 널리 사용되고 있었다.[63] 그러나 헬라의 전통은 우연적이고 설명이 불가능한 일을 운명이라는 개념으로 허용하는 반면에, 바울은 — 전반적인 유대교

---

57) 지혜서 13:1을 반영하며 또한 스토아 사상의 동일한 사고를 반영한다. 예컨대, Pseudo Aristotle, *De Mundo* 6; Philo, *Spec. Leg.* 1. 35; Bornkamm, "Revelation" 50-53 등을 보라.

58) 이러한 언어는 18 축복 가운데 두 번째의 것인 "죽은 자를 살리며"를 반영하는 것이다. 바울은 이를 반복하여 사용하고 있다. 고전 15:22, 36, 45을 보라.

59) 여기에 나타나는 내용들은 유대교에서 특징적으로 나타난다. 곧, 창조를 유효적인 "부르심"으로 보는 것(사 41:4; 48:13; 지혜서 11:25; 2바룩 21:4)과 하나님이 ex nihilo (무에서) 창조하셨다는 믿음(마카베오2서 7:28; Philo, *Opif.* 81; *Leg. All.* 3:10; *Joseph and Aseneth* 12:2; 2바룩 21:4; 48:8; 2에녹 24:2)이 그것이다. 바울은 사실 여기서 Philo를 반영하고 있다: "존재하지 않던 것을 그가 존재하도록 부르셨다"(*Spec. Leg.* 4.187). 그리고 이 두 문구에 나타나는 사상은 *Joseph and Aseneth* 8. 9를 반영한다.

60) 참조. 사 11:6-9; 65:17, 25; 요벨 1:29; 23:26-29; 1 에녹 91:16-17; Philo, *Spec. Leg.* 2.192. 또한 L. Hartman, "Universal Reconciliation (Col. 1:20)," *SNTU* 10 (1985) 109-21을 보라.

61) §24. 2를 보라.

62) 또한 고후 8:5; 갈 1:4; 골 4:12; 살전 4:3; 5:18; 엡 1:5, 9, 11; 5:17; 6:6을 보라.

63) Deismann, *Bible Studies* 252; BAGD, *thelo* 2를 보라.

사상도 마찬가지지만 — 모든 일은 하나님의 "목적"(롬 8:28-30; 9:11)[64]과 그의 "뜻"(9:19)에 기인하는 것으로 봄으로써 신정론(神政論)의 문제를 해결하였다. 뿐만 아니라 그는 그 결과의 가혹함에 대해서도 전혀 개의치 않았다: 토기장이이신 하나님이 "진흙 한 덩이로 하나는 귀히 쓸 그릇을, 하나는 천히 쓸 그릇을 만들 권한"을 지니고 계심을 천명하고 있다(9:19-22).[65] 그러한 역사와 경험의 수수께끼 같은 현실에 대한 그의 최종적인 해결은 바로 하나님의 목적이 하나의 "신비"로서(롬 11:25), 세상에서 감추어졌고 오로지 특권을 지닌 몇몇 사람들에게만 계시되었다는 묵시론적 확신이었다.[66] 그러한 신비 속에 "후회가 없는" 본래의 부르심(11:29)과 또한 긍휼하심의 궁극적인 목적(11:30-32)이 함께 엮어져 있는 것이다.

또한 상이한 시간관이 이와 결부되어 있었다. 헬라인들은 주로 시간을 순환적인 것으로 생각하였고,[67] 물질 세계와 정신 세계의 상호 관계가 고정되어 있는 것으로 많이 생각하였다.[68] 그러나 이와는 달리 유대인들은 시간을 시대의 진전으로 보는 것이 더 자연스럽다고 여겼고, 장차 다가올 시대가 현재의 악에서 놓임 받게 해 줄 것이라 믿었다. 바울은 후자를 공유하였다. 자연히 그는 "이 시대"를 더 열등한 것으로 생각하였다: "너희는 이 세대를 본받지 말라"(롬 12:2); 하나님의 지혜의 바깥에 있는 "이 세상의/세대의 지혜"는 어리석은 것이다(고전 2:6); 현 시대는 악하다(갈 1:4).[69] 또한 장차 다가올 시대에 대한 사고도 함축적으로 나타난다. 그의 축복 기원에서도 나타나듯이, 하나님은 "세세에," 혹은 "세세토록," 혹은 "세세무궁하도록" 찬양 받으실 분이시다.[70] 이는 시편 기자의 기도를 반영하는

64) 이 단락 — 롬 8:28-29 — 에서 전치사 프로("앞에")를 붙인 복합어가 계속 사용되는 것을 주목하라. 또한 참조. 고전 2:7; 갈 3:8; 엡 1:5, 11; 2:10; 3:11.

65) 이러한 표현법은 유대교 전통에서는 아주 흔하게 나타난다(특히 사 29:16; 45:9; 렘 18:1-6; 벤 시라 33:13을 보라). 바울은 여기서 지혜서 15:7을 염두에 두고 있는 것이 틀림없다. 필자의 *Romans* 557을 보라.

66) 필자의 *Romans* 678을 보라.

67) 필자는 특히 스토아 철학의 영구한 재발이라는 스토아 철학의 개념을 지칭하며 (Long/Sedley, 1. 308-13을 보라) 또한 신비 종교들에서 계절의 순환을 신비적으로 이해하는 점을 염두에 두는 것이다.

68) 특히 플라톤주의의 여러 형태들에서 그러하다.

69) 또한 롬 8:18; 고전 1:20; 2:8; 3:18-19; 고후 4:4; 엡 2:2; 5:16 등을 보라.

것이다.[71] 또한 구원의 과정 역시 하나님의 시간표에 따라서 이루어진다. 그리스도께서는 "때가 차매" 오셨다(갈 4:4). "때가 단축하여졌다"(고전 7:29). "말세"가 그와 그의 독자들에게 임하였다(고전 10:11).[72] 그러므로 모든 일의 절정은 필연적으로 바로 "만유의 주로서 만유 안에 계시는" 하나님이 될 것이다(고전 15:28).

이 모든 것과 함께 우주에 대한 최후의 심판 — 이 악한 세대를 종결짓고, 하나님께서 최종적인 심판주가 되시는 그런 심판 — 이 있을 것이라는 사고가 나타난다. 그러한 개념은 헬라 사상에서도 아주 친숙하였으나, 무엇보다도 유대교 전통에서 아주 두드러졌다.[73] 바울에게는 이것 역시 한마디로 당연한 것이었다. 로마서의 처음 몇 장에서 이에 대한 분명한 증언이 나타나고 있다: "하나님의 심판이 진리대로 되는 줄 우리가 아노라"(롬 2:2-3); 하나님께서 사람의 은밀한 것들을 심판하실 진노의 날이 임할 것이다(2:5-8, 16); 율법에 따라서 심판이 이루어질 것이다(2:12-15); 온 세상이 하나님의 심판 아래 있다(3:19). 이 점과 관련하여 바울에게는 하나님의 정의에 대한 유대교의 관념을 구성하는 두 가지 근본적인 공리가 매우 중요하다. 곧, 하나님께서는 "각 사람에게 그 행한 대로 보응하신다"(2:6)는 것과[74] 하나님의 심판이 불편부당할 것이라는 것이다(2:11).[75] 하나님의 진노는 정의로워야 한다. 만일 그렇지 못하면 "하나님께서 어찌 세상을 심판하시

---

70) 롬 1:25; 9:5; 11:36; (16:27); 고후 9:9; 11:31; 갈 1:5; 빌 4:20; 딤전 1:17; 딤후 4:18. 악이 지배하고 있는 현 세대와 장차 다가올 세대 사이의 대조는 후기 유대교 묵시 문학서들인 4에스드라와 2바룩에서만 분명하게 드러난다. 그러나 그것은 다니엘 2장과 7장의 이상 등의 중요한 구절들이 자연스럽게 발전된 것으로, "악의 시기"에 대한 쿰란의 진술에도 들어 있으며(CD 6.10, 14; 12. 23; 15. 7; 1QpHab 5. 7), 아마도 이미 예수 전승의 일부가 되어 있었을 것이다(마 12:32; 막 10:30; 눅 20:34-35).

71) 시 41:13; 72:19; 88:52; 106:48.

72) 참조. 1QpHab 7; 4Ezra 6:7; 11:44. 그러나 고전 10:11에 나타나는 "말세"라는 복수형은 다소간 의아스러움을 자아낸다.

73) 필자의 *Romans* 80, 84에 언급한 문헌들을 보라.

74) 시 62:12과 잠 24:12. 또한 욥 34:11; 렘 17:10; 호 12:2; 벤 시라 16:12-14; 1에녹 100:7을 보라. 또한 바울 서신의 경우 고후 5:10; 골 3:25; 딤후 4:14에도 나타난다.

75) 신 10:17; 대하 19:7; 벤 시라 35:12-13; 요벨 5:16; 21:4; 30:16; 33:18; *Pss. Sol.* 2:18. 바울 서신의 경우는 골 3:25; 엡 6:9을 보라. 더 상세한 내용은 특히 J. Bassler, *Divine Impartiality; Paul and a Theological Axiom* (SBLDS 59; Chico: Scholars, 1982)를 보라.

리요?"(3:5-6).[76]

또한 바울이 로마서에서 첫 번째로 해명하는 큰 관념도 이와 연관되어 있다. 곧, 하나님의 진노가 이미 하늘로부터 나타나고 있다는 것이 그것이다(1:18). 그러한 관념 역시 고대 세계에서 아주 친숙한 것이었다. 인간의 불경에 대한 하늘의 반응으로서 신적인 분노가 나타나며, 사회적인 재난과 예기치 못한 불행을 설명하는 하나의 방법으로도 신적인 분노가 거론되었던 것이다.[77] 그러나 바울에게는, 그의 유대인 조상들과 마찬가지로,[78] 여기서 말하는 "하나님의 진노"란 정의롭고 진실된 마지막 심판의 진노와 거의 차이가 없다.[79] 1:18을 설명해 주는 정죄 선언에서 분명히 나타나듯이, 바울에게 "하나님의 진노"란 신적으로 명령된 피할 수 없는 인간 사회의 도덕적 기질이요,[80] "악과 죄에 대한 하나님의 반응"[81]을 의미하는 것이다. 창조주로서 하나님의 의와, 창조주로서 그에게 합당한 의무들이 인간의 행동들이 도덕적 결과들을 갖도록 결정지어 놓았다.[82]

그리하여 피조물들이 그 창조주를 의지하기를 포기한 결과 생각이 허망해지고 경험이 어두워진 것이다(1:21). 창조주가 아닌 피조물을 높이고 섬김으로써 우상숭배, 추악한 성적 문란, 그리고 날마다 일어나는 무질서한 사회의 악행들이 생겨났다(1:22-31). 하나님의 진노란 그의 인간 피조 세계를 자기들 자신에게 맡겨두는 것이라고도 말할 수 있을 것이다. 그러므로 심판에 대해 진술하면서 다음과 같

76) 바울 서신의 다른 곳에서는 심판의 "날"(고전 1:9; 5:5; 빌 1:6; 2:16; 살전 5:2, 4); "진노"의 날(롬 5:9; 9:22; 살전 1:10; 5:9).

77) H. Kleinknecht, et al., *orge*, *TDNT* 5. 383-409.

78) 예컨대, J. Fichtner, *orge*, *TDNT* 5:401을 보라.

79) 로마서의 처음 몇 장에서 이 동일한 용어가 계속해서 나타나고 있다 — 1:18; 2:5, 8; 3:5; 4:15; 5:9.

80) 참조. Dodd, *Romans* 20-24; G. H. C. Macgregor, "The Concept of the Wrath of God in the New Testament," *NTS* 7 (1960-61) 101-9; A. T. Hanson, *The Wrath of the Lamb* (London: SPCK, 1957) 85, 110; Whiteley, *Theology* 61-72; Ridderbos, *Paul* 108-10. 그러나 자연신론의 사고로 전락해서는 안될 것이다. 하나님은 그의 창조 세계의 이러한 도덕적 구조를 유지하기 위하여 적극적으로 활동하신다. §18. 6을 보라.

81) Fitzmyer, *Paul* 42.

82) 하나님의 의의 나타남(1:17)과 그의 진노의 나타남(1:18)이 서로 의도적으로 병렬되고 있음을 주목하라. "하나님의 의"의 의미에 대해서는 §14. 2를 보라.

이 세 가지 면에서 내버려 둔 사실을 말씀하고 있는 것이다: 하나님께서 그들을 "마음의 정욕대로"(1:24), "부끄러운 욕심에"(1:26), "그 상실한 마음대로"(1:28) 내버려 두셨다는 것이다.[83] 바울에게는 이러한 진노가 심판의 날에 그대로 드러나게 될 것이다. 하나님께서 창조하신 세상의 도덕적인 기질에서 하나님의 최후의 심판의 성격을 알게 되는 것이다.

그러므로 여기서, 헬라 사상과 유대교 사상이 하나님과 세상과의 관계에 대한 사고에서 상당히 중복되기는 하지만, 바울의 유신론은 전형적으로 유대적이다. 그리고 하나님에 대한 하나의 추상적인 이론으로서가 아니라 실천적인 이해의 한 방법으로서 그리고 창조 세계와 타인들과 자기 자신을 향한 인간의 책임을 제시해 주는 것으로 보아야 마땅하다.

§ 2.5 이스라엘의 하나님

지금까지 논의한 모든 내용 속에는 창조주시요 만유의 심판자이신 이 한 분 하나님이 또한 이스라엘의 하나님으로 이해되었다는 사실이 함축되어 있다. 그저 이스라엘이 한 분 하나님을 고백했다는 것(쉐마에서)만이 아니다. 중요한 것은 오히려 이스라엘이 스스로 하나님의 택하심을 받아 그의 소유가 되었다고 믿었다는 사실이다(고전적인 예를 신 7:6-8에서 보게 된다). 이것이야말로 유대교의 유일신론이 거부감을 일으킨 주요 요인이었다. 곧, 야훼는 그저 모든 사람들이 스스로 주장할 수 있는 그런 최고의 하나님의 민족적인 현현이 아니었던 것이다. 오히려, 이스라엘만이 홀로 하나님에 대한 참된 인식을 지녔다. 왜냐하면 그 한 분이신 하나님이 이스라엘에게 조상들과 모세를 통하여 자기 자신에 대해 특별한 계시를 주셨기 때문이었고 또한 하나님께서 모든 민족들 중에서 오직 이스라엘을 자기의 소유로 삼으셨기 때문이다. 이러한 주장은 신 32:8-9에서 고전적으로 나타난다:[84]

---

83) 하나님의 진노를 불순종의 결과로 이해하면 난해한 살전 2:16의 의미를 해명하는 데에 도움이 된다. Feine, *Theologie* 307-8은 시 79:5; 103:9과 사 57:16을 서로 비교하며, 롬 11:32이 9:22과 연결된다고 주장한다. 또한 골 3:6과 필자의 *Colossians* 216-7을 보라.

84) 이스라엘을 하나님의 기업으로 보는 사고에 대해서는 예컨대, 왕상 8, 51, 53장; 시 33:12; 74:2; 사 6:17; 렘 10:16; 미 7:18; 벤 시라 24:8; *Pss. Sol.* 9:8-9를 보라.

지극히 높으신 자가 민족들에게 기업을 주실 때에,
인종을 나누실 때에,
이스라엘 자손의 수효대로
백성들의 경계를 정하셨도다;
여호와의 분깃은 자기 백성이라,
야곱은 그가 택하신 기업이로다.

이러한 주장은 자연히 이스라엘의 신학에 긴장을 가져왔다. 특수주의(이스라엘의 하나님)과 보편주의(유일하신 하나님) 사이에 긴장이 불가피했던 것이다. 아모스 9:7("내가 이스라엘을 애굽 땅에서, 블레셋 사람을 갑돌에서, 아람 사람을 기르에서 올라오게 하지 아니하였느냐?")와 요나(이스라엘의 하나님이 니느웨 사람들에게도 똑같이 관심을 기울이셨다) 등의 예언들에서도 이러한 긴장이 분명히 드러난다.[85] 또한 세례 요한의 발언도 예로 들 수 있을 것이다: "속으로 아브라함이 우리 조상이라고 생각하지 말라 내가 너희에게 이르노니 하나님이 능히 이 돌들로도 아브라함의 자손이 되게 하시리라"(마 3:9; 눅 3:8). 창조주로서 지니는 하나님의 의무와 또한 이스라엘의 하나님으로서 지니는 하나님의 의무 사이에도, 또한 이스라엘의 하나님은 불편부당하게 판단하신다는 주장에도, 이러한 긴장이 함축되어 있다. 그러나 여기서 주목해야 할 점은 바울이 이러한 긴장을 충분히 인식하였고 로마서의 주요 논지 속에서 그 점을 잘 이용하고 있다는 사실이다: "하나님은 다만 유대인의 하나님이시냐? 또한 이방인의 하나님은 아니시냐? 진실로 이방인의 하나님도 되시느니라 … 하나님은 한 분이시니라"(롬 3:29-30). 바울 당시의 대부분의 유대인들은 이러한 논지를 반대하지 않았을 것이다. 기독교의 변증이 유대교의 특수주의와 기독교의 보편주의 사이에 대립이 있다는 식의 확인되지 않은 논리를 당연시하는 경향이 너무 많았다.[86] 이 논지의 경우, 더욱 논란이

85) 하나님을 모든 민족들의 하나님으로 보는 사고에 대해서는 시 145:9; 지혜서 11:22-24; 1에녹 84:2를 보라.

86) 이 점에 대한 Dahl의 반론이 지금까지 너무 무시되어 왔다: "유대인이나 유대인 기독교인은 그 어느 누구도 한 분이신 하나님이 유대인의 하나님이실 뿐 아니라 이방인들의 하나님이시라는 사실을 부인하지 않을 것이다 … 유대교와 기독교의 유일신론은 보편적인 동시에 특정적인 것이다."("One God" 189, 191). 또한 A. F. Segal, "Universalism in

되었던 것은 동일한 긴장을 이용하여 바울이 제기한 논지의 직접적인 귀결 — 이한 분이신 만유의 하나님께서 유대인과 이방인들을 똑같이 믿음으로 말미암아 의롭다 하신다는(3:30) — 이었다.

바울로서는 동일한 주장이 달리 표현될 수도 있다는 것도 똑같이 중요했다. 곧, 이방인들이 이제 하나님께서 특별히 이스라엘에게 (또한 이스라엘을 통하여) 약속하신 축복에 함께 참여하게 되었으며(갈 3:6-14), 하나님을 알지 못하던 이방인들이[87] 이제 이스라엘과 똑같이 그를 알게 되었다는 사실이다(4:8-9).[88] 그리하여 바울은 로마를 비롯한 여러 곳의, 주로 이방인들로 구성된 회중을 가리켜 기꺼이 "하나님의 사랑하심을 받고,[89] 성도로 부르심을 받은 자들"로[90] 또한 "하나님의 택하신 자들"[91]로 부르고 있다. 즉, 이스라엘의 자기 이해의 독특함을 드러내 주는 그런 호칭들을 이방인들에게 사용하고 있는 것이다. 이방인들이 하나님께서 이스

Judaism and Christianity," in Engberg-Pedersen, ed., *Paul in His Hellenistic Context* 1-29를 보라. 이방인들을 "의로운 이방인들"로 받아들일 최종적인 가능성에 대해서는 특히 T. L. Donaldson, "Proselytes or 'Righeous Gentiles'? The Status of Gentiles in Eschatological Pilgrimage Patterns of Thought," *JSP* 7 (1990) 3-27과 또한 다음의 §6 각주 50을 보라. §24 각주 35도 함께 보라.

87) 참조. 살전 4:5; 살후 1:8. 민족들이 하나님을 알지 못한다는 것은 유대교의 고전적인 사고다(욥 18:21; 시 79:6; 렘 10:25; 지혜서 13:1; 14:22). 또한 Dupont, *Gnosis* 1-8을 보라.

88) 이 주제는 바울 사상을 정리해 주고 있는 에베소서에서 가장 잘 표현되어 있다. "이스라엘 나라 밖의 사람이라 약속의 언약들에 대하여는 외인이요 세상에서 … 하나님도 없는 자이더니" "성도들과 동일한 시민이요 하나님의 권속이라"(엡 2:12, 19).

89) 예컨대, 신 32:15; 33:26; 시 60:5; 108:6; 사 5:1, 7; 44:2; 렘 12:7; 31:3; 바룩 3:36; LXX은 "여수룬"을 에가페메노스("사랑받는 자")로 번역하고 있다. 바울 서신의 경우는 롬 9:25; 11:28; 살전 1:4; 살후 2:13을 보라.

90) "성도" = 이스라엘 (예컨대, 시 16:3; 34:9; 74:3; 사 4:3; 단 7:18, 21-22; 토빗 8:15; 지혜서 18:9; 1QSb 3. 2; 1QM 3. 5; 10. 10). 이는 바울의 진술의 특징이기도 하다(고전 1:2; 고후 1:1; 빌 1:1; 골 1:2; 또한 엡 1:1).

91) 롬 1:7; 8:33; 골 3:12. 예컨대 참조. 대상 16:13; 시 105:6; 사 43:20; 65:22; 토빗 8:15; 벤 시라 46:1; 지혜서 4:15; 요벨서 1:29; 1에녹 1:3, 8; 5:7-8; CD 4. 3-4; 1QM 12. 1; 1QpHab 10. 13. 또한 필자의 *Romans* 502를 보라. 로마서 9~11장에 나타나는 바울의 논지의 주된 관심사는 이스라엘의 선택이 이스라엘에 어떤 의미가 있는지를 해명하고자 하는 것이다. 다음의 §19를 보라.

라엘에게 주신 특별한 지위에 함께 참여함으로써 하나님의 축복을 함께 누리게 되었다는 것이다.

결국 이스라엘 신학 내의 특수주의와 보편주의 사이의 긴장이 바울에게로 전이된 셈이다. 하나님이 어떻게 이스라엘의 하나님이시면서 동시에 이방인과 유대인의 하나님이실 수가 있단 말인가? 이미 전통적인 진술로 공식화 되어 버린 듯한 표현 — 즉, "하나님의 나라를 유업으로 받는다"[92] — 을 바울이 사용하는 데에서도 이러한 긴장이 분명히 드러난다. 유업으로 받는다는 식의 언어는 불가피하게 이스라엘의 자기 이해의 근본이 되는 바 족장들에게 주신 약속(이스라엘의 땅을 유업으로 받으리라는)을 일깨울 수밖에 없기 때문이다.[93] 그러나 바울에게서 나타나는 하나님 나라의 개념에는 민족적인 특질들이 모두 다 빠져 버려서 하나님의 통치라는 보편적인 표현이 되어 버린 듯하다.[94] 유대교의 긴장을 그대로 전용하고 있음이 이미 분명하게 드러나는 마 8:11-12(눅 13:28-29)와 막 12:9 등의 전승들을 볼 때에, 어쩌면 예수의 중심 주제였던 것(하나님의 나라)이 여기에 반영되어 있는 것인지도 모르겠다.[95]

로마서에서는 그 긴장이 그 서신의 한 가지 주요 소주제 속에서 아주 예리하게 표현되고 있다. 곧 "하나님의 미쁘심/진실하심"이 그것이다. 바울은 로마서 2장에서 "유대인들"을 탄핵하고서 곧바로 질문을 제기하였다: "그런즉 유대인의 나음이 무엇이며 … 그 믿지 아니함이 하나님의 미쁘심을 폐하겠느냐?"(3:1-3). 다시 말해서, 하나님께서 계속해서 이스라엘에게 신실하시다는 사실을 부인해야만 바울이 이방인들을 위한 그의 복음을 변호할 수 있었는가? 그의 부인은 늘상 그렇듯이 아주 단호하다: 메 게노이토 — "결코 아니라."

그러나 긴장은 그대로 남아 있다. 로마서의 신학적 논지는 불가능한 일을 시도

---

92) 마 25:34; 고전 6:9-10; 15:50; 갈 5:21; 또한 엡 5:5; 약 2:5.

93) 창 15:7-8; 28:4; 신 1:39; 2:12 등. J. Hermann and W. Foerster, *TDNT* 3. 769-80을 보라.

94) 다니엘 7장에서는 나라가 "지극히 높으신 이의 성도"(7:25-27) 즉, 이스라엘에 주어진다는 사실과 대조적이다. 골 4:11에서는 바울이 유대인들을 특별히 나라와 연관짓는 것처럼 보이는데, 다니엘서의 그 사실이 거기에 반영된 것일까(참조. 행 28:23, 31)?

95) 마 8:11-12/눅 13:28-29에 대해서는 특히 시 107:3; 사 43:5-6; 49:12; 말 1:11; 바룩 4:37을 보라. 또한 막 12:9에 대해서는 사 5:1-7을 보라.

하는 동안에 절정에 이른다: 하나님은 한 사람을 택하시고 다른 사람을 버리시는 하나님이시요(9:6-13) 또한 동시에 모든 이들에게 긍휼을 베푸시는 하나님이시라는 것이다(11:25-32). 이스라엘의 하나님이야말로 유일하신 하나님이요, 만유의 하나님이신 것이다. 그리고 결론적으로 정리하면서 바울은 "그리스도께서 하나님의 진실하심을 위하여 할례의 추종자가 되셨도다"(롬 15:8)라고 선언함으로써 그 긴장을 그대로 유지하고자 한다.[96] 크리스천 베커는 이러한 해결에서 바울의 복음의 일관성 있는 주제를 푸는 열쇠를 찾고 그것을 하나님의 최종적인 승리로 상정하는데, 그것이 매우 타당하다 하겠다.[97]

§ 2.6 경험 속의 하나님

하나님/신들의 존재와 본성에 대한 고대의 철학적 토론들은 그 이후 계속되어 온 철학적 토론들과 매우 유사했다.[98] 그러나 고대 히브리인들의 확신은 언제나 계시의 경험 속에 더욱 깊이 뿌리 박고 있었다. 묵시자들의 이상과 신비한 체험들은 차치하고라도, 소명과 부르심 속에서(아브라함과 모세의 부르심에서 그 원형을 찾을 수 있다), 선지자적 영감에서, 감동을 불러 일으키는 시편 기자의 표현에서, 위로부터 주어진 지혜에서 하나님을 경험하였던 것이다.

바울 역시 그런 토론에 대해서 매우 친숙하게 알고 있었다. 행 14:15-17과 17:24-29에 나타나는 바울의 설교에 대한 누가의 묘사에 대해서 의문을 제기하

96) 동일한 히브리어의 개념인 "신실함"(에멧, 에무나)이 알레테이아(진리)와 피스티스(신실함)의 기초가 된다는 사실은 로마서에서 차지하는 이 주제의 중요성을 흐리게 만든다: 알레테이아(롬 1:18, 25; 2:2, 8, 20; 3:7; 15:8); 피스티스(롬 1:17; 3:3, 25). 필자의 *Romans* 44, 133, 847과 15:11의 설명(850)을 보라. 또한 다음의 "하나님의 의"(§24. 2)를 보라. 바울 서신의 다른 곳에 나타나는 "하나님의 미쁘심/신실하심"에 대해서는 고전 1:9; 10:13; 고후 1:18; 살전 5:24을 보라. 참조. 살후 3:3; 딤후 2:13.

97) Beker, *Paul* 77-89, 328-37. 그러나 Klumbies는 그리스도에 근거한 바울의 하나님에 대한 진술을 "유대적 하나님 이해와 정면으로 반대되는" 입장으로 보기를 고집한다(*Rede* 205; 그의 결론 부분 — 245-46, 251-52를 보라). Moxnes의 논지가 더 균형이 잡혀 있다고 보인다(*Theology in Conflict*).98. 특히 Cicero, *On the Nature of the Gods*에 나타나는 논쟁들을 보라.

98) 특히 Cicero, *On the of the Gods*의 토론을 보라.

는 경우가 간혹 있는데, 이는 롬 1:18-32의 탄핵이 암시하는 것보다 더 긍정적인 "자연신학"을 시사하기 때문이다. 그러나 자연의 질서를 근거로한 논지들은 헬라인들에게나 유대인들에게나 모두 나타나며,[99] 또한 로마서 1장은 스토아 철학의 범주들을 기꺼이 사용하고자 하는 자세를 보여 준다. 1:20에 나타나는 "영원한"과 "신성"에 대해서는 이미 지적한 바 있고,[100] 1:26과 28절에 나타나는 "순리대로" 살고 "합당하게" 처신한다는 관념은 스토아 사상의 특징적인 관념이다.[101] 그러나 그렇다 할지라도, 여기서도 바울은 신적 계시에 주로 의존하는 바 "하나님의 알 만한 것"을 근거로 하고 있는 것이 사실이다: "하나님을 알 만한 것이 그들[불의한 인류] 속에 보임이라. 하나님께서 이를 그들에게 보이셨느니라"(1:19).[102]

"지식/앎"(knowledge)이라는 용어 자체가 여기서 제기하는 내용을 드러내 보여 준다. 헬라의 사고에서 그 용어는 합리적인 지각을 특징적으로 의미하는 데 반하여, 히브리적 관념은 인격적인 관계에 근거한 앎까지도 포괄하기 때문이다. 불트만은 자기 나름대로 이렇게 진술하고 있다: 히브리인들의 용례가 "헬라인들의 그것보다 훨씬 더 폭이 넓고, 경험을 통해서 간파하거나 느끼거나 배우는 지식보다도 객관적인 확인의 요소가 훨씬 덜 현저하다."[103] 하나님에 대한 지식도 마찬가지다. 그것은 유신론이 타당성 있는 지성적인 입장이라는 하나의 이론적인 납득만이 아니다. 하나님을 안다는 것은 곧 그를 예배한다는 것이다(1:21).[104] 바울이 일찍이 주목했던 것처럼, 인간의 지혜로는 그런 지식을 얻기에 합당하지 못하다(고전 1:21). 하나님을 안다는 것은 하나님께서 그를 아신다는 것이요, 시인과 의무

99) 행 17장 설교의 유대적 성격이 시사하는 바와 같이: 24-25절 — 출 20:11; 시 145:6; 사 42:5; 57:15-16; 지혜서 9:1-3, 9. 또한 26-27절 — 창 1:14; 신 32:8; 시 74:17; 지혜서 7:18. 또한 27-28절 — 시 145:18; 렘 23:23.

100) 위의 §2. 4를 보라.

101) 피시스("자연")는 히브리적인 개념이 아니고, 주로 헬라적이며 전형적인 스토아 사상의 개념이다. "자연에 맞추어 산다"는 스토아 철학의 이상이었다. 그리고 "합당한 것"도 스토아 철학에 나타나는 하나의 전문적인 용어다(H. Köster, *physis, TDNT* 9. 263-66과 H. Schlier, *katheko, TDNT* 3. 438-40을 보라).

102) Dupont, *Gnosis* 20-30을 보라.

103) R. Bultmann, *ginosko, TDNT* 1. 697; 또한 690-92, 696-98을 보라.

104) 특히 Bornkamm, "Revelation" 56; Schlier, *Grundzüge* 34-40을 보라.

를 담당하는 쌍방 간의 관계이다(갈 4:9). (유대교) 성경에서 말씀하듯이,[105] 하나님에 대한 지식에는 하나님의 치리하심에 대한 경험이 포함되며,[106] 인격적인 관계로써 아는 쌍방 간의 지식이 포함되는 것이다.[107]

여기서 우리는 바울의 신학에서 그의 회심 체험이 얼마나 근본적으로 중요한가를 기억해야 할 것이다. 바울은 그것을 계시의 체험으로 기억하였다. 복음은 하나님께서 "그를 내 속에 나타내시기를 기뻐하셨을 때에" "계시로 말미암아" 그에게 임한 것이다(갈 1:12, 16). "어두운 데에 빛이 비치라 말씀하셨던 그 하나님께서 예수 그리스도의 얼굴에 있는 하나님의 영광을 아는 빛을 우리 마음에 비추셨느니라"(고후 4:6).[108] 이렇듯 하나님에 대한 지식이 개인적인 계시로서 하나님께로부터 왔다는 사고는 고전 2:7-13에서도 분명히 나타난다. 감추어졌던 하나님의 지혜를 하나님께서 "성령으로 우리에게 보이셨다"고 한다. 바울 개인의 자기 지식과 영감을 빗대어 그렇게 말하는 것이다. 바울은 로마서에서 의도적으로 그의 신학적 해명을 신적 계시로부터 시작하는데, 이 계시에 대한 두 차례의 언급에도 이 사실의 어떤 면이 함축되어 있는 것이다(롬 1:17, 18).

고린도후서에서도 바울은 자신이 "주의 환상과 계시"에 대해서 결코 문외한이 아니며 자신은 하늘을 여행하는 신비한 체험을 했다는 사실을 회상한 바 있다(고후 12:1-7). 사실, 바울은 회심하기 전에 유대교 신비주의의 한 형태를 실천했을 가능성도 있다.[109] 구원의 과정을 인격적 육체적 변화로 보는 그의 관념 역시[110] 유대교의 묵시론과 신비한 행위들 속에 내재하는 관념들과 전혀 무관한 것은 아니다. 유대교의 묵시론과 그 신비한 행위들 역시 그 주된 동기는 하나님을 알고 또한 하늘의 신비한 것들을 아는 데 있었던 것이다.[111] 동시에 우리는 또한 바울이

105) 예컨대, 삼상 3:7; 시 9:10; 사 43:10; 미 6:5. 또한 Dupont, *Gnosis* 74-81을 보라. 또한 각주 87을 보라.

106) 롬 1:28; 엡 1:17; 골 1:10; 참조. 빌 1:9; 골 3:10; 몬 6.

107) 고전 8:3; 13:12; 갈 4:9.

108) 바울의 회심에 대해서는 다음의 §7. 4와 §14. 3을 보라.

109) J. Bowker, "'Merkabah' Visions and the Visions of Paul," *JSS* 16 (1971) 157-73.

110) 다음의 §18. 2를 보라.

111) 특히 Segal, *Paul* 2장; C. R. A. Morray-Jones, 'Transformational Mysticism in the Apocalyptic-Merkabah Tradition," *JJS* 43 (1992) 1-31; J. M. Scott, 'The Triumph of God in 2 Cor. 2. 14: Additional Evidence of Merkebah Mysticism in Paul," *NTS* 42 (1996) 260-

그런 체험 자체로 그치는 것에 대해서는 무시하였음을 주시하여야 할 것이다(고후 12:6-10).

이보다 바울의 하나님 체험에서 더 전형적이었던 것은 그의 일상 생활을 변화시키고 유지하는 은혜의 능력에 대한 지각이었다. (다메섹 도상에서) 그에게 임한 하나님의 은혜가 헛되지 않았고 그와 계속해서 함께 하여 그의 사역을 효력 있게 만들었다(고전 15:10). 하나님의 은혜에 대한 동일한 지각이 다른 곳에서도 강조되는데, 곧 그 자신의 회심의 변혁시키는 능력으로서와[112] 또한 그의 선교 사역의 성공을 해명해 주는 요인으로서 강조되는 것을 본다.[113] "은혜"와 "능력"이 바울의 사고에서 거의 동의어라는 사실이 하나님의 변화시키시는 능력을 체험한 사실에 대한 그의 비슷한 발언에서 확증된다. 곧, 복음이 구원을 이루는 하나님의 능력이며(롬 1:16), 지극히 인간적인 연약함을 완전히 초월하는 하나님의 능력이며,[114] 또한 나중에 에베소서에서는 "그의 능력이 역사하시는 대로 내게 주신 하나님의 은혜의 선물"을 언급하고 있다(엡 3:7).[115]

바울은 또한 그의 삶을 의식적으로 "하나님 앞에서," "하나님이 보시는 앞에서" 살았다.[116] 그는 하나님을 향한 확신에 대해서 아주 자유롭게 말하기도 한다(고후 3:4-6). 그는 자기의 전도함이 깨달음을 가져다주는 것을 보았고, 그것을 오직 하나님의 역사로 말미암은 것으로 보았다.[117] 그는 하나님께로부터 오는 위로를 체험하였다(고후 1:3-7).[118] 성령의 세 가지 큰 열매인 사랑과 희락과 화평 — 이것들의 감정적인 면을 무시해서는 안 된다 — 을 그는 하나님의 역사하심에 기인하는 것으로 말하고 있다. "우리가 하나님과 화평을 누리자"(롬 5:1). "하나님의 사랑이 우리 마음에 부은 바 됨이니"(롬 5:5). 또한 "소망의 하나님이 모든 기쁨과

81.

112) 갈 1:15; 2:21.

113) 롬 15:15; 고전 3:10; 갈 2:9.

114) 고후 4:7; 13:4.

115) 또한 고전 1:18; 2:5; 고후 6:7; 12:9; 골 1:29을 보라. 다음의 §13 .2를 보라.

116) 살전 1:3; 3:9; 고후 2:17; 12:19. 또한 Schlier, *Grundzüge* 27을 보라. 하나님을 증인으로 부르는 일(롬 1:9; 고후 1:23; 빌 1:8; 살전 2:5, 10)은 헬라와 유대교 문헌에서 공통적으로 나타난다(필자의 *Romans* 28을 보라).

117) 고전 2:4-5; 살전 1:5.

118) 또한 롬 15:5; 고전 14:3, 31; 고후 7:6, 13; 골 2:2; 살전 3:7; 살후 2:16; 몬 7을 보라.

평강을 믿음 안에서 너희에게 충만하게 하사 성령의 능력으로 소망이 넘치게 하시기를 원하노라"(롬 15:13)라는 기도가 로마서의 본론의 절정을 이루고 있다. 그가 아버지 하나님께로부터 오는 은혜와 평강(혹은 화평)으로 모든 독자들에게 인사하고 있으나, 그것은 그저 단순한 인사말이 아니었던 것이다.[119)]

바울의 기도에서도 하나님과의 관계를 체험한 동일한 지각이 분명히 드러난다. 상당히 의례적인 성격이 강한 초두의 감사 부분에 그저 나타나기만 하는 것이 아니다.[120)] 오히려 자신의 끊임 없는 기도에 대한 확신(그는 롬 1:9-10에서 맹세로 이를 주장하고 있다)[121)] 속에서 그러한 체험의 일부가 나타나는데, 이는 그가 기도를 통하여 하나님과 관계하는 삶을 살았음을 시사하는 것이다. 또한 이따금씩 "나의"(혹은, 내)라는 말을 덧붙이는 데서도 — "내 하나님"께 감사하노니[122)] — 그런 체험의 일면을 볼 수 있다. 이는 곧 개인적인 말을 써서 표현할 수 있는 그런 관계를 시사하는 것이다. 또한 하나님을 가리켜 계속해서 "우리 아버지"라고 부르는 데서도 이 점을 볼 수 있다.[123)] 그의 개인적인 친밀함은 "아바! 아버지!"라는 그리스도인의 제자도의 특징적인 외침을 지칭하는 데서도 확증된다(롬 8:15; 갈 4:6). 롬 8:16에서 바울은 신자들이 "아바"의 기도로 기도할 때에 생겨나는 하나님 아버지의 아들 됨에 대한 지각에 대해서 분명히 언급하고 있다.[124)]

우리는 여기서 하나님에 대한 개인적인 지식과 관계에 대한 바울의 사고에 그리스도가 어느 정도나 엮어져 있는지를 주목하여야 할 것이다. 다메섹 도상의 변혁적인 계시는 하나님의 아들에 관한 것이었다(갈 1:16). 하나님을 아는 지식이

---

119) Feine, *Theologie* 297-98을 보라.

120) W. G. Doty, *Letters in Primitive Christianity*(Philadelphia: Fortress, 1973) 31-33.

121) 롬 1:9-10; 고전 1:4; 빌 1:3-4; 골 1:3; 살전 1:2-3; 2:13; 살후 1:3, 11; 2:13; 몬 4; 또한 엡 1:16을 보라.

122) 롬 1:8; 고전 1:4; 빌 1:3; 몬 4.

123) 바울 서신의 정상적인 인사말이다(롬 1:7; 고전 1:3; 고후 1:2; 갈 1:3; 빌 1:2; 골 1:2; 살후 1:1-2; 몬 3; 또한 엡 1:2을 보라. 목회 서신에는 "우리"라는 특징적인 표현이 빠져 있다 — 딤전 1:2; 딤후 1:2; 딛 1:4). 또한 축복문에도 비슷하게 나타난다(빌 4:20; 살전 3:11, 13; 살후 2:16; 또한 엡 6:23). 또한 기도에도 나타난다(골 1:3, 12; 3:17; 살전 1:3; 3:9-10; 엡 5:20).

124) 바울에게 방언 체험은 하나님께 말씀드린다는 인식을 포함하고 있음이 분명하다(고전 14:2, 28).

그에게 "그리스도의 얼굴에서" 임하였다(고후 4:6). 그가 약한 중에 강함으로 체험한 것은 바로 주(그리스도)의 은혜였다(고후 12:9). 하나님의 은혜와 사랑은 그리스도 안에서 절정에 이르도록 결정적으로 표현되었다(롬 5:8, 15; 8:39). 독자들에게 은혜와 평강이 있기를 인사말로 전하면서, 그것들이 하나님 우리 아버지는 물론 주 예수 그리스도로 말미암아 임할 것을 말씀한다(롬 1:7).[125] 그는 또한 그리스도를 통하여 하나님께 기도를 올렸다(롬 7:25). 이 모든 사실들에 담긴 의미에 대해서는 다시 살펴보게 될 것이다.[126] 여기서는 그저 하나님에 대한 바울의 믿음이 경험적인 차원에 있음을 지적하는 것으로 족할 것이다.[127]

§ 2.7 결론

(a) 하나님이 바울 신학의 근본이 되는 반석이요 기초였다. 하나님을 그렇게 자주 언급한다는 사실은 이러한 확신이 얼마나 근본적이었는가를 보여 주며, 또한 하나님에 대한 이런 중차대한 믿음을 바울이 전혀 해명하지 않는다는 사실은 그런 믿음이 이미 당연시되어 있었음을 시사해 준다.

(b) 유신론은 고대 세계에 거의 보편적으로 받아들여졌고, 따라서 바울이 대면했을 사람들 거의 대부분이 이를 당연시했을 것이다. 그러나 바울 신앙의 공리적 성격의 일부는 하나님이 한 분이시라는 유대교의 확신에서 물려받은 것이다. 그는 그리스-로마 세계의 특징적인 다신론을 대면하는 가운데서도 이런 확신을 단호히 지켜나갔다.

(c) 또한 이 한 분 하나님이 우주의 창조주시요 최후의 심판자가 되실 것이라는 확신도 이와 비슷하게 당연한 것으로 받아들여졌다. 바울 신학에서 창조와 구원이 하나로 결합되는 요소가 나타나는 것은 직접적으로 그의 신관(神觀)에서 기인하는 것이다.

(d) 이 한 분 하나님이 또한 이스라엘의 하나님이시라는 것은 결국 바울 신학에서 중심적인 긴장으로 작용한다. 바울은 유대인으로서 자신이 이방인의 사도로 섬기도록 부르심을 받은 것으로 이해한 것이다.

---

125) 각주 123을 보라.

126) 다음의 §10. 5를 보라.

127) 특히 다음의 §16. 4를 보라.

(e) 바울의 하나님의 신학은 결코 추상적인 사색이 아니었고, 회심과 선교와 기도의 경험으로 말미암아 유지되고 지도를 받은 것이었다. 지성적인 강력한 사고력과, 선교와 목회의 효력, 그리고 개인적인 체험이 하나로 결합하여 하나님에 대한 그의 발언들을 그렇게 설득력 있게 만들어 준 것이다.

§3 인류[1)]

§ 3.1 인간론적 전제들

바울 신학에서 아직도 감추어져 있는 것은 과연 인간이라는 것이 무슨 뜻인가를 그가 어떻게 사고하느냐이다. 이것은 충분히 이해할 만하다. 우리 가운데 친구들에게 편지를 쓰거나 혹은 신학의 어떤 면을 다룰 때에 예를 들어서 “정신” 혹은 “영” 같은 단어들을 사용하면서 구태여 그것을 설명할 필요를 느낄 사람이 어디 있겠는가? 바울의 서신서들에서는 하나님에 관한 전제들보다도 오히려 인간론적 전제들이 분석하고 논의하기가 더 어렵다. 그러나 바울 서신의 독자들과 함께 나누는 바울의 신학적 대화 듣기를 시도하는 우리들로서는 그의 인간론을 이해하지 않고는 그의 신학을 적절히 파악하려는 시도조차 할 수 없는 것이다. 그 이유는 그의 신학의 핵심이, 그의 신앙 전반도 물론 그러하지만, 하나님의 계시와 은혜가 인간 존재에 미치는 영향에 있기 때문이다. 그 영향을 기록하는 가운데 바울은 인간 존재에 대하여 여러 가지를 전제로 삼았는데, 계시와 은혜가 과연 바울의 신학과 신앙을 위하여 어떻게 “역사했는가”를 파악하기 위해서는 그 전제들을 이해해야 할 필요가 있다. 이 문제에 대해서는 바울의 하나님 신학의 경우보다도 더 뒤로 물러서야 한다. 즉, 바울의 전체 사상 속에서 연관성이 덜 분명한 부분을 채우기 위해서 로마서에 나타나는 바울의 신학적 해설의 논리적 전후 관계를 따라가는 노력에서 한 걸음 뒤로 물러서야 할 것이라는 말이다.[2)]

바울의 인간론이 그의 신학 속에 얼마나 엉켜 들어가 있는가 하는 것은 바울의 인간론에서 사용되는 두 가지 가장 중요한 용어들에서 잘 볼 수 있다. 곧, “몸”(body)과 “육체”(flesh)가 바로 그것이다. 전자는 바울 신학 전반을 넘나들며 나

---

1) 이 책 말미의 참고문헌을 보라

2) 지극히 중요한 인간론적 용어들이 로마서에서 바울이 해명하는 첫 주요 주제에 모두 나타난다 — 소마(1:24), 사륵스(2:28; 3:20), 카르디아(1:21, 24; 2:5, 15, 29), 누스(1:28), 프쉬케(2:9), 프뉴마(2:29), 시네이데시스(2:15).

타나는 것으로 예상과는 달리 하나의 연결 모티프가 될 수 있다.[3] 바울은 그 용어를 인간의 몸(다음을 보라)을 이야기하는 데 사용한다. 곧, "죄의 몸"과 "사망의 몸"(롬 6:6; 7:24), 그리스도의 육체의 몸(골 1:22; 2:11), 부활한 몸(고전 15:44), 성찬의 떡(고전 10:16-17), 그리고 그리스도의 몸인 교회[4]를 말씀하는 것이다. 골로새서에서 사용되는 범위는 아주 놀랍다 — 우주의 몸(1:18), 인간의 몸(2:23), 그리스도의 육체의 몸(골 1:22; 2:11), 신성의 충만의 구체화로서 그리스도(2:9), 최종적 실체이신 그리스도(2:17), 그리고 교회의 몸(1:18, 24; 2:19; 3:15).[5]

"육체"에 대해서 말하자면, 복음의 작용에 대한 바울의 이해를 파악하기 위해서는 이 용어가 결정적으로 중요하다. 다른 무엇보다도, 그 용어는 하나님의 성령을 대적하는 세력을 묘사하는 것이 분명하다: "육체를 따라" 사는 것은 곧 그리스도인의 삶과 대립되는 것이며(롬 8:4-13), 육체는 썩어질 것을 거두는 밭이다(갈 6:8). 그러나 이제 보게 되겠지만, 이것처럼 잘못 이해해 온 용어가 거의 없고, 사륵스를 "육체"(flesh)로 번역함으로써 바울이 의도한 의미가 다른 무엇보다도 더 잘못 표현되어온 것이다.

그러나 바울의 인간론의 중요성을 지나치게 과장하는 경우도 왕왕 있었다. 불트만은 아주 유명한 구절에서 다음과 같이 주장하였다: "하나님에 대한 주장은 어떤 것이든 동시에 사람에 대한 주장이며, 그 역(易)도 그대로 성립한다. 이런 이유로, 또한 이런 의미에서 바울의 신학은 동시에 인간학이다."[6] 그러나 불행하게도 이러한 진술은 너무 쉽게 일종의 인간론적 축소주의로 나아가는 길을 터 주었다. 불트만의 제자 중 한 사람인 허버트 브라운(Herbert Braun)의 주장에서 이 점을 잘 볼 수 있다. 그는 말하기를 그리스도론은 "가변적인" 반면에 "신약에서 … 언제나 변함 없는 본질적인 기독교적 요소"는 바로 "믿음의 자기 이해"라고

3) 이것은 John Robinson의 연구의 출발점이었다: "몸이라는 개념은 바울 신학의 중추를 이룬다. 밀접하게 상호 연관된 의미들 속에서 소마 라는 단어는 그의 모든 큰 주제들을 하나로 엮어 주는 것이다"(*Body* 9). Robinson의 *Body*는 대중적으로 놀랍게 인정을 받았다.

4) 롬 12:4-5; 고전 12:12-27; 골 2:19; 엡 4:12-16.

5) 필자의 "The 'Body' in Colossians," in Schmidt and Silva, eds., *To Tell the Mystery* (§12 각주 1) 163-81을 보라.

6) Bultmann, *Theology* 1.191.

한다.[7] 그러나 그럼에도 불구하고 불트만의 진술은 두 가지 점에서 매우 중요하다.

첫째로, 그는 바울 신학이 그저 사색적이 아니라 어느 정도 실천적인 성격을 지녔음을 강조한다. 바울은 학문적인 신학자로서가 아니라 선교사요 목회자로서 편지를 썼고, 좀 더 명확하게 말하자면, 그는 선교사요 목회자요 신학자로서 편지를 썼다. 바울이 하나님과 그리스도에 대해서 말한 것은, 하나님과 그리스도의 실체가 자기 자신은 물론 그의 교회에까지 직접적으로 영향을 미치기 때문이었다. 불트만은 멜란히톤(Melanchton)의 그 유명한 경구 — "그리스도를 아는 것은 곧 그의 은택들을 아는 것이다"[8] — 를 자기 식으로 표현한 것이다.

둘째로, 불트만 자신의 실존주의적 개인주의에도 불구하고, 그의 진술은 바울 신학의 서로 다른 면들 사이의 상호의존성을 강조해 준다. 혹 달리 표현하자면, 바울의 신학은 관계적이다(Paul's theology is relational). 다시 말해서, 바울은 그 스스로 계신 하나님이나 그 스스로 있는 인류에 대해 관심을 가진 것이 아니다. 존재와 생존에 대한 고전적인 헬라 철학의 논쟁들과 후대의 그리스도의 본성에 대한 교회의 논쟁들은 바울과는 거리가 멀었던 것이다. 롬 1:16 이하에 나타나는 바울의 논지에서 분명히 나타나듯이, 바울의 관심사는 오히려 하나님과의 관계 속에 있는 인류, 자기들끼리의 관계 속에 있는 남녀들, 인류의 곤경에 대한 하나님의 응답으로서의 그리스도였던 것이다. 다시 말해서, 바울의 인간론은 개인주의가 아니다. 사람들은 사회적 존재들이요, 그들의 관계를 통해서 사람으로 규정되는 것이다. 바울의 안목에서는, 하나님과 및 그의 세상과의 관계 덕분에 인간이 인간인 것이다. 바울의 복음은 세상을 자기 자신과 화목시키시는 그리스도 안에서 나타난 하나님의 복음인 것이다. 그의 구원의 도리는 곧 남녀들이 그리스도의 몸 안에서 하나님의 형상으로 회복되는 것에 관한 것이다. 이러한 맥락이 바울의 인간론을 적절히 이해하는 데 필수적이다.

인간 존재에 대한 바울의 개념을 그렇게 분명하게 정리하는 일이 무엇보다 중

7) H. Braun, "Der Sinn der neutestamenlichen Christologie," *ZTK* 54 (1957) 341-77 (특히 371) = "The Meaning of New Testament Christology," in *God and Christ: Existence and Providence*, *JTC* 5 (1968) 89-127 (특히 118).

8) *Loci Communes* 1521 — 이는 Hultgren, *Christ and His Benefits* (§9 각주 1)의 출발점이다.

요한 것은 바울의 인간론이 현대의 자기 인식에 이상스러울 수밖에 없기 때문이다. 여기서 제기되는 위험성은 주목할 만하다. 곧, 사람이 어떻게 구성되어 있는지에 대한 우리 자신의 검증되지 않은 전제들을 가지고 바울에게 접근하여 그것들을 근거로 하여 바울의 말씀을 읽게 될 위험성 말이다.[9] 물론, 우리 시대에서 인간이라는 것이 무슨 의미인지를 물어 보지 않는다면 바울의 인간 이해가 얼마나 다르고 또한 독특한지를 인식하게 되지 못할 것이다. 그러나 바울의 사상에서 인간이라는 것이 무엇을 뜻하는지를 묻지 않는다면, 그의 신학이 우리 자신의 이해에 어떻게 도전을 줄 수 있는지를 귀담아 들을 수 없을 것이다. 델피(Delphi)의 아폴로(Apollo) 신전에 새겨져 있는 "그노티 세아우톤, 너 자신을 알라"라는 고대의 신탁(Plato, *Protagoras* 343b)이나 "점검되지 않는 삶은 살 만한 가치가 없다"는 소크라테스의 유명한 격언(Plato, *Apology* 38a)은 처음 보기보다는 더 널리 적용될 수 있다.

더욱 혼란스러운 것은 바울의 인간론이 헬라 철학의 범주와 유대교 범주들 가운데 어느 것에서 더 영향을 받았느냐 하는 문제에 대한 오랫동안 계속되어온 논쟁이다. 사람들은 제각기 이 문제에 대한 판단에 따라서 바울의 관념을 규정해 왔다.[10] 어느 정도 타당성과 가치가 있는 넓은 의미들로 구분하는 입장이 있다. 즉 단순화시켜 말하자면, 헬라의 사상은 인간 존재를 확연히 구분되는 몇 가지 부분들로 이루어진 것으로 간주하는 경향이 있으나, 히브리의 사상은 인간 존재를 여러 가지 다른 차원들로 존재하는 하나의 전인(全人)으로 보는 경향이 있다는 것이다. 인간을 "분할적으로"(partitively) 생각하는 것은 헬라적인 특징에 가깝고, 반면에 인간을 "면으로"(aspectively) 생각하는 것은 히브리적 특징에 가까운 것

---

9) 특히 데카르트의 존재론적 이원론 — 한 쪽으로는 몸, 물질, 자연, 물리적인 것과, 다른 쪽으로는 혼, 비물질, 초자연, 영적인 것 사이의 이원론 — 에 근거하여 바울을 읽는 일에 대한 Martin의 경계를 주목하라(*Corintian Body* 3-37). 참조. *Body* 12-13.

10) 이 논쟁은 H. Lüdemann, *Die Anthropologie des Apostels Paulus und ihre Stellung innerhalb seiner Heilslehre* (Kiel, 1872)에까지 거슬러 올라가는데, 이는 특히 바울에게서 나타나는 프뉴마-사륵스("영-육체")의 대립 관계에 초점을 맞추는 것이다. 그런데 이 논쟁은 20세기 중반에 들어서서 바울에 대한 영지주의 영향의 가능성에 대한 논의가 지배적으로 진행되면서 새로운 전기를 맞았다. 예컨대, Stacey, *Man* 40-55에서 그 논쟁을 재고하고 있고, 개별적인 용어들에 대해서는 Jewett, *Anthropological Terms*를 보라.

이었다. 다시 말해서, 학교에 체육관이 있다고도 말하지만(체육관은 학교의 일부다), 나는 스코틀랜드인이다(내가 스코틀랜드인이라는 것은 나의 존재 전체의 한 면이다)라는 말도 하는 것이다.[11]

그러나, 물리에 대한 헬라 철학 내에서 계속 파생되어 나오는 물리(物理)에 대한 논쟁의 복잡성과 다양성을 이런 구분만으로 파악한다는 것은 거의 어려울 것이다.[12] 또한 필로가 항상 드러내 보이듯이, 디아스포라 유대교에 끼친 헬라 사상의 영향이 그러한 구분을 흐리게 만들기도 한다. 실질적인 용법으로 보면, 특정한 저작자들과 학파들 사이에 의미의 중복이 상당히 심하게 나타나는 것이다. 바울은 두 세계 속에서 사는 사람으로서 어느 정도는 중간에서 양다리를 걸치는 경향이 있다. 예를 들어서, 바울의 프쉬케("혼")의 용법이 히브리어 네페쉬와 직접적으로 연결된다는 것을 문제 삼을 사람은 거의 없다. 또한 사륵스("육체")와 프뉴마("영")에 대해서도 똑같이 주장할 수 있다.[13] 이와 동시에, 소마("몸")는 히브리어의 직접적인 동의어가 없으며,[14] 누스("정신")는 히브리적이라기보다는 헬라적인 특성에 더 가까운 개념이며,[15] 또한 시네이데시스("양심")라는 개념은 바울이 헬라 사상의 용법에서 이끌어낸 것이라는[16] 것은 잘 알려진 사실이다. 그러나 바울이 뜻하는 의미를 이런 히브리어와 헬라어의 다양한 용법에서 곧바로 추출해 내어 읽으려 한다면, 그것은 어리석은 짓일 것이다. 용어의 기원이 어디에 있든, 바

---

11) "분할적으로"와 "면으로"의 구분은 Whiteley, *Theology* 36에서 취한 것이다. 또한 41-44를 보라. 참조. Robinson, *Body* 14; E. Jacob, *psyche*, *TDNT* 9. 630-31; Stuhlmacher, *Theologie* 1. 274.

12) Long/Sedley가 제시해 주는 발췌구들만으로도 족할 것이다.

13) §3. 3과 §3. 6을 보라.

14) LXX는 여러 가지 다른 히브리어 단어들을 소마로 번역하고 있다. F. Baumgärtel, *soma*, *TDNT* 7. 1044-45을 보라.

15) §3. 5을 보라.

16) 그 개념은(양심에 대한 경험은 그렇지 않겠으나) 유대교 저작들에는 거의 전무하다(지혜서 17:11에 "[악한] 양심"의 뜻으로 처음 나타날 뿐이다), 그러나 기원전 1세기의 대중적인 헬라어 용례에서는 확실하게 자리를 잡고 있었다(C. Maurer, *synoida*, *TDNT* 7. 902-4, 908-13을 보라). 또한 특히 C. A. Pierce, *Conscience in the New Testament* (London: SCM/Chicago: Allenson, 1955); H.-J. Eckstein, *Der Begriff Syneidesis bei Paulus* (WUNT 2. 10; Tübingen: Mohr, 1983)을 보라. 또한 §6. 3과 §24. 7을 보라.

울이 어떤 식으로 사용하느냐 하는 것이 우리로서는 결정적인 요인이다. 아니면, 불트만의 유명한 관찰을 출발점으로 삼을 수도 있을 것이다. 그는 "몸"이라는 단어로 바울은 "전인격"(the whole person)을 뜻하며, "사람에게 소마가 있는 것이 아니다. 그가 소마다"라고 하였다.[17] 이런 주장을 그저 가볍게 생각하여, 전형적인 헬라 사상의 용법을 배격하고 히브리 사상의 영향을 주장하는 것으로 이해할 수도 있을 것이다. 그러나 헬라어 용법에서도 초기부터 소마는 전인을 지칭하는 경우가 많았고, 그리하여 그 단어가 재귀대명사 기능을 하기도 했다는 것은 아주 잘 알려진 사실이다.[18]

히브리어와 헬라어의 영향을 서로 대치시키며 이리저리 궁리하거나 헬라 사상이나 히브리 사상에서 동일한 특정한 실례들을 찾느라 시간을 허비하기 — 마치 그렇게 하면 바울의 인간론을 충실하게 해명할 수 있는 것처럼 — 보다는, 더 효과적인 접근 방법은 바울 사상 그 자체 속에서 일관성을 찾고 또한 바울을 더 잘 이해하기 위하여 필요할 경우에만 가능한 영향에 주의를 기울이는 것이다.

자, 이제 바울의 두 가지 주된 인간론의 용어들 — 소마("몸")와 사륵스("육체") — 를 먼저 정리해 보기로 하자.

§ 3.2 소마

소마는 인류에 대한 발언에 나타나는 것으로는 가장 중요한 두 가지 바울의 용어들 가운데 하나다. 그 단어는 바울의 저작임이 분명한 서신들 속에서 그 정상적인 의미로, 즉, 일상적으로 존재하는 인간의 몸을 뜻하는 것으로, 50회 이상 나타나고 있다. 로마서에 다소 이례적인 용법이 나타나기는 하지만, 거의 언제나 따로 떨어져 있는 구절들에서만 나타나며,[19] 이것 때문에 바울의 개념을 적절히 파악하기가 힘들어지기도 한다. 그러나 다행스럽게도, 고린도전서에는 더욱 집중적인 용례법이 나타나는데, 이것을 근거로 하여 몸에 대한 바울의 이해의 범위를 분명하

17) Bultmann, *Theology* 1. 192, 194를 보라. Conzelmann, *Outline* 176; Bornkamm, *Paul* 130; Stuhlmacher, *Theologie* 1. 274 등은 후자를 하나의 공인된 공리로 인용하고 있다.

18) 예컨대, E. Schweizer, *soma*, *TDNT* 7. 1026 (Euripides), 1028 (Plato), 1030 (Xenophon), 1032 (Lycurgus), 1040 (Plutarch)를 보라.

19) 8:11-13에 세 차례 나타나는 용례를 주목하라.

게 알 수 있다.

예비적으로 의미를 분명히 하기 위하여, "몸"이라는 용어 자체가 이십 세기의 사고를 바울의 사고와 상호 연관짓는 데에서, 또한 헬라 사상의 영향 혹은 히브리 사상의 영향의 문제를 해결하는 데에서 겪는 어려움들을 잘 예증해 준다는 점을 지적해야 하겠다. 영어 용법으로는, "body"(몸)라는 용어의 첫째 가는 의미는 대개 개개인의 "물질로 된 유기체"(material organism) 혹은 "시체"다.[20] 그러므로 영어를 쓰는 사람들은 "몸(body) = 육체적 몸(physical body)"이라는 등식에서 벗어나기가 거의 힘든 것이다. 그런 의미가 사실은 초기부터 계속되어 내려온 헬라어 용법을 그대로 반영하는 것이다. 호메로스(Homer)의 소마는 언제나 "죽은 몸, 시체"를 의미한다.[21] 이러한 의미가 칠십인역과 바울 서신이 아닌 신약성경의 용례 속에 들어와서,[22] 더 분할적인 헬라적 인간 개념, 즉, 인간에게 필수가 아닌 소마가 반영되어 있다.

나중에 분명히 정리할 문제지만, 다른 히브리어 용어들을 임시로 소마로 번역한 여러 구절들에서 나타나듯이, 독특한 히브리적 개념을 표현해 주는 것은 "몸"과 "육체"가 서로 중복된다는 것이 아니다. 여기서 즉각적으로 더 중요한 것은 바울이 소마를 "시체"의 의미로 사용하는 경우가 한 번도 없다는 사실이다. 이렇게 해서 우리는 바울의 인간론을 현대의 용법이나 고대 헬라어의 용법에 비추어서 바울의 인간론을 읽어낸다는 것은 바울의 사상에 대한 우리의 인식 자체를 시작부터 왜곡시킬 공산이 크다는 점에 대해서 경계를 받게 된다.

바울의 수많은 용어들이 그렇지만, 소마에 대한 바울 자신의 용법을 보면, 거기에 의미의 스펙트럼(spectrum of meaning)이 있음을 보게 된다. 물질성에 초점을 맞추는 것은 그 스펙트럼의 한쪽 끝일 뿐이다. 잠시 후에 보게 되겠지만, 소마는 육체적인 몸을 포함한 인간의 몸을 의미하지만 그보다 더한 의미를 지니고 있다. 이보다 낫게 표현하자면 — 이는 우리의 이십 세기의 선입견을 깨뜨리는 데 도움이 되기도 하는데 — "구체화"(혹은, 구체적인 구현: embodiment)라고 할 수 있다. 곧, 소마는 사람의 구체적인 구현이다. 이런 의미에서 소마는 관계성을

---

20) *Concise Oxford Dictionary*, "body."

21) LSJ, *soma*.

22) 참조. Baumgärtel, *TDNT* 7. 1045; BAGD, *soma* 1a.

지닌 개념이다. 그것은 특정한 환경 속에 구현되어 있는 사람을 뜻한다. 그것은 사람이 그 환경과 관계를 지니는 수단이요, 또한 그 환경이 사람과 관계하는 수단이다. 그것은 그 환경 속에서 살고 그 환경을 경험하는 수단인 것이다. 이러한 사실은 더 좁은 의미를 지닌 "육체적 몸"과 어느 정도 중복되는 점을 설명하는 데 도움을 준다. 일상적으로 경험하는 환경이란 바로 육체적인 환경이기 때문이다. 그러나 구체적인 구현으로서의 소마는 나의 육체적 몸 그 이상의 의미를 지닌다. 그것은 구체적으로 구현된 "나"이다. 곧, "나"와 세상이 서로에게 행동하는 수단이라는 뜻이다.[23]

아니면, "유체성"(有體性: corporeality) 혹은 "공동성"(共同性: corporateness) 등의 용어를 사용할 수도 있다. 개개인들로 하여금 서로서로 상응할 수 있게 하고 서로서로 협력할 수 있게 만드는 것이 바로 유체성, 혹은 공동성이기 때문이다.[24] 몸은 바로 그러한 상응과 협력의 매개인 것이다. 그것을, 예컨대 악수나 혹은 그저 물질을 나누는 것 등, 단순한 육체적 교환으로 전락시켜 버리면, 사람의 다차원적인 협력 활동이 일차원적인 것으로 되어 버리고 말 것이다. 개개인들이 몸으로 상호 교감한다는 사실이 있기에 공동의 몸, 혹은 협력체에 대한 이야기가 의미

---

23) Robinson, *Body* 28은 "소마는 우리가 쓰는 'personality' (인격/개성)라는 단어와 의미가 가장 가깝다"고 제안하여 더 문제성 있는 현대의 범주를 하나 더 덧붙이고 있는데, 이는 지나친 것이다. 한편 Gundry, SOMA는 성경 용례에 나타나는 의미의 스펙트럼의 한쪽 끝에 지나치게 좁게 초점을 맞춤으로써, 소마가 "전인"(全人)을 의미한다는 Bultmann의 견해를 비평하는 데에 집중함으로써, 또한 그리하여 좀 더 함축성 있는 진술(여기서 "구체화"로 나타나는)을 적절히 다루지 못함으로써, 그 자신의 논지(소마가 언제나 육체적인 몸을 의미한다는)를 상당히 약화시키고 만다.

24) 바로 이 점에서 Käsemann은, 인간의 "의사 소통의 능력"을 몸으로 정의함으로써 "자기 자신과의 관계"를 근거로 몸 개념을 더 개별화시키는 Bultmann의 논지와 결별하였다("Anthropology" 21; "시작과 참여의 양태 속에 있는 우리의 모습이 언제나 우리다"; 18-22에서 좀 더 상세히 볼 수 있다. 또한 Stuhlmacher, *Theologie* 1. 275을 보라. 그러나 Becker, *Paul* 385는 Käsemann의 견해 역시 똑같이 그 기원이 관념론적일 수 있음을 경계하고 있다). 이와 비슷하게, Robinson의 바울 용례 연구의 출발점은 "역사적 실존의 광대한 연대성"이다(*Body 8*); "육체-몸은 사람을 그 이웃과 분할시켜 놓은 것이 아니었다. 그것은 오히려 모든 사람과 자연과 더불어 사는 삶의 꾸러미 속에 그를 집어 넣은 것이다"(*Body 15*). Schweizer는 이미 LXX에 나타나는 소마의 용례에서 이런 의미를 찾고 있다: "그것은 다른 사람들과 대면하는 가운데 있는 사람을 지칭하는 뜻으로 사용된다"(*TDNT* 7. 1048).

를 갖게 되는 것이다. 공동의 몸, 혹은 협력체란 개개인들이 몸으로서 공동의 목표를 위하여 일치하여 함께 일하는 것이다. 그런데 "몸"이 그저 "육체적인 몸"을 뜻한다면, 그런 용법은 전혀 이질적인 것으로서 그 기본 의미에서 상당히 동떨어진 것이 되어 버릴 것이다. 그러나 몸을 유체성을 의미하는 것으로 이해하게 되면 곧바로 공동의 몸이라는 관념으로 이어지는 것이다.

이런 점들은 바울의 언어에서 곧바로 잘 드러난다. 바울이 주로 육체적인 기능이나 육체적인 임재를 염두에 두고 몸에 대해서 말하는 경우가 많은 것은 사실이다. 타락한 인류는 자기들의 마음의 정욕에 내어버려져서, 그들의 몸들을 스스로 욕되게 한다(롬 1:24). 남편과 아내는 서로의 몸에 대하여 "주장"할 수 있다(고전 7:4). 물론, 바울은 부부 간의 사랑의 행위를 순전히 "육체적인" 행위로 생각하는 것은 아니다.[25] 바울은 "몸으로" 떠나 있으나 "영으로" 함께 있을 것이다(고전 5:3). "몸으로" 있다는 것은 곧 주와 함께 있지 않다는 것이요, 주와 함께 있다는 것은 "몸으로" 있지 않다는 것이다(고후 5:6, 8).[26] 그는 "몸 밖"의 체험을 회상한다(고후 12:2-3). 물론 그 일이 그때에 "몸 안"에서 일어났는지 "몸 밖"에서 일어났는지 확실히 알지 못하기는 하지만 말이다. 그는 그리스도의 흔적을 자기의 몸에 지니고 있음을 말하는데(갈 6:17), 이는 특히 여러 차례의 태형과 가혹한 어려움을 당한 데서 생겨난 흉터들과 육체적인 효과들을 일컫는 것으로 보인다. 그러나 고후 4:10("예수의 죽음을 몸에 짊어짐")에 나타나는 비슷한 사상에서 "그리스도의 고난을 함께 나눈다"는 더 풍성한 개념을 접하게 된다.[27] 살전 5:23에는 "영과 혼과 몸"이라는 분할적 성격이 더 강하게 풍겨나는 삼분법(三分法)적인 표현이 나타나는데, 이는 "온전함"[28]을 강조하는 문맥 속에 들어 있다. 거기에 열거된 것은 완전한 헌신을 뜻하는 신 6:5의 표현을 더 닮은 것이라 하겠다.[29]

---

25) 참조. Gnilka, *Theologie* 44.

26) 여기서 나타나는 바울의 소마 용례가 "철저하게 영지주의적이다" 라는 Jewett의 발언은(*Anthropological Terms* 276) 그의 연구가 영지주의 가설로 고린도의 문제점들을 설명하는 방식이 그 영향력을 최고로 발휘하던 당시에 쓴 것으로 시대에 뒤떨어진 것임을 반증한다.

27) §18. 5을 보라.

28) 홀로텔레스, 홀로클레론 모두 "온전한, 완전한"을 의미한다. 또한 Schnelle, *Anthropologie* 123을 보라.

29) Robinson, *Man* 108; Stacey, *Man* 123; 또한 바울이 여기서 "사람을 높은 부분과 낮

그러나, 다른 곳에서는 "구체화"라는 풍성한 의미가 더 분명하게 드러난다. 바울은 고전 6:13-20에서 소마를 여덟 차례 사용하는데, 여기서 특히 의미의 스펙트럼이 여실히 드러난다. 창녀와의 성적인 관계에 대해서 이야기하는 곳에서는 "육체적인 몸"이라는 의미로 만족할 수 있을 것이다(6:13, 16, 18). 그러나 바울은 고린도 사람들에게 "너희 몸이 그리스도의 지체임"을 상기시키는데(6:15), 여기서 그것을 육체적인 몸을 뜻하는 것으로 의미를 좁혀서 이해한다면 바울이 뜻하는 의미가 흐려질 것이 분명하다. 그가 고린도 사람들에게 상기시키고자 한 것은 바로 그들 자신이("우리를" — 6:14) 그리스도의 지체들이라는 사실이었다.

그러나 그들 자신이 구체화된 존재들로서, 그들의 육체적인 관계들이 그들의 헌신과 제자도의 질(質)과 성격을 암시하는 것이었다.[30] 그러므로 몸이라는 개념은 육체적인 몸보다는 더 큰 개념인 것이다. 더욱이, 몸이라는 것은 곧 그들의 정체성을 결정짓는 공동의 관계를 전제로 하는 것이요, 창녀와의 육체적 관계를 상상조차 할 수 없도록 만드는 결정적인 요인이 바로 그리스도의 몸의 지체들로서 갖는 그러한 공동의 관계였다. 창녀는 또 다른 공동의 질서를 대변하는 것이기 때문이었다.[31] 그리고 19절에 나타나는 대로 "너희 몸이 성령의 전"이라는 표현은 달리 말하면 곧 "성령께서 너희 안에 계시다"는 뜻이다. 마치 몸이 전인(全人)과는 구별되는 별개의 것이기라도 한 것처럼 여기서 그들의 육체적인 몸을 지칭하는 것이 아니라, 전인의 구체적인 구현으로서 몸을 지칭하는 것이다. 그리고 마지막 20절에 나타나는 대로 "너희 몸으로 하나님께 영광을 돌리라"고 말씀하는 것은 "너희가 값으로 산 것이 되었다"는 사실에 근거를 두는 것이다. 즉, 이 말씀은 그저 육체적인 몸을 잘 제어하라는 뜻이 아니라, 전인으로서 갖는 공공의 관계들을 잘 제어하라는 뜻인 것이다.

인격의 구체적인 구현으로서 몸의 중요성은 롬 12:1에서도 분명히 드러난다.

은 부분으로 나누려는" 자유방임론자의 시도를 제지하고 있다고 보는 Jewett, *Anthropological Terms* 175-83의 논지를 비교하라.

30) 참조. Bultmann, *Theology* 1. 195(그러나 곧바로 실존주의적인 색채가 나타난다 — 195-96, 199); Barrett, *1 Corinthians* 147-49; Jewett, *Anthropological Terms* 260-61.

31) 참조. Martin, *Corinthian Body* 176-77의 다른 각도에서 제기하는 논의. 바울은 자신의 논지를 분명히 하기 위하여 창 2:24을 본따서 "창녀와 합하는 자는 그와 한 몸"이라고 표현하고 있다(고전 6:16).

바울은 로마의 신자들에게 "너희 몸을 제물로 드리라"고 권면하는데, 이는 팔과 다리를 제단 위에 바치라는 뜻은 결코 아니다. 오히려 그들 자신을 드리라는 뜻이다. 또한 이와 병행을 이루는 6:13과 16절과 비교해 보면, 이 점이 논란의 여지 없이 분명하게 정리된다: "너희 몸을 드리라"(12:1) = "너희 자신을 드리라"(6:13, 19).[32] 그러나 그들이 드려야 하는 것은 몸으로서의 자기들 자신이었고, 형체를 지닌 자기들 자신이요, 그들의 일상 생활을 구성하는 구체적인 관계들 속에 있는 자기들 자신이었다. 그들의 구체적으로 구현된 관계들 속에서 표현되는 헌신을 이스라엘의 의식적인 희생 제사와 같은 것으로 여긴 것이다.[33]

다른 구절들에 함축되어 있는 의미도 — 물론 즉시 분명하게 드러나지는 않지만 — 동일하다. 바울은 아브라함의 몸이 "죽어 있었다"고 표현하는데(롬 4:19), 그는 아브라함이 성 기능을 잃었다는 뜻으로 그렇게 말한 것이다. 또한 바울은 "내 몸을 친다"(고전 9:27)고 말하는데, 이는 그저 자기의 육체를 가혹하게 대한다는 뜻이 아니라,[34] 삶과 행실을 철저하게 제어한다는 뜻이다.[35] 또한 그는 사랑이 없는 순교를 염두에 두고서, "내 몸을 불사르게 내어 줄지라도"(고전 13:3)라고 말하는데, 여기서 다른 사본의 읽기로는, 몸을 내어 주는 "나"가 바로 불사름을 당하는 몸의 주인인 "나"인 것이다.[36] 그는 각 사람이 "그 몸으로 행한 것을 따라" 심판을 받는다고 하는데(고후 5:10),[37] 여기서 그는 몸을 (우리 말대로 하면) 자기 표현의 매개체로 생각하고 있는 것이 분명하다.[38] 그는 또한 "그가 몸으로 대

---

32) 여기서 중간적인 용어는 "너희의 지체들을 드린다"는 것인데(고전 6:15과 롬 6:13, 19에서도 같은 단어가 나타난다) 여기서 소마는 "지체들"을 통칭하는 의미를 지닌다(더 상세한 내용에 대해서는 필자의 *Romans* 337, 709를 보라).

33) 특히 Käsemann, "Worship in Everyday Life"(§20 각주 1)와 §20. 3을 보라.

34) 참조. 골 2:23 — "몸을 괴롭게 하는 데는 지혜 있는 모양이나, 오직 육체 따르는 것을 금하는 데는 조금도 유익이 없느니라."

35) 이 절과 다음 두 절에 대해서는 Gundry, SOMA 36-37, 47-48과 비교하라.

36. NIV, NJB, NRSV 등의 영역 성경들이 다른 사본의 읽기를 원문으로 취한다. 그러나 Fee, *1 Corinthians* 629 n. 8과 633-34를 보라.

37) 디아 투 소마토스라는 문구 자체에 대해서는, Furnish, *2 Corinthians* 276을 보라.

38) Gundry까지도 여기서 "소마는 사람 그 자체다"라고 인정하고 있다(SOMA 47). 이와 유사하게 롬 8:13의 "몸의 행실"은 범죄자가 자기 자신을 자기 행실에서 분리시켜 그것과 거리를 두는 그런 의미가 아니라, "내가 행하는 악"(7:19)을 달리 표현한 것일 뿐이다.

할 때는 약하다"고 말하는데(고후 10:10), 이는 그저 그의 육체적인 힘이나 모양을 염두에 두는 표현이 아니라 복음을 제시하는 그의 자세와 방법 전체가 듣는 자들에게 주는 인상을 뜻하는 것이다(고전 2:3). 또한 "내 몸에서 그리스도가 존귀하게 되게 하려 하는" 그의 간절한 바람을 토로하는데(빌 1:20), 여기서도 그는 자신의 모습이나 행동의 육체적인 면을 지칭하는 것만이 아니라 구체적으로 구현되는 그의 증거의 성격을 지칭하는 것이다.

바울이 그의 존재의 일부분만을 통해서 그리스도를 존귀하게 하고자 했다고는 생각할 수 없다. 여기서의 몸이란 그의 존재 전체의 일부를 뜻하는 것이 아니다. 오히려 바울은 비록 자신이 로마의 감옥에 갇혀 있는 처지였으나 그의 삶 전체를 통하여 그리스도를 존귀하게 하고자 한 것이다.

공동의 몸에 대하여 앞에서 논의한 내용을 염두에 두고서, 우리는 몸에 대한 진술이 뭉뚱그려져 있는 고린도전서의 한 단락을 살펴보아야 할 것이다(고전 12:17-27). 여기서 바울은 몸을 인간의 협력과 상호 관계의 모델로서 아주 집중적으로 사용하고 있다. 이 주제는 후에 다시 논의하게 될 것이다.[39] 여기서는 몸을 지니고 있다는 사실의 불가피한 결과로 나타나는 사회적인 면들을 강조하는 것으로 족할 것이다. 공동의 몸과 유체(有體)의 몸 사이의 상호 작용이, 몸으로서의 교회와 상호 간의(몸으로 이루어지는 즉, 사회적인) 관계들 사이의 상호 작용이, 바로 앞에 나타나는 고전 11:29-30의 발언과의 연결 고리를 제공해 주는 것이다. 신자들은 구체적인 몸을 지닌 존재들로서 그 구체적인 구현이 바로 그들을 하나로 묶어 몸으로서의 기능을 발휘하도록 해 주는 것이므로, "몸을 분별하지" 못하면 결국 몸에 그 결과가 나타나는 것이다(약한 자와 병든 자가 많고 심지어 죽은 자도 적지 아니하다).[40]

어떤 점에서 무엇보다 가장 충격적인 것은, 몸이라는 단어가 고린도전서에서 세 번째로 많이 집중적으로 나타나 있는(9회 나타난다) 고전 15:35-44에서 바울

---

39) 다음의 §§20. 4-5를 보라.

40) 이 의미가 풍성한 구절에는 더 많은 면들이 있다. 필자는 다만 G. Theissen이 최초로 널리 효과적으로 알려 놓은 사회적인 면에 대해서만 초점을 맞추는 것뿐이다(§22. 6을 보라). 여기서 특히 Martin, *Corinthian Body* 194-96을 주목하라: "그리스도의 몸을 열어 분리시킴으로써, 그들은 자기들 자신의 몸을 질병과 죽음에 열어 놓은 것이다"(194). 그러나 또한 §22의 각주 66을 보라.

이 현재의 몸과 부활의 몸을 구분한다는 사실이다. 몸의 부활이 있을 수 있다는 사실에 대한 사람들의 불신과 의심을 접하고서(15:12, 35),[41] 바울은 그저 현재의 만족스럽지 못한 몸밖에는 생각하지 못하는 사고를 책망하고 있다: "어리석은 자여! 네가 뿌리는 씨가 죽지 않으면 살아나지 못하겠고 또 네가 뿌리는 것은 장래의 형체를 뿌리는 것이 아니요 다만 밀이나 다른 것의 알맹이뿐이로되 하나님이 그 뜻대로 그에게 형체를 주시되 각 종자에게 그 형체를 주시느니라"(15:36-38). 바울은 계속해서 하늘의 몸(형체)과 땅의 몸(형체)을 서로 구분하는데(15:40), 해와 달과 별에 대해서 이례적으로 소마를 사용한다는 사실에서[42] 이미 바울이 이 점에서 독자적인 길을 가고 있음이 드러난다. 이어서 그 비유적인 진술이 적용된다(15:42-44). 곧, 현재의 몸(혼의 구체적인 구현)은 썩음과 욕된 것과 약함으로 끝나나, 부활의 몸(영의 구체적인 구현 — 15:45)은 썩지 않음과 영광과 능력 가운데서 일어날 것이다. 육의 몸은 아담을 따르는 것으로 땅과 흙에 속하나, 영의 몸은 그리스도의 부활의 몸을 따르는 것이다(15:45-49).[43] 현재의 몸은 하나님의 나라에 들어갈 수 없다. 또한 썩어질 살과 피도 마찬가지다. 오직 썩지 않을 영의 몸만이 하나님의 나라를 유업으로 받을 수 있는 것이다(15:50).[44]

---

41) 이 장의 주제가 죽은 자의 부활이라는 사실(이 표현이 13회나 반복되고 있다)을 주목해야 할 것이다. 특히 M. de Boer, *The Defeat of Death: Apocalyptic Eschatology in 1 Corinthians 15 and Romans 5* (Shefield: JSOT, 1988)을 보라. 여기서 지칭하는 고린도 사람들의 입장이 무엇이었는가에 대한 논쟁에 대해서는 예컨대, R. A. Horsley, " 'How Can Some of You Say That There Is No Resurrection of the Dead?' Spiritual Elitism in Corinth," *NovT* 20 (1978) 203-31과 A. C. Thiselton, "Realized Eschatology at Corinth," *NTS* 24 (1977-78) 510-26 등을 보라.

42) 인간과 별들과의 사이에 좀 더 공통적으로 사용되는 전형적인 용어는 프쉬케("혼")일 것이다. 또한 Martin, *Corinthian Body* 126은 이는 물질적인 것과 비물질적인 것을 서로 구분하는 것이 아님을 상기시켜 준다(이는 그의 주된 논지이다. 127).

43) 여기서 그리스도의 부활된 구체적인 구현을 지칭하는 것을 인식하지 못하는 주석가들이 있는데, 필자는 어찌된 영문인지 모르겠다(필자의 *Christology* 107-8을 보라). 롬 8:11과 또한 빌 3:21과 비교해 보라. 또한 다음의 §11. 5a를 보라.

44) Martin의 계발을 주는 논지를 보라(*Corinthian Body* 123-29). 그러나 그는 헬라 사상의 "본질의 상하 체제"(hierarchy of essences)라고 자신이 칭하는 것에 대한 그 이전의 분석에 지나치게 의존하여 바울의 개념의 전체성을 이해하려 한다. 바울은 "인간의 몸의 불멸하며 썩지 않는 부분이 부활할 것이라"(128)고 말하지 않고, 전인이 그 구체적인 구현 속에서

우리로서는 이 점이 이 이상 더 분명할 수는 없다. 바울에게 구속(redemption)이란 육체의 존재로부터 일종의 도피가 아니라 전혀 다른 유의 육체적 존재로 변화하는 것이었다(15:51-54). 여기서 "몸"이라는 용어가 공통적으로 사용되고 있다. 그러나 육체의 몸이나 흙으로 만들어진 몸이나, 혹은 썩어질 몸을 말하는 것이 아니다. 그것은 현존하는 구체적인 구현, 즉, 부패와 죽음에 예속되어 있는 물질 세계에 합당한 그런 구현에 불과한 것이다.[45] 부활의 몸의 구체적인 구현은 즉, 죽음을 초월하는 영의 세계에 합당한 그런 구현은 그것과 전혀 다른 것이다. 바울이 과연 어떤 것을 생각하고 있었는지는 우리로서는 말을 꺼낼 수조차 없을 것이다. 바울 자신은 이러한 구분을 독자들로 하여금 스스로 발견하도록 하는 하나의 방법으로 — 즉, 그런 구분의 실체에 대해서보다는 그저 그런 구분이 있다는 사실을 시사하는 것만을 알려 주고자 — 사용했을 가능성이 높다. 그러나 우리로서 중요한 것은 그렇게 구분한다는 사실 그 자체다. 그것이야말로 바울의 "몸" 개념의 성격을, 더 큰 공동의 사회 전체에 속하는 구현으로서의 성격을 밝혀 주는 것이기 때문이다.

정리하자면, 바울에게 소마는 창조된 인류의 성격을, 즉 구체적으로 구현된 존재로서의 성격을 표현해 주는 것이다. 사람이 창조 세계에 참여하고 또한 창조 세계의 일부분으로서 기능을 발휘하는 것은 바로 구체적으로 구현된 존재로서, 또한 이러한 구현을 수단으로 하여 그렇게 하는 것이다. 몸 — 그저 공동의 몸만이 아니라 유체적인 몸 — 이야말로 삶의 사회적 차원을 가능하게 해 주는 것이요, 개인으로 하여금 인간 사회에 참여할 수 있게 해 주는 것이요, 혹은 달리 표현하자면, 개인으로 하여금 이 세상을 벗어나거나 또는 사회적 상호 의존과 상호 책임을 부인하는 종교를 만들어내는 일을 막아 주는 그런 것이다. 여기서 우리는 롬 12:1-2의 권면에 이어서 곧바로 그리스도 안에 있는 한 몸으로서 교회 공동의 책

변화할 것을 말하고 있는 것이다.

45) Gundry의 논지와 비교하라: "프뉴마티콘 소마 … 는 성령으로 말미암아 활기를 얻은 육체적인 몸이다"(SOMA 165-66). Gundry는 자신의 연구의 출발점을 소마 = 시체(屍體)라는 등식으로 잡고서 그의 연구 전체에서 "육체적인 몸"이 소마의 정상적인 의미라고 주장하는데, "육체적인 몸"이 썩음과 죽음에 예속되어 있는 것이 아니라면 그것은 결코 소마의 "정상적인 의미"가 될 수 없다. 이 구절의 강조점은 연속성보다는 불연속성과 변화에 있다고 보아야 할 것이다(Käsemann, "Anthropology" 8-10).

임(12:3-8)과, 또한 12:9~13:14에 제시되어 있는 더 넓은 사회적 책임들을 해명하는 데로 이어진다는 사실을 볼 수 있다.[46] 또한 바울의 신학이 창조와 구원 사이의 실질적인 이원론에 빠지지 않도록 막아 주는 것이 바로 바울의 인간론이 지니는 이러한 소마적인 성격인 것이다. 바울 개인과 그의 동료 신자들이 창조라는 잉태의 고통에 동참하며 나머지 창조 세계와 더불어 그들의 몸의 구속을 탄식으로 기다리는데(롬 8:22-23), 이것이 바로 창조 세계의 일부로서 또한 창조 세계와 더불어서 되는 일이기 때문이다. 한마디로 말해서, 소마야말로 바울 신학에 피할 수 없는 사회적 환경적 차원을 부여하는 것이다.

§ 3.3 사륵스

사륵스("육체")가 바울의 인간론에 관한 용어들 중 가장 두드러진 또 하나의 용어로서, 바울 서신에 91회 나타나며 로마서에만 26회 나타난다.[47] 이것은 또한 가장 논란이 많은 용어이기도 하다. 그것은 주로 그 용법의 범위 때문이다. 몸의 물질적인 재료라는 뜻의 무독(無毒)한 의미로부터 하나님을 대적하는 세력으로서의 "육체"라는 뜻에 이르기까지 그 용법의 범위가 다양한 것으로 나타나기 때문이다. 한 가지 단순한 문제가 엄청난 논의를 불러일으킨 셈인데 곧, 한 가지 용어가 어떻게 그런 다양한 의미의 범위를 넘나들 수 있느냐 하는 것이다.

지난 세기를 전후해서 지배적인 견해는[48] 바울이 그 단어를 그렇게 폭넓게 쓰고 있다는 것은 곧 유대교의 영향과 헬레니즘의 영향이 이런저런 방식으로 합쳐졌음을 시사한다는 것이다. 즉, 물질적인 몸으로서의 육체라는 관념은 바사르라는 전형적인 히브리어의 의미를 반영하는 것인 반면에, 하나님을 대적하는 것으로서의 육체의 관념은 헬라 사상의 성격이 짙다는 것이다. 그러나 이 가운데 어떤 것이 바울에게 주된 영향을 미쳤으며, 어떤 강조점이 과연 바울의 신학을 이해하는 데 더 의미가 깊을까? 그리고 이러한 다양한 용법 때문에 일어난 긴장이 바울의

46) §24 .2를 보라.

47) 다른 신약의 저자들은 어느 누구도 그 용어를 그렇게 많이 사용하지 않는다 — 요한복음은 13회(그중 8회가 요 6:51-63에 나타난다), 히브리서는 6회, 베드로전서 7회, 계시록 7회(그중 5회가 계 19:18에 나타난다).

48) 이는 다시 Lüdemann을 지칭하는 것이다(위의 각주 10). Jewett, *Anthropological Terms* 52-54를 보라.

신학을 일관성 없는 것으로 만드는 것일까? 이 문제에 대한 서로 상이한 견해들이 개진되어 바울 신학의 다른 모든 분야에서보다 더 큰 혼란이 가중되었다.

(a) 바울에게서 나타나는 사륵스를 프뉴마("영/성령")와 같은 — 그러나 그것에 대적하는 — 하나의 우주적인 세력으로,[49] 사륵스를 하나의 "죄의 원리"로,[50] 혹은 사륵스를 "영지주의의 에온(a Gnostic aeon)과 비슷한 것"으로[51] 보는 자들이 신학적인 이슈를 가장 예리하게 제기하고 있다. 예를 들어서 불트만은 사륵스를 "인간론적 개념들"을 다루는 부분에서가 아니라 죄와 죽음과 함께 묶어서 분석하고 있다 — "인간이 희생물로 전락해 버린 세력들로서의 육체와 죄".[52] 알버트 슈바이처(Albert Schweitzer)는 자기 나름대로의 독특한 시각에서 이 문제에 접근하면서 — 그러나 육체와 영의 대립에서 똑같은 인상을 받고서 — 결론짓기를, 두 개념은 서로 적대적일 뿐 아니라 상호 배타적이라고 하였다: "그리스도 안에 있다"는 것은 "육체 안에 있다"는 것을 대신하는 존재의 상태요, "성령 안에 있다"는 것은 더 이상 "육체 안에" 있지 않다는 뜻이다.[53] 그러므로 여기서 문젯거리는 과연 바울이 사륵스를 도저히 어찌할 수 없이 악한 하나의 실체나 세력으로서 신자들이 이미 거기서 옮긴 바 된 것을 지칭했느냐, 아니면 신자에게서 이미 권위가 깨어진 적대적인 우주적인 힘을 지칭했느냐 하는 것이다.

(b) 또 다른 이들은 바울에게서 나타나는 사륵스의 문제를 우주적인 차원보다

---

49) 이 견해는 F. C. Baur에게로 거슬러 올라간다(Jewett, *Anthropological Terms* 51). 이와 비슷한 견해로는, J. Weiss (Jewett 63), Brandenburger, *Fleisch* 45, Strecker, *Theologie* 133 등을 보라.

50) 이 정의는 Baur (Sand, *Begriff* 7) 이후 계속해서 제기되어왔다. 예컨대, Pfeiderer (Sand 29-31), A. Oepke (Sand 216); "급진적으로 악하다"(Sand 63은 Bousset의 견해를 설명한다). 심지어 Ridderbos까지도 육체를 "죄 그 자체의 묘사"로, "죄성 그 자체"의 묘사로 본다(*Paul* 103-4).

51) Käsemann, *Leib* (§20 각주 1) 105..

52) Bultmann, *Theology* 1. 245 (또한 197-200). 그러나 그는 그것은 "현실적인 신화"가 아니라 "비유적이고 수사적인 언어"임을 지적한다.

53) Schweitzer, *Mysticism* (§15 각주 1) 127, 167. 참조. Schweizer, *TDNT* 7. 135 — "하나님의 아들을 믿는 믿음으로 나아온 사람은 더 이상 사륵스 안에 있는 것이 아니다. 왜냐하면 그는 믿는 자로서, 사륵스에 자기의 삶을 세우기를 — 이것은 죄를 짓는 것인데 — 이미 그만 두었기 때문이다."

는 심리적인 차원에서 충분한 해결을 찾고 있다. 사륵스가 감성(sensuality)의 좌소(座所)라는 관념은 "육체의 쾌락"이라는 문구에 잘 정리되어 있는데, 이런 관념은 고대에까지 거슬러 올라간다.[54] 히브리어 바사르에 아주 밀접하게 붙어 있는 연약함과 부패성이라는 뜻이 DSS의 용법을 통해서 아주 강화되었다.[55] 그러나 그것이 과연 로마서 7~8장에 나타나는 사륵스의 부정적인 용법을 설명하기에 충분할까? 이에 대한 대중적인 해결책은 바울의 두 가지 문구, 즉 엔 사르키("육체 안에서")와 카타 사르카("육체에 따라서")를 서로 구별하는 것이었다. 전자는 그저 이 땅에서의 삶을 뜻하고, 후자는 "의식적이요 영적인 삶을 이 땅의 수준에 맞추는 것"을 의미한다.[56] 사륵스는 "사람이 거기에 자기의 삶을 세울 때에 비로소 나쁜 것이 된다"는 것이다.[57] 그러나 또 다시 문제가 제기된다. 곧 두 가지 용법을 한데 묶을 수는 없는가? 아니면 결국 이 두 가지 산뜻하게 구별된 의미들 — 중립적인 의미의 사륵스와 또한 좀 더 부정적인 의미를 특징적으로 담고 있는 사륵스 — 로 계속 남아 있게 되는 것인가?[58]

(c) 바울의 사륵스의 용법으로 인하여 야기되는 혼란의 세 번째 면은 사륵스를 과연 어떻게 번역해야 옳으냐 하는 더 실제적인 문제이다. "flesh"(육체)라는 번역은 대부분의 현대 바울 서신 영역자들에게는 대체로 합당치 않은 것으로 인정되는 것 같다.[59] 그도 그럴 것이, 영어의 "flesh"는 이미 다소 케케묵은 색깔을 지

---

54) Schweizer, *TDNT* 7. 104-5; Jewett, *Anthropological Terms* 50.

55) 특히 창 6:3; 대하 32:8; 욥 34:15; 시 56:4; 78:39; 사 31:3; 40:6-7; 렘 17:5 (BDB, *basar*를 보라). DSS에서는 예컨대, 1QS 11:9, 12; 1QH 4:29; 15:21를 보라. 또한 R. Meyer, *TDNT* 7. 110-14를 보라.

56) Schweizer, *TDNT* 7. 130-31. 그러나 그는 계속해서 지적하기를, 사륵스가 이렇듯 "사람이 자기의 삶을 영위해 가는 하나의 규범으로 작용하게 되면 그것은 그를 형성시키는 하나의 힘이 된다"고 한다.

57) Schweizer, *TDNT* 7. 135.

58) Whiteley, *Theology* 39 — "육체가 … 도덕적인 의미로 사용될 때에 … 반드시 물질적인 의미를 가질 필요는 없다"; Davies, *Paul* 19 ("순전히 물질적인 의미"로 쓰이는 경우는 65가지, 또한 "윤리적 의미"를 갖는 경우는 35가지). 그리고 나서 Davies는 그보다 더 부정적인 용례를 예체르 하-라, "악한 충동"이라는 랍비적 관념을 근거로 해명을 시도한다 (20-27). 바울 자신의 용례와의 연관성은 분명하지 않으나, 랍비적 용례가 인간의 타락 가능성의 경험을 설명하는 대안적인 시도였던 것은 분명하다.

니고 있는 것이다. 그러나 또한 의식적이든 무의식적이든, 그 부정적인 용법이 현대인들로서는 받아들일 수 없는 이원론적 색채(물질을 악으로 보는)를 지니고 있는 것 같기 때문이기도 하다. 이렇게 볼 때에 번역의 문제들은 바울의 신학을 이해하며, 또한 바울이 믿음의 삶과 구원의 과정을 어떻게 바라보았는가를 이해하려는 시도에 상당히 중요한 이슈를 제기하는 것이다.

이 점에서 바울의 신학으로 인하여 야기되는 혼란이 있음을 볼 때에, 바울의 사륵스 개념을 파악하고자 하면 반드시 간단하게라도, 그의 실질적인 용법을 검토해야만 한다. 그 용법을 보면 굳이 이리저리 궁리하지 않아도[60] 그것을 스펙트럼 형식으로 정리할 수 있다는 것이 곧바로 드러난다.[61]

(1) 스펙트럼의 한쪽 끝에는 중립적인 용법이 있는데, 이는 육체적인 몸, 혹은 육체적인 관계나 인척의 관계를 의미하며 부정적인 의미가 전혀 개입되지 않는다.[62]

(2) 육체적인 면을 주로 지칭하면서도, 사륵스가 전형적인 히브리적 사고인 연약함이라는 뜻을 함유한다(롬 6:19). 사륵스는 썩어질 것이요 없어질 것이므로, 하나님의 나라를 유업으로 받을 수 없다(고전 15:50).[63] 그것은 "죽을" 것이요(고후 4:11), 환난과 곤고를 당할 수밖에 없다(고후 7:5) — "육체의 약함"(갈 4:13-14).

---

59) 현대의 사륵스의 번역으로 인하여 야기되는 문제점들은 두 가지 중요한 현대 영역 성경의 경우에서 잘 볼 수 있다. REB 로마서에 나타나는 사륵스를 "human"(1:3), "flesh"(2:28), "natural descent"(4:1), "mere human nature"(7:5), "unspiritual self"(7:18), "unspiritual nature"(7:25), "nature"(8:3), "old nature"(8:4-5) 등으로 다양하게 번역하고 있고, NIV는 "human nature"(1:3), "physical"(2:28), 번역하지 않음(4:1), "sinful nature"(7:5, 18, 25; 8:3), "sinful man"(8:3), "sinful nature"(8:4-5) 등으로 번역하고 있다.

60) Jewett, *Anthropological Terms* 4-6은 문맥에서 용례를 추출해 내는 일의 위험성에 대해서, 그리고 순전히 사전적인 연구로 일관하는 방식에 대해서 올바로 경계해 준다. 그러나 다음에 이어지는 분석은 Jewett이 제시하는 여러 문맥들의 구체적인 재구성에 의존하지 않고, 문맥에 대해 경계하고 있다.

61) 필자는 여기서 대부분 필자의 "Jesus - Flesh and Spirit" 43-49에서 행한 분석을 따른다.

62) 롬 11:14; 고전 6:16; 15:39; 엡 5:29; 골 2:1; 참조. 고후 7:1.

63) §3. 4를 보라.

(3) 어떤 구절들에서는 좀 더 나아가서 연약함이라는 의미가 더 높고 귀한 세계나 높고 귀한 존재 양식과 대조되면서 합당치 못하다는 뜻을 함유하는 것으로 나타난다: 하나님과 대조를 이루는 "혈육"(갈 1:16); "내 안에 그리스도께서 사시는 것"과 대조를 이루는 "내가 육체 가운데 사는 것"(갈 2:20); 오네시모는 "육신"으로 형제 된 자이나 그보다 더 중요한 것은 그가 "주 안에서" 형제된 자라는 것이다(몬 16); 하나님의 능력과 대조를 이루는 바 인간의 연약함을 강조하는 "육체에 가시"(고후 12:7-9).

(4) 다른 구절들에서는 이 연약함이 도덕적인 의미를 갖는다. 사람이 하나님 앞에서 의롭다 하심을 얻지 못하는 것은 바로 그가 사륵스이기 때문이며(롬 3:20; 갈 2:16), 또한 아무도 하나님 앞에서 자랑하지 못하는 것도 바로 그가 사륵스이기 때문이다(고전 1:29). 사륵스는 율법을 약화시키고 무력화시킨다(롬 8:3). "육신에 있는 자들은 하나님을 기쁘시게 할 수 없느니라"(롬 8:8).

(5) 이보다 더 경계할 만한 것이지만, 사륵스는 죄가 활동하는 영역이다. "우리가 육신에 있을 때에는 … 죄의 정욕이 우리 지체 중에 역사하여"(롬 7:5). "내 속 곧 내 육신에 선한 것이 거하지 아니하는 줄을 아노니"(롬 7:18). "육신으로는 죄의 법을 섬기노라"(롬 7:25). 하나님이 "자기 아들을 죄 있는 육신(사르코스 하마르티아스)의 모양으로 보내어 육신에 죄를 정하사"(롬 8:3).

(6) 프뉴마("영")와 대립되어 쓰일 때에는 사륵스의 부정적인 의미가 가장 분명하게 드러나서, 죽을 것이라는 뜻은 물론 결점 있고, 자격 미달이고, 파괴적이라는 뜻까지 함유하게 된다. 할례를 "표면적 육신의" 할례로만 생각하는 것은 할례를 오해하는 것이요, 하나님께서 원하시는 할례는 "마음에 할지니 영에 있고 율법 조문에 있지 아니한 것이라"(롬 2:28-29). "육신의 생각은 사망이요 영의 생각은 생명과 평안이니라"(롬 8:6). 바울은 갈라디아의 회심자들에게 아주 안타까운 심정으로 묻는다: "너희가 … 성령으로 시작하였다가 이제는 육체로 마치겠느냐?"(갈 3:3). 그리고 뒤에 가서 그는 명하기를, "성령을 따라 행하라 그리하면 육체의 욕심을 이루지 아니하리라 육체의 소욕은 성령을 거스르고 성령은 육체를 거스르나니"라고 한다(갈 5:16-17). 그리고 이어서 "육체의 일"(사회적 악행들의 목록)을 "성령의 열매"와 대립시키고 있다(갈 5:19-23). 이와 비슷하게 빌립보서에서도 그는 담대하게 단언한다: "하나님의 성령으로 봉사하며 … 육체를 신뢰하지 아니하는 우리가 곧 할례파라"(빌 3:3).

(7) 그리하여 사륵스 그 자체를 부패와 하나님을 향한 역심(逆心)의 근원으로 규정할 수 있게 된다. "육신의 생각은 하나님과 원수가 되나니"(롬 8:7). "정욕을 위하여 육신의 일을 도모하지 말라"(롬 13:14). "그리스도 예수의 사람들은 육체와 함께 그 정욕과 탐심을 십자가에 못 박았느니라"(갈 5:24). "자기의 육체를 위하여 심는 자는 육체로부터 썩어질 것을 거두고"(갈 6:8).[64]

(8) 카타 사르카("육체를 따라")라는 구문도 동일한 스펙트럼을 보여 주는데 이 역시 매우 흥미롭다.[65] 한쪽 끝에서는 그것이 그저 단순히 육체적인 인척 관계를 뜻하기도 한다 — "카타 사르카로 난 이스라엘"(고전 10:18). 그러나 그보다 더 의미가 깊은 관계와 대조를 이루기도 한다: 카타 사르카로는 다윗의 아들 예수이나, 카타 프뉴마("영을 따라")로는 하나님의 아들이시다(롬 1:3-4; 참조. 9:5);[66] "카타 사르카로 우리 조상인" 아브라함은 "믿는 모든 자의 조상"이 되는 아브라함과 대조를 이룬다(롬 4:1, 11; 참조. 9:3);[67] 그리고 후에는 카타 사르카는 종이 그의 하늘의 상전과 맺는 한층 중요한 관계와 대조적으로 그가 땅의 상전과 맺는 관계를 의미한다(골 3:22-24; 엡 6:5-6). 카타 사르카로 판단되는 사회적 신분의 경시(輕視)와 함께 도덕적인 의미가 끼어든다 — "카타 사르카로 지혜로운 자가 많지 아니하며"(고전 1:26). 바울의 안목은 더 이상 카타 사르카 — 즉, 카타 프뉴마의 안목보다 열등하고 모자라는 것 — 가 아니다(고후 1:17;

---

64) 또한 갈 5:13; 엡 2:3; 골 2:13, 18, 23을 보라.

65) 참조. 사르키코스와 사르키노스:

	더 중립적이면서도 약간 대조를 이룸	더 부정적임
사르키코스	롬 15:27; 고전 9:11	고전 3:3; 고후 1:12; 10:4
사르키노스	고후 3:3	롬 7:14; 고전 3:1

BAGD, *sarkikos*는 이 용어들의 차이를 정의하기를, 사르키코스는 "육신에 속함, 육신적임"으로, 사르키노스는 "육체로 되어 있음"이라고 한다.

66) 필자는 롬 1:3-4에 대하여 필자가 과거에 제시한 논지("Jesus — Flesh and Spirit")가 일리가 있다고 말하고 싶으나, 여기서는 그 점을 강조하고 싶지 않다. 그러나 §8의 각주들과 §37을 보라.

67) 참조. Schweizer, *TDNT* 7. 127 — 롬 4:1의 사륵스는 "부정적인 의미를 지닌 것도 아니고, 그렇다고 해서 구원에 결정적인 영역도 아니다."

5:16). 그는 더 이상 카타 사르카로 행동하지 않는다(고후 10:2-3). 그는 카타 사르카로 자랑하기를 그만 두었다(고후 11:18). 다음의 경고는 이보다 한층 더 예리하다: "너희가 카타 사르카로 살면 반드시 죽을 것이로되 영으로써 몸의 행실을 죽이면 살리니"(롬 8:13). 카타 사르카로 난 자들과 카타 프뉴마로 난 자들 사이에(갈 4:23, 29), 그리고 육신의 일을 생각하는 카타 사르카인 자들과 영의 일을 생각하는 카타 프뉴마인 자들 사이에(롬 8:5), 거의 이원론에 가까운 대립이 있음이 나타난다(갈 4:23, 29).

언뜻 보면, 사륵스에 대한 바울의 용법의 스펙트럼이 중간에 끊어짐이 없이 연속적인 것처럼 보인다. 스펙트럼 상의 각 용법이 그 다음의 용법과 하나로 연결된다는 사실이나, 위에서 인용한 몇 가지 본문들이 스펙트럼 상의 각기 다른 위치에 잘 들어가 맞는다는 사실이나, 특히 갈라디아서에 그런 용법 범위가 나타난다는 사실 등이 그렇게 보이도록 만들어 주는 것이다. 이는 곧 전체의 용법들이 하나로 연결시켜 주는 연결고리가 있다는 것을 시사해 준다. 곧, 사륵스가 인간의 죽을 수밖에 없는 처지(human mortality)라고 말할 수 있는 그것을 뜻한다는 것이 바로 그것이다. 인간의 죽을 수밖에 없는 처지의 연속이, 인간적인 연약함을 특징으로 하는 사람이, 사륵스의 의미의 스펙트럼이 있게 만들고 또한 그 용어에 대한 바울의 다른 용법들을 서로 연결시켜 주는 것이다. 그 스펙트럼은 인간의 관계와 필요에서 시작하여, 인간의 연약함과 정욕을 지나고, 인간의 불완전함과 부패성을 지나서 사륵스-프뉴마의 대립에서 나타나는 완전한 탄핵과 정죄의 의미로까지 이어진다.[68] 그러나 이러한 첫인상에 근거한 가설은, 과거의 주석가들로 하여금 사륵스를 우주적인 세력/힘으로 보게 만들었고, 중립적인 용법과 부정적인 용법을 독특한 것으로 보게 만들었고, 또한 사륵스를 그렇게 다양하게 번역하게 만든, 바울의 용법의 특질들을 과연 완전히 포괄할 수 있느냐 하는 것을 입증해야만 하는 것이다.

(a) 첫째로, 바울이 대립적으로 제시하는 몇 가지 것들이 서로 예리하게 대립되기는 하지만, 그럼에도 불구하고 바울의 용법에서 죄의 원리로서나 혹은 적대적인

68) 이 결론은 바울 용법의 범위 전체는 히브리어 바사르를 근거로 이루어진 것이라고 보는 영국 학자들 사이의 지배적인 견해(예컨대, Robinson, *Man* 111-22; Stacey, *Man* 154-73 등)와 일치한다.

우주적 세력/힘으로서의 육체의 개념을 반드시 보아야 될 이유가 있는 것은 아니다. 육체와 죄 사이의 관계에 대한 그의 가장 충실한 논의(롬 7~8장)에서 바울은 두 가지를 그야말로 분명하게 제시한다. 그 하나는 죄를 짓는 "나"가 육체와 거리를 둘 수 없다는 것이다. 율법을 무력하게 만든 것은 율법 자체가 아니라 내가 "육신에 속하여 있다(사르키노스)"는 사실이다(롬 7:14); "내 자신이 마음으로는 하나님의 법을, 육신으로는 죄의 법을 섬기노라"(롬 7:25). 다시 말해서, 정신이나 몸을 사람과 분리시킬 수 없듯이, 육신이란 사람과 분리시킬 수 있는 것이 아니라는 것이다. 바울은 "나에게 몸이 있다"라는 말보다는 "내가 몸이다"라고 말할 수 있었던 것처럼,[69] 또한 "나에게 육신이 있다"(즉, 어찌어찌하면 내가 육신이 없이 존재할 수도 있다)는 말보다는 "내가 육신이다"라고 지극히 자연스럽게 말할 수 있었던 것이다.[70]

로마서 7~8장에서 바울이 분명하게 제시하는 또 다른 사실은 실제 범인은 율법도 "나"도 아니고 죄라는 것이다(7:17, 20). 육신에게 문제는 그 자체가 죄악된 것이 아니라 그것이 죄의 유혹에 취약하다는 것이다. 그러므로, 육신이란 "탐심을 갖는 나"라고 말할 수 있을 것이다(7:7-12).[71] 바로 욕구를 만족시키고자 하는 지극히 인간적인/육신적인 필요가 개개인을 죄의 악에 드러난 상태로 내버려 두는 것이다(7:8). 그러므로, 지극히 당연한 사실이지만 개개인은 "나" 속에서 역사하는 죄의 힘 앞에서는 무기력할 수밖에 없는 것이다(7:23).[72] 율법과 육신의 상호작용이 율법을 약화시키고 무력하게 만드는데(8:3), 그 이유는 육신 그 자체가 악하고 적대적인 원리를 품고 있기 때문이 아니라 한마디로 육신이 그런 일을 감당할 자격이 없기 때문이다(8:7-8). 또한 4-5절에 나타나는 카타 사르카의 언어 역시 악한 세력에 의하여 경도(傾倒)된 정서가 아니라, 덧없고 사라질 것에게로 경도된 정서를, 곧 그저 인간의 욕구와 욕망들을 만족시키는 동물적인 수준만을 영위하는 그런 삶을 시사하는 것이다(또한 8:12-13).

간단히 말해서, 바울은 육신을 도저히 회복시킬 수 없을 만큼 금이 가 버린 것

---

69) §3. 2를 보라.

70) "육신"이 전인(즉, 그 사람의 육체성)을 의미한다는 것이 Sand의 주요 결론 가운데 하나다(*Begriff* 217).

71) "욕망"과 "육신" 그리고 "죄"의 상호 관계에 대해서는 §4. 7, §5. 5, §18. 3-4를 보라.

72) 7:22의 "속 사람"에 대해서는 §18. 3을 보라.

으로 취급하는 것과 또한 하나님을 적극적으로 반대하고 대적하는 것으로 취급하는 것 사이에서 아슬아슬한 줄타기를 하고 있는 것이다. 그의 수사학과 다양한 표현의 흐름 속에서 바울은 때때로 그 둘 중 어느 한쪽으로 기우는 듯한 모습을 보인다. 그러나 시종일관 전체를 연결짓는 선(線)은 육신의 연약함과 부패 가능성이다. 그러므로 그런 수준에서 사는 삶은, 혹은 그런 수준을 특징으로 하는 삶은, 필연적으로 죽음을 향해 나아가는 삶인 것이다(8:6, 13).

동일한 논의(롬 7~8장)에 비추어 볼 때에, 육신을 하나의 우주적인 세력/힘으로 개념화한다고 해서 의미가 더 잘 통하는 것이 아니다. 로마서 7장은 율법을 범한 책임과 관련하여 육신적인 "나"와 죄를 서로 분명하게 구별하는데, 이것이 결정적으로 그런 식의 개념화를 반대하는 것이다. 앞으로 보게 되겠지만,[73] 바울의 사고에서 죄 그 자체는 하나의 우주적인 세력으로 묘사될 수도 있다. 그러나 육신을 하나의 우주적인 세력처럼 말하는 것보다는 오히려 죄가 육신 가운데 그 본부를 두고 있다거나 혹은 육신을 이용하고 있고 악용하고 있다고 말하는 것이 더 정확할 것이다.[74] 육신을 일종의 영역이나 존재의 성격으로 말할 수는 있겠지만, 그것을 우주적인 차원이나 세력으로 볼 필요는 없는 것이다.[75] 카타 사르카는 그저 썩어가는 물질성의 수준에서, 인간의 욕구와 욕망을 만족시키는 것이 최고의 목표인 그런 수준에서 사는 삶을 의미한다 — "그들의 신은 배(腹)요"(빌 3:19).[76]

또한 육체를 바울의 견해로 볼 때에 신자가 이미 벗어나 있는 하나의 세력, 혹은 조건으로 말하는 것도 정당하지 않다. 바울은 분명 신자들에게는 해당되지 않는 "육신에 있는" 상태를 말한다(7:5; 8:8-9).[77] 그러나 그는 또한 다른 곳에서 "육체 가운데" 사는 믿음의 삶도 말하고 있고(갈 2:20; 빌 1:22), 심지어 "우리 죽을 육체에"라고도 한다(고후 4:11). 인간의 삶의 맥락 속에서 볼 때에, 행동은 "육신으로" 이루어질 수밖에 없다(고후 10:3). 그런 일은 몸이 없는 존재와 마찬

---

73) §5. 3

74) 예컨대, Robinson, *Man* 117과 Davies, *Paul* 19 등이 주장하듯이.

75) 참조. Schnelle, *Anthropologie* 73-75.

76) 그리하여 바울은 갈 5:19-21에서 악한 것들을 "육신의 일"로 열거하는데, 이는 육신이 그 연약함에 굴복하였고 또한/혹은 죄로 말미암아 속임을 당하였음을 뜻할 것이다.

77) §18. 2를 보라.

가지로 불가능한 것이다. 한층 더 일관성 있는 대조는 사실, 엔 사르키, 즉 "육신 안에서" 사는 삶과, 카타 사르카, 즉 "육신에 따라" 사는 삶 사이에서 나타난다고 할 것이다(고후 10:3에서 나타나듯이). 전자는 도저히 피할 수 없는 인간 존재의 조건을 뜻하며("육신 안에서"), 후자는 도덕적으로 죄악된 사회적 삶의 질을 뜻하는 것이다("육신에 따라"). 그러나 바울은 그런 확실한 구분을 계속 유지할 필요가 없는 것으로 생각한 것이 분명하다. 로마서 7~8장에 나타나는 용법을 보면 엔 사르키와 카타 사르카가 아주 혼동스럽게 의미를 달리하여 사용되는 것이다. 그러나 다른 곳의 용법은 로마서 7~8장에 나타나는 이례적인 현상은 다른 것보다 좀 더 수사적이며 스타일의 차원에서 그렇게 하는 것임을 시사해 준다. 바울이 엔 사르키를 이미 청산한 삶의 모습과 아울러 인간 존재의 필연적인 육신적 성격 모두를 지칭하는 것으로 사용할 수 있고 또한 그렇게 사용한다는 기본적인 사실은 변함 없이 남아 있다.[78] 그러나 로마서 7~8장에서는 카타 사르카가 하나님과 어긋나 있는 삶의 모습을 뜻하는 것으로 더 일관성 있게 나타난다.

(b) 바울의 용법이 그런 극단에까지는(사륵스를 우주적인 세력으로 지칭하는) 나아가지 않았다 할지라도, 인간의 연약한 모습으로서의 사륵스로부터 하나님을 대적하는 존재로서의 사륵스에게로 용법을 전환하는 사실(롬 8:7; 갈 5:17)은 스펙트럼의 연속성의 견지에서 볼 때에 여전히 문제점으로 남는다. 그런데 불트만으로 시작된 해석의 변화로 인하여 더 문제가 복잡해졌다. 60년 전까지만 해도, 육신의 연약함에 속하여 결국 율법을 지킬 수 없게 된 것이 바울의 회심 전의 체험을 의미한다고 추정하는 것이 보통이었다.[79] 그러나 60년쯤 전에, 로마서 7장이 바울의 회심 전의 도덕적 실패감을 증거한다는 생각이 버려지기 시작하였다.[80] 갈 1:13-14과 빌 3:5-6에 나타나는 더 분명한 자기 증언이 기독교인이 되기 이전의 바울이 효과적으로 율법을 지킨다는 의식이 있었음을 표현해 주고 있는 것이다. 그 결과 강조점이 뒤바뀌었다. 바울의 실패의 뿌리는, 동료 유대인들 전체의 경우와 마찬가지로, 육신의 연약함에 있는 것이 아니라 오히려 "육체를 신뢰하는 데"

78) 후에 우리는 이러한 혼동이 "종말론적 긴장"을 근거로 해결되는 것을 보게 될 것이다(§18).

79) Jewett, *Anthropological Terms* 51-52, 56은 C. Holsten에까지 거슬러 올라가 이를 추적한다.

80) W. G. Kümmel, *Römer 7 und die Bekehrung des Paulus* (Leizig: Hinrichs, 1929).

있었던 것이다.

문제는 이런 신뢰를 율법을 지킬 인간의 능력에 대한 신뢰라는 식으로 고전적인 종교개혁의 용어로 이해했다는 것이었다. 불트만이 고전적으로 정의하듯이, "육신"을 "자기 자신의 힘과 또한 자기 스스로 통제가 가능한 것에 신뢰를 두는 사람의 자기를 의지하는 자세"로 보는 것이 문제였던 것이다.[81] 바로 이러한 가정이 결국 스펙트럼에 균열을 초래하는 것이다. 왜냐하면 하나님을 스스로 기쁘시게 할 능력이 인간 자신에게 있다고 보는 것은 사륵스의 분명한 의미의 범위와는 다소 거리가 먼 것 같기 때문이다. 결국 바울에게 "육신을 신뢰한다"는 것은, 직접적인 문맥에서 보면, 이스라엘 백성에 속해 있다는 신뢰였고, 육체적인 혈연 관계로, 육체의 할례로 구별되는 민족적인 정체성에 대한 신뢰(빌 3:3-4)였다는 사실을 간파하지 못했던 것이다.[82] 앞으로 보게 되겠지만,[83] 할례가 육체로 눈에 보이도록 행해진다는 사실이(롬 2:28),[84] 그래서 종교적 정체성을 그런 것을 통해서 찾는다는 사실이(갈 6:12-13), 바울이 어째서 그것을 그렇게 대적했는지를 설명해 주는 것이다.[85]

---

81) Bultmann, *Theology* 1. 240.

82) Bultmann, *Theology* 1. 242-43의 반대 견해를 참조하라: "'육신을 신뢰한다'는 것은 사람이 세상적인 것에서, 자기가 통제할 수 있고 다룰 수 있는 것에서, 성취해 내는 안정감이며 … 사람이 자기 자신을 신뢰한다는 것 이상 아무것도 아니다."

83) 다음의 §14.5를 보라.

84) Sand, *Begriff* 132는 할례를 사람이 자기 자신의 힘에 대해서 갖는 생각, 그리고 자기 신뢰와 자기 찬양의 위험과 곧바로 연결시킨다. 참조. Bultmann 역시 여기서(롬 2:28-29) 겉으로 드러나는 "외형적인 '모양'에 그 본질을 두는 모든 것"이라는 관념에서 비약하여 "육신"을 "세상"과 동등시하는 데까지 나아간다(*Theology* 1. 234-35). 여기서 그는 또다시 육신의 할례를 통하여 드러나는 민족적인 정체성에 대한 강조점을 무시하고 있다. 그 다음 절에서도 이 점이 나타나는데 말이다: "그런즉 유대인의 나음이 무엇이며 할례의 유익이 무엇이냐?"(3:1).

85) Jewett, *Anthropological Terms* 95-101은 갈 6:12-13이 바울의 가장 논란이 많은 용법에 대한 하나의 단서로서 매우 중요함을 인식한다. 그러나 결국은 바울이 경계한 것은 "사람이 자기 자신의 육신이 성취할 수 있는 것을 신뢰하는 것"(101)이요 "자기 자신의 육신을 자랑하여" 자기 의(義)로 삼는 것(114)이라는 견해를 고집한다. 또한 145-47(롬 7:5)도 비슷하다. Schweizer, *TDNT* 7. 133도 이와 비슷하다. 그러나 Boyarin은 이 점을 간파하고서 이를 계속 전개시킨다(*Radical Jew*, 특히 67-70, 81-85).

그러므로, 이스라엘에 속한다는 뜻으로서의 사륵스가 바로 바울의 용법의 스펙트럼에서 중간을 연결시켜 주는 고리가 되는 것이다. 그리하여 바울은 자신이 카타 사르카로 이스라엘 사람임을 언급함으로써 사륵스를 중립적인 성격을 띠는 용법으로 사용할 수 있었던 것이다(고전 10:18; 롬 4:1). 그러나 똑같은 표현이 갈 4:23과 29절에서는 아주 강한 부정적인 의미로 사용된다. 여기서 알 수 있는 것은, 아브라함과의 혈연적 관계는 기려야 할 것인 동시에(롬 9:3, 5) 또한 잘못된 신뢰의 근원이기도 했다는 것이다(롬 9:8). 바울이 예수 그리스도를 믿는 믿음으로 회심하면서 그렇게 반대한 것이 바로 혈연적 관계와 영적으로 하나님께 받아들여질 만한 상태라는 신뢰감 — "육신"에 대한 종교적인 신뢰 — 이 서로 맞물리는 것이었던 것이다(빌 3:3-4).

문제를 완전히 한 바퀴 돌려서 다시 말하면, 바울에게 그 범주가 전혀 문제시되지 않았던 것은 "육신"의 중립적인 용법과 도덕적인 용법 사이에 분명한 구별이 전혀 없었기 때문이었다. 사륵스는 연약하고 부패의 가능성이 있는 성격을 드러내는 것으로 바울에게는 개인의 차원에서나 공동의 차원에서나 언제나 모호한 범주였다. 민족적인 정체성을 뜻하는 "육신"의 중립적인 의미를 강조하여, 그것이 죄와 같은 편이라는 도덕적인 의미의 "육신"과 분명히 구별된다는 식으로 생각한다면, 그것은 바울에게 복음을 깨닫고 받아들이지 못한 자기 동족들의 실패의 뿌리에 바로 그 민족적 정체성을 뜻하는 "육신"이 자리잡고 있었다는 사실을 흐리게 하는 것일 뿐이다.

(c) 바울에게서 나타나는 사륵스의 번역으로 인하여 생기는 결과들도 주목할 만한 가치가 있다. 그 한 가지는, 동일한 용어를 다양하게 번역함으로써 바울이 사륵스에 대하여 통일된 개념을 지니고 있었다는 사실이 파괴되어 버린다는 것이다. 사륵스의 의미의 스펙트럼은 그것이 스펙트럼이니만큼 일관성과 통일성이 거기에 있었을 것이 분명하다. 또 한 가지는, "unspiritual nature"(비영적[非靈的]인 본성)과 "sinful nature"(죄악된 본성) 등의 번역은 오해를 불러일으킬 소지가 있고[86] 또한 바울의 용법에 맞지 않는 이원론적인 냄새를 풍기게 만드는 것이다. 바울에게 육신이란 결코 비영적인 것도 아니요 죄악된 것도 아니었다. 그 용어는 단순히 육신으로 이루어진 인간성의 연약함을 드러내며, 그리하여 그 육신으로서의

---

86) 마치 "nature"가 "flesh"보다 문제성이 덜하기라도 한 것처럼.

욕망과 필요의 조작에 언제나 취약할 수밖에 없는 특징을 부각시키는 것이었다. 그리고 또 한 가지는, 그런 번역들은 사륵스를 개별화시키는 경향이 있어서(물론 "본성"이라는 용어를 사용하기는 하지만) 사륵스가 공동의 혹은 민족적인 정체성을 뜻한다는 점을 망각하게 만들기도 한다는 것이다. 그렇게 되면, 또한 이런 의미에서의 사륵스로서 인류가 똑같이 온갖 유의 민족주의적인 선동가들의 조작에 취약하다는 중요한 신학적인 사실을 간과하게 되어 버리는 것이다. 이보다 훨씬 만족스러운 번역의 법칙은 바울 서신에서 사륵스는 매우 중요한 전문 용어요 연결 용어이므로 똑같이 "flesh"(육신)로 일관성 있게 번역하는 것이 최상이라는 점을 인식하는 것일 것이다.[87]

§ 3.4 소마와 사륵스

이제 우리는 바울에게서 나타나는 이 두 용어들의 상호 관계를 명확히 해야 할 시점에 와 있다. 이 문제 역시 매우 중요하다. 왜냐하면 바울의 신학에 나타나는 이 두 용어 사이의 중복과 차이가 그의 용법을 아주 특별하게 만들어 주기 때문이다. 그러나 놀라운 점은 여기서 바울의 인간론의 의미와 또한 그 가능한 추이들이 그 이후의 신학에서는 상당히 소홀하게 다루어졌다는 점이다. 이는 큰 손실이 아닐 수 없다.

그 첫 번째 특별한 점은 바울이 소마와 사륵스를 구별했다는 사실에 있다. 이와는 대조적으로 히브리 사상에는 대개 "육체"를 의미하는 바사르라는 한 단어밖에는 없다. 이미 지적한 바와 같이, 히브리어로는 소마와 직접 연결되는 동의어가 없다. 반면에 헬라 사상에서 소마와 사륵스, 즉, "몸"과 "육체/육신"은 바울에게서 나타나는 것보다는 훨씬 더 서로 근접하는 동의어들이다. 그러므로, 헬라적 인간론의 이원론적 경향이 "몸"과 "육체"라는 동의어들로 표현되기도 하는 것이다. 곧, 감옥과도 같은 물질 세계 속에 갇혀 있다는 사상이 그 단어들로 표현된다는 말이다.[88]

그러나 바울은 이 두 단어들을 서로 훨씬 더 분명하게 구분하고 있다. 단순화시켜서 이야기하자면, 소마의 의미의 스펙트럼은 대부분 중립적인 색채를 띠는 반면

---

87) Barrett도 이와 유사한 반론을 제기한다(*Paul* 69).

88) 앞의 §2. 4를 보라.

에 사륵스의 의미의 스펙트럼은 대부분 부정적인 색채을 띠는 것이 정상이다. 앞의 §3. 2와 §3. 3에서 행한 두 단어들의 분석이 이 점을 충분히 입증해 줄 것이며, 동시에 각 단어의 스펙트럼이 어느 정도는 서로 중복된다는 사실도 보여 줄 것이다. "죄의 몸"(롬 6:6)과 "이 사망의 몸"(롬 7:24), 혹은 "몸의 행실을 죽임"(롬 8:13)에서 나타나듯이, 바울은 때로 소마를 강한 부정적인 의미로 사용하기도 한다. 마찬가지로, 사륵스도 아주 중립적인 의미로 사용되기도 하는 것이다(고전 10:18의 경우처럼). 이 두 단어가 어느 정도 서로 중복된다는 사실은 롬 8:13과 고전 6:16 등에서 사륵스를 소마로 대체하고 있는 데서도 나타난다.[89] 그러나 소마에 부정적인 의미가 붙여져 있는 경우는 대개 그것을 꾸며 주는 어구나 형용사 때문에 그런 효과가 난다 — "죄의 몸"(롬 6:6), "죽을 몸"(롬 8:11). 반면에 사륵스의 경우는 그것을 꾸며 주는 어구나 형용사가 없이 부정적인 의미를 갖는 경우가 태반이다. 여기서 매우 흥미로운 것은 골 1:22과 2:11에 나타나는 두 가지 문구다. 이는 바울 서신에서도 독특한 것으로서, 그리스도의 "육체의 몸"에 대해서 거론하는 것인데, 여기서는 사륵스 자체가 다른 명사를 꾸며 주는 역할을 하여 예수 그리스도의 육체적인 죽음의 순전한 육체성(physicality)을 강조해 주고 있는 것이다.[90]

그러나 소마의 경우, 가장 두드러지는 구절은 바로 고전 15:35-50이다. 여기에 나타나는 내용 가운데 중요한 점은 "혈과 육은 하나님 나라를 이어받을 수 없다"는 것(15:50)과 그러나 몸은 이어 받을 것이라는 것(15:44)을 서로 분명하게 구별하고 있다는 점에 있다.[91] 중립적인 의미로서의 "몸"은 변화되고 또한 다시 살아날 수 있다.[92] 그러나 "육체/육신"은 그럴 수가 없다.[93] "몸"을 위하여는 구속이

---

89) 또한 고전 7:34("몸과 영")을 고후 7:1("육과 영")과, 또한 고후 4:10을 4:11과 비교하라.

90) 참조. 1QpHab 9:2과 4QpNah/4Q169 2:6의 비슷한 문구들. 소마티 사르코스라는 문구는 벤 시라 23:17과 1에녹 102:5의 헬라어에도 나타난다. 골 2:11이 그리스도의 죽음을 지칭한다는 논지에 대해서는 필자의 *Colossians* 157-58을 보라.

91) 바울은 이와 관련하여 사륵스를 사용하지 않는다(15:39). 그러나 소마의 경우는 그가 하늘의 것들을 지칭하는 뜻으로도 사용하지만, 사륵스는 "아래의" 것들 — 인간, 짐승, 새들, 물고기들 — 을 지칭하는 뜻으로만 제한적으로 사용한다는 점을 주목해야 할 것이다(Martin, *Corinthian Body* 125).

92) 죽음을 통하여 부활로 나아가는 변화와 갱신의 과정에 연속성이 있다는 것이 고후

있으나(롬 8:23), 마지막 날의 구원에서 "육신"은 멸하여질 것이다(고전 5:5). 간단히 정리하자면, 다소 중복되는 점은 있으나, "몸"은 세상에 있는 것(being in the world)을 의미하며, 반면에 "육체/육신"은 세상에 속하는 것(belonging to the world)을 의미한다.[94] 바울에게, 인간들은 그 정의부터가 언제나 구체화된 존재를 뜻한다. 그러나 구원의 절정은 바로 육신의 고유한 연약함과 부패성과 함께 그 육신을 최종적으로 버려두는 것에 있다.

이 모든 것이 옳다면, 바울에게서 나타나는 소마와 사륵스의 상호 관계를 다음과 같은 그림으로 표현할 수 있을 것이다:

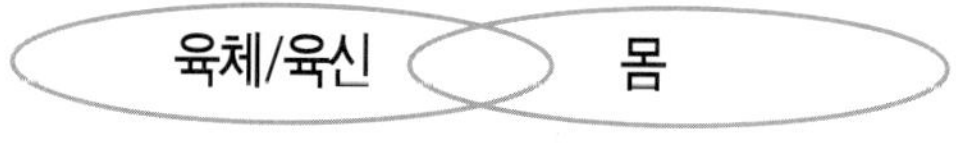

부정적 의미　　중립적 의미

그러면 바울에게서 나타나는 바 소마와 사륵스의 이러한 다소 의도적이면서도 분명한 구분이 과연 신학적으로 어떤 의의가 있는가? 이에 대한 대답은 아마도

4:16~5:5에 암시되어 있음을(그러나 그 이상은 아니다) 주목하라(여기서 성령이 그 과정의 첫 단계로서 주어진다; §18 .6을 보라). 그러므로 바울은 예수의 죽은 몸이 신령한 몸으로 변형되었음을 상정하는지도 모른다.

93) Gnilka, *Theologie* 46. 15:50에서 새로운 단락이 시작된다는 가정이 오늘날 공통적으로 나타나지만(예컨대, Aland[26], NRSV, NIV, REB; Fee, *1 Corinthians* 797-98), 몸과 육체 사이의 암시적인 대립 구도가 흐려져서는 안될 것이다. 여기서 프소라, "썩을 것"(15:42, 50)과 아프사르시아, "썩지 아니할 것"(15:42, 50, 53-54) 등의 용어들이 공통적으로 나타나는데, 전자는 "혈과 육"과 "몸" 모두를 지칭하지만 후자는 오로지 "몸"만을 지칭한다 (Schweizer, *TDNT* 7:128-29; Fee 798-99; Plevnik, *Paul and the Parousia* (§12 각주 1) 147-55; J. Jeremias, "Flesh and Blood Cannot Inherit the Kingdom of God," *NTS* 2 [1955-56] 151-59).

94) 참조. Robinson, *Body* — "중립적인 의미로서의 사륵스는 세상 속에서 사는 사람이며, 죄악되다는 의미로서의 사륵스는 세상을 위해서 사는 사람이다. 그는 자기의 세상 속에 있음이 — 그 자체도 하나님께서 주신 것이지만 — 자기의 삶과 행실을 지배하도록 허용함으로써 '세상에 속한 사람'이 되는 것이다"(25); "사륵스는 피조물과의 연대 속에서 하나님과 거리를 두고 있는 사람을 뜻하는 반면에, 소마는 피조물과의 연대 속에서 하나님을 위하여 지음 받은 사람을 뜻한다"(31).

바울이 히브리적 인간론과 헬라적 인간론의 요소들을 한데 묶어서 하나의 새로운 통합(synthesis)을 이루어 내고 있었다는 것일 것이다. 한편으로 그는 인간의 구체적인 구현에 대하여 좀 더 통전적(統全的)인(holistic) 히브리적 이해를 수긍하여 인간 존재의 유형성과 공동성을 뜻하는 것을 인간에게 필수적인 요소로 보았다. 그러나 동시에 그는 "육체로" 존재하는 것에 대하여 좀 더 부정적인 헬라적인 자세를 일부분 인정하였고 그 점을 인정하고자 한 것이다. 곧, 바울은 이 양면을 다 인정하였고, 그리하여 육체적인 것을 단순하게 과대 평가하는 것도 방지하고 동시에 육체적인 것을 단순하게 과소 평가하는 것도 방지하고 있는 것이다. 더 나아가서, 변증적이며 선교적인 전략의 문제로서, 그는 유대인과 헬라인들이 실체에 대하여 상이한 안목을 가지고 있는 현실 속에서 그 스스로 두 부류 모두의 사람들과 공통적인 근거를 지님으로써 두 부류 모두에게 나아가 이 시대의 존재와 관련되는 바 복음을 듣게 하리라는 소망을 갖고자 한 것이다.

넓은 의미에서 우리는 소마와 사륵스를 서로 구분함으로써 바울은 인간의 창조된 모습과 피조 세계에 대하여, 또한 그 창조된 환경 내에서 인간이 서로 의존하는 사실에 대하여, 긍정적으로 인정할 수 있도록 만들었다고 말할 수 있을 것이다. 그러나 안타깝게도, 그러한 구분 그 자체가 시야에서 사라짐으로써 바울 신학의 이러한 가능성이 곧바로 사라지고 말았다. 이미 이그나티우스(Ignatius) 시대부터 영지주의의 이원론을 대적해야 할 필요성이 생겨서, 부활한 것은 바로 예수의 육체였다는 것을 그렇게 고집하도록 되어 버린 것이다(*Smyrneans* 3).[95] 그리고 그 이후 기독교 사상이 "헬레니즘화" 되면서, 인간이 몸을 지니고 있다는 사실에, 또한 성(性)의 창조적 기능에, 부정적인 의미의 육체성(fleshness)이 점점 더 덧붙여지게 되었다. 바울이 반대했던 것 — 즉, 성관계 그 자체를 폄하하는 것[96] — 이 고대 교회의 후기에 들어서면서 기독교 영성의 하나의 특질이 된 것이다.[97]

---

95) 참조. Stuhlmacher, *Theologie* 1. 277. 여기서 Beker, *Paul* 153의 관찰은 주목할 만한 가치가 있다: "육체의 부활은 바울의 묵시적 사고의 상실을 가져온다. 옛 시대와 새 시대 사이의 연속성을 강조하는 나머지 새 시대의 영적 변화를 무시해 버리는 것이다."

96) 대부분의 현대 학자들의 견해에 동의하여, 필자는 고전 7:1("남자가 여자를 가까이 아니함이 좋으나")이 고린도 사람들의 말(그들이 바울에게 보낸 편지에서 언급한)을 인용한 것이며, 바울은 여기서 그들의 말에 대해 반론을 제기하고 있는 것으로 본다(예, REB, NRSV; Barrett, *1Corinthians* 154; Fee, *1Corinthians* 273-74). § 24. 5를 보라.

색욕이나 성적 욕망은 그 정의부터가 악한 것으로 간주하였다. 모든 인간의 조건들 중에서도 처녀성은 가장 고귀한 것으로 추앙하였다. 원죄가 인간의 생식 활동에 의해서 전해진 것으로 생각하였다. 그러한 성(性: sexuality)에 관한 폄하의 결과로 오늘날까지도 성(性: gender)에 대한 기독교인의 태도들이 왜곡되어 오고 있는 것이다. 인간이 몸을 지니고 있음(human bodiness)을 인정하고 즐겁게 누리면서도 또한 육체에 속하는 것(human fleshliness)을 언제나 경계하고 방지하는 이러한 바울의 구분을 회복할 때에, 그런 분야들에 대하여 계속되는 신학적 성찰에 크게 기여할 수 있을 것이다.

§ 3.5 누스와 카르디아

우리는 지금까지 소마와 사륵스라는 두 가지 주요 용어들에 초점을 맞추어 바울의 인간론을 논의하였다. 그는 다른 용어들도 사용하는데, 그것들은 크게 중요하지는 않으나 어느 정도 살펴볼 필요가 있다. 다행스럽게도 그 용어의 의미들에 대해서는 큰 논란이 없었다. 여기서 상당히 흥미 있는 것은 소마와 사륵스와 마찬가지로, 가장 두드러지게 나타나는 다른 용어들도 자연스럽게 하나의 쌍을 이루고 있다는 사실이다. 그 첫 번째 쌍은 누스와 카르디아, 즉 "정신"(mind)과 "마음"(heart)이다.

누스는 바울 서신에서 21회 나타나며 그 대부분은 로마서(6회)와 고린도전서(7회)에서 나타난다. 신약성경에서 그 용어는 거의 바울 서신에만 나타나는 개념이다(다른 곳에서는 3회만 나타난다). 칠십인역에 이 단어가 번역어로서 흔하게 나타나지 않는다는 사실을 볼 때에, 이것은 히브리 사상에 자연스럽게 들어가 맞는 개념이 아니었다는 것을 추정할 수 있다. 그러나 헬라 사상에서 누스는 사람의 가장 고상한 부분을 가리켰다. 이 점은 이성 혹은 합리성을 신적인 것과 결부시키고, 신적인 것의 일부로 간주하고, 인간 속에 있는 신성으로까지 여기는 전형적인 헬라적 사고를 반영하는 것이다.[98] 그러한 관념이 바울에게 미친 영향은 롬 1:20에서 가장 뚜렷하게 드러난다. 거기서 그는 헬라 철학의 평범한 사고를 분명하게

---

97) Brown, *Body*, 특히 397, 399-400, 406-8, 416-19, 422를 보라. 또한 앞에서 바울에 대하여 논평한 부분을 보라(48).

98) J. Behm, *noeo*, *TDNT* 4. 954-57을 보라.

보여 준다. 즉, 인간의 정신이 하나님의 존재와 본성을 합리적으로 지각한다는 것은 인간의 이성으로서는 하나의 공리와 마찬가지이며 또한 인간의 합리성의 실제 그 자체의 피할 수 없는 결과라는 것이 바로 그것이다. 여기서 바울은 일찍이 헬라적 유대교 내에서 세워졌던 비유대적 종교 철학과의 변증적인 연결고리를 사용하고 있었던 것이다.[99]

바울에게 "정신"의 중요성은 쉽게 그 증거를 제시할 수 있다. 바울이 하나님의 법을 받아들이는 일은 정신으로 하는 일이다(롬 7:23, 25). 기독교인의 존재의 변화는 "마음/정신을 새롭게 함"을 통해서 이루어진다(롬 12:2; 엡 4:23). 이성적인 수준에서 갖는 충만한 확신이 윤리적 결단을 내리는 데 중요했다(롬 14:5). 이와 대조적으로, 바울이 전한 복음을 무시하는 갈라디아인들의 처사는 에노에토스, "무감각하고 어리석은" 것이었다(갈 3:1, 3). 그러므로 그의 마음/정신이 그리스도의 것으로 화하는 것이 무엇보다도 가장 중요했다(고전 2:16). 예배에는 영뿐 아니라 마음/정신이 개입되어야 한다(고전 14:14-15). 어떤 경우들에서는 육신과 마음/정신을 대립시키고(롬 7:25) 또한 마음/정신과 영을 대립시키는 등(고전 14:15) 거의 이원론적인 언어가 나타나기도 한다. 그러나 그런 식으로 본다면 그것은 몸을 드리는 것을 마음/정신을 새롭게 하는 것과 하나로 결부시키는 바울의 사고(롬 12:1-2)를 잘못 이해하는 것이다. 인간의 소마를 구체화된 "나"로 말하는 것이 더 정확하듯이,[100] 누스를 합리적인 사람, 사고하고 지각하고 결단을 내리는 "나"로 — 외부의 힘의 배려를 받아서가 아니라 이해를 갖고 반응하고 행동할 수 있는 "나"로 — 말하는 것이 더 정확할 것이다.[101] 그렇게 볼 때에 "마음/정신을 새롭게 한다"(롬 12:2)는 것은 합리적인 수단들을 통해서 하나님의 뜻을 분별할 어떤 새로운 능력을 갖는다는 뜻이 아니라, 사람의 전인적인 변화 속에 합리성이 결집되고, 정신이 그 "자격을 상실한" 상태(롬 1:28)로부터 회복되어 그 온전

---

99) Bornkamm, *Early Christian Experience* 50-53과 필자의 *Romans* 57-58을 보라.

100) §3. 2를 보라.

101) Jewett, *Anthropological Terms*는 훨씬 더 제한적이고 독특한 두 가지 의미를 불필요하게 고집한다: "사람의 의식을 만들어낼 수 있는 생각들과 가정들의 복합체"로서의 누스와(378), 또한 "자기 제어와 합리적 의사소통의 수단"으로서의 누스(380). 개별적인 생각들이라는 관념은 오히려 노에마라는 복수형의 용법에서 더 특징적으로 드러난다(고후 3:14; 4:4; 10:5; 11:3; 빌 4:7).

한 기능을 회복하며, 인간의 교만의 결과로 인하여 그 기능을 무시하였던 상태가 정상으로 돌아오는 것을 뜻하는 것이다.

카르디아, 즉 "마음"은 바울 서신에서 52회 나타나며(이는 신약성경 전체의 3분의 1에 해당한다), 로마서에서는 15회 나타난다. 이 단어는 히브리적 특징을 더 잘 드러내 준다. 그러나 동시에 헬라적 특징도 함께 지니고 있다. 두 경우 모두 이 단어는 사람의 가장 내밀한 부분, 감정의 좌소(座所)를 의미하며, 또한 생각과 의지의 좌소를 의미하기도 한다.[102] 바울의 용법은 이러한 의미의 범위를 잘 드러내 보여 준다. 하나님은 "마음을 살피시는 이"이시다(롬 8:27).[103] 율법과 할례는 마음을 꿰뚫어야 한다(롬 2:15, 29). 마찬가지로 순종과 믿음도 "마음으로"부터 우러나와야 한다(롬 6:17; 10:9-10). "하나님의 사랑이 우리 마음에 부은 바 됨이니"(롬 5:5)나, "마음에 그치지 않는 고통이 있다"(롬 9:2; 고후 2:4), "내 마음에 원하는 바"(롬 10:1), 하나님의 평강이 마음을 지킨다는 것(빌 4:7; 골 3:15), 하나님이 마음을 위로하시고 격려하신다는 것 등의 진술에서 감정적인 면이 잘 드러나고 있다.[104] 또한 고전 7:37과 고후 9:7에서는 결단을 내리는 기관으로서의 마음이 분명히 나타난다.[105] "생각하는 나"를 뜻하는 누스와 더불어, 카르디아는 "경험하는 나, 동기를 갖는 나"를 의미한다고 말할 수 있을 것이다. 바울로서는 하나님의 은혜가 사람의 가장 내밀한 깊은 곳에까지 꿰뚫고 들어오는 경험과[106] 또한 거기에 상응하는 믿음이 깊은 감정에서 우러나오는 헌신의 표현이었다는 사실이 매우 중요했던 것이다.

또한 매우 흥미 있는 것은 두 용어 모두 필수적으로 있어야 할 것으로 여겨졌다는 — 의미의 범위가 서로서로 중복되는 데도 불구하고 — 사실이다.[107] 다시 말

---

102) Robinson, *Man* 106; F. Baumgärtel and J. Behm, *kardia, TDNT* 3. 606-9.

103) 이는 고전적인 한 주제를 반영하는 것이다 — 삼상 16:7; 왕상 8:39; 시 17:3; 44:21; 139:1-2, 23; 잠 15:11; 렘 11:20; 12:3. 또한 고전 4:5; 14:25; 살전 2:4을 보라. 그리고 고후 5:12과 비교하라.

104) 골 2:2; 4:8; 살후 2:17; 엡 6:22. 또한 1:7-8을 주목하라. 거기서는 카르디아가 스플란크나, 즉, "사모함(의 감정)"과 병행을 이룬다.

105) 또한 고후 8:16("간절함")과 골 3:22/엡 6:5("성실한 마음")을 주목하라. 딤전 1:5과 딤후 2:22에 나타나는 "청결한 마음"에 대한 이야기는 좀 더 형식화된 느낌을 준다.

106) 고후 1:22; 3:2-3; 4:6; 갈 4:6; 엡 1:18; 3:17.

해서, 바울로서는 인간이란 그저 합리적인 존재만도, 감정 꾸러미만도 아니고, 둘 다라는 사실이 중요했다는 것이다. "정신"은 인간을 들짐승과 구별지어 주는 것이었다. 그러나 사람에게서 나타나는 합리성, 감정, 그리고 의지가 모두 "마음"이라는 개념 속에 하나로 연합되어 있었던 것이다. 어쩌면 바울이 후자("마음")를 전자("정신")보다 더 많이 말했다는 것이나 "지각에 뛰어난" 하나님의 평강을 말할 수 있었다는 것(빌 4:7)이 매우 중요할 것이다. 바울이 이렇게 해서 결국 사람의 전인성을 합리성에 고착시키기를 거부하고 오히려 합리적인 것과 감정적인 것, 그리고 의지적인 것 사이에 균형을 유지하려 하였다고 해도 그러한 증거를 지나치게 곡해한다고 할 수 없을 것이다.[108] 그렇게 본다면 이 점에서도 바울은, 계몽 시대의 유산과 낭만적인 부흥의 유산을 어정쩡한 긴장 가운데서 보유하고 있는 서부 유럽의 문화에 선례(先例)를 제공하고 있는 셈이다.

§ 3.6 프쉬케와 프뉴마

우리가 어느 정도 살펴보아야 할 나머지[109] 단어 쌍은 프쉬케, "혼"과 프뉴마, "(인간의) 영"이다. 바울 자신은 두 용어를 별로 사용하지 않으나, 이 용어들의 용법은 바울의 인간론을 인식하는 데에, 특히 바울이 신적인 것과 인간적인 것 사이의 접촉을 어떻게 생각했는지를 인식하는 데에, 상당히 의미가 있다.

바울은 프쉬케를 13회 사용하며, 로마서에서 4회 사용하고 있다. 이 사실 자체만을 보아도, 고전 헬라어에서 이 단어가 정상적으로 사용되고 있는 사실이나, 구약 성경에서 네페쉬가 그렇게 많이 사용되고 있다(760회)는 사실과는 아주 놀라운 대조를 이룬다.[110] 다른 곳에 못지않게 여기서도 히브리적 인간론과 헬라적 인간론의 상호 차이가 분명하게 드러난다. 고전 헬라어의 용법에서 프쉬케는 "인간

107) 헬라 사상에서 누스는 감정적인 의미를 지닐 수 있었다(LSJ, *noos* 3). 그리하여 때때로(6회) 히브리어 렙, "마음"의 번역어로도 나타난다(렙은 723회에 걸쳐서 카르디아로 번역되고 있다). 위의 각주 102를 보라.

108) Philo 및 Josephus와 비교하라. 최근의 연구로는 Pfleiderer와 Holtzmann을 들 수 있는데, 이들은 어떠한 경우든 카르디아가 누스에 완전히 종속되는 것으로 본다(Jewett, *Anthropological Terms* 306-8).

109) "양심"과 "속 사람"에 대해서는 앞의 각주 16과 다음의 §18. 3을 보라.

110) Stacey, *Man* 121.

의 몸과 분리될 수 있으며 또한 몸이 멸할 때에 함께 멸해지지 않는 사람의 본질적인 핵심"을 의미한다.[111] 죽음 이후에도 계속해서 존재하는 인간의 내적인 감추어진 부분으로서의 "혼의 불멸"(immortality of the soul)이라는 개념의 기원이 바로 여기에 있다. 이와는 대조적으로 히브리 사상에서 네페쉬는 — 창 2:7의 "생령", 즉 "살아 있는 네페쉬"에서 나타나듯이 — 전인(全人)을 의미한다.[112]

바울의 용법은 분명 전형적인 히브리적 사고를 반영하고 있다.[113] 프쉬케가 사람(the person)을 의미한다는 것이 여러 구절에서 분명히 드러난다.[114] 다른 곳에서는 프쉬케가 "목숨"을 뜻하거나, 혹은 인간의 생명력의 초점으로 사용되기도 한다.[115]

바울에게서 프뉴마가 인간의 영(spirit)을 뜻하는 경우가 얼마나 나타나느냐 하는 것은 분명치 않다. 여러 구절들의 경우 신적인 영을 뜻하는지 인간의 영을 뜻하는지가 분명치 않기 때문이다.[116] 그러나 여하튼, 성령을 지칭하는 경우가 인간의 영을 지칭하는 경우보다 훨씬 더 숫자가 많다는 것이 의미 있는 사실이다.[117] 여기서 즉시 아주 정당하게 추론할 수 있는 것은 바울에게 복음이란 사람 속에 내재하고 있으면서 바깥으로 표출되기를 기다리고 있는 사람의 영성에 관한 것이

111) Jacob, *TDNT* 9. 611.

112) BDB, *nephesh* 4. 여기서 충격적인 사실은 사람이 죽은 직후, 아직 그 사람의 특질이 시체에 그대로 남아 있는 상태에 있는 경우에 그 죽은 사람에 대해서도 네페쉬가 사용될 수 있다는 사실이다(Jacob, *TDNT* 9. 620-21).

113) 대부분이 그러하다. 예컨대, Stacey, *Man* 124; Conzelmann, *Outline* 170.

114) 롬 2:9; 13:1; 16:4; 고전 15:45(창 2:7을 인용함); 고후 1:23; 12:15; 살전 2:8.

115) "목숨" — 롬 11:3; 빌 2:30; "활력" — 골 3:23; 엡 6:6. 참조. 빌 1:27("한 프쉬케로"), 2:2(심프쉬코스, "마음을 같이 하여")와 2:20(이소프사코스, "뜻을 같이하여"). 살전 5:23은 좀 더 분할적인 의미로 들린다. 그러나 위의 §3. 2를 보라.

116) 구체적으로, 고전 4:21; 14:15, 32; 고후 4:13; 갈 6:1; 엡 1:17; 빌 1:27. 또한 §16. 각주 89를 보라.

117) 인간의 영을 지칭하는 경우는 다음의 열아홉 군데에서 분명히 나타난다(롬 1:9; 8:16; 고전 2:11; 5:3-5; 7:34; 고전 14:14; 16:18; 고후 2:13; 7:1, 13; 갈 6:18; 엡 4:23; 빌 4:23; 골 2:5; 살전 5:23; 딤후 4:22; 몬 25). 그리고 여기서 최소한 다음과 같은 세 구절을 덧붙일 수도 있을 것이다(롬 1:9; 고전 5:3; 14:14). 프뉴마는 바울 서신에 총 146회 나타나는데, 그중 100회 이상에서 하나님의 성령을 지칭한다.

아니라, 신적인 영께서 바깥으로부터 사람에게 역사하고 사람 속에서 활동하는 것에 관한 것이라는 점이다. 여기서 더 잘 어울리는 사실은 영이란 사람의 인격이 하나님과 가장 직접적으로 관계를 맺는 수단이 되는 인간 인격의 차원이라는 것이다. 그리하여 롬 1:9("내 심령으로 섬기는 하나님")과 롬 8:16("성령이 친히 우리의 영과 더불어 … 증거하시나니") 등의 구절이 있으며, 또한 하나님의 성령과 인간의 영을 비교하며,[118] 또한 "주와 합하는 자는 한 영이니라"는 사상이 나타나며(고전 6:17), 그 밖에 앞에서 언급한 여러 가지 애매한 구절들이 있는 것이다(각주 116). 사실, 바울에게 인간의 영은 신적인 영의 현현(顯現: manifestation)일 뿐이라는 견해가 끈질기게 내려왔다.[119] 이는 히브리 사고의 영향을 반영하는 것이라 할 수 있을 것이다.[120] 또한 이것이 스토아 철학의 (그리고 그 후의 영지주의의) 인간론과 모순이 되지는 않겠지만, 누스보다는 프뉴마가 인간의 가장 고상한 (또는 가장 깊은) 차원이라는 점에서 특징적인 히브리적인 사고와 특징적인 헬레니즘의 사고가 서로 더 현격하게 차이가 나는 것이다.[121]

앞의 인간론에 관한 두 가지 단어 쌍에서도 그러했지만, 프쉬케와 프뉴마도 각기 의미의 범위 속에서 중복되는 면이 분명하게 드러난다. 이 사실은 이 용어들의 기원이 헬라어 용법과 히브리어 용법에 그 기원이 있음을 시사해 주지만, 바울의 발전된 용법에서는 히브리적 인간론의 영향이 지배적으로 나타나는 것이다. 프쉬케/네페쉬와 프뉴마/루아흐라는 두 용어군들은 본래 "숨"(breath)이 생명력으로 여겨졌음을 드러내 준다.[122] 히브리어 성경에서는 여러 본문들에서 그러한 의미상

---

118) 또한 Moule, *Holy Spirit* (§ 16. 각주 1) 7-11을 보라.

119) Robinson, *Man* 110; Bultmann, *Theology* 1 .206-9; Schweizer, *TDNT* 6. 435-36; Jewett, *Anthropological Terms* 182-200; Fee, *Empowering Presence* (§ 16. 각주 1) 24-26. 또한 Stacey, *Man* 133-36과 비교하라.

120) 신적인 영으로서의 인간의 영에 대해서는 창 6:3; 욥 27:3; 32:8; 33:4; 34:14-15; 시 104:29-30; 전 12:7; 사 42:5; 겔 37:5, 6, 8-10 등을 보라. Stacey, *Man* 137과 비교하라: " '사람의 하나님을 지향하는 면' 이라는 의미의 '영' 이라는 바울의 용법은 구약 성경에서는 찾을 수 없다."

121) 참조. A. Dihle, *psyche*, *TDNT* 9. 634. Baumgärtel과 Kleinknecht이 수집한 *TDNT* 6. 360-62와 357-59의 자료와 비교하라. 누스를 신적인 영을 위한 "Anknüpfungspunkt"라고 보는 Pfleiderer와 Holtzmann의 옛 견해와 비교하라(Jewett, *Anthropological Terms* 359).

의 중복이 분명히 드러난다.[123] 그런데 창 2:7의 경우는 매우 충격적이다: "하나님이 … 생기(生氣: 네샤마)를 그 코에 불어 넣으시니 사람이 생령(生靈: 살아 있는 네페쉬)이 되니라." 왜냐하면 네샤마와 의미상으로 밀접한 동의어는 [네페쉬가 아니라] 루아흐이기 때문이다(예컨대, 욥 27:3; 사 57:16). 그러나 그런 초기의 용법과 바울의 용법 사이의 기간 동안 한 가지 구분이 매우 분명해진다. 곧, 프뉴마가 인간의 하나님을 상대하는 면을 의미하는 쪽으로 기울고, 프쉬케는 생명력 그 자체를 의미하는 쪽으로 더 제한성을 띠게 된다는 것이다.[124] 그런 발전 과정을 추적하려 애쓸 필요는 없다.[125] 그 결과가 바울 자신의 용법에서 충분히 잘 드러나 있고, 또한 여기서 우리의 관심은 그것이 전부이기 때문이다. 고전 15:44-46과 고전 2:13-15을 다시 한 번 언급하고자 한다. 15:44-46에서는 프쉬케와 프쉬키코스가 분명 살아 있는 사람 — 그러나 몸으로 존재하는 현 상태에 한정되어 있는 (소마 프뉴마티콘, 즉, "신령한 몸"과는 대조적으로) — 을 뜻한다. 그리고 고전 2:14의 경우 프쉬키코스한 사람이란 바로 프뉴마에 관한 일들을 받아들이거나 인식할 능력이 없는 자를 뜻하는 것이다.

좀 더 폭넓은 의미에서 보면 이런 논의는, 바울에게서는 인간이란 "혼"보다 그 이상이라는 통찰에서 그 당위성을 찾을 수 있을 것이다. 프쉬케로는 개개인의 깊이를 다 묘사할 수 없다. 사람은 그저 프쉬케적인 것 이상으로 더 충실한 실체의 차원 위에 존재하며 또한 그런 차원과 관계하는 것이다. 프로이트(Freud)와 융(Jung)의 통찰들을 인식할 만큼 성장한 한 세기의 말에 들어서 있는 우리들에게 바울의 인간론은 아주 훌륭한 교훈이 될 수 있는 것이다. 곧, 사람의 내적 삶에 관

---

122) Jacob, *TDNT* 9. 609, 618-19; Kleinknecht and Baumgärtel, *TDNT* 6. 334-37, 360.

123) BDB, *nephesh* 2; *ruach* 4.

124) Robinson, *Man* 19-20, 109.

125) 고전 2:13~3:1의 프뉴마티코스/프쉬키코스의 구분을 설명하는 데에는 영지주의 영향의 가설은 굳이 필요 없다(이 가설은 Richard Reitzenstein이 1909년에 제창한 것이다). 여기서 염두에 두고 있는 것은 두 부류의 사람이라기보다는 오히려 두 가지 수준의 영성("온전한/어린아이의" — 2:6/3:1; "지혜로운/어리석은" — 1:25-27). 이에 대해서는 유대 지혜 전승에서 충족한 해명을 찾을 수 있다. 또한 R. A. Horsley, "Pneumatikos vs. Psychikos: Distinctions of Spiritual Status among the Corinthians," *HTR* 69 (1976) 269-88; Jewett, *Anthropological Terms* 343-44을 보라.

하여 중요한 모든 것을 프쉬케가 다 드러낼 수 있다는 사고에 대해 경계를 하도록 해 주는 것이다. 바울은, 여기서도 유대교의 유산과 동일한 노선을 지향하지만, 그보다 더 깊고 더 높은 인간의 실체인 인간의 영에 대해서도 말하고 있는 것이다. 더 나아가서, 그는 또한 그러한 영의 수준에서 기능을 발휘하고 또한 인간의 영을 신적인 영에게 개방해 놓아야만 비로소 인간의 존재가 온전해질 수 있음을 암시해 주는 동시에 그렇게 가르치고 있는 것이다. 앞으로 살펴보게 되겠지만, 최소한 그것이 바울의 신학과 복음의 한 가지 중요한 특질인 것이다.

§ 3.7 정리

요컨대, 바울의 인간의 개념은 여러 차원 내에서 기능을 발휘하는 존재에 관한 것이다. 구체화된 존재들로서 우리는 사회성을 지니고 있으며, 또한 여러 관계들 — 이는 취사 선택이 가능한 것이 아니라 우리의 존재 그 자체의 차원에 속한다 — 속에 들어갈 필요성과 능력으로 우리의 존재가 부분적으로 규정되는 것이다. 육신을 지니고 있다는 사실은 우리가 그저 인간으로서 연약함을 지니고 있으며, 우리가 죽음을 피할 수 없으며, 욕구와 욕망을 만족시키는 데에 의존할 수밖에 없고, 또한 이런 욕구와 욕망들의 조작에 우리가 취약하다는 사실을 입증해 준다. 또한 동시에, 우리는 이성적인 존재들로서 자기 성찰의 최고의 높은 경지까지 솟아 올라갈 능력이 있다. 그리고 경험을 하는 존재들로서 우리는 가장 깊은 감정과 가장 끈질긴 의욕을 가질 능력이 있는 것이다. 우리는 우리에게 주어진 하나의 선물인 생명의 신비에 의해서 활력을 유지하는 살아 있는 존재들이며, 따라서 우리의 존재에는 우주 내의 — 그리고 우주를 초월하는 — 가장 심오한 실체에 의해서 직접 만져짐을 받는 그런 차원이 있는 것이다. 바울은 틀림없이 시편 기자와 함께 다음과 같이 감사하여 마지않을 것이다: "내가 주께 감사하옴은 나를 지으심이 심히 기묘하심이라"(시 139:14).

제 3 장

정죄 아래 있는 인류

§4 아담[1]

§ 4.1 인간의 어두운 면

로마서에서 바울 자신이 제시하고 있는 개요를 따라서 바울의 신학을 분석해 보면, 어느 곳을 출발점으로 잡을지에 대해서 선택의 여지가 거의 없다. 그 첫 번째 주요 단락에서 인류의 정죄를 전개하고 있기 때문이다(롬 1:18~3:20). 하나님에 대해서와 또한 인간이 어떻게 구성되어 있는지에 대한 바울의 가정들에 대해서 개략적으로 살펴보았으니, 이제는 곧바로 인간의 처지에 대한 그의 음울한 분석에 대한 논의로 넘어가기로 하자.

사실, 바울 신학의 다음 단계는 앞에서 논의한 단계에서 곧바로 이어진다. 거기서 바울의 인간론의 묘사가 완성되는 것이다. 인류에 대한 바울의 이해에서 볼 수 있는 충격적인 특질은 §3에서 다룬 여러 가지 주요 용어들에서 부정적인 표지가 계속해서 나타난다는 점이다. 우리는 특히 사륵스("육신/육체") — 세상에 속하여 있는 연약하고 부패성을 지닌 인간 — 의 경우에 이것이 잘 드러나는 것을 보았다. 이 세상에서의 삶은 "육체로"가 아니고는 도저히 살아갈 수가 없다. 그러나 카타 사르카를 기조로 하는 삶 — 동물적인 욕구와 욕망들이 존재를 지배하는 "육신에 따라" 사는 삶 — 은 하나님을 대적하는 삶이요, 하나님을 기쁘시게 할 수 없는 것이다(롬 8:7-8). 소마("몸")는 더 중립적인 용어지만, 이것 역시 강한 부정적 의미로 사용될 수도 있었다 — "죄의 몸"(6:6), "이 사망의 몸"(7:24). 아무리 잘 보아도 이 몸은 여전히 죽을 몸이요, 구속 받아야 할 죽어 있는 몸이다(6:12;

1) 이 책 말미의 참고문헌을 보라.

8:10-11). 이와 마찬가지로 누스("정신")도 중립적인 의미를 지녔지만, 이 역시 부패한 상태에 있다. 바울 서신은 "상실한 마음/정신"(롬 1:28, "마음/정신의 허망한 것"(엡 4:17), "육신의 생각/정신"(골 2:18) 등에 대해서 말하고 있다. 또한 롬 1:21과 24절은 각각 인간의 "생각/정신이 허망하여짐"에 대해서, 인간이 "마음/정신의 정욕대로 더러움에 내버려 둠"을 당한 사실에 대해서 이야기한다. 프쉬케("혼")로서 인간의 인격 역시 땅에 속한 것이다. 프쉬케는 진정 삶의 원리이지만, 불완전하고 제한성을 지니며 덧없는 삶의 원리이다. 하나님의 것이 아닌 자기 자신의 수준에 있는 인간인 것이다. 프쉬키콘 소마는 구속 받아야 하며(롬 8:23), 프뉴마티콘 소마가 되어야 한다(고전 15:44-49). 심지어 인간의 프뉴마("영")까지도 한 구절에서는 "더러운 것"에서 깨끗함을 받아야 할 것으로 말씀하고 있는 것이다(고후 7:1).

로마서 초두의 정죄의 사실을 다시 돌아보며 정리하는 가운데 바울이 사용하는 언어 역시 이와 똑같이 충격적이다 — 롬 5:6-10:

> 우리가 아직 연약할 때에 기약대로 그리스도께서 경건하지 않은 자를 위하여 죽으셨도다. 의인을 위하여 죽는 자가 쉽지 않고 선인을 위하여 용감히 죽는 자가 혹 있거니와 우리가 아직 죄인 되었을 때에 그리스도께서 우리를 위하여 죽으심으로 하나님께서 우리에 대한 자기의 사랑을 확증하셨느니라 … 곧 우리가 원수 되었을 때에 그의 아들의 죽으심으로 말미암아 화목하게 되었은즉 …

바울은 그가 염두에 둔 인간의 처지를 연약함(사륵스의 상태)과 경건하지 않음(아세베이아)이라는 용어들로 설명하는데, 이는 초두의 정죄 부분에서 이미 사용했던 것이다(1:18).[2] 그들은 문자 그대로 "예배가 없는,"[3] 경외함이 결핍된 상태에 있는 것이었다. 그들은 불의(不義: 아디키아)와 선(善)의 결핍 상태에 있었다. 여기서 전자의 용어는 1:18(하나님의 진노가 "불의로 진리를 막는 사람들의 모든

2) 바울은 아세베이아, 즉, "경건하지 않음"을 사용하는데, 이는 롬 1:18과 11:26에만 나타나며, 아세베스, 즉 "경건하지 않은"이라는 형용사(이는 롬 4:5와 5:6에만 나타난다)와 동족어이다. 그러나 딤전 1:9; 딤후 2:16; 딛 2:12에서는 함께 나타난다.

3) 세보마이, "예배하다."

경건하지 않음과 불의에 대하여 하늘로부터 나타나나니")의 정죄 부분을 되풀이 하는 것이다.[4] 그들의 관계들 속에는 무언가 근본적으로 불의한 것이 있었다.[5] 가장 극심한 것은, 논지 전개의 절정으로 의도한 것이 분명한 마지막 부분에서 인간이 "죄인"이요 하나님의 "원수"로 묘사된다는 사실이다. 이런 철저한 비판 가운데서 과연 바울이 염두에 둔 것이 무엇이었는지를 명확히 하는 것이 본 장의 주요 과제 중 하나가 될 것이다.

그리고 나중에 가서 에베소서의 저자는 인간의 처지를 이보다 훨씬 더 암울한 표현으로 묘사하고 있다(엡 2:1-3):

> … 너희는 허물과 죄로 죽어 있었느니라. 그때에 너희는 그 가운데서 행하여 이 세상 풍조를 따르고 공중의 권세 잡은 자를 따랐으니 곧 지금 불순종의 아들들 가운데서 역사하는 영이라 전에는 우리도 다 그 가운데서 우리 육체의 욕심을 따라 지내며 육체와 마음의 원하는 것을 하여 다른 이들과 같이 본질상 진노의 자녀이었더니.

여기서도 아주 강력한 표현들을 사용하여 인류의 처지를 그리고 있는데, 이는 바울의 초기 언어를 반영하는 것으로서 본 장에서 그 의미와 함의(含意)를 추적하게 될 것이다.

바울 신학은 모든 종교 철학들이 그 나름대로 인식해온 바를 이 구절들(롬 5:6-10; 엡 2:1-3)에서 자기 방식으로 인식하고 있는 것이다. 곧, 인간의 성격에 어두운 면이 있다는 것을 주시하여야 하며, 그렇지 않으면 그것이 인간성을 파괴할 것이라는 것이다. 개개인의 외부에서 거스르며 억누르는 방식으로 작용하는 세력들이 얼마든지 있으나(다음의 §5), 그 내부에도 맹렬한 독이 있다는 사실이다. 그것을 점검하지 않고 퍼지도록 내버려 두면, 인간 전체를 천천히 죽이고 말 것이다. 랍비들은 그것을 예체르 하라 즉, 속에 있는 "악한 충동"으로 묘사하면서, 우리 모두가 스스로 해를 끼치는 정신 나간 선택을 하는 현상을 그것으로 설명하였다.

---

4) 아디키아, "불의"는 이 정죄 부분에서 매우 두드러지는 용어다(롬 1:18[2회], 29; 2:8; 3:5).

5) 아디키아는 질서, 권리(디케)의 결핍이나, 의, 정의(디카이오쉬네)의 결핍을 암시한다.

영지주의자들(Gnostics)과 마니교도들(Manichees)과 카타리파(Cathars)는 그것을 물질이 악하다는 원리로 설명하면서, 그렇기 때문에 철저한 금욕 생활을 요한다고 주장하였다. 셰익스피어(Shakespeare)는 그것을 자신의 비극에 등장하는 주인공들의 내부에 있는 치명적인 결함으로 표현하였다. 로버트 루이스 스티븐슨(Robert Louis Stevenson)은 「지킬 박사와 하이드」(*Dr Jekyll and Mr Hyde*)에서 그것이 지닌 몸서리치는 가능성을 묘사하였다. 오스카 와일드(Oscar Wilde)는 「도리언 그레이의 초상화」(*The Picture of Dorian Gray*)에서 외형적인 모습 이면에서 그 타락한 모습이 드러날 수 있음을 경고하였다. 그리고 조너선 스위프트(Jonathan Swift)는 「걸리버 여행기」(*Gulliver's Travels*)에 등장하는 야후들(Yahoos)에서 인간의 타락한 모습을 가장 처절하게 그리는 가운데, 그것이 힘을 발휘해 가는 모습을 추적한 바 있다.

바울은 이러한 인간의 어두운 면에 대한 해명을 시도하면서, 아담이라는 인물과 창세기 2~3장에 나타나는 "인간의 최초의 불순종"[6]의 기사 — 전통적으로 "인간의 타락"[7]으로 묘사되어온 바로 그 기사 — 에 초점을 맞추고 있다.

§ 4.2 유대인의 성경에 나타난 아담

바울은 과연 그의 아담 신학을 어디서 빌려왔을까? 그 가장 분명한 해답은, 창세기 1~3장 자체와 거기에 이미 전개되어 있는 신학적 주제들에서 빌려왔다는 것이다. 바울에게서 볼 수 있는 주요 주제들은 분명한 유대교의 성격을 지녔으며, 또한 그 당시의 광범위한 종교적 사상에서는 그 이외의 다른 근원을 찾을 수가

6) Milton, *Paradise Lost* 1. 1. 1.

7) 성경은 아담과 하와의 기사에서 "타락"이라는 용어 그 자체는 사용하지 않는다. 그러나 그 표현은 그와 유사한 바벨론 왕과 두로 왕의 "몰락"(사 14:12-15; 겔 28:16-17)으로 아주 힘을 받았다(참조. 눅 10:18). 물론 창세기 3장의 타락은 불순종과 그 결과로 하나님의 임재로부터 추출된 것에 관한 것이다. O. S. Wintermute는 요벨서 12:25을 "타락의 날"을 지칭하는 것으로 번역하나(*OTP* 2. 82), R. H. Charles(C. Rabin이 개정함)는 "(바벨탑의) 붕괴의 날"을 지칭하는 것으로 보는데(H. F. D. Sparks, ed., *The Apocryphal Old Testament* [Oxford: Clarendon, 1984] 49), 이것이 문맥상 더 합당하다. 4에스라 7:118의 라틴어 용어 "casus"(카수스)를 NRSV와 *OTP*는 "fall"(타락)으로 번역하나, 도덕적인 재난을 의미할 수도 있다(시리아 성경은 "불행, 악"으로 번역한다). Levison, *Adam* 123을 보라.

없다. 가장 가까운 후보라면, 호메로스(Homer)의 소책자인 「포이만드레스」(*Poimandres*)를 들 수 있을텐데, 이것 자체도 창세기의 사화(史話: narrative)에서 영향을 받은 분명한 증거를 드러내 보이고 있다.[8] 그러므로 이 주제에 대한 바울의 가르침을 이해하기 위해서는, 바울 자신이 아주 친숙하게 접한 것이 분명한 — 또한 그가 독자들로서도 어느 정도 알고 있으므로 이 주제에 대한 그의 글이 그들에게 잘 받아들여질 것임을 당연하게 여겼던 — 그 신학적 사색의 전통들을 우리 스스로가 친숙하게 아는 것이 합당할 것이다.

창세기 1~3장에는 그 본문에 대한 바울 자신의 사용에 직접적으로 관계되는 몇 가지 두드러진 특질들이 있다. 그 첫째는 아담이라는 단어의 용법이다. 아담은 히브리어 성경 전체에서 "인류, 인간"의 의미로 매우 널리 사용되고 있다.[9] 창 1:26-28과 2:7에서 분명히 드러나듯이, 창세기 1~2장에서도 역시 그런 의미로 사용되고 있다. 그러나 동시에, 그 기사에서는 한 개인으로서의 아담과 인류 전체를 대표하는 아담이 함께 나타나고 있다. 그러나 이런 양면적인 현상은 2:18에 가서 비로소 시작되며,[10] 2:23-24에서는 이쉬("남자")를 이샤("여자, 아내")를 사용함으로써 이러한 양면적인 현상을 인지하고 있음을 보여 준다. 이에 대한 혼동이 생기는 것은 이야기의 구도와, 이중적인 이야기를 통해서 결혼과 인간 노동의 고단함을 설명해 준다는 사실과, 또한 역사를 신화와 하나로 합치는 데서(창 5:1-2, 3-5에서도 그렇다) 연유하는 것이다. 바울 역시 그와 똑같은 양면적인 현상을 드러내 보인다. 그는 "남자"(안드로포스가 아니라 아네르)를 "하나님의 형상과 영광"으로 말하고, 반면에 "여자/아내는 남자/남편의 영광"이라고 한다(고전 11:7). 그리고 에덴에서의 최초의 실패는 하와가 저지른 것임을 암시한다(고후 11:3; 후에 딤전 2:14에서는 이보다 훨씬 더 가혹하다).[11] 그러나 그렇다 할지라도, 창세

8) Dodd, *Bible*, 특히 145-69. 나그 함마디(Nag Hammadi)에서 발견된 영지주의 문서들, 특히 *The Apocryphon of John*, *The Hypostasis of the Archons*, *The Apocalypse of Adam* 등의 경우도 마찬가지다.

9) BDB, *adam* 2.

10) LXX은 2:18까지 아담을 안드로포스, 즉, "사람"으로 번역하나, 그 이후부터는(그리고 2:16에서는) 그대로 아담으로 음역한다.

11) 고후 11:3은 창세기의 줄거리를 그대로 따른다. 딤전 2:14에서 비로소 그 이야기의 신학적인 문제를 다룬다.

기의 기사가 인류의 — 한 개인으로서 대표하든 아니면 남자와 여자로서 대표하든 — 기사라는 의미는 창세기 1~3장을 절대로 떠나지 않는다. 그리고 앞으로 보게 되겠지만, 그 사화를 사용하는 바울의 진술 역시 동일한 의미를 공유한다. "아담"에 대해서 말하든지, 혹은 넌지시 암시하든지, 바울은 인류 전체에 대해서 말하는 것이다.

둘째로, 창 2:7의 히브리어에서 우리는 아담과 아담을 지은 물질인 아다마("땅, 흙") 사이에 의도적인 어법이 있음을 보게 된다 — "여호와 하나님이 아다마의 흙으로 아담을 지으시고." 이 둘이 서로 밀접하게 연관되는 것은 분명 의도적인 것이었다: 아담은 아다마를 갈기 위하여 지음 받았다(2:5-9); 또한 아담의 불순종에 대한 형벌에 아다마가 연루되며(땅이 저주를 받아 고된 수고가 있어야만 그 산물을 내게 된다), 또한 그 형벌로 아담은 결국 다시 아다마로 돌아가게 된다(3:17-19).[12] 바울은 롬 8:20-22에서 창조 세계가 썩어질 것에 굴복하여 허망한 가운데 있음을 말하는데, 이는 바로 이 구절을 염두에 둔 것임이 분명하다. 여기서 우리는 이 주제가 앞에서 바울의 소마의 용법이 인간과 나머지 피조 세계와의 연대성을 시사하는 점에 대해서 제시한 내용과(§3. 2를 보라) 밀접하게 연관되어 있다는 것도 주목할 수 있을 것이다.

셋째로, 하나님이 아담에게 절대로 먹지 말라고 명령한(창 2:17) "선악을 알게 하는 나무"(창 2:9)가 끝없는 논의를 불러 일으켜 왔다. 이에 대한 가장 분명한 이해는, 아담에게 옳고 그름을 지각하는 것이 전혀 결핍되어 있는데 그 열매가 그에게 그런 인식을 줄 것이라는 것이 아니다. 그 명령 자체가 아담이 이미 순종과 불순종이 서로 차이가 있음을 알고 있었다는 것을 전제로 하고 있는 것이다.[13] 오히려, 여기서 염두에 두고 있는 것은 도덕적 자율성(moral autonomy)의 문제인 것으로 보인다. 그 나무의 열매는 아담으로 하여금 그가 가장 잘 알고 있고 그의 눈에 지혜로운 바를 생각하게 만들고, 나아갈 방향과 도덕적인 경계들에 대해서 더 이상 하나님께 의지할 필요가 없도록 만들어 줄 것이었다. 그렇기 때문에 너희가 "하나님과 같이 되어 선악을 알게" 되리라고 뱀이 유혹한 것이고(3:5), 또한 하와에게 그 나무가 "지혜롭게 할 만큼 탐스러운" 것이었다(3:6).[14]

12) 창 4:11-12; 5:29; 8:21-22을 보라.

13) Tennant, *Fall* 12-13; Lyonnet, "Sin" (§5 각주 1) 5-6.

넷째로, 이에 대한 불순종으로 결국 죽음이 올 것이라는 경고가 주어진다(2:17 — "네가 먹는 날에는 반드시 죽으리라"). 그럴 경우, "생명 나무"(2:9, 22, 24)라는 이름의 다른 나무에게서 쫓겨날 것인데, 이는 동산에 있는 하나님의 임재로부터 쫓겨날 것을 암시한다. 아담은 하나님과는 전혀 관계 없이 독자적으로, 스스로 알기를 선택한다. 그런데 그 결과로, 정말 하나님과는 전혀 관계 없이 되어 버린다. 그러나 그것은 또한 생명을 접하는 데에서도 끊어지는 것을 의미한다.

여기에 함축되어 있는 의미는 아담이 생명 나무를 접하는 것을 창조에 속한 인간의 몫이요 또한 창조 세계를 위한 인간의 책임의 일부로 베푸는 것이 신적인 의도였다는 것이다. "동산 각종 나무의 열매는 네가 임의로 먹되"(2:16) 다만 선악을 알게 하는 나무의 열매만은 먹지 말라고 한 명령(2:17)은 생명 나무 역시 먹을 수 있도록 허용되었음을 분명히 보여 준다. 이 사실은 또는 인류가 "영생"하는 것(3:22)이 신적인 의도였음을 시사해 준다. 그러나 그 나무의 열매를 정기적으로 먹어서 영생을 얻도록 되어 있었는지(앞의 구절들이 이를 암시할 수도 있다), 아니면 한 번만 먹어도 얻을 수 있었는지(3:22이 이를 시사할 수도 있다)는 전혀 분명하지 않다. 창세기의 신화적 이야기의 이러한 애매함은 아마도 죽음의 기원에 대한 계속되는 불확신을 반영하는 것일 것이다. 오늘날 우리가 불가피하게 당연한 것으로 받아들이듯이, 죽음이란 과연 언제나 창조 질서의 일부였는가? 아니면 죽음이라는 사실은 창조 질서에 어떤 결점이나 실패를 시사하는 것인가? 이러한 애매함과 의문들은 이 점에서 바울의 신학 작업(이는 본래의 아담 이야기에서 직접 이끌어낸 것이 분명하다)의 일부로 남아 있다.

그러므로, 바울이 창세기의 사화(창 1~3장)에서 직접 영향을 받았다는 것은

---

14) 초기 유대교에서 이 구절을 그렇게 이해 했다는 것은 창세기 2~3장의 기사가 에스겔서 28장에 강하게 반영되어 있다는 사실로 확증된다. 거기서는 두로 왕이 자기의 생각을 하나님의 생각과 비교하였고 하나님의 지혜가 자기에게 있음을 주장하였다가(겔 28:2-10) 에덴에서 내어쫓겼음을 묘사하고 있다(겔 28:13, 16). 또한 그 이야기에 대한 후 시대의 이해 역시 그 점을 뒷받침한다: Josephus, *Ant.* 1. 37은 창 2:17을 "선이 무엇이며 악이 무엇인지를 분별하게 해 주는 지혜(프로네시스)의" 나무라고 풀어서 설명하며, 탈굼 네오피티(Targum Neofiti)도 이와 비슷하게, "누구든지 먹으면 선악을 분별하는 법을 알게 될 지식의 나무"로 번역하고 있다. G. J. Wenham, *Genesis 1-15* (WBC 1; Waco: Word, 1987) 63-64의 이에 대한 논의를 보라.

사실로 인정할 수 있다. 그렇다면, 기독교 이전의 오랜 세월 동안 유대교의 신학적 전통에서는 다른 영향을 추적할 수 없을까? 이 구절이 "타락"이라는 기독교 신학에(또한 기독교 성상(聖像)에도) 너무도 중심적인 위치를 차지해 왔으므로, 히브리어 성경은 사실상 아담 이야기에 대해서 별로 주목하지 않는다는 점이 — 물론 여러 군데에서 그것을 암시하고,[15] 또한 전 인류의 죄악성의 개념이 분명히 나타나기는 하지만[16] — 하나의 유익한 경계 사항이 될 것이다. 그러므로, "타락"에 관한 유대교의 성경적 전통에 대해서 논한다는 것은 정말 불가능한 일이다. 그리고 바울 신학에 끼친 유대교의 영향들을 분명하게 평가하기 위해서는 이 점을 반드시 염두에 두어야 할 것이다. 그러나 성경 이후 시대(소위 "중간사 시대")의 유대교 저작들에 와서는 상황이 달라진다.

§ 4.3 성경 이후의 유대교 전통에 나타난 아담

정경에 버금가는 유대교 저작들 가운데 가장 중요한 벤 시라(Ben Sira)에서는 별로 변화가 없다. 사실 언뜻 보면, 거기에서는 타락에 가깝다 할 만한 개념이 하나도 나오지 않는 것 같기도 하다. 벤 시라 15:14 — 하나님이 "태초에 인류를 지으시고 그를 그의 성향(디아불리온)의 힘에 내버려 두셨다." 그러나 15:15에 분명히 나타나는 대로(창 6:5과 8:21과는 달리) 그 성향(예체르)은 악한 것으로 간주되지 않는다.[17] 벤 시라 17:1은 사람이 "흙으로" 창조되었음을 말하고는 "그를 다시 그것에게로 돌아가게 하셨다"고 덧붙임으로써 창 3:19을 반영하나, 이것이 본래 심판의 말씀이었다는 식의 암시는 전혀 나타나지 않는다. 벤 시라는 그저 하나님이 창조한 생명이 수명이 제한되어 있음을 주시하며(17:2) 하나님께서 "그들[복수형]을 그의 형상으로 지으셨다"고 되풀이한다(17:3). 그러나 여기서도 "성

15) 대상 1:1; 신 4:32; 욥 31:33; 겔 28:12-15; 호 6:7; 또한 토빗 8:6. 그러나 또한 Tennant, *Fall* 15-16 n. 7도 함께 보라.

16) 창 6:5; 8:21; Tennant, *Fall* 101-2는 왕상 8:46; 대하 6:36; 욥 4:17; 14:4; 25:4; 시 51:5; 130:3; 143:2; 잠 20:9; 전 7:20; 렘 17:9을 관련 구절로 제시한다. 또한 Fitzmyer, *Paul* 71-72; Merklein, "Paulus und die Sünde" (§5. 각주 1) 139-42를 보라. 각주 46의 참고 문헌도 함께 보라.

17) Tennant, *Fall* 111-17; Levison, *Adam* 34-35. 다음에 이어지는 내용에 대해서는

향"(디아불리온)은 긍정적인 것으로 나타난다(17:6). 벤 시라는 더 이상 왈가왈부하지 않고 하나님께서 친히 "그들에게 선악을 보여 주셨다"고 하며(17:7) 또한 "그들에게 지식을 베푸셨고 그들에게 생명의 법을 할당하셨으며 그들과 영원한 언약을 세우셨다"고 진술한다(17:11-12). 그렇다고 해서 벤 시라에 인간의 죄의 개념이 없는 것은 아니다. 오히려 그 다음 구절에서 분명히 나타나는 대로(17:25~18:14), 그와 정반대다: 인간은 언제나 너무 죄악되며 또한 죽을 처지에 있다. 다만 이러한 인간의 처지가 최초의 그 불순종의 행위와 그로 인한 형벌에까지 거슬러 올라가지 않는다는 것뿐이다.[18] 심지어 40:1-11에서는 창 3:19에서 빌려온 듯한 사상이 나타난다. 곧, 힘들게 수고하여 일하는 것과 죽음을 기대하는 것이 모두에게 공통된 운명이라는 것이다. 죽음은 한마디로 "모든 육체에 대한 주의 작정"이다(41:1-4).

그러나 벤 시라의 이러한 지배적인 강조점에 한 가지 예외가 있다: 벤 시라 25:24 — "죄가 여자에게서 시작되었고 그 여자 때문에 우리 모두가 죽는다."[19] 지혜서 2:23-24(다음에 인용될 것임)[20]과 고후 11:3, 또한 딤전 2:14(앞에서 언급하였음)과 서로 병행을 이루는 것이 우연이라고 볼 수는 없을 것이다.[21] 벤 시라는 죽음이 원죄의 결과라는 전승을 알고 있었다(그리고 최소한 거기에 의존했다).[22]

이보다 더 중요한 것은 솔로몬의 지혜서(Wisdom of Solomon)다. 그것이 우리에게 특별히 중요한 것은 바로 바울이 그것을 분명히 알고 있었고 로마서 초두

Levison, 35-48을 보라.

18) 24:28; 33:10-13; 49:16도 이와 비슷하다. 49:16은 그 이후 시대에 두드러지게 나타나는 아담의 영화(榮化)라는 주제의 초기 표현을 보여 준다.

19) 히브리어로는 "그 여자 때문에 우리가 '야하드' 죽는다"인데, 이는 "공동으로 죽는다"로 번역할 수 있을 것이다. 곧, 죽음이 우리 공동의 운명이라는 것이다.

20) 또한 *Life of Adam and Eve — Vita* 44와 *Apoc. Mos.* 14, 15장; 또한 2에녹서 30:17을 보라.

21) J. R. Levison, "Is Eve to Blame? A Contextual Analysis of Sir. 25.24," *CBQ* 47 (1985) 617-23; *Adam* 155의 논지를 Stower, *Rereading* 89, 92는 무비판적으로 그대로 취하고(지혜서 2:23-24은 전혀 언급하지도 않는다), P. W. Skehan and A. A. Di Lella, *The Wisdom of Ben Sira* (AB 39; New York: Doubleday, 1987) 348-49는 이를 무시해 버린다.

22) Tennant, *Fall* 119-21, 244.

의 정죄 부분(롬 1:19~2:6)에서 그것을 의도적으로 본따서 진술하고 있는 것 같다는 데 있다.[23] 지혜서에는 최초의 인간이 흙으로 지음 받았다는 것과(지혜서 7:1) 피조물들을 다스릴 권세를 부여받았다는 것과(9:2-3) 또한 세상의 범죄(파랍토마)가 처음 지음 받은 조상에게 기인한다(10:1)는 언급이 분명하게 나타나고 있다. 또한 지혜서 15:8에 창 3:19이 반영되어 있다는 것과, 흙에서 지음 받은 인간이 "자기를 지은 분을 알지 못했다"는 15:11의 질책(참조. 롬 1:19-21)도 함께 두드러지게 나타난다.[24] 그러나 무엇보다도 가장 두드러지는 것은 지혜서 2:23-24이다:

> 하나님은 인류를 썩지 않도록 창조하셨고,
> 그를 자기의 영원하심의 형상으로 지으셨다;
> 그러나 마귀의 시기로 사망이 세상에 들어와,
> 그의 편에 속하는 자들이 사망을 겪는다.

---

23) 특히 H. Daxer, *Römer 1. 18-2. 10 im Verhältnis zu spätjüdischen Lehrauffassung* (Naumburg: Pätz'sche, 1914); C. Bussmann, *Themen der paulinischen Missionspredigt auf dem Hintergrund der spätjüdisch-hellenistischen Missionliteratur (Bern/*Frankfurt: Lang, 1975) 108-22를 보라. 또한 Sanday and Headlam, *Romans* 51-52는 이를 간략하게 정리해 준다. 롬 2:4에 지혜서 15:1-4의 반영이 강하게 나타나는 점에 대해서는 필자의 *Romans* 82-83을 보라. 이 점은 특히 솔로몬의 지혜서의 저작 연대가 분명치 않다는 점 때문에 더욱 더 흥미롭다. 기원전 220년부터 기원후 50년 사이에서 여러 가지로 연대가 제시되고 있으며, 또한 Winston은 가이우스 칼리굴라(Gaius Caligula: 기원후 37-41년 재위; *ABD* 6.122-23)의 치세로 연대를 잡는다. 연대를 후대로 잡을수록, 알렉산드리아의 정황을 반영할 개연성이 높아지며, 또한 바울이 그것을 알고 있었을 가능성이 더 놀랍게 드러나는 것이다. 이런 사실들은 그 본문이 디아스포라의 회당들에 널리 유포되었음을 시사하며, 혹은 바울이 회심 후에 자신의 유대교 유산을 재고하는 과정에서 그것을 접하게 되었고, 이방 문화와의 접촉 과정에서 그것이 필요하게 되었을 수도 있을 것이다.

24) 롬 2:4에서는 지혜서 15:1-4의 반영이 나타난다. 또한 롬 9:21은 지혜서 15:7과 공통적으로 토기장이와 관련된 표현들을 언급하고 있다. Levison이 지적하듯이(*Adam* 53), 지혜서 15:11의 인간론은 히브리적이라기보다는 헬라적인 성격을 더 띠고 있다. 왜냐하면 진흙이 생령이 되는 것을 말하는 것이 아니라 진흙에 불어넣어지는 혼에 대해서 말하고 있기 때문이다(Philo, *Virt.* 203-4도 이와 비슷하다. 참조. *Plant* 42 — 정신이 우리 속에 있는 진정한 안드로포스이다).

여기서 나타나는 어휘나 사상이 이 분야에 대한 바울 자신의 몇 가지 신학적 단언들에서도 그대로 반영되어 나타나는 것이다.[25] 그러므로 여기서도 역시 우리는 바울이 그런 신학적 성찰을 인지했고 아마도 거기서 빌려왔을 것임을 확신할 수 있는 것이다.[26]

다른 성경 이후의 본문들은 바울의 시대에 와서는 아담의 불순종의 역할이 이미 인간의 처지에 대한 해명을 불러일으키는 주요 요인이 되어 있었음을 시사해 준다. 요벨서 3:17-25는 아담의 불순종과 추출의 이야기를 다시 진술하며, 3:26-31에서 아주 충격적이면서도 특징적으로 상세히 전개하고 있다.[27] 짐승들이 공통적인 언어를 쓰지 못하게 되고 아담과 함께 쫓겨난다.[28] 그러나 아담에게만은 "자기의 부끄러움을 가리는 것이 … 허용된다"(창 2:25; 3:10 11, 21을 지칭한다). 그리하여 율법을 지키는 자들은 "자기의 부끄러움을 가려야 하고 이방인들이 가리지 않은 것처럼 그렇게 가리지 않아서는 안 된다"고 율법이 요구하고 있다(요벨서 3:31). 혼음(混淫)을 이방인들의 특징으로 암시하는 것은 롬 1:24-27에서 반영되고 있다. 그러나 그것은 단순히 요벨서만을 반영한다기보다는 더 폭넓은 유대교 전통[29]을 반영하는 것으로 보는 것이 합당할 것이다.

---

25) "썩지 않음" (아프다르시아) — 롬 2:7; 고전 15:42, 50, 53-54.
"형상" (에이콘) — 롬 1:23; 고전 11:7; 15:49; 고후 3:18; 4:4; 골 1:15; 3:10.
"영원" (아이디오테스) — 롬 1:20 (아이디오스).
"죄가 세상에 들어왔다" — 롬 5:12과 동일한 단어가 사용됨.

26) Levison, *Adam* 51-52은 2:24이 가인을 지칭한다고 주장한다. 그러나 디아볼로스는 이미 하나님을 대적하는 천상의 존재를 지칭하는 뜻으로 굳어져 있었다. LXX에서도 그 단어는 사탄(천상의 "고발자")의 번역어로 정규적으로 쓰인다(대하 21:1; 욥 1~2장; 슥 3:1-2). 그리고 요벨 10:8의 헬라어 단편에서도 역시 하나님을 대적하는 "영들의 우두머리인 마스테마(Mastema)"를 지칭하는 뜻으로 나타난다. *Apoc. Mos.* 18:4에서는 "시기"(猜忌)가 뱀의 유혹의 일부로 나타나며, Josephus, *Ant.* 1. 41은 뱀이 악의를 갖게 된 원인이 "시기"였음을 설명해 준다. 또한 여기의 죽음을 영원한 죽음으로 본다면(Tennant, *Fall* 124-26; Levison), 그 죽음은 가인이 아벨을 살해한 것을 지칭하는 것보다는 오히려 생명 나무에서 내어쫓기는 것으로서 죽음의 개념에 더 어울린다 할 것이다.

27) 요벨서는 대개 기원전 2세기 중반의 저작으로 본다.

28) Philo, *Conf.* 6-8; *Qu. Gen.* 1. 32; Josephus, *Ant.* 1. 41에서 이 주제를 취하고 있다.

29) §5. 5를 보라.

필로는 인간의 실패가 인간의 구성 조건의 불가피한 결과라고 생각한 듯하다. 두 가지 창조 이야기는 "두 종류의 인간에 대해 말하는 것인데, 그 한 종류는 이성으로, 신의 숨결로 말미암아 사는 자들이요, 다른 한 종류는 피와 육체의 쾌락으로 말미암아 사는 자들이다. 후자는 땅의 진흙으로 지음 받으나, 전자는 신의 형상의 신실한 각인(刻印)이다"(*Heres* 56-57). 그러나 두 번째 창조 이야기(창 2:7)를 이중으로 암시하는 사실은 필로 역시 각 사람을 생각하고 있었음을 시사해 준다(*Leg. All.* 1. 31-32). 결국, 이성을 종의 상태에 빠지게 만드는 것은 다이스데시스("감각적인 지각")과 또한 감각의 쾌락이다(*Opif.* 165-66). 이것이 여자를 통한 유혹에 대한 필로의 해석이다. 정신이 남자와 상응하는 것처럼, 감각적인 지각은 여자와 상응하기 때문이다(*Opif.* 165). 그리하여 "그에게는 여자가 욕된 삶의 시작이 되며" "몸의 쾌락(헤 톤 소마톤 헤도네)이 그릇 행함과 율법을 위반하는 일의 시작이다"(*Opif.* 151-52).[30] 그리고 그 결과 신의 형상이 더럽혀진다(*Virt.* 205). 벌거벗었음을 아는 지식이 주어진 것이 바로 인간에게는 "악의 시작"이었던 것이다(*Qu. Gen.* 1. 40). 쾌락을 향한 열심은, 흙에서 난 피조물로 하여금 자기가 난 흙에게 자기를 내어 주게 만들고 그리하여 하늘(혼)로부터 돌아서서 다시 땅(육체적 죽음)으로 향하게 만듦으로써, 영적인 죽음을 가져오는 것이다(*Qu. Gen.* 1. 51).[31]

「아담과 하와의 생애」(*Life of Adam and Eve*)는 바울보다 약간 늦게 등장한 것으로 여겨지지만,[32] 바울과 아주 비슷한 병행 문구들이 거기 나타나 있다. 그중

---

30) 에피디미아, "욕심"에 대해서는 또한 Philo, *Decal.* 142, 150, 153, 173; *Spec. Leg.* 4. 84-85를 보라. *Heres* 294-95에서 Philo는 아직 정형을 갖추지 않은 어린아이의 혼이 "선과 악을 아직 받지 않았고 선이나 악으로 찍히지도 않은 부드러운 밀랍과 매우 흡사하다"고 묘사하고 있다. 이와 비슷하게 *Praem.* 62에서도 그는 "우리 모든 인간은 우리 속에 이성이 장성하기 전까지는 그 어느 쪽으로도 기울지 않고 악행과 덕행 사이의 경계선상에 있는 것이다"라고 주장한다.

31) 창세기 1~3장의 자료를 Philo가 재사용하고 있는데, 이는 물론 이보다 훨씬 더 복잡하다(Levison, *Adam* 63-88을 보라). 여기서는 그저 현재의 논지와 아주 관련이 깊은 몇 가지만을 제시한 것뿐이다.

32) 본문은 헬라어판(*Apoc. Mos.*)과 라틴어판(*Vita Adae et Evae*) 등 두 종류의 판본으로 우리에게 전해지고 있으나, 이 두 판본 모두 히브리어 원본에서 비롯되었을 것으로 여겨진다. 그 원본의 저작 연대는 기원전 200년부터 기원후 100년 사이로만 추정할 뿐 그 이상 정

에서 가장 두드러진 것은 현재의 주제와 관련이 있는 구절들로서,[33] 사탄이 자신을 천사의 환한 모습으로 변형시키며,[34] 낙원이 삼층천에 있으며,[35] 에피디미아("욕심")가 모든 죄의 뿌리이며,[36] 아담과 하와의 범죄의 결과로 "죽음이 모든 인류를 지배하게 되었다"는 것 등이 그것이다.[37] 또한 주목할 만한 것은, 낙원에서 축출되었어도 하나님의 형상은 그대로 영향을 받지 않는 상태로 있는 것 같은데도[38] 아담은 "내가 옷 입고 있던 나의 영광에서 내가 멀어졌다"고 애통해 한다는 점이다(*Apoc. Mos.* 20:2; 21:6). 위의 창세기 2~3장에 관한 논의를 생각할 때에, 「모세의 묵시」(*Apocalypse of Moses*)에 따르면 "생명 나무가 있는 곳에 하나님의 보좌가 대기하고 있었다"(22:4)는 것과 또한 신실한 아담이 부활하여 생명 나무를 다시 접하게 될 것과[39] 또한 "네가 영원히 죽지 아니하리라"(28:4)[40]는 약속이 있었다는 점들도 함께 주목할 수 있을 것이다.

두 가지 고전적인 유대교의 묵시록인 에스라4서와 바룩2서는 모두 기원후 70년 예루살렘의 패망 이후 시기에 즉, 바울 이후 한 세대가 지난 후에 등장하였다. 그러나 이미 발전되어온 모티프들이 계속되는 정도로 볼 때에 우리의 현 관심사의 관점에서 보면 바울 당시의 유대교 신학 작업에 이미 유행하고 있던 주제들이

확히 알 수는 없다. 그러나 바울 이전에 그것이 있었을 개연성이 높다. 그리고 알레고리적인 성격보다 미드라쉬적인 성격이 나타나는 것을 볼 때에 그것이 이스라엘 땅에서 기록되었을 것으로 보인다(M. D. Johnson, *OTP* 2. 252). 그러므로 현존하는 본문은 바울이 알고 있던 아담과 하와에 대한 전승들과 사색들을 반영하는 것일 수도 있다.

33) *OTP* 2. 255 (M. D. Johnson).

34) *Vita* 9. 1 = *Apoc. Mos.* 17. 1; 고후 11:14. 고후 11:13에서 "속임"을 강조하고 있는데, 이는 하와를 속이는 데 뱀이 성공을 거둔 사실을 반영하는 (다른 단어를 사용하지만) 아주 특징적인 주제다(고후 11:3; 롬 7:11).

35) *Apoc. Mos.* 37. 5; 고후 12:2-4. *Vita* 25. 1-3에서는 아담이 하늘의 낙원에 들어간다. 파라데이소스는 헬라어로 에덴 동산을 지칭하는 용어로 이미 굳어져 있었다(창 2:8-10, 15-16; 3:1-3, 8, 10, 23-24; BADG, *paradeisos*).

36) *Apoc. Mos.* 19. 3; 롬 7:7. §4. 7과 §5. 5를 보라.

37) *Apoc. Mos.* 14; 롬 5:12, 14; 7:9-11. 다음의 §4. 6을 보라.

38) *Apoc. Mos.* 10. 3; 12. 1-2; 33. 5; 35. 2; *Vita* 37. 3; 39. 2-3.

39) 아담은 쫓겨나기 전에 생명 나무를 먹도록 허락해 달라고 청했다 (*Apoc. Mos.* 28. 2).

40) "마지막 날에 죽은 자가 부활할 것이라는 것을 거듭거듭 가르치고 있다" (Johnson, *OTP* 2. 254).

거기에 반영되어 있음을 상정할 수 있다. 그러므로 우리는 에스라4서 3:7-10에 나타나는 에스라의 말 속에, 보편적인 죽음에 대한 책임 문제에 관하여 롬 5:12-14에 나타나는 것과 같은 양면성이 있음을 보게 된다. 아담은 명령을 어겼고 그리하여 "곧바로 하나님께서 그와 그의 후손들에게 죽음을 정하셨다"(에스라4서 3:7). 그러나 그 이후의 홍수와 파괴는 그 당시 세계 거민들의 불경한 행위들과 불순종의 결과였다(3:8-10).

이보다 더 충격적인 것은 에스라가 아담의 죄를 그의 "악한 마음"의 탓으로 돌린다는 점이다(3:21-26):

> 첫 사람 아담은 악한 마음이 가득하여 범죄하였고 거기에 넘어가 버렸고, 그에게서 난 후손들도 모두 그러했다. 그리하여 그 질병이 영구하게 되었다. 법이 사람들의 마음 속에 그 악한 뿌리와 더불어 있었다. 그러나 선한 것은 떠나가고 악만 남았다 … 그 성[예루살렘]의 거민들이 아담과 그의 후손들이 행한 것과 똑같이 모든 일에서 범죄하였다. 그들 역시 악한 마음이 있었기 때문이다.

여기서 우리는 유사한 양면성을 보게 된다. "원죄"는 없으나, "악한 마음"이 인간성 가운데 설명되지 않은 부분으로 있는 것이다. 그것이 누구의 탓인가를 구태여 따지자면 그것은 바로 하나님이다. 악한 마음을 없애지 못하셨기 때문이다(3:20)![41] 이와 동시에 천사 우리엘의 다른 형상은 이렇게 말한다: "악의 씨가 처음부터 아담의 마음에 뿌려졌으니, 지금까지 얼마나 많은 불경을 산출했으며 타작의 때가 오기까지는 또 얼마나 많이 산출하겠는가"(4:30).[42] "악한 마음"과 "악의 씨앗"은 모두 창 6:5과 8:21의 "성향"과, 또한 랍비들이 말하는 악한 예체르와 거의 동일한 의미라 할 수 있다.[43]

---

41) Levison, *Adam* 117-18.

42) A. L. Thompson, *Responsibility for Evil in the Theodicy of IV Ezra* (SBLDS 29; Missoula: Scholars, 1977); 또한 짧은 글인 "Excursus on Adam's Sin" in M. E. Stone, *Fourth Ezra* (Hermeneia; Minneapolis: Fortress, 1990) 63-67 등을 보라. 4에스라서에 아담이 나타나는 다른 구절들은 7:11-14(아담이 범죄한 결과로 생겨난 육체적인 고통을 다룸); 7:62-74; 8:44-45(사람들을 가리켜 여전히 하나님의 형상이라 부름) 등이다.

그러나 무엇보다도 충격적인 것은 7:118에 나타나는 에스라의 애가이다: "오 아담아, 네가 무슨 일을 저질렀더냐? 죄를 범한 것은 너였으나, 타락(카수스)은 네 것만이 아니라 너의 후손들인 우리의 것이기도 하니라." 그러나 여기서 주목해야 할 것은 이것이 에스라 자신의 견해로 제시되며 거기에 천사 우리엘이 인간의 책임을 조건으로 덧붙인다는 사실이다(7:127-31).[44] 그렇다면, 에스라와 우리엘 사이의 논쟁에서 분명히 드러나는 것은 바로 인간의 실패에 대한 책임을 어느 정도나 물어야 공정한가 하는 문제인 것이다.

바룩2서 역시 기원후 70년 예루살렘에 임한 재난에 대한 책임 문제에 관한 고뇌를 보여 주고 있다. 아담이 고의적인 죄를 범했다(4:3).[45] "아담의 어둠"(18:2)이 그에게서 난 자들의 수명을 단축시켰고 또한 그들에게 죽음을 가져왔다(17:3). 첫날부터 "범죄한 자들에게 죽음이 작정되었고"(19:8), 또한 "장차 날 자들에게도 죽음이 작정되었다"(23:4).[46] "아담이 범죄하여, 때 아닌 죽음이 생겨났다"(56:6). 또한 책임의 문제가 분명하게 제기된다: "오 아담아, 네 이후에 날 모든 이들에게 네가 무슨 일을 행하였느냐? 뱀에게 복종하여 이 온 무리들이 부패하도록 만든 첫 사람 하와에 대해서는 또 무슨 말을 하랴?"(48:42-43) 그러나 이 문제는 개개인이 자기 자신의 범죄에 대하여 처벌을 받는 것이라는 식으로 답변되고 있다(48:47).[47] 이 점은 54:14, 19에서 명확하게 드러난다:

> 아담이 비록 처음 죄를 지어서 그의 시대에 아직 있지 않던 모든 자들에게 죽음을 가져다 주었으나, 그에게서 난 사람들 각자가 다가오는 고통을 스스로 예비하였도다 … 그러므로, 아담은 자기 자신 이외에는 책임이 없고, 우리

---

43) 참조. 모든 인간성의 본질을 결정 짓는 두 가지 정신에 관한 현재 유명한 구절(1QS 4:15-26). 또한 O. J. F. Seitz, "The Two Spirits in Man: An Essay in Biblical Exegesis," *NTS* 6 (1959-60) 82-95를 보라.

44) 4 에스라서 전체를 통틀어서 화자(話者)가 누구인지를 파악하는 것이 중요하다. 그 내용 전체가 결국 에스라와 우리엘 사이의 논쟁으로 되어 있는데, 그 중에서 우리엘의 견해가 더 비중 있게 제시되기 때문이다. Levison, *Adam* 123-24를 보라.

45) Levison, *Adam* 130-31. 다른 구절로는 14:17-19이 있다.

46) 그러나 "소망 가운데 잠자는 모든 자들"에게 부활의 전망이 있다(30:1).

47) Levison, *Adam* 135-36.

각자가 우리 자신의 아담이 된 것이다.

실패는 — 아담의 실패든, 인류 전반의 실패든 간에 — 율법을 범한 탓이요(48:47), 율법을 사랑하지 못한 탓이요(54:14), 또한 창조 세계에서 하나님을 인정하지 못한 탓임이 분명히 나타나는 것이다(54:18).

랍비의 전통 속으로 더 이상 탐구를 계속할 필요는 없다.[48] 그 전통이 과연 기원후 1세기에 당위성이 있었느냐 하는 것이 너무나 미심쩍기 때문이다. 우리로서는 제2성전 후기의 유대교의 여러 갈래에서 아담 전승에 관한 상당한 성찰이 있었음을 시사하는 충분한 증거를 확보하고 있는 것이다. 그리고 거기서 우리는 특별히 두 가지 점에 대해서 아주 놀라울 만큼 통일성 있는 시각이 있음을 보게 된다. 그 첫째는 창세기 1~3장이 아담과 아담("인간") 사이의 상호 연관성을 진지하게 다루는 해석을 불러 일으킨다는 것이다. 또한 그 둘째는 창세기 2~3장이 인간이 경험하는 죽음의 현실에 대하여 얼마 간의 설명을 제시한다는 것이다.[49] 그 이상 넘어서는 문제에 대해서는 논쟁이 아직 결말이 나지 않는다. 곧, 죽음이 땅의 흙으로 지어진 인간의 구성 요건의 결과인지, 아니면 창조의 예기치 않은 결과(그리하여 부활의 필요성이 제기되는)인지 하는 문제와, 아담의 범죄가 그 이후에 출생한 자들의 범죄를 충동질했는지, 아니면 모두가 자기 자신의 죄에 대하여 전적으로 책임이 있는지 하는 문제 등이 그것이다.[50] 어떤 이들은 또한 그 범죄의 본질에 대하여 사색하여, 쾌락(필로), 성적인 성격을 나타내는(요벨서 3:31의 경우와 같이) 욕망(모세의 묵시록), 하나님을 창조주로 인정하지 못한 것(바룩2서) 등을 그 본질로 규정하기도 한다. 이 모든 사실에서 분명히 드러나는 것은, 이미 굉장히 발전된 논쟁 속에 바울이 뛰어들고 있다는 점과 또한 그 자신의 견해들이 그 이전의 논쟁 참여자들에게서 영향을 받은 면이 없지 않다는 점이다.

§ 4.4-9 바울 신학에 나타난 아담

48) 그러나 Scroggs, *Adam* 32-58을 보라. Pseudo-Philo에 대해서는 C. T. R. Hayward, "The Figure of Adam in Pseudo-Philo's Biblical Antiquities," *JSJ* (1992) 1-20을 보라.

49) Scroggs, *Adam* 19을 보라.

50) 또한 M. de Boer, "Paul and Jewish Apocalyptic Eschatology," in Marcus and Soards, eds., *Apocalyptic* (§ 12. 각주 1) 169-90 (여기서는 177-80)을 보라.

계속 논의를 진행하는 가장 간단한 방법은 이 주제에 대한 바울 자신의 사고의 흐름을 그대로 따르는 것이다. 로마서의 가장 놀라운 특질 가운데 하나는 바로 창세기 1~3장을 거듭거듭 상기시켜서 인간의 처지에 대한 자기의 이해를 설명한다는 점이기 때문이다.

§ 4.4 로마서 1:18-32

여기서 주목할 만한 것은 바울이 로마서에서 피조물의 창조주와의 관계를 거론함으로써 인류에 대한 정죄를 시작한다는 점이다. 이런 점에서 그는 바로 앞에서 살펴본 전통과 거의 차이가 없다. 그는 하나님께서는 자신을 알게 하셨고, 혹은 최소한 그의 지으신 것들을 통해서 그를 알 수 있도록 해 놓으셨다는 공리(axiom)로부터 출발한다(1:19). 지혜서 13:1-9의 반영이 특히 강하게 나타난다. 지어진 것들을 통해서 하나님의 성품을 분별했어야 옳았다는 것(1:20)은 당시의 공통적인 종교적 공리였다.[51] 그러나 인간은 하나님을 하나님으로 영광돌리지 못했고, 그에게 감사를 돌리지도 않았다(1:21). 바울은 피조물이 창조주를 향하여 가져야 할 적절한 자세는 오직 예배와 감사의 자세뿐이라고 여기고 있음이 분명하다. 하나님의 위엄(영광), 그의 영원하신 능력과 신성을(1:20) 진정으로 지각하게 되면, 피조물인 인간의 유한한 연약함과 부패성이 가슴이 와 닿게 되어 있다는 것인데, 이는 매우 유대적인 사고가 아닐 수 없다.[52] "하나님을 인정하는 것이 아니면 하나님에 대한 지식은 거짓일 뿐이다."[53] 그러므로 지혜서 13:8-9에 나타나는 대로, 사람들은 핑계의 여지가 없다(1:20).[54] 그리고 그 결과로 — 지혜서 13:1에도 나타나지만 — 생각이 허망하여지며 어리석은 마음이 어두워진 것이다(1:21).

> 바울의 의미는 분명하다. 생명을 하나님께로부터 온 선물로 여겨서 누리지 않으면, 실체와의 접촉을 잃게 되고 그리하여 그 스스로 정죄하여 허망함에

51) 앞의 § 2. 6를 보라. 또한 더 상세한 내용에 대해서는 필자의 *Romas* 57-58을 보라.

52) 예컨대, 출 24:15-17; 20:18-20; 사 6:1-5; 겔 1장; 또한 G. von Rad, *doxa*, *TDNT* 2. 238-42를 보라.

53) Bultmann, *Theology* 1. 213.

54) 4에스라 7:22-24; 8:60.

> 빠질 뿐이다 … 이성적인 존재로서 사람이 지닌 반응하고 기능을 발휘하는 모든 능력이 손상을 입은 것이다. 하나님을 합당하게 인정하는 데서 오는 조명(照明)과 그에 합당한 자세가 없이는 인간의 중심 전체가 어둠 속에서 움직이게 되고, 본질상 아무것도 아닌 것들 속에서 방향을 잃고 헤매게 되는 것이다.[55]

이런 모습 뒤에서 우리는 아담이라는 인물 — 하나님의 한 가지 명령을 순종하기를 거부함으로써 하나님께 마땅히 드려야 할 바를 고의로 드리지 않은 그 원형의 인간(창 2:17) — 을 보아야 할 것이다.[56] 그러나 롬 1:22에서는 그 반영이 더욱 강해진다. 스스로 지혜 있다고 주장하지만 그와 정반대로 어리석음에 빠진 상태에 있는데, 이는 선악을 알게 하는 나무에 대한 당시의 이해를 되살려 준다.[57] 하나님과는 상관 없이 지혜를 탐한다는 것은 그 자체가 하나님과 같이 되고자 하는 유혹이었고(창 3:5-6), 이는 아담으로 하여금 생명으로부터 쫓겨나게 만드는 결과를 가져왔다. 이는 두로 왕의 경우에서 나타나는 것처럼(겔 28장) 자기 자신을 뛰어 넘으려 하나 결국 자신을 망쳐 버리는 것이요, "자기 자신을 뛰어 넘고 다른 것에 넘어지는 야망"이다.[58] 여기에 담겨 있는 뜻은 인류는 위로부터 오는 지혜에 의지하여야 하며 스스로 그런 지혜를 주장하게 되면 그것은 곧바로 어리석음과 어두운 생각에 빠지는 길이요 결국 재난으로 이어질 수밖에 없다는 것이다.[59] 하나님과 똑같이 되고자 하는 유혹인데, 결국 인간이 인간으로서도 제대로 기능을 발휘하지 못하는 결과를 초래하게 되는 것이다. "최신식"을 주장하며 그리하여 하나님이 더 이상 필요하지 않다고 주장하면, 신처럼 되거나 독립적인 존재가 되는 것이 아니라, 허망해지고 혼란에 빠질 뿐이다. 비극은 바로 하나님을 떠나서는 인류가 자기 자신을 제대로 알 수도 없고, 그 참된 본성을 올바로 인식할

---

55) Dunn, *Romans* 60.

56) 특히 Hooker, "Adam" 300-301; Wedderburn, "Adam" 413-19. 그 견해는 폭넓은 지지를 받지 못하고 있다. 예컨대, Fitzmyer, *Romans* 274를 보라.

57) 각주 4를 보라.

58) Shakespeare, *Macbeth* 1막 7장.

59) Scroggs, *Adam* 8: "사람의 현재 곤경의 주된 원인은 … 하나님의 인도하심 아래 있기를 그가 거부한 데 있다."

수도 없다는 것이다. 자기 스스로는 신과 같다고 생각하지만, 자기 자신이 하나님이 숨을 불어 넣으신 흙에 불과하다는 것을 깨닫지 못하고 있는 것이다.

바울은 이어서 인류가 하나님을 무엇과 바꾸었는지를 암시함으로써 이러한 어리석음의 증거를 제시한다. 곧, 인간이 만든 우상들과[60] 인간의 마음의 욕심과 성적 부도덕으로 바꾸었다고 한다(1:23-24). "그들이 하나님의 진리를 거짓 것으로 바꾸어 피조물을 조물주보다 더 경배하고 섬김이라"(1:25). 이미 흐르고 있는 유대교의신학적 성찰의 잔상(殘像)이 여기서 분명히 드러난다. 곧, 지혜서 11~15장에 나타나는 우상숭배에 대한 강력한 반대 논지와, "욕심"이 원시 죄의 뿌리라는 사상,[61] 그리고 이방인들의 성적 문란을 대적하는 유대교의 특징적인 논증[62]이 그것이다. 이 가운데 맨 마지막 문제에 대해서는 유대교에서 죄의 기원을 창 6:1-4에서도 찾고자 시도한다는 점을 기억할 필요가 있다("하나님의 아들들"의 죄가 땅의 여인들과 성적인 관계를 맺은 데 있다는 것).[63] 요점은 곧 인간이라는 피조물은 자기들의 신이 필요하다는 것이다. 피조물들로서 그들은 언제나 피조물로서의 성취를 위해서 누군가에게, 또는 어떠한 사물에 의지하게 마련이라는 것이다. 하나님이 아니면, 완전히 저속한 어떤 사물이 신이 되는 것이다. 하나님 없이는 자기들 자신의 욕심에 굴종하게 되는 것이다. 그들을 "하나님처럼" 되게 해 주는 것은 바로 그들의 하나님과의 관계(그의 형상을 지는 자로서)다. 그러한 관계가 없이는 다른 쓸 데 없는 대체물과 복사품밖에는 누릴 수 없는 것이다.

여기서 나타나는 바울의 정죄의 한 가지 중요한 면은 광야의 금송아지 에피소드에서 나타나는 대로 이스라엘의 우상숭배와 성적 문란에 대한 이스라엘 자신의

---

60) 1:23에서는 마지막 세 개의 명사를 선택한 데서 창 1:20-25의 영향을 추적할 수 있을 것이다(N. Hyldahl, "A Reminiscence of the Old Testament at Romans 1.23," *NTS* 2 [1955-56] 285-88).

61) 또한 다음의 롬 7:7에 관한 논의를 보라(§ 4. 7).

62) 상세한 내용에 대해서는 필자의 *Romans* 61, 65-66을 보라. Stowers는 여기서 이방인을 상대하는 유대교 논쟁의 요소를 인정하면서도(*Rereading* 92-97), 지나간 백여 년 동안 학자들에게 매우 친숙했던 지혜서 11~15장과의 병행 현상에 대해서는 거의 무게를 두지 않는다(앞의 각주 23과 § 5. 4-5를 보라).

63) 예컨대, 요벨 4:22; 5:1-10; 7:21; 1에녹서 6-11; 86; *T. Reub.* 5; *T. Naph.* 3:5; CD 2. 18-21.

전통적인 정죄를 끌어내는 방식에 있다.[64] 인간의 허망함에 대한 질책(1:21)은 렘 2:5-6에서 이끌어낸 것이다: 그 조상들은 광야에서 "나를 멀리 하고 가서 헛된 것을 따라 헛되이 행하였다."[65] 롬 1:23의 언어는 시 106:20에 의해서 주로 결정된다: 금송아지를 만듦으로써 하나님의 "영광을 풀 먹는 소의 형상으로 바꾸었도다."[66] 전승들이 이처럼 섞이는 것을 우연이라 하기는 어려울 것이다. 오히려 이미 굳어져 있는 어떤 사고를 반영하는 것으로 보아야 할 것이다. 그러나 그 견해가 분명하게 표현되어 있는 것은 오직 후기의 랍비 전통에서만 볼 수 있다. 그 사고는 곧, 출애굽과 시내 산에서 율법을 수여한 일이 마치 새 창조(혹은 새 출발)와 같고, 금송아지로 우상 숭배한 일은 마치 새로운 타락과 같다는 것이었다.[67] 만일 그렇다면, 바울은 이미 하나의 이중적인 정죄를 마음에 두고 있었다는 것이 된다. 그 하나는 이방인의 종교와 성 풍속에 대한 유대교의 특징적인 정죄에서 비롯되는 것이고, 다른 하나는 좀 더 공공연한 것인데, 이스라엘 자신이 동일한 정죄 아래 빠졌음을 상기시키는 내용을 담고 있다. 그렇기 때문에 그 정죄가 진정 보편적인 것이 되는 것이다 — "모든 경건하지 않음과 불의에 대하여"(롬 1:18), "먼저는 유대인에게요 그리고 헬라인에게며"(2:9-10).

§ 4.5 로마서 3:23

로마서 3:23은 간단하게나마 언급할 만한 가치가 있다. 여기서 바울은 하나님의 의가 어째서 차별이 없이 모든 사람을 위한 것인지를 해명하고 있다. 그 이유는 또다시 공리적이라서, 근거를 제시하거나 정당화시킬 필요가 없다. "모든 사람이 죄를 범하였으매 하나님의 영광에 이르지 못하더니." 이 공리는 아담에 대한 유대교의 신학적 성찰을 지배했던 공리와 거의 동일하다. 곧, 온 인류가 죄와 사망의 인과관계 속에 붙잡혀 있다는 것이 그것이다. 그런 신학적 전통의 잔상이 여기서 이중적으로 나타나고 있다. 첫째로, 아담이 죄로 말미암아 하나님의 영광에서 쫓겨났다는 사고가 이미 모세의 묵시록에 나타나고 있다(*Apoc Mos.* 20:2와

64) 출 32:25-28; 신 9:13-21; 왕상 12:28-30; 느 9:18; 시 106:19-23; 행 7:39-41.

65) 에마이토데산("허망하여졌다")이 두 본문 모두에서 사용된다.

66) 또한 렘 2:11 — "나의 백성은 그의 영광을 무익한 것과 바꾸었도다."

67) 상세한 내용은 Wedderburn, "Adam" 414-15.

21:6).[68] 또한 이에 상응하여, 장차 다가올 시대에 대한 소망이 그 본래의 영광의 회복으로, 혹은 그 영광의 증가를 통해서 표현되기도 했다(*Apoc. Mos.* 39:2-3).[69] 둘째로, 그것이 잃어버린 영광을 지칭하는 것인지 아니면 그들이 이르지 못한[70] 그 영광을 지칭하는 것인지에 대해서 애매하다는 사실이 동산의 생명 나무의 애매한 역할을 반영한다 할 수 있을 것이다. 곧, 인류의 첫 부부가 그들이 이미 소유하고 있던 어떤 것을 잃어버린 것인가(창 2:16), 아니면 영생에 이를 기회를 상실한 것인가(창 3:22)에 대한 애매함이 그것이다. 어쨌든, 인류는 하나님의 영광을 가지려고 하다가 (하나님처럼 되려고 하다가) 자기들이 본래 받았던 그 영광에 대한 몫마저 잃어버리고 만 것이다.

§ 4.6 로마서 5:12-21

바울은 로마서에서 자기의 논지의 첫 단락이 완전히 끝나는 부분[71]에 가서 비로소 아담이라는 이름을 구체적으로 언급한다. 바울은 — 어쩌면 그때까지의 논의의 상당 부분의 초점이 좁다는 것을 의식하고서 — 의도적으로 한 걸음 물러서서 그 모든 논의를 보편주의적인 시각에서 정리하고 있다. 그는 이렇게 함으로써 그 단락의 결론이 그 초두의 보편주의적인 기조(1:18-32)와 맞아떨어지게 만들려는 의도를 가졌던 것이 분명하다. 그러므로, 우리는 여기서 아담(아담)이 인류를 의미한다는 바울의 인식을 곧바로 볼 수 있다. 바울은 인간의 역사 전체를 아담과 그리스도라는 두 원형적인 인물들 밑에 뭉뚱그리고 있다(5:12에 나타나는 두 차례의 "모든"을 주목하라). 곧, 복음이 인류에게 제시하는 대안은 그 두 가지 — 아담과 그리스도 — 밖에는 없다는 것이다.[72] 이는 과거 신명기 언약의 절정으로 이스라엘 앞에 제시되었던 바 사망과 생명 사이의 결정적인 선택(신 30:15-20)을 바

68) § 4. 3에 인용되었음. 더 자세한 내용은 Scroggs, *Adam* 26, 48-49, 73-74를 보라.

69) 또한 4에스라 7:122-25; 2바룩 51:1, 3; 54:15, 21을 보라. 기타의 문헌들에 대해서는 필자의 *Romans* 168을 참조하라.

70) 헬라어 휘스테레오, "결핍되다"는 이중적인 의미를 지닌다.

71) 로마서 구조 내에서의 5:12-21의 위치에 대해서는 필자의 *Romans* 242-44를 보라.

72) 고전 15:21-22에서는 요점이 더 분명하게 드러난다: "사망이 한 사람으로 말미암았으니 … 아담 안에서 모든 사람이 죽었도다." 그러나 여기서 고전 15:21-22을 더 깊이 분석할 필요는 없을 것이다.

울이 자기 식으로 표현하는 것이라고도 말할 수 있을 것이다. 분명하게 드러나겠지만, 바울의 이러한 독특한 기여를 통해서도, 그러한 사상은 앞에서 스케치한 유대교 전통과 매우 일치하는 것이다.[73]

여기서 바울이 과연 아담을 역사적 개인으로 생각했는지, 그의 불순종을 역사적인 행동으로 생각했는지는 분명하지 않다. 필로는 고대인들이 오늘날 우리가 보통 그들에 대해서 인정하는 것보다 문학적 장르의 다양성에 대해서 더 예민하였음을 상기시켜 준다.[74] 그런데 바로 그 다음에 등장하는 아담 이야기에 대한 바울의 묘사(롬 7:7-11)는 아담을 "각 사람"의 전형(典型)으로 사용한다는 점에서 바룩2서 54:19와 놀라우리 만큼 흡사하다. 그러나 그것은 그렇다손 치더라도, 여기서 바울이 창세기 1~3장을 다루는 것을 보면, 죄와 사망이라는 인간의 경험을 납득시키기 위하여 창세기의 그 기사를 사용하는 중에 아담에 대해서 신학적인 성찰을 행하는 유대교 전통과 전적으로 일치하는 것이다. 그리고 그의 관심사와 논지는 역사냐 신화냐 하는 문제로 인하여 일어나는 긴장이 해결되지 않아도 그대로 성립하는 것이다.[75]

> 그러므로 한 사람으로 말미암아 죄가 세상에 들어오고 죄로 말미암아 사망이 들어왔나니 이와 같이 모든 사람이 죄를 지었으므로 사망이 모든 사람에게 이르렀느니라. 죄가 율법 있기 전에도 세상에 있었으나 율법이 없었을 때에는 죄를 죄로 여기지 아니하였느니라. 그러나 아담으로부터 모세까지 아담의 범죄와 같은 죄를 짓지 아니한 자들까지도 사망이 왕 노릇 하였나니 아담은 오실 자의 모형이라(롬 5:12-14).

---

73) 그러나 Strecker의 견해와 비교하라: "바울의 인간론적인 이원론은 순수한 유대교보다는 어쩌면 영지주의 체계에 더 가까울 것이다"(*Theology* 68). 후기 영지주의 체계와의 차이는 특히 바울이 죄와 사망을 우주적 성격을 띤 권세로 다룬다는 사실과 또한 죄를 짓는 일에서 인간의 책임을 강조한다는 점에서 분명히 드러난다. 또한 Wedderburn, "Romans 5:12" 342-44, 348-49 그리고 §5를 보라.

74) §4. 3을 보라.

75) "죄가 들어온 것은 … 피조 세계라기보다는 인간들의 세계요, 인간의 경험의 세계였다. 이것은 우주적인 사색이 아니라 보편적인 경험을 뜻하는 표현이다"(Dunn, *Roamns* 272).

바울이 창세기 3장을 암시하고 있음이 여기서 분명히 나타나며, 지혜서 2:23-24(앞의 §4. 3에서 인용하였음)과 병행된다는 점이 이를 매우 중요하게 확증해 준다. 앞의 논의에서부터 본문의 주제가 우리에게 친숙하게 다가온다. 곧, 사망이 어떻게 해서 인간의 피할 수 없는 운명의 일부가 되었느냐 하는 것이 그것이다. 바울은 창세기 2~3장에 나타나는 생명 나무의 기능에서 아주 분명한 의미를 추출해 낸다. 곧, 사망이란 본래 하나님께서 피조물에게 의도하신 바가 아니었다는 것이다. 본래 세상에서 자리를 차지하지 못했던 "사망이 세상에 들어온" 것이다. 그러나 애매함은 그대로 남아 있다. 바울 자신이 그 논쟁에 기여한 그의 독특한 논지도 그 애매함을 일부분밖에는 명확하게 정리해 주지 못하며, 그 복잡함을 부분적으로 강조하고 있는 것이다. 이와 관련한 바울의 독창적인 사고는 다섯 가지 점에서 분명히 드러난다.

첫째로, 그는 자기의 생각으로는 사망이란 창조된 상태의 자연적인 귀결이 아니라는 점을 분명히 한다. 그것은 곧 죄의 결과라는 것이다. 사망이 "죄로 말미암아" 세상에 들어왔다(5:12). "모든 사람이 죄를 지었으므로 사망이 모든 사람에게 이르렀다"(5:12). "죄가 사망 안에서 왕 노릇하였다"(5:21). 바울에게서는 죄와 사망의 인과 관계가 매우 강하다. 이에 대해서는 후에 좀 더 다른 시각에서 새롭게 바라보게 될 것이다(§5. 7).

둘째로, 사람의 사망에 대한 책임이 그 당사자인 각 사람에게 있는가? 한편에서 보면, 아담의 모든 후손들의 사망은 아담의 범죄의 결과다. 그러나 다른 편에서 보면, 모든 사람이 죄를 짓기 때문에 모든 사람이 죽는 것이다(5:12).[76] 사망이 아담 이후 계속해서 왕 노릇해 왔고, 아담처럼 죄를 짓지 않은 자들에게도 똑같이 왕노릇해 왔다(5:14). 달리 표현하자면, 아담의 불순종으로 말미암아 "많은 사람이 죄인이 되었다"(5:19). 그러나 여기서 "되었다"(카테스타데산: "만들어졌다") 라는 단어를 통해서 아주 느슨한 연결이 암시되고 있는데, 이는 구체적인 것이 아니고 개략적인 것에 불과하다 — "만들어졌다"라는 뜻의 카테스타데산이 그저

76) "에프 호, 죄를 지었다"(5:12)의 에프 호는 "~ 때문에, ~ 이유로 인하여"의 뜻으로 취하는 것이 가장 좋다는 것이 지배적인 견해다. Cranfield, *Romans* 274-81을 보라. 그러나 Ridderbos, *Paul* 96-99는 여전히 "공동의 의미"를 주장한다. 그리고 Fitzmyer, *Romans* 413-17은 결과의 의미 "~ 결과로 인하여")라고 주장한다. Ladd, *Theology* 443도 이와 비슷하다.

"되었다"(에게논토)의 의미 정도로만 기능을 하고 있는 것이다.[77] 바꾸어 말하면, 바울은 사망으로 끝나는 생명이라는 연속체가 아담에서부터 현재까지 쭉 뻗어오고 있음을 말하고 있는 것이다. 그 연속체의 첫 출발이 정확히 무엇으로 되어 있는지는 분명하지 않다. 그러나 그것이 아담과 함께 시작되었다는 것은 분명하다. 그리고 그 연속체를 유지시켜 주는 것이 계속되는 인간의 죄라는 것도 분명하다.

셋째로, 바울이 사망에 대해서 이중적인 사고를 갖고서 신학 작업에 임하고 있었다는 것이 이렇게 해서 분명해진다. 곧, 아담의 첫 범죄의 결과로서 인간의 사망과 개개인의 개별적인 범죄들의 귀결 혹은 형벌로서의 사망을 서로 구분하고 있다는 것이다. 어쩌면 그와 어느 정도 유사하다 할 수 있는 비슷한 구분 — 즉, 자연적인 사망과 영적 사망 (필로에서 나타나는 것처럼?) 사이의 — 과 연관될지도 모른다. 다시 말해서, 죽을 운명이라는 보편적인 사실을 사망을 선악을 알게 하는 나무의 실과를 먹은 직접적인 결과로 보는 논의(창 2:17; 3:3)와 서로 연관지으려는 시도가 결국 그런 구분을 하도록 만들었다는 것이다.

넷째로, 바울은 죄라는 매우 복잡한 개념을 다루고 있다. 그는 "죄"(하마르티아)라는 개념을 하나의 인격화된 세력으로 소개한다: "죄가 세상에 들어오고"(5:12); "죄가 사망 안에서 왕 노릇한 것"(5:21). 결국 "죄"가 뱀/사탄의 역할을 취하는 셈이다. 물론 뱀보다는 훨씬 더 의미심장한 존재로 나타나지만 말이다. 그러나 반면에 "죄"는 어떤 속성이나 상태와 같이 "여겨지는" 대상이며(5:13),[78] 또한 죄는 마치 열매와도 같이(참조. 빌 4:17) 더 증가하고 자라나기도 한다(5:20 — 에플레오나센).[79] 동일한 문맥 속에서 같은 의미의 동사가 사용되어(하마르타노) 죄의 구체적인 행위들을 지칭한다(5:12, 14, 16). 이러한 복잡한 현상은 다음의 §5에서와 같이 더 상세한 분석을 요한다.

다섯째로, 바울은 또한 아담의 죄를 세 가지 용어들로 표현한다 — 파라바시스,

---

77) A. Oepke, *kathistemi*, *TDNT* 3. 445; 또한 필자의 *Romans* 284를 보라.

78) 바울은 여기서 인간의 행적이 기록되어 있는 책이 하늘에 있다는 사고에 근거를 두는데, 이런 사고는 유대교에서도 이미 유행하고 있었다(특히 단 7:10; 요벨서 30:17-23; 1에녹 89:61-64, 70-71; 104:7; 108:7; 2바룩 24:1). 또한 필자의 *Colossians* 164 (골 2:14 주해)를 보라.

79) 이것은 벤 시라 23:3을 반영하는 것일 수도 있다. 거기서는 주어가 복수형("죄들")으로 나타난다 — "… 나의 죄들이 늘어나지 않기를(플레오나소신)."

"넘어서는 것, 허물, 범죄"(5:14), 파랍토마, "그릇된 걸음, 범죄"(5:15-20에서 6회 사용됨), 그리고 파라코에, "순종하지 아니함"(5:19). 이것들은 모두 하마르티아(실패로서의 "죄")보다는 의미가 강한 단어들이며 동시에 의미를 더 분명히 해준다. "죄"는 율법이 있을 때에만 비로소 죄로 "여겨진다"(5:13). 그러나 "범죄"는 알고 있는 율법을 의식적으로 깨뜨리는 것을 뜻한다. 아담은 창조주의 명확한 명령을 순종하지 않은 것이다(창 2:17; 3:1-6). 다시 말해서, "범죄"는 "죄로 여겨지는 죄"인 것이다. 여기까지는 의미를 분명히 하는 데 도움이 된다. 죄책(罪責)의 개념이 오로지 "범죄", 즉 하나님의 명령을 고의적으로 어기는 것에만 해당되도록 만들어 주기 때문이다. 그러나 그래도 한 가지 불편한 의문은 그대로 남아 있다. "범죄"는 저지르지 않고 그저 "죄"만 범한 사람들도 여전히 죽는 이유는 무엇인가? 라는 것이다. 바울이 5:14과 16절에서 하마르타노라는 동사를 파라바시스/파랍토마라는 명사와 동등한 의미로 계속해서 사용하고 있지만, 이 사실은 아무런 도움이 안 된다.

바울이 말하고 있는 의미는 다음과 같다: (1) 온 인류가 공통적으로 죄와 사망에 굴복해 있다. 이는 본성적인 육체성이나 죽을 처지로 창조된 상태를 뜻하는 것만은 아니다. 죄가 그것과 결부되어 있어서 하나님께서 의도하신 최고의 상태에 못 미치게 만드는 것이다. 그러므로 사망이란 피조물 내의 균열의 결과인 것이다. (2) 이러한 처지에는 양면이 있는데, 곧 죄를 사회의 구조 속에 주어진 것으로 보는 것과 죄를 개인이 책임을 져야 할 행동으로 보는 것이 그것이다.[80] 그런데 그 중 한 면이 다른 한 면으로 합쳐지는 현상이 책임 소재를 정확히 따지는 것을 — 오늘날의 사회에서도 — 그렇게도 어렵게 만드는 것이다. (3) 그러나 전체적으로 볼 때에 이러한 처지는 인간이 하나님을 인정하기를 거부한 데에서 온 결과이며, 피조물이 창조주를 없애려고 한 결과이다. 인류가 하나님께로부터 독립을 선포했을 때에, 육체의 연약함을 이용하는 죄를 극복할 수 있는 유일한 힘을, 그리하여 사망을 극복할 수 있는 유일한 힘을 저버리고 만 것이다. (4) 그럼에도 불구하고, 죄책은 개개인의 범죄를 다루는 데에만 개입한다.[81] 자기들이 태어난 상태에 대해서는 인간에게 책임이 없다. 그것은 그들 개인의 책임의 출발점이며, 그 출발점

80) 참조. 롬 5:13-14에 대한 Bultmann의 해석(*Theology* 1. 252-53).

81) 참조. Whiteley: "바울은 원죄는 믿으나 원 죄책은 믿지 않는다"(*Theology* 51).

자체에 대해서는 그들에게 책임이 없는 것이다.[82] 요컨대, 바울의 분석은 이 주제에 대한 초기 유대교의 신학적 성찰의 경우와 똑같은 애매함을 안고 있다. 그러나 그럼에도 불구하고, 그러한 분석은 인간이 경험하는 죄와 사망의 쓰라린 현실을 납득시키고자 하는 대담한 시도인 것이다.

마지막으로, 우리는 바울이 여기서도(1:18-32에서와 같이) 또다시 이스라엘의 특수한 경험을 인류 전체의 보편적인 경험으로 확대시킨다는 점을 주목해야 할 것이다. 죄책이 없는 죄를 죄책이 있는 범죄로 바꾸어 놓는 것이 바로 율법이기 때문이다(5:13). 그리고 "율법"이라는 말로써 바울은 자연스럽게 모세의 율법을 지칭하고 있다. 그리하여 그는 심지어 아담으로부터 모세에 이르기까지 율법이 없는 시기를 상정하기까지 하는 것이다(5:14).[83] "들어온" "율법"은(5:13) 분명 모세의 율법이다. 그러나 율법은 죄인들(5:19 — "많은 사람")과 죄의 왕 노릇(5:21)이라는 보편적인 상태 속으로 도입된 것이다. 여기서 인간 역사의 드라마에 또 하나의 연기자(율법)를 보게 되는데, 그 복잡한 역할에 대해서는 더 깊은 분석이 필요할 것이다(§6). 그러나 당분간은 그저 바울이 여기서도 이스라엘 자신의 죄와 사망의 경험을 어떤 의미에서 인류 전체에게 전형(典型)을 제시하는 것(paradigmatic)으로 보고 있다는 점을 주목하기만 하면 될 것이다.

§ 4.7 로마서 7:7-13

바울은 또 다른 구절에서도 아담에 대해 언급하는데, 거기서는 율법이 주요한 역할을 담당한다. 사실 본문의 요점은 율법이 사망 체험에 대한 가장 주된 책임을 져야 한다는 생각에서 율법을 변호하고자 하는 것이다.[84] 그 이전의 논지에 따르면, 사망은 율법이 등장하기 전에 이미 있었던 요인이었다(5:13-14). 여기서 나타

82) 이를 잘 보여 주는 예를 한 가지 들자면, 1970년대에 로디지아(Rhodesia)가 영국으로부터 "일방적으로 독립 선언을 한 것"을 들 수 있을 것이다. 그 일은 결과적으로 영국의 식민지가 영국을 반역한 사건이었다. 그 당시 로디지아(현재의 짐바브웨)에서 출생한 아기는 물론 이런 반역의 상태에 대해서 전혀 책임이 없었다. 그러나 그 반역이 계속되었다면, 그 아기는 후에 성장하여 그 반역의 상태를 지속시키거나 종식시키는 데에 개인적으로도 책임을 지지 않을 수 없게 되었을 것이다.

83) 그러나 각주 89를 함께 보라.

84) 롬 7:7-25을 율법에 대한 변증으로 보는 견해에 대해서는 다음의 §6. 7을 보라.

나는 관심사는 인간이 사망에 굴복하게 된 책임을 죄의 능력으로 지목하는 것이다.

> 그런즉 우리가 무슨 말 하리요 율법이 죄냐 그럴 수 없느니라 율법으로 말미암지 않고는 내가 죄를 알지 못하였으니 곧 율법이 탐내지 말라 하지 아니하였더면 내가 탐심을 알지 못하였으리라 그러나 죄가 기회를 타서 계명으로 말미암아 내 속에서 온갖 탐심을 이루었나니 이는 율법이 없으면 죄가 죽은 것임이니라 전에 율법을 깨닫지 못할 때에는 내가 살았더니 계명이 이르매 죄는 살아나고 나는 죽었도다 생명에 이르게 할 그 계명이 내게 대하여 도리어 사망에 이르게 하는 것이 되었도다 죄가 기회를 타서 계명으로 말미암아 나를 속이고 그것으로 나를 죽였는지라 … 그런즉 선한 것이 내게 사망이 되었느냐 그럴 수 없느니라 오직 죄가 죄로 드러나기 위하여 선한 그것으로 말미암아 나를 죽게 만들었으니 이는 계명으로 말미암아 죄로 심히 죄 되게 하려 함이니라(롬 7:7-13).

아담을 지칭하는 사실이 당장에는 드러나지 않는다. 그러나 아담의 불순종에 대한 유대교의 신학적 성찰에 관하여 위에서 검토한 내용 가운데서 그 열쇠가 이미 우리에게 주어졌다. 그 열쇠는 바로 그릇된 탐욕과 정욕, 욕심(에피디미아)이 이미 모든 죄의 뿌리로 널리 인정받았다는 것을 인식하는 것이다. 우리는 필로에게서와[85] 특히 모세의 묵시록 19:3("에피디미아가 모든 죄의 근원이니라")에서 그 점을 살펴본 바 있다.[86] 그리고 신약성경에서 가장 유대적인 문서인 야고보서 역시 정확히 똑같은 점을 거론하고 있다: "욕심(에피디미아)이 잉태한즉 죄를 낳고"(약 1:15). 이 사실은 바울이 어째서 십계명의 제10계명에 초점을 맞추는지를 충분히 해명해 준다: "탐내지 말라(우크 에피디메세이스)"(출 20:17; 신 5:21).[87] 다시 말해서, 최초의 죄는 그릇된 욕심이었고 또한 동산에서 뱀이 신적인 지위에 대

85) 위의 각주 30을 보라.

86) 또한 *Apoc. Abr.* 24. 9를 보라.

87) 성적 욕망을 암시하는 것일 가능성도 있다. 그것은 요벨서와 Philo가 시사하듯이, 벌거벗음과 그 이후에 있은 부끄러움에 대한 이야기(창 2:25; 3:7, 10)에서 자연스럽게 드러나는 하나의 귀결이라 할 수 있다(R. H. Gundry, 'The Moral Frustration of Paul before His

한 아담의 욕심을 부추긴 것 — "너희가 하나님과 같이 되리라"(창 3:5) — 이라는 폭넓은 신념을 바울이 함께 공유하였던 것이다.[88]

이 점을 받아들이게 되면, 롬 7:7-11에서 창세기 2~3장을 알레고리 비슷하게(semi-allegorical) 읽고 있다는 사실이 분명해진다. 선악을 알게 하는 나무의 실과를 먹지 말라는 명령(창 2:17)을 "탐내지 말라"라는 계명의 하나의 특수한 표현으로 읽는 것이다.[89] 뱀은 또한 "죄"의 현현으로 간주된다. 그리고 "나"를 실존적인 의미에서 아담과 동일시하는 것이다: 아담, "각 사람," 인류(참조. 바룩2서 54:19).[90] 그 다음부터는 그 이야기에 대한 바울의 해석이 곧바로 이어지고, 거기서 아주 예리한 심리적 통찰이 드러난다.[91]

율법을 적용시킬 필요가 없었을 때에는 인간 사회에서 모든 것이 잘 되었다. 인류는 생명을 누렸고(창 2:7; 롬 7:9) 죄는 힘을 잃었고, 무력했다(7:8 — 네크라). 그러나 죄가 율법이 제공해 준 기회를 부여잡아서 명령이 금하는 것이 무엇인지

Conversion: Sexual Lust in Romans 7. 7-25," in Hagner and Harris, eds., *Pauline Studies* 80-94; Boyarin, *Radical Jew* 7장). 그러나 바울이 주로 강조하는 것은 하나님과 아담의 결별이다(참조. *Apoc. Mos*. 19-21; J. A. Ziesler, "The Role of the Tenth Commandment in Romans 7," *JSNT* 33 [1988] 41-56).

88) 에피디미아를 "율법을 지키고자 하는 열심"(Bultmann, *Theology* 1. 265)으로, 혹은 "자기 자신의 의를 위한 열심"(Bornkamm, "Sin" 90; Hübner, *Law* [§ 6 각주 1] 72)로 보는 해석들은 전적으로 어떤 경향을 지닌 것으로서 본문에서는 전혀 근거가 없다(Ridderbos, *Paul* 145-46, Theissen, *Psychological Aspects* [§ 18 각주 1] 208 등이 이 점을 인지하고 있다. 특히 H. Räisänen, "The Use of epithymia and epithymein in Paul," in *Jesus, Paul and Torah* 95-111을 보라).

89) 후기 랍비 전통에서는 율법이 아담의 시기에 이미 효력을 발휘하고 있었다고 보는 것이 관례가 된다. 이미 4에스라 7:11에서 아담이 하나님의 율례들(복수)을 범했음을 진술하고 있다. 롬 7:8, 9과 12절에서 바울이 "율법"과 "계명"을 동등하게 여기는 것을 주목하라. 또한 필자의 *Romans* 379를 보라.

90) "나"가 지니는 의의에 대한 논쟁에 대해서는 필자의 *Romans* 381-83; Fitzmyer, *Romans* 462-65; J. Lambrecht, *The Wretched "I" and Its Liberation: Paul in Romans 7 and 8* (Louviain: Peeters/Grand Rapids: Eerdmans, 1992) 등을 보라. 모두 참고 문헌들이 붙어 있다.

91) 다음 문장에서 "나"가 현재 시제를 사용하고 있으나, 만일 역사적 시제를 사용했다 하더라도 의미는 마찬가지일 것이다.

에 대하여 인류의 호기심을 자아내게 된다. 그리하여 금지된 사항에 대한 욕심이 부추겨지고 도저히 만족을 모르는 힘이 되어 결국 사망에까지 이르게 되는 것이다. "네가 먹는 날에는 반드시 죽으리라"(창 2:17)라는 경고와 "너희가 결코 죽지 아니하리라"(창 3:4)는 뱀의 반론을 생각해 보면, 이 본문에는 여자의 불평의 잔상이 놀랍게 나타나고 있는 것이다: "뱀이 나를 꾀므로 내가 먹었나이다"(창 3:13); "죄가 … 나를 속이고 그것으로 나를 죽였는지라(롬 7:11).[92] 그리하여 삶을 정상화하고자 하는 의도로 주어진 명령(창 2:16-17)이 오히려 사망을 이루는 수단이 되어 버린 것이다(롬 7:10, 13).

인류의 전반적인 처지를 말하기 위해서 아담 이야기를 사용하고 있는 점이 논란의 여지 없이 분명한 것 같다. 그러나 동시에 주목해야 할 것은, 바울이 다시 한 번 의도적으로 이스라엘의 이야기 속에 연루되고 있었을 수도 있다는 점이다. 여기에 나타나는 "나"의 경험이 또한 상당한 정도로 이스라엘의 경험을 반영하기 때문이다.[93] 율법이 후대에 와서 비로소 모세를 통해서 주어졌다는 견지에서 보면,[94] 시내 산에서 주어진 계명을 통해서 죄가 욕심을 부추기는 경험을 한 것은 바로 이스라엘이었다.[95] 그리하여 이스라엘은 다시 한 번 시내 산 밑에서 우상숭배에 빠지고 제멋대로인 정욕에 굴복하고 마는 것이다. 그리고 그 이후 이어지는 사망 — 혹은 살육이라고 하는 것이 더 나을 것이지만 — 이 이스라엘 민중의 뇌리에 깊이 각인되었다.[96] 이렇게 해서 바울은 그의 유대인 독자들, 혹은 유대교에 영향받은 독자들로 하여금 이스라엘 역시 이방인들과 똑같이 인간의 연약함과 실패와의 연대(連帶) 속에 있었고 또한 죄와 사망의 고리 속에 굳게 붙잡혀 있었다는 것을 구태여 잊어버리도록 하지 않는 셈이다.

---

92) 또한 참조. 고후 11:3; 딤전 2:14. 여기서 "나"는 하와의 말을 반영한다.

93) 특히 D. J. Moo, "Israel and Paul in Romans 7. 7-12," *NTS* 32 (1986) 122-35; Wright, *Climax* 197을 보라. 필자는 지금은, 과거 *Romans* 383에서보다는 더 이 견해를 지지한다.

94) 롬 5:13-14, 20; 갈 3:17-19.

95) 롬 5:13-14과 7:9 사이의 모순을 강조한다는 것(Räisänen, *Law* [§ 6 각주 1] 147; Wedderburn, "Adam" 424)은 지나치게 불필요하게 현학적이다.

96) 출 32:25-28; 또한 바알브올의 우상 숭배 사건의 결과로 나타난 재난(민 25:1-9; 고전 10:7-10). 고전 10:6은 그 재난을 악한 욕심에서 비롯된 것으로 간주한다.

§ 4.8 로마서 8:19-22

철저함을 기하기 위해서는 창세기 3장의 사화에 대한 로마서의 마지막 암시 부분까지도 포함시켜야 할 것이다. 이는 바울이 눈을 들어서 완성된 구원에 대한 최종적인 소망을 향해 계속해서 바라보는 단락 속에서 나타난다. 여기서 충격적인 것은 그가 그 소망 가운데 피조물까지도 포함시킨다는 점이다. "피조물이 허무한 데(마타이오테스) 굴복하였다"(8:20). 마타이오테스는 어떤 사물이 그 본래 고안된 기능을 제대로 발휘하지 못하는 허망한 상태, 혹은 좀 더 정확히 말하면, 사물이 본래 목적한 것이 아닌 그런 역할을, 비현실적이거나 착각에 지나지 않는 그런 역할을 부여 받은 상태를 의미하는 것이다. 이는 창 3:17-18을 암시하는 것이 분명하다.

롬 1:22에서는 동일한 의미의 동사가 사용되어, 하나님을 인정하는 데서 출발하지 않는 사고의 허망함을 묘사한 바 있다. 이는 곧, 피조물이 인간의 자기 착각의 허망함에 붙잡혀 왔다는 것이다. 인류가 그 나머지 피조물과, 창조주가 피조물과 갖는 그런 관계 속에 서 있다고 생각하면("너희가 하나님과 같이 되리라") 그것은 결국 인류 자신은 물론이요 피조물까지도 허무한 데에 붙잡히도록 만드는 것이 되는 것이다. 그러므로, 피조물이 인류와 함께 그 어긋나 있는 상태를 공유하게 되는 것이다(8:22-23).[97] 그러나 피조물은 인류의 허무함을 공유하는 것과 마찬가지로, 역시 "썩어짐의 종 노릇"에서 해방되는 인류의 처지도 함께 나누게 될 것이다(8:21).

여기서 강조되는 사실은 인류가 그 나머지 피조물들과 하나의 연대 속에 있다는 사실이다. 곧, 아담이 그 지음 받은 질료인 아다마와의 연대 속에 있다는 것이다.[98] 다시 말해서, 그 확신은 창세기 2~3장에서 직접 이끌어온 하나의 결론이다.

---

97) 표현이 매우 생생하다. 피조물이 마치 상처를 입은 짐승처럼 또한 새로운 피조물을 출산하기 위하여 힘쓰는 여인처럼 탄식하고 있다. 자연을 그처럼 생생하게 의인화시켜서 표현하는 것은 유대교 저작들 가운데 시적(詩的)인 것들에서 나타나는 전형적인 현상이다. 이와 병행을 이루는 고전적인 예로는 Virgil, *Eclogue* 4. 50-52를 들 수 있다. 좀 더 자세한 내용은 필자의 *Romans* 470-73을 보라.

98) W. Schmithals, *Die theologische Anthropologie des Paulus: Auslegung von Röm 7. 17-8. 39* (Stuttgart: Kohlhammer, 1980) 158은 피조물에게서 벗어나는 것이 아니라 피조물과 함께 탄식한다는 사고가 얼마나 비이원론적인가를 지적하고 있다.

언뜻 보면, 여기 나타난 사상이 고전 15:42, 50의 사상보다 더 비약하는 것처럼 보이기도 한다. 거기서는 오직 인간만이 부활의 변화를 함께 나누는 것으로 말씀하기 때문이다. 그러나 여기서 우리는 환경에 적합한 구체적인 구현으로서의 소마의 중요한 의미를 다시 기억할 필요가 있을 것이다. 유형성을 지닌 종(種)으로서 인류의 본성을 인식하게 되면, 하나님께서 또한 다가올 시대에서도 구체적인 구현을 위한 적절한 환경을 베풀어 주실 것이라는 신뢰성 있는 소망을 곧바로 갖게 되는 것이다.

§ 4.9 정리

정리하자면, 세상에 있는 인류는 그저 연약하고 부패의 가능성이 있는 것만이 아니다. 도저히 피할 수 없는 죄와, 실패와 범죄의 차원이 또한 연루되어 있는 것이다. 인간은 하나님과의 관계를 위하여 창조되었다. 그 관계가 바로 인간의 삶의 본질이요, 인류에게 피조물로서(하나님과의 관계에서) 또한 인간(세상의 나머지 피조물과의 관계에서)의 존재를 성취시켜 주는 것이다. 그러나 인류는 하나님과의 관계에서 스스로 벗어나면 세상과 좀 더 만족스러운 관계를 이룰 수 있다는 그릇된 생각을 하고 말았다. 그리하여 하나님께로부터 돌아섰고 오로지 세상에 대해서만 관심을 두게 되었고, 피조물로서의 역할을 저버렸으며 그 스스로 창조주로서 서리라고 생각한 것이다.

그 결과 인류는 스스로 일어섰다고 생각한 그 순간에 무너져 버렸고, 지혜로워지기는커녕 오히려 어리석게 되었고, 더 높아지기는커녕 더 낮아지고 비참해진 것이다. 인류는 스스로 하나님과 닮은 것을 부인하였고 오히려 짐승과 사물들의 모양을 더 선호하였다(§4. 4). 인류는 신성의 위엄의 자기 몫을 잃어버렸고, 이제 그 본래 될 수 있었던 그 상태에서 완전히 못미치게 되어 버렸다(§4. 5). 영생을 공유하기는커녕, 사망에 지배를 받게 되었고(§4. 6) 죄의 종이 되어 버렸다(§4. 7). 그리고 인류는 그 나머지 피조물들과 함께 전면적인 어긋남과 좌절과 허무함을 공유하게 된 것이다(§4. 8)

인류에 대한 바울의 그러한 정죄가 롬 1:18 이하에서 처음 제시되었고, 그 이후 계속 상세히 전개된 것이다. 그 영감은 주로 창세기 2~3장에서 오지만, 또한 남녀들의 세계 속에서 겪은 자기 자신의 경험에서도 오는 것이다. 현대인들이 듣기에는 표현들과 성경의 언어가 이상스럽겠지만, 바울의 비평의 요점은 여전히 예리하며, 여전히 교묘한 속임수로 속삭이는 "너희가 하나님과 같이 되리라"는 유혹을 받고 있는 사회에 계속해서 양심을 찌르고 있는 것이다

§5 죄와 사망[1]

§ 5.1 악의 권세

인간에게 있는 불편한 느낌은 다른 각도에서도 분석할 수 있다. 인류에 대한 바울의 논의(§4. 1)에서 그렇게 자주 나타나는 부정적인 사고는 그 원인을 또 다른 데에서 찾을 수 있다. 카시우스(Cassius)는 "브루투스여, 잘못은 우리의 별자리에 있는 것이 아니고, 우리 자신에게 있네. 우리가 아랫사람이라는 것이 잘못일세"라고 주장할 것이다.[2] 그러나 셰익스피어는 이런 표현을 통해서 사회의 악의 근원이 오로지 개개인에게 있음을 암시하는 것은 아니다. 사회 내의 교류 속에서 인간 관계나 빈부(貧富)나, 권세와 권세 없음이 또한 주요 요인이 될 것이다. 그리고 거기에 덧붙여서, 어느 시대에나 별자리가 연루될 것이라는 두려움이 사람들에게 불안과 공포의 요인이 되어 왔다. 혹시 별자리가 아니라면, 무언가 속세를 초월한 세계에 속한 세력들이 그런 요인으로 여겨져온 것이다.

각 세대들마다 인간 역사의 조수에 떠밀려 오는 잡동사니에 불과한 것이 무엇인지를 알아왔다. 장발장 같은 사람들도 많았고, 닥터 지바고 같은 사람들도 무수하게 많았다.[3] 그리고 종교 후 시대의 세계까지도 인간의 상상을 뛰어 넘을 정도로 악이 횡포를 부리는 현실을 접하면서 본능적으로 종교적인 언어에 기대는 것을 보게 된다. 1940년대 초반의 유대인 대학살(the Holocaust)이 야만적인 문명이전 시대로의 끔찍스러운 회귀였음을 인지한 20세기는 그로부터 50년 후에 다시 보스니아와 르완다에서 일어난 민족 대학살("민족 말살"[ethnic cleansing])을 보며 경악을 금치 못했다. 민족주의와 종족주의의 마귀적인 힘이 나라들에서 마음껏 발휘된 것이라고 말해도 지나치다고 할 수 없을 것이다. 그렇게 많은 사람들이

1) 이 책 말미의 참고문헌을 보라.

2) Shakespeare, *Julius Caesar* 1막 2장.

3) 빅토르 위고(Victor Hugo)의 「레미제라블」과 보리스 파스테르나크(Boris Pasternak)의 「닥터 지바고」의 주인공들.

아무런 가책도 없이 강간과 가혹한 폭행과 살인을 저지르도록 만드는 힘이 무엇인지 도저히 납득하기가 어렵다. 1996년 스코틀랜드의 던블래임(Dunblame)이라는 시골의 한 초등학교에 총을 든 사람이 나타나 어린이들과 교사 등 모두 16명을 죽였는데, 그 학교의 주임 교사는 악의 세력이 자기 학교를 찾아왔었노라고 술회하였다. 그 교사의 말이 적합하다는 것을 누가 과연 부인할 수 있겠는가?

고대 세계에도 나름대로 그것을 해명하는 방법들이 있었다. 옛 신화들은 신들을 땅의 존재들과 마찬가지로 악의를 갖고 변덕스럽게 세상에서 활동하는 것으로 그렸다. 또한 오랜 옛날부터 피할 수 없는 운명(헤이마르메네)을 그보다 더 궁극적인 설명으로 이해해 왔고, 시인과 극작가와 철학자들이 이 주제를 취하여 묘사해 왔다.[4] 그리고 행위들을 피할 수 없는 결과들과 연관짓는 합리적인 설명[5]과 또한 사람이 행한 행위에 대하여 도덕적인 책임을 지우는 시도들도 있었다.[6]

구체적인 용어가 필요 없는 경우에는 그것을 다이몬 — 즉 운명, 특히 불행과 괴로움을 결정 짓는 미지의 초인간적인 존재를 의미한다 — 과 결부시켜 설명하기도 했다.[7] 이미 헤시오드(Hesiod)에게서도 황금기에 사망한 자들의 영혼을 마이모네스로 묘사하는 것을 볼 수 있는데,[8] 그 용어는 그보다 훨씬 후 시대까지도 죽은 자의 영혼을 일반적으로 지칭하는 뜻으로 사용되었다.[9] 그러므로 바울의 시대에 와서는 대개 마이모네스를 신들보다 열등한 영적 존재 혹은 반신(半神)의 존재들, 특히 악령들을 뜻하는 것으로 생각하였을 것으로 보인다. 만찬 후에 "선한 영"(아가도스 다이몬)에게 건배하는 것이 아주 친숙한 사교 행위로 성행되었

---

4) *OCD* 430-32; Long/Sedley, "fate"에 대한 용어 설명을 보라.

5) 예컨대, Cicero, *On Divination* 1. 125-26 (Long/Sedley 337).

6) 이에 대한 고전적인 예는 Diogenes Laertius 7. 23에서 볼 수 있다: "제노(Zeno)가 종에게 무엇을 훔친 일에 대하여 채찍으로 때리며 다그치자, 종은 대답하기를, '나는 훔칠 운명이었소' 라고 했다. 그러자 제노는 이에 대해서 '그리고 채찍 맞을 운명이기도 하지' 라고 대답했다"(Long/ Sedley 389).

7) W. Foerster, *daimon*, *TDNT* 2. 1-6. 귀신이라는 뜻의 "디몬"(demon)보다는 다이몬을 사용하는 것이 가치가 있다. 초기 헬라의 개념은 유대-기독교가 말하는 사탄의 지시를 받는 악한 영적 존재의 개념보다 훨씬 더 의미의 폭이 넓기 때문이다.

8) *Opera et Dies* 122 (LSJ *daimon* II; *OCD* 310).

9) Foerster, *TDNT* 2.6-8. 또한 앞의 §2 각주 41을 보라. 유대교의 귀신론에 대해서는 Ling, *Satan* 3-11을 보라.

다.[10] 뿐만 아니라 "흰 마술"과 "검은 마술" 등의 마술들이 성행되었던 사실도[11] 주문(呪文)이나 부적(符籍) 같은 것을 수단으로 흉조를 막거나 혹은 그런 신비한 세력과 힘의 보호를 받고자 하는 관심이 폭넓게 퍼져 있었음을 시사해 준다.[12] 사도행전 19:18-19은 마술 행위가 얼마나 대중에게 널리 퍼져 있었는지를 잘 보여 준다. 바울은 여러 차례 그런 것을 접했을 것이다.[13]

언뜻 보면, 롬 1:18~3:20의 정죄 부분에서 바울은 인간의 실패와 범죄에 대해서 이런 방향의 설명을 찾지 않는 듯 보인다. 그러나 정죄 부분의 점층적인 단락에서 그는 유대인과 이방인 모두가 똑같이 "죄 아래"(3:9) 있다고 지목함으로써 정죄를 정리해 주고 있다. 로마서에서 "죄"라는 단어가 바로 여기서 처음으로 언급되는데, 여기서는 그것이 온 인류가 그 "아래"에서 신음하는 하나의 권세(power)로 나타나는 것이다. 또한 앞에서 지적한 바와 같이, 5:12과 7:8-9에서는 "죄"가 인격화 되어 세계의 무대에 등장하여 세상과 인류에게 피해를 주는 것으로 나타나고 있다. 더 나아가서, §2. 3(c)에서는 바울이 이미 여러 곳에서(특히 고린도전후서에서) 다른 신들에 대해서(고전 8:5-6), 사람들에게 혹은 사람들 속에서 행동하는 귀신들(다이모니아)에 대해서(고전 10:20-22), 또한 "믿지 아니하는 자들의 마음을 혼미하게 하는 이 세상의 신"(고후 4:4)에 대해서 언급하고 있음을 보았다. 롬 8:38-39에서는 갖가지 영적인 존재들이 신자들을 하나님의 사랑에서 분리시킬 수 있는 가능성(potential)이 있음을 시사하기도 한다. 이러한 언급들은 우리가 무시할 수 없는 인간의 처지에 대한 바울의 분석의 차원을 열어 보여 주는 것이다.

---

10) LSJ, *daimon*.

11) 여기서 우리는 다시 이 단어에 고착되어 있는 전적으로 부정적인 함의에 대해서 경계할 필요가 있다. 필로는 "참된 마술 … 은 존중과 야망의 합당한 대상이다"라고까지 말하였다(*Spec. Leg*. 3. 100).

12) *OCD* 637-38.

13) H. D. Betz, *The Greek Magical Papyri in Translation*(Chicago: University of Chicago, 1986)에는 후기에 속한 풍부한 예들이 수록되어 있는데, 이것들은 바울의 시대 혹은 그 이전 시대까지 거슬러 올라가는 믿음과 관례들을 반영해 준다. 또한 Arnold, *Colossian Syncretism* (앞의 § 2 각주 29) Part I을 보라.

§ 5.2 하늘의 권세들

바울이 신자들을 위협하는 것으로 보았던 그 하늘의 권세들은 어떤 것들이었을까? 우선 그가 실제로 사용하는 용어들의 의미를 분명히 정리하는 것이 좋을 것이다. §2. 3(c)에서 언급한 것들 이외에도, 바울 서신에는 그런 "권세들"이 열거되어 있는 구절들이 많다. 그 가운데서 바울의 저작이 분명한 서신들에 속한 것은 두 구절뿐이다(롬 8:38-39; 고전 15:24). 그러나 다른 목록들(골로새서와 에베소서에 나타나는)에는 바울 서신의 다른 곳에 나타나는 용어들과 관념들이 중복되어 나타나고 있으므로, 이를 열거한다 하더라도 바울 자신의 견해를 잘못 오도할 염려는 없을 것이라 여겨진다.[14)]

---

14)	롬	고전	빌	골	엡	벧전
앙겔로이	8:38					3:22
아르카이	8:38	15:24		1:16; 2:10, 15	1:21; 3:10; 6:12	
아르콘		2:6. 8			2:2	
바토스	8:39			참조. 3:18		
디나메이스	8:38	15:24			1:21	3:22
에네스토타	8:38	3:22			참조. 1:21	
엑수시아	13:1	15:24		1:16; 2:10, 15	1:21; 2:2; 3:10; 6:12	
조에	8:38	3:22	1:20			
타나토스	8:38	3:22	1:20			
코스모크라토르					6:12	
크티시스	8:39			참조. 1:16		
키리오테스				1:12	1:21	
멜론타	8:38	3:22			참조. 1:21	
프뉴마티카					6:12	
소마	8:39				참조. 3:18	

앙겔로이("천사들"), 아르카이("통치자들"), 아르콘("권세들"), 바토스("깊음"), 디나메이스("능력들"), 에네스토타("현재 일들"), 엑수시아("주권"), 조에("생명"), 타나토스("사망"), 코스모크라토르("세상 주관자"), 크티시스("피조물"), 키리오테스("권세"), 멜론타("장래 일들"), 프뉴마티카("영들"), 소마("높음").

> 내가 확신하노니 사망이나 생명이나 천사들이나 권세자들이나 현재 일이나 장래 일이나 능력이나 높음이나 깊음이나 다른 아무 피조물이라도 우리를 우리 주 그리스도 예수 안에 있는 하나님의 사랑에서 끊을 수 없으리라(롬 8:38-39).

> 그 후에는 마지막이니 그가 모든 통치와 모든 권세와 능력을 멸하시고 나라를 아버지 하나님께 바칠 때라(고전 15:24).

> 만물이 그에게서 창조되되 하늘과 땅에서 보이는 것들과 보이지 않는 것들과 혹은 왕권들이나 주권들이나 통치자들이나 권세들이나 만물이 다 그로 말미암고 그를 위하여 창조되었고(골 1:16).

> 그의 능력이 그리스도 안에서 역사하사 죽은 자들 가운데서 다시 살리시고 하늘에서 자기의 오른편에 앉히사 모든 통치와 권세와 능력과 주권과 이 세상뿐 아니라 오는 세상에 일컫는 모든 이름 위에 뛰어나게 하시고(엡 1:20-21).

> 우리의 씨름은 혈과 육을 상대하는 것이 아니요 통치자들과 권세들과 이 어둠의 세상 주관자들과 하늘에 있는 악의 영들을 상대함이라(엡 6:12).

모든 경우마다 분명히 드러나지만, 바울이 염두에 두고 있었던 것은 하나님과 그의 피조물 사이에 개입하며 하나님의 목적들과 사람들에게 적대하는 하늘의 존재들로서 하나님과 그의 그리스도에 굴복하는 것들이었다.[15] 가장 비근하게 나타나는 용어는 아르키아와 엑수시아이, 즉 "통치자들과 주권들"이다. 전후 관계를 다 따져보면, 그것들이 속세를 초월하는 권세들임이 확증된다.[16] 롬 8:38은 또한

15) 골 1:16의 경우 골 2:15을 지목하기만 하면 된다(§9. 8을 보라). Carr, *Angel*은 바울은 그 세력을 악하다거나 적대적인 것으로 생각하지 않았다는 식의 경향성 있는 논지를 고집스럽게 주장하나, 이것은 별로 지지를 받지 못했다. 롬 8:38-39에 대한 무리한 해석이 특징적으로 드러난다(112-14). Carr는 엡 6:12의 도전을 그 구절은 2세기 초반에 와서 그 서신에 삽입된 것이라는 주장으로 맞받아친다(104-10).

앙겔로이, "천사들"을 언급하는데, 이 역시 하늘의 대리자들 혹은 하늘과 땅 사이의 중재적인 존재들을 의미하는 것이 분명하다.[17]

그러나 천사들은 하나님과 그의 백성 사이에 개입할 수 없다는 확신이 있으므로, 이것들은 적대적인 천사들을 지칭하는 것일 것이다.[18] 세 개의 목록에서 두나메이스("능력들")가 첨가되고 있는데, 이는 헬라의 문헌과 성경 문헌에서 아주 친숙하게 나타나는 용어다.[19] 고전 15:24은 "모든 통치와 모든 권세와 능력"을 멸하는 그리스도의 주 되심에 관하여 말씀하고 있으므로, 여기의 능력 역시 하나님을 대적하는 능력을 의미한다.

롬 8:38-39에서 볼 수 있는 가장 흥미로운 특색은 그것이 "높음이나 깊음이나"를 언급하고 있다는 점이다. 그 용어들은 아마도 천문학적인 의미를 지닐 것이다. 소마("높음")는 행성들의 극점(極點), 즉 천체가 하늘에서 닿을 수 있는 가장 최고의 지점을 뜻한다.[20] 바도스("깊음")는 소마와 대칭을 이루는 개념이 아니라,[21]

---

16) 고전 15:24; 골 1:16; 2:10, 15; 엡 1:21; 3:10; 6:12. 고전 2:6, 8의 아르콘타에 대한 언급은 하늘의 통치자들이냐 아니면 땅의 통치자들이냐에 대하여 논란의 여지가 있다. 예컨대, Wink, *Naming* 40-45를 보라. 엑수시아가 기독교 이전 시대에 하늘의 세력으로 쓰였다는 예는 없다(Wink, *Naming* 157-58). 그러나 아르케에 대해서는 1에녹 6:8(헬라어); *T. Job* 49:2; *T. Abr*. B 13:10을 예로 들 수 있다.

17) Bietenhard, *Welt* ch. 5를 보라.

18) 이는 전형적인 것으로 창 6:1-4을 지목하는 것이다. 예컨대, 1에녹 6~8장; 요벨서 5:1; *T. Reub*. 5:6; 더 나아가 BAGD, *angelos*; Wink, *Naming* 23-26; 그리고 앞의 § 4. 4 각주 63을 보라. 바울 서신에서는 또한 고전 6:3; 11:10; 고후 11:14; 골 2:18 등을 보라. 갈 3:19에 대해서는 § 6. 4를 보라.

19) BAGD, *dynamis* 5, 6; 또한 벧전 3:22을 보라. 하늘의 존재들을 능력을 지닌 것으로 보는 것은 자연스러운 일이었다(예컨대, 왕하 17:16 LXX; 4마카베오 5:13; Philo, *Conf*. 171; *Spec. Leg*. 1. 209; 마 24:29; 막 14:62; 행 8:10). LXX은 "만군의 주"를 "권능들의 주"(the Lord of powers)로 번역하는 경우가 많다. 더 나아가, Wink, *Naming* 159-60을 보라. 그러나 Wink는 1에녹 20:1(한 헬라어 사본)만 디나미스 = 악한 세력의 예로 본다(162). A.-M. Denis and Y. Janssens, *Concordance grecque des pseudepigraphes d'Ancien Testament* (Louvain-la-Neuve: Universite Catholique de Louvain, 1987) 역시 1에녹 18:14만을 인용한다.

20) W. L. Knox, *Gentiles* 106-7; G. Bertram, *TDNT* 8. 613.

21) 그것과 대칭이 되는 것은 타페이노마 즉, 행성 궤도의 최저점이다(LSJ, *tapeinosa*).

보통 별들이 떠오르는 지평선 아래의 공간을 의미한다.[22] 그러나 그렇다 할지라도 천체들이 인간의 행실에 영향을 미칠 수도 있다는 생각이나 혹은 행성들과 별들에게 영향을 주는 권세들이 인간의 운명에도 영향을 줄 수 있다는 생각이 여기에서 멀지 않은 것이다. 롬 8:38-39은 "사망과 생명"으로 시작하여, 위협을 줄 가능성이 있는 것들을 열거하고 있다. "사망"이 적대적인 권세로 생각되고 있다는 것이 후에 분명해질 것이지만(§5. 7을 보라), 여기에 나타나는 "사망과 생명"은 그저 생각할 수 있는 온갖 인간의 처지를 지칭할 것이다(참조. 빌 1:20). 곧, 아무것도 신자를 하나님의 사랑에서 끊을 수 없다는 의미인 것이다. "현재 일"과 "장래 일"(롬 8:38)도 마찬가지일 것이다. 결국 그 어떠한 일이 일어난다 해도 신자가 하나님의 사랑에서 끊어질 수 없다는 뜻이다. "다른 아무 피조물이라도"는 곧 창조된 그 어떠한 것도 — 즉, 아무것도 — 그럴 수 없다는 뜻이다.

골로새서에 나타나는 목록의 경우, 어떤 이들은 "왕권들"(혹은 "보좌들")과 "주권들"이 "보이는 것들"과 병행을 이루므로 이것들은 곧 이 땅의 권력들을 뜻한다고 주장하기도 했다.[23] 그러나 이 주장은 설득력이 없다. 여기서는 아마도 "왕권들"을 최고의 우두머리로 하는 하늘의 권세들의 권력 체계를 뜻할 것이다.[24] 유대교와 기독교의 묵시적 전통에 친숙한 사람이라면 그 용어를 그렇게 이해할 가능성이 높다. 예를 들면, *T. Levi* 3:8에서는 "왕권들"은 일곱째 하늘에서 "주권들"과 함께 자리하는 천상의 존재들로 나타난다.[25] 이와 비슷하게 엡 1:21과 병행을 이루고 있다는 사실은 키리오테테스("통치")가 하늘의 권세들을 지칭한다는 것을 강력하게 시사해 준다.[26] 코스모크라토레스("세상 주관자들")와 엡 6:12의 프뉴마

22) Lietzmann, *Römer* 88-91; BAGD, *bathos,* Wink, *Naming* 49-50 등은 이와는 달리 두 용어가 "하늘의 공간을 지탱하는 기둥들의 꼭대기와 밑바닥"을 지칭한다고 본다.

23) E. Bammel, "Versuch zu Kol. 1.15-20," *ZNW* 52 (1961) 88-95. Wink, *Naming* 11은 그렇게 병행된다는 사실은 그것들이 "이 땅의 왕권과 하늘의 왕권, 그리고 보이는 왕권과 보이지 않는 왕권 모두"를 지칭하는 것임을 시사한다고 본다.

24) 특히 Lightfoot, *Colossians* 151-52; Wink, *Naming* 19를 보라.

25) 또한 2에녹 20:1(이 역시 일곱째 하늘에 위치한다)과 *Apoc. Elij.* 1.10-11(신실한 자들을 적대함: "사망의 보좌들"), 또한 계 13:2을 보라. 그 용법은 아마도 계 4:4에 반영되어 있는 단 7:9의 이상에서 빌려온 것일 것이다. Bietenhard, *Welt* ch. 4를 보라.

26) 또한 1에녹 61:10과 2에녹 20:1을 보라. 물론 이것들이 기독교 이전의 용법에 대한 증거를 제시하는 것은 아니다.

티카, 즉 "하늘에 있는 악의 영들"에 대해서는 더 이상 논의할 필요가 없다.[27]

하늘의 권세들에 대해서 사용하는 명칭이 가장 흥미로운 것 가운데 하나는 갈라디아서와 골로새서에 나타나는 스토이케이아다. 바울은 "이 세상의 스토이케이아 아래에서" 종 노릇하던 상태에 대해 언급하면서(갈 4:3), 갈라디아 사람들에게 "약하고 천박한 스토이케이아"(갈 4:9) 아래에서 종 노릇하던 데로 다시 돌아가지 말라고 경계하고 있다. 골로새서 역시 이와 비슷하게 "철학과 헛된 속임수"에 사로잡히지 말라고 경계하면서, 그것들이 "세상의 스토이케이아를 따름이라"고 말하고(골 2:8), 또한 골로새 신자들에게 그들이 "세상의 스토이케이아에서[28] 그리스도와 함께 죽었음"을 상기시켜 준다(골 2:20). 스토이케이아에 관한 기나긴 논쟁은 우주를 구성하는 것으로 보통 여겨지는 기본 질료들(흙, 물, 공기, 불)을 뜻하는 것이라는 쪽으로 거의 결말지어진 것으로 보아야 할 것이다.[29] 여기서 말하고자 하는 것은 이 질료들이 또한 보통 신적인 영들이나 신적인 존재들로 신격화되기도 했다(신화화되거나 인격화되었다)는 것이다.[30] 예컨대, 필로는 네 가지 질료들(스토이케이아)을 그 속에 "초월적인 능력"을 지닌 것으로 말하고 있고(*Aet. Mund.* 107), 또한 그 질료들을 우러러 높이고 그것들을 각기 서로 다른 신들로 여기는 사람들에 대해서도 언급하고 있다(*Vit. Cont.* 3).[31] 그리고 갈 4:3, 8-9에서도 스토이케이아에게 종 노릇하는 것을 다른 신들에게 종 노릇하는 것과 동등

27) 예컨대, A. T. Lincoln, *Ephesians* (WBC 42; Dallas: Word, 1990) 444-45을 보라.

28) " ~ 로부터"(아포) 라는 전치사를 사용한 것이 여기서 아주 의아하다. 그러나 아마도 사망이 그것"으로부터" 그들을 자유하게 했음을 의미할 것이다(참조. 롬 9:3; BDF §211).

29) 이것이 지금까지 바울 이전의 문헌에서 가장 비근하게 사용되는 용법이다. J. Blinzler, "Lexikalisches zu dem Terminus *ta stoicheia tou kosmou* bei Paulus," in *SPCIC* 2. 429-43; E. Schweizer, "Die 'Elemente der Welt,' Gal. 4. 3, 9; Kol. 2.8, 20," in O. Böcher and K. Haacker, eds., *Verborum Veritas,* G. Stählin FS (Wuppertal: Brockhaus, 1970) 245-59 (이는 Schweizer, *Beiträge* 147-63로 재출간되었음); D. Rusam, "Neue Belege zu den *stoicheia tou kosmou* (Gal. 4.3, 9; Kol. 2.8, 20)," *ZNW* 83 (1992) 119-25 등을 보라. 또한 필자의 *Colossians* 149-50의 상세한 논의를 보라.

30) "질료들을 신격화하는 일은 전 그리스-로마 시대에서는 통상적으로 있는 일이었다" (Wink, *Naming* 74). 그러나 Wink 76-77은 골 2:20과 갈 4:3, 9의 용법은 다르다고(기본적인 종교적 관례와 믿음을 지칭하는 것으로) 본다. 또한 그의 *Unmasking*, 특히 133-34, 148-49를 보라.

한 것으로 말하고 있는 것이다.

그렇다면, 사정은 매우 분명해지는 것 같다. 바울은 여러 층의 하늘이 있다는 일반적인 믿음을 함께 공유하였고,[32] 스스로 셋째 층의 하늘에 들어가는 일을 경험하기까지 했다(고후 12:2-4).[33] 그러나 이보다 더 중요하게 그는 아래 층의 하늘들[34]에 온갖 적대적인 권세들이 있고 또한 그 적대적인 권세들이 일종의 장애물 역할을 하여 위 층의 하늘들(셋째 하늘에 있는 낙원 — 고후 12:3)로 나아가지 못하도록 가로막는다는 일반의 믿음도 함께 공유하였던 것이다. 만일 이것들이 하나님께 나아가지 못하도록 방해하거나 가로막는다면(참조. 롬 8:38-39), 그것은 참으로 심각한 일일 것이다.[35]

그러나 여기서 알쏭달쏭한 것은 바울이 하늘의 권세들에 대해서 거의 이야기를 하지 않는다는 점이다. 바울의 저작으로 논란이 없는 서신들에 나타나는 두 가지 언급(롬 8:38-39; 고전 15:24)은 마치 그냥 어쩌다 보니 덧붙여져 있는 것처럼 보인다. 더욱이, 그 목록들도 매우 다양해서 오로지 "통치와 권세와 능력"만이 일정하게 나타난다. 그러므로 바울 자신이 이 하늘의 권세들에 대해 스스로 아주 강력한, 혹은 분명한 믿음이 없었던 것이 아니냐 하는 의혹이 생겨나는 것이다.[36] 그것들이 사건들과 행동들에 영향을 주는 초개인적인 능력들이요, 초사회적인 권세들이요, 영적 실체들이라는 데에는 의심이 없었다. 그러나 이런 권세들을 그 이상 상세하게 묘사하거나 규정하는 것이 타당하다고는 한 번도 생각하지 않은 것이다.

다시 말해서, 이러한 바울의 입장은 그가 다른 신들의 존재를 믿었느냐는 문제에 대해서 다룰 때에 발견한 것과(§2. 3c) 입장이 매우 유사하다. 심지어 좀 더

31) "흙, 물, 공기, 불 등의 질료들(스토이케이아)을 기리고 높이는 자들을 비교할 수 있을까? 사람들마다 그 질료들을 다른 이름을 붙여 불렀으니 말이다. 어떤 이들은 불을 지피는 것(엑삽토)이라고 해서 헤파에스투스(Hephaestus)라고 부르고, 공기가 위로 높이 올라가는 것(아이로)이라고 해서 헤라(Hera)라 부르니 말이다 …"(*Vit. Cont.* 3).

32) H. Traub, *ouranos*, *TDNT* 5. 511-2; Bietenhard, *Welt* 8-10, 14, 37-42, 96, 215-19.

33) 대부분 바울이 여기서 자기 자신의 경험을 증거하는 것으로 본다(참조. 12:7상).

34) 에베소서의 "하늘의 처소"(heavenly places: 한글 개역 개정판 성경에는 그냥 "하늘"로만 되어 있다 — 역자주)는 아래층에 속한 하늘(3:10; 6:12)과 위층에 속한 하늘들(1:3, 20; 2:6) 모두를 지칭하는 표현인 것 같다.

35) 그렇기 때문에 하늘도 새로워져야 할 필요가 있을 것이다(계 21:1).

36) 참조. Schlier, *Principalities* 13-14.

정규적으로 언급되는 "사탄"(또한 그와 같은 의미의 용어들)[37]에 대해서도 면밀히 조사해 보면, 바울의 사고의 개요가 흐리게 나타나는 것이다. 이미 주지한 바와 같이(§2. 3c), 정관사를 그대로 보존하고 있다는 사실("그 사탄")은 그 본래의 개념 — 즉, 하나님의 종들을 시험하고 테스트하는 영적 권세에게 주어진 이름으로서의 "그 사탄"[38] — 에서 계속 영향을 받고 있음을 반영한다고 할 것이다. 또 두드러지는 것은 "악"과 "악한 자"의 개념이 서로 하나로 합쳐져서,[39] 초점이 단일한 — 악한 것을 경험하며 따라서 인격체로 상정되는 — 실존하는 실제 권세로 등장한다는 점이다. 그러므로 "공중의 권세 잡은 자(엑수시아)"(엡 2:2)는 "흑암의 권세(엑수시아)"(골 1:13)나 "세상의 영"(고전 2:12)과 개념적으로 별로 멀지 않고, 또한 그것들은 현대의 "시대 정신"(the spirit of the age)[40]과 개념적으로 별로 멀지 않은 것이다.

매 경우마다 바울은 그런 하늘의 존재들을 하나님의 목적과 반(反)하는 것들로 지칭하는 것 같다. 그런데 이것은 바울 자신이 그것들에 대하여 분명한 신념이 있었기 때문이 아니라, 그 초개인적이며 초사회적인 악의 권세들이 역사하는 것을 그가 몸소 체험하였고 또한 진정으로 보았으므로 그것들 모두를 칭할 용어가 필요했기 때문이요, 또한 그 용어들이 당시에 일반적인 믿음으로 널리 퍼져 있던 것들이었기 때문이다. 다시 말해서, 위에서 인용한 점들에 대한 확신들은 주로 아드 호미넴(*ad hominem*), 즉, 하늘의 권세들을 진정으로 경험하고 두려움을 갖는 그런 사람들에게 다시금 확신을 주고자 하는 것이었다는 것이다. 예를 들어서 스토이케이아라는 용어의 모호함이 이로써 해명될 수 있을 것이다. 바울은 한밤중에 사람들로 하여금 끔찍한 두려움으로 지새우게 만드는 모든 이름 없는 권세들("운명"과 악한 다이모네스 등)을 편의상 통칭하는 용어로 그것을 사용한 것이다. 과거에 이미 극복되었고 무력화된 것은 바로 그의 회심자들이 경험하였고 아직도 두려워하고 있던 그 능력들이었다. 롬 8:38-39 목록의 마지막 항목들의 경우처럼,

37) 앞의 §2 각주 45를 보라.

38) Caird는 바울 서신에서 "율법이 다른 곳에서 사탄의 기능으로 간주하는 그런 기능들을 함께 발휘하는" 것이 자주 나타난다는 점을 지적하고 있다(*Principalities* 41-43). 그러나 다음의 §6을 보라.

39) 롬 12:9; 고전 5:13; 살후 3:3; 엡 6:16.

40) Ling, *Satan* 48, 51-53; 또한 참조. 60-61, 78-84.

바울은 그 용어로 모든 가능성을 다 포괄하고 있었던 것이다. 그 어떠한 결말도, 그 어떠한 실체의 차원도, 그 어떠한 피조된 존재도, 아무리 강력하고 아무리 천상의 성격을 지녔다 해도, 그리스도 안에 있는 하나님의 목적을 무너뜨릴 수는 없다는 것이다.

하늘의 권세들에 대한 바울의 사고의 타당성을 검토할 때에 이 모든 점들을 반드시 염두에 두어야 할 것이다. 거의 이백 년 가까이 고대의 믿음이라는 이 분야 전체가 정규적으로 "신화"라는 문제점의 가장 주된 실례로 간주되어 왔으며, 또한 불트만 이후부터는 그것이 그의 비신화화의 프로그램을 위한 최고의 대상이 되어 왔기 때문이다.[41] 그러나 바울이 상대적으로 이 문제에서 무관심하며 혹은 그것을 아주 시급한 문제로 적극 디루지 않는다는 점은, 바로 이 경우에 비신화화의 간격이 훨씬 좁아진다는 것을 시사한다.

사실, 우리는 바울 자신이 이 점에서 자기 나름대로 비신화화 작업을 했다고 말해야 할지도 모르겠다. 그는 영적인 권세들의 존재를 믿었고 그리하여 그 문제를 그렇게 진지하게 다루었기 때문이다.[42] 그러나 그의 신학적 목회적 관심사의 초점이 되었던 영적 권세들은 "통치자들과 권세들"이 아니었고, 죄와 사망의 권세들이었다.[43] 그리고 이것들은 존재론적 실체들이라기보다는 실존적인 실체들이요, 인

41) "New Testament and Mythology," in H. W. Bartsch, ed., *Kerygma and Myth* (London: SPCK, 1953) 1-44.

42) Wink는 "통치와 권세"는 어떤 권세가 드러나는 내적인 면과 외적인 면으로 보는 것이 가장 좋은 해석이라고 본다. "내적인 면으로서는 제도들의 영성(spirituality) 즉, 공동의 구조와 체제의 '내부'요, 권력이라는 외적 조직의 내적인 본질이다. 외적인 면으로서는 정치 체제, 지명된 관리들, 어떤 조직의 '장'(長: chair), 법규들 — 간단히 말해서 권력이 취하는 손에 잡히는 모든 것들 — 을 다 가리킨다"(*Naming* 5; 또한 10, 100-101, 109, 118, 139-40, 146을 보라). 그리하여 그는 아르케를, "직위, 지위, 직능을 통한 권력의 제도화와 영속화를 뜻하는 사회학 이전 시대의 단어"라고 정의하며(13), 엑수시아는 "권력의 일상적인 시행을 뒷받침해 주는 합법적인 조치, 인준, 허가 등"을 지칭하며(17), 또한 "사탄은 자기 자신의 향상을 최고의 선으로 여겨 그것을 우상 숭배적으로 추구하는 사회의 실질적인 내적 본질"이라고 한다(*Unmasking* 25). 혹 Wink가 자기의 주장을 지나치게 강조한다 할지라도 그의 해석의 강조점은 정말 진지하게 받아들일 필요가 있다. 참조. Ling, *Satan* 89-92; Schlier, *Principalities* 19-20, 25-27, 30-33)

43) 이에 반하여 Wink는 Beker를 따라서 바울이 권세들을 지혜와 율법을 근거로 비신화화했다고 본다. "이 시대의 가치와 규범적 행실의 구조들로서, 지혜와 율법은 각기 이방인들

격화된 실체들이요, 혹은 구체화된 존재들이요, 혹은 인간의 경험에 지극히 사실적으로 와 닿는 힘들의 인식인 것이다.[44]

§ 5.3 죄

"죄"에 대해서 논의하여야 할 내용의 상당 부분이 §4에서 이미 다루어졌다. 그러나 로마서의 바울의 신학 해명 작업에서 그 용어가 차지하는 중요성을 볼 때에, 그것을 별도로 취급하여야 할 필요가 충분히 있을 것이다. 그러므로 앞의 논의들에서 발견한 내용들을 거기에 종합시켜서 다루고자 한다. 또한 그 주제를 여기서 다루는 것이 매우 적절하기도 하다. 바울은 롬 5:12에 가서야 비로소 "죄"를 본격적으로 다루기 시작한다. 그리고 인간의 처지에 대한 그의 분석이 창세기 1~3장에 기초한다는 점이 그 두드러진 특징이라는 점도 이미 살펴본 바 있다. 사실, 아담의 사화를 사용하는 두 가지 가장 명확하게 드러나는 본문(5:12-14; 7:7-13)에서 "죄" 라는 용어가 부각된다는 점을 볼 때에, 1:18-32에서 그 용어가 나타나지 않는다는 점은 별 문제가 되지 않는다. 다만 한 가지, 로마서 1장에 "죄"가 나타나지 않는다는 사실은, 단순히 한 단락에서 한두 가지 요인들에만 초점을 맞추어 분석해 나가는 바울의 기법을 보여 주는 것뿐이다. 더구나 이미 지적한 바와 같이(§5. 1), 바울은 첫 단락인 정죄 부분(1:18~3:20)을 다음과 같은 3:9의 말씀으로 정리해 주고 있다: "유대인이나 헬라인이나 다 죄 아래에 있다고 [죄의 권세 아래 있다고] 우리가 이미 선언하였느니라." 그러므로 바울은 그 앞의 1:18 이하의 문단 속에서 묘사한 내용이 죄의 권세가 여러 가지로 다양하게 드러난 현

과 유대인들의 존재를 규정하는 권세들이다"(*Naming* 62-63). 이와는 다른 방향의 사고는 "시간"을 일종의 압박하는 "권세"로 곧, 부활, 새 창조, 최후의 심판 등의 개념들을 좁은 테두리 속에 제한시키려는 시도를 비판할 능력이 있는 것으로 간주하였을 수도 있을 것이다.

44) 또한 "인격화"라는 용어의 부당한 사용에 대한 Wink의 경계를 주목하라: "제도의 영성"은 실질적으로 존재하는 것이다(*Naming* 105); "인격화는 곧 착각을 의미한다"(136). 또한 그는 신화를 쓸데없는 것으로 생각할 위험에 대해서도 경계한다: "신화들에 대한 우리의 모든 '설명들' 은 없어도 되는 것들이요 시간에 제한을 받는 것으로서 곧 잊혀질 것들이다 [Wink는 물론 자기 자신의 설명도 거기에 포함시킨다]. 그러나 신화는 계속 살아 있으며 그것이 '나타내는' 그 실체 자체와의 계속적인 교류를 통해서 유지된다"(142-43); "이 영역에 접근할 다른 형식은 없다"(145).

상들이라는 것을 가정하고 있었음이 분명하다.

"죄"라는 용어 자체에 초점을 맞출 때에는, 곧바로 두 가지 두드러진 특질들을 보아야 한다. 그 첫째는 로마서에서 그 용어가 정말 놀라울 만큼 특별하게 지배적으로 나타난다는 점이다. 그 용어는 바울 서신 전체에 64회 나타나는데, 그 중 4분의 3이 로마서에서 나타나는 것이다. 뒤집어서 말하면 로마서에 나타나는 하마르티아의 빈도수가 그 이외의 바울 서신 전체 빈도수의 3배나 된다는 것이다. 더욱이, 로마서 전체에 나타나는 48회 중에서 41회가 5:12~8:3에서 나타난다. 정말 놀라울 만큼 그 용어의 사용이 집중되어 있는 것이다. 여기서 예비적으로 지적할 만한 가치가 있는 둘째 특질은 로마서에 충격적으로 나타나는 "죄"의 인격화 현상이 복수형("죄들")이 지배적으로 나타나는 기타 바울 서신의 경우와 똑같이 이례적이라는 사실이다.[45] 로마서 이외에 로마서의 지배적인 용법과 아주 밀접한 의미로 사용되는 경우는 고전 15:56("사망의 쏘는 것은 죄요 죄의 권능은 율법이라")과 갈 2:17과 3:22뿐이다. 다음에서 고전 15:56 전반부와(§5. 7) 후반부를(§6) 취하여 다루게 될 것이다. 갈라디아서의 두 구절은 로마서에 나타나는 죄의 인격화를 예상하는 것으로서 그리스도를 "죄의 종"(2:17)이신 그리스도에 대해서 논의하며 또한 모든 것이 "죄 아래" 갇혀 있음을 말한다(3:22). 그러나 이 구절들만으로도 로마서의 용법이, 물론 그 집중된 강도에서는 매우 특별하지만, 바울의 다른 서신들에 표현되어 있는 그의 신학과 어긋나는 것이 아님을 충분히 입증할 수 있다.

그러나 롬 5:12~8:3에서는 "죄"가 계속해서 하나의 인격화된 권세로 나타나고 있다.[46] "한 사람으로 말미암아" 죄가 세상에 들어왔다(5:12). 죄가 사망 안에서, 혹은 사망을 수단으로 하여 군림하였다(5:21). 죄가 사람을 지배하거나 다스릴 수 있다(6:12, 14). 6:16-23에서는 죄에 종 노릇한다는 은유(隱喩)가 주류를 이루는 모티프로 나타나며, 죄를 삯을 지불하는 주인에 비하기도 한다(6:23).

---

45) "죄들" — 롬 3:25(하마르테마타); 4:7(인용구); 7:5; 11:27(인용구); 고전 15:3, 17; 갈 1:4; 엡 2:1; 골 1:14; 살전 2:16; 딤전 5:22, 24; 딤후 3:6. 이와 관련되는 여러 가지 히브리어 헬라어 용어들과 히브리어 성경과 LXX에 나타나는 개념들의 분석에 대해서는 Lyonnet, *Sin* 12-19, 24-26을 보라.

46) 5:12~8:3에 나타나는 41개의 언급 중에서 분명히 죄악된 행동을 염두에 두고 있는 것은 몇 개 되지 않는다(5:13하; 7:5; 7:13하; 8:3하). 또한 위의 §4. 6을 보라.

7:8-11에서는 죄를 살아 있는 존재(창세기 3장의 뱀)나 혹은 기회를 잡아서 연약한 인간성 내에 교두보를 마련하는 간교한 원수에 비한다.[47] 그리고 7:14에서는 바울이 "나는 육신에 속하여 죄 아래에" 있다고 애통해 하는데, 여기서 그는 자기 자신을 전쟁에 패배한 포로로서 팔려서 종살이 하는 존재로 묘사한다.[48] 이처럼 꾸준히 죄를 인격화하는 경우는 그 당시로서는 매우 이례적인 것이다. 창세기 1~3장을 사용하는 문맥에서 그런 현상이 두드러진다는 사실을 볼 때에, 그것은 바울이 그것과 아주 밀접하게 관련되어 있으면서도 아주 수수께끼 같은 창 4:7의 인격화 — 죄가 (마치 맹수처럼) 가인의 문에 엎드려 있다는 묘사(참조. 벤 시라 27:10) — 에서 빌려온 것일지도 모른다.[49] 또한 헬라어 용법과의 병행 현상이 제시되기도 했다.[50] 그러나 로마서의 용법은 일차적으로 바울이 만들어낸 것이다. 그러므로 그것은 바울 자신의 편에서 죄를 자기 자신에게와 인류 전반에 역사하는 하나의 굉장한 권세로 인식하고 있었음을 시사하는 것이다.

앞에서 발견한 사실들을 모두 종합하면, 바울이 "죄"를 하나의 권세로 이해했다고 정리할 수 있을 것이다. 바울은 "죄"라는 용어를 사람이 자기들 속에서나 사회적인 처지 속에서 전반적으로[51] 경험하는 하나의 강제력(a compulsion) 혹은 억제력(a constraint)이라는 의미로 사용하고 있다. 곧, 반드시 자기 자신의 의지나 동의와 상관 없이 사람에게 가해져서 어떤 태도나 행동을 이루어내는 하나의 강제력을 뜻하는 것이다. 만일 바울이 하마르티아의 근본 의미를 취하였다면, 하마르티아는 바로 남녀를 최고의 상태에서 끌어내고 계속해서 목표를 빗나가도록 만드는 세력, 혹은 권세(power)를 의미할 것이다.[52] 구체적으로 말하면, 죄는 인간으

47) BAGD, *aphorme*; 필자의 *Romans* 380을 보라.

48) 또한 6:6; 7:23, 25; 8:3, 10을 주목하라.

49) Lyonnet, *Sin* 27-28은 유대교에는 "죄를 — 사람을 지배하고 그들의 행실을 부추기는 하나의 힘으로 생각하는 경향"이 있었다고 주장한다. 그러나 그에게 가장 좋은 언급은 "죄"(단수?)를 1QS 3.17-23에 나타나는 "어둠의 사자"의 특징으로 보는 것이다.

50) BAGD, *hamartia* 3.

51) 그는 "모든 사람이 죄를 범하였으매"(3:23), "다 죄 아래 있다"(3:9)로 일반화시켜서 말할 수 있다는 것을 잘 알고 있었다. 죄의 보편성에 대해서는 §4 각주 16을 보라.

52) Schlier, *Grundzüge* 64-65. 아리스토텔레스는 하마르티아를 "연약함 때문이든 사고나 혹은 결함 있는 지식 때문이든 덕과 바라는 목표를 빗나가는 것"으로 정의하였다(*Ethica Nicomachea* 1106b; G. Stählin, *TDNT* 1. 294에서 재인용).

로 하여금 그 피조성(creatureliness)과 하나님에 대한 의존성(dependence on God)을 잊게 만드는 권세요, 인간으로 하여금 그 참된 본성을 인식하지 못하도록 가로막으며 아담을 속여서 스스로 하나님과 같다고 생각하게 만들고 그리하여 자신이 아다마에 불과하다는 것을 깨닫지 못하도록 만드는 권세다. 그것은 바로 인류를 돌이켜 자기 자신에게로 향하게 하여 자신의 육체로서 연약함을 만족시키고 보상하는 데에 몰두하도록 만드는 그런 권세인 것이다.[53] 그것은 바로 선한 의지를 가진 무수한 개개인들로 하여금 절망 가운데서 "도저히 어찌할 수 없어," "싸울 수 없어"라고 외치게 만드는 그런 권세인 것이다.

바울은 죄의 기원의 문제 — 이 권세가 어디서 왔는가? — 에 대해서는 전혀 주의를 기울이지 않는다. 그것은 헬라의 윤리론자들과 유대교의 윤리론자 모두들 사이에서 널리 논의된 문제다.[54] 그러나 바울의 관심사는 오로지 인간 존재의 현실에 있었다. 롬 7:7-25에 나타나는 "나"에 대한 예리한 증언이 분명하게 그 점을 드러내 보여 준다.[55] "죄"는 그저 "세상에 들어왔고"(5:12), "죄"는 살아난 것이다(7:9). 바울이 말할 필요가 있다고 느낀 것은 그것이 전부였다.[56] 그는 개인의 책임 문제를 해결하기 위하여 "죄"를 육체를 지닌 "나"를 완전히 지배하는 하나의 권세로 그리면서도(7:14), 동시에 그것이 행하는 악에 "나"가 참여하는 부분을 부인하거나 또한 내가 선을 행하지 못하는 것에 대해서 구차한 변명을 늘어 놓지 않는다(7:14-24).[57] 그리고 그는 죄책(罪責: guilt)의 문제에 대해서는 율법을 통

53) Ling은 고전 5:5과 고후 12:7에서는 "사탄의 활동 영역이 사륵스이다"라고 본다(*Satan* 40-42).

54) 위의 각주 5와 또한 §4. 3에서 벤시라와 4에스라서를 보라.

55) 7:7을 주목하라. 여기서 "죄를 안다"는 것은 "죄를 경험한다는 뜻이다(필자의 *Romans* 378을 보라).

56) Bultmann은 이 두 가지 이미지를 하나로 묶으려 한다: "죄를 지음으로써 죄가 세상에 들어왔다"(Conzelmann, *Outline* 195도 이와 비슷하다); 그 계명이 "그의 속에 잠자고 있던 죄를 깨웠다"(*Theology* 1. 251). 바울이 죄를 의인화한 것을 그저 "인간의 실패의 본질"(der Inbegriff menschlicher Tatverfehlungen) 정도로만 정의하는 것이 과연 족한 것인가(Röhser, *Metaphorik* 177)?

57) 참조. Stulmacher, *Theologie* 279 — "죄는 동시에 죄책(罪責)이요 운명이다." 엡 2:3도 이미 사실을 좀 더 존재론적인 시각에서 보고 있다: "우리도 — 다른 이들과 같이 본질상 진노의 자녀이었더니."

해서 해결한다. 죄의 권세가 인류를 격동시켜서 특정한 방식으로 생각하고 행동하게 만들지만, 죄책은 오로지 이미 알고 있는 명령을 의식적으로나 고의적으로 범하는 경우에만 결부되는 것이다(5:13; 7:9).

그렇다고 해서 바울이 죄의 권세를 그저 개개인의 문제로만 바라보았다고 생각해서는 안될 것이다. 롬 1:18-32의 정죄는 모든 관계에 다 미치는 것이다. 고전 15:56에 나타나는 죄의 권세에 대한 요약된 언급은, 고린도전서 1~14장에서 대면하는 문제들의 주요 요인이 되었던 사회적 억제력과 그러한 상황의 현실성을 잘 정리하여 보여 주는 것이다. 단언하건대, 바울은 "제도적 죄"(institutional sin) — 사회적 제도 속에서 발휘되는 죄의 권세(부정과 조작 등) — 라는 현대적 관념을 기조로 생각하지는 않았다.[58] 그러나 그는 그 요점은 잘 인지하고 있었을 것으로 보인다. 고전 1:26-29에서 자기 나름대로 제시하는 것이 바로 그것이었다. 그는 하나님을 인식하지 않는 하나의 조직화된 사회적 가치들의 체제로서의 세계를 제시한 것이다.[59] 고린도전서 5~6장과 8~11장에서 씨름하고 있는 것이 바로 그러한 사회적 관습과 그 시대의 관행이었던 것이다. 또한 이렇게 생각할 수도 있을 것이다. 곧, 그가 하늘의 권세들에서는 다른 곳에서 그렇게 간단하게 언급하고 그냥 무시하고 지나가면서도, 하나의 권세로서의 죄에 대해서는 그렇게 주의를 기울인 까닭이 바로 거기에 있었다고 말이다. 윙크(Wink)가 간파했듯이, 그 표현의 (그리고 "죄"에 대해서도 역시) 유동적인 면과 종잡을 수 없는 면 자체가 바울이 개인이나 국가나 도저히 어쩔 수 없도록 실질적으로 사회의 삶을 통제하고 억제하고 강압하는 눈에 보이지 않는 어떤 영적인 권세의 체제를 염두에 두고 있었음을 시사하는 것이다.[60]

간단히 말해서, 이 점에서 바울의 신학은 경험적이요 실제적이다. 그리고 다른 곳에서는 하나의 권세로서의 "죄"에 대하여 거의 언급하지 않기 때문에, 우리는 그가 그 명칭 자체에 대하여 별로 관심을 갖지 않았을 것이라고 생각할 수 있다.

---

58) R. Niebuhr, *Moral Man and Immoral Society: A Study in Ethics and Politics* (New York: Scribner, 1932).

59) 또한 고전 3:19; 4:9, 13; 5:10; 7:31-34; 11:32의 코스모스 ("세상")와 또한 "세상의 스토이케이아"(위의 §5. 2)로 함께 연결되는 것을 주목하라. 참조. Bultmann, *Theology* 1. 254-57; Ladd, *Theology* 437-39.

60) 위의 각주 42를 보라.

그가 문제 삼았던 것은 이 악의 차원의 현실성이었다. 곧, 그는 개인과 사회 생활 속에 침투하여 마치 무자비한 노예 상인처럼 개인과 사회를 휘어잡고 몰아가며 사람들을 꽁꽁 휘감아서 죽음의 처지로 이끌어가는 그런 악의 현실을 문제로 삼았던 것이다. 바울은 복음이 바로 그것을 상대하는 수단임을 확실히 믿고 있었기 때문에, 그렇게도 극적으로 또한 그렇게도 무자비하리 만큼 솔직하게 이러한 죄의 권세를 인격화시킬 수 있었던 것이다.

§ 5.4 죄의 효과 — 오도된 종교

인류를 향하여 바울이 정죄하는 바는, 인간이 하나님의 권세로부터 독립을 선언함으로써 자기 자신들을 죄의 권세 아래에 가져다 놓았다는 사실에 있다. 바울에게 그 권세는 세 가지 특징적인 방식으로 그 모습을 드러낸다. 이미 롬 1:18-32에서 인간이 하나님을 하나님으로 인정하지 않은 결과 나타나는 인간의 처지를 묘사하는 중에 그런 모습이 암시되고 있다.

그 첫째 방식은 오도된 종교(misdirected religion)라고 말할 수 있을 것이다. 하나님을 예배하기를 거부함으로써(1:21) 가장 먼저 생겨난 결과가 바로 사람과 짐승의 형상들을 예배하는 것이라는 것(1:23, 25)은 바울의 편에서 볼 때에는 고의적으로 조장한 아이러니가 아닐 수 없다.[61] 이러한 주장과 통찰은 깊이 새길 만한 가치가 있다. 하나님께 합당한 영광을 돌리는 것을 대신하는 것이 종교인 것이다![62] 여기서 우리는 하나님의 창조의 권세에 궁극적인 의미를 두는 피조물의 기본 본능이 완전히 눌림을 당할 수는 없고 다만 왜곡될 뿐이라는 것을 바울이 감지하고 있었음을 보게 된다. 하나님이 인간이 조작해 낸 신(神)들로 대체될 수 있다는 것이다. 하나님께 궁극적인 의미를 두는 대신, 인간은 쉽게 규정짓고 쉽게 다가가고 통제할 수 있는 다른 것에 기꺼이 그 궁극적인 의미를 넘겨줄 수 있다

61) 우상숭배에 대하여 다른 곳에 나타나는 바울의 적대적인 태도에 대해서는 위의 §2 각주 20을 보라.

62) 참조. Karl Barth의 "불신앙으로서의 종교"에 대한 유명한 비평(*Church Dogmatics* 1. 2 [Edinburgh: Clark, 1956] 297-325): "계시의 관점에서 볼 때에 종교는 하나님께서 그의 계시 가운데서 행하시고자 원하시는 바를, 또한 행하시는 바를 예상하고자 하는 인간의 시도로 보인다. 신적인 역사(役事)를 인간의 역사로 대치시키려는 시도다"(302). 그는 이를 롬 1:18-32과 연관짓는다(306-7).

는 것이다. 인간이 종교를 자기들의 통제 아래 가져다놓고 그리하여 그것이 인간 자신을 영화롭게 하는 수단이 될 때, 인간 스스로 하나님처럼 되고자 하는 유혹(창 3:5)이 결실을 보게 되는 것이다. 하나님처럼 되고자 하는 의지란 바로 권세를 부리고, 삶을 마음대로 이루고 운명을 스스로 결정하고자 하는 의지이기 때문이다. 인간으로 하여금 다른 사람들을 제압할 수 있는 권력을 얻고자 애쓰도록 몰아가는 그 기본적인 욕구는 바로 하나님을 인정하고 하나님께 의지하기를 인정하는 피조물의 기본적인 본능이 왜곡되어 나타나는 현상인 것이다.[63]

여기서 가장 충격적인 것은 바울 자신이 조상들에게서 물려받은 종교까지도 동일한 정죄 아래 놓고자 한다는 사실이다. 이미 앞에서 살펴본 바와 같이, 우상숭배에 빠졌다는 탄핵은 이방인들의 우상숭배에 대해서 정죄하는 유대교의 기본 자세를 그저 되풀이하는 것이 아니었다. 이스라엘도 동일한 함정에 자주 빠졌었기 때문이다.[64] 그러므로 바울은 롬 2:1~3:19을 할애하여 자기의 동족들도 그의 정죄에서 면제되지 않는다는 점을 확고히 할 필요가 있다고 느꼈던 것이다. 이는 로마서 2장을 전개하는 방식에서 충분히 명백해진다. 유대인들은 자기들이 하나님 앞에서 사랑받는 백성들이므로 자기 자신들이 저지른 죄악된 행동들에 대해서 심판을 받지 않고 무죄 방면될 것이라는 식의 확신을 가지고 있었으나, 바울은 로마서 2장에서 이러한 전형적인 유대인들의 확신을 갈수록 더 명확하게 공격하는 것이다.[65] 바꾸어 말하면 그의 공격은 유대인들이 자기들의 종교에 기초하여 갖고 있는 거짓 신뢰에 대한 공격이었다. 그가 이런 비판을 제기하는 데에 그렇게 많은 분량을 할애하고 있으므로, 바울에게는 그 문제가 매우 중요했던 것이 틀림 없다. 그러므로 그의 정죄 부분을 좀 더 상세히 추적해 보는 것도 충분한 가치가 있을 것이다.[66]

---

63) 또한 Eichholz, *Theologie* 70-76을 보라. 참조. Ling, *Satan* 42: "이 바울의 참조 구절들에서 나타나는 사탄의 개념은 권력과 자기 확대를 향한 지칠줄 모르는 욕심을 특징으로 하는 영이다."

64) 위의 § 4. 4를 보라.

65) 참조. Beker, *Paul* 80: "유대인과 이방인이 동등하게 죄 아래 있는 처지에 있음을 주장하며, 또한 죄 아래 있는 이방인의 자명한 성격을 전제로 하고 있다."

66) 좀 더 상세한 내용은 필자의 *Romans* 76-160을 보라. Elliott, *Rhetoric*은 이러한 방향의 본문 해석 전반에 대한 비판을 시도한다: (1) Elliott는 바울은 1:18~3:20의 초두에 그것

(1) 바울은 우선 대화의 상대자를 상정한다: "그러므로 남을 판단하는 사람아, 누구를 막론하고 네가 핑계하지 못할 것이다"(2:1). 그 대화의 상대자는 2:17에 나타나는 스스로 "유대인"이라 불리는 사람이다.[67] 지혜서 11~15장 — 롬 1:18-32은 분명히 그것을 반영하고 있다[68] — 에 나타나는 이방 종교에 대한 가차 없는 탄핵을 친숙하게 아는 사람이라면, 바울의 정죄가 전형적인 이방 종교보다 스스로 도덕적으로 우월하다는 의식을 갖고 있는 디아스포라 유대교의 특징이었다는 점을 간과하지 않을 수 없을 것이다. 다시 말하면, 여기서 판단하는 대화의 상대자는 결국 솔로몬의 지혜서에서 화자(話者)로 등장하는 "유대인"이다.[69]

(2) 2:1-6이 분명히 시사하는 바는 그 대화의 상대자가 자기는 죄를 범하지 않

이 정죄라는 실마리를 전혀 드러내지 않다가 3:9과 20절에 가서야 비로소 그 점을 드러낸다고 주장한다(106-7). 그러나 이것은 1:18 이하를 정말 이상스럽게 읽는 것이라 아니할 수 없다. (2) 그는 1:18-32이 헬라적 유대교 선전 언어로 되어 "특별히 이방인의 세계를 지목한 것"임을 인정하면서도(173-74), 1:18-32의 정죄를 인정하는 2:1 이하에 나타나는 질문자를 그런 선전을 대변하는 목소리로 의도한 것이 가장 분명하다는 주장에 대해서는 "개연성이 없다"고 생각한다(125-6) (다음의 각주 67을 보라). (3) 그는 로마서 2장에서 제기되는 이슈가 비유대인에 비해서 유대인에게 유리하다(3:1)는 사실을 무시하며, 또한 이 이슈가 2:17-29에서는 물론 2:1-16에서도 똑같이 전면에 부각된다는 사실(이에 대한 증거는 곧 제시될 것이다)을 무시한다. 2:17에서 "새로운 대화 상대로의 분명한 전환이 이루어진다"(127; 참조. 174-90, 284)는 논지는 거의 설득력이 없다. 다음의 각주 75와 79를 보라. Elliott의 논지는 수사학 이론(Rhetorical theory)을 뒷받침하고자 하는 본문 해석의 한 예이다.

67) 이에 대해서는 현대 학자들이 의견의 일치를 보고 있다(예컨대, Eichholz, *Theologie* 83-85; Ziesler, *Romans* 81; G. P. Carras, "Romans 2.1-29: A Dialogue on Jewish Ideals," *Bib* 73 [1992] 183-207; Fitzmyer, *Romans* 297; Stuhlmacher, *Romans* 39-40; Boyarin, *Radical Jew* 86-95; Thielman, *Paul* [§ 6 각주 1] 168-70; 또한 Elliott, *Rhetoric* 174-75에 나타나는 다른 사람들). 2:1-16을 가상의 이방인을 향한 것으로 읽고자 하는 Stower의 시도는 때때로 그가 그 문제가 수사학의 방법론 자체에 달려 있다는 식으로 가정하는 것 같은 인상을 준다(*Rereading* 13, 101). 그러나 그 문제는 그 앞의 비판이, 특히 이방인의 우상숭배와 성적 관습에 대한 비판이 유대적인 특징을 강하게 지니고 있다는 사실에 주로 달려 있는 것이다. Stower는 결정적인 시점에서 이러한 점을 완전히 무시하고 있다(27-29, 100-104). 102의 논지에도 불구하고, 14:3-4에서 "비판하는" 자는 십중팔구 "속된" 음식을 먹기를 삼가는 유대인 신자일 것이다(14:14). 다음의 §24. 3을 보라.

68) 위의 §2. 4, §4. 3 각주 23 그리고 다음의 (2)를 보라.

69) Laato, *Paulus* 109-12, 118-19를 보라.

았다고 생각한다는 점이 아니다. 오히려 바울이 비판하는 것은, 그 대화의 상대자가 스스로 이방인에 대해서 정죄하는 그런 똑같은 죄를 범하면서도 자기는 "하나님의 심판을 피할 줄로" 생각한다는 것이다(2:3). 그는 자기 자신도 깊이 회개할 필요가 있다는 것을 깨닫지 못한 것이다(2:4-5). 그러나 이러한 자세는 그 당시의 유대교 문헌들에서도 나타난다. 「솔로몬의 시편」(*The Psalms of Solomon*)은 "불법을 행하는 자들[70]은 하나님의 정죄를 피하지 못하리라"(롬 2:3과 동일한 표현이다)는 것을 확신하고 있다. 그러나 동시에 그들은 자기들의 죄가 속함을 받았고(솔로몬의 시편 3:8), 자기들은 용서함 받을 것이며(9:6-7), 주께서 그의 거룩한 자들을 살려 두실 것이며(13:10), 하나님이 그들을 유지시키시며 그들에게 긍휼을 베푸실 것(16:11-15)이라는 것도 동일하게 확신하고 있었던 것이다. 또한 롬 2:4이 지혜서 15:1-4을 반영한다는 사실도 똑같이 충격적이다:

> 그러나 우리 하나님이여, 당신은 인자하시고 참되시고 오래 참으시며(참조. 롬 2:4) … 우리가 죄를 지어도, 우리는 당신의 것들로서 당신의 능력을 아나이다(참조. 롬 1:19-20); 그러나 우리가 당신의 것들로 인정받는다는 것을 알기에 죄를 짓지 않으리이다. 당신을 아는 것이 완전한 의(義)이며(참조. 롬 1:17), 당신의 능력을 아는 것이(참조. 롬 1:19-20) 영원불멸의 뿌리이옵니다. 인간의 예술 작품의 악한 의도도, 화공(畵工)들의 부질없는 수고도 우리를 미혹시키지 않았사오니 … (우상숭배를 대적하는 논쟁이 계속 이어진다 — 참조. 롬 1:23-25).

이처럼 로마서 1~2장 여기저기에서 지혜서 11~15장의 흔적이 나타나 있는 것을 볼 때에, 바울이 롬 2:4에서 비판하는 태도가 지혜서에 표현되어 있는 바로 그 태도라는 것은 거의 의심의 여지가 없다. 그 대화의 상대자는 결국 솔로몬의 지혜서에서 말하는 바로 그 "유대인"이라는 것이 확실하다. 또한 솔로몬의 시편과

70) 문자적으로 "아노미아(무법: 無法)를 행하는 자"라는 뜻이다. 아노미아는 이방인 원수들과 또한 그들과 한편이 되는 자들과 그들처럼 행동하는 자들의 특징이다(*Pss. Sol.* 1:8; 2:3, 12; 15:8, 10; 17:11, 18). 이와 대조적으로 솔로몬의 시편 이면에 숨어 있는 그룹은 "죄인들"과는 반대로 자기 자신들은 "의인"으로 여겼다(1:1-3; 2:1-2, 16, 34-35; 3:3-12 등).

솔로몬의 지혜서 모두에 나타나는 사고는, 그들이 하나님께서 자기들을 대하시는 방법과 "죄인들"을 대하시는 방법이 서로 다르다고 여겼음을 시사해 준다. 이스라엘은 징계를 받지만, 다른 사람들은 형벌을 받는다. 이스라엘은 채찍을 맞지만, 다른 사람들은 징벌을 받는다. 이스라엘은 시련을 당하지만, 불경한 자들은 정죄를 받는다. 이스라엘은 긍휼을 기대하지만, 다른 사람들은 오로지 진노밖에는 바라볼 것이 없다는 것이다.[71]

(3) 그러한 신뢰는 다음에 이어지는 두 문단에서 더욱 더 노골적으로 비판을 받는다. 하나님의 심판은 완전히 공평무사한 것이다(2:6-11): "먼저는 유대인에게요 그리고 헬라인에게니, 하나님께서 외모로 사람을 취하지 아니하심이라" (2:9-11). 2:12-16의 경우도 비슷하다. 마지막 심판에서는 "율법 없는"(아노모스) 상태에 있다는 것과 "율법이 있는"(엔 노모) 상태에 있다는 것이(2:12), 또한 "율법 없는 이방인"과 율법이 있는 유대인이 서로 별 차이가 없는 것이다(2:14). 심판의 기준은 두 경우 모두 동일하다. 곧, 그들이 율법이 요구하는 바를 행했느냐 하는 것이 기준이 될 것이다(2:13-14).[72]

(4) 그러한 신뢰는 마지막 두 문단에 가서 가장 분명하게 표현된다(2:17-24, 25-29). "유대인"은 율법에 의지하고 하나님을 자랑한다(2:17). 그는 자신이 율법을 소유하고 있고 율법으로 가르침을 받고 있으니 자기가 다른 민족들보다 종교적으로 우월한 위치에 있다고 확신한다(2:18-20). 그는 자기의 할례받은 것을 심각한 죄를 막는 일종의 예방법이요 하나의 부적처럼 여긴다. 그것이 자기 육체에 있다는 것이 자기가 하나님께 택함 받은 사람에 속한다는 것을 드러내 보이며 또한 하나님의 사랑을 확보해 준다고 여기는 것이다(2:25, 28).[73] 그러나 바울은 사

---

71) *Pss. Sol.* 3:4-12; 7:1-10; 8:23-34; 13:5-12; 지혜서 11:9-10; 12:22; 16:9-10.

72) 또한 다음의 §6. 3을 보라.

73) "그들은 자기들의 선택과 자기들의 할례와 이스라엘에게 주신 하나님의 계시를, 율법을 이행하지 못하는 데서 연유하는 결과들로부터 자기들을 어느 정도 보호해 주는 어떤 것으로 이해한다"(Schlier, *Grundzüge* 76). "바울이 여기서 말하고 공격하고 있는 유대인은 율법을 성공적으로 지키지 못하는 유대인이요, 마지막 심판에서 유대인들을 구원해 주실 하나님의 은혜에 의지하는 유대인이다. 바울의 대적자는 선행이 아니라 언약의 은혜다" (Boyarin, *Radical Jew* 211, 강조는 그의 것임). 할례의 의의에 대해서는 필자의 "What Was the Issue between Paul and 'Those of the Circumcision'?" in Hengel and Heckel, *Paulus*

실상 유대인이 율법을 어기면 그것은 심각한 죄요(2:21-24)[74], 마찬가지로 무할례자가 율법을 이행하면 똑같이 정당하다고 말한다(2:26-29).

(5) 이러한 해석이 올바른 선을 지키고 있다는 것이 바울의 바로 다음 문장에서 확실히 시사되고 있다. "그런즉 유대인의 나음이 무엇이며 할례의 유익이 무엇이냐?"(3:1).[75] 바울 자신은 2:1-29에서 행한 자신의 탄핵이 그 조상 때부터 내려온 종교를 향한 것임을 분명히 직시하고 있었다. 즉, 그는 그 종교가 자기의 유대인 동족들에게 준 종교적 정체성에 대한 과도한 신뢰를 탄핵한 것이요, 또한 율법에 대한 그릇된 이해로 인하여 생겨난 그 종교의 관행에 대한 지나친 의존을 탄핵한 것이다. 바울은 자기 동족의 종교가 그런 점에서 오도된 것으로 간주하였다. 그의 동족이 한편으로는 율법을 어기는 일을 무시하고 다른 한편으로는 하나님의 택한 백성으로서 자기들의 지위를 지나치게 높게 평가하고 있다는 사실을[76], 바울

---

und antike Judentum 295-313 (특히 306-21)을 보라. 또한 다음의 §14. 4를 보라.

74) 바울이 "'유대교 전반과 한 사람의 예외도 없이 모든 유대인 개개인'의 특징이 되는 것들을 이야기하는 체하고 있는 것은" "일종의 훼손을 위한 선동이다"라는 논지는 (Räisänen, *Law* [§ 6 각주 1] 100-101) 엄청난 과장이다. 바울은 당시 유대교 저작에서는 물론 스토아 철학자들의 저술에서도 친숙하게 나타나는 수사적인 책망과 권면을 하고 있는 것이다. 그리하여 한두 가지 잘 알려져 있는 경우들을 빗대어 이야기함으로써(예컨대, 필자의 *Romans* 113-15) 유대인들이 율법을 그렇게 어긴다는 것은 이방인들이 어기는 것과 똑같이 아니 그보다 더 심각하게 받아들여야 한다고 경고하는 것이다.

75) 이 질문은 그 앞에서 제시한 바울의 논지에서 제기된 것이 분명하므로 수사적으로 바울에게 제기되는 것이다. 그러나 Elliott, *Rhetoric* 139-41은 아주 기이한 제안을 내어 놓는다. 곧, 3:1-8의 질문자는 바울이요 그가 질문자에게 질문하는 것이라고 한다. 그러므로 바울의 특징적인 응답인 메 게노이토("그럴수 없느니라" 3:4, 6; 그러나 또한 3:31; 6:2, 15; 7:7, 14; 9:14; 11:1, 11; 고전 6:15; 갈 2:17; 3:21을 보라)를 처음 발설하는 자는 바로 그 질문자라는 것이다. Stower는 비록 부분적이긴 하지만 설득력 있게 본문을 이해하는데(*Rereading* 5장), 이에 대해서는 Penna, *Paul* 1. 111-16을 보라. 또한 바울의 메 게노이토 관용법의 독특성의 정도에 대해서는 Malherbe, "*Me Genoito* in the Diatribe and Paul," *Paul and the Popular Philosophers* 25-33을 보라.

76) 유대인의 "믿지 아니함"(3:3)은 분명 2장의 정죄 사실을 염두에 둔 것이다. 여기서 나타나는 논지를 그리스도를 믿지 않는 그들의 태도를 상징하는 것으로 확대 이해할 필요는 없다. 그러나 이에 대한 반대 논리로, 예컨대, C. H. Cosgrove, "What If Some Have Not Believed? The Occasion and Thrust of Romans 3.1-8," *ZNW* 78 (1987) 90-105를 보라.

은 유대인이나 헬라인이나 "다 죄 아래에" 있다(3:9)는 충분한 증거로 보았던 것이다.[77]

(6) 3:10-18의 마지막 문단은 이러한 점을 더욱 깊이 와 닿게 만들어 준다. 시편의 인용구들이 모두 의인(언약 백성의 신실한 구성원들)과 불의한 자 사이의 대조적인 처지를 전제로 하고 있기 때문이다.[78] 바울은 이방인들과는 구별되고 또한 이방인들보다는 특권을 누리고 있다고 여기는 이스라엘의 심정을 뒷받침해 주는 것처럼 보이는 그런 본문들에 대해서 이처럼 주의를 환기키시고 있다. 그러나 여기서 그는 하나님 앞에서 더 나은 위치에 있다는 식의 전제를 완전히 무시해 버린다. 그리하여 결국 이 동일한 성경 구절들이 모든 인류를 정죄하는 일에 사용되는 것이다. 3:19에서 그 요점이 분명히 드러난다. 곧 율법이 "율법 아래에" 있는 자들에게 말씀한다는 것이 그것이다. 즉, 자기들이 율법을 소지하고 있는 것을 하나님의 사랑을 받은 표시로 여기고서 그것에 근거하여 하나님 앞에서 신뢰하고 다른 민족들에 대해서 우월감을 갖는 그런 자들에게 말한다는 것이다. 그런 성경 본문들이 유대인들까지도 포함하는 것으로 볼 때에 비로소 모든 입이 다물어지고 온 세상이 하나님의 심판 아래에 있게 되는 것이다(3:19).[79]

그러므로, 바울에게 죄의 권세는 오도된 종교에서 특징적으로 그 모습을 드러낸 것이다. 그리고 그것은 이방인의 우상숭배만이 아니라 하나님께서 친히 나타내신 종교와 하나님 앞에서의 위치를 지닌 상태에 있는 그의 백성들의 그릇된 확신도 포함하는 것이었다. 이 점에 대한 바울의 비판은 오해의 소지가 있으므로 조심스러운 진술을 요한다.[80] 금세기의 가장 유명한 한 해설에서 불트만은 바울이 종

---

77) 예컨대, Beker, *Paul* 79 ("대부분의 학자들"을 따라서)와 Fitzmyer, *Romans* 270-71 등은 3:9의 요약된 내용을 헬라인들에게 초점을 맞춘 정죄(1:18-32)와 유대인들에게 초점을 맞춘 정죄(2:1~3:8)를 시사하는 것으로 본다.

78) 시 14:1-3; 53:2-3; 5:9; 140:3; 9:28; 35:2; 필자의 *Romans* 150-51을 보라.

79) 참조. Merklein, "Paulus und die Sünde" 129. Elliott, *Rhetoric* 145는 다시 3:19의 의미를 놓치고 있다. 곧, 주로 바울의 동족인 유대인들에게 정죄를 하는 것은 (3:19 상, 그들만을 정죄하는 것은 아니지만) 모든 사람이 하나님의 심판을 받아 마땅하다는 것(3:19 하)을 입증하기 위함이라는 것이다.

80) Caird, *Theology* 91은 너무 심하다: "유대인 바울이 보기에는 유대 종교의 뿌리에 거짓이 놓여 있었다."

교적 "자랑"을 죄의 주된 표현으로 규정하였음을 올바로 지적한 바 있다. 그러나 그는 더 나아가서 롬 2:17, 23의 자랑을 "죄악된 자기 의존의 자세의 … 극단적인 표현"으로 규정하였다.[81] 종교에 대한 바울의 비판을 자기 의존에 대한 비판으로 바꾸어 놓은 불트만의 이해는 바울의 논지의 일부만을 파악한 것이다. 곧, 유대인의 종교적 자기 이해를 겨냥한 부분보다는 이방인의 우상숭배를[82] 겨냥한 부분에 더 주의를 집중시킨 것이다. 롬 2:17과 23절의 "자랑"의 언어는 문맥상 자기 의존의 자세를 의미한다고 보기는 어렵다. 오히려 그것은 분명 민족에 대한 의존을 표현하는 것이라 하겠다. 즉, 하나님이 이스라엘의 하나님이시라는 확신을, 율법을 보유하고 있다는 사실이 그들로 하여금 다른 모든 민족보다 유리한 위치를 차지하게 해 준다는 확신을, 할례를 통해서 구별된 백성들이므로 하나님의 찬양 가운데서 안전한 위치에 있다는 확신을 표현해 주는 것이다.[83] 이런 문제들에 대해서는 차후에 다시 논의하게 될 것이다.

§ 5.5 죄의 효과 — 자기 탐닉

바울이 하나님으로부터 독립한 인간의 처지를, 우상숭배에 이어서 부정하고 치욕적인 성(性) 풍조로 표현되는 "마음의 정욕"(롬 1:23-24, 25-27)에까지 결부시켜 추적한다는 것은 결코 우연이 아니다. 우상숭배와 성적 방종이 서로 연결된다는 사실은 유대인의 민속 신앙과[84] 유대교의 변증론[85] 모두에서 잘 입증되었고,

---

81) Bultmann, *Theology* 1. 242. 그리고 예컨대, Eichholz, *Theologie* 90, 116; Ladd, *Theology* 444-45; Schlier, *Grundzüge* 76-77; Hübner, *Law* [§6 각주 1] 113-16; Westerholm, *Law* [§6 각주 1] 170 (그러나 위의 각주 73을 보라) 등이 이를 따르고 있다.

82) 여기서 취하는 해석은 또한 헬라인이 지혜를 자랑하는 것에 대한 바울의 경계와도 더 잘 부합된다(고전 1:29, 31). 왜냐하면 거기서 그것과 반대되는 "주 안에서 자랑하는 것"(고전 1:31)이 여기서 반대되는 것으로 나타나는 "하나님을 하나님으로 영화롭게 하며 감사하는 것"(롬 1:21)과 동일한 의미이기 때문이다.

83) 합당한 "자랑"과 바울 자신이 그리스도인 되기 이전에 가졌던 "육체를 신뢰하는 것"(빌 3:3)을 서로 대조시키는 것과, 또한 갈라디아의 반대자들이 "너희의 [갈라디아 사람들의] 육체를 자랑하려 하는 것"(갈 6:12-13)을 비판하는 것도 모두 마찬가지다. 앞의 §3. 3b와 다음의 §14. 5e를 보라.

84) 다시 금송아지의 죄와 바알 브올의 죄(앞의 §4. 4와 §4. 7)를 상기하게 된다.

85) 여기서 특히 지혜서 14:12-27을 주목하게 된다. 또한 호 4:12-18; Ep. Jer. 43; *2Enoch*

또한 기독교에까지도 전해져 내려왔다.[86] 이에 대한 바울의 비판은 아주 예리한 심리적 통찰을 드러내 보여 준다. 자기보다 큰 자(더 큰 존재나 대의명분)를 섬기는 본능이 인간의 정신 속에 깊숙이 뿌리박혀 있다면, 재생산을 향한 본능(성적 욕구) 역시 모든 생물에게 근본적으로 있는 것이다. 그중 하나가 방향을 잘못 잡을 수 있다면 다른 하나도 마찬가지다. 근본적인 욕구일수록 더욱 깊이 근본적으로 왜곡되는 것이다. 성에 대한 도착적인 탐닉이 현대 사회의 큰 특징이 되어 있고 또한 정도는 다르지만 과거 시대의 문학과 예술에 그렇게도 많이 나타난다는 사실은 이 점에 대한 바울과 초기 유대교의 통찰이 타당성이 있다는 것을 여실히 입증해 준다. 하나님께로부터의 독립은 곧바로 자기 탐닉으로, 아니 오히려 자기 탐닉에 종 노릇하는 데로 이어질 수 있는 것이다(참조. 롬 6:15-23).

그러나 여기서 바울의 논지를 지나치게 확대하지 않도록 조심해야 할 것이다. 직접 드러나는 죄의 모습을 가리켜 바울은 에피디미아(1:24)라 명명하는데, 이 용어는 앞의 §4에서 몇 차례 접한 일이 있다.[87] 에피디미아는 중립적인 의미로나 좋은 의미로 사용되어, "열망" 혹은 "바람"(desire) 등을 뜻할 수도 있다. 바울은 다른 곳에서 "너희 얼굴 보기를 열정으로 더욱 힘썼노라"라고도 하며(살전 2:17) 또한 "그리스도와 함께 있는 것이 훨씬 더 좋은 일이라 그렇게 하고 싶다"고도 한다(빌 1:23). 그러나 대개의 경우 바울은 에피디미아를 나쁜 의미로, 무언가 금지된 것에 대한 열망으로, 즉, "탐심," 혹은 "정욕"의 뜻으로 사용한다. 이것은 다음 두 가지 로마서의 언급에서 죄의 직접적인 효과로 나타난다: 죄가 죽을 몸의 사욕을 부추긴다는 것(6:12)과, 탐심을 자극하여 일으키는 것이 죄라는 것이다(7:7-8).

1:24은 아마도 광야에서 있었던 메추라기 이야기(민 11:31-35)를 지칭하는 시 78:29("하나님이 그들의 에피디미아대로 그들에게 주셨도다")을 지칭하는 것일 것이다.[88] 여러 가지 다른 경우에서도 바울은 비슷하게 부정적인 의미로 "육체의

10:4-6; *T. Ben.* 10:10을 보라.

86) 고전 5:11; 6:9; 갈 5:20; 골 3:5; 벧전 4:3; 계 21:8; 22:15; 디다케 5:1.

87) 특히 앞의 §4. 7을 보라.

88) 또한 시 106:14-15을 주목하라: "그들이 광야에서 욕심을 크게 내며 사막에서 하나님을 시험하였도다. 그러므로 여호와께서는 그들이 요구한 것을 그들에게 주셨을지라도 그들의 영혼을 쇠약하게 하셨도다."

정욕(들)"을 거론한다.[89] 이는 곧 본성적인 혹은 동물적인 욕망을 가장 중요한 것으로 여겨서 그것을 만족시키는 식으로 살아가는 삶을 함축한다. 담대하게 "자유"를 단언하지만 그것이 곧바로 그저 자기 자신의 정욕에 탐닉하는 자유가 되어 버릴 소지가 다분한 것이다(갈 5:13, 16).[90] 후기의 바울과 관련한 서신들은 "유혹의 욕심을 따라 썩어져 가는 구습"에 대해서(엡 4:22), "사람으로 파멸과 멸망에 빠지게 하는 어리석고 해로운 욕심"에 대해서(딤전 6:9), 또한 여러 가지 정욕과 행락에 종 노릇하는 것에 대하여(딛 3:3) 말한다.[91] 죄란 바로 에피디미아를 중립적이고 긍정적인 것에서 무언가 해로운 것으로, "열망"에서 "정욕"으로 바꾸어 놓는 권세라고 말할 수 있을 것이다. 죄는 곧 열망을 바꾸어 자기 자신에 대한 파괴적인 탐닉에 빠지게 만드는 권세인 것이다.[92]

이러한 큰 그림으로 볼 때에, 자기 탐닉의 정욕이 가장 특징적으로 표현되는 것 가운데 하나가 바로 성(性)이다.[93] 롬 1:24이 분명히 이를 시사하고 있다: "하나님께서 그들을 마음의 정욕대로 더러움에 내버려 두사 그들의 몸을 서로 욕되게 하게 하셨으니." "더러움, 부정(不貞)"(아카타르시아)은 전형적으로 성적 부도덕을 의미하며,[94] 또한 "그들의 몸을 서로 욕되게 함"도 마찬가지로 사람들이 존경심 없이 자기 자신들을(그들의 몸들을) 마구 다루는 그런 성적 행위들을 지칭하는 것이다. 그러나 성욕으로서의 "정욕"은 살전 4:5과 골 3:5에서 에피디미아가 파토스("열정")와 연관되는 데에서도 분명히 드러난다. 각 경우마다 분명히 명시되지 않은 성적 탐닉을 염두에 두고 있다. 그리고 그것은 포르네이아, 즉, "성적 부도덕" — 이는 불법적인 성 관계 전반을 포괄하는 의미를 지닌다[95] — 에 대한 바울

89) 롬 13:14; 갈 5:16, 24; 엡 2:3; 롬 6:12 — "몸의 사욕."

90) 참조. "육체를 따라 행함"; 또한 위의 §3.3을 보라. 참조. 빌 3:19— "그들의 신은 배(腹)요."

91) 또한 딤후 2:22; 3:6; 4:3; 딛 2:12을 보라.

92) 이미 주지한 바와 같이(§4. 3), 바울은 여기서 유대교 분석의 긴 전통에 근거를 두고 있다.

93) "정욕" = 육욕은 고대 세계에서 아주 친숙했다 — 예컨대, Plutarch, *Moralia* 525AB; Susanna (Theodotion) 8, 11, 14, 20, 56; Josephus, *Ant.* 4. 130, 132.

94) BAGD, *akatharsia*; 예컨대, *1Enoch* 10.11; *T. Jud.* 14-15; *T. Jos.* 4:6. 신약성경에서 아카타르시아는 거의 바울에게서만 나타나며(바울 서신에서 9회 나타난다), 몇몇 경우에는 포르네이아("성적 부도덕")와 연계되고 있다(고후 12:21; 갈 5:19; 엡 5:3; 골 3:5).

의 (그리고 유대교의) 반감과도 연결된다. 바울이 포르네이아를 그의 수많은 회심자들에게 항상 위험을 끼치는 것으로 간주하고 있다는 것은 그가 그것에 대하여 계속해서 언급하고 있다는 사실에서 알 수 있는데, 이는 "포르네이아를 피하라"(고전 6:18)는 한마디 권면으로 정리된다.[96]

어쩌면 여기서, 이것이 모든 성적인 활동 자체에 대한 반감은 아니었다는 말을 덧붙일 필요가 있을 것 같다. 오히려 그 반대로, 바울은 고전 7:9에서 성적인 욕망이 강한 경우를 현실적으로 인정하는 것을 볼 수 있다: "정욕이 불같이 타는 것보다 결혼하는 것이 나으니라." 7:3, 4에서는 성적인 권리를 부부 상호 간의 책임으로 인정하는데, 이는 그 시대적인 형편으로 볼 때에 매우 진보적인 사고였다. 최소한 주목해야 할 것은 7:5에서 나타나는 대로 합방하여 즐거움을 누리는 것보다는 오히려 강제로 금욕하는 것이 사탄에게 유혹을 받을 틈을 주는 것이라는 사실이다.[97] 그럼에도 불구하고 바울은 성욕의 힘을 인정하는데, 이는 확실히 옳은 것이었다. 그 힘을 적절히 쓰지 않으면 곧바로 개인을 망치고(물론 그 사람은 여전히 자신을 "지혜롭다"고 생각하지만) 인간 관계와 책임들을 왜곡시키게 되는 것이다.

로마서 1장에서 인간이 하나님께로부터 떠난 효과들을 열거하는 중에, 바울은 특별한 종류의 비정상적인 성 관계를 주목한다. 곧, 남녀 모두에게 있는 동성애 행위가 그것인데,[98] 그는 이것을 "부끄러운 욕심"(롬 1:26-27)의 열매로 본다.[99]

---

95) BAGD, *porneia*; 또한 다음의 §24. 4와 각주 74를 보라. 이에 대한 헬라 사회의 좀 더 이완된 견해들에 대해서는 §24 각주 80을 보라.

96) 또한 고전 5:1; 6:13; 7:2; 고후 12:21; 갈 5:19; 골 3:5; 엡 5:3을 보라. 사도행전 15:20에 나타나는 최초의 "사도적 법령"에도 우상숭배와 포르네이아 사이의 연관성이 상정되어 있음을 주목하라. 이 문제에 대한 유대교와 기독교의 관심은 열두 족장의 언약들(*Testaments of the Twelve Patriarchs*), 특히 르우벤의 언약 (*Testament of Reuben*)]과 유다의 언약 (*Testament of Judah*)에 나타나는 비슷한 경고들에서 그 예를 잘 볼 수 있다.

97) Ling, *Satan* 38, 61, 62; Wink, *Unmasking* 20.

98) 필자의 동료인 마크 보닝턴(Mark Bonnington)은 바울이 남성과 여성의 동성애 행위에 대해서 똑같이 대하고 있다는 것(1. 26-27)이 얼마나 이례적인지를 지적하고 있다.

99) 여기서 주목해야 할 것은 바울이 오로지 동성애 행위에 대해서만 말한다는 사실이다. 동성애적 성향 그 자체에 대해서는 아무 말도 하지 않고, 오로지 "정욕"(1:24), "욕심"(1:26), 그리고 "음욕"(1:27)에 대해서만 말하고 있다.

이 부분에서 유대교와 초기 기독교의 전통은, 동성애 행위를 아주 용인하였고 심지어 높이 기리기까지 하던 당시의 그리스-로마 문화를 공통으로 배격하고 있다.[100] 동성애에 대하여 유대교는 이교도적인 망령된 것이요, 타락한 것으로 보는 일관된 태도를 지니고 있고[101], 이방인들의 패역한 행위들을 지극히 친숙하게 접해 왔을 디아스포라 유대인들 가운데서도 마찬가지로 나타난다.[102] 이에 대한 바울의 반응은 고전 6:9이 확증하듯이, 유대교의 전통에 굳게 서 있다.[103] 그는 동성

100) Plato의 *Symposium*과 Plutarch의 *Lycurgus*를 보라. Fitzmyer, *Romans* 275의 참고문헌; 그리고 다음의 §24. 4 각주 80과 89를 보라. 그러나 동성애 행위에 대한 그리스-로마의 견해들이 일률적으로 그것을 인정하는 것은 아니었다. D. F. Greenberg, *The Construction of Homosexuality* (Chicago: University of Chicago, 1988) 141-60, 202-10을 보라.

101) 특히 레 18:22; 20:13. 더 상세한 논의를 위해서는 필자의 *Romans* 65를 보라.

102) 지혜서 14:26; *Ep. Arist.* 152; Philo, *Abr.* 135-7; *Spec. Leg.* 3. 37-42; *Sib. Or.* 2. 134-86, 764; *Pseudo-Phocylides* 3, 190-92, 213-14; Josephus, *Ap.* 2. 273-75.

103) 고전 6:9에서는 받아들일 수 없는 생활양식을 열거하는 가운데 세 가지 용어가 사용되고 있다: "간음하는 자, 탐색하는 자(말라코이), 남색하는 자(아르세노코이타이)." 말라코스는 "부드럽다"는 뜻이며 따라서 아마도 Philo가 *Spec. Leg.* 3. 37-42(말라키아, "여자 같음" — 3. 39, 40; 참조. *Som.* 1. 122-23; 2.9)에서 묘사하는 것과 같은 여자 같은 남자들을 지칭할 것이다(D. B. Martin, "*Arsenokoites* and *Malakos*: Meanings and Consequences," in R. L. Brawley, ed., *Biblical Ethics and Homosexuality: Listening to Scripture* [Louisville: Westminster/John Knox, 1996] 117-36, 특히 124-28을 보라). 아르세노코이테스(딤전 1:10에도 나타난다)는 지금까지 알려져 있지 않던 용어인데, 아마도 새로이 만들어낸(바울이?) 용어일 가능성이 크다. 만일 그렇다면, 레 18:22과 20:13에 나타나는 바 동성애 행위에 대한 정죄에서 직접적으로 파생되었을 것이 거의 분명하다(LXX — … 메타 아르세노스 코이텐 귀나이코스; D. F. Wright, "Homosexuals or Prostitutes? The Meaning of Arsenokoitai [1 Cor 6. 9; 1 Tim. 1. 10]," *VC* 38 [1984] 125-53; *pace* Martin, "Arsenokoites" 118-23). 혹은 어린 소년과의 동성애 관계(pederasty)를 지칭하는 용어일 수도 있다(참조. Philo, *Spec. Leg.* 3. 39; 특히 R. Scroggs, *The New Testament and Homosexuality* [Philadelphia: Fortress, 1983] 106-8; Furnish, *Moral Teaching* [§ 24. 각주 1] 69-70을 보라). 그러나 만일 바울이 그 점을 구체적으로 명시하고자 했다면, 오히려 파이데라스테스라는 용어를 사용했을 것이다. 고전 6:9의 목록이 그 목록에 나타나는 항목들이 서로 어떤 연관이 있음을 암시하지도 않는다. Scrogg는 롬 1:26-27에 나타나는 성 행위들에 대한 바울의 비판을 제한적인 의미로 이해하려고 하지만(117) 이는 그의 정죄가 남성끼리의 행위(1:27)나 여성끼리의 동

애 행위를 "역리(逆理)를 따르는 것"으로 보며(롬 1:26)[104], 그 자체를 하나님께로부터 멀어진 삶의 결과로 본다(1:27).[105] 인간의 욕심이 색욕으로 나타날 때에 인간에게 그런 색욕을 허용하고, 남녀에게 자기 자신에 대한 탐욕의 선택을 허용하며 또한 그 선택의 결과를 그대로 당하게 하는 것, 이것이 바로 "하나님의 진노"인 것이다.[106]

그리하여 바울은 인류의 두 가지 근원적인 본능적 욕구들의 왜곡 가운데서 죄의 결과들을 바라 보는 것이다. 가장 근본적인 것은 성적 욕구 자체가 아니다. 그러나 성적 욕구가 승화될 수도 있고 다른 통로로 방향을 바꾸어 나타날 수도 있는 것처럼, 더 큰 존재에게 자기 자신을 굴복시키고자 하는 본능적인 충동도 승화되고 방향이 바뀔 수도 있는 것이다. 그렇게 되어 그것이 하나님의 진리에게서 떨어져 나가게 되면, 그것은 창조적인 힘이 되는 것이 아니라 하나의 파괴력이 되어 버린다. 그리고 그것이 새로운 삶을 창조하고자 하는 본능적인 욕구와 결합되면, 삶의 왜곡을 지향하는 힘과 사회를 전복시키고자 하는 힘이 거의 통제 불능의 상태가 되어 버리는 것이다.

§ 5.6 죄의 효과 — 온갖 죄들

바울이 로마서에서 비록 "죄들"(복수형)에 대해 상대적으로 별로 진술하지 않지만,[107] 죄가 (혹은 죄의 권세가) 뒤에 남겨두는 결과나 혹은 (개별적인) 죄들이

성애 행위(1:26)나 모두 그 욕심(오렉시스)은 비슷한 것임을 암시한다는 사실을 간과하는 것이다. 또한 B. J. Brooten, *Love between Women: Early Christian Responses to Female Homoeroticism* (Chicago: University of Chicago, 1996) 239-66을 보라.

104) 전형적인 스토아 철학의 개념을 사용하고 있다. 위의 § 2. 6을 보라. 또한 Plato, *Republic* 5. 13; *Laws* 6. 26b-c; Philo, *Spec. Leg*. 3. 39에서 동일한 문구(파라 프신)가 사용되고 있다. 더 자세한 논의를 위해서는 R. B. Hays, "Relations Natural and Unnatural: A Response to John Boswell's Exegesis of Romans 1," *Journal of Religious Ethics* 14 (1986) 184-215; *Moral Vision* (§ 23 각주 1) 16장을 보라.

105) 이는 아마도 지혜서 12:23-24을 간접적으로 지칭하는 것일 것이다.

106) 위의 § 2. 4의 "하나님의 진노"를 보라.

107) 각주 45를 보라. 대부분의 언급들은 구원론적인 관용어법을 시사한다. 파라바시스("범법")는 롬 2:23; 4:15; 5:14; 갈 3:19; 딤전 2:14에서 사용된다. 파라프토마("범죄")는 롬 4:25; 5:15-20(6회); 11:11-12; 고후 5:19; 갈 6:1; 엡 1:7; 2:1, 5; 골 2:13(다시 주로 구원론적

표현되는 현상은 피할 수가 없다.[108] 또한 바울이 로마서 1장에서 그 용어를 사용하지는 않지만, 죄가 죄를 낳는 연관된 사실들이("하나님이 내버려 두사") 1장 끝까지 계속된다고 말해도 바울을 오해하는 것이라고 할 수는 없을 것이다. 하나님을 인간의 앎을 위하여 합당하지 않다고 생각한 결과, 바로 인간의 앎과 이해와 평가의 기관 그 자체가 합당치 않은 것으로 간주된 것이다(1:28).[109] 하나님께로부터 "자유한" 상태로 내버려져 있으면, 인간의 정신은 분별과 분변을 제대로 시행하여 결정을 내릴 능력을 상실하고 마는 것이다. 그렇게 되면 결국 부적절하고 "부당한"[110] 판단들이 나오게 된다. 그러므로 바울은 1:29-31에 나타나는 악행의 목록 가운데서 이에 대한 효과를 제시하고 있다:

> 불의, 추악, 탐욕, 악의, 시기, 살인, 분쟁, 사기, 악독, 수군수군함, 비방, 하나님을 미워함, 능욕, 교만, 자랑, 악을 도모함, 부모를 거역함, 우매, 배약, 무정함, 무자비함.

그러나 악행의 목록들은 고대의 윤리에서는 흔하게 볼 수 있다. 특히 스토아 철학자들 가운데서 아주 성행하였으나, 유대교에서도 나타났다. 바울은 여러 경우에서 그 기법을 사용하고 있다.[111] 예를 들면,

> 고전 5:10-11 — 음행, 탐함, 속여 빼앗음, 우상 숭배, 모욕함, 술 취함
> 고전 6:9-10 — 음행, 우상 숭배, 간음, 탐색, 남색, 도적질, 탐욕, 술 취함, 모욕, 속여 빼앗음

인 관용어법으로)에서 사용된다.

108) 특히 Schlier, *Grundzüge* 67-69를 보라.

109) 여기서 재담(才談)이 나타나고 있다: "그들이 마음에 하나님 두기를 싫어하매(에도키마산) 하나님께서 그들을 그 상실한 마음대로 내버려 두사(아도키몬)." 도키마조는 "시험하다, 점검하다, 시험하여 입증하다, 입증된 것으로 받아들이다"라는 의미를 지닌다. 그러므로 그들이 하나님을 인정하지 않았다는 사실은 한마디로 그들이 생각하는 존재들로서 시험에 탈락하였고 따라서 현실에서 한 차원 기능이 모자라는 존재들임을 입증한 것이다.

110) 앞의 §2 각주 101을 보라.

111) 다음의 §23. 7b를 보라.

갈 5:19-21 — 음행, 더러운 것, 호색, 우상 숭배, 주술, 원수 맺음, 분쟁, 시기, 분냄, 당 지음, 분열, 이단, 투기, 술 취함, 방탕함.

이 목록들 속에 항목들이 다양하게 나타나는 것을 볼 때에, 바울은 그저 매 번 표준적인 카탈로그를 그냥 대입시킨 것이 아니라 각 경우마다 그 편지를 보는 공동체에서 관심의 대상이 되고 있는 것들을 강조하고 있다는 것을 알 수 있다.[112] 이 구체적인 항목들에 대해서는 더 이상 논평할 필요가 없다. 그러나 두 가지 특징만은 주목할 가치가 있을 것이다. 그 하나는 열거된 대부분의 악행들이 사회적인 성격을 지니는 것들이라는 점이다. 곧, 죄의 효과가 사사로이 행해지는 은밀한 악행들에서가 아니라 인간 관계의 붕괴에서 가장 심각하게 나타난다는 것이다. 또 한 가지는 수많은 악행들이 사사로운 것들이라는 점이다. 곧 투기와 시기, 비방과 수군수군거림, 탐욕과 욕심, 무정함과 방탕함에서 나오는 사소한 행동들이다. 그러나 공동체의 신뢰를 깨뜨리고 사회에 독을 뿌리는 것이 바로 그런 사소한 악행들인 것이다. "하나님이 내어 버려 두셨다"(롬 1:24, 26, 28)는 표현이 반복된다는 것은 곧 죄의 권세가 인류의 목을 더욱 더 강하게 죄고 있음을 시사한다. 그렇다면, 바울이 죄의 가장 사악한 효과의 증거를 우상 수배나 성적 이완의 현실보다는 오히려 단합과 공생을 깨뜨리는 그런 사소한 악행들에서 찾는다는 것은 주목할 만한 가치가 있다.

§ 5.7 사망

바울의 사망의 관념도 "죄"의 관념과 마찬가지로 이미 충분히 살펴본 바 있다 (위의 §4). 여기서는 앞에서 행한 논의의 여러 줄거리들을 살펴서, 인류를 속박하는 하나의 권세로서 사망의 지위를 — 복음이 그 속박에서 인류를 해방시키는 것이다 — 강조할 필요가 있다.

---

112) 그리하여 고린도전서의 목록들을 강조하는 것이다. 갈라디아서 5장의 목록 대부분은 "문제를 일으키는 자들"이 옴으로 말미암아 갈라디아 교회들 내에서 야기된 분열의 긴장들을 염두에 둔 것인 듯하다(필자의 *Galatians* 302, 304-6을 보라). 롬 1:29-31에서는 목록이 나름대로의 스타일을 갖추고 있다. 처음 네 단어들이 -이아로 끝나며(아디키아, 포네리아, 플레오넥시아, 카키아), 마지막 네 단어들이 아-로 시작한다(아시네투스, 아신데투스, 아스토르구스, 아넬레에모나스).

첫째로, 바울의 "사망"에 대한 용법에 "육체"의 용법과 비슷한 (그리고 그것과 연관된) 스펙트럼이 있다는 점을 주지해야 한다. 그는 어느 정도 평정을 유지하면서 "중립적인" 의미로도 그 단어를 사용하기도 한다.[113] 그러나 지배적인 용법은 (로마서에서는 거의 언제나) 부정적인 의미를 띠는 것이다. 곧, 합당한 형벌(롬 1:32 — 1:29-31에 열거된 죄에 대한 형벌), 생명을 저버린 것(7:10), 그리고 하나의 공적인 선고의 의미(아포크리마 — 고후 1:9)를 지니는 것이다.[114]

구체적으로 말하면, 사망은 죄의 정욕에 휘말려서 "육신으로" 산 삶의 결과요(롬 7:5), 육신의 "자세"의 결과요(8:6), "육신대로"(카타 사르카 — 8:13) 산 삶의 결과인 것이다[115] 그리하여 바울은 사망을 자연스러운 결과로 인식한다. 그러나 "육체/육신"에 대한 논의에서도 그랬듯이[116] 사망에 대한 논의에서도 부정적인 의미가 지배적이다. 죽음이란 부패 과정의 종착점이요, 썩을 것의 최종적인 파멸이다(고전 15:42, 50). 육신의 정욕을 따라서 사는 삶이 기대할 수 있는 것이란 오로지 육신의 전적인 멸망뿐이다. "자기의 육체를 위하여 심는 자는 육체로부터 썩어질 것을 거두고"(갈 6:8).[117]

그런데, 죄와 사망이 아주 밀접하게 연관되어 있다는 사실은 더욱 더 놀랍다.[118] "죄"의 경우와 마찬가지로, "사망"에 대한 바울의 논의의 주류는 로마서에서도 5:12~8:2에서 나타난다(18회). 사망은 죄로 말미암아 세상에 들어왔다(5:12). "한 사람의 범죄를 인하여 많은 사람이 죽었은즉"(5:15). "죄가 사망 안에서 왕 노릇하였다"(5:21). 사망이 죄의 마지막 결과, 텔로스, 즉 죄의 완성이다(6:16, 21).[119] "죄의 삯은 사망이다"(6:23). 죄의 정욕의 열매가 바로 사망이다(7:5). 신

---

113) 롬 14:8; 고전 3:22; 9:15; 15:31-32; 고후 6:9; 11:23; 빌 1:20-21.

114) Lyonnet, *Sin* 7은 아우구스티누스를 인용하고 있다: "하나님이 첫 사람들에게 어떠한 죽음으로 경고하셨는지를 묻는다면 — 그것이 영혼의 죽음인지, 몸의 죽음인지, 아니면 전인(全人)의 죽음인지, 아니면 둘째 사망이라 불리는 죽음으로 경고하셨는지를 묻는다면, 그 대답은 그 모두라 하겠다"(*City of God* 13.12).

115) 또한 고후 2:16; 3:7; 7:10을 보라.

116) 앞의 § 3. 3을 보라.

117) "덧없는 것에서 삶을 이끌어내는 자는 그 덧없는 것이 소멸하여 감과 더불어 그 스스로도 소멸되는 것이다"(Bultmann, *Theology* 1. 247).

118) 참조. 특히 Schlier, *Grundzüge* 108-11.

119) 결과적으로, "죽는 자가 죄에서 벗어나 의롭다 하심을 얻었음이라"(6:7)와 "[그리스

자는 "죄와 사망의 법에서 해방"되었다(8:2).[120] 다시 말해서, 사망이 바로 죄의 최종적인 최악의 결과인 것이다. 아담과 사망이 서로 긴밀하게 연관되는 사실에서도 동일한 점을 볼 수 있다: 사망은 바로 아담에 속한 인간의 몫인 것이다.[121]

이는 우리가 앞에서(§4. 6) 살펴본 내용을 확증해 준다. 곧, 바울에게 사망이란 인류에 의도된 귀결이 아니며, 죄의 결과라는 것이다. 이 세상에서의 삶은 육체를 피할 수 없고 따라서 사망도 피할 수 없으며, 죄를 피할 수 없고 따라서 사망도 피할 수 없는 것이다. 이처럼 서로 물고 물리는 요인들이 인류에게 극심한 영향을 미치는 것이다. 위에서 열거한(§5. 6) 악행들을 피하기 위해서 애쓰는 개인이라 할지라도 전체적인 "육신"의, "죄"의 구조의 영향을 받지 않을 수 없다.[122] 사망을 통하지 않고는 도무지 피할 길이 없다. 죄와 사망에 대한 아담의 감수성을 공유하는 것과 똑같이, "한 사람"의 사망을 "많은 사람"이 공유하는 것밖에는 피할 길이 없는 것이다.[123] 바울은 죄를 가리켜 "사망의 쏘는 것(켄트론)"(고전 15:56)이라고 묘사하는데, 그것이 바로 이런 의미이다. 죄는 독(毒)이며 사망은 그 독의 최종적인 결과요, 죄는 사망을 그렇게 고통스럽게 만드는 자극제이다. 죄가 없었더라면 과연 사망이 없었을까? 아니면 사망이 고통스럽게 되지 않았을까? 바울은 그 문제에 대해서는 말하지 않는다. 그로서는 사망이 이 인생의 종말로서 피할 수 없다는 것이 실존적 현실이라는 것만으로 족했던 것이다.

똑같은 이유로, 바울은 사망을 죄처럼 하나의 지배적인 권세로 생각하기도 한

도]가 죽으심은 죄에 대하여 단번에 죽으심이요"(6:10).

120) 이 단락에서 은유적인 표현들이 다양하게 나타나는 점은 바울에게서 전형적으로 나타나는 것이다(다음의 §13. 4를 보라). 그것들을 서로 조화시킬 수 없다는 점을 지적하는 것(참조. Bultmann, *Theology* 1. 249)은 비판이 아니다. 그것들은 은유들이 아니던가!

121) 롬 5:12, 15, 17; 고전 15:21; 빌 2:8.

122) Paul Achtemeier는 필자와의 사적인 대화 중에, 바울이 "죄의 몸"(롬 6:6)과 "사망의 몸"(롬 7:24)이라는 용어들을 사용할 때에 바로 이것을 염두에 둔 것이며 따라서 이 용어들은 "그리스도의 몸"으로서의 교회 — 즉, 전혀 다른 사회적 도덕적 힘이 작용하는 하나의 새로운 사회 — 와 직접적으로 대조를 이루는 것임을 지적한 바 있다.

123) 롬 5:6-10; 6:2-10; 7:6; 고후 4:11; 5:15; 골 2:20; 3:3; 빌 3:10. 참조. 죽는 일에 대한 바울의 진술의 네 가지 의미에 대한 Cranfield의 분석(*Romans* 299-300; 이를 Fitzmyer, *Romans* 432-33이 그대로 취하였다). 더 상세한 논의를 위해서는 Black, "Pauline Perspectives"를 보라.

다. 사망은 마치 왕처럼 다스리기도 한다(롬 5:14, 17). 사망은 산 자를 주장한다(6:9). 하나님과 또한 그가 사랑하시는 자들 사이에 개입할 수 있는 여러 권세들 가운데 하나다(8:38). 사망은 최후의 원수다(고전 15:26). 사랑하는 사람의 관(棺) 옆에 서서 싸움에 졌다는 느낌을, 도저히 회복할 수 없는 상실감을 겪어 보지 않은 사람이 어디 있겠는가? 아무리 도덕적으로 완전하더라도 사람은 때때로 "이 사망의 몸에서 누가 나를 건져내랴?"라는 롬 7:24의 고뇌에 가득 찬 절규를 되뇌이지 않는가? 우주 그 자체가 마지막 종국(終局)으로서 사망의 지배를 받지 않는 그런 실존을 갈구하고 있는 것이다(롬 8:20-21).

요컨대, 바울 신학의 강점(强點)의 일부는 사망이라는 현실을 진지하게 대한다는 데 있다. 여기서 다시 말하지만, 그가 사용한 특정한 표현법들의 가치나 타당성에 관한 문제에 휘몰릴 필요는 없다. 인생이 죽음으로 끝맺음한다는 처절한 사실을 받아들이면 된다. 그리고 소망을 제시하는 하나의 신학으로 그 문제를 다루면 되는데, 바울의 신학이 바로 그렇게 하고 있다. 그리고 그렇게 하는 가운데 실존적인 질문을 제기한다. 곧 사망이 과연 육체성과 죄에서 해방되는 것이겠는가? 아니면 그것들에 대한 최종적인 승리인가?

§ 5.8 정리

영적인 권세들에 대한 바울의 논의를 어떻게 받아들이든, 그 논의들에 대해서 몇 가지 분명하고도 주목할 가치가 있는 점들이 있다. (1) 어떤 식으로 개념화하든, 악을 지향하는 실제 세력들이 세상에서 활동하고 있다. (2) 이것들을 인간의 고의(故意)나 개인적인 이기심의 발로로만 보아서는 안 된다. 내부에서 억제력과 압력들이 인간 사회에 동시에 작용하여 그것들이 개인적으로나 전체적으로 부패를 향하여 나아가는 인간의 연약함과 함께 역사하고 있는 것이다. (3) 이러한 인간의 처지를 "죄"의 권세로, 또는 이 권세가 개인과 사회에 만들어 놓은 결과로, 또한 사망이라는 현실과 서로 맞물려서 사망을 끔찍한 것으로 또한 부정적인 것으로 만들어 놓은 현실로 보는 바울의 판단은, 개인의 영성(靈性)을 위해서만이 아니라 사회에 대한 다른 분석들과 또한 사회 건설을 위한 모든 전략들을 위해서도 매우 당위성을 지닌다. (4) 바울 신학을 위하여 중요한 것은 그리스도 안에서 개인과 사회를 지배하는 이 권세들의 힘이 결정적으로 깨어졌다는 바울의 복음의 주장이다. 그러나 이는 다음에 이어지는 내용을 앞질러 논하는 것이다.

§6 율법[1]

§ 6.1 죄, 사망, 율법

바울이 궁구(窮究)한 바에 의하면, 인간은 죄를 섬기며 살아가고, 그 삯은 사망이다(롬 6:23).[2] 비유를 좀 바꿔서 말해 보면, 죄는 인간을 사망이라는 거미줄에 걸려들게 만드는 데 성공한 거미이다. 또는 고린도전서 15:56의 생생한 비유를 사용해서 표현해 보면, 죄는 인간을 광란의 타란텔라(tarantella) 춤을 추도록 도발하여 결국 사망에 이르게 하는 독침이다. 그러나 사망의 춤과 관련된 또 다른 주체 또는 동역자(同役者), 곧 곤충을 파리잡이풀로 유인하는 물질은 없는 것일까? "율법으로 말미암지 않고는 내가 죄를 알지 못하였을" 것이라고 바울은 말한다(롬 7:7). "율법이 없으면 죄가 죽은 것임이라 전에 율법을 깨닫지 못했을 때에는 내가 살았더니 계명이 이르매 죄는 살아나고 나는 죽었도다"(7:8-10). 마찬가지로 다른 주목할 만한 구절들에서도 바울은 율법이 죄와 사망의 동역자임을 보여 주는데, 율법은 다른 둘과 함께 무서운 삼두체제를 이루고 있는 세력인 것 같아 보인다. "율법이 들어온 것은 범죄를 더하게 하려 함이라 … [그래서] 죄가 더해졌고 … 사망 안에서 왕 노릇 하였으니"(롬 5:20-21).[3] "사망이 쏘는 것은 죄요 죄의 권능은 율법이라"(고전 15:56). 그리고 서로 결합하여 인간을 파멸시키는 모든 요소들이 다 등장하는 한 구절이 있다: "우리가 육신에 있을 때에는 율법으로 말미암는 죄의 정욕이 우리 지체[4] 중에 역사하여 우리로 사망을 위하여 열매

---

1) 이 책 말미의 참고문헌을 보라.

2) "우리네 인생이 끊임없이 하고 있는 일이란 결국 죽음을 쌓아가는 것이다" (Montaigne).

3) 어떤 학자들은 여기에 갈 3:19을 추가하기도 한다; 그러나 아래의 §6.4을 보라.

4) 문자적으로는 "우리의 지체들(멜레신) 속에" 또는 "우리의 구성 부분들 속에." 그러나 "지체들/부분들"(적극적인 지체들로 이해되는)은 몸을 구성한다(롬 12:4-5; 고전 12:12, 14, 27; 엡 4:25). 따라서 우리는 "우리의 몸들 속에"(REB)로 번역할 수도 있다. 그리고 동일한 장에서 나중에 "우리의 지체들 속에"(롬 7:23)는 "내 속에"(7:17, 20)와 같은 의미로 사용된다; 위의 §3.2을 보라.

를 맺게 하였더니"(롬 7:5).

바울이 "그런즉 우리가 무슨 말을 하리요 율법이 죄냐?"(롬 7:7)라는 질문을 스스로 제기하여 자신의 논증의 논리성을 인정하고 있는 것은 주목할 만하다. 물론 이 질문은 스스로에게 질문들을 제기하거나 토론 속에서 질문자를 상정하거나 무리 중에서 자기에게 질문을 퍼부어대는 사람을 상정하는 방식으로 자신의 논증을 제시해 나가는 수사학적(修辭學的) 기법이다.[5] 그럼에도 불구하고 이 대목에서 그 질문이 아무런 의미도 갖지 못한다면, 수사학적 기법은 아무런 효과도 발휘하지 못할 것이다. 그 질문을 유도한 사람은 다름아닌 바울 자신이다. 율법 자체도 죄이고, 죄와 마찬가지로 무서운 세력이라는 결론을 직접적인 추론을 통해서 도출해내게 한 것도 다름아닌 바울의 가르침이다.

아울러 바울 서신의 주석자들은 바울이 율법에 대하여 통상적으로 부정적인 태도를 취하고 있다는 것을 주목하지 않을 수 없다. 예를 들면, 로마서 1:18~3:20에 나오는 바울의 고발은 "율법의 행위로 그[하나님]의 앞에 의롭다 하심을 얻을 육체가 없나니"(롬 3:20)라는 총괄적인 단언으로 끝이 난다. 방금 위에서 인용한 구절에 이어서 바울은 "이제는 우리가 얽매였던 것에 대하여 죽었으므로[6] 율법에서 벗어났으니"(롬 7:6)라고 말한다. 로마서 후반에 나오는 많이 인용되는 구절에서 바울은 "그리스도는 모든 믿는 자에게 의를 이루기 위하여 율법의 마침(텔로스)[7]이 되시니라"(롬 10:4)고 말한다. 또한 고린도후서 3:6-9에서 바울은 "죽게 하는 직분"이자 "정죄의 직분"인 모세의 "옛 언약"(3:14-15)에 대하여 언급한다. 갈라디아서 2:19에서 바울은 자신의 회심을 이렇게 평가한다: "내가 율법으로 말미암아 율법에 대하여 죽었나니 이는 하나님에 대하여 살려 함이라." 3:10-13에서 바울은 그리스도께서 우리를 "율법의 저주"로부터 속량하셨다고 말한다. 4:8-10에서 바울은 율법을 지키는 것은 "초등학문"(스토이케이아)의 세력하에 들어가는 것임을 암시한다.[8] 그리고 5:4에서 바울은 갈라디아 교인들에게 "율법 안에서

---

5) 바울의 "규탄" 문체에 대해서는 특히 S. K. Stowers, *The Diatribe and Paul's Letter to the Romans* (SBLDS 57; Chico: Scholars, 1981)를 보라.

6) 본문 전승에서 한 이문(異文)은 이렇게 읽는다(D F G it vg^{cl}; Or^{mss} Ambst): "이제 우리는 우리가 갇혀 있던 사망의 법에서 놓여났다"(참조. 롬 8:2).

7) '텔로스'(telos)의 정확한 의미에 대해서는 아래의 §14.6b과 n. 143을 보라.

8) 골 2:8, 20-21에서도 마찬가지이다. '스토이케이아'(stoicheia)에 대해서는 위의 §5.2

의롭다 함을 얻으려 하는 너희는 그리스도에게서 끊어지고 은혜에서 떨어진 자로다"라고 경고한다.

이러한 가르침의 토대 위에 종교개혁 신학의 근본적인 복음/율법 변증법이 정립되었다: 복음과 율법은 정면으로 대립된다. 그리고 오늘날의 주석자들은 바울에게 율법은 적대적이고 마귀적인 세력, 사탄과 비슷한 역할을 지닌, 죄와 같은 폭군이라고 결론을 내리는 데 주저하지 않아 왔다.[9] 또한 바울은 구원의 과정 속에서 율법은 결코 그 어떠한 긍정적인 역할도 하지 않고, 더 나아가 율법으로 말미암아 인간은 범죄로 내몰리게 되는 것으로 보았다고 말하는 것이 통상적인 결론이었다.[10]

그렇지만 이와 동시에 바울은 특히 로마서에서 율법에 대하여 긍정적인 견지에서 말하고 있다는 것도 놓쳐서는 안 된다. 하나님의 구원의 의[11]를 확인해 주고 있는 것은 율법과 선지자들이다(롬 3:21). "우리가 믿음으로 말미암아 율법을 파기하느냐?"라고 바울은 반문한다. "그럴 수 없느니라 도리어 율법을 굳게 세우느니라"(롬 3:31)고 바울은 대답한다. "율법은 거룩하고 계명도 거룩하고 의로우며 선하도다 … 율법은 신령하다"(7:12, 14). "자기 아들을 … 보내어 … 육신을 따르지 않고 그 영을 따라 행하는 우리에게 율법의 요구가 이루어지게 하려 하심이니라"(8:3-4). "피차 사랑의 빚 외에는 아무에게든지 아무 빚도 지지 말라 남을 사랑하는 자는 율법을 다 이루었느니라"(롬 13:8). 이러한 가르침을 토대로 어떤 주석자들은 바울에게 율법은 여전히 긍정적인 의미를 지니며 그리스도에 의해 폐기되지 않았다고 역설한다.[12]

이러한 서로 다른 가르침을 우리는 어떻게 설명해야 하는가? 우리는 그러한 상반되는 해석에 대하여 어떻게 반응해야 하는가? 우리가 생각해 볼 수 있는 한 가지 가능성은 바울이 갈라디아서를 쓰고 나서 나중에 로마서를 쓰는 사이에 자신

을 보라.

9) Caird, *Principalities* (§5 n. 1) 41-53; Hübner, *Law* 26-36.

10) Bultmann, *Theology* 1.264; Conzelmann, *Outline* 226-27; 마찬가지로 Kümmel, *Theology* 184; Westerholm, *Law* 196.

11) 이러한 번역에 대해서는 §14.2을 보라.

12) 특히 Cranfield, *Romans* 852-61; Finsterbusch, *Thora* ch. 5.

의 견해를 바꾸거나 발전시켰다는 것이다.[13] 이 두 서신을 쓴 사이의 기간이 그리 길지는 않지만, 이것은 얼마든지 생각해볼 수 있는 가능성이다.[14] 갈라디아서 5:14에서 이웃 사랑은 율법을 다 이루는 것이라고 말하는 것은 로마서 13:8-10에서 남을 사랑하는 자는 율법을 다 이루었다고 말하는 것과 매우 흡사해 보인다.[15] 또 어떤 학자들은 바울의 가르침 속에 나타나는 이러한 모순들을 일관성이 없고 서로 양립할 수 없는 것으로 그대로 놓아두고자 한다.[16]

이 주제는 분명히 중요하고, 쟁점들은 민감한 사안들이다.[17] 로마서를 썼을 당시의 바울의 신학을 분석하려고 하면, 이 주제는 중심적인 주제를 차지하지 않을 수 없다. 다른 것은 그만두고라도 '노모스'(nomos, "율법")는 그 자체가 로마서에서 주요한 주제 — 사실 주요한 부차적인 줄거리 — 이다.[18] 2:12과 8:7 사이에서 이 단어는 적어도 66번 나온다. 그러므로 이 주제의 중요성, 그 신학사적인 중요성, 율법에 관한 바울의 신학이 어떤 것이었는지에 대한 끊임없는 논란을 감안할 때, 우리는 이 주제에 상당한 주의를 기울여야 할 것이다. 이에 대한 논의를 세 항목

---

13) Drane, *Paul*, 예를 들어, 61-77, 132-36; Hübner, *Law*, 예를 들어, 55-57, 63-65, 136-37. Cf. Beker, *Paul* ch. 6에 나오는 "우연성" 이론.

14) 로마서가 55-58년 사이의 어느 때에 씌어졌다는 것이 통설이다(예를 들어, 필자의 *Romans* xliii-xliv를 보라). 갈라디아서의 저작 연대는 48/49에서 50년대 중반 사이일 것으로 추정된다. 내가 추정하는 기간은 50년 말에서 51년 중반까지이다(필자의 *Galatians* 8, 19를 보라).

15) 자세한 것은 아래의 §23.5을 보라.

16) 특히 Sanders, *Law* 35-36, 68-69, 77-81, 86, 123, 138, 144-48; 그리고 Räisänen, *Law* 9, 11-15 등 — "모순들과 긴장은 율법에 관한 바울 신학의 통상적인 특징들로 받아들여져야 한다"(11).

17) 나는 특히 두 가지를 염두에 두고 "민감한 문제들"이란 말을 사용한다. 하나는 유대교는 율법주의적 성격을 지니고 있다는 기독교의 전통적인 오해에 관한 문제이다; 우리는 나중에 이에 대해서 살펴볼 것이다(§14.1). 이 문제(기독교 신약학계의 전통 속에서 유대교에 대한 오해)를 거론하는 일은 흔히 기독교 공동체의 신경을 자극하는 일처럼 보인다. 이것은 율법/복음 문제가 바울과 관련된 다른 논쟁들보다도 직접적으로 더 개인의 신앙에 영향을 미치기 때문이라고 나는 생각한다.

18) 바울 서신 전체에 '노모스'(nomos)라는 말이 119회 나오는데, 이 중 72회가 로마서에, 32회가 갈라디아서에 나온다.

19) 또한 아래의 §14.5과 §§23.3-5을 보라.

으로 나누어서 진행하는 것이 편리할 것이다.[19]

그러나 먼저 몇 가지 사전 정지작업을 해 두자.

§6.2 '토라,' '노모스,' '호 노모스'

첫째, 히브리어 '토라'(torah)는 헬라어 '노모스'보다 훨씬 더 폭넓은 범주(category)이기 때문에, 바울이 '토라'를 '노모스'로 번역함으로써(칠십인역을 따라서) 유대적 개념인 '토라'(torah)를 왜곡하여 유대의 율법주의를 공격할 잘못된 토대를 제공하였다는 주장이 오랫동안 있어 왔다.[20] 그러나 "토라"가 "율법"보다 더 폭넓은 범주임은 분명한 사실이지만,[21] 이 두 용어는 애초부터 그 내용에 상당 부분이 중첩된다. "계명"이 "언약(계약)"의 핵심이라는 것은 그 기원이 주로 규례들을 모아놓은 모음집(20:1~23:33)을 "언약의 책"이라는 용어로 지칭하고 있는 출애굽기 24:7로 거슬러 올라간다. 출애굽기 34:28에서는 "언약의 말씀"을 "십계명"이라고 말한다.[22] 신명기에서 '토라'는 이스라엘의 계약상 의무들을 규정해 놓은 규례들/계명들/율례들의 모음집을 가리킨다 — "이 모든 토라"(4:8), "이 토라의 모든 말씀"(32:46). 마찬가지로 신명기 30:10의 "이 토라 책"은 주로 거기에 씌어진 계명들과 규례들을 가리킨다. 게다가 에스라서의 아람어 부분에서 히브리어 '토라'는 아람어 '다트'(dath, 7:12, 14, 21, 26)가 된다. 그리고 그 밖의 다른 제2성전 시대 문헌에서도 '토라'와 '노모스'는 이스라엘 백성이 "행해야"

20) S. Schechter, *Aspects of Rabbinic Theology* (1909; New York: Schocken, 1961) 117; R. T. Herford, *Judaism in the New Testament Period* (London: Lindsey, 1928) 30-32; Dodd, "The Law" 25-41; cf. Schoeps, *Paul* 216-18.

21) 또한 바울은 '노모스'를 "성경"이라는 의미로 사용할 때 이러한 폭넓은 의미를 인정한다(주로 시편에서 가져온 인용문들을 가리키는 롬 3:19; 이사야서를 인용하고 있는 고전 14:21; 14:34). 그러나 "총칭적" 의미로 사용되고 있는 대목(롬 4:15b; 5:13; 7:1a; 갈 5:23 — Fitzmyer, *Paul* 75)에서는 사고는 거의 전적으로 모세 율법에 초점이 맞춰져 있다(cf. 롬 8:15b).

22) Schoeps, *Paul* 214.

23) Westerholm, "Torah, Nomos and Law," in Richardson and Westerholm, *Law* 45-56, citing 1QS 8.15, 21-22; Pss. Sol. 14.1-2; Sir. 45.5; Bar. 4.1; 1 Macc. 2.67-68; 2 Macc. 7.30 (48-49). 이보다 앞선 것으로는 S. Westerholm, "Torah, Nomos and Law: A Question of 'Meaning,'" *Studies in Religion* 15 (1986) 327-36; 또한 *Law* 136-40; A. F. Segal, "Torah

할 하나님의 명령들을 가리키는 데 계속해서 사용된다.[23] 그렇다고 해서 이것은 '노모스' = 율법주의라는 식으로 동일시하는 것을 밑받침해 주는 것은 아니지만, 바울이 모세로부터 시작된 이스라엘의 계약상 의무들(모세 율법)을 요약해서 표현하는 데 '노모스'라는 용어를 자주 사용하고 있는 것은 결코 그가 물려받은 유대적 유산을 왜곡하거나 잘못 표현한 것이 아니라는 것을 의미한다.

둘째는 관사가 붙고 안 붙고가 의미상의 차이를 가져오는가 하는 문제이다. 우리는 관사가 붙어 있을 때에만 "율법"(the law), 곧 유대 율법으로 번역하고,[24] 관사가 붙지 않은 경우에는 적어도 그 일부는 "법"(a law), 곧 일반적인 의미에서의 법 또는 법 원칙으로 이해해야 하는가? 이 쟁점은 앞선 세대에서 이미 철저하게 논의되었기 때문에, 여기서는 더 논할 필요가 없다.[25] 결론은 관사의 유무에 따라 일률적으로 의미의 차이를 적용할 수 없고,[26] 의미를 확정하는 데는 문맥이 더 확실한 지침이 된다는 것이다. 따라서 예를 들면, 로마서에서 2:17, 23a, 25에 나오는 '노모스'가 모세 율법을 가리킨다는 것('노모스'에 관사가 붙지 않았어도)은 아주 분명하다. 또한 2:12-14에서도 마찬가지이다 — 이 구절들에서 바울은 (일부) 이방인들도 하나님이 토라에 규정해 놓은 내용을 충분히 알고 있다는 것("율법"을 가지지 않았으면서도)을 주장하고 싶어서 관사 없이 그저 "법"이라고 의도적으로 말하고 있다고 주장할 수도 있긴 하지만,[27] 마찬가지로 5:13의 '노모스'는 바울이 자기가 말하는 내용이 단지 이스라엘뿐만 아니라 좀 더 폭넓은 범위(아담의 후손인 인류)를 가리킨다는 것을 나타내기 위한 것이라는 주장도 가능하지만, 5:14이 확증해 주는 바와 같이 바울이 여기서 염두에 둔 것은 모세 율법이다. 7:7-12에서는 '호 노모스'(ho nomos)와 '노모스'가 번갈아 사용되고 있지만, 둘

---

and nomos in Recent Scholarly Discussion," *Studies in Religion* 13 (1984) 19-28; 그리고 Urbach, *Sages* 288-90에 나오는 동일한 취지의 항변을 보라.

24) Origen은 오직 '호 노모스'만이 모세 율법을 가리킨다는 법칙을 주장하였다(Sanday and Headlam, *Romans* 58).

25) Sanday and Headlam, *Romans* 58; Burton, *Galatians* 447-60; BDF §258(2); Moule, *Idiom-Book* 113; Moulton, *Grammar* 3.177; Räisänen, *Law* 17; Winger, *Law*-44-46, 67-68, 76-77; Schreiner, *Law* 33-34.

26) 예를 들어, 갈라디아서에서는 '호 노모스'는 10회, '노모스'는 22회 나온다.

27) 아래의 §6.3을 보라.

의 의미상의 차이는 없어 보이고, 둘 다 여기서는 동일한 율법, 즉 모세의 "거룩한 율법"을 가리킨다. 그리고 고린도전서 9:20-21에서 "율법 아래 있는 자들"과 "율법 없는"(아노모이) 자들의 구별은 유대인과 이방인이라는 구별과 매한가지임이 분명하다.[28] 요컨대 바울이 여러 대목에서, 심지어 토라, 즉 모세 율법 자체를 말하는 경우에조차도 그것을 보편적으로 적용하고자 했다는 것을 알아야 하지만, 통상적으로 '노모스' 또는 '호 노모스'를 말했을 때 바울이 염두에 둔 것은 '토라'였다고 생각해야 한다.

이것은 마지막 한 가지 문제를 불러일으키는데, 이 문제를 다루어야 비로소 정지작업이 끝나게 된다. 하지만 이 문제를 우리는 조금 나중에 다루게 될 것이다. 그것은 바울이 그의 논증의 몇몇 중요한 대목들에서[29] '노모스'라는 단어를 "질서" 또는 "원칙"이라는 의미로 사용하고 있느냐의 여부에 관한 문제이다.[30] 이것은 바울이 율법을 복음 및 그리스도인의 삶 속에서 긍정적인 의미를 지니는 것으로 여겼는지를 판단하는 데 결정적인 영향을 미치지만,[31] 인간에 대한 바울의 고발에서 부정적 요소로서의 율법에 관한 현재의 논의에는 영향을 미치지 않는다.

§6.3 하나님의 요구 및 심판의 척도

바울 신학에서 율법의 역할에 관한 연구는 여러 다른 지점에서 시작할 수 있다. 그러나 우리가 로마서를 읽어가다 보면 율법의 가장 분명한 기능은 죄와 범죄를 정의하고 측정하는 기능이다. 죄의 이러한 역할은 고발문의 마지막 절에 처음으로 명시적으로 언급된 후에 다음 네 장에 걸쳐서 3차례 더 암시된다.

---

28) 자세한 것은 아래의 갈 3:23 (§6.4)과 갈 4:4을 보라.

29) 롬 3:27("믿음의 '노모스'"); 7:21("내가 한 '노모스'를 깨달았노니 …"); 7:23("내 지체 속에서 한 다른 '노모스'가 …"); 8:2("생명의 성령의 '노모스'").

30) 대체로 그렇다. 특히 H. Räisänen, "The 'Law' of Faith and the Spirit," in Jesus 48-68; 또한 Paul 50-52를 보라. Räisänen은 헬라어 문헌을 뒤져서 '노모스'가 이렇게 여러 용법으로 사용됨을 입증하였다 — "Paul's Word-Play on nomos: A Linguistic Study," *Jesus, Paul and Torah* 69-94. 또한 Winger, *Law*; 그리고 Winger를 비판하는 Schreiner, *Law* 37-38을 보라.

31) 아래의 §§23.3-5을 보라. 롬 7:23에 대해서는 아래의 §18.3과 n. 58, 그리고 §23.4과 n. 102를 보라.

3:20 — 율법으로는 죄를 깨달음이니라.
4:15 — 율법이 없는 곳에는 범법도 없느니라.
5:13 — 율법이 없었을 때에는 죄를 죄로 여기지 아니하였느니라.
7:13 — 죄가 죄로 드러나기 위하여 선한 그것으로 … 계명으로 말미암아
죄로 심히 죄 되게 하려 함이라.

두 가지 특징을 눈여겨볼 필요가 있다. 하나는 바울은 로마서에서만큼이나 율법 문제를 집중적으로 다루고 있는 갈라디아서에서는 율법의 이러한 기능에 대해 한마디도 하지 않았다는 것이다.[32] 그렇지만 바울이 율법의 이러한 기능을 두 서신을 쓴 중간 시기에 최초로 생각해내었다고 볼 수는 없다. 그러므로 바울은 갈라디아서에서는 율법의 이 기능을 당연한 것으로 전제했거나 그러한 것을 언급할 기회를 갖지 못했을 뿐이라고 해야 한다. 이와는 대조적으로 우리는 바울이 로마서에서 자신의 복음을 체계적으로 설명하고자 했을 때에는 율법의 이러한 기능은 너무도 중요해서 빠뜨릴 수가 없었다고 보아야 한다. 이러한 추정들은 다른 특징들, 곧 바울이 로마서 3:20(거의 나중에야 생각이 난 듯이 말한다), 4:15과 5:13(독자들의 맞장구를 유도한다)에서 율법의 이 기능을 당연한 것으로 전제하면서 넌지시 암시하는 것을 통해 확증된다. 각각의 경우에서 바울은 율법의 이 기능을 다른 논증들을 전개하여 확고한 결론들을 도출해낼 수 있는 하나의 공리(公理), 근본적이고 이미 합의된 것으로 전제한다.

우리는 바울이 범죄를 정의하고 사람들에게 범죄를 깨닫게 하는 율법의 이러한 역할을 어디에서 배웠는지를 물어볼 필요는 거의 없다. 그것은 율법전(律法典) 전체, 적어도 고의적인 죄에 대한 경고 및 과실에 의한 죄에 대한 규정에 함축되어 있다.[33] 또한 그것은 시편 기자가 율법을 즐거워하고 자신의 죄들에 대하여 애통해 하는 것에 함축되어 있다.[34] 그것은 새롭게 발견된 율법책이 봉독되는 것을 듣

32) 갈 2:16~5:4에서 '노모스'가 27회 나오는 것은 롬 2:12~8:7에서 66회 나오는 것과 맞먹는다.

33) 예를 들어, R. C. Cover, "Sin, Sinners (OT)," *ABD* 6.34-38을 보라.

34) 시 19, 32, 51, 119편에 나오는 고전적인 예들.

고 요시야 왕이 슬퍼하고 참회한 기사(왕하 22:3~23:25), 여러 날에 걸쳐서 율법책이 봉독되는 것을 듣고 예루살렘에 귀환한 포로들이 보인 반응에 관한 기사(느 8~10장)에 고전적으로 잘 나타난다. 바울은 유대인 소년으로서 교육을 받고 바리새인으로서 훈련을 받으면서 그것을 배웠을 것이다.[35] 율법의 그러한 기능에 대해서 바울이 손질하고 가다듬을 필요는 없었다.

또한 우리가 주의해야 할 것은 이것은 바울이 이제 와서 의문을 제기하거나 폐기하고자 한 율법의 기능이 아니었다는 것이다. 그것은 여전히 메시아 예수를 믿는 자인 그에게 하나의 공리(公理) 같은 것이었다.[36] 이것은 바울과 그의 동족인 유대인들, 그리스도인들 등과의 쟁점이 아니었다. 죄를 정의하고 사람들로 하여금 죄를 깨닫게 하는 율법의 기능은 결코 쟁점이 아니었다.

율법의 이러한 기능을 깨닫게 되면, 동일한 기능의 또 다른 측면 — 하나님의 심판의 척도(尺度)로서의 율법 — 의 중요성을 깨닫는 데도 도움이 된다.[37] 이것 또한 바울에게 공리적인 것이었다. 이러한 연관관계는 방금 인용한 구절들에 암묵적으로 나타난다. 율법으로 말미암아 죄를 안다는 것은 온 세상이 하나님의 심판 아래 놓여 있다는 것을 의미하기도 한다(3:19-20). "율법은 진노를 이루게 하나니 율법이 없는 곳에는 범법도 없느니라"(따라서 율법이 없는 곳에는 진노도 없다; 롬 4:15). 사망이라는 심판은 율법에 의해 범죄로 규정된 죄와 결부되어 있다(5:13-14; 7:13). 바울이 자신의 고발문 속에서 '노모스'를 최초로 도입하는 대목이 바로 이러한 문맥 속에서이다 — 로마서 2:12-13:

> 무릇 율법 없이 범죄한 자는 또한 율법 없이 망하고 무릇 율법이 있고 범죄한 자는 율법으로 말미암아 심판을 받으리라 하나님 앞에서는 율법을 듣는 자가 의인이 아니요 오직 율법을 행하는 자라야 의롭다 하심을 얻으리니.

---

35) 갈 1:13-14; 빌 3:5-6.

36) "율법이 하나님의 뜻의 표현인 한, 율법은 여전히 무제한적인 타당성을 지닌다"(van Dülmen, *Theologie* 218).

37) 그러나 E. Jüngel 및 U. Wilckens와 O. Hofius와의 논쟁을 주목하라("Die Adam-Christus-Antithese und das Gesetz: Erwägungen zu Rön. 5.12-21," in Dunn, ed., *Paul and the Mosaic Law* 192-99).

그리고 바울은 로마서 전체에 걸쳐서 스스로 십계명을 하나님이 요구하시는 척도라고 거듭 말한다.[38] 달리 말하면, 바울은 순종을 위해서 율법이 주어졌다는 것을 당연시하고 있는 것이다: 하나님께서 기대하신 것은 율법에 대한 순복(順服)이었다(롬 8:7).

이것도 바울이 배운 '토라' 교본에서 나온 것이다. 하나님의 계명을 지키지 못하면 하나님의 저주를 받게 될 것이라는 경고는 하나님과의 계약 관계의 조건(條件)에 대한 이스라엘의 이해에 근본적인 것이었다: "누구든지 율법 책에 기록된 대로 모든 일을 항상 행하지 아니하는 자는 저주 아래에 있는 자라"(갈 3:10; 신 27:26).[39] 바벨론으로의 포수(捕囚), 그 후로도 이스라엘 백성의 대다수가 약속의 땅의 경계 외부로 흩어진 것은 하나님의 지속적인 진노를 보여 주는 증거였다.[40] 최후의 심판이 율법에 따라 이루어지리라는 것은 당연한 것으로 받아들여질 수 있었다.[41] 또한 실제로 율법을 행해야 할 필요성에 대한 인식도 역사상의 유대교의 특징이었고,[42] 로마서 2:13과 비슷한 권면들은 거의 같은 시기의 유대 문헌들에서 쉽게 찾아볼 수 있다.[43] 여기서의 바울의 논리는 이스라엘 선지자들의 갖가지 권면 및 탄원들과 실질적으로 다르지 않다.

여기서 특히 흥미롭고 중요한 것은 바울이 분명히 율법을 보편적인 심판의 기준으로 삼았다는 사실이다. 이방인들도 동일한 기준을 따라 심판을 받게 된다. 이것은 로마서 1장에서 인간이 하나님을 알려고 하거나 인정하려 하지 않은 것에 대한 그의 비판(1:19, 21)을 요약하는 말에 함축되어 있다: "그들이 이 같은 일을 행하는 자는 사형에 해당한다고 하나님께서 정하심을 알고도 자기들만 행할

---

38) 롬 2:21-22; 7:7-8; 13:9.

39) 이 인용문에 대해서는 필자의 *Galatians* 170을 보라; 자세한 논의는 아래의 §14.5c을 보라.

40) Thielman, *Paul* 51-55는 요세푸스가 계약을 깨뜨리는 것에 대한 하나님의 보응이라는 성경의 주제를 얼마나 자주 사용하는지를 언급한다,

41) Stuhlmacher, *Theologie* 260. 심판에 대해서는 위의 §2.4을 보라.

42) 예를 들어, 신 4:1, 5-6, 13-14; 30:11-14; 1 Macc. 2:67; 13:48.

43) 예를 들어, Philo, *Cong*, 70; *Praem*. 79; Josephus, *Ant*. 20.44; *m. Abot* 1.17; 5.14. 자세한 것은 필자의 *Romans* 97을 보라.

44) Thielman, *Paul* 169은 신약의 다른 곳에서 "규례" 또는 "계명"이라는 의미로 사용된 '디카이오마' (dikaioma)는 언제나 모세 율법을 가리킨다고 말한다(눅 1:6; 롬 2:26; 8:4; 히

뿐 아니라 또한 그런 일을 행하는 자들을 옳다 하느니라"(1:32).[44] 앞에서 살펴보았듯이, 이 비판은 대체로 이방인들의 우상숭배와 성적 방종에 대한 디아스포라 유대인들의 전통적인 단죄를 모델로 한 것이었다.[45] 따라서 그 전제는 인류 전반은 하나님을 어느 정도 알 뿐만 아니라(1:19, 21) 인간의 행실에서 무엇이 합당하고 합당치 않은가에 대한 어느 정도의 영적이고 도덕적인 인식을 갖고 있다는 것이다.[46] 이와 같은 추론은 2:6-11에 나오는 최후의 심판에 관한 묘사로부터도 가능하다: 하나님께서는 공평하게(2:11) "각 사람에게 그 행한 대로 보응하시리라"(2:6).[47]

특히 2:12-15은 주로 "율법 없는"(2:12) 이방인들은 "자기가 자기에게 율법"이 된다는 것(2:14)을 보여 주는 내용을 담고 있다. 이러한 단언에 대해 바울이 제시하는 근거는 이방인들이 "본성으로 율법의 일을 행하여 … 그 마음에 새긴 율법의 행위를 나타낸다"(2:14-15)는 것이다. 또한 이방인들의 살아 있는 양심(보통 자신의 잘못에 대한 고통 또는 불안을 수반한 인식을 가리키는 것으로 이해되는)[48]도 보편적인 도덕적 감수성을 동일하게 증언해 준다(2:15). 이러한 절들 속에서 바울이 정확히 무엇을 염두에 두었던 것인가에 대해서는 논란이 심하다.[49] 그러나 우리가 여기서 다루고자 하는 주제와 관련된 사항은 아주 분명하다. 이방인들은 하나님께서 인간에게 무엇을 기대하는지를 어느 정도 알고 있다는 것이다: 율법은 (유대인들에게) 하나님의 뜻에 대한 최고의 가장 분명한 표현이었기

9:1, 10).

45) 위의 §5 n. 68을 보라. 또한 4:15을 보라 — "율법은 진노를 이루게 하노니" — 그러므로 아마도 1:18ff.의 "진노"도 마찬가지일 것이다.

46) 그런 까닭에 "본성에 따른" 것이자 "합당한" 것이라는 좀 더 폭넓은 (스토아적인) 의미를 끌어다 쓴 것이 적절하다(1:26-28; 위의 §2 n. 101을 보라). 좀 더 폭넓게 도덕법을 "하나님의 법"으로 인식해야 한다는 이러한 단언은 하나님의 진노에 대한 바울의 이해의 또 다른 측면이다(위의 §2.4을 보라). 자세한 것은 필자의 *Romans* 69와 아래의 §23.7b을 보라.

47) 위의 §2.4 nn. 74, 75를 보라.

48) "양심"에 대해서는 위의 §3 n. 16을 보라.

49) 자세한 것은 필자의 *Romans* 98-102; Fitzmyer, *Romans* 309-11을 보라.

50) 유대교의 지혜 저자들과 Philo도 사실상 마찬가지로 주장하였다: 선한 뜻을 지닌 모든 사람들이 구한 하늘의 지혜는 무엇보다도 토라에서 찾을 수 있었다(특히 Sir. 24.1-23; Bar. 3.9-4.4; 이미 시 19편에 함축되어 있다); Philo는 "올바른 이성"(logos)이 생활의 준칙

때문에, 이방인들도 율법을 알고 있었다고 할 수 있다.[50] 따라서 율법은 인류 전체를 향한 하나님의 요구 및 심판의 척도라고 할 수 있다(2:16; 3:6).[51] 바울은 그의 고발문을 다음과 같이 적절하게 끝맺을 수 있었다: 율법은 모든 입을 막고 온 세상을 하나님의 심판 아래 놓이게 만든다(3:19) — 먼저 유대인, 그리고 이방인도 역시.

그러므로 로마서에 대한 연구로부터 떠오르는 율법의 첫 번째 기능은 죄를 정의하는 것, 죄의 범죄적 성격을 깨닫게 하는 것, 그러한 범죄에 대한 하나님의 심판의 척도 역할을 한다는 것이다.

§ 6.4 율법 아래 있는 이스라엘

바울이 로마서에서 율법을 가장 광범위한 의미로 사용하고 있긴 하지만, 바울에게 율법은 그 무엇보다도 먼저 유대 율법, 곧 모세의 토라를 의미하였다는 것은 여전히 사실이다. '노모스'를 최초로 언급하는 로마서 2:12에서조차, 바울은 "율법 밖에" 있는 자들과 "율법 안에" 있는 자들(2:12), "율법 없는 이방인"과 (함축적으로) "율법 있는" 유대인들(2:14)이라는 구별을 전제한다. 우리는 이미 로마서 2장 전체가 이방인들에 대한 유대인들의 선민의식 — 거의 전적으로 율법을 가졌다는 것에 초점이 맞춰진, 거기에서 유래하는 선민의식 — 을 겨냥하고 있음을 살펴본 바 있다(2:18-20, 23). 바울의 고발문의 절정인 3:19을 보면, 앞의 일련의 단죄 본문들도 특별히 "율법 안에 있는 자들"을 겨냥한 것임이 분명히 나타난

이며(예를 들어, *Opif.* 143; *Leg. All.* 1.46, 93) 신의 '로고스'와 율법은 동일하다고(*Migr.* 130에서 명시적으로) 주장한다. 이후에 랍비들은 흔히 의로운 이방인이라는 문제를 놓고 논쟁을 벌였다(예를 들어, Moore, *Judaism* 1.278-79와 2.385-86을 보라). 또한 Stowers, *Rereading* 113-17, 120-21을 보라. J. C. Poirier, "Romans 5.13-14 and the Universality of Law," *NovT* 38 (1996) 344-58은 논거를 확대하여 5:13-14을 포함시켰다. 또한 §2 n. 86을 보라; 그리고 7:7-11에 대해서는 위의 §4 n. 89를 보라.

51) 이것이 여기서 바울이 구원을 율법에의 순종에 달려 있는 것으로 만들고 있음을 의미함으로써 로마서 2장이 "바울이 다른 곳에서 율법에 관하여 말하는 다양한 내용 중 그 어느 것과도 조화될 수 없는지"(Sanders, *Law* 123, 132; 그러므로 그는 로마서 2장을 부록에서 다룬다)의 여부는 아래의 §18.6에서 살펴보게 될 것이다.

52) 또한 위의 §5.4(6)을 보라.

다.[52] 또한 적당한 때에 살펴보겠지만,[53] 바울은 로마서의 후반부에서 이와 같은 선민 의식을 암시적으로 다룬다. 그러나 로마서에서 바울은 율법의 이러한 기능을 자세하게 다루지는 않는다. 하지만 다행스러운 것은 이미 갈라디아서에서 바울은 이 기능을 자세히 다루어 놓았다는 것이다. 따라서 로마서에서 이 점과 관련하여 전제되고 있는 내용 중 일부는 이 주제를 중점적으로 다룬 갈라디아서의 본문들을 통해서 메울 수 있다.

갈라디아서에서 바울은 실제로 "그런즉 율법은 무엇이냐?"(갈 3:19)고 질문한다. 그 대답은 율법에 대한 바울의 신학을 이해하는 데 분명히 결정적으로 중요하다. 이 질문은 갈라디아서의 주된 논지에 수반되어 있긴 하지만, 이 질문으로 시작되는 단락은 앞의 맥락으로부터 독립되어 있어서 이 대목에서 바울의 논증에 뛰어들어도 그의 의도는 전혀 왜곡되지 않는다. 우리가 유의할 것은 이 질문은 아브라함에게 주어진 축복의 약속(들)과 그 후 430년 후에야 등장한 율법과의 대비의 일부를 이루고 있다는 점이다.[54] 바울의 요지는 나중에 등장한 율법이 앞서의 약속을 무효화시킬 수 없다는 것이었다(3:15-18). "만일 그 유업이 율법에서 난 것이면 약속에서 난 것이 아니리라 그러나 하나님이 약속으로 말미암아 아브라함에게 주신 것이라"(3:18). 그런 다음에 바울은 계속해서 이렇게 말한다:

> 그런즉 율법은 무엇이냐 범법하므로 더하여진 것이라 천사들을 통하여 한 중보자의 손으로 베푸신 것인데 약속하신 자손이 오시기까지 있을 것이라 그 중보자는 한 편만 위한 자가 아니나 하나님은 한 분이시니라 그러면 율법이 하나님의 약속들과 반대되는 것이냐 결코 그럴 수 없느니라 만일 능히 살게 하는 율법을 주셨더라면 의가 반드시 율법으로 말미암았으리라 그러나 성경이 모든 것을 죄 아래에 가두었으니 이는 예수 그리스도를 믿음으로 말미암는 약속을 믿는 자들에게 주려 함이라 믿음이 오기 전에 우리는 율법 아래에 매인 바 되고 계시될 믿음의 때까지 갇혔느니라 이같이 율법이 우리를 그리스도께로 인도하는 초등교사가 되어 우리로 하여금 믿음으로 말미암아 의롭

---

53) 아래의 §14.5e과 §14.6b을 보라.

54) Josephus, *Ant*. 2.318과 마찬가지로 430년이라는 숫자는 아마도 이스라엘 백성이 애굽에 머문 기간에 대하여 출 12:40에 나오는 숫자를 토대로 하고 있는 것 같다.

다 함을 얻게 하려 함이라 믿음이 온 후로는 우리가 초등교사 아래에 있지 아니하도다.

이 단락은 난해한 본문으로 악명이 높고, 자신의 질문에 대한 바울의 대답이 정확히 무엇이었는지를 놓고 불행히도 많은 논란이 있다. 바울이 (아브라함에 대한) 약속과 (모세로 말미암은) 율법과의 대비를 좀 더 자세하게 설명하고 있다는 것은 아주 분명하다.[55] 그러나 율법에 대한 바울의 태도는 얼마나 부정적이었는가?[56] 우리는 자신의 질문에 대한 바울의 대답의 주요 부분들을 차례로 살펴봄으로써 이에 대해 가장 잘 대답할 수 있다.

"범법하므로 더하여진 것이라"(3:19). 이 말은 무엇을 의미하는가? 대부분의 주석자들은 즉시 이 표현과 밀접한 병행을 이루는 것으로 생각되는 로마서의 한 구절로 눈을 돌린다: "율법이 들어온 것은 범죄를 더하게 하려 함이라"(롬 5:20). 달리 말하면, 율법이 더해진 것은 범죄들을 증가시키고 더 많은 악을 양산하기 위한 것이었다는 말이다![57] 그러나 두 본문 간의 병행은 실질적이라기보다는 피상적이라고 해야 한다. 사실 갈라디아서 3:19의 본문이 말하는 것은 율법이 "범죄들을 위하여(for the sake of) 더해졌다"는 것이다. 전치사 '카린'(charin)은 명사 '카리스'(charis, "은혜")가 전치사로 사용된 특별한 용법으로서 로마서 5:20과의 병행이 암시해 주는 것보다 훨씬 더 긍정적인 뉘앙스를 지닌다.[58] 율법이 "범죄들을 위하여" 더해졌다는 말에서 도출해낼 수 있는 것은 율법이 범죄들을 처리하기

---

55) Cf. G. N. Stanton, "The Law of Moses and the Law of Christ: Galatians 3.1-6.2," in Dunn, ed., *Paul and the Mosaic Law* 113.

56) Eckstein의 결론적인 말은 오직 약속과 관련해서만 우리는 율법의 "열등함"에 대해서 말할 수 있다는 것이다(*Verheißung* 255).

57) Lietzmann, *Galater* 21; Bultmann, *Theology* 1.265; Schlier, *Galater* 152-54; Conzelmann, *Outline* 227; van Dülmen, *Theologie* 42; Ridderbos, *Paul* 150; Betz, *Galatians* 165-67을 보라 — "유대교가 나중에 부패함으로 말미암아 … 전적으로 부정적인"; Beker, *Paul* 56; Hübner, *Theologie* 2.83("그것에 의존하는 자에게 율법은 허무한 힘이다"); Räisänen, *Law* 144-45; Bruce, *Galatians* 175-76; Westerholm, *Law* 178, 185-86; Hong, *Law* 150-52; Barrett, *Paul* 81. Hübner는 "이것은 그것에 관하여 매우 냉소적인 의미를 지닌다"고 말한다(*Law* 26; 또한 cf. 80).

58) LSJ, *charis* VI.1 — "~를 위하여, ~ 대신에, ~ 로 인하여."

위하여 더해졌다는 것이다[59] — 이것은 "범죄들을 위하여"를 율법을 받은 자들 편에서의 율법 위반에 의해 야기된 문제에 대하여 해법을 제시한다는 의미로 해석한 것이다. 달리 말하면, 이 구절은 이스라엘 종교의 핵심을 이루었던 희생제사 제도에 관한 규정 — 피 흘림이 없이는 죄 사함도 없다는 규정이라고 할 수 있다(히 9:22) — 속에서의 율법의 주된 기능을 암시하고 있다는 것이다. 이것은 분명히 로마서 5:20에 표현된 것보다 더 긍정적인 역할이고, 후대의 로마서 본문을 알지 못하였다면, 갈라디아 교인들이 과연 3:19을 율법에 대한 비판으로 이해하였을지는 의심스럽다.

율법은 "천사들을 통하여 한 중보자의 손으로 베푸신 것"이었다(3:19). 중보자는 물론 모세였다.[60] 이 구절에는 분명히 하나님께서 직접 아브라함에게 주신 약속과 대비시켜 율법을 부정적으로 보려는 의도가 숨겨져 있다.[61] 그러나 율법이 "천사들을 통하여" 주어졌다는 말을 덧붙인 의도는 무엇인가? 다시 한 번 일부 학자들은 이것이 "토라가 하나님에게서 기원하였다는 것을 단호하게 부정하는 것"[62]이라고 주장한다 — 심지어 여기서 율법은 "마귀적인 천사 세력들의 산물"로

59) Sanders, *Law* 66은 Keck, *Paul* 74; Finsterbusch, *Thora* 40을 인용하여 이것이 3:19a에 대한 가장 단순한 읽기라는 데 동의한다. Cranfield, *Romans* 857은 이 구절을 롬 5:13에 비추어서 읽는다: "사람들의 잘못에 의도적인 불순종의 성격을 부여하기 위하여." 마찬가지로 Merklein, "Paulus und die Sünde" 135는 Wilckens, *Römer* 177, Schreiner, *Law* 74-77, 127을 인용하여 "범죄를 불러일으키다"에 대한 대안은 "범죄를 억제하다"인데, 그 어느 쪽도 헬라어 본문으로부터 쉽게 도출될 수 없다고 생각한다.

60) 이 점에 대해서는 거의 논란이 없다. 특히 Longenecker, *Galatians* 140-43을 보라. Gaston, *Paul* 43은 이 구절에 "칠십 인의 중보자들 각각의 손에"(열방들의 천사들)라고 주를 붙인다! Cf. Penna, *Paul* 2.73.

61) 그런 까닭에 말 그대로 수백 가지의 해석을 낳았던 수수께끼 같은 3:20 — Lightfoot은 1865년에 이미 250-300가지의 해석이 나왔다고 말한다(*Galatians* 146). 그러나 기본적인 대비는 아주 명확하다.

62) Drane, *Paul* 34, 113; 마찬가지로 Zahn, *Galater* 171; Lagrange, *Galates* 83; Hays, *Faith* 227; Sanders, *Law* 68; cf. Räisänen, *Law* 130-31. 이에 대해 Stuhlmacher, *Theologie* 265와 Eckstein, *Verheißung* 200-202가 이의를 제기하는 것은 옳다.

63) Hübner, *Law* 26, 29-31. 이러한 해석은 *Barnabas* 9.4에까지 거슬어 올라갈 수 있다 — "악한 천사가 그들을 잘못 이끌었기 때문에, 그들은 잘못을 범했다." Cf. Bultmann, *Theology* 1.268 — "천사들이 율법을 주었다는 영지주의적 신화"; Schlier, *Galater* 158 —

묘사된다고까지 말한다.[63] 그러나 이것은 시내 산에서 하나님이 천사들을 대동하였다는 확고한 유대 전승을 전적으로 무시하는 주장이다. 이러한 전승은 칠십인역 신명기 33:2에서 이미 출현한다: "천사들이 하나님의 우편에 있었다." 그리고 이 전승은 이 시기의 다른 유대인 저자들에 의해서 간접인용되고 있고,[64] 신약의 다른 구절들에도 나온다.[65] 이러한 표현은 분명히 조신(朝臣)들을 장엄하게 거느림으로써 자신의 위엄을 드높이는 가운데 영(令)을 반포하는 동방의 군주의 모습으로 하나님을 묘사한 친숙한 이미지이다.[66] 이것은 바울이 여기에서 이용하고 있는 전승임이 거의 분명하다.[67] 그러므로 다시 한 번 이 구절의 내용은 흔히 생각하는 것보다 훨씬 더 긍정적이다.

"믿음이 오기 전에 우리는 율법 아래에 매인 바 되고 … 갇혔느니라"(3:23).[68] 여기서 다시 율법의 역할은 일종의 수인(囚人) 또는 죄수를 지키는 간수(看守)로서 부정적인 관점에서 묘사되고 있는 것처럼 보인다.[69] 바울 서신에서 "율법 아래

"영지주의적 율법 이해로 이행하는 중"; Beker, *Paul* 53-54, 57 — "믿음의 적 … 율법에 대한 철저한 부정"; Sloan은 갈 3:19을 "죄의 권능들의 도륙"을 불러일으킨 율법에 대한 이스라엘의 열심과 연결시킨다("Paul and the Law" 55-56, 59).

64) 예를 들어, *Jub.* 1.29-2.1; Philo, *Som.* 1.143; *Apoc. Mos.* preface; Josephus, *Ant.* 15.136. 자세한 것은 T. Callan, "Pauline Midrash: The Exegetical Background of Gal. 3.19b," *JBL* 99 (1980) 549-67을 보라.

65) 행 7:38, 53; 히 2:2.

66) 위의 §2.3b을 보라.

67) Philo가 "아버지의 지시를 자녀들에게 전달하는" 천사들의 "중보자" 역할에 대하여 말하고 있고(*Som.* 1.141-3), Josephus, *Ant.* 15.136과 히 2:2도 이와 관련하여 바로 이 구절("천사들로 말미암아")을 사용하고 있음에도 불구하고, Gaston, *Paul* 35-37은 이 전승에 대한 인유(引喩)가 천사들로 '말미암은' 율법 수여라는 개념을 포함하고 있지 않다고 반박한다.

68) 3:21에 대해서는 나중에 살펴볼 것이다(§6.6).

69) Cf. NIV — "율법에 의해 죄수로 억류되어 갇힌." "이 두 진술은 죄를 범한 자들이 율법이 선언한 정죄로부터 빠져나가는 것이 불가능했다는 것을 말하기 위하여 '포위하다' 라는 말을 은유적으로 사용하고 있는 것 같다"(Thielman, *Paul* 132).

70) 여기서 바울이 이방인들이 '율법 아래' (hypo nomon) 있다고 말하는 것이라는 Gaston, *Paul* 29-30과 Stowers, *Rereading* 112(Howard, Sanders, Hübner를 인용한)의 논증은 설득력이 없다(또한 4:4도 보라). 이방인들도 율법에 비추어 심판을 받을 것이라는 이

에"라는 표현이 처음으로 등장한 이 구절은 주목할 만하다.[70] 이 구절이 함축하고 있는 의미는 바울에게 율법은 실제로 일종의 세력, 죄와 마찬가지로 하나의 세력이었다는 것인 듯하다.[71] 그렇지만 다시 한 번 이와 마찬가지로 중요한 것은 첫 번째 사용된 동사("갇혔느니라")는 "보호를 위한 후견"을 의미한다는 사실이다.[72] 달리 말하면, 갈라디아서 3:23에서 염두에 둔 율법의 기능은 억압하며 굴복을 요구하는 감독이 아니라 보호를 위한 후견(後見)으로 이해되어야 한다는 것이다. 이와 아울러 두 번째 동사("매인 바 되고")는 이러한 제한의 목적과 기간을 나타내고 있음이 분명하다 — 물론 그 제한은 잠정적이다("계시될 믿음의 때까지").[73]

이와 같은 혼합된 메시지는 그 다음에 나오는 이미지, 즉 "파이다고고스"(paidagogos)라는 이미지에서도 나타난다. "율법은 우리의 '파이다고고스'[개역의 '몽학선생' ; 개정역의 '초등교사']였다"(3:24). 잘 알려져 있듯이, '파이다고고스'는 집주인의 아들을 학교에 데려다주고 다시 데려오는 역할을 맡은 노예였다. 여기서 또다시 주석자들은 여러 옛 회상들을 따라 '파이다고고스'에 대하여 부정적인 이미지를 가져왔다: '파이다고고스'는 자기가 맡은 사람들에 의해서 탐욕스럽고 사나우며 엄한 것으로 기억되었다. 따라서 주석자들은 보통 여기서도 율법이 매우 적대적인 견지에서 묘사되고 있다는 결론을 도출해낸다.[74] 또한 여러 그리

례적인 말(cf. Räisänen, *Law* 18-23)은 율법 앞에서의 이방인들의 책임을 "율법을 가진 것"이나 "율법 안에" 있는 것과 구별하고 있는 롬 2:12-16(위의 §6.3)에서 설명된다.

71) "죄 아래"(3:22)와 "율법 아래"(3:23) 간의 병행을 주목하라 — Hong, *Law* 156-58은 이 점을 강조한다.

72) 그 주된 의미는 성 수비대처럼 "방위하다, 감시하다"(고후 11:32; BAGD, *phroureo* 에서처럼)이거나 신약에 두 번 나오는 그 밖의 다른 용례들에서처럼 "보호하다, 지키다"이다 — 빌 4:7("모든 지각에 뛰어난 하나님의 평강이 그리스도 예수 안에서 너희 마음과 생각을 '지키시리라'")과 벧전 1:5("너희는 말세에 나타내기로 예비하신 구원을 얻기 위하여 믿음으로 말미암아 하나님의 능력으로 '보호하심'을 받았느니라"). 또한 예를 들어, Oepke, *Galater* 120; Bonnard, *Galates* 75; Borse, *Galater* 137을 보라.

73) 바울 서신에 나오는 그 밖의 다른 두 용례도 동일한 의미를 갖는 것 같다 — 갈 3:22과 롬 11:32. 아래의 §14.3에 인용된 *Ep. Arist.* 139, 142와 비교해보라.

74) Schlier, *Galater* 168-70; van Dülmen, *Theologie* 47-48; Betz, *Galatians* 177-78 — "현학적인 사람 … 추악한 인물." "율법에 대한 급진적인 폄하(貶下)"; Westerholm, *Law* 196 — "불유쾌한 억제의 시기"; Hong, *Law* 160 — "율법의 노예화."

스-로마 작가들이 보여 주는 어린 시절에 대한 불유쾌한 기억들에 지나치게 의존하는 것도 현명치 못하다. 그러나 그렇다고 해서 개인교사의 역할이 원칙적으로 부정적이고 억압적이었던 것은 아니었다. 아이의 양육을 맡아 훈육을 담당한 사람들에 대해서 그들이 맡은 아이들이 나중에 어느 정도 불유쾌한 기억들을 갖는 것은 어쩔 수 없는 일이다. 물론 나쁜 개인교사나 나쁜 '파이다고고스'가 있었을 것임은 틀림없다. 그러나 이 역할 자체는 예의범절을 가르치고, 행실을 바로잡고, 필요한 경우에는 보호를 해 주는 등 본질적으로 긍정적인 것이었다.[75] 그러므로 갈라디아서 3장에서 이스라엘은 악한 세상에서 자라나기 때문에 그러한 악을 극복하고 성인이 될 때까지 보호와 훈육이 필요한 아이에 비유된다. 이러한 보호와 훈육의 역할이 바로 '파이다고고스'에 비유된 율법의 역할이었다.

그러므로 바울이 실제로 율법의 역할을 자세하게 제시하고자 한 이 중요한 구절에서 그의 대답은 꽤 분명하다. 이스라엘의 역사 속에서[76] 율법은 이스라엘의 유익을 위하여 이스라엘의 죄를 억제하는 수단, 기본적으로 보호하고 가르치고 훈육하는 수단으로서 하나님의 관대하심을 보여 주는 것으로 주어졌다. 또한 이것은 실제로 4장 초반까지 이어진 이미지들과도 부합한다.[77] 여기서 분명히 이스라엘은 후견인과 집사(執事)들의 보호와 지도 아래 있는 미성년 아이에 비유된다(4:1-2). 다시 한 번 말하지만, 아이의 양육이 아무리 엄하다고 할지라도, 이들의 역할은

---

75) D. J. Lull, " 'The Law was our Pedagogue' : A Study in Galatians 3.19-25," *JBL* 105 (1986) 481-98; N. H. Young, "Paidagogos: The Social Setting of a Pauline Metaphor," *NovT* 29 (1987) 150-76; T. D. Gordon, "A Note on PAIDAGOGOS in Galatians 3.24-25," *NTS* 35 (1989) 150-54; Longenecker, *Galatians* 146-48.

76) 문맥상으로 3:23-25의 "우리"는 이스라엘, 곧 일반적인 유대인, 또는 특히 그리스도를 믿은 유대인들임에 틀림없다. 3:26-29에서 "너희"(갈라디아 교인들)로 대상이 바뀌는 것은 3:25에서 26으로 넘어가면서 그 대상이 유대인들에서 이방인들로 바뀌었음을 확증해 준다. 또한 Ramsay, *Galatians* 381과 T. L. Donaldson, 'The 'Curse of the Law' and the Inclusion of the Gentiles: Galatians 3.13-14," *NTS* 32 (1986) 94-112 (여기서는 98)도 마찬가지이다. 혼동의 가능성이 제기되는 이유는 결국 바울은 유대인과 이방인이 둘 다 같은 배에 타고 있다고 믿었기 때문이다(3:13-14; 4:3-6).

77) 실제로 4:1-7은 3:23-29의 논증을 요약하고 있다(필자의 *Galatians* 210을 보라).

78) 바울은 틀림없이 가장(家長)에게 절대 권력을 부여하고 자녀들을 노예들과 거의 다를 바 없는 법적 지위를 지닌 아버지의 재산으로 취급한 로마법의 "가부장권"(patria potestas)

기본적으로 긍정적이다.[78] 또한 여기에 분명하게 함축되어 있듯이(참조. 4:4), 이것이 율법의 역할이다. 또한 우리가 주목할 것은 여기에 나타난 바울의 묘사는 다른 유대인 작가들이 인정하고 신뢰한 그런 묘사라는 것이다.[79] 따라서 바울이 로마서 2장에서 전제하고 있었던 것은 이스라엘과 율법의 관계였을 것이 거의 분명하다.

율법의 이러한 두 번째 기능과 관련하여 우리는 사실 율법을 일종의 세력이라고 말할 수 있다 — 이스라엘을 주관하는 세력이기 때문에, 이스라엘은 "율법 아래에" 있다고 말할 수 있었다. 사실 바울은 여기서 또 다시 한 분 하나님께서 천사들을 임명하여 다른 열방들을 주관하게 한 반면에 이스라엘은 자신의 분깃으로 두셨다는 유대인들의 확고한 신념을 토대로 글을 쓰고 있는 것이다.[80] 그러므로 요지는 하나님께서 율법이 자기 백성을 지키는 일종의 수호천사 역할을 하도록 정하셨다는 것이다. 이러한 설명은 율법 아래 있는 이스라엘을 신 아닌 것들의 노예가 되어 '스토이케이아'(stoicheia) 아래 있는 이방인들과 대비시키고 있는 바울의 논증(4:1-5, 8-10) — 헷갈리기 쉽도록 꼬아놓은 -을 이해하는 데 도움이 된다. 율법 아래 있는 이스라엘은 각각의 수호천사 아래 있는 다른 열방들과 대등하다. 그러나 이 점은 바울이 갈라디아서와 로마서에서 다루고자 한 이스라엘과 율법의 관계에 대한 좀 더 중요한 비판과 연관되어 있는데, 이에 대해서는 지금부터 살펴보게 될 것이다.

§ 6.5 지난 과거의 관계

율법의 이러한 두 번째 기능에 관하여 §6.4에서 서술한 내용이 전부라면, 우리는 조금 당혹감을 느끼게 된다. 왜냐하면 갈라디아서에서 바울은 율법을 "약하고

를 생각하고 있었을 것이다(*OCD*, "patria potestas"). 그러나 자녀는 여전히 상속자라는 것을 주목하라. 여기 나오는 이미지는 이방인이나 그리스도인의 지위를 높이려고 유대인들의 지위를 폄하하려는 뜻이 없다(4:5-6). 왜냐하면 나중의 이미지에서 전자는 여전히 모태에 있는 것으로 생각되고 있기 때문이다(4:19)! 둘 다 온전한 유업을 받을 것이라는 점이 부각되고 있다(4:1-2; 5:21).

79) 율법의 보호적 기능에 대해서는 §14.3에서 인용된 *Ep. Arist.* 139-42를 보라.

80) 신 32:8-9; Sir. 17.17; *Jub.* 15.30-32; Cf. Howard, *Paul* ch. 4; 또한 위의 §2 n. 32를 보라.

천박한 초등학문(스토이케이아)" 속에 넣기 때문이다. 그는 그 관계를 일종의 노예관계로 여긴다(4:3-5). 그리고 그는 이방인 신자들이 그와 같은 관계 속으로 들어가는 데 대하여 단호하게 반대한다(4:8-11). 로마서에서도 바울은 그의 독자들이 "율법 아래" 있는 것을 단호하게 반대한다(롬 6:14-15). 반대로 그들은 율법에서 해방되었다(7:1-6). 그러므로 이스라엘과 율법의 관계에 대한 이러한 단언은 부정적인 측면을 갖는다. 이와 같은 부정적인 징후는 갈라디아서에서도 분명하게 드러나고, 로마서에서 논증을 전개하는 데에도 그 기저를 이룬다.

a) 첫 번째로 두드러지는 것은 율법 아래에 있는 이스라엘의 특별한 관계는 단지 '잠정적'인 것이라는 갈라디아서 3~4장에서의 바울의 논증이다.[81] 율법은 약속의 수여와 그 성취 사이의 일종의 공백기에서 수호천사 역할을 할 뿐이다(3:16-25). 율법은 이스라엘의 미성년기(未成年期) 동안에 일종의 섭정을 했다(4:1-5). 그러나 이것은 이 역할이 "믿음"의 도래(3:23-25),[82] 약속된 자손의 도래(3:16), 하나님의 아들을 보내심으로(4:4) 끝이 나게 되어 있었다는 것을 의미하기도 한다. 여기에 표현되어 있는 내용은 바울의 관점의 근본적인 특징이다 — 그리스도의 오심은 하나님의 전체적인 목적에서 절정이자 완성이라는 바울의 인식. 여기서 그리스도는 약속된 자손이다: 아브라함에 대한 하나님의 약속의 성취에서 새 시대가 진행중이다. 하나님의 아들을 보내신 것은 하나님의 숙원(宿願)이 때가 차매(4:4)[83] 정한 때에(4:2) 성취되었다는 것을 보여 준다.

그 함의(含意)는 분명하다. 약속의 성취는 이스라엘은 더 이상 율법의 특별한 보호가 필요하지 않고, 더 이상 율법을 수호천사로 둘 필요가 없다는 것을 의미하였다. 또 다시 약속을 주신 분과 그 약속을 받은 자들이 율법의 개입 없이(3:19-24) 직접적으로 관계를 맺을 때가 된 것이었다(3:6-9, 15-18, 25-29). 유업을 이을 자들이 미성년인 아이가 지녔던 종과 비슷한 지위를 벗어던지고 그들의 유업

81) Schreiner, *Law* 77-80와 D. Boyarin, "Was Paul an 'Anti-Semite'? A Reading fo Galatians 3-4," *USQR* 47 (1993) 47-80에 의해 강조되었다.

82) 즉, 방금 언급된 "믿음" — "예수 그리스도를 믿는 믿음"(3:22); 또한 아래의 §14.8b을 보라.

83) 자세한 것은 §7.5과 §18.1을 보라. 종말론적 절정에 대한 인식은 초기 기독교의 특징이었고(cf. 막 1:15; 엡 1:10; 히 1:2; G. Delling, *TDNT* 6.305), 쿰란 공동체에서도 분명하게 나타났다(특히 cf. 1QpHab. 7.2).

을 이을 때가 되었다(4:1-7). 만약 그들이 율법에 연연해 한다면, 그것은 권리를 제대로 누리지 못했던 예전의 상태에 집착하는 것이다. 이방인 신자들에게 율법을 강요하는 것은 그들이 예전에 신도 아닌 것들인 초등학문(스토이케이아) 아래 있던 것과 마찬가지로 그들을 유치장에 가두는 것과 같다(4:8-10).[84]

b) 또 하나의 흐름은 이스라엘과 율법의 특별한 관계는 구시대의 유물이라는 종말론적 비판과 관련되어 있다. 이것은 아브라함에게 주신 약속의 외연(外延)에 관한 문제이다. 적어도 이 두 번째의 보호적인 기능을 지닌 율법은 특히 이스라엘과 관련이 있었던 반면에, 약속은 이방인들에게도 적용되는 것이었다. 바울은 아브라함에 대한 약속을 다루는 두 장(로마서 4장과 갈라디아서 3장)에서 자신의 논증의 여러 측면들을 전개한다. 우리는 갈라디아서 3장의 주된 취지를 다음과 같이 다시 표현해 볼 수 있다. 약속은 단지 땅(참조. 롬 4:13)과 자손(로마서 4장과 갈라디아서 3장)에 관한 것만이 아니었고, 축복, 곧 아브라함을 통한 이방인들에 대한 축복에 관한 것이기도 했다: "모든 이방인이 너로 말미암아 복을 받으리라"(갈 3:8).[85] 약속의 세 번째 요소였던 이 이방에 대한 축복을 바울은 아브라함에게 주어진 약속의 근본적인 특징으로 여겼음이 분명하다(3:14).[86]

그러므로 이 점과 관련된 비판은 바울의 동포들이 약속의 세 번째 요소의 성취의 때가 약속된 자녀와 함께 도래하였다는 것을 깨닫지 못했다는 것이다. 오히려 그들은 지나치게 율법에 집착하였다. 그들은 사실상 나중에 출현한 율법이 어쨌든 약속, 그러니까 여기에서는 이방에 대한 축복을 무효화시키거나 제한하였다고 생각했다(3:17). 또한 그들은 사실상 율법 아래 있는 그들의 특권적인 지위를 유지하는 데 집착하였다. 그들이 예수를 약속의 성취로 인정하고 그 직접적인 결과로서 약속의 나머지 부분이 성취될 때가 도래하였다는 것을 깨닫지 못한 것은 그들

84) 4:10이 유대의 안식일 및 기타 절기들을 염두에 두고 있다는 것은 거의 분명한 것 같다. 예를 들어, 필자의 *Galatians* 227-29를 보라. 유대의 절기들은 분명히 많은 이방인 동조자들에게 매우 매력적인 것이었는데, 당시에도 그랬고(Philo, *Mos*. 2.21; Josephus, *Ap*. 2.282; Juvenal, *Satires* 14.96) 그 이후에도 그랬다(필자의 "Two Covenants or One? The Interde-pendence of Jewish and Christian Identity," in Cancik, et al., eds., *Geschichte Band* III *Frühes Christentum* 97-122 (특히 99-107)를 보라)

85) 창 12:3, 7; 13:15-16; 15:5, 18; 17:7-8, 19; 18:18; 22:17-18; 26:4; 28:14.

86) 논란이 심한 3:10-14에 대해서는 나중에 살펴보게 될 것이다(아래의 §14.5c을 보라).

의 시대에 뒤떨어져 있었다는 것을 의미하였다. 율법에 대한 그들의 평가는 이중으로 구시대적인 것이었다.

c) 바로 이와 같은 것이 위의 §5.4에서 개략적으로 살펴본 로마서 2~3장에서의 이스라엘과 율법에 대한 비판의 배후에 있다고 할 수 있다.[87] 갈라디아서 3~4장을 이해하면, 로마서 2~3장의 배후에 있는 전제들을 어느 정도 알게 되고 그 의미들을 어느 정도 알 수 있게 된다. 로마서 2~3장에서의 바울의 비판 중 상당 부분은 하나님 앞에서 선민 지위를 누리고 있다는 이스라엘의 지속적인 확신을 겨냥한 것이었다.[88] 유대인 질문자는 율법을 하나님과의 특권적인 관계의 표시로 보고(2:17-20) 율법을 자랑하였다(롬 2:23). 이스라엘이 이렇게 율법을 자랑한 것은 율법이 그들에게 다른 나라들 위에 뛰어난 특권들을 주었기 때문이었다. 율법으로 인해서 이스라엘은 이방과의 관련 속에서 "맹인의 길을 인도하는 자요 어둠에 있는 자의 빛이요 율법에 있는 지식과 진리의 모본을 가진 자로서 어리석은 자의 교사요 어린아이의 선생"(2:19-20)이라고 스스로 믿었다.[89] 이러한 특권적 지위를 계속해서 단언함으로써 이스라엘은 육체의 견지에서 외적이고 가시적인 특권에 몰두하였다.[90] 그러나 로마에서나(2:28-29) 갈라디아에서나(갈 3:1-5, 14) 약속된 성령은 그러한 모든 평가들을 시대에 뒤떨어진 것으로 만들어 버렸다.

그러므로 로마서에서도 율법에 대한 첫 번째 비판은 율법 자체에 대한 비판이 아니다. 그것은 메시아가 온 후에도 율법 아래에서의 그들의 역사상의 특권적 지위가 여전히 유효하다고 생각한 바울의 동포 유대인들에 대한 비판이다. 그것은 종말론적 비판이다: 바울이 계속해서 인정해 왔던 특권(롬 3:1-2; 9:4)이 그때가

---

87) Fitzmyer, *Paul* 78-79는 이에 반대하고 바울이 갈라디아서에서의 이전의 주장이 부적절하다는 것을 알고는 로마서에서는 그와는 다른 설명을 하기로 결심했다고 생각한다; 그러나 아래의 §6.5d을 보라.

88) 위의 §5.4을 보라.

89) 각 구절, 특히 처음 두 구절은 당시의 유대교 문헌에서 잘 알려져 있던 정서들을 반영하고 있다; 필자의 *Romans* 112를 보라.

90) 위의 §3.3b을 보라. Cf. N. T. Wright, "The Law in Romans 2," in Dunn, ed., *Paul and the Mosaic Law* 131-50 (특히 142; Wright의 해석은 그의 "포로 중의 이스라엘"이라는 고정관념에 의해 왜곡되어 있긴 하지만).

지난 후에도 여전히 주장됨으로써 오용되었다는 비판이다. 이러한 잘못은 그들이 이방인들에게 자기들을 따라야 한다고 설득했기 때문에 한층 더 악화되었다. 이방인들이 약속된 축복을 이미 바깥에서 얼마든지 누릴 수 있는 때에 그들에게 이스라엘의 보호구역 안으로 들어와야 한다고 이스라엘은 설득하였다.[91]

d) 우리는 이 시점에서 그리스도의 오심이 종말론적인 때의 구분에서 한 획을 그었다는 사실의 중요성을 과소평가해서는 안 된다. 실제로 하나님의 경륜의 새로운 단계(바울은 마지막 단계라고 말할 것이다)가 존재한다면, 이스라엘과 관련된 율법의 역할은 이전 단계에 속하는 것이다. 그것은 과거지사(過去之事)가 되어 버렸다. 이러한 대비(對比) 및 그 결과들을 뚜렷이 드러내기 위해서, 바울은 율법과 관련하여 매우 부정적이고 적대적인 표현을 사용한다. 바울이 최소한 그의 주요한 세 편의 서신에서 이와 비슷한 대비(對比)를 하고 있다는 사실은 그것이 바울의 신학에서 얼마나 근본적인 것이었는지를 보여 준다.

로마서에서는 두 시대(모세와 그리스도를 대표자로 한다고 할 수 있는) 간의 대비는 아담과 그리스도 간의 좀 더 보편적인 대비의 그늘에 가려져 있다(롬 5:12-21). 그러나 우리는 이미 바울이 율법을 죄와 사망의 세력들과 같은 반열에 놓는 것을 주저하지 않았다는 것을 살펴본 바 있다. 인류의 비극을 연출할 첫 두 주체(主體)가 아담으로 말미암아 세계 무대에 "들어온" 지 얼마 되지 않아서 (5:12), 세 번째 주체가 모세로 말미암아 "가만히 들어와서"(5:20)[92] 그 둘과 합류하였다. "율법이 들어온 것은 범죄를 더하게 하려 함이라," 즉 죄가 사망으로 말미암아 더욱 기승을 부리게 되었다(5:20-21).[93] 여기서 율법은 갈라디아서 3장에서와는 달리 아브라함과 그리스도 사이의 중간에 출현한 것이 아니다. 로마서 5장에서 염두에 둔 하나님의 경륜의 범위는 아담으로부터 그리스도, 곧 창조로부터 구원까지이다. 따라서 여기에도 이스라엘에 대한 율법의 보호적 기능에 관한 내용은 전혀 없다. 하나님의 경륜 중에서 모세로부터 그리스도까지의 단계가 아담으로부터 그리스도까지의 단계 내에 설정되면서, 이스라엘과 관련된 율법의 좀 더 긍

91) 롬 10:4에 대해서는 특히 아래의 §14.6b을 보라; 또한 cf. 엡 2:14-15 — 장벽이었던 율법이 "제거되었다"(katargeo).

92) 좀 더 부정적인 어감을 주기 위하여 동사(pareiselthen)를 의도적으로 선택하여 사용한 것 같다. 이 동사는 여기 이외에는 오직 갈 2:4에만 나온다.

93) 위의 §5.7을 보라.

정적인 기능은 시야에서 사라진다. 좀 더 넓은 시야에서의 시대 비교(아담과 그리스도) 안에서 주목을 끄는 것은 죄와 관련한 율법의 한층 부정적인 역할이다. 이 시점에서 바울의 율법 비판은 무엇에 해당하는가가 우리가 아래에서(§6.7) 살펴볼 내용이다.

바울의 이전 서신들에서 두 시대의 대비(그리스도 이전과 이후)는 로마서 5장에서보다 훨씬 더 날카롭게 묘사된다. 갈라디아서 4:21-31에서 바울은 약속과 율법 간의 시대적 대비를 두 계약 간의 묵시론적 대비로 바꿔놓는다(4:24).[94] 하나는 아브라함의 여종 하갈과 그녀의 아들인 이스마엘에 의해, 다른 하나는 아브라함의 자유민 아내 사라와 그녀의 아들 이삭에 의해 대표된다(4:22).[95] 전자는 시내 산, 즉 율법, 현세의 예루살렘, 육의 자녀들의 노예상태를 나타낸다(4:23, 25). 후자는 하늘의 예루살렘, 약속의 자녀들의 자유를 나타낸다(4:23, 26). 두 시대 간의 좀 더 단순한 대비는 땅의 예루살렘과 하늘의 예루살렘 간의 묵시론적 대비와 쉽게 맞아떨어지지는 않는다.[96] 그러나 그 함의(含意)는 대체로 동일하다: 하나님의 의도(아브라함에게 주신 하나님의 약속과 하나님의 목적인 예루살렘에 의해 대표되는)는 현세의 예루살렘과 그 백성을 통해서 성취되지 못했다. 4:1의 처음에 도입된 종 모티프(motif)는 이제 약속의 성취 때까지 인류를 지배한 시대에

---

94) 이것들은 "옛 언약"과 "새 언약"으로 이해되어서는 안 된다(cf. 고전 11:25; 고후 3:6). 여기에서는 오직 하나의 계약만을 문제삼고 있다 — 아브라함에게 자손을 약속한 것. 하갈은 잘못 인식된 언약을 대표한다. 오직 자유한 여인만이 약속의 언약을 대표한다. 자세한 것은 필자의 *Galatians* 249-50을 보라.

95) 이것은 창 16:15과 21:2 그리고 창 15:5과 17:15-19에 나오는 약속들을 가리킨다.

96) 하늘에서 하나님이 의도하신 예루살렘에 대한 이러한 묵시론적 이해에 대해서는 특히 *2Baruch* 4.2-6과 *4 Ezra* 7.26; 13.36을 보라(자세한 자료는 필자의 *Galatians* 253-54에 나와 있다).

97) 노예 모티프는 동사 douleuo("노예가 되다" — 4:25), 명사 douleia("종노릇" — 4:24), paidiske("여종" — 4:22, 23, 30-31), 이와 대비되는 형용사인 eleutheros("자유로운" — 4:22, 23, 26, 30-31)에 의해 대변된다. 또한 5:1이 이 주제를 어떻게 다시 거론하고 있는지도 주목하라.

98) 갈라디아 교회들 안에서 활동했던 반대자들이 이러한 성경의 내용을 사용하여 그들의 주장을 입증하고자 했기 때문에(아브라함의 자손이기 위해서는 이삭과 같이 할례를 받아야 한다) 바울은 이 특정한 성경 내용을 가져와서 반대자들과는 반대되는 방식으로 이 내용을 해설할 수밖에 없었다는 C. K. Barrett의 주장이 널리 받아들여져 왔다("The Allegory

관한 묘사를 주도한다.[97] 그러나 이제 상황은 백팔십도 역전된다.[98] 이 새로운 시대에서 이스라엘은 이삭(약속의 자녀)이 아니라 이스마엘(종의 아들)을 더 닮았다. 그리고 율법은 지나간 육적인 대열(隊列)에 속한다는 것이 분명하게 암시된다.[99] 아니 더 정확히 말하자면, 갈라디아인들이 그 아래에 있고자 했던 율법(4:21)은 열등한 대열(隊列)에 속한다. 율법 아래 있고자 하는 것은 하나님의 경륜을 잘못 이해했던 불완전한 단계로 되돌아가고자 하는 것이요, '영을 따라서'(카타 프뉴마)가 아니라 '육을 따라서'(카타 사르카) 아이가 되고자 하는 것이다.[100]

그러나 바울이 두 시대를 가장 날카롭게 대비하고 있는 대목은 고린도후서 3:1-18이다. 여기서 두 계약은 실제로 옛 것과 새 것이고(3:6, 14), 옛 것은 시내 산에서 "돌판"에 쓴 것과 동일시된다(3:3).[101] 이와 대비되는 것은 "새 언약[계약]"(3:6)인데, 이 새 계약은 시내 산 계약과의 병행관계를 고려하면(3:3)[102] 예레미야 31:31에 대한 인유(引喩)라 할 수 있다.[103] 눈에 띄는 것은 옛 계약을 서술할 때에 사용된 매우 부정적인 언어 표현이다.[104] "율법 조문[그람마]은 죽이는 것이요"(3:6). 여기서 '그람마'(문자)는 분명히 새 계약과는 대비되는 옛 계약의 직분을 나타낸다. 그러므로 "돌판"과 "문자"는 "죽게 하는 직분"(3:7), "정죄의 직분"(3:9)의 매개체로 묘사된다. 그러나 이러한 강력한 부정적 표현들의 취지는 옛

---

of Abraham, Sarah, and Hagar in the Argument of Galatians," *Essays* 118-31).

99) 두 대열(4:25)에 대해서는 특히 J. L. Martyn, "Apocalyptic Antinomies in Paul's Letter to the Galatians," *NTS* 31 (1985) 410-24를 보라; 또한 필자의 *Galatians* 252.

100) 아브라함에 대한 관계의 의미가 "육체"의 견지에서 인식되고 있는 것에 대해서는 위의 §3.3b을 보라.

101) 출 31:18과 32:15에 대한 인유(引喩)라는 것은 거의 의심할 여지가 없다(cf. tls 9:10-11).

102) "산 영/생명을 주는 영"은 3:3의 "돌비" 및 3:6의 '조문'(gramma)과 대조를 이룬다.

103) Cranfield, *Romans* 854; Furnish, *2Corinthians* 183; Wright, *Climax* 176; Thielman, *Paul* 110-11; Hafemann, *Paul* 120, 122, 127-48. "육적인"은 통상적으로 바울에 부정적인 용어이기 때문에, "육의 마음판에 쓴 것"이라는 언급이 긍정적인 성격을 지닌다는 것은 이 동일한 어구("살처럼 부드러운 마음")가 사용되는 겔 11:19과 36:26에 대한 인유(引喩) 여부에 따라 결정되어야 한다.

104) "옛 계약"에 대해서는 Furnish, *2 Corinthians* 208-9를 보라.

계약은 더 나은 것에 의해 능가되고 대체되었다는 주된 주장을 입증하려는 데 있다. 달리 말하면, 출애굽기 34:29-35에 대한 미드라쉬(midrash)적인 해석[105]인 고린도후서 3:7-18은 그리스도의 오심이 하나님의 전체 경륜에서 새로운 종말론적 시대를 열었다는 바울의 확신을 다른 식으로 표현한 것에 불과하다는 말이다. 이 미드라쉬적인 해석에서 옛 직분의 성격은 모세의 얼굴에서 빛나던 영광에 의해 대표된다(3:7; 출 34:29-30). 바울은 그 영광이 "없어질"(카타르구메넨; 3:7) 영광[106]이라고 말하고,[107] 그 없어질 영광 속에서 그 온 시대가 지나갔고(토 카타르구메넨; 3:11)[108] 마지막에(토 텔로스 투 카타르구메누; 3:13)[109] 와 있다는 표지를 본다.

이와 동시에 우리는 고린도후서 3:7-18에 나오는 바울의 미드라쉬적인 분석 속에서 몇 가지 요소들을 주목하여야 한다. (1) 주로 대비되고 있는 것은 모세와 바울의 직분이다.[110] (2) 바울은 비록 지금은 좀 못한 영광으로 밀려나긴 했지만 모세의 직분이 "영광"의 직분이었다고 단언한다(3:7-11);[111] 그리고 모세가 여호와의 면전에 나아간 것은 기독교적 회심의 한 유형으로 본다(고후 3:16).[112] (3) 엄밀하게 말해서, 이스라엘은 옛 계약이 끝났다는 것을 깨닫지 못한 데 대하여 책

---

105) Windisch, *2 Korinther* 115; J. D. G. Dunn, "2 Corinthians 3.17- 'The Lord is the Spirit,'" *JTS* 21 (1970) 309-20; L. L. Belleville, *Reflections of Glory: Paul's Polemical Use of the Moses-Doxa Tradition in 2 Corinthians 3.1-18* (JSNTS 52; Sheffield: Sheffield Academic, 1991) 172 n. 1에 나오는 글들과 n. 2에 나오는 이 용어("미드라쉬")의 사용에 대한 비판.

106) 여기서 "없어질"이라는 말은 katargoumenon에 대한 번역어로는 너무 약하다; 예를 들어, NRSV는 RSV의 "없어질 것"이라는 번역을 "이제 실효(失效)된 영광"이라는 번역으로 대체한다. 자세한 것은 Hafemann, *Paul* 301-9를 보라; Hafemann은 그 수동 형태에 주목하여 "무력화되고 있는"이라는 번역을 선호한다(310). 또한 n. 108을 보라.

107) 이것은 출애굽 기사에 대한 바울의 주해이다. Belleville(위의 n. 105)은 1QH 5.32 (46-47), Philo, *Mos.* 2.271, 280 (33), Pseudo-Philo 19.16 (41)과 랍비 및 카발라 전승들(67, 75)에서 영광의 비영속성 또는 쇠락(衰落)에 대한 성찰이 있었다는 증거를 발견해낸다; 그러나 Hafemann, *Paul* 287-98을 보라.

108) 이 동일한 동사를 바울이 사용하고 있는 것이 눈에 띈다. 이 동사는 어떤 대상의 종말을 나타내는 폭넓은 의미를 지닌 동사로서(BAGD, katargeo — "실효시키다, 무효화하다, 폐지하다, 소탕하다, 제쳐놓다") 바울이 좋아하는 단어이다(신약에 27회 나오는데, 이 중 25회가 바울 서신에 나온다).

임이 없다: "그들의 마음이 완고해졌고"(3:14), "눈이 가리워졌다"(4:3-4);[113] 그들은 단지 그리스도에 의해 야기된 시대의 교체를 깨닫지 못했을 뿐이다(3:14).

(4) 여기서 "율법"(노모스)이라는 단어가 한 번도 사용되지 않고 있다는 사실은 우리에게 특히 중요하다. 바울이 대비(對比)의 한 쪽인 이미 지나간 쪽을 가리킬 때 사용하는 단어는 '그람마' (gramma, "문자")이다(3:6-7). 그 취지는 '그람마'는 그저 '노모스'의 동의어로 사용된 것이 아니라는 것이다.[114] 그것은 문자로 씌어져서 눈으로 볼 수 있는 것으로서의 율법에 초점을 맞춘다. 이것은 분명히 이스라엘이 모세를 적절하게 이해할 수 없었던 것, 즉 모세에 의해 대표되는 시대의 제한적이고 잠정적인 성격을 파악하지 못했던 것과 관련이 있다(3:15-16).[115] 성

109) 3:11과 13에서 사용된 중성형은 "모세에 의해 상징되는 옛 계약의 사역 전체"를 가리킨다(Furnish, 2 *Corinthians* 205; Thielman, *Paul* 113, 115, 117).

110) Diakonia("섬김")는 고후 3장(3:3, 6, 7-9)에서 이 구절을 그 문맥과 연결시키고 있는 핵심 개념이다(4:1; cf. 2:14-17). 자세한 것은 K. Kertelge, "Buchstabe und Geist nach 2 Kor. 3," in Dunn, ed., *Paul and the Mosaic Law* 118-30; Hafemann, *Paul* Part One을 보라.

111) '죽이는' 직분인 동시에 '영광스러운' 직분이라는 개념은 Sanders, *Law* 138가 바울의 신학에서 발견한 두 가지 상반된 확신들 간의 풀리지 않는 긴장의 한 예이다. 이에 대한 해법은 이 대비가 절대적이지 않고 상대적임을 아는 데 있다.

112) "모세는 여기서 실제로 어떤 의미에서 3:18의 새 언약 백성의 '선구자'인데, 이는 이스라엘 사람들 중에서 오직 모세만이 얼굴을 베일로 가리지 않은 채 하나님의 영광을 볼 수 있었기 때문이다"(Wright, *Climax* 180).

113) 이러한 사고는 바울이 "완악하게 하다"라는 동사를 사용하는 다른 유일한 대목인 롬 11:7과 일맥상통하는데, 이 구절은 이하의 구약 인용문들이 확증해 주듯이(11:8-10; cf. 11:25, 32) 하나님에 의한 폐기의 의미를 함축하고 있다. 그러나 자세한 것은 Hafemann, *Paul* 365-81을 보라.

114) Schreiner, *Law* 81-83, 130; Thielman, *Paul* 110-12은 이에 반대한다. 자세한 것은 Kertelge (위의 n. 110)를 보라.

115) 주목할 것은 바울이 염두에 두고 있는 것은 해석학적 결합이 아니라 종말론적 결함이라는 사실이다; 영/문자의 대비는 성경의 "영적" 의미와 "문자적" 의미 간의 대비라기보다는 이 각각의 시기들, 그리고 이 각각의 시기들에 특유한 경험들 간의 대비이다(예를 들어, Furnish, 2 *Corinthians* 199-200을 보라). 그럼에도 불구하고 Hafemann, *Paul*이 거듭 주장하듯이, 새로운 해석학적 원칙이 여기서 출현한다; 또한 Hays, Echoes ch. 4와 Boyarin, *Radical Jew* 97-105를 보라. Räisänen, *Law* 45이 올바르게 지적하듯이, '그람마' (gramma) = 율법주의라는 등식은 성립하지 않는다.

령이 사람의 심비(心碑)에 쓴 것과는 대조적으로 "문자"가 사람을 죽이는 성격을 지니게 된 것도 아마 이러한 이해 부족에 기인하는 것 같다(3:3, 6-7). 이것은 동일한 대비를 통해서 '그람마'를 가시적이고 육적인 것에 의해서 결정된 유대인들의 정체성 이해와 명시적으로 결부시키고 있는 로마서 2:28-29과 매우 밀접한 연관이 있다. 그리고 로마서 7:6에서는 "율법 조문의 묵은 것"과 "영의 새로운 것"을 대비시키고 있는데, "옛 것과 새 것"의 대비는 고린도후서 3:6 및 14절에서와 동일하다. 게다가 우리는 예레미야 31:33에 나오는 새 계약에 대한 약속은 율법(노모스)을 "그들의 마음에 기록할" 것이라는 것이었음을 상기하여야 한다. 즉, '그람마'가 돌판에 씌어진 율법과 동일시되면 될 수록, 그것은 마음에 기록된 율법과 더욱더 차이가 나게 된다는 말이다.[116]

요컨대, 고린도후서 3장에 나오는 '그람마'("문자")로서의 율법은 갈라디아서 4장에 나오는 종노릇과 결부된 시내 산 및 로마서 5장에 나오는 죄의 동맹자로서의 율법과 같다. 각각의 경우에 그 초점은 모세로부터 그리스도에 이르기까지에 걸친 시대에 율법 역할의 부정적 측면에 맞춰져 있다. 그리고 각각의 경우에 그 함의(含意)는 그 시대가 끝났다는 것이다. 이 동일한 주제를 다루는 다른 대목들(§6. 5a-c)에서 비판의 초점은 이스라엘이 율법으로 말미암은 그 특권적 지위에 집착함으로써 선민으로서의 지위를 누리던 때가 이미 지나갔다는 것을 깨닫지 못했다는 것이었다. 그러나 두 시대 간의 대비를 좀 더 근본적으로 설명하는 대목들(§6.5d)에서는 이스라엘의 특권과 관련된 부분은 시야에서 사라진다. 바울이 약속된 종말의 성령을 체험한 의식에서 뒤를 돌아보았을 때,[117] 그의 생각에 가장 강력하게 다가왔던 것은 상대적으로 종노릇했던 시대로 규정되고 가시적이고 육적인 것에 지나치게 초점이 맞춰져 있던 옛 시대와의 대비였다.

---

116) 그러므로 Cranfield, *Romans* 855-56는 "여기에는 율법이 폐기되었다는 그 어떤 암시도 없다"고 말할 만한 근거들을 갖게 된다. 자세한 것은 Hafemann, *Paul* 156-73을 보라: "문자/영의 대비는 시내 계약 아래에 있는 이스라엘 사람들의 대다수에 의해 경험된(그리고 경험되고 있는! cf. 3:14-15) '성령 없는 율법 그 자체'와 지금 그리스도 안에서 새 계약 아래 있는 자들에 의해 경험되고 있는 '성령 있는 율법' 간의 대비이다"(171, 강조는 저자의 것); Merklein, "Der neue Bund" 293-99.

117) 우리가 검토한 구절들에서 부정적인 의미를 첨예하게 부각시키고 있는 것은 (성령과의) 대비이다(갈 4:29; 고후 3:3, 6, 8, 16-18; cf. 롬 7:4-6).

그러므로 특히 이스라엘과 관련된 율법의 이러한 두 번째 기능은 바울 신학에서 복잡한 것이어서, 이에 대한 논의는 자연스럽게 그중에서 가장 심오한 특징, 즉 죄와 사망의 세력과 율법의 동맹이라는 문제로 귀결된다. 후자(사망)는 우리가 이 시점까지 한켠으로 제쳐놓았던 이스라엘에 대한 율법 기능의 또 하나의 측면과 긴장관계를 이루기 때문에 먼저 다루는 것이 좋을 것이다.

§ 6.6 생명을 위한 율법이냐, 사망을 위한 율법이냐?

바울 신학에서 율법이 죄 및 사망과 삼각체제를 이루고 있다는 사실로 인해서 주석자는 자칫 또 다른 삼각체제 — 율법, 생명, 사망 — 를 간과하기 쉽다. 그러나 후자의 삼각체제의 상호작용은 이스라엘과 관련된 율법의 기능에 대한 바울의 이해에서 또 하나의 중요한 측면이다. 그리고 바울은 전자만큼이나 자주 후자를 언급한다. 물론 가장 주목할 만한 대목은 로마서 7:10이다: "생명에 이르게 할 그 계명이 내게 대하여 도리어 사망에 이르게 하는 것이 되었도다." 그리고 우리는 방금 살펴본 구절을 기억해야 한다 — 고린도후서 3:6, 7: "율법 조문은 죽이는 것이요 … 돌에 써서 새긴 죽게 하는 율법 조문의 직분." 율법이 생명과 관련이 있다는 것을 한층 정면으로 부정하는 내용은 갈라디아서의 두 구절에 등장한다. 바울은 이렇게 증언한다: "내가 율법으로 말미암아 율법에 대하여 죽었나니 이는 하나님에 대하여 살려 함이라"(갈 2:19). 그리고 계속해서 갈라디아서 3:21에서 바울은 "능히 살게 하는 율법을 주셨다"는 것을 힘주어 부정하는 듯이 보인다. 또한 우리는 갈라디아서 3:12과 로마서 10:5에서 사용된 레위기 18:5에서 가져온 율법의 기능에 관한 묘사를 주목해야 한다: "사람이 이[하나님의 규례와 법도]를 행하면 그로 말미암아 살리라." 그러나 이 두 경우에 율법의 이러한 기능은 믿음과 대비된다: "율법은 믿음에서 난 것이 아니니"(갈 3:12); 레위기 18:5은 "믿음으로 말미암은 의"(롬 10:5-6)와 대비되는 "율법으로 말미암은 의"를 표현하고 있다. 이와 동시에 우리는 로마서 8:2에서 바울이 "죄와 사망의 법"과 아울러서 "생명의 성령의 법(nomos)"도 말하고 있다는 것을 잊어서는 안 된다. 이 율법-생명-사망이라는 흐름은 율법에 대한 바울의 신학 내에서 어떤 관계에 있는가?

로마서 7:10은 분명한 출발점을 제공해 준다. 이미 언급했듯이,[118] 이 본문이 창

118) 위의 §4.7과 §5.3을 보라.

세기 2~3장에 대한 인유(引喩)라는 것은 분명하다. 그리고 창세기 2~3장에 대한 바울의 해석도 분명하다. 선악을 알게 하는 나무의 열매를 먹지 말라는 명령은 동산에서의 아담의 삶을 규제하고자 한 것이었다(창 2:17). 다른 식으로 말하자면, 이 명령은 아담이 생명나무에 접근하는 것을 규제하기 위한 것이었다: 명령에 순종하면, 생명의 근원에 대한 지속적인 접근이 보장되었다. 반대로 불순종하면 즉각적인 사망(2:17)을 맞게 될 것이라는 위협이 주어지고, 결국 인류 최초의 부부는 생명나무로의 접근이 금지되는 결과를 가져올 것이었다(3:22). 주목할 것은 사망의 이중적 의미(생명 근원으로부터의 단절과 이에 따른 육체적 사망)[119]가 생명의 이중적 의미와 상응하고 있다는 사실이다. 생명나무로의 접근은 순종하는 아담에게는 일상 생활의 일부였다. 그러나 생명나무의 열매를 먹는 것은 영원히 사는 것을 의미하기도 하였다(3:22).

하지만 이미 살펴본 대로, 바울이 아담 이야기를 사용한 것은 이스라엘의 비슷한 경험에 대한 인유(引喩)들과 결부되어 있다.[120] 여기서 우리의 생각은 신명기, 특히 그 절정인 신명기 30장의 끝부분에 규정되어 있는 계약 조건들로 즉시 향하게 된다:

> 보라 내가 오늘 생명과 복과 사망과 화를 네 앞에 두었나니 곧 내가 오늘 네게 명령하여 네 하나님 여호와를 사랑하고 그 모든 길로 행하며 그의 명령과 규례와 법도를 지키라 하는 것이라 그리하면 네가 생존하며 번성할 것이요 또 네 하나님 여호와께서 네가 가서 차지할 땅에서 네게 복을 주실 것임이니라 그러나 네가 만일 마음을 돌이켜 듣지 아니하고 유혹을 받아 다른 신들에게 절하고 그를 섬기면 내가 오늘 너희에게 선언하노니 너희가 반드시 망할 것이라 너희가 요단을 건너가서 차지할 땅에서 너희의 날이 길지 못할 것이니라 내가 오늘 하늘과 땅을 불러 너희에게 증거를 삼노라 내가 생명과 사망과 복과 저주를 네 앞에 두었은즉 너와 네 자손이 살기 위하여 생명을 택하고 네 하나님 여호와를 사랑하고 그의 말씀을 청종하며 또 그를 의지하라 그는 네 생명이시요 네 장수이시니 여호와께서 네 조상 아브라함과 이삭

---

119) 위의 §5.7을 보라.

120) 위의 §§4.4, 6, 7을 보라.

과 야곱에게 주리라고 맹세하신 땅에 네가 거주하리라.

여기에서 약속된 생명은 분명히 장수(長壽) 및 약속의 땅에서 이스라엘이 천대만대 계속해서 사는 것이다.[121] 명령을 지키지 않으면, 사망이 임할 것이다 — 불순종한 자의 육체적 사망과 약속의 땅에서의 추방.[122] 창세기 3장과의 병행은 우연한 것이 아니다(육체적 사망과 동산에서의 추방).

계약신학의 맥락 속에서 보면, 하나님께서 이미 택하신 백성에게 들려주는 레위기 18:5의 의미는 더욱 분명해진다: "너희는 내 규례와 법도를 지키라 사람이 이를 행하면 그[바헴]로 말미암아 살리라"; "너희는 내 모든 계명과 내 모든 포고를 지켜 행하라 사람이 이를 행하면 그로 말미암아 살리라"(칠십인역). 이 본문이 염두에 두고 있는 것은 계약 백성인 이스라엘 공동체 내에서 및 이스라엘 공동체에 의해서 영위되는 삶의 방식이다. 창세기 2~3장과 신명기 30장에서처럼, 율법(계명)은 하나님에 의해 택함 받은 자들의 삶을 규율하는 방식이다. 율법에 대한 순종은 지속적으로 생명을 확보하고 계약의 삶을 유지하는 방식이다. 이것이 장래의 세대들을 통해서 공동체의 삶이 이어져갈 것이라는 생각도 포함하고 있다는 것은 이 본문에 함축되어 있다. 그것이 개인의 영생에 관한 생각도 포함하고 있느냐의 여부는 불분명하다. 그러나 순종을 통해서 이전에 경험하지 못했던 생명을 얻는다는 생각은 거기에 내재되어 있지 않다는 것은 분명하다.[123] 계명들을 지키지 못하면 생명을 잃을 것임은 본문에 함축되어 있다. 그러나 생명은 선물이고, 율법을 지키는 것은 일차적으로 계약 및 그 지속에 합당한 삶을 살아가는 방식으로 생각되고 있다.

레위기 18:5에 대한 이러한 이해는 이 본문에 대한 최초의 주해(註解)라 할 수

---

121) 또한 신 4:1; 6:24; 8:1; 11:8 (LXX); 16:20; 30:6; cf. 12:1; 31:13.

122) 이 이중적인 경고는 이 땅에서의 저주받은 삶(28:15-62; 29:20-27)과 이 땅으로부터의 추방(28:63-68; 29:28)에 대한 앞서의 경고들을 반영하고 있다.

123) 롬 10:5에 대한 통상적인 해석과는 반대로; 예를 들어, Bultmann: "율법을 지키면 생명이 수여될 것이다"(*Theology* 1.262); Westerholm, *Israel's Law* 147; Schreiner, *Law* 111; Stuhlmacher, *Romans* 156("생명을 얻으리라"); Fitzmyer, *Romans* 589("생명으로의 길"; 마찬가지로 *Paul* 76). Stuhlmacher, *Theologie* 260의 견해가 더 낫다: "토라가 이스라엘에게 주어진 것은 이스라엘로 하여금 하나님 앞에서 살아갈 수 있게 하기 위함(am Leben)이다."

있는 것, 즉 에스겔 20:5-26에 의해 확증된다. 하나님은 이스라엘에게 "사람이 준행하면 그로 말미암아 삶을 얻을" 규례와 법도들을 주셨다(20:11, 13, 21).[124] 또한 이스라엘을 택하는 데에 하나님께서 주도권을 쥐고 있었다는 것도 명백하다(20:5-6, 9-10). 그리고 하나님께서 이스라엘에게 살기 위한 수단으로서 규례들을 주셨다는 사실도 명백하다. 여기에는 또 다시 순종을 통해서 생명을 최초로 얻는다든가 사망 후에 처음으로 생명(영생)을 얻는다는 생각은 없고, 하나님에 의해 먼저 주어진 계약상의 신분과 율법(하나님의 규례와 법도들)을 행함으로써 보존되고 유지되는 생명에 관한 생각만이 존재한다. 따라서 내세의 생명에 참여한다는 생각이 더 두드러진다.[125] 그러나 레위기 18:5을 장래에 얻어질 생명이 아니라 하나의 생활방식을 말하는 것으로 이해하는 것은 여전히 견지된다.[126]

이러한 배경 속에서 보면, 레위기 18:5에 대한 바울의 사용과 관련하여 헷갈렸던 부분이 어느 정도는 분명해지고,[127] 또한 갈라디아서 3:21에서 바울이 율법을 얕잡아보는 듯한 태도도 이해가 된다. 율법이 일차적으로 하나님 백성 내에서의

---

124) 레 18:5이 매번 반복된다. 또한 20:25을 주목하라 — "내가 선하지 않은 율례들과 그들이 준행하면 살 수 없는 규례들을 그들에게 주었다." 20:25-26에 나오는 포로기 이전의 제의에 대한 비판(Stuhlmacher, *Theologie* 256)은 여기 나오는 논의에 영향을 주지 않는다.

125) "영생"이라는 개념 자체는 후기 유대 문헌들에서 비로소 등장한다(단 12:2; 2 Macc. 7.9; 1QS 4.7; 4 Macc. 15.3).

126) 예를 들어, 잠 3:1-2; 6:23; 느 9:29; Bar. 4.1; 1QS 4.6-8; *Pss. Sol.* 14.2-3; *Ep. Arist.* 127; Philo, *Cong*. 86-87 — 레 18:5에 대한 Philo의 주해: "참 생명은 하나님의 판단들과 규례들을 따라 살아가는 자의 생명이기 때문에, 불경건한 자들의 삶은 죽음임에 틀림없다." 이에 따라 율법은 "생명의 율법"(Sir. 17.17), "생명의 계명들"(Bar. 3.9)로 묘사된다. 이 점은 Ladd, *Theology* 540 n. 3에 의해 밝혀졌다. H. Lichtenberger, "Das Tora-Verständnis im Judentum zur Zeit des Paulus," in Dunn, ed., *Paul and the Mosaic Law* 7-23는 쿰란 문헌의 토라에 대한 신학을 "삶과 생활방식에 대한 지침"이라는 말로 요약하고(11), 자세한 것은 F. Avemarie의 1996년 튀빙겐 대학 박사논문인 *Tora und Leben. Untersuchungen zur Heilsbedeutung der Tora in der frühen rabbinischen Literatur* (Tübingen: Mohr, 1996)를 참조하라고 말한다. Cf. G. E. Howard, "Christ the End of the Law: The Meaning of Romans 10.4ff.," *JBL* 88 (1969) 331-37: "탄나임 유대교는 레 18:5을 완전이라는 관점에서가 아니라 야훼의 율법은 인간의 삶의 최우선적인 측면이라는 관점에서 해석하였다"(334).

127) 나는 통상적으로는 갈 3:12과 롬 10:5을 그 문맥을 떠나서 논의하고자 하지 않지만, 여기서의 문제는 사실상 이 구절들의 논증들과는 무관하게 다루어질 수 있다.

삶을 규율하기 위해 주어진 것이라면, 그 역할은 이차적이라고 말하는 것이 합당하기 때문이다. 계약관계를 먼저 확립하는 데에 주된 역할은 하나님의 주도 아래 있다 — 아브라함에게 주신 약속(바울의 관점에서), 애굽으로부터의 구원(신명기, 레위기, 에스겔서에서). 이러한 하나님의 주도적 행위에 대한 인간 편에서의 이에 상응하는 반응은 믿음, 곧 아담이 보여 주지 못했지만[128] 아브라함이 그 최고의 모범을 보여 준 바 있는 신뢰이다(갈 3:6-9; 롬 4장). 엄밀하게 말해서, 율법은 여기에서 아무런 역할도 하지 못한다. 엄밀하게 말해서, "율법은 믿음에서 난 것이 아니다"(갈 3:12). 율법의 역할은 이차적인 단계, 즉 이미 하나님에 의해 택함받은 자들의 삶을 규율하기 위하여 등장한다(갈 3:12=레 18:5). 바울의 불만은 그의 동포 유대인들이 그러한 이차적 단계에 지나치게 집착하였다는 것이다(롬 10:5); 그러나 이것은 그 자체로 율법에 대한 비판이 아니다. 또한 "율법은 믿음에서 난 것이 아니다"라고 천명한 것은 율법에 대한 비판이 아니고, 단지 하나님의 은혜의 섭리 안에서 믿음과 율법은 각기 다른 기능을 갖고 있다는 천명이다. 이 둘은 서로 상충되어 왔으나, 레위기 18:5의 함의(含意)는 그것들의 역할은 상호보완적인 것으로 보아야 옳다는 것이다.[129]

얼핏 보기에는 바울이 "능히 살게 하는 율법"을 주지 않았다고 말함으로써 율법을 비판하는 듯이 보이는 갈라디아서 3:21에 대해서도 마찬가지로 이야기할 수 있다. 사실 이 구절에는 율법에 대한 비판은 전혀 함축되어 있지 않고, 단지 그 기능이 달랐다는 인식만이 존재한다. 성경에서 "능히 살게 하는" 역할은 오로지 하나님[130] 또는 성령[131]의 역할이고, 반면에 앞에서 살펴보았듯이, 율법의 역할은 이전에 없었던 생명을 수여하는 것이 아니라 이미 수여된 생명을 규율하는 것이었다.[132] 이것이 율법이 약속들을 거스르지 않는 이유이다(갈 3:21). 약속들은 하

---

128) 위의 §4.4을 보라.

129) 자세한 것은 필자의 *Romans* 601과 *Galatians* 175-76을 보라. 우리는 나중에 이 주제를 다시 살펴볼 것이다(아래의 §14.7b과 §23.4). 그러나 이에 대한 비판은 위의 §6.5에서 이미 충분히 행해졌다.

130) 왕하 5:7; 느 9:6; 욥 36:6; 시 71:20; *Joseph and Aseneth* 8.3, 9; 12.1; 22.7; *Ep. Arist.* 16; 요 5:21; 롬 4:17; 고전 15:22.

131) 특히 신약에서의 강조점(요 6:63; 롬 8:11; 고전 15:45; 고후 3:6; 벧전 3:18).

132) 이것은 바울에게 "율법은 결코 그 어떤 구원 목적도 지니고 있지 않았다"고 말하는

나님에 의해서 하나님과의 관계를 일차적으로 정립하는 것을 가리킨다. 여기에서 그 약속은 아브라함에게 주신 자손의 약속을 이루시는 데에 하나님의 생명을 수여하시는 행위를 가리키고(롬 4:17), 이에 대해 유일하게 가능한 응답은 믿음이었다(4:16-21).[133] 율법이 들어온 것은 바로 그 다음 단계에서였고, 또한 율법은 다음 단계로서 들어왔다. 여기 바울의 말 속에는 갈라디아 교회의 대적들이 율법을 생명을 만들어내는 것으로 생각했다는 암시가 전혀 없다.[134] 그러나 만약 그랬을지라도, 바울은 여전히 율법 자체가 아니라 율법의 기능에 대한 그릇된 평가를 비판하였을 것이다.

그러므로 여기서 우리는 율법의 세 번째 기능(위의 §6.3과 §6.4에서 논의한 것들에 더하여)에 대해 말할 수 있다: 하나님에 의해 택함 받은 백성의 삶을 규율하고 성공적으로 이끌기 위한 것.[135] 아마도 이 기능도 율법이 보호하고 성공적으로 이끌려고 했던 하나님과의 특별한 관계에 이스라엘이 지나치게 집착함으로써 왜곡되었을 것이다(§6.5). 그리고 이것은 바울이 하나님을 향하여 살기 위해서 율법에 대하여 죽어야 한다고 생각한 이유를 설명하는 데도 도움이 된다(갈 2:19). 그러나 또한 이 세 번째 기능은 위에서 말한(§6.3) 첫 번째 기능과 결부되어 있다. 왜냐하면 율법은 삶에 대한 지침으로서 하나님께서 자기 백성에게 구하시는 것의 척도로서 기능하기 때문이다. 그러므로 이것은 이 기능이 이스라엘을 보호하고 치리하는 율법의 역할(§6.4)과 비슷한 것인지, 즉 이 기능은 이스라엘에만 적용되는 것인지, 아니면 하나님과 이스라엘이 특별한 관계를 맺고 있던 시기가 끝난 후에도 생명(그리고 심판)을 위한 율법의 지속적인 역할이 존재하는지에 관한 추가적인 문제를 열어놓는다. 이에 대해서는 나중에 살펴보게 될 것이다.[136]

것과는 다르다(e.g., Räisänsen, *Law* 150). 그러한 인식은 결국 그래서 바울이 율법을 폄하하였다는 부당한 결론에 이를 수 있다.

133) 롬 4장에 나오는 갈 3:21의 병행문은 4:13이다: "언약은 율법으로 말미암은 것이 아니요 오직 믿음의 의로 말미암은 것이니라."

134) 바울 시대에 유대교 분파들 가운데서 그러한 견해가 통용되었음을 밑받침해 줄 그 어떤 본문도 없다.

135) 바울의 가르침의 이 특징에 대한 인식은 토라의 역할에 대한 바울의 묘사는 "완전한 희화화(戱畵化)였다"는 Schoeps의 비판에 대처하는 길이 된다(*Paul* 200).

136) 아래의 §23을 보라.

지금 이 시점에서 중요한 것은 바울 자신의 증언에 따라서 생명이 아니라 사망을 위한 것임이 증명된 율법의 이 기능이다(롬 7:10). 이제 우리가 살펴보아야 할 것은 죄와 사망과 관련된 율법의 관계에 대한 바울의 분석의 이 마지막 측면이다.

§ 6.7 율법은 죄인가?

이제까지의 율법 비판은 비교적 온건했던 것 같다. 로마서 1:18~3:20의 고발문에서 비판은 거의 전적으로 율법의 소유 및 율법에 의해 받는 유익들을 자랑하는 것으로 나타난 이방인들에 대한 유대인들의 특권의식에 집중되었다(§6.4). 유대인들의 이러한 태도에 맞서서 바울은 죄를 정의하고, 죄를 범죄로 인식하게 하며, 죄를 심판하는 율법의 좀 더 근본적인 역할을 재천명하였다(§6.3). 율법을 통한 하나님과 이스라엘의 특별한 관계를 지나치게 강조함으로써, 2:17의 "유대인"은 율법의 이러한 근본적인 역할에 충분한 비중을 두는 데 실패하였고, 따라서 "율법 안에" 있는 사람들일지라도 율법을 지키지 않은 사람들(2:21-27)은 마찬가지로 "하나님의 심판 아래"(2:12; 3:19) 있다는 것을 깨닫지 못했다. 이것이 고발문의 끝에서 바울이 비판한 범위였다는 것을 우리는 유의하여야 한다.[137] 그러나 우리는 이미 로마서 5:20에 더 우울한 얘기가 나온다는 것을 지적한 바 있다. "율법이 들어온 것은 범죄를 더하게 하려 함이라"는 말은 우리가 이 단원(§6)에서 다루어 왔던 그 어떤 것보다 율법의 역할 자체에 대한 훨씬 더 부정적인 비판을 함축하기 때문이다.[138] 율법을 언급하는 다음 두 구절(6:14-15)의 특징인 율법과 은혜의 대비는 분명히 이스라엘을 보호하고 하나님의 계약 백성인 이스라엘의 삶을 정립하기 위한 은혜로운 선물이라는 율법에 대한 평가와 정면으로 충돌

---

137) 물론 3:20에서 바울은 "율법의 행위로 의롭게 되는 것"에 대한 비판을 예고하지만, 그것은 로마서에서 그의 신학에 대한 해설의 나중 단계에 속한다(자세한 것은 아래의 §14.5을 보라). 앞의 주제를 마감하면서 새로운 주제를 도입하는 것은 바울의 글쓰기의 특징이다; 필자의 *Romans* 271을 보라.

138) 그러나 범죄의 증가를 율법주의 및 자기 의, 율법주의적인 열심, 이기심의 충족의 증가로 보는 것(예를 들어, Bultmann, *Theology* 1.265; Cranfield, *Romans* 293-94, 847-48)은 7:8에서와 마찬가지로 여기에서도 타당성이 없다(위의 §4 n. 88을 보라); 이러한 주장은 Wilckens, Römer 329 n. 1104; Räisänsen, *Law* 144 n. 81; Merklein, "Paulus und die Sünde" 125-26, 160-61에 의해 올바르게 거부되고 있다.

하는 것처럼 보인다.[139] 그렇다면 죄 및 사망과 율법의 동맹은 우리로 하여금 율법에 대한 훨씬 더 깊고 날카로운 비판으로 이끈다는 것이 정말인가?[140]

바울은 실제로 7장에 가서야 이러한 문제들을 다룬다.[141] 얼핏 보면, 두 혼인에 관한 유비(類比; 7:1-4)는 그리스도에 의해 초래된 시대의 변화를 다른 식으로 얘기하는 것처럼 보인다. "그 법이 사람이 살 동안만 그를 주관하는 줄 알지 못하느냐"(7:1). 이 말은 세력으로서 기능하는 율법을 다른 식으로 말하는 것처럼 들린다.[142] 그러나 사실 초점은 아내가 과부가 되었을 때에 율법이 그 아내를 더 이상 주관하지 못한다는 데에 있다. 혼인한 여인은 남편과 율법에 의해 매인 바 되어 남편의 율법 아래에 있다. 그녀의 (첫번째) 남편이 죽어야만, 그녀는 다시 혼인할 수 있다. 그때에야 비로소 "남편의 법에서 벗어난다"(7:2).[143] 여기에서 "율법에 매인 바 된다"거나 "율법에서 벗어난다"는 말이 사용되고 있긴 하지만, 처음 세 절 속에는 율법 자체에 대한 실질적인 비판은 함축되어 있지 않다. 첫 번째 결혼을 규율하는 혼인법이 아내에게 가혹하다거나 불공평하다는 암시도 없다. 바울은 간음을 금하는 기본적인 율법을 부당한 제약으로 보고 폐지할 것을 요구하지 않았을 것이다! 오히려 바울은 율법의 이러한 기능을 보호적 역할의 일부로 여겼을 것이다.[144] 간단히 말해서, 그 취지는 사망이 개입되면, 상황이 변한다는 것이다.[145] 율법은 변하지 않지만, 남편의 법으로서의 유효성, 따라서 아내에 대한 구속

139) 몇몇 주석자들은 5:20("죄가 더한 곳에")에 나오는 "곳에"를 강조하면서, 이 단어를 "이스라엘에서"로 해석한다(Cranfield, *Romans* 293; Thielman, *Paul* 192; 특히 Wright, *Climax* 39).

140) 특히 Hofius(위의 n. 37) 202-3.

141) nomos는 롬 7장에서만 23회 나온다.

142) 이 장들에서 동사 kyrieuo는 사망(6:9), 죄(6:14), 율법(7:1)의 지배와 관련하여 세 번 사용된다.

143) 이 동일한 동사("벗어나다")는 7:6의 적용에서도 사용된다.

144) 바울은 명시적으로 "율법, 즉 토라를 아는 자들"(7:1)에게 이 유비(類比)를 말한다. 이 유비는 유대의 혼인법을 전제하고 있는 것으로서 로마법에는 적용하기 힘들다(필자의 *Romans* 359-60을 보라). 따라서 적어도 첫 번째 남편의 법 아래 있는 여인과 율법 아래 있는 이스라엘 간의 병행(위의 §§6.4-5)이 암시되어 있다고 할 수 있다. 율법에 의해 "묶여" 있다는 이미지(7:6)도 갈 3:23-25과 4:1-3을 반영한 것이다.

145) 7:1-3에서 염두에 두고 있는 죽음은 분명히 첫 번째 남편의 죽음이다. 그러나 적용이

력(拘束力)은 아내가 과부가 됨으로써 멈추게 된다. 과부가 된 아내는 이제 율법에서 놓여난다.

그러나 훨씬 더 부정적인 뉘앙스는 7:4-6에 나오는 그 적용에서 등장한다. 첫 번째 혼인은 죄의 정욕이 율법을 통하여 역사하여 사망을 낳은 "육신에 있을 때"의 삶에 해당한다(7:5).[146] 바울과 그의 독자들은 바로 그러한 옛 생활, 죄에 의해 사용된 율법의 속박으로부터 벗어났다(7:6). 바로 이러한 사고의 흐름을 따라서 바울은 "그런즉 우리가 무슨 말을 하리요 율법이 죄냐"(7:7)라고 묻는다. §6의 처음에서 지적했듯이, 율법이 죄라는 추론은 바울 자신의 논증에서 도출된 것처럼 보인다.

그러나 이 시점에서 기억해야 할 것은 7:7의 질문은 율법에 대한 변호를 내용으로 하는 단원(7:7~8:4)에 대한 바울의 수사적(修辭的) 도입부라는 것이다.[147] 이 변호의 첫 번째 행에 나오는 실질적인 주된 요지는 인간의 실패는 율법의 흠이 아니라는 것이다. 진짜 주범은 죄이다. 율법은 단지 죄에게 그 촉수(觸手)로 사람의 육체를 찌르고 둘러쌀 기회를 제공해 준 것뿐이다(7:7-13).[148] 이것이 율법이 들어온 것은 "범죄를 더하기" 위함이었다고 한 바울의 말(5:20)의 의미일 것이다. 왜냐하면 이 분석에서 율법이 시행된 결과는 실제로 계명을 범할 기회를 주는 것이었기 때문이다(7:7-8).[149] 계명은 사냥꾼이 짐승을 잡을 때에 사용하는 말 모양의 물건이라고도 할 수 있다: 계명은 죄를 바깥으로 끌어내어 그 진상을 드러내 준다(7:13). 이런 의미에서 율법은 "범죄를 더한다."[150] 율법에 대한 바울의

라는 관점에서 보면, 그 죽음은 독자들의 죽음으로, 이로 말미암아 독자들은 그리스도와 재혼을 할 수 있게 되었다(7:4-6).

146) 롬 7:5은 육신, 죄, 율법, 사망의 역할들을 매우 분명하게 연관시키고 있는 절이다(위의 §6.1).

147) 예를 들어, Kümmel, *Römer* 7 (위의 §3 n. 80) 9-10; Stendahl, *Paul* 92; Beker, *Paul* 105에 의해 인정된다.

148) 자세한 것은 위의 §4.7과 §5.3을 보라.

149) Räisänen (위의 n. 16)은 5:13-14과 7:8 간에도 모순이 있다고 본다(*Law* 147). 그러나 그것은 다양한 은유들이 적용된 경우로서, 은유들 사이에서 일관성을 찾는 것은 현학적인 것이다; 아래의 n. 152와 비교해 보라.

150) 몇몇 주석자들은 5:20을 율법이 죄를 죄로 규정한다는 의미로 이해한다(예를 들어, Whiteley, *Theology* 80; Bornkamm, *Paul* 125; Cranfield, *Romans* 293; Thielman, *Law*

변호에서의 이 첫 번째 단계에 비추어 보면, 5:20에 나오는 비판조차도 율법에 악의적인 의도가 있다고 쏘아붙이는 것이 아니라 죄와 관련된 율법의 복합적인 역할을 보여 주는 것 같다.[151)]

율법에 대한 변호는 7:14-25에서 확대되고 심화된다. 왜냐하면 이 드라마 속에 죄, 사망, 율법 외에 또 하나의 요소가 등장하기 때문이다. 그것은 나(me)이다! — 육적인 나(7:14), 즉 연약하고 타락하기 쉬우며, 죄의 감언이설에 쉽게 넘어가는 나.[152)] 따라서 죄의 사망 거래(death-dealing)에 대한 책임은 훨씬 더 신중하게 배분되어야 한다. 먼저 바울은 죄의 권세 앞에서 양분된 전형적인 자아의 모습을 드러낸다. "나"는 나뉘어 있다. "나"는 옳은 일을 행하고자 하지만, "나"는 그렇게 하지 못한다. "나"는 악한 일을 피하고자 하지만, "나"는 여전히 그 일을 행한다. "나"는 나누어진 두 구역의 양쪽에 다 존재한다. 여기서 또 다시 진짜 주범은 나의 육체적 약점을 이용하는 죄의 권세이다(7:14-17).

어떻게 이것이 율법을 변호하는 데 도움이 되는가? 이제까지 너무도 잘 인식되지 않았던 것은 이 논증의 두 번째 부분(7:18-23)에서 바울은 실제로 율법이 "나"와 동일한 곤경을 겪고 있다고 주장하고 있다는 사실이다.[153)] "내"가 나뉘어 있듯이, 율법도 그러하다.[154)] 비록 죄가 인간의 연약함과 공모하여 이 법을 따르지 못하게 방해하긴 하지만, "내"가 소중히 여기고(7:22) 마음으로 인정하는(7:23, 25) "하나님의 법"이 있다. 그리고 죄가 "나"를 사망에 더 단단하게 옭아매는 데 사용하는(7:7-13에 묘사된 방식으로) 율법이 있다. 바울이 "죄의 법"(7:23, 25),

---

192, 199); 또한 Merklein, "Paulus und die Sünde" 135-37의 조심스러운 진술도 보라.

151) Hofius(위의 n. 140) 205-6의 견해와는 달리, 5:20을 바울의 관련 논증과 분리하여 너무 깊은 결론을 이끌어내서는 안 된다.

152) 율법의 성취 가능성과 관련하여 바울이 다른 곳에서 한 말들이 서로 일관성이 없다는 Sanders, *Law* 77-78의 주장은 롬 7장에서 초점이 정확히 '육체로서의' 인간에 맞춰져 있다는 사실로 해명된다. 롬 8장은 이와는 다른 시야를 열어 준다.

153) 바울의 탄식의 반복(7:15, 19)은 단순히 강조를 위한 반복이라기보다는(7:17, 20) 논증의 발전을 보여 주는 것이다(7:21-23); 자세한 것은 아래의 §18.3을 보라.

154) 마찬가지로 Hahn, "Gesetzesverständnis" 46; 그리고 좀 최근에는 Wright, *Climax* 197과 Boers, *Justification*(§14 n. 1) 87-88, 93-94, 120-32(자세한 것은 아래의 §18.3 n. 58과 §23.4을 보라). 그러나 이 주장은 일반적으로 거부된다(예를 들어, Fitzmyer, *Paul* 75; Thielman, *Paul* 200과 n. 23을 보라).

"죄와 사망의 법"(8:2)이라고 말하는 것이 바로 그것이다.[155] 육신이 연약하다고 하는 것은 율법 자체로는 죄의 권세을 이길 수 없다는 것을 의미한다(8:3).[156]

그러므로 율법에 대한 변호는 분명하다. 잘못은 율법에 있지 않다. 죄를 정의하고 측정하는 율법의 역할은 아무런 영향도 받지 않는다. 이스라엘을 보호하고 이스라엘의 삶을 규율하는 율법의 역할, 이스라엘에 의한 그러한 역할의 악용은 여기에서 고려되고 있지 않다. 게다가 우리는 둘로 나뉜 율법의 다른 측면을 검토해야 하고, 그것이 바울에게 어떤 지속적인 역할을 하였는지를 검토해야 한다.[157] 그러나 죄와 사망의 권세와의 동맹에 관한 한, 율법은 바울에 의해 단죄되기보다는 옹호된다. 그 동맹관계를 바울은 원치 않는 "나"와 아무것도 모르는 율법에 대하여 죄의 권세가 행사한 불가항력에 의한 것이라고 말한다. 그렇지라도 그 동맹이 효력을 발휘하는 것은 육체의 연약함이 죄의 권세에게 그러한 기회를 주어서 율법을 무력화시키기 때문이다.

그러므로 율법의 연약함은 하나님의 뜻에 대한 척도 및 심판의 잣대로서 율법의 역할에서 필연적으로 파생되는 결론일 뿐이라고 할 수 있다. 왜냐하면 인간 성정(性情)의 연약함을 감안할 때에 무엇을 금지하는 진술은 항상 욕구를 불러일으

155) 7:7-13에서 바울이 독자들로 하여금 죄와 사망의 '법'(nomos)을 죄에 의해 악용되어 사망을 불러일으키는 '법'과 결부시키기를 원하거나 기대하지 않았다면, 바울의 언어표현의 선택은 아주 이상해 보일 것이다(특히 Räisänen [위의 n. 30]는 이에 반대). 7:23에서 '법'(nomos)이 "원칙"을 의미한다고 생각하는 학자들로는 Ziesler, *Romans* 197-98; Moo, *Romans* 462-65; Stuhlmacher, *Theologie* 262; Fitzmyer, *Romans* 131; Schreiner, *Law* 34-35 등이 있다. 그러나 또한 필자의 *Romans* 392-95, 416-18; Schlier, *Grundzüge* 84-85를 보라; 그리고 cf. Wright, *Climax* 198. Winger, *Law* 91는 "이 본문들에서 유대의 '율법'(nomos)을 '하나님께 속한' 것과 '죄와 사망에 속한' 것으로 구분하는 견해를 밑받침할 만한 그 어떤 것도 발견할 수 없다"는 이상한 말을 한다. 그래서 그는 7:23에서 네 가지 서로 다른 "법들"(nomoi)을 발견한다(185-89). 그러나 바울의 요지는 죄가 율법 자체를 악용할 수 있었다는 것이다. 바울은 '법'(nomos)이라는 단어로 유희를 하고 있음이 분명하지만, 결국 "죄에 의해 왜곡되어 사망을 불러오는 율법"은 "죄의 법" 및 "죄와 사망의 법"과 별반 다르지 않다.

156) 이것은 율법이 속죄를 예비하는 것(회개와 희생제사를 통하여; cf. 갈 3:19; 위의 §6.4)에 대한 비판이 아니라 죄가 율법이 금한 욕망을 부추기는 것을 율법이 막지 못하는 것에 대한 비판이다.

157) 아래의 §23을 보라.

키고, 무엇을 요구하는 진술은 항상 반항을 불러일으키기 쉽기 때문이다. 인간의 노력을 지도하는 법들과 가장 성과 있는 협력을 보장하는 규칙들이 있다면, 범법자들과 규칙을 무시하는 자들이 있는 것이 인간 사회의 필연적인 특징이다. 그렇다고 해서 그 법과 규칙들이 실효되고 무의미하게 되는가? 죄에 의해 사용되고 인간의 연약함에 의해 배반당하였다고 해서, 율법 그 자체가 죄인가? "그럴 수 없느니라"고 바울은 대답한다(7:7). 죄의 권세에 의해 사용된다고 할지라도, 율법은 여전히 거룩하다; 하나님의 계명은 여전히 "거룩하고 의롭고 선하다"(7:12).

우리는 이 시점에서 신학적 논리를 한 걸음 더 진척시켜 볼 수 있다.[158] 왜냐하면 율법은 죄와 사망을 묶는 끈이라고 할 수도 있기 때문이다(고전 15:56). 사망(이것은 쏘는 것이다)은 죄(이것은 징벌이다)로 인하여 고통스럽다. 그러나 죄에게 사망을 그토록 고통스럽게 만드는 힘을 부여하는 것은 율법이다. 죄에 대하여 사형 선고를 하는 것은 율법이기 때문이다. 따라서 율법은 죄는 사망으로 끝날 수밖에 없다는 것을 보여 주는 하나님의 분명한 표지이다. 인간인 "내"가 "죄악된 육체"인 한에서, 하나님의 심판은 "내"가 죽을 수밖에 없다는 것이다. 죄의 권세를 육체에 침입시키는 하나님의 목적은 죄악된 육체의 멸망을 통해서 완수된다.[159] 그러므로 율법은 하나님 편에서의 계산된 모험이었다. 율법이 사람을 사망에 이르게 함으로써, 율법은 신자를 죄의 권세과 육체의 연약함에서 구원해낸다. 그러나 율법은 오로지 육(肉)으로만 살아가는 자들의 총체적 멸망(사망)을 재촉하기도 한다. 하나님 아닌 다른 것을 의지한 종교인들은 그들이 의지했던 것과 함께 멸망받는다. 어느 것에 몰두하며 산 사람들은 그들이 기뻐했던 것과 함께 멸망받는다. 반면에 하나님을 인정하는 자들은 죽음을 넘어서서 그들을 자신의 형상대로 다시 빚으실 창조주를 의지한다. 그러나 너무 앞질러 나가는 감이 있으므로 우선 이 정도로 해두자.

§ 6.8 결론들

158) 이 마지막 성찰은 Bultmann, *Theology* 1.267에 의해 촉발되었지만, 그의 견해와는 다르다, Cf. Westerholm, *Law* 189-92; 그리고 하나님에 대한 비판이 7:10, 13, 14-25의 배후에 있다고 보는 Sanders, *Law* 73-75, 79와 비교해 보라.

159) 우리는 여기서 롬 8:3의 해석을 예감한다(아래의 §9.3).

인간의 연약함과 범죄에 대한 바울의 고발 내에서 바울이 생각하는 율법의 역할은 다음과 같이 분명하다.[160)]

(1) 율법은 죄를 정의하고 죄를 범죄로 인식하게 만들며 그 범죄를 단죄하는 역할을 한다. 또한 율법은 이방인들에 대해서도 하나님 및 하나님께서 요구하시는 것들에 관한 천부적인 지식을 통해서, 특히 양심을 통해서 덜 명시적인 방식이긴 하지만 동일한 역할을 한다. 그러한 역할은 대체로 율법의 다른 기능들에 관한 논의에 의해 영향을 받지 않는 것 같다.[161)] 이러한 율법의 기능은 로마서에서 바울의 해설의 첫 번째 주요 단원(1:18~3:20)을 구성하는 고발(告發)의 토대를 제공한다. 이방인과 유대인, 온 인류는 하나님 앞에서 죄인이다. 왜냐하면 모두가 하나님이 인간에 대하여 의도했던 것에 미치지 못했고, 하나님의 의도를 담은 계명들을 범하였기 때문이다.

(2) 율법은 이스라엘과 특별한 관계를 가졌는데, 특히 모세로부터 그리스도에 이르기까지의 기간 동안에 이스라엘을 보호하고 치리하는 역할을 하였다. 그것은 잠정적인 역할이었다. 그러나 이것이 율법의 유일한 기능이라고 생각해서, 그리스도의 오심으로 율법이 폐기되었다고 생각하는 것은 잘못이다.[162)]

(3) 이스라엘이 율법의 이러한 역할의 잠정적 성격을 깨닫지 못했다는 것은 특히 하나님의 율법을 수여받았다는 것으로 나타난 하나님과의 특권적인 관계를 계속해서 전제한 것에서 드러난다. 이러한 잘못된 선민의식으로 인하여 이스라엘은 로마서 1:18~3:20에 나오는 고발에서 더욱 따가운 비판을 받게 된다. 그리스도의 오심을 통한 하나님의 목적의 성취, 종말론적인 시대의 변화는 이스라엘이 지금 "시대에 뒤떨어져" 있고 율법의 의의(意義)를 이스라엘의 율법으로 잘못 생각

---

160) 그리고 이제까지는 Sanders와 Räisänen이 생각하는 것(위의 n. 16)보다 훨씬 더 많은 일관성이 있다. 그들의 발견은 바울의 핵심적인 논거들에 대한 지나치게 원자론적이고(Räisänen) 피상적인 분석에 의존하고 있다. Stuhlmacher, *Theologie* 262와 비교해 보라 — "바울의 사고의 놀라울 정도의 통일성과 일관성"; 그리고 Schreiner, *Law* 87-90, 136-37에 나오는 Sanders와 Räisänen에 대한 비판을 참조하라.

161) Bultmann은 심지어 "그리스도인들에게 계시된 하나님의 뜻은 율법의 요구와 동일하다"고까지 말한다(*Theology* 1.262); 자세한 것은 van Dülmen의 학위논문인 *Theologie* 85-230을 보라; cf. Hahn, "Gesetzesverständnis" 60-62.

162) 예를 들어, Räisänen, *Law* 56-57, Becker, *Paul* 395, Thielman, *Paul* 134,

하고 있다는 것을 의미한다. 여기에는 우리가 앞으로 분석해야 할 측면들(특히 "율법의 행위")이 있다.

(4) 율법은 일차적으로 이스라엘의 삶에 방향성을 부여하기 위하여 및 계약상의 이스라엘의 지위 및 삶을 유지하는 데 필요한 조목들로서 이스라엘에게 주어졌다. 율법의 이러한 기능이 이스라엘을 보호하는 율법의 기능과 전적으로 일치하는 것인지, 또는 이스라엘 특유의 것으로서의 율법과는 구별되는 것으로 여겨질 수 있는 것인지는 아직까지는 불명확하다. 마찬가지로 율법의 생사여탈(生死與奪)의 기능, 곧 "문자"로서의 율법의 기능이 이스라엘이 종말론적인 시대 변화를 깨닫지 못했다는 바울의 비판과 어느 정도나 결부되어 있는 것인지, 또는 계속해서 율법의 기능의 일부가 되는 것인지도 불분명하다. 우리는 나중에 이 문제를 다시 살펴볼 것이다.[163]

(5) 율법은 인간의 육체의 연약함을 덫에 걸리게 하기 위해서 죄의 권세에 의해 사용된다. 이것을 율법에 대한 이스라엘의 오판(誤判)을 말하는 (3) 항목과 연결시킨다면, 바울에게 특권적 지위에 대한 이스라엘의 집착은 그 자체가 어떻게 죄가 율법을 악용하고 육체의 연약함을 사용하여 인간을 죄와 사망의 그물에 옭아매는지를 보여 주는 고전적인 예라고 할 수 있다.[164] 죄가 "욕구"를 "정욕"으로 바꾸어 놓듯이, 이스라엘에게 율법을 '그람마'(gramma, "문자")로 바꾸어 놓은 것도 바로 죄의 권세였다. 죄에게 이스라엘을 육적 관점에 묶어 놓을 기회를 제공한 것은 육체의 할례에 초점을 맞춘 율법이었다.

(6) 죄와 사망의 세력의 동맹으로서 율법 그 자체를 우리는 우주적 세력으로 여겨서는 안 된다. 도리어 율법은 죄를 있는 그대로 드러내려는 하나님의 의도의 도구이다. 하나님은 율법을 수여하셨고, 율법을 죄와 사망의 세력에 복속시켰던 것 같다. 왜냐하면 죄는 율법을 사용하고 악용해서 사망을 불러오기 때문이다. 그러나 좀 더 깊은 차원에서 보면, 하나님의 목적은 죄를 사망과 묶음으로써 죄의 권세를 죽음을 통해서 소진(消盡)케 하려는 것이었다. 율법이 죄와 죄인에게 사형

---

163) 자세한 것은 §14과 §23을 보라.

164) 롬 7:14-25의 "나"가 7:7-12의 "나" = 이스라엘을 조금이라도 반영하고 있는 것이라면(위의 §4.7을 보라), 바울은 특히 이스라엘이 계속해서 육체에 의지한 것(cf. 롬 2:28; 3:20; 갈 2:16; 6:12-13; 빌 3.3-4)이 죄가 묶은 마음을 지닌 이스라엘을 덫에 걸리게 한 기회가 되었다는 것을 염두에 두었을 것이다(위의 §3.3도 보라).

선고를 내리는 것은 율법의 비극인 것처럼 보인다. 그러나 율법이 사망을 죄인에 대한 최종적인 심판으로부터 죄 자체의 최종적인 멸망으로 바꾸어 놓은 것은 율법의 승리이기도 하다.

제 4 장

예수 그리스도의 복음

§7 복음[1]

§ 7.1 '유앙겔리온'(euangelion)

바울의 고발은 거세었다. 모든 인간은 이 땅에서 죄의 권세 아래에서 삶을 살아간다. 모든 인간은 어떤 시원적(始原的)인 본능적 성향에 의해서건 자멸(自滅)에의 의지(意志)에 의해서건 육체를 만족시키고 옳다고 알려진 것을 버리고 하나님과의 관계를 단절하는 쪽으로 자기가 저항도 못하고 끌려가는 것을 본다. 이방인이든 유대인이든 모든 인간은 하나님의 율법의 단죄 아래 있고, 따라서 하나님의 심판을 받게 될 것이다. 인간에 대한 고발문인 이것은 서글픈 선언서이다. 바울은 로마서에서 이 선언서(1:18~3:20)를 작성하는 데 많은 시간을 들이는데, 이는 단지 그의 인간관이 비관적이기 때문이 아니다. 그러한 비난에 대하여 바울은 틀림없이 정반대로 자기는 지극히 현실적이고, 이러한 현실을 깨닫지 못하는 것이야말로 모든 이상주의적인 청사진들의 치명적인 결함이라고 대답할 것이다. "인간에 대한 인간의 비인간적 행위"와 피조물에 대한 학대(虐待)의 역사를 아는 사람이라면, 누가 바울을 탓할 수 있으랴? 그러나 바울이 그토록 철두철미하게 인간에 대하여 비판적일 수 있었던 주된 이유는 틀림없이 그러한 고발에 대한 적절한 해법을 자기가 알고 있다는 확신 때문이었다. 변호가 아니라 해법을 말이다. 이러한 고발들을 온전히 처리해 버린 은혜의 해법. "이는 죄가 사망 안에서 왕 노릇 한 것 같이 은혜도 또한 의로 말미암아 왕 노릇 하여"(롬 5:21).

이러한 해법은 "복음"(유앙겔리온)이라는 말로 요약된다. 이것은 신약에서 주로

---

1) 이 책 말미의 참고문헌을 보라.

바울이 사용하는 단어이다(76번 중에서 60번).[2] 바울은 이미 로마서에서 자신의 신학을 제시할 때에 이 말의 중요성을 보여 준 바 있다. 그는 스스로를 "사도로 부르심을 받아 하나님의 복음을 위하여 택정함을 입었다"(롬 1:1)고 소개한다. 바울이 로마서를 쓰는 이유의 하나는 비록 "그리스도의 이름을 부르는 곳에는 복음을 전하지 않기를 힘쓴" 것(15:20)과 어느 정도 긴장관계에 놓인다고 하더라도 "이방인의 사도"(11:13)로서의 그의 소명에 따라 "로마에 있는 너희에게도 복음 전하기를 원하기"(1:15) 때문이었다.[3] 그리고 '유앙겔리온'은 로마서의 나머지 부분에서 해설하고자 한 주제 진술에 나오는 핵심 단어들 중의 하나였다: "내가 복음을 부끄러워하지 아니하노니 이 복음은 … 구원을 주시는 하나님의 능력이 됨이라"(1:16). 또한 2:16에서 바울이 "나의 복음에 이른 바와 같이 … 예수 그리스도로 말미암아" 최후의 심판이 이루어질 것이라고 지적한 것도 중요하다. 인간에 대한 바울의 고발에 대한 응답인 복음은 율법에 따른 하나님의 심판과 배치되지 않는다(2:12-15).

초기 서신들에서 바울은 "복음"이 중요함을 마찬가지로 보여 준 바 있다. 고린도전서의 첫부분에서 바울은 그의 사명은 세례를 주는 것이 아니라 복음을 전하는 것임을 강조한다(고전 1:17). 바울은 "복음으로써" 고린도 교인들을 "낳았다"(4:15). 그는 "만일 복음을 전하지 아니하면 내게 화가 있을 것이로다"(9:16)라

2) "복음"(euangelion) — 마(4회), 막(8), 행(2), 롬(9), 고전(8), 고후(8), 갈(7), 엡(4), 빌(9), 골(2), 살전(6), 살후(2), 딤전(1), 딤후(3), 몬(1), 벧전(1), 계(1). "[복음을] 전하다"(euangelizomai) — 마(1회), 눅(10), 행(15), 롬(3), 고전(6), 고후(2), 갈(7), 엡(2), 살전(1), 히(2), 벧전(3), 계(2); (54회 중에서 바울 서신에 21회). "선포"(kerygma) — 롬 16:25; 고전 1:21; 2:4; 15:14; 딤후 4:17; 딛 1:3(8회 중에서 바울 서신에 6회). "십자가의 도"(고전 1:18)와 "화해의 말씀"(고후 5:19)에 대해서는 Stuhlmacher, *Theologie* 318-26을 보라.

3) 이러한 긴장이 지나치게 과장될 수도 있다: 예를 들어, Elliott, *Rhetoric*은 1:15에 대하여 지나치게 말하고, G. Klein은 15:20에 대해서 지나치게 말한다("Paul's Purpose in Writing the Epistle to the Romans" [1969], in Donfried, ed., *Romans Debate* 29-43). 목회적 관심(1:11)과 범죄할 가능성에 대한 민감성(1:12), 서투른 변명들(1:13), 방문하고자 하는 열망(1:13, 15)의 결합은 오늘날의 주석자로 하여금 이 단락에서 어떤 특정한 요소를 지나치게 강조하는 것을 주저하게 만드는 표현의 잠정성을 보여 준다. 또한 필자의 *Romans* 33-34와 865, 그리고 아래의 §7.4을 보라. 15:20의 원칙은 고후 10:13-16에서 좀 더 자세하게 표현된다(자세한 것은 §21.2d을 보라).

고 절규한다. 효과적인 복음전도는 항상 그의 일차적인 관심사였다(9:23).[4] 또한 갈라디아서를 바울이 쓰게 된 것도 갈라디아 교인들이 복음에서 떠나고 복음을 다른 것으로 바꾸어버릴 것 같은 모습을 보이자 이에 놀란 때문이었다(갈 1:6-9). 다메섹 도상에서의 그리스도의 계시가 그에게 주어진 것은 "그의 아들을 이방에 전하기 위해서"였다(1:16). 바울의 최고의 우선순위는 "복음의 진리"(2:5, 14)였다.[5] 바울의 그 어떤 핵심 주제들보다 더 복음에 관한 이러한 관심은 바울의 서신 사역 전체에 걸쳐 변함이 없다 — 그의 첫 번째 서신이라 할 수 있는 것(데살로니가전서)에서부터[6] 최후로 감옥에 갇혀서 썼던 서신(빌립보서)에 이르기까지.[7]

구원을 주시는 하나님의 능력으로서의 복음이라는 모티프는 고린도 서신들에서 꽤 상세하게 설명된다. 거기에서 부활을 통해 아주 분명하게 나타난 하나님의 능력에 대한 직설적 이해[8]는 하나님의 능력이 (이 시대에서) 십자가 및 전도와 사역의 연약함과 어리석음 속에서 가장 특징적으로 표현된다는 반복된 단언에 의해 보완되고 수식된다.[9]

바울의 복음 용례의 또 하나의 특징은 "그리스도의 복음"[10]이라는 말과 함께 "하나님의 복음"[11]이라는 말을 거리낌없이 사용한다는 점이다. 가장 특기할 만한 점은 바울이 로마서에서 먼저 "하나님의 복음"(롬 1:1)이라고 소개한 다음에 조금 후에 "그의[하나님의] 아들의 복음"(1:9)이라고 언급함으로써 균형을 맞추고 있다는 사실이다. 이것은 바울이 로마서의 첫 부분에서 사용하는 일련의 균형을 위한 진술들 중의 하나로서 바울이 자신의 기독론, 따라서 "그리스도의 복음"에 대한 그의 이해가 하나님에 대한 그의 이해와 전적으로 일치한다는 것을 의도적으로(허풍을 떠는 것이 아니라) 보여 주고 있다는 것을 암시한다. 그 취지는 2:16

4) 고린도전후서에 반복되어 나오는 주제 — 고전 9:12-18; 고후 11:7-11.

5) 또한 골 1:5.

6) 살전 1:5; 2:2, 4, 8, 9; 3:2.

7) 빌 1:5, 7, 12, 16, 27(두 번); 2:22; 4:3, 15.

8) 고전 6:14; 15:43; 고후 13:4; cf. 고전 4:20.

9) 고전 1:18, 24; 2:4-5; 고후 1:8; 4:7; 6:4-10; 12:9; 13:4. Cf. Penna, *Paul* 1.169-80.

10) 롬 15:19; 고전 9:12; 고후 2:12; 9:13; 10:14; 갈 1:7; 빌 1:27; 살전 3:2; "그의 아들의 복음"(롬 1:9); "우리 주 예수의 복음"(살후 1:8).

11) 롬 1:1; 15:16; 고후 11:7; 살전 2:2, 8, 9.

에서와 동일하다: 심판은 하나님의 몫이지만, "나의 복음을 따라[12] 예수 그리스도를 통하여"[13] 이루어질 것이다. 그러므로 바울의 독자들은 고발에 대한 바울의 응답에 이르러서 예수 그리스도의 중심성이 주도자(主導者)로서의 하나님에 대한 강조와 온전히 맞물려 있다는 것을 발견하고도 놀라지 않게 된다(3:21-26).[14] 그리스도의 복음은 하나님의 신실성(faithfulness)을 입증해 준다.[15]

바울에게 이 용어가 중요했음을 감안하면, 이 용어가 어디에서 왔는지를 살펴볼 가치가 있다. 이 용어의 두드러진 특징은 칠십인역(그리고 이에 해당하는 히브리어 본문)에 이 단어의 단수형이 나오지 않고, 이 시기의 헬라어 문헌들도 단수형을 잘 사용하지 않는다는 것이다.[16] 따라서 바울의 용례는 신조어(新造語)이거나 적어도 이 용어를 새로운 용법으로 사용한 것이다. 이것을 설명하기 위해서, 일부 학자들[17]은 바울 또는 헬라어를 사용하던 유대 그리스도인 선구자들은 특히 가이사 숭배의 맥락 속에서 사용되던 좀 더 친숙한 형태인 복수형 "좋은 소식들"로부터 단수형을 만들어내었다고 주장해 왔다.[18] 그러나 "하나님의 복음"이라는

12) "~를 따라"는 바울이 복음을 단언이나 판단(또는 둘 다)을 위한 판별 기준으로 보고 있음을 의미하는 것임에 틀림없다. 자세한 것은 아래의 §21.2a을 보라.

13) "그리스도를 통하여"는 동사 "심판하다"와 함께 해석해야 할 것이다(대부분의 학자들이 동의하듯이). 장래의 심판자로서 그리스도에 대해서는 아래의 §§12.2-3을 보라.

14) 로마서 3:21-26 —

하나님의 한 의가 나타났으니	예수 그리스도를 믿음으로 말미암아
하나님의 의 …	그리스도 예수 안에 있는 속량으로 말미암아
하나님의 은혜로 값 없이 의롭다 …	그의 피로써 믿음으로 말미암는
하심을 얻은 자 되었느니라	
이 예수를 하나님이 … 화목제물로 세우셨으니	자기도 의로우시며 또한 … 예수 믿는 자를
이는 하나님께서 길이 참으시는 중에 …	의롭다 하려 하심이라
자기의 의로우심을 나타내려 하심이니	

15) 위의 § 2.5와 아래의 §19을 보라.

16) 일부 구절들은 사자(使者)에게 주어지는 "좋은 소식의 상급"이라는 의미를 갖는다(LSJ, euangelion).

17) 특히 Strecker, *Eschaton* 183-228; 또한 *euangelion*, *EDNT* 2.71; *Theologie* 355-57.

18) LSJ, *euangelion*에 나오는 구절들; cf. *NDIEC* 3.12-15.

표현을 생각할 때, 훨씬 더 가능성 있는 배경은 칠십인역에 아주 흔하게 등장하는 주제였던(동사 '유앙겔리조마이'[euangelizomai]로 표현되는) 하나님으로부터 또는 하나님에 관한 좋은 소식을 선포하는 것이라고 보아야 한다.[19]

특히 중요한 것은 일련의 예언들을 통한 이사야의 일관된 격려의 메시지이다.[20] 이사야 40:9에서는 "아름다운 소식을 전하는 자"[21]에게 유다 성읍들을 향하여 "너희의 하나님을 보라!"고 선포하라고 말한다. 마찬가지로 이사야 52:7에서는 "좋은 소식을 전하며(유앙겔리조메누) 평화를 공포하며 복된 좋은 소식을 가져오며(유앙겔리조메노스) 구원(소테리아)을 공포하며 시온을 향하여 이르기를 네 하나님이 통치하신다 하는 자"를 상찬(賞讚)한다. 60:6에서는 "여호와의 구원(소테리온)"의 좋은 소식을 전하는(유앙겔리준타이) 모습을 그린다. 특히 가장 두드러지는 것은 이사야 61:1-2이다:

> 주 여호와의 영이 내게 내리셨으니
> 이는 여호와께서 내게 기름을 부으사
> 가난한 자에게 아름다운 소식을 전하게 하려 하심이라(유앙겔리사스다이)
> 나를 보내사 마음이 상한 자를 고치며
> 포로된 자에게 자유를,
> 갇힌 자에게 놓임을 선포하며(케뤽사이)
> 여호와의 은혜의 해 … 를 선포하여 …

우리는 이사야의 이 주제가 예수 시대에 유대인들의 신학적 성찰에 영향을 주었다는 것을 안다. 솔로몬의 시편 11:1은 분명히 이사야 52:7의 반영(反映)이다: "시온에서 성소의 신호 나팔을 울리고, 예루살렘에서 좋은 소식을 전하는(유앙겔리조메누) 자의 소리를 알려라(케뤽사테)." 그리고 쿰란 사본에도 이사야 61:1에 대한 몇몇 인유(引喩)들이 나온다. 11QMelch 2:15-24은 쿰란 공동체의 상황에

---

19) 시편 40:9; 68:11; 96:2; 사 40:9; 52:7; 60:6; 61:1; 욜 2:32; 나 1:15.

20) 각각의 경우에 LXX은 히브리어 본문과 다르지만, 우리의 현재의 목적에 영향을 미칠 정도로 다르지는 않다.

21) 시온 자체이거나 "시온에" 복음을 전하는 자.

맞춰서 이사야 52:7과 61:1-3을 해설한 것이 분명하다.[22]

그러므로 예수께서 이사야 61:1-2을 인용하여 자신의 사명에 관한 청사진을 표현하는 데 사용하였음을 보여 주는 확고한 전승이 전해져 오고 있다는 것은 별로 놀랄 일이 아니다.[23] 바울이 로마서 10:15에서 이사야 52:7을 인용하고 있는 데서 알 수 있듯이, 복음을 설명하는 데 이사야 52:7과 61:1을 사용했다는 전승은 초기 기독교에서 아주 급속하게 발전하였음이 분명하다.[24]

따라서 바울이 사용한 '유앙겔리온'에 대한 가장 분명한 설명은 헬라어를 사용한 초기 선교에서 예수에 의해서 또한 예수에 관하여 선포된 복음을 이야기하는 데에 이러한 본문들의 용법과 부합하는 적절한 단어로 '유앙겔리온'이 선택되었다는 것이다.[25] 좀 더 정확하게 말하면, 자신의 선포를 가리키는 새로운 전문용어로 '유앙겔리온'을 채택한 사람은 아마도 바울 자신이었을 것이다.[26] 바울은 기독교 메시지의 풍부한 새로운 내용을 담아내기 위하여 기존의 어휘를 가져다가 새로운 용법으로 사용한 것으로 유명하다.[27] 한 걸음 더 나아가 바울의 영향을 받아

22) 또한 1QH 18.14; 4Q521 12를 보라; cf. CD 2.12. Collins, *Scepter*(§8 n. 1) 132 n. 89는 1QH 18.14에 나오는 시인이 이사야 61장의 예언을 자신에게 적용시키고 있는 것으로 본다. 4Q521에 대해서는 Collins, *Scepter* 117 또는 Garcia Martinez 394를 보라. Collins 11은 CD 2.12가 아니라 2.9를 사용한다.

23) 마 11:5/눅 7:22; 눅 4:16-21; cf. 눅 6:20/마 5:3. 마 11:5/눅 7:22과 4Q521 간의 병행은 특히 두드러진다: "그는 상처난 자를 고치고, 죽은 자를 살리며, 가난한 자에게 복음을 전하리라 … "(4Q521 12); " … 절름발이가 걸으며, 문둥병자들이 깨끗케 되고, 귀 먹은 자가 들으며, 죽은 자들이 살아나며, 가난한 자들에게 복음이 전파되리라"(마 11:5/눅 7:22).

24) 행 4:27; 10:36, 38(사 52:7과 61:1을 연속으로 인유하고 있음); 엡 2:17; 6:15; 계 1:6과 5:10은 사 61:6을 반영하고 있는 것 같다. 사도행전의 구절들은 누가가 옛 전승을 인용하고 있는 것으로 가장 잘 설명된다.

25) 자세한 것은 Stuhlmacher, *Evangelium*을 보라; 또한 "Gospel" 149-72; Goppelt, *Theology* 2.111-12; Wilckens, *Römer* 1.74-75; cf. O'Brien, *Gospel* 77-81.

26) 롬 1:16에서 복음에 관하여 말하면서("내가 복음을 부끄러워하지 아니하노니"), 바울은 사실 막 8:38/눅 9:26에 보존된 예수 자신의 말씀들을 반영하고 있는 것이다(C. K. Barrett, "I Am Not Ashamed of the Gospel," *New Testament Essays* [London: SPCK, 1972] 116-43).

27) 그 밖에 가장 두드러진 예들은 "은혜"(charis)와 "사랑"(agape)이다; 아래의 §13.2을 보라.

서 이 용어는 마가복음에서[28] 독특한 용법으로 사용되어서[29] 글로 씌어진 복음을 의미하게 되었다.[30] 우리가 아는 한, 기독교의 메시지를 "복음"이라는 말로 요약한 최초의 인물은 바울이었음이 확실하다. 그리고 바울이 이 용어를 사용함으로써 기독교 신학에서 이 용어의 의미와 중심성이 확립되었다.[31] 그러므로 바울의 "복음" 이해는 특히 흥미로운 문제이다.

§ 7.2 "성경대로"

예수 그리스도의 복음에 관한 바울의 설명의 두 번째 특징은 이 복음이 하나님의 경륜에서 '새로운 것'(novum)이거나 예기치 않게 바뀐 그 무엇이 아니라 오히려 그 정반대라고 의도적으로 역설하고 있다는 점이다. 로마서의 첫머리에서 대뜸 바울은 "하나님의 복음"을 "선지자들을 통하여 그의 아들에 관하여 성경에 미리 약속하신 것"(롬 1:2)이라고 정의한다. 이 서신의 주제를 선언하는 대목(1:16-17) — "이 복음은 모든 믿는 자에게 구원을 주시는 하나님의 능력이 됨이라 먼저는 유대인에게요 그리고 헬라인에게로다 복음에는 하나님의 의가 나타나서 믿음으로 믿음에 이르게 하나니" — 에서도, 바울은 즉시 "기록된 바"라는 말을 덧붙인 후에 성경적 근거(합 2:4)를 댄다.[32] 또한 고발문(1:18~3:20)을 마치고 복음의 응답("이제는 율법 외에 하나님의 한 의가 나타났으니")을 제시할 때에도, 또 다시 바울은 즉시 "율법과 선지자들에게 증거를 받은 것"(3:21)이라는 말을 덧붙인다. 그리고 로마서의 논증을 전개할 때에, 창세기 15:6이 복음의 정당

---

28) 막 1:1, 14, 15; 8:35; 10:29; 13:10; 14:9.

29) 마태복음에 나오는 4회 중에서 24:14과 26:13은 마가복음에서 직접 가져온 것이고, 4:23과 9:35은 막 1:14-15을 본뜬 것으로 보인다.

30) 이러한 이행은 막 1:1에서 어느 정도 볼 수 있다; 특히 R. A. Guelich, "The Gospel Genre," in Stuhlmacher, ed., *Gospel* 173-208을 보라. 자세한 것은 아래의 §9.9(6)을 보라.

31) Goppelt, *Theology* 2.114: "신약의 그 어떤 증언도 … 바울만큼 유대교 및 헬레니즘의 영향 하에서 생겨난 왜곡들에 맞서서 신학적으로 더 정확하게 하나의 복음으로서의 그리스도의 메시지의 범위를 확정한 것은 없었다(「신약신학」 — 본사 역간)."

32) 합 2:4은 이 서신을 위한 "본문"이 아니다. 즉, 이 서신은 특정한 이 본문에 대한 해석으로서 씌어진 것이 아니라는 말이다: "기록된 바"(kathos gegraptai)라는 어구는 인증(認證) 공식이라는 성격을 지닌다(아래의 n. 43을 보라).

성을 입증하는 방식으로 설명될 수 있다는 것(롬 4장)은 바울에게 극히 중요하였음에 틀림없다. 로마서의 논증에서 신학적인 절정은 하나님의 말씀이 실패하지 않았다는 명제를 증명하려는 시도이다(롬 9:6).[33] 그리고 로마서 끝 부분에 나오는 일련의 성경 인용문들(15:9-12)은 바울이 그의 논증 전체를 마무리하는 가장 적절한 방식이었음이 분명하다.

이와 마찬가지로 중요한 것은 바울이 갈라디아서에서 "성경이 미리 알고 먼저 아브라함에게 복음을 전하였다"(갈 3:8)고 말했다는 것이다. 이 두 서신(갈라디아서와 로마서)에서 창세기 15:6; 레위기 18:5; 하박국 2:4의 세 본문은 복음을 설명하는 데에 핵심으로 자리잡고 있다.[34] 그리고 바울은 자기가 그들에게 전한 복음의 핵심적인 내용들이 "성경대로"(고전 15:3-4)라는 것을 고린도 교인들에게 상기시키는 것을 그저 의례적인 일로 여기지 않았던 것 같다.

여기서 두 가지 특징을 지적해둘 필요가 있다. 첫 번째 특징은 이미 언급한 바 있다: 바울은 그의 복음(따라서 그의 신학)을 성경적 토대 위에 올려놓는 일이 어느 정도나 중요하고 필수적이라고 생각했는가 하는 것이다. 바울 서신에는 명시적으로 성경 구절을 인용한 예가 대략 100번 정도 나온다.[35] 이 인용들 중 90% 이상이 그의 주요 서신(로마서, 고린도전후서, 갈라디아서)에 나오지만, 바울의 신학적 논증들이 바로 이 서신들 속에서 가장 강력하게 진술되고 있다는 점을 감안하면, 이런 집중현상은 그리 놀랄 일이 아니다. 여기에 바울이 그의 신학을 짜넣는 데 사용한 날실에 해당하는 수많은 인유(引喩)들을 더하면, 제대로 된 그림이 그려지게 된다.[36] 달리 말하면, 바울은 대체로 성경의 언어표현을 빌려서 그의 신

33) 특히 롬 9~11장에 성경 구절들이 집중되어 있는 것에 대해서는 H. Hübner, *Gottes Ich und Israel, Zum Schriftgebrauch des Paulus in Römer 9-11* (Göttingen: Vandenhoeck, 1984); J. W. Aageson, "Scripture and Structure in the Development of the Argument in Romans 9-11," *CBQ* 48 (1986) 265-89; "Typology, Correspondence and the Application of Scripture in Romans 9-11," *JSNT* 31 (1987) 51-72를 보라.

34) 창 15:6(롬 4:3-23; 갈 3:6-9); 레 18:5(롬 10:5; 갈 3:12); 합 2:4(롬 1:17; 갈 3:11). 바로 이 본문들이 바울이 유대교라는 모태와 관련하여 그의 복음을 정의하고자 한 두 서신에 등장한다는 것은 의미심장하다. 합 2:4 및 창 15:6과 관련된 바울의 해석에 대해서는 아래의 §14.7을 보라. 레 18:5에 대해서는 위의 §6.6을 보라.

35) 이러한 것들은 Koch, Schrift 21-24와 Smith, "Pauline Literature" 268-72에 편리하게 열거되어 있다.

학을 표현하고 있다는 말이다. 성경은 "그의 신학의 하부구조"[37]를 이루고 있다.

바울의 신학적 논리도 분명하다. 이 본문들은 "경(經),"[38] "성경"(롬 1:2),[39] "하나님의 말씀"(롬 3:2)[40]이었다. 따라서 그것들은 이미 하나님에 의해 인증받은 말씀들로 인식되었고,[41] 그러한 지위를 바울은 당연한 것으로 받아들였다. 그런 까닭에 바울은 "경"[42]을 근거 본문으로 제시하고, "기록된 바"[43]라는 정형구를 사용하

---

36) Aland 26판의 난외주들에는 인유(引喩)로 보이는 것들이 편리하게 적혀 있다. Ellis의 목록(*Paul's Use* 153-54)은 꽤 온건하다(예를 들어, 필자의 "Deutero-Pauline Letters," in J. Barclay and J. Sweet, eds., *Early Christian Thought in Its Jewish Context* [Cambridge: Cambridge University, 1996] 130-44에 비교해 보라). 그러나 그것은 균형을 보여 준다. Hays, *Echoes*는 바울의 논거들을 좀 더 잘 이해하기 위해서 그러한 인유들을 깨닫는 것이 중요하다는 것을 보여 주었다.

37) 나는 의도적으로 C. H. Dodd, *According to the Scriptures: The Substructure of New Testament Theology* (London: Nisbet, 1952 = New York: Scribner, 1953)의 부제를 반영하였다. Ellis, *Paul's Use* 116은 바울 신학의 상당 부분이 구체적으로 구약 본문들을 적용한 것이라고 말한다(또한 125도 보라); Koch, Schrift 285-99도 마찬가지이다. Hanson은 바울이 실제로 그의 서신들의 여러 곳에서 미드라쉬들(midrashim, 해석들)을 쓰고 있다고 생각한다(*Studies* 167 — 롬 6:7; 8:19-21, 33-34, 34-39; 11:17-24; 고전 5:6-8; 10:14-21; 고후 4:13-15; 5:19~6:2; 갈 3:18-20; 골 2:14-15). 그는 "미드라쉬"를 "그 온전한 의미를 밝혀내기 위한 목적으로 성경 구절의 의미에 대하여 글로 기록한 묵상"이라고 정의한다(*Studies* 205). 자세한 것은 Aageson, *Written Also for Our Sake*와 Hübner, *Theologie* Band 2를 보라.

38) 단수형은 바울 서신에서 8회 사용되는데(아래의 nn.42와 44를 보라), 결집된 성경을 가리키기 위하여 이미 다른 곳에서 사용되었다(Philo, *Mos.* 2.84; *Ep. Arist.* 155, 168).

39) Cf. Philo, *Fuga* 4; *Spec. Leg.* 1.214; *Heres* 106, 159.

40) 바울은 여기에서 LXX의 용법을 반영하고 있다(민 24:4[B]; 24:16; 신 33:9; 시 12:6[LXX 11:7]; 18:30[LXX 17:31]; 107[LXX 106]:11; 119[LXX 118]:11, 103, 148; Wis: 16.11). 자세한 것은 필자의 *Romans* 131을 보라.

41) LXX이 더 많은 책들을 포함하고 있는 데서 알 수 있듯이, 그 범위가 고정되고 확정된 성경이라는 개념이 아직은 분명히 정립되어 있진 않았지만, 여기에서 염두에 두고 있는 성경은 우리의 구약성경에 포함되어 있는 책들이었을 것이다(cf. Sirach prologue; Josephus, *Ap.* 1.37-42; *4 Ezra* 14.37-48). 어쨌든 바울이 사용한 구약성경의 구절들 중 상당 부분(80%)은 오경, 이사야서, 시편이다(Smith, "Pauline Literature" 273).

42) 롬 4:3; 갈 4:30.

43) 롬 1:17; 2:24; 3:4, 10-12; 4:17; 8:36; 9:13, 33; 10:15; 11:8, 26-27; 12:19; 14:11; 15:3, 9, 21; 고전 1:19, 31; 2:9; 3:19; 9:9; 10:7; 14:21; 15:45; 고후 4:13; 8:15; 9:9; 갈 3:10,

며, 성경이 하나님의 생생한 음성으로서 말씀하고 있다고 추론한다.[44] 이러한 것은 그 어느 것도 바울의 회심에 의해 달라지지 않았다는 것을 깨닫는 것이 바울의 신학을 이해하는 데 중요하다. 아니 달라지기는커녕, 정반대로 그의 복음이 "성경대로"라는 것은 그에게 한층 더 중요하게 되었다.

그러나 두 번째 특징은 첫 번째 특징과 다소 배치되는 것처럼 보인다. 그 특징이란 바울은 성경을 자유롭게 인용하였다는 것, 바울은 그의 동시대인들이 성경 본문에 대한 견강부회(牽强附會)로 여길 수 있을 정도로 거리낌없이 자유롭게 성경을 인용하였다는 것이다. 이 특징은 두 가지 측면을 지닌다.

한편으로 바울이 사용한 본문에 관한 문제, 바울이 어떤 본문을 사용했는지에 관한 불확실성으로 인해서 조금 복잡해진 문제가 있다.[45] 그러나 크리스토퍼 스탠리(Christopher Stanley)는 최근에 이 문제만을 집중적으로 다룬 연구서를 내놓음으로써 이 문제를 상당 부분 해결하였다. 이 연구서는 바울이 본문을 의도적으로 수정하였다는 것을 확실하게 확증해 주고 있고,[46] 수정의 여러 형태들에 대한 귀중한 분석도 제공해 준다.[47] 그러나 이 연구서는 이러한 엄청난 수의 수정들은 원문의 의미에 거의 영향을 미치지 않았다는 점도 아울러 지적한다: 그것들은 단지 인용한 성경 본문을 서신의 구문과 수사학에 가장 적절하게 맞추기 위한 문법이나 구문론 또는 단어 표현의 수정들이었다.[48] 사실 어느 정도 자유롭게 수정하

13; 4:27. 그러나 그는 다른 도입문구들을 사용한다(Smith, "Pauline Literature" 268-72를 보라).

44) 롬 9:17; 10:11; 11:2; 갈 3:8, 22; 또한 딤전 5:18. 다른 구절들에서 하나님은 성경의 본문을 말씀하시는 분이다(롬 9:25; 고후 6:2, 16). 또한 "성경 인용문들의 논쟁적 기능"에 대해서는 Koch, *Schrift* 258-73을 보라.

45) 그가 사용한 주된 본문은 오늘날 우리가 LXX이라 부르는 것이었다(Smith, "Pauline Literature" 272-73).

46) 그러나 이것은 이미 잘 알려진 발견이었다; 예를 들어, Ellis, *Paul's Use*를 보라.

47) Stanley는 "바울이 실제로 성경 본문의 표현을 개작하였다고 자신 있게 단언할 수 있는 대목에서" 112가지의 서로 다른 읽기들을 찾아낸다(*Paul* 259). 그는 6개의 범주들을 열거한다(260-61): (a) 어순의 변화(17); (b) 문법의 변경(16); (c) 생략(46); (d) 첨가(11); (e) 대체(22); (f) 발췌(9). Koch의 다소 다른 통계를 참조하라(*Schrift* 186-90); 그러나 실질적인 내용은 동일하다.

48) Stanley, *Paul* 262-63; 자세한 것은 342-46을 보라. 또한 그는 "바울은 그의 청중들에

여(심지어 편향적으로 각색하여) 인용하는 것은 당시에 널리 행해진 관행이었다. 그리스-로마 및 유대 문헌들은 양자가 다 "인용하는 글에 해석적 요소들을 집어넣는 일을 자신의 논증을 제시하는 통상적으로 용인된 수단으로 간주하는 전반적인 문화적 · 문학적인 정서가 널리 퍼져 있었다는 강력한 증거"[49]를 보여 준다.

그러나 다른 한편으로 바울이 인용 본문과 거기에서 도출한 해석을 사용한 방식과 관련된 문제가 있다. 성경 본문이 바울이 주장하는 내용의 핵심을 이루는 여러 대목들에서, 본문에 대한 바울의 해설은 사람들에게 이상하게 들렸을 것임에 틀림없다. 이러한 경우들 중 일부는 사람들에게 이상하게 보이기는 했겠지만 성경 본문에 대한 부적절한 사용으로 비치지는 않았을 것이다.[50] 그러나 일부의 경우에는 비록 주해 기법들은 사람들에게 친숙한 것이었다고 할지라도 그 결론들은 분명히 논란을 일으켰을 것이다.[51] 우리는 나중에 이것이 그의 핵심 본문들에 속하는 창세기 15:6과 하박국 2:4에 어떤 영향을 미쳤는지를 살펴보게 될 것이다.[52] 그리고 우리는 이미 바울이 로마서 3:10-18에 나오는 일련의 성경 본문들에서 시도한 뒤집기식 주석을 살펴본 바 있다.[53] 그는 로마서의 후반부에서도 이와 동일한 묘기를 훌륭하게 해낸다. 특히 우리는 이스라엘의 회복에 관한 내용을 이방

게 자기가 성경 인용문들의 표현에 자신의 해석적 요소들을 가미하였다는 사실을 숨기는 것을 아무렇지도 않게 생각한다"고 지적한다; 예를 들어, "롬 10:11에서 바울은 사 28:16을 그보다 단지 12절 앞인 롬 9:33에서 자기가 사용한 형태와는 다른 형태로 인용하고 있다"(264; 자세한 것은 346-48을 보라).

49) Stanley, *Paul* 337; 또한 291, 337에 나오는 그의 결론들과 "형식과 자유"를 논하고 있는 마지막 단원(350-60)을 보라. 예를 들어, "'해석을 가미한 번역들'은 기록된 본문을 대중들에게 제시할 때에 늘상 행해졌던 일이다"(352); 그리고 그는 Shemaryahu Talmon가 사용한 "본문의 수정에 대한 통제된 자유"라는 표현에 동의한다(354). 그러한 발견은 이전의 논의가 피상적이었음을 드러낸다(예를 들어, Hanson, *Studies* 145-49에 나오는 논의).

50) 예를 들어, 롬 10:18; 11:8-10; 12:19; 고전 9:9(그리고 딤전 5:18); 고전 14:21; 고후 8:15; 갈 4:27; 그리고 고전 10:4; 15:45; 엡 4:8-10에서 본문들을 사용하고 있는 '방식'(기독론에 기여하고 있긴 하지만).

51) 주요한 예들이 바울이 그의 유대적 유산과 가장 격렬하게 논쟁을 벌였던 두 서신(갈라디아서와 로마서)으로부터 나온다는 것은 전혀 이상한 일이 아니다.

52) 아래의 §14.7을 보라. 그러나 레 18:5에 대한 그의 비교적 전통적인 이해와 비교해 보라 — 나의 견해가 옳다면(위의 §6.6을 보라).

53) 위의 §5.4(6)을 보라.

인들에게 적용한 본문들인 9:25-26, 율법이 해낼 수 있다는 내용을 "믿음의 말씀"에 적용한 본문인 10:6-8, 요엘서에서 남은 자들이 부를 "여호와"가 바로 "주"이신 그리스도라고 이해한 10:13 등을 들 수 있다.[54] 갈라디아서에서도 3:8, 10, 16에 나오는 성경 본문에 대한 주석을 통한 주장들과 관련해서도 이와 비슷한 문제가 생겨난다.[55] 그리고 무엇보다도 가장 놀라운 뒤집기식 주석인 창세기 4:21-30에 나오는 '알레고리'[56]는 사라가 하갈과 이스마엘을 내쫓으라고 권면한 것(창 21:10)을 그리스도인들을 핍박하는 유대인들을 내치라는 매우 도발적인 권면으로 바꿔놓는 것으로 끝이 난다.[57]

이러한 자료들을 평가하면서 우리는 그러한 용례 배후에 있는 해석학적 원칙에 관한 문제와 거기에서 사용된 주석 기법들의 문제를 구별하여야 한다. 후자에서 "바울은 모든 점에서 당시 세계의 사람이었다."[58] 전자에서 해석학적 원칙은 분명하였고, 그리스도로서의 예수라는 말로 요약될 수 있다. 바울에게 성경을 읽고 이해하는 데에 해석학적 단서(端緖)를 제공한 것은 메시아 예수에게서 하나님의 목적들이 성취되었고 또한 성취되고 있다는 확신이었다.[59] 바울에게 이것이 실제적이고 명확한 해석학적 원칙이었다는 것은 로마서 9:33; 10:13; 15:3; 고린도전서 10:4; 갈라디아서 3:16 같은 구절들을 보면 아주 분명해진다. 그러나 오직 한 구절에서만 바울은 그 원칙을 명시적으로 밝히고 있다. 그것은 고린도후서 3:7-18에 나오는 해설인데, 특히 3:14에 아주 분명하게 나타난다: "오늘까지도 구약을 읽을 때에 그 수건이 벗겨지지 아니하고 있으니 그 수건은 그리스도 안에서 없어질 것이라." 마지막 동사의 주어가 "구약[옛 계약]"이든 "수건"이든,[60] 실질적

54) 마지막 두 본문에 대해서 자세한 것은 아래의 §23.3과 §10.4d을 보라.

55) 특히 3:10에 대해서는 아래의 §14.5c을 보라.

56) 갈 4:24에서 "비유로"(allegorically)라는 말을 사용하고 있는 것과 이에 대한 Philo의 병행문들의 의미에 대해서는 필자의 *Galatians* 247-48을 보라; 모형론과 알레고리에 대한 전반적인 논의에 대해서는 필자의 *Unity* 85-87, 89-91을 보라.

57) 위의 §6.5d을 보라; 자세한 것은 필자의 *Galatians* 256-59를 보라.

58) 나는 여기에서 Stanley, *Paul* 291의 표현을 사용하였다.

59) 흔히 Hooker의 아직 미숙한 논평이 인용된다: "바울에게 성경의 참된 의미는 숨겨져 있다가 오직 이제 와서야 그리스도 안에서 명백해졌다는 것은 하나의 공리(公理)였다" ("Beyond" 151).

60) 이 논쟁에 대해서는 Furnish, *2 Corinthians* 210과 Hafemann, *Paul* (§6 n. 1) 380-81

인 취지는 동일하다: 옛 계약에 속한 옛 직분(모세의)에 대한 적절한 이해를 방해하는 수건은 오직 "그리스도 안에서"만 없어질 수 있다는 것이다.[61]

이것은 자의적으로 선택된 원칙이었거나 자의적인 해석 기법들을 조장하거나 허용한 원칙이 아니었다는 말을 덧붙이는 것만으로 충분하다.[62] 우리는 이미 바울의 성경 인용이 전적으로 당시의 관행과 일치하였다는 사실을 살펴본 바 있다. 그리고 바울이 특별한 해석학적 관점을 지녔다는 것을 인정하는 것은 바울을 모든 세대의 주의깊은 독자들(평범한 청중들과는 구별되는)과 같은 반열에 놓는 것일 뿐이다. 따라서 우리의 이전의 결론은 유효하다: 메시아 예수를 믿는 자로서 바울은 하나님의 말씀으로서의 유대인 성경을 계속해서 존중하고 사용하였다. 또한 바울이 채택한 해석학적 원칙(또는 그가 성경을 읽을 때에 사용한 렌즈)은 결코 반유대적이지 않았다.[63] 한 유대인이 다른 유대인을 메시아로 인정하고 이에 따라서 유대 성경을 해석한 것을 반유대적이라고 말할 수는 없기 때문이다. 그러나 또다시 우리는 직접적인 주제를 뛰어넘어서 좀 더 폭넓은 문제들을 살펴보아야 한다.[64]

§ 7.3 케리그마 정형구와 신앙고백 정형구

로마서에서 바울이 복음을 소개하는 내용의 세 번째 주목할 만한 특징은 이전의 기독교 전승들을 직접적으로 사용하고 있다는 점이다. 로마서 1:1-4에서 바울은 통상적인 서신의 인사말 중간에 느닷없이 바울 이전의 정형구라 할 수 있는 내용(1:3-4)을 삽입한다:[65]

등을 보라.

61) 자세한 것은 Koch, *Schrift* 335-41, 344-53; Hays, *Echoes* 140-49를 보라; 또한 Hanson, *Studies* ch. 11(그의 "선재하시는 그리스도에 관한 교의"는 그의 논의를 빗나가게 하는 경향이 있긴 하지만); 그리고 Aageson, *Written*.

62) 자세한 것은 필자의 *Unity* 93-102를 보라.

63) 나는 여기에서 많이 인용되는, 반유대교는 고전적인 기독론의 "왼팔"이라는 R. Ruether, *Faith and Fratricide: The Theological Roots of Anti-Semitism* (New York: Seabury, 1974)의 명제를 염두에 두었다. 이 비판이 아무리 정당하다고 할지라도, 그것은 초기 그리스도인들에 대해서는 사용될 수 없다.

64) 아래의 §§14, 19, 23을 보라.

65) 그 정확한 내용 및 표현은 논란이 되고 있지만, 바울 이전의 정식을 사용하고 있다는 데에는 상당한 의견의 일치를 보이고 있다; 필자의 *Romans* 5-6; Fitzmyer, *Romans* 229-30

> … 하나님의 복음 … 이 복음은 하나님이 선지자들을 통하여 그의 아들에 관하여 성경에 미리 약속하신 것이라 그의 아들에 관하여 말하면 육신으로는 다윗의 혈통에서 나셨고 성결의 영으로는 죽은 자들 가운데서 부활하사 능력으로 하나님의 아들로 선포되셨으니.

인간에 대한 고발(1:18~3:20)을 마치고 복음의 응답에 대한 해설을 할 때에도, 우리는 동일한 특징을 발견한다: 바울은 거의 본능적으로 다른 사람들이 깨닫고 인정할 수 있는 정형구(3:21-26)를 제시한다:[66]

> … 하나님의 한 의가 나타났으니 율법과 선지자들에게 증거를 받은 것이라 그리스도 예수 안에 있는 속량으로 말미암아 하나님의 은혜로 값 없이 의롭다 하심을 얻은 자 되었느니라 이 예수를 하나님이 그의 피로써 믿음으로 말미암는 화목제물로 세우셨으니 이는 하나님께서 길이 참으시는 중에 전에 지은 죄를 간과하심으로 자기의 의로우심을 나타내려 하심이니.

바울 이전의 정형구에 관한 문제에 대한 집중적인 연구는 1960년대와 1970년대 초에 이루어졌고, 이 연구들을 통해 얻어낸 상당수의 성과들은 오늘날에도 여전히 유효하다.[67] 요약문이나 예전상의 응답문 역할을 했던 것으로 보이는 여러 형태의 정형구들은 특정한 형태가 계속해서 반복되어 나오는 것을 통해서 알아낼 수 있다.[68]

을 보라.

66) 세부적인 사항, 특히 24절도 이전의 전승의 일부로 보아야 하느냐에 대해서는 논란이 있지만, 이미 형성되어 있던 자료를 사용했다는 것에는 상당한 의견의 일치가 있다. 예를 들어, Stuhlmacher, *Reconciliation* 96-97; 또한 *Romans* 163-64; Kraus, *Tod Jesu* (§9 n. 1) 15-20; Fitzmyer, *Romans* 342-43; 그러나 Campbell, *Rhetoric* (§9 n. 1) 37-57은 달리 생각한다.

67) Kramer, *Christ* 19-44; Neufeld, *Confessions* 42-68; Wengst, *Formeln* 27-48, 55-104; 또한 이전에 나온 A. Seeberg, *Der Katchismus der Urchristenheit* (Leipzig, 1903; reprinted Munich: Kaiser, 1966); Hunter, *Paul* 15-35를 보라.

68) 아울러 어떤 이들은 고후 5:19이 바울 이전의 정형구를 포함하고 있다고 생각한다(아래의 §9 n. 125를 보라).

(1) 부활 정형구 — "하나님께서 죽은 자 가운데서 살리셨다."[69]

(2) "위해 죽으셨다" 정형구 — "그리스도께서 우리를 위하여 죽으셨다."[70]

(3) "넘기우다"(파라디도미) 정형구 — "그는 (우리 죄를 위하여) 넘기우셨다."[71]

(4) 혼합 정형구 — "그리스도께서 죽으셨다가 살아나셨다."[72]

(5) 신앙고백 정형구 — "예수는 주이시다."[73]

일부 학자들은 이러한 정형구들의 존재를 부인한다. 그리고 사실 이 정형구들이 한 저자에게 특유한 화법(話法) 이상의 것임을 결정적으로 입증할 수도 없다. 그러나 이러한 문장 단편들이 바울이 본능적으로 반영하고 있는 정형구들일 가능성을 상당히 높여주는 세 가지 요인들이 존재한다. 하나는 초대 교회가 설교, 교리문답, 예배를 통해서 그러한 요약문들을 발전시킬 수밖에 없었을 것이라는 추정(推定)이다. 이러한 것은 좋은 설교, 교육, 예전(禮典)에서 거의 보편적으로 일어나는 현상이다. 따라서 예를 들어 로마서 10:9은 세례식 때의 신앙고백을 반영하는 문장일 가능성이 높다: "네가 만일 네 입으로 예수를 주로 시인하며 또 하나님께서 그를 죽은 자 가운데서 살리신 것을 네 마음에 믿으면 구원을 받으리라."[74] 이 문장에서 우리는 "하나님께서 그를 죽은 자 가운데서 살리셨다"는 어구를 수세자(受洗者)가 스스로 "예수는 주이시다"라는 말로써 고백했던 설교 또는 교리문답

---

69) 롬 4:24-25; 7:4; 8:11; 10:9; 고전 6:14; 15:4, 12, 20; 고후 4:14; 갈 1:1; 골 2:12; 살전 1:10; 엡 1:20; 딤후 2:8; 벧전 1:21; 행 3:15; 4:10; 5:30; 10:40; 13:30, 37.

70) 롬 5:6, 8; 14:15; 고전 8:11; 15:3; 고후 5:14-15; 살전 5:10; Ignatius, *Trallians* 2.1.

71) 롬 4:25; 8:32; 고전 11:23; 갈 1:4; 2:20; 엡 5:2, 25; 딤전 2:6; 딛 2:14; *1 Clement* 16.7. Wengst, *Formeln* 55-77; V. P. Furnish, "'He Gave Himself (Was Given Up ⋯ Paul's use of Christological Assertion," in A. J. Malherbe and W. A. Meeks, eds., *The Futere of Christology*, L. E. Keck FS (Minneapolis: Fortress, 1993) 109-21을 보라.

72) 롬 4:25; 8:34 (14:9); 고전 15:3-4; 고후 5:15; 13:4; 살전 4:14. 오직 살전 4:14에서만 예수께서 일어나셨다고 말하고, 다른 곳에서 이 정형구는 예수의 부활을 하나님의 행위로 말한다.

73) 롬 10:9; 고전 8:6; 12:3; 고후 4:5; 빌 2:11; 골 2:6; 엡 4:5; 행 2:36; 10:36; 요 20:28.

74) 이것은 우리에게 전해진 가장 초기의 그리스도인들의 신앙고백일 것이다(Neufeld, *Confessions* 51을 보라; 그리고 자세한 것은 필자의 *Romans* 607-8을 보라). 그 밖의 다른 신앙고백들도 찾아낼 수는 있지만(Neufeld, *Confessions* chs. 4-7; Wengst, *Formeln* Kap. 2), 진정한 바울 서신들에서는 찾아내는 일이 쉽지 않다.

의 핵심내용을 반영한 것으로 보고 인용부호 속에 넣을 수 있다. 이 신앙고백이 예배(고전 12:3), 복음전도(고후 4:5), 권면(골 2:6)의 맥락 속에 등장한다는 것은 위에서 말한 추정(推定)을 강화시켜 준다. 그리고 목회서신들에 나오는 "미쁜 말씀들"[75]과 요한계시록에 나오는 예전상의 영창(詠唱)들(하늘에서와 땅에서 모두 사용되는!)[76]도 이 점을 확증해 준다.

바울이 기존의 정형구들을 사용했음을 옹호하는 두 번째 요소는 이미 언급한 것으로서 이 어구들이 반복해서 등장할 뿐만 아니라 바울 서신에서만이 아니라 성경의 다른 곳들에서도 사용된다는 사실이다. 이것은 믿음 및 이 믿음의 표현에서의 공통성을 시사해 준다. 또한 이것은 이러한 요약 정형구들이 초대 교회에서 실제로 꽤 널리 사용되었음을 보여 준다.

세 번째 요소는 로마서에서의 바울의 신학적 해설을 추적하는 우리의 논의와 직접 연관이 있는 내용으로서 핵심 어구인 로마서 3:21-26의 간결성이다. 아주 자세하고 긴 고발문(1:18~3:20)을 서술한 후에 바울이 이에 대한 그의 응답의 핵심을 단 여섯 절로 제시하는 것으로 만족할 수 있었다는 것은 정말 놀라운 일이다. 바울이 이렇게 한 이유는 바울은 전혀 논란의 여지가 없는(그리스도인 독자들에게) 요약문을 인용하는 것으로 자신의 응답을 대신하였다는 것이다. 예수의 죽음으로 죄를 처리한 하나님의 구원의 의(義)가 나타났다는 널리 인정된 정형구를 축으로 삼아서 자신의 응답을 구축함으로써, 바울은 자신의 요지(要旨)를 간략하고 효과적으로 제시할 수 있었다. 이것은 바울이 개인적으로 모르고 있었던 회중(로마에 있는)에게 글을 쓰고 있었다는 점을 감안하면 더욱더 주목할 만하다. 달리 말하면, 바울은 이 정형구, 실제로는 이 특정한 정형구를 그의 독자들이 전적으로 동의할 것임을 당연시하였다는 말이다. 또한 이것은 이 정형구를 사용하면서 바울은 거기에 상당한 정도 수정을 가하지 않았다는 것을 의미하기도 한다.[77]

---

75) 케리그마 전승 — 딤전 1:15; 딤후 2:11; 딛 3:5-8; 교회 전승 — 딤전 3:1; cf: 딛 1:9; 윤리 전승 — 딤전 4:8-9; 딤후 2:11-13.

76) 계 4:8, 11; 5:9-10, 12, 13; 7:10, 12; 11:15, 17-18; 15:3-4. 또한 우리는 눅 1~2장에 보존된 초기 찬송들(1:46-55, 68-79; 2:14, 29-32)과 바울 서신의 다른 곳에 나오는 찬송들(빌 2:6-11; 골 1:15-20; 딤전 3:16)을 언급할 수 있다. 그러나 그러한 것들을 찾아내는 것은 여기에서의 논의와는 별 상관이 없다.

77) 필자의 *Romans* 163-64에 나오는 간략한 논의를 보라. 하나님의 의에 대한 좁은 개념

그렇지 않았다면, 바울은 그 전제를 활용할 수 없었을 것이고, 따라서 좀 더 용의주도하고 자세하게 자신의 취지를 설명해야 했을 것이다.

이 모든 것은 복음에 관한 바울의 기독론 중심의 주장들이 그의 회심 이전에 이미 전파된 복음과 전적으로 맥을 같이 하고 있다는 바울의 확신을 강조한다. 중요한 것은 바울이 이러한 주장(다른 사람들이 반박할 수도 있는 주장)을 했다는 것이 아니라 그러한 요약 정형구들이 그의 서신을 받은 모든 교회에서 공통의 신앙의 표현으로 인정받고 있다고 전제할 수 있었다는 것이다. 바울은 고린도전서 15:1-3에서 이 점을 분명하게 밝힌다:

> 내가 너희에게 전한(유앵겔리사멘) 복음 … 이는 너희가 받은(파렐라베테) 것이요 또 그 가운데 선 것이라 … 너희가 … 그로 말미암아 구원을 받으리라 … 내가 받은(파렐라본) 것을 먼저 너희에게 전하였노니.

바울의 복음의 배후에 있는 연속성과 권위는 단지 성경에 의거한 것만이 아니었다. 그것은 그리스도에 대한 공통의 믿음에 관한 가장 초기의 정형구들에도 의거하고 있었다. 그것이 예수 자신의 선포와의 연속성을 의미하는지의 여부는 §8에서 살펴보게 될 것이다.

§ 7.4 예수 그리스도의 묵시

위에서 말한 모든 내용들은 바울이 로마서의 도입부(1:1-4)와 복음에 관한 핵심 진술(3:21-26)에서 보여 준 두드러지게 유사한 방식으로부터 도출되어 왔다: (1) 복음에 대한 언급(1:1; 3:21-22); (2) 성경에 의한 확증(1:2; 3:21); (3) 이미 확립된 기독교 전승의 사용(1:3-4; 3:25-26). 그러나 특히 마지막 사항은 바울의 가장 변증적인 서신인 갈라디아서에서의 그의 명시적인 주장들과 긴장관계

(과거와 현재의 이스라엘)을 예수를 믿는 자들 전체로 확장하기 위하여 "믿음으로 말미암아"(3:25)를 삽입하고 26절을 첨가한 것(예를 들어, Stuhlmacher, *Reconciliation* 103-5; Martin, *Reconciliation* 85-88; 다른 것들은 필자의 *Romans* 175에 인용되어 있음)도 그러한 수정으로 간주되어야 하는가? Fitzmyer, *Romans* 342-43에 나오는 논의를 참조하고, 자세한 것은 아래의 §9.2(1)을 보라.

("모순"이라고 말하는 사람도 있을 것이다)를 이루고 있는 것처럼 보인다. 갈라디아서에서 바울은 "내가 전한 복음은 사람의 뜻을 따라 된 것이 아니니라 이는 내가 사람에게서 받은 것도 아니요 배운 것도 아니요 오직 예수 그리스도의 계시(아포칼립시스)로 말미암은 것이라"(갈 1:11-12)고 역설한다. 어떻게 바울은 자기가 사람을 통해서 복음을 받지 않았다고 말하면서도 그의 복음이 자기가 전해 받은 전승과 일치한다고 단언할 수 있었을까? 우리가 바울이 전적으로 파렴치하게 속임수를 쓰고 조작을 행하였다는 결론(이러한 판단은 남에게 전하기 전에 신중을 기해야 한다)을 내리지 않는 한, 그 대답은 다음과 같은 것이 될 수밖에 없다. 바울이 전해 받아 전해 주었고 그의 서신들에 반영된 내용들은 실제로 "그리스도께서 (우리를 위하여) 죽으셨다가 (죽은 자 가운데서) 살아나셨다"는 그리스도인들의 공통된 확신이었다. 이것은 온갖 다양성에도 불구하고 한 복음 안에서 초대 교회들을 한데 묶는 끈이자 공통의 신앙고백이었다. 그러나 바울이 다메섹 도상에서 확신한 것은 단지 이 핵심적인 신앙고백적 주장만이 아니라 이 예수를 이제는 이방인들에게 전해야 한다는 것이었다. 바울이 자신의 회심에 대한 가장 명시적인 언급 속에서 초점을 맞춘 것은 바로 이 점이었다: 하나님은 "그의 아들을 이방에 전하기(유앙겔리조마이) 위하여 그를 내 속에 나타내시기를 기뻐하셨다"(갈 1:15-16).[78] 이것은 바울의 회심을 다룬 그 밖의 다른 구절들(고전 9:1; 15:8-11)에서도 주된 요지(要旨)를 이룬다. 그리고 이것은 사도행전에서 바울의 회심에 관한 세 번의 대목들에 나타나는 동일한 강조점에 의해서도 확증된다.[79]

바울은 공유된 복음에 관한 이러한 해석을 수행하고 선포하는 것을 자신의 주된 책임으로 보았다. 부활하신 그리스도께서 그를 사도로 삼으셨다(고전 9:1; 15:8). 즉, 일반적인 사도가 아니라 특별히 "이방인의 사도"(롬 11:13)로 삼으셨다는 것이다. 사도인 그에 의해서 전파될 복음에 대한 이러한 이해를 예수 그리스도를 통해서 하나님으로부터 직접적으로 받았다고 바울은 말하고 있는 것이 틀림없다(갈 1:1). 갈라디아서 1:16-22과 2:3-6에서의 열정적인 변증 속에서 바울이

78) 이런 이유로 몇몇 주석자들은 바울의 "회심"이라는 표현보다 "위임"(委任, commision)이라는 표현을 더 선호하여 왔다(특히 Stendahl, *Paul* 7-23). 이 점과 관련해서 우리는 갈 1:15-16에 예레미야(렘 1:5)와 야훼의 종(사 49:1, 6)의 예언자적 소명이 의도적으로 반영되어 있다는 것을 분명히 주목해야 한다. 또한 아래의 §14.3d을 보라.

79) 행 9:15; 22:15; 26:16-18.

그토록 옹호하고자 했던 것은 바로 이렇게 받았고 이해한 복음이었다. 마찬가지로 바울이 회심 후에 예루살렘으로의 두 번째 여행에서 그토록 갈망했던 것도 바로 이러한 복음을 예루살렘 교회의 지도자들이 최종적으로 승인해 주는 것이었다(2:1-2).[80] 로마서 1:15에 나오는 입장 거북한 표현("나는 할 수 있는 대로 로마에 있는 너희에게도 복음 전하기를 원하노라")[81]도 마찬가지로 다음과 같은 사실에 의해서 설명될 수 있다: 이방인들에게 복음을 전해야 한다는 것은 바울의 복음의 핵심에 속한 것이었다. 이것이 바울이 "내가 복음을 부끄러워하지 아니하노니 이 복음은 모든 믿는 자에게 구원을 주시는 하나님의 능력이 됨이라 먼저는 유대인에게요 그리고 헬라인에게로다"(1:16)라고 말한 이유였다.[82]

갈라디아서 1장과 고린도전서 15:1-7 간의 긴장의 해소(解消)는 이방인의 사도로서의 바울의 소명의식이 애초부터 바울의 복음 이해의 독특한 특징이었다는 것을 확증해 준다. 다메섹 도상의 체험으로 인하여 발생한 바울의 신학 혁명은 좀 더 직접적으로 율법에 초점이 맞춰져 있었다고 주장하는 학자들은 보통 이에 대하여 의문을 제기한다.[83] 그들의 신학적 논리는 이렇다: 율법이 더 이상 구원의 수단이 아니라면, 복음을 이방인들에게 전하는 데 구애받을 것이 없다는 것이다. 바울은 그 어디에서도 이와 같이 말하지 않는다. 그리고 세 가지 요소들은 이것과는 다른 논리를 암시한다. (1) 바울이 스스로 예언자의 경우처럼 "이방인들"에 대하여 소명을 받았다는 점을 강조하고 있다는 것.[84] (2) 핍박자로서 바울의 "열심"

80) 자세한 것은 필자의 "The Relationship between Paul and Jerusalem according to Galatians 1 and 2," *Jesus, Paul and the Law* 108-28을 보라.

81) 내가 "엉성하다"는 말을 하는 것은 15:20과 겉보기에 모순되는 것처럼 보이기 때문이다; 위의 n. 3을 보라.

82) 또한 S. Mason, " 'For I Am Not Ashamed of the Gospel' (Rom. 1.16): The Gospel and the First Readers of Romans," in Jervis and Richardson, *Gospel* 254-87의 주장을 보라: "바울은 '유앙겔리온' 이라는 표현을 사용한 최초의 그리스도인이었고, 특별히 그의 이방인 선교와 관련해서 이 말을 사용하였다..."(277에 나오는 그의 논의를 언급하면서 287에서).

83) 예를 들면, Wilckens, "Bekehrung" 15, 18, 23-25; 그리고 Stuhlmacher, "The End of the Law," *Reconciliation* 139-41의 반복적인 강조점; "The Law as a Topic of Biblical Theology," *Reconciliation* 110-33(특히 124); *Theologie* 285, 313; Kim, *Origin* 3-4 and *passim*; Dietzfelbinger, *Berufung* 90, 105-6, 115, 118, 125, 144-45.

은 이방인들에게 예수를 전하는 (헬라파) 유대인들을 겨냥한 것이었기 때문에, 바울의 회심은 그토록 격렬하게 반대했던 길을 따라가는 것이었을 것이라는 점.[85] (3) 바울은 계속해서 율법은 생명을 수여하는 수단으로서가 아니라 하나님 백성의 삶을 규율하는 수단으로 주어졌음을 역설한다는 점.[86] 이러한 요소들은 뭔가 좀 다른 신학적 논리를 암시한다: 복음이 이방인들을 위한 것이라면, 이것은 확장된 하나님의 백성에 대한 율법의 지속적인 역할과 관련해서 무엇을 의미하는가? 그러나 직접적인 것이든 시간이 지나면서 좀 더 분명해진 추론(推論)에 의한 것이든, 바울의 회심은 율법에 대하여 바울에게 새로운 깨달음을 준 빛이었다는 것은 사실이다. 이에 대해서 우리는 나중에 다시 살펴보게 될 것이다.[87]

우리의 논의와 더 직접적으로 관련이 있는 것은 바울의 회심은 신학자 바울의 회심이었다는 것이다. 이것은 한 종교에서 다른 종교로의 회심이 아니었다. 이스라엘 종교의 한 분파(바리새파)에서 다른 분파(나사렛파)로 회심한 것이라고 말할 수도 있지만, 바울은 여전히 유대인이었고 이스라엘 사람이었다.[88] 그러나 분명히 바울의 회심은 그의 신학 전체를 뒤집어놓은 지렛목 또는 경첩(hinge)이었다. 그리고 그 지렛목 또는 경첩 역할을 한 것은 분명히 부활하신 그리스도와의 만남(그는 이렇게 인식하였다)이었다. 그 후에 일어난 신학적 재구성의 핵심을 이루었던 것은 몇몇 매우 기본적인 신학적 공리(公理)들(이스라엘의 지위와 이스라엘 보존의 중요성에 관한)과 이전의 몇몇 결론들(예수께서 메시아임을 거짓으로 주장하다가 하나님에 의해 버림받은 것으로 본 것 등)의 총체적 역전(逆轉)이었음에 틀림없다. 이 모든 것은 바울이 그의 복음에 관하여 명시적으로 이야기하고 있는 고린도후서 4:4-6, 특히 빌립보서 3:7-8에 암시되어 있다. 이러한 신학적 재구성의 과정이 얼마나 신속하게 진행되었고, 회심 체험 자체로부터 얼마나 많은 내용들이 직간접적으로 도출되었는가 하는 것은 여기에서 거론할 필요가 없는 문제들이다.[89]

---

84) 위의 n. 78을 보라.

85) 아래의 §14.3c을 보라.

86) 위의 §6.6을 보라.

87) 아래의 §14을 보라.

88) Segal, *Paul* xii-xiv, 6-7, 11, 117.

89) 그러나 Kim, *Origin*은 자신의 주장을 상당히 과장하고 있다. Räisänen, "Call

그러나 소홀히 하지 않아야 할 것은 바울 자신의 체험이 그리스도인이자 사도로서의 그의 신학의 재구성에 결정적인 역할을 했다는 증거들이다. 바울의 신학은 순전히 두뇌 활동에 의해서 탄생되거나 주장된 것이 아니었다. 그 핵심에는 바울 자신의 은혜 체험이 자리잡고 있었다.[90]

§ 7.5 종말론적 "현재"

마지막 사항은 따로 언급할 가치가 있을 만큼 대단히 중요하다. 바울의 회심은 과거로부터 길게 이어진 길이나 단절이 없는 지면에서 단순히 돌아선 것에 불과한 것이 아니라, 오히려 다른 차원으로의 진입이었다. 그것은 한 세대(age)에서 다른 세대로의 돌입(突入), 어떤 의미에서는 "이 악한 세대에서 건짐을 받은 것"(갈 1:4)이었다. 바울에게 그것은 "새로운 피조물"[91]의 시작이었다. 바울의 과거와의 결렬(決裂)은 외상(外傷)으로 남았다. 그는 자기가 만삭이 못 되어 난 자라고 말한다(고전 15:8).[92] 그는 자기가 이전에 소중히 여겼던 모든 것을 쓰레기로 여긴다(빌 3:7-8).[93] 이와 같은 종말론적 변혁(變革)에 대한 인식은 바울이 로마서 3:21에서 복음의 핵심을 설명할 때에 그 첫머리에서 말하는 "그러나 이제"(but now)라는 말에 표현되어 있다. 이 "종말론적 현재"는 로마서를 비롯한 그의 서신들에 나타나는 그의 글쓰기의 특징이다.[94] 그리고 로마서에서 그의 복음에 관한 진술의 첫머리에서 "계시"라는 용어를 사용한 것도 마찬가지로 주목할 만하다.[95]

Experience" *passim*; Dunn, "Light" 95-100을 보라.

90) 롬 1:5; 3:24; 5:2, 15, 17, 20-21; 고전 3:10; 15:10; 갈 1:15; 2:9, 21.

91) 고후 5:17; 갈 6:15.

92) 아래의 §13 n. 87을 보라.

93) 여기서 다시 한 번 우리는 성격상 예수께서 제자도로 부르실 때에 행한 "도에 지나친" 도전(눅 9:59-62; 14:26)과 어느 정도 유사성이 있는 과장법의 수사학(즉, 강조를 위한 정당한 한 방식)을 인정할 필요가 있다.

94) 롬 3:26; 6:22; 7:6; 11:30; 고전 15:20; 고후 5:16; 엡 2:13; 골 1:22, 26; 3:8; 딤후 1:10; 또한 롬 5:9-11; 8:1; 11:30-31; 13:11; 고후 6:2; 갈 2:20; 4:9; 엡 3:5, 10; 5:8에 나오는 "이제"도 마찬가지이다.

95) 1:17, 18(apokalyptetai가 반복됨); 3:21(pephanerotai). Cf. K. Snodgrass, "The Gospel in Romans: A Theology of Revelation," in Jervis and Richardson, *Gospel* 288-314. 그는 로마서에서 사용된 계시와 관련된 용어들에 대한 완벽한 목록을 제시하고는(291-92)

물론 이러한 언어표현 속에서 우리는 회심자의 언어표현을 듣는다 — 새로운 관점이 가져다준 똑 부러지게 분명한 흑백논리, 새로운 빛에 의해 옛 전제들은 그 그림자에 가리워지는 현상. 지적 또는 종교적 통찰에 대하여 "계시"라는 단어를 사용할 수 있는 사람이라면 바울이 체험한 것이 무엇인지, 그리고 그가 왜 그렇게 표현했는지를 알 것이다. 그리고 물론 묵시론적 단절에 대한 날카로운 의식은 그럼에도 불구하고 여전히 유지되는 매우 실제적인 연속성들과 함께 섞어 짜져야 한다.[96] 바울의 묵시론적 과장법을 그의 신학의 다른 특징들과의 관계를 고려하지 않고 액면 그대로 받아들인다면, 그것은 신학적으로 정교하지 못하고 수사학적으로 무지한 것이라 하겠다. 그렇지만 바울의 신학을 변화시키고 계속해서 지탱하게 해 준 종말론적 새로움(newness)에 관한 인식을 부정하여 그 인식을 오늘날의 용어들로 더 쉽게 변환할 수 있는 신학적 확신들로 치부하지 않고 제대로 인정하는 것은 아주 중요하다. 왜냐하면 분명히 이 "계시"가 바울이 그 이후 성경을 읽는 새로운 관점을 형성하였기 때문이다.[97] 그리고 바로 이 새로운 관점으로 인해서 바울의 신학은 성공적인 선교 및 당대의 수많은 유대 그리스도인들에 대한 도전에 날카로운 칼날을 휘두를 수 있었다.

이에 따라 필연적으로 바울은 더 이상 바리새인으로서의 자신의 과거를 냉정한 ('열정적'은 말할 것도 없고) 관점에서 바라볼 수 없었다. 흔히 주장되듯이, 이것이 유대교에 관한 바울의 견해가 왜곡되었다는 것을 의미하는지의 여부는 우리가 나중에 다룰 또 하나의 주제이다.[98] 이것은 적어도 어떤 의미에서 바울은 "곤경에 대한 해법을 토대로"[99] 자신의 신학을 재구성하였다는 것을 의미한다. 즉, 바울이 회심 이후 다메섹 도상에서 그에게 주어진 근본적인 "예수 그리스도의 계시"에 비추어서 신학화했다는 것은 피할 수 없는 결론이라는 말이다.[100] 그러나 이것은

이렇게 결론을 내린다: "단지 계시가 복음을 가져오는 것이 아니라, 복음이 바로 계시이다" (314).

96) 우리는 이미 위에서 §2와 §3에서만이 아니라 §§4-6에서도 실질적인 연속성들을 지적한 바 있다.

97) 위의 §7.2을 보라.

98) 특히 아래의 §19을 보라.

99) Sanders, *Paul* 442-43.

100) Cf. Segal, *Paul* 28-30, 79, 117-18.

그의 해법을 합리화하기 위해서 그가 곤경을 만들어낼 수밖에 없었다는 것을 의미하지는 않는다.[101] 이것이 의미하는 것은 메시아 예수를 믿는 자로서 바울은 이제 그의 이전의 신학 속에서 중대한 결함들을 깨달았고, 예수 그리스도의 복음이 그가 이전에 따르던 "내 조상의 전통"(갈 1:14) 속에 내재된 결함들을 드러내 주었다는 것이 전부이다. 이러한 측면들은 우리가 앞으로 서술을 진행하면서 좀 더 분명하게 드러나게 될 것이다.

그러나 결론적으로 강조해 두고자 하는 것은 하나님의 고발에 대한 하나님의 응답인 바울의 복음은 전적으로 예수 그리스도를 중심으로 하고 있었다는 것이다. 바울의 믿음과 삶 전체를 혁명적으로 바꿔 놓은 것은 다메섹 도상에서의 그리스도와의 만남이었다. 그리스도는 인류를 향하신 하나님의 목적과 하나님 자신을 이해하는 열쇠가 되었다. 그리스도는 바울의 어둠을 걷어내고 성경을 비춰 준 빛이었다. 이 그리스도와의 만남은 바울의 모든 가치 체계를 뒤집어 놓았고, 그리스도를 알고자 하는 것이 그의 최고의 염원이 되었다(빌 3:10). 그렇다면, 바울의 복음을 이루는 그리스도라는 내용(content)은 무엇이었고, 그의 신학을 이루고 있는 기독론적 실체는 무엇이었는가?

---

101) Sanders, *Law* (§6 n. 1) 68에 함축되어 있는 것처럼. Sanders를 반박하기 위하여 씌어진 F. Thielman, *From Plight to Sloution: A Jewish Framework for Understanding Paul's View of the Law in Romans and Galatians* (NovTSup 61; Leiden: Brill, 1989)와 비교해 보라. 롬 2장의 논증은 그리스도인이 되기 전의 바울과 같은 유대인들은 훨씬 더 광범위한 회개의 필요성을 알았어야 했다는 것을 전제한다.

§8 사람 예수[1]

§ 8.1 바울은 얼마나 예수의 생애를 알았고 관심을 가졌는가?

바울에게 복음은 무엇보다도 그리스도의 복음이었다.[2] 이것은 바울에게 무엇을 의미하였는가? 이에 대한 가장 분명한 대답은 그리스도에 관한 선포에 "복음"이라는 성격을 부여한 것은 그리스도의 '죽음'이었다는 것이다. 로마서 1:18~3:20의 고발에 대한 바울의 직접적인 응답은 예수의 희생제사적 죽음을 중심으로 하고 있다(3:24-25). 인간의 연약함, 실패, 반역에 대한 하나님의 응답도 마찬가지였다(5:6-10). 죽음을 불러온 아담의 불순종(롬 5:18-19)을 해결한 것은 죽기까지의 그리스도의 순종이었다(cf. 빌 2:7). 신자들은 그리스도의 죽음과 합하여 세례를 받음으로써 은혜를 입었다(6:3-4). 하나님은 육신에 죄를 정하사, 즉 그리스도의 죽음을 통해 죄의 문제와 권세를 해결하였다(8:3). 마찬가지로 다른 곳에서도 바울의 화해 선교를 위한 동기 및 메시지는 "모든 사람을 위한" 그리스도의 죽음이었다(고후 5:14-15, 18-21). 그리고 바울이 아주 자주 인용하는 정형구들(§7.3)도 모두 예수의 죽음과 부활에 초점이 맞춰져 있다.

이러한 자료들을 토대로 많은 학자들은 예수의 역사적 선교 중에서 예수의 죽음(과 부활)만이 바울의 신학에서 중요했다고 추론한다.[3] 바울의 복음은 구원의 복음이요 구조(救助)의 복음이었다. 따라서 예수께서 바울의 신학에서 오직 구원자로서 또한 십자가에서의 구원 행위로 인해서만 중요했다는 추론이 자연스러울지 모른다.

이러한 추론은 우리가 바울 서신의 다른 곳들에서 발견하는 것에 의해서도 입증되는 것처럼 보인다. 왜냐하면 바울이 실제로 예수의 사역에 관하여 말하고 있는 것을 찾아보면, 거두어들일 것이 사실 매우 미미하기 때문이다. 바울은 예수께

1) 이 책 말미의 참고문헌을 보라.

2) 위의 §7 n. 11을 보라.

3) 예를 들어, 아래의 §23 n. 114를 보라.

서 "여자에게서 났다"(갈 4:4)고 말하는데, 이 표현은 유대인들이 사람을 완곡하게 표현할 때 흔히 사용하는 것이다.[4] 동일한 문맥에서 바울은 예수께서 "율법 아래에 나셨다"(갈 4:4)고 말한다; 즉, 예수는 유대인으로 출생하셨다는 말이다. 이것은 로마서 1:3-4에 인용된 신앙고백문의 첫 번째 행과 일치한다: "육신으로는 다윗의 혈통에서 나셨고." 이 서두의 신앙고백이 "그리스도께서 하나님의 진실하심을 위하여 할례의 추종자가 되셨다"(롬 15:8)는 마지막 부분의 선언과 수미쌍관법(inclusio)을 통하여 연결되어 있다는 것은 흥미롭다. 예수에게는 형제들이 있었다.[5] 그러나 이 말 외에 우리가 예수의 형제들에 관하여 아는 것은 없다. 그리스도의 "온유와 관용"(고후 10:1), 그의 "긍휼"(빌 1:8), "그리스도께서 자기를 기쁘게 하지 아니하셨다"(롬 15:3)는 사실에 대한 인유(引喩)들은 그리스도의 수난(受難)에 대한 인유들로 해석될 수 있다. 그리고 주의 만찬의 제정에 관한 전승(고전 11:23-26에 인용된)도 이미 수난 기사의 일부로서 그리스도의 죽음에 초점이 맞춰져 있다.

요컨대 바울은 예수의 최후의 절정의 순간들 이외에는 예수의 생애 및 사역에 관하여 거의 아무것도 우리에게 말해 주지 않는다. 우리에게 오직 바울 서신들만이 남아 있었더라면, 예수의 전기(傳記)에 대한 시도는 그만두고라도 나사렛 예수에 관하여 여러 가지를 말하는 것이 불가능했을 것이다. 바울은 예수가 유대인이었다고 분명히 말한다. 그리고 이것은 결정적으로 중요한 사실이다. 그러나 그것 외에 예수의 삶은 그의 죽음에 관한 극히 중요한 기록에 비하면 그저 전제되고 감춰진 전사(前史) 이상의 것이 아닌 것으로 보인다. 우리는 바울의 복음과 신학을 평가하면서 이 점을 어떻게 취급하여야 하는가?

고린도후서 5:16("비록 우리가 그리스도도 육신을 따라 알았으나 이제부터는 그같이 알지 아니하노라")에 대한 유명한 논쟁에서 바울은 "육신을 따라 안 그리스도"를 거론한 것이라고 주장되어 왔다. 바울은 한때 지상의 예수에 관하여 알고 있었고(핍박자로서?) 또 직접 알기까지 하였다는 것이다. 그러나 이제 바울은 그러한 지식을 완전히 포기하였다: 지상의 예수는 더 이상 바울에게 중요하지도 않았고 별 상관도 없었다. 그리스도인으로서("이제부터는") 바울의 신학에서의 그리

4) 욥 14:1; 15:14; 25:4; 1QS 11.20-21; 1QH 13.14; 18.12-13, 16; 마 11:11.

5) 고전 9:5; 갈 1:19.

스도는 죽은 자로부터 부활한 그리스도였다.[6] 그러나 이러한 해석은 더 이상 통하지 않는다. 5:16의 '카타 사르카'(kata sarka, "육신을 따라")를 명사가 아니라 동사에 걸리는 것으로 해석해야 한다는 것이 거의 확실하다: "우리가 전에는 그리스도를 인간적인 관점에서 알았지만"(NRSV).[7] 그렇지라도 이 문장은 그리스도에 대한 바울의 평가에 실질적인 변화가 있었음을 보여 준다. 그리고 새로운 평가는 그리스도의 죽음에 초점이 맞춰져 있기 때문에(5:14-15), 과거의 평가는 예수의 생에 관한 것이었을 가능성이 높다. 어쨌든 바울은 "육신과 관련된 그리스도"를 이스라엘에게 주어진 축복들 중의 하나로 여겼다(롬 9:5). 따라서 고린도후서 5:16은 여전히 예수를 "그리스도라 하는 자"로 평가했던 바울의 이전의 태도로부터의 변화를 보여 주는 것일 수 있다.[8] 달리 말하면, 이 구절은 바울이 절정의 사건들을 제외하고는 예수의 사역에 대해 관심을 갖지 않은 이유를 설명하는 데 도움이 될 수 있다는 말이다.[9]

---

6) 예를 들어, J. Weiss, *Paul and Jesus* (London: Harper, 1909) 41-53; Bousset, *Kyrios* (§10 n. 1) 169: "영적인 자로서 사도는 그에게 부담스러운 모든 역사적 연관들을 대담하게 끊어버리고, 예루살렘 교회의 권위자들을 거부하며, 더 이상 '예수를 육체를 따라'(Iesous kata sarka) 알지 않기로 작정한다"; Bultmann, *2 Corinthians* 155-56: "'육체를 따른 그리스도'(Christos kata sarka)는 죽음과 부활 이전에 이 세상에 만나볼 수 있었던 그리스도이다. 그리스도는 이제 더 이상 그런 식으로 보아서는 안 된다 …"(cf. 그의 *Theology* 1. 238-39). Fraser, *Jesus* 46-48, 51-55; C. Wolff, "True Apostolic Knowledge of Christ: Exegetical Reflections on 2 Corinthians 5.14ff," in Wedderburn, ed., *Paul* 81-98(특히 82-85)에 나오는, 여러 견해들을 간략하게 검토한 글을 보라.

7) 예를 들어, Fraser, *Jesus* 48-50; Furnish, *2 Corinthians* 312-13, 330; Wolff(위의 n. 6) 87-91; Thrall, *2 Corinthians* 412-20을 보라. "고후 5:16은 그리스도에 대한 사도의 이해에서의 방향 전환을 언급한다"(Stuhlmacher, *Theologie* 301).

8) 여기서 롬 1:3과의 병행은 어떤 의미를 가질 것이다. 바울 서신에서 차지하는 통상적인 비중에 비추어 볼 때(특히 '영을 따라'[kata pneuma]와 대비하여), 이 어구를 수식하는 '육체를 따라'(kata sarka)라는 말은 예수께서 다윗 계열의 메시아임을 강조하는 데 대한 어느 정도의 망설임을 보여 준다. 왕적 메시아를 선포하는 것은 고난받는 메시아를 선포하는 것보다 더 도발적인(그리고 정치적으로 위험스러운) 것이었다(자세한 것은 필자의 *Romans* 13; 아래의 n. 37을 보라). 여기서의 문제는 그러한 읽기에 좌우되지 않는다; 그러나 Furnish, *2 Corinthians* 330이 인용하고 있는 고후 5:16에 대한 Denny, Plummer, Bruce를 참조하라.

그렇지만 이러한 결론에는 뭔가 아주 이상한 것이 있다. 바울은 예수의 생애를 알았는데, 별 관심이 없었다? 이런 일이 정말 사실일 수 있을까? 지상의 예수와 높이 들리우신 주님을 이렇게 날카롭게 단절시키는 일은 유럽의 19세기 자유주의 신학의 강의실에서는 통했을 것이다. 그러나 이것은 주로 "믿음의 그리스도"(바울)에 대한 반발과 "역사적 예수"(공관복음서)에 대한 매료로 인한 19세기의 예수의 생애에 대한 연구 때문이었다.[10] 이것은 오늘날의 관심 사항을 바울의 침묵하는 부분들 속에 넣어서 해석하는 위험성을 지니고 있지 않은가? 바울이 당연한 것으로 여겨서 침묵하고 있는 것들을 그의 무지나 무관심으로 돌리는 오류를 범하고 있을 위험성은 없는가? "당연한 것으로 여긴다"는 것이 "관심이 없다"는 것을 의미하지는 않는다.

§ 8.2 몇 가지 선험적 고찰들

예수 그리스도로 알려진 한 인물에 집중되어 있고 그의 이름으로 세례를 수행하며 그 이름을 본따서 자신의 명칭("그리스도인들")을 삼은 운동[11]이 바울의 서신들이 함축하고 있는 것과 같이 이 예수에 무관심했다는 것은 정말 이상한 일이다. 신비 종교들로부터 개종한 자들에게조차도 고린도전서 15:3-4에 나오는 아주 개략적인 케리그마적 개요 자체로는 별 흡인력이 없었을 것이다. 왜냐하면 신비 종교들과 그들의 입교의식들은 통상적으로 상당히 정교하고 복잡하였기 때문이다.[12] 그런데 최초로 그리스도를 믿은 자들이 위에서 말한(§7.3) 그러한 정형구들

---

9) 그러나 아래의 §8.5을 보라.

10) 예를 들어, A. Harnack, *What Is Christianity*? (New York: Putnam/London: Williams and Norgate, 1901)에 나오는 고전적인 해석을 보라.

11) 이 이름이 이미 통용되고 있었을 가능성이 있다; cf. 행 11:26; 26:28; 벧전 4:16.

12) 예를 들어 폼페이의 "비의(秘儀)들의 저택"에 있는 유명한 벽화들이 보여 주고 있듯이, 여기서 "비의들"은 입교자들을 위한 비밀의식만이 아니라 공적인 의식들과 행렬들도 포함한다는 것을 우리는 기억해야 한다(특히 Apuleius, *Metamorphoses* 11을 보라; 자세한 것은 아래의 §17.1을 보라). Wedderburn, *Baptism* (§17 n. 1) 98을 보라; 또한 "이야기"는 "역사적 기사(記事)들"로 분류되는 것이 더 좋은 내용들을 포함할 수도 있기 때문에(166), "이야기"라는 용어보다는 "신화"라는 용어를 선호하는(초기 그리스도인들이 거행하거나 재연한 것에 대하여) "Paul and the Story of Jesus," in Wedderburn, ed., *Paul* 161-89을 보라.

의 반복 속에서 충분한 제의적(그리고 감정적이고, 영적인) 만족을 얻을 수 있었을까?

게다가 그 케리그마를 신비 종교의 신화에 해당되는 것으로 볼 수 있는지의 여부를 떠나서, 복음의 중심을 이루고 있는 예수가 제1세대 개종자들의 생애 동안에 여러 해 동안 이 땅에 살면서 사역하였다는 사실은 여전히 남는다. 그리고 또한 우리는 오늘날의 저작들과 마찬가지로 고대의 저작들에도 분명히 나타나듯이 뛰어난 영웅적 인물에 관하여 사람들이 보편적으로 호기심을 갖고 있었다고 말하는 것은 결코 과장이 아니다.[13] 따라서 이 그리스도를 믿는다고 주장한 사람들이 그의 죽음 이전의 생애 및 사역의 성격과 내용에 대하여 별 관심을 갖지 않았다면, 그것은 정말 이상한 일이다.

또 한 가지 우리가 생각해 볼 것이 있다.[14] 그것은 새로운 분파 또는 종교 집단의 출현은 스스로를 정의함과 동시에 다른 유사한 운동이나 집단들로부터 스스로를 구별해 주는 '사실상의' 몇몇 신성한 전승의 형성과 보존에 어느 정도 의존한다는 사회학적 통찰에서 출발한다. 예수의 죽음과 부활에 관한 케리그마가 초기 그리스도인들에게 이 신성한 전승의 핵심에 자리잡고 있었다는 것은 분명하다. 그러나 초기 그리스도인들의 정체성을 규정하는 본문들(구전 또는 문서로 된)이 예수의 사역과 가르침의 초기 단계에 관한 전승들을 포함하고 있지 않았다면, 그것은 매우 의외일 것이다. 이 전승들은 그들이 공동의 모임들에서 말하고, 예배 때에 활용하며, 일상 생활의 윤리적, 신학적 문제들을 해결할 지혜를 얻기 위해 참조하고, 새로운 신자들을 가르치며, 외인들에게 복음을 전하거나 호교론 또는 변증을 펼칠 때에 사용한, 없어서는 안 되는 자료들이었을 것이다.

우리가 가지고 있는 증거들은 이러한 선험적으로 그려본 그림과 전적으로 일치하고 그 신빙성을 강력하게 확증해 준다. 증거들이라 함은 예수의 가르침과 전승과 관련하여 우리가 특히 바울 서신들에서 발견할 수 있는 것들을 말한다. 우리는 여러 구절들[15]을 통해서 바울이 새로운 교회들을 개척할 때마다 이 전승들

13) 예를 들어, Dio Chrysostom에 분명하게 나타나는 Diogenes의 삶과 가르침에 대한 전기적(傳記的) 관심 또는 유대인들과 관련해서는 "예레미야의 말씀"(렘 1:1, 즉 정경의 예레미야)에 보존된 (그의 제자들에 의한) 예레미야의 삶과 가르침에 대한 전기적 관심을 주목하라.

14) 이 단원은 필자의 "Jesus Tradition" 156-59에 의거해서 서술한 것이다.

(paradoseis)을 그들에게 전해 주어서 새로 창립한 교회에 그 정체성을 부여하고 회당, 결사(結社), 신비 종교로부터 구별되게 해 주는 것을 그의 사도적 역할의 근본적인 일부로 보았다는 것을 알고 있다.

바울과 관련된 교회들에서 교사들의 핵심적인 역할[16]도 동일한 방향을 보여 준다. 이것은 초기 그리스도인들이 그들에게 특유하고 독특한 전승들을 보존하고 전할 필요성을 인식하였다는 것을 의미한다. 이것 외에 "교사들"이 할 일이 무엇이었겠는가? 구전 공동체에서 거룩한 전승의 보존은 공동체를 위해서 전승을 보존하고 전할 수 있는 특별한 은사와 책임을 지닌 자들에게 맡겨졌을 것이다.

또한 우리는 이 전승의 예들을 멀리서 찾을 필요가 없다. 왜냐하면 그 예들은 공관복음서들에 있기 때문이다. 이제 한층 분명하게 인정되고 있듯이, 복음서들 자체가 예수에 대한 전기적 관심을 드러내 보이고 있다. 즉, 복음서들은 현대적 의미에서의 전기적 관심이 아니라[17] 고대적 의미의 전기라는 관점에서 "전기(傳記)들"로 분류될 수 있다. 달리 말하면, 복음서들은 그들이 섬기는 인물이 행한 일과 말씀을 기록함으로써 그 인물을 묘사하고자 하는 교육적 관심을 보여 준다는 말이다.[18] 예를 들어, 누가는 예수를 기도로 사는 사람의 모범으로 묘사함으로써 교회의 덕을 세워야겠다고 결심했음이 분명하다.[19] 마태는 교육 및 교리문답을 위한 목적으로 예를 들면 "산상수훈"(마 5~7장)에서 아주 많은 자료들을 분류하여 모아 놓았다. 그리고 사도행전 10:36-39은 당시에 통용되던 초기 형태의 설교/가르침에는 예수의 사역에 관한 개략적인 내용이 담겨 있었음을 보여 준다.[20]

---

15) 살전 4:1; 살후 3:6; 고전 11:2; 15:3; 골 2:6 — 이 모든 구절들은 전승의 전수와 수용을 나타내는 단어들을 사용하고 있다(paradidomi와 paralambano).

16) 행 13:1; 고전 12:28; 갈 6:6.

17) 정경의 복음서들을 주인공의 내적 삶과 발전에 대한 현대적 전기적 관심이라는 관점에서 판단한 것은 Bultmann의 잘못이었다.

18) 자세한 것은 D. E. Aune, *The New Testament in Its Literary Environment* (Philadelphia: Westminster, 1987); R. A. Burridge, *What Are the Gospels? A Comparison with Graeco-Roman Biography* (SNTSMS 70; Cambridge: Cambridge University, 1992)를 보라.

19) 눅 3:21; 5:16; 6:12; 9:18, 28-29; 11:1; 22:41-45. 자세한 것은 B. E. Beck, *Christian Character in the Gospel of Luke* (London: Epworth, 1989)를 보라.

20) Cf. G. N. Stranton, *Jesus of Nazareth in New Testament Preaching* (SNTSMS 27;

물론 복음서들은 아직 기록되지 않았다. 그러나 마가를 비롯한 여러 복음서 기자들이 그들의 복음서를 구성하기 위해 활용한 자료들은 어디에 있었는가? 그 자료들이 마가가 영웅적으로 캐내기 전에는 교인들의 기억 속에서 망각된 채 있었다거나 상자나 골방에서 잠자고 있었다고 생각하기는 어렵다. 복음서들에 대한 양식비평적 연구의 주된 주장[21]은 그 정반대의 방향을 보여 준다. 양식비평에 의해 연구된 전승 과정(예수 전승의 "양식들"의 전수, 분류, 해석)이 이스라엘 땅에서 몇몇 특정한 개인들 및 교회들에 국한되어 있었다고 생각하는 것은 철저히 자의적이다. 모든 바울의 교회들이 마가복음의 사본을 받아보기까지는 그러한 자료들에 대하여 전적으로 무지하였다고 생각하는 것은 더더욱 바보 같은 짓이다. 요컨대 바울이 서신을 썼던 그 교회의 회중이 그들 나름의 예수 전승(이 중 많은 부분을 바울이 전해 주었을 것이다)을 소유하지 않았다면, 그것은 정말 이상한 일이다.

그리고 우리가 바울이 그러한 자료들을 어디에서 최초로 접했는가를 알고자 한다면, 바울은 분명하고도 주목할 만한 대답을 우리에게 제공해 줄 것이다. 물론 바울은 이차적으로(즉, 대적들을 통해서) 예수 전승의 많은 부분을 알게 되었을 수 있다. 왜냐하면 풋내기 바리새인이었던 바울이 예루살렘 이외의 곳에서 "조상의 전통"(갈 1:13-14)에 대한 상당한 지식을 얻었을 리 없기 때문이다.[22] 물론 우리는 바울이 이 시기 동안에 예루살렘에 있었는지 확신할 수 없지만, 그의 생애에 대한 가장 유력한 연대기에 의거할 때에, 다소의 사울은 예수께서 사역하시던 때에 일정 기간 예루살렘에 있었을 가능성이 높다. 그렇다면 바울은 예수의 가르침

Cambridge: Cambridge University, 1974) ch. 3. Wenham, *Paul* 338-72, 388-91은 바울이 예수 이야기의 개략을 알고 있었다고 말함으로써 Hays, *Faith* (§14 n. 1) 85-137, 257의 주장을 발전시키고 있다.

21) 양식사(Formgeschichte) — 복음서들을 구성하고 있는 개별 단위들의 양식의 역사에 대한 탐구.

22) 바리새인들이 유대 땅을 넘어서서 갈릴리에서까지 활동하였다는 증거는 아주 희박하다. 바울이 다소에서 바리새인으로서 교육을 받았을 것이라고 가정하는 것은 비현실적이다. 그리고 그러한 야심을 실현하고자 했다면, 바울은 분명히 예루살렘 이외의 곳을 쳐다보지 않았을 것이다. 갈 1:22의 모호한 증언은 그러한 주장에 대한 충분한 반증이 될 수 없다. 자세한 것은 Hengel, *Pre-Christian Paul* ch. 2 (particularly 27), and Murphy-O'Conner, *Paul* 52-62을 보라.

과 활동에 관한 소식들과 소문들을 알지 못했을 리 없다.[23] 그러나 그러한 사변(思辨)을 토대로 많은 것들을 도출해낼 수는 없다고 할지라도, 바울이 회심 후에 어느 정도 교육을 받았을 가능성이 높다(다메섹의 신자들로부터; cf. 고전 15:1). 그리고 더 중요한 것은 바울은 자기가 "게바를 방문하려고(알려고)"(갈 1:18) 예루살렘에서 2주간을 보냈다고 직접 증언하고 있다는 것이다. 이 일은 바울이 회심한 지 2-3년 후에,[24] 그러니까 예수의 사역이 끝난 지 5년밖에 지나지 않은 때에 일어났다. 여기서 다시 한 번 우리는 그들의 대화에서 예수의 수난 이전의 사역이 전혀 거론되지 않았거나 드물게 언급되었다고 생각할 수 없다.[25] 이와는 반대로 베드로를 "알려고 한 것"에는 갈릴리에서의 예수의 사역 동안에 예수의 수제자로서 베드로의 역할을 "알려고 한 것"도 포함되어 있었을 것이다.[26] 바울이 과거에 갖고 있던 예수에 관한 지식을 그 가장 권위 있는 증인의 말을 근거로 "기록을 바로잡으려" 했다면, 바울에게 이것은 특히 중요했을 것이다.[27]

이 모든 것으로부터 우리는 바울이 예수께서 "넘기워져서" 죽임을 당하시기 전의 예수의 사역에 관하여 알고 있었고 또한 관심을 갖고 있었을 가능성이 극히 높다는 결론을 내릴 수 있다. 이 주장은 정황 증거 위에 구축된 것이긴 하지만, 강력한 주장으로 여겨지지 않으면 안 된다. 그럼에도 불구하고 바울 서신들 내에 바

23) G. Theissen, *Shadow of the Galilean* (London: SCM/Philadelphia: Fortress, 1987)은 이스라엘 땅에서 누군가가 오직 그러한 보도들로부터 예수의 사역에 관한 그림(밑그림)을 그렸다는 그럴 듯한 가설을 제시한다.

24) "삼 년 후에"(1:18)에서 기점이 되는 해를 첫 해로 계산했을 것이기 때문에, 여기서 삼년이라는 기간은 이 년 이상이면 다 해당된다고 할 수 있다.

25) C. H. Dodd의 훌륭한 고찰이 많이 인용된다: "우리는 그들이 내내 날씨에 관하여 말하면서 시간을 보냈다고 생각할 수 없다." (*The Apostolic Preaching and its Developments* [London: Hodder & Stoughton, 1936] 16).

26) 자세한 것은 "Relationship" (§7 n. 80)과 "Once More — Gal. 1.18: historesai Kephan," *Jesus, Paul and the Law* 127-28에서 O. Hofius와 나의 논쟁을 보라. 후자의 글은 Hofius, "Gal. 1.18: historesai Kephan," *ZNW* 75 (1984) 73-85 = *Paulusstudien* 255-67에 대한 대답이다.

27) 그러한 의존성을 인정하는 것은 동일한 장에서 바울이 반복해서 자기가 복음을 "예수 그리스도의 계시를 통하여" 하나님으로부터 직접 받았다고 주장하는 것과 모순되지 않는다(갈 1:11-12; 자세한 것은 위의 §7.4을 보라) — 비록 바울의 대적들이 바울의 예루살렘 방문에 대해 다른 식으로 생각했던 것은 사실이지만(cf. 행 9:26-30).

울이 그러한 지식을 갖고 있었고 소중히 여겼음을 보여 주는 추가적인 단서들은 없는지 살펴보는 것이 옳을 것이다.

§ 8.3 바울 서신에 나타나는 예수 전승의 반영(反映)들

바울의 서신들로부터 그의 신학을 도출해내고자 할 때에 우리는 언제나 두 가지 중요한 제약요소들을 염두에 두어야 한다.[28] 하나는 바울은 이미 그의 서신의 수신자들과 예수에 관한 정보 및 가르침에 관한 상당 부분의 내용을 공유하고 있었을 가능성이 매우 높다는 것이다. 이러한 결론은 위에서 방금 개략적으로 살펴본 논증에서 도출된 것인데, 이에 대해서 우리는 나중에 다시 다루게 될 것이다.[29] 여기서는 단지 바울이 자기가 세우지 않은 교회들(로마에 있는)에게 편지를 쓸 때에도 그러한 공유된 전승에 대한 지식과 수용을 전제할 수 있었다는 사실의 중요성을 다시 한 번 지적해 둔다.

다른 하나는 바울은 편지를 쓸 때마다 매번 "바퀴를 다시 발명해내려고" 시도하지 않았다는 것이다. 달리 말하면, 바울은 서신을 쓸 때마다 그의 신학의 모든 측면들을 그 서신에 담아서 전하려고 하지 않았다는 말이다. 이와는 반대로, 서신들이 아주 분명히 보여 주듯이, 서신들은 상황 문서들이었다(로마서를 포함하여). 서신들의 내용은 주로 그 편지를 수신하는 교회들의 필요성에 대한 바울의 인식에 의해 결정되었다. 이것은 필연적으로 오늘날의 주석자들을 곤혹스럽게 만들지만 바울의 신학을 재구성하는 데에 반드시 보충해 넣어야 할 공백들과 침묵들이 서신들에 있음을 의미한다. 다른 식으로 표현하자면, 분명히 바울은 그의 서신들을 예수 전승을 그의 교회들에 전하는 수단으로 여기지 않았다는 것이다. 교회를 처음에 세울 때에 그러한 작업이 이미 끝마쳐진 상태였기 때문에, 바울은 그런 작업을 되풀이할 필요가 없었다. 그리고 예수 전승 가운데서 아무런 논란이 없는 내용에 대해서 우리는 바울이 그것에 관하여 서신에 썼다고 기대하지 말아야 한다.[30]

---

28) 위의 §1.3을 보라.

29) 아래의 §23.5을 보라.

30) 나중에 좀 더 자세하게 살펴보면 알게 되겠지만(§23.5), 바울이 예수의 말씀을 인용하고 있는 것이라고 명시적으로 밝힌 경우는 3번뿐인데(고전 7:10-11; 9:14; 11:23-25), 이

요컨대 바울 서신의 독자들은 이미 진행 중인 대화를 계속해서 이어가고 있는 것이고, 우리는 바울이 우리를 위해서 이 대화 속에서 앞서 나누었던 내용들을 다시 우리에게 들려줄 것을 기대할 수 없다는 것을 아는 것이 우리에게는 중요하다. 영화가 시작되고 얼마 정도 지난 후에 영화관에 들어간 사람처럼, 우리는 현재 진행 중인 장면들 속에 나오는 인유(引喩)들을 통해서 앞서의 줄거리를 유추해내서 현재 우리 눈앞에서 전개되는 장면들을 이해하려고 애써야 한다. 이 경우에 늦게 영화관에 들어온 사람(또는 대화를 옆에서 듣는 사람)처럼 여러 인유(引喩)들을 찾아내는 것은 가능하지만, 그 인유들로부터 앞서의 줄거리(또는 대화)를 재구성하는 데에(우리에게 필요한 정도만큼) 그 인유들에 어느 정도의 비중을 두어야 하는지를 추론해내기는 불가능하다.

(1) 우리가 위의 §7.1에서 이미 언급했던 한 구절, 바울이 '유앙겔리온'(euangelion, "복음")을 사용하는 것에서 우리가 도출해낸 추론. 우리는 다시 한 번 이 용어(단수형의 euangelion)를 만들어낸 것의 독특성, 로마서 1:16("내가 복음을 부끄러워하지 아니하노니")에 예수의 말씀에 대한 인유(引喩)가 존재할 가능성을 지적할 수 있다.[31] 이러한 고찰들을 종합해 보면, 바울이 이 용어를 사용하는 배후에는 "평화의 좋은 소식을 전하는(euangelizomenu)"(사 52:7) 자, "가난한 자에게 아름다운 소식을 전하는(euangelisasthai)"(사 61:1) 자로서의 예수에 대한 기억이 있고, 바울은 적어도 종종 이것을 인식하고 있었다는(롬 1:16) 결론은 매우 강력한 설득력을 갖게 된다.

(2) 두 번째 인유는 (하나님의) 나라에 관한 예수와 바울의 가르침 간의 병행이라는 꽤 두드러지지만 별로 주목을 받지 못했던 내용에서 감지된다. 하나님 나라가 예수의 설교에서 중심적인 특징을 이루고 있었다는 것은 잘 알려져 있다.[32] 예수의 사역을 알고 있었거나 관심이 있었던 사람이라면 누구나 이것을 알고 있

러한 경우는 모두 논쟁이 되는 경우들이었다: 예수의 명령을 완화시키는 경우(7:12-15), 예수의 권면을 바울이 따르지 않는 경우(9:15-18), 고린도 교회에서 성만찬의 무질서(11:17-22). Thompson, *Clothed* 70-76은 바울이 예수 전승을 명시적으로 언급하지 않고 있는 것에 대하여 과거에 제시된 여러 이유들을 간략하게 요약해 놓았다.

31) 위의 §7.1과 n. 26을 보라.

32) 예를 들어, G. R. Beasley-Murray, *Jesus and the kingdom of God* (Grand Rapids: Eerdmans/Exeter: Paternoster, 1986)를 보라.

었을 것이다. 그러나 바울은 하나님 나라에 관하여 거의 말을 하지 않는다. 이 용어가 등장할 때마다, 이 용어는 "나라를 유업으로 받는다"는 정형구[33]나 이와 비슷한 미래의 종말론적 언급과 함께 등장하는 것이 보통이다.[34] 이것은 "하나님 나라"라는 범주가 초기 기독교 전승의 공유된 자료들 속에 포함되어 있었다는 것을 시사해 준다. 바울은 당시에 잘 알려져 있었던 주제인 이것을 필요할 때마다 활용하였다. 그러나 예수와는 대조적으로 바울은 "의"라는 용어를 훨씬 더 많이 사용하였다. 실제로 두 용어의 사용 빈도수[36]가 서로 역전되는 현상을 근거로 일부 학자들[36]은 바울은 하나님 나라에 대한 예수의 강조를 의도적으로 의에 대한 자신의 강조로 대체하였다고 주장하여 왔다.[37]

그러나 사실 이보다 더 두드러진 비율의 역전 현상은 하나님 나라와 성령 간에 일어난다.[38] 왜냐하면 바울은 성령을 통해 나타나는 현재적 하나님에 관하여 말하기 때문이다: 로마서 14:17 — "하나님의 나라는 먹는 것과 마시는 것이 아니요 오직 성령 안에 있는 의와 평강과 희락이라."[39] 그리고 이러한 언급은 예수 전승

---

33) 고전 6:9-10; 15:50; 갈 5:21; cf. 엡 5:5. 예수 전승에서는 특히 마 5:5과 19:29을 참조하라.

34) 살전 2:12; 살후 1:5; cf. 골 4:11; 딤후 4:1, 18. 예수의 종말론적이지만 현재적인 통치에 대하여(고전 15:24; cf. 골 1:13).

35)

	예수-공관복음	바울 서신
하나님나라	105여회	14회
의	7회	57회

36) 특히 Jüngel, *Paulus* 266-67; 또한 cf. A. J. M. Wedderburn, "Paul and Jesus: The Problem of Continuity," in Wedderburn, ed., *Paul* 99-115(특히 102-10).

37) 이것은 아마도 바울이 예수가 왕이라는 개념을 적극적으로 제시하는 데 신중했다는 것을 보여 주는 또 하나의 증거가 아닐까? 예수가 왕을 참칭했다는 것이 예수가 처형된 공식적인 죄명이었고, 바울의 선교가 제국의 가장 중요한 몇몇 로마 도시들에 집중되어 있었다는 사실을 고려할 때, 예수를 왕으로 묘사하는 것은 정치적으로 위험부담이 많은 일이었을 것이다(cf. 행 17:6-7; 막 15:26 pars.). 또한 위의 n. 8을 보라. Wenham, *Paul* 78-79도 마찬가지이다.

38)

	예수-공관복음	바울 서신
하나님나라	105여회	14회
성령	13회	110+

39) Cf. 고전 4:20 — "하나님의 나라는 말에 있지 아니하고 오직 능력에 있음이라."

속에서 이와 아주 흡사한 강조를 반영하고 있다: 하나님의 종말론적 통치가 성령을 통하여 현재에 이미 나타나고 있다는 것.[40] 이 두 경우에 하나님의 종말론적 통치의 나타남으로 여겨진 것은 성령의 권능 있는 활동이었다. 그런 까닭에 바울은 성령을 하나님 나라의 유업의 첫 부분이라고 생각하였다.[41] 달리 말하면, 예수와 바울에게 성령은 하나님 나라가 온전한 모습으로 임할 때까지 그 나라의 임재라는 것이다.[42] 이러한 엉성한 긴장 — 이미 현존하는 나라와 장래에 올 나라 — 과 이 긴장에 대한 어느 정도의 해결을 성령의 체험 속에서 찾는 것이 예수와 바울에게서 모두 발견된다는 것은 결코 우연일 수 없다. 또한 바울은 이 점과 관련하여 예수 전승을 알고 있었고 영향을 받았을 가능성이 크다.[43]

(3) 이 본문(롬 14:17)은 예수 전승으로부터의 영향을 보여 주는 바울 서신에서의 또 다른 특징을 보여 주는데, 그것은 예수와 바울이 이의를 제기하였던 유대인들의 식탁교제 관습에의 제한성과 관련된 것이었다. 왜냐하면 하나님 나라가 바리새인들의 식탁교제의 제한성에 대한 예수의 이의제기[44] 및 정함과 부정함에 대한 관심들에 의해서 지나치게 결정된 식탁교제의 관행에 대한 바울의 이의제기(14:14, 20)에 모두 등장하기 때문이다.[45] 삼중의 연관(나라, 성령, 식탁교제)이

40) 마 12:28/눅 11:20.

41) 고전 6:9-11; 갈 4:6-7; 또한 엡 1:13-14. 자세한 것은 아래의 §18.2을 보라.

42) 자세한 것은 필자의 "Spirit and Kingdom" (아래의 §18 n. 45)을 보라; 또한 *Unity* 213-14; Thompson, *Clothed* 206. 이 점이 중요하다는 것을 G. Haufe, "Reich Gottes bei Paulus und in der Jesus-Tradition," in Wedderburn, ed., *Paul* 51-80(특히 63)는 충분히 인식하지 못하고 있다.

43) 또한 Kümmel, "Jesus und Paulus," *Heilsgeschehen* 439-56(특히 448-49); G. Johnston, "'Kingdom of God' Sayings in Paul's Letters," in Richardson and Hurd, eds., *From Jesus to Paul* 143-56(특히 152-55); Witherington, *End* (§12 n. 1) 74를 보라; Wenham, *Paul* 71-78은 그의 책 제2장에서 하나님 나라 주제를 둘러싼 그 밖의 다른 연관들을 야심차게 시험한다.

44) 눅 14:12-24/마 22:1-10. "바리새파"는 "분리된 자들"로서의 바리새인들을 가리키는 별명이었다는 것이 통설이다(Schürer, *History* 2.395-400을 보라). 그리고 그들의 "분리"가 가장 두드러졌던 것은 정함과 부정함의 문제, 음식을 먹는 것(식탁교제)과 관련된 결례(潔禮)들에서였다. 자세한 것은 필자의 *Partings* 41-42, 107-11; 아래의 §14 n. 100을 보라. 그러나 누가는 바리새인들로 지칭되는 자들 사이에서도 율법 준수의 수준은 서로 달랐다는 것을 보여 준다(7:36; 11:37; 14:1).

두드러진다.[46]

예수와 바울 간의 식탁교제와 관련된 또 하나의 병행과 결부지어서 생각해 보면, 이 점은 한층 더 두드러진다. 대적들로부터 많은 공격을 불러일으켰던 예수의 사역의 특징들 중 하나는 예수께서 아무 거리낌 없이 "죄인들"과 식사를 같이 하는 것이었다.[47] 그리고 바울의 초기 사역에서 가장 의미심장한 사건들 중 하나는 바울이 "이방 죄인들"과의 식탁교제로부터 "물러난 것"과 관련하여 베드로와 맞선 사건이었다(갈 2:12, 14-15). 예수께서 정함과 부정함의 율법을 무시했다는 잘 알려진 공유된 전승(막 7:15)을 바울이 알고 있었다고 생각하면, 바울의 분노를 한층 더 잘 이해할 수 있게 된다. 이 전승은 분명히 여러 가지 다른 의미로 이해되었다.[48] 그러나 두 경우에서 거리낌의 초점이 된 용어("죄인들")를 이 문맥 속에 갑자기 삽입한 것(갈 2:15, 17)이 두드러진다. 이 삽입이 함축하는 의미는 바

---

45) 14:14과 20에서 "속된, 부정한"(koinos)과 "정한"(katharos)이라는 용어들을 사용한 것은 롬 14장에서 말하는 거리끼는 것들이 성격상 유대적이었음을 보여 주는 분명한 증거이다. 헬라어로 '코이노스'는 단지 "평범한"을 의미할 뿐이다. 이 단어는 마카베오 시대 이후 히브리어 단어들(tame', chol)에 대한 번역어로 사용되면서 "속된, 부정한"이라는 의미를 얻게 된다(1 Macc. 1.47, 62; 막 7:2, 5; 행 10:14; 11:8). 자세한 것은 필자의 *Romans* 818-19과 825-26; 아래의 §20.3과 §24.3 n. 45를 보라.

46) 또한 Stuhlmacher, "Jesustradition" 246은 바울이 로마 교인들에게 서로를 "받으라"고 권면한 것이 눅 15:2의 반영일 가능성을 지적한다(롬 14:1, 3; 15:7); 서로 다른 동사들을 사용하고 있음에도 불구하고, 예수의 섬김의 사역이라는 주제와 연결된 식탁교제를 다루고 있는 공통의 맥락(롬 15:8; cf. 막 10:42-45/눅 22:25-27)이 주목할 만하다(또한 Thompson, *Clothed* 231-33을 보라).

47) 막 2:15-17 pars.; 마 11:19/눅 7:34; 눅 7:39; 15:1-2; 19:7. "죄인"의 의미에 대해서는 아래의 §14.5a과 n. 101을 보라.

48) 롬 14:14이 함축하고 있는 의미는 바울이 좀 더 대비를 부각시켰던 마가 판본을 알았고 막 7:19("이러므로 모든 음식물을 깨끗하다 하시니라")에 나오는 마가의 난외주에 동의하였으리라는 것이다. 그러나 마태 판본은 상당히 더 부드럽다(마 15:11, 17-18). 자세한 것은 필자의 "Jesus and Ritual Purity: A Study of the Tradition-History of Mark 7.15," *Jesus, Paul and the Law* 37-60을 보라. 마태 판본과 안디옥에서의 베드로의 행동(갈 2:12)은 사도행전이 베드로를 "속되고 깨끗하지 아니한 것을 내가 결코 먹지 아니한"(행 10:14; 11:8) 자(예수의 수제자였음에도 불구하고)로 묘사하고 있는 것과 일치한다. 또한 Thompson, *Clothed* 185-99; Wenham, *Paul* 92-97을 보라.

울이 베드로가 이 인유(引喩)를 알아차려서 그 결과 부끄러워하게 될 것이라는 기대를 가지고 죄인들과 함께 식사하는 예수에 관한 예수 전승을 의도적으로 인유(引喩)하였다는 것이다.[49]

그러므로 이 사건들을 종합해 보면, 바울이 "죄인들"과 함께 식사하였고 그러한 식탁교제 속에서 하나님 나라의 예표를 본 예수의 생애 및 사역을 알고 있었고, 그 지식에 의해 영향을 받았을 가능성은 상당히 높아진다.

(4) 학자들이 지금까지 별 주목을 하지 않아 왔던 또 하나의 특징이 있는데, 그것은 로마서 8:15-17과 갈라디아서 4:6-7에서 도출해낸 분명한 추론들이다. 이 두 구절의 유사성은 바울이 초기 그리스도인들의 공통된 체험을 언급하고 있다는 것을 보여 준다 — 즉, 그들을 통하여 "아바, 아버지!"라 부르짖는 성령에 대한 체험. 이 공유된 체험으로부터 바울은 두 가지 중요한 내용을 이끌어낸다. 첫째는 이 체험은 그들이 하나님의 자녀로서의 지위를 갖고 있음을 확증해 준다는 것이다. 그리고 둘째는 이 체험은 그리스도의 성령, 하나님의 아들의 성령에 대한 체험이고(갈 4:6), 따라서 그들이 어떤 의미에서 그리스도의 아들됨에 참여하고 있다는 것을 확인해 준다는 것이다 — "그리스도와 함께 한 상속자"(롬 8:17).

이것은 바울이 '아바' 기도의 체험과 관습을 초기 그리스도인들에게 독특한 것으로 보았다는 것을 의미함에 틀림없다. 만약 이것이 이스라엘 땅이나 그 밖의 곳에서 유대교의 경건한 분파들 속에서 공통적으로 사용되고 있었다면, 바울은 이 기도를 근거로 그러한 포괄적인 결론을 도출해낼 수 없었을 것이다.[50] 그러면 무엇이 바울로 하여금 그러한 결론을 내리게 만들었는가? 이에 대한 가장 분명한 대답은 '아바' 기도는 기독교 진영에서 예수 자신의 기도의 독특한 특징으로 기억되었다는 것이다. 달리 말하면, 이 아람어 용어에 거룩한 기도 형태로서의 성격을 각인시킨 것은 예수 자신이었을 가능성이 크다는 말이다. 그리고 이 아람어로 된 용어가 헬라어를 사용하는 교회들에까지 보전될 수 있었던 것은 예수께서 이 부름말을 신성하게 여겼다는 기억 때문이었을 것이다. 이것은 예수 전승에 대한 오늘날의 비평학의 가장 널리 받아들여지는 결론들 중의 하나와 일치한다: 예수

49) Dunn, "Jesus Tradition" 171; A. J. M. Wedderburn, "Paul and Jesus: Similarity and Continuity," in Wedderburn, ed., *Paul* 117-43(특히 124, 130-43).

50) 이러한 고찰은 예수 자신의 기도 습관에 관한 복음서 전승들의 역사성을 평가하는 데 거의 고려되지 않아 왔다.

의 기도생활의 특징은 하나님을 '아바'라 부르는 것이었다.[51] 그렇다면 바울은 초기 기독교 진영들에서 '아바' 기도를 사용했다는 것과 그 기도의 출처에 대해서 알고 있었다는 결론을 피하기 어렵게 된다.[52]

(5) 예수의 가르침의 반영들일 가능성이 있는 여러 증거들이 아직 남아 있다. 그러나 그것들은 나중의 논의를 위해 남겨두는 것이 좋겠다.[53] 그리고 내 생각에는 그 밖의 다른 소소한 인유(引喩)들의 의미를 밝히는 데 도움이 될 정도는 이미 서술이 되었다고 본다. 특히 바울과 그의 교회들과의 대화의 "물밑에" 예수의 사역에 대한 상당한 지식이 있었다면, 고린도후서 10:1[54]과 빌립보서 1:8[55] 같은 본문들(§8의 처음에 언급된)은 예수의 자기 희생적인 죽음뿐만 아니라 예수의 사역 전체의 성격에 대한 언급들이라는 것이 더 쉽게 확인될 수 있다.[56]

바울의 권면 속에는 통상적으로 우리가 생각하는 것 이상으로 많은 '그리스도를 본받음'(imitatio Christi)의 요소가 있다고 한다면, 이 마지막 주장은 한층 더 무게를 지니게 된다. 나는 특히 로마서 13:14을 여기서 언급하고자 한다: "주 예수 그리스도로 옷 입고." 이 구절은 단순히 세례 시에 한 번 옷을 갈아입는 것을 가리키는 것이 아니다.[57] 왜냐하면 이 권면은 세례를 받은 지 이미 오래된 사람들

51) 이러한 언급들이 드물고 상이성(相異性)의 기준으로 이 경우를 확정하기 어려움에도 불구하고 그렇다(자세한 것은 필자의 *Christology* 26-28을 보라; 또한 *Romans* 453-54).

52) Wenham, *Paul* 277-80은 롬 8장에서 "아바"라는 말을 사용하는 것을 근거로(cf. 막 14:36) 바울이 겟세마네 이야기를 알고 있었다고 추론한다. 마찬가지로 롬 8:15-17과 갈 4:6-7에서의 성령과 아들됨의 밀접한 연관성을 근거로 바울이 예수의 수세(受洗)와 기름부음에 관한 기사(막 1:10-11 pars.)을 알고 있었다고 추론할 수 있다.

53) 아래의 §23.5을 보라.

54) 특히 cf. C. Wolff, "Humility and Self-Denial in Jesus' Life and Message and in the Apostolic Existence of Paul," in Wedderburn, ed., *Paul* 145-60.

55) "예수 그리스도의 심장"(splanchna Christou Iesou)이라는 표현은 예수의 공생애 동안에 여러 대목에서 예수의 감정적 반응에 대하여 특별히 사용된 용어(splanchnizomai)를 반영하고 있는 것 같다 — 막 1:41; 6:34/마 14:14; 막 8:2/마 15:32; 막 9:22; 마 9:36; 20:34; 눅 7:13; 또한 마 18:27; 눅 10:33; 15:20.

56) 롬 15:3에 대하여 자세한 것은 아래의 §23.5을 보라. 고후 8:9과 빌 2:5에 대해서도 같은 말을 할 수 있으나, 이 점은 이후에 다시 논의될 것이다(§§11.4, 5c).

57) 갈 3:27에 대해서 논증될 수 있는 것처럼. 자세한 것은 아래의 §17.2을 보라.

에게 주어지고 있기 때문이다. 그러므로 이 구절이 상정하는 것은 되풀이될 수 있는 그 무엇이다. 그 가장 유력한 인유(引喩)는 연극무대에 대한 것이다: 어떤 인물의 "옷을 입고" 그 인물의 역할을 맡은 배우는 그 연극이 공연되는 동안에는 그 인물처럼 살아간다.[58] 그러므로 바울의 말이 함축하고 있는 것은 배우가 자기가 맡은 인물의 "역할을 살아내는" 데서 보여 주는 그러한 강도 높은 헌신을 그리스도의 삶을 살아내는 데 드리라는 것이다(cf. 갈 2:20).[59]

이런 유의 '그리스도를 본받음' (imitatio Christi)을 보여 주는 또 하나의 대목은 로마서 15:1-5이다: "그리스도께서 자기를 기쁘게 하지 아니하셨나니" 우리도 "자기를 기쁘게 하지 아니할 것이라"는 말씀과 "그리스도 예수를 본받아(kata Christon Iesoun) 서로 뜻을 같이 하여 살라"는 마지막 호소. 이 구절은 일차적으로 수난(受難)을 가리킨다(15:3). 그러나 "그리스도"가 언급되고(15:3) 그가 "할례의 추종자"(15:8)가 되었다는 말이 나오는 공동체적 교제[60]라는 맥락 속에서, 많은 사람들이 단지 예수의 죽음만을 생각했을 리는 만무하다.[61] 예수가 공동체에서의 냉랭함에 대한 해독제라는 이러한 말은 다른 두 구절에도 분명하게 나온다: 고린도전서 11:1("내가 그리스도를 본받는 자가 된 것 같이 너희는 나를 본받는 자가 되라")와 빌립보서 2:5("너희 안에 이 마음을 품으라 곧 그리스도 예수의 마음이니").[62] 바울의 독자들이 예수에 관한 이야기들과 가르침을 떠올림으로써 이 권면의 내용을 더욱 풍성하게 하였으리라는 추론은 결코 증거를 왜곡하는 것이 아닐 것이다.[63]

---

58) Dionysius of Halicarnassus 11.5는 주전 1세기에 이 단어가 이러한 용법으로 사용되었음을 입증해 준다: "타르퀸을 입는 것 = 타르퀸 역할을 하는 것"(LSJ, endyo; A. Oepke, *TDNT* 2.320).

59) 자세한 것은 Thompson, *Clothed* 149-58을 보라. 그는 "자기를 창조하신 자의 형상을 따라 지식에까지 새로워진다는 것은 새로운 본성을 입는다는 것"이라고 말한다(갈 3:27-28을 반영하고 있는 골 3:10-11; 필자의 *Colossians* 220-23을 보라; cf. 엡 4:24).

60) 위의 (2)와 (3)을 보라.

61) 자세한 것은 필자의 *Romans* 838, 840과 Thompson, *Clothed* 221-25, 228-29를 보라.

62) 각각의 권면이 공동체의 화목에 대한 호소에서 절정에 달하고 있다는 것을 주목하라(고전 10:31~11:1; 빌 2:1-5). 빌 2:5-11의 기독론은 논란이 되기는 하지만, 적어도 부분적으로는 이 구절은 죽기까지 복종하는 것이 삶 전체의 특징을 이루었던 사람 예수에 대해 말하고 있다. 2:5에 대해서 자세한 것은 이하의 서술과 §11.4 n. 66을 보라.

또한 로마서 6:17은 여기서 보통 생각하는 것보다 더 의미심장한 것일 수 있다. 바울은 그의 독자들에게 "너희가 본래 죄의 종이더니 너희에게 전하여 준 바 교훈의 본을 마음으로 순종하였다"(롬 6:17)는 것을 상기시킨다. 이 절의 구문은 어색하지만, 그 대체적인 의미는 분명하다. 마지막 어구인 '튀포스 디다케스'(typos didaches, "교훈의 본")라는 표현의 의미는 다소 불분명하지만, 대부분의 학자들은 이 어구가 바울이 자세한 설명 없이 인유(引喩)만으로도 그 뜻을 전달할 수 있을 정도로 이미 잘 알려져 있던 교리문답의 확립된 형태를 가리킨다고 생각한다.[64] 그러나 바울 서신에서 '튀포스'(typos)는 거의 언제나 사람과 관련이 있다 — 행위의 본이나 모범이 되는 특정한 개인(또는 개인들).[65] 여기서의 동격 구문은 이러한 다른 두 경우에서와 동일하다.[66] 이 동사("넘기다," paradidomi)는 바울 서신에서 어떤 사람을 어느 기관이나 권력자에게 넘기는 것과 관련하여 아주 흔히 사용된다.[67] 그리고 광범위한 교리문답적 가르침이 세례에 꼭 필요한 전제조건으로서 간주되었다는 분명한 증거도 없다.[68] 그 가장 비슷한 예는 골로새서 2:6이다: "너희가 그리스도 예수를 주로 받았으니 그 안에서 행하되." 그리고 이것도 그리스도인의 행실은 새 신자들에게 전해 준 예수 전승들을 본으로 삼아야 한다는 것을 보여 준다.[69]

요컨대, 바울과 그의 편지를 받았던 교회들이 서로 인유(引喩)와 암묵적인 언급

---

63) "주를 닮는 자"가 되라는 바울의 또 다른 구절(살전 1:6)은 오직 예수의 수난만 거론한다.

64) 예를 들어, Käsemann, *Romans* 181; Moo, *Romans* 400-402; Fitzmyer, *Romans* 449-50을 보라. Nanos, *Mystery* 212-8는 이 구절이 사도 칙령(행 15:29)을 가리키는 것이라고 주장한다.

65) 롬 5:14; 빌 3:17; 살전 1:17; 살후 3:9; 딤전 4:12; 딛 2:7; 또한 벧전 5:3; Ignatius, *Magnesians* 6.2; 오직 고전 10:6만 다르다.

66) 빌 3:17; 살후 3:9("본으로서의 우리").

67) 롬 1:24, 26, 28; 고전 5:5; 13:3; 15:24; 고후 4:11. 예수께서 넘기우신 것에 대해서는 위의 §7 n. 71을 보라. 이 동일한 동사는 전승의 전수를 가리키는 전문용어이지만(고전 11:2, 23; 15:3), 여기서 이 이미지는 노예가 새로운 주인에게 "넘겨졌다"는 이미지로서, 교리문답적 모범으로 "넘겨졌다"는 생각은 다소 억지이다.

68) 자세한 것은 아래의 §17.2을 보라.

69) 자세한 것은 필자의 *Clolossians* 138-41을 보라.

만으로도 뜻이 통할 정도로 상당 분량의 예수 전승을 공유하였을 가능성을 인정한다면, 바울이 별로 애를 쓰지 않고 자연스럽게 예수 전승을 그런 식으로 언급하였을 가능성은 높아진다. 이러한 배경을 토대로 보면, 바울 서신의 몇몇 구절들이 새로운 조명과 공명(共鳴)을 얻게 된다. 그리고 바울이 글로 쓴 그의 신학 속에는 비록 '낮은 소리로' (sotto voce)만 언급되고 있지만, 예수의 생애 및 사역에 대한 지식과 관심은 바울의 신학을 이루는 한 부분이었다는 결론은 한층 설득력을 얻게 된다.

§ 8.4 예수

가장 먼저 생각할 수 있는 매력적인 가능성은 "예수"라는 개인의 이름을 사용한다는 것 자체가 나사렛 예수라는 인간에 대한 관심을 보여 주는 것이라는 것이다. 왜냐하면 예수에 대하여 언급할 때에 바울은 "예수," "예수 그리스도," "주 예수" 또는 이 세 칭호를 결합하여 사용하는 것이 압도적이기 때문에,[70] "예수"라는 단어만을 사용하는 비교적 소수의 경우들은 "높이 들리우신 상태를 가리키는 칭호들" 배후에 있는 인간 예수를 암시하고 있음을 보여 준다는 것이다. 그러나 이런 방향의 연구는 사실 현재의 논의를 진척시키는 데 별 도움이 되지 못한다.

"예수"(단독으로 사용된)라는 이름은 바울 서신에서 16번 나온다.[71] 그러나 이 경우들 중 대다수는 예수의 죽음과 부활을 언급한다.[72] 고린도전서 12:3에서 "예수는 저주할 자라"는 말은 "예수는 주시라"는 말과 대비를 이룬다. 이 말이 지상의 예수에 대한 비방을 가리킬 가능성이 전혀 없는 것은 아니지만,[73] 문맥상으로 볼 때에 높이 들리우신 주(또한 "예수")를 겨냥한 비방일 가능성이 높다. 마찬가지로 고린도후서 11:4에서 어떤 사람들이 전파하였던 "다른 예수"는 다르게 해석된 예수 전승을 가리키는 것일 수 있다. 그러나 대부분의 학자들은 "거짓 사도들"

70) "예수 그리스도"(23), "그리스도 예수"(48), "주 예수"(27), "주 예수 그리스도"(52) — 에베소서와 목회서신을 제외하고. 이 수치들은 본문상의 여러 이독(異讀)들이 있기 때문에 부정확한 것이다("그리스도 예수"와 "예수 그리스도" 간의 이독이 가장 흔하다).

71) 롬 3:26; 8:11; 고전 12:3; 고후 4:5b, 10(두 번), 11(두 번), 14; 11:4; 갈 6:17; 빌 2:10; 살전 1:10; 4:14(두 번); 또한 엡 4:21.

72) 롬 8:11; 고후 4:10-11, 14; 갈 6:17; 살전 1:10; 4:14.

73) 필자의 *Jesus and the Spirit* 234-35와 420 n. 177에 인용된 것들을 보라.

(11:13)이 전파한 것은 높이 들리우신 예수에 초점을 맞춘 "영광의 신학"이었을 가능성이 더 높다.[74] 고린도후서 4:5에서 바울은 "우리는 … 그리스도 예수의 주 되신 것과 또 예수를 위하여 우리가 너희의 종 된 것을 전파함이라"고 말한다. "예수를 위하여"라는 이례적인 어구는 지상의 예수를 가리킬 수도 있지만, 지상의 예수와 높이 들리우신 예수(둘 다 "예수"였다)를 구별하지 않았던 바울로서는 여기에서 그러한 구별을 분명히 했다고 보기가 어렵다. 그리고 빌립보서 2:10은 만유가 높이 들리우신 예수 앞에 복종하게 될 것임을 묘사한다("모든 무릎을 예수의 이름에 꿇게 하시고 …"). 이러한 구절들은 예수의 생애에 대한 구체적인 관심을 표현한다고 보기 힘들다.

오직 로마서 3:26만이 어떤 관련이 있을 수 있다. 이 구절은 "예수의 믿음의"(문자적으로) 사람을 가리킨다. 많은 학자들은 이 마지막 두 단어(pistis Iesou)가 "예수의 믿음(신실하심)"을 가리킨다고 생각한다. 이것은 본문이 예수께서 자신의 사역을 십자가에서 죽기까지 온전히 수행했던 그 신실하심을 자신의 정체성이나 지위의 근거로 삼는 사람을 가리키는 것으로 해석하는 것이다. 비록 앞에서 "믿음"(3:25의 정형구에 추가된)에 대한 언급이 나온다는 것이 이러한 해석에 힘을 실어주는 것은 사실이지만, 그럼에도 불구하고 내 판단에는 본문을 이런 식으로 해석할 가능성은 희박하다. 이 문제에 대해서는 나중에 다시 살펴볼 것이다.[75] 그러나 이러한 해석을 제기하지 않는다면, 본문은 단지 "예수 그리스도를 믿음"(3:22)이라는 좀 더 온전하게 표현된 어구의 한 변형이라고 할 수 있고, 예수의 죽음 이전의 사역에 대한 구체적인 언급을 여기에서 추론하는 것은 불가능하다 — 어쨌든 그리스도의 희생제사적 죽음에 초점이 맞춰져 있는 본문으로부터 그런 추론은 불가능하다.

§ 8.5 메시아

"예수"라는 이름이 현재의 논의에 더해 주는 것이 없다고 한다면, "그리스도"라는 이름은 어떠한가? "그리스도"를 "이름"이라고 말하는 것은 보편적으로 받아들

74) 그런 까닭에 바울은 이 서신 전체에 걸쳐 그리스도의 고난에 참여하는 것을 강조한다. 아래의 §18.5을 보라.

75) 아래의 §14.8을 보라.

이는 사실인 "그리스도"가 바울 서신에서 거의 고유명사처럼 되었다는 것을 인정하는 것이다.[76] 이것 자체가 놀라운 사실이다. 왜냐하면 이것은 바울이 서신을 쓸 당시에 예수가 메시아라는 그리스도인들의 주장[77]은 더 이상 논란이 되지 않았다는 것을 의미하기 때문이다. 바울은 이제 예수가 진실로 이스라엘이 오랫동안 기다리던 다윗 가문의 메시아라고 애써 논증할 필요가 없었다.[78]

물론 고린도전서 1:23은 십자가에 못 박힌 예수를 메시아/그리스도라고 선포하는 것은 유대인들에게 거리끼는 것이었음을 보여 준다: "우리는 십자가에 못 박힌 그리스도를 전하니 유대인에게는 거리끼는 것(skandalon)이요."[79] 그러나 "거리끼는 것(걸려 넘어지게 하는 장애물)"이라는 이미지가 묘사하는 것은 단순히 어떤 사람이 특정한 가르침에 대하여 몹시 언짢아한다거나 적대적이라는 것이 아니다. 왜냐하면 '스칸달론'(skandalon)은 사람을 실제로 걸려 넘어지게(단순히 싫어하는 정도가 아니라) 할 수 있는 장애물을 의미하기 때문이다.[80] 즉, 고린도전서 1:23에서 염두에 두고 있는 것은 대부분의 유대인들이 그들 스스로가 실제로

---

76) 예를 들어, Goppelt, *Theology* 2.67; M. Hengel, "Christos"; "Christological Titles in Early Christianity," in Charlesworth, ed., *Messiah* 425-48(특히 444). 예수는 바울의 진정한 서신들(즉, 에베소서와 목회서신들을 제외한)에서 180회 정도는 그저 그리스도로만 지칭된다. 또한 위의 n. 70을 보라.

77) 물론 "그리스도"(Christos)는 히브리어 "메시아"(Mashiah)에 대한 헬라어 역어일 뿐이다.

78) 롬 1:3("다윗의 혈통에서 나셨고")은 이미 바울이 아무런 손질할 필요도 없이 그냥 인용하기만 되는 정형구가 되어 있었다(위의 §7.3을 보라). 우리가 이스라엘 내에서의 그러한 일반적인 대망에 관하여 말할 수 있고, 메시아 대망의 여러 흐름들 중에서 지배적인 형태였다고 말할 수 있는 것은 메시아 심포지엄(Charlesworth, ed., *Messiah* xv)과 Collins, *Scepter*의 주된 발견들 중의 하나이다. 이러한 발견은 "Crucified Messiah" 38-40에 나오는 Dahl의 이전의 고찰들에 무게를 더해 주었다. 또한 Collins는 메시아를 "하나님의 아들"로 본 증거들을 검토한 후에(특히 4Q246과 4Q174) "메시아가 특별한 의미에서 하나님의 아들이었다는 개념은 유대교에 뿌리를 두고 있었다"고 결론을 내린다(Scepter ch. 7, 특히 169).

79) 롬 9:33(사 8:14을 인용한)과 갈 5:11도 마찬가지이다. 또한 Justin의 *Dialogue*에 나오는 Trypho의 말을 주목하라: "너희가 너희의 소망을 십자가에 못 박힌 자에게 두고 있는 것, 바로 그것을 우리는 도무지 이해할 수 없다"(*Dialogue* 10:3; 또한 90:1). 이 말은 Hengel, "Titles"(위의 n. 76) 426-27에서 재인용한 것이다.

80) 롬 14:13, 21(또한 14:23); 고전 8:13(또한 8:10-11).

이 십자가에 못 박힌 그리스도를 믿고 헌신하고자 하는 유혹에 이끌리는 것에 대하여 화가 났다는 것이다.[81] 나머지 사람들도 이 예수를 중심으로 하는 새로운 유대교 분파에 대하여 관심을 가지거나 흥미를 보였다. 이 때문에 유대에 머물렀던 나사렛당들은 비교적 훼방을 받지 않은 채 번성할 수 있었다(행 21:20!) 그리고 동일한 이유로 바울은 새 신자들에게 이 점과 관련하여 지역 회당들로부터의 도전들에 어떻게 대처해야 하는지를 가르칠 필요가 없었다.

이것이 바울이 예수를 말할 때에 "그리스도"라는 용어를 사용했던 의미의 전부였다면, 우리의 현재의 연구는 더 이상 진척될 수 없을 것이다. 왜냐하면 그것은 예수의 공생애 동안의 어떤 특징이나 쟁점으로서 예수의 메시아됨에 관한 회상이 시야에서 사라졌거나 망각되었다는 것을 의미할 것이기 때문이다.[82] 그러나 바울의 용례에는 대부분의 사람들이 인정하는 것 이상의 것이 있다. 사실 바울 서신에는 '크리스토스'(Christos)가 어느 정도 칭호적 의미를 그대로 유지하고 있어서 "메시아(the Christ — 역주: 메시아라는 보통명사로서의 그리스도)"라고 번역하는 것이 더 적절한 구절들이 꽤 있다.[83]

로마서에서는 특히 9:3과 5절을 이런 구절들이라고 말할 수 있다.[84] 바울의 생각이 유대인들의 정체성 및 특권에 온전히 몰두해 있는 문맥 속에서 이 구절들은 다음과 같이 번역해야 그 의미가 훨씬 더 분명해진다:

> 나의 형제 곧 골육의 친척을 위하여 내 자신이 저주를 받아 그리스도에게

81) 자세한 것은 필자의 "How Controversial Was Paul's Christology?" in M. C. de Boer, ed., *From Jesus to John; Essays on Jesus and New Testament Christology*, M. de Jonge FS (JSNTS 84; Sheffield: Sheffield Academic, 1993) 148-67(특히 154-55)을 보라.

82) 나는 여전히 메시아와 관련된 문제는 사실 예수의 공생애 동안에 문제가 되었다는 견해를 고수하고 있다; 필자의 "Messianic Ideas and Their Influence on the Jesus of History," in Charlesworth, ed., *Messiah* 365-81을 보라.

83) Dahl은 고전 10:4; 15:22; 고후 5:10; 11:2-3; 엡 1:10, 12, 20; 5:14; 빌 1:15, 17; 3:7에 담겨 있는 "메시아적 함의(含意)들"에 주목한다("Messiahship" 17과 24 n. 11). 물론 이 문제는 정관사가 있느냐 없느냐에 좌우되지 않는다; 고유명사들과 함께 관사가 사용되는 것에 대해서는 BDF §260을 보라.

84) 롬 9:5은 유일하게 일반적으로 인정되는 예이다(예를 들어, Dahl, "Messiahship" 17; Firzmyer, "Christology" 83; *Romans* 111).

> 서 끊어질지라도 원하는 바로라 … 그들에게는 … 조상들도 그들의 것이요 육신으로 하면 그리스도가 그들에게서 나셨으니(롬 9:3-5).

여기서 바울이 특히 염두에 두었던 것이 "메시아"의 육신적 관계들이었다는 것은 단지 이 점을 강화시켜 줄 뿐이다. 로마서 15:3과 7절에 대해서도 마찬가지로 말할 수 있다: "우리 각 사람이 이웃을 기쁘게 하되 … 그리스도께서도 자기를 기쁘게 하지 아니하셨나니"(15:2-3); "그러므로 그리스도께서 우리를 받아 하나님께 영광을 돌리심과 같이 너희도 서로 받으라."

"이웃(plesion)을 기쁘게 하는" 것이라는 표현이 바울이 사랑의 계명 — "네 이웃(plesion)을 사랑하라"(13:9, 10) — 을 상기시키는 방식이었다는 주장을 우리가 받아들인다면, 이러한 가능성은 더욱 강화된다.[85] 왜냐하면 이것은 예수의 가르침에 대한 반영으로 들리고, 15:2-3도 예수께서 자신의 이웃 사랑의 가르침을 실천하신 것에 대한 반영으로 들리기 때문이다.[86] 로마서 15:19은 "그리스도의 복음"[87]에 대한 몇몇 언급들 중의 하나로서, 이러한 언급들은 앞서의 논의에 비추어 볼 때에 더욱 무게를 얻게 된다(§8.3(1)).[88] 그리고 "그리스도 예수"("예수 그리스도"와는 대조적으로)라는 이중으로 된 이름을 바울이 특유하게 사용한 것은 "메시아 예수"에 해당하는 히브리어에 대한 직접적인 번역일 가능성이 있는데, 이때에 '크리스토스'(Christos)는 칭호적 의미를 여전히 지닌다.[89]

---

85) 갈 5:14에 나오는 동일한 본문을 제외하고는, 롬 15:2은 바울의 진정한 서신들에서 plesion이 등장하는 유일한 대목이다.

86) 자세한 것은 아래의 §23.5을 보라.

87) 롬 15:19; 고전 9:12; 고후 2:12; 9:13; 10:14; 갈 1:7; 빌 1:27; 살전 3:2.

88) 로마서에서 여전히 "유일한 그리스도"라는 뉘앙스를 띠고 있는 그 밖의 다른 "그리스도" 구절들은 7:4; 8:35; 14:18; 16:16이다. 또한 갈라디아서에서는 3:16; 5:2, 4(둘 다 관사가 없음), 24; 6:12을 들 수 있다. 또한 위의 n. 83을 보라. "성경대로"에 대한 강조를 고려할 때, 고전 15:3도 여기에 포함되어야 한다(Hengel, "Titles"[위의 n. 76] 444-45). Wright, *Climax* 41-55는 "바울에 있어서 '그리스도'(Christos)는 그 '공동체적' 의미 때문에 통상적으로 '메시아'로 읽어야 한다"고 주장하면서 외로운 목소리를 내왔다(*Titles* 182, 186).

89) McCasland, "Christ Jesus" 382-83; Cranfield, *Romans* 836-37. Dahl은 이미 '예수'(Iesous)가 항상 예수의 고유한 이름이었음을 밝혔다: "신앙고백은 '그리스도는 주시다'가 아니라 … '예수는 주시다' … 또는 '예수 그리스도는 주시다'로 되어 있다"("Messiahship"

우리는 이 점을 더 이상 힘주어 말할 필요가 없다. 유대인이었던 바울이 예수의 메시아됨에 관한 관심을 조금도 보이지 않았다면, 그것은 이상한 일이 될 것이다. 칭호적 의미가 거의 사라져 버렸다는 것은 여전히 놀라운 사실임이 분명하다. 그럼에도 불구하고 위에서 언급한 구절들 같은 인유(引喩)들은 바울에게 "메시아/그리스도"가 그 칭호적 의미를 완전히 상실한 것은 아님을 보여 준다. 현재의 논의에 직접적으로 더 중요한 것은 그러한 언급들은 "그리스도"에 관한 바울의 용법 속에 나타나는 메시아의 역할은 "십자가에 못 박히신 그리스도"와 아울러 십자가에 앞선 예수의 사역도 포함하였다는 것을 보여 준다는 것이다. 바울은 예수께서 유대인이라는 사실도 중요시하였다는 맨처음의 고찰을 여기에 추가한다면,[90] 이 점은 한층 더 의미를 얻게 된다.

§ 8.6 아담

우리는 학자들이 통상적으로 인정해온 것보다 훨씬 더 많은 예수의 수난 이전의 생애 및 사역에 대한 바울의 지식과 관심에 관한 증거들을 이삭 줍듯이 주워 모았다. 그러나 전체적으로 보면, 추수는 미미한 편이다 — 추수 감사제를 여는 것은 고사하고 정식으로 "예수의 생애"라는 식사를 차리기에도 불충분할 정도로. 그러나 이 점과 관련하여 살펴볼 필요가 있는 바울의 기독론의 또 하나의 측면이 있다. 이것을 우리는 바울의 신학에 나타나는 예수의 대표성이라고 부를 수 있을 것이다.

이것은 바울의 아담 기독론에 매우 명시적으로 등장한다.[91] 두 개의 중요한 구절에서 아주 명시적으로, 바울은 의도적으로 아담의 첫 번째 불순종으로 인해 인류에게 닥쳐온 절박하고 해묵은 위급상황에 대하여 대답해 주는 자로서 아담과 나란히 예수를 놓는다. 이 두 구절은 로마서 5:12-21과 고린도전서 15:20-22이다.[92]

---

16).

90) 롬 1:3; 15:8; 갈 4:4.

91) 이하의 서술에 대해서는 필자의 *Christology* 108-13을 보라.

92) 우리는 나중에 고전 15:45의 본문을 하나 더 다룰 것이다(§10.2).

> 그러나 이 은사는 그 범죄와 같지 아니하니 곧 한 사람의 범죄를 인하여 많은 사람이 죽었은즉 더욱 하나님의 은혜와 또한 한 사람 예수 그리스도의 은혜로 말미암은 선물은 많은 사람에게 넘쳤느니라 … 한 사람의 범죄로 말미암아 사망이 그 한 사람을 통하여 왕 노릇 하였은즉 더욱 은혜와 의의 선물을 넘치게 받는 자들은 한 분 예수 그리스도를 통하여 생명 안에서 왕 노릇 하리로다 … (롬 5:15-19).

> 사망이 한 사람으로 말미암았으니 죽은 자의 부활도 한 사람으로 말미암는도다 아담 안에서 모든 사람이 죽은 것 같이 그리스도 안에서 모든 사람이 삶을 얻으리라(고전 15:21-22).

여기서 우리에게 중요한 것은 아담이 분명히 모종의 대표성을 띤 것으로 이해되고 있다는 사실이다. 아담은 인류 전체를 대표하는 개인, 곧 인류이다.[93] 그러나 여기에서 그리스도도 마찬가지이다. 아담은 "오실 자," 곧 그리스도의 "모형"이다(롬 5:14). 즉, 그리스도는 시초(始初)의 아담에 대응하는 종말론적 존재이다. 각각은 한 시기를 시작하고, 각 시기의 성격은 그들의 행위에 의해서 확정된다는 점에서, 아담은 그리스도의 모형 또는 "원형(原型)"이다.[94] 그런 까닭에 첫 시기에 속한 모든 자들은 "아담 안에" 있고, 두 번째 시기에 속한 모든 자들은 "그리스도 안에" 있다(고전 15:22).

이 모든 것들은 아담의 시초의 범죄와 맞먹는 신기원적(新紀元的) 행위로 이해된 예수의 죽음과 부활을 매우 직접적으로 가리킨다. 이것은 우리의 현재의 논의에 어떤 영향을 주는가? 그 대답은 또 하나의 아담/인류 구절이 초기 그리스도인

---

93) 위의 §§4.2, 6을 보라.

94) Käsemann, *Romans* 151.

95) 이 시편이 대표성을 띤 개인을 언급한다는 것과 "인자"라는 어구의 의미를 유지하기 위하여, 나는 히브리어 enosh("사람, 인간" — BDB; 헬라어로 anthropos)를 "사람"으로, 히브리어 ben adam(헬라어로 huios anthropou)을 "인자"로 번역하던 시대착오적인 전통을 그대로 따랐다. "인간," "유한자"(mortals)라는 NRSV의 번역은 히 2:6-9의 논증(아래를 보라)을 훨씬 덜 설득력 있게 만들고, 복음서들에서의 "인자"(huios anthropou)의 용법을 이해하는 데 아주 중요한 "인자" = "사람"이라는 병행관계를 놓치고 있다.

들의 성찰에서 어떻게 사용되는지를 보면 알 수 있을 것이다 — 시편 8:4-6:[95]

> 사람이 무엇이기에 주께서 그를 생각하시며
> 인자가 무엇이기에 주께서 그를 돌보시나이까
> 그를 하나님보다 조금 못하게 하시고
> 영화와 존귀로 관을 씌우셨나이다
> 주의 손으로 만드신 것을 다스리게 하시고
> 만물을 그의 발 아래 두셨으니.

우리는 이 본문이 바울 서신 및 다른 성경의 책들 속에서 몇몇 초기 그리스도인들의 성찰의 주제였다는 것을 안다. 바울 서신에 나오는 세 개의 대목에 이 구절의 마지막 행(시 8:6b)이 인용되거나 반영되어 있다.[96] 즉 바울을 비롯한 신약 기자들은 시편 8:6b에서 예수의 높이 들리우심에 관한 적절한 묘사를 발견하였음이 분명하다(고전 15:27에서 가장 분명하게).

시편 8:4-6을 이런 식으로 사용한 것에 담긴 논리는 명백하다. 이 시편 기자는 인류를 창조하신 하나님의 목적을 서술하고자 했다고 생각되었다. 하나님의 의도는 그가 창조하신 인간에게 나머지 피조물들을 다스리는 권세를 주는 것이었다. 이 구절이 가리키는 것은 주로 창세기 1:28임이 분명하다: 하나님은 창조의 절정으로서 사람을 남자와 여자로 창조하신 후에, "생육하고 번성하여 땅에 충만하라, 땅을 정복하라, 바다의 물고기와 하늘의 새와 땅에 움직이는 모든 생물을 다스리라"고 그들에게 말씀하였다. 시편 8:6b을 예수에게 적용시키는 것에 담긴 분명한 함의(含意)는 이러한 하나님의 목적이 그리스도의 높이 들리우심 속에서 성취되었다는 것이다. 그리스도는 하나님 우편으로 높이 들리우심으로써 (하나님이 원래 정하셨던) 인간의 운명을 (마침내) 성취하였다. 만물은 마침내 하나님의 대표성을 띤 사람의 발 아래에 복속되었다.

물론 시편 8:6의 이 용법에서 가리키는 것은 여전히 죽었다가 일으키심을 받은 그리스도였다. 그러나 이 용법의 함의(含意)는 예수가 인류를 위한 하나님의 '온전한' 계획을 성취한 분으로 묘사되고 있다는 것이다. 예수의 사역은 시편 8:6만

96) 고전 15:27; 빌 3:21; 엡 1:22.

이 아니라 시편 8:4-6 구절 전체의 렌즈를 통해서 볼 수 있다. 예수는 시편 8:4-6a를 거쳐 시편 8:6b에 도달하였다고 할 수 있기 때문에, 예수만이 시편 8:6b의 역할을 성취하였다. 이러한 논리는 바울 서신에 나오는 시편 8편에 대한 그 어떤 언급들에도 분명하게 드러나지 않지만, 히브리서 2:5-9에서 사용한 시편 8:4-6에서 분명히 볼 수 있다. 거기에서 요지는 매우 분명하다. 장래에 올 세상은 천사들에게 복종하는 것이 아니다(2:5). 또한 현세에서는 아직 인간에게 복종하는 것도 아니다. "지금 우리가 만물이 아직 그에게 복종하고 있는 것을 보지 못하고 오직 우리가 천사들보다 잠시 동안 못하게 하심을 입은 자[97] 곧 죽음의 고난 받으심으로 말미암아 영광과 존귀로 관을 쓰신 예수를 보니 …" 달리 말하면, 인류에 대한 하나님의 계획은 그 목표를 달성하는 데 실패하였었다: 인류는 나머지 피조물에 대하여 하나님이 원래 의도하셨던 지배권을 행사하지 못하였다. 그러나 예수 안에서 하나님은 "이 계획을 다시 관철시키셨다." 그리고 예수 안에서 그 계획은 목표를 달성하였다: 만물은 마침내 하나님의 사람의 발 아래 있게 되었다.

히브리서는 단지 시편 8:4-6에 대한 이전의 용법의 논리를 보여 주는 것이었고, 바울의 좀 더 간략한 인유(引喩)들도 동일한 논리를 반영하고 있을 가능성이 크다. 이 경우에 우리는 바울의 아담 기독론이 오직 예수의 죽음과 부활만을 포괄한 것이 아니라 예수의 생애 전체도 포괄하였다고 말할 수 있다. 예수의 죽음과 부활은 단지 어느 정도 대표성을 띠고 있었다는 정도로 말해서는 안 된다. 오히려 예수의 죽음은 대표성을 띤 인간, 대표성을 띤 생명의 죽음이었다고 해야 한다. 달리 말하면, 예수는 그의 아담적 역할을 통해서 아담에 대하여 원래 의도되었던 목표(만물에 대한 통치)를 달성하기 전에 먼저 첫 번째 아담의 현실적 운명(죽음)에 동참하였다는 말이다. 이 고도로 상징적인 기독론에서 예수는 마지막 아담이 되기 전에 먼저 옛 아담을 대표하였다(고전 15:45).[98]

이런 방향의 신학적 성찰은 꽤 사변적이고, 바울이 쓴 글들 속에 그 근거가 희박한 듯이 보인다. 그러나 예수께서 인간의 상태, 곧 죄와 사망의 권능들 아래(또한 "율법 아래") 있는 삶의 모든 부정적인 특징들에 동참하였다는 사상은 바울 서신의 다른 곳들에서도 사실 잘 확인이 된다.

---

97) 히 2:9은 이 점에서 LXX을 따르고 있다.

98) 자세한 것은 아래의 §§9.1과 10.2을 보라.

가장 주목할 만한 것은 로마서 8:3이다 : "율법이 육신으로 말미암아 연약하여 할 수 없는 그것을 하나님은 하시나니 곧 죄로 말미암아 자기 아들을 죄 있는 육신의 모양으로 보내어 육신에 죄를 정하사." 이 구절은 우리가 나중에 재차 살펴보게 될 본문이다.[99] 따라서 여기서는 단지 핵심이 되는 어구에만 논의를 집중할 것이다 — "죄 있는 육신의 모양으로(en homoiomati sarkos hamartias)." '호모이오마'(homoioma)가 정확히 무엇을 의미하는지에 대해서는 상당한 논란이 있다. 그러나 아마도 이 단어는 가능한 한 현실을 가장 잘 "본뜬" 모사품을 의미하기 때문에, "거울에 비쳐진 영상(映像)," 정확한 복제물이라고 말할 수 있을 것이다.[100] 그렇다면 무엇을 "본뜬" 것인가? 그 대답은 "죄 있는 육신"이다 — 즉 앞에서 보았듯이, 그 자체로는 죄가 있지 않지만 연약하고 부패하기 쉬워서 결국 죄의 권능에 지배되고 침해받을 수 있는 육신.[101] "죄 있는 육신"은 (결국) 욕망의 노예가 되어 죄를 범하면서 죽음으로 가는 도상에 있는 인류이다. 이 어구 전체("죄 있는 육신의 모양으로")는 죄의 권세가 아주 가차 없이 착취하고 결국에는 사망에 이르게 하는 인간 상태의 확정성를 강조하기 위한 것으로 보이며, 예수께서 실제로 그 권세에 굴복하였다는 것을 함축하고 있지는 않다(cf. 고후 5:21).[102] 그 신학적 논리는 하나님은 죄와 사망의 권세 아래에서 살아가는 인류와의 철저한 연합과 동일시 속에서 그의 아들을 보내심으로써만 "죄 있는 육신"의 문제를 해결할 수 있었다는 것임이 분명하다.[103]

이와 같은 내용은 갈라디아서 4:4-5에 나오는 병행 구절에도 나타난다: "하나

99) 아래의 §§9.2(2), 9.3, 11.3a을 보라.

100) 필자의 *Romans* 316-17과 "Paul's Understanding" (§9 n. 1) 37-38에 나오는 논의를 보라.

101) 위의 §§3.3, 5.3-5, 6.7을 보라.

102) 여기서 우리는 바울의 사망 개념의 모호성을 상기할 필요가 있다 — 인간 상태의 결과로서 사망과 범죄에 대한 징벌로서 사망, 그리고 "죄"와 "범죄"의 구별(위의 §§4.6과 5.7을 보라).

103) 이 어구의 뉘앙스는 매우 미묘해서, 그 정확한 의미를 놓고 논쟁이 벌어질 소지가 항상 있다; 최근의 논의로는 V. P. Branick, "The Sinful Flesh of the Son of God (Rom. 8.3): A Key Image of Pauline Theology," *CBQ* 47 (1985) 246-62와 F. M. Gillman, "Another Look at Romans 8.3: 'In the Likeness of Sinful Flesh,'" *CBQ* 49 (1987) 597-604를 보라. 자세한 것은 필자의 *Romans* 421-22를 보라.

님이 그 아들을 보내사 여자에게서 나게 하시고 율법 아래에 나게 하신 것은 율법 아래에 있는 자들을 속량하시고 우리로 아들의 명분을 얻게 하려 하심이라." 위에서 살펴보았듯이, "여자에게서 났다"는 말은 단순히 "인간"을 의미한다.[104] 그리고 "율법 아래에 났다"는 것은 후견 상태에 있는 유대인 예수를 가리킨다(갈 4:1-3).[105] 달리 말하면, 예수는 나면서부터 일반적으로는 인류 전체를, 구체적으로는 동포 유대인들을 대표하는 대표성을 지녔다는 말이다.[106] 바울은 예수만이 아브라함의 "자손"(갈 3:16)이라고까지 주장할 수 있었다. 물론 이것은 약속을 받을 사람들의 범위를 좁히려 한 것이 아니라 모든 아브라함의 자손이 포함되고, 예수 안에서 또한 예수로 말미암아 모든 사람들이 아브라함의 유업에 참여할 수 있도록 하기 위함이었다(3:28-29). 그리스도께서 대표성을 띤 이러한 역할을 성취하였을 때에야 비로소 그는 "율법 아래" 있는 자들을 구속(救贖)하고 인류에게 하나님의 자녀라는 진정한 신분을 가져다줄 수 있었다.[107]

또한 우리는 빌립보서 2:6-8을 들 수 있다. 빌립보서에 나오는 이 송영(2:6-11)은 아담 기독론으로 가득 차 있는 것처럼 보인다.[108] 여기서 우리는 단지 2:7의 후반부만을 살펴보고자 한다: "사람들과 같이 되셨고(homoiomati anthropon) 사람의 모양(hos anthropos)으로 나타나사." 로마서 8:3과의 병행이 매우 두드러진다. 그리고 이것이 정확히 무엇을 의미하든간에, 이것은 그리스도는 그의 죽음 이전에 그의 생애에서도 인류를 대표하는 것으로 여겨졌다는 것을 의미하는 것으로 보인다. 그리스도의 죽음에 인류를 위하여 죄와 사망의 권세를 부순 죽음이라는 그 의미를 부여한 것은 바로 이러한 사실이었다.

요약해 보자. 제1세대 기독교에서는 이미 매우 복잡한 아담 기독론이 널리 유포되고 있었던 것으로 보인다. 이 기독론은 그리스도의 죽음(과 부활)과 관련해서만이 아니라 그리스도의 죽음의 전제(前提)와 관련해서도 사용되었다. 그 전제는 예수의 삶도 그 성격상 아담적이었다는 것이다. 즉, 아담 기독론의 첫 번째 단계

104) 위의 n. 4를 보라.

105) 위의 §6.4을 보라.

106) 바로 예수 자신 속에서 인류의 이야기와 이스라엘의 이야기가 서로 뒤섞이고 있는 것을 주목하라(위의 §§4.4, 6, 7을 보라). 자세한 것은 필자의 *Galatians* 215-17을 보라.

107) 자세한 것은 아래의 §9.3을 보라.

108) 이 주장에 대해서는 논란이 많다; 자세한 것은 아래의 §11.4을 보라.

는 예수께서 인류를 위한 하나님의 경륜의 제1부를 수행하는 것이었다. 예수의 대표성은 죄 아래에서의 연약함과 사망의 복속 속에 있는 인류, 율법 아래 갇혀 있는 이스라엘을 포함하였다. 첫 번째 경우에 예수의 대표성은 죽는 아담과의 연대(solidarity)였다. 이것의 신학적 논리는 이미 이른 시기에 나온 나지안주스의 그레고리(Gregory of Nazianzus)의 고전적인 표현에 요약되어 있다: "제 것으로 삼아지지 않은 것은 치유될 수 없다"(*Epistle* 101. 7). 또는 이레나이우스(Irenaeus)의 또 다른 표현을 보자: "그리스도는 우리로 하여금 그와 같이 되게 하려고 우리와 같이 되셨다"(*Adversus Haereses* 5 서문). 또는 아타나시우스(Athanasius)의 표현: "그는 우리로 신이 되게 하기 위하여 사람이 되셨다"(*De Incarnatione* 54).

§ 8.7 성육신한 아들?

이후의 논의(§11)에 비추어 볼 때, 적어도 바울의 기독론에 함축되어 있는 성육신 개념에 대해서도 말해 두는 것이 적절할 것이다. 특히 지혜 기독론(아담 기독론과 아울러)이 하나님께서 그의 아들을 보내셨다는 말 속에 들어 있다면(갈 4:4; 롬 8:3), 파송은 하늘로부터 보내진 것이고, 보내심을 받은 아들의 사명은 날 때부터 시작된다.[109]

암묵적인 성육신 사상은 바울이 죽기 전에 쓴 마지막 서신에 나오는 지혜 기독론의 가장 중요한 진술 속에서 좀 더 명시적으로 표현된다 — 골로새서 1:15-20. 왜냐하면 1:15-20의 지혜 송영(頌榮) 또는 그 연장이라 할 수 있는 두 번째 연(聯)까지 포함하는 단락[110]은 이렇게 되어 있다: "그 안에 [하나님의] 모든 충만이 거하는 것을 기뻐하시고(개역 — 아버지께서는 모든 충만으로 예수 안에 거하게 하시고)"(1:19). 핵심 용어는 "충만"(pleroma)인데, 이 용어는 그 자체로 완전함을 의미한다.[111] 여기서 이 단어가 정확히 무엇을 가리키는지를 놓고 상당한 논란이 있었다. 그러나 지금은 이 단어가 하나님의 권능과 임재가 만유(萬有)를 채우

109) 아래의 §11.3을 보라. 하지만 거기에서 느껴지는 망설임을 주목하라.

110) 아래의 §11 n. 41을 보라.

111) 그런 까닭에 선원의 임무를 온전히 수행하는 것을 가리키는 것이 헬라어에서 이 단어의 통상적인 용법이다(LSJ, pleroma 3).

고 있다는 확신, 초기 유대교 저작들에 아주 흔하게 나오는 확신을 표현한다는 데에 점차 의견의 일치를 보고 있다.[112] 아울러 우리는 하나님이 사람 속에 내주하신다는 사상(동일한 동사를 사용하여)도 유대교 저작들에 나온다는 것도 지적해 두어야 한다.[113] 마찬가지로 "기뻐하셨다"는 동사는 칠십인역에서 통상적으로 하나님을 주어로 하여 그분의 기뻐하심을 묘사할 때에 사용되는 것이 보통이다.[114] 따라서 우리는 이 본문의 모호성 때문에 하나님의 온전한 임재가 그리스도 속에 내재해 있는 것을 하나님이 기뻐하셨다는 사상이 은폐되어 있다고 생각할 수 있다.[115]

이 점은 2:9에서의 그 내용의 반복을 통해 더욱 강화된다: "그[즉, 그리스도] 안에는 신성의 모든 충만이 육체로 거하시고." 핵심 단어들 중 두 개가 1:19에 나오는 것들이다 — "충만"(pleroma)과 "거하다"(katoikeo). 어느 쪽도 1:19에서 말하는 것과 다른 것을 말하고 있다고 볼 이유가 전혀 없다. 그러나 두 개의 추가적인 용어들을 통해 그 사상은 더욱 정교하게 표현되는데, 기이하게도 이 두 단어는 모두 성경 헬라어에서 '하팍스 레고메나'(hapax legomena: 역자주 — 성경에서 단 한 번만 사용된 단어)이다.

그 중 한 단어는 "육체로"라는 의미를 지니는 부사 '소마티코스'(somatikos)이다. 우리는 이미 '소마'(soma, "몸")가 사람으로 하여금 몸을 가진 다른 사람을 접촉할 수 있게 해 주는 육신성(肉身性, 육신을 입었다는 것)을 가리킨다는 것을 살펴본 바 있다.[116] 따라서 '소마티코스'라는 표현을 사용한 의미는 그리스도 안의 하나님의 내주(內住)가 접촉할 수 있는 현실이라는 것을 강조하기 위한 것이다. '소마티코스'는 하나님의 현현(顯現)의 접근 가능성을 강조한다.[117] 그러나 이러한 사상은 비록 계속해서 그리스도의 죽음에 그 초점을 맞추고 있다고 할지라도

112) 예를 들어, 렘 23:24; Wis. 1.6-7; *Ep. Arist.* 132; Philo, *Leg. All.* 3.4; *Gigant.* 47; *Conf.* 136; *Mos.* 2.238.

113) Wis. 1.4; *T. Zeb.* 8.2; *T. Ben.* 6.4; *1 Enoch* 49.3.

114) 예를 들어, 시 68:16 — "하나님께서 거기에[시온] 거하시기를 기뻐하셨다"; 3 Macc. 2.16; 또한 G. Schrenk, *TDNT* 2.738에 나오는 그 밖의 다른 예들.

115) 필자의 *Colossians* 99-102에 나오는 좀 더 자세한 논의를 보라.

116) 위의 §3.2을 보라.

117) Dunn, *Colossians* 152; 거기에 나오는 좀 더 자세한 논의를 보라.

(2:11-15) 예수의 지상 생애, 또는 적어도 그의 사역을 가리킬 수밖에 없다.[118] 이러한 성육신에 대한 사상은 갈라디아서 4:4-5과 로마서 8:3에도 나오는 아담 신학과 밀접하게 결부되어 있다. 현재 시제("계속해서 거하다")는 지상의 예수의 이러한 기능이 여전히 진행중임을 의미한다. 즉, 역사 무대에서의 화신(化身)인 그리스도는 여전히 그 신성(神性)을 가장 뚜렷하게 드러내고 있다는 말이다.

2:9에서 사용된 두 번째로 희귀한 용어는 "신성"(theotes)이라는 단어이다. 이 단어는 신성을 구성하는 본질 또는 핵심을 가리키는 것으로 알려져 있었을 것이다.[119] 사실 이 사상은 1:19의 사상과 동일한 것으로서, 여기에서는 "모든 충만"이라는 표현보다 더 추상적인 어구인 "신성의 모든 충만"이라는 표현이 선호되고 있다.[120] 주목할 만한 것은 어느 구절에서도 기자(記者)는 실제로 "하나님의 충만"이 그리스도 안에 거하였다고 말하지 않는다는 것이다. 1:19에서는 "모든 충만"이라는 두리뭉실한 표현이 선호되고, 2:9에서는 '데오스' (theos, "하나님")가 아니라 '데오테스' (theotes, "신성")라는 희귀한 표현이 선호된다.

어쨌든 성육신 사상은 특히 골로새서 2:9에 이미 존재해 있다고까지는 말할 수 없다고 하더라도 상당히 근접하게 표현되어 있다고 할 수 있다. 그 언어표현이 독특한 것은 단순히 성육신 사상이 생성되고 있는 중이어서 이 전례 없는 주장을 펴기 위하여 잘 사용되지 않는 희귀한 용어들을 끌어다 쓸 수밖에 없었기 때문이다. 또 한 가지 주목할 만한 중요한 것은 이 단원에서 거론된 네 본문들 중 세 개에서 하나님의 "아들"이 주어로 언급되고 있다는 것이다.[121] 이 특징은 희귀한 용어인 '데오테스' (theotes, "신성" — 골 2:9)와 아울러 이후의 기독론을 쌓는 데 주된 벽돌이 되었다.

---

118) 1:19, 시 139:7, Wis. 1.7과 예수의 수세(受洗)에 관한 기사(막 1:11) 간의 병행들을 고려할 때, 요단강에서 성령이 임했다는 전승에 대한 인유(引喩)가 있을 가능성이 있다. 2:9의 somatikos는 이러한 연관관계를 약화시키는 것일 수도 있지만(상관관계를 덜 제한적으로 만듦), 오직 부활만을 염두에 두고 있는 견해가 잘못된 것임은 거의 분명하다. 이 두 가지 점에 대한 참고문헌은 필자의 *Colossians* 102 n. 42를 보라.

119) BAGD, *theotes*.

120) 자세한 것은 필자의 *Colossians* 151을 보라.

121) 롬 8:3; 갈 4:4; 골 1:13.

§ 8.8 결론

그러므로 바울은 예수의 수난 및 죽음 이전의 사역을 알고 있었고, 또한 관심을 가졌다는 것, 바울은 예수 전승의 중요한 특징들을 상기시키고, 인유(引喩)하고, 그의 신학 및 행실 속에서 영향을 받았다는 것, 바울은 그의 신학에서 예수의 대표성을 역사 및 구원을 개관할 때에 근본적인 특징으로 여겼다는 것, 지상의 예수 안에 하나님께서 실제로 임재해 계셨다는 사상은 그의 후기 신학에서 분명하게 표현되었다는 것은 상당히 유력한 정도로 입증될 수 있다.

이러한 발견물들의 신학적 중요성도 지적해 두지 않을 수 없다. (1) 바울은 예수의 가르침과 자기 자신의 복음 간의 연속성을 실질적인 사실로 여겼다. 그는 그의 신학을 예수의 죽음 및 부활에 관한 케리그마에서 벗어난 것으로 보지도 않았고,[122] 예수의 역사적 사역 및 십자가 처형에 관한 단순한 "사실"(Daβ)을 천명하는 것으로 만족할 수도 없었으며,[123] 바울의 복음 이해는 예수 자신의 가르침으로부터의 이탈 내지 왜곡이었다는 주장을 받아들이지 않았을 것이다.[124]

(2) 예수의 가르침과 바울의 신학 간의 이러한 연속성 속에서, 예수가 유대인이라는 사실은 단언되고 송축되어야 할 것이었고, 예수께서 그의 백성의 메시아 대망을 성취하였다는 주장은 잊혀져서는 안 되는 것이었다. "메시아" 개념 자체가 근본적인 재해석의 과정을 거쳤다고 할지라도, 이러한 연속성은 분명히 제일 중요한 것으로 여겨졌다. 유대인이자 메시아로서의 예수를 통한 이러한 연속성은 옛 이스라엘과 이스라엘의 메시아를 자신의 명칭으로 삼은 새로운 운동 간의 연속성을 재천명하고 강조하는 것이었다.

(3) 아울러 예수는 이스라엘과의 연속성만이 아니라 인류(아담) 전체와의 연속성도 구현하였다. 그러므로 이 예수로부터 나오고 이 예수를 중심으로 한 복음(euangelion)은 단순히 옛 이스라엘에게만이 아니라 온 세상을 향하여 말할 수 있었다. 또한 이것은 바울에게 구원은 창조의 목적을 성취하기 위한 것이었음을 의미한다. 그리고 이를 이루기 위하여, 하나님은 죄와 사망의 권세 아래 있는 인

---

122) 위의 §8.1을 보라.

123) 특히 cf. Bultmann, "Historical Jesus" 237-38.

124) 나는 Reimarus로부터 Harnack에 이르기까지 예수의 생애 연구에서의 논쟁을 염두에 두었다(위의 §8.1의 끝에 암시된).

간의 무력함의 깊은 곳으로 내려가서 전례가 없는 방식(성육신?)으로 사람 예수와 스스로를 동일시하신 것이다.

§9 십자가에 못 박히신 그리스도[1]

§ 9.1 한 사람이 죽었은즉

바울 신학의 구심점(求心點)을 어디에서 찾을 수 있는지에 관해서는 그 어떤 의심도 있을 수 없다. 그것은 예수의 죽음과 부활에 있다. 우리는 이미 바울이 로마서에서 그의 고발문(1:18~3:20)을 끝낸 후에 곧 예수의 생애 또는 가르침이 아니라 과거와 현재의 죄를 위해 하나님이 마련하신 "화목제물"(롬 3:25)로서의 예수의 역할에 눈을 돌렸다는 것을 살펴본 바 있다.[2] 갈라디아서에서는 십자가에서 저주를 받으신 그리스도(갈 3:13-14)가 아브라함의 복이 어떻게 그 의도대로 이방인들에게 이를 수 있는지에 관한 문제에 대한 결정적인 해법으로서 이와 동일한 역할을 한다. 그리고 이어서 골로새서에서는 이와 동일한 강조점이 그리스도의 죽음의 효력을 서술하는(2:11-15) 신학적 해설의 중심부에 나오는 일련의 생생한 은유들(2:6-23)을 통해서 훨씬 더 자세하게 설명된다: 할례(2:11), 장사됨과 부활(2:12), 죽음과 (새) 생명(2:13), 증서의 도말(2:14), 벌거벗김과 공개적인 개선(2:15).[3]

물론 우리가 방금 예시하였듯이, 바울의 신학은 수난(passion) 이전의 예수에도 상당한 중요성을 부여하고 있다는 것은 분명하다(§8). 그러나 바울의 복음 및 그의 신학은 십자가에 그 초점이 맞추어져 있다. 바울의 기독론이 예수에 관한 이야기 전체를 포괄하고 있는 대목에서조차도, 그 전체 이야기가 의미를 지니는 것은 주로 그것이 십자가 및 부활이라는 구원 사건의 의미를 좀 더 온전하게 드러내 주기 때문이다.

예수의 메시아됨에 대해서도 마찬가지이다. 랍비 또는 예언자인 예수가 메시아였다는 주장은 분명히 바울 당시의 유대인들에게 거의 문제를 일으키지 않았을 것이다. 또한 나사렛 예수가 죽은 자 가운데서 살아나셨다는 주장은 그 자체로 바

1) 이 책 말미의 참고문헌을 보라.

2) 자세한 것은 위의 §8.1 서두를 보라.

3) 필자의 *Colossians* 146을 보라.

울의 동포 유대인들의 대다수에게 어떤 커다란 신학적인 난점을 불러일으키지 않았을 것이다. 유대인들의 거센 반발을 불러일으킨 것(고전 1:23)은 예수께서 메시아로서[4] 십자가에 못 박히셨고, 십자가에 못 박히신 것이 예수의 메시아적 역할의 핵심이자 정점이었다는 주장이었다. 이미 유대인들 사이에서는 십자가에 못 박힌 자는 하나님의 저주 아래 있는 것이라는 변증이 통용되고 있었다. "나무에 달린 자는 하나님께 저주를 받았음이니라"고 말하는 신명기 21:23은 사형 선고를 받은 다른 죄수들에게 적용되었었다.[5] 그리고 갈라디아서 3:13은 이 본문이 아마도 바울에 의해 그가 핍박자로 활동하던 때에 나사렛파에 맞선 매우 초기의 변증으로서 십자가에 못 박힌 예수에게 적용되었음을 암시한다. 십자가에 못 박힌/저주받은 메시아는 대부분의 유대인들에게는 말도 안 되는 말이었음에 틀림없다.[6] 마찬가지로 십자가에 못 박힌 사람을 선포의 초점으로 삼는 것("십자가에 못 박히신 것이 너희 눈 앞에 밝히 보이거늘" — 갈 3:1)은 이방인들에게도 어리석은 짓이었다. 이는 십자가 처형은 일반적으로 로마의 처형 방법들 중에서 가장 치욕적인 사형방식으로 여겨졌기 때문이었다.[7] 이에 대응하여 초기 그리스도인들은 십자가를 뺀 예수의 메시아됨에 관한 주장을 옹호하려고 하지 않았다.[8] 바울도 마

4) 예수는 십자가에 못 박히신 이후에야 메시아로 인정받았다고 주장하기는 어렵다(행 2:36이 함축하고 있는 의미와 Hahn, *Titles* [§8 n. 1] 161-62에도 불구하고). 특히 Dahl, "Crucified Messiah" [§8 n. 1] 39-40의 결론을 보라: "예수는 메시아를 참칭하는 자로 단죄받고 십자가에 못 박힌 것이기 때문에, '메시아' 라는 호칭은 예수라는 이름과 뗄 수 없을 정도로 결부되어 있었다."

5) 4QpNah 1.7-8 — 이 구절은 분명히 Alexander Jannaeus가 자기를 반대하던 바리새인들("부드러운 것들을 찾는 자들"; 2행을 보라)을 십자가에 못 박은 사건("산 채로 나무에 매달았다" — 신 21:22-23)을 가리킨다(Josephus, *Ant.* 13.380-81도 이와 비슷한 충격을 나타낸다); 11QT 64.2-13("나무에 매다는 것"[8-11행]이 처형 수단[= 십자가형]인 신 21:18-23을 다듬어서 재진술한 것). 자세한 것은 J. A. Fitzmyer, "Crucifixion in Ancient Palestine, Qumran Literature and the New Testament," *CBQ* 40 (1978) 493-513을 보라. McLean, *Cursed* 133은 이 쿰란 본문들이 십자가 처형을 묘사하는 것이 아니었다고 주장한다. 그러나 행 5:30과 10:39을 보라.

6) Trypho는 Justin에게 이렇게 도전한다: "그[메시아]가 율법의 저주를 받아 십자가에 못 박혀야 했고 그러한 수치스럽고 불명예스러운 죽음을 죽어야 했다는 것을 우리에게 입증하시오. 우리는 그러한 일을 상상조차 할 수 없소"(*Dialogue* 90.1).

7) M. Hengel, *Crucifixion* (London: SCM/Philadelphia: Fortress, 1977).

찬가지였는데, 물론 바울이 서신들을 쓸 당시에는 그러한 싸움은 대체로 지나간 상태였던 것 같다. 예수는 십자가에 못 박히신 메시아였다. 그렇지 않았다면, 그는 전혀 메시아가 아니었을 것이다. 바울이 알고 있던 유일한 그리스도는 "십자가에 못 박히신 그리스도"(고전 1:23; 2:2)였다.

위에서 개략적으로 살펴본 아담 기독론(§8.6)도 마찬가지이다. 십자가를 제외하고는 구원을 생각할 수 없었다. 하나님의 아들이 "죄 있는 육신의 모양으로"(롬 8:3) 보내심을 받은 것은 그 후에 일어난 일을 제외해 버리면 의미 있는 사건이 되지 못한다. 앞으로 보겠지만, 그는 그의 죽음을 통해서 죄를 처리하기 위하여 보내심을 받았다.[9] 갈라디아서 4:4-5에서도 마찬가지로 말한다: "여자에게서 나게 하시고 율법 아래에 나게 하신 것은 율법 아래에 있는 자들을 속량"하기 — 즉, 그의 죽음을 통하여 — 위함이었다는 것이다.[10] 빌립보서의 송영(頌榮)도 아담의 불순종을 해결하는 순종 — "십자가에 죽으심"(빌 2:7-8) — 이 없는 "사람들과 같이 되신" 자의 역할을 상상할 수 없다.[11] 아담-그리스도의 상호작용은 사망과 생명의 상호작용이다(고전 15:22); 또는 더 정확히 말하자면, 그저 죽음으로 끝나버린 생애와 죽었지만 부활 생명으로 죽음을 정복한 생애의 상호작용이라고 할 수 있다. 바울이 시편 8:4-6을 사용한 것의 배후에 있는 아담 기독론에 대한 좀 더 자세한 해설이라 할 수 있는 히브리서 2:5-9에서조차도,[12] "천사보다 못하게 하신 것"과 아담의 목표("만물을 그 발 아래 복종하게 하는 것")를 서로 연결하는 결정적인 연결고리는 "죽음의 고난"이다. 그리스도는 "하나님의 은혜로 말미암아 모든 사람을 위하여 죽음을 맛보려"(히 2:8-9) 아담의 발자취들을 다시 따라간다.

바울 서신에서 이 주제를 가장 잘 환기시켜 주는 구절은 아마도 고린도후서 5:14일 것이다: "그리스도의 사랑이 우리를 강권하시는도다 우리가 생각하건대

8) 기독교 호교론의 가장 초기 단계는 눅 24:25-27, 46; 행 8:32-35; 17:2-3; 고전 15:3; 벧전 1:11 등에서 볼 수 있는 것 같다.

9) 아래의 §9.2(2)을 보라.

10) 아래의 §9.3c을 보라.

11) "십자가의 죽음"이 원래 찬양의 일부였고 그 중심이었다는 것은 Hofius, *Christushymnus* (§11 n. 1) 7-12, 63-67에 의해서 잘 논증된 바 있다.

12) 위의 §8.6을 보라.

한 사람이 모든 사람을 대신하여(휘페르 판톤) 죽었은즉 모든 사람이 죽은 것이라." 흔히 그렇듯이, 경구(警句)는 그 정확한 의미가 수수께끼 같아서, 그 효과를 정확성보다는 인상(印象)에 의존한다. 그러나 이 경구("한 사람이 모든 사람을 대신하여 죽었은즉 모든 사람이 죽은 것이라")는 방금 말한 중간 단계에서 아담 기독론을 보여 주는 표현임에 거의 틀림없다.[13] 여기서 "그리스도"는 또 다시 대표성을 띤 존재로 나온다. 그러나 여기에서도 그는 아담에 상응하는 역할을 한다. "아담 안에서 모든 사람이 죽은 것 같이"(고전 15:22), 예수의 죽음은 모든 인류의 죽음이다.

바울은 무엇을 말하고 있는가? 이 경구를 일련의 논리적인 명제들로 바꾸어 놓으면, 경구의 힘이 소멸될 것이다. 하지만 그 해석은 적어도 어느 정도는 경구의 놀라운 힘을 반영하기 때문에 이렇게 "반영하는" 것을 두려워해서는 안 된다.[14] 그래서 바울은 독자들로 하여금 다음과 같은 방식으로 신학화하도록 유도하였던 것 같다. 예수께서 죽었다면, 모두가 죽은 것이다. 그리스도께서 죽으셨다면, 아무도 죽음을 피할 수 없다. 바울이 "한 사람"(종말론적인 아담과 같은 인물)이 죽었다고 말할 때, 그의 말은 모든 사람에게 다른 방도는 존재하지 않는다는 것을 의미한다. 그리스도께서 죽었듯이, 모든 사람은 육체로서 죄악된 육체의 종말로서 죽는다(롬 8:3). 죄악된 육체가 저승으로 끄는 힘을 극복하고 죄의 권세에 복속되지 않을 방법이 있었다면, 하나님이 보내신 인간의 대표는 죽을 필요가 없었을 것이고, 그는 죄악된 육체가 어떻게 하면 죽음을 극복할 수 있는지를 모두에게 보여주었을 것이다. 그러나 이 한 사람 그리스도는 죽었다. 왜냐하면 사람에게는 다른 길이 존재하지 않기 때문이다. 이 한 사람의 죽음은 연약하고 부패한 육체에게는 죽음 이외의 다른 길이 존재하지 않는다는 것, 육체 속에 역사하는 죄의 권세에 대하여 죽음에 의한 멸망 외에는 다른 대응책이 없다는 것을 의미한다. 칼 바르트

13) Cf. Windisch, *2 Korintherbrief* 182-83; Kertelge, "Verständnis" 121-22. Thrall, *2 Corinthians* 409-11에 나오는 여러 대안들에 대한 분석을 보라.

14) 이하의 서술을 Hamerton-Kelly의 전형적인 해석과 비교해 보라: "일단 우리가 한 사람이 모든 사람을 대신하여 죽었다고 결론을 내린다면, 모든 사람이 그 한 사람의 죽음 속에서 대적에 대한 효과들을 보기 때문에 모든 사람이 죽은 것이고, 따라서 희생자의 사심 없는 욕구를 본받아서 '육체를 그 정과 욕심과 함께 십자가에 못 박기' (갈 5:24)로 결심함으로써 자유롭게 대적을 거부할 수 있게 된다는 결론이 나온다"(*Sacred Violence* 70).

(Karl Barth)의 표현대로, "인간은 멸망 외에는 달리 길이 있을 수 없다."[15]

이런 식의 성찰을 조금 더 진척시킨다면, 이 말은 모든 인간에게 적용된다. 하나님을 인정하든(롬 1:21) 안 하든, 하나님(또는 그리스도)에 의지해서 살아가든 그렇지 않든, 인간은 죽는다. 인간은 그러한 죽음을 특별히 자신의 개인적인 죽음으로 생각할지 모르나, 그것은 모든 사람이 죽는 죽음이다. 이 한 사람의 죽음은 모든 사람의 죽음이다.[16] 바울의 복음은 그것으로 끝인가라는 핵심적인 질문에 답해 준다. 과연 죽음은 끝, 이야기의 최종적인 끝인가? 바울의 대답은 그렇지 않다는 것이다. 믿음으로 그리스도의 죽음과 스스로를 동일시하는 사람들에게는 그리스도의 죽음은 추가적인 의미를 갖는다. 그러나 여기에서 말해 둘 것은 그리스도와 인간의 동일시는 그의 죽음이 모든 사람의 죽음을 설명해 준다는 것을 의미한다는 것이다. 이 한 사람과 모든 사람의 동일시는 그 한 사람의 죽음이 모든 사람의 죽음이라는 것을 의미한다. 모든 사람이 이 한 사람의 죽음과 자기를 동일시할 때에만, 이 이야기는 앞으로 진행해 나갈 수 있다.[17]

이렇게 바울의 십자가 신학은 약간 수수께끼 같은 성격을 띤다. 사실 이것은 예수의 죽음에 관한 바울 신학의 대부분에서 반복되어 나타나는 특징이다. 이미 살펴본 바와 같이,[18] 바울은 십자가에 못 박히신 그리스도에 관한 그의 신학을 자세하게 설명할 필요성을 결코 느끼지 않았다. 그의 모든 언급들은 신조 정형구 또는

15) G. C. Berkouwer, *The Triumph of Grace in the Theology of Karl Barth* (Grand Rapids: Eerdmans, 1956) 135을 인용함.

16) 고후 5:14의 "모든 사람"을 "신자들"로 국한시키는 것은 잘못일 것이다(Martin, *Reconciliation* 100-101; *2 Corinthians* 131은 이에 반대). 부활 이전의 그리스도의 대표성("죄 있는 육신" — 롬 8:3)은 부활 후의 그의 대표성과 다르다(고전 15:45; 아래의 §10.6을 보라). Cf. Furnish, *2 Corinthians* 327.

17) 이것은 Irenaeus가 "총괄갱신"(recapitulation)이라는 그의 개념을 통해 제시하였던 통찰이었다; 예를 들어, J. N. D. Kelly, *Early Christian Doctrines* (London: Black, [3]1960) 170-74를 보라.

18) 위의 §7.3을 보라.

19) 그러나 우리는 고린도후서에서의 고난(특히 사도로서의 그의 고난)에 관한 바울의 신학이 실제로 확대된 십자가의 신학이라는 것을 주목하여야 한다(자세한 것은 특히 아래의 §18.5을 보라).

케리그마 정형구이거나 짤막한 인유(引喩)들이다.[19] 추론컨대, 이는 이 주제는 바울과 그의 독자들 간에 논란이 되거나 해명해야 할 주제가 아니었기 때문일 것이다. 그들이 공유한 신앙 안에서 이 중심적인 주제를 상기시키는 데는 정형구나 인유문(引喩文)을 언급하는 것만으로 충분했을 것이다.[20] 문제는 우리에게 있다. 그러한 압축된 가르침은 흔히 우리가 풀어나가기가 어렵게 느껴진다. 그러나 이러한 구절들의 신학이 여러 문제점들을 안고 있고, 바울의 신학에서 가장 논란되는 요소들에 속한다고 할지라도, 실제로 사용된 이미지들은 그 의미가 좀 더 분명하다.

§ 9.2 속죄제

그리스도의 죽음의 의미를 설명하기 위해 바울이 사용한 가장 강력한 이미지들 중의 하나는 희생제사, 좀 더 정확하게 말해서 예루살렘 성전에서 개인이나 집단이 드리거나(레위기 4장) 일 년에 한 번 대속죄일에 드리는 희생제사(레 16:11-19)인 "속죄제"라는 이미지이다. 또한 이 이미지는 오늘날의 독자들에게는 바울(그리고 초기 기독교)의 신학 중에서 가장 혐오감을 주는 특징들 중의 하나였다. 피의 희생제사, 그리고 하나님과 인간의 관계가 그러한 제사에 의존하고 있다는 사상은 일반적으로 원시적인 시대에 신과 인간의 관계를 개념화할 때에 사용하는 이미지로서 계몽시대 이후의 문화에는 혐오스러운 것이다. 따라서 일부 학자들은 바울의 이러한 언급들은 정형구와 인유(引喩)에 의한 것이라는 사실을 이용하여, 희생제사 이미지는 바울 고유의 신학에 속하지 않은 이차적인 것이라는 부당한 주장을 해 왔다.[21] 그리고 어떤 학자들은 폭력이나 대속적 고난이라는 사상에 토

---

20) 그러나 그러한 정형구들이 존재했다는 사실은 이 주제가 핵심적이었고, 그러한 정형구들은 새로운 교회들이 세워질 때마다 행해진 "반복적인 가르침"의 산물이었음을 보여 준다. 여기서 다시 한 번 이러한 "당연시의 분위기"는 어떤 특징들이 간략하게 언급되어 있다는 이유로 그 특징들이 바울에게 중요하지 않았다고 본 Seeley, *Noble Death* 등의 주장의 설득력을 반감시킨다.

21) 예를 들어, Käsemann, *Perspectives* 42-45: "희생제사적 죽음이라는 개념은 비록 있다고 할지라도 뒷전으로 밀려나 있다"(45); Hengel, *Atonement* 45: "그 자신은 더 이상 이러한 제의적 용어에 그리 관심을 갖지 않았다"; Friedrich는 이 핵심 구절들 속에서 희생제사적 의미를 격하시킴으로써 빗나간 것으로 보인다(Verkündigung 42, 66, 70-71, 75, 77). 그러나 Käsemann에 대한 Cousar의 비판(*Theology* 16-18)과 Friedrich에 대한 Stuhlmacher의

대를 둔 신학은 근본적으로 잘못된 것이라고 주장함으로써 이 이미지를 아예 뿌리채 뽑아버리려고 시도해 왔다.[22] 그러나 바울이 희생제사 이미지를 사용하지 않았다거나 이 이미지가 그의 복음에서 중심적 위치를 차지한다는 사실(아무리 짤막하게 언급되어 나온다고 할지라도)을 부인하기는 불가능해 보인다. 그러므로 우리는 이에 대한 바울의 자료들을 꼼꼼히 살펴본 다음에야 이 이미지를 우리가 어떻게 생각해야 하는지를 논해 볼 수 있을 것이다.

(1) 로마서 3:25. 확실한 출발점으로 삼을 수 있는 것은 로마서 1:18~3:20의 고발문에 대한 바울의 짤막한 응답인 로마서 3:21-26이다. "하나님의 의"(3:21-22)라는 핵심 개념을 다시 반복하고[23] 보편적 고발이라는 결론(3:22-23 — "차별이 없느니라 모든 사람이 죄를 범하였으매 …")을 상기시킨 후에, 바울은 그의 복음의 핵심이랄 수 있는 내용을 진술한다(3:24-26):[24]

> 그리스도 예수 안에 있는 속량으로 말미암아 하나님의 은혜로 값없이 의롭다 하심을 얻은 자 되었느니라 이 예수를 하나님이 그의 피로써 믿음으로 말미암는 화목제물로 세우셨으니 이는 하나님께서 길이 참으시는 중에 전에 지은 죄를 간과하심으로 자기의 의로우심을 나타내려 하심이니 곧 이때에 자기의 의로우심을 나타내사 자기도 의로우시며 또한 예수 믿는 자를 의롭다 하려 하심이라.

여기서 핵심어는 "화목제물"로 번역된 '힐라스테리온'(hilasterion)이다. 이 단

비판("Sühne," 특히 297-304)을 보라. 엡 5:2에서 이 이미지는 분명하게 나타난다: "그리스도께서 너희를 사랑하신 것 같이 … 그는 우리를 위하여 자신을 버리사 향기로운 제물(prosphora)과 희생제물(thysia)로 하나님께 드리셨느니라."

22) 특히 Rene Girard, *Violence and the Sacred* (Baltimore: Johns Hopkins University, 1977)와 *The Scapegoat* (Baltimore: Johns Hopkins University, 1986)가 제공하는 안경을 통해서 바울을 해석하는 Hamerton-Kelly, *Sacred Violence*; 예를 들어, 갈 3:13에 대한 그의 해석을 보라(아래의 n. 107). 또한 Sloyan, *Crucifixion* 190-92에 의해 인용된 것들도 보라.

23) 아래의 §14.2을 보라.

24) 3:24-26이 바울 이전의 문구를 포함하고 있다는 견해에 대해서는 위의 §7.3과 n. 66을 보라. Hultgren, *Paul's Gospel* 71은 3:21-25을 "바울의 복음의 축소판"이라고 말한다.

어는 희생제사와 관련된 용어임에 틀림없다. 왜냐하면 이 용어는 칠십인역에서 법궤의 덮개, 즉 대속죄일에 성소 및 이스라엘의 온 회중을 위한 속죄가 이루어진 장소였던 "속죄소"[25](레 16:16-17)를 가리키는 단어로 거의 배타적으로 사용되고 있기 때문이다.

이 구절은 여러 쟁점들을 불러일으켰는데, 그중 어느 것도 여기에서 특별히 중요한 것은 없다.[26] (a) '힐라스테리온'을 화목제의 장소로 보아야 하는가, 아니면 수단으로 보아야 하는가? 학자들은 대체로 전자를 지지한다.[27] 그러나 이후에 나오는 용례들이 보여 주듯이, 전자와 후자의 의미는 서로 잘 뒤섞이는 경향을 보여 준다.[28]

(b) '힐라스테리온'을 "속죄"(expiation)로 번역할 것인가, 아니면 "달래기"(propitiation)로 번역할 것인가?[29] "달래기"로 번역할 때의 문제점은 "달래기"라

---

25) kapporeth을 번역하고 있는 출 25:6-21(7회)과 레 16:2, 13-15(7회)을 보라; azarah를 번역하고 있는 겔 43:14, 17, 20(5회)도 마찬가지이다; 또한 암 9:1(모든 사본에 나오는 것은 아니다). 또한 히 9:5(신약에서 hilasterion이 나오는 또 다른 유일한 구절)을 보라. McLean, *Cursed* 43-46은 LXX이 kapporeth에 대하여 hilasterion을 사용한다는 것을 부인함으로써 오류를 범하고 있는 것 같다(43). 또한 Philo, *Cher.* 25; *Heres* 166; *Fuga* 100, 101; *Mos.* 2.95, 97; Kraus, *Tod Jesu* 21-32를 보라.

26) Kraus, *Tod Jesu* 4-6는 긴 참고문헌을 싣고 있다.

27) 특히 Davies, *Paul* 237-41; Stuhlmacher, *Reconciliation* 96-103; *Theologie* 194; Lyonnet and Sabourin, *Sin* 155-66; Janowski, *Sühne* 350-54; Hultgren, *Paul's Gospel* 55-60은 롬 3:23-26a가 바울이 에베소의 한 회당에서 대속죄일에 행한 설교의 결론부였다고 생각한다(62-64).

28) *4 Macc.* 17.22; Josephus, *Ant.* 16.182. 예를 들어, L. Morris, "The Meaning of hilasterion in Romans 3.25," *NTS* 2 (1955-56) 33-43; Cranfield, *Romans* 214-17; Williams, *Jesus' Death* 39-40; Fitzmyer, *Paul* 64; Cousar, *Theology* 63-64; Campbell, *Rhetoric* 107-13, 130-33; Hooker, *Not Ashamed* 43-44를 보라. Aberdeen에서 열린 신약학회의(1996년 9월)에서 발표한 논문에서, D. Bailey는 성경 헬라어(그리고 Philo와 Josephus)에서 4격이 두 번 나오는 구문(여기서는 "화목제물로서의 그")에서 동격 관계에 있는 목적어는 거의 언제나 관사가 없다는 점을 지적했다; 특히 Seeley, *Noble Death* 20-21은 이에 반대한다.

29) 영미 학계에서 이 고전적인 논쟁은 hilaskesthai 단어군에 대한 Dodd의 연구("Atonement")와 이에 대한 Morris의 응수(*Apostolic Preaching* chs. 5-6)에 의해 촉발되었

는 말이 하나님을 달래서 그 화를 누그러뜨린다는 의미를 지닌다는 것인데, 반면에 로마서 3:25에서 바울은 '힐라스테리온'을 제공한 분은 바로 하나님 자신이라고 분명히 말하고 있다는 것이다. 더 중요한 것은 이 점에서 히브리어 용법과 헬라어 용법이 두드러지게 대비를 보인다는 점이다. 헬라어에서는 통상적으로 인간이 이 행위의 주어이고, 하나님은 목적어이기 때문에, 인간은 자신의 행위로써 하나님을 달랜다.[30] 그러나 히브리어에서는 하나님은 결코 이 핵심적인 동사(킵페르)의 목적어가 아니다. 정확히 말해서, 이스라엘의 제의에서 하나님을 "달랜다"는 일은 있을 수 없다. 속죄 행위의 목적은 죄의 제거이다 — 즉, 사람이나 물건을 정결케 하거나 죄를 씻어내는 것을 통해서. 속죄는 사람을 "위해서"[31] 또는 "죄를 위해서" 행해진다.[32] 물론 속죄 행위는 하나님의 진노를 불러일으켰던 죄를 제거하는 것이지만,[33] 그 속죄 행위는 하나님이 아니라 죄에 대하여 작용한다.[34] 그 이미지는 징벌을 통해 진노를 달랜다는 것이 아니라 부식성(腐蝕性)의 녹을 제거하거나 생명을 위협하는 바이러스를 중화(中和)시키는 것이다.[35]

(c) '힐라스테리온'의 배경은 제의가 아니라 순교신학인가? 이 문제는 마카베오4서 17:21-22에서 마카베오 가(家)의 순교자들의 순교의 속죄적 효과를 서술하는 데 '힐라스테리온'이라는 단어를 사용한 것에서 촉발되었다.[36] 그러나 이 문

다. 또한 Hill, *Greek Words* 23-36; Ladd, *Theology* 470-74를 보라.

30) exilaskomai(LXX에서 kipper에 대한 통상적인 번역어)는 슥 7:2에서 이런 식으로 사용된다(cf. 8:22과 말 1:9); 그러나 이것들은 LXX에서 exilaskomai가 chalah("달래다, 간청하다")의 번역어로 등장하는 단 3개의 구절들이다.

31) 예를 들어 출 32:30; 레 4:35; 5:26; 겔 45:17. 자세한 것은 Lyonnet, *Sin* 124-46을 보라.

32) 예를 들어, 왕하 5:18: "여호와께서 당신의 종을 용서하시기를 원하나이다"; 시 24:11(LXX) — 시편 기자는 "내 죄를 용서하소서"라고 기도한다; Sir. 5.5-6: "… 주께서 내 많은 죄를 용서해 주시리라." 자세한 것은 Dodd, "Atonement"; F. Büchsel, *TDNT* 3.315-17, 320-21(롬 3:25에 대한); B. Lang, *kipper, TDOT* 7.290-92를 보라.

33) 또한 구약성경에서 가끔 그렇다(민 16:46; 25:11-13).

34) Witherington, *Narrative* 163-64은 이 점을 다루지 않는다.

35) 자세한 것은 필자의 "Paul's Understanding" 48-50을 보라. Hamerton-Kelly와 비교해 보라: "달랠 필요가 있는 것은 하나님이 아니라 바로 인간이다"(*Sacred Violence* 80).

36) 특히 Hill, *Greek Words* 41-45를 보라. Williams, *Jesus' Death* 135는 70년 이전의 유대교에 확립된 순교 신학이 존재하였다는 주장을 일축한다; 그러나 Seeley, *Noble Death*

제도 별반 차이가 없다. 순교신학은 동일한 희생제사 은유를 적용한 것에 불과하다(또한 칠십인역 다니엘 3:40을 보라).[37] 하나님께서 그리스도를 '힐라스테리온'으로 내어놓았다는 사상은 직접적으로 제의와 연관이 된다. 왜냐하면 희생제사 제도는 하나님에 의해서 토라에 규정된 반면에, 유대의 순교신학에는 그러한 사상이 결여되어 있기 때문이다.[38]

이보다 더 중요한 문제는 "전에 지은 죄를 간과하심(파레신)"이라고 말할 때에 바울(그리고 이 정형구)의 의도가 무엇인지 분명치 않다는 것이다. 헬라어 성경에서 오직 여기에만 나오는 '파레시스'(paresis)는 "간과하다"를 의미하지만 "무시하거나 못 보고 지나쳐 버린다"는 의미는 아니다. 오히려 이 단어는 "벌하지 않고 방면(放免)하는 것, 형벌의 면제"라는 좀 더 엄격한 법률적 의미를 지닌다.[39] 분명한 것은 하나님의 의가 그러한 죄의 "간과하심"을 통해 표현되었다는 것이다. 이러한 형벌의 보류("하나님의 오래 참으심")는 하나님의 계약상 의무의 일부였다.[40] 또한 하나님께서 이 의를 '힐라스테리온'을 통해서 "나타내셨다"는 것도 분명하다: 희생제사는 형벌의 면제에 대한 하나님의 법적 정당화 수단이었다. 그러나 바울이 예수의 '힐라스테리온'을 희생제사 제도의 유효성을 입증하는 것으로 보았는지, 아니면 희생제사 제도의 잠정적 성격을 보여 주는 것으로 보았는지는 분명치 않다. 또한 적어도 형벌의 면제라는 효과를 가져오는 데에 '힐라스테리온'으로서의 예수의 죽음의 효력을 보장한 것이 희생제사 제도였다는 것 — 예수의 죽음과 부활이 더 효력이 있다는 함의(含意)와 함께 — 인지도 분명치 않다. 바울

---

ch. 5과 아래의 n. 127을 보라.

37) H. Riesenfeld, *TDNT* 8.511. Lohse, *Martyrer* 71는 디아스포라 유대교가 이러한 신학을 발전시킨 이유는 이 신학이 저 멀리 있는 예루살렘에서의 희생제사를 대체하는 역할을 하였기 때문이라고 주장한다. Kraus, *Tod Jesu* 42-44도 마찬가지로 주장하지만, 약간 뉘앙스가 다르다.

38) Kertelge, "Verständnis" 118-19.

39) BAGD, *paresis*. "용서"라는 의미를 지나치게 밀어붙이는 W. G. Kümmel, "Paresis und endeixis," *Heilsgeschehen* 260-70에 반대하는 견해에 대해서는 특히 Kraus, *Tod Jesu* 95-104를 보라. C. F. D. Moule은 사적인 자리에서 죄에 대하여 "하나님께서 무시하는 것(같이 보인 것)"이라는 의미를 선호한다고 말했다.

40) "하나님의 오래 참으시는 중에"라는 어구에 대해서는 특히 Kraus, *Tod Jesu* 112-49를 보라. 하나님의 의에 대해서는 아래의 §14.2를 보라.

이 사용한 정형구의 간결성으로 인해서 이러한 문제들은 해결되지 못한 채 남게 된다. 이전의 정형구의 관심사가 무엇이었든, 바울의 주된 관심사는 하나님께서 두 번째로 "이때에 자기의 의로우심을 나타내셨다"(3:26)는 것이었다.[41]

로마서 3:24-26에 나오는 고도로 압축된 신학을 좀 더 자세하게 살펴보기 전에,[42] 먼저 희생제사를 다루는 바울 서신들에 나오는 그 밖의 다른 본문들을 살펴보도록 하자.

(2) 로마서 8:3. 우리는 이미 이 절의 일부 — "자기 아들을 죄 있는 육신의 모양으로 보내어" — 를 살펴본 바 있다.[43] 여기서는 바로 그 다음에 이어서 나오는 구절을 살펴보자 — "죄로 말미암아(페리 하마르티아스) 육신에 죄를 정하사." 여기서도 약간의 논쟁이 있다. 일부 학자들은 '페리 하마르티아스'를 "죄로 말미암아"라고 좀 느슨하게 번역해야 한다고 생각한다.[44] 그러나 이 어구는 칠십인역에서 히브리어 '레하타트'(lechatta'th, "속죄제로")를 번역하는 어구로 매우 자주 사용된다.[45] 3:21-26에 나오는 복음에 관한 핵심 진술에서 제의 이미지가 중심을 이루고 있다는 점을 감안하면, 바울은 여기서 이와 비슷한 인유(引喩)를 의도했을 가능성이 대단히 높다.[46] 또한 이 어구는 다음 구절("육신에 죄를 정하사")로 이어

41) 또한 필자의 *Romans* 173-74; Fitzmyer, *Romans* 351-52를 보라.

42) 아래의 §9.3; 하나님의 의는 3:21-26에서도 중심적인 주제이기 때문에, 우리는 §14.2에서 다시 이 구절을 살펴보게 될 것이다.

43) 위의 §8.6을 보라.

44) 예를 들어, Lietzmann, *Römer* 79; Barrett, *Romans* 147; Cranfield, *Romans* 382; Friedrich, *Verkündigung* 68-71을 보라. Grayston, *Dying* 110은 "죄에 관한 권세를 가지고"라는 해석을 선호한다.

45) 예를 들어, 레 5:6-7, 11과 16:3, 5, 9; 민 6:16과 7:16; 대하 29:23-24; 느 10:33 (2 Esd. 20.34 LXX); 겔 42:13; 43:19. 그리고 사 53:10에서 이 어구는 히브리어 asham("속건제물")에 대한 번역어이다. chatta'th와 asham의 구별에 관한 논쟁에 대해서는 D. Kellermann, *asham, TDOT* 1.431-35를 보라.

46) Wilckens, *Römer* 2.127; Michel은 그의 *Römer* 제5판에서 마음을 바꿔서 이 견해를 지지한다; Hengel, *Atonement* 46; Kraus, *Tod Jesu* 191-93; Becker, *Paul* 410; Stuhlmacher, *Theologie* 291; 또한 Wright, "The Meaning of peri hamartias in Romans 8.3," *Climax* 220-25를 보라. 사고의 흐름상 희생제사에 대한 언급이 너무 갑작스럽다고 생각하는 학자들에 반대하여, Campbell은 "레위기적인 희생제사 이미지는 일부는 잠수한 채 로마서 본문 전체를 관통하고 있다"고 주장하는데, 이 주장은 일리가 있다(*Rhetoric* 18,

지기 때문에, '페리 하마르티아스'는 이러한 단죄의 목적을 가리킨다고 보아야 한다. 3:25에서 보았듯이, 하나님께서 죄를 처리하기 위하여 마련한 것은 바로 속죄제였다.

(3) 고린도전서 5:7. 바울은 "우리의 유월절 양 곧 그리스도께서 희생되셨느니라"고 명시적으로 선언한다. 유월절 양은 엄밀하게 말해서 희생제물이 아니었기 때문에, 이 말은 좀 의외이다.[47] 그러나 유월절은 이미 에스겔 45:18-22에서 속죄와 결부되어 있다. 그리고 이러한 연관성은 유월절 및 "많은 사람을 위하여 흘리는(ekchunnomenon) 나의 피"(막 14:24과 그 병행문들)에 대한 최후의 만찬의 연관성으로 녹아들어갔을 것이다. 거기에서의 표현은 분명히 희생제사와 관련이 있고 속죄를 나타낸다.[48] 예수의 죽음에 관한 서로 다른 은유들과 설명들을 그 옛 구별들을 지워버리고 한데 묶는 이와 같은 경향은 초대 교회에서 분명하게 드러난다.[49] 여기에서의 바울의 언어는 이와 같은 이미지의 진화(進化)가 그의 신학에서 이미 상당히 진척되어 있었음을 보여 준다.

(4) 고린도후서 5:21 — "하나님이 죄를 알지도 못하신 이를 우리를 대신하여 죄로 삼으신 것." "죄를 알지도 못하신/죄로 삼으신"이라는 대비(對比)는 바울이 희생제사를 위한 정하고 흠 없는 짐승들을 고집한 제사 규정을 염두에 두고 있었다는 것을 의심하기 어렵게 만든다.[50] 이 인유(引喩)는 속죄제 자체가 아니라 속죄제의 기능이다 — '페리 하마르티아스'(peri hamartias, "죄로 말미암아"; 롬 8:3)가 아니라 "죄로 삼다."[51] 좀 더 구체적으로 대속죄일에 광야로 내보낸 염소

---

132).

47) G. B. Gray, *Sacrifice in the Old Testament* (London: Oxford University, 1925) 397: "유월절 희생은 속죄제가 아니었고, 또한 죄를 속하거나 제거하는 수단으로 여겨지지도 않았다."

48) Jeremias, *Eucharistic Words* (§22 n. 1) 222-26.

49) 벧전 1:18-19; 요 1:29.

50) Stuhlmacher, *Reconciliation* 59; *Theologie* 195; Hengel, *Atonement* 46; Daly, *Sacrifice* 237, 239. 이것은 소수설이다(예를 들어, Furnish, 2 Corinthians 340; Breytenbach, *Versöhnung* 202-3; Thrall, *2 Corinthians* 439-41을 보라). 그러나 아래의 n. 82를 보라.

51) 그러나 LXX은 레 4:24과 5:12의 히브리어 본문("이는 속죄제[chatta'th]라")을 "이는 죄(hamartia)니라"로 번역하고 있음에 유의하라. 자세한 것은 Lyonnet and Sabourin, *Sin*

를 염두에 둔 인유(引喩)일 가능성도 있다(레 16:21).[52] 또한 이사야 53:4-6에 나오는 야훼의 종에 대한 인유(引喩)일 수도 있다.[53] 그러나 이사야 53장은 희생제사와 관련된 용어 및 이미지로 가득 차 있어서, 마카베오4서 17장의 순교신학과 마찬가지로 단지 희생제사 신학을 야훼의 종에 적용한 것에 불과하다.[54]

(5) 마찬가지로 "그의 피로써"라는 어구를 사용하는 바울 서신의 여러 구절들[55]도 희생제사로서 그리스도의 죽음이라는 개념에 의거하지 않고는 제대로 이해될 수 없다. 피에 대한 강조는 예수의 죽음에 관한 전승으로부터 나왔을 가능성이 희박하다. 왜냐하면 예수의 죽음이 특히 피바다를 이룬 것으로 기억되지 않았기 때문이다. 단지 분명한 것은 희생제사로 이해된 예수의 죽음에 대한 인유(引喩)가 여기에 존재한다는 것이다. 왜냐하면 속죄에 결정적인 행위는 희생제물의 피의 처리에 있었기 때문이다.[56] 또한 바울이 예수의 죽음을 "죄로 말미암아"[57] 또는 "우리를 위하여"(또는 이에 상당하는 어구들)라고 말하는 대목들[58]도 동일한 이미지를 반영하고 있다고 보아야 한다 — 비록 후자의 경우에는 순교신학에 의해 매개되었겠지만.[59]

§ 9.3 바울의 속죄제 신학

248-53에 나오는 Sabourin의 글과 아래의 §9.3을 보라.

52) Windisch, *2 Korintherbrief* 198.

53) 예를 들어, Cullmann, *Christology* (§10 n. 1) 76 (McLean, *Cursed* 108은 Cullmann을 잘못 인용하고 있다); Martin, *2 Corinthians* 140, 157. 위의 n. 50과 관련하여 Furnish와 Thrall은 사 53장이 바울의 마음 속에 있었거나(Thrall 442) 사 53장을 배경으로 할 때에 이 표현에 해명된다는 것을 인정한다(Furnish 351; 또한 그는 벧전 2:24과 비교하기도 한다).

54) 특히 사 53:10의 peri hamartias를 주목하라. 예를 들어, Taylor, *Atonement* 190; M. Barth, *Sacrifice* 9-10.

55) 롬 3:25; 5:9; 엡 1:7; 2:13; 골 1:20.

56) 레 4:5-7, 16-18, 25, 30, 34; 16:14-19. 예를 들어, Davies, *Paul* 232-37; Schweizer, *Erniedrigung* (§10 n. 1) 74; Lohse, *Martyrer* 138-39; Penna, *Paul* 2.24-44를 보라.

57) 롬 4:25; 8:3; 고전 15:3; 갈 1:4.

58) 롬 5:6-8; 8:32; 고후 5:14-15, 21; 갈 2:20; 3:13; 살전 5:9-10; 또한 엡 5:2, 25.

59) 롬 5:7의 배후에는 분명히 순교 신학이 있다. 자세한 것은 H. Riesenfeld, *TDNT* 8.508-11; Schlier, *Grundzüge* 134-35를 보라.

바울이 예수의 죽음을 속죄제로 보았다고 한다면, 그것은 예수의 죽음에 관한 바울의 이해에 어떤 빛을 던져 주는가? 인간의 육체에 자리잡은 죄의 권세를 처리하는 데 예수의 죽음은 어떻게 "작용하였는가"? 이에 대한 대답을 찾는 분명한 방법은 유대의 희생제사 신학을 탐구하는 것이 될 것이다. 그러나 여기서 우리는 상당한 문제에 봉착하게 된다. 왜냐하면 성경이나 제2성전 시대의 유대교 문헌들에는 희생제사에 관한 분명한 이론적 근거가 제시되어 있지 않기 때문이다. 매일 드리는 상번제(常燔祭)[60]는 이스라엘의 경건하고 참회하는 예배자들에게 심오한 의미를 지녔을 것이고, 대속죄일에 드려진 희생제사는 더욱 그랬을 것이라는 것은 의심할 여지가 없다. 그러나 어떻게 해서 희생제사가 속죄의 효과를 가져왔는지는 여전히 풀리지 않는 수수께끼이다.[61]

하지만 이 문제를 풀 수 있는 길이 전혀 없는 것은 아니다. 왜냐하면 위에서 살펴본 구절들(§9.2)에 비추어 볼 때에 바울은 희생제사에 관하여 꽤 잘 정립된 이론을 지니고 있었던 것 같기 때문이다. 게다가 유대교 신학자들은 이미 다른 속죄 수단들을 인정하였던 반면에,[62] 바울은 예수의 죽음의 효력을 설명하면서 속죄제의 중요한 위치를 그대로 유지했던 것으로 보인다. 그러므로 바울의 언어표현을 우리가 알고 있는 속죄제 의식(儀式)과 결부시켜서 적어도 바울 자신의 속죄 신학을 도출해내는 것은 가능해 보인다. 이러한 작업은 분명 사변적인 것이 되겠지만, 분명한 연관관계가 제시된다면(물론 나는 그렇게 될 수 있다고 믿는다), 그 결과물들은 상당 정도 비중을 얻게 될 것이다.[63]

a) 먼저, 출발점은 속죄제는 "죄를 위한"(페리 하마르티아스), 즉 죄를 처리하기 위한 것이었다는 것이 되어야 한다. 로마서 8:3에서의 사고의 흐름이 보여 주듯이, 그 의도는 죄에 대한 효과적인 심판을 내리는 것이었다. 이런저런 방식으로,

60) 출 29:38-46; 민 28:1-8; Josephus, *Ant*. 3.237; 그리고 *m. Tamid* 4.1-7.4에서 일깨워 주고 있는 자세한 규례들.

61) Barth, *Sacrifice* 13: "구약성경과 '유대교'가 속죄제의 신비에 관하여 실제로 무엇을 믿고 가르쳤는지를 우리가 알거나 이해하지 못한다는 것을 솔직히 인정할 필요가 있다." Davies는 한 술 더 떠서 "1세기에 희생제사에 대한 어떤 이론적 근거가 있었는지 의심스럽다"고까지 한다(*Paul* 235). 또한 Moore, *Judaism* 1.500을 보라.

62) Davies, *Paul* 253-59; Lohse, *Martyrer* 21-25; 그러나 또한 위의 n. 36을 보라.

63) 이하의 서술은 필자의 "Paul's Understanding"의 핵심들을 다듬은 것이다.

희생제물을 죽이는 의식(儀式)은 죄인에게서 죄를 제거하였다. 물론 속죄제가 부지불식간에 저질러진 과실에 의한 죄들만을 처리하였다는 것은 사실이다;[64] 고의적인 죄들, 의도적이고 뉘우침 없이 계약을 위반한 경우에 대해서는 속죄란 있을 수 없었다. 그러나 이와 아울러 과실에 의한 죄에 대해서조차 죽음으로 보상해야 했다는 사실은 제의 중심의 공동체에서 죄들의 심각성을 보여 주는 것이었다. 고의적인 범죄들은 너무도 심각해서 그 어떤 보상도 불가능했다. 그러한 경우들에는 엄밀하게 말해서, 죄인의 계약상의 지위가 상실되었다. 그 죄에 대해서는 그 어떤 다른 생명으로 속죄하는 것이 불가능했다.[65]

특히 대속죄일에 행해진 속죄 의식의 중요한 한 측면은 제단과 성소의 정화(淨化)였다.[66] 그러나 이것을 속죄제의 일차적 또는 유일한 목적으로 보아야 하는지는 의심스럽다.[67] 더욱 일관되게 강조된 속죄제의 목적은 죄의 제거와 이에 따른 죄인의 사면(赦免)이다.[68] 성소의 정결의식이 그러한 목적을 이루는 "메커니즘"은 본문에 뿌리를 둔 것이라기보다는 사변적이라 할 수 있다.[69]

b) 둘째로, 우리는 이것을 바울의 아담 기독론에 대하여 이미 살펴본 내용(§9.1)과 관련지어 볼 수 있다. 왜냐하면 예수께서 육신에 있는 죄를 처리하기 위

---

64) 레 4:2, 22, 27; 5:15, 18; 민 15:24-29.

65) De Vaux, *Sacrifice* 94-95; Lyonnet and Sabourin, *Sin* 178. 그러나 대속죄일은 "이스라엘 자손의 모든 불의와 그 범한 모든 죄, 그 죄"(레 16:21)를 다루었다. 후대의 랍비적인 규례에 대해서는 *m. Yoma* 8.8을 보라.

66) 레 8:15; 16:16, 18-20; 또한 Lang, *TDOT* 7.296을 보라.

67) 특히 McLean, *Cursed* 37-38은 kipper를 "정화하다, 정결케 하다(의식을 통해서)"로 번역하는 것을 선호하는 J. Milgrom의 견해를 따른다(예를 들어, "Atonement," "Day of Atonement," *IDBS* 78-83; 마찬가지로 Lyonnet and Sabourin, *Sin* 175-80; 그리고 특히 겔 43:13-27을 인용하는 Kraus, *Tod Jesu* 45-70; McLean 37 n. 50에 나오는 그 밖의 다른 참고문헌들을 보라); 그래서 McLean은 chatta'th를 "속죄제"가 아니라 "정결을 위한 제사"로 번역하기를 좋아한다. 또한 Stowers, *Rereading* 206-13는 Milgrom과 McLean의 견해를 따른다.

68) 레위기 4~5장에 반복되어 나오는 정형구: "제사장이 그를 위하여/그의 죄를 위하여 속죄하리니 그가 사함을 받으리라"(4:20, 26, 31, 35; 5:6, 10, 13, 16, 18).

69) Milgrom에 대한 Lang의 비판을 참조하라(*TDOT* 7.294). 속죄제물의 피가 사람에게는 적용되지 않았다는 McLean의 고찰(*Cursed* 38)은 "정결"론을 반박하는 것 같다.

하여 "죄 있는 육신"(롬 8:3)으로 성육신하였듯이, 바울은 속죄제가 그 제물을 드린 자의 죄를 화체(化體)한 것으로 본다("죄로 삼다" — 고후 5:21). 제물을 드리는 자가 짐승의 머리에 안수한 것은 속죄제의 이러한 의미를 보여 주는 것이었다. 이렇게 함으로써 죄인은 짐승과 자기를 동일시했는데, 이는 적어도 그 짐승이 그를 어떤 식으로 대표한다는 것을 보여 주는 것이었다.[70] 즉, 그 짐승은 '죄인으로서의' (qua sinner) 제사를 드리는 자를 대표하는 것이기 때문에, 제사를 드리는 자의 죄는 짐승에게 전가되고, 짐승의 생명은 그의 생명을 대신하였다. 그리스도의 경우에 유일한 차이는 그 주도권이 죄인이 아니라 하나님으로부터 왔다는 것이다(롬 8:3; 고후 5:21).

제사를 드리는 자가 제물에 안수하는 행위에 대한 이런 식의 해석은 결코 일반적으로 받아들여지지 않는다. 이 행위는 통상적으로 단지 그 짐승을 제물로 드린다는 것을 의미하는 것으로서 이 의식의 별로 중요하지 않은 부분으로 여겨진다.[71] 그러나 이것은 레위기 4장의 자세한 규정을 통해 이 행위에 부가된 중요성에 대한 적절한 설명이 될 수 없는 것 같다. 앞에서 말한 것이 이 행위가 의미하는 것의 전부라면, 피를 수반하지 않는 제사를 포함해서 모든 희생제사에서 이 행위가 수반되어야 할 것인데, 사실은 피를 수반하는 희생제사에서만 이러한 의식이 행해진다.[72] 또한 이 행위가 희생제사 밖에서 행해지는 경우에(동사는 동일하다: samach), 그 주된 근거는 동일화(identification)인 것으로 보인다.[73] 그리고 한

70) 예를 들어, H. H. Rowley, *Worship in Ancient Israel* (London: SPCK/Philadelphia: Fortress, 1967) 133; Gese, "Atonement" 105-6; Janowski, *Sühne* 199-221; Merklein, *Studien* 25-8; Hofius, "Sühne" 35-36; K. Koch, chata," *TDOT* 4.317("짐승은 문자 그대로 죄가 된다. 즉 chatta'th의 영역은 짐승에 집중된다 … 안수를 통해서 … 전가[轉嫁] 행위는 분명해진다"); cf. Lang, *TDOT* 7. 294-95, 296-97.

71) W. Eichrodt, *Theology of the Old Testament* (London: SCM/Philadelphia: Westminster, 1961) 1.165-66; de Vaux, *Sacrifice* 28, 63; McLean, *Cursed* 28, (그 밖의 다른 참고문헌들은 n. 23), 79.

72) McLean, *Cursed* 28-32은 레 1:4에도 불구하고 번제에 부착되어 있는 속죄 의미를 경시한다: "그는 번제물의 머리에 안수할지니 그를 위하여 기쁘게 받으심이 되어 그를 위하여 속죄가 될 것이라."

73) 민 27:18, 23과 신 34:9 — 여호수아는 또 다른 모세가 된다; 민 8:10 — 레위인들은 그들에게 안수하는 백성들의 대표자들이 된다; 레 24:14 — 증인들은 저주하는 말을 들음으로

손으로 안수하든 두 손으로 안수하든 의미상의 차이는 없어 보인다.[74]

희생제물에 대한 안수의 의미를 설명하는 구절은 레위기 16:21이 유일하다. 거기에서 대제사장은 대속죄일 예식에서 두 번째 염소에 두 손으로 안수함으로써 "그것들[아뢴 죄]을 염소의 머리 위에 둔다." 속죄 제물로 규정되고 있는 것은 두 번째 염소가 아니라 첫 번째 염소라는 사실은 결정적인 고려사항이 되지는 않는다.[75] 왜냐하면 두 염소는 하나의 실체(實體)의 두 측면 또는 두 묘사로 이해되었기 때문이다: 죄를 담당시켜 실제로 영문 밖으로 내보내진 염소는 속죄제가 이루고자 한 것을 다른 식으로 생생하게 보여 주는 것이었다.[76] 이것은 두 염소에 대하여 속죄라는 용어를 사용했던 바울 시대에 이 본문들의 의미였음에 틀림없다.[77] 로마서 8:3과 고린도후서 5:21은 바울도 희생제사로서 예수의 죽음의 이러한 복합적인 성격을 염두에 두었다는 것을 강력히 시사해 준다.

죄를 담당한 짐승은 부정(不淨)하게 된다거나(그래서 제의에서 역할을 할 수 없다), 제사장들은 속죄제를 끝내고 남은 고기를 먹을 수 있었다는 것은 결정적인

써 겪게 된 더럽혀짐을 그 저주한 자와 동일시한다(Daube, *Rabbinic Judaism* 226-27).

74) 민 27:18 — 모세는 "여호수아에게 안수하라"는 명령을 받는다; 결국 "그는 그에게 안수하였다." 민 8:10과 레 24:14(n. 73을 보라)에서, 복수형 "손들"은 많은 사람들이 한 손을 내민 것의 집합을 나타내는 것 같다. McLean, *Cursed* 28은 Philo, *Spec. Leg*. 1.198에 나오는 번제와 관련된 의식(儀式)에 대한 묘사에 의문을 제기하지만, 제물을 드리는 자가 제물의 머리에 손들(복수형)을 얹는 것에 관하여 아주 분명하게 말한다. 그러나 그는 미쉬나(Mishna)는 희생제물 위에 두 손을 얹어 안수하는 것을 전제하였다고 지적한다(예를 들어, Menahoth 9.7-8).

75) Janowski, *Sühne* 219-20는 이에 반대한다.

76) 또한 Stuhlmacher, *Theologie* 192-93을 보라.

77) 11QT 26-27 — 대제사장은 "그것(속죄제물인 염소)으로 회중의 모든 백성을 위해 속죄하고, 그것이 그들에게 죄사함이 되리라 … [그리고 그는] 이스라엘의 모든 자손을 위해 (아사셀로) [속죄하고], 그것이 그들에게 죄 사함이 되리라"(Vermes); m. *Shebuoth* 1.7 — "(지성소) 내에 뿌려진 염소의 피가 이스라엘 사람들을 위해 속죄하는 것과 마찬가지로, 황소의 피는 제사장들을 위해 속죄한다; 그리고 아사셀 염소를 놓고 드린 죄의 고백이 이스라엘 사람들을 위해 속죄하듯이, 황소를 놓고 드린 죄의 고백은 제사장들을 위해 속죄한다" (강조는 필자가 붙인 것임). 제사장들을 위한 속죄제물의 역할을 하는 황소를 놓고도 죄들이 고백된다는 전제를 주목하라(*m. Yoma* 3.8에서처럼). 이러한 증거는 Kraus, *Tod Jesu* 45-59 등에 의해 주장된 두 염소의 기능의 엄격한 구별에 의문을 제기한다.

반론이 되지 못한다.[78] 제사장과 제사를 드리는 사람이 짐승의 죽음이 짐승 자신의 죄 때문이 아니라고 확신할 수 있기 위해서는, 짐승은 흠이 없고 거룩해야 했다. 고린도후서 5:21이 분명히 함축하고 있듯이, 오직 죄 없는 것만이 죄 있는 것을 효과적으로 속죄할 수 있다. 짐승의 육체에 일어났던 일은 중요하지 않았다. 왜냐하면 짐승의 생명은 그 피였기 때문이다.[79] 그러므로 가장 중요한 것은 속죄제에서 피를 온전히 처리하는 것이었다. 실제로 피는 다른 어떤 희생제사에서보다 속죄제에서 더 중요한 역할을 했다.[80] 그리고 성경에서는 "생명이 피에 있음으로 피가 죄를 속하느니라"(레 17:11)고 분명하게 선언한다. 달리 말하면, 제사를 드리는 자와 희생제물 간의 동일시의 범위는 제물 전체가 아니라 오로지 제물의 피에 있었다. 그리고 속죄 제물로서 짐승의 역할은 피의 의식(儀式)을 통해 완수되었다.

c) 셋째로, 우리는 로마서 8:3과 고린도후서 5:14, 21로부터 추가적인 추론을 할 수 있다. 바울은 희생제물의 죽음을 죄인의 죽음으로 보았다. 이 점은 로마서 6:6에서 더 분명하게 드러난다: "우리의 옛 사람이 예수와 함께 십자가에 못 박힌 것은 죄의 몸이 죽어(카타르게데)" 없어지게 하기 위한 것이다. 달리 말하면, 희생제사가 죄를 처리한 방식은 죄를 담당한 희생제물을 죽이는 것을 통해서였다. 하나님이 보는 앞에서 희생제물의 피를 뿌리고 붓는 행위는 그 생명이 완전히 멸해졌고, 이와 아울러 죄인의 죄도 멸해졌음을 보여 주는 것이었다.

우리는 여기서 희생제사적 교차대구법, 또는 모나 후커(Morna Hooker)가 "맞교환"이라 부른 것을 보게 된다.[81]

희생제사를 통하여 죄인은 정하게 되었고 그 죄로부터 벗어나 살게 되었

78) Eichrodt, *Theology* (위의 n. 71) 1.165 n. 2; de Vaux, *Sacrifice* 94; McLean, *Cursed* 41, 80-81.

79) 레 17:10-12; 신 12:23.

80) A. Büchler, *Studies in and Atonement* (London: Jews' College, 1928) 418-19을 인용하고 있는 Davies, *Paul* 235-36; R. de Vaux, *Ancient Israel* (London: Darton/New York: McGraw-Hill, 1961) 418; *Sacrifice* 92; Daly, *Sacrifice* 108.

81) Hooker, *Adam* 13-41을 보라. McLean, *Cursed* 143은 롬 8:3; 고후 5:21; 갈 3:13과 관련하여 동일한 용어를 사용한다.

다;
희생제사를 통하여 정한 짐승은 죽었다.

그리고 우리는 다음과 같은 말을 덧붙여서 두 번째 행의 나머지 부분을 채울 수 있다:

희생제사를 통하여 정한 짐승은 부정하게 되었고 그 죄로 말미암아 죽게 되었다.

짐승의 죽음으로 죄는 멸해졌다. 한쪽으로는 죄가 전가되어 희생제물의 죽음을 가져왔듯이, 그 제물의 정함과 지속적인 생명은 역으로 전가되었다. 이것이 분명히 바울이 속죄제에 대하여 생각했던 것인 것 같다. 희생제사적 교차대구법/맞교환이 가장 분명하게 표현되어 있는 구절은 고린도후서 5:21이다:[82]

하나님이 죄를 알지도 못하신 이를 우리를 대신하여 죄로 삼으신 것은
우리로 하여금 그 안에서 하나님의 의가 되게 하려 하심이라.

로마서 8:3도 마찬가지이다:

[하나님이] 자기 아들을 죄 있는 육신의 모양으로 보내어 육신에 죄를 정하사
우리에게 율법의 요구가 이루어지게 하려 하심이니라.

갈라디아서 4:4-5도 마찬가지이다:

하나님이 그 아들을 보내사

---

82) 여기에 희생제사에 대한 인유(引喩)가 있는지를 의심하는 학자들에게는 그리스도와 죄악된 인류와의 아담적인 연대/동일시에 대한 다른 대안은 매력적인 대안이다(Furnish, *2 Corinthians* 340과 Thrall, *2 Corinthians* 441-42); 위의 §9.2(4)을 보라.

여자에게서 나게 하시고
율법 아래에 나게 하신 것은
율법 아래에 있는 자들을 속량하시고
우리로 아들의 명분을 얻게 하려 하심이라.

갈라디아서 3:13에 나오는 은유는 직접적으로 희생제사와 관련되어 있지는 않지만, 이 구절도 이와 동일한 신학을 보여 준다:[83]

그리스도께서 우리를 위하여 저주를 받은 바 되사
율법의 저주에서 우리를 속량하셨으니.

요컨대, 예수께서 아담적인 인류의 대표로서 죽었다고 말하거나 예수께서 인류의 죄를 위한 희생제물로 죽었다고 말하는 것은 바울에게 동일한 것을 말하는 것이었다는 말이다. 그 이론적 근거가 확고하게 희생제사에 대한 히브리 신학까지 거슬러 올라가서 제시될 수는 없다고 할지라도, 이것은 바울 자신의 사상에 내재된 신학적 논리였던 것 같다. 예수의 죽음은 죄와 사망의 권세 아래 있던 인류의 종언(終焉)이요 죄인으로서의 인류의 멸망이었다(참조. 롬 7:4). 바울에 관한 한, 이것은 하나님께서 죄와 사망의 권세를 처리할 수 있는 유일한 방법이었음이 분명하다. 인류 중에서 감염된 부분에 대한 사형선고는 인류의 나머지에게 생명을 주는 수단이었다.

이것은 바울의 복음의 좋은 소식이었다: 그리스도의 죽음과 스스로를 동일시한 사람들은 그들이 죄에 굴종한 결과로서 그들에게 임할 죽음으로부터 구원을 받았다. 그리스도의 죽음과 동일시함으로써, 그들이 경험할 수 있었던 죽음은 그리스도의 죽음이었다. 죽음은 여전히 피할 수 없었지만(고후 5:14), 그들이 그리스도의 죽음을 공유함으로써 죄나 사망은 최종적인 것이 될 수 없었다.

우리는 이러한 신학적 성찰의 흐름으로 돌아가서 좀 더 자세하게 살펴볼 것이지만,[84] 여기서는 그 필연적인 결과를 한 가지 살펴보고자 한다. 즉, 바울이 이 모

83) 자세한 것은 아래의 §9.5을 보라; 또한 고후 8:9을 주목하라(아래의 §11.5c).
84) 특히 아래의 §18.5을 보라.

든 것들을 통해서 가르치는 것을 "대속(代贖, substitution)"이라는 말로 설명하는 것은 부적절하다는 것이다. "대속"이라는 말은 학자들이 많이 선호해온 것이긴 하지만[85] 의미의 절반만을 전달해 줄 뿐이다. 물론 예수께서 다른 사람들을 대신했다는 것은 중요한 요소이고, 어쨌든 그것은 희생제사 은유의 중심에 자리잡고 있다. 그러나 바울의 가르침은 그리스도께서 다른 사람들을 "대신하여" 죽음으로써 그들이 죽음을 피하게 되었다는 것("대속"의 논리가 함축하고 있는 것처럼)이 아니라,[86] 그리스도께서 사람들의 죽음을 공유하심으로써(sharing) 사람들이 그리스도의 죽음을 공유할 수 있게 되었다는 것이다. "대표"[87]라는 말이나 특히 "참여" 또는 "참여적 사건"[88]이라는 말은 이것을 한마디로 적절하게 표현해 주는 단어들이 아니다. 그러나 적어도 이러한 말들은 바울의 구원론의 토대가 되는 그리스도의 죽음 안에서 그리고 그 죽음으로 말미암아서 또한 그 죽음을 뛰어넘어 그리스도와의 지속적인 동일화라는 의미를 전달하는 데 도움이 된다.

§ 9.4 사랑하는 아들

희생제사 주제에 대한 한 변용(變容)은 사랑하는 아들의 죽음이다. 바울은 의외로 예수를 "하나님의 아들"이라고 지칭하는 경우가 드물다.[89] 그러나 이 단어를 사용하면서 바울의 특징은 하나님의 아들로서의 예수와 십자가 위에서의 그의 죽음을 결부시킨다는 것이다. 로마서 5:10: "우리가 … 그의 아들의 죽으심으로 말미암아 하나님과 화목하게 되었은즉." 로마서 8:3: "죄로 말미암아 자기 아들을 죄 있는 육신의 모양으로 보내어." 갈라디아서 2:20: "나를 사랑하사 나를 위하여 자기 자신을 버리신 하나님의 아들." 갈라디아서 4:4-5: "하나님이 그 아들을 보내사 … 율법 아래 있는 자들을 속량하시고 …"

---

85) 예를 들어, 고후 5:21과 관련하여 McLean이 인용하고 있는 것들을 보라(*Cursed* 110-13); 또한 Ridderbos, *Paul* 188-91; Witherington, *Narrative* 168.

86) 예를 들어, Ladd, *Theology* 468-70을 보라.

87) 예를 들어, Taylor, *Atonement* 85-90, 196-200, 206; Hooker, *Not Ashamed* 30, 36; cf. 독일어 용어 *Stellvertretung*(예를 들면, Merklein, "Tod,"와 Strecker, *Theologie* 114).

88) Whiteley, *Theology* 145, 147; Cousar, *Theology* 74. Becker는 "포괄적 대체," "실질적인 연합과 동일시"라는 말을 사용한다(*Paul* 409-10).

89) 바울 서신에서 오직 17회 나온다.

바울의 신학의 이러한 특징은 예수 자신에게로 소급될 수 있는 하나님의 아들로서의 예수에 관한 확고한 전승 때문인 것 같다.[90] 특히 바울은 "사랑하는 아들"(막 12:6-8)의 죽음이 강조되고 있는 포도원 농부 비유(막 12:1-9과 그 병행문들)를 인유(引喩)할 의도였을 가능성도 있다.[91] 그러나 이것은 아브라함이 "사랑하는 아들" 이삭을 희생제물로 드렸다는 아케다(Aqedah, "결박")[92] 전승을 바울이 알고 사용했음을 보여 주는 것일 수도 있다. 분명히 로마서 8:32에서 바울은 창세기 22:16을 의도적으로 반영하고 있는 것으로 보인다:

> 롬 8:32 — "자기 아들을 아끼지 아니하시고";
> 창 22:16 — "네가 네 아들 네 독자(MT)/사랑하는 아들(칠십인역)도 아끼지 아니하였은즉"

당시에 '아케다' 전승이 어느 정도나 발전되어 있었고, 대속적(代贖的) 견지에서 인식되었는지는 논란 중에 있다.[93] 그러나 바울이 당시에 이삭의 결박(結縛)을 이미 대속적으로 해석한 것에 대한 증인일 가능성도 고려되지 않으면 안 된다.[94]

그러나 아브라함 전승들과 바울의 상호작용에서의 주된 역학관계는 다른 결론

---

90) 필자의 *Christology* 22-33과 위의 §8.3(4)을 보라.

91) 자세한 것은 아래의 §11.3a을 보라; 또한 막 1:11 pars.과 9:7 pars.에 나오는 "사랑하는 아들"이라는 표현에 주목하라. 그리고 cf. 위의 §8 n. 52.

92) 이것은 이삭을 "묶은 일"에 대한 유대교의 전승을 가리키는 용어이다(창 22:9).

93) 한 쪽으로는 P. R. Davies and B. D. Chilton, "The Aqedah: A Revised Tradition History," *CBQ* 40 (1978) 514-46, 다른 한 쪽으로는 R. Hayward, "The Present State of Research into the Targumic Account of the Sacrifice of Isaac," *JSS* 32 (1981) 127-50; A. F. Segal, "'He Who Did Not Spare His Own Son …': Jesus, Paul and the Akedah," in Richardson and Hurd, eds., *From Jesus to Paul* 169-84를 보라. 이 논쟁은 Philo, *Abr.* 172의 의미, Pseudo-Philo(18.5; 32.2-4; 40.2)와 탈굼들에 나오는 전승들의 연대 설정 같은 내용들을 중심으로 한다. 또한 Penna, "The Motif of the Aqedah Against the Background of Romans 8.32," *Paul* 1.142-68에 의한 논의를 보라.

94) 예를 들어, Schoeps, *Paul* 141-49; R. le Deaut, "La presentation targumique du sacrifice d'Isaac et la soteriologie paulinienne," *SPCIC* 2.563-74; Hengel, *Atonement* 61-63을 보라.

을 보여 준다. 왜냐하면 아브라함이 이삭을 드린 사건은 바울 이전의 유대교 전승에서 상당히 중요한 문제로 다루어졌기 때문이다 — 그러나 아브라함의 신실함을 보여 주는 사건으로.[95] 그러므로 로마서 8:32에서 바울이 말하고자 한 것은 속죄가 '아케다'에 대한 상급(賞給)이라는 것이 아니었고,[96] 오히려 아케다는 아브라함의 신실함(이삭을 희생제물로 바침으로써 나타난)이 아니라 하나님의 신실하심(그리스도를 희생제물로 삼은 것으로 나타난)을 보여 주는 사건이라는 것이었다.[97] 어쨌든 구원론적 비중은 다음과 같은 구절에 더 놓여진다: "자기 아들을 아끼지 아니하시고 우리 모든 사람을 위하여 내어 주셨다."

바울에게 이 모티프(motif)의 배경이 무엇이든, 아버지가 자기 아들을 희생제물로 드린다는 이 강력한 이미지는 예수의 죽음에 관한 바울의 신학에 매서움을 더해 준다. 그러므로 사랑하는 아들의 죽음에 관한 전승, 특히 로마서 8:32은 이사야 53장의 고난받는 종 그리고 마카베오4서 17장의 순교신학과 마찬가지로 그리스도의 죽음의 의미를 파악하는 방식으로서의 희생제사 은유에 대한 또 하나의 변용이다.

§ 9.5 율법의 저주

희생제사는 그리스도의 죽음의 의미를 밝히기 위하여 바울이 사용한 유일한 은유는 아니다. 바울이 그리스도의 피 또는 "우리 죄를 위한" 그리스도의 죽음을 말하는 케리그마 정형구들을 자주 인유(引喩)하고 있는 것에서 볼 수 있듯이, 희생

---

95) 이미 느 9:8과 Sir.44:20에 함축되어 있고, 특히 1 Macc. 2.52과 Jub. 17.15-16에서 발전된 것. 약 2:23은 동일한 해석 전승을 확인해 준다. 유월절 및 순교 신학과 관련하여 제2성전 시대 및 초기 랍비 사상에서 이 전승의 발전에 대해서는 Levenson, *Death* 173-99를 보라. 또한 아래의 §14.7c과 n. 167을 보라.

96) N. A. Dahl, "The Atonement-An Adequate Reward for the Akedah? (롬 8.32)," in E. E. Ellis and M. Wilcox, eds., *Neotestamentica et Semitica*, M. Black FS (Edinburgh: Clark, 1969) 15-29은 이에 반대.

97) Levenson, *Death* 222-23은 이 인유(引喩)가 8:28의 확신에 더 무게를 부여한다는 점을 지적한다: 아브라함이 변함없이 신실했고, 이삭이 살았듯이, 하나님은 그의 아들을 기꺼이 내어주셨지만 결국 그 아들은 죽음이 아니라 영원한 생명을 얻었다. 자세한 것은 아래의 §10.3을 보라.

제사 은유는 가장 중요한 은유였다.[98] 그러나 바울은 다른 은유들도 사용하였기 때문에, 짧게나마 그러한 것들을 다루지 않고는 바울의 신학을 제대로 말할 수 없을 것이다.

가장 강한 은유는 이미 언급한 바 있다: 갈라디아서 3:13 —

> 그리스도께서 우리를 위하여 저주를 받은 바 되사 율법의 저주에서 우리를 속량하셨으니 기록된 바 나무에 달린 자마다 저주 아래에 있는 자라 하였음이라(신 21:23).

여기서 인간의 곤경은 죄와 사망의 권세 아래 있다는 견지에서가 아니라 저주라는 견지에서 묘사된다. 그러나 그 뜻은 마찬가지이다.

여기에 나오는 저주는 이중적인 의미가 있다. 첫째, 바울은 "누구든지 율법 책에 기록된 대로 모든 일을 항상 행하지 아니하는 자는 저주 아래에 있는 자라" (신 27:26)는 갈라디아 3:10에 인용된 저주 본문에 대한 인유(引喩)를 포괄하기 위하여 신명기 21:23의 단어 표현을 수정하였다.[99] 따라서 저주는 율법을 순종치 않는 자들, 즉 유대인들에게 임하는 것으로 되었다.[100] 물론 여기에는 사실상 이방인들도 포함된다. 왜냐하면 이방인들은 정의상으로 율법 밖에 있고(anomoi, "율법 없는 자들, 무법자들"), 따라서 율법에 순종하지 않기 때문이다.[101] 그러나 본문에서 일차적으로 염두에 두고 있는 것은 유대인들의 죄에 대한 저주이다.[102]

이 점은 두 번째 저주 본문인 신명기 21:23에 좀 더 분명하게 나타난다. 왜냐하면 거기에서 염두에 두고 있는 것은 사형에 해당하는 범죄를 저지른 이스라엘

---

98) 위의 §9.2(5)을 보라.

99) 바울은 신 27:21-26과 28:16-19에 반복해서 나오는 용어인 "저주를 받다"(epikataratos)를 포함시킴으로써 신 21:23을 수정한다. 또한 McLean, *Cursed* 134-36을 보라.

100) 이것을 통해서 바울이 무엇을 의도하는가는 나중에 살펴보게 될 것이다; 아래의 §15.5c를 보라.

101) 필자의 *Galatians* 132-33("이방 죄인들"에 관한)을 보라; 또한 아래의 §14 n. 101을 보라.

102) 롬 2:7-16에서 바울이 약간 휘말리고 있는 모습을 참조하라(위의 §§5.4[3]과 6.3).

사람들이기 때문이다(신 21:22).[103] 나무에 매달려 있는 시체는 하나님에 의해 저주를 받은 것으로서 이 땅을 더럽히는 것이다;[104] 따라서 그 시체는 지체없이 치워져야 한다. 이것은 저주의 의미를 거부(拒否)와 추방(追放)으로 이해하는 것과 일맥상통한다;[105] 신명기 사가의 관점에서, 특히 계약 위반자들에 대한 하나님의 저주를 경고하는 대목에서 저주는 계약에 의해 유업으로 받을 땅으로부터의 추방을 수반한다(신 29:27-28; 30:1).[106] 그러나 요지는 계약을 위반하는 이스라엘 사람은 저주를 받아 계약의 땅으로부터 추방되어 실제로 계약으로부터 방출되었다는 것이다. 즉, 그런 사람은 이미 계약 바깥에 있던 자, 이방인과 동일한 위치에 놓이게 된다는 말이다. 저주받은 이스라엘 사람은 계약과는 아무런 상관이 없는 이방인과 같이 된다.[107]

그러므로 갈라디아서 3:13에서의 신학적 논리는 저주받은 그리스도는[108] 실제로 계약 바깥으로 밀려났다는 것인 듯하다. 자신의 죽음을 통하여[109] 그리스도는

---

103) 앞서의 규례에서 "완악하고 패역한 아들"과 관련하여 그를 죽여서 "너희 중에서 악을 제하라"(신 21:18-21)고 한 것에 주목하라.

104) 정결, 땅의 거룩에 대한 관심에 주목하라(tame[피엘형], miano, "더럽히다, 부정하게 하다").

105) McLean, *Cursed* 125은 창 3:16-19, 23-24; 4:11-14; 49:7; 신 29:27-28; 렘 17:5-6을 언급한다.

106) Cf. Bruce: "신 27:26의 저주는 계약 갱신 의식의 끝에 선포되었기 때문에 계약을 어기는 자를 특히 염두에 둔 것이었다"(*Galatians* 164); "죽을 때까지 나무에 매다는 형벌은 계약을 어기는 죄를 범한 … 이스라엘 사람들을 위해 성전 두루마리에 규정되어 있다. '햇볕에' 노출시켜 놓는 것은 구약 시대에 계약을 범한 이스라엘 사람들에게 합당한 형벌로 인식되었다"("The Curse of the Law," in Hooker and Wilson, eds., *Paul and Paulinism* 31). Cf. Grayston, *Dying* 80.

107) Cf. Eckstein, *Verheißung* 152. Hamerton-Kelly와 비교해 보라: 갈 3:13은 "저주는 하나님의 복수가 아니라 거룩한 것을 빙자하여 신의 복수인 양 가장한 인간의 폭력이기 때문에 율법을 토대로 한 거룩한 복수(復讐)의 전 체계가 훼손되었다는 것"을 의미하였다(*Sacred Violence* 79).

108) 물론 "저주가 되다"라는 말은 "저주를 받다"는 말의 좀 더 생생한 표현일 뿐이다(Mussner, *Galater* 233은 렘 24:9; 42:18; 슥 8:13을 비교한다). 이러한 사고는 고후 5:21의 사고에 가깝다 — 하나님께서 "그를 죄로 삼으셨다"; 위의 §9.3을 보라.

109) 우리는 신 21:23이 이미 십자가 처형을 언급하였음을 상기한다; 위의 n. 5를 보라.

범죄한 유대인 및 이방인과 자기 자신을 동일시하였다. 이렇게 하여 그는 아브라함의 축복을 이방인들에게 가져다주었고, 모두가 약속하신 성령을 받을 수 있게 해 주었다(3:14).[110] 왜냐하면 "그리스도 안에서는" 축복은 더 이상 "율법책에 기록된 대로 모든 일을 항상 행하는"(갈 3:10) 자들에게만 국한된 것이 아니었기 때문이다.[111] 또한 이방인들(anomoi, "율법 없는 자들")은 이제 율법이라는 장벽을 통하여 축복과 단절되어 있지도 않게 되었다. 이것이 바로 계약상의 특권들에 집착하지 않은 유대인들에게와 이방인들에게 좋은 소식[112]일 수 있는 이유였다.[113]

§ 9.6 구속(救贖)

그리스도의 죽음의 효력과 관련하여 바울 서신에서 사용된 은유들 중에는 "구속"(apolytrosis)이라는 말이 몇 번 나오는데, 특히 로마서 3:24에 나오는 바울의 핵심적인 진술의 일부를 이루고 있다 ― " … 그리스도 예수 안에 있는 속량으로 말미암아 하나님의 은혜로 값 없이 의롭다 하심을 얻은 자 되었느니라."[114] 이 이미지는 속전(贖錢)을 내고 전쟁포로나 죄수를 노예상태로부터 벗어나게 하는 것이다.[115] 이 단어는 노예를 해방시켜 주는 것에도 사용될 수 있었는데,[116] 이것은

110) 갈 3:13의 "우리"의 모호성은 잘 알려진 문제이지만(예를 들어, 필자의 *Galatians* 176-77을 보라), 바울이 이스라엘의 이야기와 아담의 이야기를 의도적으로 뒤섞는 방식과 일치한다(위의 §§4.4, 6, 7을 보라).

111) "대속"의 의미가 여기에서 더 강하지만(McLean, *Cursed* 126-27, 참고문헌과 함께), 갈 3:14, 26-29의 "그리스도 안에서"도 참여 또는 대표의 의미를 강조한다.

112) Levenson, *Death* 210-13은 3:16에서 이러한 사고를 이삭을 그리스도로 대체한 것과 결부시켜서 아케다(Aqedah, 위의 §9.4을 보라)의 추가적인 반영을 발견한다. 아브라함이 이삭을 제물로 드린 것의 직접적인 결과로서 모든 민족들에 대한 축복의 약속(창 22:18)은 이 주장에 유력함을 더해 준다.

113) 위의 §5.4과 아래의 §§14.4-5을 보라.

114) 고전 1:30; 골 1:14; 엡 1:7("그의 피로 말미암아"), 14을 보라; 롬 8:23은 "몸의 구속"을 언급한다.

115) *Ep. Arist.* 12, 33; Philo, *Prob.* 114; Josephus, *Ant.* 12.27; 또한 BAGD, *apolytrosis*를 보라.

116) Deissmann, *Light* 320-31을 보라. 전형적인 형태는 "비시안 아폴로에게 팔린 누구누구, 자유를 위해 몇 미나(mina)에 누구라 이름하는 남자 노예"(322)였다.

로마서 6장에서 노예 은유를 바울이 광범위하게 사용하고 있는 것과 관련이 있는 대목이다.[117] 그러나 가장 강력한 영향을 미친 것은 바울의 성경 인용(신명기, 시편, 이사야서)에서 두드러지는 애굽의 노예생활에서의 이스라엘의 구속이라는 이미지였다.[118] "구속" 개념에 값을 지불한다는 의미가 포함되어 있는지에 관한 오래된 논의[119]는 이 이미지 자체나 바울이 불러일으킨 성경적 배경에 의해서가 아니라 안셀름(Anselm)의 해석[120]에 의해 촉발된 것이었다.

동사 "사다"(agorazo) 또는 "로부터/되사다"(exagorazo)[121]가 이와 비슷한 구속적 의미를 지니는지는 분명치 않다. 그러나 이 동사들 자체가 반드시 그런 의미를 지니고 있지는 않다 하더라도,[122] 문맥상 얼마든지 그런 의미를 띠는 것은 가능하다. 고린도전서 7:21-23에 나오는 일련의 진술들은 모두 노예에 관한 것이다: "너희는 값으로 사신 것이니 사람들의 종이 되지 말라"(7:23). 달리 말하면, 여기서의 "값"은 노예를 한 주인에게서 다른 주인이 살 때에 — 노예를 해방시키기 위하여 살 때에 — 지불하는 속전(贖錢)이었다.[123] 그리고 갈라디아서 3:13 — "율법의 저주에서 우리를 속량하셨으니" — 도 문맥상 "율법 아래에 있는"(4:1-3, 8-10) 노예들이었던 자들에 대한 말이다. 노예제도가 있었던 사회에서 노예 해방이라는 이미지는 복음 선포자들이 놓칠 수 없는 이미지였을 것이다.

---

117) Campbell, *Rhetoric* 126-30은 "노예제도라는 맥락"을 특히 주목한다.

118) 예를 들어, 신 7:8; 9:26; 15:15; 시 25:22; 31:5; 사 43:1, 14; 44:22-24; 51:11; 52:3(좀 더 자세한 내용은 필자의 *Romans* 169). 또한 Lyonnet and Sabourin, *Sin* 105-15; Fitzmyer, *Paul* 66-67을 보라.

119) 예를 들어, Morris, *Apostolic Preaching* 41-46; Hill, *Greek Words* 73-74; K. Kertelge, *EDNT* 1.138-40을 보라. Marshall, "Development" 251-52 n. 4은 "가격"(price)과 "비용"(cost)에 대한 유용한 구별을 하고 있다. 또한 Lyonnet and Sabourin, *Sin* 79-103을 보라.

120) Anselm, *Cur Deus Homo*? — 그리스도는 하나님의 정의가 요구하는 것을 만족시켰다(Aulen, *Christus Victor* 84-92를 보라); 그러나 Bultmann, *Theology* 1.297을 보라 — "인간을 자신의 수중에 넣고 압제했던 그러한 세력들, 일차적으로 율법에게 지불된 것."

121) Agorazo — 고전 6:20; 7:23; exagorazo — 갈 3:13; 4:5.

122) McLean, *Cursed* 127-31.

123) 물론 우리는 이 맥락 속에 "해방"의 이미지를 포함시켜야 한다 — 롬 6:18-22; 8:2; 고전 7:22; 갈 5:1(자세한 것은 아래의 §§14.9d, 16.5a, 23.6을 보라).

§ 9.7 화해

바울이 사용한 또 하나의 이미지, 신약에서는 오직 바울 서신에서만 사용된 이미지는 화목 또는 화해(reconciliation)라는 이미지이다.[124] 이 이미지는 고린도후서 5:18-20에서 특히 두드러지게 나타난다:[125]

> [하나님께서] 그리스도로 말미암아 우리를 자기와 화목하게 하시고 또 우리에게 화목하게 하는 직분을 주셨으니 곧 하나님께서 그리스도 안에 계시사 세상을 자기와 화목하게 하시며 그들의 죄를 그들에게 돌리지 아니하시고 화목하게 하는 말씀을 우리에게 부탁하셨느니라[직역하면, 우리 안에 두셨느니라] 그러므로 우리가 그리스도를 대신하여 사신이 되어 하나님이 우리를 통하여 너희를 권면하시는 것 같이 그리스도를 대신하여 간청하노니 너희는 하나님과 화목하라.

이 이미지는 분명하다. 그것은 하나님과 인간의 소원(疎遠)한 상태 또는 적대관계를 전제한다.[126] 죽음이 화해를 가져올 수 있다는 사상은 그 자체로 순교신학(롬 5:7에도 함축되어 있는)의 사상을 연상시킬 수 있다.[127]

---

124) katallasso — 롬 5:10; 고후 5:18-20(3회); 또한 고전 7:11; katallage — 롬 5:11; 11:15; 고후 5:18-19; apokatallasso — 골 1:20, 22; 엡 2:16. Porter의 *Katallasso*는 바울이 하나님을 주어로, 죄인들을 목적어로 katallasso와 그 파생어들을 사용한 것은 바울 이전에는 확인되지 않는다는 것을 보여 준다.

125) 19절 처음에 나오는 hos hoti를 어떻게 번역해야 가장 좋은가 하는 문제에 대해서는 Furnish, *2 Corinthians* 317-18과 Thrall, *2 Corinthians* 431-32를 보라. Thrall은 20절에 나오는 두 번째 hos를 "~라는 확신을 가지고"로 번역한다. Furnish는 자기가 바울이 여기서 적어도 19절 전반부에서 전승에 의한 표현을 사용하고 있다고 생각하는 학자들 중에 든다고 본다 — "하나님은 그리스도 안에서 … 그들에 대한 범죄들이었다"(334-35, 351; 예를 들어, Martin, *Reconciliation* 93-97).

126) 롬 5:10; 골 1:21; 엡 2:16에 명시적으로 나온다.

127) 특히 순교 신학이라는 맥락이 강력하게 작용하는(5:20; 7:33-38; 8:3-5) 마카베오2서(1:5; 5:20; 7:33; 8:29)에서 이 용어의 용례를 참조하라 — 하지만 거기에서 말하고 있는 것은 '하나님' 과 화목하는 것이지만(cf. 1 *Clement* 48.1). 그러나 성경 전승에서 화해 및 속죄 개념은 서로 결합되어 있지 않고 화해가 속죄(Versöhnung)를 포함하지 않는다는 Breytenbach의 주장을 주목하라(그러나 215와 221에 대한 약간의 유보와 함께).

본문에는 몇 가지 주목할 만한 특징들이 있다. (a) 그 중 하나는 하나님과 세상의 화목이 역설되고 있다는 점이다.[128] 여기서 회복되고 있는 것은 창조주/피조물의 근본적인 관계이다. 그리스도는 화해의 당사자가 아니라 그 중재자이다.[129] (b) 또 하나의 특징은 하나님께서 화해 행위에 개입하셨다고 역설한다는 것이다 — "그리스도로 말미암아"(18절), "그리스도 안에서"(19절). 이러한 강조는 고린도후서 5:21은 말할 것도 없고 우리가 로마서 3:25에서 이미 살펴본 것과 동일하다. 그 이미지는 하나님이 진노한 대적자로 등장해서 사람들이 하나님께 아부하거나 간청한다는 이미지가 아니라 상처받은 상대역인 하나님께서 적극적으로 화해를 모색한다는 이미지이다.[130] (c) 이와 관련된 또 하나의 은유가 눈에 띈다 — "그들의 죄를 그들에게 돌리지 아니하시고."[131] 죄를 용서하거나 능동적인 적대 행위를 간과해 버리시기로 했다는 이미지는 죄를 위한 희생제사라는 이미지만큼 효과적이다. (d) 십자가에 초점이 맞춰진 화해의 메시지(5:21)가 복음의 핵심이라는 단언도 두드러진다. 그리스도가 화해를 일구어내는 데에 하나님의 대표자라면("하나님께서 그리스도 안에 계시사"), 사도들은 그 화해를 선포하는 데에 하나님의 대표자들이다("하나님이 우리를 통하여 너희를 권면하신다").

우리는 골로새서 1:20에서 하나님께서 그리스도를 통하여 세상과 화목하셨다는 사상을 좀 더 정교하게 진술하고 있다는 것도 눈여겨 보아야 한다 — "그의 십자가의 피로 화평을 이루사 만물 곧 땅에 있는 것들이나 하늘에 있는 것들이 그로 말미암아 자기와 화목하게 하셨다."[132] 개개인과 하나님의 화해(1:22), 특히 유대인과 이방인의 화해(엡 2:16)는 더 큰 우주적 화해에 포함되는 여러 국면들이다. 이것이 이 두 서신에서 교회가 화해를 이룬 세상의 중심(그리고 모범!) 역할을 할 수 있는(또는 하여야 하는) 이유일 것이다(골 1:18; 엡 1:22-23).[133]

---

128) 롬 11:15과 골 1:20도 마찬가지이다.

129) "화해하고 있었다"라는 완곡한 표현은 화해의 과정이 최후의 종말 때까지 완성되지 않을 것이라는 의미를 함축하고 있을 수 있다(cf. 롬 8:19-23; 고전 15:26; 골 1:22).

130) 또한 Martin, *Reconciliation* 99, 103-7을 보라.

131) 아마도 롬 4:8에서처럼 시 32:3의 반영인 것 같다.

132) 우주적 화해(단순히 인간의 창조가 아니라)를 염두에 두고 있다는 것이 주제어인 "만물"(ta panta)이라는 표현 속에 함축되어 있다. Cf. 롬 8:19-23과 빌 2:10-11. 자세한 것은 특히 Gnilka, *Kolosserbrief* 74-76을 보라.

§ 9.8 권세들의 정복

우리가 살펴보아야 할 하나의 이미지가 아직 남아 있는데, 그 이미지는 이후의 신학에서 중요한 주제가 된 승리자 그리스도(Christus victor)이다.[134] 이 주제는 로마서 8:31-39에 함축되어 있다. 이 본문에서 묘사하고 있는 것은 최후의 심판이 베풀어질 천상 법정이다(8:33-34). 하나님의 택함 받은 자들에 대한 그 어떤 고발도 먹히지 않을 것이다. 그리스도의 죽음(8:32, 34)과 부활(8:34)이 충분한 대답이 되기 때문이다. 사실 그 어느 것도 그리스도의 사랑(8:35), 그리스도 안에 있는 하나님의 사랑(8:39)으로부터 택함 받은 자들을 끊어 놓을 수 없다. 그리스도의 죽음과 부활은 그 어떤 천상의 권세라 할지라도 그리스도에게 속한 자들에 대한 지배력을 상실하였고 그들의 유명을 좌지우지할 수 없었다는 것을 의미한다.

이러한 주제는 죄와 사망이라는 특정한 권세들과 관련해서 앞서 언급된 바 있다. 그리스도께서 죽으셨기 때문에, 죄나 사망은 더 이상 그리스도를 지배하지 못한다(롬 6:7-10). 이것이 "그리스도 안에 있는" 자들에게 미치는 결과는 불을 보듯 뻔하다(6:11).

권세들에 대한 그리스도의 승리라는 주제가 진정한 바울 서신들에서 명시적으로 표현될 때(고전 15:24-28)에, 그것은 그리스도의 죽음이 아니라 그리스도의 높아지심(昇貴, exaltation)을 가리킨다(15:27). 그리고 사망의 정복 자체는 만물의 궁극적인 완성을 미리 알리는 사건이다(15:26, 28). 나중에 보게 되겠지만,[135] 이 과정이 시작되었으나 여전히 달려갈 길은 멀다는 것을 알리는 이 사건은 중요한 의미를 띤다.

그러나 여기에서 우리는 골로새서에서 또 다시 어떻게 이 주제가 바울 서신에서 만들어진 가장 생생한 은유들 중의 하나를 통해서 십자가에 그 초점이 맞춰져 있는가를 주목할 필요가 있다 — 골로새서 2:15: "통치자들과 권세들을 무력화하여 드러내어 구경거리로 삼으시고 십자가로 그들을 이기셨느니라." 이 마지막 이미지는 개선 장군이 패배한 적군 포로들을 끌고 대중들 앞에서 개선하는 이미지이다.[136] 가장 수치스러운 처형 방법인 십자가에서[137] 패배한 권세들을 쇠사슬에

---

133) 자세한 것은 필자의 *Colossians* 96, 103-4를 보라.

134) Aulen의 표현을 빌어서.

135) 아래의 §18을 보라.

묶어 끌고 오는 병거로서 십자가로의 변신(變身)은 정말 대담한 것이다. 이렇게 만들어진 은유 속에서 우리는 새롭게 회심한 그리스도인들이 이제 누리게 된 억압적인 권세들로부터의 해방감을 생생하게 느낄 수 있다.

§ 9.9 결론들

(1) 바울은 그리스도의 죽음의 의미를 설명하기 위하여 풍부하고 다양한 은유들을 동원한다.[138] 우리는 그중 가장 중요한 것들을 조명해 보았다 — 대표, 희생제사, 저주, 구속, 화해, 권세들의 정복. 하지만 이러한 것들이 은유라는 성격을 지닌다는 것을 명심할 필요가 있다: 그리스도의 죽음의 의미는 오직 이미지와 은유로써만 적절하게 표현될 수 있었다. 모든 은유가 그러하듯이, 은유는 사물 그 자체가 아니라 그 의미를 표현하는 수단이다. 그러므로 이 은유들을 문자 그대로의 사실들로 바꾸는 것은 현명하지 못한 일이 될 것이다. 예를 들면, 그리스도의 죽음은 문자 그대로 하나님께서 성전인 우주에서 드린 희생제사(제사장으로서?)였다는 식의 주장은 위험하다.[139]

(2) 바울의 취지(趣旨)는 이러한 은유들의 다양성에 의해 부각된다. 바울은 이 은유들을 결합해서 사용하는 것을 주저하지 않는다 — 구속과 희생제사(롬 3:25), 대표, 화해, 여기지 않음, 희생제사(고후 5:14-21), 구속과 저주(갈 3:13), 골로새서 2:11-15에 나오는 온갖 이미지들. 바울이 이렇게 하는 것은 그리스도의 죽음의 온전한 의미를 드러내는 데에는 어느 하나의 은유로 적절하지 않다는 것이다. 이 은유들이 항상 서로 잘 맞아들어가지 않는다는 사실(골 2:11-15!)도 이 점을 잘 보여 준다. 그러므로 이 이미지들 중 어느 하나를 잣대로 삼아서 거기에 다른 모든 것을 맞추려고 하는 것은 그것이 비록 희생제사 같은 주도적인 은유라 할지라도 현명하지 못한 처사가 될 것이다.[140]

(3) 여러 은유들을 관통하고, 특히 화해라는 은유에서 강조되고 있는 공통된 주

136) 그러나 사도들을 그리스도의 포로들로 묘사하고 있는 것 같은 고후 2:14을 참조하라; 자세한 것은 필자의 *Colossians* 168-69를 보라.

137) 위의 n. 7을 보라.

138) Cf. Becker, *Paul* 407-11; Carroll and Green, *Death* 125-26.

139) 히브리서는 상상력을 통해 이러한 방향으로 이 은유를 확대한 것이다.

140) Martin은 "화해"라는 은유로 이렇게 하고 있을 위험이 있다; "바울의 사고는 '화해'

제는 하나님의 주도권이다: "하나님께서 보내셨다," "하나님께서 제시하셨다," "하나님께서 삼으셨다," "하나님께서 버리셨다," "그리스도 안에 있는 하나님." 예수는 결코 하나님과 독립적으로 또는 하나님의 뜻에 반하여 행동하지 않는다. 예수의 행위는 하나님의 행위이다. 또한 예수의 십자가는 그리스도인들에게 하나님께서 자기 백성을 위하여 예비하신 최고의 선물이 되지만 결코 이스라엘의 종교와는 다른 종교의 토대를 이루는 것은 아니다.[141]

(4) 또한 은유들의 다양성은 바울 및 그의 복음에 대한 십자가의 메시지의 영향을 확인해 준다. 이 은유들이 평안과 해방과 화목 등등에 대한 양심의 체험과 일치하지 않았다면, 그것들은 생생하고 효과적인 은유들이 될 수 없었을 것이다. 애초부터 속죄 교리는 속죄 체험으로부터 독립되어 있지 않았다고 우리는 추론할 수 있다. 처음부터 그리스도는 그의 베푸신 여러 유익들을 통해서 알려졌다.[142]

(5) 이 모든 것은 바울의 복음에서 예수의 죽음의 중심성을 강조하는 데 기여하고, 바울과 다른 그 어떤 구원의 체계를 도출해내는 시도를 단호하게 잘라버린다. 바울은 예수를 구원의 지식 및 지혜의 핵심이 되는 가르침을 베푼 선생으로 묘사하지 않는다. 또한 바울은 예수의 성육신이 구원 사건이었고, 하나님의 아들이 육신을 입음으로써 그 육신을 치유하였다고 주장하지 않는다.[143] 성육신 신학의 내용을 담고 있는 구절들이 보여 주듯이, 구원론적 계기(moment)는 전적으로 십자가(그리고 부활)에 집중되어 있다.[144]

라는 옴니버스 같은 용어로 가장 잘 포괄될 수 있다"; "'화해'는 바울이 이방인들에게 그의 복음을 전할 때에 그 복음의 내용을 요약했던 방식이다"(*Reconciliation* 46, 153).

141) 예를 들어, cf. Taylor, *Atonement* 75-77. "그리스도 안에 있는 하나님"이 J. Moltmann's *Crucified God* (New York: Harper and Row/London: SCM, 1974)의 토대이다.

142) 여기서도 Melanchton을 반영했다(위의 §3.1에 인용된). 또한 S. B. Marrow, "Principles for Interpreting the New Testament Soteriological Terms," *NTS* 36 (1990) 268-80을 보라.

143) 교부들이 "구원에 관한 두 이론(즉, 성육신을 통한 구원과 부활을 통한 구원)을 나란히 병치시켰다"는 것에 주목하여, Cerfaux는 "바울의 입장은 결코 변함이 없다: 죽음과 부활이라는 그의 구원론의 출발점, 육신에 따른 그리스도에 관한 그의 개념은 언제나 바울이 성육신을 구원의 순서 속에서 긍정적이고 효력 있는 행위라고 말하는 것을 방해한다"(*Christ* 171).

(6) 복음에 예수의 죽음이라는 초점을 부여하고, "복음"에 "십자가"의 낙인을 아주 뚜렷하게 찍은 인물은 아마 바울이었을 것이다.[145] 그리고 마가로 하여금 십자가에서 그 절정에 달하는 그의 "복음"(막 1:1) — 확대된 서론이 첨부된 수난 이야기[146] — 을 형성하게 한 것도 바울의 영향이었을 것이라고 우리는 생각한다. 마태와 누가는 마가의 복음이라는 틀에 다른 예수 전승(Q)을 통합해 넣은 것이기 때문에, 우리는 기독교에 특유한 "복음"이라는 범주를 최초로 만들어내고 확립한 사람은 바울이었다고 말할 수 있을 것이다.

(7) 또한 바울의 신학에서 십자가는 그의 관점 전체를 결정하는 요소가 되었고, 다른 사이비 복음들을 판단하는 판별기준, 즉 대적하는 신학들에 돌격하여 접전하기 위한 전진기지(point d'appui)가 되었다는 것도 우리는 주목할 필요가 있다.[147] 이 점은 고린도전서 1:18-25; 고린도후서 12:1-10; 갈라디아서 6:12-15 같은 여러 구절들에 분명하게 나타나 있는데, 여기서 십자가가 지렛목, 구원론의 중심적 계기(契機)라는 것을 주목하는 것이 중요하다.

(8) 따라서 그리스도의 죽음이 기독교적이라고 부를 수 있는 신학에서 없어도 괜찮은 것인지는 의문이다 — 가현설(假現說, docetism)의 시도에서처럼. 또한 "희생제사" 같은 중심적인 은유를 버릴 수 있는 것인지도 의심스럽다. 이 은유는 오늘날의 주석자들에게는 여전히 어려운 은유이다. 그러나 이 은유가 순교신학에 적용되어 자기희생 정신을 불러일으켰다는 사실은 이 은유가 얼마나 유용한지를 보여 준다. 그리고 갈갈이 찢긴 사회 속에서 체험되는 죄와 소외(疎外)의 심각성

---

144) 롬 8:3; 고후 5:19; 갈 4:4-5; 빌 2:6-8.

145) 위의 §7.1을 보라. 고전 15:3이 충분히 보여 주고 있듯이, 이 점은 바울 이전에 이미 발전되었던 죄에 대한 속죄로서 그리스도의 죽음이라는 사상 자체와 연관이 없다; 예를 들어, Hengel, *Atonement* 33-75에 나오는 논의와 위의 §7.3을 보라.

146) M. Kähler, *The So-Called Historical Jesus and the Historic Biblical Christ* (1896; Philadelphia: Fortress, 1956) 80 n. 11의 잘 알려진 묘사를 인용한 것이다.

147) 특히 다음과 같은 날카로운 말들을 한 Käsemann, "Saving Significance"를 참조하라: 예를 들어, "십자가는 허구적인 영웅주의로부터 피조물로서의 인간으로 우리를 다시 데려다준다"(41); "스스로를 낮추시는 하나님 앞에서, 스스로를 초월하는 인간은 끝이 난다"(45-46); "이것이 기독교 신학의 중심적인 주제, 어떤 의미에서는 유일한 주제라고 생각하지 않는다면, 우리는 '우리의 십자가 신학'('crux nostra theologia', Luther)을 말할 수 없다"(54). 또한 Stuhlmacher, "Eighteen Theses."

을 표현해내는 이 은유의 힘은 아직도 여전히 줄어들지 않고 있다.[148] 신화와 비신화화를 둘러싼 논쟁이 보여 주듯이, 시대에 뒤떨어진 은유는 그것이 바울 및 초기 그리스도인들에게 메시지로서 가졌던 힘을 상실하지 않으려면 버리기보다는 재은유화되어야(remetaphor) 한다.

(9) 마지막으로 그리스도를 대신한 하나님의 사신(使臣)으로서의 바울의 메시지는 매우 강력하다. 그리스도의 죽음은 사망 권세 및 그 독침(죄)에 대한 효과적인 응답을 제시한다. 그 응답은 죽음이다. 그 응답을 무시하는 자들은 그들의 선택을 따라 죽음이 그들의 것이 될 것이고, 그것으로 끝이다. 그러나 그리스도의 죽음 안에서 죄와 사망에 대한 해법을 발견하고 그리스도의 죽음과 스스로를 동일시하는 자들에게는 죽음을 넘어서 그의 부활을 함께 할 수 있는 전망이 열리게 된다.

148) 자세한 것은 Young, *Sacrifice* ch. 6을 보라.

§10 부활하신 주[1]

§ 10.1 십자가에 못 박히신 이의 부활

예수의 십자가가 바울 신학의 중심에 있다면, 예수의 부활도 마찬가지이다. 십자가에 못 박히신 그리스도는 하나님에 의해 죽은 자로부터 일으키심을 받은 분이기도 하다. 중요한 것은 전자의 의미는 후자와 분리되어서는 파악될 수 없다는 것이다. 부활이 없다면, 십자가는 절망의 사건이 되고 말 것이고, 십자가가 없다면, 부활은 현실 도피가 되고 말 것이다. 한 사람이 모든 사람을 위하여 죽지 않았다면, 모든 사람은 그 한 사람의 부활을 송축하지 않을 것이고 그 한 사람이 개인적으로 신원(伸冤)받은 것을 기뻐하지도 않을 것이다.

앞에서 보았듯이 분명한 것은 바울은 로마서 1:18-32의 고발에 대한 복음의 반응을 서술하면서 그 초점을 그리스도의 죽음에 맞추고 있고(3:21-26), 소위 부활에 대해서는 직접적으로 언급하지 않고 있다는 것이다. 또 한 가지 분명한 것은 바울은 자기가 갈라디아 교인들에게 전한 복음은 예수 그리스도가 십자가에 못 박히신 분이었다는 것이었음을 상기시키고 있다는 것이다(갈 3:1). 바울은 고린도전서 1장에서 인간의 지혜에 대하여 비판하면서 그 초점을 십자가의 도(道)의 어리석음에 두고 있다(고전 1:18-25).[2]

그러나 또한 우리가 알아야 할 것은 로마서를 시작하는 부분에서 바울은 이미 예수에 대하여 "죽은 자들 가운데서 부활하사 능력으로 하나님의 아들로 선포되셨으니"(롬 1:4)라고 말하고 있다는 것이다. 그리고 바울은 이후에 여러 표현들을 통해서 그리스도의 부활을 구속 과정의 중심에 놓고 있다: 아브라함이 "죽은 자를 살리시는 분"(4:17)을 믿었듯이,[3] 초기 그리스도인들은 "예수 우리 주를 죽은 자 가운데서 살리신 이"를 믿었고, "예수는 우리가 범죄한 것 때문에 내줌이 되고 또한 우리를 의롭다 하시기 위하여 살아나셨느니라"(4:24-25). "우리가 범죄한

---

1) 이 책 말미의 참고문헌을 보라.

2) 자세한 것은 위의 §9.9을 보라.

3) 위의 §2 nn. 58, 59를 보라.

것 때문에 내줌이 되었다"는 것과 "우리를 의롭다 하시기 위하여 살아나셨다"는 것의 차이[4]는 단지 수사학적인 것에 불과하다. 이 말을 통해서 바울은 십자가와 부활이라는 두 사건에 대한 두 가지 서로 다른 평가들이 있다고 말할 의도는 아니었다.[5] 그러나 주목할 만한 것은 바울은 그리스도의 희생제사적 죽음의 효과가 그 자체로 완결된 것이라고 보지 않았다는 것이다. 첫 번째 부분인 십자가는 두 번째 부분인 부활이라는 인준(認准)이 필요했다. 또한 그리스도의 신원(伸寃)은 그가 대표하는 자들의 신원이기도 하였다.

마찬가지로 5:9-10에서 여러 번 반복되는 '폴로 말론'(pollo mallon, "더욱") 어구들[6] 가운데 처음 두 대목에서 바울은 두 번이나 부활을 이 등식의 '더욱' 측면과 결합시킨다:

> 그러면 이제 우리가 그의 피로 말미암아 의롭다 하심을 받았으니 더욱 그로 말미암아 진노하심에서 구원을 받을 것이니 곧 우리가 원수 되었을 때에 그의 아들의 죽으심으로 말미암아 하나님과 화목하게 되었은즉 화목하게 된 자로서는 더욱 그의 살아나심으로 말미암아 구원을 받을 것이니라.

또한 로마서 6:3-11에서도 죽음과 부활은 "둘 다" 그리스도만이 아니라(6:7, 9-10), "그와" 연합한 자들에게도 확정적으로 적용된다(6:3-6, 8, 11). 결혼한 여인의 유비(類比)를 여기에 적용한 것도 마찬가지로 두 단계에 걸친 신분 변화를 보여 주기 위한 것이다 — "다른 이 곧 죽은 자 가운데서 살아나신 이에게 가서

---

4) 여기에 나오는 단어인 dikaiosis("신원, 칭의, 무죄방면")는 dikai- 단어군에서 잘 사용되지 않는 것이다. 바울은 여기 외에서는 이 단어를 롬 5:18에서만 유일하게 사용하는데, 부적절한 반복을 피하고 문체상의 변화를 주기 위해서 그렇게 하고 있다(dikaiosyne — 5:17, 21; dikaioma — 5:16, 18). Cranfield, *Romans* 251-52는 이것이 사 53:11의 영향을 받은 것이라고 말하는데, 이 구절의 LXX 본문에서는 히브리어 본문과는 달리 dikaiosai를 사용한다.

5) 자세한 것은 필자의 *Romans* 224-25를 보라. 두 개의 병행되는 dia("~로 인하여") 구절들은 어느 정도는 의미의 정확성을 포기하면서까지 이 절의 정형구적 성격을 부각시키고 있다. Cf. 롬 8:10.

6) 롬 5:9, 10, 15, 17; 다른 곳에서는 고전 12:22; 고후 3:9, 11; 빌 1:23; 2:12.

우리가 하나님을 위하여 열매를 맺게 하려고"(7:1-4) 여인은 과부가 됨으로써 율법에 대하여 죽고 율법에서 해방된다.[7] 최후의 심판을 위한 하늘 법정에 앉아 있는 비전 속에서, 예수의 죽음은 그의 부활과 아울러 "하나님의 택하신 자들"에 대한 고소들에 명확한 답변을 제공해 준다: "누가 정죄하리요 죽으실 뿐 아니라 다시 살아나신 이는 그리스도 예수니 …"(8:34). 그리고 "예수는 주시라"는 아주 오래된 세례 때의 신앙고백을 반영한 대목에서, 고백되는 구원의 믿음은 "하나님께서 그를 죽은 자 가운에서 살리셨다"(롬 10:9-10)는 것이다.[8]

다른 곳에서 우리는 바울이 자기가 받아서 자기가 세운 교회들에게 전해 준 복음의 요약을 생각해 볼 수 있다: "이는 성경대로 그리스도께서 우리 죄를 위하여 죽으시고 장사 지낸 바 되셨다가 성경대로 사흘 만에 다시 살아나사"(고전 15:3-4). 그 다음에 이어지는 확장된 내용은 바울은 오로지 그리스도의 부활 현현들(15:5-8)을 다루고 있고,[9] 그 다음에 나오는 해설은 오로지 그리스도의 부활에 의해 입증된 "죽은 자가 다시 살아남"(15:13-20)을 다루고 있다.[10] 바울은 심지어 이렇게까지 말한다:

"그리스도께서 만일 다시 살아나지 못하셨으면 우리가 전파하는 것도 헛것이요 또 너희 믿음도 헛것이며"(15:14); "그리스도께서 다시 살아나신 일이 없으면 너희의 믿음도 헛되고 너희가 여전히 죄 가운데 있을 것이요"(15:17). 복음에 관한 한 그리스도의 죽음만이 복음인 것이 아니라는 것을 이보다 더 분명하게 말하는 구절은 없을 것이다. 위에서 말한 희생제사의 논리를 따라 말한다면, 부활이 없이 죄인을 멸하는 것만으로는 복음이 아니라고 말할 수 있다. 또한 죄의 권세로부터 해방된 노예는 또 다른 주인을 만나야 한다는 것이다. 만약 그렇지 않으면, 옛 주인이 그를 다시 차지하게 될 것이다(롬 6:12-23). 또는 로마서 7:1-3의 여인 유

7) 물론 이러한 유비(類比)는 억지적인 면이 있지만, 그 뜻은 분명하다; 필자의 *Romans* 361-62를 보라.

8) 위의 §7.3을 보라.

9) 예를 들어, Conzelmann, *Outline* 204에도 불구하고, 우리가 예수의 부활의 "역사적" 성격을 얼버무리려 해도, 바울이 예수의 부활을 과거에 일어났던 사건으로 생각했다는 것은 의심할 여지가 없다; 부활하신 분이 시간으로부터 빠져나갔다고 할지라도, 여전히 바울은 그분이 시간의 그물 속에 사로잡혀 있는 자들과 상호작용한다고 생각하였다.

10) 자세한 것은 위의 §3.2를 보라.

비(類比)를 예로 들어 말한다면, 이 여인은 다시 결혼할 것이 아니라면 과부가 될 필요가 없었을 것이다(7:4). 죄의 권세만이 아니라 죽음도 이겨야 했다. 오직 부활하신 자(고전 15:25-26)만이, 그리고 오직 부활(15:51-57)만이 그렇게 할 수 있다.

그러므로 바울에게 예수의 부활,[11] 하나님의 역사(役事)로서의 예수의 부활[12]의 중심성은 의심의 여지가 없다. 다시 한 번 말해 두지만, 바울이 얼마나 자주 명시적으로 언급하고 있느냐 하는 것은 문제가 되지 않고,[13] 중요한 것은 이 주제를 언급하는 구절들이 이 주제가 바울의 복음 및 믿음에 얼마나 근본적인 것이었느냐 하는 것을 보여 준다는 것이다.[14]

이것은 바울 자신의 신학에만 해당되는 것은 아니다. 이것은 초기 그리스도인들의 공통의 신앙이 세워진 기반(基盤)이었다. 하나님에 의한 그리스도의 부활은 그 모든 것들이 시작된 곳이었다.[15]

이미 바울의 회심 이전에 그리스도께서 "성경대로"(kata tas graphas) "사흘 만에 다시 살아나셨다"는 주장은 신조적 진리로 확립되어 있었다. 여기서 "성경"이 성경의 어느 대목을 염두에 두고 있었느냐 하는 것은 언제나 풀리지 않는 문제였다. 첫 번째 어구인 "성경대로"(15:3)는 두 번째 어구(15:4)보다 언제나 설명하기가 쉬웠다. 두 번째가 가리키는 성경 구절들 중 가장 유력한 것은 호세아 6:1-2과 요나서 1:17~2:2이다(후자는 마 12:40의 영향이다):

> 오라 우리가 여호와께로 돌아가자
> 여호와께서 우리를 찢으셨으나 도로 낫게 하실 것이요
> 우리를 치셨으나 싸매어 주실 것임이라

---

11) 신약신학 전체에 대해서(Stuhlmacher, *Theologie* 169-75).

12) Schlier, *Grundzüge* 142-43.

13) 그리스도의 anastasis("부활") — 롬 1:4; 6:5; 고전 15:21; 빌 3:10; anistemi("일어나다, 부활하다") — 살전 4:14; egeiro("일으키다") — 롬 4:24, 25; 6:4, 9; 7:4; 8:11(2), 34; 10:9; 고전 6:14; 15:4, 12, 13, 14, 15(2), 16, 17, 20; 고후 4:14; 5:15; 갈 1:1; 엡 1:20; 골 2:12; 살전 1:10; 딤후 2:8.

14) 자세한 것은 Stanley, *Christ's Resurrection*을 보라.

15) 특히 Pokorny, *Genesis*를 보라.

> 여호와께서 이틀 후에 우리를 살리시며
> 셋째 날에 우리를 일으키시리니(LXX anastesometha)
> 우리가 그의 앞에서 살리라(호 6:1-2).

> 여호와께서 이미 큰 물고기를 예비하사 요나를 삼키게 하셨으므로 요나가 밤낮 삼 일을 물고기 뱃속에 있으니라 요나가 물고기 뱃속에서 그의 하나님 여호와께 기도하여 이르되 내가 받는 고난으로 말미암아 여호와께 불러 아뢰었더니 주께서 내게 대답하셨고 내가 스올의 뱃속에서 부르짖었더니 주께서 내 음성을 들으셨나이다(욘 1:17~2:2).

두 본문 중 어느 쪽도 특별히 메시아적으로 해석할 이유가 없었기 때문에, "제삼일"이라는 표현은 초기 그리스도인들의 증언(최초의 부활 현현들)[16]에서 나왔고, 제삼일이라는 표현은 호세아와 요나서의 본문을 해석할 단서를 제공하였을 가능성이 크다.[17] 여기서 한층 중요한 것은 이 본문들은 의인들이 고난을 받은 후에 신원될 것이라고 일관되게 약속하고 있는 성경 전체에 걸친 중요한 주제의 일부로 볼 수 있다는 것이다.[18] 달리 말하면, 십자가와 부활에 대한 바울의 이중적 강조의 중요한 배경은 초기 그리스도인들이 십자가에 못 박힌 그리스도와 신원된 의인들이라는 두 가지 주제를 결합한 것이었다는 말이다. 각각의 경우에 예기치 않은 요소(십자가에 못 박힌 메시아, 이미 부활한 의인들)는 이러한 신학적 발전의 배후에 있는 충동이 전통적인 유대적 대망이 아니라 성금요일과 부활의 주일이 가져온 '새 일'(novum)로부터 왔다는 것을 확증해 준다. 그러나 기독교 신앙

16) 예를 들어, Lindars, *Apologetic* (§7 n. 1) 59-63; Hahn, *Titles* 180을 보라. 공관복음 전승에서 희미했던 신원(伸冤)에 대한 기대("삼 일 후에" — 막 8:31; 9:31; 10:34)가 전승 과정에서 그 사건에 대한 여러 사람들의 회상을 토대로 좀 더 정확성이 더해졌을 것이다("제삼일에" — 마 16:21/눅 9:22; 마 17:23; 마 20:19/눅 18:33).

17) 다른 설명들을 검토한 글로는 Fee, *1 Corinthians* 727-28을 보라. Pokorny의 견해와 비교해 보라: "해석으로서 이것은 실제로 역사적 회상을 담고 있을 수 있지만, 그것은 단지 가설일 뿐이다. 제삼일에 관한 말은 무엇보다도 신학적 기능을 갖는다"(*Genesis* 145-46).

18) 특히 욥기, 시편 18편, 이사야 53장, 다니엘서 7장, 지혜서 1~5장, 마카베오2서 7장을 포함해서. 자세한 것은 Nickelsburg, *Resurrection*, and Kleinknecht, *Gerechtfertigte*를 보라. 또한 행 2:23-24; 3:13-14; 4:10; 5:30; 8:32-35; 13:27-30을 보라.

의 이 가장 중요한 사실들은 그 주위에 여러 성경 구절들을 끌어 모았고, 이 핵의 주변으로 (기독교의) 새로운 변증과 케리그마가 구축되었다는 것도 마찬가지로 분명하다.

또한 이미 언급한 신조들(§7.3)도 그리스도의 부활이 바울이 그의 최초의 서신을 쓰기 한참 전에 이미 나사렛파 특유의 신앙(신조)의 일부였다는 것을 확증해 준다. 바울의 신학을 형성하는 데 중요한 요소는 다메섹 도상에서의 바울 자신의 체험과 바울이 당시에 배운 신조적 증언들의 상호 결합이었다.[19] 바울 자신의 증언에 대해서는 특히 데살로니가전서 4:14을 들 수 있다 — "우리가 예수께서 죽으셨다가 다시 살아나심을 믿을진대." 왜냐하면 이 구절은 바울이 최초로 기록한 신앙의 진술이었을 것이고, 바울은 이것을 이미 자신의 독자들과 공유한 공통의 신앙고백으로 제시하고 있기 때문이다.

그러므로 이 주제에 대한 바울의 신학적 성찰은 십자가에 못 박히신 이의 부활을 신앙의 기정사실로 받아들이고, 이에 따라 성찰한다 — 이 점은 고린도전서 15장에 가장 분명하게 나타난다. 이것은 우리가 그러한 일이 가능했는지, 또한 어떻게 가능했는지에 대한 철학적 논의를 행할 때에 바울을 들여다볼 필요가 없다는 것을 의미한다. 그러한 논의는 그 당시에도 생소하지 않았을 것이다. 왜냐하면 뉴턴 물리학의 인과법칙의 세계가 신적인 것에 대해서는 닫혀 있는 것과 마찬가지로, 플라톤 철학에서는 감각의 세계가 본래의 실체로부터 단절되어 있다고 보았기 때문이다. 바울은 초기 그리스도인들과 마찬가지로 영적인 것과 물질적인 것이 인간 속에서 상호작용을 하고, 죽음이 모든 것의 끝이 아니며, 몸을 입은 것이 인간의 실존에 근본적인 그러한 현실을 전제하였다.[20] 그러므로 그리스도의 부활은 그들에게 생각할 수 없는 그런 일이 아니었다.

그럼에도 불구하고 그리스도의 부활은 바울(그리고 그에 앞선 자들)에게 계시로 임했다.[21] 바울의 회심 체험의 핵심적인 전제였던 그리스도의 부활은 바울의

19) 바울이 나중에 알게 된 일련의 증언들(15:5-7)에 "맨 나중에 … 내게도 보이셨느니라"(고전 15:8)는 말을 더한 것은 그보다 앞서 믿음을 가진 이들에게 받아들여질 수 있었음에 틀림없다. 그렇지 않았다면 갈 2:7-9(cf. 고전 15:9-11)의 합의는 불가능했을 것이다. 바울의 증언이 Pseudo-Clement, *Homily* 17.18-19 이전에 의문시되었다는 증거는 아무것도 없다(Schneemelcher 2.535-37을 보라).

20) 위의 §3.2을 보라.

모든 언어를 재정의한 핵심 용어가 되었고, 모든 현실을 비추어 볼 수 있는 범례적 사건이 되었다 — 처음에는 예수의 죽음, 그 다음에는 십자가에 못 박히신 자의 부활이라는 빛 아래에서 그 밖의 다른 모든 것들을. 바울에게 십자가에 못 박히신 이의 부활이라는 기정사실에 대한 올바른 인식 없이는, 바울의 복음 또는 그의 신학을 제대로 이해하는 일은 불가능할 것이다.

무엇보다도 놀라운 것은 바울(또한 그에 앞선 자들)은 예수의 부활이 새로운 시대, 심지어 종말을 가져오는 사건으로 이해했다는 것이다.[22] 로마서 1:4에 인용된 정형구에서 예수의 부활은 "죽은 자로부터의 그의 부활"이 아니라 "죽은 자의 부활"이라고 말한다.[23] 그리고 고린도전서 15:20과 23에서는 예수의 부활을 전체 인류의 부활의 "첫 열매," 즉 죽은 인류의 계속되는 추수의 첫 번째 단이라고 말한다(15:22).[24] 이러한 종말론적 의미는 "종말"이 단축되었느냐 여부와는 상관이 없었다.[25] 중요한 것은 종말이 시작되었다는 것이었다. 그리고 그리스도의 부활은 신기원(新紀元), 새 시대로의 변화를 가져왔을 뿐만 아니라, 이 새 시대는 하나님의 경륜에서 최종적인 절정으로 인식되었다.[26] 그러한 신앙이 2천 년 후에 어떤

21) 위의 §7.4을 보라. 바울은 환상으로 체험했던(고후 12:7; 위의 §2.6을 보라) 다메섹 도상에서의 예수의 현현(顯現)이 다른 현현들과 질적으로 달랐다는 것을 조금도 의심하지 않았다 — "맨 나중에"(고전 15:8). 또한 수동형 ophthe("~에 의해 보이게 되었다, ~에게 나타나게 되었다")는 환상이 주어져서 그 환상 속에 있던 자가 보게 되었다는 것을 보여 준다.

22) Cf. 행 2:17(사도행전에서 의외의 구절); 히 1:2; 약 5:3; 요일 2:18. 바울에게 이러한 사고는 덜 분명하게 나타난다. 그러나 고전 4:9(원형극장에서 마지막 막[幕]으로서의 사도들); 10:11("말세"); 15:45(아래의 §10.2을 보라); 살전 2:16("종말까지?")을 보라. 자세한 것은 아래의 §§12.4과 18.1을 보라.

23) 이 어구에 대한 이러한 이해에 대해 Fitzmyer, *Romans* 236-37은 의문을 제기한다. 그러나 다른 곳에서 바울은 그리스도의 부활을 "죽은 자로부터" 부활한 것이라고 변함없이 말한다(롬 4:24; 6:4, 9; 7:4; 8:11[2], 34; 10:7, 9; 갈 1:1; 골 1:18; 2:12; 살전 1:10; 엡 1:20; 딤후 2:8). 특히 주목할 것은 고린도전서 15장에서 바울은 "죽은 자의(of) 부활"(일반적인 부활을 말할 때, 15:12, 13, 21. 42)과 "죽은 자로부터(from)" 그리스도의 부활(15:12, 20)을 세심하게 구분한다는 것이다. 또한 행 4:2을 보라.

24) 첫 열매라는 은유에 대해서는 아래의 §13.4 n. 68을 보라.

25) 아래의 §12.4을 보라. 그리스도께서 죽고 부활하신 지 20여 년이 흐른 뒤에도 첫 열매라는 은유는 여전히 생생하게 살아 있었다.

26) 특히 cf. Beker, *Paul*: "십자가는 … 역사의 묵시론적 전환점이다"(205); "묵시론적

의미일 수 있는지는 이후의 장들에서 우리에게 남겨진 과제이다. 왜냐하면 이 문제는 기독론적 관점으로만은 풀릴 수 없고, 앞으로 논의될 구원론 및 교회론과 많은 부분 관련되어 있기 때문이다.[27]

그리스도의 부활이라는 중추적인 사실의 신학적 의미는 바울에게서 두 방향으로 전개되었다. 첫째는 그리스도 자신에 대한 의미이다. 부활은 다름아닌 예수의 부활, 그러니까 '그'에게 일어난 사건이었다.[28] 둘째는 이 부활하신 예수에게 헌신한 자들에 대한 의미이다. 앞으로 살펴보면 알게 되겠지만, 이 둘은 서로 얽혀 있으나,[29] 여기서 우리가 초점을 맞출 것은 전자이다.

§10.2 마지막 아담

우리는 예수의 부활의 기독론적 의미에 대한 분석을 바울의 아담 기독론으로부터 시작하고자 한다. 이것은 §8.8과 §9.6에서 이미 논의한 주제의 세 번째 부분이다. 요지를 간략히 말한다면, 부활을 통해서 그리스도는 "마지막 아담"이 되었다는 것이다. §8.6에서 보았듯이, 아담 기독론의 신학적 논리는 예수의 생애 전체를 포괄하도록 확장될 수 있다. 그러나 아담 기독론의 초점은 분명히 그리스도의 죽음과 부활에 있다. 그리고 로마서 5장에 나오는 이 주제에 대한 해설이 그리스도의 죽음에 초점을 맞추고 있다면(5:15-19),[30] 고린도전서 15장의 해설은 분명히 그리스도의 부활에 초점을 맞추고 있다. 아담이 죽음을 대표하듯이, 그리스도는 부활을 대표한다 — 고린도전서 15:21-22:

> 사망이 한 사람으로 말미암았으니 죽은 자의 부활도 한 사람으로 말미암는도다 아담 안에서 모든 사람이 죽은 것 같이 그리스도 안에서 모든 사람이

맥락 속에서 그리스도의 죽음과 부활은 바울의 사상을 하나로 묶는 핵(核)이다"(207); "바울에 의하면, 그리스도의 죽음과 부활의 우주적 차원들은 십자가가 세상에 대한 하나님의 심판이요 부활은 하나님의 새 시대에 완성될 창조에 대한 존재론적 쇄신의 시작임을 의미한다"(211). 또한 위의 §2.4과 아래의 §18.6을 보라.

27) 또한 §12.5과 아래의 §18을 보라.

28) O'Collins, *Christology* 87-90이 올바르게 강조하고 있다.

29) 특히 §18.

30) 또한 롬 8:3과 갈 4:4-5.

삶을 얻으리라.

여기서 우리는 죽음과 부활에 관한 사상을 아무런 왜곡 없이 결합시킬 수 있다: 아담이 생명을 거쳐 죽음으로 향하는 인류를 대표한다면, 그리스도는 죽음을 거쳐 생명으로 향하는 인류를 대표한다.

15:27에 나오는 또 하나의 아담 기독론에서 시편 8:4-6을 사용하고 있는 것도 마찬가지이다: 하나님은 "만물을 그의 발 아래에 두셨다"(시 8:6). 시편 8:4-5에 대한 인유(引喩)가 그리스도의 삶과 관련해서도 암시되고 있지만(히 2:6-9에서처럼),[31] 고린도전서 15:27의 사상은 오로지 부활하신 그리스도의 높이 들리우심에 관한 것이다. 인류에 대한 하나님의 계획(피조물 전체를 다스릴 인간의 책임)을 성취하시고 완성하신 분은 부활하시고 높이 들리우신 그리스도이다.

무엇보다도 가장 두드러지는 것은 동일한 장에서 바울은 아담 기독론을 세 번이나 거론하고 있다는 것이다 — 고린도전서 15:45:[32]

> 육의 몸이 있은즉 또 영의 몸도 있느니라 기록된 바 첫 사람 아담은 생령이 되었다 함과 같이 마지막 아담은 살려 주는 영이 되었나니.

여기에 인용된 성경 본문은 분명히 창세기 2:7이다: "여호와 하나님이 땅의 흙으로 사람을 지으시고 생기를 그 코에 불어넣으시니 사람이 생령이 되니라."[33] 여기서 기억해야 할 것은 이 본문은 부활의 몸에 관한 바울의 논의의 일부, 현재의

31) 위의 §8.6을 보라. 히 2:6-9의 아담 기독론이 많은 아들들을 죽음을 거쳐 영광과 자유로 이끄는 대표자이자 "선구자"로서 예수의 고난이라는 견지에서 설명되고 있는 것을 주목하라(2:9-15).

32) 다음 본문에서 나는 psychikos를 창 2:7 — "산 영(psyche)이 되었다" — 에 대한 인유(引喩)임을 부각시키기 위하여 "혼적인"으로, anthropos는 두 대표적인 개인으로서의 아담과 그리스도를 염두에 두고 있다는 의미에서 "사람"으로 번역하였다.

33) 바울이 창 2:7에 "첫 번째"와 "아담"이라는 말을 더했는지의 문제는 하찮은 것이다: 이 단어들은 단지 부연설명하는 역할만을 할 뿐이기 때문이다; 그리고 그리스도가 "마지막" 사람이든 아니든, 아담은 어쨌든 "첫 번째" 사람이었다. 또한 45b절을 인용된 본문의 일부로 다루어야 하느냐, 아니면 바울의 손질로 볼 것이냐 하는 문제도 중요하지 않다. 자세한 논의는 Koch, *Schrift* 134-37과 Stanley, *Paul* 207-9(둘 다 §7 n. 1에 나옴)를 보라.

몸과 부활의 몸을 구별하고 있는 바울의 말의 일부로 인용되고 있다는 것이다(고전 15:35-50). 전자는 '프쉬케' (psyche, "혼")에 의해 생명이 불어넣어진 몸으로서 '혼적인' (psychikos) 몸이고, 후자는 '프뉴마' (pneuma, "영")에 의해 생명이 불어넣어진 몸으로서 '영적인' (pneumatikos) 몸이다. 아담은 전자, 즉 죽음을 통과하는 과정을 견뎌낼 수 없는 몸을 지닌 죽음으로 끝나는 인류를 대표하고, 그리스도는 후자, 즉 죽은 자의 부활, 부활의 몸으로부터 시작되는 인류를 대표한다. 죽는 씨와 이듬해 봄에 "소생하는" 새로운 식물의 생명 사이에 단절이 있듯이(15:36), 로마서 5장에서보다 여기에서는 아담과 그리스도 간의 단절이 더욱 부각된다. 첫 번째 아담은 창조로부터 죽음에 이르기까지의 인류를 대표하고, 마지막 아담은 종말론적 인류, 부활 이후의 새 창조의 생명을 대표한다.[34] 그러므로 엄밀하게 말하면, 첫 번째 아담이 창조로부터 시작되었듯이(창 2:7), "마지막 아담"은 예수의 부활로부터 시작되었다.[35]

그러므로 그리스도의 부활은 아담이 대표하는 실존에 상응하는 완전히 새로운 실존의 현실 전체를 열어 놓았다. 결국 아담의 실존은 죄와 사망에 의해 지배되는 실존이었다. 이와는 반대로, 부활하신 그리스도에 의해 구현된 실존은 죽음이 그 독침을 다 써 버리고 무력화된 그러한 실존이다(고전 15:54-57). 이 둘 사이에 아담과 그리스도는 "처음"부터 "마지막"까지의 역사 전체에 걸쳐 있다. 그러나 첫 번째 실존의 효력이 보편적 죽음이라는 특징을 갖는다면, 마지막 실존의 효력은 그리스도의 부활로부터 시작된다. 고도로 신화적이거나 상징적인 언어 표현이 실제로 무엇을 의미하는가 하는 것이 지금부터 우리가 살펴보고자 하는 내용이다.[36]

§10.3 능력을 입은 하나님의 아들

우리는 이미 바울이 예수를 하나님의 아들로 지칭하는 경우가 상대적으로 적다는 것을 지적한 바 있다.[37] 여기서 우리는 단지 몇몇 구절들에서 염두에 두고 있는 것은 부활하시고 높이 들리우신 그리스도라는 것만을 지적해 두고자 한다.

34) 자세한 것은 Scroggs, *Adam* (§4 n. 1) 82-100을 보라.

35) 자세한 것은 아래의 §§11.4-5과 10.6을 보라.

36) 아래의 §§12.5과 15.5을 보라.

37) 위의 §9.4.

특히 주목할 만한 것은 로마서에 나오는 최초의 기독론적 진술이다: "그의 아들에 관하여 말하면 육신으로는 다윗의 혈통에서 나셨고 성결의 영으로는 죽은 자들 가운데서 부활하사 능력으로 하나님의 아들로 선포되셨으니"(롬 1:3-4). 적어도 바울이 사용하고 있는 형태대로의 이 정형구는 그리스도의 삶 전체가 아들로서의 삶(또한 다윗의 아들로서의 삶임과 동시에)이었고, 또한 부활에 의해 한층 고양되었다고 말하는 것 같다("능력으로 하나님의 아들로 선포되셨으니").[38] 우리는 여기서 "양자(養子)" 기독론이라는 말을 해서는 안 된다. 왜냐하면 양자라는 말은 이전에는 "아들"이 아니었던 자를 아들로 삼는다는 의미가 있기 때문이다.[39] 그러나 우리는 그리스도의 부활 자체를 기독론적으로 중요한 계기로 보지 않을 수는 없다. 물론 본문은 아들이 새롭게 능력을 받았다고만 말한다("능력으로"). 그러나 본문은 "임명(개역의 '선포')"이라는 단어를 사용함으로써,[40] 예수께서 기존에 누리지 못했거나 행사하지 못했던 지위나 신분이나 역할을 담당하게 되었다는 것을 단언한다.

---

38) "권능으로"가 이전에 형성되어 있던 정형구에 바울이 더한 말이었다는 주장은 기각되는 것이 마땅하다: 그러한 주장은 부분적으로 다윗 계열의 메시아는 하나님의 아들로 생각되지 않았다는 생각(지금은 사해 사본에 의해 결정적으로 폐기된 주장 — 위의 §8 n. 78을 보라)에 의거한 것이었고, 바울이 자기가 모르는 교회들에 자신의 "선한 믿음"을 보이기 위하여 인용한 공통의 정형구를 티가 나게 수정했을 가능성이 별로 없다는 점을 간과하였다. "권능으로"라는 어구는 목적어가 아니라 동사와 붙여서 해석해야 한다는 주장("죽은 자로부터 부활하여 하나님의 아들임이 권능으로 선포되었다" — NIV)은 헬라어 구문론을 상당 부분 왜곡시키는 해석이다(예를 들어, cf. Fitzmyer, *Romans* 235).

39) 이 단어를 너무 가볍게 사용할 수도 있는데(Gaston, *Paul* [§6 n. 1] 113; Gnilka, *Theologie* 25처럼), 이러한 비판은 바울이 자신의 어구인 "그의 아들에 관하여"에 덧붙인 바울 이전의 정형구에도 적용된다. 그러나 이 단어를 과연 적절하게 사용한 것이냐에 관한 문제 제기는 여기에서 선재 기독론을 전제하고 있는 것과는 상관이 없다(Stuhlmacher, *Theologie* 187-88). 자세한 것은 필자의 *Christology* 34-35; *Romans* 6, 14를 보라.

40) 분사 "임명되었다"(horisthentos, 바울 서신에서 동사 horizo가 나오는 유일한 구절)는 흔히 "임명되었다"(NJB), "선언되었다"(NRSV), "선포되었다"(REB)의 의미로 해석된다. 그러나 "임명되었다"라는 번역이, 주석자들의 거의 일치된 의견처럼(필자의 *Romans* 13에 인용된 학자들 외에도, 예를 들어 Fitzmyer, *Romans* 235, and Moo, *Romans* 47-48을 보라), 예수를 그의 지위("권능 있는 하나님의 아들")로 올려놓은 행위를 가리키는 것으로서 이 동사의 의미를 더 잘 표현하고 있다.

본문에 반영되어 있는 것은 예수의 부활이 가져온 영향에 대한 것이라는 것은 거의 확실하다.[41] 예수는 아무런 목적도 없이 그저 죽은 것이 아니었다. 즉, 죽음이 이야기의 끝이 아니었다는 말이다! 예수는 다시 살아나셨다. 이때까지 그 유례를 찾아볼 수 없는 전혀 새로운 일이 예수에게 일어났다. 예수의 제자들만이 아니라 예수도 새로운 장, 신기원, 새로운 실존으로 접어들었다. 이것을 새로운 신분과 역할이라는 견지에서 표현한 것은 아니었을까?

이러한 고찰방식은 바울이 자신의 회심에 관하여 말하면서 "아들"이라는 표현을 사용한 이유를 설명해 준다. 바울의 회심은 "계시," 하나님의 아들의 계시였다(갈 1:16). 또한 현실에 대한 관점의 혁명적인 변화에 대한 인식은 그리스도를 하나님의 아들로 보는 이해와 결합된다. 바울이 이방인들에게 전한 복음의 요약이라고 학자들이 보통 생각하는 내용(살전 1:9-10)[42]에 나타나는 주된 사상은 하나님의 아들에 대한 것으로서, 하나님은 죽은 자로부터 아들을 다시 일으키셨고, 그 아들이 하늘로부터 다시 오는 것을 그를 믿는 자들이 기다리고 있다는 것이다.

강조점에서 이와는 다른 것으로는 그리스도께서 아들로서 천사들을 다스릴 것이라는 고린도전서 15:28의 사상이다. 이 문맥이 상정하는 것은 부활로부터 시작된 그리스도의 역할과 신분이다. 그러나 이례적으로 그것은 "하나님이 만유 안에 계시도록"(15:28) 하기 위하여 아들이 하나님께 복종하는 데서 절정에 달하는 일시적인 역할이다. 이것은 어떤 식으로든 사랑하는 아들에 관한 사상이 다시 한 번 나타나는 골로새서 1:13(하나님이 "그의 사랑의 아들의 나라로 우리를 옮기셨으니")의 후대의 신학과 연관되어 있는 것 같다.[43] 사랑하는 아들이라는 주제가 그리스도의 부활보다는 그리스도의 죽음[44]과 더 관련되어 있기는 하지만, 부활은 틀림없이 그리스도가 왕으로 임명된 계기로 이해되었다.

이제 이 점에 대해서는 더 말할 필요가 없을 것이다. 부활이라는 주제의 또 한 갈래는 그리스도께서 그 아들됨의 지위를 그를 따르는 자들과 함께 공유한다는

---

41) "'하나님의 아들' 이라는 신앙고백은 일차적으로 예수의 '높이 들리우심' 에 대한 명시적인 표현이다"(Hengel, *Son* 66).

42) 예를 들어, Bruce, *1 and 2 Thessalonians* 18.

43) "그의 사랑의 아들"은 "사랑하는 아들"에 해당하는 셈어 형태로 보는 것이 가장 좋다(BDF §165).

44) 위의 §9.4을 보라.

사상에 집중되어 있는데,[45] 이에 대해서 우리는 나중에 살펴보게 될 것이다.[46] 그러나 지금으로서는 예수께서 하나님의 아들이라는 것은 어떤 의미에서 그리스도의 부활과 관련이 있었다는 것만을 지적하는 것으로 충분할 것이다.

§ 10.4 주

바울이 사용하고 있는 기독론적 칭호들 및 그 용례와 관련해서 그리스도에 관하여 가장 의미 있는 내용을 말해 주는 칭호는 '퀴리오스' (kyrios, "주")이다.[47] 이 칭호가 등장하는 구절들 중 상당 부분에서 주는 그저 그리스도를 가리키는 말일 뿐이다. 즉, 그리스도가 메시아라는 신학을 함축하고 있는 것과 마찬가지로 주라는 말은 예수가 주라는 신학을 은연중에 담고 있다는 말이다. 그러나 "주"라는 칭호가 아주 보편적으로 "예수 그리스도"라는 말에 첨가되어 있다는 사실(특히 서신의 머리말과 끝 부분에 나오는 의례적인 표현에서)은 '퀴리오스'라는 칭호가 그리스도 예수의 특별한 신분과 위엄을 나타내는 것임을 우리에게 상기시켜 준다.[48] 마찬가지로 바울이 그리스도를 그저 "주"[49]라는 말로 호칭하는 일이 아주 많

---

45) 롬 8:29; 갈 4:6-7; 골 1:18b; cf. 히 2:10-17.

46) 아래의 §§16.5c과 18.2을 보라.

47) 바울의 진정한 서신들(에베소서와 목회서신을 제외한)에서 예수와 관련하여 kyrios는 200여 회 사용된다. 본문상의 이독(異讀) 및 그 가리키는 대상의 불확실성(하나님이냐 그리스도냐) 때문에, 통계수치는 정확하지 않다.

주 예수 그리스도(순서는 다를 수 있음)	55
주 예수	21
주 예수 안에서	2
주 그리스도	2
주	82
주 안에서	33
kyrios = 하나님(구약 인용문들)	19
kyrios = 하나님 또는 예수?	6

마지막에 나오는 6개의 본문들은 아래에서 논의될 롬 10:12-13; 고전 1:31; 2:16; 고후 10:17-18이다.

48) 예를 들어, 롬 1:4, 7; 16:20; 고전 1:2, 3; 고후 1:2, 3; 13:13; 갈 1:3; 6:18.

다는 사실은 바울을 비롯해서 모든 그리스도인들이 높이 들리우신 그리스도를 "주인"으로 여기는 태도가 이미 몸에 익어 있었음을 보여 준다.

예수의 주되심이 바울 및 그의 복음에서 핵심적인 내용이었다는 것은 여러 구절들을 통해서 충분히 드러난다. 바울은 그의 복음을 "그리스도 예수의 주되신 것"(고후 4:5)을 전하는 것이라고 요약한다.[50] 골로새서 2:6에서 복음 선포를 회상하는 내용도 이와 아주 흡사하다 — "너희가 그리스도 예수를 주로 받았으니 …"[51] 그리고 고린도전서 12:3에서 바울은 "예수는 주시라"는 신앙고백을 영감이 성령으로부터 왔느냐 그렇지 않으냐를 검증하는 결정적인 시금석으로 사용한다.[52]

예수가 주시라는 신학을 분명히 보여 주는 구절들을 보면, 부활을 예수께서 주가 되시는 데에 결정적인 사건이었다고 말하고 있음이 분명히 드러난다.[53] 높이 들리우셔서 주가 되신 것은 "능력으로" 아들로 임명되신 것의 다른 면이었다(롬 1:4).[54] 따라서 로마서 10:9은 이렇게 말한다: "예수는 주시라"는 신앙고백은 "하나님께서 그를 죽은 자로부터 일으키셨다"는 믿음을 공개적으로 표현하는 것이었다. 또한 로마서 14:9에서도 "이를 위하여 그리스도께서 죽었다가 다시 살아나셨으니(ezesen) 곧 죽은 자와 산 자의 주가 되려 하심이라"고 말한다.

가장 주목할 만한 것은 바울이 기존에 있던 송영(頌榮)을 인용하였다고 말하는 빌립보서 2:6-11의 절정 부분이다:

---

49) 이러한 용법은 82회 중에서 67회 사용되고 있는 고린도전후서와 데살로니가전후서에서 특히 두드러진다. 로마서(5), 갈라디아서(1), 빌립보서(2), 빌레몬서(0)와 비교해 보라. 그 이유는 별로 중요하지 않은 수수께끼이다. 또한 우리는 바울이 예수를 그저 "그리스도"로 지칭하는 경우가 꽤 많다는 것과 "그리스도 안에서" 또는 "그리스도 예수 안에서"라는 표현이 "주 안에서"라는 표현보다 더 일반적이라는 것도 기억해야 한다(자세한 것은 아래의 §15 nn. 29와 37을 보라).

50) 예를 들어, Furnish, *2 Corinthians* 223을 보라.

51) 필자의 *Colossians* 139-40을 보라.

52) 자세한 것은 아래의 §§16.4과 21.6a를 보라.

53) 지상의 예수를 "주"로 지칭하는 예들(고전 9:14과 11:23)은 반대 증거가 될 수 없다; 과거를 회상할 때에 현재 보편화된 칭호를 사용하는 것은 자연스러운 일이다(마치 영국민들이 여왕의 자녀들을 지칭할 때에 "여왕"이라는 말을 사용하는 것과 마찬가지로).

54) 그런 까닭에 바울은 "우리 주 예수 그리스도"라는 말을 더하는 것으로 이 인용된 정형구를 마무리하는 것처럼 보인다(롬 1:4).

9 이러므로 하나님이 그를 지극히 높여
모든 이름 위에 뛰어난 이름을 주사
10 하늘에 있는 자들과 땅에 있는 자들과 땅 아래에 있는 자들로
모든 무릎을 예수의 이름에 꿇게 하시고
11 모든 입으로 예수 그리스도를 주라 시인하여
하나님 아버지께 영광을 돌리게 하셨느니라.

하나님께서 그리스도에게 수여하신 이름은 "주"이다. 왜냐하면 그러한 주되심의 고백이야말로 모든 피조물들이 드리는 예배의 절정을 이루기 때문이다.[55] 부활이라는 말은 여기서 언급되고 있지 않지만, 높이 들리우심은 십자가의 뒤를 이어 십자가에 대한 하나님의 응답으로 서술된다(2:8). 따라서 사고의 흐름은 실제로 동일하다: 그리스도는 그의 순종의 죽음에 이은 신원(伸寃)의 공식적인 칭호로서 하나님으로부터 "주"의 지위를 부여받았다. 적어도 이것은 고난받는 의인들의 신원의 한 변형, 또는 좀 더 분명히 말하면, 아담 기독론의 세 번째 단계(§10.1)의 한 변형이다. 그러나 후자는 앞으로 좀 더 자세하게 살펴보아야 할 주장이다.[56]

예수가 주시라는 단언은 그리스도의 부활에 대하여 그리스도인들이 성찰한 가장 초창기의 나날까지 거슬러 올라갈 수 있다.[57] 초대 교회 신자들에게 가장 먼저 떠올랐던 성경 구절 중의 하나는 분명히 시편 110:1이었을 것이다: "여호와께서 내 주에게 말씀하시기를 내가 네 원수들로 네 발판이 되게 하기까지 너는 내 오른쪽에 앉아 있으라 하셨도다." 초기 그리스도인들은 이제 주 하나님께서 말을 건네신 "내 주"가 누구인지를 알게 되었다.[58] "내 주"는 메시아 예수일 수밖에 없었

55) 이것이 통설이다; 예를 들어, Hawthorne, *Philippians* 91-92. Moule, "Further Reflexions" (§11 n. 1)은 그 이름이 "예수"라고 주장한다(270); 그러나 어떤 의미로 이것이 높이 들리우신 예수에게 "주어졌는지"를 알기는 어렵다. 한편 O'Brien은 그 이름이 "야훼"라고 주장한다(*Philippians* 237-38); 그러나 이러한 미묘한 뉘앙스가 마지막 어구("아버지 하나님께 영광을 돌리게 하셨느니라")에 의해 시사되지는 않는다; 반면에 예수와 하나님의 관계를 "주"와 "하나님"의 관계로 보는 것은 바울에게서 통상적이다(아래의 §10.5a을 보라).

56) 자세한 것은 아래의 §11.4을 보라.

57) 고전 16:22에 대해서는 아래를 보라(n. 66).

58) 시편 110:1이 처음에 예수에게 적용되면서 기독교의 호교론에 사용되게 된 것에 대

다.[59] 예수는 이제 "하나님의 대리 통치자"였다. 바울 서신의 몇몇 구절들은 이 본문을 염두에 두고 있었음이 분명하다.[60] 각각의 경우에 예수께서 주로 임명된 것은 그리스도의 부활의 직접적인 결과였다. "죽으실 뿐 아니라 다시 살아나신 이는 그리스도 예수시니 그는 하나님 우편에 계신 자요"(롬 8:34). 부활(고전 15:23)을 계기로 주로서 그리스도의 통치가 개시된 것이 분명하다(15:24-25). 부활은 하나님의 우편에 있는 자리로 오르는 것을 의미하였다(골 3:1). 하나님은 그를 "죽은 자들 가운데서 다시 살리시고 하늘에서 자기의 오른편에 앉히셨다"(엡 1:20).

또한 이렇게 부활하신 그리스도에게 주라는 지위가 돌려진 것이 지니는 의미는 과장될 위험도 있긴 하지만 아주 분명하다. (a) 적어도 '퀴리오스'(kyrios)는 낮은 자에 대하여 인정된 높은 자의 지배권과 처분권을 의미하였다 — 노예를 지배하는 주인, 신하를 지배하는 왕, 이러한 것들의 연장선상에서 예배자를 지배하는 신.[61] 누군가를 자신의 "주"로 고백한다는 것은 복종의 태도, 그 사람에 대한 소속이나 헌신을 표현하는 것이었다.[62] 이 신앙고백이 세례에서 사용되었다면(롬 10:9에서 보여 주고 있는 것처럼), 그것은 충성의 대상을 옮겨서 충성의 대상 및 소유권의 변경을 보여 주는 것이다. 그러므로 적어도 예수를 주로 고백하는 것은 이제부터 예수를 섬기기로 작정하였다는 것을 나타내는 것이었다.

(b) '퀴리오스'라는 칭호가 이미 특정한 제의들의 신이나 여신을 지칭하는 통

한 자세한 논의는 특히 D. M. Hay, *Glory at the Right Hand: Psalm 110 in Early Christianity* (SBLMS 18; Nashville: Abingdon, 1973); M. Gourgues, *A la droite de Dieu. Resurrection de Jesus et actualisation du Psaume 110.1 dans le Nouveau Testament* (EB; Paris: Gabalda, 1978); M. Hengel, " 'Sit at My Right Hand!' The Enthronement of Christ at the Right Hand of God and Psalm 110.1," *Studies* 119-225를 보라.

59) Cerfaux, *Christ* 466. "오른편"은 권능을 가리킨다(예를 들어, 출 15:6, 12; 신 33:2; 욥 40:9; 시 17:7; 18:35 등). 그러므로 오른편 자리는 특별한 영예를 지닌 자리이다(왕상 2:19; 시 45:9).

60) 롬 8:34; 고전 15:25; 골 3:1; 또한 엡 1:20. 바울 서신 이외에서는 막 12:36 pars.; 14:62 pars.; 행 2:34-35; 히 1:3, 13; 8:1; 10:12; 12:2; 벧전 3:22.

61) BAGD, *kyrios*; Lietzmann, *Römer* 97-101; W. Foerster, *TDNT* 3.1041-58; Hahn, *Titles* 68-70.

62) 바울은 롬 14:4-8에서 이 점을 중요하게 활용한다.

상적인 방식이었음을 보여 주는 증거들이 많이 있다 — 특히 애굽이나 동방의 여러 신들에 대하여(특히 Isis). 또한 애굽에서는 신격화된 군주들(예를 들면, 프톨레미 14세와 클레오파트라)에 대해서도 이 칭호가 사용되었다. 로마 황제들도 '퀴리오이'(kyrioi)로 불렸다.[63] 이 '퀴리오이'라는 칭호가 어느 정도로 제의적 의미를 띠고 있었는지는 분명치 않다. 당시 황제 제의는 여전히 제국을 거쳐서 동방으로 퍼져나가고 있었고, 종교적 기능보다는 정치적 기능을 주로 수행했다.[64] 헬레니즘 문화 속에서 서로 다른 여러 주들은 서로 충성의 대상으로서의 갈등 없이 각각 서로 다른 영역에서 모두 인정될 수 있었다. 후대에 폴리캅의 순교(*Martyrdom of Polycarp*) 8.2에 나타나는 "가이사는 주이다"라는 말과 "그리스도는 주이다"(Kyrios Kaisar와 Kyrios Christos)라는 말 사이의 첨예한 대립은 바울 시대에는 아직 분명하게 드러나지 않는다.

그러나 정확한 사실이 무엇이든 간에, 바울은 당시에 많은 제의들에서 많은 주들이 숭배되고 있었음을 잘 알고 있었다는 것은 분명하다(고전 8:5).[65] 또한 예수를 주로 부르는 것이 당시 헬레니즘 세계의 제의에서 가져왔거나 본뜨지 않았다는 것도 마찬가지로 분명하다. 다른 것은 그만두고라도 고린도전서 16:22의 증거는 예수가 이미 아람어로 주(mar)로 지칭되었다는 것을 아주 분명하게 보여 준다.[66] 그리고 이 아람어 형태가 헬라어를 사용하는 교회들로 전파되었다는 것은

---

63) 이 자료에 대해서는 LSJ, kyrios B; BAGD, kyrios 2cg; *NDIEC* 3.33, 35-36을 보라. 행 25:26에서 황제는 그저 "주"로 지칭된다.

64) 또한 kyrios 호칭이 황제 제의에 반대하여 예수에게 적용되었다는 옛 주장에 반대하는 견해로는 Cullmann, *Christology* 215, 220, Hahn, *Titles* 111-12, Moule, *Origin* 35-43을 보라.

65) 고전 8:5의 맥락은 분명히 제의적 예배의 맥락이다. 고린도에 많은 작은 신전들이 있었다는 고고학적 증거들이 꽤 있다 — Apollo, Athena, Aphrodite, Asclepius 등. 예를 들어, Murphy-O'Connor, *Corinth* (§22 n. 8)를 보라.

66) 헬라어를 사용하는 교회들에 아람어로 보존된 이 문구(maranatha)는 "주"라는 호칭은 헬레니즘 교회들에서 최초로 사용되었다는 Bousset의 주장(*Kyrios Christos*, 또한 Bultmann, *Theology* 1.124-25)의 아킬레스 건(腱)이었다. Fitzmyer는 빌 2:6-11의 송영이 원래 아람어로 되어 있었다고 주장한다(*According to Paul* 89-105). 롬 10:9에 나오는 신앙고백이 "예수 그리스도는 주시다"가 아니라 "예수는 주시다"라는 형태로 되어 있다는 사실은 "예수 그리스도"가 확립된 호칭이 되기 이전에 먼저 역사적으로 회상된 개인인 예수에게

이방 교회들이 이 말의 출처를 알고 있었음을 보여 주는 것이다.[67] 더욱 중요한 것은 헬레니즘의 허용적 다신론에 정면으로 반대하여 바울은 "그러나 우리에게는 … 한 분 주 예수 그리스도가 계시니"(8:6)라고 단언하고 있다는 것이다. 바울에게 부활하신 그리스도는 유일한 주님(the Lord)이었다. 그리고 바울은 결국 모든 무리들이 예수를 주로 시인하게 될 것이라고 확신하였다.[68] 고린도전서 8:5-6이 함축하고 있듯이, 바울의 이러한 확신은 배타성의 표현[69]이라기보다는 그리스도의 유일무이성(부활의 결과로서)에 대한 믿음의 표현이었고, 비타협적인 유대교의 유일신론의 필연적 결과였다. 예수는 유일하신 '한 분' 주님이시고, 하나님은 유일하신 '한 분' 하나님이시다. 이 모든 것이 예배를 통해 주 예수 그리스도를 섬기는 것과 관련하여 무엇을 의미했는가 하는 것은 아래에서 우리가 살펴보아야 할 문제이다.[70]

(c) 예수의 부활과 관련하여 시편 110:1을 사용하고 있는 것의 한 흥미로운 특징은 시편 110:1이 시편 8:6과 결합되어 있는 것처럼 보인다는 것이다. 우리는 위에서 이 두 구절의 사용을 지적한 바 있다.[71] 여기서 말하고자 하는 핵심은 시편 110:1b("내가 네 원수들로 네 발판이 되게 하기까지")의 사상이 시편 8:6b("만물을 그의 발 아래 두셨으니")의 사상과 융합되어 있는 것 같다는 것이다. 시편 110:1을 보완하기 위하여 시편 8:6b을 도입했거나(고전 15:25-27에서처럼),[72] 시편 8:6b의 어구를 결합함으로써 시편 110:1의 인용문을 수정하는 일이 일어났다.[73] 이런 일이 의도적으로 행해진 것인지, 아니면 무의식적으로 행해진

주라는 지위가 돌려졌다는 것을 암시해 준다.

67) 또한 위에서 개략적으로 서술한 바와 같이 시 110:1이 일찍부터 사용되었다는 것도 참조하라.

68) 고전 15:24-27; 빌 2:9-11.

69) 우리는 바울이 다른 신들 및 주들의 지위를 의도적으로 모호하게 남겨놓은 것 같다는 것을 상기한다(위의 §2.3c).

70) 자세한 것은 아래의 §10.5c을 보라.

71) 위의 n. 60(시 110:1)과 §8 n. 96(시 8:4-6)을 보라.

72) 고전 15:25-27; 엡 1:20-22; 히 1:13~2:8.

73) 막 12:36/마 22:44; 벧전 3:22. 이러한 특징(시 110:1과 8:6의 결합)이 신약성경에 널리 퍼져 있다는 사실은 이것이 바울에 의해서 최초로 만들어진 것이 아니라 초기 기독교의 변증에서 이미 정립되어 있던 한 특징을 바울이 반영한 것임을 보여 준다(Dunn,

것인지는 별로 중요하지 않다. 어느 쪽이든 중요한 것은 그리스도의 주되심이 아담/인류를 창조하신 하나님의 목적의 성취로 이해되었다는 것이다. 또한 주이신 예수는 마지막 아담이기도 하다. 그리스도의 주되심은 다른 "많은 주들"(고전 8:5-6)과 관련해서는 무조건적인 반면에, 창조주이신 하나님과 관련해서는 그리스도의 주되심은 제약을 받는다. 이것은 그리스도의 주되심에 관한 바울의 가장 자세한 설명(고전 15:24-28)이 왜 주께서 만유의 한 분 하나님에게 스스로를 복종하는 것을 그 절정으로 삼고 있는지(15:28)를 설명해 준다.[74]

(d) 예수에 대하여 바울이 '퀴리오스'라는 용어를 사용한 것의 가장 큰 의미는 "주"라는 칭호가 이미 유대 분파들 속에서는 하나님을 지칭하는 관행적인 방식이었다는 사실에 있다. 이 점은 바울 이전의 두 세기 동안 아람어의 용례들을 분석해 보면 분명하게 확증이 된다.[75] 이 점이 성경의 헬라어 번역본들에는 좀 불분명하게 나타난다. 왜냐하면 이때에 그리스도인들이 칠십인역을 필사한 문서들에서는 오직 히브리어 야훼(YHWH)라는 단어만을 '퀴리오스'로 번역했기 때문이다. 그러나 기독교 이전의 사본들에서는 '야훼'라는 단어는 헬라어 문자들로 음사(音寫)되었다.[76] 그러나 그러한 본문들이 디아스포라 회당들에서 읽혀질 때에는 '퀴리오스'로 발음되었다는 것은 거의 분명하다. 이러한 사실은 바울이 성경 구절들을 인용할 때에 '퀴리오스'라는 단어를 사용하고 있다는 데서만이 아니라,[77] 필로

Christology 109).

74) Kreitzer, *Jesus* 152-53는 고전 15:27-28(만물을 복속시키는데 하나님의 역할을 강조하는)과 빌 3:21(만물을 복속시키는 이는 그리스도라고 말하는) — "엄청난 조치"(153) — 의 대비되는 입장을 발견한다. 그러나 고전 15:25은 하나님의 본래의 역할을 그대로 둔 채 그리스도께서 만물을 복속시키는 일을 하는 것으로(시 110:1) 바울이 말할 수 있었다는 것을 보여 준다. 또한 우리는 하나님 나라와 구별되는 그리스도의 나라 또는 "과도적인 나라"를 말해서는 안 된다: 하나님은 결국 "'하나님'의 나라를 아버지께 넘기는"(15:24) 그리스도와 함께 자신의 나라를 다스리신다.

75) Fitzmyer, "Semitic Background," 특히 119-23을 보라; *EDNT* 2.330과 *Romans* 112-13에는 간략하게 나와 있다.

76) 특히 G. Howard, "The Tetragram and the New Testament," *JBL* 96 (1977) 63-83을 보라.

77) 롬 4:8; 9:28, 29; 10:16; 11:3, 34; 12:19; 14:11; 15:11; 고전 3:20; 10:26; 14:21; 고후 3:16, 17(2번), 18(2번); 6:17, 18. 고후 3:16-18에 대해서는 아래의 §16.3과 n. 51을 보라.

(Philo)와 요세푸스(Josephus)의 용례들에 의해서도 확증된다.[78]

그러나 바울의 '퀴리오스' 기독론에서 가장 두드러지는 것은 성경에서 야훼를 가리키는 '퀴리오스'가 사용된 구절들 중 일부에서 '퀴리오스'를 예수로 해석하고 있다는 사실이다. 로마서 10:9-13의 순서는 특히 눈여겨 볼 필요가 있다:

> 네가 만일 네 입으로 예수를 주로 시인하며 또 하나님께서 그를 죽은 자 가운데서 살리신 것을 네 마음에 믿으면 구원을 받으리라 … 성경에 이르되 누구든지 그를 믿는 자는 부끄러움을 당하지 아니하리라(사 28:16) 하니 유대인이나 헬라인이나 차별이 없음이라 한 분이신 주께서 모든 사람의 주가 되사 그를 부르는 모든 사람에게 부요하시도다 누구든지 주의 이름을 부르는 자는 구원을 받으리라(욜 2:32).

바울은 "예수는 주시라"(10:9)는 신앙고백을 방금 강조했기 때문에, 10:12-13의 "주"라는 단어를 독자들이 예수로 이해하도록 바울이 의도하지 않았다면 그것은 이상한 일이 될 것이다. "그를 믿는 것"(10:11)은 "그의 이름을 부르는 것"(10:12)과 동일하다.[79] 따라서 10:13에서 사람들이 그 이름을 부르는 주는 주 예수 이외의 다른 인물일 가능성은 거의 없다. 그러나 10:13은 이스라엘의 남은 자가 하나님을 부르는 것에 관하여 말하고 있는 요엘 2:32(히브어 본문으로는 3:5)을 인용한다.[80] 주 예수는 이제 주 하나님의 역할을 수행하고 있는 것으로 상정된다.[81] 요컨대, 바울은 종말론적 구원에서의 하나님의 역할을 부활하신 예수에

---

78) Philo, *Leg. All.* 1.48, 53, 88, 90, 95-96; 2.1, 47, 51-53, 71, 78, 88, 94, 101, 106 등. Josephus, *Ant.* 13.68; 그리고 *Ant.* 5.121에서 Josephus는 "히브리인들의 말에서 Adoni는 '주(kyrios)'를 의미한다"는 점을 지적한다. 또한 Moule, *Origin* 39-41; de Lacey, "One Lord" 191-95; Capes, *Yahweh Texts* 39-43을 보라.

79) 부연 설명의 "왜냐하면"에 주목하라. 사 28:16의 인용문에서 "그 안에서"는 히브리어 본문에는 나오지 않지만, 헬라어 역본들에서는 확인이 되기 때문에, 바울의 첨가로 보아서는 안 된다(필자의 *Romans* 583; Stanley, *Paul* [§7 n. 1] 124를 보라).

80) 욜 2:32은 초기 그리스도인들의 자기이해에 아주 널리 사용되었는데, 기독론적 수정을 거쳐서(고전 1:2; 행 9:4, 21; 22:6), 또는 그대로(행 2:17-21, 39; 그리고 롬 5:5; 딛 3:6; 막 13:24 pars.; 계 6:12에도 반영되어 있음) 사용되었다.

81) Fitzmyer, *Romans* 593은 "만유의 주"(10:12)라는 1QapGen 20.13과 4Q409 1.6에서

게로 돌리는 데 아무런 거리낌도 느끼지 않았던 것으로 보인다.[82]

바울의 이러한 태도는 다른 구절들에서도 비슷하게 나타난다.[83] 고린도전서 2:16: "누가 주의 마음을 알아서 주를 가르치겠느냐(사 40:13) 그러나 우리가 그리스도의 마음을 가졌느니라." 여기서 주와 그리스도라는 말이 어느 정도나 서로 겹치는지는 분명치 않다. 바울의 말은 "그리스도의 마음"이 곧 "주의 마음"이라는 뜻일 수도 있다.[84] 그러나 바울의 말은 "그리스도의 마음"이 차선(次善)의 것이라는 뜻으로 해석될 수도 있다. 물론 이사야의 질문에 대한 대답은 "아무도 그렇게 하지 못한다!"는 것이다. 그러나 그리스도의 마음은 다른 어떤 수단을 통하는 것보다 하나님의 마음을 더 분명하게 볼 수 있는 통찰을 제공해 준다(cf. 빌 2:5). 그것은 "하나님의 깊은 것"을 알게 해 주는 역할을 성령에게 돌리고 있는 직전의 맥락과 잘 합치하고(고전 2:9-12),[85] 고린도전후서의 다른 곳에 나오는 십자가에서 못 박히고 부활하신 그리스도의 계시적 역할과도 잘 부합한다.[86] 바울의 성경 인용문들 중에서 '퀴리오스'가 통상적으로 하나님을 가리키고, 이사야 40:13이 로마서 11:34에서 인용되고 있다는 것을 감안하면, 현재의 논의에서 고린도전서 2:16의 예를 지나치게 비중있게 다루어서는 안 된다.

고린도후서 10:17-18에도 이와 비슷한 모호함이 있다. "자랑하는 자는 주 안에서 자랑할지니라"(렘 9:24[칠십인역 9:23])는 인용문 자체가 히브리어 본문과 헬라어 본문을 각색한 것이다.[87] 그 밖의 곳에서는 통상적인 규칙이 그대로 적용

야훼에 대하여 사용된 유대적 정형구라는 점을 주목한다; cf. Josephus, *Ant.* 20.90.

82) 본문의 재사용으로부터 바울이 "예수를 야훼와 동일시하였다"고 결론을 내리는 것(Capes, *Yahweh Texts* 123)은 바울의 해석방법론을 지나치게 단순하게 파악한 것이다; 자세한 것은 아래의 §10.5을 보라.

83) 아래에서 논의한 것들 외에도 Capes, *Yahweh Texts* 140-49는 고전 10:26과 딤후 2:19을 인용한다. 또한 Whiteley, *Theology* 107-8을 보라.

84) Cf. Kreitzer, *Jesus* 19, 224 n. 68.

85) 사 40:13의 히브리어 본문은 "주의 영(ruach)"으로, LXX은 "주의 마음(nous)"으로 되어 있다.

86) 고전 1:23-24, 30; 고후 4:4-6. Capes, *Yahweh Texts* 134-35, 138-40의 견해와는 반대로, 그리스도가 "하나님의 '지혜'"(1:24)라면, 이 어구와 병행되는 것은 "'주'의 마음"이 아니라 "주의 '마음'"이다(2:16a).

87) "그 안에서"가 "주 안에서"로 대체되었다; Stanley, *Paul* (§7 n. 1) 187-88는 이러한

된다(인용문들에서의 '퀴리오스'는 하나님을 가리킨다는 것). 그러나 바울은 "옳다 인정함을 받는 자는 자기를 칭찬하는 자가 아니요 오직 주께서 칭찬하시는 자니라"는 말을 덧붙인다. 그리고 통상적인 규칙은 성경 인용문들 이외에 언급된 "주"는 그리스도라는 것이다. 바울은 이러한 모호성을 해결하지 않고 그대로 내버려두고도 거기에서 아무런 문제점을 보지 않았음이 분명하다. 따라서 바울이 동일한 본문을 인용하고 있는 고린도전서 1:31이 그리스도를 염두에 두고 있는 것인가 하는 문제는 여전히 미지수로 남겨진다.[88]

무엇보다도 가장 두드러지는 것은 이 단원의 시작 부분에서 이미 인용된 바 있는 빌립보서 2:9-11이다: "모든 무릎을 예수의 이름에 꿇게 하시고 모든 입으로 예수 그리스도를 주라 시인하여 …"(2:10-11). 성경을 아는 사람이라면 여기에 이사야 45:23에 대한 인유가 있다는 것을 놓치지 않을 것이다: '내게 모든 무릎이 꿇겠고 모든 혀가 맹세하리라.'[89] 그러나 놀라운 것은 이사야서의 이 말씀이 하나님에 의해서 말씀되었고, 성경 전체에서 가장 확고한 유일신론 중의 하나에서 나온다는 것이다.

21 나 외에 다른 신이 없나니
나는 공의를 행하며 구원을 베푸는 하나님이라
나 외에 다른 이가 없느니라
22 땅의 모든 끝이여
내게로 돌이켜 구원을 받으라
나는 하나님이라 다른 이가 없느니라
23 내가 나를 두고 맹세하기를
내 입에서 공의로운 말이 나갔은즉
돌아오지 아니하나니
내게 모든 무릎이 꿇겠고

수정을 바울에게 돌린다.

88) Bousset, *Kyrios Christos* 149; Furnish, *2 Corinthians* 474; Fee, *1 Corinthians* 87; Capes, *Yahweh Texts* 134-36.

89) 이러한 표현은 LXX과 완전히 일치한다.

모든 혀가 맹세하리라 하였노라(칠십인역은 "하나님께"가 첨가되어 있음).

적어도 우리는 빌립보서의 송영(2:6-11)이 하나님께만 돌려야 하는 환호와 경외를 그리스도에게 돌리고 있다는 것을 인정해야 한다. 또한 어떤 이유로든 유대인이 이렇게 하였다는 것은 정말 놀라운 일이다.[90]

그렇지만 아울러 우리는 이 송영의 마지막 행을 주목해야 한다: "모든 입으로 예수 그리스도를 주라 시인하여 하나님 아버지께 영광을 돌리게 하셨느니라" (2:11). 이것은 주이신 예수 그리스도를 환호하는 것이 천상의 쿠데타나 하나님을 그리스도로 대체하는 것이 아니었음을 의미한다. 이와는 반대로 예수를 주로 고백하면, 영광을 받는 분은 하나님이었다. 이는 예수를 하나님과 동일시했기 때문이 아니라(예수는 주이고, 하나님은 아버지이다), 한 분 하나님께서 높이 들리우신 그리스도에게 자신의 주권(sovereignty)을 나누어 주기로 결심하였기 때문이다. 달리 말하면, 우리는 다시 한 번 고린도전서 15:24-28의 시나리오로 되돌아간다. 예수 그리스도의 세상의 주되심은 하나님에 의해 결정된 것이었고, 최고의 영광은 하나님의 것이다.[91]

부활이 예수에게 가져다준 주로 높이 들리운 일은 빌립보서 2:10-11에 가장 자세하게 언급된다. 그러나 이것은 단지 우리에게 바울이 실제로 부활하신 그리스도가 신격화되었다고 생각한 것인지, 아니면 부활하신 그리스도가 신으로 인정되었다는 것인지에 관한 더 흥미진진한 문제를 열어 줄 뿐이다.

§ 10.5 예수는 하나님인가?

이 문제는 세 가지로 나누어서 고찰해 보는 것이 가장 좋다: a) 한 분이신 하나님과의 관련성 속에서 그리스도의 주되심의 의미;[92] b) 바울은 예수를 '데오스' (theos, "하나님/신")으로 말한 적이 있느냐의 여부; (c) 높이 들리우신 그리스

---

90) 최근의 연구들에 대해서는 Kreitzer, *Jesus* 116과 Capes, *Yahweh Texts* 159를 참조하라.

91) Cf. Thüsing, *Per Christum* 46-60.

92) 이 문제는 여러 분명한 이유들로 인해서 "하나님의 아들"의 경우에는 동일한 방식으로 일어나지 않는다 — 비록 그것은 예수와 하나님의 밀접한 유대를 강조하긴 하지만 (Hengel, *Son* 10, 63).

도에게 드려진 경배의 의미. 이와 관련된 네 번째 측면인 그리스도의 선재(先在)는 §11에서 따로 다루어질 것이다.

(a) 유일신론이라는 맥락 속에서의 그리스도의 주되심의 의미. 유대 사상 속에는 높이 들리운 영웅들에 관한 꽤 많은 사변들이 있었다. 예를 들면, 에녹과 엘리야는 하늘로 승천하였다.[93] 지혜서 5장에 나오는 의로운 순교자들은 하나님의 아들들/천사들의 반열에 속하는 것으로 생각되었다(5:5, 15-16). 바울이 활동한 지 한 세대 후에 나온 유대교의 저작들은 에스라와 바룩이 승천하였다고 말한다.[94] 시락서 45:2에 의하면, 하나님은 모세를 "영광에서 거룩한 자들(천사들)과 동등되게 하셨다"고 한다.[95] 이렇게 높이 들리운 인물들은 때로 특히 심판에서 하나님의 기능들에 참여하는 것으로 언급되었다. 최후의 심판에서의 에녹의 역할은 여러 사변(思辨)들의 주제가 되기도 하였다.[96] 아브라함의 유언서(*T. Abr.* [A])에서 아담은 영광스러운 보좌 위에 앉아 있는 것으로 묘사되고(11장), 아벨은 피조물 전체에 대한 심판을 수행하는 것으로 묘사된다(13:2-3).[97] 그리고 유대의 랍비 전승에서는 저 유명한 랍비 아키바(바울보다 두 세대 뒤의 인물)는 또 하나의 보좌(단 7:9의 복수형 표현에 함축되어 있는)가 메시아를 위한 것이라고 생각하였다.[98]

이러한 자료들은 그리스도가 높이 들리우신 것에 대한 병행들이 있다는 증거나

93) 창 5:24; 왕하 2:11.

94) 4 Ezra 14.9; 2 Baruch 13.3 등.

95) 또한 Josephus는 모세가 "신"에게 데려가졌는지(또는 되돌아갔는지)에 관한 상상을 보도한다(*Ant.* 3.96-97; 4.326; cf. Philo, *Sac.* 8-10; *Mos.* 2.290).

96) Jub. 4.22-23; 1 Enoch 12-16; T. Abr. (B) 11. *Similitudes of Enoch*에서는 인자가 "은밀한 일들을 심판할 것"(*1 Enoch* 49.4; 61.9)이라고 말하고, 이어서 인자를 에녹이라고 규정한다.

97) Recension B에는 오직 아벨만이 등장한다(*T. Abr.* 11). 또한 11QMelch에서 신비한 멜기세덱이라는 인물에게 돌리고 있는 역할을 주목하라(아래의 n. 120).

98) *b. Hagigah* 14a; *b. Sanhedrin* 38b. 자세한 것은 필자의 *Partings* 186-87, 224; Casey, *Jewish Prophet* 81-82; Hurtado, *One God* ch. 3을 보라. Hurtado에 대한 Rainbow의 비판은 예수께서 친히 "자기가 메시아로서 한 분 하나님의 무상(無上)의 지위에 동참할 것"임을 제자들에게 확신시켰을 것이라는 주장에 의거하고 있다("Jewish Monotheism" 90); 그러나 아래의 §11 n. 34를 보라.

이 주제에 관한 기독교적 성찰의 원천을 보여 주는 증거로 인용되는 것이 아니라, 오히려 유대교의 유일신론적 신앙은 높이 들리운 자라는 개념을 유일신론에 대한 타협이나 개작으로 생각하지 않고 받아들일 수 있었다는 것을 보여 주는 증거로 인용된다.[99]

이것은 바울이 한 단락 내에서 한 분이신 하나님과 그리스도의 주되심을 동시에 말하면서도 어떠한 거리낌도 보이고 있지 않고 있다는 사실과 일치한다. 이런 예로 특히 고린도전서 8:5-6을 들 수 있다:

> 비록 하늘에나 땅에나 신이라 불리는 자가 있어 많은 신과 많은 주가 있으나 그러나 우리에게는 한 하나님 곧 아버지가 계시니 만물이 그에게서 났고 우리도 그를 위하여 있고 또한 한 주 예수 그리스도께서 계시니 만물이 그로 말미암고 우리도 그로 말미암아 있느니라.

여기서 바울은 쉐마(Shema, 신 6:4)[100]를 놀라울 정도로 개작하여 한 분 하나님의 주되심을 예수에게 귀속시킨다. 그렇지만 하나님은 한 분이시라는 바울의 신앙고백은 여전히 확고하다. 그리스도의 주되심은 하나님의 권위를 찬탈하거나 대체하는 것이 아니라 하나님의 권위를 표현하는 것으로 생각되었음이 분명하다. 한 분 주는 한 분 하나님을 증거한다. 또한 이것은 빌립보서 2:10-11과도 일맥상통한다. 앞에서 보았듯이, 만유가 예수의 주되심을 고백하는 것은 하나님 아버지를 영화롭게 하는 것으로 이해된다.

마찬가지로 두드러지는 것은 바울의 서신들에서 하나님을 "하나님 곧 우리 주

---

99) 하나님이 한 분이시라는 기본적인 확신에 대한 위협이라는 인식은 요한 전승들(요 5:18; 10:30-33)과 이른바 "두 세력"(two powers) 이단에서 처음으로 분명하게 나타난다(A. F. Segal, *Two Powers in Heaven: Early Rabbinic Reports about Christianity and Gnosticism* [Leiden: Brill, 1977]; 자세한 것은 필자의 *Partings* 215-29를 보라.

100) Dunn, *Christology* 180; 또한 *Partings* 180, 182; Wright, *Climax* 121, 128-32("기독론적 유일신론" — 114-18에 아주 자세하게 나옴). Rainbow, "Jewish Monotheism" 83은 유대인들이 하나님 이외의 대상에 대하여 "한 분"이라는 문구를 사용한 것은 획기적인 조치였다고 평한다. 그러나 "바울에게 예수의 주되심은 아버지의 하나님되심을 거의 위협할 수 있는 것이었다"고 말하는 것이 옳은가(de Lacey, "One Lord" 200-201)? 유대교적 유일신론에 대해서는 위의 §§2.2-3을 보라.

예수 그리스도의 아버지"라고 말하는 정형구가 반복되어 나온다는 것이다.[101] 이 두드러진 특징은 바울이 하나님을 단순히 그리스도의 아버지라고 말하는 것이 아니라 "하나님 … 우리 주 예수 그리스도의 하나님"이라고 말한다는 것이다. 예수는 주이시지만, 바로 그 주로서의 예수는 그의 아버지를 그의 하나님으로 인정한다. 여기서 분명해지는 것은 '퀴리오스'는 예수와 하나님을 '동일시하는' 것이 아니라, 예수와 하나님을 '구별하는' 한 가지 방식이라는 점이다. 또한 우리는 고린도전서 3:23("너희는 그리스도의 것이요 그리스도는 하나님의 것이니라")과 11:3("그리스도의 머리는 하나님이시라")을 들 수 있다.[102] 그리고 또한 고린도전서 15:24-28도 마찬가지이다: 만유의 주(cf. 롬 10:12)[103]는 하나님에 의해서 자신의 주로서의 지위를 수여받았다. 이 주로서의 지위는 사람을 만드신 하나님의 목적(나머지 피조물을 다스리는 책임을 다하는 것)을 성취하기 위한 것이다.[104] 그리고 이 주로서의 지위는 결국 전적으로 하나님에게 복속될 주권이다.

그러므로 바울이 예수를 주라고 말하는 것에 의해서 생겨난 긴장을 해결하는 유일한 방법은 야훼를 말하는 본문들에 나오는 주를 예수로 해석한 바울의 방식에 암시되어 있는 논리를 따르는 것이다(§10.4d). 즉, 예수의 주되심은 하나님에 의해 허락된 지위이고, 하나님의 권세에 참여하는 것이지, 하나님은 곁으로 밀려나고 예수가 그 자리를 차지하는 것이 아니라는 것이다. 도리어 하나님은 그리스도와 함께 자신의 주로서의 지위를 나누지만, 그 주로서의 지위는 여전히 하나님 단독의 것이라는 말이다.[105]

이런 점에 비추어 볼 때, 바울이 "하나님의 심판대"(롬 14:10), "그리스도의 심판대"(고후 5:10)라는 두 가지 표현을 같은 의미로 사용할 수 있었다는 것은 별로 놀라운 일이 아니다. 그리스도는 하나님의 대표자로 활동하고 있다고 바울은

---

101) 롬 15:6; 고후 1:3; 11:31; 골 1:3; 엡 1:3, 17; 또한 벧전 1:3.

102) 또한 3:23과 11:3에 대해서는 Thüsing, *Per Christum* 10-29를 보라.

103) 위의 n. 81을 보라.

104) 위의 §10.4c을 보라.

105) 그러나 행 2:33과 세례 요한의 원래의 기대(막 1:8 pars.)와는 대조적으로 바울에 있어서 성령을 주시는 분으로 묘사되는 분은 항상 하나님이다(고전 2:12; 고후 1:21-22; 5:5; 갈 3:5; 4:6; 살전 4:8; 엡 1:17; 그리고 롬 5:5과 고전 12:13의 "신성 수동태"를 참조). Turner, *Holy Spirit* (§16 n. 1) 174-78는 이 점을 간과하고 있다.

생각했다.[106] 마지막 날에 하나님은 "예수 그리스도로 말미암아"(롬 2:16) 사람들의 은밀한 것들을 심판하실 것이다. 이 말을 다르게 표현해 본다면, 다시 오실 주님은 "어둠에 감추인 것을 드러내고 마음의 뜻을 나타내실" 것이다; 그러나 그 결과에 따라 칭찬하시는 분은 하나님이다(고전 4:5).[107] 마찬가지로 바울이 "주의 날"이라고 말한 것도 전통적인 종말론적 기대를 모델로 삼고 있음이 분명하다.[108] 그러나 바울은 분명히 주의 날이 그리스도에게 초점이 맞춰져 있다고 생각하였다. 그런 까닭에 "우리 주 예수 그리스도의 날," "주의 날," "예수 그리스도의 날," "그리스도의 날"이라는 여러 변형된 표현들이 가능했다.[109] 하나님의 목적이 그 절정에 이르는 것은 그리스도 안에서이다.[110] 마찬가지로 로마서 11:26에서 종말의 구원자에 대한 소망(사 59:20)은 그 초점이 야훼에게서 그리스도에게로 옮겨져 있다. 나머지 구절들에서의 초점은 오로지 하나님에게만 맞춰져 있는데 말이다(롬 11:28-36).[111] 하나님 중심의 전통적인 종말론이 이런 식으로 "기독론화"된 것은 기독론이 여전히 하나님 중심적인 모습을 유지한 채[112] "하나님에 관한 표현"이

---

106) 이것은 위에서 에녹이나 아벨에게 돌려진 역할보다 더 실질적으로 최후의 심판에 참여하는 것이다. 아울러 우리는 성도들에게도 최후의 심판에 참여하는 역할이 주어질 것이라는 전승에 주목해야 한다(마 19:28/눅 22:30; 고전 6:2-3).

107) 또한 살후 1:7-10; 딤후 4:1을 보라; 자세한 것은 아래의 §§12.2-3을 보라.

108) 암 5:18-20; 욜 2:1-2, 11, 31; 습 1:7, 14, 18 등.

109) "우리 주 예수(그리스도)의 날" — 고전 1:8; 고후 1:14
"주의 날" — 고전 5:5; 살전 5:2; 살후 2:2
"예수 그리스도의 날" — 빌 1:6
"그리스도의 날" — 빌 1:10; 2:16
"그날" — 롬 2:5, 16; 고전 3:13; 살전 5:4; 살후 1:10; 딤후 1:12, 18; 4:8.

110) Kreitzer, *Jesus* ch. 2는 "최후의 심판의 실행과 관련하여 하나님과 그리스도 간의 개념적 중복"(93, 111)이 있다고 주장하면서 파루시아와 최후의 심판이라는 주제에 초점을 맞춘다. 데살로니가 서신들에서 그는 슥 14:5을 간접인용하고 있는 살전 3:13; 4:14; 살후 1:7-10, 또한 살후 1:6-12(사 66:4-6, 15), 1:9(사 2:10; *Jesus* 117-22)을 특별히 주목한다. 자세한 것은 아래의 §12.2을 보라.

111) 주목할 것은 후대의 랍비 전승은 이 구절이 메시아를 가리킨다는 것을 당연시했다는 사실이다(*b. Sanhedrin* 98a). 자세한 것은 아래의 §19 n. 140을 보라.

112) Thüsing의 주장은 이렇게 요약된다: "바울의 그리스도 중심성은 본질적으로 하나님을 지향하고 있다(von innen heraus ausgerichtet auf Gott). 왜냐하면 바울의 기독론은 이미

함축적으로 기독론적으로 된 상당히 보편적인 현상을 보여 주는 가장 좋은 예이다.[113]

이 모든 것을 통해서 하나님의 목적과 계시에 대한 바울의 이해는 근본적으로 변화되었지만, 한 분이자 궁극적인 주권을 갖고 있는 분으로서의 하나님에 대한 바울의 이해는 변하지 않았다는 것을 우리는 분명히 알 수 있다. 주이신 예수는 하나님의 이 주권(sovereignty)에 참여하고, 적어도 부분적으로는 그 주권을 행사한다. 적어도 높이 들리우신 그리스도가 하나님의 대리 통치자로 이해된다면, 그 말에 함축된 "(대리 통치자) 그 이상"이라는 것이 무엇에 해당하는지가 분명치 않다.

b) 바울은 예수를 하나님 또는 신이라고 말한 적이 있는가? 이 논쟁은 특히 한 본문을 중심으로 전개된다 — 로마서 9:5. 이스라엘에게 허락된 축복들의 목록(9:4-5)은 "그리스도"에서 절정에 이른다:

> 그들에게는 양자 됨과 영광과 언약들과 율법을 세우신 것과 예배와 약속들이 있고 조상들도 그들의 것이요 육신으로 하면 그리스도가 그들에게서 나셨으니 그는 만물 위에 계셔서 세세에 찬양을 받으실 하나님이시니라 아멘.

여기서 문제되는 것은 마지막 구절을 "육신으로 하면 그리스도가 그들에게서 나셨으니 그는 만물 위에 계셔서 세세에 찬양을 받으실 하나님이시니라 아멘"(NRSV)로 번역하는 것이 적절한가 하는 것이다.[114] 이러한 번역은 문체상으로

하나님 중심적이기 때문이다"(*Per Christum* 258).

113) 이것은 Richardson, *Paul's Language*의 주된 주장이다. 그러나 그는 "바울의 '크리스토스'가 들어가는 표현은 문법적으로 '데오스'가 들어가는 표현에 종속되어 있다"(304-5, 311)고 말한다. "바울이 그리스도를 해석하고 '정의하기' 위하여 하나님이 들어가는 표현을 사용하고 있다는 것이 사실이라면, 그리스도에 관한 표현이 하나님의 정체성을 재정의하고 있다는 것도 마찬가지로 사실이다"(307).

114) NRSV는 여기에서 RSV를 개정했다. 또한 NIV와 MJB도 마찬가지이다. 자세한 것은 특히 Cranfield, *Romans* 464-70; B. M. Metzger, "The Punctuation of Rom. 9.5," in B. Lindars and S. S. Smalley, eds., *Christ and Spirit in the New Testament*, C. F. D. Moule FS (Cambridge: Cambridge University, 1973) 95-112; Harris, *Jesus as God* 143-72를 보라. 다른 번역은 "… 육신을 따른 그리스도. 만유 위에 계시는 하나님은 영원히 찬송받으실지

매우 자연스러운 번역이고,[115] 다른 곳에서의 바울의 문체와도 일치한다.[116] 그리고 독립적인 송영에서 "찬송 받으시로다"라는 말이 제일 먼저 나오는 것이 자연스럽다고 생각된다.[117]

다른 한편 이 축복문을 메시아에게 돌리는 것에 함축되어 있는 신학은 문맥에 민감한 독자들에게 거슬릴 것임이 거의 분명하다. 논의 전체(롬 9~11장)가 하나님에 대한 송영(11:33-36)으로 대단원의 막을 내리는 것과 마찬가지로, 여기에 나오는 목록은 이스라엘이 받은 일련의 축복들이기 때문에, 이스라엘의 하나님에게 드려진 축복문으로 끝나는 것이 자연스러울 것이다(cf. 롬 1:25). 마찬가지로 "메시아"와 "만유 위에 계신 분, 하나님"의 병치(竝置)는 서로 다른 지위에 있는 동일 인물이 아니라 각각 다른 인물을 가리키는 것으로 보아야 한다는 것을 강력히 시사해 준다.[118] 물론 바울은 동일한 단락에서 나중에 예수를 "만유의 주"(10:12)라고 말한다. 그러나 앞에서 보았듯이, "주"를 그저 단순히 "하나님"과 동일시해서는 안 된다. 그리고 또 한 가지 주의해야 할 것은 다른 곳에 나오는 바울의 축복문들이 "하나님 곧 우리 주 예수 그리스도의 아버지"를 찬송하고 있다는 사실이다.[119]

라"이다. 이것은 A, B, C 사본의 읽기이다. REB는 이 점에서 NEB를 개정하지 않았다. 자세한 것은 Kuss, *Römer* 678-96; Dunn, *Romans* 528-29; O'Collins, *Christology* 144를 보라. Fitzmyer가 서로 상반된 여러 견해들을 열거하는 것에서 알 수 있듯이, 주석자들은 이 주제와 관련하여 거의 반반으로 갈려 있다.

115) 선행사("그리스도")와 관계대명사 사이에 to kata sarka의 삽입은 관계대명사로써 별개의 문장을 시작하는 것보다 덜 문제가 된다.

116) 롬 1:25; 고후 11:31; 갈 1:5; 또한 4:18. 우리는 고후 11:31에 나오는 "영원히 찬송받으실 이"가 문맥에 맞춰 적절하게 다듬어졌다고 말할 수 있다.

117) 고후 1:3; 엡 1:3에서처럼; 또한 벧전 1:3과 눅 1:68. 그러나 LXX 시 67:19(히브리어 본문 68:18)는 "주 하나님께서 찬송받으실지라"로 되어 있다; 그러나 Fitzmyer, *Romans* 549를 보라.

118) Kümmel, *Theology* 164. kata sarka를 통해 대비를 의도한 것이라면 — 그러나 그것은 결코 확실치 않다(cf. 롬 4:1; 9:3; 고전 1:26; 10:18) — 통상적으로 kata pneuma와 대비하는 구절에 나오는 것이 더 자연스러울 것이다. Cf. 고후 10:3-4(ou sarkika alla dynata to theo).

119) 고후 1:3; 11:31; 또한 엡 1:3; 벧전 1:3.

달리 말하면, 바울이 로마서 9:5에서 그리스도를 "하나님"으로 부르며 찬송하려고 했다고 추론하는 것은 바울이 다른 곳에서 높이 들리우신 그리스도를 말할 때에 사용한 특유의 칭호를 포기했다는 것을 의미하게 될 것이라는 말이다. 그렇다면 이것은 결코 작은 문제가 아니다. 왜냐하면 이런 주장은 하나님이 높이 들리우신 그리스도와 함께 자신의 통치권을 공유하였다는 관점을 내세워서 위에서 말한 여러 가지 제약을 받아들이려 하지 않을 것이기 때문이다. 왜냐하면 "만유 위에 계신 분, 하나님"은 다른 곳들에서("축복문들에서") 바울이 "하나님 곧 우리 주 예수 그리스도의 하나님"으로 묘사하고 있는 한 분 하나님, 창조주에 다름 아니기 때문이다.[120] 바울의 표현이 모호한 것은 분명하기 때문에, 표현 자체로만 볼 때는 본문을 그리스도에 대한 축복문으로 해석한다고 해도 그렇게 무리가 있는 것은 아니다. 심지어 이 문제에 대한 바울 자신의 유보적인 입장이 이쯤에서 슬쩍 끼어들었다고까지 말할 수도 있다. 그러나 만약 그렇다고 한다면, 바울의 신학을 재구성하고자 한다는 관점에서 보면, 본문에 나오는 축복문을 깊이 숙고된 그의 신학의 표현이 아니라 이스라엘의 축복들에 대하여 너무 기뻐한 나머지 순간적으로 불쑥 나온 찬송으로 보는 것이 현명할 것이다.

이와 관련하여 우리는 바울 서신에서 이 주제를 말하고 있을 것으로 추측되는 구절들을 논의할 필요는 없을 것 같다. 그러한 가능성 있는 구절들은 본문에 대한 논란이 있거나 사본상 지지를 받지 못하는 본문 읽기들에 의거하고 있거나[121] 또는 후대의 본문이다.[122] 바울 자신의 신학에 관한 한, 이 문제는 로마서 9:5에 달

120) 특히 엡 4:6을 참조하라. 이와는 달리 정관사가 없는 것(ho theos가 아니라 theos)이 영어에서 "god"와 "God"의 차이를 나타내는 것일 수도 있다. 그러나 이것은 천사 기독론, 즉 최고의 천사로 높아진 메시아("만유 위에 계신")를 암시하는 것일 수도 있다. 역사상의 야곱/이스라엘을 "하나님의 천사," "모든 생물의 맏이," "주의 권세의 대천사이자 하나님의 아들들 중 우두머리"로 규정하고 있는 11QMelch(멜기세덱은 elohim으로 묘사됨), *Prayer of Joseph*을 특히 참조하라. 그러나 후자는 바울 서신보다 더 후대의 것임이 거의 확실하다 (필자의 *Christology* 21을 보라). 행 8:9-10에서 누가는 사마리아인들이 시몬을 "위대한 권세(개역에서는 '큰 자')," 즉 신적인 또는 최고의 천사적 권세의 현현(顯現) 또는 화신(化身)으로 여겼다고 보도한다. 그러나 우리는 지금 롬 9:5로부터 약간 거리가 있다.

121) 갈 2:20; 골 2:2; 살후 1:12. Cullmann, *Christology* 313; Brown, *Introduction* 177, 179-80; Harris, *Jesus as God* 259-68을 보라.

122) 특히 딛 2:13 — "복스러운 소망과 우리의 크신 하나님 구주 예수 그리스도의 영광

려 있다.

c) 높이 들리우신 그리스도에게 드려진 예배의 의미. 그리스도를 지칭하는 데에 '퀴리오스'(kyrios)라는 칭호를 사용했다는 것 자체는 가장 초기의 기독교 예배에서 높이 들리우신 주님을 실제로 예배했다는 것을 보여 준다.[123] 그리스도인들의 예배와 기도에서 예수의 이름을 부르거나 예수에게 간구했다는 것을 보여 주는 증거들이 있다는 것은 확실하다.[124] 고린도전서 1:2과 로마서 10:13은 아주 초기부터 신자들은 자기 자신을 "우리 주되신 예수 그리스도의 이름을 부르는 모든 자들"로 규정했다는 것을 보여 준다.[125] 이미 언급했듯이, 고린도전서 16:22은 아람어로 보존된 이미 잘 정립되어 있던 부름말이었음이 분명하다: '마라나다'(maranatha, "우리 주여, 오시옵소서").[126] 그리고 바울은 자기의 육체 속에 있는 가시를 제거해 달라고 "세 번 주께 간구하였다"고 증언한다(고후 12:8). 적어도 이 마지막 구절이 함축하고 있는 의미는 높이 들리우신 주님이 바울의 개인적인 환경을 바꿀 수 있는 능력을 가지고 있다는 것이다. 그리고 "하나님 우리 아버지와 주 예수 그리스도"를 은혜와 평강을 공동으로 수여하는 분들로 언급하고 있는 바울의 전형적인 인사말들도 이와 비슷한 의미를 함축하고 있다.[127] 마찬가지로

이 나타나심을 기다리게 하셨느니라." 이 구절을 다르게 해석할 수도 있지만, 이것은 가장 유력한 번역이다; 예를 들어, Cullmann, *Christology* 313-14; Harris, *Jesus* 185; Brown, *Introduction* 181-82; J. D. Quinn, *The Letter to Titus* (AB 35; New York: Doubleday, 1990) 155-57을 보라. 아울러 우리는 목회서신, 특히 디모데전서(1:17; 2:5; 6:15-16)에 나오는 강력한 유일신론적인 단언들을 상기해야 한다. 그리고 "예수 그리스도"는 "우리의 크신 하나님과 구주" 또는 "우리의 크신 하나님과 구주의 영광"과 동격인가(특히 cf. 요 1:14과 12:41)?

123) "예수를 주라 부르는 것의 삶의 자리는 … 제의이다"; 빌 2:9-11과 관련해서 우리는 "예수에 대한 예배를 언급하지 않을 수 없다"(Hahn, *Titles* 102, 110). Hurtado의 핵심적인 주장은 유대교의 유일신론에 대한 기독교적 "변용"을 생겨나게 한 것은 "예수를 신적인 존재로 숭배하는 제의"였다는 것이다(*One God* 11, 123-24).

124) Hurtado, *One God* 104-8; "이렇게 그러한 기도 속에 그리스도가 자리잡고 있는 것은 유대교 분파들에서는 유례가 없다"(107).

125) Davis, *Name* 129-39(106에 나오는 이전의 결론을 보라); Strecker, *Theologie* 94-95. 그러나 "~의 이름으로"라는 정형구 자체는 반드시 높이 들리우신 권세라는 의미를 함축하고 있는 것은 아니다(cf. 고전 1:13, 15).

126) 위의 n. 66을 보라.

서신의 끝머리에 나오는 축복문들도 하나님과 주님이 함께 행사하는 권세를 전제하고 있는데, 이 점은 특히 데살로니가전서 3:11-13에서 특히 분명하게 드러난다: "하나님 우리 아버지와 우리 주 예수는 우리 길을 너희에게로 갈 수 있게 하시오며 또 주께서 … 너희도 피차간과 모든 사람에 대한 사랑이 더욱 많아 넘치게 하사 …"[128] 적어도 이 모든 것들은 예수를 높이 들리우신 주님으로 보는 기독론과 일치한다.

아울러 위의 (a)와 (b)에서 말한 주의사항은 여기에서도 지켜져야 한다. 이것은 바울이 통상적인 예배용어들을 사용할 때에 세심한 주의를 기울인 데서 알 수 있다. 바울의 감사는 언제나 하나님을 향한 것이었고(eucharistein, eucharistia), 결코 그리스도나 "주님"을 향한 것이 아니었다.[129] 이것은 단지 전승에 의해서 물려받은 표현형태를 사용하고 있기 때문만은 아니다. 왜냐하면 바울은 여러 경우에 "예수 그리스도로 말미암아," "그로 말미암아"라는 말을 덧붙임으로써 이 표현형태를 수정하고 있기 때문이다.[130] 그러니까 요지는 그리스도는 단순히 감사의 내용[131]이나 감사를 받는 분이 아니라는 것이다. 높이 들리우신 그리스도는 우리가 하나님께 드리는 찬양을 중보하는 분으로 여겨진다. 마찬가지로 주의할 것은 통상적인 기도 용어들(deomai, deesis)은 보통 하나님을 향한 것이고 그리스도를 향한 것이 아니라는 사실이다.[132] '독사조' (doxazo, "영광을 돌리다")라는 용어에 대

---

127) 롬 1:7; 고전 1:3; 고후 1:2; 갈 1:3; 엡 1:2; 빌 1:2; 살후 1:2; 몬 3.

128) 어떤 사람의 길을 인도하는 것은 하나님의 대권에 속한다(Bruce, *1 and 2 Thessalonians* 71는 시 32:8; 37:23; 잠 3:6b; 16:9을 거론한다). 또한 고후 13:13: "주 예수 그리스도의 은혜와 하나님의 사랑과 성령의 교통하심이 너희 무리와 함께 있을지어다"; 살후 2:16을 보라. Davis, *Name* 153는 "기독교 이전의 유일신론에서는 이렇게 하나님과 그리스도에게 기도를 드리는 예가 없었다"고 지적한다.

129) Eucharisteo — 롬 1:8; 7:25; 14:6; 고전 1:4(그리고 14절); 14:18; 빌 1:3; 골 1:3, 12; 3:17; 살전 1:2; 2:13; 살후 1:3; 살후 2:13; 몬 4; eucharistia — 고전 14:16; 고후 4:15; 9:11, 12; 빌 4:6; 살전 3:9; 또한 딤전 2:1-3; 4:3-5.

130) 롬 1:8; 7:25; 골 3:17.

131) 이 어구에 나오는 것은 대격을 지배하는 dia("~로 말미암아")가 아니라 속격을 지배하는 dia("~를 통하여")이다.

132) deomai — 롬 1:10; 살전 3:10; deesis — 롬 10:1; 고후 1:11; 9:13-14; 빌 1:4, 19; 4:6; 또한 엡 6:18; 딤전 2:1; 5:5; 딤후 1:3.

해서도 마찬가지로 말할 수 있다.[133] 정확히 말해서, 바울에게는 하나님만이 영광을 받으실 분이다.[134] '라트류오' (latreuo, "섬기다"[종교적으로, 제의적으로]), '라트레이아' (latreia, "섬김, 예배"), 바울 서신에서 '프로스퀴네오' (proskyneo, "예배, 경외")의 한 용법(고전 14:25)에 대해서도 마찬가지로 말할 수 있다.[135] 또한 바울의 교회들에서 행해진 예배에 관하여 매우 명시적으로 말하는 대목들에서는 그리스도가 등장하지 않는다는 사실도 주목할 만하다. 고린도전서 14장에서 방언을 말하는 자는 "하나님께" 말하는 것이고(14:2, 28), 감사도 하나님께 드리는 것이며(14:18), 예배도 하나님께 드리는 것이다(14:25). 바울의 용례에서 이러한 일관성은 우리로 하여금 바울이 그리스도를 "예배하였다"고 단언하는 것을 망설이게 만든다. 왜냐하면 성경의 증거들은 그렇지 않다는 것을 꽤 분명하게 보여 주기 때문이다.

다른 곳에서 다루고 있는 것은 예배의 내용으로서 예수에 관한 것이 많다. 이것은 빌립보서 2:6-11과 골로새서 1:15-20 같은 구절들(송영들)에 함축되어 있다. 왜냐하면 이 구절들은 그리스도를 향한 것이 아니라, 그리스도로 말미암아 하나님께 찬양을 드리는 것이기 때문이다.[136] 마찬가지로 예수의 죽음은 고린도전서 11:26에서 주의 만찬의 주제이다. 또한 바울은 그의 아들의 복음 안에서 하나님을 섬긴다(롬 1:9). 그리스도의 복음을 인정하는 것은 하나님께 영광을 돌리는 것

133) 롬 1:21; 3:7; 4:20; 11:36; 15:6, 7, 9; 고전 6:20; 10:31; 고후 1:20; 4:15; 9:13; 갈 1:5, 24; 빌 1:11; 2:11; 4:20; 엡 1:6; 3:21; 딤전 1:17. 또한 고후 4:4: "하나님의 형상인 그리스도의 영광"; 고후 8:19 — "주의 영광을 위하여"; 엡 1:12, 14; 딤후 4:18을 보라.

134) Beker가 지적하듯이(*Paul* 362-63), 바울에게 doxa는 하나님의 영광을 가리키는 경우가 압도적이다(롬 1:23; 3:23; 5:2; 6:4; 9:23; 15:7 등). 상대적으로 적게 나오는 "그리스도의 영광"(고전 2:8; 고후 4:4; cf. 고후 3:18; 8:19, 23; 살후 2:14)는 하나님의 최후의 영광에 대한 예견들을 염두에 두고 또는 그리스도께서 사람들이 볼 수 있게 하나님의 영광을 드러낸다는 견지에서 해석될 수 있다(cf. 딛 2:13과 위의 n. 122). 예를 들어, 고후 1:20 — "그[예수 그리스도]로 말미암아 우리가 아멘 하여 하나님께 영광을 돌리게 되느니라"; 빌 1:11; 그리고 롬 16:27에서 "예수 그리스도로 말미암아"라는 어구의 첨가.

135) latreuo — 롬 1:9; 빌 3:3; 딤후 1:3; latreia — 롬 12:1.

136) 골로새서의 찬송(1:15-20)은 1:12에서 시작된 아버지 하나님에 대한 감사의 연장이다. Hengel은 "그리스도에 대한 찬송들"이라는 말을 너무 부주의하게 말한다("Hymns and Christology," *Between Jesus and Paul* 78-96).

이다(고후 9:13). 예수 그리스도를 주로 고백하는 것은 아버지 하나님의 영광이 된다(빌 2:11). "그리스도 예수 안에서" 하나님의 "영광의 풍성함"을 말하는 사상은 "하나님 곧 우리 아버지께 세세 무궁하도록 영광을 돌릴지어다"(빌 4:19-20)라는 송영을 상기시킨다. 그리고 골로새서 3:16-17에서 "그리스도의 말씀"은 예배의 내용물이고, 예배는 "주 예수의 이름으로" 드려지지만, 감사는 하나님께 드려진다.[137] 특히 흥미로운 것은 로마서 14:6에서 식사 전의 감사 기도에 대하여 바울이 말하는 대목이다: "먹는 자나 먹지 않는 자나 다 주를 위하여 그렇게 하나니 하나님께 감사하느니라." 로마서 15:5-6에서, "하나님 우리 주 예수 그리스도의 아버지"에게 영광을 돌리는 것은 "그리스도 예수의 뜻을 따르는" 것이다.[138]

이 모든 것은 초기의 기독교에서 예수에 대한 제의적 예배에 관하여 말할 때에 우리는 좀 더 신중한 표현을 사용해야 한다는 것을 말해 준다. "예배"(worship)와 "존숭"(veneration)을 구별한 예전의 관행을 따른다면,[139] 우리는 전폭적인 예배에는 못 미치는 존숭을 그리스도에게 드려야 한다고 말해야 할 것이다. 또는 "예배"와 "경배"(adoration)를 구별해서 사용한다면,[140] 우리는 예수는 하나님에게만 드려지는 경배에 조금 못 미친다는 의미에서 예수는 예배되었다고 말할 수 있을 것이다.[141] 어느 쪽이든 이 문제와 관련된 바울의 유보적 태도는 곧 상실되었음을 알 수 있다.[142] 바울이 예배에서의 점진적인 변화를 알고 있었는지, 그리고 그것이 바울이 원했던 방향인지에 대해서 우리는 뭐라 말할 수 없다. 그러나 우리가 말하고자 하는 결론은 (a)와 (b)에서 언급한 주의사항은 좀 더 강화되어야 하고,

137) 그러나 엡 5:19-20에서 골 3:16-17을 각색한 것 — "너희 마음으로 주께 노래하며 찬송하며" — 과 "요한계시록에 나오는 후대의 찬송들"(Hurtado, *One God* 102-3)을 보라.

138) 또한 이 두 단원이 어떻게 끝나는지를 주목하라(14:10-12; 15:9-13); Thüsing, *Per Christum* 30-45를 보라. 그리고 빌 2:11과 고전 15:24-28을 참조하라.

139) 제2니케아 공의회(787)는 예배(latreia, adoratio)는 하나님에게만 드려야 하고, 성인들에게는 존숭(douleia, veneratio)을 드리는 것이 합당하다고 정하였다. 마리아 제의에 대해서는 hyperdouleia(흠숭, 라틴어로는 해당되는 말이 없음)라는 개념이 사용되게 되었다(K. Hausberger, "Heilige/Heiligenverehrung," *TRE* 14.651).

140) 필자의 *Partings* 318 n. 69를 보라.

141) Harris는 이 점을 개의치 않는다: 바울 서신에서 예수는 "인간의 믿음과 예배의 대상이다"(*Jesus as God* 171).

142) 요 20:28; Pliny, *Epistles* 10.96.7.

바울의 주요 서신들에서 발견되는 그의 기독론에 대한 평가도 이에 따라 신중해야 한다는 것이다.

§10.6 살리는 영

우리가 고찰해 보아야 할 바울의 부활 기독론의 마지막 특징은 오직 한 구절에만 나온다: 고린도전서 15:45 :

> 첫 사람 아담은 생령이 되었다(창 2:7) 함과 같이
> 마지막 아담은 살려 주는 영이 되었나니.

분명히 하반절(45b절)은 바울의 아담 기독론의 필연적 결과 또는 그 표현이다. 부활하신 그리스도는 종말에서 땅에 속한 아담과 비슷한 역할을 한다.[143] 그러나 여기서 놀라운 것은 바울이 창세기 2:7의 "산 영"과 병행 또는 대비되는 말로서 선택한 용어이다. 문맥상 우리가 예상할 수 있는 용어는 '신령한 몸' (soma pneumatikon)이다. 왜냐하면 이것이 44절의 주제임과 동시에 46절에서 다시 거론되는 주제이기 때문이다. 또는 우리가 예상할 수 있는 또 하나의 표현은 '산 영' (pneuma zon)이다. 왜냐하면 이 표현을 사용하면 45a절과 병행 또는 대비를 이룰 수 있기 때문이다. 그러나 바울은 이러한 표현들을 사용하지 않고, 그 대신에 "살리는 영"(pneuma zoopoioun)이라는 표현을 쓴다.

바울이 이 표현을 사용한 의도는 무엇이었는가? 이미 언급했듯이(§6.6), 성경적인 용법에서 "살린다"는 것은 거의 독점적으로 하나님 또는 그의 영의 역할이다.[144] 따라서 바울은 이 표현을 통해서 독자들이 생명을 주시는 하나님의 능력 이외에 다른 것을 생각할 것이라고 기대하지 않았을 것이다. 달리 말하면, 여기에서 바울의 이 말은 마치 그리스도를 "첫 열매"(15:23)로 하는 모든 신령한 몸들이

143) "되셨다"(became)는 함축된 의미는 방금 인용한 창 2:7에 의해 결정되었을 것이지만(Fee, "Christology" 321), 이것은 부활/높이 들리우심에서 일어난 "되심"(becoming)을 언급할 가능성이 높다(cf. 위의 §§10.3-4). 자세한 것은 §11.5a을 보라.

144) §6 nn. 130과 131에 나오는 전거(典據)들을 보라. 또한 Penna, "Adamic Christology and Anthropological Optimism in 1 Corinthians 15.45-49," *Paul* 1.206-31(특히 218-22)을 보라.

"살리는" 특징을 갖고 말하기라도 하는 것처럼, 실존(實存)의 양식으로서 마지막 아담에 관한 것이 아니라 새로운 부류의 인류, 곧 부활한 인류를 '낳은 자'로서 마지막 아담에 대한 것이다. 따라서 여기서 염두에 두고 있는 것은 "살리는 자"로서 부활하신 그리스도의 역할의 '유일무이성'이다.

그렇다면 우리는 이 표현을 "살리는 영"이 아니라 "살리는 성령"으로 번역해야 하는가? 즉, 바울은 독자들이 이 표현을 통해서 성령을 생각하도록 의도하였는가? 사실 이것이 이 용어 자체(zoopoioun pneuma)가 의도한 해석일지 모른다. 왜냐하면 하나님의 성령은 생명을 주시는 하나님의 능력의 나타남이기 때문이다. 그리고 '조오포이에오'(zoopoieo)라는 말 자체가 성령과 관련하여 사용되지는 않지만, "(하나님의) 성령"과 "생명" 간의 연관성은 이 말 자체와 결부되어 있었다. 왜냐하면 히브리어 '루아흐'(ruach)는 헬라어 '프뉴마'(pneuma)와 마찬가지로 "숨," 곧 생명의 숨도 의미하기 때문이다. 이러한 연관성은 창세기 2:7 자체로 거슬러 올라간다: "하나님이 그[adam's] 코에 생기를 불어 넣으시니." 그러나 이 점은 다른 구절들에서 더 분명하게 나타난다: 특히 욥기 33:4 — "하나님의 영이 나를 지으셨고 전능자의 기운이 나를 살리시느니라"; 시편 104:29-30 — "주께서 그들의 호흡을 거두신즉 그들은 죽어 먼지로 돌아가나이다 주의 영을 보내어 그들을 창조하사"; 그리고 에스겔이 '루아흐'에게 이스라엘을 상징하는 죽임당한 자들에게 숨을 불어넣어서 "살아나게 하라"(겔 37:9-10)고 예언하는 대목인 에스겔 37장에 나오는 경이로운 비전. 특히 우리가 주목할 것은 고린도전서 3:6에서 바울 자신이 성령의 생명을 주는 능력을 말하고, 로마서 8:2에서는 성령을 "생명의 성령"으로 지칭하고 있다는 것이다.[145)]

그러므로 여기 함축되어 있는 의미는 바울은 부활하신 그리스도를 어떤 의미에서 생명을 주는 하나님의 성령의 역할을 담당하거나 또는 동일한 것으로 묘사하고자 했다는 것이다.[146)] 이러한 생각은 결코 견강부회가 아니다. 하나님의 실제적인 임재와 자기 시현(示現)을 나타내는 영광과 지혜를 다른 곳에서 바울은 그리

145) 따라서 나는 성경 전승과 다른 곳에서의 바울의 용례를 잘 아는 독자들이라면 이 본문에서 pneuma zoopoioun을 하나님의 영에 대한 언급 또는 암시가 아닌 다른 것으로 해석하기 어렵다고 생각한다(Fee, "Christology" 321은 이에 반대). Fee의 논증은 논리적으로 "그리스도의 영"을 "하나님의 영"을 구별하게 되는 결론에 이르게 된다.

146) 이전에 필자가 좀 더 대담하게 말한 "1 Corinthians 15:45"을 보라.

스도와 동일시한다.[147] 그리고 우리는 이미 하나님이 세상을 어떻게 다루셨는가에 대한 초기 그리스도인들의 이해를 부활 사건이 근본적으로 바꾸어 놓았다는 것을 살펴본 바 있다. 그러나 성령은 하나님과 세상의 상호작용을 묘사할 때에 사용된 가장 두드러진 방식들 중의 하나였다. 따라서 바울이 하나님의 이러한 자기 시현들을 그리스도 안에서 부각시킬 때에 성령과 그리스도를 동일시한 내용도 포함시켰다는 것은 결코 놀라운 일이 아니다.

아울러 고린도전서 15:45은 바울의 서신들에서 독특하다.[148] 실제로 이 구절은 "만유 위에 계신 하나님"으로서의 그리스도에 대한 축도로 읽는 경우(§10.5b)의 로마서 9:5과 마찬가지로 독특하다고 할 수 있다. 따라서 우리는 이 구절을 마찬가지로 조심스럽게 다루어야 한다.

바울은 다른 곳에서 성령과 그리스도의 부활의 관계를 말할 때에 아주 조심스러운 태도를 보인다. 바울은 아무 거리낌 없이 자기 몸의 부활을 성령에게 돌린다. "너희 안에 거하시는 그의 영으로 말미암아 너희 죽을 몸도 살리시리라"(롬 8:11).[149] 그러나 바울은 본문에서 하나님이 예수를 성령으로 말미암아 죽은 자로부터 일으키셨다고 말하기를 꺼려한다.[150] 마지막 아담을 단순히 신령한 몸, 또는 산 영으로 이해해서는 안 되는 것과 마찬가지로, 예수의 부활 생명을 성령의 창조물로 이해해서는 안 된다. 이것은 이와 관련 있는 또 한 가지 사실과도 합치한다: 바울에게 하나님의 지혜와의 동일시는 영원까지 소급되는 반면에,[151] 고린도전서 15:45에 나오는 동일시는 부활 때로부터 시작된다. 분명히 부활 사건은 천상에서

147) "영광" — 고전 2:8; 고후 4:4, 6; 골 1:27을 보라; "지혜" — 아래의 §11.2을 보라.

148) 예를 들어, Hermann, *Kyrios*, and Strecker, *Theologie* 97에 반대하여, 나는 고후 3:17도 마찬가지라고 생각하지 않는다; 필자의 "2 Corinthians 3.17 — 'The Lord is the Spirit,'" JTS 21 (1970) 309-20과 아래의 §16.3을 보라.

149) Fee는 "너희 안에 거하시는 그의 성령으로 인하여(because of)"라는 읽기를 선호한다(*Empowering Presence* [§6 n. 1] 543); 그러나 바울은 성령을 구원을 위한 이유라기보다는 구원의 수단으로 더 생각했다.

150) 롬 8:11은 매우 골치 아픈 문장이다. 단순히 "너희 안에 거하시는 성령이 예수에게 생명을 주었다면, 성령은 너희에게도 생명을 주시리라"고 말하는 것이 훨씬 더 쉬웠을 것이다. 자세한 것은 롬 1:4; 6:4; 고전 6:14; 고후 13:4도 거론하고 있는 필자의 *Christology* 144를 보라.

151) 아래의 §§11.1-2을 보라.

의 하나님의 통치뿐만 아니라 이 세상과 하나님의 상호작용에서도 모종의 재정립을 초래하였음이 분명하다.

이와 관련 있는 또 하나의 요소는 바울 신학에서 성령은 그리스도와의 관련 속에서 결정되거나 그리스도에 의하여 정의되고 있는 것 같다는 것이다. 성령의 임재는 예수 특유의 기도를 반영하고 있는 "아바, 아버지"라는 기도, 예수의 아들로서의 지위에 동참하게 된다(롬 8:14-17).[152] 성령의 감동을 받았음을 보여 주는 특징은 "예수는 주시라"는 신앙고백이다(고전 12:3). 성령의 역사(役事)는 그리스도인들을 하나님과 닮은 모습(고후 3:18), 곧 그리스도의 모습으로 바꾸어 놓는 일이다(4:4).[153] 그런 까닭에 성령은 이제 "그리스도의 성령"(롬 8:9), "[하나님의] 아들의 성령"(갈 4:6), "예수 그리스도의 성령"(빌 1:19)으로 알려지기도 했다.[154] 이 말에 함축되어 있는 의미는 이제까지 다소 모호했던 개념인 하나님의 성령의 개념이 이제 그리스도와 관련된 것으로 이해되었다는 것이다. 예수 그리스도는 성령의 정의(定義)로 보게 되었다. 그리고 바울은 예수의 부활을 성령에게 돌리는 것을 꺼려했기 때문에, 그리스도의 성령은 그리스도의 사역 전체를 특징지웠던 영임에 틀림없다. 달리 말하면, 예수의 사역의 특징은 성령의 성격을 정의하는 것이 되었다는 말이다. 영감을 하나님의 성령에 돌리는 것에 아주 조심스러워야 한다는 것을 알았던 한 전승에서는 이것이 이루 말할 수 없이 귀한 시금석이 되었을 것이다: 예수의 성품을 드러내는 능력만이 하나님의 성령으로 규정되어야 한다는 것.[155]

우리가 염두에 두어야 할 또 다른 본문들은 바울이 하나님, 그리스도, 성령이 함께 역사하는 것으로, 또는 하나님의 은혜의 원천과 성격을 나타내는 동일한 방식들로 말하고 있는 "삼위일체적" 본문들이다.[156] 바울이 그리스도를 성령을 통해서 자기 백성 안에 내재해 계시는 하나님이라는 전통적인 개념 안에서 일하시는 것으로 생각했다는 것은 부활이 바울, 그리고 초기 그리스도인들의 신학에 미친

152) 위의 §8.3(4)을 보라.

153) 아래의 §18.2을 보라.

154) 이것은 바울만이 아니다. 또한 행 16:7과 벧전 1:11을 보라.

155) 자세한 것은 아래의 §16.4을 보라; 또한 §21.6.

156) 특히 롬 8:9-11; 고전 12:4-6; 고후 1:21-22; 13:13; 갈 4:6; 살후 2:13; cf. 고전 1:4-7; 또한 엡 4:4-6.

변화를 보여 주는 또 하나의 두드러진 증거가 된다.[157]

이 모든 것에 비추어 볼 때, 우리는 바울 신학에서 고린도전서 15:45의 의미를 좀 더 분명하게 알 수 있다. 요지는 바울은 인류에 대한 하나님의 모든 경륜과 그것을 실현하는 수단이 부활에 초점이 맞춰져 있고, 십자가에 못 박히신 이의 부활에 의해 정의된다는 것을 알았다는 것이다. 하나님이 원래 의도하셨던 아담이 부활하신 그리스도인 것과 마찬가지로, 하나님은 마지막 아담이 대표하고 있는 자들을 포괄하기 위하여 생명을 주시는 성령의 능력에 초점을 맞춘다. 이것은 생명을 주는 일과 관련해서 그리스도가 성령과 따로 떨어져서 일하는 것으로 생각되지 않았다는 것을 의미한다. 이와는 반대로, 바울에게 그리스도의 영으로서가 아닌 다른 것으로서 경험되는 영이 하나님의 성령이 아닌 것과 마찬가지로, 그리스도는 생명을 주는 성령 안에서 그리고 그 성령을 통해서, 심지어 그 성령으로 경험된다. 다른 이미지를 사용하여 달리 표현해 본다면, 남자와 여자는 결혼을 통해서 한 몸이 되듯이, 신자와 주님은 헌신의 연합을 통해서 한 영이 된다(고전 6:17). 성령은 그리스도와 그의 소유된 백성들과의 연합의 매개체이다.[158] 그러나 여기서 우리는 다시 한 번 또 다른 주제로 넘어가게 된다.

여기서 말하는 내용의 흥미로운 필연적인 한 결과를 우리는 결론을 맺기 전에 한 번 짚어볼 필요가 있다. 왜냐하면 이러한 성찰 과정은 초기 그리스도인들의 경험이 일차적인 하나님 개념을 발전시키는 데 중요한 역할을 했다는 것을 암시하기 때문이다. 신자들은 성령으로 말미암아 "아바 아버지"(롬 8:15)라 부르짖고, 그 동일한 성령으로 말미암아 "예수는 주시라"(고전 12:3)고 고백했다. 달리 말하면, 바울의 교회들에서 신자들은 예배를 이중의 관계 — 아버지로서의 하나님과

---

157) Cf. Schlier, *Grundzüge* 181-83: 성령은 "예수 그리스도 안에서 하나님의 자기 표현의 권능"이다. Fee는 바울이 "삼위일체를 전제하고 있다"고 과신하고, 문구로 표현하기까지 만도 수 세기에 걸친 복잡한 토론을 거쳤던 분석적 범주들을 도입하여 "세 위격의 구체적인 역할들 … 간의 차이들"을 분명히 하였다("Christology" 330-31).

158) 이 구절이 창 2:24을 본뜬 것이라 할지라도("한 몸," "한 영"), 바울은 "성령이 신자와 주님을 '하나된' 관계를 조성하였다는 것" 이상의 것을 말하고 있는 것 같다(Fee, "Christology" 322). 바울이 성령이 신자 안에 내주한다고 말함과 동시에 신자가 "성령 안에" 있어야 한다고 말한 것을 감안할 때, 나의 표현에는 문제가 없다고 본다(아래의 §15.4e을 보라).

주이신 예수에 대한 예배 — 로 체험하였고, 이러한 체험을 성령에게 돌렸다.

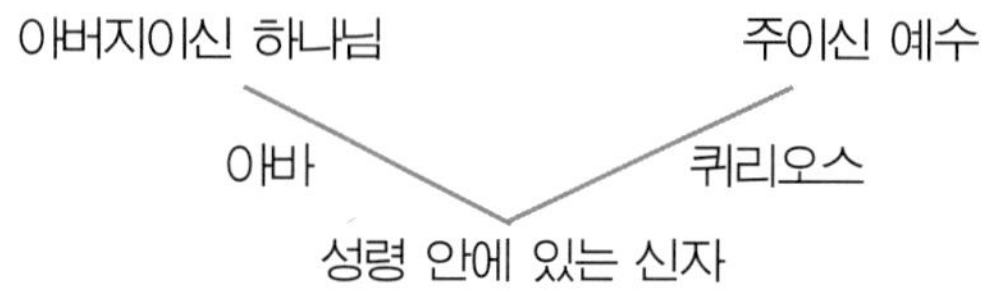

아울러 부활하신 주님과 하나님의 관계(밀접하게 연관되어 있지만 서로 구별되는)에 관한 다소 모호한 바울의 말, 부활하신 그리스도와 성령의 관계에 대한 바울의 모호한 개념(밀접하게 동일화되어 있지만 완전히 동일한 것은 아닌)을 여기에 더할 수 있다. 그리고 우리는 예배의 개념에서도 어느 정도 역동성을 볼 수 있게 되는데, 이런 것들은 결국 삼위일체적인 하나님 이해로 표현되는 결과를 가져왔다.[159]

§10.7 결론들

좀 더 충분한 결론들은 §11이 끝날 때까지 기다려야 할 것이다. 그러나 우리는 이미 앞의 여러 절들에서 발견한 것들을 통합할 수 있는 몇 가지 잠정적인 결론들을 도출해낼 수 있다.

(1) 바울 신학 내에 자리잡고 있는 예수의 지위와 위치로 볼 때, 바울이 예수의 부활을 결정적인 것으로 이해했다는 것은 의심의 여지가 없다. 바로 이 부활로 말미암아서 그리스도는 마지막 아담, 능력 있는 하나님의 아들, 주, 하나님과 함께 존숭을 받는 자, 생명을 주는 성령이 되었다.

(2) 바울의 사상에서 예수의 부활과 예수의 높이 들리우심을 실제적으로 구별하기는 어려울 것이다.[160] 부활 그 자체가 예수에게 새로운 신분을 가져다준 높이 들리우심이었다. 신약 내에서 바울만이 이렇게 말하고 있는 것은 아니다; 사도행전 1장만이 이와 다른 도식을 제시하고 있다.

(3) 바울은 이미 고전적인 기독론의 양면성을 확립해 놓고 있다. 왜냐하면 한편으로 부활하신 그리스도는 원래의 청사진에 따른 하나님의 새로운 인간 창조의

159) Cf. Fee, *Empowering Presence* (§16 n. 1) 841-45.

160) 예를 들어, Schlier, *Grundzüge* 144-47을 보라.

원형으로서 마지막 아담이고, 다른 한편으로는 하나님 우편에 앉아 하나님과 함께 다스리며 성령과 함께 생명을 주는 자이기 때문이다. 그리고 그 중간에 그리스도는 하나님의 아들로서 아들을 믿는 모든 자들과 그 아들의 지위를 공유하며, 새로운 가족의 맏형이자 죽은 자로부터 제일 먼저 난 자이다. 그렇지만 그리스도는 능력 있는 하나님의 아들이기도 하다. 그리고 그리스도는 원래 의도했던 아담의 통치권을 완성하고, 하나님의 대권들을 행사하는 주(主)이시다.

(4) 다소 혼란스럽게 뒤섞인 이미지들, 변형된 용어들, 확장된 개념들, 확대되고 해석된 비전(vision)이 서로 뒤엉켜 있는 모습 속에서, 우리는 창조적인 사고의 중요성만이 아니라 체험의 역할도 인정해야 한다. 체험은 일차적으로 부활하신 자로서의 그리스도에 대한 것이었다 — 바울 자신에게 극적이고 심오한 의미를 지닌 체험. 그러나 또한 예배 및 불변의 준거점(準據点)으로서의 일상생활 속에서 성령으로 말미암은 이 주님에 대한 지속적인 체험도 염두에 두어졌다.

(5) 이와 동시에 바울의 신학에서 분명하게 드러나는 기독론적 성찰은 그가 물려받은 유일신론이라는 한계 내에서 행해졌다. 주님으로서의 예수는 한 분이신 하나님을 침해하는 것이 아니었고, 높이 들리우신 그리스도에게 주어진 최고의 찬사조차도 "하나님 아버지의 영광"을 위한 것이었다.

(6) 이 모든 요소들, 그리고 이와 관련된 서로 다른 여러 조류들의 밀고 당김은 어떻게 바울이 전례가 없는 언어로 표현할 수 있었고, 놀라운 연관들을 만들어낼 수 있었는지를 설명하는 데 도움을 주고, 놀라운 연관들이나 등식(等式)들을 제시할 수 있었는지를 설명하는 데 도움을 준다. 여기에서 이전의 신학 체계들을 해방시키고 새로운 형태들을 보여 주는 데에 특히 부활의 영향은 분명하게 드러난다.

§11 선재(先在)하신 이[1)]

§ 11.1 하나님의 지혜

바울의 기독론에는 따로 다룰 필요가 있는 또 하나의 중요한 측면이 있다. 이것을 따로 다루어야 하는 이유는 이 측면은 부활이라는 표제 아래에서는 오직 부분적으로밖에 다루어질 수 없기 때문이다. 또한 이 측면이 우리가 바울의 신학을 서술하면서 모판으로 삼고 있는 로마서에 과연 등장하는지의 여부도 불확실하기 때문이다. 이 측면이 로마서에 등장하는지의 여부는 본서의 목적에는 별로 중요하지 않다. 물론 바울이 자신의 복음을 가장 주의깊게 해설했다고 여겨지는 서신에 어떤 주제가 등장하느냐 그렇지 않으냐 하는 것은 특히 바울의 신학에서 여러 요소들의 상대적인 중요성을 가늠하는 데 어느 정도 고려되어야 한다는 것은 사실이다. 특히 그 요소들 간에 어떤 긴장이 존재할 때는 더욱 그렇다.

여기서 우리가 살펴볼 주제는 그리스도의 선재(preexistence)라는 주제이다. 선재라는 주제에 관하여 말해 주고 있는 것으로 보이는 몇몇 구절들이 있는 것으로 생각된다. 이러한 구절들 가운데 특히 선재라는 주제를 아주 명확하게 드러내는 구절이 둘 있다 — 고린도전서 8:6과 골로새서 1:15-20. 먼저 고린도전서 8:6 —

> 우리에게는 한 하나님 곧 아버지가 계시니
> 만물이 그에게서 났고 우리도 그를 위하여 있고
> 또한 한 주 예수 그리스도께서 계시니
> 만물이 그로 말미암고 우리도 그로 말미암아 있느니라.

우리는 이미 다른 것들과 관련해서 이 구절을 살펴본 바 있다.[2)] 여기서 우리가 주목해야 할 부분은 하반절이다. 하반절이 창조에 관하여 말하고 있다는 것은 거

1) 이 책 말미의 참고문헌을 보라.

2) 위의 §§2.3과 10.5a을 보라.

의 의심의 여지가 없다. "만물"(ta panta)이라는 표현은 "모든 것, 우주, 피조된 것들의 총체"를 표현하는 친숙한 방식이었다.[3] 그리고 "그에게서," "그에게," "그로 말미암아"라는 일련의 전치사들도 하나님과 우주를 말할 때에 자주 사용되던 것들이었다.[4] 바울의 독자들은 바울이 "한 주 예수 그리스도"가 창조에서 어떤 역할을 했다고 말하는 것으로 이 본문을 받아들였을 것이다.[5] 여기서 주목할 만한 것은 이 일련의 전치사들이 한 분 하나님과 한 분 주님에게 배분되어 있다는 것이다. 바울이 쉐마(Shema)를 한 분 하나님과 한 분 주님에게 배분하였던 것과 마찬가지로,[6] 창조주로서 하나님의 역할도 아버지와 예수 그리스도에게 배분되고 있다. "만물이 그로 말미암아 생긴 자, 한 주 예수 그리스도"는 분명히 "만물"(ta panta)의 창조 이전에 존재했다.

이 점은 골로새서 1:15-20에 좀 더 분명하게 표현되어 있다. 골로새서는 후기에 속한 진정한 바울 서신이지만,[7] 이 구절은 바울이 기존에 존재했던 송영을 인용하고 각색한 것으로 널리 인정되고 있다.[8] 그리고 어쨌든 이 구절에서 다루는 주된 주제인 선재라는 개념은 고린도전서 8:6에서 바울이 이미 거론한 바 있다. 따라서 이 구절은 바울의 신학을 표현한 것으로 무리 없이 받아들여질 수 있다. 이 송영 구절은 관계대명사("who")로 시작된다; 그러나 그 선행사가 "그의 사랑

---

3) BAGD, *pas* 2ad와 2bb. 신약에서는 예를 들어 고전 15:27-28; 엡 3:9; 요 1:3 등을 보라.

4) 통상적인 예들은 Pseudo-Aristotle, *De mundo* 6; Seneca, *Epistles* 65.8; Marcus Aurelius, *Meditations* 4.23; Philo, *Cher*. 125-26이다. 바울 서신에서는 아래의 롬 11:36과 골 1:16, 또한 히 2:10을 보라.

5) Murphy-O'Conner, "1 Cor. 8.6"는 이에 반대. Murphy-O'Conner의 견해를 따르는 Kuschel, *Born* 285-91도 새로운 창조에 대한 언급만을 얘기한다. 이 신앙고백이 높이 들리우신 예수 그리스도에 대한 것이라는 사실 때문에 이 신앙고백의 내용이 바뀌는 것은 아니다.

6) 위의 §10.5a을 보라.

7) 예를 들어, 필자의 *Colossians* 35-39를 보라. E. Käsemann의 논평이 적절하다: "이 서신의 연대 설정과 관련하여 두 가지 대안이 있다: 이 서신이 진정한 것이라면, 그 내용과 문체로 보아 가능한 한 후대로 설정하는 것이 좋고, 진정한 것이 아니라면, 가능한 한 초기로 설정하는 것이 좋다"("Kolosserbrief," *RGG*[3] 1728, 필자의 *Colossians* 19에서 재인용).

8) 이 논의는 필자의 *Colossians* 83-86에서 참고문헌과 함께 간략하게 검토되고 있다.

의 아들"(1:13)이라는 것은 아주 분명하다:[9]

15 그는 보이지 아니하는 하나님의 형상이시요
모든 피조물보다 먼저 나신 이시니
16 만물이 그에게서 창조되되
하늘과 땅에서
보이는 것들과 보이지 않는 것들과
. . . .
만물이 다 그로 말미암고 그를 위하여 창조되었고
17 또한 *그*가 만물보다 먼저 계시고
만물이 그 안에 함께 섰느니라.

우리는 여기서 다시 한번 "만물"(ta panta)이라는 말이 반복되고, "그에게서," "그로 말미암고," "그를 위하여" 같은 앞에서와 비슷한 일련의 전치사들이 사용되고 있는 것을 본다. 이 구절이 창조를 말하고 있다는 것은 명시적으로 언급되고 있다(1:16). "모든 피조물보다 먼저 나신 이"(1:15)를 맨처음 창조된 자라는 의미로 해석할 수도 있지만, 문맥상으로 볼 때, 이 말의 일차적인 의미는 창조에 선행한다는 의미이다. 그 안에서, 그로 말미암아 만물이 창조된 바 그분은 "만물에 앞서," 즉 만물 이전에 존재한 것으로 생각되고 있다.[10] 또한 이 송영이 높이 들리우신 그리스도를 찬양하고 있다는 것도 거의 의심의 여지가 없다: 이 송영에 작용하고 있는 신학적 논리는 끝에서부터 시초로, 구원에서부터 창조로 거슬러 올라간다.[11] 그러나 하나님의 아들, 그리스도 예수께서 태초에 있었던 우주의 창조에서 어떤 역할을 했다는 것은 거의 의심의 여지가 없다.

우리는 이것을 어떻게 생각해야 하는가? 이러한 표현이 어떻게 그리스도에 대하여 사용될 수 있는가? 그 기독론적 의미는 무엇인가? 다행히도 우리는 특히 첫

9) 이 구절의 후반절도 분명히 그리스도의 부활(1:18 — "죽은 자들 가운데서 먼저 나신 이")과 십자가 위에서 이루신 화해의 죽음(1:20)을 언급한다.

10) 필자의 *Colossians* 90과 n. 24에 나오는 논의와 참고문헌을 보라.

11) 예를 들어, Kuschel, *Born* 331, 335와 필자의 *Colossians* 879 n. 16에 인용된 것들을 보라. Habermann, *Präexistenzaussagen*은 이 점을 반복해서 말한다(예를 들어, 260, 421).

번째 대답과 관련하여 그 해답을 멀리서 찾을 필요가 없다. 실제로 최근의 신약신학에서 이 두 구절들에서 사용된 표현과 이미지의 출처에 대해서만큼 의견의 일치를 본 문제들이 거의 없었다.[12] 학자들은 이 구절들이 하나님의 지혜에 대한 초기 유대적 성찰에서 나왔다는 데 생각을 같이 한다. 이 구절들에 사용된 언어표현은 천상의 지혜라는 존재와 관련하여 아주 많이 사용되어 왔기 때문에 초기 그리스도인들에게 설득력 있게 들렸을 것이다. 달리 말하면, 이 구절들이 표현하고 있는 것은 지혜 기독론의 고전적 표현들이라는 말이다.[13]

이 점을 간략하게 예를 들어 설명해 보기로 하자. 지혜는 "하나님의 형상"[14]이다. 즉, 눈에 보이지 않는 하나님은 지혜 속에서 또는 지혜를 통하여 스스로를 가시화하여 왔다(골 1:15). 지혜는 창조에서 하나님께서 "첫 번째로 낳은 자"이다.[15] 하나님은 "지혜로 만물을 만드셨고,"[16] "지혜로 말미암아 우주 만물(to pan)은 완성이 되었다."[17] 지혜는 "만물 이전에" 있었고,[18] "만물을 하나로 통합한다."[19] 이러한 일련의 상관관계는 결코 우연일 수 없다. 간략한 서술인 고린도전서 8:6의 경

12) 특히 가장 최근에 나온 세 권의 연구서를 보라: Habermann, *Präexistenzaussagen*, 86-87, 169-71, 240-51; von Lips, *Traditionen* 295-97, 299-301, 306-7; Kuschel, *Born* 291, 331-33.

13) 그 밖의 다른 신약의 구절들로는 적어도 히 1:1-4, 요 1:1-18 등이 있다; 그리고 아래의 §11.3을 보라.

14) Wis. 7.26; Philo, *Leg. All.* 1.43. Philo는 그가 선호하는 이미지인 신적인 로고스(Logos)에 대하여 이와 비슷하게 말한다; 필자의 *Colossians* 88을 보라.

15) 잠 8:22, 25; Philo, Ebr. 30-31; Qu. Gen. 4.97; "헬레니즘계 회당의 상투어"(Knox, *St Paul* 159 n. 3).

16) 시 104:24; 잠 3:19; Wis. 9.2; "만물(ta panta)을 생겨나게 하는 지혜" — Wis. 8.5. 지혜서 9:1-2에서 지혜와 말씀을 동일시하고, 시 33편(LXX 32편) 6절에서는 하나님의 말씀과 하나님의 영/숨을 동일시하고 있다는 것을 주목하라. "그 안에서"(골 1:16)는 세상이 존재하는 "장소"로서 로고스라는 헬레니즘계 유대교 사상을 반영하고 있는 것 같다(특히 Philo, Som. 1.62-64); 필자의 *Colossians* 91 n. 20을 보라.

17) Philo, *Det.* 54; 마찬가지로 *Heres* 199와 *Fuga* 109.

18) Sir. 1.4; 그리고 Eusebius, *Praeparatio Evangelica* 13.12.11 (*OTP* 2.841)에 나오는 Aristobulus(주전 2세기).

19) Wis. 1.6-7. 또한 하나님의 말씀(Sir. 43.26)과 Philo(*Heres* 23, 188; *Fuga* 112; *Mos.* 2.133; *Qu. Exod.* 2.118)에서는 로고스에 대하여.

우에 대해서조차, 필로(Philo)는 "~에 의해서, ~에게서, ~로 말미암아"라는 정형구를 이용하여 원천으로서의 하나님("그에 의해서"), 궁극적인 원인으로서의 하나님, 로고스(Logos)의 도구적 역할("그로 말미암아")을 구분한다(*Cher.* 125-27). 그러므로 우리는 이러한 표현들을 기록한 자들, 그들의 독자들 중 상당수가 이 표현들이 어디에서부터 왔는가를 알고 있었을 것이라고 자신있게 말할 수 있다. 이것은 지혜 또는 말씀이라는 매개를 통한 창조주로서 하나님의 사역을 고찰한 유대 사상의 조류로부터 온 것이다.

그러므로 분명히 바울은 이전에 하나님의 지혜가 담당했던 역할을 '그리스도'에게 귀속시키고 있는 것이다. 사실 바울이 그리스도를 암묵적으로 지혜와 동일시하였다고 결론을 내리는 것은 증거들에 전적으로 부합한다. 바울은 선재하는 지혜를 생각하면서 이제 그 지혜를 그리스도로 대체하였다. 그렇다면 이것은 무엇을 의미하였는가? 지혜는 누구 또는 어떤 존재였는가? 지혜에 관한 표현들이 그리스도에게 적용되었을 때에 그 표현들이 지닌 기독론적 의미들을 따져보기 전에, 우리는 먼저 하나님의 지혜의 정체성을 분명히 하지 않으면 안 된다.[20]

불행히도 이 점과 관련해서 학자들의 지금까지 일치된 견해는 갈라지기 시작하는데, 대체로 학자들의 견해를 세 가지로 간추려 볼 수 있다.[21] 어떤 학자들은 이 표현을 유대교의 유일신론이 쉐마(Shema) 및 제2이사야가 암시하고 있는 것과는 달리 그렇게 명확하게 규정되어 있지 않았음을 보여 주는 증거로 받아들여야 한다고 생각한다. 이것은 우리가 이미 잘못되었다고 지적한 견해이다.[22] 여기서 중요한 핵심은 동일한 표현이라도 유일신론적 체계냐, 아니면 다신론적 또는 혼합주의적 체계냐에 따라 그 기능이 달라지고, 그 의미가 다르게 이해되어야 한다는 것이다. 후자인 다신론적 체계에서는 지혜를 신적인 존재로 인식하여 신으로 대접하는 일은 아주 쉬운 일이다. 그러나 유대교에서 지혜는 신전도 제사장도 가지고 있

20) 그러한 문제들을 추적하지 못한 것이 Habermann, *Präexistenzaussagen* 87-89, 178-80, 219, 420-21의 주된 약점이다. 신약의 구절들이 지혜의 선재(先在)라는 성격에 대한 그 어떤 사변적인 성격도 보이지 않고 있다고 말하는 것(246, 416)은 이 문제를 회피하는 것일 뿐이다.

21) 이하의 서술에서 나는 *Christology* 168-76(또한 230-39)과 *Partings* 197-99에 나오는 나의 좀 더 자세한 논의들을 요약하였다.

22) 위의 §2.3b을 보라.

지 않았다. 주변의 무신론과 혼합주의적 위협에 민감했던 유대교에서는 지혜를 한 분으로서의 하나님에 대한 이스라엘의 신앙고백을 위협하는 개념으로 생각했다는 그 어떠한 암시도 존재하지 않는다.[23)]

위에서와 정반대 되는 해법은 지혜에 관한 말을 하나님과 세상 그리고 자기 백성과의 상호작용에 대하여 말할 때에 이스라엘이 사용한 생생한 은유와 의인법의 연장으로 해석하는 것이다.[24)] 예를 들면, 시편 85:10-11은 "의"와 "화평"이 서로 입맞추는 것으로 묘사한다. 이사야 51:9은 주의 팔이 "깨어나 힘을 얻기"를 기원한다. 「요셉과 아세넷」(*Joseph and Aseneth*) 15:7-8에서, "회개"는 "지극히 높으신 이의 딸 … 모든 처녀들의 수호자 … 매우 아름답고 순수하고 정숙하고 점잖은 처녀"로 묘사된다. 그러므로 지혜는 피조물과 이스라엘을 다루시는 하나님의 모든 역사(役事)들은 하나님의 지혜가 그 가운데 역사하기 때문에 지혜롭다는 사상을 강조하는 방식으로 볼 수 있다. 이 점은 특히 하나님께서 지혜로서 이스라엘을 보호하신다고 말하면서, 따라서 오직 하나님만을 찬양하면서(10:20; 11:10, 13, 17, 21-26) 하나님의 "손"과 "영"을 지혜와 대등한 이미지들로 사용하고 있는(11:17; 12:1) 솔로몬의 지혜서(Wisdom of Solomon)에 분명하게 나타난다.

이런 식으로 여러 이미지들을 바꿔가며 사용하고 있는 것은 다른 곳에서 우리가 발견한 것과도 일치한다. 하나님의 지혜는 하나님의 말씀, 하나님의 영, 하나님의 영광, 하나님의 이름과 비슷한 방식으로 기능한다.[25)] 이러한 것들은 모두 '가까이 계시지만 전적으로 타자이신 하나님'에 관하여 말하는 수단들이었다. 초기 유

23) 그 결과 최근의 논쟁에서 이것은 셋 중에서 가장 선호도가 떨어지는 견해가 되었다. 또한 Casey, *Jewish Prophet* (§10 n. 1) 88-90; Hurtado, *One God* (§10 n. 1) 42-50; Kuschel, *Born* 20-27을 보라. 또한 위의 §2.3b을 보라.

24) 예를 들어, B. L. Mack and R. E. Murphy, "Wisdom Literature," in *Early Judaism and Its Modern Interpreters*, ed. R. A. Kraft and G. W. E. Nickelsburg (Atlanta: Scholars, 1986) 377("하나님의 친밀한 활동과 그 분의 개인적 호출들에 대한 시적인 의인화"). 이는 J. Marböck, *Weisheit im Wandel. Untersuchungen zur Weisheitstheologie bei ben Sira* (Bonn: Hanstein, 1971)를 재인용한 것이다; 필자의 *Christology* 326 n. 22에 나오는 그 밖의 다른 학자들.

25) 예를 들어, Wis. 18:15; 시 139:7; 1 Enoch 39:7, 9, 13; m. Aboth 3.2. 하나님의 영광에 대해서는 필자의 *Christology* 315 n. 10을 보라; 하나님의 이름에 대해서는 cf. Davis, *Name* (§10 n. 1) 110-18.

대교 사상은 분명히 하나님의 초월성과 하나님의 내재성을 통합하는 문제를 후자, 곧 내재성을 완곡하게 표현하는 이러한 이미지들을 사용해서 해결하였음이 분명하다. 따라서 하나님의 말씀은 하나님이 인류를 다루시는 합리성을 가리키고, 지혜는 그 다루시는 일들 속에 있는 지혜를 가리킨다. 하나님의 영은 하나님의 임재의 역동적인 생명력을 표현하고, 하나님의 영광은 사람의 눈으로 볼 수 있는 하나님의 임재이다. 요컨대, 하나님의 지혜는 하나님 이외의 그 무엇이 아니라 지혜라는 측면에서의 하나님에 다름아니다.[26]

이 두 번째 견해에 대한 주요한 대안은 지혜를 하나님의 속성들의 "위격화," 즉 "인격체와 추상물의 중간 정도 되는 위치"를 차지하는 그 무엇, 또는 인격과 의인화의 중간 정도 되는 그 무엇으로 보는 것이다.[27] 이것은 지혜 자체에 귀속된 모든 것들 그대로 유지하면서 "의인화"라는 말이 너무 딱딱하고 부적합하다고 생각하는 학자들에게 매력적으로 비쳐져 왔다.[28] 후자와 관련해서 "의인화"라는 말은 이스라엘의 시적 감성과 이미지의 생생함을 묘사하는 데 부적합하다는 것은 우리가 인정할 수 있다. 그러나 "위격"(hypostasis)이라는 말은 기독교 역사의 주후 3-4세기에나 전문적인 신학적인 의미를 획득한 개념이고, 기독교 특유의 딜레마를 해결하는 수단으로 도입된 개념이었다.[29] 그러므로 이 개념을 현재의 논의에서 사용하는 것은 시대착오적이고, 주후 1세기 유대인들과는 아무 관련이 없었던 그러한 구별을 이 논의에 도입하는 꼴이 되고 만다.

그러므로 "위격화"의 실체가 지혜에 관한 초기 유대교의 논의에 존재하고 있었지만, 이에 대한 적절한 전문적인 용어는 아직 등장하지 않았다는 정도로 말하는

26) 예를 들어, 잠 2:6; Sir. 1:1; Wis. 7:15.

27) 나는 W. O. E. Oesterley and G. H. Box, *The Religion and Worship of the Synagogue* (London: Pitman, 1911) 195에 나오는 "위격"(hypostasis)에 대한 고전적인 정의를 염두에 두었다.

28) 예를 들어, Craddock, *Pre-existence* 32-33; Gese, *Biblical Theology* 192-93; Hengel, *Judaism* 1.153-55, 2.98 n. 294; 그리고 필자의 *Christology* 325 n. 21에 나오는 책들을 보라.

29) 나는 G. F. Moore, "Intermediaries in Jewish Theology," *HTR* 15 (1922) 41-85(특히 55)와 G. L. Prestige, *God in Patristic Thought* (London: SPCK, 1952; 1964) xxviii의 항의들을 반영하였다. 마찬가지로 Marböck, *Weisheit im Wandel* (위의 n. 24) 129-30과 Kuschel, *Born* 195-96.

것이 공평하지 않을까? 아마도 그럴 것이다.[30] 그러나 우리가 유대적 은유의 강렬함을 알고, 지혜가 확대된 은유의 역할을 했다는 것을 인정한다면, 그러니까 수많은 유대인들이 하나님의 영광과 지혜에 관한 말을 하나님의 내재성에 관한 말로 규정하는 데 아무런 어려움도 느끼지 않았음을 우리가 안다면,[31] "위격화" 같은 용어에 의지하는 것이 과연 꼭 필요한 일일까? "의인화"라는 표현이 만족스럽지 않다면, 그저 지혜에 관한 "은유"라고 말하는 것도 괜찮을 것이다. 그러나 무엇보다도 어떤 용어를 사용하든간에 여러 증거를 살펴볼 때 초기 유대교 내에서 지혜를 하나님의 지혜, 곧 피조물과 그의 백성을 지혜롭게 다루는 내재하시는 하나님으로 이해했다는 핵심을 잊어서는 안 될 것이다.

이 정도의 해명을 토대로, 우리는 다시 한 번 다음과 같은 질문을 제기할 수 있다: 그러한 지혜라는 표현을 그리스도에게 적용한 것의 기독론적 함의들은 과연 무엇인가? 예수를 지혜로 규정한 것이 실제로 무엇을 의미하였는가?

§ 11.2 지혜로서의 예수

이것은 바울에게 무엇을 의미했는가? 이에 대한 해답이 존재한다면, 아마도 그 해답은 앞에서 이미 인용한 두 구절에서 찾아야 할 것 같다 — 고린도전서 8:6과 골로새서 1:15-17.

a) 고린도전서 8:6. 한 가지 분명한 대답은 바울은 십자가에 못 박히신 그리스도가 만물의 시초에서부터 하나님과 함께 있었다는 것을 전제하였다는 것이다. 메시

30) Witherington은 잠언과 벤 시라의 사고는 의인화를 넘어서는 것이 결코 아니지만 (*Sage* 38-43, 92-93), 솔로몬의 지혜서에서는 "하나님의 속성에 대한 단순한 의인화를 넘어서서 위격으로 파악하는 단초들을 보인다"(*Sage* 109)고 주장한다. Cf. Whiteley, *Theology* 111-12. Von Lips는 "위격"이라는 용어가 과연 "회개"나 "지혜"를 여인으로 묘사하는 기법을 가리키는 적합한 용어인지를 묻지 않은 채 의인화와 위격을 포괄하는 해법을 택한다 (*Traditionen* 153-66).

31) 예를 들어, 필자의 *Christology* 315 n. 10과 326-27 nn. 22, 37-41에 인용된 것들을 보라; 또한 de Jonge, *Christology* 197과 Kuschel, *Born* 192-99, 205-7 및 거기에 나오는 참고문헌들도 보라. Kuschel은 이렇게 요약한다: "의인화와 선재(先在)는 형태가 없는 것에 형태를 부여하고, 눈에 보이지 않는 것을 가시적으로 만들며, 어떠한 이미지도 없는 것을 묘사하기 위한 시적, 문체적 수단이다: 인간에게 자기를 계시하시는 하나님"(*Born* 207).

아의 선재에 관한 사상은 분명히 유대적 사상이 계속적으로 품고 있었던 것이고, 이런 의미로 해석될 수 있는 본문들이 이미 통용되고 있었다.[32] 그러나 이 구절이 생각하는 것은 단순히 그 역사적 역할이 하나님에 의해서 미리 예정되었고, 따라서 필연적으로 하나님과 함께 선재했다고 할 수 있는 그런 역사적 인물에 대한 것이 아니었다.[33] 아마도 이런 식으로 관념적(觀念的) 선재로부터 현실적(現實的) 선재로의 개념 발전이 이루어져 왔던 것으로 보인다.[34] 그러나 여기에서의 사상은 창조행위에의 참여에 관한 것이고, 또한 하나님의 지혜와 동일시가 다루어지고 있다. 그리고 하나님의 창조행위를 말하는 한 방식으로서 지혜, 만물을 창조하실 때에 사용하셨던 수단으로서 지혜는 유대교의 지혜 신학에서 확실하게 감지될 수 있는 것으로 보이긴 하지만, 메시아의 선재에 관한 가장 초기의 표현들이 그 정도까지 나아갔었느냐 하는 것은 조금 의문이다.

우리가 고찰한 것과 좀 더 유사한 병행은 하나님의 지혜와 토라를 동일시하고 있는 본문이다. 이러한 동일시는 시락서 24:23과 바룩서 4:1에서 훨씬 더 명시적으로 행해지고 있다. 지혜에게 바치는 벤 시라의 위대한 찬양(시락서 24:1-22)은 유대교 지혜 신학의 고전적인 표현으로서, 지혜를 묘사할 때에 사용된 풍부한 시각적 이미지들을 잘 보여 준다.[35] 그러나 이 찬양의 절정은 토라와의 동일시라고 벤 시라는 생각했음이 분명하다:

---

32) 필자의 *Christology* 70-72를 보라.

33) 이것의 분명한 본보기는 출 25:40일 것이다.

34) 관념적 선재(先在)라는 문제에 대해서는 예를 들어 J. Klausner, *The Messianic Idea in Israel* (New York: Macmillan, 1955 = London: Allen and Unwin, 1956) 460을 보라: "메시아가 창조 이전에 존재했다는 것은 탄나임 문헌 그 어디에도 언급되지 않는다 … '메시아의 이름' 은 메시아라는 관념, 더 정확하게 말해서 메시아를 통한 구속(救贖)이라는 관념이다. 이 관념이 창조에 선행하였다." 메시아의 이름을 비롯해서 "세상이 창조되기 이전에 창조된" 일곱 가지에 대한 랍비들의 믿음에 대해서는 *b. Pesahim* 54a; *Nedarim* 39b; Targum Pseudo-Jonathan Zech. 4.7을 보라. Stuhlmacher는 *Similitudes of Enoch*이 이미 잘 알려져 있었다고 전제함으로써 인자/메시아의 선재가 이미 확립되어 있던 개념이라고 지나치게 당연시하는 경향이 있다(*Theologie* 187). 자세한 것은 Davies, *Paul* 158-63과 필자의 *Christology* 69-81, 294 n. 37과 296 n. 64를 보라.

35) 지혜는 일련의 나무들과 향료들, 달콤한 꿀, 청량음료에 비유된다(Sir. 24:13-21).

> 이 모든 것들[지혜에 관한 다양한 묘사들]은 야곱의 회중을 위한 유업인 지극히 높으신 자의 계약의 책, 모세가 우리에게 명한 율법이다. 이것은 비손 강과 같이 지혜로 차 있다 …

바룩서 3:9-37에 나오는 찬양도 이와 매우 비슷한데, 이 찬양은 지혜가 이 땅에 출현했다는 사상, 토라와의 직접적인 동일시에서 절정에 달한다. "그 후에 지혜는 이 땅에 나타나 인간들 가운데 살았다. 지혜는 하나님의 계명들의 책, 영원히 존재하는 율법이다 …"(3:38~4:1).[36]

이 두 구절들은 토라의 선재를 말하고 있다고 말하기 쉽고, 실제로 많은 학자들이 그렇게 말한다.[37] 그러나 하나님의 감춰진 지혜가 율법을 통해서 이스라엘에게 드러나게 되었다고 말하는 것이 좀 더 정확할 것이다. 이제 이스라엘은 태초부터의 하나님의 사역 방식이었던 지혜(Sir. 24:9), 선한 삶의 비밀이었던 지혜(Bar. 3:14; 4:4)에 다가갈 수 있게 되었다. 지혜는 바로 율법 안에 있었고, 지혜는 율법이었다. 달리 말하면, 선재하는 지혜가 이제 율법이었음이 인식됨으로써 율법이 선재하였다고 말할 수 있게 된 것이었다.

사실 바울과 초기 그리스도인들이 했던 것은 이 등식(等式)에 나오는 토라의 자리에 그리스도를 대입시키는 것이었다. 그렇게 한 이유는 앞서와 동일하다: 나사렛 예수로서 그리스도가 그 자체로 선재했다기보다는 선재한 지혜가 이제는 그리스도로 인식되었던 것이다. 한 분 하나님의 주권을 어떤 식으로든 공유한 주되심에 관한 신학과 결합되면서, 선재 개념이 무엇을 포함하고 있었든간에, 이러한 결합은 놀라울 정도로 범주를 파괴하는 힘을 갖게 되었다.

이쯤에서 우리는 바울이 사실 이미 그리스도를 명시적으로 하나님의 지혜라고 규정했다는 사실을 상기할 필요가 있다 — 고린도전서 1:24과 30절: "그리스도

36) 자세한 것은 Schnabel, *Law and Wisdom* 69-92(Sirach), 98-99(Baruch), 109-12(1 *Enoch*), 117-18(*Pss. Sol.*), 122-24(*Ep. Arist*), 127-28(*Sib. Or. 3*), 132-34(*Wisdom*), 136-38(*4 Macc.*), 149-51(*4 Ezra*), 158-61(*2 Baruch*), 206-26(*DSS*)을 보라.

37) 랍비 전승은 바울 다음 세대쯤인 랍비 아키바에게서 이미 창조에서의 토라의 역할에 대한 사상을 확인해 준다; 그러나 그것은 랍비들에게 중요하지도 않았고, 하나님이 토라의 역할을 예정하였다는 사상을 넘어서지도 않는 것으로 보인다(예를 들어, Craddock, *Pre-existence* 47-53을 보라).

는 하나님의 능력이요 하나님의 지혜니라"(1:24); "하나님으로부터 나와서 우리에게 지혜와 의로움과 거룩함과 구원함이 되셨으니"(1:30). 문맥으로 볼 때, 바울은 인간의 지혜와 하나님의 지혜를 대비시키고 있다(1:17-31). 그러므로 바울이 여기서 한 주장은 십자가의 어리석음, 십자가에 못 박히신 그리스도를 선포하는 일이 하나님의 지혜의 진정한 잣대라고 말하는 놀라운 것이었다(1:21-25). 이러한 사상은 시락서 및 바룩서에 나오는 것과 매우 비슷하고, 고린도전서 8:6에 함축되어 있는 사상과도 아주 흡사하다: 예수 그리스도는 하나님의 지혜에 대한 가장 분명한 해석이자 설명이고, 십자가는 만유를 창조하고 선한 삶을 살기 위해 인간에게 꼭 필요한 지혜의 가장 온전한 화신(化身)이다.[38] 앞에서 이미 살펴보았듯이(§10.6), 바울은 실제로 나중에 동일한 서신에서 성령에 대해서도 같은 말을 한다(고전 15:45). 생명을 주시는 성령은 이제 마지막 아담이신 부활하신 그리스도와의 동일시를 통해서 가장 분명하게 인식될 수 있다. 따라서 만물을 창조한 하나님의 지혜도 십자가에 못 박히신 그리스도와의 동일시를 통해서 이제 가장 분명하게 인식될 수 있다.

그렇다면 1:24과 30절은 말할 것도 없고, 고린도전서 8:6에도 선재(先在) 사상이 들어 있는 것인가? 물론 그렇다. 그러나 그것은 하나님의 지혜의 선재, 즉 하나님의 선재이다. 우리는 여기서 그리스도 안에서의 하나님의 지혜의 "성육신"이라는 말을 해도 되는가? 바울은 그렇게 하고 있지 않지만, 후대의 요한복음 1:14에 비추어 볼 때, 이것은 바울의 신학에 대한 해석으로서 전적으로 적절하다고 할 수 있다. 이 미묘한 신학적 내용은 "그리스도의 선재"라는 개념으로 가장 잘 표현될 수 있는가 하는 것은 또 다른 문제이다.[39] 그러나 선재라는 표현의 적합성과 신학적 의의가 끊임없이 논란이 된다고 할지라도, 앞에서 말한 핵심적인 내용들이 모호해져서는 안 된다: 바울의 지혜 기독론은 하나님이 한 분이라는 계속된 신앙고

38) 고전 1:24, 30과 8:6을 von Lips이 분리하고 있는 것(*Traditionen* 349-50)은 8:6에 나오는 지혜 이미지의 "위격적"성격을 지나치게 부각시키고, 8:6에서 지혜 이미지를 도입한 사람이 1:24과 30절에서 하나님의 지혜로 명시적으로 규정된 분이 바로 '십자가에 못 박힌' 그리스도라는 것을 회상시킬 의도였을 가능성을 무시하고 있는 것이다.

39) Schnabel, *Law and Wisdom* 258. 저자 및 최초의 독자들의 "제한된 지평," "개념의 변화"에 관한 필자의 주의사항들을 학자들은 별로 주목하지 않아 왔다(필자의 *Christology*, xi-xxxix, 특히 xiv-xvi을 보라).

백과 전적으로 합치하고(고전 8:6), 바울에게 하나님의 지혜의 신비는 그리스도 안에서 또한 그의 십자가 이전에는 결코 계시된 적이 없었다는 것(고전 1:24).

(b) 골로새서 1:15-20. 골로새서 1:15-17에 나오는 한층 명시적인 창조에 관한 표현에 대해서도 대체로 위에서와 같은 말을 할 수 있다.[40] 그러나 여기에서 덧붙여진 새로운 특징은 이 송영이 두 번째 연(1:15-18a)으로 이어진다는 것과 이 두 번째 연(聯)이 첫 번째 연과 분명한 병행을 이루고 있다는 것이다.[41] 이것을 옛 창조와 새 창조 간의 균형이라는 말로 표현하는 것이 아주 적절할 것 같다. 첫 번째 창조에서 그리스도가 "하나님의 형상"이었듯이, 그리스도는 새 창조의 "시작(근본)"(1:15, 18)이다. 그리스도가 "모든 피조물보다 먼저 나신 이"였듯이, 그리스도는 "죽은 자들 가운데서 먼저 나신 이"(1:15, 18)이다. 만물이 "그에게서" 창조되었듯이, 하나님께서는 "하나님의 모든 충만을 예수 안에 거하게 하시기를 기뻐하셨다"(1:16, 19). "만물이 다 그로 말미암고 그를 위하여 창조되었듯이," 하나님의 의도는 "만물"이 "그로 말미암고," "그를 위하여"(1:16, 20) 화해를 이루는 것이었다. 이것은 고린도전서 15:45과의 또 다른 병행이다. 왜냐하면 사실 여기에서의 내용 전개의 순서는 거기에서의 첫 번째 아담과 마지막 아담이라는 순서와 동일하기 때문이다. 아담 기독론은 하나님께서 최초의 인류에 대응하는 종말론적 형태의 인류를 존재하게 한 수단을 해명하는 것이었다. 마찬가지로 여기에서 지혜 기독론은 하나님께서 십자가와 부활을 통하여 새 것을 창조함으로써 옛 것의 화해를 가져오기 위하여 그의 주권을 계속해서 행사할 때에 사용한 수단을 설명하는 것이다.

---

40) 여기서의 해석은 바울이 골로새 신자들에게 위협이 된다고 보았던 골로새 사람들의 "철학"(골 2:8)과 관련된 특정한 학설에 좌우되지 않는다; 필자의 "Colossians Philosophy" (위의 §2 n. 37); *Colossians* 23-35를 보라.

41) 1:15 "먼저 나신 이" 1:18b
1:16 "그에게서" 1:19
1:17 "만물, 그로 말미암고, 그를 위하여" 1:20

또한 "만물"이라는 주제의 반복(16절과 17절에서 각각 2번, 18절과 20절에서 각각 1번)과 "하늘과 땅에 있는 모든 것들"(1:16)의 창조로부터 "땅에 있는 것들이나 하늘에 있는 것들"(1:20)의 화해라는 절정으로의 이동을 주목하라. 본서에서는 두 번째 연(聯)이 원래의 찬송의 일부였는지, 아니면 나중에 손질해서 첨가한 것인지는 중요하지 않다.

여기서 주목할 만한 것은 부활과 관련된 기독론적 계기가 창조에서의 선재하시는 이의 계기와 대등한 비중을 부여받고 있다는 것이다. "그는 시작(근본)이다" — 즉, 부활의 새로운 시작. 그는 단순히 새로운 질서의 최초의 인물이 아니라 "친히 만물의 으뜸이 되려" "죽은 자들 가운데서 먼저 나신 이"이다(1:18). "그 안에서 하나님의 모든 충만을 거하게 하시기를 기뻐하셨기"(1:19) 때문에, 이런 일이 일어났다. 이 구절에 의하면, 그리스도가 으뜸이 되신 것은 지상의 예수 안에 하나님의 충만이 (육체로 2:9) 거하면서 시작되었다.[42] 달리 말하면, 부활 후의 으뜸되심은 하나님의 지혜의 으뜸되심이 아니라 두 번째 출생(부활)과 관련된 것이다. 분명히 여기에서 염두에 두고 있는 것은 일종의 두 단계의 형성 과정이다.[43] 이 구절의 규형 잡힌 두 연으로 된 형태 속에서, 어느 하나가 다른 하나보다 더 중요하다고 말할 수 없다. 첫 번째 형성 과정이 창조에 대하여 필수적이었던 것과 마찬가지로, 두 번째 형성 과정은 그리스도의 으뜸되심의 완성과 그의 화해 사역에 필수적인 것이었다(1:20). 창조와 화해는 동일한 그리스도를 통하여 한 분 하나님이 행하신 사역이지만, 각각의 사역은 자신만의 독자적인 시작과 형성 과정이 필요하였다.

여기서 다시 한 번 우리는 이제까지 아담 기독론과 지혜 기독론이라고 말했던 것이 서로 중복되는 성격을 지닌다는 것을 알게 된다. 둘은 모두 그리스도 안에서 구현된 하나님의 창조의 목적을 강조하는데, 하나는 하나님이 창조하신 인류라는 견지에서 강조하고 있고, 다른 하나는 하나님의 창조 계획과 능력이라는 견지에서 강조한다. 이 둘은 모두 그리스도를 위한 결정적인 새로운 계기이자 그리스도가 대표로 하는 새로운 종류의 인류를 위한 결정적인 새 계기로서 그리스도 안에서, 그리스도를 통해서, 그리고 죽음과 부활을 통해서 실현된 목적을 강조한다.

물론 두 연(聯)의 집중적인 강조점들을 격하시키는 것은 현학적인 것으로서 정당하지 못할 것이다. 오히려 우리가 배워야 할 교훈은 두 연이 각기 다른 은유들을 표현하고 있고, 그 어느 쪽도 희생되어서는 안 된다는 것이다.[44] 이러한 서로

---

42) 골 1:19과 2:9에 대해서는 위의 §8.7을 보라. 이 구절들에는 "성육신"의 개념 비슷한 것이 표현되어 있음을 보게 되지만, 그것은 별개의 "존재"의 성육신이 아니라 "모든 충만으로 계신 하나님"(1:19), "신성의 모든 충만"(2:9)의 "성육신"이다.

43) 또는 요단강에서의 내주(內住)나 성육신 중간 단계를 통합하고 있다(§8 n. 118을 보라).

다른 은유들을 나란히 배치하는 데서 생기는 긴장들은 어려운 주제들을 표현할 때에 불가피하게 생겨날 수밖에 없다. 은유들과 이미지들이 깔끔하게 잘 맞아 떨어지지 않는 것은 바로 은유들이 "작동하는" 한 가지 기능이다. 일련의 인유와 인상을 후퇴시키고 수사적 병행들을 끌어내도록 구성된 송영적인 문서를 교의적이거나 법률 문서로 다루어서는 안 된다. 그러나 그 표현이 대단히 비유적이기 때문에 신학을 그런 표현을 사용하여 말하는 것은 삼가야 한다.

그러므로 여기서 다시 한 번 우리는 이 구절에 표현된 그리스도의 선재에 관하여 말하지 않을 수 없다.[45] 그러나 그것은 하나님이 만유를 창조하시고 붙드실 때 사용한 수단으로서의 하나님의 지혜의 선재, 곧 하나님의 선재에 관한 것이라는 말을 다시 한 번 해 두어야 하겠다.[46] 그것은 하나님의 임재가 만물을 가득 채우고 있는 하나님의 충만의 선재, 이제는 그리스도 안에, 특히 그의 십자가와 부활 속에 성육신되어 있는 하나님의 충만의 선재이다.

§ 11.3 그 밖의 다른 지혜 구절들

그 밖에도 바울 서신에는 그리스도를 하나님의 지혜라고 보는 구절들이 여럿 나온다. 그렇지만 이 구절들은 인유적(引喩的)으로 말하고 있기 때문에 우리의 논의에 어떤 내용을 더해 주지는 않고, 단지 지혜 기독론이 앞에서 검토한 구절들이 보여 주는 것보다 훨씬 더 바울 신학의 한 특징이라는 것을 보여 주기 위한 목적으로만 논의될 뿐이다. 그러나 어쨌든 이러한 구절들은 적어도 언급되어야 하고,

---

44) 그런 생각을 가진 자들은 마찬가지로 "모든 피조물보다 먼저 나신 이"(1:15)를 아리우스(Arius)적으로 해석하고 1:18-19을 양자론(養子論)이나 네스토리우스(Nestorius)적으로 해석하기를 강요할 수 있다. 필자의 *Christology* 189, 191-92를 보라.

45) 그러나 바울은 "예수의 선재"에 대하여 말했을까?(Stuhlmacher, *Theologie* 288). Kümmel의 말과 비교해 보라: "바울이 인간 예수의 역사적 구체성을 진지하게 고려하였기 때문에 이 이름을 역사 이전으로 투영하여 선재(先在)를 말하기를 꺼려하여 선재하신 분을 '예수'로 지칭하지 않은 것은 우연이 아닐 것이다"(*Theology* 155). *Christology* 238-43에 나오는 O'Collins의 좀 더 신중한 비판을 보라. 나는 Hanson, *Image* 74-75과의 논쟁에서 나의 이전의 분석(*Christology*)을 인정하지 않는다.

46) "사용된 단어들의 분명한 의미"(Morris, *Theology* 45 n. 24)는 그 이미지가 어떤 의미를 전달하느냐에 달려 있다.

이 구절들의 증언적 가치도 고려되지 않으면 안 된다.

a) 갈라디아서 4:4과 로마서 8:3 — "하나님이 그 아들을 보내셨다." 에두아르트 슈바이처(Eduard Schweizer)의 중요한 연구 이래로 이 짤막한 구절이 지혜 기독론을 표현하고 있다는 것이 널리 받아들여져 왔다.[47] 이를 뒷받침하는 주된 논거는 갈라디아서 4:4-6에서 하나님이 그 아들을 보내셨다(exapesteilen)는 것(4:4)이 하나님이 그의 아들의 영을 보내셨다(exapesteilen)는 것(4:6)과 병행되어 나온다는 사실이다. 이러한 이중적 파송(派送)에 관한 사상과 가장 가까운 병행이 지혜서 9:10과 17절에 나온다:

> 10 그녀[지혜]를 거룩한 하늘들로부터 보내고(exaposteilen)
> 당신의 영광의 보좌로부터 그녀를 보내십시오(pempson).
>
> . . . .
>
> 17 당신이 높은 곳에서부터 당신의 거룩한 영을 보내고(epempsas)
> 지혜를 주지 않았다면 누가 당신의 모략을 알았겠습니까?

비록 두 번째 성령의 보냄에 대해서는 언급하지 않지만, '펨포'(pempo)라는 동사를 사용하고 있는 로마서 8:3-4도 이와 비슷하다. 그럼에도 불구하고 표현이 서로 유사하고 어느 정도는 판박이라고까지 말할 수도 있다.[48] 따라서 이 두 구절의 근저에 있는 신학은 동일하다고 할 수 있다.

이러한 언어표현을 요한 저작들에 나오는 비슷한 모티프와 연결시킬 때,[49] "하나님이 그의 아들을 보내셨다"는 말이 아주 신속하게 초기 기독교에서 자리를 잡게 되었다는 유력한 주장이 나온다. 그리고 요한 저작에서는 그 보내심이 하늘로부터 보내심이었다는 것이 틀림없기 때문에, 지혜서 9절의 병행문이 시사해 주는 바와 같이, 이 동일한 사상이 바울의 초기 표현에 함축되어 있었다는 것은 쉽게 추론될 수 있다.[50]

---

47) Schweizer, "Hintergrund."

48) 갈 4:5-7과 롬 8:14-17 간의 밀접한 병행을 주목하라.

49) 특히 요 3:16-17과 요 4:9, 10, 14에 나오는 병행 표현을 주목하라.

50) 갈 4:4과 롬 8:3에서 선재에 관한 표현을 보는 학자들로는 Fuller, *Foundations* 231; Conzelmann, *Outline* 200; Goppelt, *Theology* 2.74; Hengel, *Son* (§10 n. 1) 10-11; Hanson,

여기서 문제가 되는 것은 아들이라는 이미지가 여성인 지혜의 이미지와 아주 신속하게 통합되었다는 것을 전제하고,[51] 훨씬 후대에 발전된 요한의 신학을 그보다 50년 가까운 이전에 씌어진 서신에 대입하고 있는 점 등 너무 많은 것을 이 짧은 구절 속에 집어넣어서 해석하고 있을 위험성이다. 게다가 지혜를 보낸 것에 대한 단 한 번의 언급(Wis. 9:10)에 비해서 훨씬 더 정립되어 있었던 선지자의 파송에 관한 주제가 고려되지 않으면 안 된다.[52] 예수께서도 이 모티프를 사용하였다.[53] 하나님이 그의 아들을 보내셨다는 사상의 선례를 찾는다면, 그것은 예수의 파송 비유(막 12:1-9 pars.)에서 찾는 것이 마땅하다.[54] 왜냐하면 그 비유 속에 이 사상이 가장 극명하게 나타나기 때문이다: 하나님이 "최후로"(cf. 갈 4:4) 선지자들의 파송의 절정으로서(막 12:2-5) 유업을 잇게 하기 위하여(cf. 갈 4:1, 7) 그의 독생자를 보내셨다(12:6).[55]

Image 59-62; Cranfield, "Comments" 271; Longenecker, *Galatians* 167-70; Stuhlmacher, *Theologie* 289-90; Fitzmyer, *Romans* 484-85; Gnilka, *Theologie* 24-25; O'Collins, *Christology* 127-28 등이 있다.

51) 그러나 후대 본문인 골 1:13, 15-17을 주목하라; 위의 §8.7을 보라.

52) 모세(출 3:12-15[A]; 시 105:26; 미 6:4), 기드온(삿 6:14), 그리고 통상적으로 선지자들(삿 6:8; 대하 36:15; 렘 1:7; 7:25; 겔 2:3; 3:5-6; 미 6:4; 옵 1; 학 1:12; 말 3:1; 눅 4:26; 20:13); 또한 바울 자신(행 22:21). 하지만 천사들(창 24:40; 시 151:11[LXX]; 행 12:11), 영/성령(삿 9:23; 슥 7:12; Wis. 9:17; 눅 24:49)의 보내심도 주목하라.

53) 막 9:37/눅 9:48(apostello); 막 12:2-5 pars.(apostello — 3번 주인이 보냄; 누가는 pempo를 2번 사용함); 마 15:24; 눅 4:18; 10:16: J. A. Bühner, *Der Gesandte und sein Weg im 4. Evangelium* (Tübingen: Mohr, 1977)는 요한의 파송 기독론(sending christology)이 하나님께서 그의 선지자들을 보내신다는 모티프에서 발전되었음을 보여 주었다.

54) Cerfaux, *Christ* 447; R. H. Fuller and P. Perkins, *Who Is This Christ? Gospel Christology and Contemporary Faith* (Philadelphia: Fortress, 1983) 46-47; de Jonge, *Christology* 43, 190-91. 또한 Ziesler, *Pauline Christianity* 43; Kuschel, *Born* 274-76, 300-301, 305를 보라.

55) 자세한 것은 필자의 *Christology* 38-44를 보라. 그러나 Marshall, "Incarnational Christology" 171은 "여자에게서 나셨고"와 "죄 있는 육신의 모양으로"라는 표현들은 막 12:6과는 다른 "보내심"의 "의미장(意味場)"을 시사해 준다고 생각한다(마찬가지로 de Jonge, *Christology* 191); 하지만 이 다른 의미장이 아담 기독론이라는 의미장이냐는 추가적인 질문이 던져져야 하지만(위의 §8.6과 아래의 §11.4을 보라).

이와 같이 짧은 구절을 해석하는 데에 인유(引喩)에 이토록 많이 의존하는 경우에는 여기에서 도출된 결론들에 너무 많은 비중을 두는 것은 옳지 못하다. 이 구절에 대한 해석은 하늘로부터의 지혜의 파송에 관한 사상이 그 배경에 깔려 있을 가능성을 배제할 수 없다. 그러나 하나님의 아들로서 환호를 받은 예수를 비롯한 여러 인간 대리자들의 파송도 이 해석에서 배제될 수 없다. 결국 이미 확립된 선재하는 지혜 기독론으로 볼 때(§11.2), 이 구절에 대한 확실한 판단은 보류될 수밖에 없을 것이다.

b) 고린도전서 10:4. 고린도전서 10:1-4에서 바울은 그의 독자들에게 경고하기 위하여 일종의 알레고리(allegory)를 사용한다. 광야의 이스라엘 사람들은 홍해를 건넘으로써 일종의 세례를 경험하였다(10:1-2). 만나와 메추라기에 관한 출애굽 전승들을 언급하면서, 바울은 그들이 일종의 신령한 음식을 먹었고(출 16:13-15), 반석으로부터 기적적으로 나온 물(출 17:6)을 마셨다고 말한다. 바울은 이 반석을 "그들을 따르는 반석"이라고 묘사한 후에 "그 반석은 곧 그리스도"였다고 말한다(고전 10:4). 그런 다음에 바울은 계속해서 그의 경고를 적용한다. 이러한 사건들은 하나의 모형이었다(10:6). 왜냐하면 그러한 축복들에도 불구하고 이스라엘 사람들은 버림을 받았기 때문이다(10:5). 실제로 그리스도와 합하여 세례를 받고(12:13) 주의 만찬의 신령한 음식을 체험한(10:16) 사람일지라도 조심하는 것이 합당하다.

특히 고린도전서 10:4과 관련해서, 바울이 당시의 유대교 사상에서 촉진되었던 일련의 성찰들을 염두에 두고 있었다는 추론은 대단히 흥미롭다. 특히 필로위서(pseudo-Philo)는 이미 광야의 물 근원이 "광야에서 40년 동안 그들[이스라엘 백성]을 따랐다"는 사상을 확인해 준다.[56] 이보다 한층 더 흥미로운 것은 지혜서 11:4은 이미 "단단한 반석으로부터 주어진 물"이 광야에서 지혜가 이스라엘을 보호한 한 예라고 생각했다는 사실이다(11:1ff.).[57] 그리고 필로는 그 반석을 알레고

56) Pseudo-Philo 11.15(주후 1세기 말). 이것은 마라의 물을 가리킨다(출 15:25). 그러나 민 21:17-18은 하나님이 공급해 주신 물의 모든 원천들에 대한 묵상을 불러일으켰다(CD 6.3-11이 이미 보여 주듯이). 랍비들의 학가다(haggadah)에서 발전된 전설에 대해서는 예를 들어 Fee, *1 Corinthians* 448 n. 34를 보라.

57) 또한 고전 10:1-2에서의 Wis. 10:17-18과 19:7-8에 대한 인유(引喩) 가능성을 주목하라(Habermann, *Präexistenzaussagen* 206-7).

리적으로 지혜라고 규정함으로써 솔로몬의 지혜서에 이미 함축적으로 나와 있던 내용을 구체화했을 뿐이다.[58]

바울도 이와 비슷하게 행하고 있는 것처럼 보인다. "그 반석은 곧 그리스도였다"는 말은 적어도 바울이 이 사건(그리고 그 결과로 나온 전설)의 의미를 해석하는 열쇠였다. "모세와 합하여 세례를 받았다"는 말은 "그리스도와 합하여 세례를 받았다"는 말의 인유(引喩)였다. "신령한 음식"도 마찬가지였다. 그러나 반석은 무엇을 가리키는가? 바울은 그의 대답을 보여 준다: 그리스도. 그러나 바울이 과거 시제를 사용하고 있다는 사실 — "반석은 그리스도이다"가 아니라 "반석은 그리스도였다" — 은 그가 의도했던 것이 모형론적 동일시가 아니라 역사적 동일시였음을 보여 준다.[59] 이 경우에 그 논리는 동일한 서신에서 앞에 나온 것과 그리 다르지 않다(고전 8:6): 필로와 마찬가지로, 바울은 지혜서 11:4에 의거해서 지혜에 관한 내용을 그리스도에게 단지 이전했을 뿐이다. 하나님의 지혜가 창조의 배후에 있었고, 그것이 이제 그리스도 안에서 인식된 것과 마찬가지로, 이스라엘

---

58) 특히 *Leg. All.* 2.86: "단단한 반석은 하나님의 반석이다 … 이것을 통해서 하나님은 하나님을 사랑하는 목 마른 영혼들의 갈증을 채워 주신다."

59) 일반적으로 이러한 고찰은 모형론적 등치(等値)는 이 어구에 대한 충분한 설명이라는 나의 이전의 주장에 치명적인 것으로 여겨진다(*Christology* 330 n. 78). 특히 Hanson, *Image* 72를 보라 — 그리스도는 "하나님 아버지 옆에 있는 영원한 존재," "옛적의 이스라엘에게 알려져 있던 하나님의 형상 … 인간의 형상"(81-82)이고, "당시에 임재하셨던 그리스도가 그의 초자연적 권능을 행사하는 수단 또는 매개"(*Image* 71, 86; also Wolff, *1 Korinther* 8-16 42-43; Habermann, *Präexistenzaussagen* 213; Fee, *1 Corinthians* 448 n. 36; Witherington, *Sage* 317-18)였던 여기에서의 구름 기둥을 포함하여(고전 10:1-2) 그리스도는 오늘날 일반적으로 생각하는 것보다 훨씬 더 자주 신약에서 그런 식으로 지칭된다는 그의 훨씬 광범위한 주장의 일부(*Jesus Christ in the Old Testament* [London: SPCK, 1965]). 다른 한편으로는 Hays, *Echoes* 91을 보라: "바울의 은유들을 지나치게 쥐어짜서는 안 된다. 바울은 문자적 의미에서 모세가 세례를 통과했다는 것을 의미하는 것도 아니고, 그리스도가 과연 변신하여 불이 되거나 반석이 되었는지를 신학자들이 논쟁하기를 바라지도 않는다." 모형론적 등식을 좋아하는 학자들로는 E. Schweizer, "Jesus Christ," *TRE* 16.687; Kuschel, *Born* 280-85 등이 있다. E. E. Ellis, "Christos in 1 Corinthians 10.4, 9," in M. C. De Boer, ed., *From Jesus to John: Essays on Jesus and New Testament Christology*, M. de Jonge FS (JSNTS 84; Sheffield Academic, 1993) 168-73은 모형론과 선재(先在) 사상을 모두 본다. 또한 아래의 §§22.5과 7을 보라.

을 광야에서 돌보았던 지혜는 이제 그리스도 안에서 인식될 수 있다.

c) 로마서 10:6-8도 잠깐 언급하고 넘어가지 않으면 안 된다. 바울은 신명기 30:12-14을 인용하면서 이렇게 해석한다:

> 네 마음에 누가 하늘에 올라가겠느냐 하지 말라 하니
> 올라가겠느냐 함은 그리스도를 모셔 내리려는 것이요
> 혹은 누가 무저갱에 내려가겠느냐 하지 말라 하니
> 내려가겠느냐 함은 그리스도를 죽은 자 가운데서 모셔 올리려는 것이라.

"그리스도를 [하늘로부터] 끌어내린다"는 말은 흔히 성육신에 대한 언급으로 해석되고,[60] 이 절이 현재의 논의와 관련이 있다는 것은 바룩서 3:29-30이 지혜에 대한 송영 속에서 이와 동일한 구절(신 30:12-14)을 사용하고 있다는 사실에 의해서 더욱 확증된다.[61] 그러므로 이 구절이 함축하고 있는 의미는 구원 계획에 있어서의 핵심적인 사건들(성육신, 부활)은 되풀이할 필요가 없다는 것이다: 일단 수행된 후에는 그 사건들의 효과는 이제 "믿음의 말씀"(롬 10:8) 속에 구체화된다. 그러나 여기에서의 사고는 모두 이제 만물의 주가 되신 분의 부활(10:9-10)과 높이 들리우심(10:12-13)에 관한 것이다. 그리고 바룩서 3장과의 병행은 이제 지혜는 "믿음의 말씀"(토라 — Bar. 4:1)을 통하여 접근할 수 있기 때문에 그리스도를 쫓아 하늘에까지 올라갈 필요가 없다는 것을 말해 준다. 이 절들의 순서는 신명기 30:12-14에 나오는 구절들의 순서에 의해서 결정되고 있기 때문에, 그 반대의 증거가 되지 못한다.[62] 어쨌든 여기에서 선재하는 지혜에 관한 언급을 볼 수 있다고 할지라도, 이 구절에서 우리가 더 얻을 것은 없다.

요컨대 방금 인용한 구절들은 실제로 바울이 생생한 지혜 기독론을 가지고 작업을 했고, 선재하는 지혜로서의 그리스도라는 사상을 쉽게 받아들였다는 결론을 강화시켜 준다. 그러나 표현이 암시적이고, 모형론적인 동일시를 포함하고 있기

---

60) 예를 들어, Hanson, *Image* 73-74; Cranfield, "Comments" 273-74; Fitzmyer, *Romans* 590.

61) 자세한 것은 필자의 *Romans* 603-5; 아래의 §§19.4b과 23.3을 보라.

62) 자세한 것은 필자의 *Christology* 184-86을 보라.

때문에, 이 구절들이 함축하고 있는 기독론의 신학적 의미는 그리 분명치 않다. 그러므로 이것은 §11.2의 결론들을 확증해 주는 역할을 할 수 있을 뿐이고, 그 결론들을 확장할 만한 내용들은 보여 주지 않는다고 할 수 있다. 따라서 바울의 지혜 기독론의 신학적 비중은 여전히 본질적으로 고린도전서 1:24; 8:6과 골로새서 1:15-20에 두어진다.[63]

§ 11.4 빌립보서 2:6-11

그 밖에 선재하는 그리스도와 관련된 논의에서 가장 중요한 구절은 바울 서신들에 나오는 또 하나의 중요한 송영(대체로 그렇게 간주된다)인 빌립보서 2:6-11이다.[64] 이 구절이 중요하다는 것은 아무리 강조해도 지나치지 않다. 특히 마틴 헹엘(Martin Hengel)은 이 구절을 기독론에서 가장 중요한 발전들이 이미 기독교의 초창기 첫 20년에 이루어졌음을 보여 주는 주된 증거라고 생각한다.[65]

다른 경우와 마찬가지로 이 경우에도 문맥이 중요하다. 바울은 빌립보 교인들에게 서로 화목하고 서로에게 적극적인 관심을 보이라고 권면하는 가운데 그의 독자들에게 "그리스도 예수의" 마음을 본받으라고 요구한다(2:5).[66] 그런 다음에

63) 우리는 여기서 엡 1:3-14; 4:8-10 같은 구절들을 더 깊이 살펴볼 필요는 없을 것이다; 필자의 *Christology* 186-87과 234-39를 보라.

64) 금세기의 대부분의 기간 동안 빌 2:6-11은 바울 이전의 찬송으로 여겨져 왔다. 이러한 서술은 합당하지만, 이 문제는 우리의 논의에 큰 영향을 미치지 않는다. 왜냐하면 바울은 이 찬송을 자신의 신학의 적절한 표현으로 생각하여 사용한 것이기 때문이다. 본문의 번역은 우리의 현재의 논의와는 아무런 상관이 없는 본문의 특정한 구조가 아니라 본문의 운율 또는 찬송적인 성격을 드러내는 방향으로 이루어졌다. 여기서 도출해낼 수 있는 가장 일반적인 추론은 "십자가의 죽음"(2:8c)이라는 어구는 바울이 더했다는 것이다. 그러나 Hofius, *Christushymus*(위의 §9 n. 11)를 보라. 문학 양식과 저자에 관한 논쟁에 대해서는 Martin, *Carmen* 24-62; O'Brien, *Philippians* 188-93, 198-202 등을 보라.

65) Hengel, *Son* (§10 n. 1) 1-2; 또한 "Hymns" (§10 n. 136) 94-95; "Christological Titles in Early Christianity," in Charlesworth, ed., *Messiah* (§8 n. 1) 425-48(특히 440-44) = *Studies* (§10 n. 1) 359-89(특히 379-83).

66) 이 번역에 대해서는 Martin, *Carmen* 84-88; Moule, "Further Reflexions" 265-66; O'Brien, *Philippians* 205; Hawthorne, *Philippians* 79-81; Fee, *Philippians* 200-201을 보라. Fowl, *Story* 89-101은 또 다른 번역("그리스도의 영역 내에서")을 따르지만 나아가

바울은 계속해서 이렇게 말한다:

6 그는 근본 하나님의 본체시나
하나님과 동등됨을 취할 것으로 여기지 아니하시고
7 오히려 자기를 비워
종의 형체를 가지사
사람들과 같이 되셨고
8 사람의 모양으로 나타나사
자기를 낮추시고
죽기까지 복종하셨으니
곧 십자가에 죽으심이라
9 이러므로 하나님이 그를 지극히 높여
모든 이름 위에 뛰어난 이름을 주사
10 하늘에 있는 자들과 땅에 있는 자들과 땅 아래에 있는 자들로
모든 무릎을 예수의 이름에 꿇게 하시고
11 모든 입으로 예수 그리스도를 주라 시인하여
하나님 아버지께 영광을 돌리게 하셨느니라.

이 송영을 둘러싼 격렬한 논쟁은 여전히 계속되고 있다.[67] 그러나 이 송영이 아담에 대한 강력한 인유(引喩)를 통해서 구성되었다거나 아담 기독론을 본으로 삼아서 형성되었다는 주장은 여전히 설득력이 있다.[68]

"2:6-11은 바울의 논증 내에서 하나의 '모범'(exemplar) 역할을 한다"(92)고 주장한다. 또한 L. W. Hurtado, "Jesus as Lordly Example in Philippians 2.5-11," in Richardson and Hurd, eds., *From Jesus to Paul* 113-26(특히 120-25)을 보라.

67) Hawthorne, *Philippians* 71-75와 O'Brien, *Philippians* 186-88의 참고문헌들은 각각 거의 170개와 100개의 항목을 싣고 있다.

68) 인유(引喩)된 자료들에 대한 다른 제안들은 반드시 대안들이 되는 것은 아니다 — 특히 2:7ab에서 이사야 53장의 야훼의 종을 인유하고 있다는 주장(J. Jeremias, "Zu Phil. 2.7: HEAUTON EKENOSEN," *NovT* 6 [1963] 182-88; M. Rissi, "Der Christushymnus in Phil. 2.6-11," *ANRW* 2.25.4 [1987] 3314-26), 순교신학(Schweizer, *Erniedrigung* [§10 n. 1] 93-99; 또한 이를 따르고 있는 Martin, *Carmen* 191-96과 Fowl, *Story* 73-75), 지혜신학

이 주장을 자세히 살펴봄과 동시에 이 주장을 겨냥한 강력한 비판을 다루기 전에, 먼저 중요한 예비적인 고찰이 필요하다. 그것은 인유의 성격에 관한 것이다. 왜냐하면 이 구절의 해석을 둘러싸고 벌어진 수많은 논쟁들이 문학이나 문예에 대한 무지함을 그동안 보여 왔기 때문이다. 본서에서 한 차례 이상 살펴본 것처럼,[69] 인유란 그 본질상 명시적이지 않다. 시인들이나 문학비평가들이 모든 인유와 반영을 낱낱이 다 밝혀야 했다면 그들의 문학작품들은 손상을 받았을 것이고, 좀 더 식견 있는 독자들은 뭔가를 깨닫는 재미와 흥분의 순간을 빼앗겼을 것이고, 또한 그들의 문학적 기법들은 고등학교 시험 수준으로 떨어지고 말 것이다. 예를 들면, 브람스의 첫 번째 교향곡의 마지막 동기(動機)는 베토벤의 아홉번째 교향곡을 반영하고 있기 때문에, 브람스는 베토벤의 후계자라고 주장을 한다. 드보르작의 아홉번째 교향곡인 "신세계로부터"는 아메리카의 민속음악들을 반영하고 있으면서도 실제로는 전혀 그 출처를 밝히지 않고 있다. 문학에서는 존 밀턴과 T. S. 엘리엇 같은 시인의 작품들이 인유들로 가득 차 있다는 것이 일반적으로 인정되고 있고,[70] 찰스 웨슬리 같은 찬송 작가의 작품들은 거기에 나오는 성경에 대한 인유

(Georgi, "Hymnus"; Kuschel, *Born* 255-66과 Witherington, *Sage* 261-63), 하나님의 아들 기독론(Wanamaker, "Philippians 2.6-11"). 우리는 이미 바울이 롬 8:3과 갈 4:4-7 같은 구절들에서 서로 다른 이미지들을 어떻게 결합하고 있는지를 살펴본 바 있다(또한 Hofius, *Christushymnus* 67-74를 보라). 그러나 지혜에 대한 인유(引喩)는 이 경우에 고전 8:6과 골 1:15-17의 창조에 관한 대목에서보다 듣기가 훨씬 더 어렵다(cf. Sanders, *Hymns* 72-73). 그리고 인자에 대한 인유는 더욱 그렇다(Larsson, *Christus* 237-42, 247-49; 필자의 *Christology* 312 nn. 86, 87을 보라). 그리고 기독교 이전의 영지주의적 구속자 신화를 찾는 대부분의 연구와 마찬가지로, 여기에서의 연구도 성과가 없는 것으로 입증되었다(예를 들어, Hengel, *Son* [§10 n.] 25-41 [또한 아래의 §20 n. 97]; 필자의 *Christology* ch. 4; E. Schweizer, "Paul's Christology and Gnosticism," in Hooker and Wilson, eds., *Paul and Paulinism* 115-23; Kuschel, *Born* 248-50; O'Brien, *Philippians* 193-94를 보라; 그러나 Bultmann, *Theology* 1.131, 298과 E. Käsemann, "A Critical Analysis of Philippians 2.5-11," *JTC* 5 [1968] 45-88은 이에 반대); Käsemann의 주장에 몰두하게 되면, Sanders, *Hymns*와 Hamerton-Kelly, *Pre-Existence*의 가치가 줄어든다.

69) 특히 위의 §1.3과 아래의 §23.5을 보라.

70) Hays, *Echoes* 18-21는 특히 J. Hollander, *The Figure of Echo: A Mode of Allusion in Milton and After* (Berkeley: University of California, 1981)를 언급한다. 필자의 대학원 학생인 Stephen Wright는 내게 특히 H. Bloom, *A Map of Misreading* (New York: Oxford

들을 알지 못하고는 제대로 알 수가 없다. 학자들과 학생들은 통상적인 헬라어 신약성경의 배후에 구체적인 출처를 밝힌 대목들을 훨씬 능가하는 유대 성경에 대한 수많은 인유들이 있다는 것을 잘 알고 있다.[71)]

바울과 관련해서도 우리는 이미 예수 전승들에 대한 여러 인유들을 지적한 바 있다.[72)] 바울이 아담 모티프를 사용한 것과 관련해서 우리는 로마서 1:18-25 및 7:7-13에 나오는 인유들을 지적하였다.[73)] 사실 바울의 기독론에 대한 우리의 앞서의 분석이 옳다면, 아담은 바울의 신학화의 많은 부분의 배후에 있는 인물이었다고 할 수 있다.[74)] 각각의 용어들의 정확한 의미를 먼저 알아야 그러한 인유들의 의미를 알 수 있다면, 그것은 인유라는 기법에 역행하는 것이 된다. 이와는 반대로 어떤 용어의 의미의 부정확성이나 어떤 인유의 다면적인 이미지를 통해서 인유되고 있는 대상과의 상호 연관성이나 상상력에 의한 도약이 가능해지는 것이 바로 인유의 본질이다.[75)] 이 점은 아주 중요하기 때문에 반복해서 말해둘 필요가 있다: 각각의 용어가 가리키는 오직 하나의 의미에 의거하고 다른 모든 가능성 있는 의미들을 부정하는 식으로 특정한 용어를 해석하는 것은 흔히 잘못된 해석이 되기 쉬운데, 이는 그러한 해석은 의미를 부당하게 축소시키고("양자택일적" 주해), 저자가 그러한 연상 용어들을 사용하여 불러일으키고자 의도한 연상들을 배제하기 때문이다.[76)] 그 구절이 시(詩)이거나 송영일 때, 그러한 해석학적 고려들이 특히 필요하다는 것은 두말할 필요가 없다. 우리가 지금 다루고 있는 구절에서 이러한 해석학적 고려들이 필요하다는 것은 논의를 진행해나감에 따라 더욱 분명해질 것이다.

University, 1975)을 추천해 주었다.

71) 또한 위의 §1.3과 §7 n. 36을 보라.

72) 또한 아래의 §23.5을 보라.

73) 위의 §§4.4, 7을 보라.

74) §§8.6, 9.1과 10.2을 보라.

75) 전문용어로는 "문채(文彩)"인데, 이 용어를 Quintilian, *Institutes* 8.6.1은 인위적으로 어떤 단어나 어구의 본래의 의미를 다른 의미로 바꾸는 것으로 정의하였다.

76) Cf. Hays, *Echoes* 20: "문학적 반영(反映)이 그것이 나타나는 본문을 이전 본문과 연결시킬 때, 반영의 비유 효과는 두 본문 간에 언급되지 않거나 억압된 공명(共鳴) 부분들에서 일어난다."

빌립보서 2:6-11을 평가하면서 이제까지 우리에게 친숙해진 아담 전승 및 아담 기독론과의 접촉점들을 네 개 내지 다섯 개 정도 찾아내는 것은 그리 어렵지 않다.[77)]

2:6a — 하나님의 본체;[78)]
2:6bc — 하나님과 동등됨을 취할 것으로 여김;[79)]
2:7 — [썩어짐과 죄에 대한] 종의 형체를 가짐;[80)]
2:8 — 죽기까지 복종하심;[81)]
2:9-11 — 지극히 높여 영광을 돌리게 하심.[82)]

그러나 이 해석에 대하여 특히 네 가지 정도의 반론이 제기될 수 있다.

첫째로는 이 송영은 창세기 1:27에서 사용되고 있는 "형상"(eikon)이라는 용어가 아니라 "형체"(morphe)라는 용어를 사용하고 있다는 것이다. 그러나 인유에 관한 논의에서 이 논거는 별 의미를 갖지 못한다. 이 용어들은 거의 동의어로 사용되었고,[83)] 저자가 하나님의 "형체(개역의 본체)"라는 표현을 선호한 것은 "종의 형체"라는 말과 적절한 병행 및 대비를 이루도록 하기 위함인 것으로 보이기 때문이다.[84)] 또한 어느 한 용어의 이중적 기능은 시(詩)에서 얼마든지 예상할 수 있

77) 나는 앞으로 이 찬송이 많은 점에서 딱 "들어맞는" 다른 사고틀도 살펴볼 것이다 (Rissi, "Christushymnus" [위의 n. 68] 3318 n. 18는 이에 반대). 여기서의 논의는 필자의 *Christology* xviii-xix, 114-21에 나오는 모든 근거들을 다 열거하려고 하지 않고, 앞서의 해석들과 관련된 문제들만을 집중적으로 다룬다.

78) Cf. 창 1:27 — "하나님의 형상대로."

79) Cf. 창 3:5 — "너희가 하나님과 같이 되리라."

80) Cf. Wis. 2:23; 롬 8:3, 18-21; 고전 15:42, 47-49; 갈 4:3-4; 히 2.7a, 9a, 15.

81) Cf. 창 2:17; 3:22-24; Wis. 2:24; 롬 5:12-21; 7:7-11; 고전 15:21-22.

82) Cf. 시 8:5b-6; 고전 15:27, 45; 히 2:7b-8, 9b.

83) Martin, *Carmen* 102-19; Kim, *Origin* (§7 n. 1) 200-204. O'Brien이 말하듯이, "대부분의 주해자들은 이 두 용어의 의미론적 장(場)이 상당 부분 서로 겹친다는 것을 인정한다" (*Philippians* 263). 이것 외에 우리는 효과적인 인유(引喩)에서 더 무엇을 구할 수 있을까?

84) "하나님의 형상"에 대한 그 어떤 설명도 이러한 대비를 잘 설명해내야 한다는 것은 Habermann, *Präexistenzaussagen* 110, 113-16과 Wanamaker, "Philippians 2.6-11" 181-

는 바로 그런 것이다.[85]

둘째로, 2:6c에 나오는 논란이 심한 '하르파그모스'(harpagmos, "취할 것")라는 용어가 취할 그 무엇이라는 의미라기보다는 활용하기 위하여 취해서 보유하고 있는 그 무엇이라는 좀 더 정확한 의미를 갖고 있다는 강력한 주장이 제기되어 왔다.[86] 그러나 다른 의미를 배제하고 어느 한 의미를 고집하는 것은 단어의 광범위한 용법, 이 구절의 시적인 문체에 적합하지 않은 양자택일식의 해석이고, 실제로 이 단어의 의미를 놓고 오랜 논쟁이 있어 왔다. 사실 이 단어 자체에 "보유하고 있다"라는 의미가 내재해 있는 주장을 밑받침하는 증거는 없다.[87] '하르파그모스'(harpagmos)는 "강탈 행위"[88] 또는 영어의 동명사 용법에 해당하는 "붙잡고 있는 것, 취하는 것" 같은 조금 두리뭉실한 의미로 해석하는 것이 더 낫다 — 그러므로 여기에서는 "붙잡고 있는 것, 취할 그 무엇." 이 행위의 목적어가 되고 있는 "하나님과 같은 모양"(문자적으로)이라는 말은 창세기 3:5에 대한 반영임이 분명하기 때문에,[89] 여기서 아담이 하나님과 같이 되려고 한 것과의 대비[90]를 염

83에 의해 올바르게 강조되고 있다. 그러나 그들은 두 사람 다 특히 갈 4:4-5과 롬 8:3이 아담의 대체(代替)라는 주제를 표현한 것으로 볼 수 있다는 사실을 무시하는 등 "양자택일식" 주해방법을 사용한다(위의 §9.3을 보라).

85) Cf. Cullmann: "두 아담에 관한 바울의 가르침이라는 배경 없이는 이 단어들 중 어느 것도 이해되기 힘들고, 우리는 초기 기독교에 낯설고 무관한 사변들에 빠져버리게 된다" (*Christology* [§10 n. 1] 177).

86) 최근의 연구로는 특히 Habermann, *Präexistenzaussagen* 118-27; Wright, *Chlimax* 77-83을 보라. 과거의 논쟁에 대해서는 Martin, *Carmen* 134-53을 보라.

87) Moule, "Further Reflexions" 266-68, 271-76; J. C. O'Neill, "Hoover on Harpagmos Reviewed, with a Modest Proposal Concerning Philippians 2.6," *HTR* 81 (1988) 445-49. 예를 들어, Eusebius, *HE* 5.2.2-4와 8.12.1-2에서 나온 두 가지 쟁점들(그 첫 번째에는 빌 2:6이 명시적으로 인용된다)에서, 결정적인 것은 분명히 죽음이 순교자들에 의해 이미 소유된 그 무엇이 아니라 그들이 열렬히 붙잡고자 했던 그 무엇이었다는 것이다(Wright, *Climax* 85는 이에 반대).

88) LSJ, *harpagmos*; BAGD, *harpagmos*.

89) 히브리어 '켈로힘'(ke'lohim, 창 3:5)은 '이사 데오'(isa theo, 빌 2:6) 또는 '호스 데오이'(hos theoi, 창 3:5 LXX)로 번역될 수 있다. 히브리어 '크'(k, "~같이")는 LXX에서 여러 번 '이사'(isa)로 번역된다(욥 5:14; 10:10; 13:28 등; 사 51:23; cf. 신 13:6; Wis. 7:3). 통상적으로 부정사와 함께 사용된 관사(to einai)는 앞에서 언급되었거나 그 밖의 다른 방식으로

두에 두고 있다는 것을 바울의 아담 신학을 잘 아는 많은 사람들은 거의 놓치지 않을 것이다.[91]

아담을 인유(引喩)하고 있다는 인정을 거부하는 세 번째 반론은 이 송영은 아담의 실패와 그 결과를 두 단계로 구분하고 있는 것 같다는 것이다. 첫째, 하나님과의 동등됨을 취하기를 거부한 것(2:6)은 그 반대로서 "비우는"("취하는"과 대비되는)[92] 행위와 대비되고, "종의 형체를 취하는 것"("하나님의 형상으로 있는 것"과 대비되는), 곧 사람과 같이 되는 것("너희가 하나님 같이 되리라"는 뱀의 유혹과 인유적으로 대비를 이루는)과 대비된다(2:7). 그러나 그런 다음에 "죽기까지 복종하심"(2:8)의 행위는 죄와 사망을 가져온(롬 5:19에서처럼) "불순종"과 대비된다. 그러나 이 흥미로운 특징은 아담 유비는 여기서 오직 예수의 죽음만이 아니라 예수의 생애 전체를 포괄하도록 확대되고 있다는 사실로 설명될 수 있다(롬 5:15-19에서처럼).

네 번째 반론은 2:9-11이 예수의 높이 들리우심을 말하고 있다고 할 때에 이 송영의 후반부가 아담 기독론과 잘 들어맞지 않는다는 것이다.[93] 그러나 이 주장

잘 알려져 있는 것을 가리킨다. 아담 모티프에 관한 이전의 논의는 "하나님처럼 되려는"(to einai isa theo) 아담의 유혹은 유대교와 기독교 진영에 아주 잘 알려져 있었음을 보여준다(위의 §§4.2-7). "하나님처럼 된다는 것이 아담 이야기를 불러일으킬 목적이었다는 것을 의심하기는 어렵다. 그것은 아담이 빠졌던 유혹을 너무도 확실하게 상기시킨다"(Barrett, *Paul* 108).

90) 아담 기독론이 반의적 병행법에 의해서 작용하고 있다는 것은 롬 5:15-19로부터 분명하다.

91) "하나님의 형상"과 "하나님 같이 되는 것"의 관계의 모호성은 창 1:27의 "하나님의 형상"과 3:5의 "하나님 같이"의 관계의 모호성을 그대로 반영한 것으로서, 아담이 추방되기 전 동산에 있던 생명나무의 기능이 모호한 것도 마찬가지이다(위의 §4.2을 보라).

92) 특히 cf. Moule, "Further Reflections" 272. 동사 '에케노센'(ekenosen, "스스로를 비웠다")가 부각되고 있는 것은 이 찬송을 교의적 진술로 취급할 위험성을 보여 주는 또 하나의 예이다("그가 무엇을 자신에게서 비웠는가?"; 이에 대한 전통적인 여러 대답들에 대해서는 Hawthorne, *Philippians* 85를 보라). 정의하는 것이 아니라 특징을 드러내는 것이 이 용어의 기능이다. *Philippians* 210에 나오는 Fee의 유용한 논평을 보라: "이것은 순전히 은유일 뿐이다."

93) Kreitzer, *Jesus* (§10 n. 1) 224 n. 72: vv. 9-11는 "그 어떤 아담 모티프의 틀도 부순다"; Witherington, *Sage* 259.

은 빌립보서 2:10-11과 고린도전서 15:24-28 간의 분명한 병행을 무시한 것으로서, 후자는 15:21-22에 나오는 아담-그리스도 대비와 직접적인 연속선상에 있으면서 시편 8:6(15:27)에 대한 분명한 인유를 담고 있다. 또한 이 반론은 아담에 대한 유대교적 성찰이 이미 아담이 하늘로 높이 들리워서 영화롭게 되었다는 사상을 포함하고 있었다는 사실을 무시하고 있는 것이다.[94]

요컨대 빌립보서 2:6-11에서 아담에 대한 의도적인 인유와 대비를 볼 수 있다는 주장은 상당히 설득력이 있다.[95] 일련의 여러 인유들을 고려할 때,[96] 빌립보서의 이 송영은 히브리서 2:5-9과 아울러 신약성경에서 아담 기독론을 가장 철저하게 표현하고 있다고 할 수 있다.

그렇다면 이 구절에서 선재하는 그리스도라는 문제와 관련이 있는 대목은 어디인가? 여기서 다시 한 번 말해 둘 것은 이 문제는 빌립보서의 이 구절에서 아담 기독론을 발견해내는 것과는 상관이 없는 문제라는 것이다.[97] 방금 말한 아담과의 두 단계에 걸친 대비를 전제할 때, 첫 번째 단계에 대한 이해는 선재로부터 존재로(2:6-7), 존재로부터 죽음으로(2:8)가 될 것이다 — 2:7의 부정과거 시제들과 표현들을 감안하면 이 점은 한층 더 분명해진다.[98] "자기를 비워 종의 형체를 가

94) *Vita Adae et Evae* 25/*Apoc. Mos.* 37; *T. Abr.* A 11; 랍비 문헌에 나오는 아담의 높이 들림을 참조하라(Scroggs, *Adam* [§4 n. 1] 38-58).

95) 또한 C. H. Talbert, "The Problem of Pre-Existence in Philippians 2.6-11," *JBL* 86 (1967) 141-53; Ladd, *Theology* 460-61; Hooker, "Philippians 2.6-11"; Murphy-O'Connor, "Anthropology"; G. Howard, "Phil. 2:6-11 and the Human Christ," *CBQ* 40 (1978) 368-87; H. Wansbrough in NJB; Macquarrie, *Jesus Christ* 56-59; Ziesler, *Pauline Christianity* 45; Barrett, *Paul* 107-9를 보라; (Martin, *Carmen* 161-64에 나오는 이전의 참고문헌). 필자의 이전의 글에 대한 L. D. Hurst, "Re-Enter the Pre-Existent Christ in Philippians 2.5-11," *NTS* (1986) 449-57의 비판은 예전에 비유와 알레고리를 혼동했던 것과 비슷하게 인유(引喩)가 어떻게 작용하는가를 제대로 인식하지 못한 좋은 예이다.

96) Wright는 다중적인 본문상호간의 반영을 말한다(*Climax* 58).

97) 이 주제에 관한 나의 이전의 글에 대한 비판들에서 내가 이 점을 이미 언급했다는 것이 불충분하게 고려되어 왔다(*Christology* 119-20). Cf. Kuschel, *Born* 262-63; Wright, *Climax* 91-92, 95-97.

98) 대부분의 학자들이 그렇다; 예를 들어, Hanson, *Image* 65; Marshall, "Incarnational Christology" 170; Morris, *Theology* 44; Habermann, *Präexistenzaussagen* 147; O'Brien, *Philippians* 223-37, 267; Fee, *Philippians* 203 n. 41 (O'Brien과 Fee에 나오는 참고문헌);

지사"(2:7ab)라는 말은 예수의 공생애 동안에 스스로를 낮추신 행위를 가리키는 것으로 이해될 수 있다.[99] 그러나 "사람들과 같이 되셨고"(2:7c)라는 말은 출생("사람의 모양으로 나셨고")에 대한 언급으로 이해하는 것이 더 자연스럽다.[100]

또 다른 가능성은 이 구절에서 염두에 두고 있는 첫 번째 단계는 아담이 인간으로서의 '아담'에서 셋을 비롯한 여러 자녀들를 낳은 자로서의 '아담'으로 이행하는 전사(前史)의 신비적 단계라는 것이다(창 5:1-5).[101] 또는 아담에 대한 우리의 이전의 성찰에서, 우리는 죽음에 관한 이중적 개념의 어색함을 지적한 바 있다. 아담이 불순종한 것은 두 단계의 결과를 낳았다: 아담은 먼저 하나님의 임재(그리고 생명 나무, 창 3:22-24)로부터 추방되었다[102] — 첫 번째 죽음(2:17); 그 후에 아담은 썩어짐과 육체적 죽음에 종속되었다(5:5).[103] 그러므로 이 송영의 의도가 아담의 범죄의 두 단계의 결과물을 나타내고자 한 것이었을 가능성이 있는가? 각각의 경우에 아담-그리스도는 스스로의 선택에 따라 아담의 불순종이 인류에게 가져다준 결과를 아무런 조건 없이 끌어안았다. 그리스도는 아담의 불순종의 결과였던 죄와 사망에 대한 노예로서의 인류의 운명을 아무런 조건 없이 받아들였다.[104] 그리고 그리스도는 아담의 불순종의 결과였던 죽음을 아무 조건 없이 받

Witherington, *Sage* 261; O'Collins, *Christology* 35-36.

99) 야훼의 종 또는 고난받는 의인에 대한 인유(引喩)로서(위의 n. 68), 이 사상은 이미 예수의 죽음에 관한 사상을 포함하였을 것이다(예를 들어, Rissi, "Christushymnus" [위의 n. 68] 3319-21; O'Brien, *Philippians* 220-24를 보라).

100) NRSV — "사람의 모양으로 나시고"; NIV — "사람의 모양으로 만들어져서." 그러나 NJB — "사람처럼 되어"; REB — "사람의 모양을 지니고." 롬 8:3과의 병행이 특히 눈에 띈다("~의 모양으로"); 위의 §§8.6과 9.2(2)을 보라. 나의 이전의 연구를 비판하면서, Witherington(*Sage* 263; Narrative 102-3)은 롬 8:3("죄 있는 육신의 …")과 갈 4:4("율법 아래")의 의미를 무시하고 있다.

101) 위의 §4.2을 보라. 그러나 적어도 이 구절(창 5:1-5)은 이 이야기에서 인간 역사로의 어떤 유의 이동을 일찍부터 알고 있었음을 보여 준다(또한 §4 n. 10을 보라).

102) 자세한 것은 위의 §4.2을 보라.

103) 이 동일한 두 어구가 롬 8:3("죄 있는 육신의 모양으로 보내어 육신에 죄를 정하사")과 갈 4:4-5("율법 아래에 나게 하신 것은 율법 아래에 있는 자들을 속량하시려 함이라")에 반영되어 있다.

104) Cf. Hooker: "이 점에서 인간의 원래의 모습을 지닌 자 — 하나님의 형상을 닮은 — 는 다른 사람들의 모범이 된다. 왜냐하면 그들은 아담 안에 있기 때문이다"("Philippians

아들였다. 그 결과 그리스도는 원래 아담을 위해 예비되었던 지위와 역할로 높이 들리우게 되었다(죽음에 대한 아담의 이중적 종속을 뒤집고; 시 8:6).[105]

이러한 일련의 성찰들과 병행들을 작동시키는 것은 그러한 인유적인 시(詩)의 기능이다. 그러나 그것이 그리스도의 선재 사상을 불러일으켰다는 사실은 여전히 변함이 없다. 주석자는 전자를 인정하면서 후자를 기각할 수는 없다. 그러므로 남은 문제는 그러한 선재 사상을 메워 넣는 일이다. 그리스도 예수는 영원의 어느 때에(!) 아담적인 선택 — 사람이 되고자 한 선택 — 을 한 것으로 생각되어야 하는가? 이것은 거의 피할 수 없는 귀결이다.[106] 여기서 유일한 제한은 이것이 확대된 은유라는 것이다. 병행되는 지혜 기독론에서 말하고 있는 분은 단순히 하나님의 아들 그리스도가 아니라 지혜로서의 그리스도라는 것을 우리는 말한 바 있다. 여기에서도 이 송영이 말하고 있는 것은 단순히 그리스도 예수가 아니라 하나님이 원래 의도하셨던 아담의 역할을 하는 그리스도 예수이다. 지혜의 선재에 관한 놀라운 표현들은 그리스도와 관련하여 사용될 수 있었다. 마찬가지로 아담과 관련된 전사(前史)에 관한 놀라운 표현들은 그리스도와 관련하여 사용될 수 있었다. 은유를 역사적 사실에 대한 직설적인 진술로 변질시켜 버리는 것은 잘못이다. 은유가 없다면 은유가 표현하고 있는 내용을 놓치게 되고 보존할 수 없게 된다. 은유는 메시지이다.

그러나 실제의 이미지가 무엇이든, 이 송영의 기본적인 메시지는 분명하다. 2:1-4의 호소의 연속으로서 그리스도는 자기 신분을 고수한 자가 아니라 자기를 비운 자, 자신의 원래 신분을 취한 자가 아니라 섬김의 삶을 산 자, 즉 죽음을 통해서 높이 들리우신 자로 제시된다.

§11.5 그 밖의 다른 선재하는 아담에 관한 구절들

2.6-11" 98-99).

105) 2:9의 높이 들림(hyperypsosen)이 이미 2:6에서 향유된 신적 존재양식의 재개였다고 주장하는 것("선재하는 이는 이미 Kyrios였다" — Fuller, *Foundations* 230)은 아담 모티프(cf. 시 8:5-6)만이 아니라, '퀴리오스'는 예수께서 높이 들리실 때에 예수에게 수여되었고(아래의 §10.4을 보라) 이것은 hyperhypsoo에 함축되어 있다는 것(cf. O'Brien, *Philippians* 236)을 무시하는 것이다.

106) 특히 Wright의 해석을 보라(*Climax* 90-98).

지혜 기독론에서와 마찬가지로 여기에서도 그 밖에 세 개의 구절들을 간략하게 고찰해 볼 필요가 있다.

(a) 첫 번째 구절은 고린도전서 15장으로서, 이번에는 "하늘에서 나신 둘째 사람," "하늘에 속한 이"(15:47-49)을 언급하고 있는 15:44-49 단락이다. 바울은 부활의 몸을 설명하면서 "우리가 … 하늘에 속한 이의 형상을 입으리라"(15:49)는 전망을 제시한다. 그러나 사실 이 구절을 고찰해야 하는 이유를 알기는 어렵다. 아마도 그 이유는 고린도 교회에서 바울을 반대한 자들은 성격상 영지주의적이었다는 1950년대부터 1970년대까지 널리 행해졌던 가설과 더불어 기독교 이전의 영지주의적 구원자 개념의 증거를 찾고자 하는 과거 시대의 노력과 관련이 있는 것 같다. 그러한 맥락에서 "하늘에 속한 이"에 대한 언급은 시사하는 바가 많기 때문에 무시해서는 안 된다: 이 구절은 선재하는 "사람"에 대한 언급임에 틀림없다! 두 개의 창조기사(창세기 1장과 2장)를 "두 유형의 사람, 하늘에서 속한 사람과 땅에 속한 사람"(*Leg. All.* 1:31)을 언급한 것으로 필로가 해석했다는 사실을 근거로, 일부 학자들은 바울의 하늘에 속한(epouranios) 사람이 필로가 말한 것과 동일한 것으로서 선재하는 사람에 대한 것으로 보아야 한다고 추론하였다.[107]

그러나 그러한 해석은 이 구절의 취지에 완전히 역행된다. 이 구절 전체에서 염두에 두고 있는 것은 신령한 부활의 몸이다. "육의 몸"(옛 창조의 몸)과 "신령한 몸"(부활의 몸)의 대비 속에서, 육의 몸은 먼저 왔지만 신령한 것은 아니었다고 명시적으로 진술된다(15:46). 그것은 "산 영(psyche)"인 첫 아담과 종말론적 인류인 마지막 아담과의 대비인 15:45에 대한 해석이다. 따라서 "하늘에 속한 이"는 부활하신 그리스도에 다름아니다.[108] 땅에 속한 인류가 땅에 속한 아담을 본뜬 것과 마찬가지로(창 2:7), 부활한 인류는 부활하신 그리스도의 본을 따르게 될 것이다(고전 15:21-22). "우리가 흙에 속한 자의 형상을 입은 것 같이 또한 하늘에

107) Bousset, *Kyrios Christos* 195-98; Hanson, *Image* 63-64; 80; R. P. Martin, *The Spirit and the Congregation: Studies in 1 Corinthians 12~15* (Grand Rapids: Eerdmans, 1984) 153-54. 그러나 우리는 Philo의 천상의 사람은 유형의 실체가 없는 "이미지 또는 유형 또는 보증, 사유의 대상(오직) … 이었다"는 것을 유의하여야 한다(*Opif.* 134, Loeb의 번역).

108) 위의 §10.6을 보라.

속한 이의 형상을 입으리라"(15:49). 달리 말하면, 아담 기독론에 비추어 볼 때, 이것은 세 번째 단계의 그리스도이지(부활, 마지막 아담), 땅에 속한 아담에 선행하는 그 어떤 이전 단계의 그리스도가 아니다. 빌립보서 2:6-7을 선재하는 아담-그리스도에 관하여 말하고 있는 것으로 해석한다고 할지라도, "하늘로부터 온 둘째 사람"을 선재하는 그리스도로 해석하는 것은 옳지 않다.[109]

(b) 두 번째 구절은 고린도후서 4:4-6이다:

> … 그리스도의 영광의 복음의 광채가 비치지 못하게 함이니 그리스도는 하나님의 형상이니라 … 어두운 데에 빛이 비치라 말씀하셨던 그 하나님께서 예수 그리스도의 얼굴에 있는 하나님의 영광을 아는 빛을 우리 마음에 비추셨느니라.

이 구절에 대한 매력적인 해석은 바울은 지혜의 견지에서 그리스도를 하나님의 형상으로 생각하였다는 것이다(cf. 골 1:15). 창세기 1:3("빛이 있으라")에 대한 분명한 반영은 창조에서의 지혜의 역할이 여기에 인유되고 있다는 주장을 강화시켜 준다(cf. 고전 8:6). 또한 여기에 바울의 다메섹 도상에 대한 인유가 존재한다면, 바울이 그에게 내려온 하늘로부터 온 빛[110]을 하나님의 영광과 동일시했다는 추론이 가능할 것이다. 그러므로 바울이 영광스러운 하늘에 속한 존재를 그리스도로 인식한 것은 이후의 지혜 기독론의 토대가 되었다고 할 수 있다.[111]

본문에는 이 모든 것이 처음부터 바울에게 분명했음을 보여 주는 것이 아무것도 없지만,[112] 바울의 회심 체험에 대한 인유가 본문에 나타나고 있을 가능성은 많다.[113] 그러나 더 중요한 것은 이 구절의 사고 구조가 지혜 기독론에 대한 것이라기보다는 아담 기독론에 대한 것으로 보인다는 것이다. 복음 및 예수의 죽음과 삶

109) 또한 예를 들어, Ladd, *Theology* 462-63; Macquarrie, *Jesus Christ* 62-63; Fee, *1 Corinthians* 792-93을 보라.

110) 적어도 행 9:3-4; 22:6-7, 11; 26:13-14에 의하면.

111) 특히 Kim, *Origin ch.* 6; cf. Segal, *Paul* ch 2; Newman, *Paul's Glory-Christology*.

112) Cf. 여기의 "우리 마음에"와 함께 갈 1:16의 "내 안에."

113) "그리스도의 영광의 복음"은 바울의 복음 개념이 신학적으로 좀 더 다듬어졌을 때에 이 사건에 대한 바울의 나중의 성찰의 결과인 것으로 보인다.

에 대한 말(4:10-11)은 지혜 기독론에 전형적인 창조라는 맥락이 아니라 부활하신 그리스도에 대한 언급임을 보여 준다.[114] "영"으로서의 "주"(3:16-18)[115]라는 표현으로부터 "주이신 예수 그리스도"(4:5)로 사고의 변화도 고린도전서 15:45에서 "살려 주는 영"(고전 15:45)으로서의 부활하신 주님에 대한 사상과 병행을 이룬다.[116] 그리고 이 구절은 신자들이 영광의 몸으로 변화될 것임을 말하는 일련의 사고 내에 자리를 잡고 있다(3:18; 4:17) — 바울 서신의 다른 곳에서는 아담 기독론의 모티프이다.[117] 그러므로 고린도전서 15:47-49에서와 마찬가지로 영광과 형상은 부활하셔서, 하나님의 형상대로 만들어져서 하나님의 영광에 참여하게 되어 있는 인류를 위한 하나님의 계획을 성취하는 그리스도의 영광과 형상으로 이해하는 것이 가장 좋다.[118]

(c) 세 번째 구절은 바울이 고린도 교인들에게 예루살렘의 가난한 그리스도인들을 위하여 연보에 참여하라고 호소한 대목에서 등장한다. 바울은 그들에게 그리스도를 본받으라고 강력히 권한다 — 고린도후서 8:9:

> 우리 주 예수 그리스도의 은혜를 너희가 알거니와 부요하신 이로서 너희를 위하여 가난하게 되심은 그의 가난함으로 말미암아 너희를 부요하게 하려 하심이라.

학자들은 이 구절을 통상적으로 빌립보서 2:6-11과 내용이 같은 것으로 본다 — 즉, 선재하는 그리스도께서 성육신을 통하여 스스로를 낮추었다는 것을 가리키는 것으로.[119] 이러한 해석은 분명히 고린도전서 15:47-49의 경우보다 더 강력하

114) 위의 §§7.3, 9.1과 10.1을 보라.

115) 아래의 §16.3을 보라.

116) 위의 §§10.4과 10.6을 보라.

117) 롬 8:29-30; 고전 15:49; 빌 3:21; 골 3:9-10; 엡 4:22-24. Hamerton-Kelly, *Pre-Existence* 147과 비교해 보라: "3:18~4:18 전체에 함축되어 있는 구원론은 하나님의 선재하는 형상으로서 그리스도에 관한 개념에 토대를 두고 있다"(또한 155).

118) 또한 Kuschel, *Born* 294. 아담이 영광을 상실한 것에 대해서는 위의 §4.5을 보라.

119) 예를 들어, A. Oepke, *TDNT* 3.661: "[빌 2:6-7에 대한] 최선의 주석은 병행문인 고후 8:9에서 찾아볼 수 있다"; Craddock, *Pre-Existence* 100-106; Furnish, *2 Corinthians* 417; O'Collins, *Christology* 127.

다. 그리고 이 절을 이런 식으로 해석할 가능성은 그 자체로 이 해석을 뒷받침하는 논거가 된다. 이 경우에 위에서 살펴본 고려사항들은 오직 부분적으로만 작용하게 된다. 왜냐하면 진술 자체가 노골적이고 비은유적이기 때문이다. 그러나 이러한 추론은 이 절을 그런 식으로 해석하는 것에 대하여 의문을 갖게 만드는 것이기도 하다. 왜냐하면 앞에서 살펴보았듯이, 그리스도의 선재를 말하는 그 밖의 모든 구절들은 인유적이고 은유적이었기 때문이다(지혜로서의 예수, 아담으로서의 예수).

여기에 한 가지 덧붙여야 할 것은 이 구절이 염두에 두고 있는 것은 분명히 어떤 단계에서 그리스도께서 스스로를 낮춘 행위라는 사실이다. 다른 곳에서 이 단계는 언제나 십자가와 부활이다. 그리고 위에서 살펴본 구절들과 마찬가지로(§11.2-3), 이 구절의 취지는 십자가에서 죽기까지의 순종(빌 2:9), 사람들을 구속하는 행위(갈 4:5), 육신의 죄를 정죄하는 희생제사(롬 8:3)에 대한 것이다. 이것은 여기에 나오는 단계, 즉 부한 자가 가난한 자가 된 단계가 십자가와 부활의 "교대"(interchange)에 대한 언급일 가능성이 높다는 것을 보여 준다.

이것은 바울이 다른 곳에서 그리스도의 "은혜"에 대하여 말할 때, 그리스도의 죽음과 부활을 염두에 두었다는 사실에 의해 확증된다.[120] 또한 다른 곳에서 그리스도의 죽음과 부활의 "교대"를 표현하기 위해 사용된 표현들은 그리스도의 죽음에 초점이 맞춰져 있었다.[121] 그리고 다른 곳에서 가난과 부요함의 대비도 통상적으로 영적인 부요와 물질적인 가난의 대비였다.[122] 또한 이 마지막 내용은 영적인 유익과 물질적인 필요의 교대를 염두에 두고 있는 다른 중요한 연보를 말하는 맥락에서 분명히 드러나는 사고이다(롬 15:27). 또한 그것은 여기에서 공생애 동안에 예수의 상대적인 가난을 말하는 전승과도 합치하고,[123] 스스로 아들됨에 대한 예수의 인식("아바" — 막 14:36)과 십자가에서의 절규에 나타나는 영적인 포기에 대한 명백한 인식(막 15:34)의 대비와도 잘 들어맞는다.[124]

---

120) 특히 롬 5:15, 21; 갈 2:20-21; 엡 1:6-7을 보라.

121) 고후 5:21; 갈 3:13. 위의 §9.3을 보라.

122) Tob. 4:21; 고후 6:10; 약 2:5; 계 2:9; cf. 고전 1:5; 4:8; 고후 9:11. Cf. Kuschel, *Born* 296-97. Marshall, "Incarnational Christology" 170-71의 주장에도 불구하고, 빌 4:19(하늘의 풍성함)은 반증을 제시하는 것인가?

123) Cf. 막 10:28-30과 마 8:20/눅 9:58.

달리 말하면, 고린도후서 8:9을 해석하는 가장 분명한 길은 예수의 사역의 엄청난 개인적 희생, 특히 그리스도의 죽음의 자발적인 희생에 대한 생생한 인유로 해석하는 것이다. 초기 그리스도인들이 하나님의 은혜의 풍성함을 경험하였던 것은 바로 이러한 예수의 스스로 가난해짐의 결과였다. 이 구절에서 바울이 선재하는 그리스도께서 성육신을 통하여 스스로를 낮추셨던 것에 대한 인유를 생각하였을 가능성은 거의 없다고 보아야 한다.

§ 11.6 결론들

(1) 바울은 선재하는 그리스도에 대한 개념을 갖고 있었다. 그러나 그것은 과거에 있었던 지혜의 선재라는 개념을 그리스도에게 적용한 것이었다. 또한 생생한 아담 기독론은 역사 이전의 아담의 존재를 본으로 삼아서 도출한 것이었다. 그러한 이미지(지혜와 아담)와 상관 없는 독자적인 그리스도의 선재에 관한 분명한 사상이 없다는 사실은 그리스도의 선재에 관한 이후의 의미를 결정하는 데 상당히 중요한 요소가 된다.[125]

(2) 고린도전서 15:45에서 성령과의 동일시를 아울러 고려하게 되면, 우리는 놀라운 일련의 결과를 얻게 된다. 지혜와 성령은 하나님께서 그의 세계 및 백성과의 상호 작용을 말하는 주된 방식들이었다. 그리스도가 지혜와 성령의 역할을 "흡수했다"는 것은 매우 놀랍다. 그러한 동일시가 가능했던 것은 그리스도께서 그의 삶과 죽음과 부활을 통해서 끼친 영향이 어떠했는가를 보여 주는 것이다!

(3) 이것 중에서 어느 정도가 그리스도의 부활 자체에 직접적으로 돌려질 수 있는가? 우리는 아담 기독론의 어느 정도가 아담에 상응하는 존재로서의 그리스

124) 이러한 점들이 Hanson, *Image* 65-66에 의해 무시되었다.

125) 너무 많은 학자들이 "선재"가 바울 및 그의 세대에 무엇을 의미했을지를 묻지도 않은 채 결론을 맺는 데 만족하는 것 같다(예를 들어, Marshall, "Incarnational Christology"; Habermann, *Präexistenzaussagen*; Witherington, *Sage* 270). 그들이 이 주제와 관련된 문제(관념적 또는 실제적 실재 등)를 인식하게 된 것은 이전의 연구들(Craddock, Hamerton-Kelly) 덕분이다. Cf. Hengel, *Son* (§10 n. 1) 72: " '선재' 에 관한 문제는 역사, 시간, 창조에 관한 유대 사상들과 하나님께서 메시아인 나사렛 예수 안에서 스스로를 온전히 드러내셨다는 확신의 결합으로 인해서 필연적으로 생겨날 수밖에 없었다 … 오직 이런 식으로만 나사렛 예수 안에서 하나님의 계시의 최고성과 최종성은 결정적으로 표현되었다."

도에 관한 사상으로부터 역으로 추론된 것인지를 살펴본 바 있다(§8.6). 우리는 살리는 영과의 동일시가 부활하신 그리스도와의 관련 속에서만 표현되고 있다는 것을 살펴보았다(§10.6). 또한 고린도전서 8:6에서 높이 들리우신 주님을 창조에서 지혜의 역할이라는 견지에서 서술하고 있는 것과 골로새서 1:15-20에서 높이 들리우신 그리스도를 찬양하고 있는 것도 상당히 의미심장하다. 그러므로 바울 서신에서 선재에 관한 사상이 나타난다고 할지라도, 일차적인 기독론적 계기는 계속해서 그리스도의 죽음과 부활에 초점이 맞춰져 있다고 할 수 있다.

(4) 높이 들리우신 그리스도와 하나님의 관계를 좀 더 밀접하게 연구해 보면, 한 가지 흥미로운 특징이 나타난다. 한편으로 이 주제가 구원론적일 때, 바울은 상대적으로 은혜의 원천이 하나님인지 성령인지를 구체적으로 밝히거나 구별하는 데 무관심한 것으로 보인다. 그리스도는 그 은혜의 초점이자 그 은혜를 특징짓는 것으로 이해된다. 그러나 바울이 그리스도와 하나님의 관계라는 관점에서 기독론 또는 신론을 말할 때는, 그 기독론은 신론 안에서 다루어진다는 것, 즉 그리스도에 대한 성찰이 유일신론적인 구도 안에 확고하게 자리잡고 있다는 점이 아주 분명하게 드러난다. 아버지로서 하나님은 아들이신 예수 없이는 더 이상 이해될 수 없지만, 하나님은 여전히 한 분 하나님, "하나님 곧 우리 주 예수 그리스도의 아버지"이다. 이것이 기능론적 기독론이라면, 그것에서 도출되는 존재론적 결론들이 무엇인지는 아직 분명하지 않다. 이 점과 관련된 바울의 기독론을 평가하고 이를 토대로 신학화를 계속해서 진행하는 데에 한 가지 중심적인 사실은 여전히 변함이 없다: 바울의 기독론은 당시의 유대인들에 의해서 이스라엘이 물려받은 유일신론에 대한 위협으로 보이지도 않았고, 그 유일신론을 완전히 재정의하는 것이 바울의 의도도 아니었다는 것.[126] 하나님이 한 분이시라는 그리스도인들의 계속된 신앙고백은 일반적으로 생각하는 것보다 그러한 결론을 확증할 수 있는 근거들에 의거하고 있다. 따라서 그들의 중심적인 신앙고백들 속에 역사적 유대교와 기독교가 진정으로 화해할 여지가 있다고 할 수 있다.

(5) 아담 기독론과 지혜 기독론이 서로 중복되며 긴장을 이루고 있는 바울의 기독론의 근본적인 구조는 이후에 학자들로 하여금 어떻게 예수를 하나님이자 인

126) 이것은 유대교의 "창조론적 유일신론"이라는 틀 내에 놓임으로써 수정된 Wright의 "기독론적 유일신론"에도 적용될 것이다(*Climax* 117); 또한 위의 §2 n. 6을 보라.

간으로 볼 수 있는가를 고뇌하게 한 요인이 되었다. 그리스도 안에서 인간을 위한 하나님의 원래 의도는 마침내 구체적인 형태를 띠게 된다. 그리스도 안에서 하나님의 창조적 지혜인 "형상"과 창조된 인간의 "형상," 즉 하나님께서 각인한 형상과 인간에게 각인된 형상 간의 무한한 간격은 다시 이어진다. 다른 곳에서와 마찬가지로 여기에서도 이러한 계시적 통찰은 신학자들이 인식할 수 없는 것을 개념화하고 끊임없이 다듬음으로써 경이감이 상실되어 간다는 '정의에 의한 경이감 소멸의 법칙'(the law of diminishing definition)이 적용된다.

§12 주께서 오실 때까지[1)]

§ 12.1 그리스도의 재림(파루시아)

우리는 이제까지 로마서에서 바울이 복음을 설명한 순서에서 상당히 벗어나 여러 가지를 살펴보았다. 그러나 바울의 기독론 전체에 대한 명확한 전망을 얻기 위해서는 그렇게 하지 않을 수 없었다. 그리고 우리가 이제까지 살펴본 내용 중 대부분은 바울이 로마서를 썼을 때에 그의 마음 속에 있었음이 분명하다. 여기서 다시 한 번 우리는 바울이 명시적으로 언급할 필요가 없었던 내용을 채워 넣는 데서 인유(引喩, allusion)의 중요성을 알 수 있다.[2)]

바울의 기독론에는 우리가 다시 한 번 로마서의 순서를 벗어나 살펴보아야 할 요소가 한 가지 더 있는데, 그것은 높이 들리우신 그리스도(the exalted Christ)의 재림(다시 오심)이라는 주제이다. 따라서 우리는 이 주제를 여기서 살펴보는 것으로 바울의 기독론에 관한 서술을 마무리할 필요가 있다. 또한 중요한 것은 예수의 부활과 그리스도의 선재(先在)의 의미를 분석한 후에 바울의 기독론에 대한 분석으로 들어가게 되면 신학적으로 불완전하게 된다는 것이다. 왜냐하면 바울의 신학에서 그리스도의 재림(다시 오심)은 그의 부활 및 선재에 답해 줌과 동시에 그러한 것들을 완결하는 것이기 때문이다. 예수의 부활이 새 시대, 새 인간을 열었듯이, 예수의 다시 오심은 새 시대의 정점을 이루면서 부활에서 시작되었던 구원 사역을 완성한다.[3)] 그리고 그리스도의 선재에 대한 단언이 그리스도 안의 하나님이 창조 때의 하나님이었다는 것을 말하는 방식이었듯이, 그리스도의 다시 오심에 대한 단언은 그리스도 안의 하나님이 최후 심판 때의 하나님이라는 것을 말하

---

1) 이 책 말미의 참고문헌을 보라.

2) 롬 4:24-25; 5:14, 19; 6:9-10; 7:4; 8:3, 9-11, 32-34, 39; 9:5, 33; 10:9-13; 14:9; 15:8.

3) 고전 15:23; 빌 1:6. 참조. Cerfaux, *Christ:* "기독교 사상에서 파루시아는 언제나 부활에 의해 시작된 운동 전체가 나아가는 지점으로 남을 것이다"(85); "파루시아는 그리스도의 부활에서 이미 그 조짐이 드러나 있고, 그리스도의 부활과 다시 오심은 그의 죽음에 함축되어 있다"(152).

는 방식이다. 창조와 구원의 절정을 이루는 끝점은 서로 동일하다. 부활은 창조의 시작과 성격만이 아니라 종말론적 미래도 조명해 준다. 바울의 관점에서 그리스도는 이 둘 모두에 대한 열쇠이다.

그리스도의 다시 오심에 대한 이러한 초기 기독교 신앙의 독특성은 과소평가되어서는 안 된다. 엘리야가 세상에 다시 나타날 것이라는 사상은 이미 잘 정립되어 있었다.[4] 그리고 이러한 역할에서 에녹은 이미 엘리야와 연결되어 있었다.[5] 그러나 이것은 별로 놀랄 일이 아니었다. 그러니까 에녹이나 엘리야는 결코 죽은 것이 아니었다. 그들은 하늘로 승천하였고,[6] 세상의 종말 직전 단계를 위해 하늘에서 대기하고 있는 것이다. 또한 의인들이 이 땅에서 억압받고 죽음을 당한 후에 하늘에서 신원(伸寃)될 것이라는 기대도 확고했다.[7] 그러나 이것은 아직 이 땅에 있는 자들이 환상(vision)이나 천상으로의 여행을 통해서만 볼 수 있는 신원이었다.[8] 그렇지만 신원받은 의인들이 이 땅으로 개선한다거나 의인들의 신원이 이 땅에서 이루어질 것이라는 사상은 분명히 표현되어 있지 않았다. 그러므로 여기서 우리는 부활 사건 직후[9] 또는 다니엘 7장의 "인자"에 대한 예수 자신의 비유 및 해석[10]에

---

4) 말 3:1-3; 4:5; Sir. 48:10; 막 6:15 par.; 8:28 pars.; 9:11-12 par.; 요 1:21; 또한 Sib. Or. 2. 187-89; Justin, *Dialogue* 49를 보라. Pseudo-Philo에서는 엘리야를 "다나벤(Danaben)에" 보존된 비느하스라고 말하고, 그는 나중에 엘리야로 이 땅에 강림할 것이라고 한다(48.1); R. Hayward, "Phinehas — the Same Is Elijah: The Origin of a Rabbinic Tradition," *JJS* 29(1978) 22-38을 보라.

5) 1 Enoch 90:31; 계 11:3; 4 Ezra 6:26; Apoc. Elij. 4:7. 자세한 것은 필자의 *Christology* 92-94를 보라.

6) 창 5:24; 왕하 2:11.

7) 예를 들어, 필자의 *Partings* 185-87을 보라.

8) 단 7:21-22; *T. Abr.* 11; 계 6:9-11.

9) 고전적인 글은 J. A. T. Robinson, "The Most Primitive Christology of All?" *Twelve New Testament Studies* (SBT; London: SCM/Naperville: Allenson, 1962) 139-53이다.

10) "돌아옴"이라는 주제는, 인자의 "오심"(erchomenos)이라는 주제와 마찬가지로(막 13:26; 14:62), 예수의 몇몇 비유들(예를 들어, 마 25:1-12; 막 13:34-36; 눅 19:12-27)에 아주 두드러진다. 그리스도의 '돌아오심'에 관한 사상(구원 과정의 완성에 꼭 필요한 것도 아닌데)이 왜 등장했는지가 그리 명확하지 않다. 파루시아 신앙은 예수의 가르침으로부터 나온 것이 아니라 그리스도께서 과연 오셨는지를 확신하지 못하는 것에 대처하기 위하여 예수의 가르침을 개작한 것이었다는 Robinson의 주장과 비교해 보라(*Coming* ch. 7).

까지 소급될 수 있는 사상의 놀라운 발전을 말할 수 있다. 예수의 신원을 "부활"이라는 관점에서 표현한 것이 그리스도인들의 신학화에서 "최초로" 등장한 놀라운 일이었듯이, 신원받은 메시아가 (이 땅에) 다시 올 것이라는 주장도 제2성전 시대 유대교의 신학화에서는 이제까지 들어본 적이 없었던 내용이었다.[11] 아울러 한 위대한 영웅이 다시 올 것이라는 사상은 이 분야에서의 유대교적 성찰과 양립할 수 있는 것이었다.[12] 그러므로 그리스도께서 다시 오실 것이라는 사상과 진술이 그 자체로서는 유대교 회당들(또는 다른 곳)에서 거의 논란거리가 되지 않았던 것으로 보인다는 것은 놀랄 일이 아니다. 오히려 우리는 이러한 기독교적 성찰을 제2성전 시대에 유대교 내에서 발전 중이던 신학적 성찰의 일부였고 거기에 기여한 것이었다고 보아야 한다.[13]

그리스도의 재림(parousia — 파루시아)이 새로운 신학적 출발점이었다는 점을 감안하면, 지난 수십 년 동안 이 주제가 신약학자들 사이에서 별로 주목을 받지 못하였다는 것은 다소 의외이다. 이것은 방금 살펴본 주제들(§§9-11)과 뚜렷한 대조를 이룬다 — 천 년의 끝에서 생겨날 수밖에 없었던 통속적인 관심에도 불구하고. 이것은 20세기를 여는 첫 수십 년 동안에 알버트 슈바이처(Albert Schweizer)가 예수를 묵시적 예언자로 묘사한 것이 반 세기 동안이나 신약학 전체를 뒤흔들어 놓았던 것과도 큰 대조를 보여 준다. 기독교 초창기부터 2세기 중반에 이르는 시기를 연구하는 대부분의 학자들은 그 시기의 온갖 다양한 특징들을 설명하는 데 "재림의 지연"이 주된 요인이었다는 것을 그저 당연시했을 뿐이다: 특히 바울 및 초기 기독교 신학의 발전을 추적하고, "초기 가톨릭 사상"의 출현을 설명하고, 주후 1세기의 마지막 수십 년에 기독교 저작(특히 복음서들)의 폭발적 출현을 설명하는 데에.[14] 그러나 이러한 문제들에 대한 (일시적인?) 관심은

11) 신약에서 벧후 1:16을 제외하고 이 용어는 결코 예수의 첫 번째 오심(이 땅에)에 대하여 사용되지 않기 때문에, 이것은 '파루시아'라는 용어에도 적용되고, 이 용어 자체는 결코 "돌아오심"이라는 의미를 갖지 않는다.

12) 위의 n. 4를 보라.

13) P. G. Davis, "Divine Agents, Mediators and New Testment Christology," *JTS* 45(1994) 479-503는 실제로 이것이 신약 기독론의 독특성인 여러 유형의 중보들의 '결합'이라고 말한다.

14) 가장 체계적인 시도는 M. Werner, *The Formation of Christian Dogma* (1941;

중단 상태에 있는 것 같다.

특히 바울의 기독론과 관련해서, 종말론은 정연한 발전도식으로 설명되었다. 기독론적 칭호들 자체에 대한 관심은 일반적으로 바울의 초기 서신으로 분류되는 데살로니가전후서의 두 가지 중요한 특징에 대한 주목을 불러 일으켰다. 하나는 재림 문맥(살전 1:10)에서 "하나님의 아들"이라는 독특한 칭호가 등장한다는 것이었다 — 바울은 데살로니가 교인들을 하늘로부터 하나님의 아들이 재림하기를 기대하는 자들로 묘사한다. 다른 하나는 종말론에 의해 주도되는 데살로니가전후서에서 "퀴리오스"(kyrios, "주")가 주된 칭호로 사용되고 있다는 것이었다.[15] 이러한 자료를 토대로 학자들은 가장 초기의 기독론은 미래 지향적이었다는 주장을 내놓았다.[16]

슈바이처에 의해 제기된 쟁점들에 대한 관심이 이 세기의 마지막 사반세기 동안에는 없었다고 말하는 것은 사실이 아닐 것이다. 특히 "묵시론"이라는 용어는 거듭거듭 논의의 중심을 차지하였다 — 이 용어의 의미 및 적절한 용법에 대한 불명확성이 계속되었음에도 불구하고.[17] 에른스트 케제만(Ernst Käsemann)은 슈바이처의 주장을 실존주의적으로 변형시킨 불트만의 견해[18]에 맞서 "묵시론은 모든 기독교 신학의 어머니였다"[19]고 주장함으로써 논쟁의 새로운 전기(轉機)를 열었다.[20] 그리고 "묵시론"은 바울 해석과 관련하여 마틴(J. L. Martyn)과 베커(J. C. Beker)의 관점 및 도식들에서 결정적인 핵심용어 및 개념이 되었는데, 마틴은 십자가에,[21] 베커는 재림(parousia)에 초점을 맞추었다. 그러나 두 사람에게서 "묵시

London: Black/New York: Harper, 1957)의 시도였다.

15) kyrios — 데살로니가전서에서 24회, 데살로니가후서에서 22회; 이것은 바울의 다른 서신들보다 상당히 높은 비율이다.

16) 특히 Hahn, *Titles* (§10 n. 1) 89-103(고전 16:22을 강조), 284-88.

17) 예를 들어, R. E. Sturm, "Defining the word 'Apocalyptic': A problem in Biblical Criticism," Marcus and Soards, eds, *Apocalyptic* 17-48에 의한 개관을 보라; 그리고 R. B. Matlock, *Unveiling the Apocalyptic Paul: Paul's Interpreters and the Rhetoric of Criticism* (JSNTS 127; Sheffield: Sheffield Academic, 1996)의 다소 자의적인 연구.

18) 바울이 묵시론적 전승을 "비종말론화하였다"고 주장하는 Baumgarten의 불발로 끝난 시도(*Paulus*)를 참조하라.

19) Käsemann, "Beginnings" 102.

20) n. 17을 보라.

론"은 재림에 초점을 맞출 수밖에 없게 하는 요인이 아니라 해석학적 열쇠로 더 많이 작용하였다.[22] 그리스도의 재림이라는 주제는 여전히 바울에 관한 학문적 저작에서 별로 관심을 끌지 못하고 있는데, 이는 초대 교회의 잘못된 임박한 종말 기대 및 문자 그대로의 하늘로부터의 재림에 관한 진술들(살전 4:16)에 대한 당혹감이 여전히 학자들을 괴롭히고 있기 때문인 것 같다.

그렇다면 이 점에 대한 바울 자신의 신학은 어떠했는가? 그리스도의 재림이 좀 더 큰 종말론적 시나리오의 일부임을 일단 접어둔다면, 우리의 현재의 기독론적 관심은 주로 재림과 그에 수반되는 특징들에 초점을 맞춰야 할 것이다.

§12.2 데살로니가전후서에 나타난 재림 소망

우리의 관심은 바울의 모든 서신들에 나타난 요소들을 끌어 모아서 각 주제들에 할당된 지면의 양에 비례해서 가중치를 부여하는 바울의 신학을 재구성하는 것이 아니라, 자신의 신학을 가장 성숙한 모습으로 진술하고 있는 로마서를 썼을 당시의 바울의 신학을 서술하는 것이다. 그렇지만 이렇게 하는 데에 우리가 밟아야 할 절차는 통상적으로 바울의 가장 초기 서신들로 알려져 있는 데살로니가전후서에서 출발하는 것이다.[23] 왜냐하면 이는 바울의 다른 서신들과는 달리 재림

---

21) "바울의 묵시론의 초점은 그리스도의 파루시아가 아니라 그의 죽음에 놓여 있다" (Martyn, "Apocalyptic Antinomies" [§6 n. 99] 420.

22) Martyn의 주장은 그의 이전의 글로 거슬러 올라간다("Epistemology at the Turn of the Ages: 2 Corinthians 5:16," W. R. Farmer, et al., eds., *Christian History and Interpretation*, J. Knox FS [Cambridge: Cambridge University, 1967] 269-87). 이 글에서 그는 "종말론과 인식론이 뗄래야 뗄 수 없을 정도로 결합되어 있는 것"(272)을 발견하고, "묵시론적"이라는 것을 "육체를 따라서"(kata sarka)가 아니라 "십자가를 따라서"(kata stauron) 아는 새로운 방식으로 재정의한다. 이와는 반대로 Beker는 오직 하나님의 임박한 승리라는 묵시론적 주제만이 바울의 신학에 그 근본적인 통일성을 부여해 준다고 주장한다 (특히 *Paul* 143, 176-81); 그러나 또한 아래의 §18 n. 18을 보라.

23) 데살로니가전서가 바울의 첫 번째 서신이라는 것이 통설이다(예를 들어, Kümmel, *Introduction* 257을 보라). 데살로니가후서의 저자 문제에 대해서는 논란이 많다. 저자가 바울인가, 아니면 그의 후대의 제자인가를 놓고 학계는 의견이 갈린다(예를 들어, Kümmel 164-69와 Koester, *Introduction* 2. 242-46을 비교해 보라). 내 견해로는 문체 및 신학상의 강조점의 여러 차이들은 바울의 후기 서신들에 비하면 아무것도 아니다. 특히 우리의 현재

주제가 데살로니가전후서를 지배하고 있다는 사실 때문이다. 여기서 바울이 특정한 때에 특정한 쟁점들에 대하여 신학화한 것을 일반적인 바울의 신학으로 볼 수 있느냐 하는 문제가 제기된다. 다른 식으로 표현하자면, 재림 주제가 초기에 부각되어 있는 것이 이후의 서신들에 나타나는 모습을 왜곡시킬 수도 있다는 것이다. 그리고 전체적으로 우리는 데살로니가전후서 이후에 바울의 신학이 강조점에서 변화되거나 발전되었을 가능성을 인정하여야 한다. 이러한 점들은 우리의 논의가 진행됨에 따라 더 분명해질 것이다.

데살로니가전후서가 재림 소망에 집중하고 있다는 사실은 분명히 놀라운 일이다. 이 주제는 처음부터 부각된다. 바울은 데살로니가 교인들에게 "어떻게 우상을 버리고 하나님께로 돌아와서 살아 계시고 참되신 하나님을 섬기는지와 또 죽은 자들 가운데서 다시 살리신 그의 아들이 하늘로부터 강림하실 것을 너희가 어떻게 기다리는지"(살전 1:9-10)를 상기시킨다.[24] 또한 바울은 자기가 그들에게 남긴 권면을 일깨운다: "이는 너희를 부르사 자기 나라와 영광에 이르게 하시는 하나님께 합당히 행하게 하려 하심이라"(2:12). 그들은 바울의 "소망이요 기쁨이며, 그가 강림하실(parousia) 때 우리 주 예수 앞에서 자랑의 면류관"(2:19)이다. 바울은 "너희 마음을 굳건하게 하시고 우리 주 예수께서 그의 모든 성도와 함께 강림하실(parousia) 때에 하나님 우리 아버지 앞에서 거룩함에 흠이 없게 하기"(3:13)를 기도한다.[25]

의 논의와 관련해서 데살로니가전서와 후서의 차이점들은 수많은 논쟁과 논증에서 흔히 일어나는 전략 및 강조점들의 변화보다 크지 않다. 바울을 이론적 일관성이라는 잣대로 판단해서는 안 된다. 여러 상황 속에서 다양한 견해를 지닌 사람들을 대하다 보면 강조점이 다른 말들을 사용하게 되는 것은 불가피하다.

24) 또한 2:16을 보라 — "노하심이 끝까지[eis telos, 온전히, 완전하게] 그들[특히 유대에 있는 유대인들]에게 임하였느니라"; Bruce, *1 and 2 Thessalonians* 48과 위의 §2 n. 83을 보라; 또한 J. M. Court, "Paul and the Apocalyptic Pattern," Hooker, ed., *Paul and Paulinism* 57-66을 보라. 이것을 특별히 반유대적인 말로 취급하는 것은 살후 1:8-9에서 "하나님을 모르는 자들과 우리 주 예수의 복음에 복종하지 않는 자들"에 대한 기대의 열렬함을 무시하는 것이다(즉, 유대인과 마찬가지로 이방인도); 위의 §2.5과 n. 87; 또한 Wanamaker, *1 and 2 Thessalonians* 227-28에 나오는 논의; C. J. Schlueter, *Filling Up the Measure: Polemical Hyperbole in 1 Thessalonians* 2.14-16 (JSNTS 98; Sheffield: Sheifield Academic, 1994), 특히 8장과 9장을 보라.

우리는 데살로니가전서의 핵심이자 바울이 이 서신을 쓰게 된 주된 이유를 말해 주는 4:13~5:11에 다다른다. 여기서 바울은 자기가 데살로니가를 떠난 직후에 심각한 문제로 떠올랐던 것에 대하여 말한다. 데살로니가 교인들 중 일부가 죽는 일이 발생했다. 이 일로 인해서 다른 데살로니가 교인들은 죽은 자들이 재림 때에 불이익을 당하거나 아예 제외되지 않을까 두려워했다(4:14).[26] 이에 대한 바울의 반응은 재림에 대한 그의 믿음을 극명하게 보여 준다:

> 형제들아 자는 자들에 관하여는 너희가 알지 못함을 우리가 원하지 아니하노니 이는 소망 없는 다른 이와 같이 슬퍼하지 않게 하려 함이라 우리가 예수께서 죽었다가 다시 살아나심을 믿을진대 이와 같이 예수 안에서 자는 자들도 하나님이 그와 함께 데리고 오시리라 우리가 주의 말씀으로 너희에게 이것을 말하노니 주께서 강림하실(parousia) 때까지 우리 살아 남아 있는 자도 자는 자보다 결코 앞서지 못하리라 주께서 호령과 천사장의 소리와 하나님의 나팔 소리로 친히 하늘로부터 강림하시리니 그리스도 안에서 죽은 자들이 먼저 일어나고 그 후에 우리 살아 남은 자들도 그들과 함께 구름 속으로 끌어 올려 공중에서 주를 영접하게 하시리니 그리하여 우리가 항상 주와 함께 있으리라 그러므로 이러한 말로 서로 위로하라(살전 4:13-18).

두말할 필요도 없이 주께서 하늘로서 강림하실 때에 산 자들과 부활한[27] 성도

25) 여기 및 이후의 구절들에 나오는 파루시아 이미지는 고위 관리나 통치자가 수행원들을 이끌고 어느 성을 방문할 때에 성 근처에서 유력 인사들의 영접을 받아서 성으로 호위되어가는 이미지일 것이다(A. Oepke, *TDNT5*. 859-60; Bruce, *1 and 2 Thessalonians* 57). 또한 아래의 n. 53을 보라. Plevnik, *Parousia* 6-10은 이러한 추론을 부당하게 비판하면서, 바울의 이미지가 그의 독자들의 마음에 가장 자연스럽게 무슨 생각을 불러일으킬지는 묻지 않는다.

26) 더 정확하게 말하기는 어렵다; 예를 들어, Wanamaker, *1 and 2 Thessalonians* 164-66에 나오는 여러 해석들에 대한 개관을 보라. 이 서신에는 이 문제가 부분적으로 바울이 실현된 종말론을 가르쳤었는데 이제 와서 "현재의 영광의 승귀(昇貴) 신학"을 고칠 필요성을 느꼈기 때문에 일어났다는 암시는 전혀 없다(C. L. Mearns, "Early Eschatological Development in Paul: The Evidence of 1 and 2 Thessalonians," *NTS* 27[1980-81] 137-57[특히 141]는 이에 반대).

들이 "구름 속으로[28] 끌어 올려 공중에서"[29] (중간쯤에서) 주를 만나 주를 호위하여 이 땅으로 오게 될 것[30]이라는 이 생생한 묘사는 수 세기 동안 그리스도인들의 상상력을 사로잡았다. 그러나 사람들은 그 앞에 나오는 이미지에 더 많은 주목을 했어야 했다: 이 사건을 주도하는 분은 "예수 안에서 자는 자들도 … 그와 함께 데리고 오실"[31] 하나님이시다. 이 두 가지가 어떻게 서로 결부되는지는 여전히 분명하지 않다.[32]

"주의 말씀"은 즉각적으로[33] "주의 날이 밤에 도둑 같이 이를"(살전 5:2, 4)[34]

---

27) 여기서 "먼저 일어나고(anastesontai)"(4:16)라는 능동태는 4:14(예수께서 "다시 살아나심[aneste]")의 이례적인 능동태를 반영한 것이다. 좀 더 통상적인 정형구에서는 수동태("일으키심을 받았다[egerthe]"; 위의 §7 n. 72를 보라)를 사용한다; 그러나 cf. 롬 14:9.

28) 동사 '하르파제인' (harpazein, "낚아채다," "데려가버리다")은 통상적으로 무력을 사용한다는 것을 함축하지만(BAGD, *harpazo*), 유대교(창 5:24 LXX; *Apoc. Mos.* 37:3; *Joseph and Aseneth* 12:8; *Greek Apocalypse of ezra* 5:7; 고후 12:2, 4; 계 12:5; cf. 행 8:39; 자세한 것은 A. W. Zwiep, *The Ascension of the Messiah in Lukan Christology* [NovTSup 37; Leiden: Brill] ch. 2을 보라)와 헬라 사상(BAGD, *harpazo* 2b와 *nephele*를 보라)에서 하늘로 끌어올려지는 것을 가리키는 통상적인 용어가 되어 있었음이 분명하다.

29) Bruce, *1 and 2 Thessalonians* 102-3과 위의 n. 25를 보라.

30) 천상의 교통수단이자 개선행렬의 방식을 가리키는 것으로서의 구름에 대해서는 특히 사 19:1; 겔 1:4-28; 단 7:13; 막 13:26 pars.; 14:62 par; 행 1:9, 11; 계 1:7을 보라. Plevnik은 이 경우에 구름은 그리스도가 아니라 부활한 성도들과 살아 있는 성도들을 수송하는 수단으로 언급된다고 지적한다(*Parousia* 60-63). 그 밖의 다른 이미지들(명령의 외침, 대천사의 부름, 나팔)에 대해서는 Plevnik 45-60, 84-88을 보라.

31) "그와 함께"와 "예수로 말미암아"라는 두 어구는 둘 다 동사 "데리고 오시리라"에 붙여서 해석해서는 안 된다(NRSV처럼; REB는 의식을 수정한다); Bruce, *1 and 2 Thessalonians* 97-98을 보라; 그 밖에 Best, *1 and 2 Thessalonians* 188-89. 또한 "예수로 말미암아"("그리스도 안에서"가 아니라 — 4:16) 죽는다는 것이 무엇을 의미하는지도 불확실하다; 아래의 §15:4c을 보라.

32) 묵시론적 사고의 배경에 존재하는 이와 비슷한 긴장들에 대해서는 A. F. J. Klijn, "1 Thessalonians 4:13-18 and Its Background in Apocalyptic Literature," in Hooker, ed., *Paul and Paulinism* 67-73(특히 69)을 보라.

33) 5:1의 '페리 데' (peri de)는 데살로니가 교인들이 물어온 관련 주제임을 나타낸다(cf. 4:9, 13).

34) 이것은 바울이 교회들에게 교회의 토대가 된 예수 전승의 일부로서 이 비유를 되풀이

것이라는 예수 전승, 그러므로 깨어 있으라는 권면을 생각나게 한다 — 예수의 위기 비유들에 특유한 주제.[35] 본문은 예언서의 고전적인 이미지들과 묵시론적 대비(對比)를 사용하고 있다는 점에서 그 발전이 주목할 만하다 — 해산의 고통, 빛/어둠의 아들, 자고/깨고, 낮/밤, 정신을 차리고/취하고(5:3-8).[36] 그 절정은 "하나님이 우리를 세우심은 노하심에 이르게 하심이 아니요 오직 우리 주 예수 그리스도로 말미암아 구원을 받게 하심이라 예수께서 우리를 위하여 죽으사 우리로 하여금 깨어 있든지 자든지 자기와 함께 살게 하려 하셨느니라"(5:9-10)는 확신이다. 마지막의 축도는 이 서신의 주된 취지를 그들이 쉽게 잊어버릴 수 없게 만든다: "평강의 하나님이 친히 너희를 온전히 거룩하게 하시고 또 너희의 온 영과 혼과 몸이 우리 주 예수 그리스도께서 강림하실 때에 흠 없게 보전되기를 원하노라 너희를 부르시는 이는 미쁘시니 그가 또한 이루시리라"(5:23-24).

데살로니가후서의 증거들은 바울의 신학화의 이 단계에서 재림 기독론의 중요성을 확증해 준다. 데살로니가전서에서보다 더 신속하게 이 주제는 이 주제에 관한 바울의 모든 진술들 중에서 가장 강력한 것들 중 하나인 구절에서 곧 다뤄진다(살후 1:7-10). 데살로니가 교인들은 그들의 현재의 고통으로부터 안식을 얻게 될 것이다.

> 환난을 받는 너희에게는 우리와 함께 안식으로 갚으시는 것이 하나님의 공의시니 주 예수께서 자기의 능력의 천사들과 함께 하늘로부터 불꽃 가운데에 나타나실 때에 하나님을 모르는 자들과 우리 주 예수의 복음에 복종하지 않는 자들에게 형벌을 내리시리니 이런 자들은 주의 얼굴과 그의 힘의 영광을 떠나 영원한 멸망의 형벌을 받으리로다 그날에 그가 강림하사 그의 성도들에게서 영광을 받으시고 모든 믿는 자들에게서 놀랍게 여김을 얻으시리니 이는 우리의 증거가 너희에게 믿어졌음이라.

전했다고 하면 가장 잘 설명될 수 있는, 예수의 독특한 비유를 반영하고 있는 권면 전승(마 24:43/눅 12:39; 바울이 새로운 교회를 세울 때에 전한)의 가장 분명한 예들 중의 하나이다. 자세한 것은 위의 §8.3과 아래의 §23.5을 보라.

35) 마 24:42-43; 25:13; 막 13:34-37; 눅 12:37. 또한 막 14:34-38 par.

36) 이 이미지에 대해서는 Plevnik, *Parousia* 105-6, 108-10; Dunn, *Romans* 786-88(병행문인 롬 13:11-12에 대한)을 보라.

데살로니가전서에서처럼 후서도 특별한 위기 때문에 씌어졌는데, 여기에서는 재림 이전의 예기치 않은 사건들에 관한 문제였다. 이 경우에 그것은 종말 기대의 과열 현상, 종말 열광주의의 문제였다. 데살로니가 교인들은 "주의 날이 이르렀다"며, 그날이 이미 와 있다고 믿었다(2:2).[37] 이에 대한 바울의 반응은 종말 이전에 일어날 결정적인 사건들이 아직 남아 있다고 역설함으로써 열광주의의 열기를 식히는 것이었다(2:3-12):

> 누가 어떻게 하여도 너희가 미혹되지 말라 먼저 배교하는 일이 있고 저 불법의 사람 곧 멸망의 아들이 나타나기(apokalyphthe) 전에는 그날이 이르지 아니하리니 그는 대적하는 자라 신이라고 불리는 모든 것과 숭배함을 받는 것에 대항하여 그 위에 자기를 높이고 하나님의 성전에 앉아 자기를 하나님이라고 내세우느니라 … 너희는 지금 그로 하여금 그의 때에 나타나게(apokalyphthenai) 하려 하여 막는 것이 있는 것을 아나니 불법의 비밀(mysterion)이 이미 활동하였으나 지금은 그것을 막는 자가 있어 그중에서 옮겨질 때까지 하리라 그때에 불법한 자가 나타나리니 주 예수께서 그 입의 기운으로 그를 죽이시고 강림하여(parousia) 나타나심으로 폐하시리라 악한 자의 나타남(parousia)은 사탄의 활동을 따라 모든 능력과 표적과 거짓 기적과 불의의 모든 속임으로 멸망하는 자들에게 있으리니 이는 그들이 진리의 사랑을 받지 아니하여 구원함을 받지 못함이라 이러므로 하나님이 미혹의 역사를 그들에게 보내사 거짓 것을 믿게 하심은 진리를 믿지 않고 불의를 좋아하는 모든 자들로 하여금 심판을 받게 하려 하심이라.

이 강력한 묘사 후에 데살로니가후서의 나머지 부분은 (데살로니가전서와는 달

---

37) "영으로나 말로나 또는 우리에게서 받았다 하는 편지로나 …"(2:2)라는 바울의 문구는 여러 통로로 의사소통이 계속 이루어지면서 혼동과 혼란이 지속되었음을 보여 준다. 이 난해한 본문에 대해서는 특히 Jewett, *Thessalonian Correspondence* 97-100을 보라. Jewett는 과거에 자기가 "천년왕국적 급진주의"를 선호하여 "열광적 급진주의"라는 견지에서 데살로니가 서신을 서술했던 태도를 버렸다(142-47, 161-78). 여기서 "주의 날"은 그리스도의 오심으로 절정에 달하는 최후의 짧은 기간을 가리킨다. 따라서 임박한 기대의 요소가 여전히 포함되어 있었다.

리) 더 이상 재림 주제를 언급하지 않고 여러 단편적인 주제들로 이루어진 하강(下降) 부분(anticlimax)이다.

종말론 및 그 성격에 대한 이러한 지속적인 강조는 많은 문제들을 불러일으킨다. 여기서 우리는 그 기독론적 특징들에 국한하여 살펴보고자 한다.

첫째, 이러한 증거들을 볼 때, 바울은 데살로니가에서 복음을 전하는 동안에 그리스도의 재림이라는 주제에 중점을 두었다는(살전 1:10) 분명한 추론을 이끌어 내는 것은 피할 수 없는 것 같다. 또한 바울이 데살로니가전서 전체에 걸쳐 이 주제를 거듭거듭 강조했고 데살로니가후서에서도 이 주제를 자세하게 설명하기를 주저하지 않았다는 사실도 특기할 만하다. 그렇다면 우리는 이것이 특히 바울의 초기 전도사역에서 모든 전도 및 가르침의 두드러진 특징이었다고 추론할 수 있는가? 반드시 그렇지는 않다. 갈라디아서는 데살로니가서에 선행한 설교 내용을 언급하는데, 임박한 재림은 갈라디아 교인들을 "힘써 따라오게" 만든 강력한 동기였을 것이다. 그러나 앞으로 보겠지만, 바울의 모든 주요 서신들 중에서 갈라디아서는 이 주제에 대해 거의 관심을 보이지 않는 것 같다. 반면에 지리적으로 데살로니가와 아주 가까운 도시들에 보낸 바울의 서신들은 데살로니가전서의 강조점과 매우 비슷한 병행들을 담고 있다. 데살로니가전서와 빌립보서는 둘 다 "그리스도/주의 날"[38]을 말하고, 신자들이 예수께서 "하늘로부터" 다시 강림하실 것을 "기다린다"고 말한다.[39] 고린도전서는 이 주제가 바울의 신학에서 중요한 위치를 차지했었음을 일관되게 보여 주는 유일한 또 하나의 서신이다. 그리고 마음들이 (하나님에 의해) 가려져서 "망하는 자들"이 또 다른 천상의 존재에 의해서 진리를 보는 것을 방해받고 있다고 말하는 고린도후서 3:14-15과 4:3-4은 바울의 다른 서신들에서 데살로니가후서 2:9-12의 지독한 비관주의에 가깝게 접근하는 매우 드문 구절들 중의 하나이다.[40]

그러므로 우리는 그리스도의 다시 오심이라는 주제가 바울의 소아시아 선교의 초기 단계 동안에 그의 설교에서 매우 중요한 특징이었을 가능성을 생각해 보아야 한다. 이 주제는 빌립보서에서는 특별히 다루어지지 않았지만, 데살로니가에서

38) 살전 5:2; 빌 1:6, 10; 2:16.

39) 살전 1:10; 빌 3:20.

40) 그러나 cf. 롬 9:19-23과 11:7-10.

는 여러 사건들(바울에 의해 회심한 자들 중 일부의 조기 사망)로 인해서 이 주제가 크게 부각되었고, 바울은 이에 대응하면서 그가 이전에 말했던 것을 철회하거나 제한하지 않았다. 바울의 서신은 임박한 종말 기대의 불길을 잡는 데 성공하였고,[41] 바울은 종말 기대에 관한 더 직설적인 진술로 응답하면서도, 주의 날의 임박성에 관해서는 제한을 가했다. 데살로니가전후서는 바울이 고린도와 접촉을 가졌던 초기에 씌어졌을 가능성이 크기 때문에, 특히 고린도전서가 그러한 관심을 어느 정도 반영하고 있는 것은 놀라운 일이 아니다.

둘째, 우리는 두 서신(데살로니가전후서)의 두드러지게 독특한 특징들을 주목하지 않을 수 없다. 데살로니가전서의 특징을 이루는 것은 "주의 말씀"(살전 4:15)이다. 이 서신의 핵심 부분은 실제적으로 "주의 말씀"을 중심으로 전개된다. 많은 학자들이 계속해서 바울이 여기서 예수 전승에 나오는 몇몇 말씀을 인용하고 있다고 생각하지만,[42] 그것으로 완전한 설명이 될 수는 없다. 본문의 언어는 그리스도께서 높이 들리우셔서 "주"가 되었다는 관점에서 성찰한 가장 초기의 기독교 종말론의 특징을 보여 준다.[43] 그리고 "말씀"은 데살로니가 교회의 문제와 매우 밀접하게 연관된 것으로서 그들의 관심을 반영한 단어이다: 이미 죽은 자들은 여전히 살아 있는 자들과는 달리 재림 때에 남겨질 것이다.[44] 그러므로 "주의 말씀"은 바울이 데살로니가 교인들의 고민을 놓고 기도하며 묵상할 때에 바울에게 주어진(이전의 예수 전승을 인용하여 사사로이 또는 그리스도인들의 모임 가운데서) 영감 받은 말씀 또는 예언이었을 것이다.[45] 또한 16-17절은 이 예언 말씀의

---

41) 위의 n. 37을 보라.

42) 예를 들어, Wanamaker, *1 and 2 Thessalonians* 170에 인용된 학자들을 보라.

43) "주의 강림" — 아래의 n. 57을 보라. 죽은 자들을 "잔다"고 표현한 이미지는 유대교 및 헬라 사상에서 친숙한 것이었다(예를 들어, R. Bultmann, *TDNT* 3. 14 n. 60을 보라). 신약에서는 고전 7:39, 11:30; 15:6, 18, 20, 51; 마 27:52; 행 7:60, 13:36을 보라. 그러나 신약에서 예수의 죽음을 가리킬 때에는 이 이미지를 사용하지 않는다는 것이 주목할 만하다.

44) 나는 예수 전승에 대한 인유(引喩)들을 인정하고자 하는 최초의 학자들 중 한 사람이지만, 이 표현이 예수 전승보다는 데살로니가 교인들의 상황에 더 가깝다는 사실에 더 비중이 두어져야 한다. 물론 예언의 말씀을 통해서 예수 전승 속에 있던 이전의 덜 구체적이었던 요소를 취하여 가다듬었을 가능성은 얼마든지 존재한다. 또한 아래의 n. 47을 보라.

45) 예를 들어, Best, *Thessalonians* 189-93; Plevnik, *Parousia* 78-81, 90-94를 보라; 필자의 *Jesus and the Spirit* 418 n 154와 Wanamaker, *1 and 2 Thessalonians* 170에 나오는

일부였을 것이다. 그 언어표현은 데살로니가 교인들의 관심사를 반영하고 있고(4:17a), 그 이미지는 가시적인 높이 들리우심("구름 속으로 끌어 올려" — 4:17b)에 관한 것이다. 4:18은 4:15-17 전체에 걸린다.[46] 여기서 흥미로운 것은 바울이 추가 설명 없이 "주의 말씀"을 그대로 전하는 것으로 만족한다는 것이다. 이것과 대조를 보이는 것은 바울이 그 다음에 나오는 권면(5:1-11)에서 인용하는 주의 날이 "밤에 도둑 같이"(5:2 — 잘 알려진 예수 전승을 반영한) 오리라는 이미지이다.[47]

어쨌든 우리는 "주의 말씀"이 매우 구체적으로 데살로니가 교회의 특정한 문제를 지향하고 있었다는 점을 주목하여야 한다. 이것은 바울이 이후의 서신들에서 이 어구를 다시 사용하거나 반영하지[48] 않는 이유를 설명하는 데 도움이 된다.

셋째, 데살로니가후서의 주요한 두 구절의 두 가지 두드러진 특징은 생생한 가시적 성격과 보수(報讐)와 관련된 무시무시한 어조이다.[49] 바울 서신에서 이 구절들보다 더 묵시문학의 장르와 가까운 대목은 없다.[50] 묵시문학의 특징은 위기 및

그 밖의 다른 학자들. 많은 주석자들이 이 대안을 미덥지 않게 생각하게 만든 것은 (영감 받은) 예언의 말씀이라는 현상에 익숙하지 않았기 때문이다. 그러나 바울이나 데살로니가 교인들이나 예언 체험에는 익숙한 사람들이었다(특히 살전 5:19-22; 아래의 §21.4c을 보라). 그리고 이 서신이 특히 지혜 및 예언의 말씀을 비롯한 은사 현상들이 정기적인 예배의 일부를 구성하고 있었던 고린도에서 씌어졌을 가능성이 대단히 높다는 것을 우리는 기억해야 한다(고전 12:8-10; ch. 14; 1:7에서 풍부한 영적 은사들과 주 예수 그리스도의 계시를 기다리는 것의 밀접한 연관성을 주목하라).

46) 만약 이 말씀 전체가 실제로 고린도 교회의 예배에서 전달되었다면 무엇이 영감 받은 것이고 무엇이 해설인지를 구별하기는 어렵긴 하지만, 4:16-17은 이전에 영감 받아 한 예언의 말씀을 바울이 손질한 것일 수도 있다.

47) D. Wenham은 초대 교회에서 유포되었고 바울이 사용하였을 공관복음서 이전의 종말 강화(講話)의 존재를 입증하고자 애쓴다(*Gospel Perspectives* 4: *the Rediscovery of Jesus' Eschatological Discourse* [Sheffield: JSOT, 1984]; 그의 *Paul* (§8 n. 1) 305-28 (328 n. 89)에서는 더 완화되어 있음).

48) 고전 15:52에 나오는 나팔소리와 관련하여. 그러나 하나님의 현현(顯現)들과 종말의 선포에서의 나팔소리는 유대교에서 이미 정립되어 있었던 이미지였다; 특히 G. Friedrich, *TDNT* 7.80, 84, 86-88을 보라.

49) 물론 하나님의 "보수(報讐)하심"은 유대교의 종말론에서 확립되어 있던 사상이다(특히 사 59:17-18; 자세한 것은 필자의 *Romans* 749-50을 보라).

핍박의 때에 씌어진다는 것,[51] 풍부한 상징과 하나님의 신원하심 및 보수(報讐)에 대한 확신을 기반으로 소망과 두려움, 적대감과 적개심을 표출한다는 것이다. 따라서 우리는 여기서 "나타나심"이라는 표현의 반복적인 사용(1:7; 2:3, 6), "비밀"(2:7)에 관한 언급,[52] 주께서 천사들과 함께 오실 것에 관한 환상,[53] 한 강력한 개인 속에 구현된 최후의 환난과 저항,[54] 의인들의 신원(伸寃)과 대적들에 대한 마땅한 보수(報讐)를 가져올 절정의 대단원[55]을 본다.

---

50) Cf. Jewett, *Thessalonian Correspondence* 168; Krentz, "Through a Lens"(§1 n. 64).

51) 예를 들어, J. J. Collins, *The Apocalyptic Imagination* (New York: Crossroad, 1984) 31; L. L. Thompson, *The Book of Revelation: Apocalyse and Empire* (New York/Oxford University, 1990) 25-26을 보라; 그러나 또한 이러한 일반화에 대한 Thompson 자신의 제한을 주목하라(특히 175-76). 내 말은 "묵시론"과 "종말론"이 동의어로 사용되어야 한다는 뜻이 아니다(필자의 *Unity* 310을 보라).

52) "비밀"의 드러남은 다니엘서 이래로 묵시 저작과 묵시적 관점의 특징이었다(단 2:18-19, 27-30; 또한 예를 들어, 1QS 3:23; 4:18; 1QpHab 7:5; 1Q27; 1 Enoch 103:2; 106:19, 2 Enoch 24:3; 4 Ezra 10:38; 14:5; 계 10:1을 보라). 자세한 것은 R. E. Brown, *The Semitic Backgrond of the Term "Mystery" in the New Testament* (Philadelphia: Fortress, 1968); 아래의 §19 n. 32를 보라. "불법의 비밀"(2:7)에 대해서는 특히 cf. 시 88:23 LXX("불법의 아들")과 "죄의 은밀한 것"이라는 어구를 포함하고 있는 단편인 1Q27 1:2; 또한 1QpHab 2:1-2과 5:11에 나오는 "거짓말의 사람".

53) 하나님의 현현에서 천상의 수행원들에 대해서는 신 33:2; 시 68:17; 단 7:10; 1 Enoch 1:9 (Jude 14-15에 인용된)을 보라. 슥 14:5 LXX을 반영할 의도였을 수 있다. 또한 위의 n. 25를 보라.

54) 여러 원형(原型)들이 마음에 떠오른다: Antiochus Ⅳ(2:4a은 단 11:36-37을 반영함), 두로 왕(2:4b은 겔 28:2을 반영함), 바벨론의 왕(사 14:4-20), 주전 63년에 유대를 정복한 폼페이(*Pss. Sol*. 17:11 — "무법한 자"). 자신의 조상(彫像)을 예루살렘 성전에 세우고자 했던 칼리굴라의 시도(주후 40년)는 최근의 기억이었을 것이다(Bruce, *1 and 2 Thessalonians* 168-169). 이 적그리스도라는 인물의 속임수와 매력은 가장 초기의 기독교 종말론의 한 주제였다(막 13:22/마 24:24; 계 13장: 특히 13-14절). cf. Vos, *Eschatology* ch. 5에서의 이전의 논의.

55) 심판 기대의 열렬함은 한층 폭력적인 시대의 특징이다; 예를 들어, cf. 시 79:6, 사 2:19-21; 마 25:41, 46. 사 66:15-16("화염으로" 집행되는 심판)이 살후 1:8에 반영되어 있는 것 같다. 살후 2:8은 사 11:4("그[다윗계의 메시아] 입술의 기운으로 악인을 죽일 것이며")을 반영하고 있음이 분명하다.

달리 말하면, 데살로니가후서에서 바울은 묵시론적 환상가(visionary)의 목소리로 말한다는 것이다. 언어는 과장되어 있고, 그 언어가 표현하고 도발하는 감정은 과거의 좌절과 열망을 반영하듯 강력하다. 묵시론적 이미지들이 흔히 그렇듯이, 그의 언어는 기괴함의 요소를 지니고 있어서 히에로니무스 보쉬(Hieronymus Bosch)의 그림과 같은 분위기를 연출한다. 이렇게 단언한다고 해서 이러한 구절들을 버리거나 무시해도 된다는 말은 결코 아니고, 단지 이 구절들의 성격을 잘 알아서 그 문학적 매개물이 이 구절들의 메시지를 형성하는 데 어느 정도나 영향을 미쳤는지를 파악해야 한다는 말이다.[56] 그러나 또한 이러한 구절들을 바울의 전체적인 신학 속으로 통합해내는 일은 요한계시록을 신약의 전체적인 신학 속으로 통합해 넣는 일만큼이나 어려울 것이라는 점도 우리는 유의해야 한다. 아울러 바울이 이후의 서신들 그 어디에서도 그러한 이미지들에 의거하지 않고 있다는 사실은 바울이 종종 그러한 이미지들을 사용하긴 했지만 그것들을 그의 복음 및 신학의 불변의 특징으로 여기지 않았음을 말해 준다.

§12.3 데살로니가후서 이후의 서신들에 나타나는 종말 사건들 속에서 그리스도의 역할

데살로니가전후서와는 대조적으로, 그 이후의 바울 서신들은 적어도 명시적으로는 그리스도의 재림에 대해서 별로 말하지 않는다. 따라서 재림을 언급한 구절들을 나열하기는 쉽다. 그리스도의 '파루시아'("강림")에 대한 7번의 언급들 중에서 6번은 데살로니가전후서에 나오고,[57] 오직 1번만 다른 서신에 나오는데, 부활하는 순서를 말하는 고린도전서 15:23이 그것이다: "먼저는 첫 열매인 그리스도요 다음에는 그가 강림하실(parousia) 때에 그리스도에게 속한 자요."

그러나 데살로니가전후서를 제외하고 이 주제를 주요하게 다루는 유일한 서신인 고린도전서에는 그 밖에도 4번의 언급이 더 나온다. 서문에 나오는 감사의 말에서 바울은 고린도 교인들에게 "너희가 모든 은사에 부족함이 없이 우리 주 예수 그리스도의 나타나심을 기다림이라 주께서 너희를 우리 주 예수 그리스도의

56) 특히 cf. Ridderbos, *Paul* 520-21; 이 이미지는 바울의 종말 기대가 "불법의 '사람'"에 너무 얽매여 있지 않는가 하는 것을 의심스럽게 만들긴 하지만(515-19).

57) 살전 2:19; 3:13; 4:15; 5:23; 살후 2:1, 8.

날에 책망할 것이 없는 자로 끝까지 견고하게 하시리라"(1:7-8)고 말하면서 그들이 영적으로 풍성한 은혜를 받았음을 상기시킨다. 그리고 자세한 언급(4:4-5)을 통해서 바울은 성급한 판단을 경고한다:

> 나를 심판하실 이는 주시니라 그러므로 때가 이르기 전 곧 주께서 오시기까지 아무것도 판단하지 말라 그가 어둠에 감추인 것들을 드러내고 마음의 뜻을 나타내시리니 그때에 각 사람에게 하나님으로부터 칭찬이 있으리라.

또한 우리가 고려해야 할 대목들은 바울이 성찬을 설명한 후에 덧붙인 "너희가 이 떡을 먹으며 이 잔을 마실 때마다 주의 죽으심을 그가 오실 때까지 전하는 것이니라"는 말이 나오는 11:26과 고린도전서의 끝에 나오는 기원(祈願)인 "우리 주여 오시옵소서(maranatha)"(16:22)이다.

그 밖의 서신들에서도 이 주제는 드물게 거론된다. 바울의 가장 정교한 신학적 진술인 로마서에서 '파루시아'는 오직 1번 명시적으로 언급되는데, 그리스도인의 확신에 관한 그의 진술(롬 8:31-39)의 절정으로서가 아니라 — 거기서는 우리를 위하여 그리스도께서 하늘에서 끊임없이 중보기도를 하신다는 내용이 절정을 이룬다(8:34) — 이스라엘의 궁극적 구원에 대한 그의 소망의 절정으로서 등장한다(11:26-27):[58]

> 26 그리하여 온 이스라엘이 구원을 받으리라 기록된 바
> 구원자가 시온에서 오사 야곱에게서 경건하지 않은 것을 돌이키시겠고
> 27 내가 그들의 죄를 없이 할 때에
> 그들에게 이루어질 내 언약이 이것이라.

본문을 조금만 수정하면("시온에서")[59] 이것은 예루살렘이 종말론적 절정의 중

58) 이 인용문은 섞여 있는데, 첫 세 행은 사 59:20-21에서 가져온 것이고, 넷째 행은 사 27:9에서 가져온 것이다. 그러나 특히 렘 31:33-34을 비롯해서 그 밖의 다른 성경 주제들도 반영되어 있다. 자세한 것은 필자의 *Romans* 682-84와 아래의 §19 nn. 138, 140을 보라.

59) MT는 "시온으로," LXX은 "시온을 위하여"로 읽는다.

심이 될 것이라는 지속적인 전제가 된다(cf. 살후 2:4, 8). 그러나 바울은 하늘의 예루살렘을 염두에 두었을 것이다(cf. 갈 4:26) — 즉, 예루살렘을 거쳐서가 아니라 하늘로부터의 직접적인 강림(살전 4:16).

고린도후서 또는 갈라디아서에는 '파루시아'에 대한 명시적인 언급이 없다. 그러나 빌립보서에는 어떻게 바울이 여러 서로 다른 요소들을 그의 종말 기대 속에 통합시켰는지를 보여 주는 희귀한 대목이 나온다 — 빌립보서 3:20-21:

> 그러나 우리의 시민권은 하늘에 있는지라 거기로부터 구원하는 자 곧 주 예수 그리스도를 기다리노니 그는 만물을 자기에게 복종하게 하실 수 있는 자의 역사로 우리의 낮은 몸을 자기 영광의 몸의 형체와 같이 변하게 하시리라.

바울의 서신들 중에서 오직 여기에만 세 가지 모티프(motif)들 — 다시 오심, 그리스도를 본뜬 최후의 부활, 영광 중에서의 그리스도의 통치[60] — 이 분명하게 서로 연결되어 있다.

끝으로 골로새서 3:3-4에는 그리스도의 (최후의) "나타나심"을 영광 중에 나타나시는 것으로 말하는 이례적인 언급이 나온다: "… 너희 생명이 그리스도와 함께 하나님 안에 감추어졌음이라(kekryptai) 우리 생명이신 그리스도께서 나타나실(phanerothe) 그때에 너희도 그와 함께 영광 중에 나타나리라."[61] 지금까지 감취었던 것이 이제 나타날 것이라는 전통적인 묵시론적 대비(對比)는 "이 비밀은 만세와 만대로부터 감추어졌던 것인데 이제는 그의 성도들에게 나타났고 … 이 비밀은 너희 안에 계신 그리스도시니 곧 영광의 소망이니라"(1:26-27)는 구절과 함께 수미쌍관법을 이룬다. 골로새서에는 미래적 종말론이 결여되어 있다는

---

60) 빌 3:21이 시 110:1과는 무관하게 시 8:6에 대한 유일한 인유(引喩)라고 할 수 있다(위의 §10.4c을 보라).

61) 최후의 "계시"를 말하면서, 바울은 보통 '아포칼립토'(apokalypto, "계시하다" — 롬 8:18; 고전 3:13; 살후 2:3, 6, 8; 또한 apokalypsis — 롬 2:5; 8:19; 고전 1:7; 살후 1:7)를 선호한다. 그러나 그 말과 가까운 동의어인 '파네로오'(phaneroo)가 초기 기독교 전승에서는 이와 관련하여 사용된다(벧전 5:4; 요일 2:28; 3:2; 명사형은 phaneroisis가 아니라 epiphaneia이다 — 아래의 n. 64를 보라). 자세한 것은 필자의 *Colossians* 207-8을 보라.

통설[62]에도 불구하고, 이 두 구절은 바울 서신의 그 어느 구절보다도 더 명확하게 두 번째 강림이 첫 번째 강림과 한 짝을 이루어 그것을 완성시킬 것임을 보여 준다. 특히 바울에게 그리스도의 첫 번째 나타나심(오랜 비밀의 드러남)의 특징을 이루었던 계시[63]는 그리스도의 두 번째 나타나심을 통해서만 완성된다.[64]

물론 이러한 분석은 그리스도의 '파루시아' 또는 "나타나심"을 명시적으로 언급하는 구절들만을 살펴보아서는 안 된다. '파루시아'는 서로서로 얽혀 있는 여러 모티프들의 복합체이다.[65] 특히 로마서에서 '파루시아'는 "예수 그리스도로 말미암은"(2:16) 심판에 관한 말에 함축되어 있다. 또한 '파루시아'는 "하물며(더욱)"에 의해 표현된 소망을 나타내 보이는 두 번의 언급 속에도 함축되어 있다: "[그의 아들의 죽으심으로 말미암아] 하나님과 화목하게 되었은즉 화목하게 된 자로서는 더욱 그의 살아나심으로 말미암아 구원을 받을 것이니라"(롬 5:9-10). 마찬가지로 재림 소망은 "하나님의 아들들이 나타나는 것"에 관하여 말하면서 장래에 "하나님의 자녀들의 영광의 자유에 이를 것"이라고 말하는 8:19-21에도(cf. 8:29-30), "우리의 구원이 처음 믿을 때보다 가까웠음이라"(13:11)고 말하면서 "어둠의 일을 벗고" "주 예수 그리스도로 옷 입으라"(13:12-14)고 권면하는 말 속에도, "평강의 하나님께서 속히 사탄을 너희 발 아래에서 상하게 하시리라"(16:20)는 확신 속에도 함축되어 있다.[66] 또한 우리는 바울 서신에서 "주의 날"은 "야훼의 날"에서 왔다는 것과 하나님께서 주 예수와 더불어 함께 심판 자리에 앉으시기로 결정하셨다는 사실을 잊지 않아야 한다.[67]

---

62) 필자의 *Colossians* 201 n. 1에 인용된 것들을 보라.

63) 바울에게 있어서 그리스도께서 계시한 비밀은 하나님의 구원 경륜 속에서 이방인들을 유대인들과 마찬가지로 구원하시겠다는 하나님의 영원한 계획에 초점이 맞춰져 있었다(자세한 것은 필자의 *Colossians* 121-23과 위의 n. 52를 보라).

64) 따라서 목회서신에서 주도적인 개념은 두 번째 파루시아(parousia)가 아니라 종말의 "나타남"(epiphaneia)이다(딤전 6:14; 딤후 1:10; 4:1, 8; 딛 2:13; 이미 살후 2:8).

65) 고전 11:26(그리고 16:22)에 나오는 언급도 주의 오심이 예배에서 정기적인 주제였음을 보여 준다. 또한 아래의 n. 86을 보라.

66) Cf. 살후 2:8. 종말에 악을 결박짓는다거나 패배시킨다는 모티프는 유대교의 종말론 기대의 강력한 특징이다(예를 들어, Jub. 5:6; 10:7, 11; 23:29; 1 Enoch 10:4, 11-12; 13:1-2 등을 보라; 자세한 것은 필자의 *Romans* 905를 보라).

67) Vos, *Eschatology* 79-80과 위의 §10.5a를 보라.

그러나 주목할 만한 것은 바울은 대체로 그의 종말 기대의 여러 다른 측면들을 연관시키지 않은 채 그대로 놓아두고자 하였다는 것이다. 로마서에서 그리스도는 다소 수수께끼 같은 로마서 2:16에 이르러서야 최후의 심판에 관한 말 속에 등장한다 — "나의 복음에 이른 바와 같이 예수 그리스도로 말미암은"[68] 하나님의 심판. 로마서 8장에서 구원 과정의 정점의 근본적인 한 특징으로 그리스도의 재림을 언급하지 않은 점도 의외이다. 8:34에 나오는 그리스도의 중보기도에 관한 말이 천사의 중보기도라는 유대교 사상에서 가져온 것인가(cf. 8:26),[69] 아니면 신약의 다른 곳에서는 히브리서에서만 표면으로 떠오르고 대체적으로 수면 아래로 가라앉아 있던 모티프가 부상한 것인가[70]라는 문제는 여전히 남는다.

고린도전서 4:4-5은 재림과 최후의 심판을 통합시킨다. 그러나 고린도전서 15장에서 부활하신 그리스도는 그저 최후의 부활을 위한 주형(鑄型)일 뿐이다. 재림이 15:24-28의 시나리오와 어떻게 부합하는지를 보여 주려는 시도는 전혀 없다 — 그리스도께서 마지막 원수인 사망을 굴복시키고 스스로 하나님께 복종하기 전에. 최후의 변혁(transformation)에서 마지막 아담의 역할(15:47-57)이 "살려 주는 영"(15:45)으로서의 역할[71]에 나타나 있거나 "마지막 나팔"(cf. 살전 4:16)이라는 언급에 함축되어 있거나 "우리 주 예수 그리스도로 말미암아 우리에게 승리를 주시는 하나님"(15:57)에 대한 마지막 감사의 말에 암시되어 있다고 보지 않는다면, 이에 대한 분명한 설명은 주어지지 않고 있다고 해야 한다.

고린도후서에서 종말을 다루는 주된 단락(고후 4:7~5:10)은 구원-변혁의 과정에 관한 서술 전후에 두 개의 흥미로운 언급(4:14과 5:10)을 배치해 두고 있다. 4:14에서는 "주 예수를 다시 살리신 이가 예수와 함께 우리도 다시 살리사 너희와 함께 그 앞에 서게 하실 줄을 아노라"는 전망이 제시된다. 여기서 다시 한 번 미래의 그리스도의 부활에 대한 참여로 그리스도 자신의 부활에서 시작된 과정은 완결된다는 것을 알 수 있다. 그러나 그리스도는 다른 식으로 "개입한다"고 생각되고 있는 것인가? 일부 학자들은 그리스도의 법정 또는 그리스도의 재판석

---

68) 또한 위의 §10.5a을 보라.

69) 예를 들어, 욥 33:23-26; Tob. 12:15; 1 Enoch 9:3; 15:2; 99:3; 104:1; T. Levi 3:5; 5:6-7; T. Dan 6:2; 자세한 것은 J. Behm, *TDNT* 5. 810-11과 필자의 *Romans* 478을 보라.

70) 히 7:25(동일한 동사를 사용함); 그러나 또한 4:16; 6:20; 7:19; 9:24: 10:19-22을 보라.

71) Cf. Fee, *1 Corinthians* 789; 그러나 롬 8:11과 빌 3:21을 비교해 보라.

에서 하나님에 의해 "소개"가 이루어질 것이라고 생각한다(5:10). 그렇다면, 이것은 하나님께서 만물을 그리스도에게 복종시킨다는 사상과 맥을 같이 하는 것이긴 하지만, 바울 신학 내에서 독특한 특징이 될 것이다.[72] 그러나 본문에서 염두에 둔 것은 하나님께서 그의 구원 경륜(부활로 완결되는)의 우승패를 천상의 법정에 제시한다는 사상일 것이다.[73]

갈라디아서에서 그 첫머리에 "이 악한 세대에서"(1:4) 구한 것에 대하여 언급하고 "새로 지으심을 받는 것"(6:15)에 대하여 말하며, 끝 부분에서 종말에 있을 응보(應報)에 대하여 경고하는(6:7-9) 등 그 묵시론적 성격에 비추어 볼 때에 그리스도의 재림과 심판을 전혀 언급하지 않고 있다는 것도 의외이다. 그리고 좀 더 명시적으로 언급하고 있는 빌립보서[74]는 "가까움"이 시간적인 것인지 공간적인 것인지 또는 양쪽 모두인지를 분명히 하지 않은 채 갑작스럽게 수수께끼 같은 "주께서 가까우시니라"(4:5)는 말로 끝이 난다.

그러므로 바울 서신의 주요 부분을 통해 얻어진 그림은 다소 "단편적"이다. 그 중 가장 분명한 주제는 부활-높이 들리우심에 이은 그리스도의 통치라는 주제이다.[75] 오직 한 구절에서만 바울은 그리스도의 중보기도에 관한 사상을 암시한다(롬 8:34). 그리스도의 통치(그리고 중보기도)는 그리스도의 주권(lordship)이 완성될 때까지 계속될 것이다. 최후에 사망이 멸해질 것이다(고전 15:26). 또한 사탄도 최후에 분쇄되어야 한다(롬 16:20). 신자들은 "하나님 나라를 유업으로 받고"[76] 최후에 "심판대 앞에 서게"[77] 될 것이다. 모든 피조물이 예수를 주로 환호하

---

72) 시 110:1과 8:6, 또한 골 2:15의 사용에 대해서는 아래의 §10.4c을 보라.

73) Furnish, *2 Chrinthians* 259에 나오는 논의를 보라. 바울 서신에 나오는 "드림" 모티프는 이상하게도 모호한 채로 남아 있다. 롬 14:10을 보면, 하나님의 심판 자리 앞에서 "드림"이 이루어진다. 고후 11:2에서 바울의 의도는 "[신자들을] 정결한 처녀로 한 남편인 그리스도께 드리는 것"이었다. 골 1:22의 문법은 불명확하지만, 엡 1:4과의 병행은 그리스도 앞에서 그리스도에 의해 드려지는 것을 암시한다(엡 5:27에는 명시적으로 나옴). 그러나 골 1:28에서는 그리스도의 전도자들이 그들의 개종자들을 "그리스도 안에서" (하나님께?) 드리는 것을 말한다.

74) 빌 1:6, 2:16, 3:20-21.

75) 위의 §10.4a을 보라.

76) 고전 6:9-10; 15:50; 갈 5:21; cf. 살전 2:12; 살후 1:5; 엡 5:5; 딤후 4:1, 8.

77) 롬 14:10; 고후 4:14; 11:2; 골 1:22, 28; 엡 5:27.

는 절정의 때도 앞으로 오게 된다(빌 2:11). 언젠가는 그리스도께서 다시 오실 것이다 — "주의 날."[78] 구원자로서 — 무엇으로부터? — "야곱에게서 경건하지 않은 것을 돌이키실"(롬 11:26) 것이다. 신자들의 몸을 변화시켜 그리스도 자신의 몸과 닮게 하기 위하여(빌 3:20-21). 최후의 심판을 행하기 위하여.[79] 그런 후에 나라를 하나님께 바치고 그리스도 자신도 하나님께 복종함으로써 하나님께서 만유의 주가 되는 것(고전 15:24, 28)이 장엄한 대단원이 될 것이다.

이렇게 바울의 소망과 기대의 요소들은 분명하게 드러난다. 여전히 불분명한 것은 어떻게 바울이 이 모든 것들을 연관지었고, 왜 데살로니가전후서의 묵시론적 성격이 상대적으로 다른 서신들로부터 고립되어 있는 것처럼 보이며, 왜 바울이 이후의 서신들, 특히 가장 세심하게 의도된 로마서에서 더 통일적으로 이 점에 대한 그의 신학을 개진하지 않았는가 하는 것이다. 그리스도의 다시 오심에 관한 바울의 성숙한 신학은 무엇이었는가? 이와 관련해서 우리는 오랫동안 당혹스러운 문제였던 재림의 지연이라는 문제, 바울이 자신의 종말론을 세월의 흐름에 따라 수정하였다는 주장을 살펴보지 않을 수 없다.

§1 2.4 재림의 지연

재림의 지연이 바울 신학의 발전에서 중요한 요인이었다는 주장은 상당히 유력하다. 한편으로 이러한 주장은 앞에서 서술한 내용 — 즉, 초기에는 주의 임박한 재림을 강조했다가(데살로니가전후서) 나중에는 재림에 대해 짤막하게 언급하고 있다는 것 — 과 일치한다. 데살로니가 신자들 가운데서 그러한 가르침에 의해 야기된 고민과 혼란에 비추어 보건대, 바울은 후기의 전도, 가르침, 저작 속에서 이 주제와 관련하여 "기가 죽을" 법도 했는데, 실제로 바울은 그렇지 않았다. 다른 한편으로 바울 자신의 개인적인 기대들에서 어느 정도의 발전이 감지된다. 이는 데살로니가전서 4:15의 "우리 살아 남아 있는 자"라는 구절[80]과 빌립보서 1:19-23에 나오는 죽어서 이 세상을 떠나는 것에 대한 기대 또는 소망[81]을 비교해 보기만

78) 롬 2:16; 고전 1:8; 5:5; 고후 1:14; 빌 1:6, 10; 2:16; 살전 5:2; 살후 2:2; 자세한 것은 Plevnik, *Parousia* 11-39를 보라.

79) 고전 4:4-5; 고후 5:10.

80) 또한 고전 15:51-52.

해도 알 수 있다. 바울이 점점 나이가 들어갔고, 또한 그의 생애가 고군분투하는 삶이었음을 감안하면(고후 11:23-27), 그가 죽기 전에 주께서 오실 것에 대한 소망은 그의 사고에서 점점 더 간절한 요소가 되었어야 한다.

그런데 바울 서신을 이런 식으로 읽게 되면, 그것은 심각한 결함을 지니는 읽기가 된다. 그것은 데살로니가전후서의 의의(意義)를 지나치게 과장한 것일 수도 있고, 이후의 서신들에서 재림에 관한 상대적인 침묵을 과장한 것일 수도 있다. 다른 식으로 표현한다면, 그러한 읽기는 다른 서신들의 강조점들을 결정한 상황적 요소들을 거의 고려하지 않는 것이라는 말이다.[82] 이미 살펴보았듯이, 데살로니가전후서의 강조점들을 결정한 것은 재림과 관련된 바울의 원래의 가르침에 대한 데살로니가 신자들의 구체적인 반응과 예기치 않은 죽음 및 과열된 열광주의라는 구체적인 상황이었다. 이와는 대조적으로 바울이 이후의 서신들에서 이 주제에 관하여 거의 말하지 않았다는 사실은 바울로 하여금 계속해서 서신들을 쓰게 만들었던 다른 교회들에서의 문제들은 다소 달랐다는 것을 보여 준다. 이 점을 고려할 때, 우리는 초기 서신들이나 후기 서신들을 바울의 종말 기대에 관한 보편적인 진술로 취급해서는 안 된다. 상황에 비추어서 전자를 깎아내릴 필요가 있을 수 있듯이, 후자도 다른 상황에 비추어서 높일 필요가 있을 수 있다.[83]

사실 바울의 진정한 서신들 전체에 걸쳐 임박한 종말에 대한 일관된 기대가 뚜렷하게 나타난다.[84] 최후의 대단원에 대한 바울의 "열렬한 기대"(apekdechomai)는 후기 서신들에서도 초기 서신들에서와 마찬가지로 생생하다.[85] 바울은 헬라어

---

81) 좀 더 유명한 가설들 중의 하나에서 C. H. Dodd는 고후 1:8-10에 언급된, 고린도전서와 고린도후서를 쓴 그 중간에 겪은 심각한 위기로 인하여 바울의 관점이 바뀌었다고 주장하였다("Mind of Paul" 109-18). 또한 Buck and Taylor, *Saint Paul* ch. 14를 보라. 그런 까닭에 예를 들어, 고후 4:14에서 바울은 이제 죽었다가 종말에 다시 부활할 자들 속에 자기 자신을 포함시키는 것으로 보인다. 그러나 이 모든 구절들에 나오는 "우리"라는 말을 근거로 너무 지나친 추론을 하는 것은 금물이다; 바울이 자기 자신을 여전히 살아 있는 자들만이 아니라 이미 죽은 자들과도 동일시하고 있다고 보는 것이 자연스러울 것이다.

82) 특히 Moule, "Influence of Circumstances"와 위의 §1 n. 69를 보라.

83) 또한 "임박했다는 기대와 소망의 성취의 연기에 대한 적응 간의 긴장"이 성경의 종말론의 특징이라는 것을 우리는 기억하여야 한다(C. L. Holman, *Till Jesus Comes: Origins of Christian Apocalyptic Expectation* [Peabody: Hendrickson, 1996]).

84) 또한 Plevnik, *Parousia* 158-60, 276-81.

를 사용했던 바울의 교회들에서 종말 기대가 확고하게 정립되어 있었음을 보여 주는 듯이 "우리 주여 오시옵소서"(고전 16:22)라는 아람어로 된 기원(祈願)을 반영하는 것으로 고린도전서를 마무리한다.[86] 동일한 서신의 앞 부분에서 바울은 다소 수수께끼 같은 문장들을 통해서 "그때가 단축하여졌다"[87]는 것과 "이 세상의 외형은 지나가고 있다"(고전 7:29, 31)고 단언한다. "때"가 아직 멀었다거나 이 세상이 지나가기까지는 아직도 기나긴 과정을 거쳐야 한다고 생각했다면, 바울은 이 땅에서의 여러 관계들에 대하여 이제 초연해야 한다는 결론을 도출해내지 않았을 것이다(7:29-31).[88] 또한 "이제 우리의 구원이 처음 믿을 때보다 가까웠고," "밤이 깊고 낮이 가까웠다"는 로마서 13:11-12의 단어들도 마찬가지이다. 여기서 다시 한 번 특히 11절에서의 비교급의 사용("더 가까운")과 12절에서의 부정과거 사용("이미 다가왔다")에서 볼 수 있는 매우 임박했다는 뉘앙스를 무시하기는 어렵다.[89] 또한 "평강의 하나님께서 속히 사탄을 너희 발 아래에서 상하게 하시리라"(16:20)는 확신도 신속하게 엷어지지 않았던 것 같다.[90] 빌립보서 4:5에서조차도 바울은 빌립보 교인들에게 확신을 가지고 행동하라는 동기부여로서 "주께서 가까우시니라"고 단언할 수 있었다 — 이 구절이 시간적인 임박성의 의미를 띠고 있지 않다고 한다면 그것은 부당하게 자의적인 판단이 될 것이다.[91]

또한 주의 날이 임하기 전에 여러 사건들이 일어나야 하는 것으로 바울이 생각했다는 것이 흔히 거론된다. 데살로니가후서 2:5에 의하면, 바울은 그의 종말론적 기대가 방해받지 않은 곳에서조차도 그의 가르침의 일부였었다고 역설한다.[92] 그

85) 갈 5:5; 고전 1:7; 롬 8:19, 23, 25; 빌 3:20.

86) 또한 이 정형구가 계 22:20과 *Didache* 10:6에 반복되는 것을 주목하라.

87) 아래의 §24 n. 95를 보라.

88) 자세한 것은 §24.5을 보라.

89) Cf. G. Stählin, *TDNT* 6. 716 n. 85. NJB — "밤이 거의 지났다."

90) '엔 타케이' (en tachei) — cf. 눅 18:8; 계 1:1; 22:6-7.

91) Moore, *Parousia* 124는 이에 반대. Cf. 고전 16:22; 계 22:20. 롬 13:11-14(행위의 동기로서 종말의 임박에 관하여 말하고 있는)과의 병행도 종말이 가까웠음을 염두에 두고 있다는 것을 보여 준다. O'Brien, *Philippians* 488-90에 나오는 논의를 보라.

92) "그[불법한 자]로 하여금 막는 것"(2:6)과 "그것을 막는 자"(2:7)라고 말한 바울의 의도가 무엇이었는지는 끊임없이 논란의 대상이 되어 왔다(예를 들어, Wanamaker, *1 and 2 Thessalonians* 250-52를 보라). 언급되고 있는 대상의 수수께끼 같은 성격은 그러한 묵시론

리고 우리는 일부 신자들이 "잠들었을" 때에 놀란 것은 바울이 아니라 데살로니가 교인들이었다는 것을 상기해야 한다. 다른 한편으로 우리는 주의 재림이 있기 전에 남은 시간을 바울이 어느 정도의 기간으로 예상했는지를 과장해서는 안 된다. 이와 관련하여 "세상의 화목"(롬 11:15)을 위한 바울의 소망과 서바나에서 개인적으로 복음을 전하고자 하는 그의 소망이 때로 제시되기도 한다(15:24, 28).[93] 그러나 여기서 우리는 바울이 자신의 사역을 종말론적 관점에서 바라보았다는 것을 상기할 필요가 있다. 그는 자기 자신과 그의 동료 전도자들을 무수한 천사들과 사람들이 지켜보는 투기장(鬪技場)에서의 마지막 막(幕)에 비유하였다(고전 4:9). 그는 이방인의 사도로서 자신의 역할을 이방인들의 충만한 수를 채우고(11:25) 그렇게 함으로써 자신의 동포 유대인들을 시기나게 하는 데에 결정적인 것으로 보았던 것 같다. 그 결과 이방인들이 받아들여지는 것은 "죽은 자 가운데서 살아나는 것," 즉 최후의 부활(11:15)을 의미할 것이다. 역사의 끝은 또 하나의 원정 선교일 뿐이었다.[94] 골로새서 1:24에서조차 바울은 자신의 고난이 어느 정도 "그리스도의 남은 고난을 그의 몸된 교회를 위하여 내 육체에 채우는" 일이 될 것이라고 생각하였다. 이 말에 담긴 함의(含意)는 선교 과정에서의 바울의 고난이 새로운 시대가 온전히 도래하기 전에 예상되는 종말론적 환난을 완결하리라는 것이다.[95]

그러므로 바울의 서신들에서 파루시아에 둔 서로 다른 강조의 정도로부터 도출할 수 있는 결론은 그의 신학이 두드러진 발전을 겪지 않았다는 것이다. 바울의 서신들 중의 마지막 서신이라 할 수 있는 골로새서에서조차도 그리스도의 최후의 "나타나심"에 대한 기대는 초기와 마찬가지로 여전히 흔들림이 없고 확신에 차 있다(골 3:4). 또한 더 직접적으로는 바울의 서신들에는 "파루시아의 지연"에 의해 어떤 위기가 초래되었음을 보여 주는 그 어떤 암시도 없다. 따라서 우리에게

적 상징과 주장들에 전형적이다.

93) 예를 들어, Vos, *Eschatology* 87-91; Witherington, *End* 19, 32 — "종말의 임박을 의미할 수도 있지만 꼭 그렇지는 않다"(47-48).

94) 자세한 것은 필자의 *Romans* 657-58을 보라. 이 연보가 동일한 전략의 일부였을 가능성이 높다; 특히 Munck, *Paul* 303-4, Aus, "Paul's Travel Plans"(§24 n. 1과 §19 n. 153)를 보라.

95) 자세한 것은 필자의 *Colossians* 114-17과 아래의 §18.5을 보라.

있는 증거들에 의거한다면, "파루시아의 지연"은 바울의 신학의 어떤 발전을 설명하는 데에 한 요소가 될 수 없다.

§12.5 결론들

(1) 그리스도의 다시 오심은 우리에게 있는 문서 자료들에서 처음부터 끝까지 일관되게 유지된 바울 신학의 확고한 한 부분이었다고 우리는 확신 있게 말할 수 있다. 파루시아가 임박했고 점점 더 가까워지고 있다는 바울의 확신도 사건들의 진척과 시간의 경과에 의해서 별 영향을 받지 않았던 것으로 보인다.[96)]

(2) 데살로니가전후서의 가르침은 바울의 성숙되어가는 신학의 초기 표현에 불과했을 수도 있다 — 바울이 십 년 이상 이미 설교와 가르침을 행하고 있었다는 점을 제외한다면. 좀 더 적절한 결론은 데살로니가전후서는 바울이 기꺼이 기회를 이용하여 전통적인 묵시론적 상징을 통해 적절한 비전을 말하려 했음을 보여 준다.[97)] 어느 쪽이든, 사실적인 정보의 전달을 통해서가 아니라 초현실적인 이미지를 통해서 독자들에게 다짐을 주는 묵시론적 언어의 효율성을 우리는 염두에 두어야 한다.[98)] 또한 바울 서신 내에서 데살로니가전후서의 진술들의 독특성은 어느 정도 고려되어야 한다. 바울은 데살로니가전서 4:15(-17)에 나오는 "주의 말씀"을 당혹감과 고민 속에 있던 데살로니가 교인들에게만 적용되는 것으로 생각했던 것인가? 데살로니가후서 1장과 2장에 나오는 좀 더 극단적인 묵시론적 묘사들은 데살로니가에서의 위기에 의해서 촉발되었고, 확신의 위기에 몰려 있던 그들에게만 특히 적용되는 것이었는가? 아울러 우리는 통상적으로 유대교와 기독교 전승은 상

96) 그러나 "그의 첫 번째 서신에서부터 마지막 서신까지 예수의 임박한 재림에 대한 기대가 바울의 생각을 '언제나 일관되게 지배하고 있었다' … "는 Schweitzer의 주장은 너무 지나치다(*Mysticism* [§15 n. 1] 52, 강조점은 필자가 더한 것임). Ridderbos, *Paul* 487-92; Beker, *Apocalptic Gospel* 48-49의 견해가 더 나은데, Witherington, *End* 34-35도 마찬가지이다.

97) 후기의 서신들에서 특히 '뮈스테리온' (mysterion) 주제를 반복해서 사용하고 있는 것을 주목하라 — 고전 2:1, 7; 4:1; 15:51; 롬 11:25; 골 1:26-27; 2:2; 4:3(또한 살후 2:7).

98) 요한계시록에 대한 해석사가 우리에게 상기시켜 주듯이, 묵시 저작을 상세한 예언 또는 암호화된 예정시간표로 취급하는 것은 해석학적 재난(목회적 재난은 말할 것도 없고)을 초래하는 것이다.

황에 따른 예언들이 그 이후에 성경적 지위를 부여받았다는 사실을 상기해야 한다.

(3) 그러므로 그리스도에 관한 바울의 기대에 대한 전체적인 그림은 파루시아 소망은 예수의 죽음과 부활이라는 결정적인 사건들의 지향점으로서 바울 신학의 한 부분이었다는 것이다. 그러나 파루시아 소망은 바울의 기독론의 중심(重心)은 아니었다. 십자가 및 부활과는 달리, 파루시아 소망은 신앙고백적 지위를 얻지 못했다.[99] 게다가 그 소망의 구체적인 내용들과 그 내적 통일성은 분명히 표현되지도 않았고, 꼭 그렇게 표현되어야 한다고 생각되지도 않았다. 이 소망은 으시시한 묵시론적 색채들로 표현될 수 있었지만, 그 색채들이 이 소망의 중심이나 핵심을 이루는 것은 아니었다. 특정한 방식 또는 특정한 일정 속에서 이 소망이 성취될 것이라는 것은 이 소망의 일부를 구성하지 않았다. 바울이 죽기 전에 이 소망이 실현되지 않을 가능성 때문에 바울이 고민한 적도 없었다. 바울의 신학 속에서 그리스도의 죽음과 부활이라는 중심적인 내용에 밀려서 그리스도의 다시 오심에 대한 소망은 상대적으로 명확한 표현을 얻지 못한 채 남겨지게 되었다.[100]

(4) 끝으로 현재의 분석을 이전의 분석들과 결부시킬 때에, 바울이 그의 신학에서 지녔던 그리스도 개념에 관하여 우리는 무엇이라고 말할 수 있는가? 그 이미지의 범위가 주목할 만하다. 가장 직설적인 이미지는 그리스도께서 하나님 우편에 앉아서 하나님의 왕적 통치에 참여할 것이라는 이미지이다. 하늘에서의 중보기도, 원수들을 굴복시킴(또는 멸망시킴?: 부활에 의한 사망의 패배),[101] 왕으로서 이 땅에 다시 오심(이전에 또는 이후에? 그리고 어디에?), 심판("주의 날"), 마지막으로 하나님께 복종함[102] 등의 보완적인 이미지들을 이 이미지와 통합시키는 것은 어렵지 않다. 그러나 또한 바울은 높이 들리우신 그리스도를 부활한 인류의 원형(原

99) Gnilka, *Theologie* 21-22와는 반대로, 살전 4:15을 이 맥락에서 인용해서는 안 된다(위의 §12.2과 n. 45를 보라).

100) 우리는 나중에 구원론적 관점에서 본 부활과 심판이라는 문제를 다시 다루게 될 것이다; 아래의 §18.6을 보라.

101) Plevnik, *Parousia* 256-59.

102) 그리스도의 통치는 분명히 그의 파루시아에 '선행한다.' 바울은 그리스도의 파루시아 다음에 오는 천년 왕국(Plevnik, *Parousia* 129)이나 하나님 나라와 구별되는 그리스도의 나라를 생각한 적이 없다(위의 §10 n. 74).

펠), 새 가족의 맏형, 죽은 자로부터 처음 난 자로서의 마지막 아담이라는 이미지로 묘사하기도 한다.[103] 앞으로 보게 되겠지만,[104] 이 전자의 이미지의 아담적 측면은 바울의 구원론 중에서 그리스도를 그 안에서 신자들을 포괄하는 집단 인격으로 보는 "그리스도 안에서" "신비주의"와 연관된다. 좀 더 통합하기 어려운 것은 바울의 기독론 중에서 지혜 기독론이다. 왜냐하면 선재하는 지혜는 인격이라기보다는 하나님의 우주적 자기 표현을 말하는 방식이고, 높이 들리우신 그리스도를 비슷한 방식으로 생각할 수 있다면,[105] 개념들의 통합 문제는 한층 더 어려워지기 때문이다. 이것은 마지막 아담과 생명을 주는 성령을 동일시하는 듯한 내용(고전 15:45)과 그리스도께서 자기 자신 안에 내주한다는 사상에 대해서도 마찬가지로 적용된다.[106]

이 모든 것으로부터 이끌어낼 수 있는 분명한 결론은 이 서로 다른 여러 이미지들이 사실 서로 꼭 들어맞지 않고, 그 이미지들을 단일한 묘사를 통해 통합하려는 시도는 개념상의 혼란을 불러일으킬 뿐이라는 것이다. 따라서 우리는 이 모든 것들을 이미지로 받아들이고, 어느 한 은유를 지나치게 강조하거나 어느 한 은유만을 집중적으로 부각시키지 않는 것이 좋다. 중요한 것은 이 모든 이미지들에 공통적인 주제 — 그리스도에 초점이 맞춰져 있고 그리스도에 의해 설명되는, 현재와 장래의 구원을 위한 하나님의 경륜 — 이다. 바울의 파루시아 소망에 대한 현대적인 재조명에서 이 점이 갖는 여러 갈래의 의미들이 이제까지는 충분히 주목을 받아오지 못하였다.[107]

103) 위의 §10.2를 보라.

104) 특히 아래의 §15.2을 보라.

105) 엡 1:23에서 그런 것 같다.

106) 롬 8:10과 갈 2:20에서처럼.

107) 자세한 것은 필자의 "He Will Come Again"과 아래의 §15.5을 보라.

제 5 장

구원의 시작

§13 결정적 전환(轉換)[1]

§ 13.1 새 시대

이제까지 바울 신학의 구조는 아주 분명했다. 인간의 상태에 대한 올바른 이해를 위한 열쇠는 한 분 창조주 하나님의 피조물로서의 인간이라는 것이다. 그러나 육체를 지닌 피조물은 필연적으로 연약하다. 자연적인 욕구들을 만족시켜야 할 필요성은 그것이 피조물이 하나님을 의존해야 하는 필연성을 강화한다는 점에서는 강점이 된다. 그러나 인류 전체는 스스로의 지혜로 살아가고자 하여 하나님께 등을 돌렸다. 강점이 되었어야 했던 것은 이제 노예화의 수단이 되고 말았다. 왜냐하면 한 세력("죄")으로 말미암아 사람들은 하나님을 잊어버리고 스스로를 바라보며 욕구의 충족을 가장 중요한 목표로 삼고 종교조차도 하나님의 대용물로 만들어 버리는 것이 인간의 전형적인 모습이 되었기 때문이다. 하나님의 규율을 받으며 하나님 앞에서 살게 되어 있던 삶은 사망의 세력을 피하고자 더욱 애쓰는 — 그렇지만 헛된 — 시도가 되어 버렸다. 죄와 사망이라는 두 세력 아래에서 하나님의 선한 율법마저도 악용되고 부패되었고, 그 결과는 인간의 노예화와 사회적 갈등 및 알력의 심화였다.

바울의 대답은 예수 그리스도의 복음, 특히 그리스도의 죽음과 부활에 초점이 맞춰진 복음이었다. 어떤 의미에서 예수는 인간이 무엇인지를 집약적으로 보여 줌과 동시에 그의 죽음을 통하여 그 인간에 대하여 종지부를 찍었다. 죄악된 육신은 그것을 죽임으로써만 해결될 수 있었다. 죄의 세력은 오직 죽음을 통해서만 소진

1) 이 책 말미의 참고문헌을 보라.

될 수 있었다. 예수의 죽음은 그러한 사실을 구체적으로 표현하고 실연(實演)하였다. 예수의 부활은 새로운 시작, 더 이상 죄의 세력 아래 있지 않고 사망의 그늘 아래 있지 않은 삶을 의미하였다. 이것이 복음, 좋은 소식이었다. 왜냐하면 예수에게 진실인 것은 곧 다른 모든 사람들에게 진실일 수 있기 때문이었다. 그러나 개개인은 어떻게 이 새로운 인류의 일원이 되는가? 어떻게 개개인은 그리스도를 장자(長子)로 하는 이 새로운 가족에 들어가는가? 또는 달리 말해서, 어떻게 개개인은 죄와 사망의 세력을 피하게 되는가? 이러한 문제들은 본서에서 앞으로 다룰 주된 내용이 될 것이다.

먼저 세 가지 측면을 언급해둘 필요가 있다. 첫째, 바울(그리고 초대 그리스도인들)의 주장의 획기적 성격을 파악하는 것이 중요하다. 그리스도로 말미암아 인류가 직면한 가능성들에서 결정적인 변화가 일어났다. 죄와 사망의 세력에 의해 주도된 시대는 은혜와 믿음을 특징으로 하는 새 시대에 의해 밀려났다. 율법 아래에서의 유대인들의 특권과 보호라는 특징을 지닌 시대는 옛 약속의 성취 및 하나님 앞에서 유대인과 이방인 모두에게 주어진 새로운 성숙의 가능성 속에서 그 목표지점에 도달하였다. 인간의 시기와 속임, 불의와 불경건의 특징을 지닌 시대는 생명을 주시는 하나님에 대한 피조물로서의 해묵은 신뢰의 새로운 가능성 속에서 예수 그리스도의 복음에 응답한 자들에 의해 밀려날 수 있었다. 인간의 역사는 한 시대로부터 다른 시대로의 이행 또는 전환(transition)이라는 말들에 친숙하다. 사람들은 석기시대, 중세시대, 제국시대, 핵시대, 전자시대 등등이라는 말을 한다. 바울의 주장은 훨씬 더 근본적인 것이다. 바울이 마음에 그렸던 것은 단지 주전(主前)에서 주후(主後)로의 전환이 아닌 모든 전환들 중에서 가장 근본적인 전환, 모든 다른 전환들에 대한 평가의 기준이 되는 전환, 모든 시대에 영향을 미치고 각 개인의 실존을 변화시키는 전환이었다.

복음의 핵심이기도 한 두 번째 측면은 첫 아담에서 마지막 아담으로의 전환, 사망에서 생명으로의 획기적 전환은 인간의 삶 속에 반영되어야 하고, 그리스도 자신에 의해 이루어진 전환은 각 개인들(공동체들) 속에 반영되어 비슷한 전환을 체험하게 하여야 한다는 것이다. 예를 들면, 로마서는 개인의 전환 체험을 대립적인 용어들을 통해서 개념화한다: 그리스도의 시대로 대체된 아담 시대(롬 5:12-21), 개인이 죽었다가 살아난 것이라는 표현(6:3-4), 다시 재혼할 수 있게 된 과부(7:1-4), 낮에게 길을 내준 밤(13:11-13). 갈라디아서에서 바울은 "이 악한 세대에서" "건지심"(1:4), "계시"(1:12, 16)로서의 자신의 회심 체험, "새로 지으심을 받은 것"(6:15)으로서의 새로운 상태에 관하여 말한다. 그리고 우리는 이미 바울에게서 '종말론적 현재'의 중요성을 살펴본 바 있다.[2] 이것은 분명히 완전히 변화된 시각을 포함하는 것이었다 — 하나님에 대한 새로운 지식(고전 14:25), 벗겨진 수건(고후 3:14-18), 가치 및 우선순위에 대한 완전한 재평가(빌 3:7-11).[3] 또한 도덕적 변화도 수반되었다. 부도덕한 삶을 살아왔던 사람들이 이제는 새로운 윤리와 남들에 대한 새로운 책임의식을 지니고 살아가게 되었다(예를 들어, 고전 6:9-11).[4] 또한 사회적 정체성과 공동체의 변화도 있었다(세례, 그리스도의 몸).[5] 이러한 것들은 모두 앞으로 점점 더 분명하게 밝혀질 내용들이다.

셋째, 한 시대에서 다른 시대로의 전환은 바울에게 이중적인 측면을 지녔다. 이 전환은 단번에 일어난 것이 아니었다. 그것은 두 단계를 거쳐서 일어났다. 이 전환은 시작이 있었지만, 지속적인 과정이기도 하였다. 이것은 바울이 사용한 헬라어의 두 가지 시제에 반영되어 있다 — 과거에 일어난 결정적인 사건을 의미하는 부정과거 시제(aorist)와 지속적인 과정을 의미하는 현재 시제(present). 고전적인 신학적 용어에서 이것은 '칭의' 또는 '의인'(義認, 단번에 이루어진)과 '성화'(聖化, 지속적인 과정)로 구별하여 표현되었지만, 이것은 잘못된 것이다.[6] 바울이 이러한 내용을 표현하는 방식을 더 잘 반영해서 말한다면, 신자들은 "구원받고 있는 자들"[7]이고, 구원은 "변화되는" 과정[8]이라는 것이다. 이것을 제의적으로 표현하고 있는 것이 기독교의 중요한 두 가지 성례전의 균형이다 — 세례의 일회성과 주의 만찬의 반복적인 거행. 어떤 식으로 표현하든, 바울 신학을 이해하는 데에 이 두 가지 측면은 양쪽 다 똑같이 근본적이라는 것을 아는 것이 중요하다. 예수 그리스도가 복음이라는 것이 바울에게 무슨 의미였는지를 이해하고자 한다면, 우리는 이 두 시제를 다 경험하고 궁구해 나가야 한다. 이 장에서 우리는 "구원의 시작"을

---

2) 위의 §7.5을 보라.

3) 자세한 것은 아래의 §14과 §16을 보라.

4) 자세한 것은 §23을 보라.

5) 자세한 것은 §17과 §20을 보라.

6) 자세한 것은 §14과 §18을 보라.

7) 고전 1:18;15:2; 고후 2:15.

8) 롬 12:2; 고후 3:18; 또한 고후 4:16; 골 3:10을 보라. 자세한 것은 아래의 §18.2을 보라.

나타내는 부정과거 시제(aorist)를 집중적으로 다루고, "구원의 과정"을 나타내는 현재 시제에 대해서는 6장에서 살펴보고자 한다.

§13.2 사건으로서의 은혜[9]

바울에게서 온 구원 과정 배후에는 항상 하나님의 주도권이 있었다는 것을 파악하는 것이 중요하다. 이 점에서 "은혜"(charis)만큼 바울 신학을 분명하게 표현해 주는 단어도 없다.[10] 왜냐하면 이 단어는 그리스도 자신의 획기적 사건을 요약해줄 뿐만 아니라("우리 주 예수 그리스도의 은혜"),[11] 인간 개개인의 체험 속에 결정적으로 돌파해 들어온 은혜("받은" 은혜, "주어진" 은혜)[12]를 요약해 주기 때문이다. 그리고 이 단어는 믿음의 삶을 이끄신 하나님의 과거의 행위만이 아니라 하나님의 역사(役事)에 대한 현재의 지속적인 체험("우리가 서 있는 이 은혜," "은혜 아래에서," 은혜가 충분하다),[13] 특별한 역사(役事)들과 직분들("은혜와 사도의 직분," "우리에게 주신 은혜대로 받은 은사가 각각 다르니")[14]을 표현하기도 한다. 요컨대 '카리스'(charis)는 바울의 복음의 한복판에서 '아가페'(agape, "사랑")와 결합한다.[15] 다른 그 어떤 단어들보다도 "은혜"와 "사랑"이라는 이 두 단어

---

9) 나는 여기서 Bultmann의 책에 나오는 단원 제목을 사용하였다.

10) 또한 Doughty, "Priority of CHARIS"; Barrett, *Paul* 87-91을 보라. '카리스'(charis)는 바울 서신에서는 100회 사용되는 데 반해, 신약의 나머지 부분에서는 55회 나온다.

11) 고후 8:9; cf. 롬 5:15; 갈 2:21; 엡 1:6-7.

12) 롬 3:24; 5:15, 17, 20; 고전 1:4-5; 15:10; 고후 6:1; 갈 1:6, 15; 2:21; 엡 2:5, 8.

13) 롬 5:2, 21; 6:14, 15; 고후 1:12; 8:1; 9:8, 14; 12:9; 갈 5:4; 골 3:16; 엡 1:7-8. 그런 까닭에 바울 서신들의 표준적인 인사말 — "하나님 우리 아버지와 주 예수 그리스도로부터 은혜와 평강이 있기를 원하노라"(롬 1:3; 고전 1:3; 고후 1:2; 갈 1:3-4 등) — 과 그의 서신의 말미에 나오는 통상적인 축도 — "우리 주 예수의 은혜가 너희에게 있을지어다"(롬 16:20; 고전 16:23; 고후 13:13; 갈 6:18 등).

14) 롬 1:5; 12:3, 6; 15:15; 고전 3:10; 갈 2:9; 엡 3:2, 7-8. 또한 은혜의 구체적인 결과물 또는 나타남으로서의 "은혜(은혜로운 행위)" — 고전 16:3; 고후 1:15; 8:1, 4, 6-7, 19; 엡 4:29.

15) 특히 하나님의 사랑(롬 5:5, 8; 8:37, 39; 고후 13:13; 살후 2:16; 3:5)과 그리스도의 사랑(롬 8:35; 갈 2:20; 고후 5:14; 엡 3:19; 5:2, 25)에 대한 바울의 강조를 주목하라. '아가페'(agape, "사랑")는 "복음"과 마찬가지로 초기 기독교와 바울이 하나님께 받아들여진 체험의

는 함께 어우러져서 바울 신학 전체를 요약하고 가장 분명하게 특징짓는다.

왜 이 단어인가? 왜 "은혜"인가? 이에 대한 설명의 일부는 그 구약적 배경 속에서 찾아볼 수 있다. 여기에 해당하는 단어가 두 개 있는데, '헨'(chen, "은혜, 은총")과 '헤세드'(chesed, "인애, 인자하심, 계약상의 사랑")가 그것이다.[16] 이 두 단어는 아랫사람에 대한 윗사람의 너그러운 행위를 가리키는 말이었다. 그러나 전자는 좀 더 일방적인 것으로서 특별한 상황에서 주어질 수 있었고 일방적으로 철회될 수 있었다.[17] 후자는 더 관계적인 용어였다. 세속적 용례에서 이 용어는 어느 정도의 상호성(相互性)을 전제하였다: '헤세드'의 행위를 받은 자는 비슷한 '헤세드'의 행위로써 되갚았다.[18] 그러나 종교적 용례에서는 하나님의 주도적 행위는 애초부터 상응하는 반응의 가능성을 배제한 지속적인 헌신이라는 인식이 깊이 자리잡고 있었다.[19]

여기서 흥미로운 것은 이 용어들에 대한 칠십인역의 번역과 바울의 '카리스' 사용의 대비이다. 칠십인역에서 '카리스'는 거의 언제나 '헨'에 대한 역어(譯語)였던 반면에,[20] '엘레오스'(eleos, "긍휼")는 더 흔히 등장했던 '헤세드'에 대한 통상적인 역어였다. 그러나 바울에게서 상황은 역전되어, '엘레오스'는 바울의 진정

풍성함과 생명력을 표현하기 위하여 새롭게 만들어낸 또 하나의 단어이다. 이 단어는 주후 2~3세기 이전에 성경 이외의 헬라어 문헌에서는 극히 예외적으로만 등장하고, LXX에 나오는 20번의 경우도 대부분 부부간의 사랑을 가리킨다(Wis. 3:9은 예외). 신약에 116회, 그중 바울 서신에 75회 나오는 것과 비교해 보라(자세한 것은 필자의 *Romans* 739를 보라).

16) '헨'(chen) 67회; '헤세드'(chesed) 245회.

17) H.-J. Fabry, *TDOT* 5.24-25. 이 단어는 "~의 눈에 은총을 입다"라는 어구로 등장하는 것이 대부분이다(BDB, *chen*).

18) H.-J. Zobel, *TDOT* 5.47-50은 창 21:23; 수 2:12; 삼하 2:5-6 등을 인용한다.

19) Zobel, *TDOT* 5.62-63 — 주는 "자비롭고 은혜롭고 노하기를 더디하고 인자와 진실이 많은 하나님"으로 자주 되풀이되는 신앙고백에서 가장 두드러진다(출 34:6; 민 14:18; 느 9:17; 시 86:15; 103:8). 또한 W. Zimmerli, *TDNT* 9.376-87을 보라. "'카리스(charis)라는 단어는 유대의 종교 문헌에서 거의 전적으로 알려져 있지 않았다"는 주장(Doughty, "Priority of CHARIS" 170)은 너무 경솔한 것이다; K. Berger, *EDNT* 3.457-58과 비교해 보라; 특히 흥미로운 것은 *Immut.* 104-8에서의 Philo의 간략한 논의이다.

20) 오직 에 2:9, 17에서만 '카리스'(charis)는 '헤세드'(chesed)에 대한 역어(譯語)로 사용된다.

한 서신들에서 단지 4번밖에 사용되지 않는다.[21] 그러므로 바울은 '카리스'의 사용을 통해서 두 히브리어 단어의 가장 긍정적인 특징들을 결합시킬 수 있었기 때문에 '카리스'를 선호했던 것으로 보인다: '카리스'는 '헨'의 일방성(一方性)과 '헤세드'의 지속성(持續性)을 나타낸다.

바울이 '카리스'를 선택한 이유는 부분적으로 당시의 보편적인 헬라어 용법에서도 찾아볼 수 있다. '카리스'는 헬라어에서 폭넓은 의미들("아름다움, 호의, 총애, 감사, 기쁨")을 지니면서 흔하게 사용되었지만 특별히 신학적이거나 종교적인 의미를 지니지는 않았다.[22] 그러나 이 헬라어가 사용된 한 중요한 맥락이 최근까지 충분한 주목을 받지 않아 왔다. 그것은 후원(後援)이라는 맥락, 곧 신들이나 개인들이 성읍이나 기관들을 후원하는 맥락이다 — 여기서 '카리스'는 '호의'로서, 보통 복수형 '카리테스'(charites)로 사용되어 주고 받은 '호의들'을 뜻한다.[23] 이러한 맥락 속에서 사용된 이 용어를 바울과 그의 독자들은 앞서의 후원자들을 기리는 헬라의 각 성읍들을 장식한 수많은 기념비들을 늘 보아온 터라 잘 알고 있었을 것이다. 바울의 전도를 받아 회심한 자들이 '카리스'라는 단어를 읽을 때에, 그들은 무엇보다도 후원(後援)이라는 맥락을 가장 먼저 떠올렸을 것이다.

이러한 두 가지를 배경으로 해서 바울의 은혜 신학의 몇 가지 특징들을 살펴볼 필요가 있다. (1) 첫째, 위에서 개략적으로 검토한 용례들에 나타난 공통적인 특징은 자발적인 친절과 후한 기부(寄附)라는 개념이다. 고대 이스라엘의 '헤세드' 신학과 마찬가지로, 하나님과 인간의 관계에 대한 바울의 이해는 인류에 대한 하나님의 목적은 관대한 주도권과 처음부터 끝까지 변치 않는 신실하심이라는 특징을 지니고 있다는 확신에 기초하였다. '카리스'와 관련한 바울의 용법의 두드러진 특징은 '도레아'(dorea, "선물")와 '도레안'(dorean, "선물로서, 거저")이라는 용

21) 롬 9:23; 11:31; 15:9; 갈 6:16; '엘레오스'(eleos) 속에 담겨 있는 이스라엘을 향한 계약적 사랑이라는 강력한 뉘앙스를 바울이 잘 알고 있었다는 것은 이 동사(eleeo)가 롬 9:15-18과 11:30-32에서 두드러지게 등장하는 것에서 알 수 있다.

22) LSJ, *charis*; H. Conzelmann, *TDNT* 9.373-76.

23) 특히 이 주제가 Wetter의 선구적인 연구 이래로 거의 전적으로 무시되어 왔다고 지적하는 Harrison, *Paul's Language of Grace*를 보라(Wetter, *Charis* 15-19; Harrison §2.5). *Res Gestae Divi Augusti* 15-24에서는 Augustus가 후하게 기부한 것을 기록하고 있는데, 특히 바울의 로마서 독자들은 이 사실을 잘 알고 있었을 것이다(Harrison §6.1.2.4.).

어들이 '카리스'라는 개념과 통상적으로 결부되어 사용된다는 것이다.[24] 하나님의 은혜는 언제나 선물이다. 그런 까닭에 '카리스'가 들어가는 가장 흔한 어구는 "(하나님에 의해) 주어진 은혜"[25]라는 말이다.

(2) 공통된 두 번째 특징은 '행위'로서의 "은혜" 개념이다. 은혜는 단지 태도나 성향만을 가리키는 것이 아니라 그러한 태도를 표현하는 행위를 가리키기도 했다;[26] 후원자가 베푼 실제적인 호의(들)이 기념비들에서 기리는 내용이었다. 마찬가지로 바울에게서도 "은혜"는 역동적인 개념으로서 바울의 어법에서 "세력," "성령" 개념[27]과 비슷한 하나님의 강력한 행위였다.[28] 이미 살펴본 용례들이 분명하게 보여 주듯이, "은혜"는 하나님에 의해 사로잡혀서 영광을 체험한 역동적 경험을 묘사하는 말이다. 예를 들어, 고린도후서 12:9에서는 "내 은혜가 네게 족하도다 이는 내 능력이 약한 데서 온전하여짐이라"고 말한다.

그러나 '카리스'에 대한 바울의 용법 중 몇 가지 특징들은 당시의 병행문들과 구별된다. (3) 후자에서 '카리스'는 통상적으로 복수형으로 사용된다 — 주어진 호의들 또는 기부금들. 그러나 바울은 일관되게 단수형으로 '카리스'를 사용한다; 은혜의 단일성(單一性, singularity)은 바울 신학의 한 특징이다. 이것은 부분적으로는 바울의 용법 근저에 있는 히브리적 개념의 영향 탓이다: 구약에서 '헨'은 복수형으로 사용된 적이 없고, '헤세드'도 복수형으로 사용되는 예가 아주 드물다.[29] 그러나 이것은 바울에게 은혜의 원천은 오직 한 분(하나님)이라는 것과 단 하나의 중심적인 은혜의 표현물(그리스도의 구속 행위)이 있다는 사실을 반영하는 것이기도 하다. 모든 은혜는 하나님의 은혜의 표현이었다; 모든 은혜로운 행위

24) Dorea — 언제나(5:15, 17; 고후 9:15; 엡 3:7; 4:7); dorean — 4회 중 2회(롬 3:24; 갈 2:21).

25) 롬 12:3, 6; 15:15; 고전 1:4; 3:10; 갈 2:9; 엡 3:8; 4:7; 딤후 1:9.

26) 또한 Wetter, *Charis* 37-94; Moffatt, *Grace* 25-29; Zobel, *TDOT* 5.51을 보라.

27) 자세한 것은 Wetter, *Charis*, 예를 들어, 40-41, 71-72, 96-97, 104-5; Bultmann, *Theology* 1. 209-91; Dunn, *Jesus and The Spirit* 202-5를 보라.

28) "은혜는 하나님의 종말론적 행위이다"(Bultmann, *Theology* 1.289).

29) Fabry, *TDOT* 5.24; Zobel은 '헤세드'(chesed)의 복수형은 오직 18회(245회 중에서) 나온다고 지적한다(*TDOT* 5.45). 그러나 '헤세드'(chesed)의 복수형은 사해 사본에 흔히 나오고(Zobel, *TDOT* 5.64), '카리스'(charis)의 복수형은 Philo의 글에 흔히 나온다(Conzelmann, *TDNT* 9.389-90).

는 그리스도 안에서의 하나님의 은혜를 반영하는 정도만큼만 "은혜로운" 것이었다. 모든 은혜는 동일한 은혜였다.

(4) 바울 서신에서 이 은혜의 일방성은 훨씬 더 강조되어 표현된다. 구약에서 인간적인 '헤세드'에 부가되었던 상호성(相互性)이라는 개념, 그리스-로마 세계의 후원 이데올로기의 핵심적인 특징을 이루었던 호혜성(互惠性)의 중요성은 구약에서의 하나님의 '헤세드' 개념에서보다도 더 바울에게서는 후퇴된다. 바울의 은혜 신학에서 전형적인 것은 "넘치다"(perisseuo), "풍성하다"(pleonazo), "지극한"(hyperballo), "부요함"(plouto), "은혜가 더욱 넘쳤나니"(hypereperisseusen)(롬 5:20) 같은 어구들을 사용하고 있다는 것이다.[30] 여기에는 사람이 하나님의 은혜를 갚을 수 있다는 사상이 들어올 그 어떤 여지도 없다.[31] '카리스'를 받은 자는 '카리스'를 갚아야 하지만, "호의"를 되갚을 수는 없고 언제나 "감사함"으로 되갚는다.[32] "은혜"는 처음부터 끝까지 받을 자격이 없는 자들에게 주어지는 하나님의 전적인 관대한 행위인 것이다.

(5) 이와 동시에 우리는 바울에게 은혜는 은혜를 낳는다고 말할 수 있다. 나중에 보게 되겠지만, 주어진 '카리스'는 '카리스마'(charisma, "은사")로 표현된다.[33] 그리스도 안에서 하나님의 은혜를 받으면, 거기에서 은혜로운 행위들이 생겨난다 — 예루살렘 교회를 위한 연보에 관한 바울의 권면들에서 가장 두드러지게 나타나는 것과 같은.[34] 여기서 요지는 바울은 단지 상호적으로 은혜를 주고 받는 것에서만 은혜의 행위를 본 것이 아니었고, "감사함"으로 '카리스'를 갚는 것으로도 바울의 은혜 개념이 완성되지 않는다는 것이다. '카리스'는 공동의 선(善)을 위한 유익인 공동체에 대한 선물로서의 '카리스마'를 통해 좀 더 온전하게 표현된다

30) perisseuo/perisseia — 롬 5:15, 17; 고후 4:15; 8:7; 9:8. pleonazo — 롬 6:1; 고후 4:15. hyperballo — 고후 9:14; 엡 2:7. ploutos — 엡 1:7; 2:7; cf. 고후 8:9; 골 3:16; 엡 3:8. 자세한 것은 Theobald, *Gnade*를 보라.

31) Harrison이 말하듯이, '아모이베'(amoibe, "갚아주다")와 '아포디도미'(apodidomi, "갚아주다") 같은 보시(布施) 이데올로기에 나오는 핵심 용어들은 은혜와 관련된 바울의 어휘에 들어있지 않다.

32) "하나님께 감사하리로다" — 롬 6:17; 7:25; 고전 15:57; 고후 2:14; 8:16; 9:15.

33) 아래의 §20.5을 보라.

34) 아래의 §24.8a을 보라.

(고전 12:7). 그리스도 안에서의 하나님의 은혜의 성격은 그 은혜를 받은 자가 그 동일한 은혜를 다른 이들에게 전하는 도구가 될 때에 온전하게 인식되고, 온전하게 응답한 것이 된다(고린도후서 8~9장). 하나님의 은혜는 개인의 구원에서만이 아니라 공동체를 세움에서도 특징적으로 표현된다.

§ 13.3 새로운 시작

바울은 무의식적인 또는 의도적이지 않은 그리스도인이라는 개념을 갖고 있지 않았다. 그는 모든 사람들이 원하든 원치 않든, 알든 모르든 "그리스도 안에" 있다고 생각하지 않았다. 인류의 기존의 상태는 죄의 세력 아래에서 아담의 인간성을 공유하며 아담에게 속하여 사망을 향하여 나아가는 것이다. 그러나 마지막 아담에게 속하여 부활한 그리스도의 인간성을 공유하며 죄와 사망의 세력을 뛰어넘어 사는 것은 앞에서와 마찬가지로 자연적으로 주어지는 것이 아니었다. 그런 일은 발생하여야 하는 것이었다. 전환(transition)이 요구되었고, 끝과 시작, 간격을 넘는 한 걸음, 새로운 차원으로의 도약, 새 생명의 체험이 있어야 한다. 그리고 이런 일은 자동적으로 일어나지 않았다. 앞으로 보겠지만, 인간은 아담이 처음 창조되었을 때에 지녔던 그 믿음을 회복하고 다시 표현하여야 했다. 하나님께서 영을 주셔서 땅의 티끌이 인간이 되었듯이(창 2:7) 다시 새로운 영이 하나님에 의해 주어져야만 새로운 시작이 가능했다.

물론 바울은 언제나 신학자가 아니라 사도이자 전도자로서 말한다. 그리고 바울의 전도는 단순히 그의 청중들이 영적인 존재들로서 그들의 운명을 바꾸기 위해서는 사실들만을 알면 된다는 식으로 정보("지식")를 나눠주는 것이 아니었다. 바울은 "모든 이방인 중에서 믿어 순종하게 할"(롬 1:5) 목적으로 결단을 요구하는 전도를 하였다. 그는 두 번 이상 그 통상적인 과정에 대한 자신의 이해를 밝힌다: "모든 믿는 자에게 구원을 주시는 하나님의 능력"(롬 1:16)으로서의 복음; 전도자는 청중들로 하여금 믿게 하기 위하여 복음을 전하도록 보내심을 받은 자이다(10:14-17); 전도의 미련한 것이 믿는 자들을 구원한다(고전 1:21); "나나 그들이나 이같이 전파하매 너희도 이같이 믿었느니라"(15:11); 그리스도의 사신(使臣)은 그리스도를 대신하여 "너희는 하나님과 화목하라"(고후 5:20)고 사람들에게 간곡하게 권하여야 한다; 듣고 믿는 자는 성령을 받는다(갈 3:2); "너희가 우리에게 들은 바 하나님의 말씀을 받았다"(살전 2:13). 믿으라는 부름은 바울의 복음의 근본적인 요소였다.[35] 사람들은 하나님의 "부르심"에 응답하여야 한다.[36] 구원의 과정이 시작되려면, 사람들은 하나님께서 바울을 통하여 제시하고 있는 것을 받아들여야 한다.[37] 우리가 바울의 신학을 적절하게 서술하고자 한다면, 이 점이 부각되지 않으면 안 된다.

바울 서신의 특히 두드러진 한 가지 특징은 바울이 청중들에게 그들의 처음 시작, 복음을 듣고 믿던 그 결정적인 순간, 결단의 행위, 최초의 은혜 체험을 자주 상기시킨다는 것이다. 바울은 부정과거 시제를 사용해서 거듭거듭 그의 독자들에게 그 시작 단계를 상기시키고, 그 시작 단계가 그들의 이후의 제자도(弟子道)에서 결정적 성격을 지닌다는 점을 상기시킨다.

> 무릇 그리스도 예수와 합하여 세례를 받은 우리는 그의 죽으심과 합하여 세례를 받은 줄을 알지 못하느냐 그러므로 우리가 그의 죽으심과 합하여 세례를 받음으로 그와 함께 장사되었나니 … (롬 6:3-4).
>
> 하나님께 감사하리로다 너희가 본래 죄의 종이더니 너희에게 전하여 준 바 교훈의 본을 마음으로 순종하여 죄로부터 해방되어 의에게 종이 되었느니라(6:17-18).
>
> 그러므로 내 형제들아 너희도 그리스도의 몸으로 말미암아 율법에 대하여 죽임을 당하였으니 이는 다른 이 곧 죽은 자 가운데서 살아나신 이에게 가서 우리가 하나님을 위하여 열매를 맺게 하려 함이라 … 이제는 우리가 얽매였던 것에 대하여 죽었으므로 율법에서 벗어났으니 이러므로 우리가 영의 새로운 것으로 섬길 것이요 율법 조문의 묵은 것으로 아니할지니라(7:4-6).

---

35) pisteuo("믿다"): 부정과거형 — 롬 10:9, 14, 16; 13:11; 고전 3:5; 15:2, 11; 고후 4:13; 갈 2:16; 엡 1:13; 살후 1:10; 딤전 3:16; 현재형(= "신자" 또는 믿는 행위) — 롬 1:16; 3:22; 4:5, 11, 24; 9:33; 10:4, 10, 11; 15:13; 고전 1:21; 14:22; 고후 4:3; 갈 3:22; 엡 1:19; 빌 1:29; 살전 1:7; 2:10, 13; 4:14; 딤전 1:16; 완료형 — 딤후 1:12; 딛 3:8.

36) kaleo("부르다") — 바울 서신에서 두드러진 주제(롬 4:17; 8:30; 9:11, 24; 고전 1:9; 7:15-24; 갈 1:6, 15; 5:8, 13; 엡 4:1, 4; 골 3:15; 살전 2:12; 4:7; 5:24; 살후 2:14; 딤전 6:12; 딤후 1:9).

37) dechomai("받다") — 고후 6:1; 11:4; 살전 1:6; 2:13. paralambano("[전승들을] 받다") — 고전 15:1, 3; 갈 1:9; 빌 4:9; 골 2:6; 살전 2:13.

너희는 다시 무서워하는 종의 영을 받지 아니하고 양자의 영을 받았으므로 (8:15).

우리의 구원이 처음 믿을 때보다 가까웠음이라(13:11).

그리스도 예수 안에서 너희에게 주신 하나님의 은혜로 말미암아 내가 너희를 위하여 항상 하나님께 감사하노니 이는 너희가 그 안에서 모든 일 곧 모든 언변과 모든 지식에 풍족하므로 … (고전 1:4-5).

우리가 세상의 영을 받지 아니하고 오직 하나님으로부터 온 영을 받았으니 이는 우리로 하여금 하나님께서 우리에게 은혜로 주신 것들을 알게 하려 하심이라(2:12).

주 예수 그리스도의 이름과 우리 하나님의 성령 안에서 씻음과 거룩함과 의롭다 하심을 받았느니라(6:11).

다 한 성령으로 세례를 받아 한 몸이 되었고 또 다 한 성령을 마시게 하셨느니라(12:13).

내가 너희에게 전한 복음을 너희에게 알게 하노니 이는 너희가 받은 것이요 또 그 가운데 선 것이라 너희가 만일 내가 전한 그 말을 굳게 지키고 헛되이 믿지 아니하였으면 그로 말미암아 구원을 받으리라(15:1-2).

우리에게 기름을 부으신 이는 하나님이시니 그가 또한 우리에게 인치시고 보증으로 우리 마음에 성령을 주셨느니라(고후 1:21-22).

너희는 우리로 말미암아 나타난 그리스도의 편지니 이는 먹으로 쓴 것이 아니요 오직 살아 계신 하나님의 영으로 쓴 것이며(3:3).

어두운 데에 빛이 비치라 말씀하셨던 그 하나님께서 예수 그리스도의 얼굴에 있는 하나님의 영광을 아는 빛을 우리 마음에 비추셨느니라(4:6).

그리스도의 은혜로 너희를 부르신 이를 이같이 속히 떠나 다른 복음을 따르는 것을 내가 이상하게 여기노라(갈 1:6).

사람이 의롭게 되는 것은 율법의 행위로 말미암음이 아니요 오직 예수 그리스도를 믿음으로 말미암는 줄 알므로 우리도 그리스도 예수를 믿나니 (2:16).

> 내가 너희에게서 다만 이것을 알려 하노니 너희가 성령을 받은 것이 율법의 행위로냐 혹은 듣고 믿음으로냐 너희가 이같이 어리석으냐 성령으로 시작하였다가 이제는 육체로 마치겠느냐(3:2-3).
>
> 그리스도께서 우리를 자유롭게 하려고 자유를 주셨으니 그러므로 굳건하게 서서 다시는 종의 멍에를 메지 말라 … 형제들아 너희가 자유를 위하여 부르심을 입었으나 그러나 그 자유로 육체의 기회를 삼지 말고 오직 사랑으로 서로 종 노릇 하라(5:1, 13).

위의 구절들은 해당되는 구절들을 다 열거한 것이 결코 아니고 바울의 그 밖의 다른 서신들도 이런 식으로 열거하는 것이 가능하다. 그러나 요지는 분명하다. 우리는 장래를 결정짓고 모든 충성된 자들을 변화시키는 결정적인 성격을 지닌 한 사건에 관하여 말하고 있다. 바울에게 구원의 과정은 시작점을 가져야 했다. 의도적인 결단 없이 구원의 과정은 진행될 수 없다.

우리는 이 필수적인 시작을 '돌이킴'(conversion)이라고 말해야 하는가? 이전의 충성에서 새로운 충성으로 옮긴다는 의미를 지니는 돌이킴이라는 개념은 이 용어의 사용 여부와는 상관 없이 고대 세계에서 아주 잘 알려져 있었다.[38] 그리고 이 용어는 바울 자신의 믿음의 시작을 묘사하는 경우와 마찬가지로 바울이 그의 전도를 통해서 추구했던 것을 전체적으로 묘사하는 데도 적합하다.[39] 그러나 바울 자신의 '돌이킴'과 관련해서와 마찬가지로 이 용어에 대해서도 몇 가지 망설이게 하는 요인들 — 특히 두 가지 — 이 있다.

첫째, 바울은 이와 관련하여 "돌이키다"(epistrepho)라는 용어를 사용한다. 특히

---

38) 이 점이 지나치게 부각되어서는 안 된다. 통상적으로 어떤 종교의 신자라 해서 그 밖의 다른 것들에 충성을 맹세하는 것이 배제된 것은 아니었다. 그러나 "회심"을 보여 주는 극적인 예들도 있었다는 것은 의심할 여지가 없는데, 문헌에 나오는 그 고전적인 예는 Apuleius, *Metamorphoses* 11에 나오는 Lucius의 경우이다; Nock, *Conversion*의 연구는 그 자체가 하나의 고전이다(Lucius를 다룬 9장). 그리고 이방인들이 개종자들이 된다는 것은 중요한 변화와 새로운 사회적 인격을 수반하는 것이었다. 그러나 새로운 기독교 분파는 그 복음전도적 관심에서 유대교 내에서 독특했다; McKnight, *Light*와 Goodman, *Mission* ch. 4; Hengel and Schwemer, *Paul between Damascus and Antioch* 75-76을 보라.

39) 위의 §§7.4-5과 아래의 §14.3을 보라.

눈에 띄는 것은 바울이 어떻게 데살로니가 교인들이 "우상을 버리고 하나님께로 돌아와서 살아 계시고 참되신 하나님을 섬기는지"를 상기시키는 데살로니가전서 1:9이다. 바울이 갈라디아 교인들에게 "약하고 천박한 초등학문으로 돌아가지" 말라고 강권하는 갈라디아서 4:9에도 이러한 '돌이킴'의 의미가 함축되어 있다. 그러나 그 밖에 바울은 또 하나의 친숙한 성경적 어구인 "여호와께 돌아가다"[40]라는 말을 사용해서 성경의 인유(引喩)된 구절(출 34:34)을 수정하고 있는 오직 하나의 구절(고후 3:16)에서만 이 용어를 사용한다. 이것은 바울이 그의 독자들이 믿음을 갖게 된 것을 말할 때에 "돌이키다"라는 용어 및 이미지를 통상적으로 사용하지 않았다는 것을 보여 준다. 이 용어는 이방인이 단번에 우상숭배로부터 돌이킨 것을 묘사할 때에는 의미가 잘 통하긴 하지만, 성경에서는 하나님께로 반복해서 돌아오는 것을 말할 때에 통상적으로 이 용어를 사용했다는 점을 감안하면,[41] 이 용어는 바울이 염두에 둔 단번의 결정적인 행위를 가리키는 데 적합한 이미지는 아니었을 것이다.[42]

둘째, 바울은 돌이킴과 관련이 있는 '회개'와 '죄 사함'이라는 표현을 사용하기를 꺼린다. 공관복음 전승과 사도행전에서 동사와 명사('회개하다, 회개')가 비교적 빈번하게 사용됨에도 불구하고,[43] 바울은 회심 상황이라고 할 수 있는 대목(롬

40) 출 34:34 LXX — "모세가 여호와 앞에 들어가서(eiseporeueto) 함께 말할 때에는 나오기까지 수건을 벗고 있다가(periereito)"; 고후 3:16 — "언제든지 주께로 돌아가면(epestrepse) 그 수건이 벗겨지리라(periaireitai)." "주께로 돌아간다"는 말은 신 4:30; 삼상 7:3; 왕상 8:33; 대하 24:19; 30:9; 시 22(LXX 21):27; 사 6:10; 19:22; 렘 24:7; 욜 2:12-14; 슥 1:3; Tob. 14:6; Sir 5:7; 17:25(Furnish, *2 Corinthians* 211; Gaventa, *Darkness* 50 n. 58)에 나온다.

41) BDB, *shub* 6c, d; G. Bertram, *TDNT* 7.724-25를 보라. 야훼께서 "돌아오라, 회개하라"고 말씀하기 때문에 이 점은 더욱 복잡해진다 — 출 32:12; 신 32:17; 수 7:26; 왕하 23:26; 욘 3:9(BDB, *shub* 6f).

42) 세례의 경우와 마찬가지로 여기서도 새로운 분파에 대한 세례 요한의 회상의 영향이 인정되어야 할 것이다: 단번의 세례와 결부된 세례 요한의 "회개"에 대한 요구(막 1:4 pars.)는 유대 전승에서 새로운 것이었을 것이다.

43) "회개하다" — 마 5회, 막 2회, 눅 9회, 행 5회. "회개" — 마 2회, 막 1회, 눅 5회, 행 6회. "죄 사함" — 마 1회, 막 2회, 눅 5회, 행 5회. 그러나 또한 요한복음은 이러한 용어들 중 그 어느 것도 전혀 사용하지 않는다는 점도 주목할 만하다.

2:4)에서 오직 한 번만 '회개'라는 말을 사용한다.[44] 그리고 이보다 더 두드러진 것은 '죄 사함'을 가리키는 데 통상적으로 사용되는 용어는 바울의 주요 서신들에서[45] 성구 인용문에서만 나오고, 그 밖의 곳에서는 후기 서신인 골로새서 1:14에 한 번 나온다는 사실이다 — "그 아들 안에서 우리가 속량 곧 죄 사함을 얻었도다."[46] 우리에게는 분명하게 알려져 있지 않은 어떤 이유로 인해서, 바울은 이러한 용어들을 사용하여 말하는 것을 좋아하지 않았던 것 같다.[47] 그 이유는 아마도 이러한 용어들이 그의 이전의 신학 및 실천에서 아주 큰 특징을 이루고 있었기 때문일 것이다.[48] 바울이 원한 것은 다른 강조점이었고, 좀 더 긍정적인 부름이었다. 그는 그것을 믿음 — 이제까지 그의 복음전도와 신학에서 더 두드러졌던 주제 — 으로의 부름 속에서 발견하였다. 바울이 강조한 것은 '~로부터 돌이키는 것'이라기보다는 '~으로의 헌신'이었다. 이것은 오늘날의 복음전도와 신학화에서 성찰해야 할 점이다.[49]

그러나 바울 신학에서 '돌이킴'이라는 용어의 사용과 관련해서 여전히 문제들은 남아 있지만, 그 요지는 바울에게 그리스도인으로서의 삶은 분명한 시작을 갖

44) 고후 7:9-10에서 그의 소망은 그의 독자들의 회개였고, 12:21에서는 그의(그리스도인들의) 대적들의 회개였다; cf. 딤후 2:25. 또한 "(죄의?) 자각"이라는 개념도 결여되어 있다 — 고전 14:24; 엡 5:11, 13; 딤전 5:20; 딤후 4:2; 딛 1:9, 13; 2:15.

45) 시 32:1을 인용하고 있는 롬 4:7.

46) 골로새서의 성격은 이것이 엡 1:17을 본뜬 바울의 단어 선택이었는가 하는 문제를 불러일으킨다; 저자 문제에 대해서는 필자의 *Colossians* 81, 35-39를 보라. 그러나 '카리조마이'(charizomai)도 신자들 가운데에서와 마찬가지로 "사하다"라는 의미로 사용되고(고후 2:7-10), 또한 골 2:13과 3:13(엡 4:32도 이를 따름)에서는 하나님의 죄 사함이라는 의미로 사용된다.

47) 사도행전의 증언은 이 점에서 눈에 띄게 다르다(행 13:38; 17:30; 20:21; 26:18, 20).

48) 초기 유대교에 대한 기독교의 전통적인 묘사는 세례 요한과 예수의 회개 요구 및 죄 사함의 수여가 새로운 것이었다고 전제하였다. 바울이 이상하게도 그러한 성경적 강조를 그의 복음과 신학 내에서 표현하지 않고 있다는 것과 아울러, 이러한 전제는 초기 유대교 학자들에게 큰 당혹감과 모욕감을 불러일으켰다(예를 들어, Moore, *Judaism* 3. 151; Sanders, *Paul* 1-12, 33-59를 보라).

49) 또한 Gaventa도 "회심하다"와 "회개하다"가 사람이 하나님과의 관계를 바르게 하는 행위라는 의미를 함축하는 반면에 바울 서신에서 하나님은 행위의 주체라는 점을 지적한다. "신자들이 돌이키는 것이 아니라 하나님께서 신자들을 돌이키시는 것이다"(*Darkness* 44).

고 있었다는 것이다. 교회들에게 서신들을 쓰면서 바울은 그의 청중들이 그들의 경험 속에서 중요한 전환을 통과한 개개인들로 이루어져 있다는 것을 당연시하였다. 그들은 바울의 전도에 응답하였고, 예수를 주(主)로 받기로 결단하고 고백하였으며, 예수의 이름으로 세례를 받았다. 그들은 하나님의 은혜를 체험하였고, 그 상호의존성과 정신이 그들의 삶 전체를 규정하게 된 공동체의 일원이 되었다. 우리는 바울의 원래의 청중들의 대부분이 그들이 '그리스도인'이 된 날을 기억할 수 있었을 것임을 거의 의심할 수 없다.

§ 13.4 구원에 관한 은유들

결정적인 전환 및 새로운 시작에 대한 바울의 말들에서 또 하나의 주목할 만한 특징은 그것과 그 의미를 설명하기 위하여 바울이 가져다 사용하는 은유들이 매우 다양했다는 점이다. 여기서 그 은유들을 간단하게 분류해 볼 필요가 있다.

바울은 당시의 관습들을 은유로 사용한다. '칭의(稱義, justification)'는 법적 은유이다; 의롭다고 인정받는다는 것은 무죄방면 된다는 것이다.[50] 이와 같은 법률 분야의 은유로 우리는 채무증서 또는 범죄기록을 도말한다는 이미지를 들 수 있다(골 2:14).[51] '구속'에 대해서는 우리가 이미 살펴본 바 있다 — 노예나 전쟁 포로를 되사는 것.[52] '해방'과 '자유'는 중요한 단어들이었고, 바울과 그의 개종자들에게는 특히 중요한 체험들이었다.[53] '화해'에 대해서도 우리는 앞에서 살펴보았다 — 적대관계에 있던 두 파당이 새로운 평화와 협력으로 어우러지는 것.[54] 그 밖에 주변 성읍이나 지역과는 다른 시민권 또는 공동체 구성원으로서 지위를 누린다는 이미지가 있다(빌 3:20).[55] 골로새서 1:13에 나오는 다른 나라로 옮겨진

50) 자세한 것은 아래의 §14.2을 보라.

51) 자세한 내용은 필자의 *Colossians* 164-66을 보라.

52) 위의 §9.6을 보라.

53) eleutheria("자유") — 롬 8:21; 고후 3:17; 갈 2:4; 5:1, 13; eleutheroo("자유케 하다") — 롬 6:18, 22: 8:2, 21; 갈 5:1; eleutheros("자유로운") — 롬 7:3; 9:1; 갈 4:31.

54) 위의 §9.7을 보라.

55) Schürer, *History* 3.88-89를 보라. 로마의 식민지였던 빌립보는 특별한 조직을 갖고 있어서, 마치 이탈리아 땅에 있는 도시처럼 통치되었고, 그 지역의 다른 도시들이 지니지 못했던 권리들을 향유하였다.

다는 이미지는 리디아(Lydia)와 브루기아(Phrygia) 지역을 안정시키기 위하여 안티오쿠스 대왕이 그 지역에 2천 명의 유대인들을 정착시킴으로써 소아시아에 유대인 공동체들이 탄생한 역사적 사실을 반영한 것인 듯하다.[56]

또한 바울은 일상생활에서 나온 은유들도 사용한다. 바울이 좋아하는 용어들 중 하나는 '구원'[57]인데, 이 단어는 신학에서 확고한 전문적인 용어가 되어서 은유로서의 이 단어의 의미는 거의 잊혀져 있다. '소테리아' (soteria, 구원)는 '구조(救助), 안전하게 끌어냄' 이라는 의미로 사람들에게 친숙하였던 단어였을 것이다. 유대적 맥락 속에서는 사람들은 출애굽이나 바벨론 포로생활로부터의 귀환이라는 생각을 떠올렸을 것이다.[58] 그러나 이 용어는 바울의 독자들에게는 '신체적 건강, 보존' 이라는 일상적인 의미로도 친숙했을 것이다. 이 시기에 씌어진 파피루스 서신들에는 서신의 발신자가 자녀들이나 친구들의 '소테리아' 를 걱정스럽게 묻는 내용이 나온다.[59] 바울에게 '구원' 은 건강한 사람의 온전함을 의미하였다. '유업' 이라는 은유도 바울에게 또 하나의 중요한 주제였다.[60] 그 밖에도 종종 사용된 은유들은 잠에서 깨는 것,[61] 낮에게 길을 내주는 밤,[62] 무장을 하는 것을 포함한 옷을 '벗거나 입는 것,'[63] 초대를 받는 것,[64] 편지를 쓰는 것[65] 같은 좀 더 평범한 은

56) Josephus, *Ant.* 12.147-53; 또한 필자의 *Colossians* 77을 보라.

57) 롬 1:16, 10:1, 10; 11:11; 13:11; 고후 1:6; 6:2; 7:10; 빌 1:19, 28; 2:12; 살전 5:8, 9; 살후 2:13; 또한 엡 1:13; 딤후 2:10; 3:15.

58) 예를 들어, 출 14:13; 15:2; 사 46:13; 52:7, 10.

59) MM, soteria. 예수께서 치유받은 자에게 "네 믿음이 너를 구원하였느니라"고 말씀한 경우가 복음서에 여러 번 나온다는 것을 상기할 필요가 있다(특히 누가복음 — 8:48; 17:19; 18:42; 그러나 또한 7:50도 보라). 이 이미지가 행 4:9-12에서 어떻게 활용되고 있는지를 주목하라.

60) kleronomia ("유업") — 갈 3:18; 골 3:24; 엡 1:14, 18; 5:5; kleronomeo("물려받다") — 고전 6:9-10; 15:50; 갈 5:21; kleronomos("상속자") — 롬 4:13-14; 8:17; 갈 3:29; 4:1, 7; 딛 3:7.

61) 롬 13:11; 엡 5:14.

62) 롬 13:12; cf. 살전 5:5-8.

63) 롬 13:12, 14; 골 3:8, 12; 살전 5:8; 엡 4:22, 25; 6:11, 14-17. 마지막 세 개에 대해서 자세한 것은 필자의 *Romans* 785-88을 보라.

64) kaleo — 위의 n. 22를 보라.

65) 고후 3:3.

유들이다.

바울은 농사(農事)에서도 은유를 끌어와 사용하였다 — 씨를 뿌리고 물을 주는 것(고전 3:6-8), 관개(고전 12:13c),[66] 쏟아진 물주전자(롬 5:5), 접붙임(롬 11:17-24),[67] 추수(롬 8:23)[68]. 마찬가지로 장사에서 가져온 은유들도 있다. 어떤 물품에 찍힌 '봉인(封印)'은 가시적인 소유권 표시였다.[69] '아르라본'(arrabon)은 최초의 불입금으로서 장차 받을 것의 보증금 역할을 했다.[70] 세례시에 사용된 '~의 이름으로'라는 어구(고전 1:13-15)는 소유권 이전 문서에 자주 등장하는데, 이것은 오늘날 수표에 서명하는 것과 같아서 이를 통해서 명시된 금액의 소유권이 거명된 사람의 '계좌로' 이전된다.[71] '베바이오'(bebaioo, 굳게 하다)라는 용어 속에는 재산 양도에 관한 이미지가 들어 있다.[72] 또한 바울은 제련과정의 결과 — '도키모스'(dokimos, 시험을 거쳐 인정받은)[73] — 와 건축(고전 3:10-12)에 대한 은유들도 사용한다.

바울은 종교로부터도 이미지들을 끌어와서 사용하였다. 바울이 그의 교회 지체들을 지칭할 때에 자주 사용한 표현들 중 하나는 "성도"(hagioi)라는 말[74]이었는데, 성도는 따로 구별되어 하나님을 섬기는 데 바쳐진 자들을 가리켰다. 바울에게 명사 '하기아스모스'(hagiasmos, 성화)는 구원의 과정을 가리키는 데 사용된 반면에,[75] 동사는 보통 개개인들이 제자로 구별되는 최초의 사건을 가리킨다는 것[76]

---

66) 자세한 것은 아래의 §16 n. 27을 보라.

67) 롬 6:5에 나오는 부러진 뼈의 두 끝을 접합시킨다는 의학적인 이미지(symphytos)는 밀접한 병행을 이룬다(Dunn, *Baptism* [§16 n. 1] 141).

68) '아파르케'(aparche, "첫 열매")에서 주도적인 이미지는 추수, 포도 짜는 틀과 타작마당의 첫 열매들이다(출 22:29; 23:19; 레 2:12; 23:10; 민 15:20; 18:12, 30; 신 26:2 등); 자세한 것은 필자의 *Romans* 473을 보라.

69) 고후 1:22; 엡 1:13; cf. 롬 4:11; 15:28; MM, sphragizo, sphragis를 보라.

70) 고후 1:22; 5:5; 엡 1:14; MM. arrabon을 보라; A. J. Kerr, "ARRABON," *JTS* 39 (1988) 92-97는 이 의미를 "첫 불입금"으로 한정한다. 또한 아래의 §18 n. 43을 보라.

71) MM, onoma (5).

72) 고전 1:6, 8; 고후 1:21; 골 2:7. 명사 '베바이오스'(bebaios, 롬 4:16과 고후 1:7에서 사용된)는 재산 이전에서 법적으로 보장된 안전함을 가리키는 전문용어였다(MM, bebaios).

73) 롬 14:18; 16:10; 고전 11:19; 고후 10:18; 13:7; 딤후 2:15.

74) "성도들"(hoi hagioi)은 바울 서신에 39회 나온다(위의 §2 n. 90에 나오는 예들).

을 우리는 유의할 필요가 있다. 한 대목에서 바울은 이와 관련하여 기름부음의 이미지를 사용한다(고후 1:21). 우리는 희생제사라는 은유가 예수의 죽음에 대한 바울의 이해에 있어서 얼마나 중요한가를 이미 살펴본 바 있다(§§9.2-3). 또한 바울은 자기 자신의 사역,[77] 모든 그리스도인들의 헌신 및 복음을 섬기는 그 밖의 행위들[78]에 대해서 제사장적 직무의 이미지를 사용한다. 의롭다 하심을 얻은 모든 이들은 지성소에 '접근할 수 있는 권한'을 갖는다(롬 5:2).[79] 그러나 바울은 자신의 사역이나 다른 사람들의 사역에 대하여 '제사장'이라는 이미지 자체는 결코 사용하지 않는다는 점도 눈에 띈다.[80] 가장 흥미로운 것은 바울은 이방인 개종자들이 할례 받는 것에 대한 그의 강한 반감에도 불구하고 '할례'라는 이미지를 십자가 사건 및 그 결과에 적용한다는 것이다.[81] 유대 전승에서 결례(潔禮)의 중요성을 감안하면,[82] 바울이 씻고 깨끗케 한다는 이미지를 끌어다가 사용한다는 것은 놀랄 일이 아니다.[83] 또한 바울은 이 결례 전승의 기독교식 변형(세례)을 수면 아래로 가라앉았다가 새 생명으로 떠오른다는 강력한 은유로 사용하였던 것 같다;[84] 그러나 이 마지막 경우가 은유적 의미를 지니는지에 관해서는 논란이 있다.[85] 또한 우리는 모든 은유 중에서 가장 강력한 "새 피조물"[86]이라는 은유를 잊어서는 안 된다.

끝으로 바울이 사용한 은유들에 대한 이 짤막한 서술에서 우리는 생애의 주요

75) 롬 6:19, 22; 고전 1:30; 살전 4:3, 4, 7; 살후 2:13; 딤전 2:15.

76) 롬 15:16; 고전 1:2; 6:11; 엡 5:26; 딤후 2:21.

77) 롬 1:9; 15:16; 빌 2:17.

78) 롬 12:1; 15:27; 고후 9:12; 빌 2:25, 30; 자세한 것은 아래의 §20.3을 보라.

79) 고전 3:16-17; 6:19; 고후 6:16; cf. 엡 2:21.

80) 벧 2:5, 9; 계 1:6; 5:10; 20:6과 비교해 보라. 그러나 이 구절들은 모든 신자들을 가리킨다.

81) 빌 3:3; 골 2:11; 그러나 후자의 절에 관한 논의는 필자의 *Colossians* 154-58을 보라.

82) 예를 들어, 특히 E. P. Sanders, *Jewish Law from Jesus to the Mishnah* (London; SCM/Philadelphia: TPI, 1990) 29-42, 184-236과 관련하여 필자의 *Partings* 38-42를 보라.

83) 특히 고전 6:11; 또한 엡 5:26; cf. 딛 3:5.

84) 롬 6:3; 고전 10:2; 12:13; 갈 3:27.

85) 아래의 §17.2을 보라.

86) 고후 5:17; 갈 6:15; cf. 롬 8:19-23; 골 3:10; 엡 2:10, 15; 4:24.

한 사건들로부터 가져온 은유들을 빠뜨릴 수 없다. 바울은 자신의 회심을 '조기 출산' (고전 15:8)[87]이라고 말하고, "복음으로써 너희[고린도교회 사람들]를 낳았음이라"(고전 4:15)고 말하며, 갈라디아 교인들을 낳았다는 말도 하고(갈 4:19), 갈라디아 교인들을 "성령을 따라 난 자"(갈 4:29)라고 말하기도 한다. 바울에게 또 하나의 중요한 가족 이미지는 양자(養子)에 관한 것이었다.[88] 또한 바울은 그리스도인이 되는 것을 그리스도와 정혼하는 것에(고후 11:2), 그리스도인이 된 것을 그리스도와 결혼한 것에(고전 6:17) 비유하기도 한다. 특히 바울이 사용한 강력한 이미지로는 죽음이라는 은유가 있는데, 그리스도인의 결정적 전환(transition)은 죽는 것, 심지어 십자가에 못 박히는 것에 비유된다.[89]

이러한 만화경적인 이미지들에 대한 고찰을 통해서 두 가지 결론이 생겨난다. 하나는 바울에게 이 은유들은 새로운 시작의 체험의 현실성(reality)을 밝혀 준다는 것이다. 분명히 이 모든 것들은 그의 독자들이 체험했던 그 무엇을 서술하는 것들이었다. 그들의 삶 속에 아주 중요한 무언가가 일어났었다. 이 모든 은유들의 근저에는 뭔가 엄청나게 중요한 사건, 인생의 대전환점이 되는 사건이 있었다. 사람들은 일상적으로 일어나는 일들에 대하여 출생, 결혼, 죽음 같은 이미지들을 사용하지 않는다. 이러한 이미지들은 문자 그대로 인생을 완전히 바꿔 놓는 사건들을 나타내는 이미지들이다.

이것은 주목할 만한 가치가 있는 결론을 낳는다. 왜냐하면 그것은 바울의 최초의 독자들 중 다수는 복음을 받아들임, 해방, 구조(救助), 깨끗케 함과 새로운 헌

87) '에크트로마' (ektroma)라는 용어는 "조산(早産)"을 가리킨다. 이 용어는 흔히 그러한 조산에 따른 기형적인 출생이라는 뉘앙스를 띠기 때문에 대적들이 바울을 가리켜 한 조롱에서 유래하였을 것이다("괴물"). 바울은 하나님께서 그를 사도들의 무리에 포함시키기 위하여("맨 마지막으로") 자신의 출생(신자로서의)의 시기를 앞당기셨음을 보이기 위하여 이 조롱의 말을 활용하였을 것이다. 자세한 것은 필자의 *Jesus and the Spirit* 101-2; Fee, *1 Corinthians* 732-34; 아래의 §21 n. 31을 보라. H. W. Hollander와 G. E. van der Hout는 이 용어를 바울이 스스로의 부족함을 표현한 것으로 본다("The Apostle Paul Calling Himself an Abortion: 고전 15:8 within the Context of 고전 15:8-10," *NovT* 38 [1996] 224-36). 나의 동료인 Loren Stuckenbruck는 쿰란 공동체의 *Book of Giants*에서 창 6:4의 '네팔림' (nephalim)을 "미숙아들"로 이해했던 것 같다는 것을 지적한다(4Q530 2:6; 4Q531 5:2).

88) 롬 8:15, 23; 갈 4:5; 엡 1:5.

89) 롬 6:3-6; 7:4, 6; 갈 2:19; 골 2:20; 3:3.

신, 옛 생명에 대하여 죽고 새 생명을 시작하는 것으로 체험하였다는 것을 의미하기 때문이다. 바울이 죄에 대한 확신이나 죄의식을 불러일으키기 위하여 전도했다는 증거는 거의 없다. 그럼에도 불구하고 바울의 많은 개종자들에게 복음은 풀리지 않는 수수께끼들에 대한 대답으로, 그들의 곤경에 대한 해법으로 받아들여졌고 체험되었다.[90] 한마디로 말해서, 바울의 복음은 현실과 만났고 그 필요들에 닿아 있었다.

두 번째는 바울이 이와 같이 서로 다른 많은 은유들을 사용한 것은 단일한 또는 획일적인 또는 일면적인 서술로는 나타낼 수 없었던 실체를 가급적 온전하게 표현하고자 한 시도였다는 것이다. 바울의 복음이 가져온 다양한 회심 체험들 속에는 아주 풍부하고 실제적인 것들이 들어 있었기 때문에, 바울은 그러한 것들을 설명하는 방법들을 찾아내기 위하여 온갖 표현들을 동원하지 않을 수 없었다. 그 체험의 역동성으로 인하여 그 체험을 말로 표현하여(가급적 적절하게) 다른 사람들에게 전하기 위해서는 새로운 은유들의 사용이 필수적이었다.

이것은 또 하나의 흥미로운 결과를 보여 준다. 왜냐하면 아주 다양한 은유들은 아주 다양한 체험들을 반영하는 것이기 때문이다. 그러한 다양성을 감안하면, 바울의 은유들 중 하나를 취하여 그것에 가장 중요하고 표준적인 지위를 부여하고 다른 모든 은유들을 그 틀에 짜맞추는 것은 잘못이라는 것이다. 이와 같은 일은 실제로 고전적인 개신교 신학에서 칭의(稱義)라는 은유에 대한 강조를 통해서 일어났다. 통속적인 복음전도에서는 구원 및 새로운 출생이라는 은유들이 강조되어 왔다. 이러한 경우들에는 분명한 위험이 존재한다. 그 위험은 믿음을 통한 새로운 시작의 사건이 모든 사람들에게 획일적으로 동일한 패턴을 따라 일어나야 한다는 식으로 개념화된다는 것이다. 또 다른 위험성은 동일한 표현이나 이미지가 항상 사용되어야 하고, 개개인들의 체험은 그 표현과 합치해야 한다는 주장이다. 체험과 이미지들의 다양성 대신에 패턴과 용어를 그대로 따라야 한다는 압력이 있게 되고, 표준적인 공식을 따르는 신자들이 양산된다.[91] 바울은 그렇지 않았다. 바울

90) 이 인유(引喩)는 바울에게 "해법"은 "도망" 전에 찾아왔다는 Sanders의 주장에 대한 것이다; 위의 §1 n. 77과 §7 n. 101을 보라.

91) 그러므로 회개와 죄사함에 관한 언어표현은, 비록 일반적으로는 대부분의 전통적인 복음 선포에서 중심적이었던 것으로 생각되고 있음에도 불구하고, 바울의 신학적 성찰들에서 별 위치를 차지하지 않는다는 것을 주목하는 것이 중요하다.

에게 그 결정적 전환은 다면적(多面的)인 사건이었고, 그 어느 두 사람에게도 반드시 동일한 것이 아니었다. 따라서 그 사건의 성격의 풍부성과 각 경우들의 다양성을 밝히기 위하여 수많은 단어들과 은유들이 요구되었다.

이러한 두 가지 성찰의 근저에는 좀 더 근본적인 취지가 존재한다 — 그러한 체험들을 표현하기 위하여 은유들의 사용이 불가피했다는 것. 우리는 합리적 서술이 흔히 미학적이거나 깊은 감동을 불러일으킨 체험들의 진정한 면모를 파악하기에 부적합하다는 사실을 잘 알고 있다. 한 편의 음악이 준 충격이나 여러 포도주들 간의 미묘한 맛의 차이는 흔히 너무도 개인적이고 눈에 보이지 않는 것이어서 논리라는 관점에서 전달하기가 불가능하다. 이 점은 인생을 완전히 변화시키는 체험들과 관련해서는 말할 것도 없다. 은유들을 폐기하거나 은유들의 시적 정서를 임상적 분석의 산문으로 바꾸어 놓으려 하는 것은 신학이 저지르기 쉬운 큰 폐해가 될 수 있다.[92]

그러나 결정적 전환을 서술하는 이렇게 다양한 방식 중에서도 특별히 언급할 가치가 있는 서너 가지 특징들이 있는데, 이는 부분적으로는 그것들이 바울에게 새로운 시작의 핵심적인 특징들을 밝혀 주기 때문이고, 부분적으로는 기독교 신학사에서 그것들이 중요한 의미를 지니기 때문이다. 우리는 그것들을 차례로 살펴보고자 한다:[93] 이신칭의(§14), 그리스도에의 참여(§15), 성령의 은사(§16).[94]

92) Fitzmyer, *Paul* 65-66은 Richardson의 *Introduction* 222-23을 효과적으로 인용한다: 바울은 우리에게 "이론들이 아니라 생생한 은유들"을 제시하는데, "이것들을 우리의 상상력 속에서 작동시키면, 이것들은 우리에게 우리를 위한 그리스도의 자기희생에 의한 우리의 구속(救贖)에 관한 구원의 진리를 실감있게 전해 준다 … 은유들에 대해서 우리가 할 수 있는 유일한 것이 그것들을 이론들로 바꾸어 놓는 것이라고 믿는다면, 그것은 불행한 궤변이다."

93) Cerfaux, *Christian* (§14 n. 1) Part Ⅲ는 동일한 세 측면을 역순으로 다룬다.

94) "또는 넷." 왜냐하면 세례(§17)를 별개의 범주로 포함시키는 것이 적절할 것이기 때문이다.

§14 이신칭의(以信稱義)[1]

§ 14.1 바울을 바라보는 새로운 관점

패트릭 콜린슨(Patrick Collinson)은 "루터 및 그 이후의 모든 개신교도들에 의하면, 그리스도의 복음은 무엇이었는가?"라고 묻고,[2] 이렇게 대답한다:

> 그것은 사람이 자신의 도덕적 노력에 의해서가 아니라 전적으로 그리스도의 공로 및 십자가 위에서의 그리스도의 구원의 죽음을 통해 얻어진 하나님의 사랑하시는 긍휼로 말미암아 구원의 시작이자 끝인 '칭의'라 불리는 하나님의 용납하심을 누리는 것이다. 그것은 점진적인 윤리적 개선(改善)의 과정이 아니라 신랑되신 그리스도께서 빈곤하고 가엾은 창기를 데려다가 그녀에게 그의 소유인 온갖 부요함을 수여하는 혼인과 같은 즉석에서의 계약이었다. 이 계약의 핵심은 하나님에 대한 총체적인 신뢰의 헌신으로 정의되는 믿음으로서, 믿음 자체도 인간의 성취가 아니라 하나님의 전적인 선물이었다. "믿음은 들음에서 나며 들음은 하나님의 말씀으로 말미암느니라": 들음에서 난 믿음(fides ex auditu).

루터의 이신칭의(以信稱義)의 재발견으로 인한 결과들은 단지 신학 및 교회에서만 아니라 정치, 사회, 문학, 문화에 미친 영향력에서도 극적인 것이었다. 그때 이후로 칭의가 "기독교의 주된 교리"[3]라는 데 모두가 동의한 것은 아니었다. 그러

1) 이 책 말미의 참고문헌을 보라.

2) P. Collinson, "The Late Medieval Church and Its Reformation (1400-1600)," in J. McManners, *The Oxford Illustrated History of Christianity* (New York: Oxford, 1990) 258-59. McGrath는 개신교 특유의 관점에서 이 점을 표현한다: "기독교의 칭의론은 … 기독교회 신학 체계의 진정한 중심이다 … 칭의론이 없는 그 어떠한 진정한 기독교회도 결코 없었고 결코 있을 수 없다 … 칭의론은 교회의 서고 넘어짐의 기로(articulus stantis et cadentis ecclesiae)이다"(*Iustitia Dei* 1-2).

나 20세기에 특히 가장 중요한 개신교 신약학자들 중 두 사람이 칭의의 중요성을 강조한 것에 힘입어서, 이 주제가 바울 신학의 중심에 서게 되었다는 것은 의심의 여지가 없다. 예를 들어, 불트만(Bultmann)의 경우에 칭의는 그의 비신화화 작업을 위한 신학적 토대를 제공하였다.[4] 그리고 에른스트 케제만(Ernst Käsemann)에게 '이신칭의'는 "기준 중의 기준"으로서, 오늘날 영들을 분별하고 하나님의 말씀을 인식하는 일차적인 잣대였다.[5] 20세기 후반에 일어난 교회일치적인 화해의 표지(標識)는 적어도 성서학 분야에서는 개신교나 가톨릭이나 이신칭의의 중요성을 얼마나 인정하느냐 하는 것이었다.[6]

이러한 강조의 부정적인 측면은 지나친 반유대교의 불행한 경향이었다. 칭의에 대한 바울의 가르침은 유대교에 맞선 대응으로 여겨졌다. 루터가 공로와 선행에 의한 구원을 제시하였던 중세 교회를 거부하였던 것처럼, 바울도 당시의 유대교에 대하여 그러하였다고 학자들은 생각하였다.[7] 유대교는 출현하는 기독교에 대한 대립물이었던 것으로 여겨졌다: 바울이 그런 식으로 반발하였다면, 유대교는 인간의 노력에 의한 구원을 말하고 그 성과들에 대하여 자기만족에 빠진 율법주의적인 타락한 종교였음에 틀림없다는 것이다. 이러한 전제는 유대교와 기독교를 날카

3) *Apology of the Augsburg Confession* (1531) 4.2(Reumann, *Righteousness* 3에서 재인용).

4) R. Bultmann, in H. W. Bartsch, ed., *Kerygma and Myth* (London: SPCK, 1957) 210-11; Bultmann, *Jesus Christ and Mythology* (New York: Scribner, 1958 = London: SCM, 1960) 70.

5) E. Käsemann, *Das Neue Testament als Kanon* (Göttingen: Vandenhoeck, 1970) 405.

6) 예를 들어, H, Küng, *Justification* (London: Burns and Oates, 1964); Kertelge, "Rechtferigung"; Reumann, *Righteousness; Justification by Faith* (Mineapolis: Augsburg, 1985); 그리고 제2차 Anglican-Roman Catholic International Commission, *Salvation and the Church* (Anglican Consultative Council and the Secretariat for Promoting Christian Unity, 1987)의 합의문.

7) 루터는 명시적으로 결부시켰다: 교회는 "유대교의 율법주의"에 의해 더럽혀졌다; 가톨릭교도들의 "규칙들과 규율들은 유대인들을 연상시키고, 실제로 많은 것이 유대인들로부터 빌려온 것들이다"; 믿음과 행위에 관련된 교회의 가르침은 단순한 행위들로 하나님의 호의를 얻을 수 있다는 유대교의 오류의 재판(再版)이었다(M. Saperstein, *Moments of Crisis in Jewish-Christian Relations* [London: SCM/Philadelphia: TPI, 1989] 30에서 재인용).

롭게 대립시켰다고 보았던 근대 신약학의 초창기에 더욱 강화되었다. 바우어(F. C. Baur)는 갈라디아서를 주해하면서 "기독교의 핵심적인 원칙은 무엇보다도 유대교와의 투쟁을 통해서 그 결정적인 지위를 획득하였다"[8]고 말하였다. 그리고 20세기의 대부분의 기간 동안에 유대교는 여전히 바울의 신학을 설명하는 데 사용되는 부정적인 들러리 역할을 하였다. "자랑"에 대한 바울의 변증은 자기 자신 및 자기가 성취한 것에 의지하는 유대인을 겨냥한 것이라는 불트만의 주해[9]는 바울 연구(그리고 설교)에 두 세대 동안이나 계속해서 영향을 미쳤다.[10]

이 기간 동안에 기독교 신학에서 이신칭의에 관한 논의는 종교개혁 및 이에 따른 가톨릭과 개신교 간의 논쟁에 의해 제기된 문제들이 주류를 이루었다. 주해상의 주된 쟁점들은 동사 "의롭다고 하다"가 "의롭게 만들다"(가톨릭측)를 의미하느냐 "의롭다고 여기다"(개신교측)를 의미하느냐, "의롭게 되었다"가 변화냐 지위냐,[11] "하나님의 의"가 주격적 속격(하나님의 속성 또는 활동으로서의 의)이냐 대격적 속격("하나님에 의해 주어진 선물로서의 의")이냐 하는 것들이었다.[12] 그러

---

8) Baur, *Paul* 1.267.

9) Bultmann, *Theology* 1.243; 이전의 글로는 "Romans 7 and the Anthropology of Paul" (1932), *Existence and Faith* (New York: Meridian, 1960 = London: Collins, 1964) 173-85(특히 178-79). 그러나 불트만의 입장에 대한 Seifrid의 해설을 보라(*Justification* 33).

10) 예를 들어, 필자의 *Romans* 185에 언급된 것들을 보라; 그리고 자세한 것은 G. F. Moore, "Christian Writers on Judaism, " *HTR* 14 (1922) 197-254; C. Klein, *Anti-Judaism in Christian Theology* (London: SPCK/Philadelphia: Fortress, 1978); Boyarin, *Radical Jew* 209-19를 보라.

11) 예를 들어, Fitzmyer, *Paul* 61을 보라. Ziesler의 분석은 이 문제를 중심으로 하고 있다(*Meaning*).

12) 이 논쟁에는 여러 종파들이 관련되어 있다(Reumann, *Righteousness* 66과 Fiztmyer, *Romans* 258-63에 나오는 간략한 개관을 보라); Fitzmyer는 주관적 의미를 강력히 주장한다(*Romans* 105-7). 오늘날에는 대격적 속격으로 해석하는 것이 가장 큰 힘을 얻어 왔다 — 하나님으로부터 오는 의(롬 1:3; 빌 3:9). 예를 들어, Bultmann, *Theology* 1.285; Ridderbos, *Paul* 163; Cranfield, *Romans* 96-99; Strecker, *Theologie* 160-63을 보라. Käsemann이 "하나님의 의"를 "권능의 성격"을 지니는 은사로 재정의한 영향력 있는 견해("바울이 알고 있는 하나님의 은사는 언제나 섬길 의무와 능력을 전해 주는 것이었고 언제든지 그 주신 자와 분리될 수 있는 것이었다")는 다소 정체되어 있었던 논쟁들을 뛰어넘는 대담한 시도였다("Righteousness," 특히 170, 174); Bornkamn, *Paul* 147; Kümmel, *Theology* 197-98;

나 가톨릭과 개신교의 이러한 논쟁 배후에는 그러한 논쟁에 의해서 가려진 좀더 근본적인 문제였던 유대교와 기독교의 관계라는 문제, 특히 바울의 복음 및 신학과 그의 조상들의 종교의 관계라는 문제가 있었다. 이러한 가톨릭과 기독교의 논쟁 상황은 두 가지 요인으로 인해서 지속되지 못했다. 하나는 해묵은 가톨릭과 개신교의 쟁점들 중 대부분을 제거하여 더 이상 논란이 없게 만들어버린 제2바티칸 공의회였고, 다른 하나는 유대인 대학살과 기독교 신학에서의 그것의 지속적인 반향들이었다. 제2바티칸 공의회 이후의 신학은 더 이상 개신교와 가톨릭 간의 해묵은 논쟁을 전통적인 용어들로 재진술할 수 없게 되었다고 한다면, 유대인 대학살 이후의 신학은 기독교의 칭의 교리에서 도출되는 어두운 측면이었던 역사상의 유대교에 대한 모욕을 더 이상 참아낼 수 없었다.

20년 전에 상황이 변화하기 시작하였고, 그때까지 침체 상태에 있었던 바울 연구는 새로운 활력을 되찾았다. 이것은 주로 샌더스(E. P. Sanders)가 제시한 "새로운 관점" 덕분이었다.[13] 그는 이전의 그 어떤 항변들보다도 더 효과적으로 제2성전 시대의 유대교에 대한 많은 개신교의 묘사 속에서 선부른 내용들을 찾아내어 폭로하였다.[14] 그는 유대교가 언제나 무엇보다도 은혜의 종교였고, 인간의 순종을 그 은혜에 대한 응답으로 이해하였음을 보여 주었다. 계약은 하나님의 주도권에 의해서 주어졌었고, 율법은 계약 내에서의 삶을 위한 틀을 제공한 것이었다. 율법의 준행은 율법에 맞춰 살려는 것 자체가 목적이 아니라 계약 안에 머물기 위한 수단이었다. 샌더스에게 유대교의 "종교 패턴"을 설명하는 핵심적인 어구는 "언약적 율법주의"(covenantal nomism)이었다. 그는 그것을 이렇게 정의하였다:[15]

Hübner, *Law* 130-34 등이 이 견해를 따르고 있다.

13) Sanders, *Paul and Palestinian Judaism.* 필자의 "The New Perspective on Paul" (Manson Memorial Lecture, 1982), *Jesus, Paul and the Law* ch. 7을 보라.

14) 불행히도 그의 지나친 호교론적 문체는 그의 많은 독자들이 그가 무슨 말을 하고 있는지를 듣는 데 도움을 주지 못하였다.

15) Sanders, *Paul and Palestinian Judaism* 75, 420, 544. 주목할 만한 것은 J. Neusner가 Sanders의 방법론을 격렬하게 비판하고 있긴 하지만 그럼에도 불구하고 유대교를 "언약적 율법주의"라는 견지에서 이해하는 Sanders의 견해를 타당한 것으로 받아들였다는 것("Comparing Judaism," *History of Religions* 18 [1978-79] 177-91)과 몇몇 비판에도 불구하고 Sanders는 이 어구를 유대교의 계약신학에 대한 적절한 요약으로 여기는 것이 정당하

> 언약적 율법주의는 하나님의 계획 안에서의 인간의 지위가 계약의 토대 위에 세워져 있고 계약은 그 명령들에 대한 순종을 인간의 합당한 응답으로 요구하는 한편 범법에 대한 속죄 수단을 제공한다고 보는 견해이다 … 순종은 계약 안에서 그의 지위를 유지시키지만, 하나님의 은혜 자체를 얻지는 못한다 … 유대교에서의 의는 택함 받은 자들의 집단 안에서의 지위의 유지라는 의미를 함축하고 있는 용어이다.

샌더스의 연구가 기여한 특히 중요한 공로는 기독교와 유대교의 관계, 바울의 신학과 그의 유대교적 유산의 관계라는 근본적인 문제를 다시 논의의 한복판에 떠오르게 하였다는 점이다. 개신교도 바울은 그를 진지하게 고려하고자 한 유대교 학자들[16]이나 유대교 전통에 깊게 물들어 있던 기독교 학자들[17]에게 항상 당혹스러운 존재였었다. 신약학자들이 바울 신학에 대한 들러리로 내세운 유대교는 그들이 알고 있는 유대교가 아니었다. 그들이 생각해낼 수 있었던 최선의 해결책은 바울이 그의 서신들을 제외하고는 아무런 실제적인 흔적도 남기지 않은 한 유대교 형태, 즉 팔레스타인 유대교와 다른 디아스포라 유대교에 맞서 대응하고 있었음에 틀림없다는 것이다.[18] 이러한 가설(바울은 선행에 의한 칭의를 가르쳤던 유대교의 한 형태에 대항하였다는)의 여러 변형들은 바울의 변증의 여러 증거들을 다른 식으로는 설명할 수 없었던 학자들에 의해서 계속해서 제기되고 있다.[19] 샌더스 자

다고 생각한다는 것(*Judaism* 262-78, 377-78, 415-17)이다.

16) Sanders, *Paul and Palestinian Judaism* 4-8에 인용된 S. Schechter, Schoeps, S. Sandmel을 보라.

17) 특히 Moore. *Judaism* 3.151(필자의 *Romans* 206-7에 인용된)을 언급하지 않으면 안 된다; 또한 R. T. Herford, *Judaism in the New Testament Period* (London: Lindsey, 1928); J. Parkes, *The Conflict of the Church and the Synagogue: A Study in the Origins of Antisemitism* (London: Soncino, 1934)을 보라.

18) 이 점은 Montefiore, *Judaism and St. Paul* 81-82, 92-100과 Schoeps, *Paul* 27-32, 213에 의해 다르게 주장된다("조상들의 믿음 개념들로부터 소외되어 있었던 한 디아스포라 유대인" — 262). Westerholm, *Israel's Law* 34-36은 그들의 견해들을 잘 요약해 놓고 있다.

19) 예를 들어, Westerholm, *Israel's Law* ch. 8, 특히 148: "그것[바울 시대의 유대교]을 왜곡된 인본주의적 율법주의로 보는 견해는 악의적인 희화(戲畵)임이 드러난다"(Räisänen, *Paul* 167-68, 188; 그러나 또한 168 n. 39를 보라); Laato, *Paulus* ch. 5("유대교의 낙천주

신도 이 점에서는 많은 도움을 주지 못했다. 왜냐하면 제2성전 유대교에 대한 새로운 관점에 비추어 보았을 때에 그는 단지 앞뒤가 안 맞고 일관성이 없는 바울만을 볼 수 있었기 때문이다.[20)]

또 다른 접근방법은 바우어(Baur)의 명제의 다른 측면을 따랐던 학자들에 의해 주창되었다: 기독교는 유대 기독교와 이방 기독교 간의 갈등, 즉 기독교 내에서 유대파와 헬라파의 갈등에 의해서 형성되었다는 주장이다. 이러한 주장은 특히 갈라디아서에 대한 주해에서 거듭거듭 제기되어 왔다: 바울은 유대인이나 유대교 자체가 아니라 유대화주의 선교사들에 대항하고 있다는 것이다.[21)] 이러한 주장의 근저에 있는 문제는 여전히 동일하다: 복음과 이스라엘의 유산은 연속성과 단절성이라는 측면에서 어떤 연관을 갖는가. 그러나 논의의 경향 및 그 함의(含意)는 상당히 다르다.

이신칭의 교리와 관련하여 이 교리가 초기의 이방 선교의 결과로 형성되었다는 소수설이 수 세기에 걸쳐 끈질기게 제기되었다. 이 교리는 율법에서 자유롭고 할례를 요구하지 않는 이방 선교에 대한 유대 그리스도인들의 반대에 맞서 형성된 변증적 교리였다. "이신칭의"는 이 문제에 대한 바울의 대답이었다: 어떻게 이방인들이 유대인들과 마찬가지로 하나님께 받아들여질 수 있는가?[22)] 바울이 대응한 대상에 대한 재평가를 통해서 얻어진 "바울을 바라보는 새로운 관점"은 이러한 탐구의 흐름에 신선한 추진력을 제공해 주었다. 바울과 "할례자들" 간에 무엇이 쟁점이었는가? 우리는 계속해서 유대인들이 스스로 성취한 공로를 자랑한다고 말할 수 있는가? 바울이 그토록 격렬하게 반대하는 "율법의 행위"는 도대체 무엇인

의"와 "바울의 염세주의" 간의 그의 지나친 대비를 확장하고 있는); Schreiner, *Law* ch. 4는 "율법의 행위라는 용어가 율법주의를 의미하지는 않지만 바울은 율법의 행위로 인한 의는 없다고 말하면서 율법주의를 단죄한다"(94)고 말함으로써 "이럴 수도 있고 저럴 수도 있다"는 식의 애매한 논증을 시도한다. Beker와 비교해 보라: "유대인들이 하나님께 신임을 얻기 위해 공로를 위해 고군분투하는 모습으로 묘사하는 흔한 서술은 잘못된 것이다. 왜냐하면 그것은 신실한 행위에 대한 하나님의 인정을 이기주의적인 노력과 하나님 및 그의 의에 대한 왜곡된 개념을 혼동하는 것이기 때문이다"(*Paul* 268).

20) 이것은 Sanders("New Perspective," *Jesus, Paul and the Law* 202)에 대한 나의 초기의 비판이었다.

21) Dunn, ed., *Paul and the Mosaic Law* 310에 나오는 합의점.

22) 특히 Wrede, *Paul* 122-28; Stendahl, *Paul* 1-7; Howard, *Paul* ch. 3.

가?[23]

이제 우리는 신약학에서 가장 격렬한 쟁점들 중의 하나를 다루고자 한다. 이 쟁점은 복음을 정의하고, 신학을 시험하며, 기독교의 유대교적 뿌리와 유산을 재평가하는 데 중심적인 중요성을 지니고 있기 때문에 이 작업은 한층 더 중요하다. 개신교 신학의 4세기에 걸쳐서 빛을 발해 왔던 이신칭의 교리는 바울 신학에 대한 현재의(그리고 의심할 여지 없이 장래에도) 재평가에서 다시 한 번 빛을 발할 역량을 갖추고 있다.

§14.2 하나님의 의

특히 로마서에 나타난 바울의 신학을 다루면서 "하나님의 의"라는 어구는 출발점으로 삼기에 아주 좋은 곳이다. 왜냐하면 이 어구는 로마서 1:16-17에서 바울의 복음을 정의하는 주제의 초점이 되고 있기 때문이다:

> 내가 복음을 부끄러워하지 아니하노니 이 복음은 모든 믿는 자에게 구원을 주시는 하나님의 능력이 됨이라 먼저는 유대인에게요 그리고 헬라인에게로다 복음에는 하나님의 의가 나타나서 믿음으로 믿음에 이르게 하나니 기록된 바 오직 의인은 믿음으로 말미암아 살리라 함과 같으니라.

바울이 여기서 이 어구를 사용하고 있는 것이 우연이 아니라는 것은 로마서 3:21-26에 나오는 결정적인 논증에서 이 어구가 주제로서 다시 반복되어 나온다는 점에 의해서 확증된다. 3:21에서 바울은 이 어구를 전면에 부각시켜서 자신의 설명의 주된 취지를 다시 이야기한다: "이제는 율법 외에 하나님의 한 의가 나타났으니 …" 그리고 이 핵심적인 단락의 나머지 부분을 주도하는 것도 하나님의 의라는 주제이다(3:22, 25, 26). 다른 곳에서 바울은 이 어구를 잘 사용하지 않는다. 그러나 바울의 복음에 관한 진술의 핵심적인 대목들에서 이 어구가 반복해서 등장한다는 것은 바울 신학에서 이 어구의 중요성을 다시 확인해 주는 것이다.[24]

---

23) 이것들은 현재의 논쟁에 대한 필자의 글들의 핵심에 있는 쟁점들이다 — 특히 "Works," "Yet Once More," "Justice." "새로운 관점"이 불러일으킨 이 논쟁에 대한 수많은 논평들이 있었다; Thielman, *Paul* ch. 1은 가장 최근이자 가장 유용한 논평 중의 하나이다.

그리고 바울 서신에서 '디카이오쉬네' (dikaiosyne, "의")와 '디카이오오' (dikaioo, "의롭다고 하다")를 널리 사용하고 있다는 것은 바울에 있어서 이 개념의 중심성을 확증해 준다.[25] 그러나 "의"와 "칭의"의 관계는 무엇인가?

잘 알려져 있듯이, 이 주제에 관한 논의는 몇몇 용어상의 문제들로 인해서 어려움을 겪는다. 헬라어로는 어원이 동일한 두 용어(dikaioo — '디카이오오,' dikaiosyne — '디카이오쉬네')에 대한 역어로 영어에서는 어원이 서로 다른 "의롭다고 하다"(justify)와 "의"(righteousness)를 사용함으로써, 영어로 생각하는 사람들은 어느 정도 혼란을 피할 수 없게 된다는 점을 나는 먼저 지적해 두고자 한다.[26] 신학적으로 볼 때에, "의"는 그 헬라어 형태보다는 히브리적 배경에 의해서 그 의미가 더 결정되는 용어의 좋은 예이다. 여기서 말하고자 하는 것은 이 두 용어에서 그 근저에 있는 히브리어적 사고는 헬라어와는 다르다는 것이다.

전형적인 헬라식 세계관에서 "의"는 개인 및 개별 행위의 척도가 되는 이데아(idea) 또는 이상(理想)이다. 현대 영어에서도 "공의는 만족되어야 한다" 같은 표현들에서 이러한 옛 사고방식을 반영하고 있다. 이와는 대조적으로 히브리적 사고에서 "의"는 좀 더 관계적인 개념이다 — 자기가 속해 있는 관계에 의해서 그 개인에게 부과된 의무들의 충족으로서의 "의."[27] 그 고전적인 예는 사무엘상 24:17

---

24) 롬 1:3; 고후 5:21; 빌 3:9.

25)

	바울	로마서	신약 전체
dikaiosyne	57	33	91
dikaioo	27	15	39
dikaioma("요구, 의로운 행위")	5	5	10
dikaiosis("칭의")	2	2	2
dikaiokrisia("의로운 심판")	1	1	1

26) 이 문제는 Sanders, *Paul* 44-47이 잘 지적하고 있다; 또한 Fitzmyer, *Romans* 258을 보라.

27) Schrenk, *TDNT* 2. 195; G. von Rad, *Old Testament Theology* 1 (Edinburgh: Oliver and Boyd, 1962) 370-76; Bultmann, *Theology* 1. 272, 277; Conzelmann, *Outline* 216; E. R. Achtemeier, "Righteousness in OT," *IDB* 4. 80-85; Kertelge, "Rechtfertigung" 38-43; Ziesler, *Righteousness* 34-43; Goppelt, *Theology* 2. 138; McGrath, *Iustitia Dei* 8을 보라. "의"에 관한 논쟁을 그 히브리적 배경에 초점을 맞추고 그 결과 관계성에 대한 강조가 이루어지도록 방향을 재설정한 공로는 Cremer, *Rechtfertigungslehre*에게 돌려져야 한다. 이 점은 여러 해 전에 Achtemeier, "Righteousness in the NT," *IDB* 4. 91-99를 읽으면서 내게 처

이다: 사울 왕은 왕으로서 자기 신민(臣民)에 대한 의무를 다하지 못했다는 점에서 불의하였다; 다윗은 여호와의 기름부음 받은 자에게 손을 들어 폭력을 행사하기를 거부하였다는 점에서 더 의로웠다. 즉, 상호적인 의무관계 속에서, 다윗은 사울에 대한 의무를 다한 반면에 사울은 다윗에 대한 의무를 다하지 못하였기 때문에, 다윗은 사울보다 더 의로운 것으로 여겨졌다는 말이다.[28] 영어의 용어("칭의")로 표현된 사상 세계가 그 성격에서 철두철미하게 히브리적/성경적/유대적이라는 이러한 인식은 칭의에 관한 바울의 가르침을 이해하기 위한 확고한 발판을 마련하는 데 핵심적인 요소이다. 히브리어 "의"의 관계적 성격에 대한 공식적인 인정에도 불구하고, 바울의 가르침에 대한 수많은 논의들 속에서 이러한 통찰이 지니는 세부적인 함의(含意)들은 거의 인식되지 않았다.

이러한 고찰의 타당성은 "믿음으로 믿음에 이르게 하는" "하나님의 의"라고 말하는 로마서 1:16-17에서의 칭의에 관한 바울의 주제문을 상기하면 분명해지기 시작한다. 왜냐하면 위에서 말한 "의"에 대한 이해와 맥을 같이 하여 하나님의 의는 하나님께서 인류를 창조하시고 특히 아브라함을 부르시며 이스라엘을 자기 백성으로 택하심으로써 스스로 짊어진 의무들의 성취를 의미하기 때문이다. 그러므로 하나님의 의에 관한 이러한 개념에 근본적인 것은 창조 및 택하심에서 하나님의 주도권에 대한 인식이다.[29] 신명기에서 되풀이하여 지적하고 있듯이, 하나님께서 그들을 자기 백성으로 선택하여 그들과 계약을 맺는 데에 이스라엘이 한 것은 아무것도 없었다: 그것은 오직 그들에 대한 하나님의 사랑, 하나님께서 조상들에게 약속하신 맹세에 대한 충실 때문이었다.[30] 하나님의 의를 자기 백성에 대한 하나님의 신실하심(faithfulness)으로 이해할 수 있는 이유도 마찬가지로 분명하다.[31] 왜냐하면 하나님의 의는 이스라엘의 실패에도 불구하고 이스라엘의 하나님으로서 이스라엘을 구하고 구원하고 신원해야 하는 하나님의 계약상의 의무를 성취하는 것일 뿐이었기 때문이다.[32] 쿰란의 맹약자들은 바울에게서도 울려퍼지고 있

음으로 절실하게 느껴졌다.

28) 자기와 다말의 관계에 대한 유다의 평결도 마찬가지이다(창 38:26).

29) 창조주로서 하나님의 의에 대한 강조에 대해서는 특히 Müller, *Gerechtigkeit*, Stuhlmacher, *Gerechitigkeit* 228-36; Reumann, *Righteousness* 12-14, 20을 보라.

30) 신 4:32-40; 6:10-12, 20-23; 7:6-8 등.

31) 또한 위의 §2.5과 아래의 두 단락을 보라.

는 감동적인 용어들을 통해서 이 은혜에 대한 자각을 표현하였다(1QS 11:11-15):

> 나와 관련해서, 만약 내가 넘어진다면, 하나님의 긍휼하심이 나의 영원한 구원이 되리라. 내가 육체의 죄로 인하여 비틀거린다면, 영원토록 지속될 하나님의 의로 인하여 나의 칭의('mshpti')가 존재하리라 … 하나님은 그의 은혜로 나를 가까이 이끌겠고, 그의 긍휼로 말미암아 하나님은 나의 칭의('mshpti')를 가져오리라. 하나님은 그의 진리의 의로써 나를 판단하시고, 그의 크신 선하심으로 나의 모든 죄를 사하시리라('ykipper'). 그의 의로써 하나님은 사람의 모든 부정함과 사람의 자손들의 죄로부터 나를 깨끗케 하시리라(Vermes).

이러한 배경이 바울의 용례에 대하여 비춰주는 조명은 직접적이다. 이것은 바울이 더 이상 야단법석을 떨지 않고 그저 "하나님의 의의 나타남"(롬 1:16-17)을 그의 주제로 선포할 수 있었던 이유를 설명해 준다. 바울은 "하나님의 의"가 "구원을 위한 하나님의 능력"이고, 바울이 알지 못했던 교회조차도 이러한 실제적인 등식을 더 이상의 설명 없이 인정하리라는 것을 전제할 수 있었다. 이런 전제하에서만 바울의 표현은 의미가 통한다(특히 로마서에서). 왜냐하면 다른 경우들에서 '디카이오쉬네' (dikaiosyne)는 순전히 법적 개념("정의")이었기 때문이다.[33] 또한

32) 특히 시편(예를 들어, 시 51:14; 65:5; 71:15)과 제2이사야서(사 46:13; 51:5-8; 62:1-2)에서. 시 51:14과 65:5에서 NRSV는 '체다카' (tsedhaqah)를 "구원"으로 번역한다; 다른 구절들에서 하나님의 "의"는 그의 "구원"과 병행으로 나온다; 그리고 사 62:2에서 NRSV는 '체다카' (tsedhaqah)를 "신원"으로 번역한다. 다른 곳에서, 예를 들어 미 6:5과 7:9에서 NRSV는 하나님의 '체다카' (tsedhaqah)를 그의 "구원 행위들," 그의 "신원"으로 번역한다. 자세한 것은 BDB, tsedhaqah 2와 6a를 보라. Stuhlmacher는 특히 호 11:8-9을 주목한다(*Theologie* 331). "바울과 회당의 칭의론은 완전히 대비되는데" 후자는 "미래적-종말론적 의미를 지니고" 오직 전자만이 "이미 그리스도 안에서 실현된 현재적 현실"이라고 주장하는 Ridderbos, *Paul* 164와 비교해 보라. 방금 인용한 자료들에 비추어 볼 때, 이 어구의 전문적인 용법에 대한 탐구는 불필요하다; 특히 바울이 이 어구를 전문용어로 사용하였다는 Käsemann의 주장과 관련하여 Seifrid, *Justification* 99-108을 보라.

33) LSJ, dikaiosyne. 이 용어의 법정적 또는 법정적-종말론적 의미가 역설되고 있는 것에 비추어 볼 때(Bultmann, *Theology* 1.273, 276과 Ridderbos, *Paul* 163), 하나님의 의라는 개

이런 전제하에서만 바울은 "하나님의 의"를 "하나님의 진노"(1:18)와 대조적으로 사용할 수 있었다.[34] 그리고 이런 전제하에서만 바울은 3:21-26에서 "하나님의 의"를 하나님의 "오래 참으심"으로 표출되는 것으로 아주 간략하게 말하면서 하나님은 단지 "의로우실" 뿐만 아니라 "예수 믿는 자를 의롭다 하는"(3:26) 자이심을 보여 줄 수 있었다. 여기서 사람들의 죄를 위하여 희생제사 제도를 마련한 것도 하나님의 의(고후 5:21에서와 마찬가지로)로 생각될 수 있었다.[35] 로마 회중에 속한 유대인이나 이방인 모두에게 바울은 "하나님의 의"를 인간을 위한 하나님의 행위로 이해해야 한다는 것을 당연시할 수 있었다. 이렇게 함으로써 바울은 기독교가 이스라엘의 계약 신앙으로부터 받은 유산을 직접적으로 활용하였다.

또한 바울의 주요한 이차적 주제들 중의 하나가 로마서 내에서 어떻게 등장하는지도 좀 더 분명해져야 한다. 왜냐하면 우리가 앞에서 이미 지적했듯이 바울은 이 서신에서 하나님의 신실하심을 설명하고 그 참됨을 입증하는 데 관심을 갖고 있었기 때문이다.[36] 그러나 지금 우리가 살펴보았듯이, "하나님의 의"는 이스라엘에 대한 하나님의 신실하심과 겹친다 — 자기의 소유로 선택한 백성에 대한 그의 의무에 충실한 것으로서의 의. 그런 까닭에 로마서 3:3-7에서는 하나님의 "신실하심," 하나님의 "진실됨," 하나님의 "의로우심"이 서로 밀접한 연관 속에서 등장한다. 이스라엘과 관련된 하나님의 말씀(11:25-32)이 실패하지 않았다는(9:6) 로마서 9~11장에서의 그의 논증의 핵심인 9:30~10:13에서 이 주제가 마지막으로 반복되고 있는 것도 마찬가지이다. 바울의 칭의신학의 핵심은 모든 믿는 자들

념이 사용된 계약적 맥락도 마찬가지로 강조될 필요가 있다.

34) 엄밀하게 말해서, "하나님의 의"는 하나님의 진노를 포함한다. 왜냐하면 진노는 인간이 하나님을 인정하지 않는 것에 대한 합당한 반응이기 때문이다(위의 §2.4과 §4.4을 보라). 그러나 하나님의 의는 구약에서는 이런 식으로 거의 사용되지 않았고(Stuhlmacher, *Theologie* 327-29), 1:17에서 전면에 부각되고 있는 것은 분명히 "구원의 의"로서 하나님의 의의 성격이다. 자세한 것은 Reumann, *Righteousness* 68 등을 보라.

35) 3:25-26이 함축하고 있는 의미는 예수의 희생제사적 죽음은 한편으로 하나님께서 죄를 처리하신다는 점(죄를 구현하고 있는 희생제물의 생명을 죽임으로써)에서 하나님의 정의를 보여 주고, 다른 한편으로 하나님께서 죄인을 의롭다고 하신다는 점에서 하나님의 (구원의) 의를 보여 준다는 것이다; 자세한 것은 위의 §§9.2-3을 보라. 사법적, 희생제사적 은유가 통합되어 있는 것에 주목하라.

36) 위의 §2.5를 보라.

에 대한 하나님의 구원 행위로서 "하나님의 의"와 그의 택한 백성 이스라엘에 대한 하나님의 신실하심으로서 "하나님의 의" 간의 역동적인 상호작용이었다.

바울의 칭의 이해에 본질적으로 관계적인 성격에 대한 인식은 즉시 종교개혁 이후 신학의 전통적인 논쟁들에도 답해 준다. 사실 이러한 인식은 이 논쟁들을 많이 잘라내 버리고, 논쟁의 많은 부분을 불필요하게 만들어 버린다. "하나님의 의"가 주격적 속격이냐 대격적 속격이냐, 즉 "하나님의 행위"냐 "하나님에 의해 수여된 선물"이냐 하는 논쟁은 흑백논리적인 주해가 되기 십상이다.[37] 왜냐하면 관계의 역동성은 그러한 분석에 순응하기를 거부하기 때문이다. 이와는 대조적으로 바울은 하나님의 의가 개개인을 관계 속으로 끌어들이고 그 관계를 유지시키는 하나님의 활동, 곧 "구원을 위한 하나님의 능력"으로 이해해야 한다는 것을 당연시하였다.

이미 지적한 바 있는 또 하나의 논쟁은 동사 '디카이오오'(dikaioo)가 "의롭게 만들다"를 의미하느냐 아니면 "의로운 것으로 여기다"를 의미하느냐 하는 것이었다. 그러나 여기서도 바울이 전제한 기본적인 생각은 하나님께서 그의 상대역인 인간을 위하여 행하시는 관계, 곧 처음에 이스라엘을 자기와의 계약 속으로 부르시고 그런 다음에는 그 계약 속에서 이스라엘을 붙드는 관계라는 것이었다. 여기서도 다시 한 번 그 대답은 이것이냐 저것이냐가 아니라 둘 다라는 것이다. 계약의 하나님은 계약 상대방의 계속적인 실패에도 불구하고 여전히 그와 동역관계에 있다고 여기신다. 그러나 계약 상대방은 생명을 주시는 하나님과의 살아 있는 관계에 의해서 변화될 수밖에 없다.[38]

여기서도 또 다시 이러한 오래된 쟁점들을 관점을 바꾸어 해명함으로써 더 절박한 쟁점이 더 선명하게 시야에 들어오게 된다. 그것은 바울의 칭의신학이 유대교에 대한 결정적인 반박과 단절이었느냐 하는 문제이다. 우리가 지금까지 이 문제와 관련하여 진행해 온 것은 세 가지로 요약해 볼 수 있다. 첫째, 바울은 칭의에 관한 가르침을 위에서 개략적으로 살펴본 하나님의 의에 대한 성경적 이해로부터

37) 위의 n. 12를 보라. 이를 연결해 주는 "저자의 속격 — 하나님으로부터 나오는 의"를 참조하라(Reumann, *Righteousness* 66). Seifrid의 논의는 다소 혼란스럽다(*Justification* 214-18). Sthulmacher가 빌 3:9에 나오는 "하나님께로부터 난 의"를 "하나님에게서 나오는, 구원을 위한 하나님의 의의 나타남"으로 보는 것은 옳다(*Theologie* 337).

38) Cf. Barrett, *Paul* 99; Strecker, *Theologie* 164-66. 또한 아래의 §24.8을 보라.

직접 도출해내었다는 것이다. 로마서의 언어표현은 구약의 용법에서 직접적으로 유래하였다는 것은 널리 인정을 받고 있고 전혀 논쟁이 되지 않는다.[39] 유대교의 자기이해 및 계약신학에 근본적인 두 번째는 이스라엘이 하나님 앞에 서는 것은 전적으로 하나님의 은혜의 주도권에 기인한 것이라는 인식과 단언이다. 이와 같은 것은 회개와 희생제사를 통하여 죄를 위한 속죄의 기회를 마련해 둔 계약 제도에 함축되어 있다. 이 점은 바울 신학에 대한 현재의 논의에서 힘을 얻고 있지만, 아직 완전히 받아들여지지는 않았다.[40] 셋째, 바울이 칭의에 관한 그의 가르침 속에서 하나님의 은혜의 주도권에 대한 그의 강조점을 어디에서 이끌어왔는가도 마찬가지로 분명해져야 한다. 다시 말하면, 그것은 처음에 바울의 바리새인으로서의 과거에 대한 반발이나 바울의 대적들이었던 "유대화주의자"에 대한 대응으로서 출현한 것이 아니었다. 본질적으로 그것은 바울의 조상의 믿음의 첫 번째 원칙들을 재진술한 것에 불과하였다. 이 세 번째 사항은 가장 논란이 심한 것으로서 다음 단계에서 논의될 것이다.

§14.2에서 전개한 해설의 흐름으로부터 한 가지 문제가 대답을 요구하며 등장한다. 바울의 칭의신학이 성격상 히브리적이었다면, 바울은 무엇에 대응하여 이러한 변증적인 가르침을 제시하였던 것인가? 우리가 칭의에 관한 바울의 가르침과 그의 유대교적 유산 간의 연속성을 강조하면 할수록, 이 문제는 더욱 더 절박해진다: 그렇다면 바울이 "이신칭의"를 옹호하고 "행위에 의한 칭의"를 거부했다는 고전적인 주장은 어떻게 된 것인가? 이것은 로마와 갈라디아에 보낸 그의 서신들의 중요한 대목들에서 그의 복음을 요약하는 내용이다:

> 율법의 행위로 그의 앞에 의롭다 하심을 얻을 육체가 없나니 율법으로는 죄를 깨달음이니라 … 사람이 의롭다 하심을 얻는 것은 율법의 행위에 있지 않고 믿음으로 되는 줄 우리가 인정하노라(롬 3:20, 28).

---

39) 최근의 연구들 중에서는 특히 Williams, "Righteousness" 260-63을 보라; 또한 필자의 *Romans* 40-42를 보라.

40) 유대교의 "공로 계산"에 대한 과거의 견해의 한 예는 Whitely, *Theology* 163-64를 보라.

> 사람이 의롭게 되는 것은 율법의 행위로 말미암음이 아니요 오직 예수 그리스도를 믿음으로 말미암는 줄 알므로 우리도 그리스도 예수를 믿나니 이는 우리가 율법의 행위로써가 아니고 그리스도를 믿음으로써 의롭다 함을 얻으려 함이라 율법의 행위로써는 의롭다 함을 얻을 육체가 없느니라(갈 2:16).

여기서 우리는 또 다시 바울과 율법이라는 문제로 되돌아가게 된다.[41] 그리고 아주 많은 학자들이 위의 문제들에 대한 해답은 바울의 회심에 있다고 생각해 왔기 때문에, 우리는 이 문제에 대한 논의를 바울의 회심에서 시작해야 할 것이다.[42] 자신의 복음을 옹호하는 과정에서 두 번이나 바울은 자신의 회심을 그 시작점으로 삼지 않으면 안 된다는 것을 느꼈다.[43]

§ 14.3 바울의 회심이 미친 영향

바울의 회심에 대한 가장 영향력 있는 해석은 그것이 바울의 예수관만이 아니라 율법관까지 바꿔 놓았다는 것이다. 바울은 율법을 열성적으로 실천하는 자에서 이방인 개종자들에게 율법을 따르지 말 것을 격렬하게 경고하는 인물로 변했다(갈 5:1-12). 이 점을 분명히 알기 위해서는 우리는 바울이 자기가 과거에 어떤 사람이었는지에 대해서 기술하고 있는 대목들 — "내 조상의 전통에 대하여 더욱 열심이 있었으나"(갈 1:14), "율법의 의로는 흠이 없는 자라"(빌 3:6) — 이전에 "유익"으로 여기던 것을 "해"로 여기게 된 변화에 관해서 말하는 대목(3:7)을 떠올리기만 하면 된다. 또한 (회심을 통해서) "내가 율법으로 말미암아 율법에 대하여 죽었나니 이는 하나님에 대하여 살려 함이라"(갈 2:19)는 바울의 단언도 마찬가지이다. 이 점에 대한 강력한 일치된 입장을 요약하고 있는 본문을 하나 들라고 한다면, 그것은 로마서 10:4이다: 바울이 그의 다메섹 도상의 사건으로부터 결론을 내린 것은 "그리스도는 율법의 마침이 되시니라"[44]는 것이었다.

바울이 헬라파들을 핍박한 이유는 이미 그들이 율법을 포기하였기 때문이라는

---

41) 이 분석의 첫 번째 부분에 대해서는 위의 §6을 보라.

42) 특히 Kim, *Origin* (§7 n. 1); Seifrid, *Justification* ch. 3을 보라.

43) 갈 1:13-16; 빌 3:3-9.

44) 위의 §7. n. 83을 보라.

주장이 논증의 일부로 통상적으로 제기된다. 이것은 바울의 핍박이 스데반을 주축으로 한 메시아 예수의 세례 받은 제자들이었던 헬라어를 말하는 디아스포라 유대인들을 향해 있었다는 것을 전제한다.[45] 이에 대한 주석적 근거는 빌립보서 3:6 — "열심으로는 교회를 핍박하고" — 에 의해 제시된다. 왜냐하면 "열심"은 "율법을 향한 열심"[46]으로 이해하는 것이 가장 자연스럽기 때문이다. 그러므로 논증은 부드럽게 진행된다: 바울은 자기가 이전에 핍박했던 바로 그 입장으로 바뀌었다; 그는 자기가 핍박했던 자들과 마찬가지로 율법을 버렸다. 이에 대한 바울의 이론적 근거를 찾고자 한다면, 그것은 쉽게 추측이 가능하다: 율법은 예수에 대한 처형을 승인하였었다; 그러나 다메섹 도상의 사건은 하나님께서 이 예수를 신원하셨다는 것을 바울에게 계시하였다; 그러므로 율법은 어리석은 것으로서[47] 이제 폐기되어야 한다.[48] "그리스도는 율법의 마침이 되시니라!"

이러한 해석은 분명히 강력한 것이고, 우리가 여기서 그 모든 요소들을 논의할 필요는 없다. 예를 들면, 우리는 우리가 헬라파에 관하여 알고 있는 작은 정보를 근거로 그들이 율법과 절연(絶緣)하였다는 견해가 과연 신빙성이 있는 것인지를 판단하기 어렵다.[49] 그리고 바울이 그리스도를 "율법의 마침"으로 여겼다는 취지의 주장을 하는 사람은 바울이 그의 서신들에서 계속해서 주장한 율법에 대한 매

45) 헬라파에 대해서는 특히 Hengel, *Between Jesus and Paul* 1-29; *Pre-Christian Paul* 68-79를 보라. C. C. Hill, *Hellenists and Hebrews: Reappraising Divisions within the Earliest Church* (Minneapolis: Fortress, 1992)은 이 견해에 대한 반박을 시도하지만, 그 배후에 있는 너무도 많은 누적 증거들을 무시하거나 폄하한다. 예를 들어, S. G. Wilson, *The Gentiles and the Gentile Mission in Luke-Acts* (SNTSMS 23: Cambridge: Cambridge University, 1973) ch. 5과 비교해 보라.

46) Cf. 갈 1:14 — "내 조상의 전통에 대하여 더욱 열심이 있었으나"; 행 21:20 — "율법에 열성을 가진 자." 예를 들어, O'Brien, *Philippians* 375-76과 그가 인용한 것들을 보라.

47) 나는 원래는 "율법은 나귀"라고 썼으나, 이내 *Oliver Twist*에 나오는 Mr. Bumble의 말에 대한 인유(引喩)를 독자들이 알아차리지 못하리라고 생각해서 이렇게 표현했다.

48) 예를 들어, Rälsänen, *Paul* 249 n. 112와 Eckstein, *Verheißung* 162-63에 인용된 이들을 보라.

49) 예를 들어, H. Rälsänen, "The 'Hellenists': A Bridge between Jesus and Paul?" *Jesus, Paul and Torah* 177; C. K. Barrett, *Act 1-14* (ICC; Edinburgh: Clark, 1994) 337-38을 보라.

우 긍정적인 견해도 고려하지 않으면 안 된다.[50] 그러나 이 시점에서 가장 시급한 문제는 이러한 해석이 바울의 회심 이전과 이후에 대한 바울 자신의 그 밖의 다른 매우 명시적인 증언을 충분히 설명해 주고 있느냐 하는 것이다 — 좀 더 흔히 언급되는 빌립보서 3:3-6의 내용과 상당한 정도로 비슷한 갈라디아서 1:13-16. 갈라디아서의 이 대목에서 네 가지 특징을 주목해 볼 필요가 있다.[51]

a) 바울은 그의 회심을 분명히 "이전에 유대교에 있을 때"(갈 1:13)의 그의 생활방식으로부터의 돌이킴으로 여겼다. 여기서(그리고 14절에서) "유대교"라는 용어가 사용되고 있는 점은 매우 특이하다는 점이 그동안 잘 인식되지 않았다. 이 대목 이전에 이 용어는 드물게 사용되었고, 신약에서는 오직 이 대목에서만 2번 나온다. 이전의 용법들은 우리에게 이 용어의 뉘앙스를 어느 정도 전해 준다. 왜냐하면 이 용어는 마카베오2서에서 처음으로 등장하여서, 각각의 경우에 수리아인들에 대한 저항 및 여호와의 계약 백성으로서 민족적 정체성의 유지를 위한 구심점으로 제시된 유대의 민족 종교인 "유대교"를 의미한다.[52] 다른 식으로 표현하자면, "유대교"(Judaism)는 "헬레니즘"(Hellenism)에 대한 반대를 표현하기 위하여 만들어진 명칭이었다(마카베오2서 4:13).[53]

달리 말하면, "유대교"라는 말은 조상들의 종교에 의해 주어진 독특한 민족적 정체성을 수호하기 위한 마카베오의 애국자들의 결단에 구심점을 제시하기 위한 수단으로 만들어진 것으로 보인다는 말이다. 이 용어는, 오늘날 우리가 사용하는 것과는 달리, "유대인들의 종교"에 대한 중립적인 명칭이 아니었다.[54] 이 용어는

---

50) 예를 들어, 롬 3:31; 8:4; 고전 7:19; 갈 5:14을 보라. 자세한 것은 §§23.3-5을 보라.

51) 이하의 서술은 필자의 "Paul's Conversion"(§7 n. 1)에서 가져온 것이다.

52) 2 Macc. 2:21("유대교를 위해서 용감하게 싸웠다"); 8:1("유대교 안에 머물렀던 이들을 소집하였다"); 14:38(순교자 Razis는 "유대교로 인해 비난을 받았고 유대교를 위하여 몸과 마음을 헌신짝처럼 던졌다"); 또한 *4Macc*. 4:26. 그리고 S. J. D. Cohen, "Ioudaios: 'Judean' and 'Jew' in Susanna, First Maccabees, and Second Maccabees," in Cancik, et al., eds., *Geschichte Band I Judentum* 211-20(특히 219)을 보라.

53) 우리 시대의 것으로 "유대교"라는 말이 나오는 다른 유일한 곳은 "유대교 안에서 고상한 삶을 살았던" 한 여인을 기리는 추도문이다(*CIJ* 537) — 이 동일한 어구(en toi Ioudaismoi, "유대교 안에서")는 2 Macc. 8:1과 갈 1:13-14에서도 발견된다.

54) 나는 다른 곳에서 "유대교"(또는 "유대교들")에 관한 오늘날의 사회학적 용법을 주후 1세기의 용법과 결부시키는 것의 어려움에 대하여 얘기한 바 있다; 필자의 "Judaism in the

애초부터 핍박의 불길 속에서 형성되고 굳어진 종교적 정체성, 그 독특성을 유지하고 다른 종교들 및 민족들의 부패로부터 자유롭고자 하는 결단을 특징으로 하는 종교라는 의미를 지니고 있었다. 유대교와 헬레니즘 간의 이러한 대결은, 수리아인들이 억압하고자 했고, 따라서 애국지사들의 구심점이자 이 대결의 승패가 갈릴 지점이 되었던 몇 가지 시금석들, 특히 유대의 율법과 전승들에 그 초점이 모아졌다는 것은 충분히 이해할 수 있는 일이다. 마카베오2서 6장에서는 이러한 것들로서 성전, 전통적인 절기들, 할례, 돼지고기를 먹지 않는 것 등을 순서대로 열거한다.[55]

이것으로부터 한 가지 중요한 내용이 출현한다: "유대교"는 헬라화된 유대인들을 포함한 좀 더 넓은 헬레니즘에 대항하여 스스로를 정의하였다. 유대교를 언급하는 몇몇 대목들에는 "유대교 내에" 있다는 것은 일종의 보호막 또는 울타리가 쳐져 있는 지역 안에 들어가서 그 내부로부터 밖을 바라보는 것이라는 인식이 표현되어 있다. 이것은 우리가 이미 위에서 살펴본 바 있는 이스라엘과 관련한 율법의 역할과 매우 흡사하다(§6.4). 이러한 자기이해는 아리스테아스의 서신(*Epistle of Aristeas*) 139, 142에 나와 있는 것과 상당히 유사하다:

> 그의 지혜를 발휘해서 이 입법자[모세]는 … 우리가 그 어떤 문제에서 다른 민족들과 섞이는 것을 막기 위하여 촘촘한 목책(木柵)과 철책(鐵柵)으로 우리를 둘러쌌다. … 우리가 다른 민족들과의 접촉을 통해서 타락하거나 나쁜 영향을 받지 않도록 하기 위하여, 그는 우리의 사방을 율법을 따라서 먹을 것과 마실 것과 관련된 엄격한 규례들로 울타리를 쳤다.

달리 말하면, 우리의 자료들에 나오는 "유대교"는 외부의 넓은 세계로부터 스스로를 분리시키는 식으로 스스로를 정의하였고, 토라(Torah, 율법)를 그러한 분리를 강화하고 보호하는 식으로 이해하였다고 할 수 있다.

바울이 "유대교"로부터 회심하였다고 말하는 것이 옳다면, 그가 염두에 둔 것은

Land of Israel in the First Century," in J. Neusner, ed., *Judaism in Late Antiquity, Part 2: Historical Synthesis* (Leiden: Brill, 1995) 229-61을 보라.

55) 특히 cf. §14.4에 인용된 1 Macc. 1:60-63.

바로 위에서 말한 그러한 유대교였다.

빌립보서 3:3-6에서 바울이 이전에는 "육체", 즉 유대인으로서의 그의 물리적이고 인종적인 정체성을 신뢰하였다고 말하는 것도 바로 그러한 맥락에서이다. 이것을 바울은, 자기가 팔 일 만에 할례를 받았다는 것, 이스라엘인이라는 인종적 정체성을 지닌다는 것, 베냐민 지파라는 것, 비록 헬라어를 사용하는 디아스포라 유대인으로 자랐지만(묵시적으로) 히브리 문화(아람어)를 고집하였다는 것을 말하는 것을 통해서 어느 정도 명시적으로 밝힌다(3:5). 이것들은 바울이 이전에는 소중히 여겼으나 이제는 그리스도에 대한 새로운 지식으로 말미암아 전혀 가치가 없는 것으로 여기게 된 네 가지 정체성의 특징들이었다(3:7-8).

b) "유대교에 있을 때"의 그의 생활방식에 관한 서술도 주목할 만하다. "내가 내 동족 중 여러 연갑자보다 유대교를 지나치게 믿어 내 조상의 전통에 대하여 더욱 열심이 있었으나"(갈 1:14). 이것을 빌립보서 3:5-6의 자기 소개에 나오는 다섯 번째 정체성 표지("율법으로는 바리새인이요 … 율법의 의로는 흠없는 자라")와 연관시켜 보면, 우리는 제2성전 시대 유대교의 분파주의를 보여 주는 분명한 낌새를 알아차릴 수 있다. 왜냐하면 마카베오 이후 시대에는 토라에 대한 적절한 이해, 특히 결례(潔禮)에 대한 해석과 역법(曆法)을 놓고 마카베오파의 후예들 사이에서 격렬한 논쟁이 벌어졌기 때문이다. 이때는 바리새파와 에세네파가 출현한 시대로서, 이러한 분파들과 당시의 문헌들은 토라에 대한 신실성을 유지하기 위하여 강력한 파당적인 주장들이 제기되고 다른 분파들에 대한 격렬한 공격들이 행해졌음을 보여 준다.[56] 특히 바리새파는 율법에 덜 신실한 당시의 사람들로부터 스스로를 구별하고자 하는 욕구[57]와 율법을 꼼꼼하고 정확하게(akribeia) 지키고자 하는 욕구[58]가 유별났다.

---

56) 자세한 것은 필자의 "Pharisees, Sinners and Jesus," *Jesus, Paul and Law* 611-88 (here 71-77); "Jesus and Factionalism in Early Judaism," in J. H. Charlesworth, ed., *Jesus and Hillel* (Minneapolis: Fortress, 1997)과 아래의 §§14.4-5(특히 n. 101)를 보라. 거기에서는 무엇보다도 *1 Enoch* 1-5, CD, 1QpHab, *Jubilees, Psalms of Solomon*과 *Testament of Moses*를 언급하고 있다.

57) "바리새파"는 일반적으로 "분리주의자"를 의미하는 별명으로 시작되었던 것으로 이해되고 있다; 위의 §8 n. 44와 아래의 §§14.4-5를 보라. Winninge는 *Psalms of Solomon*이 바리새적이라고 확신한다(*Sinners* 170-80).

마찬가지로 율법의 의로 자기가 흠이 없었다고 말할 때에, 바울은 이스라엘과 하나님의 계약 조항들 내에서 살았던 그의 이전의 삶의 성격을 상기시키고 있는 것이다. '아멤프토스'(amemptos, "흠없는")라는 단어의 의미는 완전히 밝혀져 있지는 않다. 그러나 바울이 죄가 없다거나 율법을 전혀 범한 적이 없다고 주장한 것일 가능성은 없다.[59] 오히려 이와 관련된 몇 안 되는 용례들은 욥과 같이 하나님께 신실했던 자,[60] 주변의 악으로부터 떠나 있던 자,[61] 신실한 자들과 함께 어울렸던 자,[62] "주의 모든 계명과 규례대로 … 행한"(눅 1:6) 자라는 의미를 보여 준다. 물론 이러한 계약 조항들 내에서의 삶은 회개와 희생제사를 통한 속죄 규정도 포함하는 것이었다.[63] 이러한 것을 감안해서, 바울은 계약에 비추어서 자기가 의롭다고 확신했음을 상기할 수 있었다. 특히 바리새인으로서 바울은 대부분의 이스라엘 사람들과 "구별되는" 정도로 율법을 준수하며 살려고 애를 썼을 것이다. 또한 바울은 그 신실함이 월등하였기 때문에 계약상의 의무("의")라는 견지에서 그는 "책망할 것이 없었다."

그러므로 다시 한 번 우리는 바울이 무엇으로부터 회심하였는지를 어느 정도 알 수 있게 된다 — 의(義)를 주로 계약에서 요구하는 특별한 사항들이라는 관점에서 측정하고, 토라 준수의 정도와 질(質)에서 다른 유대인들보다 뛰어나기 위해 유대교 내에서 경쟁적으로 실천하는 것으로부터 바울은 돌이켰다. 특히 눈에 띄는 것은 바울은 이와 동시에 유대교가 다른 민족들과 구별되는 것과 유대교 내에서 다른 유대인들과 구별되는 것에 관한 인식을 말하고 있다는 사실이다(갈 1:13-14).

c) 자신의 회심에 대한 바울의 증언들에서 이상하리만치 무시되어온 한 가지

---

58) 이것은 바리새파를 묘사하기 위하여 Josephus와 사도행전 양쪽이 다 사용하는 용어이다(Josephus, *War* 1. 108-9; 2. 162; *Life* 191; *Ant.* 20. 200-201; 행 22:3; 26:5).

59) 이 점은 분명하게 주목받거나 언급되지 않는 것이 보통이다; 그러나 이제는 O'Brien, *Philippians* 380; Seifrid, *Justification* 174; Thielman, *Paul* 154-55를 보라; 또한 아래의 n. 109를 보라.

60) 욥 1:1, 8; 2:3.

61) Wis. 10:5, 15; 18:21.

62) 시 1:1; 101:2 (LXX 1절).

63) Howard, *Paul* 53. 자세한 것은 아래의 §14.5c을 보라.

특징은 바울이 "열심"이라는 용어를 사용하고 있다는 사실이다. 갈라디아서 1:14 — "내가 내 동족 중 여러 연갑자보다 유대교를 지나치게 믿어 내 조상의 전통에 대하여 더욱 열심이 있었으나(zelotes)"; 빌립보서 3:5-6 — "율법으로는 바리새인이요 열심으로는(zelo) 교회를 박해하고."[64] 이렇게 "열심"이라는 말을 두 번 사용하고 있는 것은 우연이 아닐 것이다. "열심"은 "유대교 내에" 있다는 것, 마카베오파 이후의 제2성전 시대 유대교의 특징을 이룬 경쟁적 분파주의(갈 1:14), 바울이 빌립보서 3:4-6에서 표현하고 있는 유대인으로서의 정체성에 대한 확신의 특징이었다.

이런 의미에서 유대인들의 열심은 하나님의 열심에 대한 반향(反響) 또는 반응이라고 할 수 있다. 왜냐하면 하나님 자신이 "열심당"(zelotes)이라는 인식이 이스라엘의 선민의식에 깊이 뿌리박고 있었기 때문이다. 야훼는 "질투하는 하나님"이라는 것은 이스라엘의 토대가 되는 문헌들 속에서 전형적으로 "다른 신들에게 절하지 말라 나 네 하나님 여호와는 질투하는 하나님이니라"[65]는 형태로 확고하게 표현되어 있다. 이 두 경우에 그 취지는 이스라엘은 우상숭배나 다른 신들을 따르기를 삼가야 한다는 것이다. 하나님의 "열심"은 이스라엘을 자신의 소유로 택하신 것으로 표현되었고, 여기서 도출되는 결론은 이스라엘은 오직 야훼 한 분만을 섬기며 주변의 다른 민족들 및 종교들에 맞서 이 종교의 독특성을 유지하여야 한다는 것이었다. 야훼 및 그의 토라에 대한 이스라엘의 "열심"은 이스라엘에 대한 야훼의 열심을 반영하는 것이었다.

또한 우리는 이것이 실천에서 무엇을 의미했는가를 안다. 이스라엘의 이러한 "열심"은 "열심의 영웅들"이라고 할 수 있는 일련의 인물들을 통해서 이스라엘 사람들의 뇌리에 그 전형이 각인되어 있었다. 시므온과 레위는 하몰의 아들 세겜이 그들의 누이 디나를 욕보인 행위에 대하여 복수하였는데, 비록 할례받은 자들인 세겜인들이었지만 그들을 도륙함으로써 이스라엘 자손의 고결성을 지켰다(창세기 34장).[66] 가장 위대한 열심의 영웅은 비느하스였다(민 25:6-13). 비느하스는

---

64) 또한 롬 10:2을 주목하라; 아래의 §14.6b을 보라.

65) 출 20:5; 34:14; 신 4:24; 5:9; 6:15 — 이 단어는 히브리어와 헬라어에서 동일하다(시기하는/열심 있는). 이하의 내용에 대해서는 특히 cf. M. Hengel, *The Zealots: Investigations into the Jewish Freedom Movement in the Period from Herod Ⅰ until 70 A.D.* (1961, ²1976; ET Edinburgh: Clark, 1989) 146-228.

한 이스라엘 남자가 미디안 여인을 그의 장막으로 끌어들이는 것을 보고 창을 들어서 두 남녀를 하나로 꿰뚫었는데, 이로 인하여 그는 "하나님께 열심 있는" 자가 되어 이스라엘을 위하여 속죄한 것으로 기억되고 있다(25:13).[67] 엘리야도 그의 열심이 사람들의 입에 오르내렸는데, 이는 그가 갈멜 산에서의 승리를 통해서 아합과 이세벨에 의해 조장된 혼합주의적인 관행들로의 전환을 결정적으로 차단하였을 뿐만 아니라(왕상 18장) 그 승리의 여세를 몰아 기손 시내에서 450인의 바알 선지자들을 도륙하였기 때문이다(18:40).[68] 마찬가지로 예후도 "여호와를 위하여 열심"이 있었다고 전해지는데, 그의 열심은 특히 사마리아에서 아합의 후손들을 일소(一掃)해 버린 일로 나타났다(왕하 10:16-17, 30). 마카베오 혁명이 이러한 열심의 표현으로 사람들에게 기억되고 있다는 사실도 중요하다: 이 혁명은 비느하스 같이 한 수리아인과 배교한 한 유대인을 동시에 죽이는 일로 시작되었다(마카베오1서 2:23-26); 그리고 이 혁명은 앞에서 말한 열심을 그 토대로 하였다고 서술된다(2:27, 49-68).[69]

이렇게 이해한 "열심"은 세 가지 두드러진 특징을 지닌다. 첫 번째는 각각의 경우에 열심은 이스라엘의 독특성을 보존하고, 계약에 의해 하나님을 향하여 구별된 것의 순수성이 훼손되거나 더럽혀지는 것을 막으며, 그 종교적, 민족적 경계를 수호하기 위한 무조건적인 헌신이었다는 것이다. 두 번째는 이러한 일을 이루기 위해서는 기꺼이 무력도 불사(不辭)했다는 것이다. 각각의 경우에 그것은 이스라엘의 계약상의 독특한 지위를 위협한 자들의 도륙으로 표현되는 "열심" 또는 "열심당"이라고 할 만한 철저한 헌신이다. 그리고 세 번째로 이 열심은 이스라엘의 경계를 위협한 이방인들만이 아니라 동포인 유대인들을 겨냥하기도 했다는 것이다.

66) 이 사건은 삿 9:2-4에서 회상된다 — 시므온과 레위는 "주[야훼]를 위한 열심에 불타서 그들의 피의 오염을 혐오하였다"; 또한 *Jub.* 30에서는 이스라엘이 주께 거룩하기 때문에 이스라엘의 딸을 이방인에게 주는 것은 수치요 더럽히는 일이라는 교훈을 도출해낸다 (30:8-14).

67)비느하스는 Sir. 45:23-24; 1 Macc. 2:54; *4 Macc.* 18:12; Pseudo-philo 46-48에서 칭송을 듣는다. Hengel의 논의는 비느하스에게 초점이 맞춰져 있다(*Zeolots* 149-77).

68) Sir. 48:2-3; 1 Macc. 2:58. 또한 Hengel, *Zealots* 148을 보라.

69) zeloo — 1 Macc. 2:24, 26, 27, 50, 54, 58. Cf. 2 Macc. 4:2; 또한 Josephus, *Ant.* 12. 271을 보라.

바울이 자기 자신을 "열심당"이라고 말하거나 교회를 핍박할 정도로 "열심"이 있었다고 말할 때에 그가 염두에 둔 것이 바로 이런 것이었다는 것은 두말할 필요도 없을 것이다(갈 1:13-14; 빌 3:6).[70] 첫째, 조상의 유전에 대한 바울의 열심(갈 1:14)은 교회의 핍박자로서 그의 열심(빌 3:6)에 대한 동전의 다른 면이었다.[71] 바울은 자신의 열심을 하나님의 열심의 반영(反映), 곧 이스라엘이 하나님께 구별되어 있기 위해서 꼭 필요했던 반영으로 이해했을 것이 틀림없다. 둘째, 이 열심은 물리적인 폭력으로 표현되었음이 분명하다: 바울이 핍박했던 헬라파 그리스도인들이 사형에 처해졌다고 추론할 수는 없지만, 바울이 교회를 "심히" 핍박하여 "멸하고자"(갈 1:13) 하였다고 말하는 점을 우리는 눈여겨 보아야 한다.[72] 셋째, 앞에서 이미 살펴보았듯이, 바울의 핍박은 주로(오로지?) 헬라파 유대인들을 겨냥했던 것으로 보인다. 달리 말하면, 핍박자 바울은 자기 자신을 비느하스와 마카베오 형제들의 전통 속에 서 있는 "열심당"으로 보았음이 틀림없다는 말이다.

이로부터 우리는 핍박자로서 바울의 동기유발에 관하여 놀라울 정도로 분명한 이해를 얻게 되지만, 바울의 회심에 대한 오늘날의 논의에서는 이 점을 거의 고려하지 않는다. 바울의 동기는 과거의 열심의 영웅들이 지닌 동기였다. 그것은 헬라파 그리스도인들을 향하여 겨냥되었는데, 이는 그들이 이스라엘의 독특성과 경계들을 위협하는 것으로 여겨졌기 때문이다. 이 위협은 헬라파들이 메시아 예수의 복음을 이방인들에게 전함으로써 생겨났다는 추론을 피하기 어렵다.[73] 유대 종교

---

70) "열심"에 관한 Hengel의 논의는 여기서 이 용어에 대한 바울의 용법의 온전한 의미를 드러내지 못한다(*Zealots* 180; *Pre-Christian Paul* 84); 또한 T. L. Donaldson, 'Zealot and Convert: The Origin of Paul's Christ-Torah Antithesis," *CBQ* 51 (1989) 655-82(673에도 불구하고)도 마찬가지이다.

71) 여기서 핵심은 그가 핍박의 "열심"을 그의 바리새 정신에 돌리고 있다는 것이 아니라 그의 바리새 정신과 핍박의 열심이 모두 그의 계약에 충실한 표현들이었다는 것이다.

72) 여기서 사용된 동사 '포르데인' (porthein)은 다른 곳에서는 언제나 물리적인 공격을 통해 도시와 영토들을 파괴하고 약탈한다는 의미를 지닌다. 예를 들어, Hengel, *Pre-Christian Paul* 71-72를 보라.

73) 이러한 결론은 행 8:1-3의 기사(記事)와 어느 정도 긴장관계를 이룬다. 그러나 핍박이 유대 땅의 나사렛파들만을 염두에 두었을 리는 없다; 그러므로 예루살렘 교회가 어떻게 행 21:20에 나오는 모습을 보일 수 있었고 거기에서 보여 주는 것처럼 아무런 해도 받지 않을

및 전승의 이 특정한 표현의 문호를 이방인들에게 개방함으로써, 그들은 이스라엘의 순전성과 순수성을 훼손시킬 위험에 처해 있었다. 이방인 개종자들에게 할례를 비롯하여 마카베오파들이 "유대교"로 이름 붙인 계약의 독특한 사항들을 실천하도록 요구하지 않음으로써, 헬라파들은 경계 표지들을 제거하고 이스라엘을 사방으로 둘러싸기 위하여 모세에 의해 설치된 목책과 철책들을 무너뜨리고 있었다.[74]

다메섹 도상에서 바울은 바로 이러한 열심, 그리고 이러한 열심을 요구한 "유대교"로부터 회심하였다.

d) 마지막 특징은 우리가 위에서(§7.4) 이미 다룬 바 있기 때문에 긴 말을 할 필요는 없다. 그것은 바울이 그의 회심을 "그의 아들을 이방에 전하기 위하여"(갈 1:16) 하나님께서 그에게 위탁하신 것으로 설명하는 이유이다. 바울이 무엇으로부터(from) 회심하였느냐와 관련하여 이제까지 우리가 밝혀낸 것을 감안하면, 바울이 무엇에로(to) 회심하였는가를 보여 주는 이것은 훨씬 더 많은 것을 드러내 준다. 왜냐하면 거기에는 바울이 그가 이전에 핍박했던 자들이 지녔던 확신으로 회심하였음을 보여 주는 분명한 함의(含意)가 존재하기 때문이다. 우리의 추론에 의하면, 바울이 그들을 "멸하고자" 한 것은 그들이 한 유대인 메시아를 이방인들에게 전함으로써 유대인들의 계약상의 정체성과 독특성을 위협하였기 때문이다. 바울이 다메섹 도상에서 정확히 무엇을 체험하였든간에, 그 체험은 그에게 자기가 "핍박하는" 것이 아주 잘못되었다는 확신을 주었다. 바울의 결론은 이해할 수 있는 것이었다(그가 그러한 결론에 어떻게 도달하였든간에): 나는 자기가 이전에 잘못 핍박하였던 자들이 행하였던 일을 해야 한다; 나는 이전에 그토록 격렬하게 받고자 하였던 바로 그 문을 열고 나아가야 한다. 회심 체험의 심리학은 쉽게 알 수 있는 것이지만 쉽사리 도외시되어서는 안 된다.

수 있었는지는 큰 수수께끼이다 (Seifrid, *Justification* 159 n. 98는 이 점을 무시한다). 다메섹 선교(행 9장; 또한 고후 11:32에 의해 간접적으로 확증되는)는 핍박의 다른 차원을 보여 주는 것으로서, 흩어진 헬라파들이 주요 타격 목표였음을 강력하게 암시해 준다; 그리고 누가가 두 가지 매우 중요한 사건들(바울의 회심과 베드로가 고넬료를 받아들인 사건 — 행 9:1~11:8)을 삽입하기 위하여 그의 기사의 순서를 좀 바꿨다는 것은 의심의 여지가 없다. 따라서 원래는 스데반의 죽음에 이어 헬라파의 선교에 관한 기사가 연속적으로 나왔었다고 할 수 있다(8:4-40; 11:19-26).

74) *Ep. Arist.* 139-42에 대한 인유(引喩)이다.

이것은 여기서 우리에게는 별 상관이 없는 바울 신학의 발전에 관한 흥미로운 문제들을 불러일으킨다. 바울은 단번에 이러한 결론에 도달한 것인가?[75] 바울은 아라비아에서 이방인들을 상대로 즉시 복음전도의 일을 시작하였던 것일까(갈 1:17)?[76] 이런 등등의 문제들이 제기된다. 그러나 바울의 성숙한 신학을 놓고 보면, 그 결론은 분명하다. 바울은 그의 회심을 유대교로부터의 회심, 곧 이방인들은 말할 것도 없고 다른 유대인들로부터도 스스로를 구별하였던 유대교의 한 분파, 바리새적 유대교로부터의 회심으로 생각하였다. 그리고 바울이 반추한 회심은 이스라엘을 보호하고 유지하기 위하여 주어진 토라의 목책과 철책들을 파괴하려고 위협하는 자들에 대한 폭력적인 적대감으로 표출된 열심으로부터의 회심이었다.

요컨대 우리는 바울이 무엇에 대항하여 이신칭의(以信稱義)를 선포했는지를 먼저 분명하게 밝혔다. 사람들은 항상 바울이 율법을 향한 그의 이전의 열심에 대항하였다고 생각한 것은 아니었다. 또한 우리는 율법이 바울의 관심사가 된 것은 주로 경계를 정하는 율법의 기능, 즉 이방인들부터 유대인을 구별하는 기능 때문이었음을 더 분명하게 보기 시작하고 있다. 게다가 우리는 이신칭의(以信稱義)가 바울 신학에서 어떻게 출현하게 되었는지를 좀 더 확실하게 알게 되었다. 즉, 그것은 왜 그리고 어떻게 이방인들이 하나님에게 받아들여지고, 따라서 유대인 신자들에 의해서도 받아들여져야 하는지를 설명하고자 하는 시도로서 출현하였다. 그러나 탐구는 여기서 끝나지 않는다. 우리는 바울이 이제 그리스도인으로서 그토록 강력하게 반대한 것을 요약하고 있는 핵심어구를 검토하지 않으면 안 된다: 율법의 행위로 말미암은 칭의.

§ 14.4 유대교에서의 율법의 행위

이에 대한 핵심적인 본문들을 우리는 §14.2의 끝에서 이미 인용한 바 있다. 믿음으로 말미암은 칭의를 단언하면서, 바울은 그것을 "율법의 행위로 말미암은"(ex ergon nomou) 칭의와 대립시킨다. 개신교 신학에서는 이 어구를 전통적으로 의를 얻기 위한 시도로서 행해진 선한 행위들을 가리키는 것으로 이해하여 왔다. 이

75) 이 점에 관해서 나의 입장은 Räisänen, "Call Experience"(§7 n. 1)의 입장과 비슷하다.

76) 예를 들어, Bornkamn, *Paul* 27; Betz, *Galatians* 73-74; Hengel and Schwemer, *Paul between Damscus and Antioch* 109-20 등은 이에 대해 긍정적으로 답한다.

러한 해석은 특히 "행위"(4:2)를 "보상을 위한 행함"으로 설명하면서 "행함이 아니라 [단순한] 믿음"과 대비시키고 있는 로마서 4:4-5에 비추어 볼 때에 전적으로 이해할 만하다.[77] 바울 이후에 나온 에베소서 2:8-9도 이를 확증해 주는 것 같아 보인다: "너희는 그 은혜에 의하여 믿음으로 말미암아 구원을 받았으니 이것은 너희에게서 난 것이 아니요 하나님의 선물이라 행위에서 난 것이 아니니 이는 누구든지 자랑하지 못하게 함이라"(참조. 딤후 1:9과 딛 3:5).

그러나 "새로운 관점"으로 보면 이 전통적인 견해의 문제점이 드러난다. 왜냐하면 앞에서 보았듯이 율법의 준수를 통하여 의를 이루고자 했던 것이 유대교의 전형적인 가르침이었다는 주장은 "언약적 율법주의"에 대한 근본적으로 잘못된 인식이기 때문이다.[78] 그리고 그리스도인이 되기 전의 자신의 태도 및 실천에 대한 바울의 시각에 대한 우리의 연구는 바리새인 바울은 그의 경건과 신실로 말미암아 확인되고 유지되는(얻어지는 것이 아니라) 이스라엘의 계약적 의(義)에 참여하는 것이라는 인식을 갖고 있었다는 견해를 강화시켜 주었을 뿐이다. 옛 관점과 새로운 관점 간의 논쟁에 대한 해법은 의를 이루는 것(achieving)과 의를 유지하는 것(maintaining)의 구별을 명확히 하는 데 있는 것 같다. 그러나 그러한 해법을 이야기하기에는 아직 이르다. 여기서 우리는 먼저 "율법의 행위로 말미암아"라는 핵심어구의 의미를 집중적으로 살펴볼 필요가 있다.

"율법의 행위"의 의미에 대해서는 그리 많은 논란이 있지 않다. 이 어구는 율법이 요구하는 것, 율법이 의무로서 부과하는 "행위들"[79]을 가리킨다. 여기서 즉시

---

77) 예를 들어, Hübner, *Law* 121-22를 보라; 특히 이 본문을 모든 다른 대안들의 토대가 되는 확고한 반석으로 보는 Westerholm, *Israel's Law*를 보라(113-14, 116-17, 119, 120 등).

78) 이 점은 이미 M. Limbeck, *Die Ordnung des heils. Untersuchungen zum Gesetzverständnis des Frühjudentums* (Düsseldorf: Patmos, 1971) 29-35에서 언급된 바 있다: "성취로서가 아니라 오직 응답으로서"(173). Ziesler는 "계약을 지키는 의"(*Righteousness* 95)라는 표현을 사용하였다. D. B. Garlington, *"The Obedience of Faith": A Pauline Phrase in Historical Context* (WUNT 2. 38; Tübingen: Mohr, 1991)은 외경 전체에 일관되게 나타나는 "언약적 율법주의"를 입증하였다.

79) 히브리어로 ma'aseh; 헬라어로 ergon. van Dülmen의 말과 비교해 보라: "율법을 행하는 것은 구원의 길인 율법을 받아들이는 것으로서 개별 계명들의 수행이 아니다"(*Theologie* 135).

눈에 띄는 것은 우리가 여기서 아무 율법에 관하여 말하고 있지 않다는 것이다.[80] 이것은 중요한 고찰이다. 왜냐하면 전통적인 견해에서는 그러한 방향으로 나아가는 경향을 보여 주었기 때문이다 — 그들은 바울의 회심 속에서 그 어떠한 인간의 노력이나 공로가 하나님께서 그 사람을 받으시는 토대가 될 수 있다는 생각에 대한 강한 거부감을 보았다. 그러나 바울은 토라, 곧 유대인들의 율법에 관하여 말하고 있다. 그러므로 좀 더 정확히 말하면, 우리는 "율법의 행위"를 율법이 하나님의 백성인 이스라엘에게 요구한 것으로 정의해야 한다. 달리 말하면, 율법의 행위는 야훼께서 최초에 이스라엘을 그의 선민(選民)으로 택하시면서 이스라엘과 맺었던 계약에서 이스라엘의 몫, 이스라엘이 의를 지키기 위해서 요구되었던 것들을 가리켰다는 말이다. "율법의 행위"는 그러한 은혜에 대한 이스라엘의 응답이었고, 하나님이 자기 백성에게 요구한 순종이었으며, 이스라엘이 하나님의 백성으로 살아가야 할 길이었다(레 18:5).[81] "율법의 행위"는 "언약적 율법주의"를 가리키는 바울의 용어인데,[82] 계약과 율법이라는 말은 둘 다 중요하다 — 계약 내에서 계약과 관련하여 기능하는 것으로서의 율법, 계약의 표현이자 계약의 보호장치로서의 율법, 하나님의 은혜로 맺어진 계약에서 이스라엘의 몫이 무엇인지를 보여주는 것으로서의 율법.

그러나 위에서 지적한 내용들은 지금까지 너무나 많이 무시되어 왔다. 이렇게 이해된 율법은 이스라엘의 특권(§6.4)에 대한 의식을 강화시키게 되었고, 이 백성이 하나님께 구별되었다는 표지가 되었다(§14.3b). 하나님께서 이스라엘을 선택하셨다는 것에서 하나님의 구원의 의가 이스라엘에게만 국한되었다는 결론이 도출되었듯이, 하나님에 대한 이스라엘의 거룩을 정의하는 것으로서 율법의 역할은 이스라엘을 열방들로부터 구별하는 역할로 바뀌게 되었다. 이런 식으로 바울이 말한 믿음의 순종과 마찬가지 의미였던 "율법의 행위"의 긍정적 의미는 우리가 바울에게서 찾아볼 수 있는 것과 같은 부정적인 의미로 변질되었다 — 이스라엘의 계약적 지위를 유지시킬 뿐만 아니라 이스라엘의 특권적 지위와 배타적 특권을 보호하는 것으로서의 율법.

---

80) Bultmann은 이에 반대: "'율법의 행위'는 … 행위들 전반, 공로의 행위로서 모든 행위들을 말한다"(*Theology* 1.283).

81) 위의 §6.6을 보라.

82) 위의 §14.1을 보라.

이런 이유로 우상숭배에 대한 혐오감은 이스라엘의 심령 속에 깊이 자리 잡고 있었다. 우상숭배를 피하는 일이야말로 최고의 "율법의 행위"였다.[83] 그리고 우상숭배의 금지가 율법의 행위에 대한 바울의 언급들 속에서 두드러지게 나타나지는 않지만,[84] 교회를 핍박하던 바울의 이전의 열심에 불을 지핀 것도 바로 하나님과 이스라엘의 특별한 관계에 대한 이러한 "열심/질투"였다.[85]

그러나 그 밖에도 이른 시기부터 하나님을 향한 이스라엘의 성별 및 열방들로부터의 구별의 특징을 이루었던 율법의 행위들도 존재하였다. 최초로 아브라함에게 할례를 요구하면서 하나님께서 언급하셨던 조건들로 인해서 할례는 계약 백성의 근본적인 정체성의 표지(標識)가 되었다(창 17:9-14). 남자 아이에게 할례를 행하지 않는 것은 곧 계약 및 계약 백성으로부터의 배제를 의미하였다.[86] 그러므로 바울이 당시에 유대인과 이방인의 구별을 "할례"와 "무할례"라는 말로 요약할 수 있었다는 것은 전혀 이상한 일이 아니다.[87] 마찬가지로 안식일의 준수는 계약 정체성 및 충성을 재는 시금석이 되었다(출 31:12-17).[88] 안식일은 이스라엘의 성별의 표지였기 때문에, 안식일 율법을 지키지 않는 것은 사형에 해당하는 죄였다. 그래서 예를 들어 이사야 56:6에서는 이방인이 계약에 참여하고 있음을 보여주는 표지는 안식일의 준수가 될 것이라고 말한다.

하나의 원형(原型)으로서의 정(淨)함과 부정함에 관한 율법들은 정하고 부정한

83) 출 20:3-6; 신 5:7-10.

84) 그러나 우상숭배에 대한 바울의 적대감은 그 어떤 유대인들에 뒤지지 않았다; 위의 §2.2과 아래의 §24.7을 보라.

85) 위의 §14.3c을 보라.

86) "너희 중 남자는 다 할례를 받으라 … 이에 내 언약이 너희 살에 있어 영원한 언약이 되려니와 할례를 받지 아니한 자 곧 그 포피를 베지 아니한 자는 백성 중에서 끊어지리니 그가 내 언약을 배반하였음이라"(창 17:10, 13-14). "자녀를 할례받게 하기를 거부한 유대인은 … 특히 마카베오 시대 이후 배교자로 간주되었다"(Hengel and Schwemer, *Paul between Damascus and Antioch* 71).

87) 롬 2:25-27; 3:30; 4:9-12; 갈 2:7-8; 골 3:11.

88) "너희는 나의 안식일을 지키라 이는 나와 너희 사이에 너희 대대의 표징이니 나는 너희를 거룩하게 하는 여호와인 줄 너희가 알게 함이라 … 그날을 더럽히는 자는 모두 죽일지며 그날에 일하는 자는 모두 그 백성 중에서 그 생명이 끊어지리라 … 영원한 언약 …"(출 31:13-14, 16).

새와 짐승들의 구별만이 아니라 이스라엘과 이방 민족들과의 구별도 뜻했다(레 20:22-26).[89] 사도행전에 의하면, 이러한 연관성(부정한 음식, 부정한 열방들)에 대해서는 기독교의 출현과정 중에서 베드로가 고넬료를 만난 사건을 통해서 비로소 의문이 제기되었다.[90] 이러한 사고방식에서는 발람의 신탁이 하나의 모범이 되었다: "이 백성은 홀로 살 것이라 그를 여러 민족 중의 하나로 여기지 않으리로다"(민 23:9). 이 본문에 대한 필로(Philo)의 해석은 이를 잘 보여 준다: "그들만의 독특한 관습들을 따로 갖고 있어서 그들은 다른 열방들과 섞여 그들의 조상들의 길을 떠나지 않는다"(*Mos.* 1.278).[91]

이미 유대교에 관한 논의(§14.3a)에서 분명해졌듯이, 마카베오 시대의 위기는 이스라엘의 선민의식 및 이스라엘의 구별됨을 정의하고 수호하는 데에 성패를 좌우하는 것들이라 생각된 몇몇 특정한 율법에 대한 집착을 강화시켰다. 수리아인들은 그들의 저물어가는 제국을 통일할 수단으로 선택한 헬레니즘적인 혼합종교 내에 유대인들을 포섭하기 위해서 이스라엘 종교의 이러한 독특한 특징들을 제거하고자 애를 썼다. 그리고 마카베오 문서들이 잘 보여 주듯이, 갈등의 초점이 된 것은 특히 할례 관행, 정함과 부정함에 관한 율법들이었다. 수리아인들은 계속해서

89) "너희는 짐승이 정하고 부정함과 새가 정하고 부정함을 구별하고 내가 너희를 위하여 부정한 것으로 구별한 짐승이나 새나 땅에 기는 것들로 너희의 몸을 더럽히지 말라 너희는 나에게 거룩할지어다 이는 나 여호와가 거룩하고 내가 또 너희를 나의 소유로 삼으려고 너희를 만민 중에서 구별하였음이니라"(레 20:25-26). 자세한 것은 Heil, *Ablehnung* Teil. 3을 보라.

90) 행 10:10-16, 28; 11:3-12, 18, 15:8-9.

91) 또 다시 *Ep. Arist.* 139, 142(위의 §14.3a)를 보라. 이스라엘이 스스로를 다른 열방들과 구별한 전통에 대해서는 P. Ackroyd, *Exile and Restoration: A Study fo Hebrew Thought of the Sixth Century BC* (London: SCM, 1968) 235-37; J. Neusner, *Self-Fulfilling Prophecy: Exile and Return in the History of Judaism* (Atlanta: Scholars, 1990) 36 등을 보라. 이 "특이한 관습들" 중 가장 중요한 것들로는 특히 할례, kashrut. 안식일 준수 등이 있었다는 것은 널리 인정되고 있다. 예를 들어, Meeks, *First Urban Christians* 97; Räisänen, *Paul* 167을 보라. 이러한 태도의 극단적인 형태는 Jub. 22:16에 표현되어 있다.

열방들로부터 너희를 구별하고, 그들과 함께 먹지 말며,

....

왜냐하면 그들의 행위는 부정하고, 그들의 모든 길들은 더럽히는 짓과
가증스러운 짓과 부정한 짓 … 이기 때문이다.

할례를 행하는 가족들을 사형에 처했고, 아기들을 그 엄마의 목에 걸어놓았다(마카베오1서 1:60-61).

> 그러나 이에 꺾이지 않고 부정한 것을 먹지 않기로 굳게 결심한 이스라엘 사람들도 많았다. 그들은 부정한 음식을 먹어서 몸을 더럽히거나 거룩한 계약을 모독하느니 차라리 죽음을 달게 받기로 결심하였고, 사실 그들은 그렇게 죽어 갔다(마카베오1서 1:62-63).

최근까지 "율법의 행위"라는 어구가 바울 이전에 사용되었다는 것이 확인되지 않았고, 따라서 많은 주석자들은 바울이 스스로 만든 마귀들과 싸우고 있는 것이 아닐까 생각하였다. 그러나 사해 두루마리들 중에서 가장 중요한 문서 중의 하나인 4QMMT의 출간으로 쿰란 공동체가 이러한 어구를 사용하였다는 것에 대한 인식[92]이 지난 수 년 동안에 극적으로 강화되었다. 미크사트 마아세 하토라(Miqsat Ma 'ase Ha-Torah)라는 문서[93]는 쿰란 공동체의 지도자가 이 분파의 독특한 성경 해석을 이스라엘의 다른 사람들에게 설명하는 서신이다. 달리 말하면, 이 서신은 계약 아래에서의 이스라엘의 의무들의 이행에 결정적으로 중요하다고 여겨진 여러 율법들에 대한 이 분파의 해석을 보여 준다. 여기서 그 해석들은 주로 성전, 제사장직, 희생제사들, 결례(潔禮)에 관한 것들이다. 이 서신은 끝 부분에 가서 이러한 해석들을 "율법의 행위들 중 일부"(Miqsat Ma 'ase Ha-Torah)라는 말로 요약한다.[94] 이보다 더 놀라운 것은 이 서신은 이 분파가 이스라엘의 나머지

92) 4QFlor. 1:1-7; 1QS 5:20-24; 6:18. Moo, "Law"는 바울의 이 논쟁과 관련하여 쿰란 문서들이 연관되어 있다는 것에 주목하게 한 공이 있다.

93) E. Qimron and J. Strugnell, *Miqsat Ma 'ase Ha-Torah* (DJD 10:5; Oxford: Clarendon, 1994); *BAR* 20.6 (1994) 56-61에는 본문과 번역문이, Garcia Marinez 77-85에는 번역문이 실려 있다.

94) Qimron의 분류번호 C27 = Garcia Martinez 113. 이 어구로부터 이 문서의 이름이 명명되었다. Qimron, 그리고 처음에는 Garcia Martinez에 의해 채택된 번역("토라의 계명들")은 불행히도 이러한 병행관계를 모호하게 만든다. 그러나 1994년 11월에 시카고에서 열린 SBL회의에서 Garcia Martinez는 그의 번역이 불만족스럽고 ma 'ase는 "~의 행위들"로 번역하는 것이 더 낫다는 것을 인정하였다. 이에 따라 그는 그의 번역문의 제2판(1996)을 수정하였다. 자세한 것은 필자의 "4QMMT" 150-51을 보라.

사람들로부터 스스로를 "분리한" 이유가 바로 이러한 "율법의 행위들" 때문임을 분명히 밝히고 있다는 점이다.[95] 즉, 그들은 이 "율법의 행위"를 실천하기 위하여 이렇게 분리된 삶을 살 수밖에 없었다는 것이다.[96]

그러므로 이제까지 논의한 것을 요약해 보면, "율법의 행위"라는 어구는 물론 율법이 요구하는 모든 것, 언약적 율법주의 전체를 가리킨다. 그러나 이스라엘과 다른 열방들과의 관계가 문제가 되는 상황에서는 당연히 몇몇 율법들이 다른 것들보다 더 부각된다. 우리는 특히 할례 및 음식에 관한 율법을 예로 들었다.[97] 쿰란 분파에서 첨예한 문제로 대두되었던 것은 유대인과 이방인의 문제가 아니라 유대인과 유대인의 문제였기 때문에, 희생제사와 결례 같은 문제들에 대한 내부적인 이견(異見)에 초점이 맞춰졌다. 당시의 유대교 문헌을 통해서 우리는 절기를 어떻게 계산해야 하는지, 태양력 또는 태음력을 사용해야 하는지를 놓고 격론이 벌어졌다는 것을 안다. 이러한 이견(異見)들은 아주 첨예하였기 때문에, 각자는 서로에 대해서 이스라엘의 계약상의 절기들이 아니라 이방의 절기들을 지키는 것으로 간주할 정도였다.[98] 기독교 역사에서도 마찬가지로 신자들의 세례, 방언, 인종차별 같은 문제들이 있었다. 오늘날에는 낙태, 여성 목회자, 성경의 무오성(無誤性), 교황 무오설 같은 문제들이 있다. 이러한 문제들을 놓고 논란을 벌이는 사람들은 그 누구도 그러한 문제들을 신앙의 전부 또는 가장 중요한 요소로 여기지

---

95) Qimron C7 = Garcia Martinez 92; 자세한 것은 아래의 n. 100을 보라.

96) 자세한 것은 필자의 "4QMMT" 147-48을 보라. 놀랍게도 Eckstein, *Verheißung* 21-26은 "율법의 행위"에 관한 최근의 논의들에 속하는 4QMMT를 알지 못하고 있는 것 같다 (Bachmann, Sünder 98-99와 비교해 보라).

97) 이 주제에 관한 필자의 최초의 글에 대한 거듭된 오해를 고려할 때(예를 들어, Bachmann, *Sünder* 92; Stuhlmacher, *Theologie* 264), 나는 "율법의 행위"가 오직 할례, 음식법들, 안식일만을 가리킨다고 주장한 적이 없음을 강조해 두지 않을 수 없다. 필자의 "New Perspective"를 주의깊게 읽으면, 갈라디아서 2장에서처럼 일반적으로 율법주의적인 태도의 구체적인 초점이 있었다는 것이 분명해질 것이다. 또한 필자의 "Yet Once More"를 보라; 아래(n. 104)에 인용된 cf. Heiligenthal, *Werke* 133과 Heil, *Ablehnung* 166-68. 나의 해석의 의미를 이해한 이들 중에서 나는 특히 Boyarin, *Radical Jew* 53, 119-20, 210과 Nanos, *Mystery* 9-10, 177-78, 343-44을 환영한다.

98) *Jub.* 6:32-35; *1 Enoch* 82:4-7. 자세한 것은 필자의 *Partings* 104를 보라. 또한 위의 §14.3b을 보라.

않는다. 그러나 이러한 문제들은 반대자의 신앙고백 전체를 사실상 의심하게 만드는 정도까지 격렬한 논쟁의 초점이 되어 왔다.

§14.5 행위로 말미암음이 아니다

위의 고찰을 배경으로 우리는 바울이 사용한 "율법의 행위"라는 어구의 의미를 가장 잘 이해할 수 있다. 그러면 갈라디아서와 로마서에 나오는 핵심 구절들을 차례로 살펴보기로 하자.

a) 바울이 이 어구를 처음으로 사용하고 있는 갈라디아서 2:16을 보면, 우리가 마주치게 되는 것은 바로 앞에서 방금 기술한 종류의 문제이다. 바울은 자기가 앞의 여러 절들(2:1-15)에서 반대해 왔던 태도들을 가리키는 데 이 어구를 사용하고 있음이 분명하다. 이방인인 디도를 억지로 할례받게 하려고 했던 "거짓 형제들"(2:4)은 율법의 행위를 고집하고 있었다 — 이 경우에는 할례. 그들에게는 그리스도에 대한 믿음만으로는 충분하지 않았다[99] 이방인 신자들로부터 스스로를 "구별하였던" 베드로를 비롯한 유대인 신자들의 경우에도 마찬가지였다 — 율법은 이스라엘에게 여러 음식에 관한 율법들을 준수함으로써 그러한 구별을 유지하도록 요구하였기 때문이다(2:12).[100] 바울의 말을 빌리면, 그들은 "이방 죄인들"과 거리를 유지하기 위하여 "본래 유대인"으로 행하고 있었다(2:15).[101] 이것은 바울

99) 바울의 거부하는 듯한 묘사에도 불구하고, "거짓 형제들"이 메시아 예수를 고백하고 세례를 받은 자들이었다는 것은 일반적으로 인정되고 있다. 예를 들어, Longenecker, *Galatians* 50-51을 보라.

100) 이에 상응하는 동사 "구별하다"(parash)는 4QMMT에 나오는 옛 문헌에서 최초로 이런 의미로 분명하게 입증된다(Qimron C7 = Garcia Martinez 92). 바리새인들과 관련된 뉘앙스(parushim = "구별된 자들"; 위의 §8 n. 44를 보라)는 바울에게서 거의 그대로 살아 있었을 것이다. 필자의 "4QMMT" 147-48을 보라.

101) "죄인들"은 마카베오 이후 시대에 유대교 분파들이 서로 싸우면서 남용된 용어들 중의 하나였다. 필자의 *Galatians* 132-33; 또한 "Echoes of Intra-Jewish Polemic in Paul's Letter to the Galatians," *JBL* 112 (1993) 459-77; 위의 n. 56; §8.3(3); 그리고 Winninge, *Sinners* — Gal. 2:15-18 (246-50)에 나오는 좀 더 자세한 분석을 보라. Bachmann은 그의 책 제목(Sünder oder Übertreter)에도 불구하고 이 논의의 이러한 차원을 감지하지 못하고 있는 듯하다.

에게 그들도 매한가지로 율법의 행위를 고집하고 있는 것으로 보였다. 그들에게도 믿음만으로는 충분하지 않았다. 그래서 바울은 베드로의 눈을 열어서 "사람이 의롭게 되는 것은 율법의 행위로 말미암음이 아니요 오직 예수 그리스도를 믿음으로 말미암는 줄" 알게 하고자 한 것이다. 또한 바울이 2:16에서 그리스도께서 사람들을 받으시는 것의 유일한 토대는 행위가 아니요 믿음이기 때문에, 그리스도 안에 있는 자들이 서로를 받는 데에도 믿음이 충분한 토대가 된다고 반복해서 역설하는 것도 이 때문이다.

우리는 왜 이 문제가 유독 안디옥에서 발행했는지, 이 원칙이 다메섹 도상의 계시에 함축되어 있었던 것인지, 바울이 이전에 그의 복음을 이러한 관점에서 표현했는지에 관한 문제들을 또 다시 여기서 다룰 필요는 없다.[102)] 우리에게 더욱 중요한 것은 안디옥 사건은 바울 신학 및 기독교 신학을 훨씬 정교하게 정의하는 계기들 중의 하나를 마련해 주었다는 것이다. 왜냐하면 이 사건으로 인해서 바울은 그의 가장 기억될 만한 인상적인 원칙을 선언하게 되었기 때문이다:[103)] 아무도 율법의 행위로 말미암아서는 의롭게 되지 못하고 오직 그리스도에 대한 믿음으로 말미암아서만 의롭게 된다(2:16). 그러나 분명한 것은 바울이 염두에 두었던 "행위"는 의를 이루기 위한 행위들이 아니라 계약적 의, 특히 이방인들과의 구별을 유지하기 위하여 준수하도록 명령된 율법의 계명들이었다는 것이다.[104)]

---

102) 자세한 것은 필자의 *Galatians* 119-24; "Paul and Justification by Faith"를 보라.

103) 우리가 2:15-21과 2:11-14의 관계를 어떻게 파악하든 — 갈라디아 교회들에서의 새로운 위기에 비추어서, 바울이 자기가 베드로에게 실제로 말한 것을 회상한 것이라고 보든, 아니면 바울이 말하려고 했던 것을 드러낸 것이라고 보든 — 이 주장은 여전히 타당하다. 예를 들어, 나의 *Galatians* 132와 Longenecker, *Galatians* 80-81에 의해 인용된 이들을 보라.

104) 필자의 "New Perspective"가 출간되던 바로 그해에 Heiligenthal도 갈라디아서 2장에 나오는 "행위들"이 사회적으로 한계를 정하는 기능을 갖고 있음을 지적하였다 — "집단 구성원임의 표시로서 율법의 행위들"(*Werke* 127-34); Boers, *Justification* 75-76, 91, 105도 이 견해를 따른다. 이것은 2:16의 표현을 가져온 배경을 무시하고 있는 Schreiner, *Law* 51-57의 견해와 반대되는 것이다. 그러나 바울이 율법의 행위들을 거부한 것은 다른 신자들이 할례 및 이방인 신자들에 대한 식탁교제의 제한을 고집했기 때문이라는 것은 두말할 필요도 없다(그의 이전의 혹평[92-93]에도 불구하고 Bachmann, *Sünder* 100이 인정하고 있듯이). Cf. van Düimen, *Theologie* 24; Heiligenthal, *Werke* 133 — "'율법의 행위'를 말할 때에 바울이 구체적으로 생각한 것은 음식법과 할례였다". 또한 Heiligenthal, "Soziologische

b) 안디옥 사건에서 출발한 논증에 나오는 "율법의 행위"에 대한 다음 두 번의 언급들도 위에서 말한 것과 같은 태도를 염두에 두고 있는 것 같다. "너희가 성령을 받은 것이 율법의 행위로냐 혹은 듣고 믿음으로냐"라고 바울은 독자들에게 물은 다음에 또다시 "너희에게 성령을 주시고 너희 가운데서 능력을 행하시는 이의 일이 율법의 행위에서냐 혹은 듣고 믿음에서냐"라고 반문한다(갈 3:2, 5). 여기에서도 문제가 되고 있는 것은 성령의 은사를 받는 것에 관한 것이 아니라,[105] 이미(듣고 믿음으로써) 성령을 받은 이들(이방인들)이 "유대인 노릇을 할"(2:14) 필요가 있느냐, 즉 유대인 특유의 생활방식(특히 할례, 음식에 관한 율법들, 안식일로 특징되는)을 따를 필요가 있느냐에 관한 것이었다.[106] 바울의 반문들은 분명히 오직 한 가지 대답만을 기대한다. "듣고 믿음"이 가져온 효력[107]은 유대인의 계약적 생활방식("율법의 행위")을 전혀 따를 필요가 없게 만들었다.

c) 더 논란이 되는 것은 갈라디아서 3:10이다: "무릇 율법 행위에 속한 자들은 저주 아래에 있나니 기록된 바 누구든지 율법 책에 기록된 대로 모든 일을 항상 행하지 아니하는 자는 저주 아래에 있는 자라[신 27:26] 하였음이라." 이 절이 이 문제와 관련된 다른 어떤 구절들보다 더 혼란을 야기시켜온 이유는 바울이 당연

Implikationen der paulinischen Rechtfertigungslehre im Galaterbrief am Beispiel der 'Werke des Gesetzes.' Beobachtungen zur Identitätsfindung einer frühchristlichen Gemeinde," *Kairos* 26 (1984) 38-53을 보라. 갈 2:15-21에 대한 자세한 주해는 특히 E. Kok, *"The Truth of the Gospel": A Study of Galatians 2:15-21* (Durham University Ph.D. thesis, 1993)을 보라.

105) 3:6-14의 논증의 흐름을 볼 때, "아브라함의 축복"을 칭의/의(3:6-9) 또는 "약속하신 성령"(3:14)으로 묘사할 수 있다는 것은 분명하다. 특히 S. K. Williams, "Justification and the Spirit in Galatians," *JSNT* 29 (1987) 91-100을 보라.

106) 갈 4:10은 안식일을 비롯한 성일(聖日)들의 준수도 갈라디아 교인들에게 매력적으로 보인 것들 중에 포함되어 있었다는 것을 분명하게 보여 준다; 자세한 것을 위의 §6 n. 84를 보라.

107) 이 어구에 대한 가장 분명한 번역인 이것("복음 메시지를 믿는"[REB]이 아니라)에 대해서는 S. K. Williams, "The Hearing of Faith: *AKOE PISTEOS* in Galatian 3," *NTS* 35 (1989) 82-93; 필자의 *Galatians* 154-55를 보라. 롬 1:5과의 병행을 주목하라 — "믿음의 순종"(hypakoe pisteos) — 두 헬라어 단어들(akoe, hypakoe)이 "응답으로서의 들음"(shama ') 이라는 히브리적 의미를 반영하고 있다는 점에서 직접적으로 분명한 병행은 아니지만 꽤 상관 있는 병행이다; 자세한 것은 아래의 §23.3과 n. 45를 보라.

시하여 말하고 있지 않는 내용 때문이다. 대부분의 학자들은 이 구절에 숨겨진 전제를 다음과 같이 추측한다: 율법은 완전한 순종을 요구한다("율법 책에 기록된 … 모든 일"); 그러나 그렇게 하기는 불가능하기 때문에, 모든 사람들은 율법의 저주 아래 있다.[108] 그러나 이러한 해석은 지금까지 우리가 발견한 것들 중 어느 것에도 부합하지 않는다. (1) 바울이 율법을 이런 식으로 "완전"을 요구하는 것으로 이해하였음을 보여 주는 증거가 없다.[109] 율법이 요구한 순종은 계약법에 의한 속죄 규정을 포함한 계약의 조항들 내에서의 순종이었고, 그러한 순종은 실천할 수 있는 것으로 여겨졌다.[110] 그리고 바리새인 사울과 사도 바울은 둘 다 이에 동의하였다.[111]

(2) 또한 이러한 통설은 바울이 "무릇 율법 행위에 속한 자들"이라고 말한 사람들이 구체적으로 누구인지를 설명해내지 못하는데, 이는 이 해석이 "모두가(예외없이) 저주 아래 있다"고 이 본문을 읽고 있기 때문이다.[112] 그러나 바울이 우리가 다루는 핵심어구(율법의 행위)를 덧붙인 것은 2:16(이 어구의 최초의 등장)과 앞의 논증이 겨냥하였던 자들을 염두에 두고 있음을 보여 준다. 다시 말하면, 이 어구는 "율법의 행위"를 이스라엘의 계약에 참여하고, 아브라함의 유업을 이어받기 위한 필수적인 부수물이라고 생각했던 자들, 이러한 전제하에서 이방인들, 심

108) 예를 들어, Hübner, *Law* 18-20; Becker, *Galater* 36; Räisänen, *Paul* 94-96, 109(바울의 엄격주의는 독특한 것이었다 — 119-20); Schreiner, *Law* ch. 2; Thielmann, *Paul* 124-26, 129-30; Eckstein, *Verheißung* 131-33, 146-47. 그 밖에 Sanders, *Law* 23. "모든 것"("기록된 모든 것 …")이 신 27:26의 LXX 본문과 일부 히브리어 사본들에만 나온다는 것이 어떤 의미를 갖는지는 분명치 않다(Stanley [§7 n. 1] 239 n. 196). 또한 위의 §14.3b을 보라.

109) Sanders, *Paul, the Law and the Jewish People* 28; Räisänen, *Paul* 12027, 178-79; Stowers, *Rereading* 141; M. Cranford, "The Possibility of Perfect Obedience: Paul and an Implied Premise in Galatians 3:10 and 5:3," *NovT* 36 (1994) 242-58. 이것은 Dunn, ed., *Paul and the Mosaic Law* 312에서 의견의 일치를 본 사항들 중의 하나였다.

110) 이러한 취지의 분명한 전제(신 30:11-14 : "… 네가 이를 행할 수 있느니라")가 장래를 위한 소망과 관련해서(겔 36:26-27 : "내 신을 너희 속에 두어 너희로 내 율례를 행하게 하리니 너희가 내 규례를 지켜 행할지라") 취해지고 있다는 것을 주목하라.

111) 빌 3:6; 롬 8:4; 13:8-10(모든 계명); 갈 5:14("온 율법").

112) Van Dülmen: "오직 유대인들만이 아니라 … 구원 밖에 있던 모든 사람들이 … 그리스도에게로 온다" (*Theologie* 32).

지어 믿는 이방인들조차 "내쫓았던" 자들(4:17)을 염두에 둔 것이라는 말이다.[113]

통설과는 반대로 3:6-14에서의 논증의 흐름은 더 나은 해법을 제시한다. 이 단락에서 바울은 이스라엘의 토대가 된 약속들[114]과 신명기에서 근본적인 주제였고 이스라엘의 계약신학에 대한 고전적 진술이었던 전통적인 축복과 저주 주제를 거론한다.[115] 갈라디아서 3:6-9에서 바울은 이 약속 중에서 가장 무시되어 왔던 세 번째 조항에 초점을 맞추었다 — 열방들에 대한 축복이라는 약속.[116] 신명기의 메시지는 하나님께서 명백히 제시한 뜻에 응답하지 않으면 재앙을 불러오게 될 것이라는 것이었다. 축복의 반대는 저주였다. 바울은 그러한 저주가 율법 신봉자들("무릇 율법 행위에 속한 자들")에게 일어났다고 보았다.[117] 그들은 계속해서 이스라엘의 특권과 다른 열방들로부터의 분리를 고집함으로써 복음에 나타난 하나님의 명백한 뜻에 저항하고 있었다. 따라서 율법에 대한 그들의 이해 및 실천에는 결함이 있었다. 의도는 좋았을지 몰라도 그들은 사실 "율법 책에 기록된 대로 모든 일을 항상 행하고" 있지 않았고, 이에 따라 그들은 신명기 27:26에 선언된 저주 아래 있었다.[118]

---

113) Eckstein은 3:10을 2:15, 17에 비추어 해석한다: 율법 준수에 의거해서 구원을 얻고자 하는 자들은 이방인들 같이 죄인들, 즉 율법의 범법자들로 발견될 것이다(*Verheißung* 122-31). 그러나 그는 "죄인들"이 이방인들의 의를 부정하는 유대인들의 태도의 표현이라는 것을 간과하고 있다. 위의 n. 101을 보라; 4:17에 대해서는 필자의 *Galatians* 237-38을 보라.

114) 창 9:24-27; 12:3; 27:29; 민 23:7-8; 24:9.

115) 신명기 27~30장.

116) 위의 §6.5b를 보라.

117) 바울이 이스라엘 전체가 여전히 신명기적인 저주들을 경험하고 있다는 널리 퍼진 인식을 인유(引喩)하고 있다는 최근의 견해(민족 전체가 여전히 "포로 중에" 있다; 특히 J. M. Scott " 'For as Many as Are of Works of the Law are Under a Curse' "(*Galatians* 3:10), Evans and Sanders, eds., *Paul and the Scriptures of Israel* [§7 n.1] 187-221; Wright, *Climax* ch. 7)는 왜 구체적으로 "율법의 행위에 의지하는 모든 자"를 거론하고 있는 것인지, 또한 이 경우에 바울이 그리스도인이 되기 이전을 포함하여 이스라엘 땅에서 여러 분파들이 어떻게 그들을 "의롭고"(*Psalms of Solomon*) "흠없는" 자들(빌 3:6)이라고 생각할 수 있었는지를 설명해 주지 못한다.

118) 자세한 것은 필자의 *Galatians* 170-74을 보라. 나는 내가 지도하고 있는 두 대학원생이 이 구절과 관련하여 한 연구에서 유익을 얻었다 — Jeffery Wisdom과 Andrew Carver.

요컨대 갈라디아서 3:10은 이 단원과 앞 단원에서 우리가 살펴본 것을 실질적으로 수정할 것을 요구하지 않는다.

d) 로마서를 살펴보아도, 이와 비슷하고 상호보완적인 내용이 떠오른다. 갈라디아서 2:16에 해당하는 구절은 로마서 3:20인데, 여기에서 바울은 "먼저 유대인에게요 또한 이방인"에게 적용되는 그의 고발문을 이렇게 요약한다:[119] "율법의 행위로 그의 앞에 의롭다 하심을 얻을 육체가 없나니." 이 고발문(1:18~3:20)에서 두드러진 것은 2:17-20에 나오는 "유대인"에 의한 특권의식과 선민의식에 대한 바울의 비판이었다. 여기서 "율법의 행위"는, 마치 이 어구가 갈라디아서 2:1-16에서 할례 및 유대화주의에 대한 바울의 비판을 요약하는 말이었던 것과 마찬가지로, 이 고발문을 요약하는 말일 가능성이 크다. 다른 곳에서와 마찬가지로 여기에서도 이 어구와 관련하여 바울이 느닷없이 마지막 결론부의 요약문에서 전혀 다른 주제, 즉 자력(自力)에 의한 의라는 주제를 다루었다고 결론을 내릴 수는 없다. 그러한 해석은 이 본문을 다른 쟁점을 다루는 맥락 속에서 읽을 때에만 가능할 것이다.

e) 3:20에 대한 앞서의 해석은 바울이 그의 중심적인 진술의 다른 측면에 대한 문제로 되돌아가는 것을 통해서 확증된다. 왜냐하면 하나님의 의가 어떻게 효력을 발휘하게 되는가(3:21-26)를 진술하고 나서 바울은 다시 한 번 자랑이라는 문제로 되돌아가기 때문이다:

> 그런즉 자랑할 데가 어디냐 있을 수가 없느니라 무슨 법으로냐 행위로냐 아니라 오직 믿음의 법으로니라 그러므로 사람이 의롭다 하심을 얻는 것은 율법의 행위에 있지 않고 믿음으로 되는 줄 우리가 인정하노라 하나님은 다만 유대인의 하나님이시냐 또한 이방인의 하나님은 아니시냐 진실로 이방인의 하나님도 되시느니라 할례자도 믿음으로 말미암아 또한 무할례자도 믿음으로 말미암아 의롭다 하실 하나님은 한 분이시니라(롬 3:27-30).

이 구절들이 2:17-24에 나오는 고발을 염두에 두고 있다는 것은 거의 부정할

또한 아래의 §14.5g을 보라.

119) 아래에서 로마서 2~3장에 관한 부분(§5.4)을 보라.

수 없는 사실이다. 왜냐하면 바울은 오직 거기에서만 "자랑"이라는 말을 사용하였기 때문이다(2:17, 23). 이 자랑은 "율법의 행위"와 결부되어 있음이 분명하다. "율법의 행위"는 자랑을 배제하지 않는다. 아니 반대로 자랑을 부추긴다(참조. 4:2). 그러므로 여기서 다시 한 번 "행위"와 결부된 자랑은 자력에 의한 의에 대한 자랑이 아니라,[120] 그 독특한 특권과 행위들에 의해 확인되는 이스라엘의 특권과 선민성(選民性)에 대한 자랑(2:17-20)이다.

이 점에서 우리가 바른 방향에 서 있다는 것은 이 단락에서의 사고의 흐름을 통해 분명히 드러난다. 3:28-29에서 말하고자 하는 명백한 요지는 행위로 말미암은 칭의를 단언하는 것은 "하나님은 다만 유대인의 하나님"이라고 말하는 것과 마찬가지라는 것이다. "율법의 행위"는 유대인을 이방인으로부터 구별하는 그 무엇이다.[121] 율법의 행위로 말미암는 칭의를 단언하는 것은 칭의는 오직 유대인들에게만 가능하기 때문에 이방인 신자들은 유대 민족의 인격과 실천을 따라야 한다고 단언하는 것이다. 그러나 "하나님이 한 분이시라면"(신 6:4), 칭의는 율법의 행위에 좌우되거나 유대인 특유의 생활양식을 따르는 것에 달려 있을 수 없다.[122] 칭의는 오직 유대인들만이 행하는 율법의 행위들을 통한 유대인과 이방인의 지속적인 구별, 이방인들과의 구별을 유지하기 위해서 오직 유대인들만이 행하는 규례

120) Käsemann(*Romans* 102), Cranfield(*Romans* 165, 170, 219), Hübner(*Law* 115-17) 같은 학자들이 Bultmann(*Thelogy* 1.281)의 견해를 따라 3:27에 나오는 "자랑"이 "자신의 행위들을 근거로 하나님에게 권리를 주장하고 하나님을 빚진 자로 만드는 행위"임이 분명하다고 생각하고(Cranfield 165) 2:17, 23이 함축하고 있는 분명한 의미를 실제로 무시하고 있다는 것은 다소 황당한 일이다. 또한 Bultmann에 대한 Seifrid의 비판을 보라(*Justification* 35-36).

121) 또한 Räisänen, *Paul* 170-72; cf. Nanos, *Mystery* 179-201. Heiligenthal, *Werke* 296-311은 여기에서 그의 이전의 통찰을 관철시키지 못하고 있다(3:29-30을 무시함). Schreiner는 롬 3:27-28을 주해하면서 자랑에 대한 이전의 언급들(2:17, 23)과 3:27-28에서의 논증의 흐름을 무시하고 있다(*Law* 95-103). 또한 아래의 §23.3을 보라.

122) Seifrid는 내가 "보편주의(바울)와 특수주의(유대교)라는 …그릇된 이분법"을 도출해내고 있다고 비판한다(*Justification* 64). 필자도 이 점과 관련하여 *Romans*(188)에서 이러한 위험성을 경고한 바 있다; 또한 위의 §2.5을 보라. 그리스도에 대한 믿음을 고수하는 것은 또 다른 형태의 특수주의임을 우리는 망각해서는 안 된다; "랍비 문헌과 바울 서신들에서 집단의 핵심부에 있는 것은 행동에 달려 있다"(Räisänen, *Paul* 186 n. 119).

들에 달려 있을 수 없다.

f) 바울은 로마서 4장의 첫부분에서 이 주제를 다시 거론한다. "만일 아브라함이 행위로써 의롭다 하심을 받았으면 자랑할 것이 있으려니와 하나님 앞에서는 없느니라"(4:2). "자랑"과 "행위"를 계속해서 결부시키고 있는 것은 이 대목이 3:27에서 시작된 사고의 흐름 속에 여전히 있다는 것을 분명하게 보여 준다. 율법이 아직 주어지지 않았다는 사실은 바울이 아브라함과 관련하여 "율법의 행위"를 말하는 것을 막지 못한다.[123] 왜냐하면 바울은 아브라함이 "의로 여기심"을 받는 데에 할례가 한 요소로 작용하였다는 것을 부정하는 말을 하려고 하기 때문이다(4:9-11).[124]

4:6도 마찬가지다: "일한 것이 없이 하나님께 의로 여기심을 받는 사람의 복에 대하여 다윗이 말한 바." 다윗의 의(義)는 할례를 행했다거나 그 밖의 다른 율법의 행위들을 실천하였다는 관점에서가 아니라 죄사함을 받아서 그의 죄가 죄로 여김을 받지 않았다는 관점에서 이해되어야 한다(4:7-8).[125]

그러므로 이 두 경우에 (율법의) 행위로 말미암은 칭의에 대한 부정은 유대인과 이방인을 포괄하되 율법에 의거하지 않은 약속의 관점에서 적극적으로 전개된다(4:13-17).[126] "율법의 행위"를 이 등식에서 제거하는 것은 복음이 율법에 의해 그어진 이스라엘의 경계를 넘어서 뻗어나가는 것을 방해했던 장애물을 제거한 것이었음이 다시 한 번 분명해진다.

g) 우리는 나머지 구절들을 길게 살펴볼 필요가 없다. 로마서 9:11과 11:6은 앞에서 잘 정립된 주제를 다시 반복할 뿐이다.[127] 이렇게 하고도 부족할까봐 로마서 9:30-32은 사실상 3:27-31의 논증을 되풀이한다:

> 그런즉 우리가 무슨 말을 하리요 의를 따르지 아니한 이방인들이 의를 얻었으니 곧 믿음에서 난 의요 의의 법을 따라간 이스라엘은 율법에 이르지 못

123) 바울도 마찬가지로 아담이 계명을 어긴 것을 생각했고(롬 7:7-11; 위의 §4.7을 보라), 야곱의 선택이 "행위"의 결과임을 부정하였다(9:11; 아래의 §19.3a을 보라).

124) 또한 Cranford, "Abraham"을 보고, 자세한 것은 §14.7을 보라.

125) 그러나 바울에게 이러한 표현이 이례적이었다는 것을 주목하라; 위의 §13.3을 보고, 자세한 것은 필자의 *Romans* 206-207을 보라.

126) 아래의 §14.7을 보라.

하였으니 어찌 그러하냐 이는 그들이 믿음을 의지하지 않고 행위를 의지함이라.

여기서 우리는 분명히 동일한 혼동을 보게 된다. 이스라엘은 하나님이 요구하시는 의를 전적으로 행위라는 관점에서만 이해하였었다. 그 결과 그들은 율법에 의해 설정된 기준에 도달하지 못하게 되었다.[128] 왜냐하면 그 기준은 오직 믿음으로 말미암아서만 도달될 수 있었기 때문이다. 이것은 갈라디아서 3:10에 대한 우리의 앞서의 해석에 대한 흥미로운 확증이다: 앞에서 말한 행위의 관점에서의 율법에 대한 이해 및 그 요구사항들의 실천은 사실상 율법을 지키는 것의 실패였다는 것. 달리 말하면, "율법의 행위"는 유대인들을 믿는 이방인들로부터 구별하였다는 점에서 유대인 특유의 문제였다는 말이다.

h) 바울이 말한 "행위"의 또 하나의 특징도 눈여겨 보아야 한다. 그것은 "선한 행위"는 바람직하고, 심판은 "행위"에 따라 이루어질 것이라는 바울의 말이다.[129] 이것이 칭의는 공로가 되는 행위에 의거한다는 유대인들(그리고 그리스도인이 된 유대인) 속에 널리 퍼져 있던 견해를 겨냥한 바울의 변증이었다면, 바울은 독자들에게 선한 행위들을 권고하는 것처럼 그렇게 무방비 상태로 자신의 의견을 피력하지 않았을 것이다. 바울이 "믿음의 행위" 또는 "믿음의 순종"에 관하여 말했을 가능성도 희박하다.[130] 바울은 분명히 "율법의 행위"를 "선한 행위"와 결부시키지 않았다. 이 두 어구는 그의 생각의 다른 범주 내에서 작용하였다. "선한 행위"를

127) 우리는 아래의 §19.3a과 §19:5a에서 로마서 9~11장의 논증을 개관하면서 이것들을 다시 다루게 될 것이다.

128) 추구의 대상으로서 "율법"에 대해서는 아래의 n. 143을 보라. 9:31의 대상이 "의의 율법"(*Israel's Law* 127-29)임을 인정함에도 불구하고, Westerholm은 145에서 이 점을 흐리게 한다("이스라엘은 '율법에 근거한 의'를 추구한다"). 이것은 그가 여기서 주된 목적이 "율법의 행위"와 믿음을 구별하는 것인데도("믿음으로가 아니라 마치 행위로 되는 것처럼") 바울이 율법과 믿음을 첨예하게 대립시키는 것으로 몰아붙이는 이유이기도 하다.

129) 롬 2:6-7; 고전 3:13-15, 고후 9:8; 11:15; 갈 6:4; 골 1:10; 살후 2:17; 엡 2:10; 딤후 4:14; cf. 롬 13:12; 고전 15:58; 갈 5:19; 골 1:21; 엡 5:11; 딤후 4:18. "선행"이 바람직하다는 것은 목회서신에서 강력하게 확인된다(딤전 2:10; 3:1; 5:10, 25; 6:18; 딤후 2:21, 3:17, 딛 1:16; 2:7, 14; 3:1, 8, 14).

130) 살전 1:3; 살후 1:11; 롬 1:5.

권고하는 것과 "율법의 행위"를 공격하는 것은 바울에게 결코 모순된 것이 아니었다.

여기서 중요한 결과가 즉시 도출된다. "율법의 행위"가 "(선한) 행위"와 동일하지 않다는 이러한 통찰 속에는 로마서 2:6-11에 나오는 행위에 따른 심판에 관한 바울의 말과 이신칭의(以信稱義)에 관한 바울의 신학이 어떻게 서로 결부되는가 하는 오래된 문제에 대한 해법이 있다. 실제로 둘 사이에는 아무런 문제도 없다. 왜냐하면 "율법의 행위"는 주로 바울의 대다수 동포 유대인들이 열방 가운데서 독특한 정체성을 지닌 이스라엘로서의 그들의 존재 근거(raison d'etre)로 여겼던 율법의 요구들에 대한 순종을 의미했기 때문이다. 그러나 누구나 선행을 해야 한다는 데에는 이의를 제기할 사람이 아무도 없다.[131]

그러므로 요컨대 바울이 일관되게 경고한 "행위"는 계약의 율법이 요구한 것에 대한 이스라엘의 잘못된 이해를 가리키는 것이었다. 이러한 잘못된 이해는 이방인들과 구별되는 계약상의 특수성을 유지하려는 유대인들의 시도와 이방 그리스도인들에게 그러한 계약상의 특수한 요구조건들을 따르게 하려고 했던 유대 그리스도인들의 시도에서 가장 첨예하게 나타났다. 게다가 그러한 잘못된 이해는 하나님 및 열방들도 축복하려고 했던 하나님의 약속(또는 계약)에 대한 잘못된 이해를 의미하였다.

§ 14.6 자력(自力)에 의한 의(義)

우리는 이제야 비로소 칭의에 관한 바울의 가르침에 대한 전통적 견해가 토대로 삼아 왔던 본문들을 살펴볼 위치에 있게 되었다.

a) 로마서 4:4-5:

> 일하는 자에게는 그 삯이 은혜로 여겨지지 아니하고 보수로 여겨지거니와 일을 아니할지라도 경건하지 아니한 자를 의롭다 하시는 이를 믿는 자에게는 그의 믿음을 "의로 여기시나니"[창 15:6].

3:27-31을 어떻게 해석하든, 그리고 3:27과 4:1의 연결관계에 대하여 무엇이

131) Cf. Snodgrass, "Justification."

라 말하든,[132] 이 본문은 아주 분명해 보인다. 인간의 노력으로는 의를 이룰 수 없다. 칭의의 메시지는 정반대다: 하나님은 일을 하지 않는 자, 불경건한 자, 은혜를 받을 만한 자격이 아무것도 없고 모든 것이 단죄를 불러올 뿐인 자들을 의롭다고 하신다.[133]

이와 같이 표현된 이신칭의(以信稱義) 원칙은 그 의미가 분명하고, 그 중요성은 의문의 여지가 없다. 그러나 좀스러운 의문이 생긴다. "이와 같이 표현된 것"은 본문 자체가 아니라 좀 더 변증적으로 형성된 표현이기 때문이다. 이와는 좀 대조적으로 본문은 변증적으로 표현되어 있지 않고 원칙을 단정적으로 진술한다. 본문은 사람들의 도급계약을 하나님의 놀라운 행동방식과 구별한다: 하나님은 불경건한 자들을 의롭다고 하신다.

나아가 "하나님의 의"에 관한 앞서의 논의(§14.2)에 비추어 볼 때, 한 가지 중요한 문제가 생겨난다. 이런 관점에서 표현되었다고 할지라도, 그것은 바울의 동료 유대인들도 하나님과 이스라엘의 관계에서 근본적이라고 여겼을 원칙이 아닌가? 하나님이 주신 계약을 사람들의 도급계약과 구별하는 진술로서, 본문은 바울의 동료 유대인들에게 의외의 발언으로 들려졌거나 대혁신으로 여겨졌는가? 이 두 질문에 대한 대답은 각각 예와 아니오일 것이다. 이 때문에 바울은 논증 없이 원칙만을 간단하게 선언할 수 있었다 — 바울은 그 어떤 전형적인 유대교 지도자도 이를 반박하지 않을 것이라고 확신하였기 때문이다. 다시 말하면, 로마서 4:4-5에서 바울은 다른 (그리스도인인) 유대인들이 이에 대해서 이의를 제기했기 때문이 아니라 하나님과 인간 사이의 모든 관계의 근본적인 성격을 상기시키기 위해서 하나의 신학적 공리를 재진술하고 있다는 말이다.[134]

---

132) Cf. 특히 C. T. Rhyne, *Faith Establishes the Law* (SBLDS 55; Chico: Scholars, 1981); R. B. Hays, " 'Have We Found Abraham to Be Our Forefather according to the Flesh?' A Reconsideration of Rom. 4:1," *NovT* 27 (1985) 76-98.

133) Westerholm, *Israel's Law*, 특히 170을 보라.

134) "경건치 않은 자를 의롭다고 하는 것"은 계약법의 주된 기준을 깨는 것이었다(출 23:7; 잠 17:15; 24:24; 사 5:23; Sir. 42:2; CD 1:19). 그러나 이스라엘도 하나님의 계약 의무가 오직 은혜로 말미암아서만 유지된다는 것을 알고 있었다. 시편 기자는 이렇게 겸손하게 인정한다: "여호와여 주께서 죄악을 지켜보실진대 주여 누가 서리이까"(시 130:3); 또한 그 다음 구절들(롬 4:6-8)에서 시편 32편이 중요한 역할을 하는 것을 주목하라. 자세한 것은 위의 §14.2을 보라. Bultmann은 " '은혜' 에서의 역설은 그것이 범죄자와 죄인에게 적용된다는

바울은 실제로 앞 단락에서 사용하였던 전략을 다시 되풀이하였던 것이리라. 3:30에서 바울은 "하나님은 한 분이시라"는 근본적인 공리를 상기시키는 것을 통해서 믿음 대 율법의 행위라는 난제를 해결한 바 있다. 바로 이 합의된 원칙으로부터 바울은 즉시 하나님은 오직 유대인들만의 하나님이 아니라 이방인들의 하나님이기도 하다는 결론을 도출해낼 수 있었다. 마찬가지로 4:4-5에서도 바울은 이스라엘의 택하심을 비롯하여 인간에 대한 하나님의 모든 일들이 근본적으로 은혜의 성격을 지닌다는 것을 언급하는 것 같다. 그리고 이 합의된 원칙으로부터 바울은 오직 믿음만이 의(義)로 여김을 받을 수 있다는 결론을 도출해낸다.

요컨대, 로마서 4:4-5로부터 직접 칭의에 관한 종교개혁의 위대한 원칙을 도출해내는 것은 분명 옳은 일이다. 문제가 되는 것은 그것이 바울의 대적들이었던 유대화주의 그리스도인들에 의해 주장된 견해에 맞서 변증적으로 제시된 것이었느냐 하는 것이다. 이제까지는 "율법의 행위"가 인간이 하나님의 의를 얻어낼 수 있다는 견해를 가리킨다는 것이 분명치 않았다. 물론 "행위"(erga)와 "일하는 자/일하지 않는 자"(ergazomeno) 간에 일부 단어유희가 존재한다. 그러나 이 단어유희가 정확히 어떤 성격을 지니고 있는지는 아직 불분명하다. 전통적인 견해를 지지하는 사람들은 그 관계가 사실상 일 대 일의 관계라고 생각한다(바울의 대적들은 바울이 4:4-5에서 부인하는 것을 주장한다). 그러나 4:4-5에서(3:27-30에서와 마찬가지로) 바울은 논란이 되는 쟁점(율법의 행위)의 배후로 돌아가서 이 쟁점에 관한 그의 견해를 전개하는 출발점이 되고 있는 근본적인 합의점을 넌지시 내비치고 있을 가능성이 높다.[135]

b) 로마서 10:2-4:

> 내가 증언하노니 그들(이스라엘)이 하나님께 열심이 있으나 올바른 지식을 따른 것이 아니니라 하나님의 의를 모르고 자기 의를 세우려고 힘써 하나님

것이다"(*Theology* 1.282)라고 말하지만, 그런 다음에 롬 11:32을 매개로 구약의 "긍휼"(chesedh에 대한 역어로서의 eleos)을 언급한다. 여기서 "유대교 사상에 혁명적인 새로운 개념"을 발견하는 Hübner(*Law* 119, 121-22) 및 "회개하기 전에 죄인을 찾아 만나 돌보고 용서하는 하나님 상(像)은 유대교에 그 유례가 없는 것이다"라고 말하는 Martin, *Reconciliation* (§9 n. 1) 151과 비교해 보라.

135) Cf. 특히 Cranford "Abraham" 79-83.

의 의에 복종하지 아니하였느니라 그리스도는 모든 믿는 자에게 의를 이루기 위하여 율법의 마침이 되시니라.

이 구절은 칭의를 설명할 때에 단골로 등장한다. 이 구절에 대한 통상적인 해석은 바울은 여기서 이스라엘이 "자기 의를 세우려고 힘쓰는" 것, 즉 그들에 의해 얻어지는 것으로서의 "그들 자신의" 의를 세우려고 애쓰는 것에 대하여 통렬히 비난하고 있다는 것이다.[136] 그러나 이것은 제대로 된 해석이 아니다. 먼저 "그들 자신의"(idian)로 번역된 헬라어는 원래 그들 자신의 노력에 의해 얻어진 것으로서의 "그들의 것"이 아니라 다른 사람들이 아닌 그들에게 속한 것으로서의 "그들의 것"을 의미한다.[137] 이러한 해석은 이 단락의 첫 번째 부분(9:30-33)과도 일치한다. "의"는 다른 열방들에게는 주어지지 않고 그들에게만 허락된 특권이라는 이스라엘의 생각(10:3)은 그들이 의(義)의 율법을 행위라는 관점에서 오해한 것(9:32)과 맥을 같이 한다.[138]

다음으로 이 구절에서 지금까지 거의 주목되지 않았던 하나의 특징은 "열심"이라는 이스라엘의 자랑스러운 전통을 환기시키고 있다는 것이다.[139] 이것은 단어 자체의 등장에서("열심" — 10:2) 분명히 드러날 뿐만 아니라, 그들의 것(남들의 것이 아닌)으로서의 의(義)를 "세우려고"(stesai) 힘을 쓴다는 말에도 암시되어 있다(10:3). 왜냐하면 동사 '스테사이'(stesai)는 히브리어 '헤킴'(heqim; qum

136) "인간이 '율법의 행위들'을 성취하여 얻고자 스스로 행사하는 의"(Bultmann, *Theology* 1.285); "그들 자신이 획득한 의로운 지위"(Cranford, *Romans* 515); 마찬가지로 Hübner, *Law* 121, 128-29; 필자의 *Romans* 587에 나오는 이들도 보라.

137) BAGD, *idios*, "내게 특유한 나의 것"; "이방인들을 배제한 집단적 의"(G. E. Howard, "Christ the End of the Law: The Meaning of Romans 10:4," *JBL* 88 [1969] 331-37[특히 336]; Sanders, *Paul, the Law and the Jewish People* 38, 140; 필자의 *Romans* 587에 나오는 이들). 여기서의 Stowers의 주해는 이것저것을 모아서 기워놓은 것이다(*Rereading* 306-7). 그리고 Barrett의 말은 그리 적절하지 않다: "그[바울]는 그들이 이방인 이웃들이 공유하지 않았고 유대인들에게만 특유했던 관행들을 강조함으로써 자신의 정체성을 확립하고자 했다고 말하지 않는다"(*Paul* 83).

138) 위의 §14.5g을 보라.

139) 예를 들어, Westerholm, *Israel's Law* 114-15에 의해서; Schreiner는 '이디안'(idian)과 "열심"의 의미를 둘 다 무시한다(*Law* 106-8).

의 히필형)을 반영하고 있는 것으로 보이는데, 이 히브리어 동사는 특히 계약과 관련하여 특징적으로 사용되는 단어이기 때문이다.[140] 이와 관련하여 특히 흥미로운 구절은 맛디아가 계약을 수호하자고 외치는 장면인 마카베오1서 2:27이다: "율법에 대하여 열심이 있고 계약을 세우려는(histon) 자는 누구나 나와서 나를 따를지니라."[141] 바울이 여기에서 염두에 두었던 것은 바로 이런 유의 열심과 계약에 대한 충성심이었음이 틀림없다. 이 열심은 이스라엘의 특권적 지위를 보존하려는 결연한 의지였다.[142] 그리고 이러한 생각과 결연한 의지는 실제로 하나님의 의(義)에 대한 잘못된 오해였다. 창조주께서 바라셨던 것은 특권적인 지위를 수호하려는 열심히 아니라 피조물의 순복(順服)이었다.

이로부터 도출될 수 있는 결과는 로마서 10:4에 대한 우리의 이해를 위해 위에서 설명한 것과 같다. 우리의 설명이 옳고, 로마서 10:4이 율법의 "마침"을 언급하는 것이라면,[143] 우리는 이제 어떤 의미에서 율법이 그 끝에 도달한 것인지를 좀 더 분명하게 알 수 있다. 10:4을 9:30~10:4의 설명에 대한 결론으로 배치한 것이기 때문에, 바울은 이렇게 잘못 이해된 율법을 염두에 두었을 것이 틀림없다("마치 행위로 말미암은 것인 양" — 9:32; 개정개역에는 "행위를 의지함"으로 되어 있음). 즉, 열심의 영웅들에 의해 옹호된 것으로서의 율법(§14.3c), 유대인을

---

140) 통상적으로 자신의 계약을 "확고히 세우시는" 하나님에 대하여 사용되지만(예를 들어, 창 6:18; 17:7, 19, 21; 신 8:18; 29:13), 그러나 계약 안에서 이스라엘의 책임에 대해서도 사용된다(특히 렘 34:18). 자세한 것은 필자의 *Romans* 588을 보라.

141) '스테사이'(stesai, 롬 10:3)와 '히스톤'(histon, 1 Macc. 2:27)은 동일한 동사(histemi)의 일부들이다.

142) "올바른 지식을 따른 것이 아니라"(롬 10:2)는 말은 아마도 이스라엘이 하나님 앞에 특권적인 지위를 가진 때가 이미 지나갔다는 바울의 신념을 표현하고 있는 것 같다(갈 3:19~4:7); 위의 §6.5을 보라.

143) '텔로스'(telos)를 "끝" 또는 "목표" 중 어느 것으로 번역해야 하는지를 놓고 해결되지 않는 논쟁이 벌어졌다; 특히 R. Badenas, *Christ the End of the Law: Romans 1:4 in Pauline Perspective* (JSNTS 10; Shefield: JSOT, 1985)를 보라; 필자의 *Romans* 589-91에서 이것을 간략히 다루고 있다. 흔히 우리가 잊고 있는 것은 달성된 "목표"는 도달된 "끝"이라는 것이다. 여기에는 9:30-32의 달리기 비유가 10:4(결승점으로서 telos)에까지 이어지는가 하는 문제도 포함되지만, Thielman은 이 비유를 지나치게 밀어붙여서 이스라엘이 목표점을 넘어 달렸다고 주장한다(*Paul* 205-8).

보호하고 이방인을 배제하는 것으로서의 율법(10:2-3).[144] 갈라디아서 3~4장에서와 마찬가지로 율법의 잠정적인 역할은 이제 그리스도의 오심과 유대인 및 이방인에게 모두 그리스도에 대한 믿음의 가능성이 도래함으로써 그 끝에 도달하였다. 그런 까닭에 바울의 결론은 다음과 같은 특징적인 강조점을 지닌다: "그리스도는 모든 믿는 자에게 의를 이루기 위하여 율법의 마침이 되시니라."

c) 빌립보서 3:7-9:

> 그러나 무엇이든지 내게 유익하던 것을 내가 그리스도를 위하여 다 해로 여길뿐더러 또한 모든 것을 해로 여김은 내 주 그리스도 예수를 아는 지식이 가장 고상하기 때문이라 내가 그를 위하여 모든 것을 잃어버리고 배설물로 여김은 그리스도를 얻고 그 안에서 발견되려 함이니 내가 가진 의는 율법에서 난 것이 아니요 오직 그리스도를 믿음으로 말미암은 것이니 곧 믿음으로 하나님께로부터 난 의라.

로마서 10:3에 의해 제기된 것과 비슷한 의문이 여기에서도 생겨난다. 바울이 말한 "내가 가진 의"(원문에는 "내 자신의 의")는 바울 자신의 노력에 의해 얻어진 의를 의미했는가? 이에 대한 통상적으로 긍정적인 답변에는 동일한 문제점이 부가된다:[145] 자기 자신의 의를 얻을 필요성은 전통적인 유대교 가르침의 일부가 아니었다; 오히려 의는 계약관계 내에서 경건한 자들의 실천이었다. 그러나 여기서 "내 자신의"는 "내가 얻은 바"로 이해하는 것이 더 쉬워 보인다. 그리고 이 목록의 끝 부분에 나오는 사항들("율법으로는 바리새인이요 열심으로는 교회를 박해하고 율법의 의로는 흠이 없는 자라")은 물려받은 것이라기보다는 스스로 선택한 것들이었다고 주장할 가능성도 있다.[146]

---

144) Cf. Schlier, *Grundzüge* 92-93.

145) 예를 들어, Hawthorne, *Philippians* 141; O'Brien, *Philippians* 394-96을 보라.

146) Thielman, *Paul* 153-54은 Seifrid, *Justification* 34, 173-74를 인용하고 있지만 더 강력하게 표현하고 있다. Seifrid의 주장은 바울은 "순종을 하나님의 계약상의 긍휼을 받기 위한 필수적인 보완물로 여겼던 유대교와 생각을 달리했다"(71)는 것이다. 그는 이것이 믿음은 행위를 통하여 표현되어야 한다는 기독교의 주장과 어떻게 다른지를 설명하지 않는다(위의 n. 129를 보라). Schreiner는 "육체에 대한 신뢰는 자신의 노력에 의지하고 자랑하는

그럼에도 불구하고 바울의 논증은 여전히 모호하다. "내 자신의"가 "내가 얻은"을 의미한다는 결론은 결코 도출되지 않는다. 바울의 노력에 의해 결정된 주되심은 3:8에서 그리스도 예수를 "나의 주"라 부르는 것 이상을 의미한다. "내 자신의"가 여기서 "(다른 사람의 것이 아니라) 내 자신의 것"을 의미하지 않는다면, 이 어구가 의미할 수 있는 것은 "내게 속한 것"이라는 뜻인데, 그렇게 되면 본질적으로 이 의의 은혜적 성격("하나님께로부터 난")이 배제되어 버린다. 그러나 사실 다음 구절들에서는 주로 "율법에서 난 것"과 "그리스도를 믿음으로 말미암은 것, 하나님께로부터 난 의" 간의 대비인 것 같다.[147] 따라서 갈라디아서 2:16과 로마서 3:28에 나오는 대비들은 사실상 차이점이 거의 없다고 할 수 있다.

또한 우리는 3:5-6에 나오는 목록들의 전반부와 후반부를 본질적으로 구별하지 않도록 주의하여야 한다. 바리새인으로서 바울의 신분, 핍박자로서 그의 열심, 그의 흠없는 의를 "스스로 선택한 것"으로 보는 것이 정확할 수 있다. 그러나 이러한 어구들은 이 전체 목록을 요약하고 특징짓는 말인 "육체에 대한 신뢰"(3:4)를 단지 강조하는 표현들일 뿐이다.[148] 이것들은 비록 스스로 선택하였다고 할지라도 "자력으로 얻은" 것이었다고 할 수는 없다. 오히려 앞에서 살펴보았듯이 이것들은 의(義)는 계약에 충실한 유대인들에 의해서 실천되고 그 실천가들에 의해서 이스라엘의 것으로 주장된 이스라엘의 의였다는 동일한 확신을 보여 준다.[149] 바울이 "내 자신의 의"를 말하면서 특별히 이것들을 염두에 두었다면, 그는 바리새인으로서, "열심당"으로서, "흠없는" 유대인으로서 말하고 있었던 것이다.

그러므로 이 모든 경우들에서 바울은 "자력에 의한 의"에 맞서 변증을 전개하고 있는 것이라는 주장을 유지하기 어렵다. 물론 방금 우리가 검토한 본문들을 그

것을 포함한다"(*Law* 112-13)고 단순하게 생각한다.

147) "율법으로부터 온 것"은 형태상으로는 "하나님으로부터 온 것"과 병행을 이룬다 — ten ek nomou//ten dia pisteos Christou//ten ek theou. 그러나Reumann이 빌 3:9-11의 구조를 ABBA, CDDC로 분석한 유력한 견해를 보라(*Righteousness* 62).

148) 3:3에서 완료의 의미를 주목하라; 그는 자기가 이전에 가졌던 육체에 대한 확고한 신뢰(pepoithotes)를 이제 더 이상 갖고 있지 않다: 이것이 그가 그의 회심의 직접적인 결과로서 포기했던 것이다. 또한 위의 §3.3b을 보라.

149) Cf. Sanders, *Paul, the Law and the Jewish People* 43-45; Burchard, "Nicht aus Werken," 409-10.

런 식으로 해석하는 것이 불가능하지는 않다. 유일하게 문제가 되는 것은 그 본문들을 그런 식으로 해석하는 사람들이 그 문제를 이스라엘의 율법의 행위 대 하나님께서 이방인들을 받을 가능성이라는 문제에서 좀 더 근본적으로 하나님께서 인간을 받으실 때의 조건들이라는 문제로 바꾸어 놓았느냐의 여부이다. 이러한 변화는 율법의 행위라는 문제를 인간의 노력이라는 문제로 바꾸어 놓은 것으로 보이는 에베소서 2:8-9에서 이미 감지된다.[150] 그러나 진정한 바울 서신들에 나오는 본문들을 그 유대적 모판(matrix)으로부터 출현한 바울의 선교라는 맥락 속에서 읽게 되면, 그 결과는 사뭇 달라진다. 그러한 맥락 속에서 우리는 바울이 그리스도인이 되기 전에 지니고 있었던 전제, 곧 하나님의 의는 오직 이스라엘을 위한 것이고 이방인들은 유대인이 되어서 하나님과 이스라엘의 계약에 기초한 독특한 의무사항들을 따를 때에만 가능하다는 전제를 맹렬히 비판하는 모습을 역력하게 볼 수 있게 된다.

그러므로 신학적으로 좀 더 기본적인 쟁점과 씨름하면서 그것을 입증하기 위하여 바울의 본문들을 인용하고자 할 때에, 우리는 바울 자신이 직접 언급했던 쟁점을 망각해서는 안 된다. 바울이 특히 격렬하게 맞섰던 위험은 인종적 정체성이 하나님의 은혜로 말미암는 부르심보다 더 중시되고, 그 부르심을 상당한 정도로 결정하고 제약하는 것이었다.[151] 그리고 그 배후에는 바울의 복음이 이스라엘 및 이스라엘의 계약상의 약속들과 관련하여 어떻게 보아져야 하는가라는 문제가 있었다. 기독교의 자기이해에서 이러한 것들은 옛날이나 지금이나 근본적인 문제들로서, 이러한 문제들을 게을리했다가 기독교 신학 및 증언은 그 대가를 치러 왔다.

§14.7 오직 믿음으로

바울이 정확히 무엇에 맞서서 경고하였든간에, 그가 적극적으로 주창(主唱)하

---

150) 논쟁에서 사용되는 용어들의 이러한 변화와 이미 확립되어 있던 "구원"이라는 용어를 비바울적으로 사용하고 있는 것은 에베소서가 바울이 죽은 지 얼마 후에 한 바울의 제자에 의해 씌어졌음(대부분의 학자들의 견해)을 보여 주는 강력한 증거이다. Cf. I. H. Marshall, "Salvation, Grace and Works in the Later Writings in the Pauline Corpus," *NTS* 42 (1996) 339-58.

151) 이것은 바울이 롬 9:6-13에서 이 문제를 재론하는 방식이다; 자세한 것은 아래의 §19.3a을 보라.

는 내용은 분명하다. 개인이 복음에 응답하여 복음이 주는 축복들을 체험하는 수단은 "믿음"(pistis)이다. 이것이 "율법의 행위"에 관한 논란과는 상관없이 바울의 메시지의 근본적인 특징이었다는 것은 데살로니가전후서를 보면 분명히 나타난다. 거기에서 바울은 믿음을 권하고 격려하는 등 그의 독자들의 믿음이라는 주제를 반복해서 다룬다.[152)]

그러나 "율법의 행위"를 둘러싼 논란의 발단이 된 것은 어떤 조건하에서 복음이 이방인들에게 제공될 수 있느냐에 관한 기독교 내부의 논쟁이었다. 그리고 이 논쟁에서 고전적인 반립명제(反立命題)가 형성되었다: "사람이 의롭게 되는 것은 율법의 행위로 말미암음이 아니요 오직 예수 그리스도를 믿음으로 말미암는다"(갈 2:16). 이 점을 의심의 여지 없이 명확히 하기 위하여 바울은 두 번에 걸쳐 다시 이것을 반복한다: "우리도 그리스도 예수를 믿나니 이는 우리가 율법의 행위로써가 아니고 그리스도를 믿음으로써 의롭다 함을 얻으려 함이라 율법의 행위로는 의롭다 함을 얻을 육체가 없느니라"(2:16). 이 반복되는 반립명제는 이 단원의 제목의 정당함을 보장해줄 정도로 아주 단호하다: 오직 믿음으로 말미암는 칭의. 이 주제에 대한 이후의 자세한 설명 속에서 우리는 "믿음"이 지금까지 서술된 복음의 핵심이라는 매우 강력한 단언들 중의 하나를 본다(갈라디아서 3장). 이 문제는 바울에게 대단히 중요했기 때문에, 이 문제 전체는 이후에 바울이 그의 복음을 본격적으로 소개한 로마서에서 주의깊고 상세하게 재진술되었다(로마서 3~4장).[153)]

여기서 우리에게 특히 흥미로운 것은 바울은 단지 이방인을 받아들이는 문제에 답하는 형식으로가 아니라 더 나아가 하나님에 대한 인간의 의존성에 관한 근본

---

152) pistis — 살전 1:3, 8; 3:2, 5-7, 10;
5:8; 살후 1:3-4, 11; 2:13; pisteuo — 살전 1:7; 2:10, 13; 4:14; 살후 1:10.

153) 갈라디아서 3장에 '피스티스'(pistis)는 15회 나온다(pisteuein은 2회). 롬 3:22~5:2에서 '피스티스'(pistis)는 20회 나온다(pisteuein 7회). 이것은 다른 곳에서의 사용빈도수를 훨씬 상회한다: 예를 들어, pistis — 고린도전서에서 7회, 고린도후서에서 7회, 에베소서에서 8회, 빌립보서에서 5회, 골로새서에서 5회, 데살로니가전서에서 8회, 데살로니가후서에서 5회. Goppelt는 로마서의 35회의 믿음 구절들 중에서 27회, 갈라디아서의 21회의 믿음 구절들 중에서 18회가 칭의 문제에 대하여 말하고 있다는 점을 지적한다; "바울에게 믿음은 칭의로서의 복음 해석을 통해서 특별히 강조된다"(*Theology* 2.126).

적인 진술을 제시하는 방식으로 이신칭의(以信稱義)를 설명해 나간다는 사실이다.

a) 위의 설명이 옳다면, 믿음에 대한 바울의 강조는 율법의 행위에 대한 강조에 함축되어 있는 '제한성'(restrictiveness)과 싸우는 그의 방식이었음이 분명하다. 이 점은 로마서에 특히 분명하게 나타난다. 우리는 이것을 로마서 3:27-31에서 보았다. 행위를 자랑하는 것은 하나님이 유대인만의 하나님이라고 단언하는 것과 매한가지다. 여기에서 그 대안(代案)에 관한 근본적인 표현인 믿음에 대한 강조가 나왔다: 믿음으로 말미암아 의롭다고 하시는 하나님은 유대인만이 아니라 이방인의 하나님이기도 하다(3:28, 30). 로마서 9:30-32에서 이 점을 재진술하고 있는 것도 마찬가지 의도이다. 율법의 행위는 의(義)의 율법에 대한 이스라엘의 제한된 개념을 말해 주는 것으로서 실제로 이스라엘이 의에 도달하는 것을 가로막는다. 그러나 믿음은 이방인들이 그 의를 얻게 된 수단이다.

하지만 이 점은 "모든 믿는 자"라는 강조된 표현 속에서 더 뚜렷하게 드러난다. 복음은 "모든 믿는 자"(1:16)를 위한 것이다. 하나님의 의는 "모든 믿는 자에게"(3:22) 향한다. 아브라함은 "모든 믿는 자"(4:11)의 조상이다. "그리스도는 모든 믿는 자에게 의를 이루기 위하여 율법의 마침이 되시니라"(10:4). "누구든지 그를 믿는 자는 부끄러움을 당하지 아니하리라"(10:11). "모든"이라는 말은 로마서의 진정한 핵심 단어들 중의 하나다.[154] 이와 같은 언급들이 나오는 문맥을 보아 알 수 있듯이, "모든"은 일관되게 '이방인과 마찬가지로 유대인도,' '유대인과 마찬가지로 이방인도'를 의미한다.[155] 이 점을 일관되게 역설함으로써 바울은 하나님 앞에서의 그의 동료 유대인들의 특권적인 지위는 다른 열방들과 구별되는 이스라엘을 향한 하나님의 은혜에 대한 모종의 제한을 포함하고 있다는 그들의 전제를 부수기 위한 의도가 있었음에 틀림없다.

이 점은 두 개의 핵심적인 증거 본문들로 생각했던 하박국 2:4과 창세기 15:6에 대한 바울의 해석에서도 나타난다. 이 본문들의 중요성은 바울이 이신칭의(以信稱義)에 대한 그의 이해를 정의하고 변호하고자 한 두 서신에 이 본문들이 주

154) "모든 자"는 로마서에 71회 나온다.

155) 1:5("모든 민족들"); 1:16("먼저는 유대인에게요 그리고 헬라인에게로다"); 2:9("먼저는 유대인에게요 그리고 헬라인에게며"); 2:10("먼저는 유대인에게요 그리고 헬라인에게라"); 3:9("유대인이나 헬라인이나"); 3:19("온 세상"); 3:20("(모든 육체"); 3:22("차별이 없느니라"); 4:16("그 모든 후손에게," "우리 모든 사람의 조상") 등.

요하게 등장한다는 사실에서 분명히 드러난다.[156] 여기서 우리에게 중요한 것은 이 두 본문을 바울 당시의 유대인들이 어떻게 이해하였느냐 하는 것이다. 그렇게 하면, 우리는 바울의 논증 속에서 이 본문들의 기능에 대한 통찰을 쉽게 얻을 수 있다 — 즉, 바울이 무엇을 논증하고 있느냐 하는 것뿐만 아니라 바울이 무엇에 맞서서 논증하고 있느냐 하는 것도 알 수 있다는 말이다. 후자를 알면, 전자를 밝히는 데 도움이 될 것은 자명하다.

b) 하박국 2:4의 흥미로운 특징은 히브리어 본문, 칠십인역, 바울 서신에 나오는 판본의 내용이 서로 다르다는 것이다:[157]

> 히브리어 본문: 의인은 그의 믿음으로 말미암아 살리라;
> 칠십인역: 의인은 나의 믿음으로 살리라;
> 바울 서신: 의인은 믿음(?)으로 살리라.

히브리어 본문과 칠십인역에서 "믿음" 앞에 붙은 인칭 형용사는 하박국 2:4의 "믿음"이 바울 서신과는 다른 견지에서 이해되었음을 분명히 보여 준다. 히브리어 본문은 사실 레위기 18:5("사람이 이를 행하면 그로 말미암아 살리라")의 반복 또는 언약적 율법주의에 관한 고전적인 진술이다.[158] 즉, 히브리어 본문은 계약에 속한 자들의 의(義)가 무엇인지를 보여 주는 것이었다. 그는 "그의 믿음," 즉 율법과 관련한 그의 신실함[159]으로 살았다는 것이다. 하박국서에 대한 쿰란 공동체의 주석서에서는 이 절을 이렇게 보았다: "이 절의 해석은 율법을 지키는 자들에 관

---

156) 합 2:4 — 롬 1:17과 갈 3:11; 창 15:6 — 롬 4:3과 갈 3:6. 또한 그는 롬 3:20과 갈 2:16에서 시 143:2을 인유적으로 사용하지만, 바울이 "율법의 행위로 말미암아"라는 어구를 삽입한 것은 이 본문을 자신의 논쟁에 좀 더 노골적으로 활용한 것이다; 필자의 *Galatians* 140을 보라 — 그리고 아래의 §14.8도 보라.

157) 히 10:38은 또 하나의 변형(變形)이 있다: "나의 의인은 믿음으로 말미암아 살리라." 본문 형태에 대해서는 예를 들어, J. A. Fiztmyer, "Habakkuk 2:3-4 and the New Testament," *To Advance the Gospel* 236-46을 보라.

158) 위의 §6.6을 보라.

159) 이것은 사실 "견고, 견실, 충실"을 뜻하는 히브리어 '에무나' ('emunah, LXX: pistis)의 가장 자연스러운 의미였다(BDB, 'emunah; A. Jepsen, *TDOT* 1.316-19).

한 것이다."[160] 이와는 대조적으로 칠십인역은 이 본문이 하나님께서 계약에 신실하시다는 내용을 말하고 있는 것으로 이해하였다. 즉, 이 본문은 계약에 속한 자들의 삶은 이스라엘에 대한 하나님의 지속적인 신실하심에 의해 가능하고 유지될 수 있다는 것을 천명하고 있다는 말이다. 달리 말하면, 이 본문은 하나님의 의(義)라는 주제에 대한 또 하나의 진술이라는 것이다.[161]

그러나 바울은 로마서 1:17과 갈라디아서 3:11에서 모두 인칭 형용사들("그의," "나의")을 생략하였다. 이렇게 함으로써 바울은 본문을 다른 식으로 읽혀질 수 있게 만들었고, 본문이 히브리어 본문이 함축하고 있는 제한적인 방식으로 읽혀지는 것을 막았다. 바울이 이런 식으로 수정한 본문의 온전한 의미가 무엇인지는 여전히 논란이 되고 있는 문제인데, 이 논쟁도 역시 너무도 자주 흑백논리식의 해석으로 귀착되곤 한다. "믿음으로"는 "의인"에 걸릴 수도 있고 "살리라"에 걸릴 수도 있는데, 바울은 그의 독자들이 어느 한 쪽을 선택하도록 할 의도였음에 틀림없다는 것이다.[162] 만약 정말 그랬다면, 바울의 글솜씨는 서툴렀다고 해야 한다. 왜냐하면 논란이 보여 주듯이 본문은 어느 쪽으로도 쉽게 해석될 수 있기 때문이다. 그러므로 바울은 의도적으로 이렇게 어느 쪽으로든 해석될 수 있는 여지를 남겨두었을 가능성이 더 높다. 왜냐하면 바울이 말하고자 한 요지는 인간의 의는 처음부터 마지막까지 '피스티스'(pistis, "믿음/신실함")의 문제라는 것이었기 때문이다. 이 '피스티스'의 성격을 나중에 바울은 적절한 때에 분명히 밝힌다(로마서 4장). 그때까지 본문을 칠십인역과 같은 방식으로 이해한 독자는 모든 믿는 자에 대한 하나님의 신실하심, 하나님의 구원하시는 의(義)에 대하여 감사하는 것을 바울은 막지 않는다. 약간 헷갈리는 "믿음으로 믿음에"(1:17)라는 표현도 마찬가지로 그 해석에 대한 여지를 남겨둔 것 같다: "오로지 믿음으로"라는 뜻도 되고 "인간의 믿음(이라는 반응)에 대한 하나님의 신실하심으로"라는 뜻도 되고 둘 모두의 뜻도 될 수 있도록.[163]

갈라디아서 3:11에서 사용된 동일한 전략은 몇 가지 점에서 한층 더 대담하다.

160) 1QpHab 7:10-11; 8:1-3. 자세한 것은 필자의 *Romans* 45-46을 보라.

161) 위의 §14.2을 보라.

162) 예를 들어, 필자의 *Romans* 45-46에 나온 이들을 보라.

163) 자세한 것은 필자의 *Romans* 43-44에 나오는 좀 더 자세한 논의를 보라. 그러나 또한 아래의 n. 203도 보라.

왜나하면 거기에서 바울은 하박국 2:4을 레위기 18:5 — 방금 지적했듯이 하나님의 백성으로서의 삶을 위한 이스라엘의 계약상의 의무에 관한 거의 동일한 표현으로 작용했던 두 본문 — 과 등치시키고 있기 때문이다(3:12). 하박국 2:4의 의미를 개방하여 바울이 이해한 대로의 "믿음"이라는 좀 더 기본적인 의미로 승화시킴으로써, 바울은 효과적으로 이 본문을 레위기 18:5과 구별하였다. 그 사고의 흐름은 3:12a에 거의 명시적으로 나타나 있다: "율법은 믿음에서 난 것이 아니니." 즉, 하박국 2:4은 계약상의 의(義)의 토대가 되는 조건들을 정의하는 것으로 볼 때에 가장 잘 이해된다(하나님의 신실하심/인간의 믿음). 그러나 믿음이 아니라 율법을 말하고 있는 레위기 18:5은 계약상의 의(義)를 살아내는 것만을 언급하고 있다고 보는 것이 가장 좋다.[164]

이 마지막 퍼즐을 통해서 우리는 갈라디아서 3:10-14에 나오는 사고의 흐름을 추적할 수 있는 위치에 있게 된다.[165] 바울은 약속된 축복(3:8)을 율법의 행위를 고집하는 자들에게 국한시키는 모든 사람들은 사실상 약속된 축복의 조건들을 파기한 것이고, 따라서 계약상 위협된 저주 아래 떨어진 것(3:10)이라고 주장한다. 왜냐하면 그 약속은 칭의에 관한 것이었고, 그것은 믿음으로 말미암아 인간에게 실현되기 때문이다(3:11). 이와는 대조적으로 율법은 주로 일단 약속이 실현된 후에 어떻게 삶을 살아야 하는가에 관한 것이었다(3:12). 그러나 율법의 저주는 그리스도에 의해 흡수되었다(3:13). 따라서 저주는 제거되었다. 그리고 이와 아울러 저주를 가져오게 된 원인인 율법의 역할 및 그 효력에 대한 오해, 이로 인한 약속으로부터의 이방인들의 배제는 무효화되었다고 선언되었다. 그 결과는 약속된 축복이 이제 이방인들에게 자유롭게 제공될 수 있다는 것이다(3:14).

c) 창세기 15:6은 여전히 바울의 칭의신학에 좀 더 근본적이었다: "아브람이 여호와를 믿으니 여호와께서 이를 공의로 여기시고." 이 본문은 갈라디아서 3:6에 나오는 바울의 논증의 주된 부분을 위한 출발점이고, 이 장 전체는 로마서 4장에서 이 본문에 대한 해석에 할애된다.

우리는 이 본문이 당시의 유대교 내에서 전형적으로 어떻게 이해되었는지를 알

---

164) 위의 §6.6을 보라.

165) 갈 3:10-14에 대한 우리의 분석이 단편적일 수밖에 없는 것은 유감이다: 3:10(§14.5c); 3:11(여기에서); 3:12(§6.6); 3:13(§9.5); 또한 3:14(위의 §14.5b과 아래의 §16.3)에 대해서도 보라.

고 있다. 마카베오1서 2:52은 사실상 창세기 15:6에 대한 해설이다: "아브라함은 시험을 받을 때에 신실하다는 것이 발견되어 그것이 그에게 의로 여겨진 것이 아니냐?"[166] 마카베오1서의 이 본문이 아브라함이 이삭을 희생제물로 드리는 시험을 받을 때에 보여 주었던 신실함(창세기 22장)에 대한 인유(引喩)라는 것은 의문의 여지가 없다. 이것은 제2성전 시대 유대교 내에서 선호한 주제였고,[167] 우리는 이미 이 시대에 일어난 유대교의 신학화 작업에서 이 아케다(Aqedah) 사건의 중요성이 점증했음을 지적한 바 있다.[168] 야고보서 2:21-23이 확증해 주듯이, 창세기 15:6을 이후에 일어난 22장의 사건을 통해서 해석하는 것은 표준적인 해석학적 출발점이었음이 틀림없다.[169] 다시 말하면, 창세기 22장은 아브라함의 믿음이 무엇이었는지를 보여 주었다. 그의 '피스티스'(pistis, "믿음")는 시험을 받을 때의 그의 "신실함," 하나님의 명령에 대한 그의 무조건적인 순종이었다.

마카베오1서 2:52은 맛디아가 열심의 영웅들을 점호하면서 마카베오 혁명에서 요구되는 헌신을 요약하고 있는 말(2:49-68) 중의 일부라는 사실을 우리는 놓쳐서는 안 된다. 아울러 가장 위대한 열심의 영웅들 중의 한 사람의 권고에도 창세기 15:6에 나오는 동일한 어구가 반영되어 있다는 것도 주목할 만하다. 시편 106:30-31에서 비느하스는 그의 목숨을 건 개입에 대하여 칭찬을 받는다.[170] 그런 후에 시편 기자는 창세기에 나오는 구절을 그대로 덧붙인다: "그리고 그것이 그에게 의로 여기심을 받았다." 마찬가지로 희년서 30:17에서 세겜 사람들을 도륙한 일에서 보여 준 시므온과 레위의 열심에 의한 행위[171]는 "그들에게 의로 여

166) 1 Macc. 2:52의 하반절은 창 15:6(LXX)을 그대로 인용한 것이다.

167) 삿 8:26; Sir. 44:19-21; *Jub.* 17:15-18; 18:16; 19:8; *m. Aboth* 5:3; 또한 Philo, *Abr.* 192; Josephus, *Ant.* 1. 223-25; Pseudo-philo 40:2, 5; *4 Macc.* 14:20; §9 n. 95를 보라.

168) 위의 §9.4을 보라.

169) 약 2:21-23 — "우리 조상 아브라함이 그 아들 이삭을 제단에 바칠 때에 행함으로 의롭다 하심을 받은 것이 아니냐 네가 보거니와 믿음이 그의 행함과 함께 일하고 행함으로 믿음이 온전하게 되었느니라 이에 성경에 이른 바 '아브라함이 하나님을 믿으니 이것을 의로 여기셨다'[창 15:6]는 말씀이 이루어졌고."

170) 또한 시 106[LXX 105]:30a에서 LXX은 히브리어 '팔랄'(palal, "개입하다")을 '엑실라스코마이'(exilaskomai, "속죄하다")로 번역하고 있다는 점을 주목할 필요가 있다 — "비느하스가 일어나서 속죄를 하였다."

171) 위의 n. 66을 보라.

기심을 받았다."[172] 분명히 창세기 15:6은 하나님이 의로 여기신 이스라엘의 계약상의 특수성에 대한 신실한 헌신을 가리키는 "열심"이라는 이스라엘의 전통 내에서 이해되었다. 과거에 "열심당"[173]이었던 바울이 이 전통을 몰랐을 리가 없다. 따라서 이 전통은 바울이 창세기 15:6을 사용한 배경의 일부일 가능성이 크다.

마찬가지로 4QMMT에 이와 동일한 인유(引喩)가 등장하는 것도 놀랍다. 서신의 끝 부분에서 기자(記者)는 "때의 마지막에 너희가 우리의 몇몇 말/실천들이 참되다/옳다는 것을 알고 기뻐할 수 있을 것이다. 그리고 그 앞에서 바르고 선한 일을 하는 것이 너희에게 의로 여겨지게 되리라"(Qimron and Strugnell [위의 n. 93] C30-31; Garcia Martinez 116-17). 여기에서 염두에 두고 있는 것은 직전에 언급된 실천들, 즉 "율법의 행위들"(Qimron and Strugnell C27; Garcia Martinez 113)임이 분명하다.[174] 그리고 이스라엘의 족장 시대에 나온 핵심 본문(창 15:6)을 염두에 두고 있다는 것도 분명하다. 여기서 다시 한 번 전제되고 있는 것은 의는 쿰란 공동체의 할라카(halakhah)의 특색을 이루고 있던 규칙들과 율법의 행위들을 준수하는 데에 신실함에 따라 평가된다는 것이다.[175]

바울이 창세기 15:6을 인용하고 있는 두 대목 중에서 로마서 4장은 훨씬 더 많은 것을 시사해 준다. 바울은 갈라디아서 3:6에서 창세기 15:6을 거론하긴 하지만 그것을 길게 다루지는 않는다. 그는 아브라함의 믿음이 하나님이 사람을 의롭다고 하시는 방식(믿음으로 말미암아, 3:7)에 대한 모범이 된다는 취지의 말을 한다. 그러나 그런 후에 바울은 다음 단원의 논증의 핵심이 되는 또 다른 주요한 용어들을 제공해 주는 또 다른 창세기의 주제[176]를 거론한다 — "축복"(3:9, 14), 그 반대말인 "저주"(3:10, 13), 그리고 "약속"(3:14-29).[177]

---

172) 창 15:6이 *Jub.* 14:7에 어느 정도 그대로 인용되었기 때문에, 30:17에서 창 15:6에 대한 인유(引喩)는 거의 우연일 수 없다.

173) 위의 §14.3c를 보라.

174) 위의 §14.4를 보라.

175) 필자의 "4QMMT" 150-52를 보라.

176) "네 안에서 모든 민족이 복을 받으리라"는 창 12:3과 18:8을 혼합해서 인용한 것이다. 그러나 이 약속은 족장 이야기들 내에서 여러 번 반복되어 나온다(또한 22:17-18; 26:4; 28:14). 아래의 §20 n. 8을 보라.

177) "약속, 약속하다"라는 명사와 동사는 갈 3:14-29에서 9회 나온다.

앞서의 논증에서 칭의에 관한 그의 복음과 관련하여 창세기 15:6의 잠재력을 다 활용하지 못했다는 것을 인식한 듯, 바울은 로마서 4장에서 다시 그 구절을 거론한다. 거기에서 그는 예로부터 우리에게 전해져온 성경 본문에 대한 가장 고상한 해설들 중의 하나를 제공하는데, 먼저 본문이 제시되고, 다음으로 두 개의 주요 단락들이 차례로 설명된 후에, 해설은 다시 본문을 언급하는 것으로 마무리된다.

4:3 "아브라함이 하나님을 믿으매 그것이 그에게 의로 여겨진 바 되었느니라"
4:3-12 "여겨진 바 됨"의 의미
4:13-21 "믿으매"의 의미
4:22 그러므로 "그것이 그에게 의로 여겨진 바 되었느니라."

사실상 이 해설의 첫 번째 부분의 취지는 창세기 15:6에 대한 현재의 해석과 배치된다. 바울이 잘 알고 있었듯이, "여겨진 바 되었다"는 것은 회계와 관련된 은유였다. 따라서 바울은 그의 독자들에게 하나님의 "회계"는 인간의 도급계약과 병행이 되지 않는다는 점을 상기시키는 것으로 논증을 시작한다(4:4-5).[178] 오히려 창세기 15:6의 의미는 시편 32:1-2에 나오는 병행을 통해서 더 잘 설명된다: "죄로 여기지 않다"는 말은 "의로운 것으로 여기다"라는 말과 매한가지다(4:6). 달리 말하면, 하나님의 회계는 하나님의 은혜, 불경건한 자들을 의롭다고 하시는 것, 죄 사함의 문제이다.

그러나 핵심적인 문제는 이 축복이 명령을 지킨 아브라함에게 돌려졌는냐 하는 것이다(4:9-10). 바울은 아브라함의 신실한 율법 준수의 문제와 관련하여 아브라함의 할례에 초점을 맞춘다. 이 순종의 행위(창 17:23)는 아브라함이 의로 여겨진 바 된(창 15:6) 후에 일어난 일이었기 때문에, 그것은 나중에 이삭을 드린 행위(창세기 22장)와 마찬가지의 문제를 야기시켰다. 아브라함이 의로 여겨진 바 된 것은 그의 믿음, 곧 그의 가솔들 중 모든 남자들에게 할례를 행하라는 하나님의 명령에 순종한 그의 신실함 때문이었는가? 사건들의 순서를 근거로 바울은 대

178) 위의 §14.6a을 보라.

납한다. 아브라함은 할례 전에 이미 "의로 여겨진 바" 되었다는 것이다. 아브라함의 할례는 그저 이미 그가 믿음으로 말미암아 누리게 된 의로운 관계에 대한 표지(標識)이자 그 관계를 인친 것에 불과하였다(4:10-11). 여기서 그러한 행위들 이전의 믿음이 그의 의(義)의 관계의 토대이고, 그의 믿음은 무수한 자손에 관한 하나님의 약속에 대한 응답이었기 때문에(창 15:5-6), (오직) 믿음만이 그가 많은 민족의 조상이 되리라는 약속의 토대가 된다(4:12).

그렇다면 그 믿음은 무엇인가? 창세기 15:6에 대한 바울의 해석의 두 번째 부분은 아주 중요하기 때문에 단락을 달리 해서 다루어져야 한다.

d) 창세기 15:6에 대한 그의 해석의 두 번째 부분(롬 4:13-22)에서 바울은 '피스티스' (pistis, "믿음")에 대한 그의 이해를 가장 분명하고 강력하게 해설한다.

먼저 바울은 이 문제를 할례라는 특수한 예에 관한 문제에서 율법 전반에 관한 문제로 확대시킨다(4:13-16). 여기서 사실상 그는 창세기 3:19-29의 자세한 논증을 어느 정도 반복한다. 논증의 요지는 율법은 다른 기능을 갖고 있다는 것이다. 이미 살펴보았듯이, 이 기능은 좀 더 근본적인 살리는 역할이 아니라 계약적인 삶에 대한 규율이다(창 3:21).[179] 바울은 로마서 10:5에서 레위기 18:5을 언급하면서 다시 한 번 이 역할을 거론하게 된다. 여기서 바울은 율법의 좀 더 보편적인 역할인 범죄에 대한 하나님의 심판의 척도라는 역할을 언급한다(4:15).[180] 좀 더 정확하게 말하면, 그는 율법이 어떤 식으로든 누가 아브라함의 유업을 이을 자가 될지를 결정한다는 것을 단호하게 부정한다(4:13). 만약 이를 부정하지 않는다면, 창세기 15:6은 설명이 될 수 없고, 원래의 약속은 폐기되고(창 15:5), 아브라함이 그 약속을 받았던 때의 그 믿음은 무효가 되어 버릴 것이다(4:14). 이것이 약속이 믿음으로 말미암아 되지 않을 수 없는 이유이다. 이렇게 해서 인간과 하나님의 모든 관계에 가장 근본적인 원칙이 분명히 드러난다 — 믿음을 통해서 은혜로 말미암아. 오직 그럴 때에만 약속은 율법에 속한 자들(아브라함과 같이 율법에 순종한 자들)만이 아니라 율법과는 상관없이 아브라함의 믿음을 공유한 자들까지 아브라함의 모든 상속자들에게 성취될 수 있다(4:16).[181]

179) 위의 §6.6을 보라.

180) 위의 §6.3을 보라.

181) 바울이 여기서 용인(容認)하는 것을 주목하라: 그는 아브라함 안에서 이스라엘의 유업을 단언한다(이것은 롬 9~11장의 주제가 된다); 바울의 항의는 유업을 지나치게 한정적인

이 해석의 마지막 부분(4:17-21)은 본문을 하나 더 인용한다: "내가 너를 많은 민족의 조상으로 세웠다"(4:17). 이 본문은 창세기 17:5(할례 구절)로부터 다소 뻔뻔스럽게 인용된다. 그러나 4:18이 보여 주듯이, 바울이 이 본문을 활용할 수 있었던 것은 창세기 17:5이 많은 민족의 조상으로서의 아브라함이라는 견지에서 원래의 약속("네 자손이 이와 같으리라" — 창 15:5)을 다른 식으로 표현하였기 때문이다. 좀 더 정확히 말하면, 창세기 17:5은 이 약속이 표현한 하나님의 주권을 더욱 강조한다("내가 너를 ~가 되게 하리라"). 이것은 "죽은 자를 살리시며 없는 것을 있는 것으로 부르시는 이"(4:17)이신 창조주 하나님의 약속이었다.[182] 그 하나님 앞에서 유일한 응답은 믿음, 단순한 의뢰가 될 수밖에 없다.

이 믿음의 성격은 약속 및 그 성취의 상황에 의해 한층 더 선명하게 드러진다(4:18-19). 아브라함이 나이 많아 늙었고 사라의 태(胎)도 닫힌 상황에서 정상적인 방식을 따라 약속이 실현되기를 기대하는 것은 거의 불가능해 보였다. 그러나 아브라함은 굳게 믿고 소망을 버리지 않았다: 이것이 그의 믿음의 성격이었다 — 그 어떤 규례에 의존하지도 제한받지도 않고, 오직 하나님만 의지하였다.[183] 이것은 아담이 해내지 못했던 창조주 하나님에 대한 신뢰였다. 아브라함은 인류가 하나님께 드리기를 거부했던(1:21) 영광을 하나님께 드렸다(4:20). 이것은 이후의 아브라함의 신실함보다 훨씬 더 근본적이고 이스라엘과 그 계약의 하나님과의 관계보다 더 근본적인 믿음의 성격이었다. 이것은 약속하신 이가 하나님이시라는 이유만으로 하나님의 약속을 전적으로 의지하고 신뢰한 피조물의 믿음이었다(4:21).

"그에게 의로 여겨진"(4:22) 것은 바로 이러한 믿음이었다고 바울은 결론을 내

방식으로 이해하는 것에 대한 것이다. 그는 이스라엘의 전통적인 한정을 기독교적인 한정으로 대체하지 않는다: 그는 "율법이 아니라 오직 믿음으로"라고 말하지 않고 "율법만이 아니라 믿음으로도"라고 말한다. 이것은 롬 3:28과 갈 2:16에 표현된 것으로부터 바울의 관심의 또 다른 측면이다. 바울의 논증 속에서 그러한 뉘앙스들은 흔히 간과된다; 예를 들어, Cranfield, *Romans* 242-43의 억지스러운 주해를 보라.

182) "죽은 자를 살리시는 이"(롬 4:17)라는 표현 속에는 사라의 죽은 태(胎)에 생명을 주시는 하나님의 역사(4:19)를 예수를 죽은 자로부터 일으키신 하나님의 역사(4:24)와 결부시킬 의도가 있음이 분명하다; 필자의 *Romans* 217-18을 보라.

183) 이 구절에 대한 Käsemann의 강력한 성찰들을 보라(*Perspectives* 92-93).

린다. 그리고 그는 복음에서 요구하는 믿음도 바로 이와 같은 것임을 지적하는 것으로 이 해석을 마무리한다 — "예수 우리 주를 죽은 자 가운데서 살리신"(4:23-24) 생명을 주시는 하나님에 대한 믿음.

그러므로 이것이 바울이 말한 이신칭의(以信稱義), 오직 믿음으로 말미암은 칭의가 의미하는 것이다. 그것은 하나님과 인간의 관계에 관한 심오한 개념이었다 — 완전한 의지, 무조건적인 신뢰의 관계. 하나님의 은혜에 대한 인간의 의지함은 무조건적이어야 했다. 그렇지 않으면, 그것은 아브라함의 믿음, 하나님께서 역사하시는 토대가 되는 믿음이 될 수 없었다. 이것이 바울이 율법의 행위가 믿음에 필수적으로 수반되거나 부가되어야 한다고 주장하면서 내내 그에게 맞섰던 자들에게서 본 그 제한(制限)에 그토록 격렬하게 적대적이었던 이유였다. 하나님은 전적으로 하나님을 의뢰하지 않는 자를 의롭다고 하실 수 없고 그와의 관계를 지속시킬 수 없다. 칭의는 믿음으로 말미암아, 오직 믿음으로 말미암아 이루어진다.

§ 14.8 그리스도에 대한 믿음

이제까지 길게 논의해 왔음에도 불구하고, 우리의 논의는 아직도 끝난 것이 아니다. 왜냐하면 최근에 격렬하게 논쟁이 되었던 한 쟁점에 대해서 잠깐 살펴볼 필요가 있기 때문이다. 그것은 앞서 거론했던 '피스티스'(pistis)에 대한 모든 언급들이 복음에 대한 반응으로서 인간의 믿음을 언급하는 것이냐 하는 것이다. "믿음"이라는 말이 등장하는 어구 중에는 '피스티스 크리스투'(pistis Christou), 문자 그대로 번역하면 "그리스도의 믿음"이라는 속격 구문이 7번 정도 나온다.[184] 이 어구에 대하여 강력하게 주장되는 대안적인 견해는 이 어구(pistis Christou)를 그리스도 자신의 믿음, 즉 그리스도께서 십자가상에서 자원하여 스스로를 희생 제물로 드림으로써 보여 준 신실함을 가리키는 것으로 이해해야 한다는 것이다. 오늘날 일부 진영에서는 이 어구를 이렇게 이해하는 것을 당연시한다.[185]

---

184) 예수 그리스도를 믿음	롬 3:22; 갈 3:22
예수를 믿음	롬 3:26
그리스도 예수를 믿음	갈 2:16
그리스도를 믿음	갈 2:16; 빌 3:9
하나님의 아들을 믿음	갈 2:20

a) 어떤 학자들은 속격 구문은 특히 로마서 4:16에서 그 상당어구인 "아브라함의 믿음"과 함께 사용될 때에 그 자체가 이 어구의 의미를 결정한다고 주장한다.[186] "아브라함의 믿음"이 아브라함의 믿음을 의미하듯이, "그리스도의 믿음"도 그리스도의 믿음을 가리킨다는 말이다.

그러나 이러한 어구의 형태 자체가 그 의미를 결정하는 것은 아니다. 속격 구문은 영어에서보다도 헬라어에서는 더욱 더 광범위한 의미를 가질 수 있다.[187] 우리는 이미 §14.2에서 '디카이오쉬네 데우'(dikaiosyne theou, "하나님의 의"; 롬 1:17)와 관련된 문제점을 살펴본 바 있다. 로마서 5:5에 나오는 "하나님의 사랑"과 관련해서도 이와 비슷한 문제가 발생한다: 이 어구는 하나님의 사랑을 가리킬 것이지만, "하나님을 향한 사랑"은 배제되는가?[188] 대격적 속격은 '젤로스 데우'(롬 10:2)에서 이미 본 바 있다. 이 어구는 문자적으로는 "하나님의 열심"으로 번역되지만, 분명히 문맥상으로 "하나님을 향한 열심"을 의미한다. 마찬가지로 바울은 "그리스도의 증거"(고전 1:6)라는 말을 사용하는데, 여기서 이것은 "그리스도에 대한 증거"를 의미한다는 데에 학자들의 의견이 일치한다. 그리고 빌립보서 3:8에 나오는 "그리스도 예수의 지식"이라는 표현을 그리스도를 그 대상으로 하는 지식 이외의 의미로 해석하는 학자는 아무도 없다.[189]

그러므로 속격 구문의 형태 자체를 봐서는 독자들은 어떤 용법의 속격으로 사용되었는지를 알 수 없다. 의미를 결정하는 것은 이 구문이 문맥 내에서 어떤 기

---

185) 특히 Hays, *Faith* 139-91; 또한 "PISTIS"; Hooker, "Pistis Christoi"; Wallis, *Faith*; Stowers, *Rereading* ch. 7을 보라. 자세한 참고문헌은 Hays, "PISTIS" 35-36 nn. 204를 보라.

186) "3:26과 4:16 간의 병행관계는 Iesou를 대격적 속격으로 보고자 하는 모든 해석자들을 치명적으로 당혹스럽게 하는 것이다"(Hays, "PISTIS" 47; cf. Stowers, *Rereading* 201-2). 그러나 또한 Harrisville, "PISTIS CHRISTOU" 241을 보라.

187) 예를 들어, BDF §§162-68은 "기원과 관계의 속격," "대격적 속격," "부분의 속격," "속성의 속격," "방향과 목적의 속격," "내용의 속격과 동격의 속격," "각기 다른 의미들을 지닌 속격들의 연결"의 예들을 개관한다.

188) Cf. 필자의 *Romans* 252.

189) 이것도 "하늘의 소망" 같은 어구와 마찬가지로 영어식 용법이다. 시인이 "마리아를 향한 모든 사랑"(all for the love of Mary)라고 노래할 때, 이 표현을 오해할 사람은 아무도 없다.

능을 하느냐 하는 것이다. 이미 살펴보았듯이, 로마서 1:2과 9에서 바울은 "하나님의 복음"과 "그의 아들의 복음"이라는 말을 연속적으로 사용하는데, 여기서 문맥은(1:2-3) 하나님은 이 복음의 배후에 있는 원천이자 출처이고(주격적 속격), 아들은 복음의 내용으로서(대격적 속격), "그의 아들에 관한" 복음이라는 뜻임을 보여 준다(1:3). 바울 서신 밖에서 이것과 가장 가까운 어구('피스티스' + 속격)는 '피스틴 데우'(pistin theou; 막 11:22)인데, 여기서도 이 어구는 문맥상 "하나님에 대한 믿음"을 의미한다.[190] 그러므로 우리는 논란이 되고 있는 '피스티스 크리스투'(pistis Christou)라는 각각의 어구의 의미를 결정하기 위해서는 그 어구가 사용되고 있는 문맥을 살펴보지 않으면 안 된다.

문법상의 고찰을 마치기 전에, 우리는 이 어구가 나오는 모든 경우들에서 정관사가 붙어 있지 않다는 점을 한 번 짚고 넘어가야 한다 — "the faith of Christ"가 아니라 "faith of Christ." 주격적 속격의 의미로 사용된 경우에는 통상적으로 관사가 붙어야 한다 — "그리스도께서 행한 믿음." 가장 분명한 예는 로마서 3:3이다 — "하나님의 믿음(the faith of God)," 즉 "하나님의 신실하심." 그러나 이 원칙은 결코 보편적이거나 일관되게 적용되지 않는다. 이를 분명하게 보여 주는 예는 로마서 4:16이다 — 여기에는 "아브라함의 믿음(faith of Abraham)"으로 관사 없이 사용되는데도 그 의미는 "아브라함의 믿음"이다(4:5과는 대조적으로 — "그의 믿음[the faith of him]"). 그러나 4:16의 표현은 단지 '에크 피스테오스'(ek pisteos, "믿음으로 말미암아")라는 주제 어구를 그대로 가져온 것일 수 있다.[191] 그렇다면 '피스티스 크리스투'라는 어구에 일관되게 관사가 붙지 않는다는 사실은 좀 더 무게를 지니게 된다.[192]

b) 우리가 문맥을 살펴보면, 이 문제는 더욱 분명해진다. 이 어구가 4번 나오는 갈라디아서 2~3장의 경우에 그리스도에 대한 믿음 이외의 의미를 찾아보기는 어렵다. 논증은 '피스티스' 어구가 처음으로 나오는 2:16에서 시작된다. 여기서 이 어구를 "그리스도의 믿음"이라는 의미로 해석해야 한다고 주장하는 자들의 주된 논거는 그렇게 해석하지 않으면 '피스티스' 어구들이 불필요하게 계속 중복되

190) Harrisville, "PISTIS CHRISTOU"도 조상들이 이 어구를 대격적 속격으로 일관되게 이해했다는 것을 보여 준다.

191) ek pisteos — 1:17(2회); 3:26, 30; 4:16(2회); 5:1; 9:30, 32; 10:6; 14:23(2회).

192) 필자의 "PISTIS CHRISTOU" 66-67에 나오는 좀 더 자세한 논의를 보라.

어 나오는 것으로 보인다는 것이다: 즉, 인간의 믿음은 동사로 표현되고("우리가 그리스도 예수를 믿나니"), 두 개의 '피스티스 크리스투' 어구는 여기서 다루는 내용의 또 다른 측면("그리스도의 신실하심")을 나타낸다는 말이다.[193]

그러나 이러한 해석을 반박하는 두 가지 요소가 있다. 첫째, 이러한 해석은 바울이 "율법의 행위"라는 표현이 들어가는 세 개의 반제(反題)를 의도적으로 제시하고 있다는 사실을 무시하는 것이다(2:16에서 세 번). 이 반제(反題)의 구조는 다음과 같다:

율법의 행위로 말미암음이 아니요	오직 예수 그리스도를 믿음으로 말미암는 줄 알므로
이는 우리가 율법의 행위로써가 아니고	우리도 그리스도 예수를 믿나니
율법의 행위로는	그리스도를 믿음으로써 의롭다 함을 얻으려 함이라
	의롭다 함을 얻을 육체가 없느니라.

그 요지는 바울은 의심의 여지를 남기지 않게 하기 위하여 반복해서 말하고 있다는 것이다. "율법의 행위"의 반대는 '피스티스'(pistis), 곧 믿음이요 바로 '피스티스'다. 이렇게 그리스도를 믿은 자들은 율법의 행위를 불필요하게 만드는 '피스티스 크리스투'의 원칙을 보여 주고 확립하였다.

둘째, 바울이 '피스티스 크리스투'를 그리스도의 믿음(또는 신실하심)을 가리키는 어구로 사용할 의도였다면, 이후의 글에서 이 중요한 주제를 여러 가지 표현을 사용하여 해설하고 재진술하려는 시도를 하지 않고 있다는 것은 참으로 이상한 일이다. 그리고 2:16은 이 서신의 주지(主旨)를 표현하는 중요한 주제문이 된다. 2:16이 함축하고 있듯이, "그리스도의 신실하심"이 바울의 논증에서 중심적인 것이었다면, 바울이 이 주제를 좀 더 부각시키면서 이 수수께끼 같은 어구가 무엇을 의미하는지를 명백히 하는 작업을 하지 않았다는 것은 도저히 생각할 수 없는 일이다. 이 "그리스도의 믿음"은 과연 무슨 뜻이었는가? 그리스도께서도 아브라함이 그랬듯이 "믿었다"는 말인가?[194]

---

193) 예를 들어, Longenecker, *Galatians* 87-88; Hooker, "Pistis" 166, 173; Wallis, *Faith* 71.

194) 3:13은 저주받은 그리스도를 그리스도의 믿음이라는 주제와 결부시키려는 시도를 하지 않는다; 그리고 3:23, 25에 나오는 "믿음이 오는 것"에 대한 언급들은 "그리스도의 믿

이와는 대조적으로, 앞서 보았듯이, 갈라디아서 3장의 주제는 아주 분명하다. 갈라디아서 3장은 끊임없이 날카로운 반립명제(反立命題)들(3:2, 5, 10-11)을 통해서 율법의 행위와 '피스티스'(pistis)의 상반성을 부각시키면서, 율법과 '피스티스'의 각기 다른 역할을 대비시킨다(3:10-26). 모든 것을 양보해서 이 '피스티스' 어구들이 그리스도의 믿음을 가리키는 것으로 해석해 볼 수 있다. 그러면 "믿음의 옴"(3:23)과 "자손[그리스도]의 오심"(3:19) 간의 병행은 그러한 주장에 어느 정도 무게를 더해 줄 것이다. 그러나 논증의 흐름상 실제로 모든 '피스티스' 어구들을 그런 식으로 해석하지 않으면 안 된다.[195] 왜냐하면 독자들이 반복되는 '에크 피스테오스'(ek pisteos) 어구들의 서로 다른 용법을 구별해내는 데 사용할 분명한 판별 기준이 없기 때문이다.[196] 이것은 율법을 고집하는 것에 대한 대답으로서 바울은 약간 수수께끼 같은 "그리스도의 믿음"과 "그리스도를 믿음"을 가리키는 오직 두 번의 동사를 사용한 언급(2:16; 3:22)을 통해서 갈라디아 교인들의 믿음의 중요성을 나타내려 하였다는 것을 의미하게 된다.

그러나 갈라디아서 3장에 대한 훨씬 더 유력한 해석은 창세기 15:6의 인용문은 이후에 나오는 내용의 주제를 선언하고 있다는 해석이다: "아브라함이 하나님을 믿으매 그것을 그에게 의로 정하셨다"(3:6). 이 구절의 병행문인 로마서 4:3 이하의 경우도 마찬가지다. 거기에 자주 나오는 '피스티스/피스튜오'(pistis/pisteuo, "믿음/믿다") 어구들이 인간의 믿음을 의미한다는 데는 아무도 이의를 제기하지 않는다. 갈라디아서 3장은 창세기 15:6을 나중에 로마서 4장과는 달리 그 주제로 삼고 있지는 않지만, 창세기 15:6은 갈라디아서 3:6-9에 나오는 일련의 중요한 '에크 피스테오스'(ek pisteos) 어구들 중에서 첫 번째 어구의 의미를 결정하고 있다는 것은 확실하다. 아브라함의 믿음과 예수의 믿음(명시적으로 언급되고 있지는 않지만)과의 병행이 의도되고 있을 가능성은 거의 없다.[197]

음"에 대한 언급들 못지 않게 이해하기 어렵다. 이 문제를 제외한다면, 본문은 그저 "믿음"에 관하여 말하고 있다고 할 수 있다(또한 §6 n. 82를 보라). 또한 필자의 "PISTIS CHRISTOU" 69-71을 보라.

195) Hays는 실제로 그렇게 주장한다(필자의 "PISTIS CHRISTOU" 68-70을 보라); 그는 이 어구가 바울의 논증의 구성에서 어떤 기능을 하는지에 대한 이해가 결정적임을 인정한다("PISTIS" 40).

196) ek pisteos — 2:16; 3:7, 8, 9, 11, 12, 22, 24; 5:5.

"믿음으로 말미암은 자들"은 "아브라함의 자손"(3:7)이라 할 수 있다. 왜냐하면 그들은 "믿음에 속하였기" 때문이다. 즉, 그들은 아브라함의 믿음의 자손이라는 반열에 있었다.[198] 하나님은 그를 믿은 아브라함을 의롭다고 하셨듯이 "믿음으로 말미암아" 이방인들을 의롭다고 하신다(3:8). "믿음으로 말미암은 자는 믿음이 있는 아브라함과 함께 복을 받느니라."(3:9).[199] 이렇게 분명하게 정립된 논증의 흐름 안에서 이후에 나오는 '에크 피스테오스'("믿음으로 말미암은") 어구들은 아브라함이 받은 축복을 받을 수 있게 해 주는 그와 동일한 믿음을 가리키는 것으로 해석하지 않을 수 없게 된다(3:14). 여기에서 '에크 피스테오스'(ek pisteos, "믿는 자들"; 3:22)에 대한 두 번의 강조는 2:16에서 세 번 강조한 것과 맥을 같이 한 반복을 통한 강조로 보아야 한다.[200]

c) '피스티스 크리스투'(pistis Christou)를 "그리스도의 믿음"으로 해석해야 한다는 주장은 로마서 3:21-26에서 더욱 강력히 제기되고 있다. 왜냐하면 거기에서는 그리스도의 대속적 행위에 초점을 맞추고 있기 때문이다. 따라서 '피스티스 크리스투'를 십자가 위에서 일어난 사건에 의해서 복음이 서거나 넘어진다는 것을 강조하는 한 가지 방식으로 읽어야 할 가능성이 크다는 것이다.[201]

---

197) Wallis의 다소 비비꼬인 표현과 비교해 보라: "아브라함은 믿음을 가졌고 하나님으로부터 약속을 받았다; '호이 에크 피스테오스'(hoi ek pisteos, '믿는 자들')가 복된 것은 단지 그들이 믿기 때문이 아니라 믿음을 통하여 그들이 약속을 받은 자의 믿음에 참여하기 때문이다"(3:6-9)(*Faith* 115).

198) 롬 4:11-12, 16은 갈 3:7에 분명하게 함축된 내용을 좀 더 명시적으로 드러낼 뿐이다.

199) 바울은 여기서 "신실한(pistos) 아브라함"(3:9)이라고 말하는 데 주저하지 않는다; 그는 그리스도에 대해서는 이와 비슷한 표현을 결코 사용하지 않는다. 또한 필자의 *Galatians* 167을 보라.

200) 그러므로 이 논증의 논리가 그리스도가 아브라함의 믿음을 행사하였다는 것을 요구하지 않는다는 것은 분명하다(Hooker, "Pistis" 172는 이에 반대; 자세한 것은 필자의 "PISTIS CHRISTOU" 71-72를 보라). Hooker("Pistis")의 주장에도 불구하고, 아담 모티프 또는 "대체" 모티프는 이 부분의 논증과는 거리가 멀다. 바울 서신의 다른 곳에서 아담 유비(類比)가 등장하는 것은 그리스도의 믿음이 아니라 그리스도의 순종을 강조할 때이다(롬 5:19; 빌 2:8).

201) 특히 B. N. Longenecker, "Pistis in Romans 3:25 : Neglected Evidence for the 'Faithfulness of Christ'?" *NTS* 39 (1993) 478-80을 보라.

그러나 여기에서도 비슷한 문제점들이 있다. 먼저 독자들은 갑자기 도입된 이 문구(3:22)를 이런 식으로 이해할 준비가 전혀 되어 있지 않다. "그리스도의 믿음"이라는 해석은 그리스도의 신실하심이 로마 교회의 신자들이 곧 머리에 떠올릴 수 있는 친숙한 주제라는 것을 전제한다.[202] 그러나 이것이 초기 기독교에서 친숙한 주제였다는 증거는 그 어디에도 없다. 게다가 관사가 붙지 않는 것과 관련된 문법적인 설명도 한 몫을 한다. 이것이 잘 정립된 주제였다면, 우리는 "(잘 알려진 주제인) 그리스도의 믿음"에 대한 언급을 예상할 수 있었을 것이다.[203]

이와는 반대로 1:16-17에서 선언되고 있는 이 서신의 주제를 다시 한 번 되풀이하고 있다고 생각하면, 의미가 더 잘 통한다: "… 모든 믿는 자에게 구원을 주시는 하나님의 능력이 됨이라 … 하나님의 의가 나타나서 믿음으로 믿음에 이르게 하나니 기록된 바 오직 의인은 믿음으로 말미암아 살리라 함과 같으니라." 여기서도 우리는 또 다시 '피스티스'에 대한 반복된 강조에 주목한다 — 적어도 4번의 '피스티스'(pistis)/'피스튜오'(pisteuo) 언급들.[204] 그리고 여기에서 우리는 3:22에서 이 주제를 재개하면서 바울은 그 강조점을 되풀이하고 있다고 생각할 수 있다 — "예수 그리스도를 믿음으로 말미암아 모든 믿는 자에게 미치는 하나님의 의."[205] 또한 이러한 반복은 주제에 속한 "모든"이라는 말을 다시 도입할 기

202) Hays의 주장으로부터, 그의 해석이 그리스도 이야기에 대한 좀 더 포괄적인 참조를 요구하는 "바울의 복음의 서사적(敍事的) 구조"로 여기는 것으로부터 도출된다는 것은 분명하다(Faith ch. 4). 그는 바울의 청중들이 '피스티스'(pistis) 구절들을 그리스도 이야기에 대한 인유(引喩)들로 이해했다고 전제하지 않으면 안 된다.

203) 3:25에 나오는 이전의 표현(위의 §7.3을 보라)을 중단시키는 것으로 보이는 "믿음으로 말미암는"이라는 어색한 표현은 '하나님의' 신실하심을 가리키는 것 같다. 왜냐하면 여기서 묘사하고 있는 것은 하나님의 행위이기 때문이다; 필자의 *Romans* 172-73을 보라; 또한 "PISTIS CHRISTOU" 76-77과 위의 §14.2을 보라. Cf. Williams, "Righteousness" 268-71, 289.

204) 자기 주장을 관철하기 위하여, Hays는 합 2:4이 메시아 예언으로서 하나님의 아들의 믿음을 예표한다고 주장한다(*Faith* 150-57; "'The Righteous One' as Eschatological Deliverer: A Case Study in Paul's Apocalyptic Hermeneutic," in J. Marcus and M. L. Soards, eds., *Apocalyptic and the New Testament* (§12 n. 1) 191-215; "PISTIS" 42-44); D. A. Campbell, "Romans 1:17 — *A Crux Interpretum* for the Pistis Christou Debate," *JBL* 113 (1994) 265-85; Stowers, *Rereading* 200; Wallis, *Faith* 81-82도 이 견해를 따른다. 이전에는 Campbell 281 n. 47이 이를 지지하였다.

회를 제공한다: "믿음으로 말미암아 … 모든 믿는 자에게."[206]

또한 '피스티스' 주제가 3:27로부터 전개될 때에 그것이 예외 없이 내내 사람들의 믿음을 가리킨다는 것은 전혀 의심의 여지가 없다는 것도 유의할 필요가 있다.[207] "믿음의 법"(3:27)은 개개인이 "의롭다 하심을 얻는 것은 율법의 행위에 있지 않고 믿음으로 된다"(3:28)는 견지에서, 즉 "믿음으로 말미암아"(3:30-31) 그 효력이 발생한다고 말할 수 있는 칭의라는 견지에서 설명된다. 그런 후에 4:3-22에서 이 '피스티스'는, 앞서 살펴보았듯이, 아브라함의 "믿은 것"(4:3), 그의 '피스티스'(4:9, 11-12)에 관한 해석을 통해서 설명된다. 동사와 명사를 교대로 사용한 것은 이 점을 강조할 뿐이다.[208]

우리는 이 점을 설명하려고 더 이상 애쓸 필요는 없다. "그리스도의 믿음"이라는 해석이 겉보기에는 그럴 듯한 매력을 지니고 있지만, 그러한 해석은 핵심 본문들을 문맥에서 떠나서 원자론적으로 연구하거나[209] 그 주된 증거 본문들 자체가

205) "롬 3장은 하나님의 정의를 옹호하는 글"이기 때문에 "pistis Iesou Christou를 대격적 속격으로 해석하면, 실제로 그 의미를 알 수 없게 된다"는 Hays의 반론("PISTIS" 46)은 믿음만이 하나님의 자비로운 의(義)에 대한 인간의 유일하게 합당한 응답이라는 바울의 근본적인 태도를 놓치고 있는 것 같다(위의 §14.7을 보라).

206) 그러므로 "기이한 사족(蛇足)"이 아니다(Hays, "PISTIS" 46과는 반대로); 또한 필자의 "PISTIS CHRISTOU" 74-75를 보라.

207) 그리스도의 신실하심에 대한 언급은 이삭을 바친 아브라함의 신실함과의 병행을 연상시킨다(당시의 통상적인 해석); 그러나 바울의 해석은 그것에 역행하는 것 같다(위의 §14.7과 "PISTIS CHRISTOU" 75-77을 보라). Wallis는 3:27-31에 나오는 "믿음"을 "그리스도의 믿음을 통하여 확립된 하나님의 구원 경륜"으로 다소 왜곡시켜 풀이한다(*Faith* 88-90).

208) pisteuo — 4:3, 5, 11, 17, 18, 24; pistis — 4:5, 9, 11, 12, 13, 14, 16(2회), 19, 20. 마찬가지로 10:4, 6, 9-10(Stowers, *Rereading* 310-11에도 불구하고).

209) 그러한 원자론적 주해가 정당화될 수 있는 일곱 본문들 중 유일한 본문은 빌 3:9이다. 그러나 위의 논의에 비추어 볼 때, 이것은 믿음에 대한 바울의 거듭된 강조의 또 다른 유형, 즉 이 경우에는 육체를 신뢰하는 것에 대한 철저한 반대로 해석해야 할 것이다(Reumann, *Righteousness* 62 n. 72를 보라). "그리스도의 믿음"에 대한 인유(引喩)일 가능성은 동일한 문제를 불러일으킬 뿐이다: 이것은 어떤 "그리스도의 믿음"인가? 이에 대하여 바울의 독자들이 활용할 수 있었던 전승은 그 어떤 분명한 대답도 주지 않는다(또한 V. Koperski, "The Meaning of pistis Christou in Philippians 3:9," *Louvain Studies* 18 [1993]

논란이 되고 있는 그리스도의 믿음이라는 그 근저에 있는 이야기에 관한 가정에 너무 지나치게 의존하고 있다. 그러나 이 본문들을 갈라디아서와 로마서에서 바울의 논증의 흐름 내에서 읽게 되면, 바울이 "그리스도에 대한 믿음"이라는 복음에 대한 적절한 응답으로서 "믿음"의 중심적인 중요성에 대한 단언 이상을 의도했다고 생각할 수 없게 된다.[210]

그러나 이 특정한 주제에 대한 논쟁의 성과가 무엇이든, 바울에게 분명히 핵심적이었던 두 가지 사항이 그것으로 인해서 모호해져서는 안 된다. 첫째는 복음은 죄 및 죄의 세력을 단번에 처리해 버린 하나님의 의(義)의 표현으로서 그리스도의 죽음과 부활을 중심으로 한다는 것이다. 둘째는 이제 하나님의 구원하시는 의를 얻을 수 있는('더욱 온전하고 효과적으로' 라는 말을 더해야 하지 않을까?) 수단은 이 그리스도를 믿는 것이라는 것이다.

§ 14.9 칭의의 축복들

이제 남은 것은 바울이 칭의에 명시적으로 부가시키고 있는 신자들을 위한 여러 결과들을 살펴보는 것이다. 이렇게 한다고 해서 그 결과들이 오로지 칭의의 이미지와 결부되어 있거나 학적인 분석이나 분류에서 칭의에 소속되어야 한다는 뜻은 아니다. 우리는 다만 바울이 그의 복음의 몇 가지 다른 특징들을 특히 칭의와 결부시키고 있다는 것을 지적할 뿐이다.

a) 로마서 1:16~4:25에 나오는 주제에 대한 바울의 해설의 전체적인 취지로부터 칭의는 아브라함이 믿었듯이 그렇게 믿는 불경건한 자들을 의롭다고 하시는 하나님에 의해 받아들여지는 것을 의미한다는 결론이 쉽게 도출된다(4:5). 이것은 불경건한 자들을 의롭다고 하신다는 말(롬 4:5)이 함축할 수도 있는 사법 절차의 오용(誤用)이나 법적 허구(虛構)가 아니다.[211] 왜냐하면 여기에도 앞서 "의"

198-216을 보라). 예수의 "믿음"에 대한 고찰은 오늘날의 신학의 관심일 수밖에 없지만(예를 들어, O'Collins, *Christology* [§10 n. 1] 250-68을 보라), 가장 초기의 예수 전승에 관심을 가진 문제라고 말할 수는 없다. 바울이 그러한 주제를 염두에 두었을 때, 그가 선택한 용어는 "순종"이었다(롬 5:19; 빌 2:8). 자세한 것은 "PISTIS CHRISTOU" 78-79를 보라.

210) 필자로 하여금 여기에서 "양자 포괄식" 타협을 제시하는 것을 가로막는 것은 복음 영접과 일상 생활 속에서(아래의 §23.3을 보라) 믿음이 이렇게 중심적인 중요성을 지니고 있다는 것이다(예를 들어, Witherington, *Narrative* 270).

에 대한 헬라적 개념과 히브리적 개념의 차이에 대해 해명한 내용(§14.2)이 적용되기 때문이다. 사실 이 시점에서 법정 은유는 통하지 않는다. 왜냐하면 엄밀하게 말해서 법정에서는 죄 용서가 들어설 여지가 없고, 오직 적정한 사법 절차가 이루어져야 하기 때문이다. 그러나 두 당사자의 관계 속에서 상호 의무에 관한 문제라면, 침해를 받은 당사자는 상대방의 신의의 위반으로 인하여 그 관계를 끝낼 것인지, 아니면 그럼에도 불구하고 관계를 유지할지를 결정할 수 있다. 하나님께서 그의 은혜로 죄인을 의롭다고 하실 때에 적용되는 것은 바로 후자의 관계이다.

법적 허구라는 주장도 죄에 대한 하나님의 사형선고가 그리스도의 죽음을 통하여 실행된다는 우리의 앞서의 결론(§9) 앞에서 무너지고 만다. 바울의 속죄 교리가 대속의 교리(예수가 죽고, 죄인은 형벌을 면하게 된다)라면, 그러한 주장은 옳을지 모른다. 그러나 앞서 보았듯이 바울은 그리스도의 죽음을 모든 죄악된 육체를 지닌 자들을 대표한 죽음이라고 가르친다. 그의 복음은 믿는 죄인들이 죽음을 면하는 것이 아니라 그리스도의 죽음에 참여하는 것이다. 인간의 몸 속에 있는 죄라는 암덩어리는 암에 걸린 육체의 멸함과 함께 멸해진다. 이것은 앞으로 살펴보게 될 지속적인 구원 과정의 한 특징이다(§18).

비슷한 이유로 5:1의 처음에 나오는 부정과거 시제에 지나친 비중이 두어져서는 안 된다 — "믿음으로 의롭다 하심을 받았으니 …" 왜냐하면 그것은 단지 구원 과정의 '시작'을 강조하는 것이기 때문이다. 하나님의 의에 관한 전체적인 개념화가 보여 주듯이, 칭의는 하나님의 단번의 행위가 아니다. 오히려 칭의는 하나님께서 인간을 회복된 관계로 맨처음 받아들이는 것이다. 그러나 이후에 그 관계는 하나님께서 계속해서 심판과 무죄방면의 최후의 행위를 염두에 두고 그의 의롭다고 하시는 의(義)를 행사하지 않으시면 유지될 수 없다.[212] 다른 식으로 표현하자면, 의롭다 하심을 얻었다고 하여 그 사람이 죄 없이 되는 것은 아니라는 말이다. 그들은 계속해서 범죄한다. 따라서 하나님의 의롭다고 하시는 의(義)의 지속적인 행사 없이는 구원 과정은 중단되고 만다. 이것은 루터의 고전적인 정형구

211) Bornkamm, *Paul* 138은 "법적 허구(虛構)"라는 문제를 제기한다.

212) 롬 5:1과 9에 나오는 부정과거 시제에 비중이 두어질수록, 2:12과 3:20, 30에 나오는 미래 시제에도 더욱 비중이 두어져야 한다(자세한 것은 §§18.1-2을 보라). 8:30의 부정과거형들은 모두 완료된 구원 과정을 그 끝점의 관점에서 되돌아본다("부르셨다," "의롭다 하셨다," "영화롭게 하셨다"). 또한 위의 n. 150을 보라.

인 '시물 펙카토르 에트 유스투스' (simul peccator et justus, "죄인임과 동시에 의인")로 표현된다. 현세를 살아가는 동안에 인간은 항상 불경건한 자들을 의롭다고 하시는 하나님을 의지하게 될 것이다. 이것에서 도출되는 온갖 결과들에 대해서는 우리가 나중에 다시 살펴보게 될 것이다(§18).

b) 이 시점까지 해설한 그의 복음을 요약하면서(5:1), 바울은 그것으로부터 도출되는 몇몇 직접적인 결과들을 서술한다: 로마서 5:1-2 —

> 그러므로 우리가 믿음으로[213] 의롭다 하심을 얻었은즉 우리 주 예수 그리스도로 말미암아 하나님과 화평을 누리자 또한 그로 말미암아 우리가 믿음으로 서 있는 이 은혜에 들어감을 얻었으며 하나님의 영광을 바라고 즐거워하느니라.

칭의가 하나님께서 죄인을 받는 것을 의미한다면(5:8), 칭의는 또한 하나님께서 이전에 원수였던 자들에게 "화평"의 축복을 수여하는 것을 의미하기도 한다(5:10). 여기서 우리는 "화평"을 전쟁의 종결이라는 헬라식 개념에 국한시키거나 단지 정신적인 면(평안)으로 제한해서는 안 된다. 분명히 화평은 훨씬 더 풍부한 히브리어 개념인 '샬롬' (shalom)을 반영하고 있다고 보아야 하는데, '샬롬'의 기본적인 개념은 사회적 화합과 공동체적 선(善)을 포함하는 "안녕(安寧)"이다.[214] 인간의 모든 관계들 중에서 가장 근본적인 하나님과의 긍정적인 상호 관계는 인간의 그 밖의 다른 모든 열매 있는 관계들의 기초이다. 그것이 없다면, 인간 공동체는 온전하게 융성할 수 없다.

또한 칭의는 하나님에 대한 방해받지 않는 "접근"을 열어 놓는다. 이 은유는 부분적으로는 제의(祭儀)와 관련된다. 경건한 예배자에게는 제의의 핵심이 나타내고 있는 하나님의 직접적인 임재에 대한 방해받지 않는 접근이라는 은유보다 더 강력한 이미지는 없다.[215] 그러나 이 은유는 왕의 시종들을 통과하여 왕의 면전으로

---

213) 강력하게 확인되는 이독(異讀)인 "평안을 누리자"에 대해서는 필자의 *Romans* 245를 보라; 이 읽기를 선호하는 학자로는 특히 Fee, *Empowering Presence*(§16 n. 1) 495-96 n. 66을 보라.

214) 예를 들어, 신 23:6; 왕상 5:12; 시 72:3, 7; 85; 147:14; 사 48:18; 55:12; 슥 6:13; 8:12을 보라; 자세한 것은 W. Foerster and von Rad, *TDNT* 2. 400-420을 보라.

갈 수 있는 대단히 영광스러운 특권을 의미할 수도 있었다.[216]

더 놀라운 것은 칭의는 "하나님의 영광을 바라고"(5:2) 자랑하는 것을 가능하게 하였다는 것이다. 앞서의 논증에 대한 이중적인 인유(引喩)가 등장한다. 이 바람, 이 소망[217]은 현재의 인간에게는 없는 영광(3:23)[218]이 회복될 것이라는 것이다. 다시 말하면, 의롭다 하심을 받은/의롭다 하시는 관계는 원래 창조주와 피조물 간에 의도된 관계로의 회복이다(참조. 1:21). 그러한 관계 속에서 인간은 자신의 특권과 잘못된 평안을 부적절하게 자랑했던 이스라엘과는 대조적으로 적절하게 자랑할 수 있게 된다.[219]

또한 우리는 바울이 해설 단원을 마무리하면서 "칭의"와 "화해"(개역의 "화목")를 병행시키고 있다는 점에 주목하여야 한다(5:9-10):

> 9 그러면 이제 우리가 그의 피로 말미암아 의롭다 하심을 받았으니
> 더욱 그로 말미암아 진노하심에서 구원을 받을 것이니
> 10 곧 우리가 원수 되었을 때에 그의 아들의 죽으심으로 말미암아 하나님과 화목하게 되었은즉 화목하게 된 자로서는 더욱 그의 살아나심으로 말미암아 구원을 받을 것이니라.

이 두 절에서 모두 "구원"은 완결된 과정을 가리키고, "칭의"와 "화해"는 이 과정의 시작을 가리키는 역할을 한다. 여기서도 은유들은 상호보완적이기[220] 때문에,

215) 1QS 11:13-15은 매우 눈에 띄는 병행이다(위의 §14.2에 인용됨); 자세한 것은 Wolter, *Rechtfertigung* 107-20과 §20 n. 73을 보라.

216) 자세한 것은 필자의 *Romans* 247-48을 보라.

217) 여기서도 다시 한 번 히브리어 내용이 헬라어 형태를 압도하고 있다고 해야 한다. 왜냐하면 헬라어 용법에서 "소망"은 영어에서의 용법("나는 내년 여름에 너를 보기를 바라지만 결코 자신할 수는 없어")과 비슷하게 불확실성의 뉘앙스를 띠기 때문이다. 반면에 히브리적 사고에서 소망은 선한 것에 대한 기대였고, (롬 4:18에서처럼) 하나님에 대한 신뢰로서의 신뢰, 소망과 밀접하게 연관되어 있었다(자세한 것은 R. Bultmann, *TDNT* 2. 519-23; Plevnik, *Parousia* [§12 n. 1] ch. 8을 보라). "소망"은 계속해서 이후의 해설에서 주된 주제를 이룬다(5:2, 4, 5; 8:20, 24-25; 12:12; 15:4, 12-13). 또한 §16 n. 129와 §18.6을 보라.

218) 위의 §4.5을 보라.

219) 2:17, 23; 3:27. 마찬가지로 고전 1:31. 위의 §§5.4(4), 6.5c, 14.5e을 보라.

우리는 이것들에 서로 싸움붙여서는 안 된다.[221]

c) 칭의의 세 번째 결과도 로마서 4장과 갈라디아서 3장에 나오는 주된 해설들 속에 명시되어 있다. 칭의는 은혜로 특징지어지는 이스라엘과 하나님의 계약 관계 속으로 받아들여진 것을 의미한다. 이신칭의(以信稱義)는 이방인들이 아브라함에게 약속된 축복을 체험하고 이스라엘의 유업에 대한 참여를 허락받았다는 것을 의미한다. 아브라함은 모든 믿는 자의 조상이다(롬 4:11-12); 아브라함의 축복은 유대인뿐만 아니라 이방인에게도 미친다(갈 3:8-9, 14). 이방인들이 이스라엘의 "유업"에 참여한다는 것은 이 두 서신에 나오는 칭의에 대한 설명에서 결정적인 특징이다.[222] 또한 이것은 특히 로마서에서 바울의 신학적 해설의 정점(로마서 9~11장)과 관련하여 하나의 신학적 문제를 제기하기 때문에[223] 나중에 우리가 다시 살펴보아야 할 바울 신학의 한 측면이기도 하다(§20).

d) 마지막으로 갈라디아서에서 아주 격앙된 감정으로 언급되고 있는 또 한 가지 특징을 말해 둘 필요가 있다. 그것은 이신칭의가 자유, 특히 율법으로부터의 자유를 의미한다는 것이다. 이방인들에게도 열려 있는 것으로서 바울의 칭의 복음의 반대(antithesis)는 율법에 의해 그 범위가 제한되고 실제로 율법의 행위를 실천하는 자들에게로 국한된 하나님의 의였다. 이 때문에 바울은 갈라디아서 2:4에서 갈라디아 교인들이 할례의 요구를 받아들인다면 그 자유를 잃어버리게 될 것이라는 우려를 표명한다. 그리고 바울은 4:22-31에서 다시 이 주제를 다룬다: 약속과 성령으로 난 자들은 자유인의 자녀들이다. 그리고 이러한 일련의 주된 논증(3~4장)에 대한 강력한 결론이 5:1에 제시된다: "그리스도께서 우리를 자유롭게 하려고 자유를 주셨으니 그러므로 굳건하게 서서 다시는 종의 멍에를 메지 말라." 그런 후에 다시 한 번 믿음과 행위의 대비는 자유와 할례라는 대비 속에 반영된다(5:1-6).

바울은 그리스도에 대한 믿음을 갖게 된 것을 하나의 자유 또는 해방으로 체험하였다는 점을 여기서 다시 한 번 강조해 둘 필요가 있다. 이전에 그의 기쁨이었

220) 자세한 것은 위의 §13.4을 보라.

221) Martin, *Reconciliation* (§9 n. 1) 153-54가 그렇게 할 위험성이 좀 있다. 또한 필자의 *Romans* 259-60을 보라; 자세한 것은 Wolter, *Rechtfertigung*을 보라.

222) 롬 4:13-14; 갈 3:18, 29; 4:1, 7, 30.

223) 아래의 §19을 보라.

던 율법의 실천을 이제 그는 일종의 노예상태, 영적으로 미숙한 자들의 종살이로 보았다(4:1-3). 물론 이것은 지나고 난 후를 회고하는 표현이다. 그러나 그의 표현이 갈라디아 교인들과 어느 정도 공감대를 형성하였다고 본다면, 그들도 적어도 처음에는 이신칭의를 자유 또는 해방으로 경험하였을 것임에 틀림없다. 바울은 로마서 6:16-23에 나오는 종살이와 노예해방에 관한 은유에서도 이와 비슷한 공감(共感)을 전제하고 있고, 로마서 8:2의 안도의 외침은 갈라디아서 5:1을 반영하고 있다. 이신칭의에서 바울의 특별한 기쁨 중의 하나는 자기가 두려워서 종살이를 할 수밖에 없었던 상태로부터 자유롭게 되었다는 것이다(롬 8:15).[224] 바울에게 이신칭의의 주요한 축복들 중의 하나는 자기가 자유를 얻어서 하나님의 놀랍고 풍성한 은혜에 눈을 뜨게 되었다는 것이었는데, 이는 가볍게 지나쳐버릴 축복이 결코 아니었다.

224) "'자랑'과 '육체를 신뢰함'의 이면(裏面)"은 두려움이라는 것은 Bultmann(*Theology* 1.243)의 날카로운 통찰들 중 하나였다. 근본주의자나 협소한 분파 출신 사람들은 불트만이 말하는 의미를 잘 알 것이다.

§15 그리스도에의 참여[1]

§ 15.1 그리스도 신비주의

바울의 구원론에 대한 전통적인 분석들에서 "칭의" 은유가 지배적이라는 것은 §14에서 이 주제에 대한 논의가 광범위하게 진행되었다는 것에서 분명히 알 수 있다. 그러나 칭의에 부가된 법적 성격에 별로 매력을 느끼지 못했던 자들에게는 그 대안이 아주 가까이에 있었는데, 그것은 그리스도에의 참여라는 이미지이다. 사실 이것은 많은 점에서 바울의 기독론의 자연스러운 확장이다. 왜냐하면 우리는 이미 바울의 아담 기독론이 그리스도 안에서 하나님의 구원 행위를 이해하기 위한 필수적인 전제로서 바울에게 얼마나 중요했는지를 살펴보았기 때문이다. 물론 앞에서 언급했듯이 바울은 하나님의 의에 관한 사상을 희생제사로서 그리스도의 죽음이라는 사상과 통합시킨다.[2] 그러나 바울의 희생제사 신학의 이론적 근거가 위에서 우리가 간략하게 살펴본 내용 그대로라면(§9.3), 그것은 예수의 희생제사적 죽음을 토대로 선언된 사법적 평결(評決)이라기보다는 그리스도의 죽음(그리고 부활)에 죄인이 참여한다는 관점에서 더 잘 설명될 수 있다. 게다가 잠시 후에 살펴보겠지만 바울의 "그리스도 안에서"라는 표현은 "하나님의 의"라는 말보다 훨씬 더 널리 사용된다.

바울의 구원 신학에 접근하거나 그 신학을 정립하는 이러한 방법론은 20세기 초에 두드러지게 되었다. 바울의 가르침의 사회적 또는 "종교사적" 배경에 대한 인식이 높아지면서 관심의 초점은 교리에서 체험으로 옮겨졌다. 그 중에서 가장 영향력이 있었던 것은 아돌프 다이스만(Adolf Deissmann)과 빌헬름 부셋(Wilhelm Boesset)의 주장이었다. 다이스만은 "그리스도 안에서"라는 정형구를 중심무대로 등장시킨 학자였다.[3] 이 어구는 "그리스도인과 살아 계신 영적 그리스

---

1) 이 책 말미의 참고문헌을 보라.

2) 특히 롬 3:21-26과 고후 5:21.

3) Deissmann, "*In Christo*."

도와의 가장 친밀한 교제"를 표현한 말로서, 그리스도는 그리스도인들이 그 안에서 살아 숨쉬는 일종의 대기(大氣)와 같은 것으로 인식되었다.[4] "신비주의"라는 말은 "이성의 매개 없이 내적 체험을 통해 직접적으로 하나님께로 가는 길을 발견하는 종교적 성향"을 가리키는 적절한 용어였다.[5]

마찬가지로 부셋은 바울이 전한 기독교 속에서 "높이 들리우신 주님에 대한 인격적 귀속(歸屬)과 영적 관계에 관한 강렬한 느낌"[6]을 감지하였다. 그도 이 제의에 초점이 맞춰지고 이 제의에 의해 유지되는 체험을 "그리스도 신비주의"라는 말로 표현하였다: "바울에게 그리스도는 그의 온 삶을 그 임재로써 채우고 붙드시는 초현세적인 힘이다"; 그리스도는 "프뉴마(성령)의 추상적 실체, 그리스도인의 새 생명의 원리로 승화"되었다; "'그리스도 안에 있다'는 바울의 신비주의 배후에는 예배 및 공동체의 실생활 속에서의 '퀴리오스 크리스토스'(Kyrios Christos)에 대한 생생한 체험이 있다"; 바울 서신에서 우리는 "제의 신비주의에서 개인 신비주의로의 발전"을 볼 수 있다.[7]

바울에 대한 이러한 접근방법을 주장한 학자들 중 가장 유명한 사람은 알버트 슈바이처(Albert Schweitzer)였다. 그는 먼저 다음과 같이 정의한 후에 바울에 대한 그의 주된 연구를 시작하였다:[8]

> 인간이 지상적인 것과 초지상적인 것, 일시적인 것과 영원한 것을 구분하는 가운데 외적으로는 지상적이고 일시적인 것 속에 있으면서도 자기가 초지상적이고 영원한 것에 속해 있다고 느낄 때, 거기에는 항상 신비주의가 존재한다.

그러나 이 연구방법의 가장 큰 특징은 바울의 그리스도 신비주의를 은유적인

---

4) Deissmann, *Paul* 140; "우리가 숨쉬는 생명의 공기가 우리 '안에' 있어서 우리를 채우고 있지만 동시에 이 공기 안에 우리가 살고 숨쉬듯이, 사도 바울과 그리스도의 친밀한 관계도 마찬가지였다: 그리스도가 바울 안에, 바울이 그리스도 안에"(140).

5) Deissmann, *Paul* 149.

6) Bousset, *Kyrios Christos* 153.

7) Bousset, *Kyrios Christos* 154-57.

8) Schweitzer, *Mysticism* 1.

것 훨씬 이상으로 이해한다는 데에 있다.[9]

> 그리스도와 함께 죽고 사는 것은 바울에게 다른 은유로도 표현 가능한 단순한 은유가 아니라 하나의 현실이었다 … 바울은 신자가 모방적 총괄갱신을 통해서가 아니라 실제적인 사실로서 그리스도의 죽음과 다시 사심을 경험한다고 본다.

슈바이처는 바울에게서 종말론적 구속이라는 개념은 세례라는 "효력 있는 행위" 속에서 이미 실현된 것이라고 주장한다.[10]

> 신자들은 신비한 방식으로 그리스도의 죽고 다시 사심을 공유함으로써 통상적인 실존양식에서 벗어나 특수한 범주의 인류를 이룬다는 것이 바울의 생각이다.

> 그러므로 바울 신비주의의 원래의 중심적인 개념은 택함 받은 자들이 서로 또한 그리스도와 함께 죽음과 부활의 세력들의 행위를 특별한 방식으로 받아들일 수 있고 그 결과 죽은 자들의 전체적인 부활이 있기 전에 부활의 실존 상태를 얻을 수 있는 실체성을 공유한다는 것이다.

> 그리스도의 실체성에 접붙여짐으로써, 그[세례 받은 자]는 피조된 개인으로서의 실존과 자연적 인격을 상실한다. 그 이후로 그는 그 실체성을 지배하는 예수 그리스도의 인격의 발현 형태일 뿐이다.

> 따라서 그리스도의 신비의 몸은 비유적 표현이 아니라 … 현실적인 실체이다.

바울 신비주의에서 염두에 두고 있는 것이 그리스도와 택함 받은 자 간의 실제적인 물리적 연합이라는 것은 "그리스도 안에 있는 것"이 실존의 상태로

---

9) Schweitzer, *Mysticism* 15-16.

10) Schweitzer, *Mysticism* 96-97, 115-16, 125, 127

서 물리적으로 "육체 안에 있는 것"에 대응한다는 사실에 의해 입증된다.

많이 인용되는 특징적인 구절 속에서 슈바이처는 다음과 같은 것을 이신칭의(以信稱義)에 대한 변증적 대안(代案)으로 제시한다: "이신칭의 교리는 그리스도 안에 있는 것을 통한 구속이라는 신비주의적 교리의 주분화구의 테두리 내에 형성된 보조 분화구이다."[11]

내가 이렇게 슈바이처의 주장을 길게 인용한 이유는 그의 견해의 극단성이 이러한 신비주의적 접근방법이 바울 연구에 대한 하나의 대안으로서 금세기 중반에 이르자 아주 신속하게 사라져버린 이유를 설명해 준다고 보았기 때문이다.[12] 제2차 세계대전 이전 시기의 특징이었던 신비주의에 대한 광범위한 관심[13]은 심리학적 비판의 등장[14]과 제1차 세계대전의 끔찍한 기억으로 인해 수그러들었다.[15] 개신교 진영에서 이 문제에 호기심을 보였던 신약학자들은 기독교 이전의 영지주의에 관한 논쟁으로 비화되어서, 기독교 이전의 영지주의적 구속자(救贖者) 신화를 따르는 들거위의 또 하나의 희생물이 되었다.[16] 다른 인격으로의 합체(合體)라는

11) Schweitzer, *Mysticism* 225.

12) 예를 들어, W. Elliger는 "그리스도 안에서"에 대하여 이렇게 설명한다: "이렇게 '엔 크리스토'(en Christo)는 그리스도 안에서의 신비한 삶을 가리키지 않는다; 오히려 그것은, 이와 관련된 어구인 '엔 피스테이'("믿음 안에서")와 마찬가지로, 세상적인 영역(en sarki, 육체 안에서)과 흔히 대비되는 실존의 영역을 특징짓는 역할을 한다(빌 3:3; 1:21-22; 롬 8:8-9; 딤전 3:16; 몬 16)"(*EDNT* 1.448). 그러나 "믿음 안에서"는 바울의 특징을 이루는 모티프라 할 수 없다.

13) W. R. Inge, *Christian Mysticism* (London: Methuen, 1899); R. M. Jones, *Studies in Mystical Religion* (London: Macmillan, 1909); E. Underhill, *Mysticism* (London: Methuen, 1911); 가장 끈질긴 사람은 R. Otto, *The Idea of the Holy* (London: Oxford University, 1923)였다. 그러나 로마 가톨릭 진영에서는 더 폭넓은 관심이 금세기 내내 지속되었다; McGinn, *Foundations of Mysticism* 276-91을 보라.

14) 특히 W. James, *The Varieties of Religious Experience* (1903; London: Fontana, 1960); and J. H. Leuba, *The Psychology of Religious Mysticism* (1929; London: Routledge and Kegan Paul, 1972). 자세한 것은 McGinn, *Foundations of Mysticism* 291-343을 보라.

15) 실제로 실존주의는 전후의 상처받은 지성 세대에게 상당한 호소력을 지녔던 좀 더 강력한 대안이었다.

16) Sellin, "Hintergründe" 7-11에 간략하게 서술되어 있다. Sellin은 Philo의 헬레니즘계

바울의 표상을 20세기의 지적 배경 내에서 유의미한 언어로 변환하면서 어려움은 점점 더 심각하게 인식되었다.[17] 그 과정에서 전면에 부각된 신학적 통찰들은 다시 활기를 띠게 된 세례 및 그리스도의 성례전적 몸에 관한 신학 속으로 쉽게 흡수되었다.[18] 그리고 금세기 후반기에 초점은 성령의 체험 쪽으로 옮겨갔다.[19]

그 결과 그리스도에의 참여에 관한 논의는 바울 연구에서 단편적으로만 이루어져 왔다. 세례 및 그리스도의 몸에 관한 바울의 이해에 대한 연구는 부족함이 없었지만, 그 관심은 최근에 개념과 신학의 기원에 관한 문제들에서 그와 관련된 사회적 역학관계로 옮겨져 왔다.[20] 그리고 서구 및 제3세계 기독교에서 은사 운동이 점차 세력을 형성하면서, 바울의 성령 신학에 관한 관심이 꾸준히 증가되어 왔다.[21] 그러나 "그리스도 신비주의"는 아주 케케묵은 주장으로 취급되어서, 그 주요한 용어들에 대한 정의가 이루어지지 않아 왔고, 그 비의적(秘儀的) 뉘앙스로 인해서 마땅히 받아야 할 주목을 받지 못해 왔다.[22] 물론 기독교 신비주의의 역사와[23] 제2성전 시대 후기, 특히 쿰란 공동체의 유대교 신비주의에 대한 관심이

유대교에서 좀 더 밀접한 병행들을 발견한다(12-27). 그러나 우리는 바울의 "그리스도 안에서"(또는 "내 안에 있는 그리스도")는 성격상 탈혼 현상과 별 관계가 없다는 것을 유의해야 한다. 바울의 탈혼 현상은 좀 더 묵시론적이거나(고후 12:1-7) 성령적(고전 14:18)이다.

17) 예를 들어, Moule의 "The Corporate Christ"라는 글의 첫머리에 나오는 인용문들을 보라(*Origin* 48-51). 20세기에는 요한복음 연구에서 "신비주의"라는 범주가 두드러지게 후퇴하였다(아래의 n. 24를 보라).

18) 특히 Wikenhauser, *Pauline Mysticism*; Strecker, *Theologie* 127을 보라.

19) 바울의 구원론의 중요한 차원으로서의 "참여"에 다시 눈을 돌리게 만든 사람으로 보통 거명되는 Sanders(*Paul* 502-8; *Paul, the Law and the Jewish People* [§14n. 1] 5-10; *Paul* 74-79; 예를 들어, Winninge, *Sinners* [§14n. 1] 218-20 등이 이 견해를 따른다)는 사실 이 점을 별로 발전시키지 않았다. 그리스도의 몸과 성령으로의 이동은 바울이 "그리스도의 몸에 참여함"(고전 10:16)과 "성령의 교제"(고후 13:13; 빌 2:1)에 관하여 말하는 정도만큼 타당하다; 아래의 §20.6과 §22.6을 보라.

20) 자세한 것은 아래의 §17과 §20을 보라.

21) 자세한 것은 아래의 §16을 보라.

22) Deissmann의 주요한 용어에 대한 수정들 중 그 어느 것도 주목을 받지 못했다 — "믿음 신비주의," "소망 신비주의," "역사 신비주의," "종말론적 신비주의," 또는 좀 더 적절한 "수난(受難) 신비주의"(자세한 것은 Sellin, "Hintergründe" 9를 보라).

23) A. Louth, *The Origins of the Christian Mystical Tradition: From Plato to Denys*

새롭게 일어나기는 했다.[24] 이 둘은 바울 서신에 나오는 동일한 전통적인 "신비주의적" 구절들에 주목하였으나,[25] "그리스도 안에서"라는 모티프(motif)에 대해서는 제대로 눈길을 주지 않았다. 이신칭의에 대한 논의는 놀라울 정도로 활발하게 이루어진 반면에, 이 단원에서 우리가 논하고 있는 주제, 심지어 바울에 특유한

(Oxford: Clarendon, 1981)를 보라; 그러나 또한 그의 "Mystik II," *TRE* 23.547-80; McGinn, *Foundations of Mysticism*도 보라. 그러나 "신비주의"에 대한 정의는 여전히 문제가 있다. Louth는 신비주의를 "하나님을 직접적으로 구하고 체험하는 것"으로 규정한다(*Origins* xv). McGinn은 "하나님의 직접적인 임재라고 묘사될 수 있는 것에 대한 준비, 인식, 반응과 관련이 있는, 기독교 신앙과 실천의 일부로서 기독교의 신비적 요소"로 정의한다(xvii). Nicholas Lash는 "신비적 요소"가 기독교 신앙 및 실천의 유일한 '일부'라는 암묵적 주장에 반대한다: "'신비적 삶'은 최대의 강도(強度)로 사는 그리스도인의 삶에 다름 아니다"("Creation, Courtesy and Contemplation," *The Beginning and the End of "Religion"* [Cambridge: Cambridge University, 1996] 164-82 [특히 171]). 바울은 자신의 가장 두드러진 특이한 체험들의 의미를 스스로 낮게 평가하였다(고후 12:1-10). 그러나 "신비주의/신비적"이라는 용어들을 통해서 적절하게 부각되는 것은 "그리스도인의 삶"의 한 차원(단순한 일부도 아니고, 특이한 체험들에 국한되지도 않는)으로서 하나님의 임재에 대한 직접적인 감지(sense)이다(cf. Penna, *Paul* 2.271).

24) 특히 4Q400-405; C. Newsom, *Songs of the Sabbath Sacrifice: A Critical Edition* (Atlanta: Scholars, 1985)을 보라. 유대교 신비주의에 대한 관심의 부활은 G. Scholem, *Major Trends in Jewish Mysticism* (New York: Schocken, 1946)에 의해 시작되었다. 제2성전 시대 후기의 유대교 신비주의가 요한복음에 빛을 비춰 줄 수 있느냐에 대해서는 J. J. Kanagaraj, *"Mysticism" in the Gospel of John: An Inquiry into the Background of John in Jewish Mysticism* (Durham University Ph.D. thesis, 1995)을 보라.

25) 특히 고후 3:17-18; 4:4-6; 12:1-4. McGinn, *Foundations of Mysticism* 69-74; Segal, *Paul* Ch. 2; C. R. A. Morray-Jones, "Paradise Revisited (고후 12.1-12): The Jewish Mystical Background of Paul's Apostolate," *HTR* 86 (1993) 177-217, 265-92; 그리고 위의 §2. nn. 109와 111을 보라. 최근에 골 2:18에 대한 관심이 고조되어 왔다(필자의 *Colossians* 180-84를 보라). McGinn은 이렇게 말한다: "당연히 이방인의 사도를 후대의 고전적인 의미에서 신비가(神秘家)로 보는 것은 시대착오적인 요소들이 들어 있지만, 이것은 그를 율법과 복음의 대비를 설교하는 자로 보는 것보다 더 시대착오적이지는 않을 것이다"(74). 몇 문장 전에서 McGinn은 고전 6:16-17과 관련하여 "주와 함께 한 영이 된다는 이 표현은, 비록 바울이 어떤 신비적 의미로 의도한 것으로 보이진 않지만, 개인적인 교감(交感)을 강조하고 무아(無我)의 일체화 또는 연합을 피하는 신비적 연합에 대한 이해를 위한 가장 자주 인용되는 성경적 보증이었다"(74)고 말한다.

"그리스도 안에서"와 "그리스도와 함께"라는 모티프들에 대한 관심은 미미하고 주변적이었다.[26]

이후의 단원들에서 우리는 이러한 결손을 어느 정도 보완하고자 한다. 달리 말하면, 하나님의 구원 사역에 대한 바울의 이해를 바라보는 이 또 다른 방식을 좀 더 전면에 부각시킬 필요가 있다는 것이다. 그리스도 신비주의(그 명칭이 무엇이든)[27]와 성령의 체험을 바울 신학에 다시 통합시켜서 세례 및 그리스도의 몸에 관한 그의 상대적으로 짤막한 가르침을 이러한 주요한 강조점들과 결부시키는 최선의 방법을 찾아내는 것은 특히 중요하다. 그러므로 이 단원의 상대적으로 짧은 서술과 이신칭의에 관한 아주 긴 서술(§14)을 대비시켜서 길게 다룬 주제가 상대적으로 더 중요하다고 생각하는 것은 잘못이다. 왜냐하면 사실 그리스도에의 참여에 관한 연구는 칭의보다 더 직접적으로 여타의 바울 신학으로 귀결되기 때문이다. 성령의 은사(§16)는 구원의 지속적 과정(§18)과 마찬가지로 우리의 현재의 주제와 밀접하게 연관되어 있다. 그리고 이미 지적했듯이 세례(§17) 및 그리스도의 몸(§20)에 관한 바울의 신학도 그리스도에의 참여에 관한 이해와 실질적으로 연속되어 있다.

아울러 우리는 바울 신학의 한 측면을 다른 측면과 대립시키려는 유혹을 피해야 한다. 예를 들어, 케제만(Käsemann)처럼 개인에 대한 강조를 공동체성에 대한 강조와 대립시킨다거나 하나님의 구원하시는 의(義)가 우리의 외부에 있다는 것(extra nos)을 신비주의 및 종교 체험으로부터의 보호장치로 여기는 일은 비일비재하게 일어날 수 있다.[28] 여기서 다시 한 번 우리는 양자택일 식의 해석을 피

26) 우리에게 이것의 유익은 우리가 오늘날의 문헌에 많은 시간을 사용할 필요가 없기 때문에 좀 더 많은 지면을 활용할 수 있다는 것이다.

27) 나는 "신비주의"라는 용어를 사용하면서 이후에 더 친밀해진 의미(하나님과의 연합)를 활용하거나 바울의 구원 이해에서 그 주된 '관계적' 성격을 뒷전으로 돌리고자 하지 않는다(cf. Strecker, *Theologie* 126). 여기서 "신비주의"는 바울의 "그리스도 안에서," "그리스도와 함께," "내 안에 있는 그리스도" 등과 같은 어구들의 독특한 성격을 환기시키는(분명하게 보여 준다기보다) 단어를 발견하고자 하는 시도일 뿐이다. 우리는 이 문제를 성급하게 판단하기보다는 "그리스도 안에서"에 대한 바울 자신의 용법과 그 관련된 모티프들로 하여금 그런 것들의 의미로 이 용어를 채우게 해야 한다.

28) "바울의 칭의론은 율법주의만이 아니라 열광주의 및 신비주의에 대한 방어막이기도 하다"(Käsemann, *Perspectives* 73-74); "믿음은 반복되는 종교 체험의 차원으로부터 구제

해야 한다. 바울 신학에 분명히 나타나는 특징들과 강조점들을 통합하거나, 적어도 완전히 통합되든 안 되든 바울 스스로 그런 것들을 어떻게 통합했는지를 보여주려고 시도하는 것이 훨씬 더 좋은 방법이다.

이 단원에서는 "그리스도 안에서," "그리스도와 함께," "그리스도와 합하여," "그리스도로 말미암아" 등과 같은 핵심어구들을 하나하나 검토하게 될 것이다. "그리스도의 몸"은 분명히 이러한 어구들과 일맥상통한다. 오늘날의 논의에서 이 어구들이 상대적으로 소홀히 되면서, 이 어구들이 얼마나 기가 막힌 연관성을 지니는지에 관한 우리의 의식이 둔해져 있다. 특히 흥미로운 것은 이 어구들이 바울의 구원론 및 기독론에 미친 영향들이다.

§15.2 그리스도 안에서, 주 안에서

'엔 크리스토'(en christo)라는 어구는 바울 서신에서 83번(에베소서와 목회서신을 제외한다면 61번) 나오는데,[29] 이것은 대명사("그 안에서")를 사용하여 문맥상 동일한 의미를 나타내는 상당어구들을 포함시키지 않은 것이다.[30] 이 어구는 통상적으로 "그리스도 안에서" 또는 "그리스도 예수 안에서"라는 형태를 지닌다. 흥미로운 특징들 중의 하나는 데살로니가 서신들에서만은 "주 예수 그리스도 안에서"[31]라는 형태로 되어 있다는 점인데, 이는 아마도 좀 더 격식을 차린 초기 용례를 보여 주는 것 같다. 그리고 목회서신들에서는 "그리스도 예수 안에서"라는 형태로만 나온다.[32] 이 점을 제외하고는 이 어구는 전체 바울 서신에 골고루 퍼져 있다.[33]

받아야 한다"(*Perspectives* 82-83). *Paul* 177에 나오는 Deissmann의 이전의 항의와 비교해 보라.

29)

	롬	고전	고후	갈	엡	빌	골	살전	살후	몬	목회서신
그리스도 안에서	13	12	7	7	13	10	3	4	2	3	9

30) 특히 골로새서 1~2장을 보라. 여기서 이 수치는 1:14-19과 2:3-15에 나오는 12개의 "그 안에서" 어구로 인해 증가된다.

31) 살전 1:1; 살후 1:1; 3:12. C. F. D. Moule은 개인 서신에서 "하나님 안에서"라는 표현은 이 서신들에만 나온다고 지적한다(살전 1:1; 2:2; 살후 1:1).

32) 딤전 1:14; 3:13; 딤후 1:1, 9, 13; 2:1, 10; 3:12, 15.

33) 하지만 빌립보서와 에베소서에 집중적으로 사용되고 있음을 주목하라.

좀 더 눈에 띄는 것은 이 어구는 바울에 특유한 특징 중의 하나라는 사실이다. 바울 서신 이외에 신약의 다른 곳에서 이 어구는 비(非)바울 서신들 중에서 가장 바울적인 서신인 베드로전서에만 나온다.[34] 따라서 사도 교부들의 저작에서 이 어구의 사용은 거의 틀림없이 바울의 영향을 반영한 것이라고 할 수 있다.[35]

이와 아울러 우리는 마찬가지로 바울 특유의 어구인 '엔 퀴리오'(en Kyrio, "주 안에서"; 종종 "주 예수 안에서")라는 어구를 추가해야 한다[36] — 이 표현은 47번(에베소서를 제외하면 39번) 나온다.[37] 또 한 가지 흥미로운 특징은 목회 서신에는 이 어구가 전혀 나오지 않는다는 것이다.

이 모든 사실을 감안할 때, 오늘날 이 주제에 대한 연구가 상대적으로 소홀히 되고 있다는 것은 한층 더 놀랍다고 하겠다. 이 주제를 통해서 우리는 바울 신학 특유의 독특한 특징을 직접적으로 접할 수 있기 때문이다.

바울의 진정한 서신들 속에서 이 주제는 세 가지 넓은 범주 아래에서 분석될 수 있는데, 특히 마지막 두 가지는 "그리스도 안에서"와 "주 안에서"의 두 어구를 모두 포괄한다.[38] 이 범주들은 결코 고정되거나 분명하게 구분되지 않는다는 점을 먼저 강조해 두어야 한다. 반대로 이 주제의 특징들 중의 하나는 다양한 문맥들 속에 나오는 이 어구들이 서로 또는 "그리스도와 함께," "그리스도와 합하여," "그리스도로 말미암아" 등과 같은 관련 어구들과 섞인다는 것이다. 따라서 이 어구들은 바울이 그리스도인의 정체성(identity)과 일상생활의 여러 측면들을 바라본 전체적 관점이었음을 보여 준다.

첫째, 구체적으로 "그리스도 안에서" 일어났거나 그리스도께서 장차 행하실 일에 의존하는 구속 행위를 가리키는 좀 더 객관적인 용법이 있다.[39] 예를 들어, 로

---

34) 벧전 3:16; 5:10, 14.

35) 예를 들어, *1 Clem* 32:4; 38:1; Ignatius, *Ephesians* 1:1; *Trallians* 9.2.

36) 데살로니가전후서에 나오는 3번의 "주 예수 그리스도 안에서" 어구들은 두 번 계산하지 않았다. 또한 롬 6:23; 8:29; 고전 15:31 등에 나오는 "우리 주 그리스도 예수 안에서"도 보라.

37)

	롬	고전	고후	갈	엡	빌	골	살전	살후	몬	목회서신
주 안에서	8	9	2	1	8	9	4	3	1	2	0

38) 그리스도의 구원 행위가 "주"에 의해서 또는 "주" 안에서 행해진 것으로 생각하지 않는 것과 신자들은 부활하시고 높이 들리우신 주에 의거해서 스스로를 정의하고 그의 권위 아래 살아간다는 것이 바울의 기독론의 특징이다.

마서 3:24 — "그리스도 예수 안에 있는 속량으로 말미암아 … 의롭다 하심을 얻은 자 되었느니라": 6:23 — "하나님의 은사는 그리스도 예수 우리 주 안에 있는 영생이니라"; 8:2 — "그리스도 예수 안에 있는 생명의 성령의 법이 죄와 사망의 법에서 너를 해방하였음이라"; 8:39 — "사망이나 생명이나 … 우리를 우리 주 그리스도 예수 안에 있는 하나님의 사랑에서 끊을 수 없으리라"; 고린도전서 1:4 — "그리스도 예수 안에서 너희에게 주신 하나님의 은혜"; 15:22 — "그리스도 안에서 모든 사람이 삶을 얻으리라"; 고린도후서 3:14 — "그 수건은 그리스도 안에서 없어질 것이라"; 5:19 — "하나님께서 그리스도 안에 계시사 세상을 자기와 화목하게 하시며"; 갈 2:17 — "그리스도 안에서 의롭게 되려 하다가"; 3:14 — "그리스도 예수 안에서 아브라함의 복이 이방인에게 미치게 하고"; 5:6 — "그리스도 예수 안에서 할례나 무할례나 효력이 없으되"; 빌 2:5 — "너희 안에 이 마음을 품으라 곧 그리스도 예수의 마음이니";[40] 4:19 — "그리스도 예수 안에서 영광 가운데 그 풍성한 대로"; 데살로니가전서 5:18 — "이것이 그리스도 예수 안에서 너희를 향하신 하나님의 뜻이니라."[41]

둘째, 바울이 주기적으로 신자들이 "그리스도 안에"[42] 또는 "주 안에"[43] 있다고 말하는 좀 더 주관적인 용법이 있다. 예를 들어, 로마서 6:11 — "이와 같이 너희도 너희 자신을 죄에 대하여는 죽은 자요 그리스도 예수 안에서 하나님께 대하여는 살아 있는 자로 여길지어다"; 8:1 — "그러므로 이제 그리스도 예수 안에 있

39) "객관적" 용법 — 롬 3:24; 6:23; 8:2, 39; 15:17; 고전 1:4; 15:19, 22, 31; 고후 2:14; 3:14; 5:19; 갈 2:17; 3:14; 5:6; 빌 1:26; 2:5; 3:3, 9, 14; 4:19; 골 1:28; 2:3, 9, 15; 살전 5:18; 엡 1:20; 2:13; 4:21, 32. 이러한 용법에서는 신비적 의미가 덜 두드러지는가(cf. Wikenhauser, *Pauline Mysticism* 23-25)? 그러나 "객관적" 용법은 현재와 미래의 구원 행위들을 포함한다; 그리고 과거 차원은 아래에서 분석할 "함께" 모티프에서 다뤄진다("그리스도와 함께 못 박혔나니" 등 — §15.3).

40) 그러나 여기서의 용법은 다르다; 위의 §11 n. 66을 보라.

41) 이것과 가장 가까운 "주 안에서" 구절은 고전 1:31과 고후 10:17인데, 이 두 구절은 모두 렘 9:23을 인용하고 있다.

42) "주관적" 용법 — 롬 6:11; 8:1; 12:5; 16:3, 7, 9, 10; 고전 1:2, 30; 4:10; 15:18; 고후 5:17; 12:2; 갈 1:22; 2:4; 3:26, 28; 빌 1:1; 2:1; 4:7, 21; 골 1:2, 4; 살전 1:1, 14; 4:16; 살후 1:1; 몬 23. 또한 Wikenhauser, *Pauline Mysticism* 30-31을 보라.

43) 롬 16:2, 8, 11, 12(2회), 13, 22; 고전 4:17; 16:19; 골 4:7; 몬 16; 엡 4:1.

는 자에게는 결코 정죄함이 없나니"; 12:5 — "우리 많은 사람이 그리스도 안에서 한 몸이 되어"; 16:3 — "너희는 그리스도 예수 안에서 나의 동역자들인 브리스가와 아굴라에게 문안하라"; 고린도전서 1:2 — "그리스도 예수 안에서 거룩하여지고 성도라 부르심을 받은 자들"; 1:30 — "너희는 하나님으로부터 나서 그리스도 예수 안에 있고"; 15:18 — "그리스도 안에서 잠자는 자"; 고린도후서 5:17 — "그런즉 누구든지 그리스도 안에 있으면 새로운 피조물이라"; 갈라디아서 1:22 — "그리스도 안에 있는 유대의 교회들"; 2:4 — "그리스도 예수 안에서 우리가 가진 자유"; 3:28 — "너희는 다 그리스도 예수 안에서 하나이니라."

"주 안에서"라는 어구도 마찬가지다. 바울은 주기적으로 "주 안에서" 여러 개개인들에게 문안인사를 보낸다(롬 16:8-13). 디모데는 "주 안에서 사랑하고 신실한 아들"(고전 4:17)이다. 바울은 고린도 교인들을 "주 안에서 행한 나의 일"(고전 9:1)이라고 부른다. 오네시모는 "육신과 주 안에서"(몬 1:16) 사랑하는 형제이다.

셋째, "그리스도 안에서"[44]와 "주 안에서"[45]라는 두 어구는 바울이 자신의 사역을 염두에 두거나 그의 독자들에게 특정한 태도나 조치를 취하라고 권면할 때에 등장한다. 예를 들어, 바울은 "그리스도 안에서 참말을"(롬 9:1) 한다. 그는 그리스도 예수 안에서 고린도 교인들의 아비가 되었다(고전 4:15). 그는 그들에게 자기가 그리스도 안에서 행한 일들을 상기시킨다(4:17). 그는 자신의 사랑이 그리스도 예수 안에서 그들 모두와 함께 하기를 기도한다(16:24). 하나님 앞에서 그는 그리스도 안에서 말한다(고후 2:17; 12:19). 죄수로서 그의 활동은 그의 투옥이 그리스도 안에서 이루어진 것임을 모두에게 명백해지게 하였다(빌 1:13). 그는 주 예수 그리스도 안에서 명하고 권면한다(살후 3:12). 그는 빌레몬에게 그리스도 안에서 자신의 마음을 평안하게 해 달라고 요청한다(몬 20).

또한 '퀴리오스'(kyrios)를 사용함으로써 권면이나 고찰하는 내용을 좀 더 권위 있게 만들고 있는 "주 안에서"라는 어구들에 대해서도 사정은 마찬가지다.[46] 바울은 "주 예수 안에서 알고 확신하노니 무엇이든지 스스로 속된 것이 없다"(롬

44) "능동적" 용법 — 롬 9:1; 16:3, 9; 고전 4:15, 17; 16:24; 고후 2:6, 17; 12:19; 빌 1:13; 4:13.

45) 롬 14:14; 16:12; 고전 7:22, 39; 9:1-2; 11:11; 15:18; 고후 2:12; 갈 5:10; 빌 1:14; 2:19, 24; 3:1; 4:1-2, 4, 10; 골 3:18, 20; 4:17; 살전 3:8; 5:12; 살후 3:4; 엡 6:10, 21.

46) Cf. Bouttier, *En Christ* 55; Moule, *Origin* 59-60.

14:14)고 말하며, 고기를 먹는 데 자유하다고 생각한다. "주 안에서 부르심을 받은"(고전 7:22) 종들은 자유하고, 스스로를 그렇게 보아야 한다. 마찬가지로 "주 안에서" 남자와 여자는 상호 무관한 정체성을 지니고 있지 않다는 사실은 그들의 태도를 규정하는 요인이 된다(11:11). "주 안에서" 행한 수고는 헛되지 않다(15:58). 빌립보서에서 바울이 편지 수신자들을 좀 더 긍정적인 태도를 가지도록 권하면서, 이 어구는 사용되기 시작한다: "형제 중 다수가 주 안에서 신뢰함으로 겁 없이 하나님의 말씀을 더욱 담대히 전하게 되었느니라"(빌 1:14); 바울은 장래의 활동들과 관련하여 "주 안에서 바라고 주 안에서 확신한다"(빌 2:19, 24); 그는 그들에게 에바브로디도를 "주 안에서 모든 기쁨으로"(빌 2:29) 영접하라고 강권한다; 그는 그들에게 자기와 마찬가지로(4:10) "주 안에서 기뻐하고"(3:1), "주 안에 서고"(4:1), "주 안에서 같은 마음을 품으라"(4:2)고 권한다.

이 어구들의 용례를 이렇게 자세하게 열거하는 것은 "그리스도/주 안에서"라는 주제가 보여 주는 바울의 생각과 말의 근본적인 측면이 무엇인지를 밝히기 위해서다. 그리스도인으로서 그의 전 생애, 원천, 정체성, 책임들에 대한 바울의 인식은 이 어구들로 요약될 수 있었다. 몇몇 경우에 사용된 이 어구들은 숙고(熟考) 없이 반사적으로 문장에 덧붙여졌음을 보여 준다. 그러나 이것은 이 언어표현과 그것이 지닌 관점이 얼마나 깊이 그의 신학, 그의 삶과 관계들의 씨줄과 날줄이 되어 있었는지를 보여 줄 뿐이다.

바울 신학이 어느 정도 범위로 이 주제 내에 포함되어 있는지를 파악하는 일이 우리에게는 중요하다. 이 주제가 그리스도의 객관적인 구원 사역과 관련하여 사용되고 있다는 사실은 분명히 매우 중요한 의미를 지닌다.[47] 그러나 이 주제는 그것

47) 특히 Neugebauer, *In Christus*를 보라. 바울의 신비주의에 관하여 이전에 기꺼이 말하고자 했던 것에 대한 반응의 특징은 바로 이 점을 강조한 것이었다. 예를 들어, Ridderbos: "'그리스도 안에 있는 것,' '그와 함께 십자가에 못 박히고 죽었다가 부활하여 하늘에 앉는 것'은 분명히 어떤 고상한 순간들에서만 현실이 되는 친교라는 의미가 아니라 그리스도의 삶 전체를 규정하는 지속적인 현실이라는 의미를 갖는다 … 우리는 여기서 몇몇 체험들이 아니라 교회의 '객관적인' 구원 상태를 다루고 있다"(*Paul* 59). Conzelmann도 마찬가지이다: "본문의 증거는 우리에게 객관적인 구원 역사(役事)를 지시한다 … 따라서 '그리스도 안에서'는 여기서는 내 안에서가 아니라 그 안에서 구원이 일어났다는 것을 의미한다" (*Outline* 210). Schlier, Grundzüge 175는 "아담 안에서"(고전 15:22)와의 유비(類比)를 지적한다; Ziesler는 "아담 안에서"라는 표현이 "그리스도 안에서"라는 표현을 본뜬 것이라고

에 한정될 수 없고, 그 밖의 나머지 용례들은 단지 거기에서 도출되는 결과들이라고 치부해 버릴 수는 없다. 또한 이 어구는 단지 "그리스도인으로서" 또는 "그리스도를 믿는 자들의 공동체의 일원으로서"를 의미할 뿐이라고 말해 버리고 싶은 마음도 종종 들게 된다.[48] 그러나 "그리스도 안에서"는 그리스도인을 가리키는 단순한 꼬리표로 치부해 버려서는 안 되고, 그러한 무미건조한 정형화를 통해서는 그 의미가 만족스럽게 파악될 수 없다. 특히 "칭의" 같은 법적 표상의 "권세적" 성격을 인정하면서도 "그리스도 안에서"가 주권(lordship)의 이전(移轉)과 그리스도에 의해 발생된 새로운 현실에의 실존적 참여를 의미한다는 분명한 함의(含意)를 부정하는 것은 이상한 일이 될 것이다.[49]

왜냐하면 다이스만(Deissmann)과 부셋(Bousset)의 초기 연구들이 올바르게 강조했듯이, 이 주제의 핵심에는 그리스도에 관한 믿음만이 아니라 부활하셔서 살아 계신 그리스도에 대한 체험이 존재하기 때문이다. 예를 들어, 개종자들이 믿음을 가지게 되었을 때에 겪은 감정적 체험을 상기시킬 때(고전 4:15), 전도자로서의 그의 책임을 인식할 때(고후 2:17), 그의 개종자들(갈 5:10)과 자기 자신의 상태(빌 1:14)에 관한 그의 확신을 표명할 때, 그들에게 위로가 되는 공통의 체험을 상기시킬 때(2:1), 장래에 대한 그의 소망(2:19, 24)과 하나님께서 할 수 있게 해 주실 것이라는 그의 확신(4:13)을 말할 때, 바울은 이 주제를 사용한다. 그는 "내 마음(splanchna)이 그리스도 안에서 평안하게 하라"는 식으로 감정적으로 호소하거나 "예수 그리스도의 심장(splanchnois)으로" 그의 열망들을 표출하기를 주저하지 않는다.[50] 바울이 주기적으로 "주 안에서" 문안인사를 보내는 것은 지나간 때에 대한 공유된 기억을 불러일으키는 친밀감의 표시이다. 그는 빌립보 교인

주장한다(*Pauline Christianity* 54). Wedderburn은 바울의 "그리스도 안에서"와 "그리스도와 함께"라는 표현들의 배경은 바울이 갈 3:8-9에서 "아브라함 안에서"와 "(믿음 있는) 아브라함과 함께" 축복받는다고 말한 것에서 찾아볼 수 있다고 말한다("Observations" 88-91).

48) Bultmann, *Theology* 1.328-29. BAGD, en I.5.d는 롬 16:10, 13;고후 12:2; 갈 1:22; 살전 2:14; 4:16; 엡 4:1; 6:21을 '엔 크리스토'(en Christo) = "그리스도인의"의 예로 든다; 마찬가지로 "주 안에서" — 롬 16:11; 고전 7:39; 살전 5:12. Moule은 고전 3:1과 롬 9:1을 예로 들면서(*Origins* 54), 전치사 '엔'(en)의 용법의 유연성을 환기시킨다(54-56).

49) Cf. Schlier, *Grundzüge* 174-76.

50) 몬 20; 빌 1:8; 또한 2:1. splanchna — "내장," 감정들의 자리.

들에게 에바브로디도를 모든 기쁨으로 주 안에서 영접하라고 권한다(빌 2:29).

바울은 자기가 "그리스도 안에" 붙들려서 그리스도에 의해 지탱되고 있음을 분명히 느꼈다. 어떤 의미에서 그는 자신의 모든 존재와 행위의 근저에 계시는 분으로서의 그리스도를 체험하였다고 할 수 있다. 우리는 적어도 몇몇 경우에 전치사 "안에서" 속에서 모종의 장소적 의미를 감지한다.[51] 이것이 그의 기독론에 의미하는 것은 우리가 나중에 살펴보아야 할 주제이다. 여기서 우리는 바울의 사역에 의식적이든 무의식적이든 자원과 힘이 된 불변의 요소로서의 그리스도의 임재에 대한 분명한 인식에 초점을 맞추고 있다.

아울러 우리는 바울이 그리스도께서 신자 안에 내주하신다고 말하거나 그와 비슷하게 그리스도가 살아 있는 내적 원천이라는 의미가 함축되어 있는 몇몇 구절들을 보완적으로 살펴볼 필요가 있다.[52] 특히 중요한 예는 갈라디아서 2:19-20이다 : "내가 그리스도와 함께 십자가에 못 박혔나니 그런즉 이제는 내가 사는 것이 아니요 오직 내 안에 그리스도께서 사시는 것이라."[53] 이 서신에서 나중에 바울은 자기가 갈라디아 교인들 안에서 그리스도를 낳는 산고를 하고 있다는 표상을 사용한다(4:19)[54] 현재적 실체와 장래의 실현 간의 이러한 긴장은 바울의 후기 서신들에서도 유지된다. 골로새서 1:27에서 "너희 안에 계신 그리스도"는 "영광의 소망"이고, 골로새서 3:4은 "우리의 생명이신 그리스도"께서 장차 나타나실 것에 관하여 말한다. 또한 에베소서 3:17에는 "믿음으로 말미암아 그리스도께서 너희 마음에 계시게 하시옵고"라는 기도가 나온다. 이러한 편차는 이 본문들이 문자적인 기술(記述)들이 아니라 그리스도에 초점이 맞춰진 내적 현실과 변화에 대한 깊은 인식을 여러 가지로 표현하고 있는 감정적 표상들(imagery)임을 다시 한 번 우리에게 일깨워 준다.

---

51) Moule, *Origin* 62-63.

52) 롬 8:10; 고후 13:5; 갈 2:20; 골 1:27; 또한 갈 1:16을 보라; cf. 고후 4:6; 자세한 것은 Moule, *Origin* 56-58을 보라.

53) 그의 나중의 유보적인 태도(위의 n. 47)에도 불구하고, Conzelmann은 "여기서 사실 우리는 '열광주의' 의 언어학적 환경을 본다"(*Outline* 209).

54) 자세한 것은 B. R. Gaventa, "The Maternity of Paul: An Exegetical Study of Galatians 4.19," in Fortna and Gaventa, eds., *The Conversation Continues* 189-201; 필자의 *Galatians* 239-41을 보라.

이 모든 것들은 우리로 하여금 하나님과의 관계 속에서 개인을 굳게 세우고 붙잡아 주는 안팎에서의 그리스도의 임재에 대한 신비한 인식 같은 그 무엇에 대하여 말하지 않을 수 없게 만든다. 마찬가지로 우리는 공동체, 그 자신을 존재하게 했던 복음만이 아니라 그들을 하나로 묶는 그리스도에 대한 공유된 체험에 비추어서도 스스로를 이해했던 공동체에 관하여 말하지 않을 수 없게 된다.[55]

§ 15.3 그리스도와 함께

바울 신학의 두드러진 특징의 하나는 "그리스도와 함께"라는 주제이다. 이 어구는 드물게 나오고 이 어구와 병행이 되는 "주와 함께"라는 어구는 사용되지 않기 때문에, 이 주제가 지닌 무게를 놓치기가 쉽다. 게다가 몇몇 경우에 이 어구는 신비적이고 성례전적이며 구원사적인 "그리스도에의" 참여를 의미한다기보다는 그저 "그리스도와 더불어서"를 의미하는데, 특히 이 어구가 장래에 관한 것을 말할 때에 이런 의미를 지니는 것으로 보인다: 그리스도와 함께 있게 될 것(하늘에서);[56] 영광 중에 또는 재림 때에 그리스도와 함께 나타날 것.[57] 오직 두 구절만이 신자들이 "그리스도와 함께" 죽었다는 것에 관하여 말한다.[58] 고린도후서 4:14은 장래에 "예수와 함께" 일으키심을 받을 것이라는 말을 한다.[59] 고린도후서 13:4은 십자가상에서 그리스도의 연약함과 "하나님의 능력으로" 산 삶을 "그 안에서" 바울의 현재적 연약함과 "너희를 위한 하나님의 능력으로 그와 함께" 살아갈 장래

55) 이중적 강조(개인적, 사회적)에 대해서는 cf. Davies, *Paul* 86-90.

56) 빌 1:23; 살전 4:17; 5:10; cf. 골 3:3.

57) 골 3:4; 살전 4:14. Lohmeyer, "Syn Christo"와 Dupont, *Syn Christo*는 이 모티프의 미래적 측면에 초점을 맞춘다. Conzelmann이 "en과 syn의 차이는 '그 안에서의' 삶이 (변증법적으로) 현재적이라는 것과 '그와 함께' 하는 삶이 미래적이라는 것의 차이다"라고 주장한 것은 너무 도식적이다(*Outline* 211).

58) 롬 6:8; 골 2:20; cf. 롬 8:32; 골 3:3. Cf. Fitzmeyer: "syn은 그리스도인의 체험의 두 축, 즉 처음의 그리스도와의 동일화, 끝의 그리스도와의 연합을 풍부하게 표현한다. 그 중간의 시기에 그리스도인은 '그리스도 안에' (en Christo) 있다"(*Paul* 89).

59) 의외로 Holleman, *Resurrection* (§18 n. 1) 191-94은 고후 4:14이 종말론적 부활을 염두에 두고 있음을 부인한다. 그는 파루시아 때에 그리스도인들과 그리스도가 연합할 것이라는 사상과 그리스도 안에서의 및 그리스도로 말미암은 부활이라는 사상은 독자적으로 발전되었다고 주장한다(ch. 14).

의 삶[60]에 대한 범례(範例)로 제시한다. 그러나 골로새서 2:13만은 신자들이 이미 "그와 함께" 살리심을 받았다고 말한다.

그러나 오로지 "그리스도/그와 함께"라는 표현이 나오는 구절들만을 고찰대상으로 삼는 것은 잘못일 것이다. 왜냐하면 "그리스도와 함께"라는 주제의 진정한 의미는 바울의 글쓰기의 또 하나의 독특한 특징인 "~와 함께"가 들어가는 40여 개의 일련의 주목할 만한 복합어들에 의해 전달되고 있기 때문이다.[61] 그는 이러한 복합어들을 사용하여 신자들의 공통의 특권, 체험, 임무를 서술함과 동시에[62]

---

60) "너희를 위한"의 정확한 의미는 불분명하지만, 바울은 그리스도와 함께 그를 장래에 부활시킬 권능이 그가 다음 번에 고린도를 방문할 때에 드러날 것임을 의도했거나 바울이 그 안에서 살고 그와 함께 사는 바 그리스도가 그 방문에서 그를 통하여 그의 부활 생명의 권능을 드러내실 것임을 의도했을 것이다; 그러나 또한 Martin, *2 Corinthians* 477을 보라.

61) 신약에서 바울 서신에만 40회 중 절반 이상이 나온다.

62) 통상적으로 명사들 —

synagonizomai, "~와 함께 다투다" — 롬 15:30
synathleo, "~와 함께 다투다" — 빌 1:27; 4:3
synaichmalotos, "동료 죄수" — 롬 16:7; 골 4:10; 몬 23
synanapauomai, "~와 함께 편히 쉬다" — 롬 15:32
synapothnesko, "~와 함께 죽다" — 고후 7:3
synbasileuo, "~와 함께 다스리다" — 고전 4:8
synbibazo, "~와 연합하다" — 엡 4:16; 골 2:2, 19
syndesmos, "매다" — 엡 4:3; 골 2:19; 3:14
syndoulos, "동료 노예" — 골 1:7; 4:7
synergeo, "~와 동역하다" — 고전 16:16; 고후 6:1
synergos, "동역자" — 12회
synzao, "~와 함께 살다" — 고후 7:3
synzygos, "나와 멍에를 같이 한 자" — 빌 4:3
synkleronomos, "같은 상속자" — 엡 3:6
synkoinoneo, "참여하다" — 엡 5:11; 빌 4:14
synkoinonos, "참여자, 동반자" — 롬 11:17; 고전 9:23; 빌 1:7
synmimetes, "함께 본 받는 자" — 빌 3:17
synoikodomeo, "함께 짓다" — 엡 2:22
symparakaloumai, "피차 안위를 얻다" — 롬 1:12
synpascho, "함께 고통을 받다" — 고전 12:26

그리스도의 죽음과 생명의 참여를 묘사한다.[63] 이 두 가지 용법은 "그리스도 안에서"의 경우와 마찬가지로 그리스도에의 참여라는 그들의 공통의 체험에 뿌리를 둔 신자들의 공동체성에 대한 인식을 표현하기 위한 목적으로 바울의 생각 속에 서로 결합되어 있었음이 틀림없다.

특히 몇몇 대목들에 이러한 복합어들이 집중적으로 모여 있다는 점은 주목할 만하다. 로마서 6:4-8과 8:16-29을 특히 주목할 필요가 있다:[64]

---

synpolites, "같은 시민" — 엡 2:19
synstenazo, "함께 신음하다" — 롬 8:22
synstratiotes, "함께 군사된 자" — 빌 2:25; 몬 2
synypourgeo, "돕는 데 참여하다" — 고후 1:11
synchairo, "함께 즐거워하다" — 고전 12:26; 13:6; 빌 2:17-18
synpsychos, "영으로 하나된" — 빌 2:2
synodino, "함께 괴로워하다" — 롬 8:22

63) 통상적으로 동사들 —
symmorphizomai, "영합하다" — 빌 3:10
symmorphos, "~와 동일한 형상이다" — 롬 8:29; 빌 3:21
symphytos, "함께 자라다" — 롬 6:5
synapothnesko, "함께 죽다" — 딤후 2:11
synbasileuo, "함께 다스리다" — 딤후 2:12
syndoxazomai, "~와 함께 영광을 받다" — 롬 8:17
synegeiro, "함께 일으키다" — 엡 2:6; 골 2:12; 3:1
synzao, "함께 살다" — 롬 6:8; 딤후 2:11
synzoopoieo, "~와 함께 살리다" — 엡 2:5; 골 2:13
synthaptomai, "함께 장사되다" — 롬 6:4; 골 2:12
synkathizo, "함께 앉다" — 엡 2:6
synkleronomos, "같은 상속자" — 롬 8:17
synpascho, "함께 고통하다" — 롬 8:17
synatauroomai, "함께 못 박히다" — 롬 6:6; 갈 2:19
또한 아래의 것들도 보라:
synmartyreo, "함께 증언하다" — 롬 8:16
synantilambanomai, "참여하다" — 롬 8:26

64) 또한 골 2:12-13; 엡 2:5-6; 딤후 2:11-12을 보라.

> 그러므로 우리가 그의 죽으심과 합하여 세례를 받음으로 그와 함께 장사되었나니 … 만일 우리가 그의 죽으심과 같은 모양으로 연합한 자가 되었으면 또한 그의 부활과 같은 모양으로 연합한 자도 되리라 우리가 알거니와 우리의 옛 사람이 예수와 함께 십자가에 못 박힌 것은 … 만일 우리가 그리스도와 함께 죽었으면 또한 그와 함께 살 줄을 믿노니.

> 성령이 친히 우리의 영과 더불어 우리가 하나님의 자녀인 것을 증언하시나니 자녀이면 또한 상속자 곧 하나님의 상속자요 그리스도와 함께 한 상속자니 우리가 그와 함께 영광을 받기 위하여 고난도 함께 받아야 할 것이니라 … 피조물이 다 이제까지 함께 탄식하며 함께 고통을 겪고 있는 것을 우리가 아느니라 … 이와 같이 성령도 우리의 연약함을 도우시나니 … 하나님이 미리 아신 자들을 또한 그 아들의 형상을 본받게 하기 위하여 미리 정하셨으니 이는 그로 많은 형제 중에서 맏아들이 되게 하려 하심이니라.

신자를 그리스도와 결합시키는 이 복합어들에서 죽음-부활이라는 주제가 두드러진다는 것은 이 가르침의 기독교 특유의, 즉 바울적인 성격을 강조한다. 바울은 구원 과정의 시작을 서술할 때에 죽음 표상이 적절하다는 점에만 호소하고 있는 것이 아니다. 더 근본적인 것은 그리스도의 죽음을 통해 한 시대 전체가 지나갔고 새로운 시대가 시작되었다는 종말론적 주장이다. 게다가 이 새로운 시대는 점진적으로 개개인들을 변화시켜 부활하신 그리스도를 점점 더 닮게 한다는 특징을 지니는 시대다. 어떤 의미에서 그리스도의 수난(受難)과 부활의 사건은 새 시대의 갱신이 완료될 때까지 신자들 안에서 재연되어야 한다. 그뿐만 아니라 이 과정은 그 정의상 단순히 개인적이거나 개인주의적인 것이 될 수 없다. 오히려 그 과정은 본질상 피조물을 포괄하는 공유된 체험이다. "그리스도와 함께"는 "다른 사람들과 함께" 및 "피조물과 함께"가 아니고는 온전히 실현될 수 없다. 이런 이유로 이 어구들은 구원의 과정 및 나중에 살펴보게 될 그리스도의 몸(§18)에 대한 우리의 이해에 영향을 미치게 된다.

여기서 우리는 단지 바울의 언어에 함축되어 있는 "함께 함"의 엄청난 의미를 강조만 해 둘 뿐이다. 이것을 단순히 문학상의 한 주제, 바울의 문체상의 한 특징으로 치부해서는 안 된다. 여기에서 좀 더 신비적인 차원은 구원에 결정적인 영향을 미친 그리스도의 죽음과 부활 사건에서 특히 부각된다. 그리고 이때에도 이 어구는 그저 세례를 묘사하거나 믿음의 공동체의 지체가 된 것을 묘사하는 것으로 그 의미가 축소되어서는 안 된다. 바울의 언어는 그리스도를 핵으로 하고 그의 성령을 통해서 효력이 발생되는 하나님의 거대한 우주적인 역사(役事)에 다른 사람들과 함께 참여한다는 매우 심오한 의미를 지닌다. 여기서 "신비주의" 같은 용어는 그 심오성, 곧 우리가 온전히 천착할 수는 없고 단지 귀를 쫑긋 세우고 들어야 할 깊은 곳에서의 울림들이 존재한다는 것을 보여 주려는 시도일 뿐이다.

§ 15.4 관련 정형구들

그리스도와 함께 묶여 있다는 이 신비적인 인식이 바울 신학의 다른 가닥들과 어느 정도나 중복되어 있는지를 보여 주는 그 밖의 몇몇 관련 어구들이 있다.

a) 그리스도와 합하여. 몇몇 경우에 바울은 개개인들이 "그리스도와 합하여"(eis Christon — 에이스 크리스톤)졌다고 말한다. 가장 주목을 끄는 것은 결정적 전환(crucial transition)을 "그리스도 예수와 합하여 세례를 받은" 것으로 묘사하는 두 구절이다.[65] 이 두 경우에 '에이스'(eis)라는 전치사가 어떤 장소로의 이동을 뜻하는 그 기본적인 의미로 사용되었음을 부정하기 어렵다.[66] 로마서 6:3이 특히 그러한데, 여기에서 그 표상은 둘째 아담으로서의 그리스도라는 표상으로부터 직접적으로 도출된다. 이러한 맥락 속에서 "그리스도와 합하여 세례를 받았다"고 한 것은 아마도 이 그리스도에의 참여가 허락되었다는 의미를 전달하기 위한 것으로 보인다. 이것은 이 본문과 밀접한 관련이 있는 고린도전서 12:13에 의해 확증된다 — "세례를 받아 한 몸이 되었고." 이 구절의 가장 명백한 의미는 그렇게 세례를 받음으로써 언급된 모든 자들이 그리스도의 몸의 지체들이 되었다는 것이다(12:14-27).[67] 마찬가지로 갈라디아서 3:27은 거기에 수반된 "그리스도로 옷 입었다"는 은유와 결부되어야 한다.[68] 그리스도와 합하여 세례를 받았다는 것은 그

65) 롬 6:3; 갈 3:27; 또한 고전 12:13; 고전 10:2에 대해서는 아래의 §17 n. 34를 보라.

66) Fitzmyer: "그러므로 '에이스 크리스톤'(eis Christon)은 결합의 운동을 보여 준다" (*Paul* 89).

67) 자세한 것은 아래의 §17.2을 보라.

68) 이 이미지는 롬 13:14의 권면에서 다시 사용된다; 또한 골 3:9-10과 엡 4:22-24을 보라; 자세한 것은 아래의 §17.2와 n. 63을 보라.

리스도의 인격을 취하였다는 말과 같다.[69] 이 두 경우 모두에는 모종의 동일화(同一化) 또는 결합(bound-up-with-ness)이라는 의미가 함축되어 있다.

'에이스 크리스톤'(eis Chreston)의 그 밖의 경우들은 '에이스' 라는 전치사를 "~를 향한, ~과 관련한"이라는 좀 덜 구체적인 의미로 사용되고 있는 것 같다.[70] 그러나 이때에도 어느 정도 신비적인 뉘앙스는 여전히 존재한다. 에배네도는 "아시아에서 그리스도께(eis christon) 처음 맺은 열매"(롬 16:5)였다: 회심 정황임을 주목하라. 하나님은 "우리를 너희와 함께 그리스도 안에서(eis christon)굳건하게 하시는"(고후 1:21) 분이시다: 지속적인 과정에 관한 인식은 위에서 말한 모호성을 반영하고 있다.[71] "율법이 우리를 그리스도께로(eis christon) 인도하는 초등교사가 되었다"(갈 3:24).[72] 바울은 빌레몬을 위해 "네 믿음의 교제가 우리 가운데 있는 선을 알게 하고 그리스도께(eis christon) 이르도록 역사하기"(몬 1:6)를 기도하는데, 여기에서 '에이스 크리스톤'은 "우리를 그리스도와 (더 친밀한) 관계로 이끌도록"을 의미할 것이다.[73] 심지어 바울이 드물게 사용하는 "그리스도를 믿다"(believe into Christ)라는 어구도 '에이스 크리스톤'의 다른 용례들에 비추어 볼 때에 그러한 신비적인 뉘앙스를 지니고 있다고 할 수 있다.[74] 이 경우에 바울은 그저 널리 유포되어 있던 기독교적 용례를 따른 것이라 할지라도, 그리스도에게 드려져서 그리스도에 의해 결정되고 그리스도와 함께 연합되었다는 의미를 여기에서 놓치기는 어려운 일인 듯하다.

b) 그리스도의 몸. 이것은 우리가 나중에 다루게 될 주제이다(§20). 하지만 이 주제는 현재의 우리의 주제와 밀접하게 연관되어 있기 때문에, 여기서 어느 정도 언급하지 않을 수 없다.[75] 주목해야 할 두 가지 특징은 명백한 것들이다. 첫째, 이 표상은 서로의 관계에 의해 그들 자신을 동일시한 한 무리의 사람들을 묘사한다.

69) 아래의 §8 n. 58을 보라.

70) 롬 16:5; 고후 1:21; 11:3; 갈 3:24; 몬 6; 그러나 고전 8:12(eis = "대하여").

71) 예를 들어, 갈 4:19과 엡 3:17.

72) 시간적 의미("그리스도의 때까지")가 더 우세한 것 같다; 그러나 바로 다음에 나오는 3:27을 보라.

73) Moule, *Colossians and Philemon* 142; 또한 필자의 *Colossians* 320을 보라.

74) 롬 10:14; 갈 2:16; 빌 1:29; 골 2:5.

75) 롬 12:3-8; 고전 12:12-27.

그들은 "서로 지체가 되었다"(롬 12:5). 그들은 전체의 일부, 한 몸의 팔다리 및 기관(器官)들이었다.[76] 또한 이 몸의 지체됨은 곧 그리스도에의 참여이기도 하다. 달리 말하면, 그리스도와의 동일화라는 의미가 여기에 존재한다는 말이다. 여기에서 가장 분명한 것은 전통적이고 중세적인 신비주의의 특징을 이루는 개인주의적인 경건이라는 개념이 전혀 없다는 것이다. 그것은 그리스도에게 속해 있다는 인식이긴 하지만, 다른 사람들과 함께 그리스도에게 속해 있는 것으로서, 다른 사람들의 부재(不在)는 이 개념 전체를 불완전하고 불건전한 것으로 만들어 버리게 된다.[77]

c) 그리스도로 말미암아. "그리스도 안에서" 및 "그리스도와 함께"라는 은유의 광범위한 사용과 매우 밀접한 병행을 이루는 것은 '디아 크리스투' (dia Christou, "그리스도로 말미암아")의 사용이다. 이 어구가 들어가는 대부분의 구절들은 "그리스도로 말미암아" 일어나거나 효력을 발휘하게 되는 하나님의 구원, 위탁, 종말론적 행위와 결부되어 있다.[78] 그러나 이미 앞에서 말했듯이 바울은 신자들이 "그리스도로 말미암아" 하나님께 감사한다거나 "그리스도로 말미암은" 하나님과의 관계에 대한 인식을 통해서 지지받고 있다고 말하기도 한다.[79] 그리고 로마서

---

76) "그리스도의 몸"이라는 포괄적인 용어 때문에 이 용어의 여러 변용(變容)이 흔히 간과된다: "우리 많은 사람이 그리스도 안에서 한 몸이 되어"(롬 12:5); "몸은 하나인데 많은 지체가 있고 몸의 지체가 많으나 한 몸임과 같이 그리스도도 그러하니라"(고전 12:12); "너희는 그리스도의 몸이요 지체의 각 부분이라"(고전 12:27); 몸의 머리로서의 그리스도(골 1:18; 2:19; 엡 4:15-16). 또한 고전 10:16-17을 보라: "우리가 축복하는 바 축복의 잔은 그리스도의 피에 참여함이 아니며 우리가 떼는 떡은 그리스도의 몸에 참여함이 아니냐 떡이 하나요 많은 우리가 한 몸이니 이는 우리가 다 한 떡에 참여함이라."

77) 롬 12:3; 고전 12:14-26; 골 2:19; 엡 4:13-16.

78) 롬 2:16(그리스도로 말미암은 최후의 심판); 3:24(그리스도 안에서 구속으로 말미암아); 5:17, 21(은혜와 생명이 그리스도로 말미암아 왕노릇한다); 7:4(너희는 그리스도의 몸으로 인하여 죽었다); 고전 15:57(그리스도로 말미암아 주어진 승리); 고후 1:5(그리스도로 말미암은 위로); 5:18(그리스도로 말미암아 화해하신 하나님); 갈 1:1(그리스도로 말미암은 사도); 빌 1:11(그리스도로 말미암은 의의 열매); 살전 5:9(그리스도로 말미암은 구원); 엡 1:5(그리스도로 말미암은 양자 됨); 딛 3:6(그리스도로 말미암아 부어진 성령).

79) 롬 1:8(그리스도로 말미암아 하나님께 감사를 드림); 5:1(그리스도로 말미암아 이룬 하나님과의 화평); 5:11(그리스도로 말미암아 하나님 안에서 자랑함); 7:25(그리스도로 말미암아 하나님께 드리는 감사); 16:27(그리스도로 말미암은 송영); 고후 3:4(그리스도로 말

15:30에서 바울은 "우리 주 예수 그리스도로 말미암아" 로마의 청중들에게 호소한다.[80]

여기에서도 바울의 전형적인 용법은 '디아'(dia)를 속격과 함께 사용한다는 것을 주목할 필요가 있다. 바울이 '디아'를 대격(對格)과 함께 사용하는 경우 — "그리스도를 인하여, 그리스도 때문에" — 는 거의 없다.[81] 이러한 구문상의 차이는 우리에게 중요하다. 회심과 선교 사역에서 바울의 동기는 예수께서 20여 년 전에 가르치고 행하셨던 일에 관한 영웅적인 이야기에 고무되었기 때문이 아니었다. 그는 나사렛 예수를 추모하는 단체에 속해 있지 않았다. 오히려 바울이 그리스도를 알게 된 것은 하나님과 그의 백성 간에 열려진 통로, 하나님이 역사하시거나 그의 백성이 하나님께 나아갈 때에 중재 역할을 했던 살아 계신 중보자로부터였다. 이 어구에서 우리는 좀 더 분명한 신비적 표상으로부터 멀어지기 시작한다. 그러나 이 어구가 지닌 앞서의 정형구들과의 중복성 및 연속성은 아주 분명하다.

d) <u>그리스도의</u>. 끝으로 우리는 속격 '크리스투'(christou, "그리스도의, 그리스도께 속한")가 사용된 구절들을 살펴볼 필요가 있다.[82] 대부분의 경우에 문맥을 보면 "그리스도"라는 이름은 단순한 명칭 이상의 의미를 지닌다. 로마서 8:9에서 이 주제는 성령을 가지고 있다는 것, 성령께서 내주하신다는 것, 그리스도께서 내주하신다는 것 등을 다른 식으로 말하는 표현이다: "누구든지 그리스도의 영이 없으면 그리스도의 사람이 아니라." 고린도전서 15:23에서 "그리스도께 속한 자"들의 부활은 그리스도의 부활을 따라 일어나는 것으로 이해됨으로써, 우리는 아담 기독론에 깊이 들어가 있다. 갈라디아서 3:29에서 "너희는 그리스도의 것"이라는 말은 분명히 앞 절의 내용(3:28 — "너희는 다 그리스도 예수 안에서 하나이다")을 다시 언급하는 말이다: "그리스도 안에" 있다는 것은 그리스도의 일부, 그리스도에게 속해 있다는 것을 의미하기도 한다. 좀 더 넓은 맥락에서는 이방인 신자들이 그리스도와 합해짐으로써(3:27) 아브라함의 자손(3:29), 곧 아브라함의 유일

미암은 하나님을 향한 신뢰); 골 3:17(그리스도로 말미암아 하나님께 감사를 드림). 자세한 것은 §10.5c을 보라.

80) 고전 1:10에서 바울이 "우리 주 예수 그리스도의 이름으로" 호소하는 것도 동일한 취지이다.

81) 고전 4:10; 빌 3:8.

82) 롬 8:9; 14:8; 고전 1:12; 3:23; 15:23; 고후 10:7; 갈 3:29; 5:24.

한 씨(3:16)라고 주장할 수 있게 된 것도 여기에 포함된다고 할 수 있다. 그리고 갈라디아서 5:24에서는 "그리스도 예수의 사람들"은 "육체를 십자가에 못 박은" 자들로 정의된다. 다시 말하면, 이것은 바울의 사고 체계 속에서 그들이 그들 자신을 그리스도의 십자가와 동일시한다는 말에 다름 아니다(2:19): 왜냐하면 세상에 대하여 못 박히는 일이 효력을 발생시키는 것은 오직 그리스도의 십자가를 통해서이기 때문이다(6:14).

이 좀 더 직설적인 표어 같은 용례들도 "나는 그리스도인이다"라는 신앙고백으로 축소될 수는 없다.[83] 왜냐하면 고린도전서 1:12에서 "나는 그리스도께 속한 자라"는 말은 "나는 바울에게 속하였다," "나는 아볼로에게 속하였다," "나는 게바에게 속하였다"는 등의 표어들과 병행을 이루고 있기 때문이다. 이러한 동일시는 옛적의 영웅을 단지 회상하는 것이 아니라 현재 살아 있는 지도자와의 감정적 유대 같은 것이다. 이 유대는 주인과 종, 정치 지도자와 그 추종자의 관계이다. 우주를 포괄하고 있는 고린도전서 3:21-23의 내용은 한층 더 우리의 주목을 불러일으킨다 — "만물이 다 너희 것임이라 바울이나 아볼로나 게바나 세계나 생명이나 사망이나 지금 것이나 장래 것이나 다 너희의 것이요 너희는 그리스도의 것이요." 그리고 우리는 로마서 14:8에 나타난 마찬가지의 강렬함도 주목하여야 한다 — "우리가 살아도 주를 위하여 살고 죽어도 주를 위하여 죽나니 그러므로 사나 죽으나 우리가 주의 것이로다."[84] 또한 고린도후서 5:14도 마찬가지다 — "그리스도의 사랑이 우리를 강권하시는도다 …"[85]

e) 그리스도와 성령. 또한 우리는 이 모든 것 내에서 또 하나의 변이(變異)를 언급해야 한다 — 그리스도와 성령 간의 중복. 우리는 이미 이것의 한 측면을 다룬 바 있고(§10.6), 잠시 후에 다시 이 주제를 다루게 될 것이다(§16). 여기서는 단

83) 롬 14:8; 고전 1:12; 3:23; 고후 10:7.

84) Schlier, *Grundzüge* 174는 특히 롬 14:7ff.를 인용하면서 "그리스도 안에서"와 "그리스도의"라는 정형구들에 "그리스도를 위하여"를 추가한다.

85) 여기서 사용된 동사 '쉰에코'(synecho)는 행동하고자 하는 내적 충동을 의미할 것이다(Furnish, *2 Corinthians* 309-10에 나오는 논의를 보라). Deissmann은 "신비적 속격"이라는 좀 더 일반적인 용어를 사용하였다(*Paul* 161-64); 자세한 것은 Wikenhauser, *Pauline Mysticism* 33-40을 보라. 아울러 우리는 바울의 "그리스도의 권능" 체험(고후 12:9)과 신자들의 "그리스도의 은혜" 체험(갈 1:6)을 들 수 있다.

지 이미 인용한 바울의 가장 주목할 만한 구절들 중의 하나가 지니는 함의(含意)를 지적하는 것만으로 충분하다 —

> 만일 너희 속에 하나님의 영이 거하시면 너희가 … 영에 있나니 누구든지 그리스도의 영이 없으면 그리스도의 사람이 아니라 또 그리스도께서 너희 안에 계시면 …(롬 8:9-10).

여기에서 "성령 안에," "성령이 거하다," "너희 안에 그리스도"라는 표현들은 모두 동일시와 관련한 보충적인 묘사들로서, 성령 체험과 그리스도 체험 간의 구분선을 명확하게 긋기 어렵게 만든다. 기껏해야 우리는 그리스도는 배경이고, 성령은 권세 또는 세력이라고 말할 수 있을 뿐이다.[86]

요약해 보자. 여기서 또 다시 본 절의 요지를 강조할 필요는 없을 것이다. 앞서 언급한 은유의 다양한 변이(變異)의 경우와 마찬가지로,[87] 이 단원에서도 동일화의 표현들은 정확히 정의된 "신비적" 의미 또는 명확히 "비신비적인" 의미로 양자택일될 수 없다. 바울의 언어가 자신의 특이한 체험 이상의 것을 나타낸다고 할 때, 분명히 바울 및 그의 개종자들은 그리스도를 그들의 회중 및 일상생활에 두루 스며들어서 거듭거듭 하나님의 은혜에 대한 그들의 응답을 규정한 살아 있는 임재(臨在)로 인식했음에 틀림없다.

§15.5 집단 인격으로서 그리스도

이러한 결과들을 고려할 때에 좀 더 기독론적 고찰을 해야 한다는 것은 피할 수 없다. 바울의 기독론의 신비적 차원이 더 널리 인정되었을 때, 그러한 고찰은 더욱 보편적이 되었다.[88] 그러나 그러한 고찰은 신화적으로 인식된 원인(原人) 또

86) Cf. Wikenhauser, *Pauline Mysticism* 53-58; 또한 Bouttier, *En Christ* 61-69; Moule, *Origin* 58-62에 나오는 논의를 보라; 그리고 Ziesler, *Pauline Christianity* 63-65.

87) 위의 §13.4을 보라.

88) 예를 들어, Wikenhauser, *Pauline Mysticism* 81은 Weiss를 인용한다: "그리스도는 단지 한 사람 안이 아니라 모든 믿는 자들 안에 있고, 동시에 모든 믿는 자들은 그리스도 안에 있다고 한다. 이 말은 오직 그리스도 개념이 모호해지고 그리스도의 인격이 범신론적인 방식으로 풀어져 버릴 때에만 가능하다. 이것은 그리스도를 성령으로 묘사하는 것으로 표현

는 우주체(makroanthropos)에 관한 사변(思辨)으로 잘못 곁길로 빠졌고, 그러한 사변이 당시의 자료들에 근거가 없는 것으로 밝혀지자 곧 시들해지고 말았다. 그 결과 오늘날 바울을 비롯한 초기 그리스도인들이 높이 들리우신 그리스도를 어떤 식으로 개념화하였는지를 묻는 신약학자들을 거의 찾아볼 수 없게 되었다.[89)]

우리는 이미 이 문제의 여러 차원들을 언급한 바 있다.[90)] 또 하나의 아담, 죽은 자들 가운데서 제일 먼저 살아나 부활한 자들로 이루어진 가족의 맏형, 하나님의 지혜, 생명을 주시는 영, 하나님과 함께 다스리시는 분, 장차 오실 주님 등 여러 역할을 하는 메시아 예수에 대한 묘사는 우리를 혼란시키기에 충분하다. 또한 이제 그리스도는 개종자들이 "끼워지고" 신자들이 그 안에 있게 되는 "장소," 신자들 내에서의 인격적 임재, 신자들이 자기 것으로 삼을 수 있는 하나님의 구원하시는 행위, 하나님께서 은혜를 베푸시고 또 신자들이 하나님께 나아갈 때의 중보, 신자들이 그 지체가 되는 몸, 신자들을 이끄는 인도자, 하나님의 영과 맞먹는 강력한 임재로 등장한다.

바울은 이러한 예수를 어떻게 가시화하였는가? 인격에 관한 현대적인 개념들은 그러한 광범위한 표상과 형태를 올바르게 나타내기에 매우 부적절하다는 것은 분명하다. 사람들로 이루어진 몸, 우주의 "머리"[91)]로서의 그리스도에 관하여 우리는

된다"(*1 Korintherbrief* 303); "바울의 글에서 '그리스도 안에 있다'는 것은 하늘의 주와의 신비적 연합에 완전히 몰입된다는 것을 의미한다; 이 연합에서 인격은 그 개체성을 상실하고, 모두를 지배하는 그리스도의 생각이 그 자리를 대신한다(고후 3:17). 바울의 눈에는 형이상학적으로는 인격이신 그리스도는 비인격적인 성령과 동일하다. 바울은 추상적 개념과 인격을 확고하게 구별하지 않았던 당시의 사고로 훈련받았기 때문에 이러한 등식을 만들 수 있었다; 게다가 복음서 전승이 보여 주는 그리스도의 모습은 우리에게와는 달리 바울에게 강력한 영향을 미치지 않았다"("Die Bedeutung des Paulus für den modernen Christ," *ZNW* 19 [1919/20] 127-42 [특히 139-40]).

89) "집단적 그리스도"라는 개념에 살을 붙이고자 한 Moule의 시도는 예외이다(*Origin* ch. 2). "집단 인격"이라는 개념은 더 이상 거론되어서는 안 된다(예를 들어, Best, *One Body* [§20 n. 1]; Ridderbos, *Paul* 61-62에서처럼). 왜냐하면 (기독교 이전의 영지주의적 구속자 신화와 "신적 인간" 같이) 집단 인격이라는 것도 그 시기에 나온 여러 개념들을 얼기설기 엮어서 만든 20세기적 합성물이기 때문이다(특히 J. W. Rogerson, "The Hebrew Conception of Corporate Personality: A Re-Examination," *JTS* 21 [1970] 1-16을 보라).

90) 위의 §12.5(4)을 보라.

91) 골 1:18. "교회"가 첨가된다고 해서 우주의 머리로서 그리스도 개념이 없어진다고 할

어떻게 말할 수 있으며, 그리스도께서 개개인들의 "내부에" 있다고 이야기하면서 여전히 그리스도께서 사람의 형태로 장차 구름을 타고 오시리라고 말할 수 있는가? 이러한 질문들에 대하여 마치 단일한 대답을 얻을 수 있다는 듯이 천착하는 것은 잘못된 소망이 될 것이다. 바울 자신이 실제로 부활하신 그리스도에 관한 단일한 개념을 지니고 있었는지의 여부는 사실 심각하게 의문이 제기되어야 한다.

구원의 시작과 과정을 묘사하는 데(§13.4) 다양한 은유들이 사용된 것과 마찬가지로, 바울은 그리스도에 대해서도 다양하게 개념화하였다. 다시 말해서, 이 두 경우 모두에서 우리는 이 은유들을 통해서 표현된 영적 실체가 존재했다고 확신할 수 있다. 이런 의미에서 우리는 바울에게 그리스도의 영적 실체는 개개인의 신앙 체험이나 가시적인 교회로 축소될 수 없다는 것도 확실히 알 수 있다. 그리스도는 총체적인 현실 내에서 나사렛 예수와 여전히 직접적인 연속성을 지니면서 현재와 장래를 위한 하나님의 구원 행위의 초점인 인격적 실체였다. 그러나 그리스도는 인간의 "인격체"와 동일한 의미에서는 아니지만 하나님을 "인격적"이라고 말할 때보다는 더 날카롭게 정의된 의미에서 "인격적" 실체이다.[92]

인간의 표상과 언어로 이 이상을 넘어서 말하기는 어렵다. 다른 다양한 은유들의 경우와 마찬가지로 여기에서도 다시 한 번 바울의 표현을 어느 하나의 이미지와 결부시키고 나머지 다른 이미지들을 그것에 종속시킬 위험성이 존재한다.[93] 인간적인 분석과 신조를 통한 정의 등과 같은 환원주의(reductionism)는 은유 및 은유적 이미지의 다양성을 해칠 위험성이 한층 더 크다. 이 경우에 바울의 다양한 이미지를 조화시킴으로써 서로에 대하여 긴장관계에 있는 여러 이미지들의 불일치들을 해소하고자 하는 시도는 득보다는 실이 될 것이다. 개념적인 명백성이 다소 모호하더라도, 은유의 풍부성, 그 시적 표현과 조화들을 그대로 마음과 영으로 파악하는 것이 더 나을 것이다.

수는 없다. 왜냐하면 이 개념은 2:10에 그대로 보존되고 있기 때문이다. 더 자세한 것은 필자의 *Colossians* 94-96을 보라.

92) 물론 바울은 LXX 레 26:12과 겔 37:27을 혼합해 놓은 것으로 보이는 구절(고후 6:16)에서 하나님이 그의 백성 안에 거하신다고 말한다. Wikenhauser, *Pauline Mysticism* 75-79는 영감 체험들에 대한 당시의 증거를 언급한다 — 그러한 체험들을 "하나님께 사로잡힌 것"에 돌리는 표현으로서 '엔데오스'(entheos)와 '엔뒤시아스모스'(enthusiasmos).

93) Robinson, *Body* (§3 n. 1)은 이 점에서 비판을 받을 수 있다.

§ 15.6 그리스도에의 참여의 결과들

칭의(§14.9)의 경우와 마찬가지로 바울이 특별히 그리스도에의 참여라는 주제와 결부시키고 있는 구원 과정의 여러 측면들을 살펴보는 것은 흥미로운 일이다. 물론 바울은 칭의 주제를 더 집약적으로 다루었기 때문에, 이런 일은 칭의의 경우가 더 수월하였다. 반대로 "그리스도 안에서"라는 주제는 도처에 산재해 있기 때문에, 바울의 구원론의 일부 특징들을 꼭 집어내서 특별히 "그리스도 신비주의"와 결부시키는 것은 별 의미가 없다. 그러나 몇 가지 특징들이 두드러진다.

a) 그리스도와 함께 합해져 있다는 인식은 특별히 중요한 두 가지 구원론적 계기(契機)들에 초점이 맞춰져 있다. 하나는 그리스도의 죽음과 부활 사건이었고, 다른 하나는 개개인의 삶에 대한 이 사건의 영향의 개시(開始)였다. "그리스도 안에" 있는 상태는 "그리스도와" 합해지고 "그리스도와 함께" 있어서 지탱을 받는 것을 통해서 일어난다. 그러므로 이 표현은 지속적인 관계를 향한 명확한 출발점이라는 인식을 강조하는 데 도움이 된다. 하나의 실존에서 다른 실존으로의 결정적 전환, 새로운 관점들과 가능성들을 열어 주는 전환이 어느 때에 존재한 것이 된다.[94] 아울러 이 두 가지 구원론적 계기들을 주목할 필요가 있다. 이 둘은 바울의 신학에서 결합되어 있다. 바울은 십자가를 뺀 그리스도에 대한 회심이라는 것은 전혀 상상조차 못했다. 그리스도에의 참여는 항상 그의 죽음에 대한 참여를 포함하는 것이었다.

b) 좀 더 전면에 부각되고 있는 것은 공동체(corporateness)에 대한 인식이다. 로마서에 나오는 참여와 관련된 최초의 일련의 표현들(6:3-8)이 그리스도를 종말론적 아담으로 묘사하는 대목(5:12-21) 직후에 나온다는 것은 우연이 아니다. 또한 고린도전서의 "~와 합하여"라는 표현(12:13)도 그리스도의 몸을 염두에 둔 것이다. 개인적 참여라는 인식도 존재한다는 것은 확실하다 — 갈라디아서 2:19-20과 빌립보서 3:8-11만 보아도, 우리는 이를 알 수 있다. 그러나 "~와 함께"라는 표현이 아주 분명하게 "그리스도와 함께"에 동료 신자들을 포괄한다는 사실은 그리스도에의 참여가 공동체적이라는 것을 다시 한 번 보여 준다. 여기에서 기독론적 고찰들(§15.5)도 영향을 미친다. 왜냐하면 그리스도의 몸에 관한 이야기를 하지 않고는 그리스도에 대한 개념화가 온전히 이루어질 수 없다고 한다면, 그리

94) 또한 아래의 §20.4을 보라.

스도에의 참여도 많은 지체들로 이루어진 몸에 관한 언급을 빼고는 적절하게 인식될 수 없기 때문이다.

c) 또한 로마서 6장에서 바울이 "그리스도 안에" 있는 것의 직접적인 윤리적 결론들을 어떻게 이끌어내고 있는지도 주목할 만하다. "그리스도와 함께"라는 주제를 상술하는 단락의 결론은 이렇다: "이와 같이 너희도 너희 자신을 죄에 대하여는 죽은 자요 그리스도 예수 안에서 하나님께 대하여는 살아 있는 자로 여길지어다"(11절). 그리고 그 적용이 바로 다음에 나온다(12-14절):

> 그러므로 너희는 죄가 너희 죽을 몸을 지배하지 못하게 하여 몸의 사욕에 순종하지 말고 또한 너희 지체를 불의의 무기로 죄에게 내주지 말고 오직 너희 자신을 죽은 자 가운데서 다시 살아난 자 같이 하나님께 드리며 너희 지체를 의의 무기로 하나님께 드리라 죄가 너희를 주장하지 못하리니 이는 너희가 법 아래에 있지 아니하고 은혜 아래에 있음이라.

달리 말하면, 그리스도 안에 있다는 것은 일상의 현실 세계로부터 신비적인 방식으로 제거되는 것이 아니다. 이와는 반대로 그것은 전혀 다른 동기와 방향을 지니는 삶을 위한 출발점이자 전진기지가 된다. 아담에의 참여가 몇몇 직접적인 결과들(죄와 사망에 의해 지배된 삶)을 가져왔듯이, 그리스도에의 참여도 직접적인 결과들(은혜에 의해 가능해지고 향상된 순종)을 가져왔다. 그리스도에의 참여는 주권(lordship)의 변화, 곧 율법(죄에 의해 악용된)의 지배에서 은혜(그리스도 속에 구현된)의 지배로의 변화를 의미하였다. 여기서 우리는 신비적 그리스도에 대한 바울의 인식은 그의 윤리적 삶 속에서 자원(資源)이자 영감(靈感)으로 작용하였다고 말할 수 있다.[95]

d) 또한 우리는 이 모든 것 속에서 종말론적이고 우주적인 차원들을 눈여겨 보아야 한다. 우리는 이미 개인 구원을 포함한 우주적 구원 과정을 말하는 로마서 8:16-29에 "~와 함께"라는 표현이 집중적으로 등장한다는 것을 지적한 바 있다(§15.3). 마찬가지로 우리는 고린도후서 5:17에서 이 두 주제가 결합되어 있는

95) 여기서 "그리스도 안에서"와 "육체 안에서"의 대비에 대한 Elliger의 언급은 타당하다(위의 n. 12; Wikenhauser, *Pauline Mysticism* 51-52, 63-64).

"그리스도 안에 있으면 새로운 피조물이라"는 구절을 기억한다. 그리고 갈라디아서 6:14-15의 마지막 요약문에도 이와 비슷한 구절이 나온다 — 그리스도와 함께 십자가에 못 박혔으면 새로운 피조물이다! 이것은 단순히 피조세계의 율동에 대한 "새 시대"의 공명(共鳴)에 대한 인식이 아니다. 여기에는 고장이 나서 엉망이 되어 버린 피조세계에 대한 인식이 존재한다. "새 피조물"은 십자가에서 시작되기 때문에 "새 시대"가 아니다. 새 피조물은 내가 세상에 대하여, 세상이 나에 대하여 십자가에 못 박힘이 없이는 불가능하다(갈 6:14-15). 여기서 다시 한 번 그리스도에의 참여에 관한 인식이 강력하게 등장하지만, 주도적인 생각은 십자가에 못 박히신 그리스도에의 참여에 관한 것이다.

§16 성령을 받음[1)]

§ 16.1 세 번째 측면

바울이 결정적 전환을 묘사하는 세 번째 방식이 있다 — 하나님의 영을 받음. 바울은 그의 개종자들의 그리스도인으로서의 삶이 개인적으로 성령을 받는 것에서 시작된다고 여겼다. 여기서 강조해 둘 것은 이 이미지는 앞의 두 항목에서 우리가 살펴본 이미지들과 대립적인 것이 아니라 상호보완적이라는 것이다. 예를 들어, 우리가 이미 지적했듯이, 바울이 칭의 및 성령을 받는 것을 아브라함의 축복이라고 생각했다는 것은 갈라디아서 3:14의 문맥상 분명하다.[2)] 그리고 이 둘이 바울에게서 결합되어 있었다는 것은 로마서 8:9-10에서처럼 그리스도 신비주의와 성령의 소유가 서로 중복되어 나온다는 사실에서 마찬가지로 분명하다: "그리스도 안에" 있는 것과 성령의 내주(內住)는 동전의 양면이었다.[3)] 칭의와 그리스도 안에 있는 것은 개종자들이 그들 자신 및 그들이 속한 새로운 현실을 "알" 수 있게 해 준 새롭게 정립된 맥락(context)을 제공해 주었다. 그리고 성령의 내주(內住)는 그들이 살아갈 동기와 힘을 제공하여 주었다. 세 가지 이미지 — 회복된 지위, 그리스도에의 참여, 하나님의 힘 주심 — 는 한데 어우러져서 신학자이자 전도자이며 목회자였던 바울에게 만족스러웠던 상호보완적이고 통합적인 기반(基盤)이 되어 주었다. 왜냐하면 그것은 초기 기독교 선교활동을 광범위한 민족들과 사회 계층들에게 아주 매력적이고 설득력 있게 만들어 주었음이 분명한 지적 호소, 받아들여지는 체험, 동기 부여된 윤리의 결합을 가능하게 하였기 때문이다.[4)]

지난 수백 년간에 걸친 기독교의 시작의 이 세 번째 측면에 대한 관심의 역사

---

1) 이 책 말미의 참고문헌을 보라.

2) 위의 §14 n. 105를 보라.

3) 위의 §15.4e을 보라.

4) 나는 결코 환영하고 돌보는 사회 집단(교회)의 영향을 배제하려고 하는 것은 아니다; 우리는 이 차원에 대해서는 나중에(§20) 살펴볼 것인데, 앞에서 다룬 것에 대해서는 §15.4b과 §15.6b을 보라.

는 학문적 호기심, 대중적 열광주의, 교회의 유보적 입장 등이 다양하게 뒤섞인 면모를 보여 준다. 이 분야에 대한 현대적 연구는 헤르만 궁켈(Hermann Gunkel)의 유명한 연구서로부터 시작되었다.[5] 이 첫 연구서의 주목할 만한 특징은 "사도 시대에 대한 통속적 견해"를 근거로 하고 있다는 것이었다.[6] 이것은 성령의 나타남으로 간주된 것들의 경험적 성격을 인정하고 있다는 것을 의미하는 것이기도 하였다.[7] 이 두 가지 특징은 성령을 일차적으로 문학적 분석, 신학적 성찰, 교회적 통제의 대상으로 여겼던 좀 더 전통적인 학문적, 교회적 시도들에 대한 고전적인 자유주의적 반동(反動)들이었다고 할 수 있다.[8] 체험된 성령으로서의 신약의 성령에 대한 이러한 관심은 계속해서 20세기 초의 수십 년간에 나온 여러 연구서들의 특징이었다.[9] 그리고 20세기 중반에 좀 더 오래된 교의적 문제들로 관심이 옮겨가자,[10] 은사 운동이 발전하면서 새로운 관심을 이어갔다.[11] 바울의 "그리스도 신비주의"에 대한 오늘날의 관심의 결여와는 대조적으로, 기독교의 시작의 세 번째 측면에 대한 지속적인 관심은 지난 20년 동안 출간된 세 권의 주요한 연구서들, 즉 콩가르(Congar, 프랑스), 혼(Horn, 독일), 피(Fee, 미국)의 연구서들에 의해 예증된다.[12]

---

5) Gunkel, *Wirkungen*.

6) 흔히 Gunkel과 결부시키는 종교사적 차원은 제2판에서야 등장했다.

7) "이 위대한 사도의 신학은 그의 독서가 아니라 그의 체험의 표현이다 … 바울은 체험을 기초로 하나님의 성령을 믿는다 …"(Gunkel, *Wirkungen* 86).

8) 행 15:28의 반어법적인 반복에 요약되어 있다: "성령과 우리는 … 하는 것이 옳은 줄 알았노니." 또한 아래의 §17.1을 보라. Cf. Congar, *Believe* 2.127-28.

9) 영어권 학계에서는 특히 Scott, *Spirit*와 H. W. Robinson, *The Christian Experience of the Holy Spirit* (London: Nisbet, 1928)를 들 수 있다. 이와는 대조적으로 Büchsel은 바울과 별 상관도 없는 말을 길게 늘어놓은 후에야 우리의 현재의 관심사들을 말하기 시작한다(*Geist* 429-36).

10) 나는 1960년대에 *Encyclopedia Britannica*(1959)를 참고했을 때에 성령에 관한 글이 오직 세 항목만으로 다루어지고 있다는 것에 놀랐던 일을 기억한다: 성령의 신성(神性), 성령의 발현, 성령의 인격(11.684-86).

11) 그 예로서 필자의 *Baptism*; Knoch, *Geist*; A. Bittlinger, ed., *The Church Is Charismatic: The World Council of Churches and the Charismatic Renewal* (Geneva: WCC, 1981); Welker, *God* 7-15 등을 들 수 있다.

12) Congar, *I Believe*; Horn, *Angeld*; Fee, *Empowering Presence*. 그리고 성령에 대한 항

교회의 유보적 태도는 별로 놀랄 일이 아니다. "신비주의," 그리고 신적인 것에 대한 관상(觀想) 또는 몰입이라는 매우 개인주의적인 몰두라는 그 특징은 기독교의 공동체적이고 사회적인 성격을 인정했던 모든 사람들에게 매우 참담한 것이었다. 그러나 성령의 체험에 초점이 맞춰지면, 교회는 즉시 전통의 권위를 무시하고 성례전이 없어도 된다고 주장하는 열광주의적 분파들에 대한 당혹스러운 기억들을 떠올린다.[13] 고전적인 개혁신학 및 교회론은 중세 가톨릭만이 아니라 "영적" 또는 급진적 개혁에 대한 반발이기도 했다는 것을 우리는 잊어서는 안 된다.[14] 신비주의를 교회론에 종속시키고("그리스도 안에서" = 교회 안에서) 성령의 수여를 적절하게 시행된 세례에 종속시키는 것이 언제나 안전한 길이 되어 왔었다. 그러나 서구 기독교에서 오순절파 및 다양한 형태의 카리스마적인 기독교로 대표되는 "제3의 조류"는 결코 표면에서 멀지 않았다.[15] 궁켈이 예견했고, 우리도 앞으로 보겠지만, 이 점에 대한 바울의 가르침이 반복해서 등장하는 제3의 조류의 대변자들에게 매우 매력적임이 입증되었다는 것은 별로 놀랄 일이 아니다.

재미있는 여담 하나를 들면, 바울의 결정적 전환의 세 가지 측면은 서구 기독교의 세 조류와 대응된다고 할 수 있다 — 칭의는 개신교, 교회론적 또는 성례전적

목이 없는 Conzelmann, *Outline*과 비교해 보라.

13) 고전적인 표현은 영성주의자인 재세례파 교도들이 "성령, 성령, 성령"이라고 너무 생각 없이 지껄이고는 "성령이 오게 하는 바로 그 다리 … 즉, 세례라는 가시적 표지(標識)와 설교된 하나님의 말씀 같은 하나님의 외적 규례들을 차버리는" 것을 보고 루터가 경악한 일이다(G. Williams, *The Radical Reformation* [London: Weidenfeld and Nicholson/Philadelphia: Westminster, 1962] 822에서 재인용).

14) 열광주의에 대한 Käsemann의 반응(위의 §15 n. 28)은 급진적 개혁자들의 Schwärmerei에 대한 루터의 반응의 직접적인 반영이다.

15) 고전적인 연구들로는 N. Cohn, *The Pursuit of the Millennium* (London: Secker and Warburg/Fair Lawn: Essential, 1957)과 R. A. Knox, *Enthusiasm: A Chapter in the History of Religions* (Oxford: Clarendon, 1950) 등이 있다; 그러나 Knox는 오순절파의 등장의 중요성을 인식하지 못했다. 오순절파에 대한 표준적인 글은 W. Hollenweger, *The Pentecostals* (London: SCM/Minneapolis: Augsburg, 1972)이었는데, 지금은 P. Hocken, *Streams of Renewal: The Origins and Early Development of the Charismatic Movement in Great Britain* (Exeter: Paternoster/Washington: Word Among Us, 1986), and A. Walker, *Restoring the Kingdom: The Radical Christianity of the House Church Movement* (London: Hodder and Stoughton, 1988)도 함께 볼 필요가 있다.

신비주의는 가톨릭교, 성령의 은사는 영적 또는 카리스마적 기독교와 대응된다.[16] 물론 이러한 분류는 개략적인 것에 불과하지만, 이 개략들은 흔히 각 조류의 두드러진 특징들 또는 그 근저에 있는 성향들을 보여 준다. 이 세 조류를 결합하고자 하는 노력은 20세기 후반기의 교회일치운동의 한 특징이었다. 그러나 구원의 시작에 관한 바울 신학의 마지막 두 측면에 대한 지금까지의 학계의 기여는 기껏해야 누더기에 불과하였다. 그러므로 여기에서도 기독교의 시작에 관한 바울 신학의 이 세 번째 측면을 다른 두 측면에 맞서서 분석할 것이 아니라 바울이 그것을 그의 다른 강조점들과 얼마나 잘 통합시킬 수 있었는지를 볼 필요가 있다. 바울이 이 세 가지 각기 다른 차원들을 통합할 수 있었을진대, 그의 서신들은 오늘날의 교회일치운동을 위하여 이제까지 생각한 것보다 더 큰 자원들을 제공할 수 있다는 것이 입증될 것이다.

§ 16.2 종말론적 성령

바울에게 성령의 주심에 관한 서술은 한 가지 중요한 측면에서 칭의 및 그리스도 신비주의에 관한 서술과 다르다. 바울의 신학에서 이것들은 바울 서신 속에서의 역할 및 강조점에서 서로 뚜렷이 구별되는 요소들이었다. 반대로 성령을 주시고 받는 것에 관한 바울의 서술은 초기 기독교 전체에 걸쳐 매우 특징적이었는데, 적어도 신약의 여러 문서들이 그렇게 묘사하고 있다. 이 점은 하나님의 은혜의 결정적 도달을 가리키는 전문용어들이라는 지위를 갖는 두 개의 핵심적인 어구들 — 성령의 주심과 받음 — 을 통해 아주 쉽게 입증된다.[17] 달리 말하면, 나사렛당은 주후 1세기 유대교 내에서 하나님의 영을 새롭고 예외적인 방식으로 받았다는 주장을 통해 두드러지게 돋보였다.

이 주제에 관한 바울의 가르침의 중요한 배경이 되는 이 주장의 두 가지 측면을

16) 동방정교회의 풍부한 영성과 예배는 다른 식의 분석을 요구한다.

17) Didonai pneuma("성령을 주다") — 눅 11:13; 행 5:32; 8:18; 11:17; 15:8; 롬 5:5; 고후 1:22; 5:5; 살전 4:8; 딤후 1:7; 요일 3:24; 4:13 — 이 표현은 구약의 용례를 반영하고 있음이 거의 확실하다(특히 겔 36:27과 37:14 LXX; 또한 1QH 12.12에도 반영되어 있음); he dorea tou theou("하나님의 선물" — 요 4:10; 행 2:38; 8:20; 10:45; 11:17; 엡 4:7; 히 6:4. lambanein pneuma("성령을 받다") — 요 7:39; 14:17; 20:22; 행 1:8; 2:33, 38; 8:15, 17, 19; 10:47; 19:2; 롬 8:15; 고전 2:12; 고후 11:4; 갈 3:2, 14; 요일 2:27.

강조해 둘 필요가 있다. 첫 번째는 이 주장의 종말론적 성격이다. 제2성전 시대 유대교에서는 예언의 영이 이스라엘에서 거두어졌거나 적어도 예언이 그쳤다는 신념이 널리 퍼져 있었던 것으로 보인다.[18] 이 시기의 특징은 마카베오1서 4:46에 나타나는 서글픈 분위기가 잘 말해 준다: 유다 마카베오가 성전을 다시 봉헌할 때, 사람들은 더럽혀진 제단의 돌들을 어떻게 해야 할지를 몰라서 "예언자가 나타나서 그 돌들을 어떻게 해야 할지를 말해 줄 때까지 성전 언덕의 적당한 곳에" 그 돌들을 쌓아 두었다.[19] 또한 새로운 영감의 시대에서 과거에 씌어진 글들을 주해하는 시대로 변했다는 내용을 담고 있는 예수 벤 시라(Jesus ben Sira)의 서문도 마찬가지이다.[20] 그러나 이 점이 과장되어서는 안 된다. 왜냐하면 적어도 요세푸스는 이 시기 동안에 에세네파 내에서의 예언 활동을 말하고 있고,[21] 쿰란 공동체에서의 성령 체험도 사해 사본에 의해 입증되기 때문이다.[22] 그러나 세례 요한이 끼친 충격파는 그가 이전까지 없었던 그 무엇을 대표하는 것으로 보였음을 암시해 준다.[23] 그리고 초기 그리스도인들의 주장도 이와 동일한 내용을 보여 준다.

사실 이 박탈감은 장차 도래할 시대는 사람을 소생시키는 성령의 출현, 새로운 영과 새로운 생명의 출현을 그 특징으로 할 것이라는 기대의 또 다른 이면이었을 수 있다.[24] 사람들의 생각은 성령이 메마른 땅에 내리는 단비같이 높은 곳에서 부어지리라는 것이었다.[25] 기독교의 오순절 전승(행 2:16-21)은 분명히 열망과 갈망의 깊은 뿌리에 닿아 있었다 — 성령이 남녀노소, 종과 자유자 모두에게 널리 주어질 것이라는 열망(욜 2:28-29). 바울 서신들에도 이와 동일한 전승을 반영한

18) 예를 들어 Horn, *Angeld* 26-36과 거기에 나오는 참고문헌을 보라. 그러나 이 점이 지나치게 부각되어서는 안 된다; 지금은 H. R. Levison, "Did the Spirit Withdraw from Israel? An Evaluation of the Earliest Jewish Data," *NTS* 43 (1997) 35-57을 보라.

19) 또한 1 Macc. 9:27과 14:41을 보라. 시 74:9은 통상적으로 마카베오 시대의 것으로 본다. 또한 단 3:38의 Theodotion 역본을 참조하라. 슥 13:2-6도 인용되지만, 다른 기능을 하는 것 같다. 2 Baruch 85:1-3은 주후 70년에 예루살렘이 파괴된 후의 절망을 반영하고 있다.

20) 또한 Horn, *Angeld* 31을 보라.

21) Josephus, *Ant.* 13.311-13; 15.373-79; 17.345-48.

22) 예를 들어, 1QS 4:2-8, 20-26; 1QH 12:11-12; 또한 위의 §4 n. 43을 보라.

23) 특히 막 6:14 pars.; 마 11:9/눅 7:26; cf. Josephus, *Ant.* 18.116-19.

24) 특히 겔 11:19; 36:25-27; 37:1-14.

25) 사 32:15; 44:3; 겔 39:29; 욜 2:28.

구절들이 있고,[26] 바울은 고린도전서 12:13c에서 성령으로 "관개하거나 물 준다"는 이미지를 사용한다.[27]

그러므로 초기 그리스도인들의 주장은 성령이 약속대로 주어졌다는 것이었다. 성령의 가뭄은 끝났다. 고대하고 기대했던 새 시대가 시작되었다. 종말론적 견지에서 이러한 성령 체험은 예수의 부활만큼이나 그리스도의 자기이해에 결정적이었다. 후자가 종말이 그들에게 임했다(죽은 자들의 부활이 시작되었다)는 확신을 가져다주었듯이, 성령의 수여는 그들에게 내면(새 마음)에서의 실존적 확신을 가져다주었다.[28] 하나님의 새 날에 관한 그러한 확증이 없었다면, 재림의 지연에 의해 야기된 문제가 생겨났을 것이다.[29] 그러나 성령의 수여는 부활하신 주 예수에 대한 그들의 신앙과의 실존적 연관성을 부여해 주었고, 그들의 실현된 종말론에 대한 강조를 확증해 주고 부활 사건 및 오순절의 복음에 엄청난 힘을 실어 주었다.

강조해야 할 두 번째 측면은 성령이 이방인들에게도 거저 주어졌다는 사실이다. 이 사실은 기독교의 시작에 관한 기사에서 누가에 의해 강조된다.[30] 그리고 갈라디아서도 이 핵심적인 내용을 확인해 준다. 예루살렘의 기둥 같은 사도들에게 할례 없이 이방인들을 받아들여야 한다는 확신을 준 것은 이방인들에 대한 하나님의 명백하고 부정할 수 없는 은혜였다 — 왜냐하면 하나님께서 이미 그들을 받으셨기 때문이다(갈 2:8-9). 그리고 갈라디아 교인들을 향한 바울의 호소도 그와 같은 사실에 토대를 두고 있다(3:1-5). 이것은 기독교 초창기의 재구성 및 이방 선교의 발전에 관한 고찰에서 충분히 주의를 기울이지 않았던 내용이다.[31] 이방인

26) 특히 롬 5:5과 딛 3:6; 또한 아래의 n. 58을 보라.

27) 여기서 사용된 헬라어 동사(potizo)는 성경 헬라어에서 잘 사용되지는 않지만(창 13:10; 사 29:10; 겔 32:6), 흔히 사용되던 농경 용어였음이 분명하고(MM), 퍼부음 또는 폭우에 비유되는 성령에 대한 친숙한 이미지와 일맥상통한다(위의 n. 25).

28) 이것은 예수의 부활에 관한 이전의 믿음(행 1장)이 최초의 제자들을 심리적으로 성령 체험을 할 수 있게 만들었다는(행 2장) 인식을 의미할 수도 있다. 세례 요한이 장차 오실 자가 성령으로 세례를 베푸실 것이라고 예언했다는 전승에 들어있는 기대와 요 7:39("예수께서 아직 영광을 받지 않으셨으므로 성령이 아직 그들에게 계시지 아니하시더라")에 나오는 분명한 언급을 주목하라.

29) 위의 §12.4을 보라.

30) 행 10:44-48; 11:15-18; 15:8-9.

들은 직접 그들에게 선포된 복음을 들었든지, 아니면 디아스포라 회당들의 개종자로서 나사렛파 전도자들이 거기서 전도하는 말을 들었든지, 복음을 들은 이방인들의 삶에 무슨 일이 일어났다. 이 일에 대해서 전도자들은 "이방인들에게도 성령 부어 주심"(행 10:45)이라는 말로 표현할 수밖에 없었다. 그리고 그들의 증언을 들은 초대 교회의 지도자들은 하나님께서 이방인들을 받아들이셨고 할례는 불필요했다는 것을 수긍할 수밖에 다른 도리가 없었다.[32] 종말론적 성령이 실제로 "모든 육체 위에"[33] 부어졌던 것이다. 이런 식으로 모든 족속에게 복의 근원이 되리라던 아브라함에 대한 약속이 마침내 성취되고 있었다(갈 3:8, 14).

§16.3 성령을 받음

개종자들이 성령을 받은 것을 바울이 강조하고 있는 것은 이 모든 것과 일맥상통한다. 바울이 이것을 어느 정도나 당연시했느냐에 따라 은사(恩賜)로서의 성령 체험이 초기 신자들의 공통된 — 아니, 보편적이라고 해야 하지 않을까? — 체험이었는지가 결정된다. 그러나 사실 바울은 이것을 당연시하지 않았다. 성령이 인간의 삶에 들어온 것은 기독교의 시작의 너무도 근본적인 특징이었기 때문에, 바울은 그것을 간과할 수 없었다. 사실 결정적 전환의 모든 측면들 중에서, 바울이 매우 자주 주목한 것이 바로 이것이다. 특히 두드러지는 것은 이것이 바울 서신 전체에 걸쳐 변함없이 강조되고 있다는 것이다. 칭의와는 달리, 이것은 어떤 교회의 특수한 상황에 의해 필요해진 강조점이 아니었다. 기독교 제자도의 시작에서 성령의 수여가 차지하는 중심성은 복음전도자, 신학자, 목회자로서의 바울의 사역의 토대가 된 원칙들 중의 하나이다. 그러면 여기서 이 점을 충분히 살펴보도록 하자.

데살로니가전서에서 바울은 독자들에게 어떻게 그들이 "성령의 기쁨으로"(1:6)

---

31) 행 11:20-21에서 보도하듯이, 나사렛파 전도자들이 취한 깜짝 놀랄 만한 조치가 무엇이었는지를 충분히 고찰하지 못하고 있는 것이 대부분의 사도행전 주석서들 및 기독교의 시작에 관한 서술들의 한 특징이다.

32) 하나님의 명백한 은혜(갈 2:8-9; 행 11:23; 15:11); 하나님의 명백한 성령(갈 3:2-5, 14; 4:1-7; 행 10:44-47; 11:15-18; 15:8-11).

33) 욜 2:28; 행 2:17.

말씀을 받았는지를 상기시킨다. 그는 하나님을 "너희에게 그의 성령을 주신 하나님"(4:8)으로 규정한다.[34] 이 규정적 진술(하나님 및 하나님에 대한 그리스도인의 관계를 결정하는 것을 규정하는)이 바울의 초기 서신에 나온다는 사실은 이것이 바울 서신 전체에 걸쳐 일관된 주제임을 보여 준다.[35] 데살로니가전서의 끝에서 바울은 교인들에게 그들의 예배에 특유한 카리스마적인 성격을 상기시킨다(5:19-20); 또한 구원론적 성령은 예언의 영이기도 하다.[36] 데살로니가전서에서 감지되는 임박한 재림에 대한 강력한 기대감에도 불구하고, 바울은 실제로 그들에게 성령을 억누르지 말라고 권유해야 했다.[37]

갈라디아서에서는 바울의 주된 논증이 교인들이 성령을 받았다는 잘 알려진(양편 모두에게) 사실로부터 시작된다는 점이 두드러진다(3:1-5).[38] 결국 모든 것이 여기에 달려 있었다. 사실상 바울은 이렇게 말하고 있는 것이다: "너희는 너희의 성령 체험을 기억하고 있다. 그것이 어떻게 일어났느냐? 너희가 어떻게 성령을 받았느냐?" 성령은 그들을 그리스도의 것으로 확증해 주었다. 성령은 이방인들인 그들이 이미 들어간 아브라함의 복 자체였다(3:14). 하나님의 아들을 보내심으로써 새 시대가 시작되었듯이("때가 차매," 4:3), 하나님의 아들의 영을 그들의 마음 속

---

34) 현재 시제(didonta, "주시는")는 동일한 사람에게 반복해서 준다는 것을 의미하는 것이 아니라(Horn이 *ABD* 3.271에서 함축적으로 말하듯이), 하나님을 "성령을 주시는 자"로 규정하는 것이다. 일반적으로 인정되고 있듯이, 여기서 예상치 않은 '에이스 휘마스'(eis hymas, "너희에게")를 포함한 표현들은 영적 갱신에 대한 에스겔의 아주 강력한 비전의 일부인 겔 37:6, 14을 반영한 것이다.

35) Turner가 지적하듯이(*Holy Spirit* 103-13), 살전 4:8은 Horn의 발전 가설에 불리하다(*Angeld* 119-57; 또한 *ABD* 3.271-72). 발전 가설에 따르면, 구원론적 성령(성령 받음을 구원에 필수적이라고 생각하는 것)은 바울의 사상에서 후기 단계에 속한다는 것이다.

36) 누가의 "예언적" 성령론과 바울의 "구원론적" 성령론을 구별하는 R. P. Menzies, *The Development of Early Christian Pneumatology with Special Reference to Luke-Acts* (JSNTS 54; Sheffield: Sheffield Academic, 1991)의 매우 의심스러운 주장과는 반대로.

37) Jewett, *Thessalonian Correspondence* (§12 n. 1) 100-104, 142-47과 비교해 보라(또한 위의 §12 n. 37을 보라).

38) C. H. Cosgrove, *The Cross and the Spirit: A Study in the Argument and Theology of Galatians* (Macon: Mercer University, 1988)는 3:1-5을 "'갈라디아 교회 문제'와 관련된 바울의 견해에 대한 결정적인 단서"(2)로 보고 있는 것 같다. 또한 Lull, *Spirit*를 보라.

에 보내심으로써 그들이 새 시대의 체험 속으로 들어가는 일이 시작되었다(4:6).[39] 그들은 이방인들이었지만 아브라함의 자손으로 인정받았다. 왜냐하면 그들은 이삭과 마찬가지로 "성령을 따라"(4:29) 태어났기 때문이다. 이제 그들은 성령 안에서, 즉 성령을 따라 행하면서 성령을 위하여 씨를 뿌리고 성령의 열매를 맺기를 기대하고 있었다.[40]

고린도전서에서 바울은 독자들에게 바울 자신의 어눌한 전도에도 불구하고 그들의 확신이 성령의 능력을 보여 준 증거였음을 상기시킨다(2:4).[41] 그들이 받은 성령은 그들의 영성의 핵심에 있었다; 어떤 사람을 "영적"으로 만든 것도 성령의 내주(內住)였다(2:11-14). 하나님의 영은 이제 그들 속에 거하였다(3:16; 6:19). 그들은 하나님의 영으로 씻음받고 거룩해지고 의로워졌으며, 이제 한 성령으로 주님과 결합되어 있다(6:17).[42] 데살로니가후서보다 더 두드러지는 것은 성령이 예배의 핵심에 있었다는 것이다(12~14장). 그들은 모두 한 성령 안에서 세례를 받아 한 몸이 되었고, 모두 한 성령으로 관개(灌漑) 또는 적셔졌다(12:13).[43] 즉, 그들 각자를 그리스도의 몸의 지체들로 만든 것은 그들이 성령을 받았다는 사실 바로 그것이었다.[44]

고린도후서에서 바울은 여러 이미지들을 중첩 사용한다 — 성령은 신자들을 그리스도 안에서 굳건하게 하고, 기름부음을 주고, 인을 쳤으며, 그들의 마음 속에 성령의 '아르라본'(arrabon, "일회분")으로 주어졌다(1:21-22).[45] 성령은 "일회 분납금" 또는 "일회 불입금"이다 — 달리 말하면, 구원 과정의 시작.[46] 5:5에서도

39) 자세한 것은 아래의 n. 121을 보라.

40) 갈 5:5, 16, 18, 22, 25; 6:8.

41) 자세한 것은 아래의 n. 102를 보라.

42) 위의 §10.6과 n. 158을 보라.

43) 위의 n. 27을 보라.

44) 이 의미는 결합을 위한 것이고, 따라서 입문(入門)과 관련이 있을 수밖에 없다(Dunn, *Baptism* 127-29). 이 어구는 분명히 "그리스도 예수와 합하여 세례를 받은"(롬 6:3)이라는 표현과 상응한다; 따라서 그들이 세례를 받아서 한 몸을 구성한 것인지(eis = 한 몸을 이루다), 아니면 이미 존재해 있던 한 몸의 일부가 된 것인지(eis = 한 몸의 지체들이 되다)를 묻는 것은 이 점을 혼란스럽게만 할 뿐이다. 자세한 것은 아래의 §17.2을 보라.

45) 자세한 것은 아래의 §17.2을 보라.

46) 또한 위의 §13 n. 70을 보라.

마찬가지로, 성령은 현재 신자에게서 진행중이고 변화된 부활의 몸에서 절정에 이르게 될 변혁(transformation)의 과정의 '아르라본'이다(4:16~5:5). 그 중간에 바울은 회심 사건을 그에 의해 배달되지만 성령에 의해 마음 속에 씌어지는 편지로 묘사하고(3:3), "문자"로 화한 율법의 치사(致死) 효과를 생명을 주시는 성령에 대한 그들 자신의 체험과 대비시킨다(3:6). 우리는 이미 이 절들 속에서 예언적 기대의 반영을 지적한 바 있다.[47]

바울의 회심 이해에 관한 가장 두드러진 표현들 중 하나는 출애굽기 34:29-35에 대한 다음과 같은 주해(midrash)에 나온다(고후 3:7-18). 바울에게 모세의 직분과 바울의 직분 간의 대비는 출애굽기 34:34에서 그 절정에 달한다: "모세가 여호와 앞에 들어가서 함께 말할 때에는 나오기까지 수건을 벗고 있다가." 우리는 바울이 이 수건을 현재의 이스라엘에게서 옛 계약의 희미해져가는 영광을 가리는 것으로 해석했음을 기억한다.[48] 그러나 출애굽기 34:34은 이 수건이 제거되었다고 말한다. 그러므로 바울은 이 절을 수정하여 회심의 예표(豫表)로 만든다: "언제든지 주께로 돌아가면 그 수건이 벗겨지리라"(고후 3:16). 이 수정으로 인해서 본질적인 의미가 바뀐 것은 아니지만, 이 인유(引喩)의 의미는 분명하게 드러난다.[49] 모세가 야훼 앞에 들어가서 수건을 벗었다는 것은 주께로 돌아가는 자마다 수건이 벗겨질 수 있음을 보여 주는 것이었다.[50] 그러나 즉각적으로 관심을 불러일으키는 것은 3:17에 나오는 설명을 위한 첨가문이다: "주는 영이시다." 여기서 "주"는 그리스도를 가리키는 것이 아니라 방금 바울이 수정한 원 본문에 나오는 "주"를 가리킨다는 것은 거의 확실하다.[51] 달리 말하면, 바울은 여기서 회심을 성

---

47) 고후 3:3, 6 — 겔 11:19; 렘 31:33; 위의 §6.5d을 보라.

48) 위의 §6.5d을 보라.

49) (1) 주어는 정해져 있지 않다; 문맥상 동료 유대인들을 일차적으로 염두에 두고 있는 것 같지만, 주어는 아무라도 될 수 있다. (2) "들어가다"(eisporeuomai)가 "회심"과 관련된 주요한 단어(위의 §13.3을 보라)인 동의어 "향하다"(epistrepho)로 수정되었다. (3) 능동태인 "벗다"가 수동태인 "벗겨지다"가 되었지만, 동사는 동일하다. 여기서 인유법(引喩法)이 사용되고 있다는 것은 일반적으로 인정되고 있다(Thrall, *2 Corinthians 1-7* , 268-69를 보라).

50) 3:16에 나오는 동사("향하다")의 주어가 누구냐 하는 문제에 대해서는 렘 4:1에 대한 인유(引喩)일 가능성(이스라엘)을 지적하는 Thrall, *2 Corinthians 1~7*, 269-71을 보라.

51) 자세한 것은 필자의 "2 Corinthians 3.17"(주로 Hermann [§10 n. 1]에 반대하여)을 보라; C. F. D. Moule, "2 Cor. 3.18b, kathaper apo kyriou pneumatos," *Essays* 227-34; Thrall,

령에로 돌아가는 것으로 생각하고 있었다는 말이다.[52] 그것은 수건이 벗겨지고 눈이 열리는 체험 — 그가 독자들에게 권유한 — 으로서의 회심이다.[53]

로마서에서 바울은 "영에 있고 율법 조문에 있지 아니한 것이라"(2:29)고 말하면서 마음에 할례를 받은 자야말로 참 유대인이라고 규정한다. 달리 말하면, 그는 마음에 할례를 받는 것이 장래에 이루어질 것이라는 소망에 대한 유대인들의 통념[54]을 의도적으로 반영하고 있다는 말이다.[55] 사실상 바울의 주장은 이 소망이 초기 신자들(유대인들만이 아니라 이방인들도) 가운데서 실현되었다는 것이다. 그들의 회심은 성령에 의한 마음의 할례 행위라 할 수 있다.[56] 로마서 7:6도 동일한 주장을 반영하고 있다: 율법으로서의 놓여남, 그들을 가두었던 율법에 대한 죽음, "영의 새로운 것으로"("율법 조문의 묵은 것"과 반대되는)의 섬김은 모두 동일한 새로운 시작, 곧 해방시키고 동기를 부여하고 능력을 주는 힘으로 체험된 성령을 가리키는 은유들이었다.[57] 로마서 5:5은 하나님의 사랑이 부어진 것으로 제시되고[58] 제자도의 고난이 증대될 때에 확신의 근거를 제공해 주는 성령의 수여에 대한 또 하나의 짤막한 인유(引喩)이다.

이것들은 하나님 앞에서의 새로운 그리스도인들의 새로운 지위를 뚜렷이 드러

---

2 Corinthians 1-7 271-74. Horn, *Angeld* 331은 이러한 문제들을 완전히 무시한다.

52) 이 개념의 특이성은 이 동일시가 미드라쉬적인 성격을 띠고 있다는 것이다; Thrall의 지적처럼(*2 Corinthians 1-7*, 274), 그것은 성령을 거부하고 도발하며 근심케 하는 것의 정반대의 태도와 합치한다(행 7:51; 엡 4:30; 사 63:10).

53) 자세한 것은 Belleville, "Paul's Polemic"; Turner, *Holy Spirit* 116-19를 보라.

54) 신 10:16; 렘 4:4; 9:25-26; 겔 44:9; Philo, Spec. Leg. 1.305. 사해 사본에 이와 동일한 모티프가 반복해서 나온다는 것이 특히 주목할 만하다(1QpHab 11.13; 1QS 5.5; 1QH 2.18; 18.20).

55) 신 30:6; Jub. 1:23.

56) 자세한 것은 필자의 *Romans* 124; Fee, *Empowering Presence* 492를 보라.

57) 고후 3:6; 롬 2:28-29; 7:6(또한 빌 3:3)에 나오는 표현이 서로 중복되는 것은 바울의 사고가 서로 다른 상황들 속에서도 동일하였다는 것을 분명하게 보여 준다. 각각의 경우에 바울이 성령을 염두에 두고 있다는 것은 의심할 여지가 없어 보인다(예를 들어, Fitzmyer, *Romans* 323, 460; Fee, *Empowering Presence* 491-92를 보라). 주요한 영역본들 가운데서 여기서는 NIV의 번역이 쓸 만하다; RSV/NRSV는 2:29과 7:6의 번역이 서로 잘 맞지 않는다.

58) 오순절 전승을 반영하고 있을 가능성을 주목하라(위의 n. 26).

내 주는 성령의 결정적 기능에 대한 짤막한 언급들일 뿐이다. 그 밖에 로마서의 첫 일곱 장에서 성령에 관해 침묵하고 있는 것은 다소 의외의 일로 보인다. 즉, 바울의 전략이 무엇이었는지를 우리가 깨닫기 전까지는 이것은 의외의 일로 생각될 수 있다. 왜냐하면 첫 일곱 장에서 그의 복음의 여러 측면들을 해석하면서, 바울은 마지막 패를 내보일 때까지 자신의 카드 패를 손에 쥐고 있다고 할 수 있기 때문이다. 하지만 앞 부분에 나온 여러 언급들이 보여 주듯이, 바울은 그렇게 완벽하게 스스로를 억제할 수는 없었다. 그러나 바울은 6~7장에서는 놀라운 자제력을 발휘하여 7:6에서만 단 한 번 성령을 언급한 채 공포의 삼두체제(죄, 사망, 죄에 의해 사용된 율법)에 관한 논의를 진행할 수 있었다. 그 결과 독자들이 특히 7:7-25의 고뇌어린 증언 후에 로마서 8장에 도달할 때, 마치 가두어 두었던 큰 물이 방출되듯이, 신자의 삶을 결정하고 형성하는 데에 성령의 결정적 역할에 관한 바울의 확신들이 쏟아져 나온다. 로마서 8:1-27은 의심할 여지 없이 바울의 성령 신학의 최절정이다.[59)]

그는 승리의 선포로 시작한다: "그러므로 이제 그리스도 예수 안에 있는 자에게는 결코 정죄함이 없나니 이는 그리스도 예수 안에 있는 생명의 성령의 법이 죄와 사망의 법에서 너를 해방하였음이라"(롬 8:1-2). "생명의 성령의 법"이라는 말의 의미가 무엇이든,[60)] 분명한 것은 바울은 여기서 하나님의 성령을 의도하고 있다는 것이다. 또한 죄에 의해 악용되어 사망을 가져다주는 율법에 맞서는 결정적인 차이를 만든 것(부정과거를 주목하라)은 이 성령이라는 것도 분명하다.[61)] 다음 단락에서 로마 교인들은 스스로를 성령의 길을 생각하고 성령으로 존재하며(8:4-6) "영을 따라 행하는" 자들로 여기라는 권면을 받는다.

이렇게 성령이 그리스도인을 규정하는 표지로 여겨진다는 것은 8:9에서 둔탁한 용어들로 표현된다: "만일 너희 속에 하나님의 영이 거하시면[62)] 너희가 육신에 있지 아니하고 영에 있나니 누구든지 그리스도의 영이 없으면 그리스도의 사람이

59) '프뉴마'(pneuma)가 21번 등장하는 롬 8:1-27(19번은 성령을 가리킴)은 바울 서신에서 성령을 가장 집중적으로 언급하고 있는 대목이다.

60) 아래의 §23.4을 보라.

61) "죄와 사망의 법"에 대해서는 위의 §6.7을 보라.

62) '에이페르'(eiper, "~을 전제하고")는 앞서의 단어에 타당하기 위한 필수적인 전제조건을 뜻한다 — "때문에"(NRSV, REB); 자세한 것은 필자의 *Romans* 428을 보라.

아니라." 사실 이 절에서 바울은 그리스도인("그리스도께 속한" 자)에 대한 정의에 가장 가까운 말을 하고 있다. 그리고 그 정의는 성령이라는 견지에서 행해진다. "그리스도께 속한" 자임을 결정하는 것은 "성령을 지녔느냐" 하는 것이다. 바울에게 성령 없는 그리스도인은 그 말 자체가 모순이다. 이 말에 함축된 의미 또한 분명하다: 성령을 받음으로써 그리스도인이 된다고 바울은 이해하였다.

8:10도 마찬가지이다: 성령은 그리스도인의 생명, 즉 그리스도인 안에 있는 하나님의 생명이다.[63] 그리스도인의 새로워진 영적 삶은 내주하시는 성령, 생명을 주시는 성령의 직접적인 결과이다. 이렇게 해서 생명을 주시는 성령의 구원 사역의 절정인 몸의 부활에서 마감될 과정이 시작되었다(8:11). 왜냐하면 성령의 수여는 단지 저 완전한 구원의 첫 번째 열매(만물)요 그 과정의 시작이요 그 과정의 완성에 대한 확신의 시작일 뿐이기 때문이다(8:23). 여기에서 추수 은유는 상업 유비(arrabon, "일회 불입금")와 동일한 것을 말해 준다:[64] 장래 올 것을 예표하고 그것을 보증해 주는 결정적인 시작이 존재한다.

이 두 구절은 8:14-16의 강력한 대목과 연결된다. 여기에서는 8:9과 아주 유사하게 하나님의 가족의 지체됨이 성령이라는 견지에서 정의된다: "무릇 하나님의 영으로 인도함을 받는 사람은 곧 하나님의 아들이라"(8:14).[65] 이번에도 그 함의는 분명하다: "너희가 양자의 영, 곧 아들의 영을 받았으므로," 너희는 하나님의 아들들이라는 것이다.[66] 바리새인으로서 바울은 개종자를 율법을 받아 율법에 따

63) "성령은 너희 생명이다"(REB). NRSV는 '프뉴마'를 잘못된 번역임이 분명한 "영들"이 아니라 "성령"으로 번역함으로써 RSV를 개선하였다. NIV와 Fitzmyer, *Romans* 490-91는 "영"이라는 번역을 고수한다; 그러나 성령과 생명 간의 특유한 연관관계를 주목하라; Fee, *Empowering Presence* 550-51는 "성령"이라는 번역이 최근의 주석자들의 거의 일치된 견해라고 말한다.

64) 위의 §13 n. 70을 보라.

65) 필자의 *Romans* 450을 보라. Cf. Fee, *Empowering Presence* 564: "이런 이들['다른 이들은 아니다'라는 뜻이 함축되어 있음]이 하나님의 자녀들이다. 갈 3:1-5에서처럼 성령만이 새 계약 아래에서의 하나님의 백성을 규정한다."

66) 여기서 '휘오스'(huios)를 "아들"(8:14)로 번역하는 것이 중요하다. 왜냐하면 여기서 염두에 두는 것은 아들의 성령이기 때문이다(병행문인 갈 4:6이 확증해 주듯이). 그러나 아들과의 상관관계를 암시한 후에 바울은 곧 중성인 '테크나'(tekna, "자녀")로 바꾸고 있다는 것이 주목할 만하다(8:16-17).

라 사는 자로 정의했겠지만, 사도 바울은 그리스도인을 성령을 받아 성령을 따라 사는 자로 정의한다. 하나님의 가족의 지체됨은 이제 더 이상 '바르 미츠와' ("계명의 아들")로 정의되지 않고 하나님의 양자가 되어 하나님의 아들의 영에 참여하는 자로 정의된다. 성령의 임재 및 증언을 통해서 이 양자 됨은 실존적인 현실이 된다(8:16).

이후의 바울 서신들 중에서는 빌립보서 2:1 정도가 특기할 만한데, 여기에서는 "성령의 교제(koinonia)"를 그리스도 안에서의 그들의 삶의 토대라고 말한다.[67] 그리고 3:3에서 바울은 로마서 2:28-29과 동일한 주제를 다루면서 마찬가지로 "할례"를 새롭게 재정의한다. "할례"는 더 이상 이스라엘 민족, 인종적으로 정의된 유대인과 동일시되어서는 안 된다. "할례파," 즉 육체의 할례가 진정으로 의도하고 있는 것(마음의 할례)을 경험한 자들은 "하나님의 성령으로 봉사하며 그리스도 예수로 자랑하고 육체를 신뢰하지 아니하는" 자들이다.[68]

골로새서는 이러한 바울 특유의 강조점들에 대한 암시들을 담고 있다 — "또 그 안에서 너희가 … 할례를 받았으니"(골 2:11). 골로새서에는 성령에 대한 언급은 많지 않지만, 그것들은 바울적인 특성을 보이지 않는 것은 아니다.[69] 이와는 약간 대조적으로 후기의 에베소서는 진정한 바울의 성령 신학을 보유하고 있다. 에베소서에서 우리는 신자를 인치고 약속된 유업의 온전한 성취에 대한 확신을 주는 존재로서의 성령에 관한 이미지가 다시 사용되고 있음을 본다(엡 1:13-14). 이 인침은 믿음으로 헌신하는 자에게 주어진다: 그것은 그리스도의 주권(lordship) 아래로 이전된 자에 대한 하나님의 소유권 표시이다.[70] 마찬가지로 2:18과 22절에서 성령은 하나님의 임재로 나아가는 길을 매개하는 중보자(참조. 롬 5:2), 하나님의 새 성전의 벽돌들인 성도들을 묶는 회반죽이다(4:3-4): 그들을 한 몸으로 묶는 것은 한 성령에의 공통의 참여이다(참조. 고전 12:13).

요약하면, 바울의 사상에서 기독교의 시작들의 이 세 번째 측면은 실제로 셋 중에서 가장 두드러지는 것이다. 얼핏 보면, 칭의가 더 부각되어 있는 것처럼 보이

67) '코이노니아' (koinonia)에 대해서는 아래의 §20.6을 보라.

68) 자세한 것은 위의 §14.4을 보라. "할례" = 유대 백성에 대해서는 위의 §14.4 n. 87을 보라.

69) 골 1:8-9; 3:16. Fee는 이 점을 역설한다 — *Empowering Presence* 638-40, 643-44.

70) "성령의 인침"에 대해서는 아래의 §17.2과 n. 59를 보라.

고, 실제로도 더 부각되어 있다. 그러나 칭의가 그렇게 부각된 원인은 대부분 바울이 그의 동료들인 많은 유대 그리스도인들에 맞서 자신의 칭의 이해를 논증해야 했기 때문이었다. 그리고 앞서 살펴보았듯이, 칭의 주제에 관한 논의는 대체로 바울이 그의 이방 선교를 변호할 필요가 있었던 서신들(주로 갈라디아서와 로마서)에 한정되어 있다. 이와는 대조적으로 성령의 수여에 대해서는 바울이 그 사실을 논증할 필요가 없었다. 성령 수여의 사실은 바울이 편지를 썼던 모든 공동체들과 공유할 수 있는 공동의 토대였다. 달리 말하면, 그것은 바울의 선교 내에서 일반적으로 인정되어 있었던 사실이었다는 말이다: 성령 받음은 회심이라는 결정적 전환에서 결정적인 요소였고, 삶 속에서 성령의 임재는 하나님의 소유로 주장된 삶을 가장 뚜렷하게 정의할 수 있는 특징이었다.

마찬가지로 성령의 활동(성령의 수여/받음)은 구원의 시작에 관한 바울의 신학에서 "그리스도 안에서"의 참여 모티프보다 더 두드러진 주제였다. "그리스도 안에서"라는 모티프는 바울 서신들에 널리 산재해 있으나, "그리스도 안에" 있다는 확정된 상태 및 지위를 전제한다. "그리스도에의" 참여에 관한 말은 이 전체 모티프의 한 측면으로서 훨씬 덜 언급된다. 이와는 대조적으로 성령 모티프는 성령 수여 및 받음이라는 사건, 그 후의 성령의 역사(役事)들을 모두 포괄한다. "그리스도인"으로서의 삶을 결정하는 것은 이렇게 주어지고 받아진 성령이다.[71]

그러나 성령의 수여 및 받음에 관하여 말할 때에 바울은 무엇을 염두에 두고 있었을까? 그는 "성령"을 어떻게 이해했는가?

§ 16.4 성령 체험

바울은 성령 및 성령의 역사(役事)를 어떻게 개념화하였는가? 이에 대한 올바른 대답이 무엇이냐에 관한 논쟁은 참으로 오래된 것이다. 예를 들어, 불트만이 "물활론적인" 개념과 "역학적인" 개념을 구별한 것은 궁켈에 의해 촉발되었지만 궁극적으로는 성령의 인격에 관한 교부들의 논쟁에서 유래한 과거의 논의를 반영

71) Cf. Whiteley: "성령이 모든 그리스도인들에게 주어졌다는 가르침은 그 자체가 성령과 관련된 사도 바울의 모든 다른 발언들의 토대가 되는 근본적인 가르침이라 할 수 있다" (*Theology* 125); Cerfaux: "하나님의 성령에의 참여는 그리스도인의 첫 번째 특징이다" (*Christian* 310).

한 것이다.[72)]

> 물활론적 개념에서는 '프뉴마'(pneuma)를 마귀처럼 사람을 덮쳐 사로잡아서 사람으로 하여금 힘을 행사할 수 있게 하는 독자적인 주체, 인격적 세력으로 인식한다. 이와는 반대로 역학적 개념에서는 '프뉴마'는 말하자면 액체처럼 사람을 채우는 비인격적인 힘으로 등장한다.

에두아르트 슈바이처(Eduard Schweizer)는 '프뉴마'가 "천계(天界) 또는 그 구성물질"을 가리킨다는 개념을 널리 유포하였다.[73)] 좀 더 최근에 혼(Horn)은 여섯 가지의 개념적 구별을 제시하였다 — "기능적," "실체적," "물질적," "위격적," "규범적," "인류학적."[74)]

여기에는 두 가지 위험이 도사리고 있다. 첫째, 그러한 임상적 분석은 사용된 언어의 성격, 즉 은유와 이미지의 언어가 사용되었다는 사실을 모호하게 하기 쉽다. 요지는 앞서 말한 바와 같다:[75)] 다양한 이미지의 사용은 획일적이거나 단선적인 묘사로는 표현이 불가능한 실체를 표현하려는 시도였다. 여기서 다시 한 번 말해 둘 것은 어느 한 표현을 다른 표현과 대립시키거나 바울(그리고 신약의 다른 기자들)이 일관되지 못하거나 모순된 사고를 하고 있다고 비난하는 것은 잘못이라는 것이다. 도리어 우리는 다양한(그리고 분석하기에 헷갈리는) 이미지 속에서 성령에 귀속시킨 체험들의 종류와 범위, 초기 그리스도인들이 그 체험들을 기술하

---

72) Bultmann, *Theology* 1.155. 그 예들로 그는 물활론적인(animistic) 개념(롬 8:16; 고전 2:10-16; 14:14)과 에너지적인 개념을 인용하는데, 이러한 개념들은 성령이 "주어졌다"거나 "부어졌다"고 할 때에 반영되어 있다(*Theology* 1.155-56). Horn이 지적하듯이(*Angeld* 16-17), 이러한 구별은 초기의 사회인류학적 연구들, 특히 E. B. Tylor, *Primitive Culture* (1871)에 의해 시작된 논의로 거슬러 올라간다. 또한 Bertrams, *Wesen*; Schmidt, *Pneuma Hagion*을 보라.

73) Schweizer, *pneuma*, *TDNT* 6.416 — 롬 1:3-4을 거론하고 있다.

74) Horn, *Angeld* 60: 예를 들어, "기능적"(갈 5:22; 고전 12:11; 14:2; 살전 1:5-6), 실체적(substanzhaften; 고전 3:16; 6:19; 롬 8:9, 11; 살전 4:8), 물질적(stofflichen; 롬 5:5; 고전 1:21-22; 10:4; 12:13; 15:43; 고후 3:8), 위격적(롬 5:5; 8:26-27; 고전 2:10), 규범적(롬 8:4; 15:30; 고전 4:21; 갈 5:25; 6:1), 인류학적(롬 1:9; 고전 6:20 또한 16:18과 비교해 보라).

75) 위의 §13.4을 보라. 물론 "은유"는 "비현실성"을 의미하지는 않는다.

기에 적합한 개념을 찾으려고 얼마나 애썼는지에 관한 증거를 볼 줄 알아야 한다.

둘째로는 이미 짐작했겠지만, 이러한 묘사들과 개념들 근저에는 초기 그리스도인들의 체험, 성령 체험으로 이해된 체험이 존재하였다. 슈바이처는 이것을 저 유명한 *TDNT*의 '프뉴마' 항목 신약 부분의 첫머리에서 표현하였는데, 사실 그는 단지 궁켈 이래로 학자들의 일치된 견해를 표현한 것일 뿐이었다: "성령은 교리학의 한 주제이기 훨씬 전에 공동체의 체험에서 하나의 사실이었다."[76] 최근의 아주 철저한 연구서에서도 이와 동일한 말로 서술을 시작한다: "어쨌든 바울에게 성령은 체험된 현실이었다"; "바울에게 체험되고 살아 있는 실체로서의 성령은 처음부터 끝까지 그리스도인의 삶에 절대절명의 문제였다."[77]

물론 체험의 우선성에 대한 이러한 단언은 여러 가지로 비판을 받는다. 먼저 "체험"이라는 것이 그 자체로 너무도 광범위하고 포괄적인 용어라는 점이다. 좀 더 면밀한 분석이 되려면, 먼저 체험은 의식의 상태들, 감정들, 감흥들, 기분들, 인지(認知), 인식 등과 같은 좀 더 구체적인 범주들로 나뉘어야 한다.[78] 또한 체험을 강조할 때에는 서구 문화에서 계몽주의와 낭만주의에서 볼 수 있는 균형 및 긴장 관계를 유지해야 하고, 체험을 합리성과 너무 안일하게 대치시키거나 "종교적 체험"을 예외적인 것으로 규정하거나 국한시켜서는 안 된다.[79] 그리고 모든 체험은

76) Schweizer, *TDNT* 6.396; 마찬가지로 Goppelt, *Thelolgy* 2.120; "성령론은 신성에 대한 가장 친밀하고, 때로는 가장 강렬한 체험을 다룬다"(Keck, *Paul* 99).

77) Fee, *Empowering Presence* xxi, 1. 마찬가지로 Congar는 "A Note on 'Experience'" (*Believe* 1.xvii)으로 시작해야 한다고 생각했다. Moltmann은 이렇게 시작한다: "당신은 언제 마지막으로 성령의 역사를 느꼈느냐라는 질문은 나를 당혹스럽게 만든다"(*Spirit* x). 그리고 Welker는 출발점으로서 "하나님의 성령에 대한 폭넓은 체험들," "성령의 풍부한 현실과 생명력," "인간의 삶의 구조 속에서 하나님의 현실과 하나님의 권능의 출현"을 진지하게 다루고자 시도한다(*God* ix-xi).

78) 자세한 것은 D. Gelpi, *Charism and Sacrament* (New York: Paulist/London: SPCK, 1976), 특히 제1장; *Experiencing God: A Theology of Human Emergence* (New York: Paulist, 1978)에 나오는 논의를 보라.

79) 특히 N. Lash, *Easter in Ordinary: Reflections on Human Experience and the Knowledge of God* (London: SCM, 1988)에서 William James에 대한 비판을 보라; 위의 §15 n. 23에 나오는 McGinn에 대한 Lash의 비판을 참조하라(이 두 Lash에 대한 언급은 모두 나의 동료인 Walter Moberly의 도움을 얻은 것이다). 또한 위의 §3.5을 보라.

대체로 체질, 유산, 양육 및 교육, 사회적 환경 등에 의해 형성되거나 결정되기 때문에, 그 어떤 체험도 완전히 "새로운 것"은 없다는 것을 기억하는 것도 특히 중요하다.[80] "체험에서 인식과 해석의 상호의존관계는 항상 존재한다."[81] 왜냐하면 체험을 "파악하고자" 하는 시도는 불가피하게 어떤 식으로든 개념화 과정 — "체험"으로의 개념화까지 포함해서 — 을 포함하기 때문이다.

그러나 이와 아울러 개념화에 앞서 "주어진 것," 또는 언어로는 표현할 수 없는 것으로서 개개인들에게 일어나는 체험들도 존재한다. 아이들은 부모의 사랑을 체험하지만 말로 그것을 표현하지는 못한다. 십대들은 뭔지도 모르면서 오르가슴을 체험한다. 위대한 예술 작품들은 말로는 제대로 포착할 수 없는 미적 감흥들을 불러일으킨다. 질병 또는 정신병에 걸리는 기겁할 만한 체험들도 있을 수 있는데, 그것이 기겁할 만하다는 것은 병에 걸린 자가 무슨 일이 일어나고 있는지를 말로 설명하는 것은 고사하고 묘사할 수도 없기 때문이다. 개인별 면담에 의한 설문조사에서는 영국민들 중 상당수가 어떤 유의 "종교적 체험"을 했지만 적절한 말이 없기 때문에 그것을 말로 표현할 수 없었다는 것이 밝혀졌다.[82]

이러한 유비(類比)들은 보기와는 달리 그렇게 요원해 보이지 않을 것이다. 먼저 전면적인 이방 선교로의 돌입을 초래하였던 것은 최초의 이방인 개종자들의 예기치 않은 체험들(그리고 복음전도자들에 대한 그들의 분명한 증거적 성격)이었다. 그리고 다른 한편으로 바울과 초기 그리스도인들은 그들의 개념화된 체험을 전통적인 문구들에 꿰맞추지 않았다. 이와는 반대로 바울의 다양한 이미지 사용의 배후에 있는 것은 뭔가 새롭다는 느낌, 새롭게 체험된 실체를 표현하는 데 적절한 언어를 발견하고자 한 분투였다. 일부 옛 이미지들("쏟아부음" 같은)은 그들로 하여금 그들의 체험을 개념적으로 파악할 수 있게 해 주었으나, 그들의 체험은 그들로 하여금 새로운 이미지들을 고안해낼 수 있게 하였다. 여기에서도 이미 살펴본 바와 같이 바울의 독특한 어휘선택의 특징은 "복음," "은혜," "사랑" 같은 과거의 단어들을 가져와서 풍부한 새로운 내용물 — 특히 바울 자신(그리고 다른 사람

80) 자세한 것은 C. F. Davis, *The Evidential Force of Religious Experience* (Oxford: Clarendon, 1989) 145-55를 보라.

81) 이것은 Gunkel에 대한 Horn의 반복적인 비판이다(*Angeld* 14-15, 20).

82) 이 연구는 노팅엄 대학에 있는 나의 동료인 David Hay에 의해 수행되었다; 그의 *Religious Experience Today* (London: Mowbray, 1990)를 보라.

들)의 체험의 내용물 — 로 채워넣었다는 것이다. 바울이 그의 이미지가 그의 청중들의 체험과 공명(共鳴)할 것이라고 전제할 수 있었다는 것은 성령에 관한 초기 그리스도인들의 말이 그들이 처음 믿었을 때에 그들 모두가 체험했던 것을 가리켰다는 것을 보여 준다. 여기서 또한 기억해야 할 것은 "성령"은 처음부터 경험적 용어였다는 것이다. 내가 이렇게 말하는 이유는 '루아흐'(ruach)라는 히브리어는 생명력에 대한 기본적인 체험이라고 할 수 있는 것을 명명하거나 설명하기 위하여 만들어진 단어였다는 것이다. 앞에서 보았듯이, '루아흐'는 생명의 숨, 하나님으로부터 온 생명력을 가리킨다.[83] 그것은 강한 바람과 비슷한 살리는 힘,[84] 몇몇 예외적인 상황들 속에서는 활기를 북돋울 수 있는 힘으로 인식되었다.[85] 이러한 폭넓은 용례들에 공통된 것은 눈에 보이지 않는 신비로운 두려운 힘이라는 의미였다. 이 단어 자체('루아흐')는 바람 소리를 본뜬 의성어(擬聲語)이다. 이렇게 만들어진 '루아흐'는 생명의 신령한 특질을 포함한 신비로운 힘에 대한 유사한 체험들을 가리키는 공통의 용어가 되었다.[86]

이와 같은 기본적인 의미는 헬라어 상당어인 '프뉴마'(pneuma)의 기독교적 용법에도 그대로 적용되는데, 이것은 이 단어도 '루아흐'와 비슷한 범위의 의미를 전달해 줄 수 있었다는 사실에서 드러난다. 신약에서 이 점은 '프뉴마'를 "바람"과 "성령"이라는 두 가지 의미로 사용하여 단어유희를 하고 있는 요한복음 3:8과 "요한복음의 오순절 사건"이라고 할 수 있는 요한복음 20:22에서 가장 극명하게 드러난다.[87] 바울과 관련해서는 우리는 그가 고린도 교인들이 "영적인 것을 사모

83) 위의 §3.6과 §10.6을 보라; 또한 Congar, *Believe* 1.5-14("The Action of the Breath of Yaweh").

84) 예를 들어, 출 10:13, 19; 14:21; 왕상 19:11; 사 7:2; 겔 27:26; 호 13:15.

85) 삿 3:10; 6:34; 11:29; 14:6, 19; 15:14-15; 삼상 10:6; cf: 창 45:27과 삿 15:19.

86) "하나님의 성령은 원래 백성들의 내적 붕괴를 극복하는 힘으로 체험되었다"고 주장함으로써(*God* 108), Welker는 한쪽으로 치우쳐 도식적이 되었고, '루아흐'(ruach)의 좀 더 근본적인 의미를 무시하고 있다.

87) 요 3:8 — "바람[pneuma]이 임의로 불매 네가 그 소리는 들어도 어디서 와서 어디로 가는지 알지 못하나니 성령[pneuma]으로 난 사람도 다 그러하니라"; 요 20:22 — "그들[제자들]을 향하사 숨을 내쉬며 이르시되 성령을 받으라." 후자에서 동사 "숨을 내쉬다"(enephysesen)라는 동사를 사용한 것은 창 2:7과 겔 37:9에서의 이 동사의 용법을 상기시키기 위한 것이었음이 틀림없다(자세한 것은 필자의 *Baptism* 180을 보라).

하는"(고전 14:12) 자들이라고 말할 때나[88] 사람의 영과 하나님의 영 간의 접점을 얘기할 때나[89] 애매하다고 밖에는 말할 수 없다. 전자의 경우에서 부각되고 있는 의미는 신적인 권능들에 대한 개방성이고, 후자에서 독자가 듣는 것은 성령과 사람의 영 간의 개념적 구별이 일차적으로 중요시되지 않는 가운데 내면에서 체험되는 '프뉴마'의 성격이다.[90] 특히 우리는 바울에게 성령은 무엇보다도 "생명의 성령," "생명을 주는 자"였다는 것을 기억해야 한다.[91]

성경의 성령론의 이러한 기본적인 특징은 전통적으로 취급되어 왔던 방식보다 더 강조될 필요가 있다. 기독교 전통 속에서 성령의 수여를 올바른 신앙고백이나 적정하게 거행된 성례전으로부터 도출되는 당연한 결과로 생각하는 것이 관례였다. 새로운 교회의 지체에게는 사실상 다음과 같은 확신이 주어진다: "너는 모든 올바른 것들을 믿었고 세례라는 성례전과 안수를 받았다; 그러므로 너는 네가 알든 모르든 성령을 받은 것이다." 하지만 바울의 경우에는 사정이 좀 달랐다. 그는 갈라디아 교인들에게 "너희가 어떻게 세례를 받았느냐? 너희가 어떠한 신앙고백을 했느냐?"고 묻는 것이 아니라 "너희가 어떻게 성령을 받았느냐?"(갈 3:2)고 묻는다. 그들이 성령을 받은 것은 바울이 단순히 다른 어떤 주된 요소로부터 추론해서가 아니라 직접적으로 그들에게 물을 수 있는 그 무엇이었다.[92]

---

88) 번역본들은 '프뉴마'를 일관되게 "영적 은사들"로 번역하고 있는데, 이는 잘못이다. 그러나 이 어구는 특히 방언을 중심으로 한 — 반드시 방언만은 아니지만 — 영적 체험들에 대한 간절한 열망을 가리키고 있음이 분명하다(Dunn, *Jesus and the Spirit* 233-34; Fee, *Empowering Presence* 227).

89) 특히 고전 5:3-4; 6:17; 14:14-15; 골 2:5에서 분명히 볼 수 있는 불명확성에 주목하라; 또한 위의 §3 n. 16을 보라. Fee는 "영/성령"으로 번역함으로써 그러한 언급들의 성격을 전달하고자 애쓴다(*Empowering Presence* 24-26, 123-27, 229-30, 426, 645).

90) 이것은 성령 개념을 "하나님 의식(意識)"으로 축소시킨다는 그 어떤 뉘앙스도 함축하고 있지 않다(Büchsel, *Geist* 436-38은 양심과의 병행은 바울의 성령 개념을 가장 잘 이해할 수 있게 해 준다고 생각한다). 바울은 성령의 은사적 성격을 잘 알고 있었다. 바울 서신에 나오는 146회의 '프뉴마' 구절들은 6:1의 비율로 성령과 인간의 영을 가리킨다.

91) 자세한 것은 위의 §6 n. 131과 §10.6을 보라.

92) 갈 3:2은 바울이 에베소에서 만난 "어떤 제자들"에게 던진 질문("너희가 믿을 때에 성령을 받았느냐")을 기록한 행 19:2의 기사(記事)와 매우 흡사하다. 이러한 유사성을 감안할 때, 후자의 구절에 대한 L. Newbigin의 많이 인용되는 설명은 여기에서도 타당하다: "사도는 아볼로의 추종자들에게 한 가지 질문('너희가 믿을 때에 성령을 받았느냐?')을 던지고는

로마서 8:9과 14절에 나오는 "그리스도인에 대한 정의"로부터도 동일한 내용이 도출된다. 바울은 "너희가 그리스도의 것이면, 너희에게는 성령이 있다; 왜냐하면 너희는 하나님의 아들들이고, 성령의 인도하심을 받고 있기 때문이다"라고 말하지 않는다. 두 경우 모두에서 바울은 정반대로 표현한다: "너희에게 성령이 있으면, 너희는 그리스도의 것이다; 너희가 성령의 인도하심을 받고 있다면, 너희는 하나님의 아들들이다." 그들이 그리스도의 것인지 아닌지 — 그들에게 성령이 있다는 것을 추론할 수 있는 증거가 되는 세례나 신앙고백에 의해 확증되는 — 는 직접적으로 식별할 수 있었던 사실이 아니었다. 식별할 수 있었던 것은 그들에게 성령이 있느냐 하는 것이었다; 그리고 바로 그것이야말로 그리스도에 대한 그들의 관계를 추론할 수 있는 일차적인 요소였다. 그리스도인으로서 그들의 지위는 그리스도의 대리자인 성령이 그들의 삶을 분명하게 인도하고 있다는 사실로부터 인정받을 수 있었다.

그렇다면 바울이 독자들에게 그들의 처음의 열심 있던 믿음을 상기시킬 때에 염두에 두었던 성령의 "증거들"과 "종교적 애정들"은 무엇이었는가?[93] 다행히 바울은 우리가 일련의 여러 체험들을 통해 그것들을 설명할 수 있을 정도로 충분히 그것들에 대하여 여러 암시들을 준다. 물론 그렇다고 해서 그 체험들이 서로 뚜렷이 구분되었다거나 서로 쉽사리 구별되었다는 것은 아니다.

그 체험들 중의 한쪽 끝에는 여러 탈혼 현상들이 있다. 예를 들면, 고린도 교인들의 신앙 초기의 상태를 상기시키는 말 — "모든 언변과 모든 지식에 풍족하므로 … 너희가 모든 은사에 부족함이 없이 …"(고전 1:5, 7) — 은 그들의 탈혼적 영성(14장)은 처음부터 하나의 특징이었다는 것을 보여 준다.[94] 마찬가지로 갈라

분명한 대답을 얻었다. 오늘날의 바울 후계자들은 '너희는 우리가 가르친 바로 그것을 믿었느냐?' 또는 '너희를 안수한 것이 우리의 손이었느냐' 라고 묻기를 더 좋아한다. 그리고 — 그 대답이 만족스러우면 — 개종자들에게 그들이 비록 알지 못하고 있다고 할지라도 그들이 이미 성령을 받은 것이라고 확신시킨다. 이 두 가지 태도는 천지차이다" (*The Household of God* [London: SCM, 1953 = New York: Friendship, 1954] 95).

93) 이것들은 전승에서 가져온 용어들이다. 이에 해당하는 바울의 용어는 "성령의 나타남"(고전 12:7)일 것이다.

94) Fee는 여기에서 고린도 교회에 성령이 주어졌다는 것은 방언에 의해 입증되었다고 추론함으로써 "오순절적 결론"을 도출해낸다(*Empowering presence* 92).

디아 교인들에게 바울이 그 신앙의 초기를 회상시키는 말(갈 3:1-5)에도 "성령을 주심"이 "능력을 행함"과 결부되어 있었다는 것을 상기시키는 말(3:5)이 포함되어 있다. 또한 바울은 그의 선교의 성공이 "표적과 기사의 능력으로 성령의 능력으로"(롬 15:19) 이루어졌다고 회상한다.[95)]

일련의 체험들을 따라가다 보면, 우리는 강렬한 감정적 체험들을 수반한 성령 받음에 관한 여러 기억들을 발견하게 된다. 로마서 5:5 — "하나님의 사랑이 우리 마음에 부은 바 됨이니" — 은 마치 항아리를 거꾸로 엎어서 물이 쏟아진 것 같았다는 것을 표현하고 있고, 고린도전서 12:13c — "다 한 성령을 마시게 하셨느니라" — 은 집중호우가 내린 것 같았다는 비유를 사용하며,[96)] 데살로니가전서 1:6은 복음을 "성령의 기쁨으로" 받았다고 말한다.[97)] 또한 우리는 우리가 "아바! 아버지!"라고 부르짖었다(krazein)고 바울이 말한 것도 기억해야 한다.[98)] 이것은 자식으로서 내면에서 조용히 속삭이는 것이 아니었다.[99)] 마음을 편안하게 하는 해방의 체험에 대해서는 아래에서(§16.5a) 살펴볼 것이다.

깊은 확신의 체험들도 밀접하게 서로 연관되어 있었다. 데살로니가전서 1:5 — "우리 복음이 너희에게 … 능력과 성령과 큰 확신으로 된 것임이라";[100)] 고린도전서 2:4 — "내 말과 내 전도함이 … 성령의 나타나심과 능력으로 하여 …"[101)]

---

95) 행 19:6에 나오는 좀 더 생생한 기사는 영감받은 말의 나타남들(방언과 예언)을 묘사한다; cf. 2:4; 8:18-19(성령이 주어진 것이 주술사 시몬에게 분명히 보였고 또한 강한 인상을 주었다); 10:44-46. 자세한 것은 아래의 §20.5을 보라.

96) 위의 n. 27을 보라.

97) 또한 Fee, *Empowering Presence* 46-47을 보라.

98) 롬 8:15-16; 갈 4:6. '크라제인' (krazein, "부르짖다")은 강렬하거나 큰 부르짖음으로 이해해야 한다(Dunn, *Jesus and Spirit* 240; 또한 *Romans* 453; Horn, *Angeld* 411). 좀 더 전형적인 전통적 주해는 Montague에서 볼 수 있다: "예전상의 부르짖음 또는 환호"(*Holy Spirit* 197).

99) '테스티모니움' (testimonium)에 대한 전통적 이해, 특히 칼빈의 "성령의 은밀한 증언"(Institutes 1.7.4)이라는 이해는 주석에 탄탄한 뿌리를 두지 못하고 있다.

100) '플레로포리아' (plerophoria, "온전한 확신"); 신약에 나오는 그 밖의 다른 구절들을 참조하라 — 골 2:2; 히 6:11; 10:22.

101) 신약에서 오직 여기에만 나오는 '아포데익시스' (apodeixis, "증거")는 수사학의 전문용어로서 널리 인정된 전제들로부터 도출되는 필연적인 결론을 의미한다(Weiss, *1 Korinther* 50-51; L. Hartman, "Some Remarks on 1 Cor. 2.1-5," *SEA* 39 [1974] 109-20).

또한 우리는 지적인 계몽(啓蒙)의 체험들에 대해서도 말할 수 있다. 이 점은 이미 앞에서 논의한 바 있는(§16.3) 고린도후서 3:12-16에 나오는 주해(註解) 속에 분명하게 함축되어 있다. 바울은 성령에게 돌아가는 것을 수건이 벗겨져서 눈이 열리는 체험으로 묘사한다. 대학 교수, 그리고 대학생들은 이 체험을 아주 잘 알 것이다. 성령을 계시 및 지식의 체험들과 결부시키는 것은 바울의 성령 개념의 큰 특징이다.[102] 특히 주목할 만한 구절은 고린도전서 2:12이다 — "우리가 … 오직 하나님으로부터 온 영을 받았으니 이는 우리로 하여금 하나님께서 우리에게 은혜로 주신 것들을 알게 하려 하심이라." 그리고 바울이 예배 모임에서 방언보다 예언을 더 선호한 이유는 예언이 영만이 아니라 마음에도 열매를 맺게 하기 때문이었다는 것은 주목할 만하다(고전 14:14-15).

끝으로 일련의 성령 체험들과 관련해서 우리는 성령의 도덕적 효과에 관해서 말해야 할 것이다. 이와 관련하여 가장 두드러진 구절은 고린도전서 6:9-11이다:

> 불의한 자가 하나님의 나라를 유업으로 받지 못할 줄을 알지 못하느냐 미혹을 받지 말라 음행하는 자나 우상 숭배하는 자나 간음하는 자나 탐색하는 자나 남색하는 자나 도적이나 탐욕을 부리는 자나 술 취하는 자나 모욕하는 자나 속여 빼앗는 자들은 하나님의 나라를 유업으로 받지 못하리라 너희 중에 이와 같은 자들이 있더니 주 예수 그리스도의 이름과 우리 하나님의 성령 안에서 씻음과 거룩함과 의롭다 하심을 받았느니라.

바울에 의해 열거된 용납될 수 없는 도덕적 관행의 전 범위에 관하여 무엇이라 말하든,[103] 여기서 이 대목의 취지는 회심 때에 받은 성령에 의해 지금은 완전히 역전되거나 변화된 예전의 생활방식을 바울이 상기시키는 것이다. 좀 최근의 세대들이 텅빈 선술집과 재결합된 가족들 속에서 성령의 변화시키는 능력에 대한 증거를 보아 왔듯이, 바울은 흔히 아주 극적인 방식으로 도덕적으로 변화된 삶들을 지적할 수 있었다("너희 중에 이와 같은 자들이 있더니"). 바울이 "영으로써 몸의 행실을 죽이는 것"(롬 8:13)에 대하여 말하였을 때에도 그가 염두에 두었던 것은

102) 특히 고전 2:10-15; 12:8; 골 1:9; 엡 1:17; 3:5.

103) 특히 위의 §5 n. 102를 보라.

아마도 이런 것, 즉 "주 예수 그리스도로 옷 입은"(롬 13:13-14) 결과인 사회적 윤리의식과 생활양식의 변화였을 것이다. 또한 이것은 '아르라본' (arrabon, "일회 불입금")인 성령에 의해 시작되고 구원 과정의 완성인 부활로 끝이 나는 개인의 변혁(transformation)와 일치하는 것이었다(고후 4:16~5:5).

삶 속에서 하나님의 역사(役事)의 표지(標識)로서 종교적 체험의 이러한 수용, 그리고 나아가 그에 대한 의존은 뭔가 좀 실망스러운 일이다.[104] 기독교(그 밖의 다른 종교 및 이데올로기들에서와 마찬가지로) 내에서의 "열광주의적" 분파들의 역사를 잘 알고 있는 사람이라면, 그 위험신호들을 감지하지 않을 수 없을 것이다. 종교적 체험에 의존하다 보면 특정한 체험을 쉽사리 이상화하기 쉽다.[105] 체험에 대한 의존은 자주 반복되는 역사의 교훈에 무지한 지도자에 대하여 무비판적이 되거나 심지어 그런 지도자를 생겨나게 하기 쉽다. 또한 체험에 대한 의존은 쉽게 모든 공동체와 모임에 파괴적으로 작용하는 비의적(秘儀的)이고 엘리트적인 당파성을 조장하는 수단이 된다. 나중에 살펴보게 되겠지만, 바울의 실천신학 속에는 그러한 현상들에 대한 몇몇 "시금석들"이 포함되어 있다.[106]

이 시금석들 중에서 가장 중요한 것은 우리가 이미 개략적으로 살펴본 바 있다(§10.6). 그것은 그리스도의 영으로서 성령에 관한 재정의(再定義) 또는 한층 엄격한 정의이다. 사실 이것은 유대 및 기독교 성경에서 그 틀을 찾는 성경신학이나 그 밖의 신학에 대한 바울의 가장 중요한 공헌들 중의 하나이다. 왜냐하면 성령을 그리스도의 영이라고 말함으로써, 바울은 그때까지 그릇되게 또는 모호하게 정의되어온 성령 개념을 신학적으로 성찰하고 있는 것이기 때문이다. 이렇게 성령이 그릇되게 또는 모호하게 정의되어온 이유는 성령은 광범위한 체험과 실존적 현상들을 포괄하고 있었기 때문이었다. 그러므로 바울의 정의를 통해 성령 개념은 이전에 없던 명료성을 얻게 되었다.[107] 이 점은 강조할 필요가 있다. 바울은 자기 자

---

104) 그런 까닭에 Ridderbos는 지나친 과잉반응을 보인다: "['성령 안에 있는 것' 이] 의미하는 바는 주관적인 의식의 상태가 아니라 '객관적인' 존재 양식이다"(*Paul* 221).

105) 이것은 특정한 은유를 구체화할 위험성과 일맥상통한다 — 위에서 언급한(§13.4).

106) 아래의 §21.6을 보라.

107) Issacs는 이 과정의 이전 단계를 설명하면서, LXX의 저자들이 히브리어 '루아흐' (ruach)를 헬라어 '프뉴마' (pneuma)로 번역하기로 결정함으로써 "유대교적 신학 개념들을 헬라의 이교적 '프뉴마' 개념들에 들여왔고, 이에 따라 '프뉴마' 가 주로 '프뉴마 데우'

신이나 그의 개종자들의 모든 체험들과 관련하여 무비판적으로 성령을 말한 것이 아니었다. 반대로 "그리스도의 영"은 바울로 하여금 여러 체험들을 평가하여 각각의 체험을 서로 구분해낼 수 있게 해 준 비판적인 개념적 도구가 되었다. 그리스도의 영임을 보인 성령 체험들만이 인정과 환영을 받을 수 있었다.[108]

실제에서 이것이 의미했던 것은 이미 언급된 여러 구절들을 통해 드러난다. 고린도전서 12:3 — "예수는 주시다"라는 영감된 신앙고백에 의해 성령 체험으로 인정된 영감 체험. 로마서 8:15-16 — 아들로서의 예수 자신의 기도에 참여한 체험.[109] 고린도후서 3:18 — 그리스도 안에서 하나님의 형상을 따라 형성되어가는 장기적인 체험.[110] 또한 "성령의 열매"(갈 5:22-23)라든가 최고의 영성의 표시인 사랑의 고양(高揚)도 여기에 포함될 수 있다(고전 13장). 바울은 직접적으로 그렇게 말하지는 않았지만, 이 두 구절에 나오는 그리스도의 "성품 묘사"[111]가 암시하고 있는 것은 바울이 전적으로 동의한 것이리라.

요컨대 바울은 체험되는 것으로서의 성령이라는 개념에서 떠나지 않았다. 그것은 바울 자신 및 그의 교회들의 영성에 너무도 근본적인 것이었다. "성령 받음"의 실존적 현실은 그리스도인의 제자도로의 결정적 전환에 대한 바울의 이해에 매우 중심적인 것이었다.[112] 그러나 바울은 실존적 차원 주변에 옥석을 가려낼 수 있는 시금석들을 둘러치고, 성령 체험이라 주장된 모든 것들을 판단할 근본적인 잣대로서 그리스도 및 그리스도에 대한 증언적 성격을 고수할 정도로 멀리 내다보는 안목을 지니고 있었다. 이러한 것들에 대한 세부 내용들은 앞으로 서술해 나가는 과정에서 좀 더 분명해질 것이다.[113]

§ 16.5 성령의 축복들

그리스도인의 시작의 다른 두 측면들과 마찬가지로 이 경우에도 바울이 새로운

(pneuma theou, '하나님의 영')가 되는 과정이 시작되었다"고 말한다(*Concept* 143).

108) 누가는 그러한 감수성이나 차별을 보이지 않는다; 필자의 *Unity* 180-84를 보라.

109) 위의 §8.3(4)을 보라.

110) §18.5과 §18.7에서 어떻게 이 모티프가 심화되는지를 보라.

111) 필자의 *Galatians* 309-10을 보라.

112) Fee도 마찬가지로 결론을 내린다(*Empowering Presence* 854).

113) 특히 §18.7, §21.6, §23.4, 8을 보라.

삶의 시작으로서 주어진 성령에 구체적으로 귀속시키는 그리스도인의 삶의 특징들을 짧게나마 살펴볼 필요가 있다. 다시 한 번 말해 두지만, 이것은 특정한 축복들을 특정한 측면들에 할당시키는 그런 문제가 아니다. 그렇게 하는 것은 현학적이고 비현실적이며 매우 오도하는 것이 될 것이다. 다시 한 번 우리는 바울이 염두에 두었던 총체성, 구원의 시작의 통합성을 상기할 필요가 있다. 그럼에도 불구하고 이렇게 주어지고 또한 받은 성령의 구체적인 역사(役事)들을 살펴볼 가치는 있다. 그렇게 하면, 그리스도인의 시작의 이 측면의 중요성이 부각되고, 그리스도인의 영성과 행실에 관한 바울의 이해 속에서 성령이 얼마나 중심적이었는지도 드러난다.

정지작업을 위해서 이미 언급한 몇 가지 내용들을 다시 떠올려보자: 바울, 그리고 그보다 앞선 사람들에게 기본적인 성령 체험과 성령의 나타남은 생명이었다 — 생명을 불어넣는 숨으로서의 성령. 성령 및 성령의 나타남의 특징적인 표지는 그 예수적 성격이었다 — 그리스도의 영으로서의 성령. 하지만 정확히 말하자면, 이러한 것들은 성령의 나타남들에 포함된다기보다는 성령에 관한 바울의 정의의 일부라고 할 수 있다.

바울의 성령론에서 그 중심적 성격을 감안하면, 성령이 인간의 삶 속에 가져다주는 것들이 무엇인지를 보여 주는 가장 분명한 표현들이 로마서 8장에 나온다는 것은 놀랄 일이 아니다.

a) 자유. 우리는 이미 이 특징을 언급한 바 있다(§14.9d). 그러나 우리는 여기서도 이것을 언급하지 않으면 안 된다. 로마서 7:7-25의 냉혹한 현실로부터의 전환(轉換)은 정확히 이와 같은 용어들로 서술된다. "그리스도 예수 안에 있는 생명의 성령의 법이 죄와 사망의 법에서 너를 해방하였음이라"(롬 8:2).[114] 또한 악용된 율법(gramma)과 오해한 옛 계약에 관하여 말하는 이와 비슷한 맥락 속에서 바울은 회심에 관한 서술에 "주의 영이 계신 곳에는 자유가 있느니라"(고후 3:17)는 매우 시사적인 말을 덧붙인다.[115] 성령이 자유하게 하는 힘으로 체험되었음을

114) 또한 7:2, 6에서 "~로부터 놓여나다, ~의 영향권에서 벗어나다"라는 드문 의미로 '카타르게오마이' (katargeomai)가 사용됨으로써 8:2의 복선(伏線) 역할을 하고 있다는 것에 주목하라.

115) 우리는 여기서 "주의 영"이 출 34:34의 "주" = 하나님의 영임을 기억한다; 위의 §16.3을 보라.

이 구절보다 더 분명하게 상기시켜 주는 곳은 없다. 바리새인 바울이 토라 및 전통적인 해석(halakah)에 대한 자신의 헌신을 어떻게 체험했든지간에, 회심한 바울은 자신의 새롭게 세워진 믿음을 자유케 하는 능력으로 체험하였고, 이 강력한 해방 인식을 직접적으로 성령 덕분인 것으로 말하였다.[116]

갈라디아서에서도 마찬가지였다. 바울에게 성령 체험은 그의 개종자들이 갈망했던 것으로 보이는 (율법의) 종됨과 반대되는 해방이었음이 분명하다.[117] 이것이 바울이 갈라디아 교회에서 일어나고 있었던 일을 거의 믿을 수 없었던 이유였다(갈 1:6; 3:3). "성령을 따라 난 자들"은 자유하였다(4:28-31). 그들은 그 자유를 율법(5:1)이나 방종한 삶(5:13)에 사용해서는 안 된다. 오직 성령의 인도하심과 능력에 의한 생활방식만이 육체의 소욕(所欲)들을 충족시키고자 하는 충동을 제어함으로써(5:16-18, 25) 그 자유를 유지할 수 있다. 또한 바울은 창조, 그러니까 함축적으로 인간의 몸 속에서 성령의 구원 사역의 절정을 해방으로 여기기도 하였다(롬 8:21-23).

b) 그리스도인의 행실도 바울에게는 마찬가지로 성령의 역사(役事)였다(롬 8:4-6, 13-14). 그러나 이에 대해서는 나중에(§23.4) 논의하는 것이 좋겠다. 여기서는 단지 바울은 그리스도인의 일상적인 삶의 은사적 성격을 드러내놓고 표현하기를 주저하지 않는다는 점만을 지적해 두고자 한다. 바울은 그리스도인의 행실을 성령을 따라 살아가는 것만이 아니라[118] 성령의 인도하심을 받는 것으로도 생각한다.[119] 또한 자유가 오용될 위험성에 대해 경계하는 것도 마찬가지로 바울의 특징

116) 우리는 이것도 셀 수 없이 많은 그리스도인들의 갱신 체험이었다는 것을 잊지 말아야 한다: "'교회의 자유' (libertas Ecclesiae)는 역사적, 문화적 형태들에서 그 자신과 관련하여 교회의 자유가 되는 것이다"(Congar, *Believe* 2.130).

117) (유대) 율법으로부터의 자유가 바울의 자유(Freiheit) 개념의 핵심에 있었다는 통설에 반대하여 논증을 펴나간 Jones의 시도는 철저히 편향적이다.

118) 롬 8:4; 고후 12:18; 갈 5:16; cf: 고전 3:1-3; 고후 10:2-4; 엡 2:2.

119) 롬 8:14과 갈 5:18에서 바울은 디오니소스(Dionysos) 숭배에 대한 비판으로 보이는 고전 12:2에서와 동일한 동사(agomai)를 사용한다. Käsemann은 로마서의 이 단락에 나오는 바울의 어휘들의 "열광주의적" 성격을 지적한다(*Romans* 226); 그러나 Bultmann, *Theology* 1.336; Pfister, *Leben* (§18 n. 1) 76-77; Deidun, *New Covenant Morality* (§23 n. 1) 79("이끌려 가게 내버려두다"); 필자의 *Romans* 450; Horn, *Angeld* 397; Fee, *Empowering Presence* 563도 보라.

이다.[120]

c) 아들 됨/양자 됨은 바울이 특히 소중히 생각했던 성령 받음의 또 하나의 결과였던 것으로 보인다. 로마서 8:15에서 바울은 성령을 "양자의 영"으로 묘사하기까지 한다. 비슷한 내용을 담고 있는 갈라디아서 4:5-6에서 성령을 성도들의 마음 속에 보내신 것이 양자 됨의 효력을 발생시키는 행위인지는 분명치 않다. 그러나 갈라디아서 4:4-6의 구조는 "보내심"을 말하는 두 개의 정형구를 병행으로 놓고자 한 바울의 결심에 의해 결정되고 있다:

4 … 하나님이 그 아들을 보내사 …
5 … 우리로 아들의 명분을 얻게 하려 하심이라
6 너희가 아들이므로
하나님이 그 아들의 영을 우리 마음 가운데 보내사 …

로마서 8:15에 비추어 볼 때, 바울이 양자 됨을 성령을 보내심 이전에 일어난 일로 인식했다고 생각하기 어렵다.[121]

양자(養子) 은유는 주목할 가치가 있다. 양자는 유대인 특유의 관습이 아니었고, 신약에서 이 은유는 오직 바울 서신들에만 등장한다.[122] 따라서 이것은 바울이 헬라 및 로마의 법과 관습에 관한 이미지를 더 직접적으로 활용한 예가 될 것이다.[123] 아울러 아들됨의 지위가 전적으로 유대적 범주들 안에 있다는 것을 기억하는 것도 특히 갈라디아서 3~4장에서 바울의 논증의 일관성을 위해 중요하다 —

120) 특히 갈 5:13; 롬 6:12-23을 보라.

121) 보충설명을 위해 사용된("~라는 것을 보이거나 입증하기 위하여") '호티'(hoti)의 약간의 문제성에 대하여는 필자의 *Baptism* 113-15; *Galatians* 219; 특히 Fee, *Empowering Presence* 406-8을 보라. 또한 "우리"와 "너희"를 교대해서 사용하는 바울 특유의 문체도 주목하라; 이것이 함축하는 의미는 바울은 자기가 그의 독자들과 공유하고 있다고 생각한 체험을 인용하는 것과 그들에게 그들 자신이 개인적으로 체험한 것을 상기시키고자 하는 관심 사이를 왔다갔다 했다는 것이다.

122) 롬 8:15, 23; 9:4; 갈 4:5; 엡 1:5.

123) 그러나 양자(養子)는 구약에 알려져 있지 않았고, 초기 유대교에서 행해지지 않았다는 것을 밝혀서 통설에 대한 중요한 제한을 가하는 등 여러 증거들을 철저하게 연구한 Scott, *Adoption* 3-57을 보라.

이 아들됨은 그리스도 안에서 아브라함의 아들됨이며 동시에 하나님의 아들됨이기 때문에, 이방인들조차도 이 둘에 참여할 수 있게 된다.[124]

현재의 논의와 관련된 몇 가지 내용을 더 살펴볼 필요가 있다. 첫째, 바울에 의하면, 새로운 연합을 가져다주는 것은 성령이다. 왜냐하면 연합을 말할 때에 우선적으로 고려되고 있는 것은 하나님의 아들됨이기 때문이다. 성령은 피조세계 및 사회 속에 미치는 하나님의 생명 창조의 능력인 까닭에, 이 새로운 지위, 이 새로운 실존적 관계가 성령에 의해 기인하는 것으로 보는 것이 자연스러울 것이기 때문이다. 둘째, 이미 지적했듯이, 아들됨은 그리스도와 함께 하는 아들됨이다. 그런 까닭에 갈라디아서 4:6에서는 성령을 "그[하나님]의 아들의 영"이라 지칭한다.[125] 그리고 로마서 8:17에서 하나님의 양자된 아들은 그리스도와 함께 유업을 이을 후사(後嗣)를 의미하기도 한다. 여기에서 아버지, 아들, 성령의 삼두체제가 특히 흥미롭다 — 성령에 의해 발생되는 아버지로서의 하나님에 대한 아들됨의 모범이자 선구자로서의 아들. 셋째, 아들됨의 실존적 성격, 그리스도의 아들됨을 모범으로 해서 그리스도와 공유하는 것으로서 아들됨의 성격은 특히 성령의 감동을 따른 "아바 아버지"라는 기도 속에 잘 나타난다.[126]

바울이 각기 다른 두 교회(이 중 한 교회만을 바울은 개인적으로 알고 있었다)에 보낸 서신들에서 이와 비슷한 언급을 하고 있다는 사실은 "아바" 기도문을 통해 체험되고 표현된 아들됨의 의식이 대부분의 디아스포라 교회들에게 공통적이었음을 보여 주는 분명한 지표이다. 또한 이것은 바울 및 동료 그리스도들이 하나님의 자녀라는 확신의 근거이기도 했다는 것도 중요하다: "아바 아버지"라는 부르짖음과 "성령이 친히 우리의 영과 더불어 우리가 하나님의 자녀인 것을 증언"

124) 또한 Byrne, *Sons* — 220에 나오는 결론 — 을 보라. Scott, *Adoption*은 갈 4:1-2이 특히 이스라엘의 애굽 체류를 염두에 두고 있다는 것, 애굽으로부터의 구속(救贖)이 종말론적 구속의 모형이라는 것("New or Second Exodus"; 4.3-7), "갈 4:5b의 관사가 붙은 '휘오데시아' (huiothesia)가 삼하 7:14에 나오는 하나님의 양자삼으심에 관한 약속을 메시아(4QFlor. 1.11), 이스라엘(*Jub.* 1:24), 그리고 메시아와 이스라엘(*Test. Jud.* 24:3)에 적용하여 이스라엘이 제2의 출애굽을 통해서 포로생활에서 돌아올 것이라는 유대 전승의 종말론적 기대에 대한 인유(引喩)일 가능성이 크다는 것(ch. 3, 특히 178) 등 훨씬 더 정교한 이론을 제시한다."

125) 자세한 것은 위의 §10.6을 보라.

126) 자세한 것은 위의 §§16.3-4을 보라.

하신다는 말씀(롬 8:16). 우리가 바울에게 나타나는 확신에 관한 가르침(a doctrine of assurance)에 관해 말할 수 있다면, 그것이 출발점으로 삼아야 하는 것은 형식적인 가르침이나 교회의 절차를 그대로 따른 데서 오는 확신이 아니라 아들됨의 체험이다.

d) 영적 갈망과 소망. 종말을 보장하는 시작과 종말 자체에 대한 갈망 간의 긴장 관계는 특히 풍부하게 표현된다: 로마서 8:23 — "우리 곧 성령의 처음 익은 열매를 받은 우리까지도 속으로 탄식하여 양자 될 것 곧 우리 몸의 속량을 기다리느니라." 고린도후서 5:2에도 이와 비슷한 정서가 표현되어 있다 : "참으로 우리가 여기 있어 탄식하며 하늘로부터 오는 우리 처소로 덧입기를 간절히 사모하노라." 그리고 여기에는 이것이 첫 불입금인 성령에 의해 시작된 과정이 진행되는 동안의 신음이라는 함축된 의미가 존재한다(5:5). "우리가 성령으로 믿음을 따라 의의 소망을 기다리노니"라는 갈라디아서 5:5에 나오는 바울의 말도 이것과 일맥상통한다. 이것은 다른 맥락(§18)에서 다시 살펴보아야 할 내용이기도 하다.

이것과 연관되어 있는 것은 소망의 체험이다.[127] 로마서 8:24-25에서 바울은 이 갈망을 소망의 체험으로 요약한다:

> 우리가 소망으로 구원을 얻었으매 보이는 소망이 소망이 아니니 보는 것을 누가 바라리요 만일 우리가 보지 못하는 것을 바라면 참음으로 기다릴지니라

성령과 소망의 이러한 상관관계는 아주 빈번하게 등장하기 때문에, 바울에게 소망은 성령의 주된 축복들 중의 하나로 분류될 수 있다.[128] 특히 눈에 띄는 것은 이 고난과 환난에도 불구하고 이 소망이 체험되고 유지되었다는 점을 강조하고 있는 로마서 5:2-5과 8:18-25이다. 바울이 자신의 선교 사역을 계속할 수 있게 해 준 것은 두말할 필요도 없이 극한 역경 속에서조차도 위로와 격려를 받은 체험이었다. 바울은 이 체험을 성령에게 돌렸다. 여기서 다시 한 번 우리는 히브리식 사고방식과 헬라식 사고방식의 차이를 상기해야 한다 — 후자에서는 사물을

127) "소망은 체험과 이해의 한 형태이다. 그것은 여전히 구속받지 못한 세계에 대한 체험을 믿음과 연관시키는 형태이다"(Welker, *God* 245).

128) 롬 5:2-5; 8:23-25; 15:13; 갈 5:5; 빌 1:19-20; 엡 4:4(한 몸과 한 소망의 중간에 있는 한 성령); cf. 고전 13:7, 13; 고후 3:12; 엡 1:17-18.

더 잠정적으로 인식했고(전형적인 영어식 어법과 마찬가지로), 전자에서는 사물을 더 확실하고 확신 있게 인식하였다.[129] 그러므로 로마서 8장에서 바울이 성령에 의해 주어진 아들됨에 관한 확신을 이야기한 직후에 이 소망을 성령에게 돌렸다는 것은 전혀 이상한 일이 아니다. 바울이 이 점에 대하여 변증을 하지 않고 있다는 사실도 그냥 지나쳐서는 안 된다.[130]

e) 기도. 끝으로 바울의 성령 장(章)인 로마서 8장에서 우리는 바울이 계속해서 효력 있는 기도를 성령에게 돌리고 있다는 점도 주목해야 한다(8:26-27):

> 이와 같이 성령도 우리의 연약함을 도우시나니 우리는 마땅히 기도할 바를 알지 못하나 오직 성령이 말할 수 없는 탄식으로 우리를 위하여 친히 간구하시느니라 마음을 살피시는 이가 성령의 생각을 아시나니 이는 성령이 하나님의 뜻대로 성도를 위하여 간구하심이니라.

바울의 성령론의 놀라운 한 특징은 이것이다: 성령은 힘이 있을 때가 아니라 연약한 중에서 체험된다;[131] 성령은 유창한 언변 속에서가 아니라 "말할 수 없는 탄식" 속에서 체험된다.[132] 이러한 인식은 성령 또는 회심에 관한 이론적이거나 순

---

129) 위의 §14 n. 217을 보라. 이것은 여기서의 부정과거의 예외적인 사용("우리가 구원을 받았다")을 설명해 준다; 오직 후기 바울 서신들에서만 우리는 이와 비슷한 표현을 발견한다(엡 2:5, 8; 딤후 1:9; 딛 3:5); 또한 위의 §14 n. 150을 보라. 다음 문장들에서 설명되고 있듯이, 여기서 이러한 용법은 소망의 성격을 보여 준다: 확고한 소망은 완성된 구원을 확신한다. 8:29-30의 부정과거들은 이와 동일한 확신을 반영한다: 그 확고한 끝으로부터 본 하나님의 경륜.

130) 또한 필자의 *Romans* 475-76을 보라.

131) 이 구절은 "영적인" 사람은 권능의 행위들을 통해서 스스로를 입증할 것이라는 전제들에 대한 의도적인 반박이다(Horn, *Angeld* 413). 마찬가지로 이 구절은 "바울은 흔히 십자가에 못 박힌 그리스도의 연약함과 고난과의 통합적 관계를 방해하는 성령 자체의 권능에 의한 승리를 말하고 있다"(*Paul* 244)는 Beker의 어이 없는 주장을 차단한다. 자세한 것은 아래의 §18.7을 보라.

132) "탄식"이라는 말은 8:23에 나오는 신음함을 반영한 것이다. '알랄레토스'(alaletos, "말할 수 없는")는 성경 헬라어에서 오직 여기에만 나온다. '랄레토스'(laletos, "말을 부여받은" — 욥 38:14 LXX)의 반대말인 이 단어는 인간과 동물의 차이인 언어의 박탈을 가리킨다. 여기서의 의미는 말로 표현할 수 없는 탄식이라는 의미이다. 바울이 방언을 염두에 두

전혀 교리적인 개념으로부터는 결코 도출될 수 없었을 것이다.[133] 그것은 오직 깊은 인격적 체험으로부터만 설명될 수 있다. 그러나 이것은 그리스도의 하늘에서의 중보기도에 대한 믿음과 결부되어 있음이 분명하다(8:34).[134] 여기서도 우리는 체험된 성령과 믿음의 대상인 그리스도의 상관관계가 초기 그리스도인들의 체험 이해에 중요하였음을 알 수 있다.

이와 관련하여 나중에 거론해야 할 문제들이 있다. 하지만 이 시점에서는 바울은 자신의 육체적 연약함에 대한 체험을 성령의 임재에 대한 모순 또는 부정(否定)으로 보지 않았다고 말해 두는 것으로 충분할 것이다. 도리어 바울의 연약함은 성령의 가장 활발한 역사(役事)를 위한 전제조건이었다. 여기서 우리는 바울의 성령과 믿음 이해의 상호보완적인 성격을 아주 분명하게 본다. 바울의 이해에서 믿음은 성령이 인간 속에서 가장 효과적으로 역사할 수 있도록 인간의 연약함을 하나님의 은혜에 온전히 의탁하는 것이다. 따라서 그러한 효과적인 역사(役事)의 나타남은 수사학적 효과에 비례하지 않는다. 성령은 인간의 어눌함 속에서 역사한다. 바울의 영성의 실존적 성격과 냉정한 현실성이 여기만큼 분명하게 나타나는 대목은 없다.

f) 영적 통찰과 은사들. 우리는 이에 대한 분석을 더 진행시킬 필요가 없다. 그러나 논의를 완결한다는 의미에서 고린도전서 2:13~3:1에 나오는 영적인 사람(pneumatiko)에 대한 바울의 규정과 고린도전서 12~14장에 나오는 영적 은사들(pneumatika)에 관한 논의만을 언급해 두면 충분할 것이다. 이것들은 7장에서 더 적절하게 논의되고 있다.[135]

g) 성령의 열매. 마찬가지로 갈라디아서 5:22-23에 나오는 "성령의 열매"에 대

었을(cf. Lietzmann, *Römer* 86; Käsemann, *Perspectives* 130; Gnilka, *Thelolgie* 104; 특히 Fee, *Empowering Presence* 580-85) 리는 없다. 왜냐하면 바울은 방언을 천상의 언어로 생각했을 것이기 때문이다(아래의 §20 n. 132를 보라). 자세한 것은 필자의 *Jesus and the Spirit* 241-42와 *Romans* 478-79, Fitzmyer, *Romans* 518-19를 보라. Congar는 "탄식은 … 불평하거나 푸념하는 것과는 판이하게 다르다"고 적절하게 설명한다(*Believe* 2.107).

133) 그러므로 중보자로서의 성령은 기껏해야 천사들의 중보라는 잘 알려진 모티프의 발전일 것이다(예를 들어, 욥 33:23-26; Tob. 12:15; 자세한 것은 Behm, *TDNT* 5.810-11을 보라).

134) 또한 Schlier, *Grundzüge* 181을 보라.

135) 아래의 §21.5과 §20 n. 127을 보라.

한 언급 없이 성령의 표지(標識)들에 대한 분석을 마칠 수는 없다. 그러나 이것들도 8장에서 더 적절하게 논의되고 있다.[136]

§16.6 결론

이 세 장에서 우리는 주석학적 분석을 통해서 구원의 시작에 관한 바울의 이해의 핵심을 가능한 한도까지 꿰뚫어보고자 하였다. 이 세 가지 측면 — 이신칭의(§14), 그리스도에의 참여(§15), 성령의 수여(§16) — 을 서로 불일치하는 별개의 "모델" 또는 "유형"으로 인식하지 말아야 한다는 말을 다시 한 번 되풀이해 둘 필요가 있다. 이것들은 각기 다른 사람들을 그리스도라는 단일한 깃발 아래 모이게 하여 "그리스도인"이라는 단일한 새로운 정체성을 채택하게 하는 다양하지만 서로 연관되어 있는 확신과 헌신을 개념화하고 진술하는 각기 다른 방식들이었다. 이것들의 상호보완성은 여러 가지 점에서 드러난다.

1) 이 세 가지 측면은 모두, 바울에 관한 한, 인류를 회복시키려는 하나님의 역사(役事)를 이해하는 중심적이고 필수불가결한 방식들이었다. 따라서 이 세 가지 중 어느 하나를 무시하거나 과소평가하는 것은 바울의 신학을 왜곡시킬 심각한 위험을 안게 된다. 삼중의 행위가 삼중의 측면을 지닌다는 것은 결코 놀랄 일이 아니다 — 하나님에 의해 의롭다 하심을 받고, 그리스도와 연합되며, 성령으로 은사를 받는다. 이 점에서 바울의 신학은 한 분 하나님 및 하나님의 역사하심의 여러 측면들에 관한 그의 개념의 반영이자 표현이다. 또한 이 점에서 바울의 구원론의 통합적 성격을 제대로 인식하지 못한다면, 바울의 하나님 이해도 제대로 인식할 수 없게 된다.[137]

2) 이 각기 다른 기능들은 대충 이렇게 범주화될 수 있다. 칭의가 하나님 앞에

---

136) §§23.5-6. 또한 위의 §16.4과 n. 111, 아래의 §21.6b을 보라.

137) 그러나 바울의 표현과 서술을 보면, 성부, 성자, 성령이 "한 분으로" 오시지만 "그들의 위격의 질서와 특성에 따라" 오신다고 말할 수 있지 않을까?(Congar, *Believe* 2.89)? Fee, *Empowering Presence* 827-45도 대담하게 말하지만 — "바울은 진정한 의미에서 삼위일체적이었다"(840) — "위격"의 의미를 분명히 하지도 않고 "경륜적" 또는 "존재론적" 삼위일체에 관한 전통적인 논쟁에 대한 그 어떤 성찰도 제공하지 않는다. 바울의 신학을 존중한다는 것은 그 시간 조건적이고 상대적으로 불완전한 성격을 존중한다는 것을 의미하기도 한다.

서의 지위와 관련이 있고, "그리스도 안에서"라는 표현이 그리스도인들이 그들의 삶을 바라보는 관점에 관하여 말한다면, 성령의 수여는 이 이중적 관계(그리스도로 말미암은 하나님과의) 전체에 바울 자신의 삶과 사역이 그 전형적 표현을 보여 주는 역동성을 부여한다. 그러나 이 셋이 각각 독자성(Ineinander)을 지니고 있다는 점도 놓쳐서는 안 된다.

3) 각각의 측면에서 독특한 강조점들은 다른 측면들에서 이러한 강조점들에 상대적으로 관심을 덜 보이고 있다는 것과 모순되지 않는다. 인간이 하나님의 은혜에 응답할 수 있는 유일한 길로서 믿음에 대한 바울의 강조는 특히 칭의와 잘 들어맞지만, 구원에 관한 그의 모든 말들의 전제이기도 하다. 바울의 그리스도 신비주의의 "그리스도와 함께"라는 표현은 이미 일어난 결정적인 사건들과 장래에 이루어질 사건들 간의 긴장관계를 생생하게 보존하는 데 도움을 준다. 성령에 관한 바울의 묘사는 그의 복음이 단순한 이론이나 원리가 아니라 실존적 현실을 다루었음을 끊임없이 상기시켜 준다.

4) 구원의 세 가지 측면의 하나하나와 여러 가지로 결부되어 있는 축복들은 함께 어우러져 온전한 전체를 이룬다 — 하나님과의 화목과 하나님께 나아갈 수 있게 됨, 억압적인 과거로부터의 해방, 이스라엘의 약속들에 대한 참여를 통해 새로운 의미를 띠게 된 정체성, 죄와 사망의 세력들에 대한 대답, 지속적인 연약함과 고난에도 불구하고 아들됨과 소망에 관한 의식(意識), 책임 있고 효과적으로 살아갈 수 있게 됨.

§17 세례[1]

§ 17.1 전통적인 견해

결정적 전환, 곧 구원의 시작에 관한 바울의 이해에 대한 분석에서 우리는 한 가지 중요한 것을 빠뜨렸다. 우리는 바울이 그의 독자들에게 그들로 하여금 그리스도인으로서의 삶을 살게 해 주었던 결정적 사건(부정과거 시제)을 주기적으로 상기시킨다는 것을 살펴보았다. 우리는 이 구원의 시작 및 그 결과들에 관한 바울의 통합된 견해를 구성하는 세 가지 주된 측면들 — 이신칭의, 그리스도에의 참여, 성령의 수여 — 을 검토하였다. 그러나 이 구원의 시작에 대한 전통적인 명칭은 "세례"였다. 그리고 이 분야에서 대부분의 연구들은 바울도 세례에 관하여 동일하게 생각했을 것이라고 본다.

다른 주제들에서와 마찬가지로 바울이 "세례"에 관하여 얼마나 자주 명시적으로 말했는지는 문제가 되지 않는다. 세례를 의미하는 명사와 동사("세례," "세례주다")를 바울이 실제로 사용하는 예는 비교적 드물다.[2] 그러나 이보다 더 결정적인 것은 회심 및 입교(入敎)를 회상하는 그 어떤 언급도 세례 사건과 결부되어 있다는 전제이다: 바울에게 부정과거 시제 자체가 세례에 대한 인유(引喩)였다; 바울이 사용한 은유들 — 씻음, 기름부음, 인침, 옷입음 등과 같은 — 은 모두 세례의 이미지들이었다.[3] 오늘날 이러한 전제들은 계속 작용해 왔기 때문에, 본문의 그런 부분들에서 대부분의 주석자들은 세례와 관련된 부정과거 시제들 또는 세례 신학이라고만 말할 뿐, 그런 표현이 정당한지를 검증할 필요성을 느끼지 못한다.[4] 위

1) 이 책 말미의 참고문헌을 보라.

2) baptisma("세례") — 롬 6:4; 골 2:12; 엡 4:5; baptizo("세례주다") — 롬 6:3(2회); 고전 1:13-17(6 회); 10:2; 12:13; 15:29(2회); 갈 3:27.

3) 예를 들어, "세례에 의한 목욕," "세례에 의한 할례," "세례에 의한 인침," "세례의 빛" 등을 연속적으로 말하고 있는 D. Mollat, "Baptismal Symbolism in St Paul," in George, et al., *Baptism* 63-83을 보라. 이러한 은유들의 자세한 내용에 대해서는 위의 §13.4을 보라.

4) 예를 들어, 갈라디아서에서 Schlier, *Galater*는 3:27 및 3:2; 4:6; 5:24 같은 구절들이 세

에서 분석한 세 측면들과 관련해서도 마찬가지이다: 칭의는 세례의 효과이다;[5] 그리스도와의 연합의 수단은 세례이다;[6] 성령은 세례를 통해 매개되거나 수여된다.[7]

실제로 주된 연구는 세례 의식들, 교리문답 형식들, 세례와 관련된 송영(頌榮)들 — 또는 적어도 그러한 것들의 단편들과 반영(反映)들 — 을 찾아냄으로써 그러한 세례적 토대를 구축하는 것이었는데,[8] 이런 연구도 세례는 초기 복음전도, 신학, 교회 생활의 중요한 특징이었음에 틀림없기 때문에 그 중요성은 초기 그리스도인들의 신학 및 생활의 많은 특징들에 반영되어 있는 것임을 전제하고 있었다. 따라서, 예를 들어, 빌립보서와 골로새서에 나오는 위대한 기독론적 송영들은 "세례와 관련된 것"으로 지칭되었다.[9] 최근의 일반적인 생각은 갈라디아서 3:26-28의 전체 또는 일부가 바울 이전의 세례 의식으로부터 취해졌다는 것이다.[10] 그

례를 상기시키는 것들로서 세례에 관한 표현을 사용한다는 것을 당연시하고, 5:24에서 이 동사의 "성례전적 의미"에 관하여 말한다.

5) 이것은 Schnelle, *Gerechtigkeit*, 52, 91의 주된 주장이다. Braumann, *Taufverkündigung*은 칭의를 포함한 일련의 바울의 모티프들을 세례와 결부시킨다.

6) Wikenhauser, *Pauline Mysticism* (§15 n. 1) 109-32; "이러한 연합은 오직 세례에 의해서만 생겨난다"(132); Schnelle, *Gerechtigkeit* 106-22; Strecker, *Theologie* 127. 이 강조점은 Heitmüller, *Taufe* 11-12; 특히 Schweitzer, *Mysticism*(위의 §15.1)에 이미 나타난다.

7) 최근의 글로는 예를 들어 Schnelle, *Gerechtigkeit* 123-23; McDonnell and Montague, *Chistian Initiation* 50-51; Horn, *Angeld* 400을 보라.

8) 예를 들어, 데살로니가전서에서 G. Friedrich는 1:9-10이 "세례와 관련된 송영"이었다고 주장한다(G. Friedrich, "Ein Tauflied hellenistischer Judenchristen 1 Thess. 1.9f," TZ21 [1965] 502-16); W. Harnisch는 5:4-10이 "바울 이전의 세례 전승의 초기 형태들"을 담고 있다고 결론짓는다(Eschatologische Existenz [§12 n. 1] 123-24); 그리고 U. Schnelle는 4:16의 "그리스도 안에서"를 세례에서 시작된 그리스도와의 실질적인 교제로 이해해야 한다는 것을 보이고자 한다(Schnelle, *Gerechtigkeit* 114). 여러 층의 바울 서신의 한쪽 끝에서 J. C. Kirby는 "에베소서에서 서신 부분을 제거하면, 세례와 밀접한 관련을 갖고 있었던, 예배 행위에서 사용되었던 그 자체로 완결된 문서가 남는다"고 주장하였다(*Ephesians: Baptism and Pentecost* [London: SPCK/Montreal: McGill University, 1968] 150).

9) 빌 2:6-11에 대해서는 Martin, *Carmen Christi* (§11 n. 1]) 81-82를 보라; Käsemann은 골 1:12-20을 "원시적인 기독교 세례 예식"으로 지칭하였다("A Primitive Christian Baptismal Liturgy," *Essays* 149-68).

10) 특히 Betz, *Galatians* 181-85; D. R. MacDonald, *There is No Male and Female: The*

리고 로마서 6:1-14에서 세례라는 표현이 6:2에 선언된 주제("죄에 대하여 죽은")의 첫 번째 부분(6:3-4)으로서만 기능하는 것 같아 보이기는 하지만, 이 대목의 주제는 "세례"라는 것이 일반적인 견해이다.[11] 요컨대 전형적인 견해는 "바울의 신학 전체는 세례에 관한 해설(Taufauslegung)이라 할 수 있다"[12]라는 것이다.

그러므로 많은 주석자들이 그러한 세례 인유(引喩)들을 찾아낸 것은 본문을 읽는 데 선입견 또는 선이해가 작용한 것이라 해도 부당하지 않을 것이다.[13] 이러한 선이해는 두 가지 요인에 의해 결정되어 왔다. 물론 그중 하나는 기독교 전통 내에서의 성례전 신학의 오랜 전통이다. 정도의 차이는 있겠지만, 역사상의 모든 기독교 전통들은 성례전을 영적인 것과 물질적인 것이 미묘하게 얽혀 있는 것으로 이해해 왔다. 성례전은 단순한 의식(儀式) 행위가 아니다. 정확히 말하자면, 성례전은 외적인 행위임과 동시에 내적인 행위이다. 성례전은 의식(儀式)에 의해 상징되는 영적 실체를 지시한다. 그리고 영적 실체는 단순히 상징되는 것이 아니라 어떤 의미에서 성례전적 사건 속에서 현실화된다 — 물론 이 점과 관련하여 학자들의 견해가 나뉘긴 하지만. 이것이 "세례"가 의미하는 것이다. 이것이 "세례"가 전체를 묘사하는 가장 분명한 단일 용어인 이유이다.[14] 그리고 성례전은 정의상 전

Fate of a Dominical Saying in Paul and Gnosticism (Philadelphia: Fortress, 1987) 4-9를 보라.

11) 자세한 것은 필자의 *Baptism* 140; *Romans* 308을 보라; Braumann은 롬 6장을 "세례에 관한 장"이라고 부른다(Taufverkündigung 39). 골 2:8-15도 마찬가지다(필자의 *Colossians* 159 n. 24를 보라). 롬 6장의 경우에서 이 점은 Dinkler, *Taufaussagen* 71에 의해서 인정된다; Schnelle, *Gerechtigkeit* 204 n. 386은 이 점에 이의를 제기하지만 해결책을 제시하지는 않는다; 이 구절에서 바울은 분명히 "세례의 본질이 아니라 그리스도의 죽음의 본질"(137)을 검토하고자 했다는 Origen의 말을 지적하는 Penna, "Baptism"을 보라. "그의[그리스도의] 죽음을 닮은 것(homoioma)"(6:5a)은 세례일 수 없다. 왜냐하면 이 동사의 완료 시제는 계속적인 상태(여전히 물에 잠긴?!)를 나타내기 때문이다; 자세한 것은 필자의 *Romans* 317과 아래의 §18.5 및 n. 100을 보라.

12) Lohse, "Taufe" 238.

13) 이것은 비평이 아니다. 모든 주석자들은 자신의 선이해를 가지고 본문을 대한다. 여기서 나는 단지 이 경우에 작용하는 선이해를 밝힐 뿐이다.

14) 나는 이 문장들 속에서 기독교의 성례전/세례 신학에 관한 일치된 의견을 서술하고자 했다. 예를 들어, 필자의 *Baptism* 6에 나오는 개혁 전통의 간략한 요약을 보라.

체를 포괄하기 때문에, 그리스도인이 되는 것에 관한 은유들 및 위에서 언급한 그 축복들(§§14-16)을 "세례"에 돌리는 것은 자연스럽다. 이것이 바울 서신들에서 세례 신학 및 예전(禮典) 단편들을 찾아내는 작업에서 작용한 무언의 논리였다고 나는 생각한다. 이 논리가 가정하고 있는 것은 수 세기에 걸친 기독교 성례전 신학의 이러한 전제가 바울 및 그의 청중들 속에 이미 작용하고 있었음에 틀림없다는 것이다.

이 논리의 한 가지 문제점을 나는 세례에 관한 나의 초기 연구에서 지적한 바 있다. 사실 이런 식으로 그리스도인이 되는 것과 관련하여 사용된 "세례"는 일종의 손풍금처럼 늘어났다 줄었다 하는 단어 역할을 하고 있다.[15] 다시 말하면, 세례라는 단어는 손풍금처럼 결정적 전환에 포함되어 있는 모든 것(칭의, 그리스도와의 연합, 성령의 수여)을 포괄하도록 확장될 수도 있고, 세례 의식 자체 ― "침수(浸水)"라는 그 원래의 의미로서의 "세례"[16] ― 를 가리키는 것으로 축소될 수도 있다는 말이다. 이때 문제는 세례 의식에서 표현되는 영적 실체가 의식 행위 자체로 지나치게 협소하게 그 초점이 맞춰질 수 있다는 것이다. 엄밀한 의미에서의 세례 신학에서는 주어진 은혜, 수여된 성령은 교회 예식 행위에 종속되거나 심지어 그 예식 행위에 한정되기도 한다. 따라서 교회가 실제로 하나님의 은혜 또는 하나님의 성령을 통제하는(성례전이라는 미명하에) 힘을 갖게 될 심각한 위험이 생겨난다.[17] 적어도 우리는 바울 자신의 세례 관련 표현들을 검토할 때에 "세례"를 손풍금 식으로 사용하는 것을 경계해야 한다.

어쨌든 20세기에 이 점과 관련한 신약학계의 선이해를 결정한 또 다른 요인은 20세기 초의 종교사적 연구의 지속적 영향이다. 이 연구의 주된 특징들 중의 하나는 초기 기독교 성례전들은 당시의 신비종교들에서 그 유례가 발견될 뿐만 아니라 그 제의들의 영향을 받았다는 결론이었다.[18] 특히 죽었다가 부활하는 신들에

15) Dunn, *Baptism* 5. 아래에 나오는 필자의 *Baptism*에 대한 몇몇 언급들에서 나는 거기에 포함된 참고문헌들을 되풀이할 필요가 있다고 생각하지 않는다.

16) LSJ, *baptizo*, "담그다, 집어넣다"; 수동형으로는 배 등이 가라앉는 것 등을 의미하는 "물에 빠지다." Ridderbos, *Paul* 402와 비교해 보라.

17) 역사는 이러한 위험성이 좀 더 확고한 전통들의 성직주의 및 스콜라주의와 마찬가지로 열광주의적인 분파들에게도 있어 왔다는 것을 보여 준다.

18) 예를 들어, Beasley-Murray, *Baptism* 127 n. 1; Bornkamm, *Paul* 190; Kümmel,

대한 제의들에의 입교의식은 바울이 이와 비슷한 모티프를 그의 독자들이 잘 알고 있다고 전제하고 있는 이유를 설명하는 데 사용되었다: "무릇 그리스도 예수와 합하여 세례를 받은 우리는 그의 죽으심과 합하여 세례를 받은 줄을 알지 못하느냐"(롬 6:3). 그동안 이 주장은 비판적으로 철저하게 검토되어 왔다.[19] 그러나 학자들은 대체로 초기 기독교가 당시의 종교 문화 및 조류로부터 완전히 고립되고 구별되어 있었다는 생각으로 되돌아가고자 하지 않았다. 그리고 통과의례들과 회심 및 초월적 체험의 기능에 관한 사회인류학적 연구는 기독교의 입교의식과 기타 제의들의 입교의식 간에 유사성이 있음을 강화시켜 주는 역할을 하였다.[20]

그러나 여기에도 문제가 있다.[21] 먼저 우리는 신비종교들의 의식(儀式)들에 관하여 아는 바가 거의 없다. 신비종교들은 대체로 비밀결사라는 성격상 그들의 "비의(秘儀)"들을 철저히 비밀에 붙였기 때문이다. 또한 가장 많이 인용되는 예인 루키우스(Lucius) 입교의식[22]에는 물에 의한 세례가 입교의식의 일부였음을 보여주는 그 어떠한 암시도 없다.[23] 게다가 신비종교들의 전형적인 입교의식들은 "실연(實演)되는 것들," "보여지는 것들," "행해지는 것들" 등을 포함하는 훨씬 더 복잡한 의식들이었던 것으로 보인다.[24] 그리고 명시적인 언급은커녕 묵시적인 언급조차 전혀 없는 것으로 보아서, 제의 신과의 신비적 연합이라는 학자들의 주장은 해당 본문에 자신의 생각을 넣어서 해석한 것으로 보인다.[25] 다시 한 번 말하지만, 이것은 바울의 기독교를 그 주변환경으로부터 단절시키고자 하는 시도가 아니다.

Theology 213에 의해 인용된 것들을 보라.

19) 특히 H. A. A. Kennedy, *St. Paul and the Mystery Religions* (London/New York: Hodder and Stoughton, 1914); Wagner, *Pauline Baptism*.

20) Cf. Meeks, *First Urban Christians* 156-57.

21) 이하의 서술에서 나는 나의 *Romans* 308-11을 간략하게 요약해 놓았다. 자세한 것은 특히 Wedderburn, *Baptism*을 보라.

22) Apuleius, *Metamorphoses* 11. 예를 들어, Schnelle, *Gerechtigkeit* 77-78; 필자의 *Romans* 309에 나오는 그 밖의 다른 것들을 보라.

23) Apuleius, *Metamorphoses* 11.23에 의하면, "관습적인 목욕재계"는 오직 준비행위적인 역할만을 했고(Wagner, *Pauline Baptism* 100-103), 성전에서가 아니라 목욕탕에서 행해졌다. 또한 Meeks, *First Urban Christians* 152-53을 보라.

24) *OCD*, "Mysteries."

25) Schnelle, *Gerechtigkeit* 310은 이에 반대.

사실 루키우스와 바울의 경우 같이 급진적인 회심 체험들 간에는 유사성이 있을 수밖에 없고, 죽음 및 생명과 관련된 표현은 그러한 체험들에 대한 자연스러운 표현이다.[26] 그러나 그러한 사실을 감안하더라도, 어느 하나를 다른 하나로부터 영향을 받은 결과물이라고 이해해야 하는지는 의문이다. 유비(類比)가 곧 혈통을 지시하는 것은 아니기 때문이다. 바울의 이해가 그러한 문화적 환경과 완전히 다르지는 않다고 하더라도 적어도 구별되는 특징들을 지니고 있는 것은 아닌가 하는 문제는 여전히 남는다.[27]

하지만 지금까지 이 모든 것은 바울의 세례 관련 표현들에 대한 주해(註解)에 영향을 미쳐온 요인들을 해명한 것이다. 그렇다면 그 표현들 자체는 어떻게 보아야 하는가?

§ 17.2 주해상의 쟁점들

a) 바울의 세례 신학에 대한 전통적인 해석은 단순히 이후의 성례전 신학에 비추어서 읽거나 종교사적 병행들의 부당한 영향력을 토대로 읽는 것이 결코 아니었다. 그것은 독자적으로 강력한 주해상의 토대를 갖고 있다.

첫째, 우리는 처음부터 세례의 사회적 의의에 적절한 비중을 부여하여야 한다. 전형적으로 회심은 어떤 사적인 영적 거래가 아니었다. 그것은 세례를 포함하고 있었다. 세례 의식에 대한 분명한 언급들 속에서,[28] 바울은 그의 모든 독자들(그가 개인적으로 모르는 사람들을 포함한)이 세례를 받았다는 것을 당연한 것으로 전제한다. 고린도전서 1:13-15의 함의(含意)는 고린도 교인들이 모두 "그리스도의 이름으로" 세례를 받았다는 것임이 분명하다. 신약에서 예수의 제자들 및 일부 익명의 사람들(사도행전 19:1-7에 나오는 에베소 사람들 같은)을 제외하고는, 우리는 예수의 이름으로 세례를 받지 않은 신자에 대해서 듣지 못한다. 그러나 세례는

---

26) Lucius의 보도를 참조하라: "헌신제(獻身祭)는 자발적인 죽음과 은혜에 의해 얻어진 생명이라는 식으로 거행되었다"(Apuleius, *Metamorphoses* 11.21); J. G. Griffiths, *Apuleius of Madauros: The Isis-Book* (*Metamor-phoses, Book XI*) (Leiden: Brill, 1975) 52에 번역문이 나와 있다.

27) *Joseph and Aseneth* (*Death to Life ch.* 7)과 관련된 Chesnut의 발견물들을 참조하라. 우리는 아래의 §22.2에서 성만찬과 관련해서 이 문제를 다시 살펴볼 것이다.

28) 롬 6:4(baptisma); 고전 1:13-17.

공적인 행위 — 아마도 공적인 신앙고백 — 을 포함하고 있었다(롬 10:9). 게다가 세례는 문자 그대로 "통과의례"였다. 따라서 세례 받은 자들은 옛 생활방식을 버리고 새로운 생활방식에 스스로를 헌신하였다. 이것이 바로 바울이 로마서 6:4에서 그들의 공통의 세례에 대하여 언급한 이유이다 — "우리로 또한 새 생명 가운데서 행하게 하려 함이라." 그들의 공통의 세례의 사회적 결과들은 파벌주의를 끝낼 것에 대한 바울의 호소를 비롯한 고린도전서의 주된 주제들 중의 하나이다.[29] 그뿐만 아니라 여러 국적의 사람들이 유대교의 메시아 운동의 한 분파로 여겨진 기독교에 충성을 맹세하였다. 그리고 "유대교적 방식들"의 채택은 로마의 지식인들 사이에서 흔히 경멸의 대상이 되었다.[30] 그러므로 바울과 그의 개종자들이 그들의 그리스도 제자도의 시작 및 그 성격에 대하여 성찰할 때에 흔히 떠올렸던 심대한 의미를 지닌 사건이었다는 것은 놀랄 일이 아니다.[31]

둘째, 바울은 "그리스도와 합하여 세례를 받았다"는 말을 세례(의식)에 관한 말과 분명히 결부시킨다: 로마서 6:3-4 —

> 무릇 그리스도 예수와 합하여 세례를 받은 우리는 그의 죽으심과 합하여 세례를 받은 줄을 알지 못하느냐 그러므로 우리가 그의 죽으심과 합하여 세례를 받음으로 그와 함께 장사되었나니 이는 아버지의 영광으로 말미암아 그리스도를 죽은 자 가운데서 살리심과 같이 우리로 또한 새 생명 가운데서 행하게 하려 함이라.

이 두 구절을 다음과 같이 동일한 것으로 볼 수는 없다: "그의 죽으심과 합하여 세례를 받았다" = "그의 죽으심과 합하여 세례를 받음으로 그와 함께 장사되었다." 달리 말하면, 그리스도에의 참여를 말하는 표현인 "그리스도와 합하여"는 "세례를 통해서" 이루어졌다.[32]

---

29) 특히 Mitchell, *Paul and the Rhetoric of Reconciliation*을 보라.

30) 예를 들어 필자의 *Romans* xlvi과 xlviii에 모아 놓은 자료들과 *Romans* 1-li에 나오는 로마 저술가들의 간략한 독설 모음집을 보라.

31) 예를 들어, Stuhlmacher, *Theologie* 350.

32) 또한 갈 3:27; cf. Dinkler, *Taufaussagen* 86 — "하나님의 아들들이 되는 것은 주관적으로는 믿음을 통해서, 객관적으로는 세례를 통해서 일어난다."

고린도전서 10:2에서도 마찬가지이다: "모세에게 속하여 다 구름과 바다에서 세례를 받고." 홍해를 건넌 것에 관한 이미지("구름 아래에서"와 "바다에서")[33]가 세례를 받을 때의 침수(浸水)를 말하는 것이고, 모세가 그리스도를 나타낸다면("그리스도와 합하여"와 유비가 되는 것으로서의 "모세에게 속하여"),[34] 바울은 그리스도와 합하여 물로 세례를 받은 체험을 염두에 두었을 가능성이 높다.

또한 고린도전서 10:2에 대한 이러한 이해는 동일한 단락에서 나중에 주의 만찬에 관한 바울의 서술과도 일맥상통한다 — 특히 "하나의 떡"에 참여함으로써 그리스도의 몸에 참여한다는 사상(고전 10:16-17)과 분별치 못하고 떡과 잔에 참여하게 되면 물리적인 결과들, 심지어 사망에 이를 수도 있다는 함축된 의미(11:28-30). 그러나 주의 만찬에 관한 논의는 §22까지 미루기로 하자.

이 외에도 논란의 여지는 더 있다. 특히 "그리스도와 합하여 세례를 받았다"는 표현은 "그리스도의 이름으로 세례를 받았다"는 표현의 축약판인가? "씻음받다," "인침을 받다," "옷을 벗다/입다" 등과 같은 은유들은 이미 바울 시대에 행해진 세례 의식의 여러 측면들을 반영하는 것인가? 이미 도달한 결론들에 비추어 볼 때, 이 두 질문에 대한 긍정적 답변이 상당한 개연성을 지닌다.

b) 한편 이 예는 과장하여 언급될 수 있고, 너무 좁게 세례에 초점이 맞춰질 위험성이 상존한다.

첫째, 우리는 바울이 선교할 때에 세례가 이미 잘 발달된 공적인 예식이었다고

---

33) 구름과 바다에 대한 인유(引喩)는 특히 Wis. 19:7에 의해서 촉발되었을 것이다. 바울이 구름을 성령의 상징으로 보았을 가능성은 낮다(McDonnell and Montague, *Christian Initiation* 45는 이에 반대; 나는 *Baptism* 127 n. 34에서 이 가능성에 대하여 더 열어놓았는데, 자세한 참고문헌은 거기를 보라). "아래에서"와 "통과하여"라는 표현이 함축하고 있는 의미는 바울이 위의 구름과 양편의 물을 세례의 예표로 보았다는 것이다. 또한 Fee, *1 Corinthians* 445-46을 보라.

34) 고전 10:2("모세에게 속하여 세례를 받고")은 "그리스도와 합하여 세례를 받았다"(롬 6:3-4; 갈 3:27; 고전 12:13)는 표현을 본뜬 것이 분명하다. 주석(註釋)에서 모세와 이스라엘 백성 간의 역사적 관계에 의해 가능해진 의미로부터 다른 곳에 나오는 더 흔한 어구의 의미를 도출해내는 것은 잘못일 것이다(Delling, *Zueignung* 79-80; Wolff, *1 Korinther* 41 n. 231은 이에 반대). 고전 10:1-4에서 모세는 홍해의 통과 및 광야에서의 음식과 마찬가지로 이제 그리스도 안에서 체험되는 종말론적 현실의 모형 역할을 한다. 또한 필자의 *Baptism* 112, 125-26을 보라.

생각해서는 안 된다. 오히려 신약 자체가 주는 정보는 적어도 주후 1세기 전반 무렵에 입교의식은 여전히 단순하고 자발적이었다는 것을 시사해 준다. 사도행전의 증언도 그러한 방향을 확고하게 지시하고 있음이 분명하다: 3000명이 말씀을 받고 당일에 세례를 받았다(행 2:41); 에티오피아 내시와 루디아는 둘 다 복음을 듣고 즉시 받아들여서 그 자리에서 세례를 받았다;[35] 마찬가지로 빌립보 감옥의 간수도 믿고 세례를 받았는데, 그의 세례는 야밤에 행해졌다(16:31-33); 이 이야기는 바울 자신에 의해 언급된 예들 중 하나를 포함하여 고린도에서 되풀이된다.[36] 요한네스 뭉크(Johannes Munck)는 이렇게 말한다. "신약의 나머지 책들에서와 마찬가지로 사도행전에서는 세례를 주는 것과 관련하여 그 어떠한 주저함도 없었던 것으로 보인다. 오늘날의 격식을 갖춘 예식과 비교할 때에 두드러질 정도로 통상적인 방식으로, 세례를 주는 사람은 세례를 주고 자기 길을 간다."[37] 이것은 주후 200년경 이전에 세례 지원자 교육에 대한 분명한 언급이 없다는 것과 일맥상통한다.[38] 새로운 개종자들에 대한 교육이 애초부터 있었다는 것은 거의 의심의 여지가 없다.[39] 그러나 그러한 교육이 세례를 받기 위한 필수적인 준비과정으로 여겨졌다고 할 수는 없다. 이것은 세례가 새로운 분파의 회원이 되는 결정적 전환에 결정적이고 극적인 사건으로 생각되었는지의 여부에 관한 문제를 다시 한 번 불러일으킨다.

이것은 바울이 세례에 관한 내용을 상당 부분 언급하고 있는 서신에서 반복해서 기록하고 있는 주의사항과 일치한다. 바울은 고린도 교인들이 그들이 받은 세례에 대하여 그릇되거나 너무 높은 평가를 할까봐 걱정했음이 분명하다. 경솔하게도 교인들 중 일부는 그들이 받은 세례를 다른 제의들에서의 유사한 의식(儀式)들에 비추어서 해석하려고 했던 것처럼 보인다. 고린도전서 1:12-13에서 우리는

35) 행 8:36, 38; 16:14-15. 서방 본문은 내시의 신앙고백을 포함시키기 위하여 행 8:37("예수 그리스도가 하나님의 아들인 것을 내가 믿는다")을 첨가하는데, 이 첨가는 누가복음의 기사가 너무 갑작스럽다는 초기의 인식을 반영하는 것 같다.

36) 행 18:8; 고전 1:14.

37) Munck, *Paul* 18 n. 1.

38) 자세한 것은 필자의 *Unity* 143-47을 보라.

39) 갈 6:6과 새롭게 세워진 교회들이 받아서 전한 전승들에 대한 바울의 언급들에 분명하게 함축되어 있다(위의 §7.3과 §8.3, 아래의 §21.3[2]과 §23.5을 보라).

어떤 사람에게 세례를 받으면 세례를 준 바로 그 사람에게 충성을 맹세한 것으로 여겨졌음을 알게 된다. 그 논리는 분명하다: 나는 바울에게 세례를 받았으므로, "나는 바울에게 속하였다"는 것이고, 나는 아볼로에게 세례를 받았으므로, "나는 아볼로에게 속하였다"는 것이다. 달리 말하면, 세례는 세례를 받는 사람과 세례를 주는 사람 간의 일종의 신비한 유대(紐帶)를 형성하는 것으로 생각되었다는 말이다. 10:1-12의 함의(含意)는 세례(그리고 주의 만찬)는 이후에 있을지도 모르는 하나님에 의한 거부를 막기 위한 일종의 영적 예방접종으로 여겨지고 있었다는 것이다. 그리고 15:29에서 "죽은 자를 위한" 신비한 세례는 이미 죽은 사람을 대신해서 누가 세례의식을 치르면 그것이 죽은 사람에게 효력이 있다고 생각되었음을 보여 준다.[40)]

각각의 경우에 바울은 의도적으로 세례를 강조하지 않는다.[41)] 기독교의 세례와 신비종교들의 유사한 제의 의식들 간의 유비(類比)를 거부한 사람은 바로 바울 자신이었다. 세례는 오직 예수의 이름으로 주어질 뿐 세례를 받는 자와 주는 자 사이에 그러한 유대를 형성하지 않고, 또한 앞서 언급한 그러한 보장(保障)도 주지 않는다. 심지어 바울은 자기가 세례를 준 사람이 극소수라는 것에 대해서 감사하기까지 한다. 그는 자기가 세례를 준 사람으로 그리스보와 가이오만을 기억해낼 수 있었을 뿐이고, 스데반 집 사람들을 언급하는 것을 잊어버릴 뻔하였다(1:14-16) — 세례를 준 것은 바울에게는 특별히 중요하거나 기억할 만한 사건들이 아니었기 때문이다. 바울에게 그의 사명은 세례를 주는 것이 아니라 복음을 전하는 것이었다(1:17) — 회심 및 입교 내에서의 세례의 역할 및 중요성에 대한 바울 자신의 흥미로운 보충설명.[42)]

---

40) 세례에 관한 고린도 교인들의 견해들과 관련된 이러한 추론(1:12-13; 10:1-12; 15:29)은 고린도전서에 대한 주석자들의 대체적인 합의를 따른 것이다.

41) 가치를 평가절하하는 것이 아니라 지나친 강조를 덜어내는 것이다.

42) 또한 필자의 *Baptism* 118-20을 보라. 바울에게 '우크 … 알라' (ouk … alla, "~아니라 ~이다") 구문은 날카로운 대립을 표현하는 것이 보통이다(롬 1:21; 2:13, 28-29; 3:27; 4:4, 10, 13, 20 등). 주목할 것은 바울은 세례, 곧 오해된 세례만이 아니라 '누가' 세례를 주었는가 하는 문제 등을 전도보다 우선순위가 낮은 것으로 취급한다는 사실이다(Lohse, "Taufe" 240) — 롬 6:3-4 등에 대한 통상적인 해석들이 생각하듯이, 바울이 세례를 구원의 효과를 가져오는 것으로 생각했다면, 그는 분명히 이러한 사실을 해명했을 것이다. Cf. C. K. Barrett, *Church, ministry and Sacraments in the New Testament* (Exeter:

둘째, 로마서 6:3-4과 아울러 우리는 고린도전서 12:13을 다루어야 한다. 방금 언급한 '밥티조'(baptizo) 구절들과는 대조적으로 이 구절은 고린도전서에서 유일하게 세례를 받은 것에 관하여 무조건적으로 긍정적으로 이야기하는 구절이다.

> 우리가 유대인이나 헬라인이나 종이나 자유인이나 다 한 성령으로 세례를 받아 한 몸이 되었고 또 다 한 성령을 마시게 하셨느니라.

"성령으로 세례를 받았다"[43]는 이 말의 배후에 있는 전승사를 어떻게 분석하더라도 거기에는 한 가지 분명한 족적(足跡)이 있다 — 대부분의 주석자들에 의해 놀라울 정도로 무시되고 있지만[44] 그것은 세례 요한의 매우 주목할 만한 발언에 관한 전승에서 시작되는 족적이다: "나는 물로 세례를 베풀었거니와 그[오시는 이]는 너희에게 성령(그리고 불)으로 세례를 베푸시리라." 이 예고는 세례 요한의 설교의 유일한 특징으로서 사복음서에서 모두 회고되고 있다.[45] 그러므로 우리는 이 구절이 이 전승을 전해 준 공동체들 내에서 특히 소중히 여겨졌던 말씀이었다고 추측할 수 있다.[46] 이 족적은 사도행전에서도 다시 한 번 출현하는데, 거기에서

Paternoster/Grand Rapids: Eerdmans, 1985: "고전 1:14-17이 세례에 대한 상대적인 폄하(貶下) 이하의 것을 함축하고 있다고는 도저히 보이지 않는다"(*Paul between Damascus and Antioch* 299-300); Pesce, "Christ"와 비교해 보라.

43) '엔'(en)이 '밥티조마이'(baptizomai, "세례를 받다")와 함께 사용되면, "~에 의해서 세례를 받다"가 아니라 "~안에서 세례를 받다"로 해석하는 것이 가장 자연스럽다. 이것이 신약에서의 일관된 용법이고, '휘포'(hypo, "~에 의해")를 사용해서 세례를 주는 자가 누구인지를 표현한다. NRSV는 이 점에서 RSV를 개선하였다고 할 수 있다.

44) 예를 들어, Schnackenburg, *Baptism* 26-29; Ridderbos, *Paul* 398("세례는 그저 성령의 세례라는 수식을 받는다"); G. Haufe, "Taufe und Heiliger Geist im Urchristentum," *TLZ* 101 (1976) 561-66; McDonnell and Montague, *Christian Initiation* 42-43. Beasley-Murray, *Baptism* 167-71는 적어도 이 문제를 제기한다.

45) 막 1:8; 마 3:11/눅 3:16; 요 1:33. 세례 요한의 말의 대비적 형태("나는 물로, 그는 성령으로")와 복음서 기자들이 예수께서 성령으로 기름부음을 받은 것을 그의 세례의 일부로 묘사하지 않는다는 사실(특히 눅 3:21-22; 행 10:37-38; 요 1:32-34)에 비추어 보면, 예수의 "물과 성령의 세례"를 그 다음에 공통으로 말할 그 어떤 주석학적 근거들이 있는지를 다시 물어볼 필요가 있는 것 같다(필자의 *Baptism* 32-37; Stuhlmacher, *Romans* 98을 보라).

46) "세례를 주다"라는 새로운 의미로 '밥티조'(baptizo)의 의미를 처음으로 부여하고 정

기독교의 시작에 관한 사도행전 기사에서 두 개의 가장 결정적인 사건들 — 오순절(1:5)과 이방인 고넬료의 회심이라는 결정적인 선례(11:16) — 과 관련하여 이 예고가 언급된다.[47] 고린도전서 12:13에 대한 가장 분명한 해석은 바울 자신이 이 전승을 알고 있었고 이 시점에서 의도적으로 이 전승을 인유(引喩)하고 있다는 것이다.

우리의 현재의 논의와 관련하여 이 말씀에서 특히 주목할 만한 것은 "성령으로 세례를 받았다"는 이미지가 세례 의식으로부터 나온 은유이자 세례 의식과 구별되거나 대비되는 은유로 만들어졌다는 것이다. 복음서에서는 일관되게 요한의 물세례와 장차 오실 자의 성령 세례를 대비시킨다. 이 은유 속에서 성령은 세례 받는 자의 몸이 담궈지는 물을 대신한다. 그리고 이 은유를 사용하는 사도행전의 두 기사(記事)들은 성령의 부어짐을 세례와는 완전히 구별되고 다른 것으로 묘사한다.[48] 이 모티프("성령으로 세례를 받았다")의 이러한 전승사에 비추어 볼 때, 바울은 이 표현을 통해서 단순히 고린도 교인들이 성령을 받은 체험을 암시했을 가능성이 있다.[49] 너무도 자주 간과되고 있는 것은 강조점이 동사가 아니라 "한 성령"(두 번 되풀이되고 있는)에 두어지고 있다는 사실이다: 그들이 '한 몸'을 이루게 된 것은 '한 성령'으로 세례를 받음으로써였다(고전 12:13).[50]

우리는 그리스도의 죽음과 합하여 세례를 받았다는 로마서 6:3의 말씀과 관련해서도 좀 할 말이 있다. 우리는 이미 이 이미지가 기타 제의들에 나오는 유례(類例)들의 영향을 받았다는 주장을 살펴본 바 있다. 그러나 여기에서도 분명한 전승

립한 것은 요한 특유의 사역이었다는 것을 우리는 잊지 말아야 한다 — Ioannes ho baptizo, "세례자/세례를 주는 자 요한"(막 1:4; 6:14, 24).

47) 이 예언을 사도행전에서 예수의 말씀으로 기억하고 있다는 것은 단지 누가에게 이 예언의 중요성을 부각시킬 뿐이다.

48) 행 2:1-4; 10:44-48.

49) 자세한 것은 필자의 *Baptism* 129-30; Fee, *Enpowering Presence* 179-82, 860-63을 보라. "세례를 주다"라는 용어는 "물로 세례를 주다"가 아니라 "세례를 주다, 물에 푹 담그다"(cf. 위의 n. 16)만을 의미한다는 것은 두말할 필요가 없다. 예를 들어, Josephus는 사람들이 도시로 물밀듯이 몰려들었다(ebaptisen)고 말할 수 있었다(*War* 4.137).

50) 또한 이것은 병행문인 갈 3:27-28과도 관련이 있다. 왜냐하면 그 구절이 함축하고 있는 의미도 그것이 "구원론적 평등 원칙"(Stuhlmacher, *Theologie* 353)으로서의 세례가 아니라 공통으로 체험되는 성령(3:2-5, 14)이라는 것이기 때문이다.

사가 스스로의 의미를 나타내 준다. 왜냐하면 공관복음 전승에 의하면 예수 자신이 세례 요한의 은유를 취해다가 각색해서 자신의 죽음에 적용했던 것으로 기억되고 있기 때문이다 — 자신이 받아야 할 세례로서의 그의 죽음.[51] 그러므로 여기에서도 우리는 그리스도의 죽음과 합하여 세례를 받았다는 바울의 말에 대한 배경을 잘 알 수 있다. 바울이 이 은유를 새롭게 자신의 신학에 맞게 각색하여 사용할 수 있다고 느낀 것은 예수께서 세례 받는 것에 관한 은유를 이런 식으로 사용했기 때문이었다. 그리스도께서 '자신의 죽음'을 '세례'라고 말씀하였듯이, 바울은 구원의 시작을 '그리스도의 죽음'과 합한 '세례'라고 말할 수 있었다.[52] 이 경우에 다시 한 번 "세례"라는 은유(죽음에 대한 은유)는 실제 행해진 물 세례와는 개념적으로 상당히 떨어져 있었다는 것을 주목할 필요가 있다.[53]

또한 이것은 "그리스도와 합하여 세례를 받았다"는 표현이 실제로 "그리스도의 이름으로 세례를 받았다"는 표현을 축약한 형태인가에 관한 논란에 대한 해답을 암시해 주는 것이기도 하다. 왜냐하면 앞서 살펴보았듯이 후자는 상거래에서 가져온 은유이기 때문이다 — "그리스도의 계정(計定)으로" 이체되는 것으로서의 세례.[54] 이 동사는 세례 행위 자체에 대한 직접적인 언급인 것 같다. 이와는 대조적으로 "그리스도와 합하여 세례를 받았다"는 좀 더 짤막한 구절에서는 은유적 의미를 지니는 것은 "세례를 받았다"는 어구인 것 같다. 그리고 그 결과는 공공성과는 거리가 먼 신비적인 그리스도에의 참여이다. "그리스도와 합하여 세례를 받았다"는 표현은 아담 기독론의 모든 뉘앙스들을 지닌다(로마서 6:3은 5:12-21 직후에 온다). 그리고 "그의 죽음과 합하여 세례를 받았다"는 그리스도의 고난들에 참여한다는 심오한 모티프(§18.5)로 직결된다. 요컨대 이 두 어구는 각기 다른 이미지 내에서 기능하고, 그 밖의 다른 구원에 관한 은유들과 마찬가지로, 그것들을 뒤섞거나 동일시하려는 시도는 각각에 의해 전달되는 이미지의 혼선을 낳게 될 뿐이라는 말이다.[55]

---

51) 막 10:38-39 pars. 좀 더 자세한 것은 필자의 "Birth of a Metaphor"를 보라.

52) Cf. Wilckens, *Römer* 2.60-61; Barrett, *Paul* 129.

53) 자세한 것은 필자의 *Baptism* 139-41을 보라.

54) §13.4과 n.71을 보라.

55) Horrell, *Social Ethos* (§24 n. 1)은 Meeks, *First Urban Christians*에 대한 S. K. Stowers의 비판을 인용한다: "의식(儀式)에 관한 Meeks의 논의 중 많은 부분은 탁월하다.

셋째, 우리는 성령의 수여 및 받음에 관한 §§16.3-4에서 논한 증거들을 특히 기억할 필요가 있다. 거기에서의 서술을 통해 두 가지가 분명해졌다: 성령의 받음은 일반적으로 그리스도에 대한 헌신의 시작에서 생생한 체험이었고, 그것은 그 결정적 전환에서 두드러진 절정이었기 때문에, 바울은 그것을 반복해서 언급할 수 있었고, 또 언급하고 있다. 이것은 "세례"에 관한 언급이 상대적으로 적다는 것 — 그 구절들을 어떻게 해석하든 — 과 두드러진 대조를 이룬다. 그리스도인으로서의 시작에 관한 중심적인 또는 기억할 만한 체험이 그들의 세례였던 후대의 세대들은 전 세대들도 마찬가지였다고 생각하지 않도록 주의해야 할 필요가 있다. 바울의 증언은 그것과 정반대이기 때문이다. 그들의 삶과 기억에 가장 큰 충격적 영향을 끼친 것은 그들이 체험한 성령이었다. 그러므로 바울이 세례에 관하여 그리 많이 언급하지 않는 이유는 바울 및 그의 대부분의 개종자들에게 세례는 그들의 회심 및 입교에서 중심이 되거나 가장 중요한 특징이 아니었기 때문이다. 그들의 회심 및 입교의 중심이 되고 가장 기억할 만한 특징은 성령의 수여였다.[56]

또한 이러한 결론은 적어도 몇몇 논란되는 은유들을 해결할 수 있는 해법을 보여 준다. 특히 "성령의 인침"[57]은 비록 세례와 관련하여 후대에 사용된 표현이긴 하지만,[58] 성령이 개인의 삶에 미치는 두드러진 영향력을 가리키는 것으로 보아야

그는 의식(儀式)으로부터 너무 많은 것을 발견해낸다 … 은유들을 의식들로 바꾸어 버리는 경우가 비일비재하다"("The Social Sciences and the Study of Early Chtistianity," in W. S. Green, ed., *Approaches to Ancient Judaism 5: Studies in Judaism and Its Greco-Roman Context* [Atlanta: Scholars, 1985] 149-81, 특히 174). 필자의 *Baptism* 139-44와 거기에 나오는 참고문헌을 보라.

56) 이것은 필자의 *Baptism*의 주된 발견물이었다. 물론 성령 받음의 경험적 성격과 관련된 전반적인 시각은 *Jesus and the Spirit*라는 결실을 맺은 심화 연구를 통해 내게 분명해졌다. Lang, "Verständnis," 255의 서두와 비교해 보라: 세례는 그리스도인의 실존 전체를 결정하는 "시작의 중심적인 '기준'"이기 때문에 그리스도인의 삶 전체는 끊임없는 '세례로의 다시 부름'(reditus ad baptismum)이다. Lang은 Wilckens, *Römer* 2.23("세례 체험"을 "시작의 중심적인 기준"이라고 말한)과 Stuhlmacher, *Romans* 99를 인용한다.

57) 고후 1:22; 엡 1:13; 4:30.

58) 특히 Lampe, *Seal*; Dinkler, *Taufaussagen* 95-96; 그리고 Fee, *Empowering Presence* 294 n. 38에 나오는 것들; Horn, Angeld 391-93을 보라. Schnelle는 고후 1:21-22이 "세례와 성령이 뗄 수 없을 정도로 결합되어 있다"(Gerechtigkeit 125)는 것을 명확히 보여 준다고 생각한다.

할 것이다. 성령이라는 선물을 받는다는 것은 새로운 소유권의 봉인(封印), 즉 이제 그 사람의 주인이 누구인가를 가시적으로 나타내주는 낙인(烙印)이 찍히는 것이었다.[59] 마찬가지로 "기름부음을 받는 것"도 성령과 자연스럽게 연결된다.[60] 바울 서신에서 이 이미지가 나오는 유일한 구절(고후 1:22)은 실제로 예수께서 성령으로 기름부음을 받으셨다는 주장을 다시 한 번 반영(反映)하고 있는 구절이라 할 수 있다.[61] 성도들은 기름부음 받은 자와 합하여 기름부음을 받았다.[62]

"그리스도로 옷입는다"는 이미지도 마찬가지이다. 옷을 갈아입는 것이 초기 세례 의식의 일부였다는 증거는 없다. 오히려 우리가 이미 주장한 대로 "그리스도로 옷입는다"는 은유는 배우가 자기 역(役)에 완전히 몰입해 들어간다는 뜻으로 이 표현을 사용하는 것과 결부시킬 때에 더욱 그 의미가 드러난다.[63] 또한 바울은 갈라디아서 3:27에서 단번에 그리스도인이 되는 것에 대하여 이 표현을 사용하면서, 나중에는 책임 있는 삶을 살라는 요구를 하는 구절(롬 13:14)에서 이 표현을 사용하기도 한다는 점이 주목할 만하다. 달리 말하면, 이 이미지에는 세례와 관련된 의미가 내재되어 있지는 않다는 말이다. 실제로 갈라디아서 3:27에서 이 표현은 "그리스도와 합하여 세례를 받았다"는 말과 뜻이 같지만, 이는 주로 그리스도에게로 깊이 빠져든다는 은유가 배우가 무대에서 행하는 자신의 역할에 완전히 몰입하는 것과 유사하기 때문일 것이다.

---

59) 필자의 *Baptism* 133; Fee, *Empowering Presence* 294-96을 보라.

60) 기름부음 의식에 대한 언급이라고 일부 사람들이 추론하고 있는 것은 후대 세대들에게서 은유의 힘이 상실되었음을 보여 주는 것이다(McDonnell and Montague, *Christian Initiation* 48 n. 14에 인용된 이들을 보라); 그러나 Dinkler, *Taufaussagen* 95를 보라.

61) 사 61:1-2에 대한 언급은 눅 4:18에 매우 분명하게 나타나지만, 눅 6:20/마 5:3과 눅 7:22/마 11:5에 함축되어 있다(또한 위의 §7.1을 보라). 또한 누가는 행 4:27과 10:38에서 이 구절을 인유(引喩)하는데, 후자는 그 자체로 초기 표현이다.

62) 고후 1:22 — … eis Christon kai chrisas hemas theos.

63) 위의 §8 n. 58을 보라. 또한 내적이고 영적인 변화(예를 들어, 사 61:10; 슥 3:3-5) 또는 개개인이 성령으로 옷 입는 것(삿 6:34; 대상 12:18; 대하 24:20; 눅 24:49; Hermas, *Similitudes* 9.24.2; Dunn, *Baptism* 110을 보라)을 나타내기 위하여 은유가 사용될 수 있다는 것도 주목하라. Lietzmann, *Galater* 23은 "그리스도로 옷 입는다"는 "성령을 받다"를 나타내는 또 다른 표현이라고 주장한다. 자세한 것은 Hengel and Schwerner, *Paul between Damascus and Antioch* 294-97을 보라.

씻는다는 이미지는 세례에 대한 인유(引喩)로 보는 것이 더 자연스럽다.[64] 그러나 여기에서도 우리는 바울이 결례(潔禮)와 거룩에 관한 문제들을 영적으로 취급한 정도를 기억해야 한다. 모든 신자들은 예루살렘 제의와는 완전히 독립된 "성도들"이었다.[65] 그들의 몸은 이제 그들이 돌보아야 할 유일한 성전이었다.[66] 유대교 전승과는 상관없이 하나님께서 명하셨기 때문에, 모든 것이 "깨끗하였다."[67] 따라서 여기서의 씻음은 구체적으로 물로 세례를 받는 행위를 가리키거나 상관이 있는 것이 아니라 마음과 양심의 씻음과 관련된 것이었다고 할 수 있다.[68]

끝으로 우리는 이러한 논의들에서 너무도 자주 간과되는 점을 하나 짚고 넘어가야 한다. 여러 가지 점에서 바울의 복음에서 세례의 가장 분명한 역할은 할례와 동일하거나 할례를 대신하는 것이었다. 따라서 다음과 같은 전제가 흔히 통용된다: 바울은 인종적으로 한정되어 있던(또는 율법적인!) 할례의 요구를 한층 보편적으로 적용할 수 있는 세례로 대체하였다.[69] 그러나 이것은 우리가 발견해낸 결과가 아니다. 우리가 이미 살펴보았듯이, 바울이 할례를 가장 중요한 의무로 여겼던(§14.5) 율법의 행위와 첨예하게 대비시키고 있는 것은 바로 믿음이었다. 그리고 옛 계약인 할례에 대하여 새 계약에서 그 해답을 준 것은 세례가 아니라 성령의 수여였다.[70] 기독교의 종말론적 새로움, 첫 그리스도인들이 체험했던 새로운 차

---

64) 고전 6:11; 엡 5:26; 딛 3:5. 세례에 대한 직접적인 언급은 거의 보편적인 전제이다; 특히 행 22:16을 참조하라. 예를 들어, Schnackenburg, *Baptism*은 이러한 본문들을 거론하면서 "목욕으로서의 세례"라는 주제를 시작한다; Ridderbos, *Paul* 297 — " '씻다' 와 '물의 목욕' 같은 표현들이 세례를 가리킨다는 것은 의심할 수 없다."

65) 위의 §2 n. 90과 §13 n. 74를 보라.

66) 고전 3:16-17; 6:19; 고후 6:16.

67) katharos/katharizo — 롬 14:20; 엡 5:26; 딤전 1:5; 3:9; 딤후 1:3; 2:22; 딛 1:15; koinos — 롬 14:14; cf. 고전 10:26. 이러한 점들(nn. 65-67)에 대해서 자세한 것은 아래의 §20.3을 보라.

68) 또한 필자의 *Baptism* 121-22를 보라; 마찬가지로 Quesnel, *Baptises* 165-66; Fee, *Empowering Presence* 130-31.

69) 예를 들어, 골 2:11-12을 꽤 전형적으로 다루는 글들을 참조하라. Pokorny, *Colossians* 124: "기자는 세례가 참된 할례라고 설명한다"; Wolter, *Kolosser* 130은 "세례라는 할례"(Taufbeschneidung)를 말한다; 필자의 *Colossians* 157 n. 18을 보라.

70) 위의 §§16.2-3을 보라.

원으로의 이동(移動)은 믿음으로 말미암아 성령에 의해서 이루어졌다. 바울은 사실상 갈라디아 교인들에게 "너희가 믿어서, 성령을 받아 그리스도의 일부가 되고 의롭다 하심을 받았기 때문에, 너희는 할례를 받을 필요가 없다"고 말하는 반면에,[71] "너희는 세례를 받았기 때문에 할례를 받을 필요가 없다"고 말하지는 않는다. 물론 사회학적으로 말한다면, 기독교의 세례는 사실상 할례와 마찬가지로 한 집단의 경계를 구분짓는 역할을 했다는 것은 사실이다. 그러나 바울의 신학에서 실제로 문제가 되었던 할례의 요구에 대한 유일한 답변은 그의 개종자들의 삶에서 믿음으로 말미암은 은혜, 성령으로 말미암은 그리스도라는 현실이었다.

§17.3 구원의 순서?

그렇다면, 우리는 바울의 사상에서 각기 다른 방향으로 흘러가는 것처럼 보이는 이 흐름들을 어떻게 통합할 수 있는가? 바울은 이 흐름들을 긴장관계에 있는 것으로 체험하였는가? 아마도 그렇지 않았을 것이다. 후대의 주석자들이 해결하려고 애썼던 그 밖의 다른 신학적 쟁점들과 마찬가지로 이 문제에서도 그 대답은 바울은 그의 저작들이 후대의 세대들에게 일으킬 모호성들을 알지 못했거나 적어도 개의치 않았을 것이라는 것이다. 이 경우에 바울은 아마도 구원의 시작이라는 사건을 하나의 복합적인 전체로 보았을 것이다. 그 시작의 세 가지 서로 다른 측면들(이신칭의, 그리스도에의 참여, 성령의 수여)에 대한 우리의 분석에서와 마찬가지로, 우리는 바울이 각각의 경우마다 각기 다른 강조점들을 지닌 동일한 사건으로 보았던 것을 서로 구별된 별개의 요소들로 나눌 위험성이 있다. 여기에서도 바울의 신학 내에서 세례의 정확한 위치 또는 기능을 부여하는 것은 세례가 복합적인 전체의 일부로서 그 복합적 전체 내에서 중요한 역할을 맡고 있었다는 것을 깨닫는 것보다 덜 중요하다.

바울에게 회심과 입교의 복합적 전체 내에서 서로 다른 요소들이 무엇이었는지를 기억할 필요가 있다.[72] 심지어 그 요소들을 일종의 순서로 배치할 가능성도 있

71) 갈 3:1-5, 14; 4:6-7, 29; 5:2-6, 25; 6:13-15.

72) 필자의 *Baptism* I에서 나는 두 요소(회심, 입교)를 지나치게 세심하게 구분하는 것을 피하기 위해 별로 우아하지 못한 "회심-입교"(conversion-initiation)라는 용어를 만들어냈다.

다(ordo salutis, "구원의 순서"). 바울 자신이 로마서 10:14-17과 갈라디아서 3:1-2에서 일종의 그러한 순서를 보여 준다.

> 그런즉 그들이 믿지 아니하는 이를 어찌 부르리요 듣지도 못한 이를 어찌 믿으리요 전파하는 자가 없이 어찌 들으리요 보내심을 받지 아니하였으면 어찌 전파하리요 … 그러므로 믿음은 들음에서 나며 들음은 그리스도의 말씀으로 말미암았느니라.

> 어리석도다 갈라디아 사람들아 예수 그리스도께서 십자가에 못 박히신 것이 너희 눈 앞에 밝히 보이거늘 누가 너희를 꾀더냐 내가 너희에게서 다만 이것을 알려 하노니 너희가 성령을 받은 것이 율법의 행위로냐 혹은 듣고 믿음으로냐.

첫 번째 요소는 그리스도에 의해 정당하게 위임받은 자에 의한 복음의 전파이다. 이것은 복음을 전해 들은 자들의 마음 또는 양심 속에서 성령의 사전 작업에 관한 것을 말하는 것이 아니다. 바울이 일반적으로 그렇게 전파된 복음이 이전에 멀었던 눈들을 갑자기 열어 주는 효과를 가져온다고 인식했다는 것은 사실이다.[73] 그러나 바울이 염두에 두었던 것은 복음 자체의 조명하고 확신을 주는 능력이 전부였다.[74]

두 번째 요소는 믿음, 즉 전해 들은 복음에 대한 개개인의 믿음의 반응, 위의 두 구절들에서 말하고 있는 듣고 믿는 것이다.[75] 이것은 분명히 믿음의 두 가지 측면을 포함하고 있었다: 선포된 것을 믿음으로 받아들이는 것[76]과 아브라함의 경우처럼 주(主)로 선포된 자에 대한 헌신 및 완전한 의뢰.[77]

셋째로, 갈라디아서 3:2에 의하면, 바로 이러한 듣고 믿음으로 말미암아 성령이

---

73) 특히 고후 2:14~4:6에서 그의 사역에 대한 긴 변호를 주목하라.

74) 또한 예를 들어 롬 1:16; 고전 1:21; 2:4-5; 4:15; 15:1-2; 살전 1:5; 2:13을 보라; 그리고 자세한 것은 위의 §7.1을 보라.

75) "듣고 믿음"(갈 3:2)에 대해서는 위의 §14 n. 107을 보라.

76) 특히 롬 10:9-10; 고전 15:2를 보라.

77) 롬 10:14; 그리고 갈라디아서 3장과 로마서 4장의 해석들에 함축되어 있는 모든 것.

주어진다.[78] 1-2-3의 순서라기보다는 효과적인 맞물림 속에서의 1-2-1-2의 순서라고 해야 할 것이다: 보내심을 받아 복음을 전파하는 전도자, 믿음의 응답, 응답으로서 믿음에 대하여 주어지는 성령.

이 기본적인 '구원의 순서'(ordo salutis) 내에서 세례의 위치가 완전히 분명치는 않다는 것이 앞 절(§17.2)에서 우리의 결론들 중의 한 특징이었다. 한편으로 세례는 분명히 세 번째 요소의 여러 측면들 가운데 하나 또는 둘에 대한 은유 역할을 하였다 — "그리스도와 합하여 세례를 받았다"(§15)와 "성령으로 세례를 받았다"(§16). 다른 한편으로 세례는 믿음의 응답의 일부로 여겨질 수 있다.[79] 세례를 받은 자들은 그들 위에 거명된 자에게 속한 것으로 스스로를 그에게 내어주었다(고전 1:13). 그 밖의 다른 곳에서 바울은 믿음과 세례의 상호연관성에 관하여 명시적으로 아무말도 하지 않는다 — 이것 자체가 믿음의 응답을 하나님에 의해 받아들여지고 성령을 받는 데에 유일하게 결정적인 요소로 본 바울에게 하나의 흥미로운 특징이다.

우리가 바울의 신학에 의해 제시된 명확한 해답을 얻을 수 있는 지름길은 로마서 6:4과 골로새서 2:12에 나오는 세례에 대한 두 언급들에서 사용된 전치사들이다. 그리스도인이 된 그 시작점에서 일어난 일은 "세례를 통하여"(롬 6:4)와 "세례 속에서"(골 2:12) 일어났다. 세례는 어떤 의미에서 하나님께서 세례를 받은 자를 그리스도의 죽음과 장사(葬事)에 참여시키는 매개였다. 여기에는 세례 시에 수면 아래로 가라앉은 체험의 상징체계에 대한 인상적인 기억이 반영되어 있을 것이다.[80] 다른 식으로 표현하자면, 세례는 이 모든 것을 어우러지게 한 계기이자 맥락으로서, 이를 통해 그리스도와 "합하여 세례를 받는다"는 이미지에 한층 깊은 울림이 부여되었다고 할 수 있다.

어쨌든 바울로부터 신학을 도출해낼 때에는 두 가지 점을 주의하여야 한다. 첫째는 결정적인 구원의 시작 사건의 '모든' 요소들과 측면들을 포함하여야 한다는 것이다. 그렇지 않으면, 바울의 개념 및 신학의 총체성과 풍부함이 심각하게 훼손

---

78) 위의 §16.3을 보라.

79) 특히 W. Mundle, *Der Glaubensbegriff des Paulus* (Leipzig: Heinsius, 1932) 124. Kertelge, *Rechtfertigung* (§14 n. 1) 228-49는 균형을 발견하려고 애쓴다.

80) 그러므로 세례는 죽음보다는 장사(葬事)와 더 구체적으로 연관이 된다(롬 6:4; 골 2:12).

될 수 있다. 둘째는 바울이 각기 다른 맥락들 속에서 각각의 요소들 및 측면들에 둔 상대적인 비중과 강조점을 주목하여야 한다는 것이다. 이렇게 한다고 해서 바울의 서신들, 특히 로마서 6:3-4과 골로새서 2:11-12에서 풍부한 성례전적 세례 신학을 도출해내는 것이 금지되는 것은 아니다. 그러나 적어도 바울이 실제로 말한 것이 무엇인지에 대한 적절한 주의(注意)와 관심을 기울이지도 않은 채 후대의 신학적 도식들을 그대로 바울에게 적용하는 것은 금지된다.

§ 17.4 유아 세례

바울의 신학이 후대의 전통에 제기하는 난점들 중의 하나는 유아 세례에 대한 여지를 거의 허용하지 않는 것처럼 보인다는 사실이다. 하나의 관점에서 볼 때에, 이것은 거의 불가피했다. 왜냐하면 바울은 선교사이자 교회 창립자였기 때문이다. 그의 체험상 세례는 목회적 행위라기보다는 복음전도적 행위였다. 그에게 세례는 새롭게 믿은 성인들이 새롭게 형성된 교회들로 들어오는 입교의식이었다.

가족 세례라는 문제는 여전히 모호하다. 적어도 일부 가정들에는 어린 자녀들이 있었을 것이다. 그러나 한 "가족"에 대한 언급은 그러한 함의를 지니지 않았다. 가족이라고 하면, 보통 종들이나 종자(從者)들도 포함하는 것으로 이해되었을 것이다.[81] 그리고 바울 서신들 내에서 여기에 해당하는 유일한 경우 — 스데반 집 가족(고전 1:16) — 에서, 바울은 나중에 그 집이 "성도 섬기기로 작정했다" (16:15)고 명시적으로 말한다.[82]

신학적 원칙과 관련해서, 그 분명한 선례는 세례(새 계약)가 할례(옛 계약)를 대신하였다는 것이다. 그러나 이것은 두 계약을 직접적으로 병행시키는 것을 전제한다. 그리고 이미 살펴본 대로 바울이 새 계약을 다른 차원에서 기능한다고 생각하는 것처럼 보이는 것은 바로 이 점에서이다: 할례의 영적 의미는 성령의 수여에서 성취되었다는 것(§§16.2-3), 하나님에 의해 받아들여진 백성의 지체가 되는 것은 더 이상 혈통에 의해 보장되지 않고 믿음으로 말미암아 된다는 것(§14.7). 게다가 할례는 계약 백성 속으로 들어가는 수단으로서의 역할을 하지 않는다는

81) 예를 들어, P. Weigandt, *EDNT* 2.502를 보라.

82) Ridderbos는 집에서의 세례에 대한 언급이 "유아 세례를 분명하게 보여 주는"(*Paul* 413) 것이라고 생각한다; 유아세례는 "자명했기"(414) 때문에 언급되지 않는다.

점도 기억할 필요가 있다. 백성의 지체가 되는 것은 혈통을 통해서였다. 그리고 할례는 새로운 지체가 율법을 지키는 첫 번째 행위였다.

더욱 간접적인 논증은 고린도전서 7:14을 토대로 제시될 수 있다:

> 믿지 아니하는 남편이 아내로 말미암아 거룩하게 되고 믿지 아니하는 아내가 남편으로 말미암아 거룩하게 되나니[83] 그렇지 아니하면 너희 자녀도 깨끗하지 못하니라 그러나 이제 거룩하니라.

이 구절의 논증의 취지는 자녀는 믿음의 가정의 일부(부모 중 오직 한쪽만이 믿는다고 할지라도)이기 때문에, 자녀는 믿는 부모의 믿음을 토대로 세례를 받아야 한다는 것이다. 그러나 여기서 논증의 흐름이 뒤죽박죽이다. 한편으로 이 논증은 세례가 할례를 대신한다는 비(非)바울적인 전제를 계승하고 있다.[84] 그러나 다른 한편으로는 믿음의 가정 내에서 자녀의 신분을 확보하기 위해서는 어쨌든 세례가 필요하다는 전제가 있다.[85] 이와는 대조적으로 본문 자체는 자녀의 신분은 믿는 자의 자녀라는 그 이유만으로 이미 확보되어 있다는 뉘앙스를 풍긴다.

그러므로 고린도전서 7:14로부터 더 직접적으로 도출되는 결론은 바울은 그러한 자녀의 신분을 확보하기 위해서 세례가 필요한 것으로 생각하지 않았다는 것이다. 자녀는 이미 거룩하다. 그리고 가족 세례의 경우에 가장 분명한 결론은 성인들의 회심 때의 믿음과 세례가 그 가족의 일부인 미성년 자녀들에게도 그대로 효력이 있다는 것이다.[86] 즉, 믿는 부모의 믿음과 세례는 자녀를 포함한다는 말이

---

83) "형제"는 아마도 여인의 남편일 것이다 — 교회의 지체로서 "형제."

84) 은혜 신학의 연속성이라는 관점에서 좀 더 정교한 신학에 대해서는 P. C. Marcel, *The Biblical Doctrine of Infant Baptism* (London: James Clarke, 1953)을 보라.

85) '믿지 않는' 배우자도 "거룩하게 된다"는 사실이 세례를 염두에 두고 있다는 주장을 강화시키지는 못한다.

86) Cf. Beasley-Murray, *Baptism* 192-99. 유아세례의 기원과 관련된 논쟁에 대해서는 J. Jeremias, *Infant Baptim in the First Four Centuries* (London: SCM, 1960); K. Aland, *Did the Early Church Baptize Infants?* (London: SCM, 1963); Bealey-Murray, *Baptism* 306-86; Jeremias, *The Origins of Infant Baptism* (London: SCM/Naperville: Allenson, 1963)을 보라.

다. 가족이 세례를 받았을 때, 어린 자녀들은 세례를 받지 않아도 되었을 것이다.[87]

후대의 관점에서 보면, 우리는 당연히 자녀들이 자라나면서 부모의 믿음에서 벗어나 독자적으로 회심하지 않았겠느냐고 묻게 된다. 그리고 그때에 그들은 세례를 받았을 것이라고 우리는 추측하게 된다. 그러나 이것은 바울이 염두에 두고 있는 상황이 아니었다. 바울의 성례전 신학의 다른 측면들에서와 마찬가지로 이 점에서도 당시에 이 새로운 문제들은 바울로 하여금 신학화하는 작업을 촉진시킬 정도로 충분히 무르익지 않았다.

87) 특유의 문체로 Schmithals, *Theologiegeschichte des Urchristentums* 198-205는 이 점을 매우 강조한다. 그의 주장의 논리는 첫 세대의 가장(家長)이 세례를 받으면 그 가족의 다음 세대들은 세례를 받을 필요가 없다는 것인 듯하다.

제 6 장

구원의 과정

§18 종말론적 긴장[1]

§ 18.1 중간 시기

제5장 처음(§13.1)에서 우리는 바울에게 구원의 두 시제가 존재했다는 점을 지적하였었다 — 부정과거 시제와 진행시제. 이것들은 구원의 두 국면들인 구원의 시작(始作)과 과정(過程)을 문법적으로 표현한 것들이다. 시작 사건의 국면(제5장)을 어느 정도 자세하게 살펴보았기 때문에, 우리는 이제 과정의 국면으로 넘어가고자 한다. 바울이 이러한 견지에서 사고하였다는 것은 그의 초기 서신들 중의 하나와 후기 서신들 중의 하나에 아주 분명하게 나타난다. 그는 갈라디아 교인들에게 "너희가 이같이 어리석으냐 성령으로 시작하였다가 이제는 육체로 마치겠느냐"(갈 3:3)라고 묻는다. 이와는 대조적으로 바울은 빌립보 교인들에게는 "너희 안에서 착한 일을 시작하신 이가 그리스도 예수의 날까지 이루실 줄을 우리는 확신하노라"(빌 1:6)고 말한다.[2] 물론 이 두 구절을 엄밀하게 분리해서 생각할 수는 없다. 오히려 바울이 갈라디아 교인들에게 말하고자 한 요지는 구원의 시작의 성격이 그 지속을 결정할 것이라는 것이다. 그러므로 우리가 제5장에서 발견했던 것의 대부분, 특히 이신칭의, 그리스도에의 참여, 성령의 수여는 이 장에서도 그대로 이어진다.[3] 그럼에도 불구하고 특별한 고찰이 필요한 국면의 여러 측면들이 존

1) 이 책 말미의 참고문헌을 보라.

2) "시작하다/완성하다"의 대비는 각각의 본문에서 동일하다 — enarchomai/epiteleo. 이 두 단어는 제의적 맥락 속에서 사용되었으나(희생제사의 시작, 종교적 행위를 수행함; LSJ와 BAGD를 보라), 더 일반적으로 사용되기도 하였다(시작하다; 끝내다, 완성하다; LSJ; G. Delling, *TDNT* 8.61).

재하고, 따라서 그것들을 따로 다룰 필요가 있게 된다. 바울의 신학에 대한 이러한 연구의 나머지 대부분은 사실상 바울에게서 "구원받는" 과정에 포함되는 것을 채워 나가는 시도가 될 것이다.

첫 단계로서 관점을 올바르게 갖는 것이 중요하다. 앞에서 여러 차례 강조했듯이, 바울의 개별 서신들 내에 나오는 특정한 내용들은 그 배경, 즉 그 서신이 씌어진 배경 및 바울의 지속적인 신학과 신학화의 배경 속에서 볼 때에 통일성을 지니게 된다. 이때에 구원의 과정에 관한 그의 사고 틀이 특히 중요하다. 왜냐하면 이 틀이 없이는 우리가 이제 살펴보게 될 여러 요소들은 서로에 대한 연관성을 잃어버리고, 전체적인 통일성도 상실되기 쉽기 때문이다.[4] 다른 곳에서와 마찬가지로 여기에서도 중요한 것은 그의 사고의 '종말론적' 구조이다.[5]

우리가 일찍부터 보아 왔듯이(§2.4), 히브리적 사고는 전형적으로 시간을 시대들의 연속체로 인식하였다. 따라서 역사는 반복적인 순환이 아니라 시작(창조)과 끝(최후의 심판)이 있는 지속적인 운동 또는 진행으로 이해되었다.[6] 역사는 둘 또는 그 이상의(?) 시대들로 구분되었고, 하나님의 정해진 계획에 따라 한 시대 다음에 다른 시대가 뒤따르는 것이라고 그들은 생각하였다. 달리 말하면, 역사라는 직선은 현세(現世)와 내세(來世)로 나뉘어졌다.[7] 현세의 실패들과 고통들은 새 시대의 도래에 의해 귀정(歸正)될 것이다. 이러한 시대 도식에서 일부는 이러한 이행(移行) 또는 전환이 메시아의 도래에 의해서 이루어질 것이라고 보았다. 그러므로 내세는 그 특징을 따라 "메시아 시대"[8]로 불렸다. 물론 이런 식으로 표현하는 것은 한층 더 다양하고 단편적인 자료들을 단순화시킨 것이긴 하지만, 전반적으로

---

3) "세례적 삶"이라고 말하는 것도 마찬가지이다.

4) 이것은 로마서의 흐름 및 그 전체적인 해설 내에서 9~11장은 말할 것도 없고 특히 7:7-25의 기능에 적용된다.

5) 특히 Beker, *Paul* 143-52를 참조하라.

6) "종말의 때"는 어떤 의미에서 "최초의 때"으로 돌아간다는 것(낙원의 회복)이긴 하지만, 우리는 단 한 번의 순환만을 얘기할 수 있을 것이다.

7) 한 번의 결정적인 단절이라는 생각을 배제함이 없이도, 현세와 내세는 연속된 세대들(ages)로 인식될 수 있다.

8) Schürer, *History* 2.488-554는 종말론적 기대라는 주제 전체를 "메시아 사상"이라는 항목 아래 두는 우(愚)를 범했다. 그러나 우리가 이미 지적했듯이(§8.5), 왕적 메시아의 오심을 중심으로 한 종말론적 소망은 이 소망을 하나로 꿸 수 있는 가장 유력한 실이다.

종말론적인 시각은 꽤 보편적으로 존재했다.[9] 그러나 우리로서는 바울이 이러한 종말론적 도식을 공유하였다고 말하는 것만으로 충분하다. 바울은 현세를 열등한 것으로,[10] 그리스도의 도래를 "때가 차매"(갈 4:4) 이루어진 하나님의 미리 계획된 뜻의 정점(頂点)으로 보았다. 과거 여러 시대들과 세대들에게 감춰져 있었던 이 하나님의 목적의 신비는 이제 그리스도 안에서 계시되었다(골 1:26-27).

요지는 그리스도의 오심이 이전의 도식을 파괴하고 그 수정을 요구하였다는 것이다.[11] 왜냐하면 그리스도의 오심과 부활은 실제로 종말론적 정점으로 인식되었기 때문이다 — "때가 차매"(갈 4:4). "죽은 자 가운데서 부활"(롬 1:4)의 시작.[12] 그러나 끝은 오지 않았다: 죽은 자들이 일으키심을 받지 않았고, 심판이 아직 일어나지 않았다. 이렇게 종말론적 정점은 완성되지 못하였고, 하나님의 목적의 완성은 추가적인 절정의 어떤 행위가 필요하였다. 이미 오신 그리스도께서 오셔야 한다 — 다시! 그때에, 오직 그때에야 나머지 종말 사건들이 전개될 것이다.[13] 달리 말하면, 시간 직선을 현세와 장차 도래할 내세로 단일하게 나누었던 도식이 두 단계의 구분 도식으로 쪼개어졌다. 역사의 끝점인 메시아는 역사의 중간점인 그리스도이기도 하다.[14]

이러한 도식은 도해(물론 상당히 단순화된)를 통해서 아주 쉽게 파악될 수 있다:

9) 예를 들어, *ABD* 2.575-79, 579-94에 실린 D. L. Petersen과 G. W. E. Nickelsburg가 쓴 "Eschatology"(구약 및 초기 유대교) 항목들을 보라.

10) 위의 §2.4에서 나는 롬 12:2; 고전 2:6; 갈 1:4을 인용했고, 또한 롬 8:18; 고전 1:20; 2:8; 3:18-19; 고후 4:4; 엡 2:2; 5:16을 언급했다.

11) 이러한 전체적인 도식화에 대해서 나는 특히 Cullamnn, *Christ and Time*(특히 제5장)의 도움을 받았다. 이 책은 내게 30년에 바울의 구원론의 종말론적 구조에 대한 열쇠를 제공해 주었다. 그러나 나는 논란이 심한 용어인 "구원사"라는 표현을 사용하고 싶지는 않다.

12) 위의 §10.1과 n. 23을 보라.

13) 자세한 것은 위의 §12를 보라.

14) Cf. Beker: "그리스도 사건을 통해 역사는 두 개의 초점을 지닌 타원이 되었다: 그리스도 사건과 파루시아 또는 하나님의 최후의 승리의 날"(*Paul* 160).

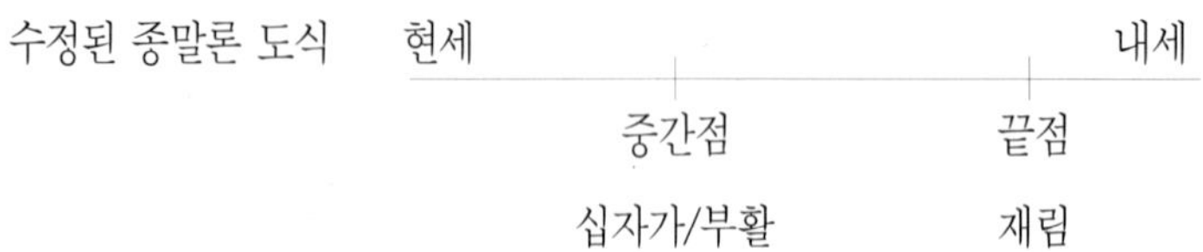

바울의 구원론에 대한 우리의 이해에 미치는 이러한 다소 기본적인 고찰의 결과들은 심대하다. 핵심은 그리스도의 초림과 재림 사이의 기간에는 두 시대가 서로 겹친다는 것이다. 내세의 시작은 현세로 앞당겨져서, 그리스도의 부활과 함께 시작된다. 그러나 현세는 아직 끝나지 않았고, 재림의 때까지 지속된다:

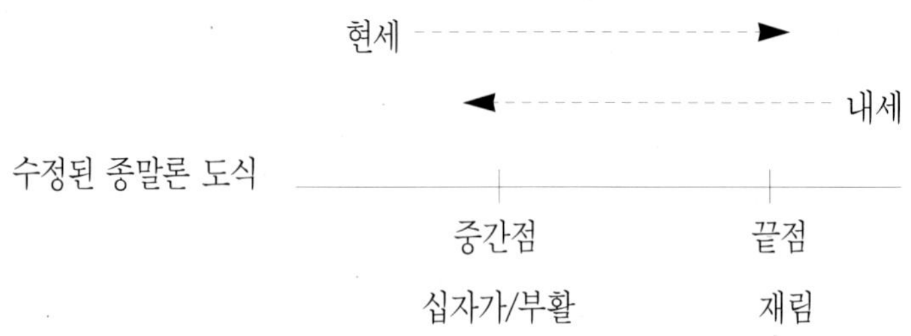

이것은 바울에게 그리스도를 믿고 성령을 받은 사람들이 중간점과 재림 사이에 그리스도의 것으로 살아간다는 것을 의미한다. 즉, 그들은 현새와 내세가 겹치는 시간대에서, 즉 "두 시대 속에서" 살아간다. 우리가 이 도식을 아담-그리스도라는 견지에서 다시 표현한다고 해도, 마찬가지 결과가 나온다:

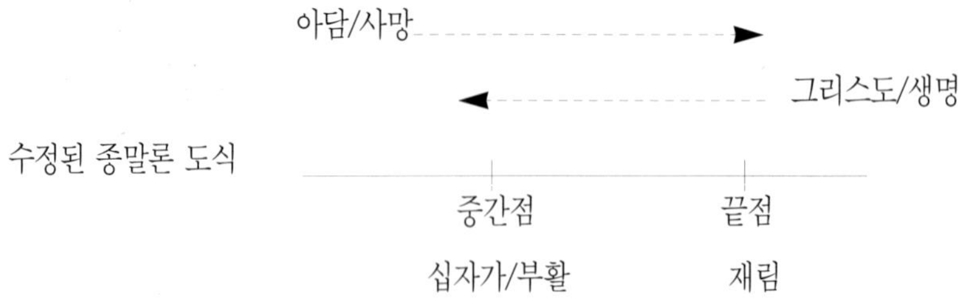

신자들은 "아담 안에" 있고, 계속해서 "아담 안에" 있다: 그들은 아직 죽지 않았다. 그러나 또한 그들은 "그리스도 안에" 있고, 비록 아직 그리스도의 부활의 온

전한 체험, 즉 몸의 부활에 참여하지는 못했지만, 생명을 체험하기 시작하였다. 또는 바울이 몇몇 대목들에서 의거하고 있는 우주론적 관점을 채택한다면,[15] 우리는 이 도식을 다음과 같이 표현할 수도 있다:

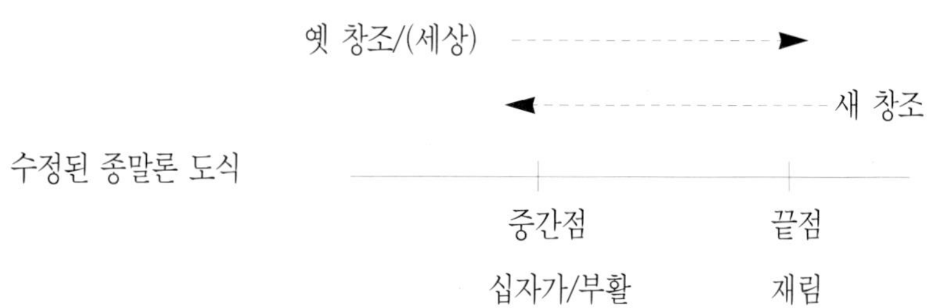

그러므로 구원의 과정에 대한 바울의 개념에 근본적이었던 것은 신자는 아직 목표점에 도달하지 않았으며 아직 온전하지 않고 항상 '도상(途上)에,' 변화 중에 있다는 그의 확신이다. "구원받는" 체험을 "종말론적 긴장"[16] — "시작된" 일과 "완결되지" 않은 일, 성취와 완성, 결정적인 "이미"와 여전히 앞으로 되어질 "아직" 간의 긴장 — 의 과정이 되게 하는 것도 바로 이것이다. 이것과 그 결과들의 분명한 토대에 대해서는 앞으로 살펴보게 될 것이다.

그러나 우리는 두 가지 점에서 이러한 고찰들의 중요성을 강조함이 없이 지나갈 수는 없다. 하나는 이 점과 관련된 바울 신학의 독특한 특징은 종말론이 '아니라' 그의 수정된 종말론이 설정하는 '긴장'이라는 것이다. 종말론적 소망은 바울이 전해 받은 종교적 유산의 공통된 특징이었다. 그러나 결정적인 "이미"와 여전히 앞에 남아 있는 "아직" 간의 이런 식의 종말론적 균열은 새로운 것이었다.[17] 따

15) ktisis("창조") — 롬 8:19-23; 고후 5:17; 갈 6:15; 골 1:15, 18; kosmos("세상") — 특히 고린도전서(1:20-21, 27-28; 2:12; 3:19; 7:31). 그러나 바울은 "세상"의 화목에 대해서도 말하였다(롬 11:15; 고후 5:19; 골 1:20).

16) 나는 이 어구에 대해서 Cullmann, 특히 그의 *Salvation* 202의 도움을 받았다; "그리스도의 부활과 그의 다시 오심 사이에 이러한 긴장을 핵심으로 하는 중간기가 존재한다는 것이 모든 신약 구원사의 특징이다"; "긴장"(tension)과 관련된 색인을 보라.

17) Cullmann, *Christ and Time* 145, 154-55; *Salvation* 172; "신약성경에서 새로운 요소는 종말론이 아니라 결정적으로 '이미 성취된 것'과 '아직 완성되지 않은 것,' 현재와 미래

라서 두 번째로 말해 둘 것은 바울의 종말론의 무게는 앞을 바라보는 데 있는 것이 아니라 뒤를 돌아보는 데, 또는 적어도 이 둘 간의 긴장에 있다는 것이다. "바울의 복음이 종말론적이었던 것은 어떤 일이 일어날 것으로 그가 여전히 소망했기 때문이 아니라 그가 믿었던 일이 이미 일어났기 때문이었다."[18] 이미 일어난 일(부활 사건과 오순절 사건)은 이미 종말의 성격을 지니고 있었고, 종말이 어떤 것과 같을지를 보여 주었다. 또한 이것은 "종말론적인 것"으로서 중간기의 성격이 오직 재림, 또는 상당한 정도로 재림의 임박 또는 지연(遲延)에 의거해 있지 않았음을 의미한다.[19] 중요한 것은 "내세의 능력"(히 6:5)이 이미 생명들과 공동체들을 형성하기 시작하였고, 적정한 때가 되면 우주를 형성하게 될 것이라는 사실이었다.

§ 18.2 이미-아직

바울의 구원 도식에 함축되어 있는 종말론적 긴장은 그의 구원론 전체를 관통한다. 학자들은 이 점을 대체로 인정한다. 그러나 그 정도에 관한 연구는 거의 이루어지지 않았고,[20] 그 결과들에 대해서도 거의 관심이 없었다. 따라서 이러한 결함을 고치려고 시도하는 것이 우리의 첫 번째 과제여야 한다. 이 종말론적 긴장은 통상적으로 바울 신학에서의 "이미"와 "아직"이라는 견지에서 표현된다.[21] 이 용어들이 보여 주듯이, "이미-아직"은 믿음에 이르는 사건 속에서 결정적인 그 무엇

간의 긴장이다." Beker, *Paul* 159에도 불구하고, 쿰란 공동체는 동일한 정도로 "이미"로 무게중심을 옮기지 않았다. 예수의 하나님 나라의 선포의 '이미-아직'(예를 들어, 마 6:10과 12:28)은 '이미'에 결정적인 무게 중심을 두지 않는다; 적어도 복음서에서는 수난(受難)의 절정을 향하여 움직여 가는 경향이 있다. 물론 유대교 신학에도 '이미-아직'의 요소가 존재했다(예를 들어, 슥 14:9).

18) Cullmann, *Christ and Time*, 특히 88. Beker가 무게 중심을 미래의 완성으로 옮긴 것(*Paul* 176-81)은 무게를 지나치게 한쪽으로 기울게 할 위험성이 있다; cf. Branick의 비판, "Apocalyptic Paul?" (§12 n 1).

19) 자세한 것은 위의 §12.5(3)을 보라.

20) Cullmann's *Christ and Time*은 지난 30년 동안 대체로 무시되어 왔다. Tachau의 *Einst*는 다소 고립적인 연구이다. 예를 들어, Cerfaux, *Christian* (§14 n. 1)과 비교해 보라.

21) 하나의 대안으로서 Keck은 "참여와 기대 간의 변증법"이라는 말을 사용한다(*Paul* 81).

은 '이미' 일어났으나 개개인에 대한 하나님의 교정 사역은 '아직' 완료되지 않았다는 인식을 요약하는 표현이다. 우리는 위에서 검토한 그리스도인의 시작의 각각의 측면들(제5장) 속에서 어떻게 '아직'이 '이미'를 제약하고 있는지를 살펴봄으로써 바울의 구원 이해에 이 표현의 중요성을 실증할 수 있다.

바울의 구원론에서 이미-아직의 긴장을 보여 주는 최초의 주목할 만한 예는 구원에 관한 그의 은유들이다. 왜냐하면 그의 많은 은유들 속에서 이미 성취된 것과 아직 일어나지 않은 것 간의 긴장이 두드러지게 드러나기 때문이다. 예를 들면, "구속(救贖)"은 어떤 의미에서 바울과 그의 독자들이 이미 "소유하고 있는" 것이다.[22] 그러나 또 어떤 의미에서 그들은 여전히 구속, 곧 "몸의 구속"을 기다린다.[23] 마찬가지로 "자유"는 이미 성도들이 누리고 있는 것이긴 하지만[24] 아직 온전히 향유한 것은 아니다; 왜냐하면 피조물도 "썩어짐의 종 노릇 한 데서 해방되어 하나님의 자녀들이 영광의 자유에 이르는 것"(롬 8:21)을 기다리고 있기 때문이다. 또한 이미 확정되었고 일부 받은 유업에 관한 이미지도 마찬가지로 강력하다(특히 갈 4:1-7). 그러나 바울은 유업으로서의 하나님 나라가 여전히 미완의 것이라고 자주 말한다.[25] 그리고 고린도후서 11:2에서 바울은 회심을 혼인이 아니라 정혼(定婚)으로 묘사한다. 또한 그리스도인이 되는 것은 재림 때에 치러질 결혼식을 준비하여 신부가 목욕재계하는 것에 비유되기도 한다(엡 5:25-27). 끝으로 구원 과정의 지속성을 나타내는 고전적인 용어("성화") 자체가 이미와 아직으로 쪼개어져 있다. 이 명사("성화")는 지속적인 "아직"을 나타내는 데 사용되는 반면에,[26] 동사는 "이미"를 나타낸다.[27]

"이신칭의"라는 주요한 은유로 눈을 돌려도, 사정은 마찬가지이다. 분명히 바울은 비록 죄인이지만 그 죄인이 하나님에 의해 결정적으로 받아들여졌음을 나타내는 부정과거 시제(aorist)를 통해 '이미'를 강조한다. 로마서 5장의 의기양양한 서두(序頭)는 이를 잘 보여 준다: "그러므로 우리가 믿음으로 의롭다 하심을 받았

22) 롬 3:24; 골 1:14; 엡 1:7.

23) 롬 8:23; 엡 1:14; 4:30.

24) 롬 6:18, 22; 8:2; 갈 2:4; 5:1, 13.

25) 고전 6:9-10; 15:50; 갈 5:21; 골 3:24; 엡 1:14, 18; 5:5.

26) 롬 6:19, 22; 고전 1:30; 살전 4:3, 4, 7; 살후 2:13; 딤전 2:15.

27) 롬 15:16; 고전 1:2; 6:11; 엡 5:26; 딤후 2:21.

으니 … "(5:1).[28] 그러나 우리가 위에서 "하나님의 의"에 관하여 살펴보았던 내용에 비추어 볼 때, (하나님의 은혜로 말미암아) 시작된 것이 지속적인 관계라는 것을 강조하는 것도 마찬가지로 중요하다. 그 관계 속에서 죄인을 그러한 관계 내에 붙들어두는 것은 바로 하나님의 의이다.[29] 그리고 염두에 두고 있는 끝은 하나님께서 종국적으로 자신의 옳음을 입증하는 것이다 — 또한 최후의 심판에서 의롭다 하시고 무죄방면하시는 행위.[30] 그 최후의 심판을 가리키는 동사 "의롭다고 하다"(dikaioo)의 전향적(前向的) 의미 속에는 그러한 의미가 분명하게 함축되어 있다 — 너무도 자주 간과되고 있지만.[31] "열렬히 기다리는"(갈 5:5) 것으로서의 "의의 소망"(또는 바라던 의)에 관한 말을 바울은 실제로 잘 사용하지는 않지만, 그 의미는 그의 신학에서 전형적으로 나타난다. 이신칭의의 "아직"의 차원에 관한 이러한 인식은 루터의 '죄인임과 동시에 의인'(simul peccator et iustus)이라는 표현에 더욱 힘을 실어 준다.

그리스도에의 참여와 관련해서도 마찬가지이다. 우리는 "그리스도 안에서"라는 표현이 전형적으로 십자가의 구원을 가져오는 사건들에 대한 참여를 비롯한 현재의 상태를 가리키는 데 사용되었음을 살펴보았었다. 그러나 "그리스도와 함께"라는 모티프(포괄적인 의미에서)는 과거와 미래를 포괄한다 — 죽음과 장사(葬事)에서 "그리스도와 함께," 그리고 하늘 또는 재림 때에 "그리스도와 함께."[32] 달리 말하면, 바울의 구원론에서 "그리스도 신비주의"의 요소도 마찬가지로 이미와 아직을 넘나들고, 어느 한쪽을 배제한 채 다른 한쪽을 강조하는 것은 바울의 신학 전체를 심각하게 왜곡하는 것이 된다는 말이다. 요지는 메시아가 한 번 오신다는 도식이 그리스도께서 두 번 오신다는 도식으로 수정됨에 따라 이것은 그리스도의

---

28) 또한 롬 4:2; 5:9; 고전 6:11; 딛 3:7.

29) 자세한 것은 위의 §14.2을 보라.

30) 논쟁의 초기 단계에서 Kertelge, "Rechtfertigung" (§14 n. 1) 143-58은 의(義)의 미래 지향성에 대한 강조에서 놀라울 정도로 비전형적이었다. 그러나 이제는 특히 Winninge, *Sinners* (§14 n. 1) 227-33을 보라.

31) 롬 2:13; 3:20, 30, 그러나 롬 3:24, 26, 28; 4:5; 8:33; 갈 2:16; 3:8, 11; 5:4에 나오는 현재 진행 시제들과 롬 3:4; 8:30; 갈 2:16: 17; 3:24에 나오는 부정과거 시제들에도 함축되어 있다.

32) 자세한 내용은 위의 §15.3을 보라.

것인 사람들의 구원에도 반영되어야 한다는 것이다. 그리스도의 죽음과 부활은 그의 구원 사역의 완성이 아니었다; 그는 다시 와야 한다. 그러므로 "그리스도 안에서" "그리스도와 함께" 있는 자들은 이 초림과 재림 사이에 붙잡혀 있다.

이와 같은 특징은 구원 과정에 대한 바울의 가장 기본적인 개념인 인격적 변화(metamorphosi)의 과정,[33] 특히 그리스도를 닮는 변화에도 반영된다. 그 시제들은 여기서도 지속적인 과정을 의미하는 현재이다.[34] 그 목표지점은 분명히 아직 도달되지 않았다.[35] 이런 흐름의 사고 속에서 두드러지는 것은 "형상"과 "영광"이라는 표현이다.[36] 이 과정은 한 수준의 영광에서 다른 수준의 영광으로 변화되어 결국 그리스도의 형상(고후 3:18)을 닮아가는 과정,[37] 하나님의 아들의 형상과 같아지는 것(롬 8:29), "그의 영광의 몸"에 이르는 과정이다.[38] 여기에서 아담 기독론이 두드러진다. 바울은 그리스도를 창조주의 형상, 즉 하나님께서 인류에 대하여 의도하였던 형상으로 인식한다. 구원은 창조의 원래의 목적 — 그 형상을 새롭게하고, 아담이 상실했던 하나님의 영광을 인류가 온전히 갖게 하는 것 — 의 완성이다.[39] 바울의 서로 연관된 몇몇 이미지들은 이 주제에 관한 여러 변형들로 볼 때에 가장 잘 이해될 수 있다. 바울은 그의 청중들에게 "오직 주 예수 그리스도로 옷 입으라"(롬 13:14)고 촉구하거나[40] "우리의 겉사람은 낡아지나" "우리의 속

33) Segal, *Paul*은 이 모티프를 중요시한다("metamorphosis"의 색인을 보라); 그는 이 모티프가 신비종교의 어휘에서 가져온 것이라고 본다(58-71).

34) metamorphizomai — 롬 12:2; 고후 3:18; symmorphizomai — 빌 3:10.

35) symmorphos — 롬 8:29; 빌 3:21. 또한 자신의 진보에 관한 바울의 견해를 보라(고전 9:26-27; 빌 3:12-14).

36) Eikon ("형상") — 롬 8:29; 고전 15:49; 고후 3:18; 4:4; 골 3:10. doxa("영광") — 롬 5:2; 8:18, 21; 9:23; 고전 2:7; 15:43; 고후 3:18; 4:17; 빌 3:21; 골 1:27; 3:4; 살전 2:12.

37) 여기서의 "주"(3:18)는 출 34:34(3:16)의 "주"라는 것을 우리는 기억해야 한다; 위의 §16.3을 보라. 그러나 "하나님의 형상"은 재빠르게 그리스도로 정의된다(4:4). 보는 것을 통한 변화라는 사상에 대해서는 Thrall, *2 Corinthians* 290-95를 보라.

38) 고전 15:49; 빌 3:21.

39) 위의 §4.5을 보라.

40) 이 권면은 로마서에서 고린도전서 13장과 갈 5:22-23이 각각의 서신에서 하는 역할에 해당하는 역할을 한다. 그러므로 사랑 및 "성령의 열매"에 대한 찬가는 알게 모르게 사람들이 회상한 그리스도의 성품을 모델로 삼은 것이라는 주장이 나온다(위의 §16 n. 11을 보라).

사람은 날로 새로워지도다"(고후 4:16)라고 말할 수 있었다. 그리고 골로새서 3:10에서는 옛 사람을 벗어버리고 "자기를 창조하신 이의 형상을 따라 지식에까지 새롭게 하심을 입은 자"(골 3:10)인 새 사람을 입으라고 말한다. 갈라디아서 4:19에서는 목회적 돌봄의 과정을 갈라디아 교인들 안에서 그리스도를 낳는 일로 묘사하기까지 한다 — 그리스도는 그들 속에 아직 온전히 탄생되지 않았다![41] 이러한 통찰은 우리가 앞으로 보게 될(§18.5) 바울에서 일련의 강력한 사고를 준비시킨다.

종말론적 긴장은 성령 수여의 경우에도 분명하게 나타난다. 바울의 복음에 근본적인 것은 성령의 수여가 구원 과정의 시작이라는 주장이다. 실제로 우리는 바울에게 성령의 수여가 종말론적 긴장의 핵심이라고 말할 수 있다. 왜냐하면 성령의 오심으로 말미암아 그러한 긴장이 조성되었기 때문이다.[42] 성령은 현재와 미래, 이미와 아직을 연결하는 다리였다. 이 점은 바울의 세 가지 이상의 은유들 속에서 분명하게 보인다.

첫 번째는 "양자" 은유이다. 학자들에 의해 언급되긴 하지만 그 의미가 거의 고찰되지 않은 이 은유의 두드러진 특징은 바울이 이 은유를 몇 절 내에서 두 번이나 — 처음에는 '이미'에 대하여, 다음에는 '아직'에 대하여 — 사용하고 있다는 사실이다. '이미'는 "양자의 영을 받았으므로 우리가 아빠 아버지라고 부르짖는다"(롬 8:15)는 것이다. 그러나 '아직'은 "양자될 것"이라는 추가적인 하나님의 역사(役事), 즉 "우리 몸의 속량"(롬 8:23)이다. 그리고 이것도 성령의 역사(役事)이다(8:11, 23). 바울이 동일한 사고 흐름 속에서 이런 식으로 동일한 은유를 사용할 수 있다고 생각한 것은 구원의 과정에서 이 두 국면은 하나의 전체의 두 측면, 즉 두 단계로 이루어진 양자 절차였다는 것을 분명하게 보여 준다.

두 번째 은유는 장사와 관련된 은유인 '아르라본'(arrabon, "일회 불입금, 보증")이다. 이것은 바울에게 성령이 무엇인지를 보여 주는데, 성령은 전체 구원의 일회 불입금이라는 것이다.[43] 에베소서 1:13-14은 '아르라본'으로서의 성령을 유

41) 위의 §15.2과 n. 54를 보라.

42) 마찬가지로 Turner, *Holy Spirit* (§16 n. 1) 127-30.

43) 고후 1:22; 또한 일련의 논증인 4:16~5:5의 끝에 오는 5:5에서는 더 분명하게 나타난다. 현대 헬라어에서 '헤 아르라보나'(he arrabona)는 "약혼 반지"라는 의미로 사용된다. 또한 위의 §13 n. 70을 보라.

업 개념과 결부시켜서, 앞서의 유업 언급들에 함축되어 있었던 의미를 명시적으로 드러낸다.[44] 성령은 하나님 나라의 일회 불입금이다.[45]

세 번째 은유는 농사와 관련된 은유인 '아파르케'(aparche, "처음 익은 열매"), 즉 추수의 첫 곡식단, 추수의 시작이다(롬 8:23).[46] 그러므로 성령의 수여는 몸의 부활로 완성되는 추수의 첫 번째 국면이다. 여기에서 바울은 '소마 프뉴마티콘'(soma pneumatikon, 고전 15:44-46), 즉 육이나 영혼(soma psychikon)에 의해서가 아니라 전적으로 성령에 의해 결정되고 생명력이 불어넣어진 몸으로서 부활의 몸을 염두에 두고 있었음이 틀림없다. 성령의 수여는 이 과정의 시작이다. 종말론적 긴장이 조성되는 것은 바로 성령이 이미 하나님을 위해 전 인격을 교정하기 시작한 하나님의 궁극적인 목적을 지닌 능력이기 때문이다.[47]

우리는 "성령의 은사"라는 말을 통해서 바울과 1세기 그리스도인들은 분명히 은사(恩賜)로서의 성령 자체를 의미하였다는, 주석자들 사이에서의 어느 정도 보편적인 합의를 아울러 언급하지 않을 수 없다. 바울은 '아르라본'(arrabon)과 '아파르케'(aparche)를 단지 성령의 일부로 생각하지 않았다. 또한 바울은 구원의 과정을 점점 더 성령의 더 많은 몫을 받는 것이라고 생각하지도 않았다. 오히려 성령 자체가 '아르라본'이자 '아파르케'였고, 온전한 "불입" 또는 "추수"는 이렇게 주어진 성령이 개개인 속에서 이루어낼 온전한 구원이었다.[48]

세례 및 세례에 관한 이미지들에 대해서도 동일한 현상이 나타난다. 왜냐하면 로마서 6:3-4에서 이 점이 매우 두드러지게 나타나기 때문에, 바울은 내내 당연한 것으로 생각해 왔던 것을 말하기를 꺼려하는 것처럼 보이기 때문이다. 다시 말하면, 바울은 세례를 그리스도와 함께 장사되는 것에 비유한다(6:4). 그러나 그는 이 상징을 더 이상 진척시키기를 꺼린다. 그는 "이를 통해 너희도 그와 함께 일으키심을 받았다"라고는 말하지 않는다. 물론 좀 더 제한적인 이 이미지는 '밥티조'(baptizo)의 기본적인 의미인 "잠기다"로부터 나왔을 것이다. 이 동사 자체는 아

44) 롬 8:17-23; 고전 6:9-11; 15:44-50; 갈 5:21-23.

45) 또한 필자의 "Spirit and Kingdom," *ExpT* 82 (1970-71)36-40을 보라.

46) 위의 §13 n. 68을 보라.

47) 또한 Hamilton, *Holy Spirit* 26-40 ("THe Spirit and the Eschatological Tension of Christian Life")을 보라; Hamilton은 Cullmann의 제자였다.

48) 그러므로 바울에게는 갈라디아 교인들의 태도와 행동이 믿기지 않았다(갈 3:3).

직 물 속에 잠겼다가 올라오는 의식(儀式)을 가리키는 전문용어로 자리잡지 않았다. 그러나 바로 다음 절은 이 동사의 실제 의미보다 더한 의미가 이러한 부활 유보에 존재한다는 것을 보여 준다. 왜냐하면 6:5은 이미-아직 긴장을 아주 깜끔하게 보여 주는 표현이기 때문이다. "만일 우리가 그의 죽으심과 같은 모양으로 연합한 자가 되었으면 또한 그의 부활과 같은 모양으로 연합한 자도 되리라." 두 번째 절의 미래 시제는 논리적 미래일 수 있다. 그러나 6:8에서 그리스도와 함께 사는 것을 미래적으로 말하고 있다는 점에 비추어 보면,[49] 분명히 이것은 시간적 미래로 해석되어야 한다.[50] 그러므로 이 구절의 요지는 그리스도의 부활에 대한 참여는 여전히 '아직'의 일부라고 바울은 단언하고 있다는 것이다. 믿고 세례 받은 자들은 이미 그리스도의 죽음에 참여한 것이다. 그러나 그들이 그리스도의 부활에 참여하기 전에 겪어야 할 구원의 과정이 존재한다. 이 단계에서 세례는 전자, 즉 '이미'를 나타내지만 '아직'을 나타내지는 않는다.[51]

이 시점에서 우리는 학자들이 거의 주목하지 않아 왔던 로마서에서 바울의 해설의 또 하나의 특징을 조명할 필요가 있다. 그것은 바울이 5:1-11에서 자신의 해설을 요약한 다음에 다시 6~8장에서 '이미와 아직'의 현실 및 중대성을 밝히는 서술구조를 의도적으로 채택하고 있다는 것이다.[52] 5:1-5에서 바울은 여전히

49) 8:11과 23에서 부활에 대한 미래적 언급들은 말할 것도 없고.

50) 대부분의 학자들이 그렇다; 최근의 주석자들 중에서는 예를 들어 Stuhlmacher, *Romans* 92; Barrett, *Romans* 116; Moo, *Romans* 370-71; Holleman, *Resurrection* 169-71을 보라; Fitzmyer, *Romans* 435-36는 이에 반대.

51) 골 2:12의 '엔 호 카이'(en ho kai)는 "또한 그 안에서"(그리스도 또는 세례를 가리킴)로 해석될 수 있을 것이다. 후자, 즉 세례를 가리키는 경우라면, 세례는 그리스도와 함께 장사된다는 이미지와 아울러 그리스도와 함께 부활한다는 이미지로 해석된다. 영역본들은 후자를 선택하는 경향이 있다; 그러나 '엔 호 카이'는 골로새서의 이 단락의 특징인 일련의 "그(him) 안에서"(2:6, 7, 9, 10, 11, 12, 15)의 일부일 가능성이 크다; 여러 견해들에 대해서는 필자의 *Baptism* (§16 n. 1) 154 n. 7과 *Colossians* 160을 보라. 그러나 골 2:12과 3:1은 그리스도와 함께 부활하는 일을 이미 일어난 일이라고 말한다. 롬 6:4b과 대비된다는 점은 지나치게 강조되어서는 안 된다. 왜냐하면 바울은 분명히 로마 신자들이 적어도 어느 정도는 그리스도의 부활 생명에 동참하고 있다고 생각했기 때문이다(6:4, 11). 그럼에도 불구하고 6:4-5은 긴장을 지닌 장사지냄/부활은 바울이 로마서를 썼을 때에 그의 구원론의 '이미-아직' 긴장의 일부였다는 것을 보여 준다.

52) 필자의 *Romans* 302-3을 보라.

미래적으로 "하나님의 영광을 바란다"(5:2)고 말함으로써 칭의 및 하나님과의 화목, 그리고 하나님께 나아갈 수 있게 되었다는 것에 관한 승리의 말을 즉각적으로 제한, 아니 좀 더 자세하게 규정한다. 그리고 이것은 그로 하여금 곧 그들의 현재의 계속되는 환난들에 직면한 상태 속에서 이 소망의 성격에 관한 추가적인 성찰을 하게 만든다(5:3-5). 구원의 과정이 온전히 "실현되었다"는 식의 그 어떤 이해도 여기에 나오지 않는다. 마찬가지로 그는 다음 단락을 "더욱"(5:9-10)이라는 말을 반복하는 것으로 끝을 맺는다. 이미 의롭다 하심을 얻었은즉, "더욱 그로 말미암아 진노하심에서 구원을 받을 것이다"(5:9). 이미 화목을 얻었은즉, "더욱 그의 살아나심으로 말미암아 구원을 받을 것이니라"(5:10). 여기서 바울에게 "구원"은 미래적인 것, 본질적으로 종말론적인 선(善), 여전히 기다리고 있는 그 무엇, 그 완성이 '아직'에 속한 그 무엇이었다는 것이 의심할 여지 없이 분명해진다.[53]

로마서 6장에서, 신학적 성찰은 너무도 자주 6:2-11의 부정과거 시제들에 집중되어 왔고, 마치 명령법들은 직설법들보다 신학적으로 덜 중요하다는 듯이, 6:12-23의 명령법들은 소홀하게 다루어져 왔다.[54] 그러나 바울은 이 장의 두 부분을 결부시켜서 각 부분이 다른 부분을 이해하는 데 한 몫을 하도록 의도하였을 것이다. 따라서 6:2-6의 생생한 이미지들은 시작, 즉 '이미'의 결정적 성격을 부각시키기 위하여 의도된 것이다. 그러나 바울은 "옛 사람"(6:6)이 완전히 멸해졌고, 신자 안에는 죄가 영향력을 행사할 여지가 전혀 없으며, 옛 시대는 완전히 지나갔다고 말할 의도는 없었을 것이다. 우리가 방금 본 것처럼, 그리스도의 부활에의 참여에 관한 바울의 말의 미래 지향성도 이를 잘 보여 준다. 그리고 자기 자신을 죄에 넘겨주지 말라는 바울의 반복된 끈질긴 권면들(6:12-23)은 '아직'이 극히 현실적인 것으로서 구원 과정은 아직 달려야 할 먼 길을 갖고 있다는 것을 분명히 보여 준다. 이 점에서 바울의 가르침 속에서의 긴장은 분명하고 의도적이다. 우리는 이 긴장을 6:2-6의 부정과거 시제들을 집중적으로 부각시키고 그 나머지를 무시함을 통해서나 6:12-23의 현실주의와 상반되는 이상론(理想論)을 바울에게 돌리는 것을 통해서 가볍게 해소해 버려서는 안 된다.

53) 또한 특히 롬 11:26; 13:11; 빌 1:19; 2:12; 살전 5:8-9을 보라; 그리고 고전 1:18; 15:2; 고후 2:15의 현재 시제들도 다시 보라.

54) 가장 주목할 만한 것은 위의 §15.1에 인용된 Schweitzer, *Mysticism*이다.

우리는 로마서 7장 및 8장과 관련해서도 이와 동일한 말을 할 수 있다. 이 두 장에서도 바울은 동일한 패턴을 반복한다 — 결정적인 '이미'를 강조하기 위해서 부정과거 시제들을 과감하고 날카롭게 사용하고 나서(7:4-6; 8:1-9), '이미'를 '아직'을 포함하는 전체 과정 내에 위치시키기 위하여 자세하게 규정한다. 그러나 이 장들이 우리의 탐구의 현재 단계에 기여하는 바가 아주 크고 또 논란이 되기 때문에 우리는 이 장들을 별도의 절들을 통해 살펴보기로 하겠다.

§ 18.3 분열된 "나"

로마서 7:7-25의 기능은 신약학에서 가장 논란이 많은 쟁점들 중의 하나이다.[55] 우리는 앞서 바울이 율법을 옹호하려는 목적으로 이 대목을 삽입하였다는 것을 살펴본 바 있다: 인간이 죄와 사망의 종이 된 것에 대한 실제 책임은 죄 자체에 있다(§6.7). 그러나 그러한 것은 바울의 구원과 무슨 관계가 있는가? 대다수의 학자들은 별 관계가 없다고 말한다. 대부분의 주석자들은 사실 7:7-25을 7:4-6에 서술된 이미 신자에 의해 버려진 상태 — "율법 아래 있는 인간" — 에 대한 설명으로 여긴다.[56] 가장 유력한 제안은 7:7-25을 7:5에 대한 상세한 설명으로, 8:1-17을 7:6의 상세한 설명으로 보는 것이었다.[57] 7:7-25에 관한 한, 이러한 제안은 분명히 여러 가지 매력들을 갖는다.

> 우리가 육신에 있을 때에는 율법으로 말미암은 죄의 정욕이 우리 지체 중에 역사하여 우리로 사망을 위하여 열매를 맺게 하였더니 이제는 우리가 얽

55) 이것은 주석학적 논의에서 중심이 되어야 하는 문제이다(롬 7:7-25의 기능). "나"의 정체는 이에 비하면 부차적이다. "나"의 정체를 밝히는 데 지나치게 집착하고 있는 대부분의 논의들은 좀 더 중요한 문제들을 놓치고 있는 셈이다. 이하의 서술에서 나는 나의 이전의 연구들을 활용하였다 — "Rom. 7:14-25," *Jesus and the Spirit* 131-16, *Romans* 376-99; 이러한 글들은 이전의 참고문헌들을 싣고 있다.

56) 이것은 Kümmel, *Römer* 7 (§3 n. 80)의 기념비적인 연구에 의해 확립된 입장으로서, 그때 이래로 대부분의 학자들에 의해 약간의 수정을 거쳐서 일관되게 유지되어 왔다. 가장 최근의 견해들에 대해서는 위의 §4 n. 90을 보라.

57) Theissen, *Psychological Aspects* 182-83, 226, 256; Stuhlmacher, *Romans* 104, 115; Witherington, *Narrative* 23.

매였던 것에 대하여 죽었으므로 율법에서 벗어났으니 이러므로 우리가 영의 새로운 것으로 섬길 것이요 율법 조문의 묵은 것으로 아니할지니라

그런즉 우리가 무슨 말을 하리요 율법이 죄냐 그럴 수 없느니라 율법으로 말미암지 않고는 내가 죄를 알지 못하였으니 곧 율법이 탐내지 말라 하지 아니하였더라면 내가 탐심을 알지 못하였으리라 그러나 죄가 기회를 타서 계명으로 말미암아 내 속에서 온갖 탐심을 이루었나니 이는 율법이 없으면 죄가 죽은 것임이라 전에 율법을 깨닫지 못했을 때에는 내가 살았더니 계명이 이르매 죄는 살아나고 나는 죽었도다 생명에 이르게 할 그 계명이 내게 대하여 도리어 사망에 이르게 하는 것이 되었도다 죄가 기회를 타서 계명으로 말미암아 나를 속이고 그것으로 나를 죽였는지라 이로 보건대 율법은 거룩하고 계명도 거룩하고 의로우며 선하도다 그런즉 선한 것이 내게 사망이 되었느냐 그럴 수 없느니라 오직 죄가 죄로 드러나기 위하여 선한 그것으로 말미암아 나를 죽게 만들었으니 이는 계명으로 말미암아 죄로 심히 죄 되게 하려 함이라

우리가 율법은 신령한 줄 알거니와 나는 육신에 속하여 죄 아래에 팔렸도다 내가 행하는 것을 내가 알지 못하노니 곧 내가 원하는 것은 행하지 아니하고 도리어 미워하는 것을 행함이라 만일 내가 원하지 아니하는 그것을 행하면 내가 이로써 율법이 선한 것을 시인하노니 이제는 그것을 행하는 자가 내가 아니요 내 속에 거하는 죄니라

내 속 곧 내 육신에 선한 것이 거하지 아니하는 줄을 아노니 원함은 내게 있으나 선을 행하는 것은 없노라 내가 원하는 바 선은 행하지 아니하고 도리어 원하지 아니하는 바 악은 행하는도다 만일 내가 원하지 아니하는 그것을 하면 이를 행하는 자는 내가 아니요 내 속에 거하는 죄니라

그러므로 내가 한 법을 깨달았노니 곧 선을 행하기 원하는 나에게 악이 함께 있는 것이로다 내 속 사람으로는 하나님의 법을 즐거워하되 내 지체 속에서 한 다른 법이 내 마음의 법과 싸워 내 지체 속에 있는 죄의 법으로 나를 사로잡는 것을 보는도다

오호라 나는 곤고한 사람이로다 이 사망의 몸에서 누가 나를 건져내랴 우리 주 예수 그리스도로 말미암아 하나님께 감사하리로다 그런즉 내 자신이 마음으로는 하나님의 법을 육신으로는 죄의 법을 섬기노라.

이 대목에 관한 일반적인 해석에 대한 나의 의문은 바울이 이 주제에 할애한 지면(紙面)의 양에서 시작된다. 7:5이 가리키는 체험이 전적으로 회심자의 과거에 속하는 것이라면, 왜 바울은 회심자의 특권과 의무들에 관한 설명을 갑자기 중단하고 이미 지나버린 일을 그토록 장황하게 서술하고 있는 것일까? 율법이 신자들에게 별 상관이 없다면, 왜 바울은 율법을 옹호하는 데 그토록 많은 시간을 소비하고 있는 것일까?

게다가 이 대목의 후반부(7:14-25)의 한 특징은 분열된 "나"와 분열된 율법이다. 사실상 바울은 상황의 복잡성을 반영하듯 율법과 "나"를 실제 주범인 죄로부터 분리하는 진술(陳述)로 시작한다(7:14-17). 그러나 그런 다음에 바울은 이 진술을 나누어서 좀 더 세심한 묘사로 들어가는데, 먼저 분열된 "나"에 대하여(7:18-20), 다음으로는 분열된 율법에 대하여(7:21-23) 묘사한다.[58] "나"는 분열되어 있다: 선을 행하고자 하고 악을 행하기를 꺼리는 것은 "나"다: 그러나 선을 행하지 못하고 악을 행하는 것도 동일한 "나"다(7:18-19). 주범은 죄다: 죄는 육신의 "나"를 종으로 삼아서 선을 행하고자 하는 "나"가 그 원하는 것을 성취하지 못하도록 방해한다(7:20). 분열된 "나"와 상관이 있는 것이 분열된 율법이다. 원하는 "나," 속사람, 마음으로서의 "나"는 하나님의 법인 율법을 긍정한다(7:21-22). 그러나 죄에 의해 사용된 율법(7-13이 묘사하고 있는)은 육신의 "나," "나"의 "지체들"을 이용한다.[59] 그리고 죄, 율법, 사망의 강력한 결합은 원하는 "나"의 실패를 확고하게 보장한다(7:23).[60] 이 중 그 어느 것도 기자(記者)에게 이제는 완전히 지나버린 상태 또는 체험에 관한 묘사처럼 들리지 않는다. 7:14-24의 실존적 고뇌는 바울이 너무도 잘 알고 있던 체험으로 들린다.[61]

---

58) 이 특징 — 18-20절(분열된 "나")과 21-23절(분열된 율법) — 은 바울의 사고의 흐름에 대한 단서로서 주석자들에 의해 거의 인식되지 않아 왔다. 그러나 Theissen, *Psychological Aspects* 188-89; P. W. Meyer, "The Worm at the Core of the Apple: Exegetical Reflections on Romans 7," in Fortna and Gaventa, eds., *The Conversation Continues* 62-84 (here 76-80); 위의 §6 n.154를 보라; 자세한 것은 아래의 §23.4과 n. 102를 보라.

59) '멜레'(mele)는 "죽을 몸"(6:12)과 "나"(6:13)의 여러 부분들과 기능들에 해당하는 몸의 사지(四肢)들과 기관들을 가리킨다; 필자의 *Romans* 337을 보라.

60) 죄에 의해 사용되는 율법이라는 뜻을 지니는 "죄의 법"에 대해서는 위의 §6.7을 보라.

61) Cf. Dahl: "'나'라는 표현형태는 수사학적 기법으로 사용되고 있음이 분명하지만, 화

이 대목의 결론은 특히 주목할 만하다 — 7:25b: "그런즉 내 자신이 마음으로는 하나님의 법을 육신으로는 죄의 법을 섬기노라." 이것이 신자들에게 완전히 과거가 되어 버린 상태에 관한 묘사였다면, 이 시점에서 이 구절의 등장은 깜짝 놀랄 일이고 전적으로 혼란스러운 일이다.[62] 왜냐하면 이 구절은 7:24의 고뇌어린 절규에 표현된 좌절감에 대한 해법을 안 것에 대한 승리의 외침(7:25a) '다음에' 나오기 때문이다:

> 오호라 나는 곤고한 사람이로다 이 사망의 몸에서 누가 나를 건져내랴 우리 주 예수 그리스도로 말미암아 하나님께 감사하리로다 그런즉 내 자신이 마음으로는 하나님의 법을 육신으로는 죄의 법을 섬기노라.

그리고 7:25b의 현재 시제는 이것이 '지속적인 상태'임을 보여 준다 — 내 자신이 마음으로는 하나님의 법을 육신으로는 죄의 법을 [계속해서] 섬기노라." "내"가 마음과 육신으로 분열되어 있음을 계속해서 차분하게 관조하고 있는 자는 바로 예수 그리스도께서 그 해답을 제공해 준다는 것을 알고 있는 자이다. 7:7-25에 대한 결론인 25b절은 지속적인 상태 — "주 예수 그리스도로 말미암아 하나님께 감사하리로다"라고 말하는 "나"의 지속적인 분열 상태 — 를 보여 준다고 밖에는 달리 해석되기 힘들다.

가장 분명한 주해적 해법은 이 구절이 또 하나의 종말론적 긴장의 표현이라고 보는 것이다. 로마서 7:7-25의 긴장은 이미-아직의 긴장이다. 이러한 긴장이 생겨나는 이유는 신자들이 두 시대가 겹치는 시기에 살고 있고 두 시대에 '동시에' 속해 있기 때문이다. 이것이 구원의 과정에 대한 바울의 해설을 놓고 논쟁이 벌어지는 이유임에 틀림없다. 요지는 신자가 육신의 영역에서 벗어나지 않았고, 여전

자와 청자 양쪽이 어떤 식으로든 전형적인 '나'의 체험과 동일시될 수 없다면, 이 형태의 사용은 의미를 잃게 될 것이다"("The Missionary Theology in the Epistle to the Romans," *Studies* 93).

62) 이것은 왜 그토록 많은 학자들이 이것을 나중에 첨가된 난외주로 이해할 수 밖에 없었는지를 잘 보여 준다(필자의 *Romans* 398-99에 인용된 이들을 보라. 거기에서 우리는 너무도 많은 독일 학자들이 이 속임수에 넘어간 것을 보게 된다; 지금은 cf. Stuhlmacher, *Romans* 114-16).

히 육신 가운데 있다는 것이다. 그러나 그 동일한 신자는 동시에 마음과 속사람으로는 하나님의 뜻을 행하기를 원한다. 여기에서 전쟁이 벌어지는데, 육신의 "나"는 여전히 죄의 유혹과 권능 아래에서 종노릇하고(7:14), 여전히 죄에 의해 악용되는 율법의 그물망에 죄인으로서 잡혀 있게 된다(7:23). "나"는 아직 이 사망의 몸에서 구원받지 못하고 있다(7:24). 즉, "나"에게는 앞으로 몸의 부활, 사망에 대한 생명의 승리의 완성, 그리스도의 부활에 온전한 참여를 체험해야 할 일이 남아 있다. 이러한 요지는 이미 앞에서 도표로 제시한 바 있는 종말론적 도식의 견지에서 쉽게 예시된다.

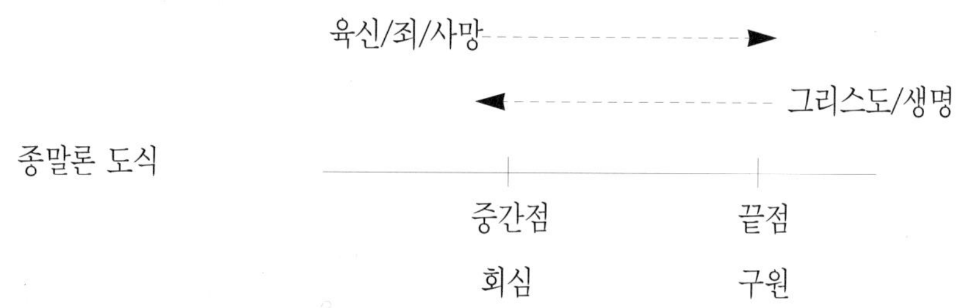

이 도식이 올바르다면, 이 도식은 로마서 6~8장 내에서 이 대목의 해석을 둘러싸고 논란이 되고 있는 것을 해명하는 데 도움이 된다. 사실 로마서 7:7-25에 대한 서로 다른 해석들의 대부분은 공통의 기반 위에 서 있다. 그 공통의 기반은 이 대목이 죄의 권능 아래에 있는 인간을 묘사하고 있다는 인식이다. 이것이 이 대목이 그토록 많은 학자들에게 믿음이 없거나 믿음 이전의 인간에 대한 묘사로 보이는 이유이다. 14절과 23절(방금 인용된)의 표현은 너무도 처절해서 '이미'를 나타낸다는 어떤 암시도 없어 보인다; 따라서 이 대목이 그리스도인이 되기 이전이나 비그리스도인의 상태를 묘사하고 있음에 틀림없다고 대부분의 학자들이 추론하는 것은 극히 당연한 일이다. 그렇지 않다면, 어떻게 달리 7:5의 분명한 과거 시제를 죄의 종이 되어 죄에 갇힌 자에 대한 묘사와 조화시킬 수 있겠는가?[63]

위에서 제시한 해석방향과 통설(通說) 간의 차이가 드러나기 시작하는 곳은 6

63) 전형적인 학자는 Stuhlmacher이다: "사도의 심오한 세례 개념을 고려한다면, 우리는 7:14에서 그리스도인이 '여전히 죄 아래 팔렸다' 고 규정할 수 없게 된다"(*Romans* 115).

장과 7장의 시작절들의 부정과거 시제들과 과거 시제들로부터 통상적으로 도출되었던 결론 — "그리스도 안에서" 신자는 죄와 사망의 권세로부터 완전히 해방되었다 — 에서이다. 그러므로 진짜 문제는 바울이 현세에서 내세로, 아담에서 그리스도로의 전환(轉換)을 어떤 중복도 없는, 돌연하고 전적으로 불연속적인 것으로 보았느냐 여부이다.[64] 달리 말하면, 진짜 쟁점은 '아직'의 비중이다. 곧, 바울은 실제로 신자들의 "나"를 여전히 재앙스러울 정도로 연약한 아담적인 "나"와 선을 원하지만 좌절을 겪는 "나"로 여전히 분열되어 있다고 인식했느냐,[65] 즉 바울은 신자를 여전히 현세의 일부로, 여전히 육신으로, 여전히 사망의 지배를 받는 존재로 보았느냐 하는 것이다. 핵심은 서로 다른 불연속성을 주장하는 것이 아니다: 7:7-25(또는 7:14-25)은 오직 그리스도인의 체험을 묘사할 뿐이다. 핵심은 바울의 '이미-아직' 도식 속에서 분열된 "나"가 구원의 과정 속에서 계속해서 분열된 채로 있느냐, "나"의 분열은 몸의 부활 때까지는 온전히 치유될("구원받을") 수 없느냐고 묻는 것이다.[66]

이에 대한 더 좋은 해법은 이 질문에 긍정으로 대답하는 것이라고 나는 믿는다. 주석자들은 바울이 "이미"의 결정적 성격을 강조한 후에(7:4-6) "아직"의 중대성도 인정할 필요가 있다고 생각했다는 것을 깨달을 때에 바울의 생각 및 구원 과정에 대한 바울의 이해에 더 가깝게 다가갈 수 있다. 구원의 시작의 결정적 성격

64) 주목할 것은 이 문제를 이런 식으로 제기하게 되면 다른 저자들에게서도 마찬가지로 들을 수 있는 도덕적 좌절에 대한 증언이 힘을 얻게 된다는 사실이다; 주된 모음집은 H. Hommel, "Das 7. Kapitel des Römerbriefs im Licht antiker Überlieferung," ThViat 8 (1961-62) 90-116, 특히 106-13; Theissen, *Psychological Aspects* 212-19; Stowers, *Rereading* 260-63에서 볼 수 있다.

65) "속사람"(7:22)도 마찬가지이다; 이 어구는 오직 신자만을 가리키는가(예를 들어, Cranfield, *Romans* 363)? 아니면, 우리는 그것이 신자들을 가리킬 수 있다는 것을 부인해야 하는가(고후 4:16; 엡 3:16에 나오는 병행문에도 불구하고; 예를 들어, Firzmyer, *Romans* 476)? 그러나 정말 바울은 이러한 완고한 양자택일을 우리에게 강요하는 것일까?

66) 바울이 여기서 보여 주는 개방성(롬 7:7-25은 오직 불신자들만을 염두에 둔 좁은 의미로 인간이 죄 아래 있다고 하는 것인가?)은 로마서 2장에서 보여 준 개방성(오직 믿는 이방인들을 가리키는 의로운 이방인?)과 비슷하다. 여기서 다시 한 번 분명한 주석상의 선택과 엄밀하게 제한된 대안들을 강요하는 것은 바울이 염두에 둔 것에 분명히 역행하는 것이다.

에도 불구하고, 이미 지나가 버린 것과의 피할 수 없는 두드러진 연속성이 존재한다.[67] 현세는 죄와 사망의 권세 아래 있다는 특성을 지니고 있고, 이러한 특성은 현세가 지속되는 한 계속된다. 그리고 사람들은 여전히 어느 정도 이 악한 현세의 일부인 까닭에 그 정도만큼 죄와 사망의 그물망에 여전히 잡혀 있다.[68]

이 장들의 수사적이고 변증법적인 구조를 감안하지 않고 7:5을 오직 사실에 관한 진술로 받아들이는 것은 세례 이후의 죄가 이론상 불가능하다고 주장하지만 실천에서 신학적이고 목회적으로 재앙을 가져다주는 이상주의적이고 비현실적인 관점을 촉진시킬 뿐이다. 이와는 반대로 '이미-아직'의 긴장에 대한 바울의 해설은 개인적, 사회적 현실과 부합하고 목회상담을 위한 훨씬 더 건전한 신학적 토대가 된다는 것이 입증되어 왔다.[69]

§ 18.4 육신과 성령

로마서 8장은 종말론적 긴장의 또 다른 면인 육신과 성령 간의 긴장을 서술해 나간다. 여기서도 다시 한 번 그 종말론적 배경을 이해하는 것이 중요하다. 왜냐하면 바울에게 성령-육신의 대비는 인류학적 관점[70]이 아니라 종말론적 관점에서 이해되어야 하기 때문이다. 핵심은 성령의 수여가 이전의 인류학적 긴장을 종식시

---

67) 이것은 7:14에서 과거 시제에서 현재 시제로 슬쩍 전환되어서 7:25b까지 현재 시제가 이어지는 것을 가장 잘 설명해 준다.

68) 7:7-25의 "나"에서 신자를 배제하는 것이 불가능하다고 생각하는 학자들로는 Augustine, Luther, Calvin을 비롯해서 좀 더 최근에는 Nygren, Bruce, Cranfield, Lambrecht 등이 있다. "로마서 7장은 그리스도인에게 맞지 않는 것은 아무것도 포함하고 있지 않다. 그러니까 역으로 로마서 7장에 포함된 모든 것은 오직 그리스도인에게만 들어맞는다"(*Paulus* 163)고 주장하면서, Laato는 로마서 7장에서 바울의 "비관주의적 인간학"(183)의 지속적인 영향을 본다; 나는 "현실주의적 인간학"이라는 말을 사용하고 싶다(위의 §4.1을 보라).

69) Bruce는 스코틀랜드의 위대한 설교자 Alexander Whyte의 기분 좋은 설명을 인용한다: "나의 자상한 책 판매상이 내게 로마서에 대한 또 하나의 새로운 주석서를 마음에 들면 사도 좋다는 조건으로 보낼 때마다, 나는 즉시 제7장을 펼쳐 본다. 그 주석자가 7장에서 가공인물을 설정해 놓으면, 나는 즉시 책을 덮고, '미안합니다. 이것은 내가 힘들여 번 돈을 쓸 만한 그런 인물이 아니군요'라고 말하며, 책을 돌려보낸다"(*Romans* 151).

70) §§3.1, 3을 보라.

키는 것이 아니라 종말론적 긴장을 개시시킨다는 것이다.

이미 언급했듯이(§16.3), 바울은 이 패(牌)를 가장 효과적으로 써먹을 수 있을 때까지 손에 꼭 쥐고 내놓지 않는 것 같다. 그의 전략은 6~8장의 각각의 장에서 구원을 거스르거나 구원을 위해 일하는 중요한 요인들을 하나하나 집중적으로 다루는 것이었다.[71] 6장을 주도했던 것은 은혜와 죄의 대결이었고,[72] 7장을 주도했던 것은 죄가 율법을 잔혹하게 조종하여 "나"를 포로로 사로잡았다는 것이었다.[73] 이제8장의 첫 번째 부분을 주도하는 것은 성령과 육신 간의 대결이다.[74] 우리는 이것이 바울의 의도적인 내용 배열의 결과였다고 생각해야 한다. 예를 들어, 바울이 6:15에서 마지막으로 "은혜"를 언급했다고 해서 7~8장에서 "은혜"가 아무런 역할도 하지 못하고 있다고 생각해서는 안 된다. 마찬가지로 바울이 성령을 6장에 언급하지 않고 있다고 해서 6:12-23의 권면들에 대한 독자들의 응답에서 성령이 아무런 역할도 하지 않는다고 생각했을 리 없다.

아울러 이 시점에 이르기까지 성령에 관한 온전한 해설을 유보함으로써, 바울은 성령이 구원의 과정에서 결정적인 요소라는 것을 그의 독자들에게 보여 주고자 했을 것이다. 즉, 성령의 수여가 구원을 가져다주는 것(처음으로 성령이 주어졌을 때)이 아니라, 성령은 종말론적 긴장의 궁극적 해소(解消)를 위한 결정적인 열쇠라는 것이다. 그러므로 성령은 "일회 불입금, 보증금(arrabon)," "처음 익은 열매(aparche)"라는 이미지로 표현된다. 이것이 바울이 이 패를 쥐고 있다가 이 시점에 와서야 내놓은 이유임에 틀림없다 — 7:14-25에서의 지속적인 종말론적 긴장에 관한 우울한 묘사에 대한 반격으로서. 핵심은 전투에서 이겼다는 것이 아니라 접전이 시작되었다는 것이다. 그 전투가 계속되는 한, 구원의 과정도 계속된다. 그리고 사람이 성령을 바라보는 한, 구원의 완성은 보장된다(참조. 갈 3:3과 빌 1:6).

물론 구원의 시작의 결정적 성격은 다시 한 번 맨 처음에 강조된다 — 로마서 8:2-9:

---

71) 필자의 *Romans* 301-2를 보라.

72) charis — 5:20-21; 6:1, 14-15; hamartia — 5:20~6:23(18번).

73) hamartia — 로마서 7장에서 15번; nomos — 로마서 7장에서 23번.

74) pneuma — 롬 8:1-27에서 21번; sarx — 롬 8:1-13에서 11번.

> 이는 그리스도 예수 안에 있는 생명의 성령의 법이 죄와 사망의 법에서 너를 해방하였음이라 … 육신을 따르지 않고 그 영을 따라 행하는 우리에게 율법의 요구가 이루어지게 하려 하심이니라 육신을 따르는 자는 육신의 일을, 영을 따르는 자는 영의 일을 생각하나니 육신의 생각은 사망이요 영의 생각은 생명과 평안이니라 육신의 생각은 하나님과 원수가 되나니 이는 하나님의 법에 굴복하지 아니할 뿐 아니라 할 수도 없음이라 육신에 있는 자들은 하나님을 기쁘시게 할 수 없느니라 만일 너희 속에 하나님의 영이 거하시면 너희가 육신에 있지 아니하고 영에 있나니 누구든지 그리스도의 영이 없으면 그리스도의 사람이 아니라.

이 절들을 따로 떼어서 본다면, 이 절들은 두 부류의 사람 — 육신의 사람과 성령의 사람 — 간의 대비로 이해될 수 있음이 분명하다. 특히 9절은 바울이 신자들을 더 이상 "육신에" 있지 않고 "영에" 있다고 생각한 것으로 추론할 수 있는 여지를 준다. 그런 식으로 추론하면, 그 결론은 그리스도인들은 믿고 세례를 받을 때에 육신을 완전히 떠났고, "그리스도 안에" 또는 "성령 안에 있는 것"이 "육신에 있는 것"을 완전히 대체하였다는 것이 될 것이다.[75]

그러나 바울은 과연 그러한 해석을 환영했을까? 나는 그렇지 않았을 것이라고 생각한다.[76] 오히려 바울은 이 시점에서 우리가 오늘날 "이상형"이라 부르는 것의 견지에서 생각하였을 것이다: 육신의 사람은 하나님으로부터 전적으로 끊어져 있다. 왜냐하면 그것이 육신의 성격이기 때문이다; 성령의 사람은 전적으로 하나님과 하나 되어 있다. 왜냐하면 그것이 성령의 성격이기 때문이다. 현실은 인간은 이 두 유형을 둘 다 자기 자신 속에 어느 정도 겸비하고 있다는 것이다.[77] 이에 따

75) Schweitzer가 *Mysticism*(위의 §15 n. 1)에서 주장했듯이.

76) 이하의 서술에서 나는 나의 *Romans* 363-64, 424-25를 사용하였다; 또한 아래의 §23.4과 n. 95를 보라.

77) 이것은 단순히 "유형들"에 대한 오늘날의 사회학적 분석의 특징인 것만은 아니다; 특히 cf. 1QS 4.23-25 — "이제까지 진리의 영과 불의의 영이 사람들의 마음 속에서 다투고, 지혜와 우매 속에서 행한다. 자신의 진리 부분에 따라 인간은 불의를 미워하고, 불의 영역에서 물려받은 자산에 따라 인간은 악하고 진리를 미워한다 …"(Vermes). 특히 Hommel, "7. Kapitel" 106-13과 Theissen, *Psychological Aspects* 212-19는 이와 관련된 병행문들을 모

라 바울이 하고 싶어 했던 권면은 독자들은 가능한 한 후자와 손을 잡고 전자와는 상종을 하지 말라는 것이다. 신자들은 "영을 따라 행하여야"(8:4) 한다 — 갈라디아서 5:16에서 분명하게 권면하고 있듯이. 그들이 성령의 사람이라면, 그것은 성령의 편을 택하는 것으로 표현되어야 한다(8:5)[78] — 갈라디아서 5:25은 다시 한 번 이 점을 명시적으로 밝힌다: "만일 우리가 성령으로 살면 또한 성령으로 행할지니."[79] 신자들은 성령으로 생각하여서,[80] 생명과 평안을 누려야 한다(8:6) — 다시 한 번 이와 비슷한 내용이 갈라디아서 6:8에 명시적으로 나온다: "성령을 위하여 심는 자는 성령으로부터 영생을 거두리라."

8:4-6의 대비(對比)를 완전히 실현된 전환(轉換)에 관한 묘사로 해석할 때의 위험성은 이 장을 읽어나갈수록 더 분명해진다 — 로마서 8:10-14:

> 또 그리스도께서 너희 안에 계시면 몸은 죄로 말미암아 죽은 것이나 영은 의로 말미암아 살아 있는 것이니라 예수를 죽은 자 가운데서 살리신 이의 영이 너희 안에 거하시면 그리스도 예수를 죽은 자 가운데서 살리신 이가 너희 안에 거하시는 그의 영으로 말미암아 너희 죽을 몸도 살리시리라 그러므로 형제들아 우리가 빚진 자로되 육신에게 져서 육신대로 살 것이 아니니라 너희가 육신대로 살면 반드시 죽을 것이로되 영으로써 몸의 행실을 죽이면 살리니 무릇 하나님의 영으로 인도함을 받는 사람은 곧 하나님의 아들이라.

아 놓았다.

78) 문자적으로는 "성령의 일들을 생각하라(phronousin)." 그러나 '프로네오'(phroneo)는 단순히 "생각한다"만이 아니라 고정된 이해방식을 갖거나 견해를 고수하거나 어떤 태도를 견지하는 것 등도 의미한다(특히 cf. 롬 14:6; 고전 13:11; 고후 13:11; 빌 2:2, 5; 3:19; 골 3:2). 여기서와 같은 좀 더 긴 표현은 "누구 편을 들다, 누구의 주장에 동조하다"라는 의미로 잘 알려져 있었다(BAGD, phroneo 2).

79) RSV/NRSV는 '스토이코멘'(stoichomen)을 "걷다"로 번역한다. 이 단어의 기본적인 의미는 "줄을 서다"이다; 자세한 것은 필자의 *Galatians* 317을 보라.

80) 문자적으로는 "성령을 생각하는 방식(phronema)." '프로네마'(phronema)는 "사고방식"이라는 의미로써 신약에서는 롬 8:6, 7, 27에만 나온다. 접미사 -ma가 통상적으로 그렇듯이, 이렇게 형성된 명사는 행위의 결과를 가리킨다. Fitzmyer는 "관심"이라고 번역한다 — "성령의 관심"(*Romans* 489).

10절은 특히 주목할 만하다. 첫째, 이 절은 지속적인 종말론적 긴장의 현실을 아주 분명하게 보여 준다. 신자에게 성령[81]은 실제로 생명이지만, 동시에 몸은 죽은 것이다. 이 몸은 7:24에서 언급된 것과 동일한 몸이다 — "사망의 몸." 둘째, 이 지속적인 긴장의 원인들이 분명하게 언급된다: "몸은 죄로 말미암아 죽은 것이나 영은 의로 말미암아 살아 있는 것이니라." 즉, 몸은 "사망의 몸"(7:24)일 뿐만 아니라 "죄의 몸"(6:6)이기도 하다는 것이다. 셋째, 이것은 6:3-6과 7:4-6의 부정과거 시제들이 완료되고 완결된 사건들로 해석되어서는 안 된다는 것을 확증해 준다.[82] 또한 7:14-25은 신자들에게 완전히 과거지사가 되어 버린 체험들을 묘사하는 것으로 봐서는 안 된다. 죄와 사망은 계속해서 몸에 작용하여 효력을 발휘하는 극히 현실적인 세력들이다. 마찬가지로 우리는 6:13-20을 주도하는 "죄"와 "의"의 대비의 재등장을 주목한다.[83] 이것이 함축하고 있는 의미도 동일하다: 이 두 세력은 육신을 지닌 신자의 현재적 체험 내에서 여전히 서로 경쟁하는 실체들이라는 것이다.

8:11은 그 이유를 분명히 해 준다: 죄와 사망의 몸으로부터의 구원은 오직 몸의 부활 때에야 비로소 일어날 것이기 때문이다. 요컨대 성령은 생명이고, 생명을 보장하지만, 사망은 아직 정복되지 않았다. 그러므로 우리는 8:2-9에서처럼 관점과 패러다임 면에서 그것은 양자택일의 문제라고 말할 수 있다. 그러나 지속적인 종말론적 긴장이라는 면에서 그것은 공존의 문제이다: 하나님께서 "너희 죽을 몸도 살리심"(8:11)으로써 구원 과정을 완성하실 때까지 생명과 사망은 공존한다(8:10).

그러나 8:10-11의 분명한 함의(含意)들은 통상적으로 무시되고 있다; 그리고 8:12-13에 대해서도 마찬가지이다. 그렇지만 성령-육신의 대비가 신자에게 과거지사라면(8:2-9에 그런 의미가 함축되어 있다고 보고), 바울이 독자들에게 그들이 "육신을 따라 살 의무 아래 있지 않다"(8:12)고 권면하는 것이 무슨 의미가

---

81) 성령이라는 의미의 '프뉴마'(pneuma)에 대해서는 위의 §16 n. 63을 보라. Fee, *Empowering Presence* 551: "바울은 인간의 두 구성성분이 아니라 '이미-아직'으로서의 그리스도인의 실존에 관하여 말하고 있다."

82) 잠시 후에 살펴보겠지만, 6:5의 완료 시제가 보여 주는 진행 상태는 주변 절들의 부정과거들을 수식함에 틀림없다(§18.5).

83) 죄/의 — 6:13, 16, 18-20.

있단 말인가? 그들이 육신을 따라 살면 죽을 것(8:13)이라고 바울이 경고할 필요가 어디 있었겠는가?[84] 또한 바울은 어찌하여 몸의 행실을 죽이면 그 결과로 생명을 얻게 될 것이라고 약속할 수 있었단 말인가(8:13)?[85] 이에 대한 유일하게 분명한 대답은 성령의 사람들은 여전히 육신과 그 연약함 및 소욕(所欲)들에 굴복할 위험성에 처해 있었다는 것이다. 그들은 아직 이상적인 성령의 사람들이 아니었고, 실현된 종말론을 따라 부활의 몸을 지닌 자들이 아직은 아니었다.[86] 이 과도기의 긴장 속에서 그들은 성령과의 연합을 유지하고 육신 속의 죄의 유혹을 뿌리치는 결단을 계속하지 않으면 안 된다.

요컨대 요지는 로마서 7장과 8장을 함께 고찰해야 한다는 것이다. 7:14-25과 8:1-9은 종말론적 긴장의 두 축을 대표한다고 우리는 말할 수 있다. 한 축에는 계속해서 죄와 사망에 묶여 있어서 항상 "나" 전체를 사로잡고자 위협하는 육신의 "나"가 있고, 다른 축에는 사망의 지속적인 저항에 의해 항상 위협받으면서도 신자를 변화시켜서 부활 및 온전한 구원을 향하여 나아가게 하는 등 생명의 열매를 맺게 하는 성령이 있다.

우리가 올바르다는 것을 확증해 주는 흥미로운 사실은 8:4-6에 함축된 권면들이 갈라디아서 5~6장에 명시적으로 나오는 것과 마찬가지로 신자의 삶 속에서 육신과 성령 간의 지속적인 싸움에 관한 이 장의 함축된 내용도 갈라디아서 5:16-17에 명시적으로 서술되고 있다는 것이다:

---

84) "너희가 육신대로 살면 반드시(mellete) 죽을 것이로되." '멜레테' (mellete)를 사용한 취지는 죽음의 필연성을 보이기 위함이다 — "너희가 죽으리라, 너희가 죽지 않을 수 없으리라." 죽음은 죄에 대한 대가(6:23), 육체의 썩어짐(갈 6:8)으로 이해되는데, 이러한 의미는 로마서에서 전형적으로 나타난다(위의 §5.7을 보라).

85) "몸"과 관련된 바울의 용법이 "육신"과 겹쳐서 아주 부정적인 것은 이러한 사고의 흐름 속에 있다; 위의 §3.4을 보라.

86) Fee, *Empowering Presence* 816-22는 여기서 뒤죽박죽이 된다. 그는 육신은 신자의 삶 속에 있는 하나의 요소로서 이미 지나간 일이라는, 그가 8:4-6의 논리라고 생각하는 것을 따르고자 한다(성령과 육신 사이에는 끊임없는 싸움이란 없다). 그러나 신자들은 육신에 굴복해서는 안 된다는 것을 받아들여야 한다(817) — 그렇다면, 신자들이 무엇에 굴복한다는 말인가? 그리고 그가 "바울에게 육신-영의 대비가 '그리스도인의 삶을 어떻게 살아야 하는가' 와 관련된 문맥 속에 결코 등장하지 않는다"(821)고 주장할 때, 그는 8:12-13을 완전히 잊어버린 것 같다.

> 내가 이르노니 너희는 성령을 따라 행하라 그리하면 육체의 욕심을 이루지 아니하리라 육체의 소욕은 성령을 거스르고 성령은 육체를 거스르나니 이 둘이 서로 대적함으로 너희가 원하는 것을 하지 못하게 하려 함이니라.

여기에서 바울은 상당히 적나라한 어조로 육신과 성령은 신자의 현재적 실존, 그러니까 구원 과정에서 두 차원을 이루고 있다는 것을 보여 준다 — 이 두 요소는 종말론적 긴장을 조성하는 데 기여한다. 아주 명백한 사실은 이 두 차원이 서로 상반된다는 것이다. 종말론적 긴장이라는 관점에서 보면, 신자는 현세 및 내세의 세력들의 각축장이요, 죄와 성령이 서로에 대하여 전쟁을 벌여 획득하고자 하는 전리품이다.[87] 또는 좀 더 정확히 말하면, 신자는 이 우주적 전투의 양쪽에 다 연루되어 있다. 로마서 7~8장의 견지에서 말하면, 육신으로서의 "나"는 성령을 생명으로 하는 "나"와 다툰다. "나"는 나 자신과 싸운다. 이 전쟁은 아담 안에 있는 "나"와 그리스도 안에 있는 "나"의 싸움이다. 이 통찰의 심오성은 성령이 육신의 소욕을 꺾고자 하는 것처럼 육신도 성령의 소욕을 꺾고자 한다는 인식에서 보인다 — "너희가 원하는 것을 하지 못하게 하려 함이니라(hina me)"(5:17).[88] 즉, 육신으로서의 "나"는 성령을 거스른다; 나의 육신적 측면을 지닌 "나"는 성령의 소욕이 이루어지는 것을 방해하고자 한다. 그러나 아울러 성령에 속한 "나"는 육신을 거스른다; 성령과 연합한 "나"는 육신의 소욕이 이루어지는 것을 방해하고자 한다. 이것은 깊은 심리학적 통찰을 지닌 종말론적 긴장에 관한 특히 날카로운 표현이다.

§ 18.5 그리스도의 고난에 참여함

그러나 종말론적 긴장에 관한 바울의 사상에는 좀 더 심오한 특징이 존재한

87) Schlier, *Galater* 250.

88) '히나'(hina)를 많은 학자들은 결과의 의미로 해석하지만(NEB/REB; Lightfoot, *Galatians* 210; Lagrange, *Galates* 147-48; Oepke, *Galater* 175; 이것도 가능하다 — BAGD, hina) 통상적으로는 목적의 의미를 갖는다. 그러나 바울은 서로 원수가 되어 다투는 육신과 성령 간의 긴장의 성격을 드러내기 위하여 목적의 의미를 의도했을 것이다; 달리 말하면, '히나'(hina)는 성취된 사실이 아니라 의도를 표현한다는 말이다(Zahn, *Galater* 263; Burton, *Galatians* 301-2; Schlier, *Galater* 249; Mussner, *Galater* 377).

다.[89] 우리는 로마서 8:10과 13절에서 이에 대하여 언급한 바 있는데, 그것은 구원의 과정이 생명만이 아니라 사망의 '지속적인' 체험이기도 하다는 것이다. 성화(聖化)는 사는 것과 아울러 죽는 것이다. 사망은 생명과 마찬가지로 신자 속에서 활동하는데, 이것도 신자들의 분열된 상태의 결과이다: 첫 번째 아담의 지체들로서, 신자들은 현세에 속하여 죽어간다; 마지막 아담의 지체들로서, 신자들은 내세에 속하여 생명을 주시는 성령을 체험한다.

이것은 바울이 여러 번에 걸쳐 다룬 주제였는데, 특히 고린도후서에서 두드러지게 나타난다. 바울 자신의 거의 죽을 뻔한 체험에 관한 이야기(1:8-11)는 고난의 문제, 즉 구원의 과정 내에서 고난과 죽음의 위치를 염두에 둔 것임이 분명하다.[90] 그리고 다음과 같은 것이 그의 결론이었다: '둘 다' 그 과정을 이루는 측면들이라는 것이다. 따라서 이 점이 4:7에서 아주 두드러지게 드러난다: "우리가 이 보배를 질그릇에 가졌으니[91] 이는 심히 큰 능력은 하나님께 있고 우리에게 있지 아니함을 알게 하려 함이라." 이것이 바로 종말론적 긴장의 성격이다 — 인간의 잠정성(暫定性)과 부패성 속에서 활동하는 하나님의 능력 — 하나님의 능력은 인간의 연약함을 말살하거나 제쳐 두는 것이 아니라 인간의 연약함 '속에서' 활동한다는 것.

이 주제는 그 장의 마지막 부분인 4:11-12, 16-17에서 아주 분명하게 표현된다:

> 우리 살아 있는 자가 항상 예수를 위하여 죽음에 넘겨짐은 예수의 생명이 또한 우리 죽을 육체에 나타나게 하려 함이라 그런즉 사망은 우리 안에서 역사하고 생명은 너희 안에서 역사하느니라 … 그러므로 우리가 낙심하지 아니

89) 이하의 서술에 대해서는 특히 필자의 *Jesus and the Spirit* 326-34를 보라. 그 단원을 쓰면서, 나는 특히 Tannehill, *Dying* Part Ⅱ으로부터 영감을 얻었다.

90) A. E. Harvey, *Renewal through Suffering; A Study of 2 Corinthians* (Edinburgh: Clark, 1996)는 이 구절들을 토대로 자신의 주장을 펼친다: "그의 현존하는 서신들 중에서 최초로, 그리고 아마도 서양의 모든 철학적, 종교적 문헌 속에서 최초로, 우리는 타의적이고 무고한 고난 체험에 대하여 그 자체로 긍정적인 가치와 의미를 부여한 것을 발견한다"(31).

91) 이 이미지의 배경에 대해서는 Furnish, *2 Corinthians* 253-54; Thrall, *2 Corinthians* 322-24를 보라.

> 하노니 우리의 겉사람은 낡아지나 우리의 속사람은 날로 새로워지도다 우리가 잠시 받는 환난의 경한 것이 지극히 크고 영원한 영광의 중한 것을 우리에게 이루게 함이니 …

유한한 육체, "겉사람"으로서의 신자는 낡아지고 죽어간다(4:16). 현재의 고난은 미래의 영광을 위한 필수적인 준비과정이요 보완물이다(4:17-18). 사망이 종언(終焉)을 고하고, 유한성(有限性)이 끝장이 날 때에야 비로소 신자는 사망의 마수(魔手)를 피하게 된다. 몸의 "장막"이 부활을 통해 새로워질 때에야(5:1-5) 비로서 구원의 과정은 완성이 된다.[92]

또 다른 매우 개인적인 체험 — 고린도후서 12:1-10에서 말하고 있는 — 속에서 바울은 이와 동일한 교훈을 한층 더 효과적으로 배웠다.[93] 하늘의 계시를 많이 받는 은혜를 입은 바울에게는 "내 육체의 가시 곧 사탄의 사자"(12:7)도 주어졌다.[94] 바울은 세 번이나 주께 이를 없애 달라고 간청하였으나, 그 대답은 4:7의 교훈을 더욱 강화시켜 주는 것이었다 — 12:9-10:

> 나에게 이르시기를 내 은혜가 네게 족하도다 이는 내 능력이 약한 데서 온전하여짐이라 하신지라 그러므로 도리어 크게 기뻐함으로 나의 여러 약한 것들에 대하여 자랑하리니 이는 그리스도의 능력이 내게 머물게 하려 함이라 그러므로 내가 그리스도를 위하여 약한 것들과 능욕과 궁핍과 박해와 곤고를 기뻐하노니 이는 내가 약한 그때에 강함이라.

교훈은 동일하였다: 신자의 연약함은 하나님의 능력이 효력을 발휘하지 못하게 하는 것이 아니었고, 그 연약함이 끝나야 하나님의 능력이 역사하는 것도 아니었다. 이와는 반대로 그 함의(含意)는 하나님의 능력이 적절하게 역사하지 못하게

92) 자세한 것은 아래의 §18.6을 보라.

93) 이 점과 관련하여 고린도후서 1~7장과 10~13장의 정확한 관계를 밝힐 필요는 없다.

94) "육체의 가시"라는 말을 통해서 바울이 무엇을 의미했는지에 관한 논쟁은 예를 들어 Martin, *2 Corinthians* 412-16 등에서 검토되고 있다. 우리는 단지 그것이 고통스럽고 고약했으며 하나님에 의해 주어졌다는 정도만 말할 수 있을 뿐이다 — '이미-아직' 긴장의 독특한 표현(또한 위의 §2.3을 보라).

'방해하는' 것은 신비한 체험(12:1-6) 같은 것이었다. 아이러니컬하게도 그러한 체험들은 육신을 의뢰하게 만든다. 그러한 체험들을 과대평가하게 되면, 실제로 복음은 왜곡된다.[95] 현재의 논의에 대한 이것의 결과는 분명하다: 바울이 은혜의 표지(標識)로 보았던 것은 육신의 연약함을 도외시한 능력의 체험들이 아니라 육신의 연약함 속에서 역사하는 능력의 체험들이었다. 인간의 지속적인 연약함은 구원 과정의 구성 부분이다. 인간의 연약함은 하나님의 능력에 대한 부인(否認)이 아니라 두 시대의 과도기 속에서 하나님의 능력에 대한 필수적이고 불가피한 보완물이다.[96]

요컨대, 바울은 고난을 종말론적 긴장을 이루는 한 특징으로 보았다. 고린도후서에서 바울의 생각은 주로 자신의 사도직을 수행하는 과정에서 자신이 겪은 고난에 대한 것이었다. 그러나 4:16~5:5에 나오는 좀 더 일반화된 서술들은 바울이 고난을 종말론적 긴장에 붙잡혀 있는 모든 자들에게 '이미-아직'의 일부로 보았음을 아주 분명하게 나타내 준다. 그리고 이것은 다른 곳들에 나오는 환난에 관한 바울의 말에 의해 확증된다.[97] 특히 우리는 성령이 사망의 과정 속에서 "몸의 행실을 죽이는"(롬 8:13) 역할을 했다는 것을 상기해야 한다.[98]

그러나 바울의 사상의 이러한 흐름에서 좀 더 두드러진 특징이 존재하는데, 그것은 신자에 의해 체험되는 사망과 생명은 둘 다 '그리스도의 것'이라는 것이다. 바울에 의해 체험된 긴장, 고난, 사망, 생명을 그는 그리스도의 죽음과 부활 생명의 결과로서 체험하였다. 이에 대한 가장 체계적인 해설의 일부를 이루는 로마서

---

95) 이것은 복음 및 복음에서의 그들의 성공을 권능 있는 행위들(12:11-12), 계시들 등과 같은 견지에서 이해하고 평가했던 다른 전도자들을 겨냥한 고린도후서 10~13장의 주된 취지이다. 우리는 이 대적들의 좀 더 정확한 정체를 찾을 필요가 없다(예를 들어, Furnish, *2 Corinthians* 48-54를 보라). 왜냐하면 여기에 나오는 신학적 취지는 그러한 정확한 정체 파악에 의존하지 않기 때문이다.

96) 이 점은 일반적으로 인정된다; 예를 들어, 필자의 *Jesus and the Spirit* 449 n. 136에 인용된 이들을 보라. 자세한 것은 아래의 §21 n. 72를 보라.

97) thlipsis("환난") — 고후 1:4, 8; 2:4; 4:17; 6:4; 7:4; 빌 1:17; 4:14; 살전 3:7; 엡 3:13; 그러나 또한 롬 5:3; 고후 8:2; 살전 1:6; 3:3; 살후 1:4. pathema("고난") — 빌 3:10; 골 1:24; 딤후 3:11; 그러나 또한 롬 8:18; 고후 1:6-7. pascho("고통을 겪다") — 고후 1:6; 딤후 1:12; 그러나 또한 빌 1:29; 살전 2:14; 살후 1:5. 또한 필자의 *Jesus and the Spirit* 327을 보라.

98) Tannehill, *Dying* 128; Dunn, *Jesus and the Spirit* 337-38; 자세한 것은 §23.4을 보라.

6:5에서 바울은 이 '이미'를 분명하게 암시한다. 그리고 로마서 8장에서 그것은 바울이 8:12-14의 제한에 이어 곧바로 주목하는 제한이다(§18.4).

로마서 6:5에서 주목할 만한 것은 완료 시제의 사용이다 — 주석자들은 이 특징의 의미를 보통 놓치고 있다. "만일 우리가 그의 죽으심과 같은 모양으로 연합한 자가 되었으면(symphytos) 또한 그의 부활과 같은 모양으로(homoioma) 연합한 자도 되리라"(롬 6:5). 여기서 완료시제의 의미는 현재에 계속해서 지속되고 있는 상태를 확립한 과거의 사건을 보여 주는 것이다.[99] 그러므로 바울의 이 말이 의미하는 것은 신자는 계속해서 그리스도의 죽음과 연합한 상태로 있어야 한다는 것이다.[100] 이 시제를 바울이 실수로 사용한 것이 아님은 그가 로마서에 앞서 갈라디아서에서도 이와 비슷한 진술들에서 동일한 시제를 사용했다는 사실에 의해 확증된다. 갈라디아서 2:20 — "내가 그리스도와 함께 십자가에 못 박혔나니"; 6:14 — "세상이 나에 대하여 십자가에 못 박히고 내가 또한 세상을 대하여 그러하니라." 달리 말하면, 바울은 그리스도와 함께 십자가에 못 박히는 것을 과거의 일회적인(once-for-all) 사건이라고 생각하지 않았다는 말이다. 또한 바울은 이 구절들에서 신자가 이미 그리스도와 함께 십자가에서 끌어내려져서 그리스도와 함께 부활하였다고 생각하지 않았다. 그와는 반대로 "나는 그리스도와 함께 십자가에 못 박혔다"; 즉, 나는 그리스도와 함께 십자가에 못 박혔고, 여전히 그런 상태로 있다; '나는 여전히 그리스도와 함께 그 십자가 위에 매달려 있다.' 이 구절이 구원의 과정과 관련하여 함축하는 의미는 분명하다: 그리스도와 함께 부활하는 것은 종말에 일어나기 때문에, 어떤 의미에서(구원론적 효과라는 면에서) 그리스도는 재림 때까지 여전히 십자가에 못 박히신 자로 있고, 그리스도와 함께 십자가에 못 박힌 자들은 계속해서 이 과도기 동안에 그리스도와 함께 십자가에 못

99) BDF §340. 가장 좋은 예는 "나는 서 있었고 여전히 서 있다"라고 말할 때에 헬라어로 완료 시제를 사용한다는 것이다.

100) '쉼퓌토스'(symphytos, "융합된, 서로 엮어진")라는 이미지에 대해서는 §13 n. 67을 보라. '호모이오마'(homoioma, "같은 모양")는 "인간에게 인식될 수 있는 초월적 실체의 형태"를 가리킨다. 따라서 이 단어는 그리스도의 죽음 자체, 세례 자체를 가리키는 것이 아니라 지금 여기에서 세례받는 자가 체험하는 그리스도의 죽음의 실체와 효과를 가리킨다(자세한 논의는 필자의 *Romans* 316-18을 보라). 그러므로 이 단어는 세례가 아니라 그리스도와 합하여 세례를 받은 상태를 가리킨다(6.3). 또한 특히 Tannehill, *Dying* 32-43을 보라.

박힌 채 있다.

이러한 취지가 로마서 6:5에 함축적으로 내포되어 있는 반면에, 바울은 이 점을 8:17에서는 아주 명시적으로 밝힌다. 성령으로 말미암은 아들됨에 관한 확신은 의심의 여지가 없었다(8:14-17a). 그러나 그 다음의 서술은 고린도후서 4:16-17의 서술을 그대로 재현한다 — 로마서 8:17-18:

> 자녀이면 또한 상속자 곧 하나님의 상속자요 그리스도와 함께 한 상속자니 우리가 그와 함께 영광을 받기 위하여 고난도 함께 받아야 할 것이니라 생각하건대 현재의 고난은 장차 우리에게 나타날 영광과 비교할 수 없도다 …

요지는 동일하다. 고난은 필수불가결한 전제조건일 뿐만 아니라 이때의 고난은 "그리스도와 함께" 받는 고난이다. '이미'의 "그리스도와 함께"("그와 함께 장사된 것")와 '아직'의 "그리스도와 함께"("그와 함께 일으키심을 받는 것") 사이에 과도기의 "그리스도와 함께"("그와 함께 고난을 받는 것")가 존재한다. 이것은 아마도 바울이 아시아에서의 위기에서 배운 교훈이었을 것이다(고후 1:8): 그의 환난은 그리스도의 "넘치는" 고난에 대한 체험으로 이해되어야 한다(1:5a). 이러한 통찰은 분명히 그의 힘을 얻고 빨리 회복할 수 있는 원천이 되었다(1:5b).

이와 동일한 사고의 흐름은 고린도후서 4:10에도 존재한다 — "우리가 항상 예수의 죽음(ten nekrosin tou Iesou)을 몸에 짊어짐은 예수의 생명이 또한 우리 몸에 나타나게 하려 함이라." '네크로시스'(nekrosis)는 죽어가는 과정("죽어감")을 의미할 수도 있고 죽은 상태("죽음")를 의미할 수도 있다.[101] 어느 쪽이든 사망과 생명, 그리스도의 죽음과 생명의 지속적인 체험으로서의 '이미-아직'의 긴장은 분명하게 나타난다. 고린도후서 13:4에 나오는 좀 더 위협적인 용어들에서도 마찬가지이다 — "그리스도께서 약하심으로 십자가에 못 박히셨으나 하나님의 능력으로 살아 계시니 우리도 그 안에서 약하나 너희에게 대하여 하나님의 능력으로 그와 함께 살리라."[102]

---

101) 예를 들어, 필자의 *Jesus and the Spirit* 450 n. 159; Furnish, *2 Corinthians* 255-56; Fitzgerald, *Cracks in an Earthen Vessel* (§23 n. 180) 177-78; Thrall, *2 Corinthians* 331-32를 보라.

102) "우리가 살리라"와 "너희를 위한"의 해석에 대해서는 위의 §15 n. 60을 보라.

이 주제의 가장 주목할 만한 표현은 후기 서신인 골로새서 1:24에 나온다:

> 나는 이제 너희를 위하여 받는 괴로움을 기뻐하고 그리스도의 남은 고난을 그의 몸된 교회를 위하여 내 육체에 채우노라.

이 구절은 여러 세대의 번역자들과 주석자들에게 당혹감을 불러일으켜 왔지만,[103] 사실은 바울의 친숙한 주제인 그리스도의 고난에 참여하는 것으로서의 고난을 기뻐하는 것[104]을 좀 더 자세히 풀어 쓴 것에 불과하다. 다만 이 구절에 예기치 않게 첨가된 것은 그리스도의 고난이 뭔가 부족한 것이 있었고(hysterema, "부족, 결핍") 바울의 육체를 통해 완성될(antanapleroo, "~를 대신하여 채우다") 필요가 있었다는 사상이다. 그러나 이것은 로마서 6:5과 갈라디아서 2:19 및 6:14(또한 고후 4:10)의 완료 시제들에 함축되어 있는 내용을 상세히 설명한 것이라고 볼 때에 가장 잘 이해될 수 있다. 즉, 어떤 의미에서 그리스도의 고난은 미완의 것이라는 말이다. 그리스도의 죽음은 죄악된 육신을 죽이는 수단이기 때문에, 죄악된 육신의 유산 전체가 끝장날 때까지는 미완의 것이다. 그리스도의 죽음은 사망을 정복하는 수단이기 때문에, 이 마지막 원수가 궁극적으로 멸해질 때까지는 미완의 것이다(고전 15:26). 신자들은 그리스도의 고난에 참여하기 때문에, 어떤 의미에서 그리스도의 고난은 마지막 그리스도인의 마지막 고난 때까지는 미완의 것이다.[105] 이것은 고난의 총량이 채워진 후에야 종말이 올 것이라는 나중의 사상과도 일치한다[106] — 메시아 시대의 산고(바울이 이미 갈라디아서 4:19에서 사용하고 있는 이미지).[107] 옛 시대에서 새 시대로의 이행은 오랜 기간에 걸쳐 일

103) 필자의 *Colossians* 114-15를 보라.

104) 롬 5:3; 8:18; 고후 1:5-7; 4:17-18; 7:4; 살전 1:6.

105) 여기서 생각하는 것은 특히 바울이 야훼의 종의 역할을 수행한다는 것이다: 롬 15:20-21(사 52:15); 고후 6:1-2(사 49:8); 갈 1:15-16(사 49:1-6을 반영); 빌 2:16(cf. 사 49:4). 이러한 동일한 확신은 행 13:47(사 49:6); 26:16-18(cf. 사 42:7); 또한 18:9-10(cf. 사 41:10; 43:5)에 나오는 바울에 관한 자료에서 드러난다.

106) 막 13:8; 요 16:21; 계 6:9-11; *4 Ezra* 4:33-43; 자세한 것은 R. Stuhlmann, *Das eschatologische Mass im Neuen Testament* (FRLANT 132; Göttingen: Vanden-hoeck, 1938), 특히 99-101을 보라.

107) 자세한 것은 G. Bertram, *odin*, *TDNT* 9.669-74를 보라.

어나고, 그 과도기에 사는 자들은 "그리스도와 함께" 그 과도기에 사로잡혀 있다.

골로새서 1:24의 저자에 관해 의구심이 있다면, 이 주제에 대한 바울 자신의 마지막 변주(變奏)는 빌립보서 3:10-11이 될 것이다. 이 대목은 바울이 그리스도인으로 헌신하게 된 결정적 시작을 회상하는 글 직후에 연속되는 문장의 일부로서 나온다는 점에서 특히 주목할 만하다. 바울의 가치 체계 전체는 완전히 뒤집어졌다(3:7-8). 그가 이제 원하는 것은 "그리스도를 얻고 그 안에서 발견되는"(3:8-9) 것이다:

> 내가 그리스도와 그 부활의 권능과 그 고난에 참여함을 알고자 하여 그의 죽으심을 본받아 어떻게 해서든지 죽은 자 가운데서 부활에 이르려 하노니.

여기서 다시 한 번 우리는 동일한 이중적 측면을 발견한다: 그리스도의 부활의 권능의 체험과 그리스도의 고난에 참여, 이 두 가지를 포괄하는 구원의 과정; 그리스도의 죽음을 점점 본받는 것과 죽은 자로부터의 궁극적인 부활에 참여, 이 두 가지를 포괄하는 구원의 과정. 특히 두드러지는 것은 바울이 그리스도의 부활을 말한 '후에' 그리스도의 고난을 말하고 있다는 것이다. 성화(聖化)의 과정은 처음에 그리스도와 함께 죽고 나서 이후에는 그리스도의 부활의 권능을 체험하는 것이 이어지는 것이 아니다. 바울의 구원론은 그러한 것과는 판이하게 다르다. 그리스도의 부활 권능은 그리스도의 고난에 참여할 때에 나타난다. 구원의 과정은 그리스도의 죽음을 점점 본받는 과정이다. 이것이 (죽음을 통해) 완성될 때에야 비로소 죽은 자로부터의 궁극적인 부활에 도달될 수 있다(몸의 부활). 신자들이 그리스도의 죽으심 속에서 그와 온전히 하나가 될 때에야 비로소 신자들은 그리스도의 부활 속에서 그와 온전히 하나가 될 수 있다.

요컨대 앞에서도 지적했듯이, 구원의 과정은 "그리스도와 같이 되는 것"(§18.2)이라는 말로 간단히 표현될 수 있다. 우리가 지금 아주 분명하게 보았듯이, 부활하신 그리스도와 아울러 십자가에 못 박히신 그리스도와 합하는 것은 이 과정에 속하는 일부로서, 신자가 이렇게 변화되어가는 것은 부활과 아울러 십자가의 효력이다. 또한 그리스도의 형상으로 변화되는 것(고후 3:18)은 그의 죽으심에 합하는 것을 의미하기도 한다(빌 3:10).

§ 18.6 구원 과정의 완료

구원 과정은 목표와 종착점이 있다. 바울은 수없이 거듭되는 출생의 반복, 곧 윤회로서의 실존에 관한 사상을 가지고 있지 않았다. 인간의 삶은 죽음에서 절정에 달하게 되는데, 그 죽음은 죄와 사망의 승리일 수도 있고, 그것들을 쳐부순 것일 수도 있다.[108] 은혜를 입은 극소수(오직 에녹과 엘리야만이 생각난다)를 제외하고, 이 과정은 누구나 거쳐야 했다. 예수께서도 죽으셨다는 사실이 이 점을 분명히 말해 준다: 예수께서 죽으셨다면, 그 누구도 죽음을 피할 수 없다.[109] 복음은 사망에 대한 승리의 약속과 그 성취를 포함하였기 때문에, 예수의 부활은 복음의 핵심이 되었다.[110] 인간의 삶에서 구원의 시작을 이루는 주요한 측면들에서도 마찬가지이다.[111] 칭의는 최후의 신원(伸寃) 속에서만 완성된다. 그리스도에의 참여는 신자들이 그리스도 안에 있는 하나님의 형상으로 완전히 변혁될 때에 그 목표점에 도달한다. 성령의 역사(役事)는 인간의 불순종에 의해 상실된 영광과 왜곡된 형상이 완전히 새로워질 때에 끝날 것이다(고후 3:18; 4:4, 6). 구원은 이생에서 완성될 수 없다.[112] 소망의 실현은 현재의 실존의 범위 밖에 놓여 있다: "만일 그리스도 안에서 우리가 바라는 것이 다만 이 세상의 삶뿐이면 모든 사람 가운데 우리가 더욱 불쌍한 자이리라"(고전 15:19);[113] 그리스도인의 소망은 아직 볼 수 없는 것에 그 초점이 맞춰져 있다(롬 8:25);[114] 그것은 "너희를 위하여 하늘에 쌓아져"(골 1:5) 있다.[115]

이 모든 것을 우리는 앞의 여러 곳에서 다루었고 집중적으로 조명해 보았다. 그

---

108) 위의 §5.7을 보라.

109) 위의 §9.1을 보라.

110) 위의 §10.1을 보라.

111) 위의 §18.2을 보라.

112) 위의 §18.2과 n. 53을 보라.

113) 고전 15:19의 표현은 다소 모호하지만, 그 의미는 다음과 같을 것이다: 죽은 자로부터의 부활이 없다면, 미래에 소망(죽은 자로부터의 부활)이 있을 수 없다; 그런 경우에 소망은 현세의 삶에 국한되고, 예수의 부활에 관한 좋은 소식은 오직 헛된 소망만을 낳을 뿐이다.

114) 또한 위의 §14 n. 217과 §16 n. 129를 보라.

115) "바라는 것"이라는 의미로 "소망"을 사용하고 있는 이 바울의 이례적인 표현은 소망의 미래지향적인 성격과 하나님의 경륜의 확실성에 대한 확신이라는 그 함의(含意)를 드러낸다(필자의 *Colossians* 59를 보라).

러나 구원의 완성에 관한 바울의 소망의 여러 측면들과 강조점들을 통합적으로 다루지 않고는 이 단원을 끝낼 수 없다. 바울의 재림 소망(§12)의 경우와 마찬가지로, 그 개별적인 요소들은 아주 분명하다. 하지만 그 요소들이 서로 어떻게 결부되어 있는지는 아직 덜 분명하다.

그 가장 분명한 요소는 §18.5에서부터 거론되어 온 몸의 부활이다. 이 소망의 중요성은 특히 바울 신학의 아주 많은 측면들이 거기에 함께 녹아들어 있다는 사실에 있다. 몸의 부활은 십자가와 부활의 직접적인 결과이고(고전 15장), 복음의 구성요소이며(15:12-19), 사망에 대한 승리가 복음의 핵심임을 확증한다(15:21-22, 26, 54-57). 그것은 육신과 몸 간의 긴장을 영원히 해소한다(15:42-54). 그것은 부활의 인간 속에서 하나님의 형상을 새롭게 함으로써 인간을 창조한 하나님의 목적을 완성한다(15:45-49). 그것은 속사람이 새로워지고 겉사람이 낡아지는 과정의 궁극적 결과이다(고후 4:16~5:5). 그것은 피조세계 전체를 새롭게 하는 것을 포함한다(롬 8:19-23). 그리고 이 모든 것은 "맏아들"이자 원형(原型) — "그리스도와 함께"(고후 4:14)하는 부활, 그의 영광의 몸과 일치하는 부활의 몸[116] — 인 그리스도의 부활과 하나님의 성령의 역사(役事), 부활한 몸들의 추수의 시작인 성령의 첫 열매들(롬 8:23)에 의해 가능해졌다.

이 주제와 관련하여 바울이 쓴 가장 흥미로운 대목은 고린도후서 5:1-5일 것이다:

> 만일 땅에 있는 우리의 장막 집이 무너지면 하나님께서 지으신 집 곧 손으로 지은 것이 아니요 하늘에 있는 영원한 집이 우리에게 있는 줄 아느니라 참으로 우리가 여기 있어 탄식하며 하늘로부터 오는 우리 처소로 덧입기를 간절히 사모하노라 이렇게 입음은 우리가 벗은 자들로 발견되지 않으려 함이라 참으로 이 장막에 있는 우리가 짐진 것 같이 탄식하는 것은 벗고자 함이 아니요 오히려 덧입고자 함이니 죽을 것이 생명에 삼킨 바 되게 하려 함이라 곧 이것을 우리에게 이루게 하시고 보증으로 성령을 우리에게 주신 이는 하나님이시니라.

116) 롬 6:5; 8:11; 빌 3:11, 21.

이 단락은 분명히 더 큰 해설 단락(고후 4:16~5:5)의 절정 부분으로서,[117] 주해상 해결되지 않은 여러 쟁점들이 포함되어 있는데, 5:2-4이 특히 그렇다.[118] 그러나 이 단락의 기능은 현재의 낡아지고("겉사람") 새로워지는("속사람") 과정이 부활의 몸으로의 변화에서 절정에 달할 것인데(4:17-5:4) 성령은 그 첫 번째 불입금이자 보증(5:5)이라는 바울의 확신(4:16)을 표현하는 것임이 분명하다. 그러므로 여기에서 비록 부활의 소망이 추가적인 옷을 덧입는 것으로 그려지고 있긴 하지만(고후 5:2, 4), 그 기본적인 단언에서 이러한 기대는 고린도전서 15:53-54의 경우와 동일하다고 할 수 있다.[119] 우리가 바울의 사상의 발전에 관해서 말해야 하는지는 여전히 논란이 되고 있는 문제이다 — 바울은 고린도전서에서는 재림 때에 자기가 살아 있을 것이라고 생각한 반면에(고전 15:51-52) 여기에서는 "중간 상태"(죽음과 재림 중간의)를 그리고 있다는 식으로.[120] 우리가 여기서 주목해야 할 것은 바울이 '이미-아직'의 긴장에 의해 야기되는 신음함(롬 8:23)이 죽음

117) 장 구분을 넘어서서 사고가 이어진다는 점에 대해서는 Furnish, *2 Corinthians* 288을 보라.

118) Furnish, *2 Corinthians* 295-99; Martin, *2 Corinthians* 97-101, 105-8; Thrall, *2 Corinthians* 370-82에 나오는 논의를 보라. 예를 들면, 5:3의 처음에 나오는 불변화사들을 어떻게 번역해야 하는가 — ei ge("~하는 한" — BAGD, ge 3a)? 5:3의 분사는 "벗어버렸다"(ekdysamenoi; Aland[26], NRSV)로 읽어야 하는가, 아니면 "입었다"(endysamenoi; NIV, REB, NJB)로 읽어야 하는가? 그리고 후자라면, 그것은 이전에 입은 것을 가리키는가(갈 3:27에서처럼; Furnish 297), 아니면 하늘의 처소를 덧입는 것을 가리키는가(5:2; Thrall 378-79)?

119) N. Walter, "Hellenistische Eschatologie bei Paulus? Zu 2 Kor. 5.1-10," *ThQ* 176 (1996) 53-64에도 불구하고, 고후 5:1-5(고전 15:35-44과 비교)에 '소마'(soma, "몸")라는 말이 없다는 것은, 나중의 롬 8:11, 23이 확증해 주듯이, 아무런 의미도 없다. 또한 Penna, "The Apostle's Suffering: Anthropology and Eschatology in 2 Cotinthians 4.7-5.10," *Paul* 1.232-58(특히 246-54)을 보라. 그는 "영혼"에 대한 언급이 없다는 점을 지적하면서 헬레니즘적인 이원론 개념에 대한 그 어떤 반영도 여기에 없다는 것을 보인다; 위의 §3.2를 보라.

120) 특히 C. F. D. Moule, "St Paul and Dualism: The Pauline Conception of Resurrection," *Essays* 200-221; Martin, *2 Corinthians* 97-101; J. Gillman, "A Thematic Comparison: 1 Cor. 15.50-57 and 2 Cor. 5.1-5," *JBL* 107 (1988) 439-54; A. Lindemann, "Paulus und die korinthische Eschatologie. Zur These von einer 'Entwicklung' im paulinischen Denken," *NTS* 37 (1991) 373-99; Harris, *Raised Immortal*을 보라.

을 넘어서 재림 때까지 이어지는 중간 상태("벗은" — 5:3-4)를 염두에 두었을 가능성이 있느냐 하는 것이다(고후 5:2, 4).[121] 그러나 어느 쪽이든 바울은 구원의 과정은 미완이며 그것은 새로운 부활의 몸에 의해서만 완성될 수 있다고 생각하고 있는 것이다.[122]

바울의 종말론적 기대에서 또 하나의 가장 분명하게 드러나는 특징은 최후의 심판이다. 우리는 이러한 확신은 바울의 유대적 유산의 일부였음을 이미 지적한 바 있다.[123] 또한 높이 들리우심(exaltation)에 관한 바울의 기독론도 그리스도께서 최후의 심판에서 하나님의 역할(그의 대리인 역할?)을 수행한다는 사상을 포함하고 있다.[124] 여기서 우리는 단지 바울은 신자들이 그 최후의 심판을 면제받는 것으로 생각하지 않았다는 점만을 지적하면 된다. "이는 우리가 다 반드시 그리스도의 심판대 앞에 나타나게 되어 각각 선악간에 그 몸으로 행한 것을 따라 받으려 함이라"(고후 5:10).[125]

특히 바울은 이와 관련해서 하나님의 구원하시는 의(義)와 그의 진노, 은혜/믿음으로 되는 구원과 인간의 선택 및 태도의 도덕적 결과들 간의 긴장관계를 단언하고 있는 것처럼 보인다. 예를 들면, 로마서 1~3장에는 하나님의 의에 관한 단언(1:16-17)과 유대인이든 헬라인이든 그들이 행한 선악을 따라 심판하시리라는 하나님의 공평성에 관한 단언(2:1-16)이 나란히 나온다. 후자는 복음에 의해서 그 의미가 한정되고 있긴 하지만(2:16), 신자들은 심판을 피하지 못한다. 그 심판은 "예수 그리스도로 말미암아" 이루어질 것이지만, 하나님은 여전히 "사람들의 은밀한 것을 심판"(2:16)하실 것이다.[126] 또한 행한 대로 갚으신다는[127] 하나님의

121) Cullmann, *Christ and Time* 236-42.

122) 그러므로 바울의 소망을 "영혼불멸"에 대한 신앙으로 바꾸는 것은 불가능하다; 또한 O. Cullmann, *Immortality of the Soul or Resurrection of the Dead? The Witness of the New Testament* (London: Epworth, 1958)를 보라.

123) 위의 §2.4을 보라.

124) 위의 §10.5(a)을 보라.

125) 이하의 서술에 대해서는 아래의 §18.7(6)을 보라. 그리고 자세한 것은 특히 Travis, *Christ and the Judgment of God*와 Plevnik, *Parousia* (§12 n. 1) 227-43을 보라.

126) 특히 cf. 고전 4:4-5.

127) 이것은 특히 고후 5:10과 골 3:25(또한 엡 6:8)에서 사용된 동사 '코미조마이'(komizomai, "돌려받다, (임금을) 받다"에서 드러난다; "너희가 헤아리는 그 헤아림으로 너

"복수(원수갚기)"에 관한 경고[128]도 신자들에게 적용된다. 인간의 행위에 대한 상급이라는 사상도 마찬가지이다.[129] 이러한 것들은 모두 인간의 행위들의 도덕적 의의(意義)를 단언하는 이미지들이다. 도덕적 선택은 도덕적 결과들을 가져오는데, 그 결과는 통상적으로 인간이 어찌할 수 없다. 신자들은 그들이 "구원받는" 과정 중에 있기 때문에 그들의 행위들의 도덕적 결과들로부터 면제받을 것이라고 생각함으로써 이스라엘이 범하였다고 바울이 비판하는(롬 2장) 그런 우(愚)를 다시 범해서는 안 된다. 은혜의 하나님은 공평한 심판자이기도 하다.

바울은 고린도전서 3:10-15에서 이러한 긴장을 말한다:

> 내게 주신 하나님의 은혜를 따라 내가 지혜로운 건축자와 같이 터를 닦아 두매 다른 이가 그 위에 세우나 그러나 각각 어떻게 그 위에 세울까를 조심할지니라 이 닦아 둔 것 외에 능히 다른 터를 닦아 둘 자가 없으니 이 터는 곧 예수 그리스도라 만일 누구든지 금이나 은이나 보석이나 나무나 풀이나 짚으로 이 터 위에 세우면 각 사람의 공적이 나타날 터인데 그날이 공적을 밝히리니 이는 불로 나타내고 그 불이 각 사람의 공적이 어떠한 것을 시험할 것임이라 만일 누구든지 그 위에 세운 공적이 그대로 있으면 상을 받고 누구든지 그 공적이 불타면 해를 받으리니 그러나 자신은 구원을 받되 불 가운데서 받은 것 같으리라.

이 단락의 요지는 아주 분명하다.[130] 그리스도를 삶의 토대로 삼는 자들은 구원

희가 헤아림을 받을 것"(마 7:1-2 pars.)이라는 사상은, 탈리오의 법칙(ius talionis, 출 21:23-25; 갈 6:7-8), 합당한 처벌(잠 22:8; 고전 3:17), 달란트와 이문(마 25:27; cf. Sir. 29:6) 등에서 볼 수 있듯이, 유대 전승에서 강력한 본능이었다. 자세한 것은 필자의 *Galatians* 329-30과 *Colossians* 258을 보라.

128) 롬 12:19; 살전 4:6; 살후 1:8. 이것은 하나님의 "보수(報讐)하심"에 대한 선지자들의 경고가 이스라엘의 대적들만이 아니라 이스라엘에게도 발해질 수 있었다는 사실을 반영한다(예를 들어, 렘 5:9; 23:2; 호 4:9; 욜 3:21; 암 3:2, 14; 나 1:2).

129) 바울은 달리기 경주와 최후의 상을 받는 것에 관한 이미지를 선호한다(brabeion — 고전 9:24-27; 빌 3:12-14; cf. 골 2:18).

130) 3:10c의 경고는 아볼로 또는 바울을 따라 고린도로 갔던 전도자들 중의 한 사람이 아니라 고린도 교회 신자들을 겨냥한 것임이 거의 분명하다(Fee, *1 Corinthians* 138-39를

을 받을 것이다. 그러나 그들이라고 해서 심판을 면제받지는 못한다. 이신칭의는 율법에 따른, 그리고 육신으로 행한 일들에 의거한 심판을 배제하지 못한다.[131] 그리고 신자들일지라도 그들의 삶의 질은 근소한 차이로 겨우 구원받는 그런 것이 될 수 있다. 그 사람의 경우에 토대 위에 세워진 모든 것이 불타 없어지고, 토대만이 남게 된다.[132] 여기에서 긴장관계는 그 사람이 구원받기는 하지만 소중한 과거의 유품들과 상징들은 다 불타 버린다는 이미지에 있다.

우리가 이 가르침을 육신의 성격 및 예수의 죽음의 의미에 대한 앞서의 고찰과 결부시켜 보면,[133] 최후의 심판에 관한 바울의 사상에서 일종의 스펙트럼(spectrum)에 관하여 말할 수 있게 된다. 오직 육신을 따라 산 자들은 육신과 함께 망할 것이다: "너희가 육신대로(kata sarka) 살면 반드시 죽을 것이로되"(롬 8:13).[134] 그러나 그리스도를 토대로 삼은 자들[135]은 "구원을 받을" 것이지만, 그들의 공로들은 불로 시험을 받게 될 것이다(고전 3:15). 그리고 성령을 따라(kata pneuma) 살면서 그들의 삶과 관계 속에서 믿음을 표현한 자들은 그들의 공로가 불에 타지 않고 남게 될 것이다.

바울의 그 밖의 이미지들 중 가장 강력한 것은 "나라를 유업으로 받는다"는 이미지이다. 이 어구의 의미가 명시적으로 밝혀진 곳은 없지만, 이 어구는 통상적으

보라). 그러나 이 경고의 대상이 더 좁혀진다고 할지라도, 여전히 이 경고는 앞 단락에 함축되어 있듯이 바울이 좀 더 광범위하게 천명한 하나님의 심판의 원칙을 표현하고 있다.

131) 또한 위의 §2.4, §6.3, §14.5을 보라.

132) Cf. H. W. Hollander, "The Testing by Fire of the Builders' Works: *1 Corinthians* 3.10-15," *NTS* 40 (1994) 89-104. 아래에서 보겠지만(§18.7[6]), 바울은 일부 신자들이 토대 자체를 버림으로써 심판의 불이 모든 것을 태우는 일도 일어날 수 있다고 예상한다.

133) 위의 §§3.3-4과 §9.3을 보라.

134) 바울이 가장 흔히 사용하는 이미지는 "멸망받는 것"에 관한 것이다(apollymi — 롬 2:12; 14:15; 고전 1:18; 8:11; 10:9-10; 15:18; 고후 2:15; 4:3; 살후 2:10; katalyo — 롬 14:20; 고후 5:1). 두 경우에 용법의 범위에 대해서는 BAGD를 보라.

135) 바울은 그리스도에 대한 명시적인 믿음이 구원을 위해 필수적이라고 생각했는가(cf. 롬 10:9-17)? 아니면, 바울은 이방인이 "본성으로 율법의 일을 행할 때에는 … 그 마음에 새긴 율법의 행위를 나타내느니라"(롬 2:14-15)고 말한 것처럼 암묵적인 믿음도 생각했다고 볼 수 있는가? R. H. Bell, "Extra Ecclesiam Nulla Salus? Is There a Salvation Other Than through Faith in Christ according to Romans 2:12-16?" in Adna, et al., eds., *Evangelium* 31-43과 비교해 보라.

로 부정적인 문장에 나타난다 — 나라를 유업으로 받지 못할 자들과 관련하여.[136] 그러나 이 어구는 일련의 연관된 이미지들 — 약속의 땅,[137] 예수의 하나님 나라 비유들에서의 잔치 이미지,[138] 약속들과 지위를 유업으로 받음(갈 4:1-7) — 을 동시에 발진시키기 때문에, 이 이미지는 강력한 힘을 얻게 된다. 여기서 특히 중요한 것은 바울에게 성령 자체가 구원의 완성의 보증이자 첫 번째 불입금, 몸의 부활의 '아르라본'(arrabon, "일회 불입금")이자 '아파르케'(aparche, "첫 열매") 라는 사실이다 — '아르라본'은 온전한 지불금과 동일한 "것"이고, '아파르케'는 첫 번째 추수한 곡식단이다.[139] 그러므로 재림의 경우와 마찬가지로, 바울은 "나라를 유업으로 받는다는 것"이 정확히 어떤 것인지는 모르지만 비록 불완전하더라도 이미 체험한 성령의 열매와 은혜들에 의거해서 그 근본적인 성격을 우리가 알고 있다고 말하고 싶을 것이다.

이러한 개략적인 서술을 넘어서서 좀 더 세부적인 내용을 자신 있게 말하기는 어렵다. 재림의 경우와 마찬가지로 이 이미지에 관한 단편적인 서술 내용은 많지만, 그것들을 통일적으로 체계화된 전체로서 구축하기는 어렵다. "그리스도와 함께 나타날 것"(살전 4:14)이라든가 "그리스도와 함께 있으리라"(4:17)는 말들[140]은 부활 소망과 부합한다(4:15-17). 그러나 이방인들이 들어오는 것과 "온 이스라엘"(롬 11:26-27)이 구원받으리라는 것은 어떻게 부합되는가? 서로 다른 상급을 받게 되면, 어떤 차이가 생기는가? 그리고 이러한 이미지는 "그리스도의 날에" 또는 "그리스도 안에서" "완전하게" 된다는 이미지와 어떻게 부합하는가?[141] 성도들이 세상을 심판하는 일에 참여하게 될 것이라는 사상(고전 6:2)도 전체적인 내용과 잘 맞추기가 쉽지 않다. 그리고 이 외에도 마지막 아담, 새로운 인류의 맏아들이자 새로운 가족의 맏형이라는 이미지를 이와 관련된 영화(榮化)에 관한 이미지와 통합시키기 어려운 난점도 있다(특히 롬 8:29-30).

이 모든 요소들을 통합하여 단일하고 일관된 전체를 구성하고자 하는 시도는

136) 고전 6:9-10; 15:50; 갈 5:21; 엡 5:5.

137) 증거들에 대해서는 필자의 *Romans* 213과 455를 보라.

138) 위의 §8.3(2)과 (3)을 보라.

139) 롬 8:9-23; 고전 15:50; 고후 4:16~5:5; 엡 1:14.

140) 또한 살전 5:10; 고후 5:8; 빌 1:23을 보라.

141) 갈 3:3; 빌 1:6; 3:12; 골 1:28. 또한 아래의 §18.7(2)을 보라.

지혜롭지 못한 처사가 될 것이다. 서로 다른 여러 은유들을 하나로 혼합하게 되면, 반드시 각각의 은유들 속에서 뭔가 독특하고 중요한 것들이 상실될 수밖에 없다. 특히 우리가 앞에서 길게 인용한 두 단락에 관한 논의들이 잘 보여 주듯이, 이러한 주제들이 눈에 보이지 않는 성격을 지니고 있다는 점을 감안하면, 이러한 것들에 대한 바울의 서술 속에 모호성이 존재한다는 것은 피할 수 없는 것 같다. 이런 경우에는 언어만으로는 적절하게 표현할 수 없는 것들을 언어로 표현하려고 애쓴다는 점을 인정하고 바울의 이미지들이 그나마 분명하게 표현하고 있는 단편적인 통찰들과 원칙들을 소중히 여기는 편이 더 낫다 — 시작하신 일을 완성하실 것이라는 하나님의 신실하심, 인류와 사회 속에 내장된 도덕적 질서, 인류와 피조물을 포괄하는 하나님의 경륜, 하나님의 은혜, 인간의 책임성 등.

§18.7 결론들

구원에 관한 바울의 복음의 범위는 이제 분명해졌다. 정확하게 말해서 "구원"은 한 과정의 정점 또는 결과물이다. 이 과정은 결정적인 시작을 갖고 있긴 하지만 일생에 걸친 과정이기도 하다. 이 때문에 생겨나는 종말론적 긴장은 여러 가지 방식으로 표현될 수 있다.

우주적 견지에서 보면, 구원의 과정은 마지막 아담인 그리스도의 죽음과 부활로 시작되었는데, 그의 순종은 첫 아담의 불순종을 무효화시켰다. 따라서 구원은 창조가 시작한 것을 완성한다. 하나님의 궁극적 목적의 새 시대, 새로운 창조는 이미 진행중이고, 이와 함께 인간에 대한 교정도 진행중이다. 그러나 옛 시대는 여전히 존속한다. 아담은 아직 살아 있다. 그리고 모두가 아담 안에서 죽을 때까지, 그 동일한 "모두"는 그리스도 안에서 온전히 살아 있을 수 없다.

바울의 은유들이라는 견지에서 보면, '이미'의 은유들은 '아직'의 은유들과 긴장관계를 이루고 있음에 틀림없다. 바울의 부정과거 시제들(aorists)은 바울의 명령법과 균형을 이루어야 한다.

바울의 칭의신학의 견지에서 보면, 결정적인 시작은 최후의 무죄 평결이 있을 때까지 계속해서 발전되어야 한다. 하나님과의 관계는 끝까지 하나님에 의해 지탱되어야 한다. 루터가 말한 '의인인 동시에 죄인'(simul iustus et peccator)은 하나님의 최후의 부르심이 있기까지는 '항상 의인이자 죄인'(semper iustus et peccator)이다.

그리스도에의 참여라는 견지에서 보면, 두 시대가 중복되는 이 시기는 그리스도의 죽음에서부터 그의 부활까지의 기간이다. 구원의 결정적 시작은 그 이후의 모든 것은 부활 권능으로 채워지고 더 이상 십자가의 연약함이 없다는 것을 의미하지 않는다. 바울의 구원 신학은 오로지 '영광의 신학'(theologia gloriae)일뿐 아니라 '십자가의 신학'(theologia crucis)이기도 하다. 부활의 영광으로 가는 길은 십자가의 고난, '아직'의 지속적인 특징인 그리스도의 죽음에 점점 더 합하는 것을 통해서 나아갈 수 있다.

성령의 수여라는 견지에서 보면, 성령은 그리스도의 영이다. 그러나 그것은 또한 십자가에 못 박힌 그리스도의 영을 의미하기도 한다. 구원 과정의 다른 측면들에서와 마찬가지로 이 성령을 받았다고 해서 신자들이 십자가를 초월하거나 그리스도의 고난과 죽음에 참여를 통해서 오는 변화의 과정을 피해 갈 수 있는 것은 아니다. 구원 과정을 거치는 내내 성령의 수여는 '아르라본'과 '아파르케,' 즉 궁극적인 부활을 포함한 온전한 유업의 첫 번째 불입금과 첫 열매라는 성격을 갖는다. 과도기 동안에는 부활의 권능은 항상 육신의 연약함 속에서 체험된다. 또한 생명을 주시는 성령은 십자가의 흔적을 지닌다.

이러한 것들로부터 도출되는 결론들이 함축하는 의미는 대단히 광범위하다.

1) 바울의 성령론은 고교회파(高教會派)의 신학이나 "두 번째 축복"을 주장하는 분파들 속에서 종종 등장해 온 가르침들이 들어설 여지가 없다.[142] 즉, 바울의 성령론은 두 번째 단계의 제자도나 헌신의 때까지는 성령이 주어지지 않는다는 사상을 배제한다는 말이다. 바울에게 성령의 수여는 본질적으로 구원 과정을 시작한다는 성격을 지닌다. 로마서 8:9에 이와 아주 가까운 정의가 나온다 — 성령이 없다면, 그리스도인이 아니다. 또한 일부 그리스도인들에게는 일어나지 않는 성령의 두 번째 수여가 존재한다는 사상도 배제된다. 은사로 주어지는 성령은 바울의 구원론에서 그 다음에 전개되는 모든 것들의 토대이자 출발점이다. 물론 이것은 바울이 그 이후의 성령 체험들, 성령에 의한 은사들과 능력 주심들을 인정했다는 것에 의문을 제기하는 것은 아니다; 그와는 반대로 성령의 은사에 관한 바울의

142) 자세한 것은 *Baptism* (§16 n. 1)을 보라. 거기에서 나는 그러한 견해들을 비판하는 것을 주된 목적들 중의 하나로 삼았다.

신학은 전적으로 이 범주 내에 속하는데, 이에 대해서는 나중에 살펴보게 될 것이다.[143]

2) 그러므로 "영성"과 "성숙"에 관한 바울의 신학을 표현할 때에는 세심한 주의를 기울이지 않으면 안 된다.[144] 특히 고린도교회 교인들의 사례에 대한 체험은 바울로 하여금 이러한 용어들을 사용하기를 망설이게 만들었다. 그 교인들 중 일부는 그들의 지혜, 유창한 언변, 방언 말하는 것을 근거로 자기들이 "영적이고" "성숙했다"고 주장했음이 분명하다.[145] 바울은 그와 같은 주장은 파벌을 조장하고(엘리트주의: 고전 3:3-4) 신자든 불신자든 다른 사람들을 무시하는 결과를 가져왔기(14:16-25) 때문에 그들의 주장을 수용할 수 없었다. 오히려 영성과 성숙의 표지(標識)는 고린도전서 13장에 묘사된 사랑, 다른 사람들의 분명한 권위에 대한 인정(고전 14:37 — 바울 자신!), 목회적 감수성(갈 6:1), 자기가 얼마나 부족한가에 대한 인정(빌 3:15)이다.[146] 달리 말하면, 바울에게 있어서 성령을 더 많이 받거나 성령의 별도의 은사를 받아서 자기 자신을 남들과 구별하는 자들이 아니라 한 번 받은 성령을 따라 자신의 삶을 사는 자들이야말로 "영적이고 성숙한" 사람이었다. 이신칭의를 위해 그토록 단호하게 싸웠던 바울은 분열을 조장하는 "우리-그리고-그들" 식의 영성을 인정할 수 없었다.

3) 믿는 자로서의 신자는 그의 삶 전체를 두 시대가 겹치는 시기 속에서 아담과 그리스도, 사망과 생명 간의 종말론적 긴장 속에서 살아간다. 또한 이것은 육신과 성령 간의 갈등의 체험 속에서 살아간다는 것을 의미하기도 한다. 이 긴장이 종종 바울에게 "왔다": "오호라 나는 곤고한 사람이로다 이 사망의 몸에서 누가 나를 건져내랴"(롬 7:24); "우리까지도 속으로 탄식하여 양자 될 것 곧 우리 몸

143) 아래의 §20.5을 보라.

144) *pneumatikos*("영적인") — 고전 2:13, 15; 3:1; 14:37; 갈 6:1: teleios — 고전 2:6; 14:20; 빌 3:15; 골 1:28; 4:12.

145) 고전 2:12~3:4; 14:20, 37; cf. 빌 3:12, 15. '텔레이오스' (teleios, "성숙한")가 전적으로 긍정적인 개념으로 나오는 것은 후대의 글인 골 1:28과 4:12에서뿐이다(자세한 것은 필자의 *Colossians* 125-26을 보라).

146) 빌 3:12은 바울이 동사 '텔레이오오' (teleioo)를 사용하는 유일한 대목인데, 거기에서 이 이미지는 목표에 도달했다는 이미지임이 분명하지만, "완전"이 현세에서 얻어질 수 있다는 바울의 몇몇 교회들 내에서의 믿음을 반영하는 것이기도 하다. 갈 3:3과 빌 1:6에서 '에피텔레오' (epiteleo, "완성하다")의 사용을 주목하라.

의 속량을 기다리느니라"(롬 8:23); "참으로 이 장막에 있는 우리가 짐진 것 같이 탄식하는 것은 벗고자 함이 아니요 오히려 덧입고자 함이니 죽을 것이 생명에 삼킨 바 되게 하려 함이라"(고후 5:4). 이것이 바울에게 "온" 것은 그의 일생에 걸쳐서 이러한 긴장을 피할 수 없다는 것을 그가 알았기 때문이었다. 로마서 7:24의 절규, 로마서 8:23의 신음은 일생 동안 계속되는 것들이었다.[147]

여기에서 이러한 결과들이 목회에 미치는 함의(含意)들이 중요하다. 수많은 세월 속에서 이러한 긴장 '속에서' 살아가는 수단들을 그것을 '피하는' 방식들과 혼동할 위험이 있어 왔다. 초기의 수 세기 동안에는 신비주의와 금욕주의, 그리고 때로는 수도원 생활 등이 그렇게 오해되고 오용되기 쉬웠다.[148] 그리고 좀 더 최근의 세기들에서는 그런 방향으로 치우친 성화(聖化), 두 번째 축복, 성령 세례에 관한 가르침들이 있어 왔다. 그러나 바울이 옳다면, 이생의 삶 속에서는 그러한 긴장을 피할 도리가 없다. 신자들은 어떤 의미에서 여전히 육신 안에 있고 죄와 사망의 권세로부터 온전히 자유롭지 못하기 때문에, 그들은 그리스도의 부활의 권능을 오직 연약함 속의 권능으로만, 그리스도의 고난에 참여로서만, 죽음 속에서의 생명으로만 누릴 수 있다.

마찬가지로 육신과 성령 간의 갈등에 대한 지속적인 체험을 겪는 데 대해서 신자들은 놀라거나 낙담해서는 안 된다. "나"는 여전히 분열되어 있다. 생명과 마찬가지로 사망도 신자들 속에서 역사한다. 육신이 성령을 방해하여 성공한다고 해도 좌절할 필요는 없다 — 그것이 패배로 체험되는 한에서는.[149] 이와는 반대로 우리가 관심을 기울여야 할 것은 갈등의 '부재'(不在)이다. 육신과 성령 간의 갈등이 존재한다는 것은 성령이 그 사람의 인격을 형성하는 데 힘을 발휘하고 있다는 것

147) 또한 이것은 부르짖음과 탄식이 절망이 아니라 좌절 때문임을 의미한다 — 죽을 몸을 통하여 육신을 입고 성령의 삶을 살아가야 할 때의 좌절. 그것을 파루시아의 지연의 결과로 보아서는 안 된다(위의 §12.4을 보라).

148) 또한 독신은 "육신 안에서" 살아가면서 겪을 수밖에 없는 복잡한 문제들과 유혹들로부터 독신자들을 해방시켜 주는 좀 더 높은 수준의 영성으로 인식되어 왔다.

149) 이것은 D. Wenham, "The Christian Life: A Life of Tension?-A Consideration of the Nature of Christian Experience in Paul," in Hagner and Harris, *Pauline Studies* 80-94(특히 89)의 비판에 대한 답변으로서 *Jesus and the Spirit*에서보다 나의 입장을 좀 더 세심하게 개진한 것이다.

을 보여 주는 표시이다. 그러나 갈등의 부재는 성령의 부재를 의미할 수 있다.[150] 이것이 목회신학 및 상담에 주는 의미는 상당히 중요하다.

4) 또한 구원 과정에 관한 이러한 이해는 심오한 고난 신학에 토대를 제공해 준다. 바울 자신이 놀라울 정도의 곤경들을 겪었고, 해(害)들을 받았다.[151] 그의 고난 신학은 결코 가공(架空)의 탑이 아니었다. 바울은 그의 고난을 구원 과정을 구성하는 일부로 보았다. 고난은 그의 연약함과 유한성에 대한 인식을 더욱 강화시켰고, 따라서 하나님을 의지하는 마음도 강화시켰다. 그리고 고난 속에서 바울은 죄가 여전히 재앙을 가져오는 힘을 발휘하여 유혹하고 있는 자신의 육신이 낡아져가는 것을 보았다. 고난 속에서 바울은 자기가 그리스도의 죽음과 점점 더 합치되어감으로써 그 죽음 너머의 그리스도의 부활에 더 온전히 참여하게 되는 것을 보았다. 물론 현세와 내세가 부딪치는 알력 속에서 생겨나는 고난의 신학은 죽음을 넘어 부활 생명을 내다보는 구원의 신학 내에서만 의미가 있다.

5) 또한 구원 과정의 이러한 성격은 윤리 체계에도 신학적 기초를 제공해 준다. 우리는 이 주제에 대해서 나중에 살펴볼 것이다(§23). 여기서는 단지 바울적인 윤리는 '이미와 아직'으로부터 출발할 수밖에 없고 종말론적 긴장으로 가득하다는 말을 하는 것으로 충분할 것이다.[152] 먼저 이것은 바울에게 그리스도인의 삶은 지속적으로 새로워지는 헌신을 포함하는 과정이었다는 것을 의미한다. 육신과 성령 간의 싸움 속에서 승리는 결코 최종적이고 완결된 승리가 아니다. 그 다음 날에는 다시 싸워야 할 싸움이 있고, 그 싸움은 전날과 동일한 싸움일 것이다. 신자는 매번의 도덕적 결정에서 육신을 따를 것이냐 성령을 따를 것이냐의 선택을 해야 한다. 회심은 매일 일어난다. 이것은 실존주의적 윤리의 강점들 중의 하나다. 한편 그것은 지속적인 '아직'을 거의 고려하지 않았던 이상주의적인 도식들은 항상 "종말론적 유보"라는 비판을 면키 어렵다는 것을 의미한다. 바울의 윤리가 인

150) "우리가 싸움에서 질 때가 아니라 우리가 싸움을 멈출 때에 성령은 부재한다"(H. Berkhof, *The Doctrine of the Holy Spirit* [Richmond: John Knox, 1964 = London: Epworth, 1965] 78); 또한 Fee, *Empowering Presence* 817과 비교하라 — "어디에서도 바울은 성령 안에서의 삶을 육신과 끊임없이 싸우는 삶으로 묘사하지 않는다."

151) 바울의 고난의 범위와 심각성이 가장 분명하게 표현되어 있는 것은 특히 고린도후서에서이다 — 고후 1:8-9; 6:4-10; 11:23-29.

152) 가장 최근에는 Sampley, *Walking* (§23 n. 1) 7-24에 의해 인정되고 있다.

간 개개인이나 제도들(교회도 배제되지 않는다)로부터 기대할 수 있는 것과 관련해서 극히 현실적일 수 있었던 것은 죄와 사망의 지속적인 권능과 육신의 지속적인 연약함에 대한 인식 때문이었다.

6) 마지막으로 한 가지 짚고 넘어갈 함의(含意)는 종말론적 긴장이 계속되는 동안에 신자의 '배교' 가능성은 실제로 항상 존재한다는 것이다.[153] 이 점은 위에서 우리가 검토한 구절들 중 일부만을 보아도 쉽게 알 수 있다. 로마서 8:13: 신자들이 육신을 따라(kata sarka) 살 실제적인 가능성은 분명히 존재한다; 그리고 그렇게 산다면, 그들은 죽을 것이다.[154] 즉, 그들이 이 전투를 포기하고 전적으로 육적인 실존으로 귀의한다면, 그들은 온전함을 향한 매일의 새로워짐을 체험하지 못하고, 오직 사망 속에서 육신의 멸함을 향한 매일의 타락만을 경험하게 될 것이다.[155] 그러므로 우리가 바울이 한 사람 속에서 구원의 역사(役事)가 "멸해질" 가능성을 염두에 두고 한 경고들,[156] 그의 복음전도 사역이 헛수고로 끝나 버리지 않을까 하는 그의 우려,[157] 회심자들이 "그리스도에게서 끊어지고" "은혜에서 떨어지지" 않도록 하기 위한 그의 노력(갈 5:4), 그리스도를 믿지 않았던 이스라엘처럼 이스라엘이라는 감람나무로부터 떨어져나갈 수 있다고 로마의 이방 그리스도인들에게 한 경고(롬 11:20-22)를 다른 곳들에서 볼 수 있다는 것은 놀라운 일이 아니다.

또한 우리는 바울 서신의 여러 대목에서 등장하는 제한조건들을 보아 왔다: "자녀이면 또한 상속자 곧 하나님의 상속자요 그리스도와 함께 한 상속자니 우리가 그와 함께 영광을 받기 위하여 고난도 함께 받아야 할 것이니라"(롬 8:17); "너희가 만일 내가 전한 그 말을 굳게 지키고 헛되이 믿지 아니하였으면 그로 말미암아 구원을 받으리라"(고전 15:2); "만일 너희가 믿음에 거하고 터 위에 굳게

---

153) 이 점에 대한 바울의 반복적인 경고들의 심각성을 약화시키는 Gundry Volf, *Paul*의 다소 편향적인 시도와는 반대로. Marshall, *Kept* 99-125은 바울의 서술 전반에 걸쳐 있는 "종말론적 유보"를 더 잘 반영하고 있다.

154) 마찬가지로 갈 6:8 — "자기의 육체를 위하여 심는 자는 육체로부터 썩어질 것을 거두고"; cf. 빌 3:19 — "그들의 마침은 멸망이요."

155) 놀랍게도 Gundry Volf, *Paul*은 이 절을 무시한 것으로 보인다.

156) 롬 14:15, 20; 고전 3:17; 8:11; 10:9-11; 갈 2:18.

157) 고후 6:1; 갈 2:2; 4:11; 빌 2:16; 살전 3:5.

서서 너희 들은 바 복음의 소망에서 흔들리지 아니하면"(골 1:22-23) 하나님 앞에서 거룩하고 흠 없는 자로 나타나게 될 것이다. 이것을 브루스(F. F. Bruce)는 이렇게 표현한다: "신약 전체에 걸쳐서 현실의 시험은 지속성이다."[158] 그런 까닭에 주의하여 깨어 있고,[159] 스스로를 살피라는[160] 경고들이 주어지고, 이 경주를 완주하기 위해서는 징계가 여전히 필수적임을 바울이 인정하고 있는 것이다.[161]

이러한 일련의 목록을 보고서도, 믿음은 단순한 의뢰이기를 그치고 타협될 수 있으며 헌신은 해이해져서 결정적으로 약해질 수 있다는 것이 바울의 목회신학의 일부였다는 것을 의심할 수는 없을 것이다. 만약 이 점을 간과한다면, 종말론적 긴장의 치명적인 해이(解弛), 오직 "육신을 따라" 사는 삶으로 빠져들어가는 것, 부활 생명을 바라보지 못하게 되는 결과가 생겨나게 될 것이다.

7) 그러나 이것은 구원 과정에 관한 바울의 강력한 해설의 절정을 이루는 로마서 8장의 어조가 아니다. 이와는 반대로 8:13의 그의 경고, 8:17에서의 그의 주의적 단서 제시, 미완의 구원 과정의 지속적인 고난과 긴장에 대한 그의 인정(8:18-23), 소망의 '이미와 아직'에 관한 그의 표현(8:24-25), 연약함은 계속해서 믿음의 매개가 된다는 그의 인정(8:26-27) — 이 모든 것은 점증하는 신뢰에 찬 감사의 노래 속에 묻혀 버린다. 하나님을 사랑하는 자들은 무조건적으로 하나님을 신뢰할 수 있다: 양자 됨의 확신은 견고한 소망이고, 성령의 첫 열매들은 부활의 확고한 보증이다(8:14-27); 하나님을 사랑하는 자들은 하나님의 미리 정하신 목적, 그들의 궁극적 사면(赦免)과 약속된 영화(榮化) 안에 있다(8:28-30); 그들에 대한 그 어떤 고발도 최후의 심판에서 지지받지 못할 것이다(8:31-34); 그리고 그 어떤 것도 그들을 그리스도 안에 있는 하나님의 사랑에서 떼어놓을 수 없다(8:35-39). 모든 해명과 제한이 다 끝난 후에, 복음은 다시 한 번 그 기본적인 구성요소들로 환원될 수 있다 — 하나님의 사랑과 하나님을 향한 사랑.

---

158) *Romans* 219.

159) 고전 3:10; 8:9; 10:12; 갈 5:15.

160) 고전 11:29-30; 고후 13:5.

161) 고전 9:27; 빌 3:12-14.

§19 이스라엘(로마서 9~11장)[1]

§ 19.1 하나님의 말씀은 폐하여졌는가(9:1–5)?

로마서를 통하여 바울 자신의 신학화의 과정을 추적하고자 하는 우리의 시도에서, 이제 우리는 9~11장에 이르렀다. 이 시점에서 우리는 잠깐 멈춰 서서 정리를 좀 할 필요가 있다. 왜냐하면 로마서, 또한 바울 신학 내에서 9~11장의 기능은 항상 논란이 되는 문제였기 때문이다. 왜 바울은 이렇게 느닷없이 "골육의 친척"(9:3)에 대한 그의 관심을 표명하는 것일까? 그는 8:28-39에서 그리스도인의 확신에 관한 아주 대단한 절정에 이르렀었다. 따라서 그 뒤를 잇는 내용은 필연적으로 내리막길에 있는 그 무엇으로 비칠 수밖에 없다. 그러나 다음과 같은 깊은 실존적 고뇌로 갑자기 내려앉는 이유는 무엇인가?: "내가 그리스도 안에서 참말을 하고 거짓말을 아니하노라 나에게 큰 근심이 있는 것과 마음에 그치지 않는 고통이 있는 것을 내 양심이 성령 안에서 나와 더불어 증언하노니[2] … "(9:1-2). 게다가 다른 서신들에서 따르고 있는 패턴을 알고 있는 우리(그리고 아마도 그의 로마 청중들 중의 일부도)로서는 그 당연한 귀결로서 윤리적 권면 — 12:1-2에서처럼 — 으로 곧바로 이행할 것이라고 예상하게 된다. 그런데 왜 바울은 그의 서신들의 통상적인 흐름을 느닷없이 중단하고 미리 맞춰 둔 것처럼 보이는 내용(9~11장)을 삽입한 것일까?[3]

로마서 9~11장의 위치에 대한 신학적 근거를 찾는 학자들은 이 장들의 논증을 각기 다른 단락들에서 그 근거를 찾고자 하는 경향을 보여 왔다. 전통적인 견해(루터와 칼빈)는 로마서 1~8장에서 칭의 주제를 다룬 후에 바울은 9~11장에

1) 이 책 말미의 참고문헌을 보라.

2) 삼중의 확인은 바울이 이제 말하려고 하는 것의 엄숙성을 확인해 준다; 바울은 맹세로써 말하고 있다.

3) 여기서 가장 흔히 인용되는 것은 Dodd의 말이다: "이 서신의 나머지 부분과는 상관 없이 아주 만족스럽게 읽혀질 수 있는 독립적인 통일체"; "이 장들을 생략해도 그 어떤 단절감 없이 이 서신을 읽을 수 있다"(*Romans* 148, 149).

서 예정 주제(8:29에 이미 암시된)로 눈을 돌렸다는 것이다. 이 견해는 후대의 기독교 신학의 조직신학적 관심들을 반영할 뿐만 아니라 하나님은 자신의 뜻대로 자비를 보이기도 하고 완악하게 하기도 한다는 내용(9:18)을 말하고 있는 9장의 중심적인 단락(9:14-23)의 강력한 영향을 반영하는 것이기도 하다. 하나의 신학을 전개하고자 하는 사람이라면 누구나 이 단락에 눈길을 주지 않을 수 없다 — 어떤 사람은 그 신학적 완고함에 끌리고, 어떤 사람은 하나님을 그토록 자의적인 존재로 묘사하는 것에 대한 반발심리에 끌릴 것이다. 따라서 예정을 둘러싼 논쟁이 계속해서 주목을 받게 되고, 다른 쟁점들은 그 그늘에 가려져 왔다는 것은 별로 이상한 일이 아니다.[4]

또 어떤 학자들은 9:30~10:17에서 그 해법을 찾았다. 이 단락에서 바울은 마지막으로 "의"와 "믿음"이라는 주제를 다시 언급한다.[5] 이것으로부터 도출할 수 있는 결론은 9~11장에서 바울은 그의 관심의 초점을 바꾸지 않았다는 것이다. 이 단락에서의 신학적 관심은 여전히 이신칭의이다.[6]

그러나 지배적인 견해는 9~11장은 그 자체로 완결된 지금까지의 로마서의 해설에 대한 보론(補論)이나 부록(附錄)이 아니라는 것이다. 오히려 이 장들은 하나님의 경륜 속에서 유대인과 이방인의 지위를 이해하고자 한 바울의 시도의 진정한 절정으로 보아야 한다는 것이다. 부분적으로 이 견해는 바우어(F. C. Baur)에서 유래했다고 할 수 있는데, 그는 바울의 관심은 개개인이 아니라 민족들에 있었다고 생각하였다.[7] 이러한 통찰은 9:14-23에서 제기된 예정의 문제를 풀지는 못했으나, 이 단락을 이해하는 데에 무게중심을 결정적으로 이동시켰다. 또한 부분적으로 이 지배적인 견해는 바울의 칭의 교리에 대한 인식에서 앞에서와 유사한

---

4) 특히 Dinkler, "Israel"; Mayer, *Heilsratschluss*; Piper, *Justification*을 보라. 쿰란 문서와의 병행들이 발견되면서 이 논의는 다시 활발해졌다; 특히 G. Maier, *Mensch und freier Wille nach den jüdischen Religionsparteien zwischen Ben Sira und Paulus* (WUNT 12; Tübingen: Mohr, 1971)을 보라.

5) "의" — 9:30, 31; 10:3-6, 10; "믿음/믿다" — 13회.

6) 특히 Käsemann, *Perspectives* 75: "칭의론은 이 서신의 나머지 부분 못지 않게 로마서 9~11장을 지배한다"(Bornkamm, *Paul* 149를 인용); Bell, *Provoked* 55도 Müller, *Gottes Gerechtigkeit* (§14 n. 1) 107-8과 Stuhlmacher, *Gerechtigkeit* (§14 n. 1) 91, 98을 인용한다.

7) Bell, *Provoked* 46-47에 나오는 인용문들을 보라.

변화로부터 기인한다 — 달리 말하면, 그것은 바울의 칭의신학은 하나님과의 화평을 발견하기 위한 바울 개인의 시도로서가 아니라 이방인들이 이스라엘의 하나님에 의해 어떻게 받아들여질 수 있었는가를 이해하기 위한 그의 시도로서 등장하였다는 인식이다.[8] 특히 중요한 것은 거기서 문제가 되었던 것은 다름아닌 하나님 자신의 흠 없음, 하나님의 신실하심이었다는 인식이다. 어떻게 바울은 이스라엘에 대한 하나님의 계약에 의문을 던짐이 없이 그토록 자유롭게 이방인들에게 하나님의 계약의 의(義)를 제안할 수 있었는가? 그리고 이스라엘을 향한 하나님의 목적이 좌절된 것이라면, 그 제안이 그리스도인들에게 어떤 확신을 주었겠는가?[9]

로마서 9~11장의 신학적 근거와 기능은 바울 신학에 대한 우리의 이해에 아주 중요하기 때문에, 이 통설의 입장의 근거들을 좀 더 자세하게 살펴볼 필요가 있다.

9~11장에서 거론되는 쟁점은 9:6, 그리고 11:1에서 다시 한 번 제시된다. 9:6은 나머지 논의를 위한 주제를 제시하는 것으로 널리 인정되고 있다: "하나님의 말씀이 폐하여졌느뇨?"[10] 그리고 11:1은 그 근본적인 쟁점을 단지 다시 반복할 뿐이다: "하나님이 자기 백성을 버리셨느냐?" 그러나 이것은 로마서 서두에 나오는 고발문에서 이미 제기된 문제였다. 앞에서 살펴보았듯이(§5.4), 그 고발문의 핵심은 유대인들도 그와 같은 고발(2:1-29)을 피할 수 없다는 주장이었다. 이것은 필연적으로 다음과 같은 문제를 불러일으켰다: "그러면 유대인의 나음이 무엇이냐"(3:1); "어떤 자들이 믿지 아니하였으면 어찌하리요 그 믿지 아니함이 하나님의 미쁘심을 폐하겠느냐"(3:3). 이것은 유대인 바울이 그의 해설의 바로 그 시점에서 다루기에는 불편한 문제였다.[11] 그러나 이제 바울은 여기서 이 문제를 더 이상 피할 수 없다. 유대인들이 이방인들과 마찬가지로 그리스도 안에서 하나님의 은혜가 필요하다면, 하나님께서 본래 이스라엘을 선택하신 것은 무엇이란 말인가?

---

8) 최근에 이것과 관련된 주된 공로는 Stendahl, *Paul* (§14 n. 1) 3-4에게 돌려져야 한다. 자세한 것은 위의 §14.1을 보라.

9) 예를 들어, Davies, "Paul and the People of Israel"; Cranfield, *Romans* 446; Beker, *Paul* 331-32; "The Faithfulness of God and the Priority of Israel in Paul's Letter to the Romans," *HTR* 79 (1986) 10-16; Campbell, "Freedom"을 보라.

10) 필자의 *Romans* 539에 인용된 것들을 보라.

11) 자세한 것은 필자의 *Romans* 128-44를 보라.

이스라엘은 여전히 하나님의 택함 받은 백성인가?

결국 로마서는 하나님의 의에 대한 해설이다(1:17). 그리고 앞에서 보았듯이 하나님의 의는 하나님께서 택하신 계약의 상대방인 백성에 대한 자신의 의무의 이행을 뜻한다(§14.2). 달리 말하면, 이스라엘에 대한 하나님의 의와 이스라엘을 향한 하나님의 신실하심은 서로 중복되는 개념들이라는 말이다.[12] 따라서 바울의 복음이 하나님 앞에서 이스라엘의 특별한 지위가 더 이상 효력이 없다고 말하는 것처럼 보일 때, 그것은 이스라엘에 대한 하나님의 헌신 — 즉 이스라엘에 대한 하나님의 신실하심 — 곧, 하나님의 의에 대해 의문을 갖게 만든다. 이 문제가 해명되지 않는다면, 이스라엘의 지위가 문제시되는 것은 물론이거니와 바울 자신의 복음(하나님의 의에 관한 복음인)도 엉망이 되어 버린다. 이것은 자신의 신학에 관한 가장 일관되고 체계적인 해설이었던 로마서에서 바울이 그냥 지나쳐 버릴 수 있는 문제가 아니었다.

또한 바울은 앞 단원의 절정을 구성하는 데에서도 로마서 8장 후반부를 통해서 "그렇다면 도대체 이스라엘은 무엇인가?"라는 돌출된 주제가 튀어나오도록 세심한 주의를 기울였다. 특히 8:27부터 바울은 신자들을 묘사하는 데 이스라엘을 묘사하는 말들로부터 직접적으로 가져온 일군의 용어들을 사용한다 — "성도"(8:27), "하나님을 사랑하는 자," "부르심을 입은 자"(8:28), "하나님의 택하신 자"(8:33).[13] 이러한 용어들을 이제는 바뀐 대상들에 대하여 사용한다는 것은 다음과 같은 의문을 불러일으킬 수밖에 없게 된다: 이러한 용어들이 가리키는 지위와 특권들은 이제 이스라엘로부터 이전되어 오직 메시아 예수를 믿는 자들에게만

12) 3:3-5에 나오는 병행어들을 보라 — 하나님의 신실하심, 하나님의 진실하심, 하나님의 의; 필자의 *Romans* 132-34에 나오는 자세한 내용을 보라; 자세한 것은 위의 §14.2을 보라.

13) "성도들"(hagioi) — 예를 들어, 필자의 *Romans* 19-20을 보라; D. P. Wright, *ABD* 3.238-39; 위의 §2 n. 90. "하나님을 사랑하는 자들" — 예를 들어, Mayer, *Heilsratschluss* 144-49, 52-54; 필자의 *Romans* 481; 위의 §2 n. 89를 보라. "하나님의 택하신 자" — 예를 들어, G. Schrenk, *TDNT* 4.182-84; 필자의 *Romans* 502; 위의 §2 n. 91을 보라. "부르심 받은 자들"은 별로 부각되지 않은 별칭이었으나, 거룩한 절기를 "성회"(klete hagia)로 이해하는 사상은 레위기 23장을 통해 친숙해진 것이었고, 쿰란 문서의 전쟁 두루마리에 나오는 최후의 전투에서 빛의 아들들을 지칭하는 명칭들 중의 하나는 "하나님의 부르심 받은 자들"이었다(1QM 3.2; 4.11).

적용되는 것인가? 바울이 이삭을 제물로 드린 일을 언급한 것(8:32)도 이와 비슷한 문제를 불러일으킨다: 이 강력한 상징을 지닌 행위에 부착되어 있던 모든 의미[14]가 이제는 예수의 죽음에 의해 완전히 흡수되어서, 십자가에 못 박힌 그리스도를 고백한 자들에게 그 은혜로운 효과들이 돌아가는 것인가?

바울은 9~11장에 나오는 그의 논의의 시작 부분을 이제 신자들이 향유하게 된 특권들에 관하여 방금 이야기한 내용과 맞추려고 앞에서 말한 것과 비슷한 노력을 기울이고 있음이 분명하다. 그는 그의 육신의 친척들이 갖고 있는 축복들을 열거하는 것으로 이 장들을 시작한다. "그들은 이스라엘 사람이라[15] 그들에게는 양자 됨과 영광과 언약들과 율법을 세우신 것과 예배와 약속들이 있고 조상들도 그들의 것이요 육신으로 하면 그리스도가 그들에게서 나셨으니"(9:4-5).[16] 그러나 물론 바울은 자기가 방금 이 축복들 중 몇몇에 대해서 그것들이 신자들의 축복들이라고 말했었다는 것을 잘 알고 있었다.

그는 의도적으로 (1) "양자 됨"과 (2) "영광"이라는 말로 시작하는데, 이는 이 두 단어 8:15-23에서의 그의 해설의 중심에 있었기 때문이다.[17] (3) "언약"(계약)은 바울이 많이 사용하는 단어는 아니지만, 신명기 및 "하나님의 의"의 계약신학은 그의 이전의 논의의 상당 부분의 근저를 이루고 있었다.[18] 그리고 바울은 분명히 그의 복음을 "새 계약"의 복음으로 이해하였다.[19] 바울과 율법에 관한 기나긴 논쟁들에 비추어 볼 때, 바울이 (4) "율법을 세우신 것"을 이스라엘의 축복들 중

---

14) 위의 §9.4을 보라.

15) "그들은 이스라엘 사람들이었다(were)"가 아니라 "그들은 이스라엘 사람들이다(are)"(Osten-Sacken, *Dialogue* 20; Fitzmyer, *Romans* 545).

16) 이 목록은 주의깊게 구조화되어 있다; 필자의 *Romans* 522를 보라.

17) "양자 됨" — 8:15, 23; 9:4; 바울의 진정한 서신들에서 그 외에는 오직 갈 4:5에서만. "영광" — 8:18, 21; 9:4, 23; "영화롭게 되다" — 8:30. '휘오데시아' (huiothesia, "양자 됨")라는 용어는 유대 특유의 것은 아니지만, 그 근저에 있는 사상은 하나님의 아들들로 선택받은 이스라엘이라는 것이기 때문에, 이 용어의 반복적 사용은 특히 주목할 만하다(예를 들어, 신 14:1; 사 43:6; 렘 31:9; 호 1:10; Wis. 9:7); 또한 위의 §16.5c을 보라.

18) 위의 §14.2을 보라.

19) 고전 11:25; 고후 3:6; cf. 롬 7:6; 갈 3:15, 17. 또한 그의 논의의 절정(11:27)에서 어떻게 다시 "계약"이 등장하는지를 주목하라. 자세한 것은 Merklein, "Der (neue) Bund"를 보라; 그러나 또한 위의 §6 n. 94와 아래의 §22.3을 보라.

의 하나로 여긴 것은 주목할 만하다. 또한 여기서 율법에 대한 언급(9:31)이 이스라엘이 놓쳤으나 이방인들이 성취한 목표("의의 율법," 9:30)을 가리킨다는 것은 우연이라 할 수 없다. (5) "예배"(latreia)는 분명히 성전 제의에서 행해지는 예배를 가리킨다.[20] 그러나 이것도 좀 더 영적인(또는 세속화된!) 형태로 바울이 그의 독자들에게 참여하기를 기대했던 것이었다(12:1).[21] 이 대목의 요지는 (6) "약속들"이라는 말에 의해서 한층 더 분명해진다. 왜냐하면 약속은 이방인들이 어떻게 아브라함의 유업과 축복에 참여하는 자들이 될 수 있었는지에 관한 바울의 논의의 핵심에 자리잡고 있었기 때문이다.[22] 요지는 이것이다: '이방인들'은 '이스라엘'의 약속들의 참여자들이었다. (7) 족장들을 가리키는 것이 틀림없는 "조상들"이라는 말조차도 이제는 믿는 이방인들과 공유되는 것으로 여겨졌다[23] — "우리의 조상인 아브라함"(4:1), "우리 모든 사람의 조상," "많은 민족의 조상"(4:16-18).[24] 그리고 (8) "그리스도" — 이스라엘이 기다리던 메시아, 지금은 유대인과 이방인 모두에게 복음의 초점 — 에 관해서는 말할 필요도 없다.

이스라엘의 축복에 관한 이 목록을 열거하면서 바울은 의도적으로 다음과 같은 질문을 던지고 있다는 것은 거의 의심의 여지가 없다: 이러한 것들이 이스라엘의 축복들이라면, 다른 이들이 지금 그것들을 누리고 있다는 사실은 이스라엘에 관하여 무엇을 말해 주는가? 이 동일한 질문의 다른 면도 마찬가지로 절박하다: 이러한 것들이 이스라엘의 축복들이지만 바울의 골육의 친척들이 "저주를 받아 그리스도에게서 끊어질"(9:3) 치명적인 위험에 처해 있다면,[25] 지금 그러한 축복들을 누리고 있는 자들 — 이방인이든 유대인이든 — 에게 그 축복들은 과연 얼마나

20) Cf. 수 22:27; 대상 28:13; 1 Macc. 2:22; Philo, *Decal.* 158; *Spec. Leg.* 2.167; Josephus, *War* 2.409; 히 9:1, 6.

21) 이 절들(롬 9:4; 12:1)은 바울 서신에서 '라트레이아'(latreia)가 사용된 오직 2개의 구절들이다. 또한 롬 1:9과 빌 3:3에 나오는 동사 '라트류오'(latreuo, "섬기다")도 주목하라. 자세한 것은 아래의 §20.3을 보라.

22) epangelia("약속") — 롬 4:13, 14, 16, 20; 9:4, 8, 9; 15:8(이 용어가 로마서의 바로 이 시점에서 등장한다는 것은 우연이 아니다 — 15:8은 로마서에서 바울의 신학 해설의 최종적인 요약이다); 갈 3:14, 16-18, 21-22, 29; 4:23, 28.

23) G. Schrenk, *TDNT* 5.976-77; H. Ringgren, *TDOT* 1.10-12를 보라. 특히 15:8을 보라 — "조상들에게 주신 약속들."

24) 이와 같은 함의(含意)는 11:16, 18("뿌리")에서도 동일하다; 아래의 §19.5b을 보라.

안전할까? 이스라엘에 대한 하나님의 신실하심이 그토록 무력하였던 것처럼 보이고 이스라엘의 지위가 지금 바울을 그토록 고뇌하게 만들었는데(9:2), 어떻게 바울은 그리스도 안에 있는 자들에 대한 하나님의 신실하심에 대하여 그토록 확신을 가질 수 있었을까(8:28-39)?

요컨대 로마서 9~11장에서 우리가 만나는 이 문제는 단순히 기술적(tecnical)이거나 문학적인 문제가 아니다. 그것은 단지 로마서 자체의 흐름과 통일성을 어떻게 이해해야 하느냐 하는 문제가 아니다. 이 문제는 그 무엇보다도 신학적인 것이고, 바울 자신에게도 그랬다 — 이것이 우리가 바울의 신학을 다루는 데에 이 문제를 적절하게 고려해야 하는 이유이다. 그리고 이것은 바울에게 아주 중요했기 때문에, 그는 로마서의 1/5 가량을 이 문제에 할애하였고, 그가 쓴 여러 주제 가운데서 가장 길게 논의한 주제가 되었다. 이것이 우리가 이 문제를 별도로 다루지 않을 수 없는 이유이다.

§ 19.2 이스라엘은 누구인가(9:6)?

그러므로 로마서 9~11장에서 제기하고 있는 근본적인 신학적 쟁점은 다름 아닌 하나님, 좀 더 정확히 말하면, 하나님의 신실하심이다. "하나님의 말씀이 폐하여졌느냐"(9:6). 그러나 바울은 이것을 하나의 쟁점으로 제기하고 있는 것이 아니다. 그는 그럴 수 없다고 일언지하에 부정한다: "하나님의 말씀이 폐하여진 것 같지 않도다"(9:6a).[26] 그리고 나서 그는 즉시 쟁점을 이스라엘로 옮긴다: "이스라엘에게서 난 그들이 다 이스라엘이 아니요"(9:6b). 그의 해설의 초점이 되는 것은 누가 "이스라엘"이냐 하는 이스라엘의 정체성이다. 그 이유는 꽤 분명하다. 하나님은 이스라엘의 하나님이기 때문에,[27] 결국 '하나님'의 신실하심이라는 문제는 '이스라엘'이 누구냐는 문제로 귀결된다.

---

25) 이 구절이 출 32:32을 반영하고 있다는 것은 거의 확실하다: 모세가 그랬던 것처럼, 바울은 이스라엘이 버림받은 것에 대한 진정한 전망에 직면했다 — 아간처럼 "저주받은"(수 6:17-18; 7:1, 11-13; 22:20; 대상 2:7); 이러한 전망에 대한 바울의 고뇌가 심했기 때문에, 그는 그의 골육들을 위해 "애통해" 했다; 자세한 것은 필자의 *Romans* 524-25를 보라.

26) 3:3-5도 마찬가지이다. 로마서 9~11장에서의 성경의 사용에 대해서는 위의 §7 n. 33을 보라.

27) 위의 §2.5을 보라.

어휘의 변화를 알아차리는 것이 중요하다. 로마서 앞 부분에 나오는 해설에서 바울은 "유대인"과 "헬라인," 또는 "유대인"과 "이방인"이라는 견지에서 논증을 해 나갔다.[28] 9~11장에서 바울은 그러한 용어를 전적으로 포기하지는 않는다.[29] 그러나 이제 새로운 용어가 도입되어서(9:6) 주도적인 용어가 된다 — "이스라엘."[30] 이것은 관점에 변화가 있음을 보여 주는데, 통상적으로 이 점이 간과되어 왔다.

요지는 "유대인"(Ioudaios)이라는 용어는 지리적이고 인종적인 명칭으로 시작된다는 것이다. '유다이오이'(Ioudaioi, "유대인")는 '유다이아'(Ioudaia, "유대")에서 살거나 그 지역 출신의 사람들이다;[31] '유다이오스'가 형용사로 사용될 때, 그것은 "유대의"로 번역될 수도 있다.[32] 따라서 명칭으로서 "유대인"을 통해서 "유대인"은 다른 지역이나 나라 출신 사람들과 구별된다.[33] 그런 까닭에 "유대인"은 그런 유의 차이를 염두에 두었을 때에 사용되는 용어라고 할 수 있다. 이 용어는 "유대인"이라 불리는 집단을 다른 인종 집단들로부터 구별하기 위하여 외부 또는 제3자적 입장에서 유대인들을 지칭할 때에 유대인과 비유대인에 의해서 사용된다. 이러한 용법 속에는 부정적이거나 적대적인 뉘앙스가 없다; 그것은 단지 대상들을 구별하는 것에 불과하다.[34]

한편 "이스라엘"은 "내부적" 관점을 반영하는 말이다.[35] 그것은 '자기' 이해, 계

28) "유대인과 헬라인" — 1:16; 2:9, 10; 3:9; "유대인과 이방인" — 3:29; 또한 "유대인" — 2:17, 28-29; 3:1; 또한 "이방인들" — 1:5, 13; 2:14, 24; 4:17-18.

29) "유대인과 헬라인" — 10:12; "유대인들과 이방인들" — 9:24.

30) "이스라엘" — 9:6, 27(2번); 10:21; 11:2, 7, 26; 이스라엘과 이방인들 — 9:30-31; 10:19; 11:11-12, 25.

31) BAGD, *Ioudaia*; Harvey, *True Israel* ch. 2을 보라.

32) 막 1:5; 요 3:22. 또한 이것은 우리에게 이러한 용법이 오직 포로기 이후 시대에 가서야 발전되었다는 것을 상기시켜 준다(특히 cf. Josephus, *Ant*. 11.173); 또한 Cohen, "Ioudaios" (위의 §14 n. 52)를 보라.

33) 예를 들어, Philo와 Josephus의 용례(Harvey, *True Israel* chs. 4-5); 행 2:9-11에 나오는 민족들의 목록을 보라.

34) 이 점은 특히 사도행전에서 '유다이오이'(Ioudaioi)에 대한 누가의 용법과 관련하여 흔히 오해되고 있다; 그러나 대체로 그의 용법은 Josephus의 용법과 비슷하다. 자세한 것은 필자의 Partings 144-45, 149-50을 보라.

약적 이해를 보여 준다. 그것은 스스로를 하나님에 의해 선택받은 자들로 여기는 사람들, 이스라엘의 자손들, 선택을 가져왔던 족장(야곱/이스라엘)의 후손들의 자기이해이다. 요컨대 "유대인"은 일차적으로 땅과의 관계 속에서, 그리고 다른 땅의 백성들과의 구별을 통해서 정의되는 반면, "이스라엘"은 일차적으로 하나님과의 관계 속에서 정의된다.[36]

그러므로 바울의 용어상의 변화는 중요하다. 그의 관심은 "유대인과 이방인"을 융합하는 것이 아니었다. 엄밀한 의미에서 그런 것은 불가능하다: 인종적 정체성은 그렇게 간단히 바뀌지 않는다. 앞에서 보았듯이, "유대교"라는 용어는 종교적 구별 및 인종적 구별을 강화하는 방법으로 출현하였다.[37] 정의상 "유대교"는 오직 "유대인"만이 행할 수 있는 그 무엇이다. 이것이 스스로를 이방인의 사도로 불렀던 유대인 바울에게는 문제의 뿌리에 있었다. 왜냐하면 하나님의 목적을 "유대인"과 "유대교"라는 견지에서 이해하고자 하는 동안에는 유대교로 개종한 자들을 제외하고는 이방인들이 그 안에 설 자리를 찾기가 거의 불가능했기 때문이다.[38]

그러나 용어를 "이스라엘"로 바꿈으로써 바울은 또 다른 가능성을 열었다. 왜냐

---

35) 예를 들어, cf. Sir. 17:17; Jub. 33:20; *Pss. Sol.* 14:5. 자세한 것은 K. G. Kuhn, *TDNT* 3.359-65; Tomson, "Names"를 보라. Harvey는 그러한 "내부" 언어에 반대하지만, 비록 그 백성 중 다수가 타락했다고 할지라도 "이스라엘"이 하나님에 의해 택함 받은 백성에 대한 이름이라는 것을 인정한다. Harvey가 실제로 반대하는 것은 "이스라엘"이 "순수한 또는 진정한 이스라엘"에 대한 호칭으로 제한되어 있다는 생각에 대한 것이다 — 이것은 "내부" 용어가 말하고자 하는 핵심이 아니다.

36) 예를 들어, 복음서에서 예수는 오직 비유대인들에 의해서만 "유대인의 왕"으로 불린다; 그러나 고위 제사장들에 의해서 예수는 "이스라엘의 왕"(조롱의 의미)으로 불린다(Tomson, "Names" 280). 랍비들은 스스로를 "유대인"이라 말하지 않는다; 그들이 스스로를 지칭하는 용어는 "이스라엘"이다(S. Zeitlin, *The Jews; Race, Nation, or Religion*? [Philadelphia, Dropsie College, 1936] 31-32). 자세한 것은 필자의 "Judaism in Israel in the First Century," in J. Neusner, ed., *Judaism in Late Antiquity. Part 2: Historical Syntheses* (Leiden: Brill, 1995) 229-61 (특히 232-36); 또한 "Two Covenants or One?" (§6 n. 84) 107-13을 보라. Harvey, *True Israel* 102에 의해 인용된 하나 또는 두 경우는 Tomson, "Names" 266-78의 증거 또는 논증의 무게를 방해하지 못한다.

37) 위의 §14.3a을 보라.

38) 이러한 긴장들은 오늘날까지 지속되고 있다. "유대인은 누구인가?"는 현대 이스라엘 국가를 여전히 괴롭히는 질문이다. 세계 어디에 살고 있고 또 살았든지 모든 유대인들은 '사

하면 이름으로서 "이스라엘"의 기능이 다른 민족들이나 인종들과의 구별에 의해서가 아니라 주로 하나님에 대한 관계, 하나님의 선택에 의해서 정의된다면, 이방인들이 포함될 수 있느냐에 관한 문제는 판이하게 다른 토대 위에서 해결될 수 있기 때문이다. 엄밀하게 말해서, "유대인" 내에 "헬라인"을 포함시키는 것은 가능하지 않다: 그것은 명칭들을 혼란스럽게 하는 것에 불과하다. 그러나 "이스라엘" 내에 "이방인"을 포함시키는 것은 가능하다.[39] 그리고 이것이 사실 바울이 로마서 9~11장에서 하고자 시도하는 바로 그것이다.[40]

또한 이러한 방향의 성찰은 흔히 오해되고 있는 또 한 가지 사항을 드러내 준다. 즉, 로마서의 이 세 장의 주제가 흔히 생각하듯이 "교회와 이스라엘"이 아니라는 것이다.[41] 주제는 그저 "이스라엘"일 뿐이다. "이스라엘"은 어떻게 이해되어야 하는가? 또한 이것은 바울이 대표하는 새로운 운동은 어떻게 이해되어야 하는가를 의미하기도 한다. 그렇지만 이 운동은 "이스라엘"과 구별되는 "교회," 또는 "참

실상' (de facto) 이스라엘 국가의 국민들인가? 자유파 또는 개혁파 유대교로 개종한 자들도 "유대인"으로 인정되어야 하는가? 오늘날에도 의미를 지니는 옛 문제에 대한 논의는 L. H. Schiffman, *Who Was a Jew? Rabbinic and Halakhic Perspectives on the Jewish-Christian Schism* (Hoboken: Ktav, 1985)을 보라.

39) 예를 들어, 우리는 바울이 "유대인과 헬라인" 또는 "유대인과 이방인"이라고 말하고 "이스라엘과 이방인들"이라고 말하지 않는다는 것을 지적할 수 있다. 예외라 할 수 있는 것들(9:30-31과 11:25)이 생겨나는 이유는 이 구절들에서 염두에 두고 있는 것은 믿는 이방인들과 대비되는 믿지 않는 이스라엘이기 때문이다.

40) 갈라디아서 3~4장에서 아브라함의 자손과 관련된 바울의 논증의 논리는 바울이 갈 6:16을 쓸 때에 이미 이러한 신학적 논증을 염두에 두었다는 것을 보여 준다; 자세한 것은 필자의 *Galatians* 344-46을 보라. 바울은 여기서 이스라엘의 실패에 관하여 계속해서 말하기 때문에(9:30-32; 10:2-3, 16, 21), 살전 2:14-16이 이 장에서 이스라엘에 관한 바울의 신학과 잘 맞지 않는다는 것도 분명해져야 하고, 이스라엘이 여전히 "진노의 그릇"의 역할을 수행하고 있다는 인식(9:23; 11:7-11, 15, 20-22, 25, 28-32)은 바울이 그의 담론의 의미를 차근차근 펼쳐나갈 때에 큰 깨달음의 계기들 중의 하나이다(위의 §2 n. 83을 보라). 마찬가지로 우리는 고후 3:14과 롬 11:7에서 "완악하게 함"의 모티프를 사용하고 있는 것과 비교해 볼 수 있다. Becker, *Paul* 461-65, 469와 비교하라.

41) 예를 들어, Eichholz, *Theologie* ch. 10; M. Theobald, "Kirche und Israel nach Röm. 9-11," *Kairos* 29(19870 1-22; M. Rese, "Israel und kirche in Römer 9," *NTS* 34 (1988) 208-17; Strecker, *Theologie* 215.

이스라엘"로가 아니라 호세아의 "내 백성이 아닌 자"(롬 9:24-25)에 포함되는 것으로서, 이스라엘이라는 나무에 접붙임 받은 가지(11:17-24)로 이해되어야 한다. 요지는 바울에게 "이스라엘"은 여전히 하나님의 계약 축복들의 수령자(受領者)라는 것이다(9:4-5). "이스라엘"은 하나님의 구원 경륜의 방편(方便)이다. 따라서 신학의 과제는 "이스라엘"은 누구이고, 어떻게 "이스라엘"이 정의되어야 하는지를 이해하는 것이다.[42] 일단 이 중요한 문제가 해명되면, "유대인"과 "이방인"에 관한 이차적인 문제들도 그것에 비추어 해명될 수 있다.

우리는 바울 신학의 이 단계에서 무엇이 문제되고 있는지를 분명히 알아야 한다: 단지 이스라엘의 정체성만이 아니라 기독교의 정체성도 문제되고 있다. 왜냐하면 교회가 이스라엘로부터의 '차별화'를 통해 정의되지 않고 오히려 이스라엘에 포함되거나 이스라엘의 축복들과의 동일화를 통해 정의된다면, 기독교의 자기 이해가 문제되고 있는 것이기 때문이다. 오랫동안 "기독교"와 "유대교"를 대결구도로 파악하는 데 익숙한 사람들에게 이것은 실망스러운 것이 될 수 있다.[43] 그러나 바울을 가지고 신학화하고자 하는 그 어떤 시도도 이를 피할 수는 없다. 특히 지금 또 하나의 세계 종교의 성경 — 유대교의 타낙(율법서, 예언서, 성문서) — 을 가져와서 그것들을 자기 것(기독교의 "구약")이라고 말하는 기독교의 온전한 의의라는 문제가 존재한다. 스스로를 어떤 의미에서 "이스라엘"로 이해하지 않는 기독교는 이스라엘의 성경에 대한 그 소유권을 상실한다. 마찬가지로 유대인-기독교인의 대화가 "유대교"와 "기독교"의 대화인 한, 그것은 바울의 논거들을 제대로 다룰 수 없다. 왜냐하면 그 요지는 스스로도 이스라엘 사람인 바울(11:1)은 이스라엘인으로서 그의 유산(遺産)을 이해하고 그 유산 내에서 이방인들을 위한 자리를 주장하고자 하는 것이기 때문이다. 그리고 바울은 이스라엘의 계약의 발단들과 그 지속적인 의무들에 의해 요구되는 이스라엘에 대한 이해라는 견지에서 그러한

---

42) "약속에 따른 이스라엘," "기독교 신자들"(16), "보편적 이스라엘의 재창조"(48), "영을 따른 이스라엘"(74), "새 이스라엘 … 궁극적으로 교회"(75) 등과 같이 다양한 말들을 사용하는 Boyarin, *Radical Jew*를 참조하라. 그러나 또한 로마서 11장에 대한 그의 규정도 주목하라: "이 장은 유대 내부의 담론이고 유대 내부의 논쟁이다"(205).

43) 아래의 n. 154를 보라. 이와 관련된 감수성들은 자칭 "메시야적 유대인들" — 즉, "유대인"으로서의 정체성을 유지하면서 예수를 메시아로 믿는 유대인들 — 에 대한 대부분의 유대인들 및 일부 그리스도인들의 적대적인 반응에서 가장 잘 나타난다.

주장을 한다.

이 시점에서 바울의 이러한 주장에 대한 우리의 분석을 포함시키는 것이 적절할 것이다. 왜냐하면 이스라엘의 혼동된 정체성은 사실 위의 §18에서 개략적으로 살펴본 종말론적 긴장의 가장 비극적인 표현이기 때문이다. "구원의 과정"(§18)의 절정은 "온 이스라엘"(11:26)의 구원이 될 것이다. 로마서 8장 끝까지는 이 긴장과 과정에 대한 바울의 해설은 오직 개개인의 견지로서도 이해될 수 있었다. 하지만 이제 바울은 이전에 단지 암묵적이었던 것 — "그리스도 안에서" 같은 모티프, 기독교 개종자들을 묘사하는 데 이스라엘에 관한 용어들을 사용한 것 등에 암묵적으로 함축되어 있었던 것, 즉 기독교의 정체성은 불가피하게 공동체적이고 이스라엘의 정체성과 결부되어 있다는 것을 분명히 한다. 그러나 이스라엘의 정체성은 이제 의문시된다. 왜냐하면 이스라엘도 현세와 내세 사이에 끼어 있기 때문이다. 그러므로 "이스라엘"이 다음과 같은 기본적인 단언의 두 부분에 모두 등장한다는 것은 결코 우연이 아니다: "이스라엘에게서 난 그들이 다 이스라엘이 아니요"(9:6). 왜냐하면 7:14-25의 "나"(그리고 율법)와 마찬가지로 이스라엘의 "나"도 분열되어 있다. 이스라엘은 옛 계약의 이스라엘과 믿는 유대인 및 이방인으로 이루어진 새 계약의 이스라엘로 분열되어 있다.[44] 그러나 믿음이 오기 전의 이스라엘(갈 3:19-24), 그 마음에 여전히 수건(모세의 수건)이 씌워져 있는 이스라엘(고후 3:14), 여전히 하나님 앞에서 특권적인 지위를 자랑하는 "유대인"(롬 2:17-29; 3:27-29)은 여전히 이스라엘의 "나"이다. 개인이 몸의 부활 속에서 이 긴장의 해소를 구할 수 있듯이, 이스라엘은 파루시아(재림)와 구원 속에서 이 긴장의 해소를 구할 수 있다(11:26). 그러나 그동안에는 "하나님의 택함 받은 자들"은 유대인과 그리스도인으로 나뉘어 있고, 그 분열은 구원자이신 메시아가 오실 때까지 지속될 것이다(11:27).

이렇게 표현한 것은 로마서 9~11장에 대한 분석의 결과들을 미리 말한 것이지만, 이와 같은 예비적인 개관은 바울 자신이 이 문제를 바라보았던 신학적 관점을 해명하는 데 도움을 준다. 바울 자신의 해설의 전개는 훨씬 더 치밀하다.[45] 그의 시도는 "이스라엘"의 정체성을 규명하는 것이지만, 그는 (a) 어떻게 다른 열방

44) 이것은 바울의 핵심을 드러내기 위한 방법으로 바울의 논증을 내 나름대로 다시 표현한 것임을 말해두지 않을 수 없다.

들이 복음을 통해서 이스라엘의 유업에 참여할 수 있는 것인지, (b) 그의 골육들이 복음에서 탈락되고 있는지, (c) 어떻게 이러한 변칙(變則)이 해소될 것인지를 해명하는 방식으로 그 작업을 진행한다. 그러나 이 모든 것은 조금씩 조금씩 전개된다. 바울은 처음에 그의 골육들이 온갖 놀라운 축복들을 받았음에도 불구하고 심각하게 잘못된 것이 있다는 것을 지적한다(9:1-5). 그러나 그는 문제가 무엇인지를 곧바로 밝히지는 않는다; 그것은 9:31-33과 10:21을 거쳐서 11장에 나오는 극명한 진술을 통해서 밝혀진다. 사실 9~11장에서의 바울의 전략은 2장에서의 그의 전략과 매우 흡사하다. 그의 해설은 자기 민족이 반박할 수 없는 신학적 단언(斷言)들로 시작되지만, 그런 후에 그는 최후의 결말에 이르기까지 그 긴장을 유지하는 논리를 서서히 드러낸다.

따라서 바울의 전략과 전체적인 계획을 알 필요가 있다. 그렇게 하지 못하면, 주석자는 곁길로 빠져서 예정론 같은 논쟁들[46]로 흘러 버리거나 9장과 11장 간의 관계[47]를 혼동하게 되기 십상이기 때문이다. 그러나 바울의 신학에서 이와 같은 좀 더 미묘한 세부 내용들을 파악하기 위해서는 그의 사고의 흐름을 좀 세밀하게 추적할 필요가 있다.

§ 19.3 이스라엘의 택함의 성격(9:7-29)

바울의 첫 번째 단계는 하나님의 경륜에서 이스라엘의 정체성을 해명하는 것이다. 그는 수수께끼 같은 말 하나를 던진다: "이스라엘에게서 난 그들이 다 이스라엘이 아니요"(9:6). 이 수수께끼를 즉시 풀어서 단번에 "옛 이스라엘"(유대인들)과 "새 이스라엘"(그리스도인들)을 명확하게 구별함으로써 바울에 의해 제기된 문제를 일거에 해결해 버리고 싶은 유혹이 클 것이다 — 그리고 실제로 일부는

45) 필자의 *Romans* 519에 나오는 분석을 보라.

46) Piper, *Justification*가 이 구절에서의 선택은 개개인들 및 그들의 영원한 운명에 관한 것이라는 그의 주장을 유지할 수 있는 것은 그의 논의를 9:1-23로 제한했기 때문이다.

47) 몇몇 주석자들은 "9:6-13과 11:1-32 사이에는 결정적인 모순"이 존재한다고 결론을 내린다(Dinkler, "Historical and Eschatological Iarael" 116; Walter, "Interpretation" 173-6; Watson, *Paul* 168-70; Räisänen, "Römer 9-11" 2893, 2910-12, 1927-28, 2930-35). 그러나 9~11장의 통일성에 대해서는 Lübking, *Paulus* 135-56을 보라. 자세한 것은 필자의 *Romans* 540을 보라.

그러한 함정에 빠진다.[48] 그러나 이 수수께끼에 대한 좀 더 분명한 해법은 바울이 남은 자 사상을 암시하고 있다는 것이다.[49] 그리고 바울이 이 사상을 나중에 다시 한 번 거론한다는 점에서, 이런 해법은 더 설득력이 있다.[50] 그러나 이 두 해법 중 어느 것도 이 수수께끼에 대한 자신의 해답을 서서히 전개해 나가는 바울의 전략을 충분히 고려하고 있는 것은 아니다. 이스라엘의 정체성은 그 자체가 '이미-아직'의 일부이다. 그리고 개인적 영성의 차원에서 이 종말론적 긴장을 성급하게 잘라내 버리려고 하는 그 어떤 시도들도 통상적으로 위험스러운 것과 마찬가지로, 여기에서도 "이스라엘"의 정체성을 너무 성급하게 해결해 버리려는 시도들은 바울 자신의 대답을 적절하게 이해하는 데 악영향을 끼치게 된다. 이와 관련된 바울의 신학을 제대로 이해하기 위해서는 바울이 신학화하는 방식을 사심 없이 따라갈 필요가 있다.

a) 로마서 9:7-13. 바울의 해설의 첫 번째 단계(9:7-29)에서 핵심어는 '칼레오'(kaleo, "부르다")이다.[51] 이 단어는 9:7-9과 9:10-13의 두 중요한 진술들에서 핵심어로 등장한다. 그리고 이 단어는 하나님의 긍휼과 진노에 대한 해설(9:14-23)을 바울의 논증의 중심(9:24-26)으로 되가져오는 핵심어이다. 그러므로 이 단락의 기본적인 취지는 "이스라엘"의 정체성은 하나님의 부르심에 의해서 결정된다는 것이다. "이스라엘"은 약속(9:8)과 택하심(9:11)으로 정의된다. 이스라엘은 하나님의 부르심을 받은 백성이다. 바울은 여기에서 이스라엘이 택함 받았다는 것을 부인하는 것이 아니라[52] 그것을 정의하고 있다는 것을 깨닫는 것이 중요하다.

바울의 해설의 이 첫 번째 단계의 첫 번째 부분(9:7-12)에서, 바울은 이스라엘에 대한 두 개의 중요한 대안적인 정의들을 차례로 제시하고 이것들을 반박한다. 첫째, 이스라엘은 육신의 혈통이라는 관점에서 정의되지 않는다. 아브라함의 자손들이라고 해서 모두가 아브라함의 "씨"인 것은 아니다. "이삭에게서 나는 자라야 네 씨라 부를 것임이니라"(창 21:12).[53] 따라서 이 말에는 이스마엘은 "씨," 곧 아브라함에게 약속된 축복들을 받을 씨가 아니라는 뜻이 함축되어 있다(9:7). 달리

48) 위의 n. 41을 보라. 또한 아래의 n. 155를 보라.

49) Schoeps, *Paul* 239; Firzmyer, *Romans* 560("유대 그리스도인들").

50) 9:27; 11:3, 5. "남은 자" 사상에 대해서는 아래의 nn. 72와 110을 보라.

51) 9:7, 11, 24, 25, 26.

52) Watson, *Paul* 227 n. 9; Räisänen, "Römer 9-11" 2900.

말하면, 하나님의 자녀들인 "이스라엘"은 아브라함의 육신적 혈통이라는 관점에서 정의되지 않고("육신의 자녀"), 도리어 "약속의 자녀가 씨로 여기심을 받는다"(9:8)[54]는 말이다 — 이는 특히 사라에게 아들이 있으리라는 약속과 관련되어 있다(9:9).[55]

이스라엘을 정의하는 또 다른 대안은 9:10-12에서 반박된다. 이스마엘이 약속의 씨가 아니었듯이, 에서도 마찬가지였다. 이 경우에 눈에 띄는 것은 모태에 있는 동안에 에서가 아니라 야곱이 "택하심을 받았다"(9:11)는 사실이다. 이렇게 하나님의 택하심은 출생 후에 그들이 행한 선이나 악에 달려 있지 않았다(9:11). 달리 말하면, 바울은 그의 독자들에게 하나님의 택하심은 심판 때와 동일한 근거 위에서 행해지지 않는다는 것을 상기시킨다. 심판은 "선과 악"(2:9-10)에 대한 것이다. 그러나 하나님의 택하심은 택함 받은 자들의 앞서 입증된 선함에 좌우되지 않는다.[56] 또한 그 택하심은 "행위로 말미암지도"(9:12) 않는다. 즉, 택하심은 입증된 계약에의 충실성에 좌우되지 않는다("율법의 행위"). 칭의에 대한 바울의 앞서의 해설이 간접적으로 암시되고 있음이 분명하다.[57] 하나님의 택하심은 오로지 그의 부르심에 의해서 결정된다(9:12).

이 두 짤막한 단락에서 바울은 실제로 그의 복음에 대한 이전의 변증적 해설을 요약하였고, 그것을 이스라엘의 정체성이라는 새로운 문제와 결부시켰다. 이것이 함축하는 의미는 분명하다: 이스라엘로서 이스라엘의 정체성이 부르심, 약속, 택하심에 의해 결정된다면, 육신적인 혈통(인종적 정체성)과 계약의 충실성은 그 기본적인 정체성에 아무것도 더할 수 없고, 그 정체성의 필수적인 구성 부분으로 여

---

53) 창 21:12의 LXX 본문을 통해서 바울은 '칼레오'(kaleo)라는 용어를 처음으로 사용하는데, 여기서 바울은 이 단어를 단순히 "이름을 부르다"라는 뜻보다 더 풍부한 의미로 이해한다.

54) 로마서 4장에 강력히 반영되어 있는 것을 주목하라: "약속" — 4:13-14, 16, 20; 9:4, 8-9; "여겨지다" — 4:3-6, 8-11, 22-24; 9:8; "씨" — 4:13, 16, 18; 9:7-8.

55) 9:9은 창 18:10과 18:14의 결합인 것 같다.

56) 앞에서 보았듯이(롬 4:4-5에 대한 위의 §14.6a), 바울은 여기서 특히 신명기의 기본적인 계약신학을 단순히 반복하고 있을 뿐이다.

57) 위의 §14.5d-g를 보라. 여기서 "행위들"은 단순히 "선한 또는 악한 모든 것"과 동의어가 아님은 분명하다; 물론 여기서 염두에 둔 행위들의 범위는 서로 중복될 수 있지만, 사용된 용어들은 그것들을 다른 관점에서 바라보고 평가한다. 자세한 것은 위의 §14.5을 보라.

겨져서도 안 된다.[58] 사실 이것은 3~4장에 나오는 바울의 이전의 논증의 반복이다. 그러나 이제 그의 관심은 그것이 이스라엘과 관련하여 의미하는 것이 무엇인지를 추적해 나가는 것이다. 바울의 논술의 미묘성들을 주목할 필요가 있다. 그것들은 즉각적으로 명백하지는 않지만, 9~11장의 해설이 궁극적으로 어떻게 전개될 것인지를 아는 사람들은 논증을 전개하는 바울의 전략을 알 수 있다.

우선 이것이 함축하는 것, 즉 바울이 모종의 역할 역전을 행하고 있다는 것이 드러나기 시작한다. 이삭-이스마엘, 야곱-에서 이야기에 대한 전통적인 해석은 이스라엘은 아브라함, 이삭, 야곱이라는 혈통, 계약 백성에게 요구된 율법의 행위들이라는 관점에서 정의된다는 것이었다. 이러한 이야기들 배후에 내재된 원리(약속과 택하심)에 접근함으로써, 바울은 이스라엘에 대한 재정의를 요구하는 것을 통해서 그의 이전의 논증들을 강화할 수 있는 결정적인 근거를 확보하였다. 그러한 재정의에서 역사적 이스라엘은 더 이상 이삭과 야곱의 역할이 아니라 이스마엘과 에서의 역할, 즉 하나님의 택하신 이스라엘에 대하여 껍질 역할을 하는 자들임이 밝혀진다!

또 한 가지 우리는 서두의 진술(9:6)에서 "이스라엘"을 두 방면으로 사용하고 있는 것이 여전히 여기에도 적용되고 있다는 것을 주목할 필요가 있다. 역사적 이스라엘은 부정되거나 거부된 것이 아니다. 여기서 천착되고 있는 것은 사실 이스라엘의 분열된 "나"이다. 인종적으로 정의되고 계약에 충실한 이스라엘은 여전히 이스라엘이다. 이 이스라엘은 더 이상 하나님의 부르심을 받은 이스라엘이 아닐 수 있다. 그러나 이 말은 다음과 같이 표현될 수 있다: 이 이스라엘은 그 자체로 아직 하나님의 부르심을 받은 이스라엘은 아니다. 이스라엘은 여전히 종말론적 긴장 속에 잡혀 있다.

b) 로마서 9:14-23. 그의 해설의 첫 번째 단계의 이 두 번째 부분에서 바울은 선택 교리의 어두운 면과 주저 없이 대담하게 맞선다. 하나의 선택은 다른 하나의 비(非)선택, 즉 거부라는 불가피한 결과를 가져온다. 에서와 출애굽 때의 파라오가 그 전형(prototype)들이다. 야곱을 "사랑한다"는 것(즉, 야곱에게 아낌없이 사랑을 퍼붓는다는 것)은 에서를 "미워한다"는 것(즉, 에서에게 그러한 애정을 허락하지 않는다는 것; 9:13)을 의미한다.[59] 출애굽이 하나님의 긍휼하심의 전형이기

58) 특히 Cranford, "Election and Ethnicity"를 참조하라.

위해서는 파라오가 하나님의 백성의 완악한 대적이라는 역할을 맡지 않으면 안 된다. 그리고 모세는 이 두 역할을 둘 다 하나님으로부터 기인한 것으로 말하는 데 주저하지 않았다(9:15, 17).[60] 바울은 이렇게 결론을 내린다: "그런즉 하나님께서 하고자 하시는 자를 긍휼히 여기시고 하고자 하시는 자를 완악하게 하시느니라"(9:18).[61]

이렇게 말하는 것이 하나님을 매우 자의적인 분이라고 말하는 것임을 바울은 누구보다도 잘 알고 있었다. "그런즉 우리가 무슨 말을 하리요 하나님께 불의가 있느냐"(9:14). "혹 네가 내게 말하기를 그러면 하나님이 어찌하여 허물하시느냐 누가 그 뜻을 대적하느냐 하리니"(9:19). 그러나 바울이 이런 질문들을 던지는 것은 그것들을 부인하기 위해서였다: "그럴 수 없느니라"(9:14); "이 사람아 네가 누구이기에 감히 하나님께 반문하느냐"(9:20). 예정론이 피할 수 없는 결론인 것처럼 보이는 것이 바로 이 대목인데, 바울은 이러한 논리를 좀 더 앞으로 밀고 나간다: 토기장이는 자기가 만든 그릇들을 자기가 원하는 대로 할 권리를 갖고 있다는 것이다(9:21).[62] 그러나 이러한 논리를 계속 밀어붙이는 것은 곧 바울의 진의(眞意)와 그의 논증의 흐름을 놓치는 것이 된다.

이 골치 아픈 대목에 대한 해설 속에는 하나님 및 이스라엘에 관한 바울의 신

59) 이 인용문은 말 1:2-3에서 가져온 것이다; 자세한 것은 필자의 *Romans* 544-45를 보라.

60) 9:15 — 출 33:19: "나는 은혜 베풀 자에게 은혜를 베풀고 긍휼히 여길 자에게 긍휼을 베푸느니라." 바울은 출 34:6에 나오는 이 주제의 반복이 유대 성경과 문헌에서 가장 많이 인용되고 반영된 구절들 중의 하나가 되었다는 것을 알고 있었을 것이다(자세한 내용은 필자의 *Romans* 552를 보라). 9:17 — 출 9:16: "내가 너를 세웠음은 나의 능력을 네게 보이고 내 이름이 온 천하에 전파되게 하려 하였음이니라."

61) 바울은 분명히 출애굽기의 언어("완악하게 하다")를 반영하고 있다 — 4:21; 7:3, 22; 8:15; 9:12, 35; 10:1, 20, 27; 11:10; 13:15; 14:4, 8, 17. 스스로 마음을 완악하게 하는 것이 아니라 하나님께서 마음을 완악하게 하시는 것을 여기서는 염두에 두고 있다. 그러나 바울은 11:7과 25의 표현도 분명히 예상하고 있다. 자세한 것은 필자의 *Romans* 554-55를 보라.

62) 진흙을 빚는 토기장이라는 이미지는 유대 사상에서 하나님을 나타내는 흔한 이미지였다(시 2:9; 사 29:16; 41:25; 45:9; 렘 18:1-6; Sir. 33:13). 주목할 만한 것은 제2이사야의 LXX 본문에서 하나님이 이스라엘을 택하신 것을 나타낼 때에 '플랏소'(plasso, "조형하다, 빚다")라는 표현을 사용한다는 사실이다(사 43:1, 7; 44:2, 21, 24). 필자의 *Romans* 556-57을 보라.

학에 빛을 던져 주는 세 가지 측면들이 있다.

첫째, 바울은 사실 하나님의 주권과 주도권을 강조하고 있다. 이것은 어쨌든 바울에게 축(軸)이 되는 것이었다.[63] 그러나 이 대목은 단지 교의신학의 한 연습이 아니다. 그 근저에 있는 취지는 하나님의 주도권의 발휘를 마치 하나님이 어떤 한도 내에서 그렇게 하셨다는 듯이 제한하려고 하는 그 어떤 시도도 차단하려는 것이다. 하나님께서 이스라엘/야곱을 사랑하였고 에서를 미워하였다는 사실은 하나님이 이스라엘을 사랑하신 것이 하나님의 은혜 이외의 그 어떤 다른 근거 위에서 행해졌다는 것을 의미하지 않는다. 하나님이 이스라엘에게 긍휼을 베풀었고 파라오를 완악하게 하였다는 사실은 이스라엘이 하나님의 긍휼의 작용과 한계를 결정했다는 것을 의미하는 것이 아니라 "이스라엘"이 하나님의 긍휼의 수령자로 규정되었다는 것을 의미할 뿐이다.

둘째, 이로부터 바울은 예정론에 관한 신학을 제시하려는 것이 아니라 목하 작용하고 있는 그 예정론을 비판하고 있는 것이라는 결론이 나온다.[64] 사실 바울은 일종의 예정론에 맞서 있었다. 그 예정론은 이스라엘은 하나님의 택하심의 유일한 수혜자라고 주장하였다. 즉, 이스라엘은 아브라함, 이삭, 야곱의 후손이라는 견지에서 정의되었고, 이스라엘은 모세가 애굽으로부터 이끌고 나온 이스라엘로 정의되었다. 이러한 교의(敎義)에 비춰 보면, 택하심의 어두운 면은 이스라엘의 택하심에 대한 반대 면인 비(非)이스라엘인 에서 및 파라오에 결부되었다. 그러나 이것은 바울이 여기서 반박하고자 한 교의였다. 바울이 "이스라엘"을 재정의하는 새로운 길을 열어서 역할을 뒤바꾼 것은 이 교의를 뒤집어엎는 것에 해당하였다. 이스라엘이 "긍휼의 그릇"이 되고, 비(非)이스라엘인 에서와 파라오만이 "진노의 그릇"이 되는 것은 너무도 분명히 정해진 일이었던가(9:22-23)?[65] 요컨대 창조주 하나님에게 돌려진 겉보기에 자의적인 모습은 피조물, 특히 이스라엘이 하나님 앞에서 하나님의 주권적 선택의 대상들과 다른 그 어떤 권리들을 주장할 수 없게

63) 위의 §2, 특히 §2.4을 보라.

64) 필자의 *Romans* 545-46을 보라.

65) 9:22-23 — "만일 하나님이 그의 진노를 보이시고 그의 능력을 알게 하고자 하사 멸하기로 준비된 진노의 그릇을 오래 참으심으로 관용하시고 또한 영광 받기로 예비하신 바 긍휼의 그릇에 대하여 그 영광의 풍성함을 알게 하고자 하셨을지라도 무슨 말을 하리요" 9:22-23과 관련하여 주석학적으로 난해한 문제들에 대해서는 필자의 *Romans* 558-61을 보라.

만든다.

셋째, 9:14-23의 명암 속에서 가장 강력한 색조는 긍휼이다.[66] 다시 말하면, 바울이 피조물에 대한 하나님의 주권적 권리를 단도직입적으로 말하는 것을 주저하지 않는 이유는 하나님의 궁극적인 목적이 긍휼임을 그는 확신하고 있었기 때문이다.[67] 또한 이것은 이 대목에는 단지 암묵적으로 함축되어 있을 뿐이지만, 바울은 분명히 이 단락을 쓰면서 그의 해설의 최후의 절정(11:30-32)을 염두에 두고 있었다.[68] 이렇게 해서 부정적인 계열(에서, 파라오, 진노의 그릇들), 주로 하나님의 목적의 긍정적 측면을 더 강력하게 부각시키는 역할을 하는 하나님의 위대한 역사(役事)의 어두운 면은 좀 더 포괄적인 계획 — 명암을 배합한 하나님의 종말론적 그림 — 안에 자리잡게 된다. 여기서 다시 한 번 바울은 역할 역전을 위한 길을 준비하는데, 그 역할 역전에서 이스라엘은 이제 자기가 "진노의 그릇" 역할을 하고[69] 완악한 파라오 역할을 하고 있음을 인정해야 한다(11:7, 25). 그러므로 여기서 다시 한 번 우리는 예정론에 관한 바울의 신학 자체가 종말론적 긴장 안에 잡혀 있다고 말할 수 있다 — 예정의 밝은 면은 하나님의 긍휼의 궁극적 목적에서 '이미'의 기능을 하고, 예정의 어두운 면은 '아직'의 기능을 한다.

c) 로마서 9:24-29. 그의 해설의 이 단계의 마지막 부분에서 긍휼과 진노의 그릇들이 누구인지를 해명하기 시작한다. 바울은 먼저 "긍휼의 그릇"을 밝힌다: "이 그릇은 우리니 곧 유대인 중에서 뿐 아니라 이방인 중에서도 부르신 자니라"(9:24). 물론 이 주장은 이전에 1-4장에서 아주 세심하게 논증된 것이다 — 유대인들뿐만 아니라 이방인들도.[70] 그러나 이제 이 표현은 "긍휼의 그릇", 그리고 함축적으로는 이삭과 야곱을 원형(原型)으로 하는 이스라엘이 누구인지를 밝히는데 사용되고 있다. 하나님의 약속과 택하심을 소유한 이스라엘은 이 둘을 포함한다.

66) 동사와 명사가 5번 나온다 — 9:15(2번), 16, 18, 23.

67) 특히 Cranfield, *Romans* 483-84, 496-97.

68) 동사와 명사가 5번 나온다 — 10:30, 31(동사 2번, 명사 1번), 32.

69) 바울은 "진노"라는 표현을 다시 사용하지 않지만, 이러한 사고는 11:8-10(신 29:4; 시 69:22-23), 11-12(범죄, 실패), 15(버림받음), 17(꺾임)에서 다양하게 표현되고 있다.

70) 이전의 유대인-이방인 구분으로의 회귀는 이 해석의 이전 단계를 의도적으로 상기시킨다; 위의 nn. 28-30을 보라.

그런 다음에 주된 논지 — 하나님의 부르심에 의해 규정되는 "이스라엘" — 를 강조하기 위하여, 바울은 두 부류의 본문들을 인용함으로써 이 이스라엘의 성격과 그 구성을 예증한다. 호세아서 2:23과 1:10을 인용한 첫 번째 대목(9:25-26)은 하나님의 부르심을 받았다는 성격을 이스라엘이 지녔다는 것을 다시 한 번 보여준다. 이스라엘은 "내 백성 아닌 자"였는데 "내 백성"이 되었고, "사랑하지 아니한 자"였는데 "사랑한 자"가 되었으며, "내 백성 아닌 자"였는데 "살아 계신 하나님의 아들"이라 일컬음을 받았다.[71] 두 번째 대목은 이스라엘의 "남은 자" 사상을 인용한다(9:27-29).[72] 또한 하나님의 부르심을 받은 이스라엘은 역사적 이스라엘의 남은 자들도 포함한다. 두 이스라엘의 연속성과 중복성, 이스라엘의 분열된 "나"는 유지된다. 왜냐하면 하나님의 부르심이라는 관점에서 이스라엘의 재정의는 역사적 이스라엘의 자격박탈을 의미하는 것이 아니라 단지 역사적 이스라엘이 이스라엘로 부름받은 그 부르심의 성격을 상기시키는 것이기 때문이다.

§19.4 부르심에 대한 이스라엘의 오해(9:30~10:21)

바울은 이제 자신의 토대를 확보하였다: "이스라엘"이 하나님의 부르심에 의해 규정된다고 할 때, "내 백성 아닌 자," 다른 민족들, 비유대인들이 "이스라엘," 긍휼의 그릇 내에 포함된다는 것도 결코 놀랄 일이 아니다. 이제 그는 역사적 이스라엘과 관련된 그 결과들을 전개하기 시작한다. 이것은 전통적으로 율법이라는 관점, 즉 다른 민족들과 자신을 구별하는 율법이라는 관점에서 스스로를 정의해 왔던 이스라엘이 그렇게 함으로써 율법의 역할을 제대로 인식하지 못하고 있다는 것을 의미한다. 그들은 율법을 믿음 및 그리스도와 관련하여 이해해야 한다는 것을 알지 못한다. 그 결과 그들은 복음에 응답하는 데 실패하였다. 다시 한 번 이러

71) 이 호세아서 본문들은 이스라엘의 회복을 염두에 둔 것이지만, 하나님의 부르심의 원칙을 담고 있다. 첫 번째 호세아서 본문(2:23)과의 차이가 좀 있지만, 무엇을 가리키는지는 분명하다 — 바울은 풍부한 의미를 담고 있는 용어인 "부르심"을 다시 한 번 삽입하고 긍휼에 관한 호세아의 말을 뺀다.

72) 본문들은 호 1:10과 사 10:22-23에서 가져온 것이다. 남은 자 사상의 긍정적 용법에 대해서는 창 45:7; 왕하 19:31; 스 9:8; 렘 6:9; 23:3; 24:8 등; 겔 9:8; 11:13; 미 4:7; 5:7-8; Sir. 44:17; 47:22; 1 Macc. 3:35; CD 1.4-5; 1QM 13.8; 14.8-9; 1QH 6.8을 보라. 자세한 것은 V. Herntrich and G. Schrenk, *TDNT* 4. 196-214; L. V. Meyer, *ABD* 5.669-71을 보라.

한 논증은 세 부분으로 나뉜다.

a) 로마서 9:30~10:4. 우리는 이미 이 단락의 논증을 대부분 분석하였다. 앞에서 살펴보았듯이, 이 단락은 로마서만이 아니라 갈라디아서에 나오는 이스라엘에 대한 바울의 이전의 비판의 상당 부분을 요약한다.[73] 여기서 우리는 9~11장의 바울의 해설의 흐름 내에서 그 비판의 기능을 파악하는 데 집중할 수 있다. 사실 바울이 여기서 행하고 있는 것은 율법의 행위라는 견지에서의 이스라엘의 자기 정의(9:31-32)가 이미 9:12에서 밝힌 바 있는 "이스라엘"의 오해의 연속이라는 것을 논증하는 것이다. 하나님께서 요구하시는 목표를 "마치 행위로부터인 양" 계속해서 추구하는 것은 에서가 아니라 야곱이 택함 받은 근거들을 오해하는 것이다. 이것은 골육에 대한 바울의 고뇌(9:2-3)가 이스라엘의 실패에 의해 생겨났다는 것을 처음으로 분명하게 보여 주는 대목으로서, 9:7-23에 함축되어 있는 역할 역전을 드러내기 시작한다.

역으로 "내 백성 아닌 자"인 이방인들이 의를 목표로 삼아 추구하지도 않았는데도 의에 이르는 데 성공한 이유는 그들이 믿음의 견지에서 볼 때에 그렇게 행하였기 때문이다(9:30). 이를 의식적으로 깨닫지는 못했지만, 그들은 믿음을 통해서만 하나님의 의에 관계할 수 있다는 중요한 복음적 통찰을 실천하였었다. 이스라엘은 그리스도를 믿으라는 부르심에 넘어졌던 반면에(9:32-33),[74] 이방인들은 그리스도의 복음에 대한 그들의 믿음이 그들을 율법이 촉진하고자 하였던 바로 그 목표에 도달하게 해 주었다는 것을 발견하였다.[75]

이러한 취지는 10:1-4에서도 다시 표명된다. 바울은 이스라엘이 구원의 과정 속에 사로잡히기를 열망한다(10:1). 그러나 그들의 열심은 방향이 잘못되었었고(10:2), 의를 자기들만의 소유로 만들고자 했던 그들의 시도는 하나님께서 그의 의를 어떻게 수행하였는가를 이해하지 못하는 결과를 가져왔다(10:3). 그러나 그

---

73) 특히 위의 §14.5g와 §14.6b를 보라. 눈에 띄는 것은 이전의 논의에서 특징적으로 나왔던 용어들이 갑자기 집중적으로 등장한다는 것이다: pisteuo("믿다") — 9:33; 10:4, 9-11, 14, 16; pistis("믿음") — 9:30, 32; 10:6, 8, 17; dikaiosyne("의") — 9:30-31; 10:3-6, 10.

74) 이 인용문은 사 28:16과 8:14에서 가져온 것이다. 자세한 내용은 필자의 *Romans* 583-85를 보라.

75) 9:31에서 율법을 긍정적인 목표로 이해하고 있음을 다시 한 번 주목하라 — "의의 율법"(위의 §14.5g과 아래의 §23.3을 보라).

리스도께서 행한 일은 그러한 오해의 소지를 완전히 없애 주었고, 그리스도의 복음이 하나님의 의를 모든 믿는 자들에게 가져다주는 데 성공한 것은 이스라엘의 케케묵은 자기이해는 이제 하나님의 의의 표현이 아니라 그 방해물임을 분명하게 보여 주었다(10:4).[76]

b) 로마서 10:5-13. 바울의 논증의 이 부분은 흔히 레위기 18:5(10:5)과 신명기 30:12-14(10:6-9)의 두 본문에 요약된 갈등인 율법과 믿음 간의 직접적인 갈등이라는 관점에서 이해됨으로써 오해되어 왔다.[77] 그러나 우리의 앞서의 연구들 및 지금 9~11장의 논증의 흐름은 이에 대해 좀 더 분명한 인식을 얻는 데 도움을 준다.

첫째, 우리는 바울이 율법에 대하여 전적으로 적대적인 것이 아니었음을 상기할 필요가 있다. 그의 비판은 정해진 기한을 넘어서 이스라엘의 수호 천사로서의 역할을 하고 있는 율법에 대한 것이었다(갈 3:19~4:10).[78] 그리고 죄에 의해 사용되고 악용되는 율법에 대한 것이었다(롬 7:7-25).[79] 여기서 우리는 그 다음의 맥락 속에서 이 동일한 흐름을 다시 확인해 주는 충분한 암시들을 갖게 된다: 이스라엘이 추구했어야 할 적절한 목표로서 "의의 법"(9:31) — 이 추구는 율법이 잘못된 목표였기 때문이 아니라 이스라엘이 잘못된 방식으로 그 목표를 추구하였기 때문에 실패하였다(9:32). 또한 여기에 함축된 의미로부터 "의의 율법"을 추구하는 적절한 방식, 즉 "믿음"에 의한 방식(9:32)이 존재했다는 결론이 나온다. 10:1-4도 마찬가지이다. 일단 10:2-3의 취지를 제대로 이해하게 되면, "마침"(10:4)으로 여겨져야 할 것은 이스라엘의 독특성을 보존하는 것으로서의 율법이라는 것이 분명해진다.[80]

둘째, 10:5-13로 눈을 돌리면, 우리는 첫 번째 인용문이 레위기 18:5에서 온 것임을 알게 된다. "모세가 기록하되 율법으로 말미암는 의를 행하는 사람은 그

---

76) 위의 §14.6b을 보라.

77) 대조(對照)가 의도되고 있다는 것은 분명하지만, 후대의 논쟁을 끌어들여 해석하는 것은 너무 성급하다; 특히 Käsemann, *Romans* 284-87을 보라.

78) 나는 여기서 갈 4:2의 '프로데스미아'(prothesmia, "미리 정한 (날)"; LSJ, prothesmia)를 반영하였다.

79) 위의 §6.7을 보라.

80) 위의 §6.5, §14.1-5, §14.6b을 보라.

의로 살리라 하였거니와"(10:5). 이 본문도 많이 오해되어 온 본문이다.[81] 앞에서 지적했듯이, 이 본문은 율법이 생명을 얻는 길이라고 말하는 것이 아니다; 오히려 이 본문의 일차적인 목적은 계약 백성이 어떻게 살아야 하는가 하는 삶의 방식을 보여 주는 것이었다.[82] 그러므로 이것은 이차적인 의라 부를 수 있는 것, 일차적인 의인 믿음의 의의 열매인 의(義)였다. 이스라엘이 실패한 것은 이 둘을 혼동하여 율법의 의에 더 근본적인 지위를 부여했다는 데 있었다 — 그들은 이방인 신자들에게도 일차적인 의와 마찬가지로 요구되는 것으로 이해하였다.

셋째, "믿음으로 말미암는 의"를 "율법으로 말미암는 의"(10:6-9)로부터 구별하기 위하여 다음으로 해설하고 있는 본문은 신명기 30:12-14이다. 바울은 이 본문이 율법을 지키기가 상대적으로 쉽다는 것을 강조하려는 의도를 지닌 본문이라는 것을 알지 못하였을 것이다(신 30:11-14 칠십인역).[83]

> 내가 오늘 네게 명령한 이 명령은 네게 어려운 것도 아니요 먼 것도 아니라 하늘에 있는 것이 아니니 네가 이르기를 누가 우리를 위하여 하늘에 올라가 그의 명령을 우리에게로 가지고 와서 우리에게 들려 행하게 하랴 할 것이 아니요 이것이 바다 밖에 있는 것이 아니니 네가 이르기를 누가 우리를 위하여 바다를 건너가서 그의 명령을 우리에게로 가지고 와서 우리에게 들려 행하게 하랴 할 것도 아니라 오직 그 말씀이 네게 매우 가까워서 네 입에 있으며 네 마음에 있은즉 네가 이를 행할 수 있느니라.

"믿음으로 말미암는 의"를 해설하기 위하여 바로 이 본문을 인용하면서 바울은 율법과 믿음을 완전히 반대되는 것으로 설정할 의도가 있었을 가능성은 거의 없

---

81) 특히 동사 — "행하다" — 에 강조점이 두어질 때; 예를 들어, Käsemann은 율법을 지킴으로써 구원을 얻고자 하는 것이 "이미 죄다"(*Theology* 1.264)라는 Bultmann의 유명한 단언을 반영하여 "성취의 요구"(*Romans* 284-87)라는 말을 반복적으로 사용한다; 그리고 갈 3:12에 나오는 동일한 동사에 대한 Schlier의 유명한 주해(*Galater* 134-35); 자세한 것은 필자의 *Romans* 601과 *Galatians* 176을 보라. 이 절을 그리스도에게 돌리고자 하는 시도(Cranfield, *Romans* 521-22)는 핵심에서 벗어난 것이다.

82) 위의 §6.6을 보라.

83) 히브리어 본문은 아래의 §23.3에 인용되어 있다.

다. 그러한 자의적인 해석을 바울이 했다면, 그는 모세가 율법과 관련하여 이런 말을 썼다는 반박을 당장 받았을 것이다. 바울은 여기서 이스라엘에 의해서 특징적으로 이해된 율법과 믿음의 견지에서 이해된 율법을 다시 한 번 구별하고 있다고 보는 것이 더 일리가 있다 — 이미 9:31-32에서 행해진 바로 그 구별.

이렇게 하는 데에 바울은 자기 이전의 다른 유대인들이 이미 이 구절을 자기와 유사한 방식으로 해석하였다는 사실에 의해 도움을 받았다. 바룩(Baruch)은 이 구절이 하나님의 지혜에 관한 것이라고 한 후에(바룩서 3:29-30),[84] 그것을 율법이라고 규정한다(4:1). 그리고 필로(Philo)는 "선"과 관련하여 이 구절을 사용하고 나서[85] 토라를 다시 한 번 "선"의 구현물로 이해하였다.[86] 달리 말하면, 신명기 30:11-14은 토라와의 일 대 일 연관을 뛰어넘는 관계를 갖고 있는 것으로 널리 이해되었다. 바울이 바로 이 구절을 "믿음의 말씀"(롬 10:8)이라는 견지에서 해설한 것도 그런 것과 성격상 별로 다르지 않다.[87] 달리 말하면, 바울은 여기에서 율법에 표현된 것이 믿음과 상반되지 않는다는 것을 보이기 위하여 신명기 30:12-14의 좀 더 넓은 시야로 천착해 들어간다는 말이다. 따라서 적절하게 이해된 율법은 이스라엘과 하나님의 관계에서 처음부터 끝까지 근본적인 저 신뢰 — 하나님의 의로 적절하게 이해된 이스라엘의 의 — 를 표현한다. 이것은 적절하게 이해

84) Bar. 3.29-20 — "누가 하늘에 올라가서 그것을 취하여 구름으로부터 가져왔는가? 누가 바다 저편으로 가로질러 가서 그것을 발견하였으며, 정금으로 그것을 얻으리요?"

85) 헬라 철학에서의 "선"에 대해서는 예를 들어 W. Grundmann, *TDNT* 1.11-13을 보라.

86) Philo, *Post.* 84-85 — "그가 '가깝다' 고 묘사하고 있는 것이 선이다. 왜냐하면 선을 찾아서 '하늘에 올라간다' 거나 '바다 저편으로' 간다는 말이 필요없기 때문이다. 왜냐하면 선은 각자에게 '가까이' 있기 때문이다 …'왜냐햐면' '그것이 네 입과 네 마음과 네 손에 있다' 고 그가 말하기 때문이다." Philo는 *Mut.* 236-37; *Virt.* 183; *Praem.* 80에서도 동일한 본문을 사용하고, 다른 곳에서도 그 본문을 인유(引喩)한다(*Som.* 2.180; *Spec. Leg.* 1.301; *Prob.* 68).

87) 롬 10:6-8 — "믿음으로 말미암는 의는 이같이 말하되 네 마음에 누가 하늘에 올라가겠느냐 하지 말라 하니 올라가겠느냐 함은 그리스도를 모셔 내리려는 것이요 혹은 누가 무저갱에 내려가겠느냐 하지 말라 하니 내려가겠느냐 함은 그리스도를 죽은 자 가운데서 모셔 올리려는 것이라 그러면 무엇을 말하느냐 말씀이 네게 가까워 네 입에 있으며 네 마음에 있다 하였으니 곧 우리가 전파하는 믿음의 말씀이라." 쿰란 주석서들에서 전형적으로 보충설명하는 말을 덧붙이는 기법에 대해서는 필자의 *Romans* 603을 보라.

된 율법을 단순히 이스라엘 내에서의 삶을 규율하는 것으로 이해된 율법, 일상 생활의 의와 아주 다르게 만드는 것이다.

앞의 두 단락(9:30-33과 10:1-4)에서처럼, 바울은 이 대비를 단지 믿음이라는 관점에만 맡겨 두지 않는다. 그가 말하는 믿음은 하나님께서 예수를 죽은 자로부터 일으키셨다는 믿음, 그 결과 예수를 주로 믿고 헌신하는 것이다(10:9). 사람이 의(義)와 구원을 받는 것은 바로 이 신뢰("마음으로")[88]와 이 헌신("입으로")[89]이다. 이사야 28:16의 인용문의 반복 — "누구든지 그를 믿는 자는 부끄러움을 당하지 아니하리라"(10:11) — 은 일련의 사고를 9:30-33과 맞물리게 만들어 준다. 그리고 주제어인 "모든 자"[90]의 반복은 이 사고를 10:4과 맞물리게 해 준다 — "모든 믿는 자에게."

그러나 마찬가지로 중요한 것은 9~11장의 주된 주제로의 회귀이다. 이 모든 것이 이스라엘에 대하여 의미하는 것은 유대인과 헬라인이라는 역사적 구별은 더 이상 아무것도 아니라는 것이다: "유대인이나 헬라인이나 차별이 없음이라"(10:12). 이제 결정적인 범주는 "모든 사람의 주가 되사 그를 부르는 모든 사람에게 부요하신" 그분을 "믿는 모든 자"(10:12)이다. 인류사의 아담 단계에서는 유대인과 헬라인의 구별을 별 의미 없게 만든 것은 죄의 보편적 전횡이었다(3:22-23).[91] 이제 유대인에게 헬라인에 대한 역사적 이스라엘의 특권을 없게 하는 것은 주(主)이신 그리스도의 보편적 지배와 '모든' 믿는 자에 대한 하나님의 은혜의 개방성이다. 여기에서 그리스도 안에서 "모든 믿는 자"에 대한 하나님의 개방성은 이스라엘을 하나님의 부르심이라는 견지에서 정의하는 것에 상응한다(9:7-13, 24-26). 이스라엘을 정의하는 데에 하나님의 부르심과 상관이 있는 것은 인종이나 행위가 아니라 하나님의 그리스도에 대한 믿음이다. 여기서 다시 한 번 종말론적 긴장은 "부르심"과 "모두" 간의 긴장으로서 표면에 떠오른다.

c) 로마서 10:14-21. 9~11장 중심 단락의 마지막 부분인 이 구절의 목적은 직설적이어서, 이 구절을 논하는 데 긴 말을 할 필요가 없는 것 같다. 그 목적은 분명히 이방인들의 믿음과 이스라엘이 믿음에 실패한 것 간의 처음의 대비(9:30-

88) "마음에"라는 의미에 대해서는 위의 §3.5을 보라.

89) "예수는 주시라"는 고백에 대해서는 위의 §10.4을 보라.

90) "모든 사람" — 10:11-13에서 4번.

91) 3:22과 10:12에서 사용된 어구는 동일하다: "차별(diastole)이 없느니라."

31)를 좀 더 자세하게 전개하는 것이다[92] 믿음의 가능성은 이스라엘에게 열려 있었다: 믿음을 낳는 말씀(10:14, 17)[93]은 널리 전해졌지만, "그들이 다 복음을 순종하지 아니하였도다"(10:16).[94] 이스라엘은 분명히 복음을 들었다(10:18). 그러나 다른 사람들은 듣고 응답한 반면에(10:20은 9:30과 밀접하게 연관되어 있다), 이스라엘은 불순종하고 완악한 상태로 있었다(10:21).[95]

미묘한 내용은 10:19부터 시작된다. 바울은 이미 "그들이 듣지 아니하였느냐" 라고 반문하였고, 그들이 듣지 않았다는 것을 정면으로 부인하였다: "그러나 …" (10:18). 바울은 또 그 질문을 반복하는 것처럼 보인다: "그러나 내가 말하노니 이스라엘이 알지 못하였느냐"(10:19). 그러나 이 반복은 단순히 다시 동일한 대답을 가져오지 않는다. 왜냐하면 바울은 먼저 모세의 글을 인용하는 것으로 대응하고 있기 때문이다: "내가 내 백성 아닌 자로써 너희를 시기하게 하며 미련한 백성으로써 너희를 노엽게 하리라"(10:19).[96] 이렇게 "시기하도록 도발된" 이스라엘이라는 주제를 도입함으로써 바울은 이스라엘이 믿는 데 실패한 문제에 대한 해결의 실마리를 보여 준다. 이 해법은 11장의 바울의 해설의 정점(11:11, 14, 26)에서 본격적으로 다루어진다. 이 시점에서 바울은 사실상 이 문제가 단순히 이스라엘이 복음을 듣고 불순종한 것의 문제가 아님을 보여 주고 있다. 문제는 훨씬 더 복잡하다. 바울의 신학화에 대한 우리의 추적 작업에서 볼 때, 그는 이스라엘이 여전히 과도기에 잡혀 있다고 말하는 것이다. 부르심을 모든 사람에게로 확대하고자 하는 하나님의 좀 더 큰 경륜 내에서, 역사적 이스라엘은 더 이상 유일한 수혜자가 아니다. 그 구원 과정 속에서 이스라엘은 여전히 종말론적 긴장으로 인한 고뇌를 온전히 체험해야 한다.

---

92) 수미쌍관법(inclusio)이라는 문학적 장치.

93) 위의 §17.3을 보라.

94) 여기서 다시 한 번 우리는 바울이 순종이 믿음의 한 측면 또는 믿음과 대등한 것이라고 말하는 데 전혀 주저하지 않는다는 것을 본다(아래의 §23.3과 n. 44를 보라).

95) 10:18-21에서 바울이 사용한 인용문들에 대해서는 필자의 *Romans* 624-27을 보라.

96) 이 인용문은 신 32:21에서 가져온 것이다. Bell의 주된 명제는 신 32:21을 인용하면서 바울은 모세의 노래 전체(신 32:1-43)를 염두에 두었고, 바울의 '구원사'(Heilsgeschichte)가 모세의 노래 및 신명기 전체의 구원사와 비슷하다는 것이다(Provoked ch. 7).

§ 19.5 버림받지 않은 이스라엘(11:1-24)

이 모든 것 속에서 바울은 위태로운 줄타기를 계속해 왔다. 그는 이 종말론적 긴장을 허무는 쉬운 해법을 굳건하게 거부해 왔다고 할 수 있다. 그는 기독교 이전의 자신의 입장 — 율법 행위에 의해 규정된 인종적 이스라엘로서 하나님께서 부르신 이스라엘 — 으로 단순히 회귀할 수 없었다. 그러나 또한 그는 "이스라엘"을 순전히 그리스도를 믿는 자들로 완전히 재정의함으로써 이 문제를 해결하려고도 하지 않았다. "이스라엘"은 그 역사로부터 완전히 단절된 채 여전히 "이스라엘"일 수는 없다. 그러나 이제 와서야 그는 좀 더 온전한 그림을 그릴 수 있게 되었다고 느꼈음이 분명하다 — 남은 자를 통한 연속성(11:1-6), 하나님의 섭리에 의한 이스라엘의 넘어짐, 그러나 영광된 결말(11:7-16), 역사적 이스라엘을 위한 소망의 메시지이자 접붙임 받은 이스라엘에 대한 경고의 메시지로서의 이스라엘이라는 감람나무(11:17-24), 최후의 대단원(11:25-32).

a) 로마서 11:1-6. 중심적인 주제가 중도에서 모호해지지 않도록 하기 위하여, 바울은 주된 질문을 되풀이한다: "그러므로 내가 말하노니 하나님이 자기 백성을 버리셨느냐"(11:1). 그리고 그는 이에 대하여 그의 특유한 "그럴 수 없느니라"로 대답한다. 그의 확신의 근거들은 이스라엘에 대한 바울의 인식 내에서의 긴장을 훌륭하게 예증해 준다.

먼저 우리는 이 질문의 표현 자체가 이스라엘 내부의 강력한 주제들을 환기시킨다는 점을 주목해야 한다. 성경 인용문 밖에서는 유일하게 바울은 "하나님의 백성"이라는 말을 사용한다.[97] "하나님의 백성"이라는 말은 이스라엘의 전통적인 자기 규정을 상기시킨다.[98] 바울이 이 말을 여기에서 사용한다는 것은 바울의 사고의 흐름이 여전히(그리고 의도적으로) 하나님의 백성으로서 그 진정한 정체성을 상기하라는 요청을 받고 있는 이스라엘의 긴장 내에 사로잡혀 있다는 것을 분명

97) 그 밖에 9:25-26; 10:21; 11:2; 15:10-11; 고전 10:7; 14:21; 고후 6:16. 그러나 롬 11:1에서 바울은 다음 절에 분명하게 반영된 성경적인 모티프를 인유(引喩)하고 있는 것 같다; 아래의 n. 103을 보라.

98) 예를 들어, 대상 17:21-22 — "땅의 어느 한 나라가 주의 백성 이스라엘과 같으리이까 하나님이 자기 백성을 구속하시려고 나가사 … 주께서 주의 백성 이스라엘을 영원히 주의 백성으로 삼으셨사오니 여호와여 주께서 그들의 하나님이 되셨나이다." 자세한 것은 H. Strathmann, *TDNT* 4.23-35를 보라.

히 보여 준다. 마찬가지로 버림받았다거나 거부당했다는 표현(aposato)은 하나님께서 자기 백성을 버리셨다는 생각을 하나의 전망이나[99] 의문이나[100] 결론으로[101] 제시하는 전형적인 성경의 어법을 반영한 것이다. 여기서 바울의 질문은 "아니다!"라는 대답을 유도하는 반문으로 제기된다. 사실 이것은 과거에 이와 동일한 문제와 씨름하였던 자들의 고뇌와 이해할 수 없음,[102] 하나님의 버리심이 결코 영원하지 않을 것이라는 확신[103]을 반영하는 것이다. 이 긴장은 여전히 아직 해소되지 않고 있다.

둘째, "그럴 수 없느니라"에 대한 바울의 즉각적인 해명을 보면, 바울은 얼핏 보면 자기가 마치 기사라도 되는 듯이 말하는 것처럼 보인다: 하나님이 나를 버리지 않으신 것으로 보아 하나님이 이스라엘도 버리지 않았을 것이다![104] 그러나 이것은 이 표현의 의미를 놓치고 있는 것이다. 왜냐하면 바울은 의도적으로 스스로를 "이스라엘인이요 아브라함의 씨에서 난 자요 베냐민 지파"(11:1)로 규정하고 있기 때문이다. 즉, 바울은 자신을 "유대인"(다른 민족들과 구별되는 역사적 이스라엘)으로 규정하지 않는다는 말이다. 오히려 그는 자신을 9:4의 "이스라엘 사람"과 동일시한다. 그는 "아브라함의 씨"에 관한 자신의 이해(롬 4:13-18)를 "이스라엘 족속이요 베냐민 지파"(빌 3:5)라는 그의 그리스도인 되기 이전의 자기 정체성과 뒤섞는다. 달리 말하면, 바울은 "이스라엘" 내부로부터, 즉 '이미-아직'의 긴장 속에 잡혀 있는 이스라엘의 분열된 "나"로서 말하고 있다는 것이다.

셋째, 바로 이러한 긴장 내에서 볼 때에 그의 대답의 두 번째 문장이 힘을 얻게 된다: "하나님이 그 미리 아신 자기 백성을 버리지 아니하셨나니"(11:2a). 바울은 이스라엘, 하나님의 백성의 연속성은 단절되지 않았다는 것을 이보다 더 분명하게

99) 왕하 23:27; 렘 31:37; 겔 5:11; 호 9:17.

100) 시 60:10; 74:1; 108:11.

101) 삿 6:13; 시 44:9, 23; 60:1; 78:60, 67; 렘 7:29; 애 2:7; 5:22; 겔 11:16.

102) 예를 들어, 시 44:23 — "주여 깨소서 어찌하여 주무시나이까 일어나시고 우리를 영원히 버리지 마소서"; 시 60:1 — "하나님이여 주께서 우리를 버려 흩으셨고 분노하셨사오나 지금은 우리를 회복시키소서"; 애 5:21-22 — "여호와여 우리를 주께로 돌이키소서 그리하시면 우리가 주께로 돌아가겠사오니 우리의 날들을 다시 새롭게 하사 옛적 같게 하옵소서 주께서 우리를 아주 버리셨사오며 우리에게 진노하심이 참으로 크시니이다."

103) 동일한 표현을 사용하는 것으로는 특히 삼상 12:22; 시 94:14; 애 3:31.

104) 필자의 *Romans* 635에 인용된 것들을 보라.

말할 수 없었을 것이다. 하나님의 부르심에 의한 이스라엘은 여전히 하나님이 부르신 이스라엘이다. 로마 그리스도인들의 확신을 밑받침하고 있던 미리 아심(8:29)과 부르심(8:30)이라는 표현은 하나님의 백성, 이스라엘에게도 동일한 확신을 계속해서 주었다.

끝으로, 이 점에 비추어 볼 때에 11:2b-6의 기능도 분명해진다. 이 구절은 단지 "바알에게 무릎을 꿇지 아니한"(11:4) 칠천 명[105]이 그 패러다임(paradigm)인 남은 자를 통한 이스라엘의 연속성을 보장하는 것도 아니고, 믿음과 배교, 버림받음과 회복의 긴장이 이스라엘 역사의 반복된 특징이었다는 것을 이스라엘에게 상기시키려는 것도 아니다.[106] 칠천 명은 이스라엘의 나머지 배교자들이 나타내는 '아직'과 대비되는 "지금" 이루어진 '이미'(11:5)를 나타낸다. 또한 나아가 칠천 명은 전체 백성이든 남은 자이든 이스라엘은 항상 "은혜로 택하심"에 의해 규정되고 더이상 "행위로 말미암지"(11:5-6) 않는다는 것을 상기시키는 역할도 한다. 앞서의 핵심어였던 "은혜"가 재등장하는 것[107]도 택하심의 성격과 행위에 의해 규정되는 이스라엘과의 차이를 강조한다.[108] "나를 위하여 칠천 명을 남겨 두신"(11:4) 것도 하나님의 이 동일한 은혜인데, 이 은혜가 이제 이스라엘 역사의 이 남은 자 단계를 결정하고 있다.

b) 로마서 11:7-16. 이제 마침내 바울은 이스라엘에 영향을 미치고 있는 종말론적 긴장의 온전한 내용을 다 밝히고 이에 따른 그의 고뇌를 설명할 수 있게 되었다. 바울은 "이스라엘," "택하신 자," "남은 자"(11:7)라는 삼중의 구별의 관점에서 이 긴장을 다시 말함으로써 그렇게 한다. "이스라엘이 구하는 그것을 얻지 못하고." 사실 이것은 9:31을 다시 표현한 것이다. 또한 이와 짝이 되는 구절은 9:30

---

105) 이 인용문은 왕상 19:18을 염두에 둔 것이지만, 바울은 정확히 인용하려고 애쓰지 않았다.

106) 이러한 긴장은 제2성전 시대 유대교의 분파주의, "의인들"과 이스라엘의 구별과 관련된 긴장(*Psalms of Solomon*과 DSS에서처럼), 고전적으로는 *m. Sanhedrin* 10.1("모든 이스라엘 사람들은 내세에 분깃이 있다")과 뒤따라 나오는 제한조건들에도 표현되어 있다. 특히 Sanders, *Paul and Palestirian Judaism* 147-50, 240-57, 361, 367-74, 378, 388-406, 408에 의한 예리한 논의를 보라.

107) 롬 3:24; 4:4, 16; 5:2, 15, 17, 20-21; 6:1, 14-15; 위의 §13.2을 보라.

108) 9:11과 32절만이 아니라 이전의 3:20과 3:27의 반영이기도 하다. 위의 §14.5을 보라.

을 반영한다: "택하심을 입은 자가 얻었고."[109] 그러나 그런 다음에 그는 "그 남은 자들은 우둔하여졌느니라"[즉, 나머지는 완악하여졌다]는 말을 더한다. 따라서, 누가 "택하심을 입은 자"(he ekloge)인가? 9:30과 병행이 되는 구절은 "믿는 이방인들"이라는 대답을 시사하고, "남은 자들"(나머지들, the rest)과의 대비는 "믿는 유대인들," 즉 "남은 자"(the remnant)라는 대답을 시사한다.[110] 그러나 종말론적 긴장 속에 잡혀 있는 이스라엘이라고 대답하는 편이 더 좋다. 왜냐하면 이 용어들 각각은 때로는 다른 것들과 뒤섞이기도 하고 때로는 서로 구별되기도 하기 때문이다.[111] 그리고 이것은 이스라엘의 분열된 "나"의 성격을 반영한다 — 현재 길을 잃고 헤매는 이스라엘과 이미 믿음으로 말미암아 그리스도 안에서 종말론적 은혜를 체험하고 있는 이스라엘.

"나머지는 완악하여졌다"는 말은 바울이 9:14-23에서 전개된 그의 선택 신학의 단단한 매듭들을 풀기 시작하는 마지막 단계의 시작을 표시한다. 왜냐하면 "완악하여졌다"는 말은 9:18에 나오는 비슷한 표현을 반영하려는 의도인 것이 분명하기 때문이다.[112] 거기에서 바울은 하나님께서 파라오를 다루신 선례로부터 "하

---

109)

9:30-31	11:7
이방인들이 의를 얻었으니	이스라엘이 구하는 그것을 얻지 못하고
의의 법을 따라간 이스라엘은	
율법에 이르지 못하였으니	택하심을 입은 자가 얻었고

110) 필자의 *Romans* 640에 나오는 간략한 논의를 보라; "남은 자"에 대해서는 위의 n. 72를 보라.

111) 바울은 주로 로마서에서(그 외에는 살전 1:4에서만), 그리고 오직 로마서 9~11장에서만 '에클로게'(ekloge, "택함")라는 표현을 사용한다. 9:11에서 이 표현은 이스라엘에 대한 정의의 일부로 나오고, 11:28에서는 "조상들로 말미암아 사랑을 입은 자"인 역사적 이스라엘을 가리킨다. 그러나 11:5에서 이 단어는 남은 자를 가리키고, 여기에서는(11:7) "이스라엘" 및 "나머지"와 구별이 된다. 그러나 "나머지"는 종종 남은 자를 가리키는 데 사용되기도 한다(렘 43:5[LXX 50:5 A]; 52:16[S]).

112) 9:18은 출애굽기 기사(LXX)에 의해서 결정된 '스클레뤼노'(skleryno)라는 용어를 사용한다; 위의 n. 61을 보라. 그러나 여기에서 바울은 11:25에 대한 복선으로 '포로오'(poroo)를 사용한다. 이 나중의 용어 선택은 이스라엘의 불신에 대한 가장 초기의 기독교적 성찰에서 많이 사용된 사 6:10에 대한 인유(引喩)에 의해서 결정된 것 같다(막 4:12; 마 13:14-15; 요 12:40; 행 28:26-27). 요 12:40은 사 6:10이 '포로오'(poroo)를 사용하는 판본으로 알려져 있었음을 보여 준다.

나님께서 원하시는 자를 완악하게 하신다"는 결론을 도출하였었다. 여기에서는 수동태가 그와 동일한 내용을 말해 준다: "완악하게 하시는 것"은 하나님께서 하신 일이라는 것이다.[113] 여기에서 차이점은 염두에 두고 있는 것이 "나머지들"(이스라엘의)이라는 것이다. 택하심과 관련된 하나님의 경륜의 신비한 역사(役事) 속에서 이스라엘은 지금 선택의 어두운 면을 체험하고 있다.

이러한 단언은 두 개의 주목할 만한 본문들에 의해 밑받침된다.[114] 신명기 29:4(롬 11:8)의 인용은 이스라엘이 현재 복음에 응답하기를 실패하고 있는 것은 단지 이스라엘이 광야에서 보여 주었던 둔감함의 또 하나의 예에 불과하다는 뜻을 함축하고 있다. 두 번째 인용문은 시편 69:22-23(롬 11:9-10)에서 온 것이다. 이 본문을 여기에서 인용함으로써 바울은 로마서 3:10-18에서 그가 했던 것을 한다. 즉, 그는 원래 다윗의 원수들을 대상으로 했던 본문을 가져다가 다윗 자신의 백성에 대한 다윗의 저주로 바꿔 놓는다. 이것은 이스라엘의 현재의 곤경이 깊다는 것을 보여 준다: 이스라엘이 그들의 메시아에 대하여 제대로 응답하지 못한 것은 단순히 불순종의 행위가 아니라(10:16, 21), 이스라엘의 원수들을 향한 다윗의 저주에 대한 하나님 자신의 응답이기도 하다!

그러나 10:21에 대한 바울 자신의 답변(즉, 11:1-6에 나오는)에서처럼, 즉시 바울은 이스라엘의 현재의 곤경을 하나님의 목적이라는 좀 더 큰 시야에 둔다. 11:1-6에서 그는 뒤를 돌아보았지만, 이제 그는 앞을 내다본다. 세 가지로 전개되는 평가는 이스라엘의 역할 반전(反轉)의 의미를 더욱 해명해 준다.

첫째, 이스라엘의 넘어짐은 처음 들을 때만큼 그렇게 심각한 것은 아니다. 그것은 예를 들어 경주자가 대자(大字)로 넘어져서 완전히 경주에서 탈락하는 그런 정도로 완전한 넘어짐이 아니다(11:11).[115]

둘째, "그들이 넘어짐으로 구원이 이방인에게 이르렀다"(11:11). 이 말이 함축하는 것은 분명히 "이방인들"이 성공적으로 경쟁할 수 있기 위해서는 이스라엘이 경주에서 이탈해야(적어도 일시적으로는) 했다는 것이다.[116] 이스라엘은 이른 시

113) 특히 Hofius, "Evangelium" 303-4를 보라.

114) 이 인용문들에 관한 좀 더 자세한 내용은 필자의 *Romans* 642-43을 보라. 거기에서 나는 초기 기독교의 변증에서 시편 69편을 꽤 많이 사용했음을 지적했다.

115) 예를 들어, W. Michaelis, *TDNT* 6.164; Cranfield, *Romans* 555; Schlier, *Römer* 327-28. 자세한 것은 필자의 *Romans* 652-53을 보라.

기에 택하심을 받음으로써 역사적 이스라엘은 의(義)를 추구하는 데 유리한 입장에 있었기 때문에, 만약 이스라엘이 이 의의 추구의 새로운 단계(그리스도에 대한 믿음으로 말미암는)로 순조롭게 이행했다면, 이방인들은 완전히 뒤쳐지고 탈락되었을 수 있다. 이스라엘의 자격박탈은 이방인들에게 그 의(義)를 더 온전하고 자유롭게 열어 주기 위함이었다.

셋째, 그러나 그것이 다는 아니었다. 왜냐하면 이방인들 가운데서 복음이 성공함으로써 "이스라엘로 시기나게"(11:11) 하려는 의도가 들어 있었기 때문이다. 바울은 11:13에서 이 점을 확실하게 말한다. 이것은 "이방인의 사도"이기도 한 이스라엘 사람으로서 바울 자신의 의도이다.[117] 바울은 다른 민족들 가운데서의 그의 사역이 성공하기를 바라지만, 이는 자기 백성을 그가 버렸기 때문이 아니라, 오히려 정반대였다. 그의 목적은 "내 골육을 시기하게 하여"(11:14) 그중 일부를 구원하려는 것이다.[118] 여기서 바울은 사도로서 그의 자기 이해에 대한 독특한 통찰을 보여 준다. 다시 한 번 그는 의식적으로 자기는 이스라엘 사람("내 골육")이자 "이방인의 사도"라고 말한다. 그의 관심은 이스라엘과는 다른 교회들을 세우는 것이 아니었다. 오히려 그의 관심은 하나님 백성의 전 범위, 은혜의 이스라엘이 온전히 구성되는 것이었다. 두 방향으로 이끌리는 바울의 체험 자체가 두 시대의 과도기에 붙잡힌 이스라엘의 표현이었다.

자기 백성의 정체성과 역사를 자랑스러워하는 자로서 바울은 이러한 전망을 즐거워한다. 이 전망은 너무도 감미로운 것이어서, 바울은 이 내용을 다시 되풀이한다: 11:12, 15:

> 그들의 넘어짐이 세상의 풍성함이 되며 그들의 실패가 이방인의 풍성함이 되거든 하물며 그들의 충만함이리요 … 그들을 버리는 것이 세상의 화목이

116) 바울은 9~11장의 몇몇 대목에서 경주에 관한 이 이미지를 다시 사용한다(9:16, 31-32; 10:4; 11:11-12).

117) 바울은 이 말을 "너희 이방인들"에게 하는 것이라고 명시적으로 밝힌다. 이것은 11:17-25에서 그가 자세히 말할 경고에 관한 첫 번째 지적이다.

118) 우리는 바울이 자신의 선교만으로 충분하다고 생각하지 않았다는 것을 주목해야 한다: 그의 소망은 오직 일부를 구원하는 것이었다(11:26과 비교하라 — "온 이스라엘이 구원을 받으리라").

되거든 그 받아들이는 것이 죽은 자 가운데서 살아나는 것이 아니면 무엇이리요.

5:9-10에서처럼, "하물며"라는 표현은 종말론적 긴장 — 현재의 실패와 장래의 충만 사이에 끼어 있는 이스라엘 — 을 잘 포착하고 있다. 바울은 여기서 한 배의 승무원이 모두 채워진 것을 의미하는 헬라어 '플레로마'(pleroma, "충만함")의 통상적인 용법을 염두에 두고 있었는지도 모른다.[119] 승무원 전원의 승선 없이는 이스라엘이라는 배는 새 시대로 항해해 나갈 수 없다. 또한 바울은 이러한 전망 전체를 우주적이고 종말론적인 틀 안에 위치시키기를 주저하지 않는다. 이스라엘이 '이미' 버림받은 것은 "세상을 위한 화해"를 의미하였다.[120] 이스라엘이 '아직' 받아들여지지 않았지만 나중에 받아들여지는 것은 다름 아닌 "죽은 자로부터 살아온 것," 즉 최후의 부활을 의미할 것이다.[121] 죽은 자로부터의 부활로 특징지워지는 하나님의 최후의 목적의 절정은 이스라엘이 들어오는 것으로 시작될 것이다.

이 부분의 마지막 절(11:16)은 다음 부분으로의 이행을 준비해 준다. "제사하는 처음 익은 곡식 가루(aparche)가 거룩한즉 떡덩이도 그러하고 뿌리가 거룩한즉 가지도 그러하니라."[122] "처음 익은 곡식 가루"가 족장들을 가리키는 것인지, 아니면 최초의 기독교 개종자들을 가리키는지를 놓고 벌어진 논쟁[123]은 이스라엘의 혼돈된 정체성의 긴장을 잘라내어 버리는 양자택일식의 주석의 또 하나의 예일 수 있다. 바울의 표현의 모호성은 그가 두 가지 개념 모두를 가지고 있다는 것을 보여 주는 지표로 받아들여져야 한다. 이방인들을 포함한 초기의 기독교 개종자들

119) LSJ, *pleroma* 3.

120) 종말론적 긴장에 대한 또 다른 변형을 주목하라 — 여기서는 "이스라엘"과 "세상"과의 긴장; 좀 더 정형적인 "유대인들"과 "민족들" 간의 긴장을 참조하라.

121) 대부분의 주석자들은 "죽은 자 가운데서 살아나는 것"이라는 바울의 말이 최후의 부활을 의미한다고 생각한다(Fitzmyer, *Romans* 613은 다르게 생각함). Zeller, *Juden* 242-43는 유대인들의 기대 속에서 죽은 자들의 부활은 통상적으로 이스라엘의 회복을 위한 전제였다는 것을 지적한다. 다른 곳에서와 마찬가지로 여기에서도 바울은 전통적인 유대적 모티프들을 취하여 개작한다.

122) 다른 곳에서 이 용어의 사용과 관련하여 '아파르케'(aparche)의 논리를 주목하라 — 특히 롬 8:23과 고전 15:20, 23.

123) 필자의 *Romans* 659를 보라.

은 이스라엘 전체의 완전한 추수의 첫 열매들이다. 족장들에 대한 약속은 여전히 전체 경륜의 기초를 이루고 있고, 계속해서 자기 백성을 향한 하나님의 신실하심에 대한 확신을 제공한다(11:28-29).

그러나 이 절의 하반절이 하나님이 심은 자로서의 이스라엘에 관한 이미지라는 것은 거의 의심의 여지가 없다.[124] 그러므로 "뿌리"라는 말을 하면서 바울은 거의 분명히 족장들을 염두에 두었을 것이다. "가지들"은 이스라엘의 여러 세대들이다. 여기에 어떤 사람들이 연관되어 있는냐 하는 것은 바울이 다음 단락에서 설명한다. 그러나 그의 첫 번째 취지는 가지들의 거룩함은 뿌리의 거룩함에 달려 있다는 것을 강조하는 것이다. 물론 이것은 족장들로부터의 혈통에 의한 성화(聖化) 신학으로 회귀하는 것이 아니다. 그것은 단지 이스라엘의 거룩함이 이스라엘의 온전함과 결부되어 있다고 말하는 것이다. 부르심을 받은 자들이 모두 포함되지 않는다면, 하나님의 부르심이 온전히 이루어졌다고 할 수 없다.

c) 로마서 11:17-24. 정교하게 서술된 감람나무에 관한 이미지는 11:25-36의 절정 직전에 나오는 적절한 대상이다. 왜냐하면 감람나무는 분명히 이스라엘을 나타내는 이미지로 의도되었기 때문이다.[125] 그러므로 바울이 이 이미지를 사용한 것은 이스라엘에 관한 바울의 신학을 이해하는 데 시사하는 바가 크다.

첫째, 우리는 바울이 일관되게 단일한 하나의 나무라는 이미지를 고수하고 있다는 점을 유의하여야 한다. 그는 나무가 베어지고 다른 나무로 대체될 수 있다는 것을 암시조차 하지 않는다. 오직 하나의 이스라엘만이 존재한다. 그 나무에 접붙임 받은 이방인 가지들(11:17)은 다른 또는 별개의 성장물이 아니다. 그들은 이스라엘에 참여하게 됨으로써 이스라엘의 일원(一員)이라는 지위를 갖는다.

둘째, 바울은 참감람나무인 이스라엘과 돌감람나무인 이방인이라는 기본적인 구별로부터 시작한다. 그러므로 이스라엘의 정체성은 역사적 이스라엘과 그 밖의 다른 민족들과의 기본적인 구별에서 시작된다. 이방인 가지들은 오직 뿌리 덕분

---

124) 시 92:13; 렘 11:17; 1 Enoch 84:6; *Pss. Sol.* 14:3-4. 자세한 것은 필자의 *Romans* 659-60을 보라.

125) 이 이미지는 성경에서 흔하지 않지만(렘 11:16; 호 14:6), 바울이 이 이미지를 선택한 이유는 그가 이제 알레고리적으로 말하고자 하는 절차들이 감람나무 재배에서 잘 알려져 있었고(*OCD* 749-50), 나무로서 이스라엘의 이미지가 널리 정착되어 있었기 때문일 것이다(필자의 *Romans* 659-61을 보라).

에, 즉 족장들에게 약속된 축복들 덕분에 가지로서 성장한다(11:18).

셋째, 이 알레고리의 주된 취지는 이방 그리스도인들에게 역할이 역전되었고, 사정이 백팔십도 바뀌었다고 생각하지 말라고 경고하는 것이다.[126] 역사적 이스라엘의 가지들을 부러뜨린 것은 분명히 이스라엘 내에 이방인들이 들어올 여지를 만들기 위함이었다(11:19-20). 그러나 그렇다고 해서 모든 가지들이 역사적 뿌리들에 의존해 있는 사실이 바뀐 것은 아니었다(11:18).

넷째, 가지들이 이스라엘 내에 한 자리를 차지하게 된 토대는 믿음이다. 원가지들은 불신앙으로 인해서 꺾이웠다. 돌감람나무의 가지들은 믿음으로 말미암아 접붙임을 받았고 자리를 차지하게 되었다(11:20). 그러나 또한 이것은 믿지 않는 이방인들이 꺾일 수 있고, 원가지들이 믿음을 되찾아서 다시 접붙임 받을 수도 있다는 것을 의미한다(11:23-24).[127]

다섯째, 이 모든 과정 배후에는 하나님이 계신다. 원가지들을 아끼지 않으셨던 분도 하나님이셨고(11:19-21), 돌감람나무 가지들을 "본성을 거슬러"(11:24) 접붙이신 분도 하나님이시다. 그러므로 하나님은 이방인 가지들을 아끼지 않으실 수 있고(11:21), 이전의 가지들을 다시 접붙이실 수도 있다(11:23).[128] 그러므로 감람나무는 "하나님의 인자하심과 준엄하심"에 대한 교훈으로서, "넘어지는 자들에게는 준엄하심이 있으니 너희가 만일 하나님의 인자하심에 머물러 있으면 그 인자가 너희에게 있으리라"(11:22).[129] 이것이 종말론적 긴장의 이면이다 — (이방인 등의) 믿음과 (이스라엘의 현재의) 불신앙에 대응하는 하나님의 인자하심과 준엄하심. 따라서 믿음의 반대가 되는 자랑이 들어설 여지가 없고, 오직 경건한 두려움만이 허용될 뿐이다.[130]

---

126) 바울은 역사적 이스라엘이 열방들에 대하여 가졌던 우월감을 요약하는 용어로 '카우카오마이'(kauchaomai)의 좀 더 강조된 형태를 사용한다(2:17: 23; 3:27-29); 위의 §14.5e을 보라. 또한 12:16을 지시하는 역할도 한다.

127) 이 알레고리는 이제 원예학의 실제(實際)를 왜곡시키고 있다(죽은 가지들을 다시 접붙인다는 것). 그러나 이 알레고리는 원예학적으로가 아니라 신학적으로 사용되고 있는 것이다.

128) 사고는 4:17과 동일하다.

129) "선하심(인자하심)"에 대해서는 롬 2:4과 BAGD, *chrestotes*를 보라; "준엄하심, 사법적 엄격함"에 대해서는 필자의 *Romans* 664를 보라.

130) "두려움"이 하나님을 향한 합당한 태도라는 것은 전통적인 유대 지혜의 강력한 특징

한마디로 바울의 손에서 감람나무(11:17-24)는 이스라엘에 관한 바울의 신학을 보여 주는 가장 두드러지고 효과적인 방식들 중의 하나가 된다: 여전히 이스라엘은 인자하심과 준엄하심 양면으로 표현되는 하나님의 구원 계획의 중심적인 대상이라는 것; 은혜와 믿음에 의해 규정되는 이스라엘의 정체성은 역사적 이스라엘과 이방인 양자를 모두 포함한다는 것; 구원의 과정은 여전히 '이미'와 '아직'의 긴장 및 불확실성 속에 끼어 있다는 것.

§19.6 온 이스라엘이 구원을 받으리라(11:25-36)

문학구조상으로든 신학적으로든 최후의 해결은 11:25-27에 나온다:

> 형제들아 너희가 스스로 지혜 있다 하면서 이 신비를 너희가 모르기를 내가 원하지 아니하노니 이 신비는 이방인의 충만한 수가 들어오기까지 이스라엘의 더러는 우둔하게 된 것이라 그리하여 온 이스라엘이 구원을 받으리라 기록된 바 구원자가 시온에서 오사 야곱에게서 경건하지 않은 것을 돌이키시겠고 내가 그들의 죄를 없이 할 때에 그들에게 이루어질 내 언약이 이것이라 함과 같으니라(참조. 사 59:20-21).

이 해법은 "신비," 곧 하나님의 궁극적 목적의 신비가 밝혀지면서 출현한다.[131] 이 목적은 이방인들을 들어오게 하는 것을 항상 염두에 두고 있었다고 이제 바울은 밝힐 수 있다.[132] 이것은 아마도 바울이 그의 회심 계시 때에 각인받은 확신이

이다(예를 들어, 시 2:11; 34:9, 11; 111:10; 112:1; 잠 1:7; 3:7; Sir. 1:11-14, 16, 18, 20, 26-27, 30; 2:7-10, 15-17); 바울 서신의 다른 곳에서도 마찬가지이다(특히 고후 5:11; 7:1; 빌 2:12; 골 3:22).

131) "신비"에 대해서는 위의 §12 n. 52를 보라.

132) "신비"란 모든 민족들을 믿음의 순종으로 이끄시는 하나님의 경륜이라는 것은 롬 16:25-26에 나오는 부록에서 더 분명하게 밝혀진다. 나중에 에베소서에서 유대인과 이방인을 "그리스도 예수 안에서 함께 상속자가 되고 함께 지체가 되고 함께 약속에 참여하는 자"로 함께 통합하고자 하는 이러한 경륜은 하나님께서 "하늘에 있는 것이나 땅에 있는 것이 다 그리스도 안에서 통일되게 하려" 하시는 수단으로 이해된다(엡 1:9-10; 3:3-6). 자세한 것은 필자의 *Romans* 678-79, 912-16; *Colossians* 119-23을 보라. 여기서의 "신비"는 다메섹 도

었을 것이다 — 하나님의 아들이 이방인들 가운데 전파되어야 한다는 것(갈 1:16). 이것의 성경적 예표를 바울은 분명히 "모든 이방인이 너로 말미암아 복을 받으리라"(갈 3:8)는 아브라함에게 주어진 약속 속에서 보았다. 그러나 여기에서 그것은 이스라엘의 불신앙이라는 수수께끼 같은 문제에 대한 해법 역할을 한다. 이 문제에 대한 해법은 이런 것이었다: "이방인의 충만한 수가 들어오기까지 이스라엘의 더러는 우둔하게 된 것"이다. 그러므로 넘어진 이스라엘을 보고 이방인들이 자축하거나 스스로 자랑할 이유가 전혀 없었다. 모든 것은 하나님의 본래의 궁극적인 목적을 따라 진행된 것이었다.

여기에서 마침내 이스라엘의 정체성과 하나님의 택하신 자들과의 그 연관성이 해결된다. 11:7의 삼중적 구별(이스라엘, 택하신 자들, 나머지)과 병행되게 여기에는 "부분적으로 우둔하게 된 이스라엘," "이방인의 충만한 수," "온 이스라엘"이 나온다. 첫 번째 어구는 부분적으로 눈이 먼 전체 백성을 가리킨다.[133] 두 번째 어구는 마지막으로 온 이스라엘이 받아들여진다는 것(그들의 '플레로마' [pleroma] — 11:12)을 "이방인의 충만한 수"와 병행시킨다.[134] 그리고 세 번째 어구는 그 범위를 가능한 한 넓게 확대시킨다 — "온 이스라엘." 여기서 "이스라엘"은 이러한 명칭을 지닌 역사적 민족을 의미한다는 것은 거의 의심의 여지가 없다.[135]

상의 계시 또는 그 직후에 바울에게 계시되었다고 주장하면서, S. Kim("The Myster of Rom. 11:25-26 Once More," *NTS* 43 [1997] 412-29)은 이 단락의 서두(9:6)에서 제기된 딜레마에 대한 해법으로서 11:25-26의 극적인 역할을 대체로 무시한다; 즉, 11:25-26이 대답을 주고 있는 문제는 이스라엘의 상당수가 계속해서 복음을 듣고 믿지 않음에 따라 생겨났다(10:14-21). Cf. Sänger, Verkündigung 181: 이 신비에 새로운 요소는 "이스라엘의 '포로시스' (porosis, 완악해짐)의 의미와 기능에 국한되어 있다."

133) '아포 메루스' (apo merous)는 부사적으로, 즉 "부분적으로 완악해지거나 눈멈" (BAGD, meros 1c; REB)으로 해석해야 하며 "이스라엘의 일부"(NRSV)로 해석해서는 안 된다; cf. 15:15; 고후 1:14; 2:5.

134) '플레로마' (pleroma)에 대해서는 위의 n. 119를 보라. 그러나 이 용어는 부정확하다. 장래에 대한 바울의 비전은 그 세부적인 내용에서는 명확하지 않다. 그가 표현하고 있는 것은 그의 기본적인 두 가지 확신에 의해서 알게 된 핵심적인 측면들과 원칙들에 대한 그의 확신이 전부이다: 하나님은 자기 백성에 대하여 신실하시다; 하나님의 목적은 언제나 모든 열방들을 포함하였다. 그러나 Nanos는 "이방인들의 충만한 수"는 이방 선교의 '시작' 을 의미한다고 주장함으로써(*Mystery* ch. 5, 특히 272-73, 277, 287) 바울의 "먼저 유대인에게요 또한 이방인에게로라" 전략을 왜곡한다.

11:28-29을 보면, 이 문제는 거의 이론(異論)의 여지가 없다.[136] 그러나 그것은 이제 일차적으로 하나님의 "택하심"과 "부르심"(11:28, 29)에 의해 규정되는 이스라엘이다: 9:11-12과 24절이 여기에 반영되어 있다는 것도 분명하다. 달리 말하면, 이스라엘의 "나"의 분열은 치유될 것이라는 말이다. 역사적 이스라엘과 하나님의 부르심을 받은 자들의 구분은 이스라엘과 이방인들의 "충만한 수"를 통해 사라질 것이다. 바울은 역사적 이스라엘을 가리키는 데 계속해서 "이스라엘"을 사용하지만, 더 이상 그것을 배타적인 방식으로 사용하지는 않는다.[137] "온 이스라엘"이 구원받을 때, 하나님의 백성 속의 분열은 치유되고, 종말론적 긴장은 해소되며, 하나님의 이스라엘은 온전해지게 될 것이다.

이스라엘에 관한 바울의 긴 강론의 이 마지막 단원에서 가장 두드러진 특징들 중의 하나는 기독교 특유의 것이라고 할 만한 것이 전혀 없다는 것이다. 여기서 말하고 있는 사람은 이스라엘 사람 바울이다. 그는 이방인들에 대한 자신의 헌신을 조금도 약화시키지 않으면서도 철저히 유대인다운 생각인 이스라엘의 최후의 구원에 대한 소망을 제시한다. 물론 초점은 토라가 아니라 "시온에서 오시는 구원자"(11:26), 메시아의 오심에 맞춰져 있다.[138] 그리고 바울은 예수 그리스도의 재림을 염두에 두었을 것임이 틀림없다.[139] 그러나 이 소망을 표현하면서도 이사야

135) "'온 이스라엘'(pas Israel)이라는 어구는 … 구약에서 148회 나오는데, 언제나 역사적, 민족적 이스라엘을 가리킨다"(Fitzmyer, *Romans* 623). "온 이스라엘" = 남은 자라는 Refoule의 주장("Coherence")에 대한 반박으로는 Penna, *Paul* 1.318 n. 86을 보라.

136) "복음으로 하면 그들이 너희로 말미암아 원수 된 자요 택하심으로 하면 조상들로 말미암아 사랑을 입은 자라 하나님의 은사와 부르심에는 후회하심이 없느니라"(11:28-29).

137) 바울은 더 이상 아무것도 아닌 경계들을 보이기 위하여 "이방인들"과 구별하여 "이스라엘"이라는 표현을 계속해서 사용한다.

138) 바울은 이스라엘을 위한 다른 방식의 구원을 염두에 두었다는 주장(특히 C. Plag, *Israels Wege zum Heil, Eine Untersuchung zu Römer* 9 bis 11 [Stuttgart: Calwer, 1969] 49-61; F. Mussner, "'Ganz Israel wird gerettet werden' [Röm. 11.26]. Versuch einer Auslegung," Kairos 18 [1976] 245-53; Gaston, *Paul* 148)은 바울이 고의적으로 부정확하게 정의한 전술을 오해한 것이다. 마찬가지로 하나님의 계약에 대한 언급은 일부 학자들에게 이 문제를 더욱 거북살스럽게 열어 놓는다. 자세한 것은 필자의 *Romans* 683-84; Longenecker, "Different Answers," 특히 98-101; Fitzmyer, *Romans* 619-20을 보라.

139) 특히 살전 1:10; 그러나 또한 롬 7:24도 참조하라. 자세한 것은 필자의 *Romans*, 682를 보라. Becker, *Paul* 471-72와는 반대로, 이스라엘에 대한 바울의 소망은 이스라엘에 대

59:20-21에서 가져온 표현의 모호함은 그대로 유지된다.[140] 바울은 여태까지 그리스도인들에 의한 예수 선포에 반발해 왔던 자기 골육들에게 가장 강력하게 호소력 있고 가장 적게 당혹스럽게 하는 표현으로 이스라엘에 대한 자신의 소망을 피력하기를 원했음이 분명하다. 실제로 바울은 자기에게 동참하여 메시아의 오심을 대망하자고 자신의 동포 이스라엘 사람들을 초대하고 있는 것이다. 이 공통의 소망 속에서 두 시대의 과도기, 역사적 이스라엘과 유대인 및 이방인들 중에서 새롭게 부르심 받은 자들(9:24) 간의 분열적 긴장은 초월될 수 있다.

이러한 화해적 소망의 분위기는 위대한 심포니(11:28-32)와 결론부의 송영(11:33-36)에 의해 강화된다. 왜냐하면 전체를 관통하는 주제는 하나님의 주권적 목적이기 때문이다. 그의 목적은 처음부터 확고했고 변함이 없었다: "하나님의 은사와 부르심에는 후회하심이 없느니라"(11:29).[141] 이스라엘의 하나님은 변함없이 이스라엘에게 충실하고, 그의 의는 끝까지 지속된다.[142] 그 목적은 긍휼로 인한 받아들임 이전의 불순종의 신비를 포함한다(11:30-31).[143] 그리고 불순종의 시기의 당혹감과 고뇌가 무엇이든, 확실한 최종적인 목표는 "모든 사람에게 긍휼을 베풀려 하심"(11:32)이다.[144] 마지막 송영은 오직 하나님에게만 초점이 맞춰져 있고(11:33-36), 그리스도는 언급되지 않는다. 구원 과정의 절정에 관한 바울의 비전(vision)에서 이것은 고린도전서 15:24-28에 나오는 기독론의 절정과 대응된다

한 최종적인 선교(자기 자신에 의한)가 아니라 파루시아에 그 초점이 맞춰져 있었다(11:14).

140) 인용문의 마지막 행은 사 27:9에서 온 것임이 거의 확실하다; 위의 §12 n. 58을 보라. 모호한 부분 중에는 "구원자"를 야훼로 이해할 가능성도 포함된다; 몇몇 주석자들은 이것이 바울 자신의 견해였다고 생각한다(예를 들어, C. D. Stanley, "'The Redeemer Will Come ek Sion': Romans 11.26-27," in Evans and Sanders, eds., *Paul and the Scriptures of Israel* [§7 n. 1] 118-42 [특히 137-38]); 그러나 위의 n. 138과 §10 n. 11을 보라.

141) "은사"와 "부르심"이라는 말을 하면서, 바울은 9:4-5에 나오는 목록과 9:7-29의 주된 주제였던 "부르심"을 염두에 두었을 것이다.

142) 위의 §2.5과 §14.2을 보라.

143) 11:30-31의 경구적인 구조에 대해서는 필자의 *Romans* 687-88을 보라. "이전/지금"의 대비, 앞을 내다보는 "이미-아직"에 상응하는 뒤를 돌아보는 종말론적 "지금"에 주목하라.

144) 11:32은 갈 3:22-23에 상응한다: 나중 단계에서의 성취를 위하여 "가두어 두시는" 이전 단계.

— "이는 하나님이 만유의 주로서 만유 안에 계시려 하심이라."

§19.7 최후의 목표(15:7-13)

로마서 및 바울의 신학 내에서 9~11장의 기능을 평가하면서 흔히 간과되는 것은 바울이 이 서신에서 해설한 복음과 신학의 정점을 이루는 진술이라 할 수 있는 대목에서 이 주제로 되돌아간다는 사실이다 — 15:7-13:

> 그러므로 그리스도께서 우리를 받아 하나님께 영광을 돌리심과 같이 너희도 서로 받으라 내가 말하노니 그리스도께서 하나님의 진실하심을 위하여 할례의 추종자가 되셨으니 이는 조상들에게 주신 약속들을 견고하게 하시고 이방인들도 그 긍휼하심으로 말미암아 하나님께 영광을 돌리게 하려 하심이라 기록된 바 그러므로 내가 열방 중에서 주께 감사하고 주의 이름을 찬송하리로다(참조. 시 18:49) 함과 같으니라 또 이르되 열방들아 주의 백성과 함께 즐거워하라(참조. 신 32:43 칠십인역) 하였으며 또 모든 열방들아 주를 찬양하며 모든 백성들아 그를 찬송하라(참조. 시 117:1) 하였으며 또 이사야가 이르되 이새의 뿌리 곧 열방을 다스리기 위하여 일어나시는 이가 있으리니 열방이 그에게 소망을 두리라(사 11:10) 하였느니라 소망의 하나님이 모든 기쁨과 평강을 믿음 안에서 너희에게 충만하게 하사 성령의 능력으로 소망이 넘치게 하시기를 원하노라.

여기서 우리는 네 가지 특징에 주목할 필요가 있다. (1) 약한 자와 강한 자에 대한 앞서의 권면(14:1~15:6)과의 연결고리 역할을 하는 주제는 받으라는 주제이다. 그러나 14:1~15:6에서 주된 호소가 강한 자에게 약한 자를 "받으라"는 것이었던 반면에(14:1; 15:1), 여기서는 양쪽 모두에게 공평한 호소가 이루어진다: "서로 받으라." 14:1~15:6에서 개진된 문제는 주로 유대인의 정체성에 관한 민감한 내용들에 의해 일어난 것이기 때문에,[145] '상호간의' 받음과 존중의 호소가 중요하다. 바울은 그리스도인이 된 유대인들의 정체성이 포기되는 것도, 확대되는 것도 원치 않는다. 바울이 원하는 것은 앞 절에 표현된 바로 그것이다: "한 마음

---

145) 아래의 §24.3을 보라.

과 한 입으로 하나님 곧 우리 주 예수 그리스도의 아버지께 영광을 돌리게 하려 하노라"(15:6).

(2) 역사적 이스라엘의 과거와의 정체성의 연속성이 철저하게 강조되고 있다: "그리스도께서 하나님의 진실하심을 위하여 할례의 추종자가 되셨으니 이는 조상들에게 주신 약속들을 견고하게 하시고"(15:8). 서신 전체가 하나님의 신실하심(=참되심)을 나타내 보이는 목적에 의해 그 동기가 유발되었다는 것[146]이 분명하게 재천명되고 있다 — 즉, 족장들에 대한 하나님의 약속들을 확증하는 것으로서의 할례로 말미암은 그의 원래의 목적에 대한 하나님의 신실하심.[147] 로마서 11장 또는 9~11장 전체의 논증은 로마서에 따른 바울의 신학에서 하나의 부산물이 아니라 전체에서 중심적인 것이었다. 기독교와 이스라엘의 연속성, 또한 이스라엘의 연속성은 바울의 복음에 근본적인 것이었다.

(3) 마찬가지로 중심적인 것은 다른 민족들과 하나님의 백성과의 통합 — 동화나 흡수가 아닌 — 이었다. 그것은 마치 바울이 9~11장에 나오는 성구(聖句)로 가득 찬 해설에 하나님의 목적들의 성취에 대한 그의 소망을 가장 효과적으로 요약한 일군(一群)의 성구들을 유보해 놓은 듯이 보인다. 말하고자 하는 취지는 세심하게 개진된다. 바울은 하나님의 은혜를 입은 택함 받은 자라는 이스라엘의 자기이해를 특징적으로 표현하였던 이사일어(二事一語, hendiadys) 히브리어인 "진리와 긍휼"(chesedh we'emeth)로 되돌아간다.[148] 그러나 고린도전서 8:6에서 쉐마(Shema)를 쪼개었듯이(한 분 하나님과 한 분 주로),[149] 여기서도 바울은 이 이사일어를 할례(15:8)와 민족들(15:9)로 쪼갠다; 그리고 이 둘은 이제 하나님의 계약적 긍휼에 의해 포괄된다.[150] 그리고 15:10에서, 이스라엘의 자기 이해의 토대가 되는 신명기 32장, 곧 모세의 노래를 나름대로 의역한 칠십인역본은 바울에게 그가 원했던 바로 그것을 제공해 주었다. 왜냐하면 이 헬라어 본문은 의기양양

146) 위의 §2.5과 §14.2을 보라.

147) 조상들에 대한 약속들이라는 주제는 4장과 9장의 해설들을 통합시킨다(4:13-14, 16, 20; 9:4, 8-9).

148) BDB, chesedh Ⅱ.2를 보라.

149) 위의 §10.5a을 보라.

150) 바울은 15:8과 15:9의 사고의 연결성을 우리가 예상한 것보다 더 모호하게 남겨두었다; 필자의 *Romans* 847-48에 나오는 논의를 보라.

한 히브리어 본문("너희 열방들아, 그의 백성을 찬송하라")을 바울의 취지에 훨씬 더 맞는 표현으로 바꾸어 놓았기 때문이다: "열방들아, 그의 백성과 더불어 기뻐하라." "~와 더불어"라는 표현은 바울이 원했던 바로 그 통합의 분위기를 잘 전해 준다.

(4) 마지막 일련의 본문들은 유대인과 이방인이 예배 및 소망의 공동체 속에 함께 포괄될 것에 대한 바울의 비전(vision)을 요약하고 있다. "모든 백성들아 그를 찬송하라"(15:11). 여기서 "모든"은 로마서에서의 그 가장 특징적인 역할을 마지막으로 수행한다 — 유대인이 먼저요 그러나 이방인도, 즉 유대인과 아울러 이방인을 포괄하는 "모든."[151] 이새의 가지는 "열방이 소망을 두는"(15:12) 자이다. 바울이 그의 신학적 해설을 이 "소망"에 대한 삼중의 강조로 둘러싸고 있는 것(15:12-13)은 그것이 그의 신학에서 차지하는 중심성을 확증해 준다.

§19.8 결론들

로마서 9~11장에서 바울은 다른 곳에서와는 달리 그의 심경을 그대로 드러낸다. 그의 개인적 정체성과 그의 복음의 논리는 그의 백성의 부르심 및 운명과 매우 밀접하게 결부되어 있었다.[152] 따라서 그 결과 여기서 그의 신학은 다른 어느 곳에서보다도 개인적이고 감정적으로 더 연루되어 있다.

좀 더 구체적으로 말하면, 이스라엘의 미래에 관한 바울의 비전은 이방인의 사도로서의 부르심에 대한 그의 인식과 밀접하게 결부되어 있었다는 말이다. 그의 확신과 소망은 분명히 그의 선교 사역이 최후의 완성을 향한 결정적인 계기가 되리라는 것이었다(11:13-15). 바울이 서바나를 선교하고자 했던 소망(15:24, 28)은 그가 긴 기간의 세계 선교를 내다보았다는 것을 의미하지 않는다. 반대로 그는 서바나 선교를 창세기 10장에 묘사된 민족 목록 및 그것과 연관된 지리에 따라 야벳 자손에 대한 최후의 선교로 보았을 것이다.[153] 따라서 이 대목에서의 바울의

151) 위의 §14.7a을 보라.

152) 롬 9:3; 10:1; 11:1-2.

153) 자세한 것은 특히 W. P. Bowers, "Jewish Communities in Spain in the Time of Paul the Apostle," *JTS* 26 (1975) 395-402; Aus, "Paul's Travel Plans" (§24 n. 1); J. M. Scott, *Paul and the Nations: The Old Testament and Jewish Background of Paul's Mission*

신학이 선교사로서 그 자신에 대한 자기 이해와 결부되어 있는 정도만큼 후대의 신학자들은 이 둘을 풀어내기가 어렵게 된다. 이에 따른 분명한 난점은 "이방인의 충만한 수"를 채우는 데에 바울의 역할에 관한 그의 비전은 성취되지 않았다는 것이다. 그는 서바나에 가지 못했다. 그리고 기독교의 세계 선교는 끝나지 않았다. 그렇다면 그것은 이스라엘에 관한 그의 신학 및 이스라엘에 대한 그의 소망에 관하여 무엇을 말해 주는가?

게다가 범주들을 바꾸려던 바울의 시도도 실패했다. 그는 논의를 "유대인-이방인"이라는 대결구도에서 "이스라엘"이라는 단일 구도로 변화시켰다. 그는 "이스라엘"을 하나님의 부르심을 받은 자들로 재정의하고자 하였다. 그리고 역사적 이스라엘과 관련하여 "이스라엘"이라는 말을 계속해서 사용할 때에도, 바울은 그 범주를 더 개방적으로 취급하고자 하였다. 그러나 그의 시도는 실패하였다. 이미 이그나티우스(Ignatius)에 와서 논의는 다시 신속하게 유대인/그리스도인, 유대교/기독교라는 대결구도로 되돌아갔다.[154] 그리고 "이스라엘"은 이미 바나바(Barnabas)와 멜리토(Melito)에 와서 배타적이고 호교론적인 주장이 되었다 — 옛적의 이스라엘을 대체하는 "새 이스라엘"로서의 교회.[155] 이런 일이 벌어짐으로써, 로마서 9~11장의 신학적 소망(그리고 선교 전략)은 이미 파국을 맞았고, 바울이 거기에서 제시했던 신학은 끝없는 혼란과 오해의 희생물로 전락했다.

그럼에도 불구하고 우리가 바울의 신학적 도전을 재평가하고 재발견해야 할 곳

---

to the Nations (WUNT 84; Tubingen: Mohr, 1995); 그리고 위의 §12.4을 보라.

154) "기독교"라는 말은 구별하는 용어로서 Ignatius (*Magnesians* 10.3; *Philadelphians* 6.1)에 처음으로 등장한다 — 즉, 유대교와 다른 기독교, 유대교가 아닌 것으로 정의된 기독교(K.-W. Niebuhr, "'Judentum' und 'Christentum' bei Paulus und Ignatius von Antiochien," *ZNW* 85 [1994] 218-33 [특히 224-33]; Dunn, "Two Covenants or One?" [§6 n. 84]).

155) *Barnabas* 4.6-8, 13-14; Melito, *Peri Pascha* 72-99(필자의 "Two Covenants or One?" [§6 n. 84] 111-13을 보라). 또한 Fitzmyer, *Romans* 620에 의해 인용된 것들을 보라. 오늘날 우리는 Ridderbos를 한 예로 들 수 있다: "교회는 역사상 하나님의 백성으로서 이스라엘의 자리를 대신한다"(*Paul* 333-34, 하지만 360도 보라). Harrington, *Paul* 90은 제2바티칸 공의회의 *Nostra Aetate* 4가 비록 "이스라엘을 두드러지게 긍정적으로 묘사하고" 있긴 하지만 "바울 이외의 신약성경의 기자들에 의해 제시된 '대체' 또는 '억압주의적' 신학들에 가까운 … 기독교 전승에 유리한" 몇몇 표현들을 담고 있다는 것을 지적한다.

은 바로 그곳이다. 거기에서 바울은 대체로 옛적의 엘리야처럼 "이스라엘을 괴롭게 하는 자"(왕상 18:17)로 남아 있다. 한편으로 바울은 이방 그리스도인들에게 이스라엘은 여전히 하나님의 경륜 속에서 그 이전의 지위를 보유하고 있다고 역설한다; 역사적 이스라엘은 여전히 "이스라엘"이다; 그들은 현재도 이스라엘 사람들이다(9:4). 그리고 마찬가지로 바울은 하나님에 의해 오래 전에 심겨진 감람나무인 이스라엘을 제외한다면 기독교는 그 가지로서의 자신을 이해할 수 없다고 역설한다. 다른 한편으로 이와 동시에 바울은 자기 백성에게 이스라엘은 인종적 혈통이나 "행위"라는 견지에서가 아니라 오직 부르심과 택하심이라는 견지에서만 스스로를 이해할 수 있다고 역설한다. 즉, "이스라엘"은 하나님이 부르시는 자들, 다른 어떤 조건 없이 오직 그 부르심으로 인하여 "이스라엘"인 자들에게 항상 열려 있다는 것이다. 이 도전은 둘 모두를 향한 것이다.

그러므로 이 대목에서 바울의 도전은 지금까지 사람들이 이해해 왔던 것과 정반대가 된다. 전통적으로 바울은 "사도이자 배교자"로 평가되어 왔다.[156] 그러나 이것은 "이방인과 유대인"을 편 가른 바울, "기독교와 유대교"를 분리시키고 대결시킨 바울로 보는 것이다. 이것은 그리스도인과 유대인 양자가 해석하고 바라본 바울이다. 로마서 9~11장의 바울, "이스라엘"의 바울, 이스라엘 사람 바울은 이와는 다른 메시지를 말하고, 그의 신학은 다른 가능성을 제시한다 — 둘을 잇는 다리들을 끊는 것이 아니라 오히려 세우는 바울. 핵심적인 문제는 제2성전 시대 후기의 유대교의 바울이 한 사람의 이스라엘인으로서, 이스라엘의 진정한 목소리로서 말하고 있다는 것이 이 분야에 관심을 가진 모든 이들에 의해 인정될 수 있느냐 하는 것이다. 일차적인 문제는 바울을 역사적 이스라엘이 세워질 때의 약속("열방들에 대한 축복")과 역사적 이스라엘의 예언적 사명(열방에 대한 빛으로서) 이 양자를 적절하게 대변하는 자로 인정할 수 있느냐 하는 것이다. 그러니까 한마디로 말해서, 바울이 이스라엘에 대하여 품었던 소망(11:26), 이방인들이 하나님의 백성과 더불어 기뻐하고 모든 백성들이 그를 찬송하리라는 소망(15:10-11)을 이스라엘 자신의 소망으로 인정할 수 있느냐 하는 것이다. 이것을 인정하면, 기독교 신학은 혁명적으로 바뀌게 되고, 유대교와 기독교 간의 대화는 새로운 추진력을 얻게 될 것이다.

---

156) 이것은 *Paul*에 대한 Segal의 책의 부제(副題)를 반영한 것이다.

제 7 장

교회

§20 그리스도의 몸[1]

§ 20.1 공동체적 정체성의 재정의

바울의 사고의 흐름은 로마서 9~11장의 처음 부분에서와 마찬가지로 끝 부분에서도 오해되어 왔다. 핵심은 9~11장에서 바울은 사실상 하나님의 백성의 공동체적 정체성이라는 주제로 넘어갔음을 인식하는 것이다. 기독교의 정체성이 공동체적이라는 것은 5~8장(5:12-21의 아담 기독론), 6장의 "그리스도 안에서"라는 이미지, 8:27-33에 나오는 "성도들," "하나님을 사랑하는 자들," "하나님의 택함 받은 자들" 등과 같은 "이스라엘"이라는 관점에서의 표현들에 이미 함축되어 있었다.[2] 그러나 아브라함을 믿음의 원형(原型)으로 사용한 것(4장), 6~8장의 직접적인 부름말과 호소가 주는 지배적인 인상은 믿음은 매우 개인적인 그 무엇이라는 것이다. 그리고 바울에게 믿음은 사실 그런 것이었다. 믿음이 단순히 이차적인 그 무엇이 될 수 없다는 것은 그의 복음과 신학의 근본적인 특징이다. 그러나 이것은 바울에게 믿음이 오로지 개인적이었다거나 바울은 신자들이 부활하신 그리스도와의 온전한 관계를 독자적으로 누릴 수 있다고 생각했다는 것을 의미하지 않는다. 믿음의 관계는 공동체적이기도 하였기 때문이다. 그리고 그러한 인식은 바울의 신학에서 마찬가지로 근본적인 것이었다.

그러나 복음에 의해 가능해진 공동체적 정체성은 과연 무엇이었는가? 5~8장에 나오는 바울의 해설이 "이스라엘에 대한 하나님의 신실하심은 도대체 무엇인

1) 이 책 말미의 참고문헌을 보라.

2) 위의 §19.1을 보라.

가?"라는 질문을 불러일으켰듯이,[3] 9~11장은 다음과 같은 질문을 불러일으킨다: 이스라엘이 여전히 하나님의 택하심의 목적의 초점이지만 "이스라엘"은 인종적 이스라엘과 동일한 것이 아니라면, 유대인과 이방인으로 이루어지는 "하나님의 부름 받은 자들"의 공동체적 형태는 과연 무엇인가(9:24)? 하나님의 백성이 더 이상 아브라함의 직계 혈통이라는 견지에서 정의되거나 오로지 그들의 행위를 기준으로 규정될 수 없다면(9:10-12), 그것을 정의하는 특징들은 과연 무엇인가? 이제 무엇이 그리스도의 백성임을 보여 주는가?

9~11장에서 12장까지의 해설의 흐름으로 봐서 그 관계는 대비(對比)의 관계였다고 생각하는 것이 자연스러워 보인다. 현대에, 적어도 바우어(F. C. Baur) 때부터 이러한 대비는 민족 대 세계, 배타성 대 포괄성이라는 관점에서 표현되어 왔다. 바우어는 초기 기독교의 발전을 주도했던 베드로 파와 바울 파 간의 논쟁을 유대 특수주의와 기독교 보편주의 간의 논쟁으로 이해하였다. 바울에게는 기독교를 유대교의 한 분파라는 지위에서 건져내어 "그 정신과 목표에서 철저한 보편주의"로 해방시킨 공로가 돌려져야 한다고 했다.[4] 이 점에 관한 이후의 견해들에 대한 바우어의 영향력은 대부분의 학자들이 인정한 것보다 훨씬 더 광범위하고 지속적인 것이었다.[5]

그러나 바우어의 그러한 견해는 매우 불만족스러운 것이다. 왜냐하면 한편으로 이스라엘의 토대가 되는 신앙도 마찬가지로 보편적이었기 때문이다. 바울이 로마서 3:29-30에서 지적할 수 있었던 것처럼, 하나님이 한 분이시라는 고백(Shema)은 이 한 분 하나님은 유대인과 아울러 이방인의 하나님이기도 하다는 피할 수 없는 결론을 지닌다.[6] 게다가 사실 역사적 이스라엘은 항상 우거하는 객, 이방인 개종자, 하나님을 경외하는 자를 환영해 왔다.[7] 모든 열방들이 아브라함을 통하여

---

3) 위의 §19.1을 보라.

4) F. C. Baur, *The Church History of the First Three Centuries* (1853; London: Williams and Norgate, 1878-79) 5-6, 9, 27-29, 33, 38-39, 43, 49-50 등.

5) 특히 Ridderbos, *Paul* 333-41을 보라.

6) 또한 위의 §2.2과 §2.5을 보라.

7) 예를 들어, 필자의 *Jesus, Paul and the Law* 143-47에 나오는 자료들을 보라. 솔로몬의 봉헌 기도에서 성전을 이방인들에게 개방하는 것을 보라(왕상 8:41-43/대하 6:32-33). 자세한 것은 Kraus, *Volk Gottes* 16-44를 보라.

복을 받으리라는 약속은 잊혀지지 않았고,[8] 이스라엘은 열방들의 빛이 되고자 하였고,[9] 종말에 열방들이 시온으로 순례를 와서 여호와를 예배하는 데 동참하게 될 것이라는 전망은 유대인들의 사고에서 친숙한 주제이다.[10] 역으로 다른 한편으로 새로운 기독교 운동은 사실 제한적이며 배타적이었다. 유대교가 그 개종자들에게 할례를 요구하고 율법의 멍에를 메기를 요구하였다면, 기독교도 마찬가지로 그 개종자들에게 그리스도를 믿고 그의 이름으로 세례를 받을 것을 요구하였다.

이 점에 대한 논의는 범주의 혼동인 경우가 많다. '신학적' 차원에서 이것은 믿는 모든 자들에게 제시되는 복음이 한 분 하나님에 대한 고백보다 더 보편적인가라는 논쟁이 될 수 있다. 또는 할례를 요구하는 것이 세례를 요구하는 것보다 더 제한적인가라는 논쟁이 될 수도 있다. 그러나 '사회학적' 차원에서 집단들은 큰 집단이든 분산된 집단이든 다 다른 집단들과 구별되는 나름대로의 정체성을 확보해 주는 독특한 특징들을 지니고 있다는 것을 우리는 부인할 수 없다. 집단들은 다른 집단과 구별되는 모종의 경계를 지니고 있기 때문에 집단이 될 수 있다. 이것은 사회학의 기본이다. 예를 들면, "유대인이나 헬라인이나 종이나 자유인이나 남자나 여자나 다 그리스도 예수 안에서 하나이니라"라는 많이 인용되는 본문과 관련해서 우리를 괴롭히는 것은 범주의 혼동이다.[11] 왜냐하면 이것은 분명히 사회학적 서술이라기보다는 신학적 단언이기 때문이다. 그러나 이에 대해서는 나중에 다시 살펴보기로 하자.[12]

방금 다룬 문제들에 대한 훌륭한 해법들이 무엇이든, 다음과 같은 문제는 우리에게 여전히 남는다: 하나님의 부름 받은 자들이 단순히 이스라엘이 아니라면, 곧 "이스라엘에게서 난 그들이 다 이스라엘이 아니"(롬 9:6)라면, 종말론적인 하나님의 백성의 공동체적 정체성은 과연 무엇인가? 폴 미니어(Paul Minear)는 "신약

8) 창 12:3; 18:18; 22:18; 26:4; 28:14과 아울러, 특히 시 72:17; 렘 4:2; 슥 8:13을 보라.

9) 사 49:6; 51:4.

10) 예를 들어, 시 22:27-31; 86:9; 사 2:2-3; 25:6-8; 56:3-8; 66:18-23; 미 4:1-2; 습 3:9; 슥 2:11; 14:16; Tob. 13:11; 14:6-7; *Pss. Sol.* 17:34; *Sib.* Or. 3.710-20, 772-75. 그러나 또한 왕하 6:17; 시 87:4-6; 사 19:18-25; 욘 3:5-10; 말 1:11(이방인들이 이 땅 밖에서 야훼를 예배하는 것을 상정하고 있음)을 보라.

11) 갈 3:28; 마찬가지로 고전 12:13과 골 3:11. 위의 §17 n. 10을 보라.

12) 아래의 §21.1을 보라.

에 나타나는 교회에 대한 이미지들" 95가지를 지적하는 것으로 이에 대답하였지만,[13] 우리는 네 개의 주된 범주를 분석하는 것으로 만족해야 할 것 같다.[14]

§ 20.2 하나님의 교회

우리의 논의의 출발점으로 삼을 만한 분명한 지점은 "교회"라는 명칭 자체이다. '에클레시아' (ekklesia, "교회")는 그리스도의 이름으로 만나는 자들의 집단을 지칭하는 데 바울이 가장 자주 사용한 용어이다.[15] 그는 서신들에서 구체적으로 "데살로니가인들의 교회," "고린도에 있는...교회," "갈라디아 교회들"이라고 부른다.[16]

---

13) Minear, *Images*. 열거된 것들(이것들 모두가 본래적으로 "교회의 이미지들"인 것은 아님) 중에서, 아래에서 검토할 것들을 제외하고, 가장 중요한 바울의 은유들은 다음과 같다(Minear의 순서대로): 그리스도의 편지(고후 3:2-3); 감람나무(롬 11:13-24); 하나님의 심으신 것과 하나님의 지으신 것(고전 3:9); 그리스도의 신부(고후 11:1-2); 시민들(빌 3:20*); 하나님의 백성(롬 9:25-26); 이스라엘(갈 6:16); 할례(빌 3:3); 아브라함의 자손(갈 3:29; 롬 4:16); 남은 자(롬 9:27; 11:5-7); 택하신 자(롬 8:33*); 새로운 피조물(고후 5:17); 빛(빌 2:15; 살전 5:5); 종들(예를 들어, 갈 5:13); 하나님의 아들들(롬 8:14-17* — 별표는 내가 붙인 것임). Kraus는 15가지 이미지들을 열거한다(Volk Gottes 111-18). Minear나 Kraus가 목록 중에 "가족"이라는 이미지를 포함시키지 않고 있다는 것이 눈에 띈다. 이것은 아마도 바울이 그의 교회들에게 편지하면서 가족 '관계들' 에 관한 이미지는 사용하지만(출생 — 갈 4:19; 아버지와 자녀들 — 고전 4:15, 17; 빌 2:22; 살전 2:11; 형제 — 여러 번), 신자들의 집합체가 '가족' (아버지, 아내/어머니, 자녀들, 종들)으로 구조화되어 있다고 생각하지 않았기 때문일 것이다. '가족' 구조가 '교회' 구조을 위한 모델을 제공한다는 생각은 후대에 기독교적 권면 속에 '가사율' (Haustafel)이 채택되면서 그 결과로서 등장한 것으로 보이는데(아래의 §23.7c을 보라), 목회서신들에서 좀 더 명시적인 형태로 최초로 등장한다(딤전 3:4-5; 딛 1:6과 2:5).

14) 바울이 "하나님의 백성"이라는 말을 제한적으로 사용하고 있는 것에 비추어 볼 때(이 표현은 모두 성경을 인용하거나 반영한 구절들에만 나온다 — 위의 §19.5a과 n. 97을 보라), 이 용어가 이스라엘과의 연속성을 강조하는 중심 개념이라는 가치를 지님에도 불구하고(롬 9:24-26; 고후 6:16), 바울의 교회론에 대한 분석에서 이 용어에 핵심적인 역할을 부여하여야 하는지는 의문이다(가장 최근에는 Kraus, *Volk Gottes*에 의해서).

15) Ekklesia — 바울 서신에서 62회(고린도전서에서 가장 빈번하게 사용됨); 그 밖의 곳에서는 사도행전(23회)과 요한계시록(20회)에서 가장 흔하게 사용되고, 신약에서는 총 114회 나온다. 의외로 Minear는 이미지들의 목록에 '에클레시아' (ekklesia)를 포함시키지 않는다.

그는 통상적으로 교회들, 구체적으로 자기에게 맡겨진 "모든 교회들"을 언급한다.[17] 그러므로 분명히 바울은 이방 선교에서 개종한 자들의 공동체적 정체성을 개념화한 용어로 "교회"를 사용하였다고 할 수 있다.

바울은 왜 이 용어를 사용하였을까? 이에 대한 과거의 대답들은 이 용어의 어원(ek-kaleo, "불러내다")을 성찰한 것들이었다: 따라서 "불러내어진" 자들로서의 "교회."[18] 그러나 그러한 이미지가 "부르심 받은 자들"[19]이자 "택함 받은 자들"(eklekto, 롬 8:33)로서의 신자에 관한 개념을 잘 표현해준다고 할지라도, 바울은 그러한 개념 유희를 별로 좋아하지 않는다는 것을 우리는 유의해야 한다. 또한 바울이 투표권을 지닌 시민들의 회중(會衆)을 가리키는 당시의 '에클레시아' 용법의 영향을 받았다는 주장도 제기되었다.[20] 그러나 여기에서도 공통된 사고는 특정한 부류의 회중이 아니라 그저 회중이다. 그리고 또한 "회중"에 관한 그 밖의 다른 개념들(고전 6장과 10장에서 가능할 법한)의 부재(不在)도 학자들은 지적한다.

그러나 좀 더 유력한 견해는 이 용어의 용법을 바울은 이스라엘의 자기 정체성으로부터 직접 가져왔다는 것이다.[21] '에클레시아'는 칠십인역에 100회 정도 나오고, 그 근저에 있는 히브리어는 주로 '카할'(qahal, "회중")이다.[22] 가장 주목할 만한 것은 '카할 아도나이'(qahal Yahweh) 또는 '카할 이스라엘'(qahal Israel)이라는 어구이다.[23] 바울이 "하나님의 교회"라는 말을 아주 자주 사용하는 것으로

16) 고전 1:1; 고후 1:1; 갈 1:2; 살전 1:1; 살후 1:1 골 4:16은 "라오디게아 교회"를 언급한다.

17) 롬 16:4, 16; 고전 4:17; 7:17; 11:16; 14:33-34; 고후 8:18, 19, 23-24; 고후 11:8, 28; 12:13; 빌 4:15.

18) Cf. K. L. Schmidt. *TDNT* 3.501-36(특히 530-31)의 흥미롭게 정리된 글; Gnilka, *Theologie* 111.

19) 위의 §19.3a에 나오는 이 주제를 보라 — 특히 롬 8:30과 9:24.

20) 행 19:39에서; 자세한 것은 LSJ와 BAGD, ekklesia 1을 보라. 이 표현은 실업가들의 사업 모임들에 대해서도 종종 사용되었다(Meeks, *First Urban Christians* 222 n. 24).

21) 예를 들어, cf. Bultmann, *Theology* 1.94-98; Merklein, "Ekklesia Gottes" 303-13.

22) 행 7:38에도 반영되어 있다 — "광야에 있던 '에클레시아'(ekklesia)."

23) Qahal Yahweh — 민 16:3; 20:4; 신 23:1-3, 8; 대상 28:8; 느 13:1; 미 2:5; 그리고 애 1:10; Sir. 24:2; 삿 20:2("하나님 백성의 총회")에 나오는 상당어구. qahal Israel — 출 12:6;

보아서,[24] 그가 이러한 독특한 배경을 염두에 두었다는 것을 의심하기는 어렵다. 마찬가지로 그가 이따금 사용하는 "온 교회"[25]라는 말도 분명히 구약에 자주 나오는 "이스라엘의 온 회중"[26]을 염두에 둔 것일 것이다. 칠십인역은 '카할 아도나이'를 '에클레시아 퀴리우'(ekklesia kyriou, "주의 회중")로 번역하고[27] '카할'에 대해서는 '쉬나고게'(synagoge)[28]를 사용하기 때문에, 바울의 용법과 성경의 용법 사이에 직접적인 연관성이 없다는 것은 사실이다.[29] 그러나 "하나님의 교회"라는 말은 바울의 목적에 훨씬 더 적합하였다.

(1) "하나님의 교회"라는 말은 "주의 회중"이라고 말할 때에 "주"가 누구냐에 관한 혼란을 야기함이 없이 "야훼의 회중"과의 연속성을 함축하고 있었다.[30] 바울이 이 표현에 "그리스도"라는 말을 집어넣은 경우는 아주 드물고, "그리스도의 교회들"(롬 16:16)이라는 표현이 오직 한 번 나온다. 그 밖에 바울은 "그리스도 안에 있는 교회들"(갈 1:22), "그리스도 예수 안에 있는 하나님의 교회들"(살전 2:14)이라고 말한다. "하나님의 교회(들)"라는 표현은 바울이 그것을 별 의도 없이 사용했다고 보기에는 너무도 도발적이고 의미가 풍부한 표현이었다. (2) 바울이 '에클레시아'라는 용어를 선택한 것에는 회당(synagoge)에 맞선 호교론적인 의도가 있었다는 그 어떤 암시도 없다.[31] 헬라어 용법을 감안하면, '에클레시아' 대신에 '쉬나고게'를 사용하는 것도 가능했을 것이다.[32] 그러나 바울은 결코 '쉬나고게'를 사용하지 않고 있고, 갈라디아서 1:13과 데살로니가전서 2:14의 호교

레 16:17; 민 14:5; 신 31:30; 수 8:35; 왕상 8:14, 22, 55; 12:3; 대상 13:2; 대하 6:3, 12-13.

24) "하나님의 교회" — 고전 1:1; 10:32; 11:22; 15:9; 고후 1:1; 갈 1:13; 고전 11:16; 살전 2:14; 살후 1:4; "하나님 안에 있는 교회" — 살전 1:1; 살후 1:1.

25) 롬 16:23; 고전 14:23.

26) 위의 n. 23에 나오는 qahal Israel을 언급하는 상당수의 구절들.

27) 그러나 1QM 4.10은 qahal el("하나님의 총회")이라는 표현을 사용한다.

28) qahal = ekklesia — 69 또는 70번; qahal = synagoge — 35 또는 36번.

29) J. Roloff, ekklesia, *EDNT* 1.411.

30) 바울 서신에서 '퀴리오스'(kyrios)는 성경 인용문들을 제외하고는 언제나 그리스도를 가리킨다(위의 §10.4과 n. 47을 보라).

31) Beker, *Paul* 315-16; 특히 W. Schrage, "Ekklesia und Synagoge," *ZTK* 60 (1963) 178-202와는 반대로.

32) LSJ, 178-202를 보라.

론적 취지는 그 방향이 다르다. 따라서 그러한 주장은 기껏해야 침묵으로부터의 논증이라고 할 수 있다. (3) 바울이 "하나님의 교회(들)"라는 말을 편하게 사용하고 있다는 것은 그가 이 용어에 호교론적인 의미가 담겨 있다고 생각하지 않았음을 보여 준다. 이 용어를 사용하는 데는 성경적인 증거 제시가 필요하지 않았다. 또 다른 핵심 용어인 "하나님의 의"와 마찬가지로[33] "하나님의 교회"라는 언급 자체만으로 칠십인역에 정통해 있었던 청중들과 서신 수신자들에게는 충분했을 것이기 때문이다.

요컨대, 바울이 기독교 신자들의 작은 회중을 "야훼의 회중," "이스라엘 회중"과 직접적인 연속성 속에 있는 무리들로 묘사하고자 했다는 것은 거의 의심의 여지가 없는 것 같다.

우리는 이 점에 관한 바울의 사고의 직접적인 배경에 대하여 좀 더 정확하게 알 수 있다. 왜냐하면 바울은 핍박자로서 자신의 이전의 역할에 관하여 말할 때마다 매번 자신을 "하나님의 교회를 박해한" 자로 말하기 때문이다.[34] 이것은 이 용어가 이미 바울 이전에 기독교 공동체에서 사용되고 있었든가,[35] 아니면 실제로 하나님의 (종말론적) 회중을 핍박하고 있었다는 그의 깨달음이 다메섹 도상의 계시와 결부되어 있었다는 것을 시사해 준다. 어느 쪽이든간에 이러한 인식은 그의 교회론 전체의 토대가 되었다. 왜냐하면 한편으로 그것은 야훼의 회중인 이스라엘과의 연속성의 초점이자 교량 역할을 했던 예루살렘 교회의 특별한 지위를 함축하는 것이었고,[36] 다른 한편으로 그의 핍박이 주로 흩어진 예루살렘 교회의 헬라파들을 향한 것이었다는 사실[37]은 아주 초기 단계에서부터 바울은 "하나님의 교

33) 위의 §14.2을 보라.

34) 고전 15:9; 갈 1:13; 빌 3:6.

35) Becker, *Paul* 427과는 반대로. 신약의 다른 곳에서의 용법은 기껏해야 이 주장에 대하여 암시적인 지지만을 보낼 뿐이지만(특히 cf. 마 16:18; 18:17; 행 5:11; 8:1, 3; 약 5:14).

36) 이와 동일한 추론들은 바울이 특별히 예루살렘 교회와 관련하여 "성도들"이라는 말을 사용한다는 사실(롬 15:25, 31; 고전 16:1; 고후 8:4; 9:1, 12)과 예루살렘의 성도들 중에서 가난한 자들을 위하여 바울이 열심히 연보를 모으려고 했던 사실(롬 15:25-26; 고전 16:1-4; 고린도후서 8~9장)로부터도 도출될 수 있다. 여기서 다시 한 번 우리는 예수의 메시아됨과 마찬가지로(위의 §8.5) 성경을 들추며 더 이상 해설하거나 논증할 필요가 없이 초기 그리스도인 진영의 신앙 속에서 당연한 것으로 받아들여졌던 것을 보게 된다.

37) 위의 §14.3을 보라.

회"가 다른 민족들에게로 나가서 그들을 그 회중 안으로 끌어들이는 것으로 보았다는 것을 함축하기 때문이다.[38]

이 모든 것에 비추어 보게 되면, 이 개념을 바울이 어떻게 사용하고 발전시켰는지가 좀 더 드러나게 된다. 한편으로 바울은 이 용어를 자유롭게 사용하여 주로 이방인들로 구성된 회중을 가리키는 데 사용하였다. "하나님의 회중"은 이제 유대인들과 이방인들로 구성되었다. 이것은 의미심장했다. 왜냐하면 유대인 저술가들의 전형적인 관심은 이스라엘의 구별성을 강조함으로써 이스라엘 회중의 순수성을 보존하는 것이었기 때문이다.[39] 이와는 반대로 여기에서 우리는 "유대교의 배타성"과 "기독교의 포용성"이라는 식으로 지나치게 단순화된 대비를 말하는 것이 아니라 바울은 그 배타성을 주장하였던 유대인 분파에 맞서 이스라엘의 유산의 좀 더 포용적인 흐름을 대변하였다고 말할 수 있다.[40]

또 하나의 독특성은 칠십인역의 용례들은 거의 언제나 단수인 반면에 바울은 "하나님의 회중"(복수형)이라고 말할 수 있었다는 사실에 있다. 바울은 분명히 "하나님의 회중"이 여러 장소에 동시에 나타났다고 인식하는 데 아무런 문제도 없었다 — 유대, 갈라디아, 아시아, 마케도니아에 있는 (하나님의) 교회들.[41] 주 예수의 이름으로 세례를 받은 자들의 각각의 모임은 그곳에서 "하나님의 회중"이었다.[42] 또한 바울이 "(누구의) 집에 있는 교회" — 브리스길라와 아굴라, 눔바, 빌레

---

38) 특히 cf. Roloff, *EDNT* 1.412; Gnilka, *Theologie* 109-11. 이러한 강조점은 이미 데살로니가전서에서 확고하지만("교회" — 1:1; "사랑하는 자" — 1:4; "택하신 자" — 1:4; "부르심 받은 자" — 2:12; 4:7; 5:24; Kraus, *Volk Gottes* 122-30), 바울의 이후 서신들의 특징과 별반 다르지 않기 때문에(고린도전서, 갈라디아서, 고린도후서 1~8장, 로마서에 대한 Kraus의 분석이 분명하게 보여 주듯이), 데살로니가전서를 바울 신학의 특정한 국면을 특징짓는 것으로 여겨서는 안 된다(Becker, *Paul*은 이에 반대 — 위의 §1.4).

39) 느 13:1; 애 1:10; 1QSa 2.3-4; CD 12.3-6.

40) 이것은 Kraus, *Volk Gottes*의 주된 주장이다. 예를 들어, 고린도전서에 대한 그의 연구의 말미에서 그는 이렇게 평한다: "'새 계약'을 '옛 계약'과 반대되는 것으로 생각해서는 안 되고, 이방인들을 포함하는 갱신된 계약으로 이해해야 한다"(196).

41) 고전 16:1, 19; 고후 8:1; 갈 1:2, 22; 살전 2:14. 마찬가지로 행 15:41; 16:5; 그리고 요한계시록 1~3장의 일곱 교회.

42) 롬 16:1, 23; 고전 1:2; 6:4; 12:28; 14:4, 5, 12, 23; 고후 1:1; 골 4:16; 살전 1:1; 살후 1:1.

몬의 집에 있는 교회[43] — 라는 말도 했다는 것을 상기할 때, 이것은 한층 더 주목할 만하다. 요지는 교제와 예배를 위하여 신자들이 만나는 곳마다 그들은 이스라엘 회중과 직접적인 연속성 속에 있는 하나님의 회중이었다는 것이다.

이 모든 것으로부터 지속적인 의미를 지닌 그 밖의 몇 가지 결론이 도출된다.

a) 하나는 "야훼의 회중"과의 연속성에도 불구하고 바울이 인식한 교회는 특정한 장소나 지역에 있는 교회였다는 것이다. 그는 전세계적인 또는 보편적인 것으로서의 교회를 생각하지 않았던 것 같다.[44]

(1) 단수형으로 사용된 "교회"(갈 1:13 등)는 종종 이런 견지에서 해석된다. 그러나 우리가 방금 보았듯이, 바울이 "교회"를 핍박하였다는 이 말은 전세계적인 보편교회를 핍박했다는 말이 아니라 이스라엘 회중의 종말론적 초점으로서 예루살렘 교회의 중심적 역할에 대한 인식을 함축하고 있다. 예루살렘으로부터 흩어졌던 헬라파 신자들이 함께 만났을 때, 그들은 여전히 하나님의 교회였다.

(2) 고린도전서 12:28은 흔히 바울이 이미 보편교회를 인식하였다는 증거로 인용된다 — "하나님이 교회 중에 몇을 세우셨으니 첫째는 사도요 둘째는 선지자요 셋째는 교사요 …"[45] 그러나 그러한 해석은 "사도들"이 이미 하나의 보편직으로 인식되었다는 시대착오적인 전제를 내포하고 있다. 이와는 반대로 바울의 인식은 사도들은 교회들을 세우기 위하여 임명되었고(고전 9:1-2), 그들의 권한의 범위는 제한되어 있었기 때문에(고후 10:13-16) 정확히 말하면 각 교회마다 그 교회를 세운 사도가 있었다는 것이다[46] — 교회마다 선지자, 교사 직임들을 비롯한 그 밖의 은사들이 있었던 것과 마찬가지로. 특히 고린도전서 12:27-28을 보면, 바울은 고린도에 있는 교회 자체를 염두에 두었음이 분명하다: "너희[고린도의 신자들]는 [고린도에 있는] 그리스도의 몸이요 지체의 각 부분이라 하나님이 교회 중에 몇을 세우셨으니 … "[47]

---

43) 롬 16:5; 고전 16:19; 골 4:15; 몬 2.

44) Cf. Becker, *Paul* 422-23: "각각의 회중에 구체화되어 있는 보편적 요소는 교회가 아니라 복음 안에서 역사하는 그리스도이다"; 이에 대해 특히 Ridderbos, *Paul* 328-30은 반대. 편의상 나는 상급과 하급을 구별하는 영어식 표현을 사용한다(지역교회, 보편교회).

45) Barrett, *Paul* 121-22는 여기서 보편교회를 언급하는 것일 가능성이 크다고 생각하고, 다른 견해들에 대해서는 의문을 갖는다.

46) 자세한 것은 아래의 §21.2을 보라.

(3) 고린도전서 10:32도 마찬가지이다 — "유대인에게나 헬라인에게나 하나님의 교회에나 거치는 자가 되지 말고." 일련의 단어들의 순서는 "하나님의 교회"라고 할 때에 바울은 고린도에 있는 교회를 염두에 두고 있었다는 것을 분명히 보여 준다(10:23-33).[48] 그리고 "유대인과 헬라인"은 그 지역에서 그리스도를 믿는 자들에게 영향을 미칠 가능성이 큰 사회 집단들로서 뭉뚱그려서 지칭한 용어들이었을 것이다. 다른 곳에서 "하나님의 교회"라 할 때에도 바울이 일차적으로 염두에 둔 것은 신자들이 만나는 도시에 있는 "하나님의 교회"로서의 지역 회중이었다.

나중에 가서야 바울 서신들에서 '에클레시아'는 좀 더 보편적인 의미로 사용된다. 골로새서 1:18과 24절은 에베소서에서의 그러한 용법으로 일관된 사용을 위한 과도기적 용법을 보여 준다.[49] 이것을 바울 신학에서 후기의 발전으로 인식하는 것으로 너무 극화해서는 안 된다. 바울은 독립적인 토대를 지닌 구성물들로서의 교회들이라는 생각을 한 적이 없었다. "하나님의 교회"에 관한 그의 인식과 "온 교회들"이라는 그의 말은 그러한 것을 배제한다. 우리는 바울이 후대의 에베소서에서의 용법을 부정했을 것이라고 말할 수 없다. 그러나 우리가 말할 수 있는 것은 바울에게 각각의 개별적인 그리스도 회중의 "교회됨"은 그 회중이 어떤 보편적 실체의 일부라는 것에 의존해 있지 않았다는 것이다. 교회로서 그 회중의 실체 및 생명력은 그리스도 및 그 회중을 세운 사도를 통한 야훼의 회중과의 직접적인 연속성에 의존해 있었다.

b) 또한 바울의 교회론 내에서 가정 교회들의 의의(意義)도 짚고 넘어가지 않으면 안 된다. 한편으로 바울은 한 장소에 있는 전체 회중을 "교회"라고 지칭하기도 하고 그 회중에 속한 개별 가정 집단들을 "교회"라고 지칭하기도 했다(고전 1:1; 16:19). 그는 가정교회의 지위가 전체 회중의 지위로부터 도출되는 것으로 보지 않았다. 신자들이 함께 모이는 곳마다, 그들은 "하나님의 교회"였다. 고린도전서 16:19을 고린도전서 14:23("온 교회가 함께 모여")과 나란히 배치한 의미

47) Dunn, *Jesus and the Spirit* 262-63; Hainz, *Ekklesia* 251-54; Kertelge, "Ort" (§21 n. 1) 228-29.

48) Roloff, *EDNT* 1.413는 이에 반대.

49) 엡 1:22; 3:10, 21; 5:23-25, 27, 29, 32.

는 교회의 모임들은 덜 자주 모인(일주일, 한 달마다?) "온 교회"보다는 작은 가정 교회 형태로 더 자주 이루어졌다는 것일 수 있다.[50]

다른 한편으로 고린도의 "온 교회"가 한 가정에서 모일 수 있었다는 사실(롬 16:23)[51]은 우리에게 바울의 회중의 많은 수의 전형적인 규모에 관하여 뭔가를 말해 준다고 할 수 있다. 왜냐하면 큰 저택(원로원 건물을 말하는 것이 아니다)이라도 40명 이상을 수용하기에는 비좁았을 것이기 때문이다.[52] 고린도 교회의 역동성과 그 분파주의적 경향을 감안할 때, 이것은 적정한 추정이다. 역사적으로 이것은 북동 지중해 지역에서의 기독교의 발전이 아주 작은 집단들에 얼마나 많이 의존했는지를 일깨워 준다. 신학적으로 이것은 "하나님의 교회"의 역동성은 어느 한 지역에 모이는 큰 집단들이 필요하지 않다는 것을 일깨워 준다.

c) 끝으로 "교회"의 초점은 "회중"으로서의 그 성격에 의해 주어진다는 점을 유의할 필요가 있다. 이것이 아마도 바울이 신자들이 "교회에 모이는 것"에 관하여 말하는 것의 의미일 것이다.[53] 왜냐하면 바울은 "교회에"를 "건물에"로 생각하지 않았을 것이 분명하기 때문이다. 그는 그리스도인들이 교회로서 함께 모여서

---

50) 자세한 것은 Banks, *Paul's Idea* 35-41을 보라.

51) 통설은 로마서는 고린도에서 씌어졌다는 것이다.

52) 자세한 것은 특히 Gnilka, *Philemon* 17-33(특히 25-33); Murphy-O'Connor, *St. Paul's Corinth* (§22 n. 1) 164-66을 보라. B. Blue, "Acts and the House Church," in D. W. J. Gill and C. Gempf, eds., *Graeco-Roman Setting*, vol. 2 of *The Book of Acts in Its First Century Setting*, ed. B. Winter, et al. (Grand Rapids: Eerdmans/Carlisle: Paternoster, 1994) 119-222는 이 시대의 큰 저택은 100명을 족히 수용할 수 있었다고 주장하지만(175), 그는 집안에는 가구들 및 조각상들이 있었다는 것과 방 하나에서 모임을 가져야 했다는 것을 충분히 고려하지 않는다. Robert Jewett도 도시 교회들이 별도의 건물에서 모였을 — 그 수는 여전히 더 제약을 받았을 것이다 — 가능성을 주목하여 왔다("Tenement Churches and Communal Meals in the Early Church: The Implications of a Form-Critical Analysis of 2 Thessalonians 3.10," *BibRes* 38 [1993] 23-43).

53) 고전 11:18; 또한 14:19, 28, 34-35. 이것은 왜 바울이 "로마에 있는 교회"라는 말을 하지 않는지를 설명해 준다: 로마의 교회는 너무 커서 하나의 집회(교회)로 모일 수가 없었다. 로마의 그리스도인들은 일련의 가정 교회들을 통해 성장하였다. 로마서 16장의 안부인사 속에서 5곳의 가정 교회를 찾아낼 수 있다 — 5, 10, 11, 14, 15절(자세한 것은 필자의 *Romans* 891을 보라). 바울이 "빌립보에 있는 교회"라는 말을 하지 않은 이유는 분명치 않다.

교회가 된다고 생각했다.[54] 바울에게 신자들은 고립된 개개인들로서는 "하나님의 교회" 역할을 할 수 없었다. 신자들이 예배를 위하여, 서로를 붙들어 주기 위하여 함께 모일 때에야, 비로소 그들은 "하나님의 회중" 역할을 할 수 있었다.[55]

그러나 이 모든 것이 바울이 출생과 실천에 의해 정의된 역사적 이스라엘에 대한 대안(代案)으로 인식했던 공동체의 실체가 무엇이었는가에 대한 우리의 고찰을 많이 진척시켜 놓은 것은 아니다. 사실 "하나님의 교회"라는 사상의 근저에 있는 것은 역사적 이스라엘과의 불연속성이라기보다는 연속성이다. 이것이 바울이 로마서에서 16장 이전의 본론 부분에서 "교회"라는 개념을 사용하지 않고, 특히 11장에서 12장으로 넘어가는 대목에서 이 단어가 없는 이유일 수 있다. 우리가 로마서 12장의 첫부분에서 발견하는 것은 공동체적 정체성의 문제를 완전히 다른 방식으로 제기하고 있다는 것이다.

§ 20.3 제의(祭儀) 없는 공동체

지금까지 우리가 논의했던, 로마서 9~11장를 신중하게 읽었을 때 곧 도출되는 그런 문제를 염두에 둔 독자에게 로마서 12장의 서두는 아찔한 충격을 준다. 왜냐하면 바울은 희생제사의 언어, 즉 성전과 거기에서 드려지는 예배에 초점을 둔 모든 분파들과 종교들에 특유한 의무들에 관한 언어를 의도적으로 환기시킨다. 바울은 마음 속으로 예루살렘 성전에서 수행되었던 예배를 특히 염두에 두었을 것이다. 왜냐하면 그것이 유대인들의 자기 정체성의 중심에 있었기 때문이다 — 실제로 유대 땅에 살고 있던 유대인들뿐만 아니라[56] 디아스포라 유대인들에게도.[57]

---

54) 이것은 자기가 교회를 핍박했다는 말 속에도 반영되어 있는 것 같다; 즉 핍박자로서 그의 전략은 예수를 믿는 자들이 모였을 때에 그들을 치는 것이었다(Banks, *Paul's Idea* 36-37).

55) "개개인들이 '교회로서'(en ekklesia) 모일 때마다 그것은 '교회'이다(고전 11:18) … 예배를 위한 모임은 교회의 삶의 중심이자 기준이다. 여기에서 그것이 진정으로 '하나님의' 교회인지 아닌지가 판가름난다. 따라서 고린도 교회의 공동식사에 가난한 자들에 대한 부자들의 형제답지 않은 행동은 '하나님의 교회를 멸시하는 것'(11:22)에 다름 아니다. 여기에서 멸시받는 것은 무엇보다도 교회를 하나로 묶는 성만찬의 능력이지만, 하나님의 교회에서 함께 모이는 것의 본질도 마찬가지로 멸시받고 있는 것이다"(Roloff, *EDNT* 1.413).

56) 헬레니즘적인 지정학(地政學)에서 유대는 정확히 말해서 성전 국가, 즉 세계적으로

9~11장에서의 그의 해설("이스라엘") 및 신자들의 새로운 집단들을 각각의 "하나님의 회중"으로 개념화한 그의 통상적인 방식에서 제시된 새 교회들의 정체성에 관한 문제와 아울러 12:1-2에서의 바울의 첫 번째 권면은 전통적인 정체성 표지(標識)들을 근본적으로 다시 그림으로써 예기치 않은 답변을 제시한다.

> 그러므로 형제들아 내가 하나님의 모든 자비하심으로 너희를 권하노니 너희 몸을 하나님이 기뻐하시는 거룩한 산 제물로 드리라 이는 너희가 드릴 영적 예배니라.

"하나님의 자비하심"이라는 표현은 11:30-32과의 사고의 연속성을 유지시키는 역할을 한다.[58] 그러나 주된 취지는 그 다음에 나오는 희생제사적인 언어 표현에 나온다: "드리라"는 용어 자체가 희생제사와 관련된 전문적인 표현에서 가져온 것이다;[59] "제물"(thysia)은 토라에 따라 드려진 희생제물들을 포함한 희생제사를 가리키는 통상적인 용어이다;[60] 그리고 칠십인역에 9회 나오는 "예배"(latreia) 중에서 8회는 유대교의 제의적 예배를 가리킨다.[61] 따라서 바울의 말이 함축하고 있는 뜻은 옛적의 이스라엘과 마찬가지로 신자들도 이제 희생제사적 예배에 의해 구분되어야 한다는 것이다. 그것은 다르게 인식되고 초점이 달라진 예배에 다름 아니다. 바울의 요지는 단순히 정신적이고 영적인 태도가 의미를 지니려면 반드시 어떤 예배 행위가 수반되어야 한다는 것이 아니다. 그런 의미는 여기 나오는 희생

유명한 성전을 위해 정치적, 재정적 지원을 제공하기 위해 존재했던 국가였다. 그러므로 로마 치하에서 대제사장이 정치적으로 중요한 인물이었다는 것은 놀라운 일이 아니다.

57) 유대에 대한 로마의 전체적으로 관대한 태도에서 한 두드러진 특징은 디아스포라 유대인들 중에서 20세 이상의 모든 남자들로부터 해마다 성전세로 반 세겔씩 받은 엄청난 양의 돈을 예루살렘으로 가져가는 것을 허용했다는 것이다.

58) 바울은 다른 단어(oiktirmoi)를 사용하지만, 히브리적 사고에서 그 배경은 동일하다; 자세한 것은 필자의 *Romans* 709를 보라.

59) paristanai thysian("제사를 드리다")는 헬라 문헌과 금석문에서 잘 확립되어 있던 용법이었다. 예를 들어, MM; BAGD, paristemi 1d; Michel, *Römer* 369; Cranfield, *Romans* 598을 보라.

60) 예를 들어, J. Behm. *TDNT* 3.181-82를 보라.

61) H. Strathmann, *TDNT* 4.61.

제사에 관한 언어 표현 및 "영적 예배"라는 말 속에 함축되어 있다.[62] 그러나 옛적의 시편 기자와 선지자들은 흔히 그러한 제의 행위의 피상적인 수행에 의존하는 것을 자주 경고한 바 있다.[63]

바울의 요지는 '무엇'을 희생제사로 드려야 하는지에 관한 말 속에서 드러난다 — "너희 몸." 물론 바울은 신자들의 몸을 실제로 제단 위에 제물로 바쳐야 할 것을 요구하고 있는 것이 아니다. 우리는 바울이 인간의 육체적 실존의 성격, 인간 사회의 유형적 성격, 몸을 지닌 존재들이 서로와 교통하는 수단으로서의 몸을 염두에 두었다고 보아야 한다.[64] 그러므로 바울이 요구하는 것은 몸을 지닌 사람만이 가능한 유형적 관계들 속에서, 일상생활의 관계들 속에서 자기 자신을 제물로 드리라는 것이다. 달리 말하면, 바울은 일상생활과의 분리를 특징으로 하는 제의 언어를 취하여 그 관계를 역전시킨다. 일상(日常)으로부터 구별되어 희생제사가 드려지는 곳이 "거룩한 곳"이라면,[65] 바울은 사실상 거룩한 곳을 저잣거리로 바꾸어놓는다. 그는 일상의 일들을 거룩하게 함으로써 성소를 "세속화한다."[66]

바리새인이었던 바울은 성소의 거룩을 온 땅으로 퍼뜨리는 시도에 문외한이 아니었다. 그러나 바리새인으로서 바울은 과거에 제의, 또는 적어도 제의에 의해 요구된 정결(淨潔)을 온 땅에 확대시킴으로써, 즉 성전 바깥에서 성전의 정결례를 지킴으로써 그렇게 하고자 시도했었다.[67] 이제 그리스도인으로서 바울은 제의의 성스러움 속에 표현된 '봉헌'을 일상적인 관계들에까지 확대시킴으로써 그렇게 하고자 시도하고 있는 것이다. 목적은 비슷했지만, 거기에 관계된 거룩에 관한 비전은 근본적으로 달랐다.

이런 식의 성찰은 로마서 12:1을 지나치게 압박하는 것이 아니냐 하는 느낌이 들 수도 있다. 그러나 사실 이런 성찰은 바울 서신들의 다른 곳에 표현된 기독교

62) 예를 들어, Philo, *Spec. Leg.* 1.201, 277; 자세한 것은 필자의 *Romans* 711을 보라.

63) 예를 들어, 시 50:14, 23; 51:16-17; 141:2; 잠 16:6; 사 1:11-17; 미 6:6-8; Sir. 35:1; Tob. 4:10-11; 1QS 9.3-5; 2 Enoch 45:3; 자세한 것은 Behm, *TDNT* 3.186-89를 보라.

64) 위의 §3.2을 보라.

65) 그러므로 koinos = "속된, 부정한"이다(위의 §8 n. 45를 보라).

66) 특히 Käsemann, "Worship"을 따랐다; 필자의 *Romans* 709에 실린 그 밖의 다른 참고문헌.

67) 예를 들어, 필자의 *Partings* 41-44, 109-11를 보라(그리고 자세한 것은 위의 §8 n. 44).

공동체에 관한 바울의 비전과 전적으로 일치한다. 왜냐하면 제의적 언어를 신성한 장소 및 신성한 사람이라는 맥락 밖으로 끌어내어서 복음을 섬기며 일상적인 의무들을 행하는 "평범한" 개개인들에게 적용하는 것이 바울의 교회론의 일관된 특징이기 때문이다.

가장 주목할 만한 것은 바울이 다른 곳에서는 예루살렘 성전을 가리키는 데 사용되는 "하나님의 성전"이라는 표현을 사용하는 방식이다.[68] 이제 신자들에게 "하나님의 성전"은 무엇인가? 바울의 대답은 분명하다: "너희는 하나님의 성전이다"(고전 3:16-17); "너희 몸은 성령의 전이다"(고전 6:19). 또는 "우리는 살아 계신 하나님의 성전이라"(고후 6:16). 이러한 사상은 특별히 새로운 것이 아니다. 필로(Philo)는 몸을 "분별 있는 영혼의 거룩한 거소 또는 성소"(*Opif.* 136-37)라고 말한다. 그리고 하나님의 성전으로서 백성이라는 개념은 이미 적어도 쿰란 공동체에는 존재했다.[69] 그리고 그리스도 주변에 모인 공동체를 "하나님의 [종말론적] 성전"으로 보는 사상도 바울이 갈라디아서 2:9(참조. 계 3:12)에서 예루살렘의 주요 사도들을 "기둥들"이라고 지칭한 것과 예수께서 성전을 (다시) 짓겠다고 하셨다는 전승(막 14:58)에 이미 함축되어 있다고 할 수 있다.[70] 그러나 적어도 바울에게 이 말이 함축하는 의미는 매개체로서의 성전이 아니라 개인과 공동체 속에 하나님이 직접 거하신다는 것(고후 6:16)[71]이고, 이 직접적인 거함으로 인해서 더 이상 예루살렘 성전에 충성할 필요가 없다는 것이었다.[72]

이러한 인상은 로마서 5:2에서 아무런 방해도 받지 않고 은혜로 나아간다는 말

---

68) 마 26:61; 눅 1:9; 살후 2:4. 예루살렘 성전 및 그 밖의 다른 신전들을 가리키는 '나오스'(naos, "성전")의 더욱 광범위한 사용에 대해서는 BAGD, naos 1a와 1c를 보라.

69) Gärtner, *Temple* 16-46; McKelvey, *New Temple* 46-53.

70) 자세한 것은 필자의 *Galatians* 109-10을 보라.

71) '엔'(en)을 "안에"로 번역하든 "가운데"로 번역하든, 바울의 표현은 내주(內住)의 직접성을 함축하고 있다: "우리는 살아 계신 하나님의 성전이라 이와 같이 하나님께서 이르시되 내가 그들 가운데 거하며 두루 행하여 …"(고후 6:16, NRSV); 인용된 본문은 의미의 변화를 함축하고 있다 — 겔 37:27("내 처소가 그들 가운데에 있을 것이며 …").

72) 성전세에 관한 문제는 바울 서신에서 결코 다뤄지지 않았다. 많은(대다수의?) 유대 신자들은 계속해서 성전세를 냈을 것이 틀림없다 — 유대인들로서. 그러나 이방인들이 성전세를 낸다는 것은 상상조차 할 수 없었다. 연보가 어떤 의미로든 성전세의 대안 또는 대신으로 생각되었다고 하더라도, 그 이상은 아니었다; 자세한 것은 아래의 §24.8을 보라.

(prosagoge)에 의해 강화된다.[73] 왜냐하면 이미 언급했듯이 이 이미지는 왕의 의전관을 통해서 왕의 어전에 나아간다는 개념을 불러일으켰을 것이기 때문이다.[74] 그러나 하나님의 은혜로 나아간다는 말은 분명히 성전에 관한 생각을 불러일으켰을 것이다.[75] 또한 이 말에 함축된 의미는 더 이상 그러한 매개를 상징하는 실제의 성전에 의존하지 않고 하나님의 면전으로 나아간다는 것이다.

이와 같은 내용은 바울이 사용한 제사장과 관련된 언어에서도 확인된다. 왜냐하면 바울 서신들의 매우 두드러진 특징은 바울의 교회들과 관련해서 제사장에 대한 언급이 전혀 없다는 것이기 때문이다. "제사장"이 필요한 별도의 기능이 그 교회들에 존재하지 않았음이 분명하다. 오히려 바울은 복음을 섬기는 자신의 사역을 제사장적 사역이라고 말한다.

특히 로마서 15:16에서 그는 독자들에게 이렇게 상기시킨다:

> 이 은혜는 곧 나로 이방인을 위하여 그리스도 예수의 일꾼(leitourgon)이 되어 하나님의 복음의 제사장 직분(hierourgounta)을 하게 하사 이방인을 제물(prosphora)로 드리는 것이 성령 안에서 거룩하게 되어(hēgiasmenē) 받으실 만하게 하려(euprosdektos) 하심이라.

여기에서 제사장과 관련된 언어가 분명하게 드러난다: '레이투르고스' (leitourgos, "제사장");[76] '히에루르게오' (hierourgeo, "제사장의 일을 수행하다");[77] '프로스포라' (prosphora, "제물을 드리는 행위" 또는 "제물" 그 자체); 그리고 '유프로스덱토스' (euprosdektos, "받으실 만한")와 '하기아제인' (hagiazein, "거룩하게 하다")이라는 말들은 둘 다 희생제사와 관련하여 아주 적절한 표현들이다.[78] 우리는 이것으로부터 바울이 자기 자신을 다른 신자들과는 구별되는 제사

73) 신약의 다른 곳에서는 오직 엡 2:18과 3:12에만 나온다; 그러나 벧전 3:18에서 이 동사가 사용되었고 히 10:19에서 동의어라 할 수 있는 '에이소도스' (eisodos)가 사용된 것을 참조하라.

74) 필자의 *Romans* 247-48을 보라.

75) 위의 §14 n. 215를 보라.

76) 느 10:39; 사 61:6; Sir. 7:30; 히 7:30; 1 *Clement* 41:2에서처럼.

77) Philo와 Josephus에서 일관되게.

장으로 보았다거나 사도들이 사실상 제사장과 같은 중재적 역할을 수행하는 것으로 생각했다고 추론해서는 안 된다. 왜냐하면 바울은 다른 곳에서 에바브로디도를 '레이투르고스'(leitourgos)로 묘사하는데(빌 2:25), 여기서 그것은 바울이 감옥에 갇혔을 때에 그의 필요한 것들을 돌봐 주는 일이었다.[79] 마찬가지로 바울은 예루살렘의 가난한 그리스도인들을 위한 이방 교회들의 연보(捐補)를 '레이투르게인'(leitourgein, 롬 15:27)의 행위 또는 '레이투르기아'(leitourgia, 고후 9:12)의 행위로 묘사한다 — 이방인들이 유대인들에게 (제사장들로서) 수종든다는 뜻으로. 그리고 모두가 아무런 중개 없이 은혜로 나아갈 수 있다는 말(5:2)과 모두에게 희생제물을 드리는 제사장적 행위에 참여하라고 요구한 말(12:1) 등 앞에 나온 로마서의 여러 구절들에 비추어 보면, 다음과 같은 결론을 피하기 어렵다: 바울은 복음을 위한 모든 사역과 섬김을 제사장적 직무, 어떤 특별한 제사장 계층이 아닌 모든 신자들이 참여할 수 있는 직무로 보았다.[80]

또한 이 점은 정함과 부정함이라는 제의적 범주들을 바울이 사용하고 있는 데서도 나타난다. 그는 정함과 부정함(koinos)에 관한 엄격한 규율들에 의해 속된(koinos) 삶으로부터 분리하여 제의적 정결의 영역을 유지하고자 하는 근본적인 역사적 본능을 차단한다. 그는 이제 그리스도의 빛 하에서 "무엇이든지 스스로 속된(koinos) 것이 없고" "다 깨끗하다(kathara)"(롬 14:14, 20)는 것을 알았다. "땅과 거기 충만한 것이 주의 것"이기 때문에,[81] 성(聖)과 속(俗), 거룩하고 속된 것의 근본적인 차이는 더 이상 유지될 수 없었다.[82] 이 점은 12:1에서 말하고 있

78) 자세한 내용은 필자의 *Romans* 859-61을 보라.

79) 동일한 절에서 에바브로디도는 "사도"로 묘사되지만, 여기서 "사도"는 빌립보 교회의 "사자(使者)"라는 의미이다(cf. 고후 8:23).

80) 그러므로 바울은 구원 과정의 시작을 가리키는 데 특이하게 '하기아조'(hagiazo, "거룩하게 하다")라는 표현을, 신자들을 일반적으로 가리키는 데 통상적으로 '하기오스'(hagios, "거룩한, 성도")라는 표현을 사용한다(위의 §13 nn. 64-76을 보라).

81) 시 24:1을 인용하고 있는 고전 10:25-26.

82) 위에서 지적했듯이(§8 n. 45), '코이노스'(koinos)는 일상 헬라어에서 그저 "평범한"을 의미했다. 이 단어는 바울보다 2세기 전에 통상적인 용도로 사용하기를 중단하고 제의적 용도를 위해 구별된 것의 정반대를 가리키는 히브리어 '콜'(chol) 또는 어떤 것을 성소에 들이기에 부적합하게 만드는 것을 가리키는 '타메'(tame')를 번역하기 위하여 사용됨으로써 "속된, 부정한"이라는 특별한 유대적인 의미를 얻게 되었다.

는 것과 유사하다. 이것은 더 이상 부정한 것은 존재하지 않는다는 것을 의미하지는 않았다. 그것이 의미한 것은 부정함의 제거가 더 이상 성소로 들어가는 데 필요했던 제의 의식에 의존하지 않는다는 것이었다. 이제 정함에 있어서 중요한 것은 마음과 양심의 직접적인 정함이었다.[83] 여기서 다시 한 번 사도 바울은 바리새인 바울과 마찬가지로 성전에 의해 상징되었던 정결을 하나님의 백성 전체로 확대시키고자 하였다. 그러나 바리새인 바울이 결례(潔禮)를 일상생활에까지 확장시키는 방법을 택했다고 한다면,[84] 사도 바울은 마음에까지 미치는 정결을 요구함으로써 더 이상의 결례들을 불필요하게 만들어 버렸다.

그 결과 생겨난 그림은 일관되고 더 이상 어떤 삐걱거리는 특징도 존재하지 않게 되었다. 바울은 분명히 새로운 기독교 회중에는 이스라엘의 성전 제의에 특유한 그 어떠한 제의적 특징들도 없고 복음을 섬기는 모든 신자들의 제사장적 직무와 구별되는 기능을 하는 제사장도 없지만 이 새로운 기독교 회중을 야훼의 회중의 연장으로 보았다. 이로 인해서 바울의 가정 교회들은 로마 제국의 여러 도시들에서 이상하다고까지는 말하지 않더라도 매우 이례적인 종교집단으로 두드러졌을 것임에 틀림없다. 그들은 공동식사(주의 만찬)를 나누었고[85] 예배를 위해 정기적으로 모였다. 그러나 그들에게는 그 어떤 제의 중심지나 성전이라는 것이 없었고, 제사장이나 희생제사도 없었다. 법적 지위면에서 그들은 아마도 결사(collegia) 정도로 취급되었거나[86] 유대교 회당의 곁가지로 취급되었을 것이다.[87] 그러나 그러한 모임들과는 달리 그들은 그들의 하나님에게 봉헌된 성전에서 만나지도 않았고, 연례적인 제물을 드림으로써 그들의 제의 중심지에 대한 그들의 의존성을 인

83) 막 7:21-22; 행 15:9; 히 9:14과 함께 고전 6:11의 씻는다는 이미지, 딤전 1:5; 3:9; 딤후 1:3; 2:22과 함께 고후 7:1과 엡 5:26의 깨끗하게 한다는 이미지를 참조하라. 자세한 것은 필자의 *Baptism* 120-23과 162-65, 위의 §17.2을 보라.

84) 위의 §8 n. 44를 보라.

85) 고전 10:14-22에서 사용된 유비(類比)들을 주목하라; 자세한 것은 아래의 §22을 보라.

86) 공통의 목적 또는 관심을 위한 공식적으로 인정된 결사(結社)들 — 동업조합들과 장의계(葬儀契) 등이 그 가장 전형적인 예이다. 예를 들어, *OCD* 254-56을 보라.

87) 회당들은 '콜레기아'(collegia, 결사)에 관한 법률 아래에서 보호를 받을 수 있었다; 예를 들어, E. M. Smallwood, *The Jews under Roman Rule* (Leiden: Brill, 1976) 134-36에 나오는 논의를 보라.

정하지도 않았다. 그들의 회합에서는 제사장을 선출하지 않았고, 제의적 헌주(獻酒) 같은 제사장적 행위를 수행할 필요도 없었다. 그들 대다수의 동시대인들에게는 제의 중심지도 없고 제사장도 없고 희생제사도 없는 종교 결사(結社)는 정의상 명백한 모순이요 부조리한 것으로 여겨졌을 것임에 틀림없다.

바울은 이 점과 관련된 그의 교회들에 관한 자신의 비전이 이례적이라는 것을 몰랐을 리 없다. 오히려 반대로 바울의 언어 사용은 그가 제의 중심지, 제사장직, 제의적 희생제사 행위에 의존하는 종교 공동체라는 전형적인 이해를 의도적으로 깨뜨리고 있음을 보여 준다. 제의 없는 공동체가, 특히 종말론적 공동체로서 두 시대의 중간기, 그러니까 종말론적 긴장 속에 잡혀 있을 때에, 존립할 수 있었는가 하는 것은 또 다른 문제이다.

§ 20.4 그리스도의 몸

바울이 로마서 12장에서 최초로 좀 더 광범위하게 개진하는 주제가 "그리스도 안에서 한 몸"(12:5)으로서 기독교 공동체에 관한 은유라는 것은 주목할 만하다. 여기서 다시 한 번 이러한 서술 내용의 전환은 결코 우연일 수 없다. 바울은 불과 몇 절 속에서 하나님의 백성을 가리키는 이스라엘이라는 범주로부터 희생제사에 관한 변화된 이미지(12:1)를 거쳐서 판이하게 다른 또 하나의 이미지 — 그리스도와의 관계에 의해서 정의된 몸이라는 이미지 — 로 옮겨간다. 여기서 끌어낼 수 있는 함의(含意)는 이방 교회들이 자기 자신을 변화된 제의 개념을 지닌 이스라엘로 생각하기가 어렵다면, 좀 더 의미 있고 실제적인 이미지는 몸, 특히 그리스도의 몸이라는 이미지라는 것이다.

이것은 사실 바울의 교회론에서 주도적인 신학적 이미지이다. 바울은 로마서 12장(4-5절)에서 바로 이 이미지에 눈을 돌린다. 또한 바울은 고린도전서 10장에서 주의 만찬에 대한 오해와 남용에 직면해서, 고린도전서 12장에서는 고린도 회중의 예배에 관한 여러 문제들에 직면해서도 이 이미지를 이용한다.[88] 그리고 이 이미지는 바울 이후의 서신들로 넘어가서도 그대로 유지된다.[89] 유의할 것은 바울

88) 고전 10:16-17; 11:24, 27, 29; 12:12-13, 14-27.

89) 골 1:18, 24; 2:19; 3:15(바울의 이전의 용법을 아주 분명하게 반영하고 있다); 엡 1:22-23; 2:15-16; 4:4, 12, 15-16(바울의 이전의 용법을 분명히 반영하고 있다); 5:23, 30. 자

은 "그리스도의 몸"이라는 표현을 획일적이고 판에 박힌 형태로 사용하지 않는다는 사실이다. 그는 이 표현을 꽤 다양하게 변형시켜 사용한다: "우리가 떼는 떡은 그리스도의 몸에 참여함이 아니냐 …"(고전 10:16); "몸은 하나인데 많은 지체가 있고 몸의 지체가 많으나 한 몸임과 같이 그리스도도 그러하니라"(12:12); "너희는 그리스도의 몸이요 지체의 각 부분이라"(12:27); "우리 많은 사람이 그리스도 안에서 한 몸이 되어"(12:5). 분명히 이 이미지는 아직 새롭고 유연했으며, 고정되거나 틀에 박힌 것이 되어 있지 않았다.

"교회"라는 개념과 마찬가지로 "(그리스도의) 몸"이라는 이미지에 대해서도 우리는 "왜 이 용어가 사용되었는가?" "바울은 어디에서 이 용어를 가져왔는가?"라고 묻지 않을 수 없다. 이에 대해서 몇 가지 대답들이 제시되었지만, 대부분은 핵심을 벗어난 것들이었다.

이 이미지를 이미 검토된 바울 사상의 다른 측면들로부터 도출해내려는 여러 시도들이 있어 왔다[90] — 그의 아담 기독론,[91] 또는 바울의 신비주의의 "그리스도 안에서",[92] "집단 인격"이라는 개념[93]으로부터 도출해내거나 메시아 및 하나님의 백성에 관한 바울의 개념의 확장[94]으로서 이해하고자 하는 시도들. 이것들 중 그 어느 것도 왜 몸이라는 이미지를 사용했는지를 진정으로 설명해 주지 못하기 때문에 만족스럽지 않다. 바울이 이 이미지를 사도행전 기사에 나오는 다메섹 도상에서의 계시에서 하늘로부터 들려온 소리로부터 가져왔다는 주장도 불만족스럽기는 마찬가지이다 — "사울아 사울아 네가 어찌하여 나를 박해하느냐 … 나는 네가 박해하는 예수라."[95] 이것은 바울 사상의 그러한 공동체적인 특징들 가운데 몇

세한 것은 필자의 "Body"; "The 'Body' in Colossians"(위의 §3 n. 5)를 보라.

90) 이하의 서술에 대해서는 바울의 '소마'(soma) 개념에 대한 그의 분석의 일환인 Jewett의 개관과 비판을 참조하라(*Anthropological Terms* 201-50).

91) Davies, *Paul* 53-57; Stuhlmacher, *Theologie* 358.

92) 특히 Percy, *Leib*.

93) Best, *One Body*, passim: 그러나 Rogerson, "Hebrew Conception" (위의 §15 n. 89)을 보라.

94) Cf. Oepke, *Gottesvolk*와 Meuzelaar, *Leib*.

95) 행 9:4-5; 22:7-8; 26:14-15. Robinson, *Body* 55-58은 이것으로부터 바울에게 공동체는 (십자가에 못 박혔다가) 부활하신 그리스도의 몸과 동일하다는 주장을 만들어냈다. 그러나 이 주장은 고전 15:44-49과 빌 3:21을 이해할 수 없게 만들어버릴 뿐만 아니라 십자가에

몇 결합된 영향을 부인하는 것은 아니다: 우리는 바울의 신학이 통합된 전체를 이룬다는 것을 내내 전제해 왔다. 이것은 단지 바울에게 이 이미지의 원천에 관한 그러한 사변을 불필요하게 만드는 좀 더 분명한 원천이 존재한다고 말하는 것뿐이다.

20세기 중엽에 유행했던 꽤 진척된 견해는 바울이 그리스도의 몸이라는 개념을 영지주의의 원인(原人) 신화(원래의 천인[天人]의 몸의 여러 부분들로서의 개개인)에서 가져왔다는 것이었다.[96] 그러나 기독교 이전의 영지주의의 원인(原人)에서 그 원천을 구하려는 시도는 지금은 거의 완전히 폐기되었다: 초기의 개념들(말하자면 필로 등에서)은 사실 "영지주의적"이 아니었고(의도된 의미에서), 그 개념들을 "영지주의 이전의 것"이라고 말하는 것은 중세 교회를 종교개혁 이전의 교회라고 말하는 것만큼이나 도움이 될 수도 있고 안 될 수도 있다.[97]

사실 실제로는 이 은유를 바울이 사용한 것을 설명하는 데는 오직 두 가지 대안만이 존재한다. 하나는 고린도전서 10장과 11장에서 볼 수 있는 성례전적 용법이다.[98] 이 장들에 나타나는 "몸"과 관련된 표현들의 상호작용(10:16-17; 11:24-29)에 비추어 볼 때, 바울이 떡을 떼는 것(=그리스도의 몸)과 한 몸으로서의 교회 간의 밀접한 연관성을 보았다는 것은 거의 의심할 수 없다. 그러나 이것은 바울이 "몸"이라는 이미지를 떡으로부터 공동체로 옮긴 이유를 설명해 주는가? 고

못 박히신 그리스도의 몸을 "육의 몸"(1:22; 2:17)이라 하여 그리스도를 머리로 하는 몸인 교회(1:18; 2:19)와 구별하는 골로새서의 묘사에 역행한다. 또한 Whiteley의 비판도 보라(*Theology* 194).

96) 특히 Käsemann, *Leib*; Jewett, *Anthropological Terms* 231은 이 주장이 얼마나 영향력이 있었는지를 지적한다; Kümmel, *Theology* 210; Georgi, *Theocracy* (§24 n. 1) 60; Strecker, *Theologie* 194-96에서는 이 주장이 여전하다.

97) 또한 필자의 *Christology* 98-100, 123-26, 229-30, 248, 252-53; 자세한 것은 M. Hengel, "Die Ursprunge der Gnosis und das Urchristentum," in Adna, et al., eds., *Evangelium* 190-223; 또한 위의 §11 n. 68을 보라.

98) 특히 Cerfaux, *Church* 262-82를 보라; Conzelmann, *Outline* 262에 의하면, " '그리스도의 몸' 이라는 표현의 기원은 아마도 여기, 곧 성만찬 전승에 있을 것이다. 종교사나 개념사에는 다른 모델이 존재하지 않는다"! Jewett, *Anthropological Terms* 246-48은 이 견해를 A. E. J. Rawlinson, "Corpus Christi," in G. K. A. Bell and A. Deissmann, eds., *Mysterium Christi* (London: Longmans, Green, 1930) 225-44에게 돌린다.

린도전서 10:16-17에서의 생각의 흐름은 "떡" → "그리스도의 몸" → "(공동체의) 몸"이 아니라 "한 떡, 그러므로 한 몸"이다.[99] 몸으로서 공동체의 성격은 이미 전제되고 있는 것 같다. 그리고 고린도전서 12장(또한 로마서 12장과 에베소서 4장)의 좀 더 세련된 몸 이미지는 단순히 성례전에 초점을 맞춘 공동체가 아니라 예배 공동체의 상호 관계들을 염두에 두고 있는 것으로 보인다.

이 이미지의 원천으로서 가장 유력한 것은 다른 곳에서 바울이 매우 일관되게 이 이미지를 사용하고 있는 몸의 은유이다[100] — 지체들의 다양성에도 불구하고 공동체의 하나됨에 대한 결정적인 표현으로서의 몸.[101] 몸으로서의 도시나 국가라는 이미지(정치체[政治體])는 이미 정치 철학에서는 친숙한 것이었다[102] — 메네니우스 아그립바(Menenius Agrippa)의 유명한 우화가 그 가장 유명한 예이다.[103] 그리고 특히 고린도전서 12:14-26에 나오는 바울의 해설은 이 우화의 관심사들을 상당히 근접하게 반영하고 있다: 국가의 하나됨은 다양한 지체들의 상호 의존성이 충분히 인식되는 데 달려 있다.[104] 이러한 기원론은 그리스도라는 수식

---

99) 자세한 것은 아래의 §22.6을 보라.

100) 특히 Schweizer, *TDNT* 7.1069; Fitzmyer, *Paul* 91; Lindemann, "Kirche als Leib."

101) 롬 12:4-5; 고전 12:14-26; 골 2:19; 엡 4:11-16.

102) 몸은 "옛 문헌에서 하나됨을 위한 가장 흔히 등장하는 장소(topos)"였다(Mitchell, *Paul and the Rhetoric of Reconciliation* 155-62 [특히 161]).

103) Livy, *Historia* 2.32; Epictetus 2.10.4.-5; 자세한 것은 Lietzmann, *1 Korinther* (12:12에 대한); Schweizer, *TDNT* 7.1038-39를 보라.

> 지금도 그렇듯이 사람의 지체(肢體)들이 모두 서로 의견이 같지 않고 각자의 생각과 목소리를 지니고 있던 날들에, 일부 지체들은 자기들이 걱정과 근심, 배를 위한 모든 것을 제공해야 하는 수고를 하는 반면에 배는 아무것도 하지 않은 채 그들 가운데 가만히 있으면서 자기들이 제공하는 좋은 것들을 누리는 것이 부당하다고 생각했다. 그래서 그들은 손들은 입에 음식을 나르지 않고, 입은 자기에게 주어진 것을 받아들이지 않으며, 이빨은 자기가 받은 것을 씹지 않기로 공모하였다. 그들이 이렇게 성이 나서 배를 굶주리게 하여 굴복시키려고 하는 사이에, 지체들과 몸 전체는 극도로 쇠약해졌다. 그러므로 배는 빈둥거리며 논 것이 아니라 몸의 모든 부분들에 우리가 살고 성장할 수 있는 것을 혈관들에 골고루 나눠 주고 소화된 음식으로 풍성하게 해 줌으로써 나머지 부분들에 영양분을 공급했다는 것이 분명해졌다. 이런 예를 들어서 몸의 지체들이 내부적으로 분열을 일으켜 평민들이 족장들에게 분노하는 것이 무엇과 같은지를 보여 줌으로써, 그[Menenius Agrippa]는 청중들의 마음을 사로잡았다(Livy 2.32.9-12).

어가 붙은 표현을 설명해 주지 못한다("그리스도 안에 있는 몸," "그리스도의 몸," "그리스도도 그러하니라"). 그러나 그것은 바울이 더 친숙하고 널리 사용되던 세속적 은유를 나름대로 각색했다는 식으로 설명될 수 있다. 기독교 회중은 세속적인 정치체(政治體)와 마찬가지로 하나의 몸이지만, '그리스도의' 몸이라는 독특한 정체성을 지닌다는 점에서 다르다.[105]

따라서 하나님의 백성이라는 또 다른 공동체적 이미지로 바울이 눈을 돌릴 때에 그의 사고의 흐름은 좀 더 분명해진다. 바울은 기독교 공동체의 공동체적 이미지를 민족 국가(역사적 이스라엘)라는 이미지로부터 정치체로, 즉 인종적이고 전통적인 경계 표지들에 의해 규정되는 공동체로부터 서로 다른 국적들과 사회 계층들로 이루어지고[106] 그 번영이 그들의 상호협력과 조화로운 사역에 달려 있는 그런 공동체로 변화시킨다.[107] 그러나 몸으로서 '기독교' 회중의 정체성은 지리적 장소나 정치적 연대에 의해서가 아니라[108] '그리스도'에 대한 공통의 충성맹세(특히 세례 및 그의 몸에의 성례전적인 참여에서 가시적으로 표현되는)에 의해 주어진다. 이 공통의 충성맹세 상호간의 관계 속에서 우선권이 주어질 때에만, 잠재적인 파당적 차이들은 공동의 선을 향해 필수적인 상호 협력으로 변화될 수 있다는 함의(含意)는 분명해진다. 그러므로 정체성 요소들과 경계 표지들에서의 이러한 변화는 그리스도의 은혜를 보일 서로에 대한 상호간의 책임성으로 표현되는 그리

104) 또한 우리는 고린도전서에 나오는 바울의 이전의 어휘 중 상당수가 정치적 수사학의 언어로부터 왔다는 최근의 연구를 주목해야 한다(특히 L. L. Wlborn, "On the Discord in Corinth: 1 Corinthians 1-4 and Ancient Politics," *JBL* 106 [1987] 85-111; Mitchell, *Paul and the Rhetoric of Reconciliation*).

105) Cf. Ridderbos, *Paul* 376: "신자들이 서로 합쳐서 몸을 구성하는 것이 아닌 것은 그들은 서로의 지체가 아니라 그리스도의 지체들이고 그리스도 안에서 한 몸이기 때문이다" (롬 12:5; 고전 6:15); Lindemann, "Kirche als Leib"은 이 점을 거의 주목하지 않는다.

106) 바울이 이것을 알고 있었고, 이런 이유로 의도적으로 이 이미지를 선택했다는 것은 그가 "유대인이나 헬라인이나 종이나 자유인이나"라는 표현을 그리스도의 한 몸이 어떻게 구성되는가에 관한 그의 서술에 삽입한 것(고전 12:13)에서 분명하게 드러난다.

107) 병행들은 이 이미지가 바울 서신에서 최초로 등장하는 고린도전서에서 특히 분명하다. 그러나 롬 14:1~15:6이 지침이 될 수 있다면, 바울이 로마서 12장에서 이 점을 고린도전서 12장만큼 개진하지 않았다고 할지라도, 이것은 로마서에도 적절하다.

108) 또는 인종, 사회적 지위, 성별에 의해서(갈 3:28; 고전 12:13; 골 3:11).

스도 안에서의 상호의존성에 대한 인식을 핵심적인 요소로 하는 공동체에 관한 이해에 역동성을 부여해 준다.

그러나 이에 대해서는 더 말할 것이 있다.

§20.5 카리스마적 공동체

그리스도의 몸에 관한 바울의 이해에서 가장 두드러진 특징들 중의 하나는 바울 서신들에서 이 개념을 길게 설명하는 대목들은 모두 그리스도의 몸을 카리스마적인 공동체로 그리고 있다는 것이다.[109] 로마서 12:4-8:

> 우리가 한 몸에 많은 지체를 가졌으나 모든 지체가 같은 기능을 가진 것이 아니니 이와 같이 우리 많은 사람이 그리스도 안에서 한 몸이 되어 서로 지체가 되었느니라 우리에게 주신 은혜대로 받은 은사가 각각 다르니 혹 예언이면 믿음의 분수대로, 혹 섬기는 일이면 섬기는 일로, 혹 가르치는 자면 가르치는 일로, 혹 위로하는 자면 위로하는 일로, 구제하는 자는 성실함으로, 다스리는 자는 부지런함으로, 긍휼을 베푸는 자는 즐거움으로 할 것이니라.

고린도전서 12:4-27:

> 은사는 여러 가지나 성령은 같고 직분은 여러 가지나 주는 같으며 또 사역은 여러 가지나 모든 것을 모든 사람 가운데서 이루시는 하나님은 같으니 각 사람에게 성령을 나타내심은 유익하게 하려 하심이라 어떤 사람에게는 성령으로 말미암아 지혜의 말씀을, 어떤 사람에게는 같은 성령을 따라 지식의 말씀을, 다른 사람에게는 같은 성령으로 믿음을, 어떤 사람에게는 한 성령으로 병 고치는 은사를, 어떤 사람에게는 능력 행함을, 어떤 사람에게는 예언함을, 어떤 사람에게는 영들 분별함을, 다른 사람에게는 각종 방언 말함을, 어떤 사

109) "오직 은혜의 효과들과 선물들이라는 맥락 속에서만 사도는 한 몸과 그 지체들의 다양성에 관한 고대 세계의 비유를 활용한다"(Bornkamm, *Paul* 195). Brockhaus는 '카리스마'(charisma)가 바울의 신학에서 중심 개념이 아니듯이(*Charisma* [§21 n. 1] 141) "그리스도의 몸"도 마찬가지로 올바르게 말한다.

> 람에게는 방언들 통역함을 주시나니 이 모든 일은 같은 한 성령이 행하사 그의 뜻대로 각 사람에게 나누어 주시는 것이니라 몸은 하나인데 많은 지체가 있고 몸의 지체가 많으나 한 몸임과 같이 그리스도도 그러하니라 우리가 유대인이나 헬라인이나 종이나 자유인이나 다 한 성령으로 세례를 받아 한 몸이 되었고 또 다 한 성령을 마시게 하셨느니라 몸은 한 지체뿐만 아니요 여럿이니 …

에베소서 4:7-16:

> 우리 각 사람에게 그리스도의 선물의 분량대로 은혜를 주셨나니 그러므로 이르기를 그가 위로 올라가실 때에 사로잡혔던 자들을 사로잡으시고 그 사람들에게 선물을 주셨다 하였도다 … 그가 어떤 사람은 사도로, 어떤 사람은 선지자로, 어떤 사람은 복음 전하는 자로, 어떤 사람은 목사와 교사로 삼으셨으니 이는 성도를 온전하게 하며 봉사의 일을 하게 하며 그리스도의 몸을 세우려 하심이라 …

이 두 바울의 진정한 서신들에서 핵심 단어는 '카리스마'(charisma, "은사")이다.[110] 이 단어는 바울이 이 단어를 취해서 그의 용법으로 변형시켜서 기독교 신학의 전문적인 용어라는 지위를 부여하기 전까지는 별 의미를 지니지 않았던 단어의 하나이다.[111] 사실 이 단어의 바울적 성격은 바울의 다른 용어들보다 더 두드러진다. 바울 이전에 이 단어가 사용된 예는 거의 없고, 세속적 용법으로 사용된 예들은 바울보다 훨씬 후대의 것들이다.[112] 신약에서는 바울 서신 바깥에서는 오직 한 번 나온다.[113] 그리고 바울 이후의 기독교적 용례에서는 바울 특유의 의미는 곧 사라진 것으로 보인다.[114] 요컨대 기독교 용어로서의 "은사"는 그 신학을 전적으로

110) 에베소서 4장도 동일한 이미지를 유지하지만, 시 68:19로부터의 인용문에 나오는 용어를 사용한다 — domata("선물들").

111) Max Weber에 의해 고전적으로 결정된 그 후대의 사회학적 의미를 무비판적으로 전제하고, 이 점은 너무도 자주 무시된다.

112) 필자의 *Jesus and the Spirit* 206에 나오는 자세한 내용을 보라.

113) 다소 바울적인 벧전 4:10.

바울에게 돌릴 수 있는 개념이다.

그리스도의 몸에 관한 바울의 개념에서 이 단어의 의미는 쉽게 조명될 수 있다. (a) 이 단어의 조어 형태인 '카리스-마'(charis-ma)는 이 단어가 은혜로 주는 행위(charizesthai, "은혜로 주다")의 결과를 의미함을 보여 준다.[115] '카리스마'는 '카리스'(charis)의 결과 또는 효과 또는 표현물,[116] 즉 "하나님의 은혜의 구체적인 구현물"이다.[117] 정의상 은사(恩賜)는 하나님의 은혜로운 행위의 결과이다; 그것은 말씀이나 행위를 통해 표현되거나 결과로 나타난 하나님의 은혜이다. 따라서 바울은 개개 신자들에게 주어진 특정한 축복들[118]만이 아니라 그리스도께서 이루신 일[119]과 이스라엘에게 수여된 여러 선물들[120]을 집약하는 말로 이 단어를 사용할 수 있었다. 그러나 이 단어의 가장 통상적인 용법은 회중에게[121] 말 및 행위로 된 은사들과 관련되어 있다.[122]

(b) 로마서 12:4-6에서 바울은 동의어 '프락시스'(praxis, "행함, 활동, 기능")

---

114) 예를 들어, Schweizer, *Church Order* (§21 n. 1) nn. 377과 519를 보라.

115) BDF §109(2). 고전 2:12에서 ta charisthenta(하나님에 의해 "우리에게 주어진 것들")는 ta charismata("은사들")를 다른 식으로 말한 것이다.

116) 이것은 M. Turner, "Modern Linguistics and the New Testament," in J. B. Green, ed., *Hearing the New Testament: Strategies for Interpretation* (Grand Rapids: Eerdmans/Carlisle: Paternoster, 1995) 156-59에 대한 답변이다; 또한 *The Holy Spirit* 262-67을 보라. 바울의 은사 신학에 관한 나의 추가적인 고찰들은 '카리스마'라는 단어의 형성이 아니라 바울이 그것을 사용하는 방식에 의존하고 있다는 것은 분명하다. 바울에게 "은혜"의 역동적인 성격(위의 §13.2) 및 바울이 '카리스'(charis)를 '카리스마'와 어느 정도 동의어로 사용하고 있다는 것(아래의 §24.8a)을 주목하라.

117) Nardoni, "Concept" 74.

118) 롬 1:11(로마의 그리스도인들에게 유익이 될 어떤 말이나 행위); 고전 1:7(나중에 12장에서 자세하게 설명될 은사들을 가리킴); 7:7(절제를 유지할 수 있게 함); 고후 1:11(큰 위험으로부터의 바울의 구원).

119) 롬 5:15-16; 6:23.

120) 롬 11:29은 9:4-5에 열거된 것들을 가리키거나 포함하는 것 같다.

121) 롬 12:6; 고전 12:4, 31; 특히 "치유의 은사"(고전 12:9, 28, 30). 벧전 4:10-11도 동일한 개념을 갖고 있다 — 말하는 것과 섬김의 은사들. 딤전 4:14과 딤후 1:6은 디모데의 사명 위임(委任)과 관련하여 동일한 의미를 발전시킨 것으로 보인다.

122) 롬 12:6-8; 고전 12:8-10.

를 사용한다.[123] 달리 말하면, 은사는 몸의 지체의 기능이다. 은사는 개별 지체가 전체에 행하는 기여, 몸 전체 내에서의 기능이다. 몸은 은사를 따라 기능한다.

(c) 의도적인 병행 표현인 고린도전서 12:4-6에서 바울은 여러 일련의 동의어들을 사용한다. "은사의 다양성"(12:4)은, 다른 식으로 표현한다면, "직분(diakonia)의 다양성"(12:5)이고, 또한 "사역(energēma)의 다양성"(12:6)이다. 여기에서 남들에게 유익을 주는 것으로서, 하나님의 권능에 의해 가능해지는 것으로서 은사의 성격이 드러난다.[124]

(d) 고린도전서 12장에는 동의어가 두 가지 더 나온다. 은사는 전체를 유익하게 하기 위한 "성령의 나타내심(phanerōsis)"(12:7)이다.[125] 그리고 이 모든 논의가 "신령한 것(pneumatika)"(12:1)이라는 표제 아래 놓여진다는 사실[126]은 '카리스마'(charisma, "은사")가 "성령에 속한 것"이라는 뜻의 '프뉴마티콘'(pneumatikon)의 동의어임을 분명하게 보여 준다.[127] 따라서 바울은 마찬가지로

123) "하나의 기능을 가진"(12:4) 모든 지체들은 분명히 "은사들을 가진"(12:6) 그리스도 안에서의 한 몸의 지체들과 동일하다.

124) '에네르게마'(energema)에 대해서는 필자의 *Jesus and the Spirit* 209를 보라. "강조점은 행위 자체가 아니라 행위에 의한 '효과들'에 두어지고 있는 것 같다"(Fee, *Empowering Presence* 161 n. 279).

125) 바울은 여기서와 고후 4:2에서 '파네로시스'(phanerosis)를 사용하는데, 후자의 구절에서 강조점은 바울의 대적들의 교묘한 술책과 대비되는 진리에 대한 공개적인 표명에 두어진다. 이것들은 신약에서 이 단어가 나오는 오직 2개의 구절이다.

126) 이 단어는 복수 속격(pneumatikon)이기 때문에 "신령한 사람들"(pneumatikoi)을 가리키는 것으로 해석될 수 있다. 그러나 14:1에서의 분명한 중성형 용법(pneumatika)과 마찬가지로 이하의 논의 전체의 취지는 "영적인 것들," 즉 영적인 은사들을 가리킨다 — 대부분의 주석자들이 동의하듯이.

127) pneumatikos — 롬 1:11("신령한 은사들"!); 15:27; 고전 2:13; 9:11; 10:3-4; 12:1; 14:1; 골 1:9; 3:16("신령한 노래들" = 엡 5:19); 엡 1:3; 6:12; 우리는 롬 7:14("율법은 신령하다[pneumatikos]")과 고전 15:44, 46(soma pneumatikon, "신령한 몸")을 상기한다; "신령한 사람들/신령한 자들" — 고전 2:13-15; 3:1; 14:37; 갈 6:1. 신약의 다른 곳에서는 오직 벧전 2:5(2번); 부사는 계 11:8. 고린도전서 12~14장에서 이 용어의 사용과 '카리스마'(charisma)는 바울이 선호한 용어였다는 롬 12:6로부터의 추론은 '프뉴마티콘'(pneumatikon)이 고린도 교인들의 용어였고(12:1은 그들의 서신이 사용한 용어들로 주제를 도입한다; 그들은 '신령한 것들'[pneumata]에 열심'이었다. 14:12), 반면에 바울은 은사의 은혜적 성격을 강조한

"더욱 큰 은사를 사모하라"(12:31), "신령한 것들을 사모하라"(14:1)고 말할 수 있었다.

은사적인 공동체에 관한 바울의 개념 설명을 추적하다 보면, 몇 가지 중요한 특징들이 드러난다. 물론 먼저 이 이미지의 이론적 근거가 기본적인 것이다. 다른 곳에서 이 이미지의 용법과 마찬가지로, 이 이미지는 다양성(많은 지체들)에도 불구하고 통일성(한 몸)을 강조한다. 이 이미지의 권면적 핵심은 지체들의 상호의존성에 대한 현실적인 인식 없이는 공동체의 효과적인 통일성은 불가능하다는 것을 보여 주는 것이다.[128] 그러나 각기 다른 직업 및 사회 집단들의 상호작용에 의해서 기능하는 몸이라는 이미지를 각기 다른 은사들의 상호작용을 통해 기능하는 몸이라는 이미지로 바울이 이 이미지를 수정한 것은 몇 가지 중요한 결과들을 가져온다.

1) 은사들의 다양성은 그 나름대로의 독특한 특성을 지닌다. 바울은 로마서 12:6-8과 고린도전서 12:8-10, 28-20에서 그러한 다양성을 예시해 준다. 그 목록들은 기본적으로 말의 은사들과 행위의 은사들로 구성되어 있다. 말의 은사들 — 예언, 가르치는 것, 격려하는 것(롬 12:6-7), "지혜의 말씀," "지식의 말씀," 예언, 방언(고전 12:8-10, 28-30), 그리고 이에 수반되는 은사들(아래 (3)항목을 보라). 행위의 은사들 — 섬김, 구제, 돌봄(또는 다스리는 것),[129] 긍휼의 일들을 행함

용어(charisma)를 선호하였다는 것을 보여 준다. 자세한 것은 아래의 §22.5을 보라.

128) 롬 12:5 — "이와 같이 우리 많은 사람이 그리스도 안에서 한 몸이 되어 서로 지체가 되었느니라"; 고전 12:12, 14 — 한 몸과 많은 지체들, 각각은 다른 지체를 필요로 한다(12:15-26); 마찬가지로 골 2:19과 엡 4:16.

129) 롬 12:8에서 '호 프로이스타메노스'(ho proistamenos)는 "지도자"(NRSV, REB), "지도력"(NIV)을 의미할 수 있다. 대부분의 학자들이 그렇게 생각한다. 그러나 이 동사는 "관심을 갖다, 돌보다, 도움을 주다"라는 의미로 아주 자주 등장한다(cf. 딤전 3:5; 딛 3:8, 14). 도움을 주는 형태들을 가리키는 다른 두 단어들 사이에서 바울은 후자를 염두에 두었을 것이다 — 이 세 단어는 초대 교회의 "복지 서비스"를 포괄한다. 예를 들어, Cranfield, *Romans* 625-27과 Schlier, *Römerbrief* 372 등이 그렇게 생각한다; 자세한 것은 필자의 *Jesus and the Spirit* 250-52; 또한 *Romans* 731을 보라. Fitzmyer, *Romans* 649와는 반대로, 이 세 단어가 시사하는 사역들의 범위를 생각하는 데는 어려움이 전혀 없다 — 예를 들어, 음식과 의복을 나눠 주는 일(metadidous), 자기들을 위해 말하고 행동할 사람이 없는 자들의 주장을 대신 옹호해 주는 일(proistamenos), 재정적 도움을 주는 일(eleos).

(롬 12:7-8), 치유와 이적들을 행함(고전 12:9-10, 28-30), "서로 돕는 것(antilempseis)"과 "다스리는 것"(kybernesis, 고전 12:28).[130] 베드로전서 4:10-11은 이러한 기본적인 범주 구분을 확증해 준다: "각각 은사를 받은 대로 하나님의 여러 가지 은혜를 맡은 선한 청지기 같이 서로 봉사하라 만일 누가 말하려면 하나님의 말씀을 하는 것 같이 하고 누가 봉사하려면 하나님이 공급하시는 힘으로 하는 것 같이 하라."

(2) 특기할 만한 것은 그의 여러 목록들 속에서 바울은 의도적으로 더 눈에 잘 띄는 은사들인 예언, 방언, 능력 행함과 마찬가지로 좀 더 평범한 일들 및 조직과 관련된 역할들을 포함시켰다는 사실이다.[131] 은혜는 눈에 보이는 형태로만 주어지는 것이 아니다 ― 그 일이 아무리 눈에 띄지 않는 일이라고 해도, 은혜로 주어진 것은 다 은사들이다.

(3) 고린도전서 12:8-10의 목록, 특히 마지막 세 부류도 은사들의 상호의존적 성격을 드러내기 위한 것으로 보인다. 가장 분명한 예는 "각종 방언함"[132]과 "방언들 통역함"을 연관시킨 것이다(12:10).[133] 왜냐하면 고린도전서 14장을 보면, 바

130) 고전 12:28에 나오는 '안티렘프세이스'(antilempseis)와 '퀴베르네세이스'(kyberneseis)라는 용어들이 무엇을 가리키는지가 다소 모호하다. 전자는 단지 "도움, 조력"을 의미하고, 후자는 "조종하는 일, 지휘하는 일, 통치하는 일"(조타수를 뜻하는 kybernetes에 관한 은유로부터 옴)을 의미한다; 자세한 것은 필자의 *Jesus and the Spirit* 252-53을 보라.

131) 나는 Turner가 "바울은 가장 두드러진 '행정' 또는 '부조(扶助)' 행위들만이 '은사들'(charismata)로 불릴 수 있다고 말하고 있다"(*The Holy Spirit* 270)는 견해를 내게 돌리는 것("Dunn의 생각처럼")을 인정할 수 없다.

132) 바울이 말한 "방언(혀)들"은 "언어들"이었을 것이다(영어의 "혀"가 이와 같은 확장된 의미를 갖듯이) ― 인간의 언어들(만약 인간의 언어를 가리키는 것이라면, 14:6-11의 논증이 손상될 것이다; Turner, *Holy Spirit* 227-29에 의해서 논란이 됨)이 아니라 천사들의 방언들(13:1), 하나님께 말할 때에 사용되는 천상의 언어(14:2). 영감 받은 환상가(visionary)는 천사들의 방언으로 말한다는 사상은 유대 문헌에서 이미 친숙한 것이었다(*T. Job* 48-50; *Apoc. Abr.* 17; *Ascension of Isaiah* 7.13-9.33; *Apoc. Zeph.* 8.3-4). 자세한 것은 필자의 *Jesus and the Spirit* 242-46과 n. 304를 보라. 이 주제에 대한 지속적으로 증가하는 관심은 *Empowering Presence* 172 n. 336에 나오는 Fee의 참고문헌에서 볼 수 있다.

133) '헤르메네이아'(hermeneia)라는 용어와 그 동일 어원의 말들은 성경 헬라어에서 "해석," "통역"의 의미를 포괄한다(LSJ, BAGD) ― 이것은 "방언"을 언어로 이해하는 것과

울이 "방언 통역"을 "방언"에 대한 일종의 통제로 보았음이 분명하기 때문이다.[134] "예언"과 "영들 분별함(diakrisis)"을 연관시킨 것도 마찬가지이다(12:10). 바울에게 예언은 모든 은사들 중에서 가장 귀한 것이었다.[135] 그러나 그럴지라도, 아니 바로 그 이유로 해서, 단지 영감을 받았다는 명목을 지니고 있다고 해서 영감받지 않은 것을 예언으로 받아들여서는 안 된다; 오히려 그것은 그 원천 및 의미와 관련하여 "시험되고" "평가되어야"(diakrino) 한다(14:29).[136] 우리는 "믿음, 병 고치는 은사, 능력 행함"(12:9-10)을 한데 묶어 놓은 것과 관련해서도 마찬가지로 말할 수 있다. 왜냐하면 "믿음"은 바울에게 모든 그리스도인의 순종을 결정하는 것으로서 근본적인 특징이고(롬 1:5), 공동체 내에서의 모든 관계들(12:3)[137]과

잘 부합한다(위의 n. 132).

134) 고전 14:5 — "나는 너희가 다 방언 말하기를 원하나 특별히 예언하기를 원하노라 만일 방언을 말하는 자가 통역하여 교회의 덕을 세우지 아니하면 예언하는 자만 못하니라"; 14:3 — "방언을 말하는 자는 통역하기를 기도할지니"; 14:26-28 — 방언을 말할 때는 통역이 뒤따라야 하는데, 통역이 없다면, 방언을 계속해서는 안 된다. 자세한 것은 필자의 *Jesus and the Spirit* 246-48을 보라.

135) 14:1, 5, 12, 24 — 예언은 교회를 세웠고 그 지체들에게 격려와 위로(14:3-4), "계시"(14:6, 26, 30)를 가져다 주었다. "신자들을 위한 표적"(14:24-25)으로서 예언에 대해서는 필자의 *Jesus and the Spirit* 230-32를 보라.

136) 이것은 바울이 영적 문제들(고전 2:13-15), 특히 예언(살전 5:20-21)을 다룰 때에 반복해서 강조하는 것이다. 실제로 거짓 예언의 위험성에 대한 인식은 히브리 예언의 역사 속에 오랫동안 뿌리박고 있었고, 예언들을 "시험할" 필요성은 초기 기독교에서 반복해서 강조된 것이었다(요일 4:1-3; *Didache* 11-13; Hermas, *Mandate* 11). 바울 및 초기 기독교에서 이것의 중요성은 고전 12:8-10의 영적 은사들에 대한 해석에서 일반적으로 흔히 간과되어 왔다. 자세한 것은 아래의 §21.6과 필자의 *Jesus and the Spirit* 233-36; 또한 "Prophetic I-Sayings and the Jesus Tradition: The Importance of Testing Prophetic Utterances within Early Christianity," *NTS* 24 (1997-78) 175-98; "Discernment of Spirit — A Neglected Gift," in W. Harrington, ed., *Witness to the Spirit* (Dublin: Irish Biblical Association/Manchester: Koinonia, 1979) 79-96; "Responsible Congregation" (§21 n. 1) 216-26을 보라. 또한 아래의 §23.4과 n. 109를 보라.

137) 바울이 말하는 "믿음의 분량"은 믿음의 서로 다른 몫을 가리키는 것 같다; 그것은 동일한 믿음/신뢰이지만, 당시에(오늘날에도) 체험은 모두가 동일한 정도로 신뢰하는 것은 아님을 확증해 주었다. 자세한 것은 필자의 *Romans* 721-22를 보라. 특히 Cranfield, *Romans* 613-16는 이에 반대한다. 예언에 대해서도 마찬가지이다 — "믿음을 따라"(12:6); 필자의

공동체 내에서의 다른 사람들에게 영향을 미치는 모든 행위들(14:23)을 결정하는 것도 바로 이 믿음이기 때문이다. 따라서 우리는 바울은 하나님에 대한 무조건적인 신뢰 속에서 행해질 때에만 치유와 이적들이 가능하다는 것을 말하고자 하였다고 생각할 수 있다(참조. 갈 3:5).[138]

요컨대, 고린도전서 12:8-10에 나오는 은사들의 목록조차도 상호의존적인 공동체로서의 은사 공동체의 성격을 강조하는 것이었다고 할 수 있다: 방언을 말하는 자는 통역하는 자 없이는 회중에게 거의 소용이 없었다; 공동체에 의해 분별되지 않은 예언은 온갖 오해와 잘못을 불러올 수 있었다; 하나님에 대한 신뢰를 표현하고 그 신뢰를 증진시키지 않는 치유와 이적들은 회중을 오도하기 쉬웠다.

4) 이 은사들이 확정되거나 잘 정의되어 있는 것으로 인식되었다는 암시는 없다. 이와는 반대로 몇몇 은사들에 대한 언급이 모호하고("섬김," "지혜의 말씀/지식의 말씀," "믿음") 또 어떤 은사들은 서로 중복된다는(예언/권면, 나눔/돌봄/구제) 것은 분명히 은사들을 정확히 규정하려는 것이 아니라 폭넓은 은사들을 인정하려는 것임을 보여 준다. 또한 로마서 12장과 고린도전서 12장의 목록들이 은사들을 모두 열거하고자 했다는 암시도 전혀 보이지 않는다.[139] 이와는 반대로 고린도전서 12:6-8의 목록은 분명히 고린도 교회 회중의 특정한 체험들과 관심들을 염두에 두었다.[140] 그리고 고린도전서가 그리스도의 몸에 관한 바울의 비전을 보여 준다고 할지라도, 고린도 교회 자체는 결코 그리스도인 공동체의 모델이 아니었다.

5) 바울이 은사들에 관하여 말하는 방식은 그가 은사를 모종의 "사건"적 성격을 지니고 있는 것으로 이해했음을 보여준다. 정확히 말하자면, 은사는 언급된 말

Romans 727-28을 보라.

138) 또한 사도됨의 증거로서 "표적과 기사들"에 의존하는 것에 대한 바울의 염려를 주목하라(고린도후서 11~12장; 특히 12:11-13).

139) 고전적인 오순절 전통 내에서의 일부 해석들은 이렇게 전제하는 것 같다. 바울 서신에서 광범위한 은사들을 찾아낼 수 있다는 것에 대해서는 필자의 *Jesus and the Spirit* 212-53을 보라.

140) "지혜"와 "지식"은 고린도전서에서 특히 두드러진 주제들이다("지혜" — 1:17, 19-22, 24, 30; 3:1, 4-7, 13; 3:19; 12:8; "지식" — 1:5; 8:1, 7, 10-11; 12:8; 13:2, 8; 14:6); "이적들" — 12:10, 28-29; 고후 12:12; "예언"과 "방언" — 고린도전서 14장!

이요 행해진 행위이다.[141] 은사는 성령의 작용(praxis), 섬김의 행위(diakonia), 활동(energema)이다. 이 점은 아무리 강조해도 지나치지 않다: 바울은 "우리에게 주신 은혜대로 받은 은사가 각각 다르니"라고 말하는데,[142] 이것은 단지 성령의 활동에 관한 편의적인 말일 뿐이다. 어쨌든 고린도전서 14:26-32에 나오는 회중의 기능에 관한 묘사는 일부 준비된 기여와 일부 자발적인 말의 혼합물을 암시한다. 그러나 우리가 놓치지 말아야 할 것은 은사는 주어진 그 무엇, 하나님의 은혜로운 행위의 결과 또한 표현이라는 성격을 지니고 있다는 것이다(롬 12:6)[143] — 합리적으로 고안해내거나 생각해낸 것으로서의 말이 아니라 영감받은 말[144] — "하나님이 공급하시는 힘으로"(벧전 4:11) 하는 행위. 이 두 주요한 목록들은 둘 다 은사들의 사건적 성격을 여러 가지 다른 방식으로 강조한다 — 예언, 섬김의 행위, 가르치는 자, 안위하는 자 등(롬 12:6-8)[145] — 개인의 유익을 위해서가 아니라 공동의 유익을 위해 주어지는 은사(고전 12:7) — "지혜/지식의 말씀"(지혜/지식 자체가 아니라), 실제의 이적들과 치유들 등(12:8-10). 또한 고린도전서 12:28의 두 번째 목록의 후반부가 "능력을 행하는 자들, 치유 은사를 행하는 자들 등등" 같이 되어 있지 않고 "능력, 병 고치는 은사, 서로 돕는 것, 다스리는 것, 각종 방

141) Käsemann은 은사를 "이 권능의 나타남과 구체화"로 정의한다("그것을 수여하는 은혜로운 권능"; "Ministry" [§21 n. 1] 65); *Jesus and the Spirit*(특히 253-56)에서 나의 글과 마찬가지로 Käsemann의 글도 F. Grau, *Der neutestamentliche Begriff charisma* (Tübingen University, 1946)의 미간행 박사학위논문의 영향을 많이 받았다.

142) 롬 12:6; 고전 7:7; 12:30; 14:26.

143) 또한 필자의 *Romans* 725-26을 보라.

144) "예언"을 "대언"(代言, forth-telling, 즉 설교, 대담하고 원칙에 따른 발언; 지금은 특히 cf. T. W. Gillespie, *The First Theologians: A Study in Early Christian Prophecy* [Grand Rapids: Eerdmans, 1994]) 또는 "예언"(豫言, foretelling)으로 보아야 하느냐에 관한 옛 논쟁은 영감 받은 설교라는 유대-기독교 전승에서 더 기본적인 예언의 성격을 흐려 놓았다. 고대 세계에서 예언 현상은 많은 주목을 받아 왔다. 최근의 연구에 대해서는 특히 D. Aune, *Prophecy in Early Christianity and the Ancient Mediterranean World* (Grand Rapids: Eerdmans, 1983); C. Forbes, *Prophecy and Inspired Speech in Early Christianity and Its Hellenistic Environment* (WUNT 2.75; Tübingen: Mohr, 1995)를 보라. Gillespie의 주장에 대한 비판으로는 Forbes 227-29와 Turner, *Holy Spirit* 206-12를 보라.

145) 이 목록의 후반부에서 사용된 시제(현재)는 반복적이거나 주기적인 사역들을 상정한 것이리라; 자세한 것은 아래의 §21.3을 보라.

언 말하는 것"으로 되어 있다는 것은 의미심장하다. 은사가 아무리 "자연적인 재능"과 일치한다고 할지라도, 바울은 그것을 선천적인 것으로 인식하지 않았다.[146] 그리고 적어도 바울은 은사를 오직 개인의 유익을 위한 일종의 사유물로 생각하지 않았다. 회중 가운데서 방언을 말하는 것에 대한 그의 긴 조언이 분명히 보여주듯이(14:1-25), 은사 공동체 내에서의 어떤 은사에 대한 시금석은 그 은사가 공동체 전체에 유익을 끼치는가 하는 것이다.

6) 이것과 결부되어 있는 것은 하나님의 '카리스'(charis, "은혜")의 실행 또는 구현으로서 은사의 성격이다. 그리스도인 공동체의 몸을 '그리스도'의 몸으로 만드는 것은 바로 이것이다. 바울에게 '카리스마'의 원형은 십자가 상에서 그리스도의 은혜로운 행위였다.[147] 바울로 하여금 각각 다르게 인식되고 다르게 연합된 공동체에 관한 그의 비전을 표현하기 위하여 하나의 정치적 이미지를 '그리스도'의 몸, '은사' 공동체로 변형시킬 수 있게 해 준 것도 바로 이 근본적인 사실이었다. 달리 말하면, 로마서 12장과 고린도전서 12~14장에 묘사된 바울의 비전 속에서, 은사들이라고 주장되는 말과 행위들이 실제로 십자가 상에서 그리스도의 값 없는 은혜의 행위의 성격을 표현할 때에야 — 이기적인 속셈 없이 그 은혜의 힘으로 하나님을 섬기고 남들을 위할 때에야 — 그리스도의 몸은 제대로 기능할 수 있었다는 말이다. 고린도전서 12:4-11에서 바울이 은사가 성령에 의해 주어졌음을 거듭 강조하고 있는 것으로부터도 이와 비슷한 결론을 우리는 도출할 수 있다. 왜냐하면 성령은 바울에게 "그리스도의 영"이었기 때문이다.[148]

7) 바울이 가져온 몸 이미지에서 또 하나의 변형은 몸의 지체마다 스스로를 능동적인 지체로 인식해야 한다는 그의 강조이다. 몸이 나름대로의 기능(praxis)을 지닌 다양한 기관들로 이루어져 있듯이, 그리스도의 몸도 나름대로의 은사를 지닌 여러 다양한 지체들로 이루어져 있다(롬 12:4-6). "각 사람에게 성령을 나타내심은 유익하게 하려 하심이라"(고전 12:7). "이 모든 일은 같은 한 성령이 행하사 그의 뜻대로 각 사람에게 나누어 주시는 것이니라"(12:11). 몸의 지체는 단지 개

146) Cf. Hahn, "Charisma" (§21 n. 1) 216-17.

147) 롬 5:15-16. '카리스'(charis, "은혜")에 관해서 자세한 것은 위의 §13.2을 보라.

148) 위의 §10.6과 §16.4을 보라. 그러므로 여기서는 12:3(그리스도에 대한 신앙고백에 의해 확인되는 영감), 12:4-6(한 성령, 한 주, 한 하나님), 12:12-13(한 성령으로 세례를 받아 그리스도와 한 몸이 됨).

인이 아니라 그 속에서 기능하는 지체, 자신의 은사를 지닌 지체이다. 개개인들은 은사자들로서 몸의 지체들이다. 고린도전서 12:14-26에서 몸에 관한 바울의 생생한 해설의 주된 취지는 이 점을 강조하기 위한 것이다. 바울에게는 기능하는 지체와 기능하지 않는 지체, 섬기는 지체와 단지 섬김을 받기만 하는 지체라는 구별이 없었다. 그 어떤 지체도 자신의 은사를 덜 가치 있다거나 하찮다고 여겨서는 안 되고 몸의 기능으로부터 손을 떼서도 안 된다(12:15-16). 그 어떤 지체도 다른 사람의 은사를 없어도 된다거나 불필요한 것으로 생각해서는 안 된다(12:21). 서로에 대한 존중과 배려가 온갖 은사의 다양성에도 불구하고 — 그 은사가 아무리 하찮거나 위대하다고 할지라도 — 가장 우선되어야 한다(12:22-26).

특히 주목할 필요가 있는 것은 직임은 소수에게 제한되어서도 안 되고 제한될 수도 없다는("몸"의 정의상) 바울의 주장이다. 이것은 분명히 고린도 교회 회중이 귀담아 들어야 할 점이었다. 왜냐하면 바울은 한 지체나 은사가 온 몸을 포괄할 수 없다는 점을 특히 강조하기 때문이다(12:17-20). 그리고 바울은 실제로 풍자만화를 그리듯이 유머 감각을 가지고 이 점을 말한다. 그는 말한다: 오직 눈 하나 또는 오직 귀 하나만으로 된 몸을 상상해 보라(12:17). 어떤 종류의 몸이 되겠는가? 그것은 결코 몸일 수 없다(12:19)! 각기 다른 많은 지체들 없이는 몸이란 존재할 수 없고, 기껏해야 단편화된 조각들만이 존재하게 될 뿐이다(12:20). 요컨대 직임이 소수에게 국한되면, 그 결과는 기괴한 형태의 몸, 8-90퍼센트는 마비되고 단지 소수의 기관들만이 작동하여 제대로 기능할 수 없는 몸이 될 뿐이다. 왜냐하면 몸이 제대로 기능하기 위해서는 다양한 기관들이 통일적으로 기능해야 하기 때문이다.

8) 바울이 묘사하는 그리스도의 몸의 역동적 성격은 모두가 한 성령으로 세례를 받아 한 몸이 되었다고 하는 이미지에도 나타난다(고전 12:13). 이 이미지가 세례 자체와 연관되어 있다고는 하지만, "세례를 받아 한 몸이 되었다"고 하는 이미지는 입회(入會)와 연관되어 있다.[149] 여기서의 요지는 바울이 성령 세례에 관한 이 이미지를 은사들 및 그리스도의 몸에 관한 그의 논의의 한복판으로 끌어들이고 있다는 것이다. 여기에는 성령으로 세례를 받았다는 것은 몸에서 모종의 작용

---

149) 위의 §16 n. 44를 보라. Ridderbos, *Paul* 372-73는 이것을 잘못된 방식으로 표현한다: "성령은 … 몸에 통합된 덕분에 신자들이 공유하는 선물이다."

을 하는 지체로 들어온 것이라는 주장이 암묵적으로 함축되어 있다. 바울에게 "성령으로 세례 받은 것"은 은사 공동체의 은사적 지체됨으로의 입문이었다. 바울 자신과 관련해서도 회심은 사명의 위탁이기도 했고, 기독교로의 입문은 또한 소명이기도 했으며, 성령 세례는 직임을 위한 은혜 주심이기도 했다.

하나님의 교회의 작용에 관한 바울의 묘사를 완성하기 위해서는 아직도 말할 것이 남아 있다.[150] 하지만 여기서는 그리스도인들이 이룬 공동체, 곧 그리스도의 몸의 기본적인 성격을 파악하고자 하는 시도로 충분하다. 무엇보다도 인종적, 전통적 표지들에 의해 규정된 공동체에서 그리스도와 성령이 그 본질적인 특징이 된 공동체, 즉 그리스도의 은혜와 성령의 은사들이 그 특징을 이루는 공동체로 개념이 변화되었음을 아는 것이 중요하다.

§ 20.6 공유된 성령 체험

이미 말한 내용에 함축되어 있지만 별도로 다룰 필요가 있는 또 하나의 특징이 있다. 그것은 공유된 성령 체험으로부터 자라나는 것으로서 하나님의 교회이다. 그것은 바울이 로마서에서 명시적으로 밝히고 있는 것은 아니지만, 다른 서신들에서 강조되고 있는 것이다. 그리고 나는 그것이 구원의 시작에서 세 번째 강조점과 상관 있는 것이라고 말할 수 있다고 생각한다: 제의 없는 공동체가 이신칭의를 반영하고 있고(§14) 그리스도의 몸이 그리스도에의 참여를 표현하는 것이라면(§15), 성령의 공동체는 성령 수여의 분명한 소산물이다(§16).[151]

이 점은 '코이노니아 프뉴마토스'(koinonia pneumatos)라는 친숙한 개념에 가장 직접적으로 표현되어 있다.[152] 이 어구는 보통 "성령의 교제"라는 식으로 번역되는데, 이는 오해의 소지가 있다. 이 어구가 담고 있는 뜻은 성령에 의해 창출된 공동체라는 것이다. 그러나 그동안 거듭된 연구를 통해서, "성령에의 참여"로 번역하는 것이 이 어구의 기본적인 의미를 더 잘 살리는 것임이 바르게 강조되어

150) 아래의 §§21.3-6을 보라.

151) Cf. Goguel: "바울의 교회 개념 전체는 그의 성령론의 반영이라 할 수 있다" (*Primitive Church* 53).

152) 고후 13:13-14; 빌 2:1: '코이노니아'(koinonia)는 신약에서 바울이 주로 사용하는 용어이다 — 신약에 나오는 19번 중 13번이 바울의 진정한 서신들에 나온다(롬 15:26; 고전 1:9; 10:16[2번]; 고후 6:14; 8:4; 9:13; 13:13; 갈 2:9; 빌 1:5; 2:1; 3:10; 몬 6).

왔다.[153] 즉, 이 어구가 뜻하는 것은 유형의 실체(회중 같은)가 아니라 공유된 체험으로서 성령의 주관적 체험이다. 그러니까 요지는 바울에게 신자들을 끌어 모아서 함께 있게 하는 것은 단순히 회중의 일원이라는 공통의 지위가 아니라 공통의 성령 체험이었다는 것이다. 서로를 이해하고 공감할 수 있게 해 준 유대감은 자신의 성령 체험(§16)이 곧 다른 사람들이 공유한 체험이라는 인식이었다.

이 점은 바울에게 그리스도인의 기본적인 표지이자 정의를 구성했던 성령의 수여와 관련하여 앞에서 우리가 살펴보았던 내용(§16)에 이미 함축되어 있다. 그러나 우리가 §20에서 살펴보고 있는 자료 중에서 이 점이 가장 분명하게 드러나 있는 구절은 고린도전서 12:13이다: 신자들을 '한' 몸이 되게 하는 것은 그들이 '한' 성령으로 세례를 받았다는 공통의 체험이다; 국적과 사회적 신분의 차이들을 아무 상관없게 만들어 버리는 것은 그들이 '한' 성령으로 적셔졌다는 공통의 체험이다.[154]

이와 동일한 강조는 나중에 에베소서에서도 그대로 유지된다. 에베소서 4:3-4에서 교회의 하나됨은 성령의 하나됨의 직접적인 결과물로 인식된다. 이 구절에서 선택하여 사용하고 있는 동사가 이 점을 시사해 준다: "평안의 매는 줄로 성령이 하나되게 하신 것을 힘써 지키라(tērein)"(4:3). 성령의 하나됨은 그들이 만들어 낼 수 있었던 그 무엇이 아니라 원래부터 주어진 것이요 교회의 하나됨의 기초였다. 에베소 교인들이 할 수 있었던 것은 그 하나됨을 보존하든가 아니면 상실하거나 파괴하든가 하는 것이 전부였다.

153) J. Y. Campbell, "KOINONIA and Its Cognates in the New Testament," *JBL* 51 (1932), reprinted in *Three New Testament Studies* (Leiden: Brill, 1965) 1-28(특히 25-27); F. Hauck, *TDNT* 3.804-8; *KOINONIA*, "Kirche" als Gemeinschaft bei Paulus (BU 16; Regensburg: Pustet, 1982)라는 좀 더 전문적인 연구를 활용한 J. Hainz, *EDNT* 2.203-5. 이 점은 G. Panikulam, *Koinonia in the New Testament: A Dynamic Expression of Christian Life* (AnBib 85; Rome: Biblical Institute, 1979)에서는 더 모호하다. 각각의 경우에서는 수식되는 용어에 의해 만들어지는 상태나 행위가 아니라 공유(sharing)의 체험을 말한다: 성만찬을 거행하는 회중이 아니라 성만찬에 동참하는 행위(고전 10:16); 연보를 촉발시키는 후한 마음이 아니라 연보에 참여하는 실제적 행위(고후 8:4); 선교단체나 영성단체를 위한 명칭이 아니라 복음 및 그리스도의 고난을 선포하는 공유된 체험(빌 1:5; 3:10) 등등.

154) 자세한 것은 필자의 *Jesus and the Spirit* 261-62를 보라; "바울은 '한 세례, 그러므로 한 몸' 이라고 말하는 것이 아니라 '한 성령, 그러므로 한 몸' 이라고 말한다"(261).

이것의 실천신학적 결과는 성령의 공동체는 그 어떤 의미로도 인간의 창조물이 아니라는 것이다. 바울에게 공동체는 공유된 성령 체험으로부터 생겨났다고 우리는 말할 수 있다. 또는 교제(통상적인 의미에서)는 한 성령에 공통의 참여로부터 생겨났다고 말할 수 있다. 그렇지 않다면, 그것은 그리스도의 몸이 아니다. 이것은 이론적인 진술이 아니라 바울의 많은 교회들의 공유된 체험 속에서 확증된 진술이었다 — 빌립보서 2:1-4의 감동적인 호소에서 가장 분명하게 나타나듯이. 바울은 벌써 그리스도인 공동체 및 하나됨의 원천이 당파적인 논쟁들과 이기적 추구에 의해서 질식당할 위험성을 너무도 잘 알고 있었다.

§ 20.7 비현실적인 비전?

우리는 바울이 로마서 12장과 고린도전서 12장에서 부분적으로는 이 두 교회의 당파주의와 공동체 내의 긴장들에 대응하여 그리스도의 몸에 관한 그의 비전을 설명하였다는 것을 잊어서는 안 된다. 다시 말하면, 바울은 단순히 이상주의적인 청사진을 제시하거나 꿈을 꾸는 자가 아니었다는 말이다. 그는 자신의 편지를 받는 교회들이 그의 비전에서 얼마나 멀리 떨어져 있는지를 잘 알고 있었다. 그는 자기가 설명한 신학이 지중해 주변에 산재해 있던 작은 가정교회들이라는 현실 속에서 엄밀히 말해서 비현실적임을 깨달았을지도 모른다. 개인 구원의 과정 속에 있는 '이미'와 '아직'이라는 종말론적 긴장(§18)을 너무도 분명히 알고 있었던 바울이 공동체적 차원에서 동일한 현실을 무시했을 리는 만무하다. 교회도 두 시대의 중간기에 잡혀 그 틈새에 끼여 있는 것은 마찬가지였다. 공동체적 실존을 살고 있던 교회는, 개인이 현세의 육신의 연약함으로부터 벗어날 수 없었던 것과 마찬가지로 현세의 공동체적 몸의 연약함을 벗어버릴 수 없었다.

또한 변화에 대한 바울 자신의 비전도 곧 변화되어, 그 독특한 특징들 중 다수가 상실되었다는 것도 사실이다. 지역 교회에서 온전히 드러나는 것으로서 하나님의 교회에 관한 바울의 비전은 보편교회라는 사상으로 대체되었다(이미 에베소서에서).[155] 그 어떤 특별한 제사장 계급도 없는 비(非)제의적인 공동체에 관한 바울의 비전은 이미 클레멘트 1서에서 희미해지기 시작하였다.[156] '카리스마'에 관한

155) 위의 §20.2을 보라. 그러나 에베소서는 은사적 공동체에 관한 바울의 비전이 보편적인 교회 개념에 얼마나 잘 적용될 수 있는지를 보여 준다(4:7-16).

바울의 이해는 이미 목회서신들에서 제한을 받기 시작하더니 2세기에는 사라지고 말았다.[157] 공유된 성령 체험에 대한 바울의 강조는 교회의 선량한 질서에 관한 그럴 듯한 관심에 밀려 물밑으로 가라앉기 시작하였고, 그 시기 동안에 특정 분파의 주장으로 밀려나기 시작하였다.[158]

그럼에도 불구하고 바울은 그리스도인 공동체의 원리들을 소상하게 밝히는 것이 중요하다고 생각하였다. 그는 많은 도시 정부들에서 배운 교훈들을 취하여 하나님의 교회를 위한 모델로 변형시켰다.[159] 그리고 바울이 선교했던 문제 많던 교회들과 관련하여 유효했던 이 원리들은 후대의 교회들에도 여전히 유효하다. 바울이 자신의 교회들에 그의 비전에 비추어서 그들 스스로를 판단해 보라고 요구했듯이, 후대의 교회들은 바울이 밝힌 원리들에 비추어서 그들의 구조들과 활동들을 검토하기는커녕 훨씬 더 악한 짓을 할 수 있었다.

무엇보다도 신학적 통찰은 "그리스도의 몸"이라는 개념 자체에 함축되어 있다. "그리스도에의 참여"(§15)라는 표현과 중복되는 점이 있기 때문에, 이 개념은 쉽게 내세적인 신비주의로 치부되어 버릴 수 있다. 그러나 "몸"이 유형적으로 접할 수 있고 관계를 가질 수 있는 구현물이라는 성격을 지니고 있다는 것(§3.2)은 이와는 판이하게 다른 방향을 보여 준다. 몸이라는 단어가 사회를 가능하게 하는 인간들의 구현물인 것과 마찬가지로, 교회는 그리스도로 하여금 더 넓은 사회와 실제로 유형적으로 만날 수 있게 해 주는 수단이다. 이 점에서 로마서 12:2의 몸과 관련된 표현과 12:4-5의 표현 간에는 사고의 연속성이 존재한다. 여기서 이 비전은 기독교 정체성의 근본적인 원리를 담고 있다.

---

156) 필자의 *Partings* 254-57에 나오는 간략한 논의를 보고, 특히 J. B. Lightfoot의 고전적인 연구인 "The Christian Ministry," *St Paul's Epistle to the Philippians* (London: Macmillan, 1868) 179-267을 보라. 보통 시대의 초창기 동안에 제2성전 시대의 유대교의 또 다른 아이인 랍비 유대교가 제사장이 아니라 랍비를 중심으로 하는 다른 체제로 출현하였다.

157) 위의 n. 114를 보라.

158) 특히 몬타누스주의자들(Montanists)과 관련하여.

159) 아마도 암묵적으로 모든 공동체의 모델. 이러한 사고는 골 1:18에서 이 이미지의 확장 배후에 있는 것 같다: 화해를 이룬 피조물의 첫열매로서의 교회(1:20-22). 어쨌든 바울의 저작에서의 "교회론의 결여"라는 Klaiber의 말(*Rechtfertigung* 9)은 바울이 아주 분명하게 표현한 원칙들을 제대로 평가하지 못한 말인 것 같다.

또한 그리스도의 은사적 몸이라는 표현을 통해서 바울은 모든 시대의 교회들에게 하나됨과 다양성에 관한 명확한 모델을 제시하였다는 점을 인식하는 것도 중요하다. 공유된 은혜 체험(어떤 정형문이나 제의들이 그것을 표현하든지)으로부터 생겨나는 하나됨, 정적이지 않고 역동적인 하나됨, 새로운 각 세대의 새로운 체험들을 항상 새롭게 표현하는 하나됨. 은혜가 주어졌다는 것, 이에 따라 그 은혜에 끊임없이 의존해야 한다는 것, 은사들은 소유물도 권리도 아니고 다른 사람들의 유익을 위한 책임이요 자기 도취 행위가 아니라 섬김의 행위라는 것을 인식하는 하나됨. 직임을 독점하거나(눈 하나 또는 귀 하나로 된 온 몸!) 너무 협소하게 직임을 인식하면 질식하게 되는 하나됨, 하나님의 온 백성이 기독교 역사의 대부분에서 보여 주지 못한 정도로 자신의 직임을 온전히 인식하고 수행할 때에 그 효력이 나타나는 하나됨. 요컨대 그리스도의 몸에 관한 바울의 비전은 다양성으로 이루어진 하나됨, 다양성에 의해서는 부인당하지 않지만 획일성에 의해서는 부인당하는 하나됨, 다양성 자체에 의존하는 하나됨에 관한 것이다 — 한마디로 말해서, 한 몸, 그리스도의 몸의 하나됨.

§21 직임과 권한[1)]

§ 21.1 은사와 직분

그리스도의 은사적 몸에 대한 바울의 설명에서는 사도, 선지자, 교사라는 좀 더 잘 확립되어 있던 직임들이 놀라울 정도로 주변적으로 언급된다. 이 직임들은 고린도전서 12장의 끝 부분(28-29절)에만 언급되고, 마찬가지로 선지자들에 관한 말도 고린도전서 14장에서 방언과 예언의 상대적인 장점들을 길게 논한 다음에 끝 부분에 잠깐 등장한다(29-32절). 마찬가지로, 이미 살펴보았듯이, 로마서 12:6-7에서도 "예언"(선지자들이 아니라)과 "가르치는 자"(교사들이 아니라)에 관해서 말할 뿐이다. 이와 같은 균형을 잃은 듯이 보이는(후대의 세대들에게) 교회론은 바울 신학에서의 고전적인 논쟁들 중의 하나의 근원이 되어 왔다. 이것은 교회사에서 성직주의와 교회의 관료주의에 반대하고 초대 교회로 돌아가자는 거듭된 운동의 근저에 있었다.[2)] 그리고 한 세기 전에 이것은 '카리스마'와 '직임'의 관계에 관한 길고 지속적인 논쟁에 불을 붙였다.[3)]

이 문제는 19세기에서 20세기로 넘어가는 시기에 루돌프 좀(Rudolph Sohm)

---

1) 이 책 말미의 참고문헌을 보라.

2) 예를 들어, E. H. Broadbent, *The Pilgrim Church* (London: Pickering and Inglis, 1931); F. H. Littell, *The Origins of Sectarian Protestantism* (New York: Macmillan, 1958)을 보라.

3) 이하의 단락에서 나는 주로 Brockhaus의 개관을 따랐다(*Charisma* 7-25); 그러나 또한 O. Linton, *Das Problem der Urkirche in der neueren Forschung* (Uppsala; Almquist & Wiksells, 1932)도 보라; 또한 나는 C. Clausen, *The Structure of the Pauline Churches*: "Charisma" and "Office" (Durham University, 1991)도 참조하였다. Brockhaus는 "직임"의 구성요소를 다음과 같이 열거한다: (1) 지속성, (2) 회중에 의한 승인, (3) 회중과의 관계 속에서 개인의 특별한 지위(권한, 위엄), (4) 특별한 위임절차(안수 등), (5) 해당 기능의 법적 확보(Charisma 24 n. 106). Clausen은 여기에 (6) 한 사람으로부터 직임을 거두어서 다른 사람에게 수여할 수 있어야 한다는 요건을 더한다. 은사의 정의에 대해서는 위의 §20.5을 보라.

과 아돌프 하르낙(Adolf Harnack) 간에 벌어진, 널리 사람들의 입에 오르내린 논쟁에 잘 집약되어 있다. 이 논쟁이 있기 전에는 개신교 신학자들 속에서 초대 교회의 조직에 관해서 폭넓은 의견일치가 이루어져 있었다. 이 다소 관념적인 의견일치에 따르면, 각각의 개교회는 자율적이었고, 자유롭게 결사(結社)를 이루고 있던 개별 지체들에 의해 "민주적으로" 치리되었다는 것이다. 사도들, 선지자들, 교사들은 "직임들"이라기보다는 기능들이었다.[4] 그러나 좀(Sohm)은 이 통설에 함축되어 있던 내용을 좀 더 극단적인 내용으로 발전시켰다. 즉, 좀은 '은사'(charisma)와 '교회법'(Kirchenrecht)은 서로 반대된다고 보았다. 그의 주된 주장은 "교회법은 교회의 본질과 모순된다"는 것이다: "'에클레시아'(ekklesia)의 구성에 관한 사도적 가르침은 기독교의 조직은 법적인(rechtliche) 조직이 아니라 은사적 조직이라는 것이다"; 즉, "기독교는 은사들의 배분을 통해 조직된다."[5] 좀은 하나님에 의해 주어진 은사적 조직을 밀어내고 인간의 '교회법'으로 대체한 교회의 타락은 클레멘트1서에서 최초로 나타난다고 주장한다.[6]

하르낙은 여러 가지 점에서 좀의 영향을 받았다.[7] 특히 그는 초대 교회들이 "영적 민주주의들"이었다는 데 동의하였다. 그러나 동시에 그는 초대 교회들이 순전히 영적 실체들이었던 것은 아니었다고 주장했다; 초대 교회들은 사회적, 단체적 형태도 지니고 있었다는 것이다. 그는 좀과 비슷하게 초대 교회의 조직 속에서 성령과 직임 간의 긴장을 인정하였다. 그러나 우리가 아는 한, 그가 좀과 결정적으로 달랐던 점은 이 긴장을 순서적인(sequential) 것이 아니라 동시적(simultaneous)인 것으로 보았다는 것이다(전체 교회의 은사적 직임들과 개교회 차원에서의 행정적 직임들). 사실 이 두 가지 불일치점들이 이후의 논쟁에서 쟁점이 되었다. 우리는 이 두 쟁점을 우리 식으로 이렇게 표현해 볼 수 있다: 은사적 공동체에 관한 바울의 비전은 바울이 교회들(특히 고린도 교회)을 목회적으로 대

4) Brockhaus, *Charisma* 8.

5) Kirchenrecht 1.1, 26 (Brockhaus, *Charisma* 15).

6) Brockhaus, *Charisma* 17. 이러한 논쟁은 은사와 직임의 대비로 요약되지만, Sohm이 그것을 그런 식으로 제기하지 않았다는 것을 유의해야 한다(Brockhaus 18). 자세한 것은 Harnack과의 논쟁 속에서 Sohm이 발표한 글을 보라(*Wesen*).

7) Harnack의 견해를 가장 잘 보여 주는 글은 그의 Constitution인데, 176-258에는 Sohm에 대한 비판이 실려 있다. 또한 Ridderbos, *Paul* 439-40에 나오는 논쟁에 관한 개관도 보라.

하면서 내내 마주쳤던 현실들에 의해 어느 정도 제한되어야 하는가? "제도," "위계질서," "직임"은 바울이 그의 비전을 실천할 때에 피할 수 없었던 특징이었던 것은 말할 필요도 없지만, 애초부터 바울의 비전에 어느 정도의 비중을 차지하고 있었는가?

이 논쟁은 금세기 중엽에 일련의 연구들에 의해 다시 재개되었는데, 이 중 가장 중요한 것들로는 한스 폰 캄펜하우젠(Hans von Campenhausen), 에른스트 케제만(Ernst Käsemann)의 연구, 에두아르트 슈바이처(Eduard Schweizer)의 일련의 초기의 글들이 있다.[8] 캄펜하우젠은 바울에게 성령은 교회를 조직하는 원리였고 직임은 "원칙적으로 인간의 조직 계획에 의존하지 않고 … 성령이 수여하는 은사를 채용하는 것"이라고 주장함으로써 좀(Sohm)의 주장을 되풀이하였다. 바울의 비전은 "공식적인 권위 또는 책임 있는 '장로들'의 간섭이 배제되는 가운데 영적 은사들과 직임들의 생생한 상호작용을 통하여 발전하는 자유로운 결사(結社)라는 공동체 구조에 관한" 것이었다. 유대 기독교 교회들에 이미 존재했던 장로 제도가 바울 교회들에도 등장하는 것은 후대의 일이다.[9] 케제만은 은사와 직임을 변증법적 관계로 봄으로써 캄펜하우젠보다 더 열심히 이 둘의 대립을 극복하고자 애썼다.[10] 그러나 그는 여전히 바울의 "질서에 관한 이론은 직임들, 제도들, 위계질서들에 의존하는 정적(靜的)인 것이 아니라"고 주장하고, "권위는 구체적인 사역 행위 안에만 존재한다"고 보았다. 아울러 그는 특이하게도 실제로 바울의 비전은 항상 "열광주의"로 흐를 가능성이 있었음을 인정하기도 하였다.[11] 슈바이처의 견해는 이보다 덜 억제되어 있다: 바울의 교회 질서 속에는 "성령의 은사가 교회의 모든 지체에 적절하게 주어지기 때문에 우월한 직위들과 열등한 직위들로

8) 이 세 연구들은 이 문제들을 다룬 필자의 *Jesus and the Spirit* chs. 8-9에 상당한 영향을 주었다.

9) Campenhausen, *Authority* 68, 70-71, 76-123.

10) 그의 많이 인용되는 글인 "Sentences of Holy Law in the New Testament," *New Testament Questions of Today* 66-81을 참조하라. 거기에서 그는 고전 3:17("누구든지 하나님의 성전을 더럽히면 하나님이 그 사람을 멸하시리라") 같은 예언들을 전제하고, "교회에서 그러한 규례를 세워서 권위 있는 행위 및 분명한 법의 정립을 가능하게 하는 것은 바로 성령이다"(69)라고 주장한다.

11) Käsemann, "Ministry," 특히 83, 93.

이루어진 근본적인 조직 같은 것이 존재하지 않는다"; "교회는 전통 자체에 의해서가 아니라 성령의 반복된 행위에 의해서 교회가 된다"; "모든 질서는 '나중에 생겨나는 것'으로서, 하나님이 이미 계획하신 것을 그대로 따르려는 시도이다."[12]

이 논의는 참여자와 내용에서 개신교적이었다는 특징을 지녔지만,[13] 그 주해상의 고찰들과 결론들은 널리 영향을 미칠 수밖에 없었다. 따라서 제2차 바티칸 공의회 "이전과 이후"가 달랐다. 그 차이는 제2차 바티칸 공의회 이전에 씌어진 루돌프 슈나켄부르크(Rudolf Schnackenburg)의 연구서와 교회에 관한 제2차 바티칸 공의회의 교리적 성명서(Lumen Gentium)과의 쌍방향적인 영향을 반영하고 있는 한스 큉(Hans Küng)의 연구서를 비교해 보면 드러난다.[14] 슈나켄부르크는 바울과 관련해서 "직임들"을 말하고 은사들 및 성령의 자유보다 위계질서 및 권위에 훨씬 더 많은 비중을 두는 데 조금도 주저하지 않는다. 그는 베드로의 수장성(首長性)을 전제하고 공인된 사도로서 바울의 지위와 고린도전서 12:28에 함축되어 있는 위계질서를 둘 다 강조한다. 그러므로 그 결과 바울의 교회들에서조차도 이후의 가톨릭 교회의 조직과 비슷한 위계질서적인 조직이 있었다고 그는 서슴없이 결론을 내린다.

이와는 대조적으로 큉은 교회의 "지속적인 은사적 구조"를 그 "근본적 구조"의 일부로 간주한다. 바울의 비전을 진지하게 고려해서, 그는 이렇게 말한다: "은사는 교회의 직임이라는 표제 아래 포괄될 수 없지만, 모든 교회의 직임들은 은사 아래 포괄될 수 있다 … 우리는 교회의 위계질서적 구조를 포함하면서도 그것을 훨씬 뛰어넘는 교회의 은사적 구조를 말할 수 있다."[15] 그리고 그의 분석은 "교회의 직임들"이라는 문제를 끝 부분에서 다루면서, 거기에서조차도 "모든 신자들의 제사장직"과 "사역으로서 교회의 직임"에 강조점을 둔다.[16] 또한 큉은 바울의 후

12) Schweizer, *Church Order* 99, 102.

13) Lindsay, *Church*, and B. H. Streeter, *The Primitive Church* (London/New York; Macmillan, 1929)의 영어로 된 글들은 대체로 무시되었다.

14) Schnackenburg, *Church*; Küng, *Church*.

15) Küng, *Church* 187-88. Küng에게 "교회의 근본적인 구조"는 "I. 하나님의 백성으로서의 교회, II. 성령의 창조물로서의 교회('지속적인 카리스마적 구조'를 포함한), III. 그리스도의 몸으로서의 교회"에 초점이 맞춰져 있다.

16) 이러한 영향을 받아서 "하나님의 온 백성의 부르심"이라는 비슷한 맥락을 지닌 *Baptism, Eucharist and Ministry* (Geneva: World Council of Churches, 1982)에 관한

기 서신들의 "초기 가톨릭주의"에도 기독교 정경(正經)의 일부로서 지위를 인정해야 한다고 주장함으로써 이후의 (초기) 가톨릭주의를 바울에게서 떼어내려고 했던 좀(Sohm)과 케제만의 시도들을 어느 정도 무너뜨릴 수 있었다.[17)]

또한 우리는 학자들의 논쟁이 민초(民草)들 사이에서의 발전들과 병행되었다는 것을 주목한다 — 특히 19세기 중엽 영국에서 기독교 형제단의 출현과 20세기 초의 고전적인 오순절파의 등장. 하지만 대체로 많은 학자들은 이러한 발전들을 감지하지 못하였다. 또한 이 논쟁에 많은 영향을 주진 못했지만 이 논쟁에 새로운 추진력을 준 사건으로서 1960년대 이래 은사운동의 부활에도 학자들은 주목해 왔다.[18)] 이러한 은사/직임 논쟁은 보통 이전 세대들의 체험이나 그 체험으로부터 배워야 할 교훈들에 대한 인식 없이 실천적으로(단지 이론적으로만이 아니라) 각 세대들에 의해 이루어져 왔다는 것도 우리는 지적하지 않을 수 없다.

그러나 이 논쟁은 고린도 교회와 고린도 서신을 사회학적 관점에서 바라봄으로써 생겨난 문제 제기들에 의해서 바뀌었다. 막스 베버(Max Weber)는 오래 전에 교회 구조 및 활동에 관한 바울의 신학을 해석하는 데 유용한 모델을 제시한 바 있다. 그것은 은사적 권위를 초자연적 또는 신성한 것과의 선지자의 직접적인 접촉에서 나온 것으로서 이전의 틀에 박힌 관례와 제도를 부수고 혁신시키지만 그 변화의 효과는 틀에 짜여지고 제도화됨으로써만 유지될 수 있는 것이라고 이해한 모델이었다. 이 모델과 은사/직임에 관한 논쟁과의 연관성은 분명하게 드러난다.[19)]

욘 쉬츠(John Schütz)는 은사적 권위에 관한 베버의 이해를 바울에게 적용하여 권력(power), 권위(authority), 정당성(legitimacy)이라는 삼중적 구별을 주장한 최초의 사람들 중 한 사람이었다 — 권력은 권위의 원천이고, 권위는 권력의

WCC의 성명서가 발표되었다.

17) H. Küng, *Structures of the Church* (New York: Nelson, 1964 = London: Burns and Oates, 1965) 135-51.

18) 특히 Bittlinger, Gifts; 또한 Bittlinger, ed., *The Church Is Charismatic* (위의 §16 n. 11); 필자의 "Ministry and the Ministry: The Charismatic Renewal's Challenge to Traditional Ecclesiology," in C. M. Robeck, ed., *Charismatic Experiences in History* (Peabody: Hendrickson, 1985) 81-101을 보라.

19) Harnack에게 영향을 주었으면서도 대체로 알려지지 않은 선구자는 E. Hatch, *The Organization of the Early Christian Churches* (London: Longmans, 1888)였는데, 그는 기독교회들의 조직 요소들은 이미 인간 사회에 존재해 있었다고 주장하였다.

적용이며, 정당성은 권위의 공식화라고 그는 이해하였다.[20] 베버의 이론을 좀 더 철저하게 적용한 학자는 벵트 홀름버그(Bengt Holmberg)였는데, 그는 바울의 개교회들 내에서 권력의 배분을 분석한 후에 베버의 모델을 바울과 예루살렘의 관계와 연관시키는 방식으로 베버의 연구를 활용하였다.[21] 웨인 믹스(Wayne Meeks)는 자신의 걸작에서 특히 가정 교회(kat' oikon ekklesia)가 기독교 운동의 "기본 세포"였다는 것과 가정(oikos)의 구조는 위계질서적이었다는 것을 주목하였다.[22] 마가렛 맥도널드(Margaret MacDonald)는 제도화 과정에 주된 관심을 두긴 했지만 바울의 초기 공동체들을 분파 형성이라는 관점에서 분석하였다. 예를 들면, 고린도전서 12:28과 16:15-18에 이미 분명하게 나타나는 지도체제를 지적함으로써 그녀는 캄펜하우젠의 주장과는 반대로 고린도 교회에서 이미 어느 정도의 제도화가 진행되었다고 논증할 수 있었다.[23] 앤드류 클라크(Andrew Clarke)는 최근에 고린도 교회(그 사회적 계층구조)에 대한 또 다른 차원의 사회학적 분석을 통해서[24] 고린도 교회에는 종교적인 지도체제, 그러나 사회적 지위와 언변(言辯)에 의거한 잘못된 종류의 지도체제가 존재했다고 주장하였다.[25]

옛 논쟁에 대한 이 새로운 차원의 중요성을 우리는 제대로 평가할 필요가 있다. §20의 결론들에도 불구하고, 은사적 공동체에 관한 바울의 진술을 그의 교회론에 관한 완벽한 진술 또는 바울 교회의 회중에 관한 사실적인 진술로 받아들일 위험성은 상존해 왔다.[26] 사회학적 관점은 우리로 하여금 바울의 비전을 주후 1세기 고린도의 현실과 결부시켜 고찰하게 하여서 바울의 교회들이 실제로 어떻게 기능

20) Schütz, *Paul*.

21) Holmberg, *Paul*.

22) Meeks, *Urban Christians* 75-77.

23) MacDonald, *Pauline Churches*, 특히 51-60.

24) 신약학자들에게 사회적 지위의 문제를 효과적으로 부각시킨 공로는 Theissen, *Social Setting*에 돌릴 수 있다.

25) A. D. Clarke, *Secular and Christian Leadership in Corinth: A Socio-Historical and Exegetical Study of 1 Corinthians 1-6* (Leiden: Brill, 1993); note also J. K. Chow, *Patronage and Power: A Study of Social Networks in Corinth* (JSNTS 75; Sheffield: JSOT, 1992).

26) Sohm, 그리고 어느 정도는 Campenhausen, Käsemann은 이러한 비판을 받을 소지가 많다.

하였고 그 교회들의 설립자인 바울이 그 교회들과 어떤 관련이 있었는지에 관하여 바울 서신들에 나타나는 다른 중요한 증거들을 진지하게 받아들일 수 있게 해준다. 이렇게 하여 교회 및 은사에 관한 신학으로부터 실제로 바울이 어떤 사역을 했으며 권위(은사적이든 다른 것이든)가 실제로 어떻게 작용하였는지에 관한 문제로 변경함으로써, 우리는 바울의 신학적 비전을 그의 실천신학과 결부시켜서 그의 신학이 실제로 어떻게 적용되었고 특히 바울이 어떻게 반응하였는지를 검토할 좋은 기회를 갖게 된다.[27] 다른 어떤 분야에서보다도 더 여기서 우리는 신학화되고 있는 과정으로서 바울의 신학, 그의 신학의 생생한 대화적 성격에 대한 감각을 얻을 수 있다. 신학자이자 목회자였던 바울은 이 점을 알고 있었을 것이 분명하다.

바울이 언급하는 다른 직임들, 그리고 마지막으로 바울이 전체 교회에 부여한 권위에 관한 문제를 다루기 전에, 우리가 이 논의를 시작해야 할 대목은 바울의 사도직에 관한 그의 개념과 실천이라는 문제이다.

§ 21.2 바울의 사도적 권위

바울의 신학과 그의 실천, 아니 좀 더 정확하게 표현해서 실천 속에서의 그의 신학을 비교해 볼 수 있는 가장 좋은 주제는 사도적 권위에 관한 문제이다.[28] 왜냐하면 바울 자신이 사도였기 때문이다. 그는 이 점을 갈라디아서 이래로 내내 강력하게 주장했고(갈 1:1),[29] 부활하신 그리스도로부터 자기가 사도로서 위임을 받은 체험을 초기의 부활 현현 사건들 중의 하나로 서술하기를 주저하지 않았다(고전 15:5-8).[30] 예루살렘 출신의 그리스도인들이 이러한 그의 주장을 받아들이는

---

27) 그러나 또한 아래의 §24을 보라.

28) 이 주제에 관한 참고문헌은 아주 많다; 예를 들어, J.-A Bühner, *apostolos, EDNT* 1.142-46; H. D. Betz, "Apostle," *ABD* 1.309-11을 보라.

29) 그는 먼저 갈라디아서의 서두에서 이 주장을 기록했고("사도 바울"이라는 특징적인 자기소개는 데살로니가전후서에는 없다), 그런 후에 그것은 그의 서신의 서두의 표준적인 특징이 되었다(바울 서신에서 빌립보서와 빌레몬서만 예외이다).

30) 그러나 주목할 것은 그는 자신의 위임(委任)을 "맨 나중에"(고전 15:8) 된 것으로 보았다는 사실이다. 바울은 자기 이후에는 사도로 임명받은 사람이 없다고 생각하였다(그래서 롬 16:7에 "나보다 먼저"라는 표현이 나옴). 파루시아의 지연이 이와 관련하여 어떤 변화

데 주저함이 있었는지는 분명치 않다.[31] 바울에게 더욱 중요했던 것은 자기가 교회들을 세우는 데 성공함으로써 자신이 사도직을 위임받았음을 입증하였다는 것이었다. 그리고 적어도 이 교회들에 대해서 바울은 사도였다. 따라서 고린도 교인들에게 바울은 "다른 사람들에게는 내가 사도가 아닐지라도 너희에게는 사도이니 나의 사도 됨을 주 안에서 인친 것이 너희라"(고전 9:2)고 말할 수 있었다.[32] 그러므로 바울은 그의 교회들에 그들의 사도라는 자격으로 서신들을 쓴다. 달리 말하면, 바울의 서신들은 그 자체가 바로 그의 사도직의 행사였다는 말이다. 바울이 그의 교회들과 그의 개종자들을 어떻게 다루는지를 봄으로써, 우리는 사도직과 사도적 권위가 바울에게 실제로 무엇을 의미했는지를 알게 된다.

따라서 이 주제를 제대로 다루려면 바울이 쓴 내용을 어느 정도 샅샅이 분석해 볼 필요가 있다. 그러나 다행히도 사도로서 자신의 권위에 관한 바울의 개념 및 그 권위의 행사(行使)는 갈라디아서, 고린도전후서, 빌레몬서에 매우 분명하고 명시적으로 나온다. 특히 이러한 서신들을 신학적으로 다룸으로써 우리는 실제에서 사도적 권위의 행사에 관한 몇 가지 원칙들을 알아낼 수 있다.

a) 갈라디아서에 나타나는 중요한 원칙은 복음의 우선성이다. 바울은 이 원칙을 한쪽에는 복음, 그리고 다른 한쪽에는 바울의 사도적 권위, 예루살렘 사도들의 권위, 갈라디아 교인들에 대한 바울의 관심을 놓고 이 둘을 서로 비교하는 것을 통해서 이 서신 속에서 아주 분명하게 드러낸다.[33]

를 가져왔는지 어떤지는 말하기 힘들지만, 후기 바울 서신들의 관점은 분명히 다르다(cf. 특히 딤후 2:2).

31) 그가 고전 15:8에서 스스로를 "미숙아"(ektroma; NRSV와 개역의 "만삭되지 못하여 난 자"라는 표현은 이 이미지의 고약스러움을 완화시킨 것이다)라고 부르고 있는데, 이 말은 파당을 일으킨 자들의 조롱하는 말을 반영한 것인가(위의 §13 n. 87을 보라)? 그리고 예루살렘에서의 합의에 따라 바울의 선교사역을 "사도직"이라는 용어로 묘사하는 것을 자제한 것인가(갈 2:8b; Betz, *Galatians* 98)?

32) 또한 고전 4:14-15; 고후 3:2-3; 11:2; 12:14; 마찬가지로 살전 2:11을 보라. 위의 §7에 비추어 볼 때, 우리는 여기서 바울의 사도적 권위의 원천에 대해서 더 이상 말할 필요가 없다(또한 필자의 *Jesus and the Spirit* 76-77을 보라).

33) 그는 갈라디아 교회에 있던 자신의 대적자들의 권위를 인정하지 않았다("말썽쟁이들, 선동자들" — 1:7; 5:10, 12); 마찬가지로 "거짓 형제들"(2:4)과 "야고보에게서 온 어떤 이들"(2:12)에 대한 거부도 주목하라. 실제 문제는 예루살렘 사도들의 권위가 바울을 주관

이것을 보면, 바울이 자신의 사도직을 복음에 철저히 종속된 것으로, 좀 더 좋게 말하면 철저히 복음을 섬기는 것으로 보았다는 것을 우리는 금방 알 수 있다. 갈라디아서 1:1만을 따로 떼어서 보면, 우리는 바울의 주된 관심이 그의 사도직을 변호하는 것이었다는 인상을 받기 쉽다. 그러나 이 서신의 첫 번째 대단락(1~2장)은 바울의 관심은 온통 그의 복음에 쏠려 있었음을 보여 준다.[34] 심지어 천사들의 권위까지도 그것에 종속되어 있었다(1:8). 그의 말의 첫 번째 부분(1:11-24)에서 그가 옹호하고자 하는 것은 그의 복음이 직접적으로 하늘로부터의 권위를 지니고 있다는 것이다. 그리고 2장에서 다루어지는 것은 복음의 진리(2:4, 14), 복음의 증거(2:7-8), 예루살렘 및 베드로에 의한 복음의 확증이다. 이렇게 사도직과 복음이 서로 결합되어 있다는 것은 이론상으로나 실천상으로 바울에게 대단히 중요했다. 사도는 복음 위에 올라서서 으스댈 수 없다. 사도적 권위는 복음에 달려 있고, 복음이라는 잣대에 종속되어 있다.[35]

예루살렘의 사도들과 관련해서 1~2장은 다시 여러 가지를 밝혀 준다. 왜냐하면 이 장들에서 바울은 과거에 예루살렘 사도들의 권위(특히 "기둥들")에 대한 인정과 현재에 그들의 권위에 대한 폄하(貶下)라는 좁은 길을 걷기 때문이다.[36] 한편으로 바울이 초기에 그들과 별로 접촉을 하지 않았다는 점을 애써 강조하고 있는 것(1:17~2:1)은 그 자체가 그들과 더 많이 접촉했더라면 그들로부터 더

할 수 있느냐 하는 것이었다.

34) euangelion — 1:6-7, 11; 2:2, 5, 7, 14.

35) Schütz, *Paul*, 특히 122-23, 155-58, 284-85; 또한 G. Lyons, *Pauline Autobiography; Toward a New Understanding* (SBLDS 73; Atlanta: Scholars, 1985), 특히 171; B. R. Gaventa, "Galatians 1 and 2: Autobiography as Paradigm," *NovT* 28 (1986) 309-26을 보라. 또한 이것은 사도적 고난을 비롯한 고난에 관한 바울의 신학의 뿌리이기도 하다(위의 §18.5을 보라). 또한 Klaiber, *Rechtfertigung* (§20 n. 1) 70-85("Gemeinde aus dem Evangelium")의 강조를 보라.

36) 필자의 "The Relationship Between Paul and Jerusalem according to Galatians 1 and 2," *Jesus, Paul and the Law* 108-28을 보라. 거기서 나는 "예루살렘으로부터의 독립과 예루살렘으로부터의 인정 간의 변증법은 이 중요한 본문의 기조(基調)다"(*Paul* 15)라는 Holmberg의 고찰에 특히 빚을 졌다 — 하지만 예루살렘의 마지막 방문에서 바울과 예루살렘 간의 관계가 그의 두 번째 방문 동안에서와 여전히 동일하였다는 그의 이후의 논증은 별 설득력이 없다(갈 2:1-10; *Paul* 56).

많은 영향을 받았을 것이라는 것을 인정하는 것이다. 2:2에 나오는 바울의 주저하는 말투는 그의 복음에 관한 그들의 결정이 그의 선교를 수포로 돌아가게 할 수도 있었음을 인정하는 것이다. 그리고 결국 그의 복음에 대한 그들의 확증은 결정적인 것이 되었다: 그들은 디도에게 "강제로 할례를 받게" 할 수도 있었으나, 실제로는 그렇게 하지 않았다; 그들은 바울에게 어떤 것을 "더할" 수 있었으나, 실제로는 그렇게 하지 않았다(2:3, 6); 오히려 그들은 직권으로 바울과 바나바에게 교제의 악수를 청했다(2:9).

한편으로 바울은 그들에 대하여 거리를 두는 "유력하다는 이들"(2:2, 6, 9)이라는 표현을 세 번이나 사용한다[37] — 이 표현은 다른 사람들에 의해서 그들이 높은 평판을 받고 있다는 것을 인정하긴 하지만 스스로는 그들의 그러한 지위에 대하여 분명한 입장을 표명하지 않는 것이다. 한층 더 놀라운 것은 바울이 2:6에서 괄호 속에 덧붙인 말이다 — "본래 어떤 이들이든지 내게 상관이 없으며 하나님은 사람을 외모로 취하지 아니하시나니." 이 말은 그들의 권위를 바울이 폄하하고 있다는 것을 분명하게 보여 준다. 그리고 2:11-16에 나오는 바울이 베드로를 꾸짖었다는 내용은 더욱 심한 폄하를 보여 준다. 그러므로 여기서 다시 한 번 사도적 권위가 철저히 복음에 의해 그 경계가 정해져 있다는 것이 분명해진다. 그는 사실 예루살렘의 기둥 같은 사도들이 그 권위를 적절하게 행사하여 복음이 유대인들과 마찬가지로 이방인들을 위한 것임을 인정했기 때문에 그 사도들의 권위에 호소하고 있는 것이다. 그러나 그 권위가 "복음의 진리"(2:14)와 상충되는 대목에서는 바울은 더 이상 그 권위를 인정하려 들지 않았다. 고린도후서 11~12장에 나타나는 그들의 권위에 대한 폄하는 더욱 심하다.[38]

갈라디아 교인들 앞에서 그의 권위와 관련해서 바울은 분명히 더욱 위협적이고 강력한 입장을 취한다.[39] 그러나 명령이나 지시, 또는 그에게 특유한 "권면"(parakaleo)도 보이지 않는다.[40] 어떤 이들은 그의 말투를 으름장을 놓는 것으로,

37) 문자적으로는 "평판이 있고, 유력한 자로 인정받고, 영향력 있는 자들"(BAGD, dokeo 2b).

38) 고후 11:5, 13; 12:11-12. 또한 고후 13:8에서 (복음의) "진리"의 우선성을 주목하라. 또한 아래의 n. 66을 보라.

39) 특히 1:6-9; 5:2-12.

40) 롬 12:1; 15:30; 16:17; 고전 1:10; 4:16; 16:12, 15; 고후 2:8; 5:20; 6:1; 9:5; 10:1;

어떤 이들은 달래는 것으로, 어떤 이들은 간청하고 경계하는 것으로 볼 수 있다. 바울은 이 서신을 쓸 때에 분명히 당혹스러워하고 걱정하고 화가 나 있었다. 그러나 그는 아주 현실적이어서 권위를 과도하게 행사하면 거부감을 불러일으킬 것임을 알고 있었다. 자신의 가장 과격한 서신에서조차도[41] 바울은 그의 권면의 성패 여부는 그의 독자들에 대한 복음의 효력에 거의 전적으로 달려 있다는 것을 알고 있었다. 복음의 효력이 없이는(3:1-5; 4:6-9) 그의 권면은 실패할 것이다. 그 효력이 있었기 때문에, 그의 권위는 복음의 효력을 더욱 강화시키는 방향으로 작용을 하였다.

b) 바울의 사도적 권위의 실제적인 면모를 가장 잘 보여 주는 본문은 말할 것도 없이 고린도전서이다. 여기서는 특히 이 서신이 고린도 교회 내에서의 일련의 격렬한 논쟁들이었던 것 중 단지 일면에 불과하다는 것을 기억하고 이 서신에 대한 최근의 사회학적, 수사학적(修辭學的) 분석이 제공하는 통찰들을 활용하는 것이 중요하다. 그럴 때에 드러나는 것은 고린도 교인들로 하여금 자기 자신들에 대하여 좀 더 온전한 책임을 지도록 권하기 위하여 바울이 자신의 권위를 행사하고 있는 멋진 모습이다. 여기서 우리는 두 번째 원칙이 나온다고 말할 수 있을 것이다: 사도적 권위는 그리스도인 공동체에 대해서 행사되는 것이 아니라 그리스도인 공동체 내에서 행사되며, 에베소서의 말을 빌면, 그 권위는 "성도를 온전하게 하며 봉사의 일을 하게 하며 그리스도의 몸을 세우려"(엡 4:12)는 목적으로 행사된다는 것이다.[42]

바울이 고린도 교인들에 대하여 그들의 사도로서 권위를 행사하고자 했다는 것은 틀림없다. 바울은 자신의 사도직을 강조한 후에(9:1-2) 계속해서 자신의 권위

12:18; 빌 4:2; 살전 2:12; 4:1, 10; 5:14; 살후 3:12; 몬 9-10; 또한 엡 4:1. 자세한 것은 아래의 n. 43을 보라.

41) 1:6-9은 고후 11:13-15과 병행되지만, 5:12의 조악함은 다른 곳에서는 찾아볼 수 없을 정도이다.

42) Lincoln, *Ephesians* (위의 §5 n. 27) 253-54에도 불구하고, 세 어구에서 전치사의 변화(pros … eis … eis)는 이 어구들이 병렬되어 있지 않고 나중의 두 어구("봉사의 일을 하게 하며"와 "그리스도의 몸을 세우려")가 첫 번째 어구("성도를 온전하게 하며")에 종속되어 있다는 것을 보여 준다; 그러나 주석자들은 이 점에서 의견이 거의 반반으로 갈린다(Lincoln의 책에 나오는 참고문헌).

(exousia)를 강조하는 데로 나아간다(9:4-6, 12, 18). 이러한 모습은 이 서신 전체에 걸쳐 나타난다. 이 서신의 주제를 선언하는 권면의 글(1:10 — 파당을 중지하고 하나될 것을 호소하는 내용)에서, 바울이 사용한 동사(parakaleo)는 결코 의미가 약한 동사가 아니고 윗사람이 아랫사람들에게 말할 때 전형적으로 사용되던 동사이다.[43] 그는 반복해서 자기가 위임을 받았다는 것에 호소하고,[44] 자기가 성령의 능력을 행한다고 주장한다.[45] 그는 "육에 속한 자 곧 그리스도 안에서 어린 아이들"(2:6~3:2)을 타이르는 영적으로 성숙한 자로서, 그들의 아비로서(4:15) 그들을 꾸짖으며, 자기가 그들이 본받아야 할 모범이라고 생각한다(4:16-17; 11:1). 그는 수사학적 기교(십자가의 어리석음과 대조되는 — 1:17-25)를 거부하고, 성적 방종이 용인될 수 없음을 강조한다(5~6장).[46] 무엇보다도 우리는 분열을 용납하지 않는 그의 태도를 무시해서는 안 된다.[47]

아울러 우리는 바울이 권위를 행사하는 데 상당한 정도로 자제했음도 알아야 한다. 그는 "하나님/주님의 명령"만을 말하고,[48] 자신의 권면과 그러한 명령들을 구별한다.[49] 그는 고린도 교인들에게 자기에게 "복종"할 것을 요구하지 않는다.[50] 바울은 그들에게 "사람들의 종"(7:23)이 되지 말라고 경고하는데, 자기에 대해서도 그들이 종노릇하기를 원치 않는다. 특히 캄펜하우젠(Campenhausen)은 바울이 자신의 권위로써 그의 신자들의 자유를 제한하지 않으려고 얼마나 주의를 기울였는지를 잘 보여 주었다.[51] 이렇게 여러 가지 점에서 바울은 고린도 교인들이 어떻게 해야 하는지가 아주 분명한 경우에도 그들로 하여금 스스로 책임을 지도

---

43) 그것은 왕의 권면에 사용되었다 — 외교적인, 그러나 강력한; C. J. Bjerkelund, *Parakalo: Form, Funktion und Sinn der parakalo-Sätze in den paulinischen Briefen* (Oslo: Universitetsforlaget, 1967) 59-74를 보라.

44) 1:17; 3:5-10; 4:1.

45) 2:4-5; 5:4; 7:40.

46) 5-6; 10. 6-12장.

47) 4:18-21; 11:16; 14:37-38.

48) entole — 7:19; 14:37 (cf. 골 4:10); epitage — 7:6, 25.

49) 7:6 — "허락이요 명령은 아니라"; 7:25 — "내가 주께 받은 계명이 없으되 … 내가 의견을 말하노니 …"; cf. 고후 8:8 — "내가 명령으로 하는 말이 아니요."

50) 고후 7:15; 10:6과 비교하라.

51) Campenhausen, *Authority* 46-50.

록 격려하려고 애를 썼던 것처럼 보인다.[52] 그는 가급적 여러 다른 의견들을 허용하고, 바울이 인정할 수 없는 행위들을 정당화하기 위하여 사용된 변명들조차도 최대한 고려하려고 애쓴다(8장). 바울은 자신의 사도적 권리들을 행사할 자유가 아니라 그들의 지원을 요청하지 않을 자유가 자기에게 있음을 역설한다(9장). 그는 고린도 교인들에게 영적 은사들과 관련하여 적절한 분별력을 행사할 것(14:29)과 리더들의 권위를 인정할 것(16:15-18)을 간곡히 청한다. 몇 가지 점에서 놀라운 것은 바울은 그가 죽은 자들로부터의 부활과 같은 아주 중요한 문제들에 관한 잘못된 견해라고 생각하는 것들을 그저 단번에 기각해 버리는 것이 아니라 그것이 틀린 것임을 자세하게 논증하고 있다는 사실이다(15장).

물론 바울의 이러한 태도에 대한 해석은 구구하다. 그레이엄 쇼(Graham Shaw)는 노골적으로 권위를 행사하고자 하는 바울의 시도를 교묘할 뿐만 아니라 "보복적인" 것이라고까지 말한다[53] — 이것은 바울의 글을 냉담하게 읽거나 의심을 가지고 해석할 때에 어디까지 나갈 수 있는지를 보여 주는 예이다. 그러나 우리가 이 논쟁들의 다른 쪽 진영의 말을 들을 수 없고 특히 여러 지도자들과 그들의 추종자들 간에 일어난 고린도 교회 내의 사회적 긴장 속에서 이 문제들이 어떻게 받아들여졌는지를 모르는 상황임을 감안할 때,[54] 좀 더 공정하게 바울의 글을 읽으면, 이 서신의 수사학적(修辭學的) 성격과 고린도 교회 내에서 작용하고 있던 사회적 요인들을 훨씬 더 잘 감지할 수 있게 된다.[55]

서로 다른 사회적 신분을 지닌 여러 개인들을 중재하는 자로서 바울의 감수성과 능숙한 솜씨를 가장 잘 보여 주는 예는 사실 빌레몬에게 보낸 짧은 서신이다. 바울은 빌레몬에게 그가 바울에게 빚진 자임과 갇힌 자로서 바울의 현재 상태를

52) 5:3-5 — 그들은 꼭 필요한 치리(治理) 수단들을 취해야 한다; 6:5 — 분명히 분쟁을 법정으로 가져가지 않고도 분쟁을 처리할 수 있을 만큼 지혜로운 사람이 있다. 고린도전서 7장과 8장에 대해서 자세한 것은 아래의 §24.5-7을 보라.

53) Shaw, *Cost, passim*.

54) 자세한 것은 위의 n. 25에 인용된 Chow와 Clarke의 글을 보라.

55) 예를 들어, E. Schüssler Fiorenza는 고린도전서를 고등교육을 받은 높은 지위에 있는 자들에게 호소하는 의도적인(설득을 위한) 담론으로 본다 — "Rhetorical Situation and Historical Reconstruction in 1 Corinthians," *NTS* 33 (1987) 386-403; 자세한 것은 Mitchell, *Paul and the Rhtoric of Reconciliation*을 보라.

상기시키고(1, 8-10, 13, 23절), 집요하게 듣기 좋은 말을 늘어놓고(2, 4-7절), 빌레몬의 집에서 모였던 교회의 모임에서 그의 서신이 공개적으로 읽혀지기를 바라는 마음을 밝히는(2절) 식으로 빌레몬에게 압력을 가한다.[56] 그는 순종할 것에 대한 말과 빌레몬이 스스로 자유롭게 동의할 것에 대한 말을 섞어 놓는다(8-9, 14, 21절). 바울이 주인과 노예의 분쟁에서 주인이 모든 주도권을 쥐고 있다는 것을 인정함으로써 빌레몬으로 하여금 이 사건을 자기가 선택한 방식으로 이해하게 한 것(18절)은 노련한 중재자로서 바울의 면모를 보여 준다. 그리고 14-16절과 19-20절에서 바울은 자기가 요구하는 것이 무엇인지를 모호하게 하고 압력과 간청을 잘 섞어 놓은 것은 빌레몬에게 자신의 명예를 유지하고 내보일 수 있는 방식으로 위엄과 관용으로써 이 문제를 처리할 수 있게 해 주는 것이었다.[57]

c) 고린도전서는 바울이 자신의 권위를 행사할 때 기준이 되는 또 하나의 원칙, 두 번째 원칙과 밀접하게 관련되어 있긴 하지만 따로 언급할 필요가 있는 원칙을 자세하게 설명해 주고 있다 — 융통성의 원칙. 그는 이 원칙을 고린도전서 9:19-23에서 분명하게 언급한다:

> 내가 모든 사람에게서 자유로우나 스스로 모든 사람에게 종이 된 것은 더 많은 사람을 얻고자 함이라 유대인들에게 내가 유대인과 같이 된 것은 유대인들을 얻고자 함이요 율법 아래에 있는 자들에게는 내가 율법 아래에 있지 아니하나 율법 아래에 있는 자 같이 된 것은 율법 아래에 있는 자들을 얻고자 함이요 율법 없는 자에게는 내가 하나님께는 율법 없는 자가 아니요 도리어 그리스도의 율법 아래에 있는 자나 율법 없는 자와 같이 된 것은 율법 없는 자들을 얻고자 함이라 약한 자들에게 내가 약한 자와 같이 된 것은 약한 자들을 얻고자 함이요 내가 여러 사람에게 여러 모습이 된 것은 아무쪼록 몇 사람이라도 구원하고자 함이니 내가 복음을 위하여 모든 것을 행함은 복음에 참여하고자 함이라.

---

56) Hainz, *Ekklesia* (§20 n. 1); Gnilka, *Philemon* 13.

57) 이 절들에 대해서는 필자의 *Philemon*(*Colossians*와 함께)을 보라; 특히 cf. N. R. Petersen, *Rediscovering Paul; Philemon and the Sociology of Pual's Narrative World* (Philadelphia: Fortress, 1985).

학자들은 이 구절을 보통 선교 원칙으로 해석하고, 또 사실이 그렇다. 그러나 이 구절이 고린도전서 9장에 나옴으로써, 이 구절은 바울에게 분명히 목회 원칙으로도 작용하였다고 할 수 있다.[58] 사람들을 "얻는 것"과 "구원하는 것"은 사람들을 공동체인 교회로 이끌어서 그리스도의 몸의 한 지체로서 책임 있게 행할 수 있도록 붙들어 주는 것을 포함하였다.

이것이 고린도전서에서 의미하는 바를 우리는 이미 앞의 여러 단락들에서 예시하였다. 그러나 그것은 바울이 자신의 권위(exousia)를 어떻게 인식하였는가에 대한 바울의 가장 자세한 설명이라고 할 수 있는 고린도전서 9장에서 특히 분명하게 표현된다.[59] 특히 흥미로운 것은 바울이 권위와 자유라는 두 개념을 서로 연관시키고 있는 방식이다(9:1, 19). 9장에서 다루는 문제는 바울이 그의 신자들에게 요구하여야 마땅하였을 재정적 지원에 관한 것이다. 바울은 뭐니뭐니 해도 그들의 사도였다: 그들이 복음을 체험한 것은 바울 덕분이었다(9:1-2). 따라서 그러한 재정적 지원을 요구하는 것이 순리였다(9:3-7). 그리고 이러한 권리는 성경(9:8-12)과 주님의 명령 자체(9:13-14)가 인정하고 있는 것이었다. 또한 우리는 사회적 관습들, 감정이 상한 후원자들, 재정적인 부정(不正)의 가능성에 관한 의심들 같은 이 문맥의 배후에 있는 사실을 그냥 흘려버릴 수 있다.[60] 사실 바울은 재정적 지원에 관한 논쟁을 그러한 관습들로부터 떼어내서 기독교적 관점에서 풀려고 시도한다. 그렇게 하면서 바울은 먼저 사도로서의 그의 권리들(exousia)을 규정한 후에 다음으로 복음의 자유(9:18-19) 및 절제(9:24-27)라는 관점에서 그 권한을 행사하기를 거부한 그의 방침을 정당화한다. 사도로서 그의 자유는 지금까지의 전례들, 성경 및 주님의 승인(承認)과 비록 배치되는 것이라 하더라도 방침과 실천을 특정한 상황들에 맞춰 행할 자유였다.

---

58) S. C. Barton, "'All Things All People': Paul and the Law in the Light of 1 Corinthians 9.19-23," in Dunn, ed., *Paul and the Mosaic Law* (§6 n. 1) 271-85.

59) '엑수시아' (exousia)는 바울 서신의 그 어디에서보다도 이 장에서 더 자주 등장한다 — 9:4-6, 12, 18,

60) Cf. P. Marshall, *Enmity in Corinth: Social Conventions in Paul's Relations with the Corinthians* (WUNT 2.23; Tübingen: Mohr, 1987). 하지만 그는 "친하게 지냄"이라는 개념을 아첨, 수치(hybris), 자유라는 개념들을 분석할 때에 이것들을 포괄하는 모티프로 사용함으로써 이 개념을 왜곡한다.

헨리 채드윅(Henry Chadwick)은 한 유명한 글에서 바울이 변덕쟁이이자 기회주의자였다는 비난에 대하여 바울을 옹호하였다. 그는 이러한 비난과는 반대로 바울은 "놀라울 정도의 생각의 유연성, 통상적으로 생각하는 것보다 훨씬 더 큰 섬세하고 뛰어난 처리를 요구하는 상황들을 다루는 융통성"을 보여 주는 훌륭한 변증가(apologist)였음을 보여 준다.[61] 이미 언급한 신학적, 수사학적 능력과 결합된 이러한 목회자적 감수성을 지닌 인물이라는 평은 보복적인 협잡꾼으로 바울을 묘사한 쇼(Shaw)보다 고린도전서에 나타나는 바울의 모습에 더 가까운 것 같다.[62] 그러나 바울이 9:19-23에서 하고 있는 것과 같이 다양하고 심지어 반대되는 것으로 보이기까지 하는 상황들을 다루면서 자신의 원칙을 표명하는 자는 어쩔 수 없이 오해와 의심을 받게 되기 십상인데, 이것이 바울이 행사하고자 했던 권능과 권위가 지닌 성격이다.

d) 고린도 서신은 고린도후서 10:13-16에서 사도적 권위에 관한 또 하나의 원칙을 아주 분명하게 언급하고 있다:

> 그러나 우리는 분수 이상의 자랑을 하지 않고 오직 하나님이 우리에게 나누어 주신 그 범위의 한계를 따라 하노니 곧 너희에게까지 이른 것이라 우리가 너희에게 미치지 못할 자로서 스스로 지나쳐 나아간 것이 아니요 그리스도의 복음으로 너희에게까지 이른 것이라 우리는 남의 수고를 가지고 분수 이상의 자랑을 하는 것이 아니라 오직 너희 믿음이 자랄수록 우리의 규범을 따라 너희 가운데서 더욱 풍성하여지기를 바라노라 이는 남의 규범으로 이루어 놓은 것으로 자랑하지 아니하고 너희 지역을 넘어 복음을 전하려 함이라.

이 대목에 대한 NRSV의 다소 의역한 번역문은 이 본문의 중요한 특징들을 잘

61) H. Chadwick, "'All Things to All Men' (1 Cor. 9.22)," *NTS* 1 (1954-55) 261-75(특히 275); Chadwick은 "자기 자신과 자신의 개종자들 사이의 간격을 영(零)에 가깝게 줄여서 그리스도의 복음을 위하여 그들을 '얻는' 놀라운 능력"(275)을 바울이 갖고 있다고 지적한다. 바울의 서신들이 후대를 위해 보존되었다는 사실 자체가 바울의 목회 전략이 성공했음을 보여 주는 증거이다.

62) 또한 B. Hall, "All Things to All People: A Study of 1 Corinthians 9.19-23," in Fortna and Gaventa, *The Conversation Continues* 137-57을 보라.

드러내 준다.[63] 바울은 자신의 사도적 권위를 특정한 지역 안에서 복음을 선포하도록 위임받은 것이라고 생각하였다. 게다가 그는 이 위임(그리고 그에 수반되는 권위)이 특정 지역에 국한되어 있다고 보았다. 그는 이러한 지역적 제한 내에서 사역을 해 나가려고 세심한 주의를 기울였다. 이 구절의 문맥이 보여 주듯이, 이 글에 함축된 의미는 다른 선교사들("그리스도의 사도들" — 11:13)이 그들의 한계를 벗어나 "자신의 영역"을 침범하였다는 것이다.[64]

이것은 사도적 권위에 관한 바울의 개념을 특히 생생하게 증언하는 말이다. 이 말은 고린도전서 9:2에 나온 내용을 확증해 준다: 바울이 고린도 교인들에게 아주 직설적으로 말할 수 있었던 것은 바로 그가 '그들의' 사도였기 때문이다. 또한 이 말은 앞에서 고린도전서 12:28과 관련하여 말할 내용도 확증해 준다: 바울은 개교회마다 사도들(설립자들)이 있고, 따라서 그들은 그 교회 내에서 첫째 가는 직임을 지닌다고 생각하였다.[65] 그러나 또한 이것은 예루살렘에 대한 바울의 이중적 태도의 또 하나의 측면도 설명해 준다: 그는 자기 자신을 예루살렘(그리고 유대) 교회들에 속하거나(of) 그 교회들에 대한(to) 사도라고 생각하지 않았다. 그리고 그는 그의 교회들을 자신의 영향권으로 끌어들이려는 예루살렘 측의 시도에 대하여 깊은 반감을 보였다.[66]

또한 이 구절에 비추어 보면, 우리는 바울이 로마에 있는 회중을 대하면서 보여 준 태도들을 좀 더 잘 이해하고 알 수 있게 된다. 왜냐하면 로마서의 첫머리에 나오는 매우 인간적인 여러 특징들 중의 하나는 바울이 그들의 사도 노릇을 하고 있다는 인상을 주지 않기 위한 배려이기 때문이다. 바울은 "내가 너희 보기를 간절히 원하는 것은" "어떤 신령한 은사를 너희에게 나누어 주어 너희를 견고하게 하려 함이니"(1:11)라고 말한다.[67] 그러나 곧 이어 그는 자기 자신을 수습하여

---

63) Barrett, *2 Corinthians* 263-69와 Furnish, *2 Corinthians* 471-74, 481-82를 보라.

64) 이 원칙이 갈 2:9에서 합의된 수고의 분할과 정말 어떻게 연관되는지는 논란이 있지만, 갈라디아서가 함축하고 있는 의미는 바울이 다른 곳의 교회들이 갈라디아 교회를 간섭하는 것에 대하여 격렬하게 반발하고 있다는 것이다. 마찬가지로 빌 3:2-19.

65) 위의 §20.2a을 보라.

66) 고린도후서 10~13장에 나오는 거짓 사도들의 정체에 대해서는 예를 들어 J. L. Sumney, *Identifying Paul's Opponents: The Question of Method in 2 Corinthians* (JSNTS 40; Sheffield: JSOT, 1990)과 거기에 나오는 참고문헌을 보라.

"이는 곧 내가 너희 가운데서 너희와 나의 믿음으로 말미암아 피차 안위함을 얻으려 함이라"(1:12)고 말한다. 분명히 그는 그들에 대하여 일종의 소유자적인 기대들을 갖고 있다는 인상을 주지 않고자 애썼다. 마찬가지로 로마서의 마지막 부분에서 바울은 그들의 지원을 받아서 서바나로 선교를 떠나기에 앞서 로마에 있는 신자들과 한동안 같이 지냈으면 좋겠다는 자신의 소망을 아주 조심스럽게 피력하기 전에 사도적 선교에 관한 그의 기본적인 원칙을 다시 표명한다 — "내가 그리스도의 이름을 부르는 곳에는 복음을 전하지 않기를 힘썼노니 이는 남의 터 위에 건축하지 아니하려 함이라"(15:20).[68]

이것으로부터 도출되는 신학적 내용은 중요하다. 바울은 사도를 보편교회의 사도로 생각하지 않았는데, 이것은 그가 "교회"를 개교회로 이해한 것과 서로 관련이 있다.[69] 또한 그는 사도적 권위를 모든 교회들에 행사할 수 있는 것으로 생각하지도 않았다.[70] 사도적 권위가 복음에 종속되어 있었던 것과 마찬가지로, 그 권위는 사도적 위임의 지역적 범위에 의해서도 제약을 받았다.

e) 마지막 판별 기준은 사실상 고린도후서 전체에 걸쳐 주어지고 있다. 왜냐하면 고린도후서가 그토록 열렬하게 증언하고 있는, 바울이 배운 바 고난은 구원의 과정에서 피할 수 없는 필수불가결한 요소라는 교훈[71]은 사도로서 그의 사역과 특히 연관이 있었다.[72] 바울이 고난 속에서 하나님의 위로를, 연약함 속에서 하나

67) 바울이 그들과 어떤 은사들을 나누고자 한 것은 마치 사도가 더 많은 은사들을 가지고 있는 양 사도의 자격으로 그렇게 말한 것이 아니었다. 그리스도의 몸의 다른 지체들과 마찬가지로, 사도도 성령의 "나타남"에 의존하였다(cf. 고전 2:12-16; 7:40).

68) 자세한 것은 필자의 *Romans* 1v-1vi, 35; 그리고 위의 §7 n. 3을 보라.

69) 위의 §20.2a를 보라.

70) Ridderbos, *Paul* 450은 이에 반대.

71) 위의 §18.5을 보라.

72) 자세한 것은 E. Käsemann, "Die Legitimät des Apostels: Eine Untersuchung zu 2 Korinther 10-13," *ZNW* 41 (1942) 33-71 = Rengstorf, *Paulusbild* 475-521; E. Güttgemanns, *Der leidende Apostel und sein Herr* (FRLANT 90; Göttingen: Vandenhoeck, 1966); S. Hafemann, *Suffering and the Spirit: An Exegetical Study of 2 Cor 2:14-3:3 within the Context of the Corinthian Correspondence* (WUNT 2.19; Tübingen: Mohr, 1986); M. Wolter, "Der Apostel und seine Gemeinden als Teihaber am Leidensgeschick Jesu Christi. Beobachtungen zur paulinnischen Leidenstheologie," *NTS* 36 (1990) 535-57;

님의 능력을 체험하는 법을 배운 것은 바로 그의 사도적 사역을 통해서였다.[73] 또한 바울이 사도됨의 진정한 증거를 고수할 필요가 있다고 느낀 것도 다른 사도들 및 다른 사도직 모델들을 그가 접하면서였다.[74] 다른 사도들은 유창한 언변(고후 11:5-6), 수고들(11:23), 그들의 "표적과 기사"(12:11-12)라는 그들의 사역의 특징들이 그들의 사도됨의 증거라고 별 생각 없이 주장하였다. 바울도 그러한 것들을 가지고 있었고, 얼마든지 그와 같이 주장할 수 있었다 — 그리고 그는 바보 같이 이 점을 자랑삼아 늘어놓는다(11:16~12:13). 그러나 바울은 그러한 판별기준들은 그들이 증거한다고 하는 그리스도와 성령과 복음에 얼마나 충실치 못한 것인가를 보여 주기 위해 그렇게 할 뿐이다(11:4). 사도적 사역의 진정한 표지는 그리스도의 고난에 동참하는 체험이요, 인간의 연약함 속에서 하나님의 능력을 체험하는 것이다(12:9-10; 13:4). 복음이 십자가의 복음이듯이, 복음 사역도 '영광의 신학'(theologia gloria)이 아니라 '십자가의 신학'(theologia crucis)을 실천하는 것이다.

그러므로 요약하자면 바울은 부활하신 그리스도로부터 복음을 전하고 교회를 세우라는 구체적인 위임을 받은 것이 바로 사도적 권위라는 높은 이상(理想)을 지니고 있었다. 그러나 실제적으로는 그러한 권위의 행사는 항상 제약을 받았다: 사도적 권위는 언제나 복음에 종속되어 있었다; 사도적 권위는 교회 내에서의 여러 책임 있는 직임들을 세우기 위하여 많은 직임들 중의 하나(가장 중요한 것이긴 하지만)로서 교회 내에서 행사되었다; 사도적 권위는 전례나 관습에 의해서가 아니라 상황이나 그리스도인의 자유에 맞춰서 행사될 수 있었다; 사도적 권위는 위임 받은 한계 내에서 행사되어야 했다; 사도적 권위는 십자가에 못 박힌 자에

U. Heckel, *Kraft in Schwachheit: Untersuchungen zu 2 Kor. 10-13* (WUNT 2.15; Tübingen: Mohr, 1993); T. B. Sanage, *Power through Weakness: Paul's Understanding of the Christian Ministry in 2 Corinthians* (SNTSMS 86; Cambridge: Cambridge University, 1996)를 보라. 특히 Fitzgerald가 우리에게 일깨워 주듯이(*Cracks in an Earthen Vessel* [§23 n. 180]), 고난이나 역경은 고대 세계에서 인품에 대한 시험인 것으로 이해되었고, 바울도 이를 알고 있었음에 틀림없다. 그러나 이러한 사실은 바울 자신의 고난 체험의 실존적 현실의 가치를 떨어뜨리지도 않고, 또한 바울이 고난 속에서 보았던 신학적 의미를 감소시키지도 않는다.

73) 고후 1:3-11; 4:7~5:10; 6:3-10; 7:5-7.

74) 고후 11:5, 13; 12:11-12.

관한 선포라는 그 메시지의 성격을 반영하는 것이었다.

§ 21.3 그 밖의 다른 정규적인 직임들

다른 중요한 예들에 대해서 우리는 바울 자신이 간략하게 말하고 있기 때문에 직임과 권위의 상호작용에 대해서 더 간략하게 말할 수 있다. 그 중요한 예들은 흔히 예언자들과 교사들로 지칭되는 다른 두 정규적인 직임들과 바울이 이따금 언급하는 특정한 명칭이 없는 그 밖의 다른 직임들이다.[75] 학자들은 보통 "공식적인" 직임들의 존재에 대한 증거를 바로 이러한 직임들에서 찾아낸다.[76]

1) 예언자. 고린도전서 12~14장을 보면, 고린도 교회에는 적어도 꽤 뚜렷이 구별되는 일군의 예언자들이 존재했다는 것은 분명하다.[77] 우리는 이 본문, 다른 교회들에서 행해진 예언에 대한 언급들,[78] 바울이 교회에 덕을 세우는 데에 예언에 부여한 핵심적인 역할[79] 등을 감안할 때 바울의 회중 내에는 여러 예언자들이 존재했다고 추론할 수 있다. 바울은 그들에 관하여 별로 말하지 않고 있긴 하지만, 우리는 바울의 글들로부터 적어도 바울의 권면대로라면 이 예언자들의 실제 직임과 권위가 무엇을 의미했는지를 아주 분명하게 알 수 있다.

바울에게 예언자의 권위는 본질적으로 영감 받은 예언에 대한 권위였다. 예언자의 권위는 영감의 권위였고, 그 영감을 뛰어넘어 미치지 못했다. 이것은 개별 예언들에 대해서만 적용되는 것이 아니었다: 예언자들은 "믿음의 분수대로"(롬 12:6), 즉 그들의 말이 하나님의 말씀이라는 그들의 확신의 한계 내에서 예언해야 했다.[80] 또한 이것은 좀 더 자리잡힌 예언자에게도 적용되었다(고전 14:30);

75) 이하의 서술에서 나는 주로 나의 *Jesus and the Spirit* 280-91을 활용하였다.

76) 예를 들어, Brockhaus, *Charisma* 97-112.

77) 고전 12:28-29; 14:29-32, 37. 또한 마 7:6; 행 2:17-18; 11:27; 13:1; 15:32; 19:6; 21:9-10; 엡 2:20; 3:5; 4:11; 살전 5:20; 딤전 1:18; 4:14; 계 1:3; 10:7, 11; 11:3, 6, 10, 18 등; *Didache* 10:7; 13:1-6; Hermas, *Mandate* 11. 바울은 이 구조를 안디옥 교회로부터 물려받았을 것이다(행 13:1). 자세한 것은 Greenven, "Propheten"을 보라.

78) 살전 5:20; 롬 12:6. 여기서 우리는 다시 한 번 바울이 예언은 자기가 세우지 않은 교회들의 특징이라고 생각했을 수 있다는 것을 지적해 둔다; 그러나 또한 엡 2:20; 딤전 1:18; 4:14을 보라.

79) 고전 14장; cf. 살전 5:19-22; 엡 2:20.

"예언하는 자들의 영은 예언하는 자들에게 제재를 받나니"(14:32).[81]

게다가 개인의 영감은 "다른 이들"(고전 14:29), 즉 여기서는 어쨌든 다른 예언자들의 평가를 받아야 했다.[82] 즉, 예언자들의 권위는 다른 예언자의 신탁(神託)을 평가할 권위도 포함되어 있었다. 달리 말하면, 교회는 예언 은사의 행사에 노련한 자들에게 공동체 내에서의 예언들을 평가할 일차적인 책임도 주어졌다고 생각했던 것으로 보인다.[83]

우리는 이 짧은 고찰들로부터도 은사/직임 논의와 관련된 몇 가지 결론들을 즉시 이끌어낼 수 있다. (a) 바울에게 예언자의 권위는 사도에 의해서든 공동체에 의해서든 예언자의 직위에 임명되었다는 것에서 나온 것이 아니라 예언적 영감으로부터 나왔다. 바울은 회중에게 어떤 개인을 예언자의 직위에 앉힌 다음에 그가 예언하도록 기다린다는 식으로 생각하지 않았음이 분명하다. 이와는 반대로 바울은 어떤 이가 이미 예언을 하고 있다면 회중이 그를 예언자로 인정하게 될 것을 생각하였다. 한마디로 말해서, 예언자는 예언자로 임명되었기 때문에 예언한 것이 아니라, 그들이 예언하였기 때문에 예언자로 인정을 받았다는 말이다.

(b) 예언자적 권위는 예언자들에게만 국한되지 않았다. 오직 사도만이 사도적 권위를 행사할 수 있었다. 그러나 예언은 누구나 할 수 있는 가능성이 열려 있었다. 바울은 회중 가운데서 이미 인정받은 예언자들 외에도 예언 은사, 즉 예언의 말씀을 할 수 있는 길은 모든 지체들에게 열려 있다고 생각하였음이 분명하다(14:1, 5, 24, 31).[84]

(c) 예언자적 권위는 다른 이들의 동의에 종속되어 있었다. 자기가 영감을 받았다는 의식은 그 개인에게는 그 예언의 말씀에 대해서 충분한 권위일 수 있다(롬

80) 롬 12:6에 대해서는 위의 §20 n. 137을 보라.

81) Greeven, "Propheten" 12-13은 두 명의 다른 예언자들을 염두에 두고 있는 것이라고 생각하지만, 대부분의 주석자들은 바울은 각 예언자가 자신의 영감을 제어할 능력이 있다고 말하는 것으로 본다(cf. 14:30).

82) 이것은 헬라어를 해석하는 가장 자연스러운 방식인 것 같다. "다른 이들"이 누구냐 하는 것은 선행하는 명사("둘이나 셋")에 의해 결정된다; cf. 눅 6:29; 계 17:10. Barrett, *1 Corinthians* 328과 Fee, *1 Corinthians* 694는 생각이 다르다 — "다른 이들" = 공동체의 나머지 사람들(살전 5:19-22에서처럼).

83) 자세한 것은 아래의 §21.6을 보라.

84) 또한 11:5에 대해서는 아래의 §21.4를 보라.

12:6). 그러나 그 예언이 교회에 대하여 권위를 지니느냐 하는 것은 그 예언의 영감성과 의미가 널리 인정을 받느냐의 여부에 달려 있었다. 제대로 말한다면, 예언은 받아들여질 때까지는 예언이 아니었다.

요컨대 바울은 개교회 내에서 주류 예언들과 이따금 일어나는 예언들 양자를 다 예상했음이 분명하지만, 예언자와 예언의 권위는 일차적으로 은사적 권위였다. 그것은 예언을 행하는 행위를 통해 행사되었고, 다른 이들의 평가에 종속되어 있었다.

2) 교사. 또한 몇몇 본문들은 바울이 교사를 개교회의 구성부분으로 여겼다는 것을 보여 주는데,[85] 바울 자신이 안디옥 교회에서 교사였다는 사실은 이러한 교회의 구조를 잘 보여 준다(행 13:1에 따르면). 교사들의 책무는 예언서들과 예수 전승을 해석하는 것을 포함해서 회중의 토대가 된 전승들을 보존하고 전수하고 해석하는 것이었다.[86] 이러한 것들 말고 다른 어떤 것을 교사들이 가르쳤겠는가?

그러한 교사들이 교회의 전승들을 습득하고 그 전승들에 대하여 책임이 있었다고 한다면, 교사들이 좀 더 전문적인 성격을 띤 정규적인 직임들 중 첫 번째 직임이었다는 것은 놀랄 일이 아니다. 시간을 들여야 그 소임을 할 수 있는 직임이었던 교사는 재정적 지원을 받아야 했을 것이다. 그러므로 갈라디아서 6:6에서는 "가르침을 받는 자는 말씀을 가르치는 자와 모든 좋은 것을 함께 하라"고 말한다. 교사는 회중의 특별한 전승들로 신입 교인들을 가르칠 책임을 맡고 있었고, 가르침을 받는 사람들에게는 교사를 부양할 책임이 주어졌다. 그러나 바울의 말투로 보아서, 회중의 이러한 책임은 좀 더 공식적이고 조직적인 것이라기보다는 가르침 받는 자들의 의무감(그리고 재정력)에 좌우되었다는 것을 우리는 알 수 있다.

또한 예배를 위한 전형적인 모임에 관한 묘사(고전 14:26)가 함축하고 있는 바는 예언과 마찬가지로 가르치는 일도 교사들만 할 수 있는 것은 아니었다는 것이다: "너희가 모일 때에 각각 찬송시도 있으며 가르치는 말씀도 있으며 계시도 있으며 …" 교회의 전승에 대한 통찰은 이전에 또는 공식적으로 인정받은 교사가 아닌 지체에게도 주어질 수 있었을 것이다. 실제로 골로새서 3:16에 의하면, 공동체 전체가 가르치는 일에 책임이 있었다.

---

85) 롬 12:7; 고전 12:28-29; 갈 6:6; 엡 4:11.

86) 위의 §§8.2-3; 또한 필자의 *Jesus and the Spirit* 282-83을 보라.

교사의 권위는 사도 또는 예언자보다 훨씬 더 제약되어 있었다. 왜냐하면 일차적으로 권위를 지닌 것은 교사가 아니라 교사가 가르치는 전승이었기 때문이다. 아울러 해석의 요소가 대부분 또는 많은 가르침에 끼어들 수밖에 없었을 것이기 때문에, 가르침(옛 전승에 대한 해석)과 예언(새로운? 계시) 간의 경계는 흔히 불분명했을 것이다. 그렇지만 눈에 띄는 것은 바울은 가르침과 관련해서는(예언에 대해서와는 달리) "영들을 분별함"에 관하여 말하지 않는다는 것이다. 다른 곳에서 그는 자기가 회중을 오도하는 가르침이라고 생각하는 것을 논하거나 거짓된 가르침이라고 생각하는 것을 반박하는 데 따른다.[87] 그러나 그는 이때에 전승 자체에 의거해서 반박하고,[88] 전승을 뛰어넘는 경우에는 자신의 영감[89]이나 "온 교회"의 관례[90]에 호소한다.

요컨대 바울이 예언과 가르침을 밀접한 연관성 속에서 열거한다는 사실[91]은 그가 가르침의 기능을 예언에 대한 필수불가결한 보완물로 생각했음을 보여 주는 것 같다. 복음 및 온 교회에 공통된 전승의 규범적 역할은 은사의 도에 지나친 행사에 제동을 거는 이루 말할 수 없이 귀중한 역할이었을 것이다.[92] 그렇지만 우리는 바울이 예언을 가르침 위에 두었다는 사실도 상기해야 한다. 가르침은 연속성을 보존하지만, 예언은 생명을 수여한다고 우리는 말할 수 있다. 가르침을 통해서 공동체는 죽지 않게 되지만, 예언이 없으면 공동체는 살지 못할 것이다.[93]

3) 그 밖의 다른 정규적인 직임들. 바울 서신들의 두드러진 특징은 그가 그의 교회들에서 공식적으로 인정받은 권위를 지닌 지위들에 있는 사람들을 상대로 말하는 일이 거의 없다는 사실이다.[94] 우리는 이미 바울의 서신들에는 따로 구별된 제사

87) 예를 들어, 고전 7:1; 8:1, 4a; 15:12.

88) 고전 7:10; 8:4b; 15:3-11, 14-15, 17, 20.

89) 2:16; 7:12, 40; 14:37.

90) 4:17; 7:17; 11:16; 14:33, 36.

91) 특히 고전 12:28-29; 롬 12:6-7.

92) Cf. Greeven: "가르침 없는 예언은 열광주의로 떨어지고, 예언 없는 가르침은 율법으로 고착화된다"("Propheten" 129).

93) Cf. Küng, *Church* 433.

94) "감독들과 집사들"(또는 "감독들과 사역자들")을 향한 빌 1:1의 말씀은 예외이다(O'Brien, *Philippians* 49-50은 오늘날의 견해들을 간략하게 개관한다). 또한 그들의 역할은 정의되지 않고, 좀 이상하게도 바울은 이후의 권면들에서(2:1-4; 3:17-19; 4:2-3), 심지어 빌

장 직임이 존재했음을 보여 주는 흔적이 전혀 없다는 것을 살펴본 바 있다.[95] 또한 마찬가지로 "장로들"에 대한 언급도 없는데,[96] 이 호칭은 목회서신 이전의 바울 서신들에는 나오지 않는다.[97] 그리고 '집사'(diakonos, "종, 섬기는 자")라는 말도 칭호 역할을 하기 시작하긴 하지만,[98] 이 단계에서는 아직 분명하게 정의된 "직임"의 호칭이 아니라 지속적으로 어떤 일에 헌신하는 개인("동역자" 같이)을 묘사하는 말인 것으로 보인다.[99]

고린도 교회 같은 그런 교회가 그러한 무질서를 겪고 있었을 때, 이것은 더욱 놀라운 일이다. 만약 고린도 교회에 지도자들이 존재하였다면, 이런 경우에 그런 지도자들에게 호소하거나 책망하는 말이 바울의 서신에 나오지 않는다는 것은 설명하기 어렵다.[100] 따라서 본문은 이와는 다른 것을 보여 준다고 할 수 있다. 바울이 어떤 사람의 음행을 처리하도록 호소할 만한 인정받은 지도자 집단이 고린도 교회에 없었다는 것이다(5:3-5). 여러 사람들 간의 차이들을 해결하기 위해서는

립보 교인들이 바울에게 준 재정적 도움을 다루면서도(4:10-20) 그들을 거론하지 않는 것처럼 보인다(에바브로디도가 "사역자/집사"가 아니라고 한다면; 4:18; 그러나 2:25은 leitourgos라는 용어를 사용한다 — 위의 §20.3을 보라).

95) 위의 §20.3을 보라.

96) 행 14:23과 20:17, 28에도 불구하고; cf. 약 5:14; 벧전 5:1, 5. Meeks는 바울이 회당이나 결사(collegia)의 조직을 본떴다는 그 어떤 흔적도 없다고 지적한다(*First Urban Christians* 81, 134). 이 단락에서 말하고자 하는 요지는 Campbell, *Elders*에 의해 주장된 좀 미묘한 입장에 의해서 영향을 받지 않는다.

97) 딤전 5:1-2, 17, 19; 딛 1:5.

98) 롬 16:1; 빌 1:1.

99) 고전 3:5; 고후 3:6; 6:4; 11:23; 골 1:7, 23, 25; 4:7; 살전 3:2. "사도"라는 직함을 소중히 생각했던 바울이 당시에 이미 더 열등한 직임으로 여겨졌던 '집사'(diakonos)라는 용어를 자신의 사역을 가리키는 데 사용했을 리가 없다(LSJ, diakonos; H. W. Beyer, *TDNT* 2.91-92). 다른 곳에서 바울이 제사장 용어를 사용하고 있는 것에서 볼 수 있듯이, 제의는 세속화되어 있었고, 용어들은 복음을 위한 모든 사역에 적합하게 개작되었다(위의 §20.3을 보라). 바울의 상당수의 동역자들과 그들이 맡은 책임들에 대해서는 특히 W.-H. Ollrog, *Paulus und seine Mitarbeiter* (WMANT 50; Neukirchen: Neukirchener, 1979)를 보라.

100) *1 Clement* 3:3; 21:6; 44; 47:6; 54:2; 57:1과 비교해 보라. 높은 지위의 사람들은 자동적으로 지도력을 발휘하도록 기대되었을 것이지만 이 경우에 무질서의 장본인들이었다는 가설(위의 n. 25를 보라)은 바울의 침묵의 일부만을 설명해 줄 뿐이다.

어떤 지체들에게 판단하거나 화해시킬 지혜가 주어져 있어야 한다는 것이었다(6:5). 성찬을 주재하는 사람도 없었고(11:17-34), 무질서한 예배를 바로잡을 지도자도 없었으며(14:26-40), 연보를 거두고 관리하는 집사도 없었다(16:1-2).[101] 또한 바울은 예언자들과 교사들이 그들의 예언 및 가르침의 기능을 넘어서서 권위를 행사해야 한다고 생각하지도 않았음이 분명하다.

지도자들이 출현하였다. 바울은 서신 끝 부분에서 문안인사를 하면서 고린도 교회의 스데바나와 그의 가족, 그리고 브드나도와 아가이고에게 권면을 한다(고전 16:15-18). 그러나 전자에 대해서 바울은 그들의 "성도 섬기기"가 스데바나와 그의 가족이 스스로 맡은(etaxan heautous, "작정했다" — 16:15) 섬김의 행위였다고 분명하게 말한다. 바울은 그들을 그런 직위에 임명한 적이 없었다.[102] 그리고 바울이 고린도 교인들에게 권면한 내용은 그러한 사람들에게 순복하고 그들을 인정하는 것이다(16:16, 18). 즉, 그것은 그들의 행위의 은사적 권위를 인정하라는 권면이었던 것이다. 그들의 솔선수범과 그들이 보여 준 수고[103]는 너무도 선한 것이어서, 교인들이 그들의 인도를 따르는 것이 마땅하다는 말이다.

앞서 데살로니가전서 5:12-13도 비슷한 인상을 준다: "형제들아 우리가 너희에게 구하노니 너희 가운데서 수고하고(kopiao) 주 안에서 너희를 다스리며[104] 권하는 자들을 너희가 알고 그들의 역사로 말미암아 사랑 안에서 가장 귀히 여기며." 바울은 이 말을 하면서 이미 형성되어 있었던 지도자 집단을 염두에 두었던 것일까? 바울이 계속해서 "형제들" 전체에게 "게으른 자들을 권계하며 마음이 약한 자들을 격려하고 힘이 없는 자들을 붙들어 주며 모든 사람에게 오래 참으라"(5:14)고 권고하고 있다는 사실은 이 권면도 고린도전서 16장에서와 동일한 것

101) Turner, *Holy Spirit* (§16 n. 1) 282와 비교해 보라: 증거들은 "고린도 교회가 무력한 지도력을 소유하고 있었음을 보여 줄 뿐이다."

102) *1 Clement* 42:2과 비교해 보라: 그들은 "그들의 첫열매들[16:15에서 Stephanas에 대하여 사용된 동일한 용어]을 … 장래의 신자들의 감독들과 집사들로 임명하였다."

103) '코피아오' (kopiao, "열심히 일하다")는 바울이 자신의 사역에서 소중히 여겼고(고전 15:10; 갈 4:11; 빌 2:16; 골 1:29; 딤전 4:10) 교회 일꾼들에게도 요구했던(롬 16:6, 12; 고전 16:16; 살전 5:12) 자질을 가리키는 것으로 보인다.

104) proistamenos — 롬 12:8에서 바울이 사용하는 이와 동일한 단어는 동일한 문제를 불러일으킨다: "인도하다" 또는 "돌보다"라는 의미로서 "앞에 서다"(BAGD, proistemi); 위의 §20 n. 129를 보라.

이었음을 암시한다. 어떤 사람들이 그들의 수고를 통해서 관심과 헌신을 보이며 권고의 효력이 나타나는 경우에는(이 말은 살전 5:12과 14에도 그대로 나온다), 그들의 사실상의 지도자적 지위가 인정되어야 한다.[105]

또한 바울이 갈라디아서 6:1에서 "신령한 자들"에게 죄 범한 형제를 "온유한 심령으로" 회복시키라고 권면한 것도 마찬가지이다. 바울은 적어도 몇몇 사람들이 따를 것을 기대하고 모든 갈라디아 교인들("형제들") 앞에서 일반적인 도전의 말을 하고 있는 것이다.[106] 즉, 바울은 그러한 미묘한 상황이 요구한 영적으로 민감한 지도력(어떤 정해진 규칙에 따라 형식적으로 이루어지는 지도력이 아니라)을 성령의 인도하심을 받는 자들(5:25)이 행할 것으로 기대하였음이 분명하다.[107]

요약하면, 바울의 교회들 내에서 지도력이 출현하고 있었다고 할 수 있다. 그러나 그러한 지도력이 어떻게 출현하였고, 그 권위가 무엇으로 이루어졌는지는 거의 질문되지 않는다. 바울이 이 질문들에 대한 대답들을 제시하는 대목에서 우리는 직임의 권위가 아니라 은사적 권위에 대해서 말하지 않을 수 없다.[108] 아울러 우리

---

105) "이 세 개의 분사들은 … 직임들이 아니라 기능들을 열거한 것이다"(Meeks, *Urban Christians* 134). 그러나 그들이 주도권을 쥘 수 있는 것(그 결과로서의 권한)이 그들의 부(富)와 사회적 지위의 결과인지 여부는 이 논의를 왜곡시키는 또 하나의 요소가 된다.

106) 특히 cf. Schweizer, *TDNT* 6.424 n. 605. 또한 그러한 논의에서 "신령한"이 무엇을 의미하는지를 정의하는 데 바울의 신중함에 대해서는 고전 2:12~3:4을 보라.

107) 좀 더 자세한 논의로는 필자의 *Galatians* 319-20을 보라. "동역자," "형제," "섬기는 자"(diakonos)가 모두 바울이 자신의 선교사역에서 동역했던 특정한 사역자 집단을 가리켰다는 주장(특히 E. E. Ellis, "Paul and his Co-Workers," *NTS* 17 [1970-71] 437-52; *Theology* 92-100)에 대해서는 필자의 *Jesus and the Spirit* 288을 보라.

108) 공동체들에서 은사적 기능과 직임적 기능을 구별하는 것은 불가능하다는 Brockhaus의 결론(*Charisma* 238)에도 불구하고. McDonald는 사회학적 용어를 사용해서 이 단계에 대해서조차도 "제도화"라는 말을 사용하고(*Pauline Churches* 59), "은사 자체에 제도를 설립하는 충동들이 내재해 있다"고 역설한다(*Pauline Churches* 14; 이미 Ridderbos, *Paul* 444-46, 그러나 목회서신을 바울이 썼다는 것을 전제한다; Holmberg, *Paul* 166, 175-78). 지나치게 단순한 구별에 대한 항의는 정당하고, (물론) 어느 정도의 조직화는 불가피했겠지만, 아무리 두 번째 단계가 첫 번째 단계를 신속하게 따라잡았다고 하더라도, 두 번째 단계가 아니라 첫 번째 단계에 대하여 "제도화"(또는 "은사들의 관례화")라는 말을 사용하는 것은 분석에 혼란을 가져올 수 있다. 개개인들이 "자임하고 나서서" 사역을 하고 회중은 열심히 일하는 사역자들을 "인정하지" 않을 수 없다고 한다면, 그것에 대하여

는 바울이 죽은 지 한 세대 이내에 바울적 유산의 교회론(목회서신들)은 상당한 정도로 구조화되고 공식적으로 받아들여졌다는 사실을 무시할 수 없다. 그러므로 문제는 바울의 유산에 대한 불가피한 제도화가 바울이 살아 있는 교회의 토대로 보았던 은사적 성령, 복음 및 예언의 우선성에 대한 개방성을 보존하고 있었느냐 하는 것이다.

§ 21.4 여자들의 사역과 권위

이 주제 자체는 바울의 서신들에서 그리 두드러지는 것은 아니지만, 이 주제에 대한 오늘날의 관심으로 인해서 우리는 이 주제를 따로 다루지 않을 수 없다. 최근의 논의에서 주된 문제는 두 갈래로 나뉘어 설명되어 왔다: 사역을 했다는 사실은 분명하지만, 권위의 문제는 다소 불분명하다.

1) 바울의 교회들에서 여자들의 사역에 관한 한, 그 입장은 거의 더 분명해질 수 없을 정도로 분명하다. 여자들은 사역에서 두드러졌다. 우리의 주된 본문인 로마서의 마지막 장인 16장을 한 번 보기만 해도, 이 점은 우리에게 분명해진다.[109)]

로마서 16장에서 우리는 제일 먼저 뵈뵈를 만나는데(16:1-2), 그녀는 겐그레아 교회의 "집사(일꾼)"이자 "후원자(보호자)"로 소개된다. 사실 뵈뵈는 기독교 역사상 "집사(일꾼)"라는 칭호로 불린 최초의 인물이다.[110)] "후원자"(prostatis)[111)]로서 그녀는 아마도 적어도 부분적으로는 그녀의 높은 사회적 지위로 인하여 겐그레아 교회에서 지도적인 역할을 했던 상당한 부를 지닌 독신 여성 또는 과부였을 것이

"직임"이나 "제도화"라는 말을 사용하는 것은 부적절하다. 순전히 성령이 인도하는 교회에 관한 Sohm의 묘사와 마찬가지로 Harnack에 의해 주창된 '둘 다' 식의 주장도 관념(觀念)에 불과할 수 있다.

109) 그러나 또한 특히 빌 4:2-3(복음을 전파하는 데 바울 편을 들어 싸웠던 유디아와 순두게)와 골 4:15(자신의 집을 교회로 사용한 여주인[인도자?] 눔바)을 보라.

110) 로마서 16장이 빌립보서보다 이전에 씌어졌다고 전제한다. 여기서 사용된 용어는 '디아코노스'(diakonos), 즉 "여집사"가 아니라 "남집사"이다.

111) 최근까지 "조력자"(RSV) 등과 같은 번역어들을 고수한 것은 무의식적인 가부장적 사고를 보여 준 것으로서, 여성학적 해석자들의 반발을 샀다. 그러나 우리는 이제 당시의 로마 세계에서 많은 여성들이 사회 및 후원에서 지도적인 역할을 했다는 것을 알고 있다(예를 들어, 필자의 *Romans* 888-89; 그리고 자세한 것은 C. F. Whelan, "Amica Pauli: The Role of Phoebe in the Early Church," *JSNT* 49 [1993] 67-85를 보라).

다.

다음으로 우리는 브리스가와 아굴라를 만난다(16:3-5). 바울이 브리스가를 그녀의 남편보다 먼저 거론하고 있다는 사실은 다른 대목들에서와 마찬가지로 두 사람 중 그녀가 더 두드러진 역할을 하였다는 것을 보여 준다.[112] 그녀가 자기 집에서 모였던 교회들에서 지도적인 역할을 했을 것은 거의 의심할 수 없는 것 같다.[113]

16:7에서 안드로니고와 유니아[114]는 바울과 함께 갇혀 있던 자들로, 하지만 더 정확히 말하자면 "사도들에게 존중히 여겨지고 또한 나보다 먼저 그리스도 안에 있는 자"로 소개된다. 이러한 소개는 바울과 같이 부활하신 그리스도에 의해 사도로 부르심을 받은 넓은 의미의 사도들(고전 15:7) 집단과 자연스럽게 결부된다.[115] 안드로니고와 유니아가 로마 회중과 관련하여 "사도들"로 지칭되고 있는 유

---

112) 브리스길라와 아굴라(행 18:18, 26 — 아볼로의 가르침; 롬 16:3; 딤후 4:19); 아굴라와 브리스길라(행 18:2; 고전 16:19).

113) 롬 16:5; 고전 16:19.

114) Junias(남자)가 아니라 Junia(여자). 전기적(傳記的)인 연구들은 "유니아"가 흔한 여성 이름이었으나 "유니아스"라는 남자 이름의 예를 찾지 못했음을 보여 준다. 또한 R. S. Cervin, "A Note regarding the Name 'Junia(s)' in Romans 16.7," *NTS* 40 (1994) 464-70; J. Thorley, "Junia, A Woman Apostle," *NovT* 38 (1996) 18-29를 보라. 중세 시대까지 "유니아"라는 읽기에 대하여 대체로 의문이 제기되지 않았다. Fitzmyer, *Romans* 737-38는 이 이름을 남성으로 본 최초의 사람은 Giles of Rome(1247-1316)이었다고 말한다; 그러나 이미 Epiphanius, *Index of Disciples* 125.1920(수리아의 Apameia의 감독 유니아), *Rufiunus* 에서의 *Origen*(Migne, *PG* 14.1289)을 보라. 더 전형적인 것은 Chrysostom, *Homily on Romans* 31(내가 이러한 전거들을 열거하는 것은 나의 동료인 Mark Bonnington 덕분이다). 여기서 다시 한 번 "유니아스"에 대한 읽기와 관련된 가부장적 태도는 오직 남자만이 그렇게 묘사될 수 있다는 왜곡된(!) 전제 때문에 비판을 받아 마땅하다(예를 들어, Lietzmann, *Römer* 125).

115) 이러한 묘사는 "여러 교회의 사자들(apostles)"(고후 8:23)이라는 별로 중요하지 않은 의미에 적절하지도 않은 것 같다. Fitzmyer, *Romans* 739-40는 그들이 예루살렘의 헬라파에서 온 유대 그리스도인 사자들이었을 것이라고 인정하지만, "부활하신 주의 출현을 주장할 수 없는 이들"이라는 Schnackenburg의 근거 없는 말을 인용한다("Apostles before and during Paul's Time," in W. W. Gasque and R. P. Martin, eds., *Apostolic History and the Gospel*, F. F. Bruce FS [Exeter: Pater-noster/Grand Rapids: Eerdmans, 1970] 287-303 [특히 294]).

일한 사람들이기 때문에, 그들이 실제로 적어도 로마의 몇몇 교회들의 사도들(설립자들)이었는가 하는 질문이 제기되지 않을 수 없다.

끝으로 "많이 수고한"(kopiao) — 바울이 다른 곳에서 그 사역과 지도력이 인정되어야 한다고 권고할 때에 사용한 용어 — 인물들로 네 사람을 거론하고 있다는 것도 주목할 만하다.[116] 로마서 16장에 나오는 이 네 사람은 모두 여자들이고, 남자는 거명되지 않는다 — 마리아, 드루배나, 드루보사, 버시(16:6, 12).

아울러 우리는 바울이 적어도 고린도 교회에서 여자들이 기도와 예언을 주도한 관습을 온전히 받아들였다는 것을 주목해야 한다(고전 11:5). 그러한 사역이 예배를 위한 모임 속에서 이루어졌다고 할 때에만, 이 논의는 의미를 지닌다: 다른 은사들과 마찬가지로 예언은 다른 이들의 유익을 위한 것이었는데, 특히 예언은 더욱 그러했다(14:3-5). 게다가 바울은 교회 회중 전체를 향한 사역에 참여하라는 그의 일반적인 권면 안에 여자들도 포함시켰을 것이다.[117] 바울이 은사적 공동체에 관한 비전을 말하면서 그리스도의 몸의 지체들, 즉 그리스도의 몸을 기능하게 하는 지체들로서 오직 남자들만을 고려하였을 리는 거의 없기 때문이다(롬 12:4-5).

2) 이에 반하여 우리는 바울이 그러한 여자들의 사역의 적어도 몇몇 측면에 대해서 당혹스러워했다는 분명한 증거를 제시하지 않을 수 없는데, 이 문제는 고린도전서에 나오는 두 구절, 즉 11:2-16과 14:33b-36, 그리고 디모데전서 2:12-14("여자가 가르치는 것과 남자를 주관하는 것을 허락하지 아니하노니")를 중심으로 이루어진다.

고린도전서 11:2-16에서는 기도와 예언에서 여자들의 역할을 인정하고 있긴 하지만 이 구절의 일차적인 관심은 이 기능에 여러 제한들과 제약들을 설정하는 것인 것 같다. 이 구절은 첫 번째 제약인 남성 중심의 위계질서를 단호하게 천명하는 것으로 갑자기 시작된다: 하나님은 그리스도의 머리이고, 그리스도는 남자의 머리이며, 남자는 여자의 머리이다(11:3). 이것은 첫 번째 창조 기사(창세기 1장)와 나란히 나오는 창세기 2장의 창조 기사에 토대를 둔 것으로서, 오직 남자만이

116) 위의 §21.3c을 보라.

117) 특히 고전 14:1과 살전 5:14. Wire, *Women Prophets*는 이러한 고찰을 토대로 고린도 교회에서 여 예언자들의 중요성에 관한 자신의 주장을 펼친다.

하나님의 영광을 직접적으로 반영하고 있고, 여자들은 남자의 영광을 반영한다는 것이다(11:7-9). 그리고 이러한 위계질서적인 관계는 여자가 남자를 낳았다는 것을 인정하는 것을 통해서 제약되고 있긴 하지만(11:12), 바울이 기본적으로 이 구절에서 여자는 남자에 종속된다고 천명하고 있다는 인상을 피하기는 어렵다. 두 번째 제약은 여자는 머리에 무엇을 쓴 채로 기도하고 예언해야 한다는 것이다. 그렇지만 이 권면의 마지막 대목(11:14-15)은 긴 머리 자체가 머리에 쓰는 것을 충분히 대신한다고 바울이 생각했는지의 여부에 대해서 명확히 밝히고 있지는 않다.[118] 바울의 마지막 말(11:16)은 마치 이 문제에 대하여 더 이상 논의하려 드는 것은 다소 황당하거나 악의적인 시도인 것 같은 인상을 준다.

이에 비추어 볼 때에 두 번째 구절은 다소 의외이다: 14:33b-36 —

> 모든 성도가 교회에서 함과 같이 여자는 교회에서 잠잠하라 그들에게는 말하는 것을 허락함이 없나니 율법에 이른 것 같이 오직 복종할 것이요 만일 무엇을 배우려거든 집에서 자기 남편에게 물을지니 여자가 교회에서 말하는 것은 부끄러운 것이라 하나님의 말씀이 너희로부터 난 것이냐 또는 너희에게만 임한 것이냐.

여기서 의외인 것은 이 구절이 11:2-16과 긴장관계를 이룬다는 것이다: 여자가 교회에서 말하지 않아야 한다면, 11:5에서 말하듯이 여자가 어떻게 기도하고 예언할 수 있는가? 일부 학자들은 두 구절이 심한 모순을 이루고 있다고 느껴서 14:34-35 또는 14:34-36을 후대의 삽입으로 처리하는 식으로 이 문제를 해결하고자 했다.[119] 그러나 본문 전승상의 강력한 지지가 없는 한, 후대의 삽입 가설은 언제나 더 이상 다른 방법이 없을 때에 최후에 의지해야 할 수단이어야 한다.[120]

---

118) 예를 들어, Fee, *1 Corinthians* 528-29와 Schrage, *1 Korinther* 2.522-23에 나오는 논의를 보라.

119) 예를 들어, Conzelmann, *1 Corinthians* 246; Fee, *1 Corinthians* 699-705; Stuhlmacher, *Theologie* 362-63.

120) 주로 서방 본문인 몇몇 본문상의 증거들에는 34-35절이 40절 뒤에 나온다는 사실은 원문에는 이 절들이 없었다는 것을 보여 주는 것이 아니라 이 절들의 적절한 위치에 대한 필사자들의 불확신을 보여 줄 뿐이다(Metzger, 565). 그러나 이 구절을 삽입으로 보는 주장은

두 구절 간의 긴장관계는 이 주제에 대한 바울 자신의 생각에서 긴장관계의 반영이라고 보는 것이 더 나을 것 같다. 그러한 긴장관계는 디모데전서 2:12-14은 말할 것도 없고 14:34-35을 제쳐놓더라도 11:2-16에 분명하게 나타난다.

주해를 위한 중요한 단서는 사실상 이 세 구절 모두를 연결시키고 있는 두 가지 주제에서 찾을 수 있다. 여기서 두 가지 주제 중 하나는 권위라는 주제이고,[121] 다른 하나는 모종의 사회적 관습들을 강화시킨 명예-수치 문화(the honour-shame culture)이다.[122] 관련 구절들에서 문제가 된 것은 단순히 남자-여자의 관계라는 문제가 아니라 여자들이 머리에 무엇을 쓰는 것과 가정 내에서 남편의 가부장적 지위를 규정한 사회적 관습의 문제였다.

바울이 여자들이 회중에서 사역하는 것의 문제를 "권위"의 문제로 다루고 있다는 사실은 거의 인식되어 오지 않았다(고전 11:10). 이 점은 바울이 이 문제를 묘한 방식으로 언급함으로써 가리워져 있었던 것 같다: "그러므로[즉, 남자-여자의 상호의존성으로 인하여 — 11:8-9] 여자는 천사들로 말미암아 권세 아래에 있는 표를 그 머리 위에 둘지니라." 마지막 어구("천사들로 말미암아")는 여전히 수수께끼로 남아 있다;[123] 그러나 바울이 "권위"로서의 머릿수건에 대해 말하는 이유

P. B. Payne, "Fuldensis, Sigla for Variants in Vaticanus, and 고전 14:34-5," *NTS* 41 (1995) 240-62에 의해 강화되어 왔다.

121) 고전 11:10; 딤전 2:12은 거의 알려져 있지 않던 '아우덴테오'(authenteo, "전권을 갖다")라는 단어를 사용한다(LSJ; 또한 BAGD를 보라). 이 주제는 고전 14:34-35에 함축되어 있는 것 같다.

122) '아이스크로스'(aischros, "부끄러운")는 바울에 의해서 그의 서신에서 2번 사용된다 — 고린도서의 두 구절(11:6; 14:35)에서; 신약의 다른 곳에서는 오직 엡 5:12과 딛 1:11. 어떤 사람의 수치를 결정한 회의들은 Judith 12:12과 4 *Macc.* 16:17에 다양하게 예시된다; 자세한 것은 LSJ를 보라. 고전적인 사회에서 명예와 수치의 중요성에 대해서는 B. J. Malina, *The New Testament World; Insights from Cultural Anthropology* (Atlanta: John Knox, 1981 = London: SCM, 1983) ch. 2을 보라.

123) 그 의미를 가장 잘 보여 주는 병행은 천사들이 참여하고 지켜보는 총회의 거룩성을 보존하려는 쿰란 공동체의 관심일 것이다(1QSa 2.3-11); J. A. Fitzmyer, "A Feature of Qumran Angelology and the Angels of 고전 11.10," *Essays on the Semitic Background of the New Testament* (London: Chapman, 1971 = Missoula: Scholars, 1974) 187-204를 보라.

는 비교적 분명하다.[124] 여자가 남자의 영광이라면(11:7), 여자의 머릿수건은 하나님과 그의 천사들 앞에서 '남자의' 영광을 가리는 역할을 한다. 이 말의 논리는 여자가 머리에 수건을 쓰지 않고 기도하게 되면 '남자'의 영광을 반영하는 것이 된다는 것이다. 그러므로 남자의 영광을 수건으로 가려서, 여자의 기도와 예언에서 여자는 오직 '하나님'만을 영화롭게 해야 한다. 머릿수건은 여자로 하여금 하나님께만 영광을 돌릴 수 있게 해 주는 "권위"를 부여해 주는 물건이다. 달리 말하면, 많은 사람들이 생각해온 것과는 반대로 머릿수건은 남자에 대한 여자의 종속성의 상징물로 의도된 것이 아니었다. 이와는 반대로 바울이 말하듯이 머릿수건은 여자로 하여금 은사적 성령에 직접적으로 의거해서 기도하고 예언하게 해 주는 여자의 "권위"였다. 그러므로 주목해야 할 점은 바울은 예언이라는 고귀한 사역에 참여할 여자의 권리를 명시적으로, 그것도 "권위"라는 관점에서 명시적으로 옹호한다는 사실이다.

다소 편하게 말한다면, 이러한 신학적 추론은 여자의 머리양식에 관한 당시의 사회 관습과 결부되어 있다고 할 수 있다. 바울의 관심은 고린도 교회의 일부 여자 예언자들이 머리를 묶지 않은 채 예언을 하는 관행에 초점이 맞춰져 있었던 것으로 보인다. 풀어 헤쳐진 머리는 몇몇 헬라 제의들에서 친숙한 탈혼 의식의 정경(情景)을 연상시킬 수 있었기 때문에,[125] 회중은 외부인들이 새로운 기독 교회를 또 하나의 탈혼 제의로 생각하면 어쩌나 염려했을 것이다. 외부인들에게 개방되어

124) 특히 M. D. Hooker, "Authority on Her Head: An Examination of 1 Corinthians 11.10," *NTS* 10 (1964)의 도움을 많이 받았는데, 이 글은 *Adam* 113-20에 재수록되었다. Hooker의 해석은 exousia epi tes kephales를 "그녀의 머리 위의 권세"로 번역하는 것보다 일련의 추론(7-9절)에서 도출된 결론(dia touto)으로서 10절의 의미를 더 잘 밝혀 준다(= "머리를 풀어헤침으로써 머리를 무질서하게 하지 말라"; 예를 들어, Baumert, *Woman* 118; J. M. Gundry-Volf, "Gender and Creation in 1 Corinthians 11:2-6; A Study in Paul's Theological Method," in Adna, et al., eds., *Evangelium* 151-71 [특히 159-60]).

125) 묶지 않은 머리는 고린도의 에게해 항구였던 겐그레아에 신전이 있었던 이시스(Isis) 숭배의 한 특징이었다(아래의 §22 n. 9를 보라). 또한 고린도 교회 신자들 중 다수가 이전에 탈혼 제의들의 신도들이었다는 고전 12:2의 함의(아래의 n. 149를 보라), 그들은 계속해서 탈혼 체험들에 상당한 비중을 두었다는 14:12과 14:23의 함의를 주목하라.

126) 특히 Fioreaza, *In Memory of Her* 227-30: "그의 논증의 목표는 … 성차별의 재강화(再强化)가 아니라 예배 공동체의 질서 및 선교적 성격이다"(230).

있었던 교회의 모임 속에서 그러한 관행들(14:16, 23-25)을 회중은 여자가 삭발한 것과 같은 정도로 "부끄러운" 것이라고 생각했을 것이다(11:6). 그러므로 11:2-16의 논증은 남자와 여자의 "창조적" 차이에 관한 것이 아니라 일차적으로 머리를 묶는 관습을 지지하기 위한 것이다. 그리고 이것은 여자들이 예언하는 것을 제한하기 위한 것이 아니라 여자들이 "적절한" 머리양식을 하여 그들의 예언이 사람들의 마음을 산만하게 하지 않도록 하기 위한 것이다.[126]

좀 더 중요한 사회적 관습은 가정 내에서의 훌륭한 살림살이를 가장 중요한 일로 치는 것이었을 것이다. 아리스토텔레스의 고전적인 정의에 의하면, 가정은 국가의 기본단위였다.[127] 그리고 가정 내에서 일차적으로 중요한 것은 가족의 다른 구성원들에 대한 가장(paterfamilias)의 절대권력인 가부장권(patria potestas)이었다.[128] 독신 여성들이나 과부들은 실제적으로 상당한 정도의 독립성을 가질 수 있었지만, 그렇지라도 여전히 법적으로는 가족 가운데 남자 윗사람의 후견 아래 있었다. 그러나 부인들은 남편에게 복종하고 종속되어 있는 것 외에는 다른 길이 없었다.[129]

바울이 교회들을 설립했던 도시들에서 사회 생활의 이러한 기본적인 특징은 우리에게 고린도전서의 두 구절을 해석하는 데 중요한 단서들을 제공해 준다. 왜냐하면 우리를 혼란스럽게 하는 요소는 헬라어 '귀네'(gyne)가 "여자"를 뜻할 수도 있고 "아내"를 뜻할 수도 있는데, '아네르'(aner, "남자, 남편")와 함께 사용될 때 특히 그렇다.[130] 그리고 11:2-16에서 주된 주제와 대위법적 선율을 형성하고 있는 것은 바로 '아네르'와 '귀네'의 관계이다.[131] 그러므로 "남자"와 "여자"라고 좀 더

127) 자세한 것은 아래의 §23.7c을 보라. "The Household in the Hellenistic-Roman World"에 대해서는 특히 D. C. Verner, *The Household of God: The Social World of the Pastoral Epistles* (SBLDS 71; Chico: Scholars, 1983) 27-81을 보라.

128) *OCD*, "patria potestas." 헬라와 유대의 법에는 이와 관련된 여러 변형들이 있었으나, 가정은 본질적으로 가부장적 제도이고, 가정의 다른 구성원들, 특히 아내들, 자녀들, 노예들은 가장의 권위에 종속되어 있다는 기본적인 사실은 지중해 세계 전체에 걸쳐 고수되었다.

129) "너희 남편들에게 복종하라"(골 3:18; 엡 5:24)는 아내들에 대한 권면은 단지 당시의 관습을 따른 것이었다; 특히 cf. Plutarch, *Conjugalia praecepta* 33 (=Moralia 142E)과 pseudo-Callisthenes 1.22.4(Lohse, *Colossians* 157 n. 18에 나오는).

130) BAGD, aner 1, gyne 1-2.

일반적으로 말할 때에, 바울은 일차적으로 부인들이 공중(公衆)의 모임들에서 아무런 제약 없이 행하는 것을 일반 사람들이 당혹스럽게 보는 것을 염두에 두었을 것이다. 이런 점에서 NRSV가 11:3을 "남편은 그의 아내의 머리니라"고 번역한 것이 옳다고 할 수 있다.

이 점은 14:33b-36에도 더 잘 해당된다. 왜냐하면 여기에 나오는 중대한 가르침은 모든 여자들이 아니라 부인들을 향한 것으로 보이기 때문이다.[132] 이 점을 보여 주는 몇 가지 단서들이 있다: 하나는 바울이 그녀들에게 "오직 복종하고"[133] "집에서" 하라고 말한다는 것이다; 그리고 이 가르침은 모임 내에서 예언을 질서 있게 하라는 바울의 권면 직후에 나온다는 사실이 또한 그렇다(14:29-33).[134] 그러므로 여자 예언자들은 개별 예언들을 평가하는 과정에 참여하였을 것이고(14:29), 이때 남편들이나 집안 윗사람들이 행한 예언에 대해서도 판단했을 가능성이 충분히 있다.[135] 이 일을 많은 사람들은 가장(paterfamilias)의 권위에 도전하는 것으로 받아들이고 가정 및 교회의 질서를 훼손하는 "부끄러운" 행위로 보았을 것이다. 부인들이 집에서 남편에게 묻고 의문을 제기한다면, 가정과 교회의 질서는 보존될 것이다(14:35).

이러한 일들의 긴장관계에서 중요한 요소는 교회가 개인 가정들에서 모였다는 사실에 의해 야기된 역할과 지위의 모호성이었을 것이다 — '사적인' 공간에서의 '공적인' 모임들에 의해 야기된 긴장관계.[136] 가정의 남자 윗사람은 가장(paterfamilias)으로 참석했는가, 아니면 다른 사람들과 똑같은 한 지체로 참석하였는가? 가정의 안주인 여자는 아내로 참석하였는가? 그녀는 가정의 다른 구성원들에 대하여 일정 정도의 권위를 행사할 수 있었던 가정이라는 사적인 공간에서

---

131) aner 14회; gyne 16회.

132) 예를 들어, Fiorenza, *In Memory of Her* 230-33을 보라. 이것은 딤전 2:11-12에도 그대로 적용된다.

133) 골 3:18과 엡 5:24에서 사용된 동일한 단어; cf. 딤전 2:11의 hypotage.

134) Cf. L. A. Jervis, "1 Corinthians 14.34-35: A Reconsideration of Paul's Limitation of the Free Speech of Some Corinthians Women," *JSNT* 58 (1995) 51-74.

135) Ellis, *Thelology* 67-71.

136) S. C. Barton, "Paul's Sense of Place: An Anthropological Approach to Community Formation in Corinth," *NTS* 32 (1986) 225-46; 또한 Meeks, *First Urban Christians* 75-77을 보라.

행했던 것과 같이 교회에서도 행할 수 있었는가? 아니면, 일단 가정이 교회가 되었을 때에는, 이전의 권위 체계는 상대화되고 그녀는 새로운 (기독교적) 가정 체제 내에 있게 되었는가? 긴장관계는 이중적이었을 것이다: 왜냐하면 예언자이자 아내인 기혼 여성은 교회이자 가정인 공간에서 예언자로 활동해야 했기 때문이다. 이러한 것이 고린도전서 14:33b-36에 대한 올바른 배경이라면, 우리는 이 경우에 바울의 가르침은 사회적 관습을 고려한 것일 뿐만 아니라 성격상 사회적으로 보수적이었다고 결론을 내리지 않을 수 없다. 왜냐하면 바울은 아내들에게 교회에서도 아내로서 행하여 교회 내에서 그들의 행실을 통해서 그들이 남편들의 권위를 존중한다는 것을 보이라고 가르치고 있기 때문이다.[137]

요약해 보자. 많이 인용되는 갈라디아서 3:28에 의거해서 여자들의 사역에 대한 바울의 견해들을 신학적으로 해석하고자 하는 유혹이 있다: "너희는 유대인이나 헬라인이나 종이나 자유인이나 남자나 여자나 다 그리스도 예수 안에서 하나이니라."[138] 그러나 여기서는 특히 바울 자신이 실제로 현장 속에서 신학화한 방식에 대한 고려 없이 이 원칙으로부터 실천신학을 도출해내려고 하는 것은 지혜롭지 못한 처사가 될 것이다. 분명히 바울의 말은 인간 사회 내에서의 가장 기본적인 구별인 인종/문화, 사회/경제, 생물학적 성/인류학적 성의 구별을 모두 포괄하고자 의도했던 것 같다. 그러나 그의 주장은 이러한 구별들은 제거된 것이 아니라 상대화되었다는 것이다. 유대인 신자들은 여전히 유대인들이다(갈 2:15). 그리스도인이 된 노예들은 여전히 노예들이다(고전 7:21). 그리고 앞에서 보았듯이, 아내들은 여전히 아내들이다. 흔히 하나님 앞에서 상대적인 가치 또는 특권적인 지위를 나타내는 것이라고 생각되었던 인종적, 사회적, 성적 차이들은 더 이상 그런 의미를 지니지 못한다. 그러나 사역에 대한 바울의 비전과 관련해서 흔히 그렇듯이, 사회적 현실들은 이 원칙의 실천을 제약하는 요인이었다.

§ 21.5 회중의 권위

137) 아마도 바울이 권한 타협은 예언자들인 아내들은 가정 교회에서 실제로 예언할 수 있었지만 교회의 고위 남자 구성원들이 행한 예언들을 평가하는 데는 참여하지 말아야 한다는 것이었던 것 같다(14:29).

138) 특히 Fiorenza, *In Memory of Her*와 Wire, *Women Prophets*.

우리는 여러 차례에 걸쳐 바울이 회중에게 자신들의 일에 책임을 지라고 촉구하였고 여러 사역에 대한 인정과 규제에 참여할 것을 기대하였다고 말한 바 있다. 사역과 권위의 이러한 차원은 아주 중요하기 때문에, 이에 관한 개별적인 내용들을 한데 모아서 살펴볼 필요가 있다.

a) 이 점에 관한 바울의 신학은 분명하다. 바울이 개교회를 그리스도의 몸으로 이해한 것은 각 지체가 그 회중 내에서 기능을 갖고 있고 그 회중의 공동 생활 및 예배에 대한 책임을 지니고 있다는 것을 의미한다. 이것이 각각의 교회들의 '모든' 지체들이 가르치고, 권면하고, 다스리고, 위로하는 일을 하라고 한 바울의 권면 배후에 있는 이유일 것이다.[139]

b) 바울은 한 회중의 지도자 집단을 향하여 말한 적이 결코 없었다(몬 1:1을 제외하면). 그의 가르침과 권면들은 일반적으로 교회 전체를 향한 것이었다. 이것은 그러한 권면들에 응답할 책임이 회중 내의 한두 사람이 아니라 회중 전체에게 있었다는 것을 의미한다.[140] 그런 까닭에 고린도전서 5, 6, 11, 14, 16장에 서술된 것들과 같은 상황들 속에서도 어떤 지도자 집단이나 감독자들 또는 장로들에 대한 언급이 없다. 바울은 예언자들(개교회의 가장 중요한 사역자)이 지도력을 발휘해야 한다고 생각하지도 않았다.[141] 예언자로서 그들의 권위는 오직 그들의 예언 은사 및 개별 예언들에 대한 평가에만 있었음이 분명하다.

c) 공동체 전체가 "하나님의 가르치심을 받았다"(살전 4:9). 그들은 모두 한 성령에 참여하였다(koinonia).[142] 그들은 모두 원칙적으로 "영적인 사람들"(pneumatikoi)이었다. 그런 자격으로 그들은 은사들에 관하여 판단하고 규율할 권위를 갖고 있었다(고전 2:15). 왜냐하면 그것이 그들이 성령을 받은 이유였기 때문이다. "이는 우리로 하여금 하나님께서 우리에게 은혜로 주신 것들을 알게 하려 하심이라"(2:12).[143] 심지어 바울은 그들이 그의 가르침이 "주의 명령"(14:37)이라는 그의 분명한 확신에 대하여 그러한 분별력을 행사할 것을 기대하기까지 했다. 그런 까닭에 예언자들만이 개별 예언을 평가할 책임을 갖고 있었던 것이 아

---

139) 롬 15:14; 고전 5:4-5; 고후 2:7; 골 3:16; 살전 5:14.

140) Lindsay, *Church* 32-33, 58-59.

141) Greeven, "Propheten" 35-36은 이에 반대.

142) 위의 §20.6을 보라.

143) 갈 6:1에 대해서는 위의 §21.3을 보라.

니라(고전 14:29), 공동체(그 안의 지도자들만이 아니라)도 "모든 것을 시험할(범사에 헤아려)"(살전 5:20-22) 책임, 특히 개별 예언들을 판단할 책임을 갖고 있었다.[144] 성령의 영역에서의 어떤 엘리트주의에 대해서도 강력히 경고하고 있는 바울의 태도는 이것과 맥을 같이 하는데, 바울은 그러한 엘리트주의를 공동체를 분열시키는 파당적인 것으로서(고전 3:1-4) 그리스도의 몸의 효율성을 무력화시키는 짓이라고 경고하였다(14:21).

d) 교회를 헌신적으로 섬기는 자들의 분명한 은사적 권위를 인정하고 좀 더 정규적인 직임들 속에서 그들을 격려할 회중의 책임이 특히 중요하였다.[145] 이러한 고찰들에 비추어 보면, 고린도전서 14:16은 새로운 의미를 띠게 된다. 기도 또는 예언 후에 회중이 발한 "아멘"이라는 말은 단순히 형식적이고 의식적(儀式的)인 동의가 아니었다. 그것은 교회의 지체들이 예배 중에 말한 내용을 이해하고 동의할 수 있어야 하는 것을 바울이 얼마나 중요시했는지를 보여 주는 것이다.[146]

§ 21.6 영들 분별함

바울이 사역의 권위를 식별할 때에 주의해야 한다고 말한 판별기준에 대해서도 몇 마디 해 둘 필요가 있다. 우리는 이미 바울이 영들 분별함과 은사들, 특히 예언을 시험하고 평가하는 것을 얼마나 중요시했는지를 살펴본 바 있다.[147] 그리고 또한 우리는 이미 바울이 어떤 판별기준을 근거로 하나님이 인정하는 합법적인 사도적 권위의 행사를 식별하였는지에 대해서도 논한 바 있다(§21.2). 그러나 이제까지 학자들은 바울 자신이 은사들과 공동체를 다루면서 일련의 판별기준을 보여

144) 여기에서 *Lumen Gentium* §12의 주석학적 토대는 잘못된 것일 수 있다. 왜냐하면 살전 5:14-22은 분명히 회중 전체를 향한 것이고, 그 어떤 권면도 본문의 훼손 없이는 그 대상을 축소할 수 없기 때문이다(필자의 "Discernment of Spirits" [위의 §20 n. 136] 87-89를 보라); 그러나 이 해석은 근거가 없는 것이 아니다(필자의 *Jesus and the Spirit.* 436 n. 141을 보라). 예언을 시험할 책임은 요일 4:1-3과 *Didache* 11에서 온 교회가 지도록 되어 있다. 또한 필자의 "Responsible Congregation" 226-30을 보라.

145) 고전 16:15-18; 살전 5:12-13; cf. 빌 2:29-30.

146) Cf. Schweizer, *Order* 101; Barrett, *1 Corinthians* 321 — "듣고 이해하고 시험하고 통제할 온 교회의 책임이 강조된다."

147) 위의 §20 n. 136을 보라.

주고 또한 사용하고 있다는 것을 충분히 인식해 오지 못하였다(고전 12~14장).[148] 그러한 판별기준으로는 사도적 권위와 관련해서 이미 언급한 것들과 중복되는 세 가지를 특히 거론할 수 있다.

a) **복음이라는 시금석.** "그러므로 내가 너희에게 알리노니 하나님의 영으로 말하는 자는 누구든지 예수를 저주할 자라 하지 아니하고 또 성령으로 아니하고는 누구든지 예수를 주시라 할 수 없느니라"(고전 12:3). 이 판별기준을 어떤 경우들에 적용하는지는 좀 모호하다. 그러나 이 구절이 나오는 문맥 속에 "말 못하는 우상에게로 끄는 그대로 끌려 갔느니라"(12:2)는 말이 나오는 것으로 보아서, 아마도 바울은 탈혼상태의 영감에 관한 체험들을 염두에 두고 있는 것 같다.[149] 그리고 뒤이어 고린도 교인들 중 다수가 "영적인 것을 사모하는 자"(14:12), 즉 영감 체험들을 사모하는 자들이라는 말이 나오는 것도 이 점을 잘 보여 준다. 그러므로 가장 유력한 시나리오는 고린도 교인들은 바울에게 서신을 보내어 교회 예배 중에 어떤 사람이 탈혼상태에 들어가 "예수는 저주할 자다"라고 소리를 지르는 상황에 어떻게 대처해야 하느냐고 조언을 구했을 것이라는 것이다.[150] 우리는 고린도 교인들이 이러한 영감받은 말에 대하여 아무것도 모르는 자들이었다고(마치 그들이 모든 영감은 선한 것이라고 생각했다는 식으로) 생각해서는 안 된다. 그러므로 이 발언은 아마도 회중 가운데 존경 받는 지체에 의해 행해졌던 것 같다.[151]

이때 사용된 판별기준은 바울이 다른 곳에서 제시한 바 있는 복음에 대한 요약적인 신앙고백이다 — "예수는 주다."[152] 이 판별기준은 좀 더 일반적으로 표현된 것이다(이 신앙고백 자체가 매번 그대로 행해져야 했던 것은 아닐 것이다). 즉, 영

148) Hahn, "Charisma" 220-25는 예외이다.

149) Dionysus의 추종자들의 제의적 "광기"에 대해서는 E. Rohde, *Psyche: The Cult of Souls and Belief in Immortality among the Greeks* (New York: Harcourt and Brace/London: Kegan Paul, 1925)의 고전적인 연구만을 참조하면 된다.

150) 오늘날의 은사 공동체들 내에서도 이와 동일한 예언들에 관한 보도들이 있어 왔다. 그것들을 카타르시스적인 것으로 보아야 한다는 주장이 있다 — 토해냄으로써 편안해지는 영적 구토. 필자의 *Jesus and the Spirit* 420 n. 180과 위의 §8 n. 73을 보라. Cf. Barrett, *Paul* 133: "우리는 압도당하지 않기 위해서 귀신과 싸우는 사람들을 생각해야 할 것이다."

151) 오늘날의 카리스마적인 회중에서 이와 비슷한 존중은 지도적인 지체의 예언이 부당하게 제한된다는 평가를 불러올 수 있다.

152) 특히 롬 10:9; 고후 4:5; 골 2:6.

감받은 말이 이 신앙고백에 의해 요약되어 있는 복음과 합치하느냐의 여부가 시금석이 되었다는 말이다. 이것은 위에서 논의한 사도적 권위의 첫 번째 판별기준(§21.2a)과 우연이라고 보기에는 너무도 잘 맞아떨어진다. 그렇다고 해서 이 판별기준을 적용하는 일이 쉬웠다는 말은 아니다. 복음에 대한 바울의 해석 자체(이방인들에게 자유롭게 주어졌다는)가 바울과 많은 유대 신자들 간의 첨예한 논쟁점이었다. 이것이 예루살렘의 사도들에 의한 바울의 복음에 대한 인정이 바울에게 그토록 중요했던 이유였다(갈 2:1-10). 그러나 또한 갈라디아서는 바울이 교회의 최초 복음 체험과 그 복음에 대한 응답을 얼마나 중요시했는지를 보여 준다.[153] 은혜를 수여한 복음과 교회의 토대가 된 전승은 교회의 지속적인 삶을 판단하는 데에 판별기준이 되었다.

b) 사랑이라는 시금석 — 고린도전서 13장. 13장이 12장과 14장 사이에 놓여 있다는 것이 종종 학자들에게 당혹감을 불러일으켜 왔다.[154] 그러나 13장의 기능은 아주 분명하다. 이 장은 은사 사역과 기독교 생활 및 회중의 그 밖의 다른 중요한 표현들이 흔히 이기적이고 막무가내식으로 행사될 수 있다는 인식 속에서 씌어졌다. 방언만이 아니라 가장 높은 은사인 예언도, 가장 고양되고 황홀한 예배 체험도 사랑 없이 행해질 수 있었다(13:1-2). 그럴 뿐만 아니라 가장 심오한 학자들, 믿음의 용사들, 가장 위대한 사회활동가들, 순교자들조차도 사랑 이외의 천한 동기들 하에서 행동할 수 있다(13:2-3). 그리고 바울은 "사랑"이라는 단어 자체가 왜곡될 가능성에 대비하여 더 이상 자세할 수 없을 만큼 자세하게 묘사를 해 놓았다(13:4-7):

> 사랑은 오래 참고 사랑은 온유하며 시기하지 아니하며 사랑은 자랑하지 아니하며 교만하지 아니하며 무례히 행하지 아니하며 자기의 유익을 구하지 아니하며 성내지 아니하며 악한 것을 생각하지 아니하며 불의를 기뻐하지 아니하며 진리와 함께 기뻐하고 모든 것을 참으며 모든 것을 믿으며 모든 것을 바라며 모든 것을 견디느니라.

153) 갈 1:6-9; 2:7-9; 3:1-5; 4:6-11; 5:1, 4; 또한 예를 들어, 고전 15:1-2.

154) J. T. Sanders, "First Corinthians 13: Its Interpretation since the Firts World War," *Int* 20 (1966) 159-87; O. Wischmeyer, *Der höehste Weg. Das 13. Kapitel des 1. Korintherbriefes* (Gütersloh: Gütersloher, 1981)에 나오는 논의의 개관들을 보라.

바울이 이렇게 사랑을 묘사하면서 그리스도 안에서의 하나님의 사랑[155]과 예수께서 이웃을 사랑하라는 명령을 율법의 강령이라고 말씀하신 것[156]을 염두에 두었을 것은 거의 의심할 여지가 없다. 또한 바울이 사랑을 성령의 제일 가는 열매 또는 모든 것을 포괄하는 열매라고 말한 것도 동일한 맥락에서 이해되어야 한다(갈 5:22-23).[157] 성령을 그리스도의 영, 자신을 내어주고 십자가에 못 박히신 그리스도의 영으로 규정하고 정의한 것도 바로 이러한 사랑이다.[158] 여기서의 핵심은 이 사랑이 그 어떤 은사보다도 더 가치 있고, 더 큰 성숙의 표지이며, 그 효과가 더 지속적이라는 것이다(고전 13:8-13).

바울의 말은 사랑 없이 은사를 체험하는 것이 얼마든지 가능하다는 의미를 함축하고 있는데, 그는 사랑 없는 은사는 아무 소용이 없다고 힘주어 말한다. 바울은 실제 이상대로 살아간다는 것이 결코 수월하지 않다는 것을 너무도 잘 알고 있었을 것이다. 그러나 여기서도 바울은 그의 독자들 앞에서 그리스도 안에서 하나님의 사랑이라는 모범을 포함한 사랑이라는 비전을 우리가 동경해야 할 이상, 다른 저급한 동기들을 판단할 때에 사용하는 시금석으로 제시하기를 주저하지 않는다.

c) 공동체의 유익(oikodome)이라는 시금석 — 고린도전서 14장. 고린도전서 12~14장에서 사용된 세 가지 판별기준 가운데서 이것이 가장 분명하다. 바울은 이 장에서 7번 이상 이 기준을 거론한다.[159] 이 '오이코도메'의 시금석을 갖다대면, 예언이 방언보다 우월함이 입증된다. 왜냐하면 예언은 교회 전체에 유익을 끼치지만, 방언은 단지 방언을 말하는 자에게만 유익을 주기 때문이다(14:3-5, 12, 17). 마찬가지로 일련의 방언과 해석, 예언 및 그 평가에 차서(次序)를 지켜 질서 있게 하라는 준칙도 말할 것도 없이 회중의 유익을 위한 것이다(14:26-33). 이와

155) 롬 5:5, 8; 8:35, 39; 고후 5:14; 자세한 것은 위의 §13 n. 15를 보라.

156) 롬 13:10; 갈 5:14; 자세한 것은 아래의 §23.5을 보라.

157) 자세한 것은 필자의 *Galatians* 309-10을 보라. "육체의 일"(5:19)과 "성령의 열매"(5:22)를 대비할 의도였는가?

158) 자세한 것은 위의 §10.6, §16.4, §18.7을 보라.

159) oikodomeo("짓다") — 14:4(2번), 17; oikodome("지음, 덕 세움") — 14:3, 5, 12, 26. 또한 고린도전서에서도 그렇다(3:9; 8:1; 10:23). 바울 서신의 다른 곳에서는(롬 14:19; 15:2; 고후 10:8; 12:19; 13:10; 갈 2:18; 살전 5:11).

같은 고려는 여자들이 머리를 묶지 않고 예언하거나 아내들이 예언들의 평가에 참여하는 것과 관련한 바울의 평가에도 틀림없이 적용되었을 것이다; 이런 일로 인해서 교회가 그렇지 않았더라면 동정적이었을 외부인들에 의해 악평을 듣게 된다면, 아무도 유익을 얻지 못하게 된다. 또한 바울은 외부인이 예배 모임에 들어왔을 때에 신자들 모두가 방언으로 말하고 있는 경우에 느끼게 될 당혹감과 관련해서도 이 원칙을 적용했다(14:23-25).[160] 8:1에서 사용된 이 판별기준은 앞의 두 판별기준과 아주 잘 결합되어 있다: "지식은 교만하게 하며 사랑은 덕을 세우나니." 그리고 10:23도 마찬가지이다: 고전 10:23 "모든 것이 가하나 모든 것이 덕을 세우는 것은 아니니니." 자신의 교회들의 성숙을 바라는 사도로서 바울의 관심(§21.2b)도 이 동일한 원칙과 우선성의 표현이다.

이 모든 것 속에서 떠오르는 가장 중요한 원칙은 개인의 특권(영감이든 지위이든)은 항상 전체의 선(善)에 종속된다는 것이다. 매우 감명깊은 발언이나 행위들조차도 그리스도 안에서 하나님의 사랑, 이웃 사랑이라는 잣대에 의한 평가를 받아야 한다. 관련된 개인이 교회의 사도라고 할지라도, 사도적 권위가 복음의 권위에 종속되어 있다는 것이 교회에 충분히 그 개인을 판단할 근거를 제시해 준다. 그리고 과거의 은사/직임 논쟁과 관련해서(§21.1), 우리가 교회적 권위에 대한 바울의 개념을 본질적으로 성격상 은사적인 것으로(성령의 은혜 주심에 의존하는 것으로) 여기면 여길수록, 은사의 궁극 목적인 교회에 의해 시험받고 받아들여진 은사만이 유일하게 타당하고 효력 있는 은사라는 점이 더욱더 강조되어야 한다. 물론 자신의 여러 다양한 교회들에 체험들을 통해서 바울은 이러한 시금석들의 적용과 관련하여 그 어떤 환상도 갖지 않게 되었을 것이다.

영성은 쉽게 부패되고 타락하기 때문에, 이러한 시금석들을 사용하기 위해서는 항상 영적인 사람들이 요구된다. 그러나 다시 한 번 말해 두지만, 지도력 및 사역에 대한 주장들을 면밀하게 비판적으로 검토해야 할 필요성에 대한 바울의 인식의 중요성 및 그가 실제로 사용한 판별기준의 가치는 과소평가되어서는 안 된다.

---

160) Schweizer, *Order* 96: "바울에게 … 외부에서 온 자, 곧 '이디오테스'(idiotes)가 가장 중요하다; 설교는 바로 그 사람이 이해할 수 있느냐 없느냐라는 잣대로 평가되어야 한다. 따라서 세상이 알아 들을 수 없는 비밀스러운 언어를 발전시키는 교회는 교회이기를 멈추게 될 것이다(고전 14:16, 23ff.)."

"영들을 분별함"과 관련된 원칙을 우리가 어디까지 적용할 수 있느냐 하는 것[161]은 바울 자신의 신학화를 넘어선 우리에게 맡겨진 문제이다.

§ 21.7 결론

하나님의 교회, 그리스도의 몸에 관한 비전에 관한 한, 바울은 탁상공론을 일삼거나 상아탑에 갇힌 이론가가 아니었다. 그 비전은 이미 적대적인 환경들 속에서의 공동체의 형성, 영감과 사회적 관습 간의 긴장 속에 끼어 있는 여전히 불완전한 사역 형태들, 사회적 지위에서 오는 기대들과 후견인들의 기대로부터 벗어나고자 하는 권위 형태들이라는 사회적 현실들에 의해 단련받은 비전이었다. 또한 그 비전은 이스라엘에 대한 바울의 비전과 마찬가지로 어느 정도 자신의 세대 내에 본질적인 복음전도의 과제를 완결하고자 했던 그의 소망을 반영한 비전이기도 했다. 그러므로 예견치 않았던 제2세대 바울의 교회들(목회서신들)에서 이미 우리가 은사들의 정례화와 권위의 제도화라는 친숙한 제2세대적 모습을 본다는 것은 놀랄 일이 아니다.

그러나 신학적으로 이 문제는 상호의존성과 책임성의 세심한 균형을 지닌 교회, 은사적 공동체, 사역과 권위에 관한 바울의 모델이 그저 은사 운동 1세대의 열광주의의 이상주의와 비현실성을 대변하고 있는 것이냐, 아니면 1세대를 넘어서도 여전히 유효한 최초의 원칙들의 출발점 또는 개략을 제시해 주는 것이냐 하는 것이다. 신약 정경이 바울의 초기 서신들뿐만 아니라 목회서신들도 포함하고 있다는 사실은 고린도전서 12~14장의 "이상"만 갖고 살아서는 안 된다는 경고이다. 그러나 정경이 목회서신들뿐만 아니라 바울의 초기 서신들을 포함하고 있다는 것은 바울의 초기 비전을 지속적인 가치를 지니는 것으로 보아야 할 것이라는 격려이기도 하다.

여기서 다시 한 번 우리는 지난 30년에 걸쳐 서구 기독교 내에서 발전되어 온 것들의 의미를 주목해 볼 수 있다. 그 이전에는 고린도전서 12~14장의 교회론과 목회서신의 교회론을 서로 경쟁관계에 있는 다양한 흐름, 즉 서로 특색을 지닌 기독교의 두세 가지 흐름 정도로 취급해야 한다는 것이 거의 정설처럼 되어 있었다.

161) 특히 Käsemann, *Kanon* (위의 §14 n. 5)에 의해서; "Thoughts on the Present Controversy about Scriptural Interpretation," *New Testament Questions* 260-85(특히 264).

그러나 특히 큉(Küng)의 작품은 교회의 은사적 구조에 관한 바울의 비전을 교회 전체에 대하여 근본적인 것으로 본, 관점과 가능성에서 새로운 시도를 대표한다.[162] 이 가능성은 아직 충분히 실현되지 않고 있다.

---

162) Cf. *Church* 187: "공동체의 모든 지체들이 아니라 오직 교회 직원들만이 활동하는 교회 또는 공동체라면, 거기에서 성령이 신령한 은사들과 아울러 희생되지는 않았는지 의심할 만한 중대한 이유가 있다."

§22 주의 만찬[1]

§ 22.1 바울의 주의 만찬 신학 평가의 문제점

교회를 그리스도의 몸이라고 한 바울에게 주의 만찬(the Lord's Supper)이 중요했다는 것은 의심의 여지가 없다.[2] 이 점은 고린도전서 10:16-17에 아주 분명하게 제시되어 있다:

> 우리가 축복하는 바 축복의 잔은 그리스도의 피에 참여함이 아니며 우리가 떼는 떡은 그리스도의 몸에 참여함이 아니냐 떡이 하나요 많은 우리가 한 몸이니 이는 우리가 다 한 떡에 참여함이라.

전통적인 교단에 속한 지체들이라면 다 알고 있듯이, 이러한 중요성은 기독교 전승의 여러 세대를 거치면서 유지되고 증폭되어 왔다. 특히 정통주의 전승과 가톨릭 전승에서 주의 만찬은 기독교 공동체 생활의 핵심이다.

그러므로 바울이 이 주제에 관하여 아주 드물게 말할 뿐만 아니라 그가 말한 내용이 하나의 서신에 나오는 두 장(고전 10~11장)에 국한되어 있다는 것은 더욱 실망스러운 일일뿐더러 다소 당혹스럽기까지 하다.

물론 이것은 서신들을 통해서 바울이 신학화를 행한 결과이다 — 서신들은 어쩔 수 없이 어느 정도 성격상 그때 그때 일어난 상황에 맞춰 씌어지기 때문이다. 따라서 주의 만찬과 관련하여 교회들에 아무런 문제도 일어나지 않을 때는, 이에 관하여 논할 필요가 없어진다. 바울이 교회들을 처음에 세우고 주의 만찬과 관련된 일련의 전승들을 전해 주었을 때, 주의 만찬은 잘 행해졌기 때문에 바울은 이

---

1) 이 책 말미의 참고문헌을 보라.

2) 나는 후대에 생겨난 용어들인 "eucharist"(이미 *Didache* 9.1, 5에서), pascha("[기독교적] 유월절" — 이미 Diognetus 12.9에서), "mass" 또는 "거룩한 친교"(holy communion)가 아니라 철저히 바울 자신의 용어인 "주의 만찬"(kyriakon deipnon — 고전 11:20)을 사용하였다.

따금 공식적으로 언급만 하면 되었다.[3] 이때에 바울은 관련된 전승들을 명시적으로 교인들에게 회상시키기만 하면 되었다(11:2, 23). 우리는 바울의 교회 공동 생활의 특징인 주의 만찬이 아주 중요하고 또 평온하게 행해졌기 때문에 바울이 주의 만찬을 그의 다른 서신들에서 완전히 당연한 것으로 여길 수 있었다는 생각에 당혹스러워하기보다는 오히려 안도해야 옳을 것이다.

그러나 미심쩍은 점이 두 가지가 있다. 첫째, 바울이 다른 곳, 심지어 자신의 신학에 대한 가장 체계적인 서술이라고 하는 로마서에서조차도 주의 만찬을 간접적으로도 언급하지 않고 있다는 사실은 뭔가 의문을 불러일으킨다: 주의 만찬은 바울의 신학 및 그가 서신을 썼던 교회들에서 얼마나 중심적인 역할을 했는가? 로마서는 고린도전서 8~10장과 아주 유사한 대목(롬 14:1~15:6)을 포함하고 있기 때문에, 이 문제는 더욱 심각하다. 로마 교회의 신자들에게 서로 받으라고 권면하는 부분(롬 14:1; 15:7)에서, 주의 만찬이 성도들을 한데 묶는 효과에 대한 간접적인 암시조차 없다는 것은 의외이다. 이에 앞서 안디옥 교회에서의 공동식사와 관련해서도 마찬가지 말을 할 수 있다. 베드로와 그 밖의 다른 유대 그리스도인들이 그 자리에서 물러나기도 했던 이 공동식사는 적어도 가끔씩 주의 만찬을 포함하였을 것이기 때문이다(갈 2:11-14).

두 번째로 미심쩍은 점은 우리가 지나치게 하나의 서신에 의존한다는 것과 고린도전서 10~11장에 나오는 서술에 대한 복잡한 배경을 해결할 수 없다는 것에 지나치게 비중을 두고 있다는 것이다. 이 장 전체에 걸쳐 우리가 강조했듯이, 바울의 교회론은 그의 교회들의 실제적 현실들에 맞춰 짜여졌고, 또한 그 현실들에 의해 단련을 받은 것이었다. 그러므로 여기서 피할 수 없는 것은 바울의 주의 만찬 신학은 어느 정도 고린도 교회 내의 특수한 상황에 맞춰 서술되었으리라는 것이다. 직접적인 언급들과 암시들이 바울의 일련의 서신들에 걸쳐 나오는 다른 문제들에서 우리는 각각의 서술들의 "위치"를 파악함으로써 어느 정도 자신 있게 바울의 입장을 "추론해낼" 수 있다. 그러나 여기서 우리는 항로를 지시하는 데 최소한 요구되는 두 개의 방향지시등 중 오직 하나만을 갖고 있는 선박이나 항공기와 같은 처지에 놓여 있다. 우리는 우리가 어느 지점에 있는지를 개략적으로만 알 뿐이고, 꼭 필요한 계산들을 해낼 수 없다.

3) 위의 §§8.2-3과 아래의 §23.5을 보라.

그러므로 이런 경우에는 주의 만찬에 관한 바울의 극히 짧은 암시들 및 해설의 배경과 관련된 정보들을 가급적 많이 얻어내는 것이 중요하다. 그럴 때에만 우리는 바울이 상황에 맞춰서 어떻게 신학화했는지를 알게 되고 고린도 교회의 상황에 따른 특수한 강조점들이 무엇이었는지를 알아낼 수 있게 될 것이다.

§ 22.2 다른 종교들로부터의 영향?

세례의 경우(§17.1)와 마찬가지로, 여기에서도 바울의 성례전 신학의 출처에 관한 근대적인 논쟁은 종교사학파 운동을 계기로 시작되었다.

초기 종교사학파는 바울의 주의 만찬의 먹고 마시는 신학을 구원 및 높이 들리우신 주님과의 친교(communion)을 매개하기 위한 목적을 지니고 있는 것으로 설명하고자 하였다(10:16-17). 그들은 바울 이전의 전승과 관행으로는 이것을 설명하지 못한다고 보았다. 그들은 원시 공동체에서의 공동식사의 관행을 인정했지만 최후의 만찬의 역사성은 불확실한 것으로 보았다. 그러나 어쨌든 관련 학자들은 초기 공동체가 아직 바울 신학의 이러한 중심적인 특징들을 지니고 있지 않았다고 확신하였다.[4] 따라서 다른 곳에서 이러한 설명을 찾아야 했고, 헬라의 신비종교들은 이에 대해 매력적인 설명을 제공해 주었다.

또한 고린도 주변에서 신비종교들이 성행했다는 것도 이러한 설명에 힘을 실어주는 역할을 하였다.[5] 헬라 신비종교들 중에서 가장 영향력 있고 유행했던 엘레우시스(Eleusis) 신비종교들은 입교자들에게 죽음의 정복을 약속했던 것으로 보인다.[6] 헬라에서 더 유명하고 명성이 드높았던 것은 디오니소스(Dionysos) 신비종

4) 예를 들어, Heitmüller, *Taufe und Abendmahl*; Bousset, *Kyrios Christos* (§10 n. 1) 138; Bultmann, *Theology* 1.147-49를 보라.

5) *OCD*, "Asclepius," "Demeter," "Dionysus," "Isis"; Koester, *Introduction* 1.173-91; M. W. Meyer, "Mystery Religions," *ABD* 4.941-44에 나오는 간략한 서술들과 자세한 참고문헌. 또한 M. P. Nilsson, *Geschichte der griechischen Religion* (Munich: Beck, 1961) 2.622-701의 자세한 서술, Klauck, *Herrenmahl* 94-118에 나오는 특히 Eleusis와 Dionysus에 관한 서술. D. G. Rice and J. E. Stambaugh, *Sources for the Study of Greek Religion* (Missoula: Scholars, 1979), M. W. Meyer, ed., *The Ancient Mysteries: A Sourcebook* (San Francisco: Harper and Row, 1987)는 본문들을 잘 선별해 놓았다.

6) Eleusis는 아테네 서쪽으로 20마일 조금 덜 되게 떨어져 있었다.

교들이었는데, 그 극단적인 형태들은 잔치를 벌이고 술을 마시는 요란한 주신제(酒神祭)의 형태를 띠었다.[7] 그 밖의 다른 종교 제의들 중에서 가장 유명했던 것은 치유를 많이 행한 "구원자"로 알려진 아스클레피우스(Asclepius)를 섬기는 제의였다. 치료를 받고자 하는 자들을 위한 숙박시설과 식당을 갖춘 상당한 규모의 아스클레피우스 신전이 당시에 고린도에 있었다.[8] 고린도의 항구도시였던 겐그레아에는 이미 이시스(Isis) 신전이 있었을 가능성이 있다는 것이 특히 흥미로운데,[9] 이 신전에서는 계절에 따라 죽고 다시 태어나는 신비의식이 어떤 식으로든 행해졌을 것이다.

그러나 이러한 유사한 예들 중 다수는 실질적으로 유사하다기보다는 겉모습이 비슷한 경우가 많다. 보통 그렇듯이, 유사한 예들에 열광했던 초기의 학자들[10]은 지금은 좀 더 온건한 평가에 밀려난 상태이다.[11] 다른 경우들과 마찬가지로 여기

---

7) 우리는 이미 고전 12:2에 무제한적인 디오니소스 축제들이 인유(引喩)되었을 가능성을 지적한 바 있다(위의 §21 n. 149를 보라). Pausanias가 여성 술주정뱅이에 의해 사지(四肢)가 찢겨나간 Pentheus의 이야기를 들은 곳이 고린도였다(*Description of Greece* 2.6).

8) 자세한 고고학적 증거들에 대해서는 Murphy-O'Connor, *Corinth* 169-74; Furnish, *2 Corinthians* 17을 보라. 자세한 것은 MacMullen, *Paganism* (§2 n. 1) 34-42(특히 37과 n. 16)를 보라.

9) 자세한 고고학적 증거들에 대해서는 Murphy-O'Connor, *Corinth* 18-21; Furnish, *2 Corinthians* 19-20을 보라. Lucius가 이시스(Isis)에 대한 환상을 보고 이시스 제의에 입교한 것이 겐그레아에서였다(Apuleius, *Metamorphoses* 11.4-25; 또한 위의 §17 n. 26과 §12 n. 125를 보라).

10) 예를 들어, Kirsopp Lake의 결론: "기독교는 적어도 유럽에서는 항상 신비종교였기 때문에 신비종교들을 차용해 오지 않았다"(*Earlier Epistles* 215).

11) 종교사학파의 "상속자"로서 Strecker는 최후의 만찬에 "신성한 의식이라는 특징"을 부여한 원래의 발전에 대한 신비종교들의 영향이 있었을 가능성을 지적하는 정도로 끝낸다(*Theologie* 179). 이하의 서술에서 자세한 것은 특히 광범위한 증거들을 통한 자세한 범주화를 제공하고 있는 Klauck(*Herrenmahl* 40-91)를 보라. Klauck의 "Presence"는 "기독교의 주의 만찬과 비기독교적인 현상들 간의 여러 정도의 유비(類比)들"이 존재한다는 것을 부정할 수 없다고 강조하고(58), 그 계보를 요약한다. 그러나 그는 그러한 유비들이 "주의 만찬은 모자이크처럼 여러 요소들을 짜맞춘 것으로서 그러한 의도적인 제정행위에 의해 생겨났다는 인상을 주도록 해서는 안 되고, 주의 만찬은 독특하고 독자적인 창조적 종합이다"(74)라고 결론을 내린다.

에서도 이후의 좀 더 정밀한 연구들은 초기의 가설들 속에서 중대한 방법론적 결함들을 밝혀내었다.[12]

먼저 유대교와 헬레니즘을 분명하게 구별하였던 초기의 가설은 포기되어야 했다.[13] 이 경우에 그 핵심은 헬레니즘적 유대 소설인 「요셉과 아세넷」(*Joseph and Aseneth*)에 의해 잘 예증된다.[14] 거기에도 생명을 상징하거나 매개하는 먹고 마심에 관한 말과 우상들의 상(床)에서 먹고 마신다는 생각에 대한 반감이 나온다. 요셉은 "복된 생명의 떡을 먹고 복된 불멸의 잔을 마시고자" 하는 인물이다; 그런데 그가 어떻게 "그 입으로 말 못하는 죽은 우상들을 축복하고 그들의 상에서 교살(絞殺)의 떡을 먹고 우상들의 전제(奠祭)로부터 사악의 잔을 마시고자 하는 이상한 여인에게 입맞춤"을 할 수 있었겠는가?(8:5). 고린도전서 10:16-17 및 바울이 우상들에게 드려진 음식을 먹고 마귀들의 상에 참여하는 것에 대하여 혐오감을 가진 것(10:19-21)과의 유사성이 두드러진다. 그런 후에 생명의 떡과 불멸의 잔은 "지극히 높으신 자의 말로 형용할 수 없는 신비들"이자 "생명의 영으로 가득 찬" 것으로 묘사되는 꿀벌집으로 서술되고, 아세넷은 일종의 입교 의식에서 이것을 먹는다(16:14-16).

그렇다면 우리는 「요셉과 아세넷」이 헬라의 신비종교들의 영향을 받았다고 보아야 하는가?[15] 문제는 우리가 16:14-16에 묘사된 것과 비슷한 의식(儀式)에 대해서 아는 바가 없다는 것이다.[16] 또한 두드러진 것은 「요셉과 아세넷」이 유대적인 색채를 강하게 띠고 있다는 것이다. 꿀벌집은 만나를 상징하는 것이 분명하고,[17] 이는 하늘로부터 양식이 주어졌다는 이스라엘의 전승으로부터 나온 강력한

12) 유감스러운 예외는 H. Maccoby, *Paul and Hellenism* (London: SCM/Philadelphia: TPI, 1991) chs. 3-4의 매우 편향적이고 비판력이 상당히 결여되어 있는 논증이다.

13) 이것에 대한 주된 공로는 M. Hengel, *Judaism and Hellenism* (2 vols.; London: SCM/Philadelphia: Fortress, 1974)에 돌려져야 마땅하다.

14) 주전 또는 주후 1세기의 어느 시기에 애굽에서 씌어졌을 것이다(C. Burchard in Charlesworth, *OTP* 2.187-88).

15) M. Philonenko, *Joseph et Aseneth. Introduction, texte critique, traduction et notes* (London: Brill, 1968) 89-98.

16) "그러한 의식(儀式)은 그것을 해명하기 위하여 근거로 제시된 본문 자체로부터 재구성되어야 할 것이다"(Burchard, *OTP* 2.193).

17) 16:8 — "벌집은 크고 눈처럼 희었으며 꿀로 가득 차 있었다. 그리고 그 꿀은 하늘에

상징이다(참조. 고전 10:3-4). 게다가 생명과 죽음의 대비는 계절에 따른 다산(多産)의 신비와는 판이하게 다르고, 전적으로 우상숭배에 대한 유대의 전통적인 적대감과 결부되어 있다("말 못하는 죽은 우상들" — 8:5).[18] 유대적 배경으로부터 많은 부분이 조명되고 신비종교들로부터의 실제적인 영향력이 모호한 상황에서, 그러한 영향력에 대해 논증할 필요성은 의문시될 수밖에 없다.[19]

초기 가설들의 두 번째 약점은 기독교의 관행이 헬레니즘 제의들의 폭넓은 관행들에 의존하였다는 식으로 유비들을 발생론적으로 설명해야 한다는 전제였다. 그러나 세례의 경우와 마찬가지로 여기에서도 우리는 고대 및 현대의 종교들에서 거의 보편적으로 찾아볼 수 있는 특징들을 다루고 있다 — 결례(潔禮)들과 의식(儀式)의 성격을 지니는 식사들. 그러므로 초기 기독교와 당시의 종교들 간에 어느 정도 기본적인 유사점들이 존재하지 않는다면, 그것이 오히려 더 이상할 것이다. 다시 한 번 말하자면, 유비(analogy)는 계보(genealogy)가 아니다. 녹(A. D. Nock)이 거론한 종교적 식사들의 세 가지 큰 범주들[20] 중에서 오직 두 번째(신이 주재한다고 생각되는 식사)만이 직접적인 연관성을 갖는다.[21] 죽은 창시자 또는 후견자를 추모하는 식사인 첫 번째 범주는 여기서는 별 상관이 없다. 그리스도인들은 예수를 죽은 자가 아니라 산 자로 생각했기 때문이다. 그리고 어쨌든 예레미아스(Jeremias)는 그러한 추모 식사들은 통상적으로 고인이 죽은 기일(忌日)이 아니라 생일에 열렸다는 점을 지적하였다.[22] 그리고 오랫동안 학자들의 눈길을 끌

서 내린 이슬 같았고, 그 상쾌함은 생명의 숨 같았다"(cf. 출 16:14, 31; Wis. 19:21; *Sib. Or.* 3:746; Burchard, *OTP* 2.228 n. 16f).

18) 또한 그녀의 입이 우상들의 식탁 및 희생제물들로 인해 더럽혀졌다는 생각에 Aseneth이 몸서리치는 것을 보라(11:9, 16; 12:5). 우상숭배에 대한 이스라엘의 뿌리 깊은 적대감에 대해서는 위의 §2.2을 보라.

19) 자세한 것은 Burchard, *OTP* 2.211-12 n. 8i를 보라; 또한 Chesnut, *Death to Life* (§17 n. 1) 특히 128-35. 그리고 *Joseph and Aseneth*이 주의 만찬에 관한 바울의 가르침과 연관이 있을 가능성에 대해서 자세한 것은 C. Burchard, "The Importance of Joseph and Asenath for the Study of the New Testament: A General Survey and Fresh Look at the Lord's Supper," *NTS* 33 (1987) 102-34를 보라.

20) "Early Gentile Christianity" 107-9. Klauck, *Herrenmahl* 31-39는 이 분석을 11개의 범주로 세분하였으나, 여기서 그 자세한 내용을 밝힐 필요는 없다.

21) 자세한 것은 아래(다음 단락)를 보라.

어왔던 "날고기를 먹는"(omophagia — 오모파기아) 디오니소스 제의 같은 세 번째 범주는 주의 만찬의 진정한 전례라고 생각하기 어렵다.[23]

나아가 신비종교의 비의(秘儀)들을 우리가 별로 알고 있지 못하기 때문에 연관성과 의존성의 관계를 명확히 밝히는 것이 사실 어렵다. 우리는 비의(秘儀) 속에서 먹고 마시는 상징적 행위가 언제 행해졌고, 그것이 무엇을 의미하였는지를 알지 못하는 경우가 많다.[24] 기독교와 미트라교(Mithraism) 간에 유사점들이 존재한다는 것이 사실상 이후의 기독교 저술가들에 의해 인정되었지만,[25] 미트라교가 바울 시대에 이미 헬라에 전파되어 있었는지는 확실치 않다.[26] 파피루스에 나오는 "주 사라피스(Sarapis)의 연회에 식사하러 올 것에 대한" 초대문들은 특히 흥미로운데, 이 초대문들은 신 자신이 연회에 참석한다는 것을 함축하고 있기 때문이다.[27] 그러나 바울의 언어표현이 특별히 이 전승을 반영하고 있는 것으로 보이지는 않는다. "신의 상"은 희생제사가 드려지는 장소를 가리키는 데도 사용된다.[28] 그러나 바울은 신들을 "마귀들"이라 부르고(참조. 10:20-21) 야훼의 제단을 "여호와의 상"이라 부르는(참조. 10:18) 칠십인역에서 "주/마귀들의 상"이라는 표현을 가져온 것 같다.[29] 이러한 표현들의 교차는 바울이 주의 상을 제단으로, 주의

22) *Eucharistic Words* 242.

23) 자세한 것은 Willis, *Idol Meat* 23-32; Burkert, *Mystery Cults* 111을 보라.

24) Nock, "Early Gentile Christianity" 1.109-10; Burkert, *Mystery Cults* 110-11. 또한 Nock은 "신비" 용어들의 사용이 얼마나 유동적이었는지를 지적한다("Hellenistic Mysteries" 2.796-801).

25) Justin, *Apology* 1.66.4; *Dialogue* 70.1; Tertullian, *De Praescriptione Haereticorum* 940; 또한 Clement of Alexandria, *Protreptikos* 12를 보라.

26) *OCD*, "Mithras"; Hengel and Schwemer, *Paul between Damascus and Antioch* 168에 나오는 자세한 내용.

27) Willis, *Idol Meat* 40-42에 의해서 편리하게 제시되었다; *NDIEC* 1.5-9에 나오는 추가적인 자료들. 이 사건의 현장은 Sarapeion, 또는 거기에 딸린 방이나 건물, 개인집 등이 될 것이다. Nock은 2세기의 웅변가인 Aristides는 사람들이 "그[Sarapis]를 그들의 가정으로 초대하여 그들의 잔치를 주재하게 하였다"고 말했다는 것을 지적한다("Early Gentile Christianity" 1.108).

28) BAGD, *trapeza* 2; L. Goppelt, *TDNT* 8.214에 나오는 자세한 내용; 하지만 Willis, *Idol Meat* 13-17을 보라.

29) 겔 44:16; 말 1:7, 12. 또한 아래에서 인용한(n. 98) Philo, *Spec. Leg*. 1.221을 보라.

만찬을 희생제사로 생각했다는 것을 뜻하지는 않는다.[30]

고린도전서 10:19-22을 보면, 바울은 오직 신전들에서 열린 좀 더 공공연한 연회들만을 염두에 두었고, 그가 반대한 것은 먹는 것을 통한 대안적인 신학이 아니라 그 연회들의 주인들인 우상들/마귀들이었다는 인상을 받는다.[31] 후자가 문제였다면, 바울은 그 다음에 나오는 권면에서 별로 제한하는 태도를 취하지 않음으로써 고린도 교인들로 하여금 식사 초대를 받아서 출처가 불분명한 고기를 먹는 데 거리낌을 가질 필요가 없다고 말하지 않았을 것이다(10:25-27).[32] 「요셉과 아세넷」에서처럼 이에 대한 반감은 우상들과의 접촉에 의해 더럽혀질 것에 대한 유대인들의 전통적인 두려움에 뿌리를 두고 있었을 가능성이 더 높다(8:10).[33] 바울이 먹고 마실 때에 신전에서 먹는 고기와 관련해서가 아니라(8:10) 주의 떡 및 잔과 관련해서만 스스로를 판단하라(11:27-29)고 말한다는 사실도 10:16-17의 신학이 다른 곳에서 차용해 왔다기보다는 기독교 전승에 특유한 것이었음을 보여 준다.

그러므로 바울의 주의 만찬 신학이 당시의 신비종교나 다른 종교 제의들로부터 유래했을 가능성은 희박한 것 같다. 아울러 우리는 바울이 주의 상에 참여하는 것, 즉 (예루살렘 성전의) 제단에 참여하는 것과 마귀들의 상에 참여하는 것 간의 모종의 유사성을 도출해내고 있다는 사실을 무시할 수 없다(10:18, 21). 앞에서 주의 만찬에 참여가 그들에게 구원을 보장해 준다고 전제했다는 이유로 고린도 교인들을 꾸짖으면서도(10:6-12), 바울은 "신령한 음식과 음료"(10:3-4)라는 말을 한다. 그리고 나서 바울은 마땅치 않게 떡과 잔에 참여하여 먹고 마심으로써 질병과 죽음을 초래하였다는 의미의 말을 한다(11:30). 이러한 강조점들이 그의

---

30) Goppelt, *TDNT* 8.213-14. Wedderburn, *Baptism* 159-60은 신비종교들에 독특한 용어들이 바울(그리고 신약 전체)에게 없다는 Nock의 말을 지적한다: "우리가 기독교의 성례(聖禮)들이라 부르는 것이 그 기원에서 이교의 신비제의들 또는 그것들에 토대를 둔 형이상학적 개념들에 빚을 졌다는 생각은 언어학적인 증거들이라는 바위에 부딪쳐 산산이 깨지고 만다"("Mysteries" 2.809).

31) Cf. Wedderburn, *Baptism* 158-59.

32) 자세한 것은 아래의 §24.7을 보라.

33) 하지만 바울의 관심은 마귀의 실재에 관한 문제가 아니라(8:4-6 및 10:19-22과 비교하라; 위의 §2.3을 보라) 개별 그리스도인이 다른 사람들에게 미치는 영향이다(8:7-13; 10:23-32; 11:17-22, 33-34).

신학 내에서 어떻게 자리를 잡게 되었을까? 바울의 논증의 이러한 특징들을 단순히 헬라나 애굽의 제의들로부터의 영향으로 돌릴 수 없다는 사실은 결국 이와 관련된 신학적 문제들을 더욱 첨예하게 만들 뿐이다.

§ 22.3 주의 만찬의 유래

주의 만찬 신학의 유래를 당시의 다른 종교들에서 찾아내는 데 난점들이 있는 것과는 대조적으로, 초대 교회의 식사 관행을 그 자신의 전승 내부에서 찾아내는 데에는 거의 어려움이 없다. 예루살렘 제단의 "상"(床)에서 유래한 식사들(10:18)은 그만두고라도, 교제를 위한 식사들은 바리새인들과 에세네파 사람들의 특징이었다. 예수의 식탁교제는 일정한 한계를 무시하였다고 하여 비판받기도 하였다.[34] 이 문제의 민감성은 베드로와 고넬료에 관한 누가의 조심스러운 이야기,[35] 안디옥에서의 사건(갈 2:11-14)에서 잘 나타나고, 고린도전서 8~10장과 로마서 14:1~15:6에서 바울이 말하고 있는 관심사들을 직접적으로 조명해 준다.[36]

바울은 주의 만찬이 예수와 그의 제자들이 마지막으로 만찬을 같이 할 때에 제정되었다고 말하는 전승을 기록하고 있는데, 바울은 직접 이 전승을 전해 받아서 고린도 교회가 세워질 때에 그들에게 전했다(11:23).[37] 이 전승을 다른 판본들과 비교해 보면 시사하는 바가 있다.[38]

---

34) 막 2:16-17; 마 11:19/누 7:34; 누 15:2; 19:7.

35) 사도행전 10~11장, 특히 10:10-16, 28; 11:3-12.

36) 자세한 것은 아래의 §§24.3. 7을 보라.

37) 이 전승의 출처를 주님에게 돌림으로써("내가 주께 받았다"), 바울은 자기가 그것을 주로부터 받은 개인적인 계시로 생각했는지의 문제를 스스로 불러일으킨다. 그러나 바울이 그것을 변호할 필요성을 느끼지 않았고(갈 1:12과 비교하라) 전승을 전해 받고 전해 주는 것을 가리키는 데 전통적인 용어들을 사용한다는(고전 15:1에서처럼) 사실은 11:23-26이 11:2에도 언급된 전승의 일부였다는 결론을 확고하게 보여 준다. 이러한 점에서 바울은 분명히 역사적 예수와 높이 들리우신 주님을 구별하지 않았다: 이 확고한 전승은 "주께 받았다"(Bornkamm, "Lord's Supper" 131; 또한 O. Cullmann, "The Tradition," *The Early Church: Historical and Theological Studies* [London: SCM/Philadeophia; Westminster, 1956] 59-99[특히 67-69]를 보라). 자세한 것은 위의 §8.3과 아래의 §23.5을 보라.

38) 아래 도표에서 마태와 누가에 특유한 자료는 괄호로 묶었다.

막 14:22-24/(마 26:26-28)	**고전 11:23-25/(눅 22:19-20)**
그들이 먹을 때에	떡을 가지사 축사하시고
예수께서 떡을 가지사 축복하시고	떼어 이르시되
떼어 제자들에게 주시며 이르시되	이것은 너희를 위하는 내 몸이니
받으라 이것은 내 몸이니라 하시고	이것을 행하여 나를 기념하라 하시고
	식후에 또한 그와 같이
또 잔을 가지사 감사 기도 하시고	
그들에게 주시니 …	잔을 가지시고 이르시되
이르시되	이 잔은 내 피로 세운 새 언약이니.
이것은 많은 사람을 위하여 흘리는	
나의 피 곧 언약의 피니라.	

이 공통된 전승의 두 가지 특징은 설명이 필요하다.

첫째, 교회들에서 행해진 주의 만찬에서 사용된 서로 약간 다른(그러나 중요한) 두 가지 판본이 존재하였음이 분명하다. 하나는 마가/마태 판본이라고 할 수 있고, 다른 하나는 바울과 누가에 공통되는 판본이었다. 위의 간략한 비교를 통해서도, 전적으로 어느 한 쪽이 다른 한 쪽으로부터 유래할 수 없다는 것은 아주 분명하다. 이 두 판본의 두드러진 유사성에 대한 가장 분명한 설명은 이 판본들이 공통의 출처 또는 전승에서 왔다는 것이다. 어느 쪽이 공통의 원본에 더 가까운 것인지에 대해서는 논란이 있다. 그러나 바울이 "새 언약" 전승(이에 대한 강조는 잔 말씀의 바울/누가 판본의 가장 두드러진 특징이다)을 전승에 나오는 경우 외에는 독자적으로는 거의 사용하지 않기 때문에,[39] 바울/누가 판본이 원본에 더 가깝다고 보는 견해가 유리한 것 같다.[40]

둘째, 주의 만찬 전승의 각 판본은 원본을 일정 정도 발전시킨 것이라는 결론이 나온다. 마태가 마가/마태의 공통 판본을 손질했고, 누가가 바울/누가 판본을 손질했다는 것을 보여 주는 여러 흔적들이 있다. 더 주목할 만한 것은 바울의 판본이 끝 부분에서 더 손질되어 있음을 보여 준다는 것이다. 그의 판본은 다음과 같이 계속된다(11:25b-26):

39) 위의 §6 n. 94를 보라.

40) 자세한 것은 필자의 *Unity* 166-68을 보라.

> 이것을 행하여 마실 때마다 나를 기념하라 하셨으니 너희가 이 떡을 먹으며 이 잔을 마실 때마다 주의 죽으심을 그가 오실 때까지 전하는 것이니라.

25b절의 첨가가 떡 말씀에 대한 바울/누가 판본의 첨가(11:24b)와 유사한 것으로 보아서, 바울 또는 그가 전해 받은 전승은 이전의 또는 공통의 전승의 논리를 그대로 따랐을 것으로 보인다. 또한 바울 또는 그가 전해 받은 전승은 26절을 첨가함으로써 25b절에 나오는 "할 때마다"라는 표현에 손질을 가했다.[41]

이 두 부분의 가필(加筆)은 예전에 맞춰 전승이 개작되었음을 보여 주는 것 같다. 마가/마태 판본에서 떡의 말씀에 "받으라"를 첨가한 것은 예전(禮典)에 필요한 명령(바울/누가 판본의 "이것을 행하여 나를 기념하라"에 해당하는)처럼 들린다. 그리고 떡의 말씀과 잔의 말씀을 매우 유사하게 표현함으로써("이것은 내 몸이다/이것은 내 피다") 마가/마태 판본은 이 두 가지 말씀을 좀 더 밀접하게 연관시킨 하나의 축사 형태를 보여 준다. 마찬가지로 11:24b과 25b-26절의 첨가는 이 의식의 반복적 거행을 염두에 둔 것으로 보인다. 바울이 거의 무의식적으로 1인칭("나를 기념하라")을 3인칭("너는 주의 죽으심을 그가 오실 때까지 전하라")으로 바꾸면서 문장을 잇고 있다는 사실은 전승과 주석을 분명하게 구별할 그 어떤 필요성도 느끼지 못했음을 보여 준다.

그러므로 바울이 주의 만찬 제정에 관한 전승을 공통의 전승으로부터 가져왔다는 것은 거의 의심의 여지가 없고, 바울이 11:23-26에서 말하고 있는 내용 중에는 이 전승 자체가 궁극적으로 나중에 주의 만찬으로 알려지게 된 사건으로부터 나왔다는 견해를 부정하는 것은 아무것도 없다. 그러나 특히 10:16-17의 신학이 바울이 전해 받은 전승인지, 아니면 그에 대한 다른 영향들에 의한 것인지를 확인하는 문제는 여전히 남는다. 이제까지 검토한 증거로 보면, 여러 증거들은 이것이 순전히 내적인 발전이었음을 보여 준다. 공통의 전승은 이미 "이것(떡)은 내 몸이다," "이 잔은 내 피로 세운 새 언약이다"라는 강력한 동일시의 말씀들을 포함하고 있었다. 그리고 전승에 대한 손질 자체도 효력 있는 희생제사로서 예수의 죽음이라는 견지에서 이 말씀들의 의미를 이끌어내려고 했음을 분명하게 보여 준다.[42]

---

41) 최후의 만찬에서 예수께서 절제하시겠다는 맹세를 했다는 전승을 알고 있었을 것이다(막 14:25/마 26:29/눅 22:18); 또한 Klauck, *Herrenmahl* 320-23을 보라.

그러므로 문제는 이 말씀들의 내적 역동성이 10:16-17의 신학을 설명하는 데 충분하지 않았는가 하는 것이다. 적어도 우리는 바울이 주의 만찬에 관한 전승을 그리스도의 희생제사적 죽음(§9.2-3) 및 그리스도에의 참여(§15)에 관한 바울 자신의 신학을 서로 연결시켰을 것임을 쉽게 상상할 수 있다.

그러나 바울의 신학 내에서 주의 만찬의 기능을 분명히 알기 위해서는 고린도전서 10~11장에 나오는 바울의 가르침에 대한 배경 중 또 하나의 측면을 살펴볼 필요가 있다.

§22.4 고린도 교회의 상황

고린도전서에서 말하고 있는 다른 문제들의 경우와 마찬가지로, 여기에도 사회학적 관점이 적용되면서 옛 논쟁들에 새로운 조명이 비춰져 왔다. 특히 게르트 타이센(Gerd Theissen)의 여러 연구들 이전의 지배적인 경향은 고린도전서 10~11장에서 마주치는 문제들이 본질적으로 신학적 또는 종교적 성격을 지닌 것이라고 보았다 — 주의 만찬에 관한 여러 다양한 가르침들과 다른 종교 또는 제의들로부터의 영향. 그러나 타이센은 고린도전서의 이 대목에서 특히 부각된 문제들은 사회적으로 계층화되어 있던 공동체의 문제들이었다는 것을 지적하였다.[43] 여기서 특히 이 긴장이 기본적으로 부한 그리스도인들과 가난한 그리스도인들, 즉 먹고 마실 것이 충분하고 자기 집들이 있는 자들(11:21-22)과 "빈궁한 자들"(11:22) 간의 긴장임이 분명하다.[44] 가난한 지체들이 도착하기 전에 먼저 식사를 해 버린 자들은 분명히 부한 지체들이었을 것이다(11:33). 당시의 교회들이 가정교회였음을 감안하면, 부자 신자들이 자기 집에서 공동식사를 마련했을 것으로 추정된다. 당시의 관습에 따라, 사회적으로 신분이 높은 자들은 그들의 무리들에게 좋은 식사를 내놓고 사회적으로 낮은 신분을 가진 자들에게는 좋지 않은 식사를 내놓았을 것이다.[45]

---

42) "너희를 위해 주는," "너희를 위해 쏟는," "죄사함을 위한"; 자세한 것은 위의 §9.3을 보라.

43) Theissen, "Social Integration."

44) B. W. Winter는 여기서 "부한 자와 가난한 자"를 "가문의 구성원으로서 안정을 보장받는 자들과 후원자로부터의 보호를 전혀 받지 못한 자들"이라고 설명한다("The Lord's Supper at Corinth: An Alternative Reconstruction," *RTR* 37 [1978] 73-82 [특히 81]).

고대의 접대에서 그 밖의 다른 특징들도 바울이 고린도전서 10~11장에서 묘사한 상황을 좀 더 해명해 준다. 에라노스(eranos)의 전승에 의하면,[46] 참석자 각자가 자기가 먹을 것을 가져와 먹거나 모든 먹을 것들이 공동의 식탁 위에 놓여졌다. 그러므로 고린도 교회에서의 문제는 일부 사람들이 일찍 와서는 다른 사람들이 도착하기 전에(11:21) 먹기 시작했다는 것이다(자기가 가져온 음식이나 공동의 식탁에서).[47] 게다가 나중에 도착한 사람들은 시간이나 돈이 충분치 못해서 음식을 제대로 챙겨 먹지 못했던 것 같다.[48] 나중에 도착한 사람들은 값비싸고 좋은 음식들이 이미 다 먹어치워진 것을 보았을 것이다.[49] 게다가 나중에 온 사람들은 '트리클리니움'(triclinium, "식당")에 그들이 들어갈 자리가 없어서 '아트리움'(atrium, 식당과 연결되어 있던 뜰)에 앉아야 했을 것이다.[50] 이러한 묘사는 물론 추론에 의한 것이긴 하지만 꽤 설득력이 있다. 종교 운동은 흔히 그 정신과 배치되는 사회적 관습들 안에서 행해지고, 그 구성원들 중 다수는 그 긴장관계를 온전히 인식하지 못하는 경우가 많다. 이와 같은 일은 기독교 역사 속에서도 비일비재하게 일어났으므로, 고린도 교회의 예는 특별한 것이 아니다.

---

45) Pliny, *Epistles* 2.6는 유익한 예시를 제시한다; Murphy-O'Connor, *Corinth* 167-68에 의해 인용되었다(Martial's *Epigrams*, 3.60과 4.85의 두 가지와 함께).

46) "자비량의 식사"(LSJ, *eranos*); "믿음의 만찬"(감리교); "있는 대로 소박하게 먹는 만찬"(Marshall, *Last Supper* 109); Lampe, "Eucharist" 38-39에 나오는 증거들.

47) '프로람바노'(prolambano)는 여기에서 시간적 의미를 담고 있는 것 같다: "정시에 앞서 무엇을 행하다, 무엇을 앞질러 행하다"(BAGD, prolambano 1a; Lampe, "Eucharist" 48 n. 13); 또한 "서로를 기다리라"는 명령에서도 나타난다(11:33; Wolff, *1 Korinther* 81). 11:21 — "각각 자기의(idion) 만찬을 먼저 갖다(prolambanei) 먹으므로," 여기서 '이디온'(idion)은 다른 사람들을 고려하지 않은 "자기 자신만의"라는 의미를 지닌다. 또한 다음 단락도 보라.

48) 종속관계에 있는 한 노예이든 자유인이든 자신의 시간을 마음대로 쓸 수 없었을 것이다; 그리스도인이 아닌 남편을 둔 여자 노예나 부인은 더 말할 것도 없다(cf. 7:12-16).

49) Klauck, *1 Korintherbrief* 81(자세한 논의는 그의 이전의 *Herrenmahl* 291-97을 보라). D. W. J. Gill, "In Search of the Social Elite in the Corinthian Church," *TynB* 44 (1993) 323-37은 주후 51년이 흉년이었기 때문에 기근이 한 요인이었을 것이라고 말한다(특히 333).

50) Murphy-O'Connor, *Corinth* 168-69; 또한 162와 165쪽에 나오는 상당한 재력이 있는 집들의 도해들.

전통적인 그리스-로마식 식사 파티는 흔히 두 단계로 이루어져 있었다. 몇 차례 음식이 날라져오는 "첫번째 상" 다음에는 휴식시간이 있고, 그 후에 약간의 음식과 디저트를 차린 "두번째 상"에서 흔히 새로 도착한 손님들과 함께 하는 "심포지엄"(술 파티)이 열렸다. 그러므로 고린도 교회에서의 문제들은 부유한 신자들이 첫 번째 상에 관한 관습을 그대로 유지해서 주의 만찬을 두 번째 상쯤으로 여긴 데서 생겨났다고 할 수 있다.[51] 이와 같이 이해하면 고린도전서에 나오는 증거들이 어느 정도 해명된다. 특히 이것은 어떻게 해서 떡을 떼는 것이 공동식사의 처음에 행해졌고, 그것이 시작된 후에 도착하는 사람들이 있을 수 있었는지를 설명해 준다.[52] 이 경우에서 결함은 바울은 오직 하나의 공동식사(주의 만찬)만을 생각했던 것으로 보인다는 것이다. 바울이 책망하고 있는 관습은 주의 만찬에 앞선 별도의 식사에 대한 것이 아니라 떡 하나를 떼는 것으로 시작되고 "식후에"(11:25) 잔을 마시는 것으로 끝나는 공동식사("주의 만찬")의 오용이다.[53] 지체들이 식사에 늦게 도착했다면,[54] 식사의 처음에 행해진 떡 떼는 것에 참여하지 못하거나 연합된 행위로서 떡을 먹는 것이 아니라 늦게 그 떡을 먹게 되는 결과를 가져와서 거리끼는 일이 되었을 것이고, 부자 신자들이 일찍 와서 전체적인 공동식사(주의 만찬)가 공식적으로 시작되기 전에 먹기 시작했다면, 이것도 마찬가지 이

51) 특히 Klauck, "Presence" 65-66; Lampe, "Eucharist" 37-40; 그러나 아래의 n. 84를 보라.

52) 독일학계의 통설은 전승의 말씀들이 떡의 말씀과 잔의 말씀을 전후로 한 한 번의 식사를 상정했다고 할지라도 고린도 교회에서 주의 만찬(떡과 포도주)은 식사와 분리되어 있었고, 마지막에 행해졌다는 것이다(예를 들어, Bornkamm, "Lord's Supper" 127-29, 137-38; Neuenzeit, *Herrenmahl* 70-71, 115-16; Jeremias, *Eucharistic Words* 121, 250-51; Conzelmann, *1 Corinthians* 199; Gnilka, *Theologie* 121). 그러나 그렇다면 바울은 전체 모임을 "주의 만찬"(11:20)이라 부르지 않았을 것이다; 자세한 것은 nn. 84와 97, 그리고 아래의 서술을 보라.

53) 자세한 것은 아래(§22.6)를 보라.

54) Hofius는 바울이 오직 한 번의 식사만을 생각했다고 올바르게 주장하지만, 이 주장을 지나치게 밀어붙여서, 다른 사람들이 도착하기 전에 미리 진행한 것에 대한 책망도 없었고(11:21) 모든 사람이 도착할 때까지 시작을 미루라는 가르침도 없었다고(11:33) 말한다("Lord's Supper" 88-96; 마찬가지로 Fee, *1 Corinthians* 540, 568-69; 또한 아래의 n. 87을 보라). 그러나 바울의 표현은 늦게 도착하는 것을 함축하고 있다고 보는 것이 더 자연스럽고(위의 n. 47을 보라), 그렇지 않다면 좀 이상할 것이다(앞 단락을 보라).

유로 거리끼는 일이 되었을 것이다.[55)]

그러므로 사회학적 분석은 고린도전서 10~11장에서 다루고 있는 내용은 신학적인 논쟁이라기보다는 일차적으로 사회적인 연합에 관한 것임을 시사해 준다. 아울러 그 밖의 세 가지 특징이 이를 확증해 준다.

바울은 "너희의 모임이 유익이 못되고 해로움이라"(11:17)는 말로 그의 권면을 시작한다. 그리고 그의 불만의 첫 번째 이유는 그들이 교회에 함께 모이는 것이 그들 가운데 "분쟁"(11:18)이 있음을 드러내 줄 뿐이라는 것이다. 이 구절은 주제절인 1:10과 12:25을 제외하고는 바울이 그의 모든 서신들에서 이 용어를 사용하는 유일한 경우이다. 이 서신 전체에서 바울의 일차적인 관심은 사회적 긴장관계들과 파당주의가 교회를 분열시키고 있다는 것이었고,[56)] 고린도 교인들이 주의 만찬을 먹기 위해 함께 모일 때에 이러한 분열의 모습은 가장 분명하게 드러났다.

둘째, 11:19에서 바울은 계속해서 "너희 중에 파당(haireseis)"이 있다고 말한다. 이 구절은 바울이 이 단어를 사용한 두 번의 경우 중 하나이다. 또 하나의 구절(갈 5:20)에서 이 단어는 분명히 부정적인 의미를 지닌다("육체의 일들" 중의 하나).[57)] 하지만 여기에서 바울은 고린도 교회 같은 휘발성 집단 속에서 그러한 파당들이 있는 것은 어쩔 수 없는 일임을 인정하는 것 같다.[58)]

셋째, 고린도 교인들은 이 문제를 바울에게 말하지 않았고(그들이 바울에게 보낸 편지에는 이런 내용이 없었다),[59)] 바울은 다른 경로를 통해 이에 대해서 "들었

55) Theissen, "Social Integration" 153-55.

56) Mitchell, *Paul and the Rhetoric of Reconciliation*은 10절을 서신 전체를 위한 "명제적 진술"이라고 올바르게 보고 있다(1; 자세한 것은 138-57을 보라). 특히 12:25도 "몸의 분열"에 관한 것이다.

57) 물론 이 단어를 Josephus와 사도행전은 유대교의 "분파들"을 가리키는 데 사용하였다(Josephus, 특히 *War* 2.118; *Ant*. 13.171; 행 5:17; 15:5; 24:5, 14; 26:5).

58) 바울은 11:19에서 나쁜 것을 좋게 보려고 하고 있는 것인가? 아니면, 다른 곳에서 오직 Justin, *Dialogue* 35.3과 *Didascalia* 6.5.2에서만 회상되고 있는 예수의 말씀(J. Jeremias, *Unknown Sayings of Jesus* [London: SPCK, 1964] 76-77에 의해서 예수에게 소급된)을 반영한 것인가? "파당들"의 긍정적 역할(분명한 부정적 역할과 대비되는)은 "정죄"와 대비되는 "징계"의 긍정적 역할과 비슷하다(11:32).

59) 통상적으로 "이제 ~에 관하여는(peri de)"라는 도입문구(7:1; 8:1; 12:1; 16:1, 12)가 이를 보여 준다.

다"(11:18) — 아마도 고린도 교인들이 보낸 서신에 언급된 내용들 이외에 그들 자신의 관심사들을 바울에게 말한 16:17에 나오는 무리들로부터.[60] 이것이 의미하는 바는 고린도 교회 내의 사회적 엘리트층은 고린도 교회에서 늘 행해졌던 주의 만찬 관행 속에 파당주의 성향이 있음을 알지 못했거나 그런 것에 전혀 개의치 않았다는 것이다. 어느 쪽이든간에 그들은 이 일이 바울에게 조언을 구할 정도로 문제가 된다고 생각하지 않았다.

좀 더 폭넓은 사회학적 관점으로부터 얻어낸 또 한 가지, 즉 앞서 논의된 것(10:14-22)과 관련된 것을 주목할 필요가 있다. 당시의 관행과의 유사점들을 주목하는 것은 앞서의 관심과 반대되는 것이다. 왜냐하면 앞에서도 이야기했듯이[61] 기독교의 가정 식사는 당시의 전형적인 식사 파티와 달랐을 것이기 때문이다 — 사적인 식사는 물론이고 특히 공적인 식사는 더욱 그러했을 것이다. 제의 중심지에 대한 언급의 결여, 제사장의 부재(不在), 신에게 술을 따르는 의식이 없는 것 등이 기독교의 식사가 다른 유사한 것들과 다른 점들이었을 것이다. 달리 말하면, 주의 만찬은 기독교의 정체성을 보여 주는 독특한 표지였다고 할 수 있다. 아울러 14장에 묘사된 대로 예배는 외부인들에게 공개되었지만(14:22-25), 주의 만찬은 공개되지 않았던 것 같다. 확고한 증거는 없지만, 주의 만찬은 세례를 받은 자들만이 참여하는 식사였을 것이다.[62] 이것은 여러 신들을 섬기며 그들을 기리는 식사들에 참여하는 자들과는 달리 주의 만찬에 참여는 오직 여호와만을 섬겨야 하는 의무를 수반한다는 10:21의 함의(含意)와 부합한다. 달리 말하면, 정체성 표지로서 주의 만찬은 신자와 비신자를 가르는 경계(境界) 표지이기도 했다는 말이다.[63]

---

60) 바울은 서신과는 별도로 그에게 전해진 다른 문제들(1~4, 5, 6장)을 우선적인 의제(議題)로 삼는다.

61) 위의 §20.3을 보라.

62) 고전 16:22이 성찬식을 반영한 것이든 아니든(예를 들어, Bornkamm, "Lord's Supper" 147-48), *Didache* 10.6이 그러한 맥락 속에서 '마라나다'(maranatha)라는 표현을 사용하고 거기에 "오라"는 초대를 덧붙이고 있다는 것은 의미심장하다(cf. 계 22:17; 그러나 또한 C. F. D. Moule, "A Reconsideration of the Context of Maranatha," *Essays* 222-26을 보라).

63) Cf. Meeks, *First Urban Christians* 159-60.

사회인류학이 주목한 마지막 사항은 신성한 것의 거룩성이라는 개념이다. 그러한 거룩성은 합법적으로 성물 또는 성소에 참여하는 자들을 지켜 주지만 불법적으로 그것을 파괴하는 자들을 멸할 수 있는, 성물 또는 성소에 부착된 가시적인 후광(後光)이다.[64] 이것은 "원시" 종교들에서 가장 두드러지게 나타나는 모든 종교들의 특징이자 종교를 정의하는 기준점이기도 하다. 유대교 전승 내에서 그 고전적인 예들은 백성들에게 시내 산에 접근하는 것을 금한 것(출 19:10-25), 나답과 아비후(레 10:1-3) 및 아간(수 7장)에 관한 경고적인 이야기들, 언약궤를 예루살렘으로 모셔갈 때에 언약궤를 건드린 웃사의 운명에 관한 힘 빠지게 하는 이야기(삼하 6:6-7) 등이다. 초기 기독교 전승 속에서 마찬가지로 힘 빠지게 하는 이야기인 사도행전 5:1-16에 나오는 아나니아와 삽비라 이야기도 같은 것을 말해 주는데, 누가는 이 사건으로 인해 초기 예루살렘 공동체가 거룩한 두려움으로 둘러싸여 있었다고 말한다(5:5, 11, 13). 여기서 접촉점은 11:30이다 — "그러므로 너희 중에 약한 자와 병든 자가 많고 잠자는 자도 적지 아니하니." 사도행전 5:1-11에서와 마찬가지로[65] 여기에서 우리는 거룩의 영역과 만나고 있다는 인상을 피하기 힘들다.[66]

이 모든 것이 고린도전서 10~11장의 내용을 어떻게 해명해 줄 수 있는지는 불명확하다. 특히 그것이 고린도 교인들의 견해를 조명해 주는 것인지, 아니면 바

64) 고전적인 글은 R. Otto, *The Idea of the Holy* (London/New York: Oxford University, 1923)이다; 자세한 것은 W. G. Oxtoby, "Idea of the Holy," *The Encyclopedia of Religion* (New York: Macmillan, 1987) 6.431-38을 보라.

65) 또한 아마도 고전 5:1-5.

66) Neyrey는 11:17-34 배후에 있는 취지는 고린도 교인들의 이기적인 행동이 성만찬을 더럽히고 실효화시키고 있는 것이었다고 주장한다: 성만찬은 그 거룩성을 상실하였다(*Paul* 124). 그러나 이와는 반대로 이 구절들의 요지는 거룩한 것은 비록 침해를 받는다고 할지라도 실효되지 않고, 온전함을 위한 그 능력이 멸망을 위한 능력이 되어 버렸다는 것인 것 같다. Martin은 "바울은 불화와 질병들을 연결시키는 주제를 다룬다"고 지적한다(*Corinthian Body* [§3 n. 1] 196). 그러나 그의 글(190-97)은 이 구절들에 너무 많이 자기 생각을 넣어서 읽는 위험성이 있다: "거룩한 것"의 배경은 '파르마콘'(pharmakon, 치료약과 독약 양쪽 모두)이라는 개념보다 이 구절을 더 잘 이해할 수 있게 해 준다; 그리고 "몸을 분변하는 것"이 "자기 자신의 몸의 상태를 적절하게 고려하는 것"에 관한 생각을 포함하였을 것 같지는 않다(196, 강조는 나의 것).

울의 견해를 조명해 주는 것인지가 불확실하다. 고린도 교인들 중 일부가 세례를 세례 받는 자들과 세례 주는 자를 결합시키는 일종의 유사 비의적(秘儀的) 사건으로 보았다는 것은 사실인 것 같다(1:12-16). 그리고 세례가 죽은 자들에게도 효력이 있다는 생각을 그들이 가지고 있었던 것으로 보인다(15:29). 따라서 고린도 교회 내의 파당주의가 오로지 사회적 응집의 문제였다는 사회학적 관점으로부터 위에서의 논의의 함의들은 어느 정도 제한되어야 한다. 바울이 그들의 파당적 경향을 말하면서 세례를 거론하고 있다는 것(1:11-16)은 좀 더 복잡한 상황을 암시한다. 주의 만찬과 관련해서도 이와 비슷한 상황을 우리는 10:1-12로부터 도출해낼 수 있다. 고린도 교인들 중 일부는 세례 및 주의 만찬에 참여하면 하나님의 은총과 죽음 뒤의 생명을 보장받을 수 있을 것이라고 생각했다.[67] 따라서 고린도 교인들 중 일부는 기독교의 성례전들을 마치 기독교가 그 제의 의식들을 통해서 불멸을 보장해 주는 신비종교인 것처럼 여겼다고 말할 수 있다.

그러나 다음과 같은 문제는 여전히 남는다: 바울의 주의 만찬 신학은 무엇이었는가? 우리는 그것을 위에서 논의한 여러 영향력들과 바울이 비판하고 있는 견해들로부터 갈라내어 밝혀낼 수 있을까?

§22.5 바울의 주의 만찬 신학: 신령한 음식

이 점에 관한 바울의 신학을 서술하기 위한 가장 간단한 방법은 핵심 구절들을 차례로 살펴보는 것이다.

고린도전서 10:3-4 — 광야의 이스라엘 사람들은 "모두가 같은 신령한 음식을 먹으며 모두가 같은 신령한 음료를 마셨다." 이미 언급했듯이, 이 구절은 고린도 교인들 중 일부는 주의 만찬에 참여하면 그들에게 구원이 보장된다고 생각했다는 분명한 증거가 된다. 바울은 고린도 교인들의 잘못된 생각을 지적하기 위해서 광야의 이스라엘 사람들에게 기적적으로 제공된 음식과 음료에 관한 유사한 예를 사용한다.[68] 이스라엘 사람들이 그토록 은총을 입었으면서도 그들의 음욕과 우상숭배와 성적 방종, 불평으로 인하여(10:6-10) "광야에서 멸망을 받았다"(10:5)고 한다면, 고린도 교인들은 당연히 주의해서 이를 살펴보아야 한다(10:11-12).

67) 특히 10:5과 12이 함축하고 있는 의미.

68) 출 16:4-30, 35; 17:1-7; 민 20:2-13.

여기서 우리가 먼저 주목해야 할 것은 바울이 일반적인 "음식과 음료"(broma, poma)를 가리키는 단어들을 사용하고 있다는 것이다. 따라서 그는 주의 만찬의 떡과 잔(artos, poterion)이 아니라 좀 더 넓은 의미의 식사를 염두에 두고 있었던 것이다(10:16-17).[69] 둘째로, 고린도 교인들의 견해들에 대한 바울의 여러 책망하는 말들은 "신령한 것"(pneumatikos)이라는 말을 그들이 특히 좋아했고, 그래서 바울이 이 말을 사용하고 있다는 것을 보여 준다.[70] 그러므로 "신령한 음식/음료"라는 표현은 아마도 고린도 교인들이 즐겨 사용하던 말이었을 것이다.

이것은 14:1에 나오는 "신령한 자들"이라는 말과 마찬가지로 바울이 이 표현을 사용한 것은 그것이 대단히 모호했기 때문이었음을 시사해 준다. "신령한"이라는 말 자체가 구체적이지 못하다.[71] 고린도 교인들은 이 말을 "성령을 전달해 주는"이라는 의미로 사용했을 것이다.[72] 그러나 2:12~3:4에서 바울은 "신령한" 자임을 보여 주는 표지는 분별력이고 파당주의의 반대라고 힘주어 말함으로써 여기에서와 비슷한 고린도 교인들의 오해를 꾸짖는다. 광야의 기적들은 "성령의 영역으로부터 주어지거나 거기에 속한 것"이라는 생각을 불러일으키지만, 바울이 여기 또는 다른 곳에서 말하고 있는 내용 중에는 주의 만찬과 관련하여 성령 강림을 기원했음(epiclesis)을 암시하는 것이 없다.[73] 오히려 바울이 광야의 사건들을 "본

69) broma(롬 14:15, 20; 고전 6:13; 8:8, 13)에 대한 바울의 다른 용법들에서처럼. 이 단어는 은유적 용법으로도 사용되었다(고전 3:2에서처럼).

70) 특히 고전 2:13~3:1; 12:1("이제 [너희가 물은] 신령한 것들에 관하여"); 14:37의 함의(含意). 또한 위의 §20 n. 127을 보라.

71) 또한 Wedderburn의 논의(*Baptism* 241-48)를 보라.

72) Käsemann, "Pauline Doctrine" 113-14 이것이 바울의 의미이기도 했을 것이라고 생각한다(또한 134를 보라). Conzelmann, *1 Corinthians* 166 n. 23은 "성령을 담는"이라는 표현을 선호한다; cf. Stuhlmacher, *Theologie* 365 — "'퀴리오스'(Kyrios)는 그의 식탁의 손님들에게 '프뉴마'(pneuma)의 형태로 된 그의 효력 있는 권능과 임재를 나눠 주고 채워 준다." 그러나 이것이 바울이 말하고자 한 요지였다면, 바울은 광야의 만나와 물이 성령을 전해 주었다고 생각한 것일까, 그리고 왜 바울은 그 다음에 나오는 경고(10:5-13)에서 이렇게 주어진 성령을 화나게 하거나 잃는 것을 언급하지 않았던 것일까?

73) Hofius는 '아남네시스'(anamnesis; 아래의 n. 101을 보라)를 특히 봉헌기도와 결부시키는데, 그는 봉헌기도는 성찬식의 떡과 잔에 성령이 강림할 것에 대한 간구도 포함하였을 것이라고 주장한다("Lord's Supper" 109-11). 그러나 Stuhlmacher는 성찬식 기도의 봉헌적 성격은 Justin, *Apology* 1.65.5와 66.2에서 처음으로 확인된다고 말한다(*Theologie* 366).

보기"(10:6, 11)라고 말하는 것으로 보아서, "신령한"은 단지 후세에 영적인 의미를 전해 주는 "본보기"로서의 이야기들이라는 의미일 수 있다. 또는 바울이 "신령한"과 "은사"를 동일시하고 있다는 것을 여기에도 적용한다면,[74] 그것은 성례전 신학에 대한 초기의 표현일 수도 있다 — 말씀 또는 행위의 은사들과 마찬가지로 은혜의 결과("은혜의 수단"?)로서의 음식과 음료.[75]

그러므로 바울이 사용하고, 또한 바울의 사용에 의해서 적절함이 입증된 표현은 몇 가지 내용들을 시사해 주기는 하지만, 그 신학적 의미를 정확히 파악하는 일은 어렵다. 또한 그렇게 하기를 고집한다면, 무엇보다도 그러한 표현을 사용하는 바울 자신의 의도에 배치될 것이다.

§22.6 바울의 주의 만찬 신학: 한 몸에의 참여

바울의 주의 만찬 신학의 가장 두드러지고 도전적인 특징은 두말할 필요도 없이 교회를 그리스도의 몸으로 이해하고 있다는 것이다. 특히 여기서 바울의 언어표현은 성례전과 교회, 떡으로서의 한 몸과 교회로서의 한 몸 간의 상호관계에 관한 이후의 모든 신학적 성찰의 토대가 되었다. 그러므로 바울이 사용한 언어표현을 세심하게 주목하는 것이 아주 중요하다.

> 10:16-17 — "우리가 축복하는 바 축복의 잔은 그리스도의 피에 참여함이 아니며 우리가 떼는 떡은 그리스도의 몸에 참여함이 아니냐 떡이 하나요 많은 우리가 한 몸이니 이는 우리가 다 한 떡에 참여함이라."
>
> 11:24 — "이것은 너희를 위하는 내 몸이니."
>
> 11:27 — "그러므로 누구든지 주의 떡이나 잔을 합당하지 않게 먹고 마시는 자는 주의 몸과 피에 대하여 죄를 짓는 것(enochos)이니라."
>
> 11:29 — "주의 몸을 분별하지 못하고 먹고 마시는 자는 자기의 죄를 먹고 마시는 것이니라."

이 구절들을 보면, 바울이 고린도 교회 신자들의 견해를 그저 단순히 재현하거

74) 12:1-4, 31; 14:1. 위의 §20 n. 127을 보라.

75) 위의 §20.5을 보라.

나 패러디한 것이 아님이 곧 드러난다. 이것들은 특히 최후의 만찬 전승에 의거한 (11:23-26) 바울 자신의 신학과 가르침인 것으로 보인다. 우리가 이 본문들을 단지 인용된 그대로만 본다면, 바울은 떡과 잔에 하나되게 하는 힘을 부여하였고, 고린도 교인들을 위험에 빠뜨린 것은 떡과 잔의 신성을 무시하는 태도였다는 매력적인 추론이 가능하다. 그러나 그러한 해석은 이 본문들에 대한 편향적인 해석으로서, 우리는 이 본문들을 좀 더 철저하게 문맥 속에서 읽을 필요가 있다. 그렇게 하면, 강조점은 약간 변하지만, 그 의미는 상당히 달라지는데, 이때 분명하게 드러나는 것은 바울의 관심은 회중의 하나됨의 일차적인 표현들이자 제대로 거행되었을 때에 그러한 하나됨을 가져올 수 있는 수단으로서 떡과 잔에 집중되어 있다는 것이다.

이것은 첫 번째 핵심적인 대목(10:14-22)에 나오는 "참여함," "참여하는 자들," "참여하다" 같은 일련의 단어들에서 전면에 부각된다.[76] 이러한 단어들이 이렇게 한 대목에 집중되어 있는 것은 바울의 서신들에서 이례적이다.[77] 그는 여기서 분명히 뭔가를 말하려고 하고 있다. 그의 강조점은 단지 한 떡과 한 잔에 있는 것이 아니라 한 떡과 한 잔에 참여한다는 것에 있었다: "우리가 축복하는 바 축복의 잔은 그리스도의 피에 참여함이 아니며 우리가 떼는 떡은 그리스도의 몸에 참여함이 아니냐."[78] 예를 들면, 마치 떡과 잔 자체가 회중을 하나로 만들기라도 하는 것처럼 바울이 떡과 잔을 회중 가운데 불참한 지체들에게도 가져다주어야 한다고 생각했다는 암시는 없다. "많은 우리"를 "한 몸"으로 만드는 것, 즉 그리스도의 몸으로서 그들의 하나됨을 보여 주는 것은 그들이 한 떡과 한 잔에 참여한다는 사실이었다. 이유는 두 가지다: "떡이 하나요 많은 우리가 한 몸이니 이는 우리가

76) koinonia("참여/동참" — 위의 §20.6을 보라) — 10:16(2번); koinonos("동반자, 다른 사람과 함께 참여하는 자") — 10:18, 20; metecho("참여하다") — 10:17, 21, 30.

77) koinonia — 바울 서신의 다른 곳에서 10번; koinonos — 다른 곳에서 3번; metecho — 다른 곳에서 2번, 여기서와 같이 함께 나오는 경우는 없음.

78) 특히 J. Hainz, koinonia, *EDNT* 2.304-5를 보라: "높이 들리우신 그리스도의 몸, 즉 교회에의 '참여'를 통하여 주의 만찬에서 효력이 발생한 그리스도의 몸에서의 '동반자 관계,' 즉 식사에 참여한 다른 지체들과의 동반자 관계"; Merklein, *Studien* 334-35; cf. Ridderbos, *Paul* 424; Goppelt, *Theology* 2.149; Hahn, "Herrengedächtnis" 311; Marshall, *Last Supper* 120-22; Willis, *Idol Meat* 170; Mitchell, *Paul and the Rhetoric of Reconciliation* 142.

다 한 떡에 참여함이라"(10:16-17).

이와 동일한 논리가 그 다음에 계속되는 권면의 밑바닥에도 깔려 있다. 그 논리는 공동의 희생제사에서 나온 것을 먹음으로써 그 먹는 자들은 그 제단에 함께 참여하는 자들이 되었다는 것이다(10:18).[79] 그래서 귀신들의 잔을 마시고 그들의 상에 참여함으로써 귀신들과 연합하는 자가 된다는 생각은 바울에게는 정말 혐오스러웠다(10:21-22). 먹고 마시는 것을 함께 함으로써 이루어지는 연합(수직적이든 수평적이든)은 그런 식으로 복제 가능한 것이 아니었다. 요컨대 10:16-17에 나오는 사고의 흐름은 한 떡 → 한 몸이 아니었다. 세 번째, 또는 연결 요소가 있었다: 한 떡 → 함께 참여함 → 한 몸.

이것은 두 번째 단락(11:17-34)에서 마찬가지로 "함께 모임"(synerchomai)을 강조하고 분열과 파당을 엄하게 경고하는 것과 맥을 같이 한다.[80] 바울은 강조를 위해서 이 단락의 처음과 끝에서 이 단어(synerchomai)를 되풀이한다: "너희의 모임이 유익이 못되고 도리어 해로움이라"(11:17); "먼저 너희가 교회에 모일 때에"(11:18); "너희가 함께 모여서 주의 만찬을 먹을 수 없으니 이는 먹을 때"(11:20); "그런즉 내 형제들아 먹으러 모일 때에"(11:33); "누구든지 시장하거든 집에서 먹을지니 이는 너희의 모임이 판단 받는 모임이 되지 않게 하려 함이라"(11:34). 그러므로 함께 모이는 것이 그들에게 "교회"였음이 분명하다. 그러나 바울이 염두에 둔 것은 단지 함께 모이거나 그저 먹기 위해 오는 것이 아니라 '함께 모여서 먹는 것'이었다. 이것이 바울이 고린도 교인들의 관행인 개인주의와 파당주의에 그토록 경악했던 이유였다(11:21, 33): 그들은 먹는 것을 함께 하지 않았다; 그들은 음식을 진정으로 함께 하지 않았다. 그들의 관행은 실제로 그들이 성찬을 먹기 위하여 함께 모인 것이 아님을 보여 주었다(11:20). 왜냐하면 함께 하는 식사가 아니고, 한 떡과 한 잔에 함께 참여하는 것이 아닌 주의 만찬은 사실

---

79) koinonoi tou thysiasteriou(10:18)라는 어구는 다소 모호하다. 그러나 바울은 9:13에서와 동일한 생각을 품고 있었던 것 같다: "제단에서 섬기는 이들은 제단과 함께 나누는 것(symmerizontai)," 즉 제단 위에서 희생제사 드려진 것을 함께 나누는 것. '메리조마이'(merizomai)는 "무엇을 누구와 함께 나누다"(BAGD)를 의미하기 때문에, 바울 특유의 접두사인 syn(위의 §15.3을 보라)은 다른 사람들과 "함께" 먹는다는 사고를 강화시킨다. 자세한 것은 Conzelmann, *1 Corinthians* 173 n. 31에 제시된 자료들을 보라.

80) 위의 §22.4을 보라.

상 주의 만찬이 아니기 때문이다.[81]

이러한 일관된 강조들에 비추어 볼 때, 마지막에 나오는 두 개의 몸과 관련된 언급들(11:27, 29)의 의미에 관한 과거의 논쟁은 좀 더 분명해진다.[82] 왜냐하면 우리는 여기서 다시 한 번 양자택일적인 주해에 휘말려서는 안 된다는 것이 거의 확실하기 때문이다. 주석자에게 떡을 가리키는 "몸"(11:24)과 회중을 가리키는 "몸"(10:17) 중 어느 하나를 선택할 것을 요구하는 것은 바울의 전체 권면에 역행하게 된다는 것이 분명하다.[83] 우리는 경솔하게 분변치 않고 먹고 마시는 것이 그렇게 합당치 않게 먹는 자에 대한 심각한 영적, 육체적 결과들을 가져올 수 있다는 분명한 함의(含意)를 무시해서도 안 되고(11:27-30), 합당치 못한 먹고 마시기의 부정적 효과를 떡과 잔 자체에 돌려서도 안 된다. 전체적으로 바울이 염두에 두고 있는 것은 공동의 행위로서의 먹고 마심이다. 그리고 바울의 책망은 다른 지체들을 배려함이 없이 먹고 마신 자들을 향한 것임이 분명하다. 그러므로 우리가 그러한 긍정적 효과들(10:16-17)이나 부정적 효과들(11:27-30)을 이런 저런 측면에 할당하고자 한다면, 그것은 바울의 전체적인 의도에 역행하는 것이 될 것이다. 다시 한 번 말해 두지만, 한 몸을 구성하고 구현하고 표현하고 만들어가는 것은 한 떡과 한 잔에 함께 참여하는 것이다.

이 모든 것 속에서 우리는 바울이 염두에 둔 것은 식사 전체, 즉 "만찬"(deipnon, 저녁에 하는 하루 중 주된 식사)이었다는 것을 상기할 필요가 있다. 다른 곳들에는 떡과 포도주가 별개의 의식(儀式)이 되었음을 보여 주는 암시들이 나온다는 주장이 있다.[84] 그러나 적어도 바울의 경우에는 떡과 잔이 식사의 시작

---

81) 갈라디아서에서는 이와 동일한 취지가 3:28과 2:11-16의 상호연관을 통해 생겨난다.

82) 예를 들어, Neuenzeit, *Herrenmahl* 203-6; Marshll, *Last Supper* 114와 172 n. 11을 보라.

83) 다른 것과는 무관하게, '무엇'을 먹고 마셨느냐에만(공동의 먹고 마심이 아니라) 초점이 맞춰져 있는 것은 "몸을 분변함"(11:29)이라는 어구에 표현된 사고가 오직 떡과만 관련이 있다는 것을 보여 준다. 이 시점에서 "몸을 분변함"이라는 표현에 어려움을 느끼는 Barrett, *1 Corinthians* 274-75; Hahn, "Herrengedächtnis" 309-10과 비교해 보라.

84) Klauck는 폭넓게 합의된 의견을 따른다(위의 n. 52): 그는 이 말씀의 마가/마태 형태의 함의(떡과 포도주가 함께 나왔다는 것)가 주의 만찬의 바울의 형태에도 적용된다고 전제한다; 그리고 그는 이것을 주의 만찬이 식사의 두 번째 부분이었다는 주장과 결부시킨다("Presence" 65-66; 위의 §22.4과 n. 51을 보라). 그러나 그는 본문을 무시한다: '데이프논'

과 끝을 이루고 있었다는 것은 분명하다. 전통적인 유대인들의 관습에 따르면, 떡을 떼는 것은 식사의 시작을 의미했다.[85] 오직 잔에 대해서만 바울은 "식후에"(11:25)라는 말을 한다.[86] 달리 말하면, 전체 식사는 떡과 잔 사이에 이루어졌다는 말이다.[87] 그러므로 다시 한 번 말하지만, 바울이 염두에 두었던 것은 떡과 잔이 포함된 식사 전체를 함께 하는 것이었다. 떡과 잔은 식사 전체에 의미를 부여하는 것이었다.[88] 이것이 전체 식사에서 몇몇 개인들의 이기적인 행동이 "주의 몸과 피에 대하여 죄를 짓는 것(enochos)"(11:27)이 되는 이유였다.

그리스도의 몸 및 한 몸에 관한 바울의 신학을 해명하기 위한 시도에서 우리는 바울이 12장에서 이 주제를 다시 거론한다는 것을 잊어서는 안 된다. 이미 살펴보았듯이, 그리스도의 은사적 몸에 관한 바울의 은유(12:12-27)는 13장과 14장으로 이어진다. 이것은 고린도전서에서의 지속적인 수수께끼들 중의 하나다: 바울은 11장과 12~14장의 관계를 어떻게 생각하였는가?; 즉, "성찬을 먹기 위해 함께 모이는 것"과 예배를 위해 "함께 모이는 것"(14:23, 26)의 관계를 바울은 어떻게 생각하였는가?[89] 바울이 "함께 모이는 것"에 대하여 서로 다른 목적을 구체적으로 밝히고 있는 것처럼 보인다는 사실은 바울이 두 가지 서로 다른 모임을 생각했다는 것을 의미할 수 있다. 하나는 주로 공동의 예배, 말씀의 예배를 위한 모임이었을 것이다.[90] 이 경우에는 바깥쪽 문을 열어 놓아서 지나가는 사람들이

(deipnon, 주의 정찬/주식사)의 함의; 바울이 "함께 모이는 것"의 목적을 구체적으로 밝히고 있다는 것("주의 만찬을 먹기 위하여" — 11:20, 33); 오직 잔에 대해서만 바울은 "식후에"라고 말한다는 것. *Didache* 9-10에서 성만찬과 관련된 비슷한 문제들을 보라.

85) "떡을 떼는 것"도 식사에 대한 누가의 용어이다(행 2:42, 46; 27:35; 20:7, 11; cf. *Didache* 14.1).

86) "축복의 잔"은 이미 식사 끝에 마셨던 포도주 잔을 가리키는 전문용어였을 것이다(예를 들어, L. Goppelt, poterion, *TDNT* 6.154-55; Jeremias, *Eucharistic Words* 109-10을 보라).

87) Hofius, "Lord's Supper" 80-88. 거기서 그는 "식후에"라는 어구가 잔들 중의 하나를 가리키기 위하여 형용사로 해석될 수 없고("식후의 잔") 부사로 의도되었음에 틀림없다는 것을 보인다("마찬가지로 [그는] 또 식후[에 있는] 잔을 [취하여] 말씀하기를").

88) Cf. Marxsen, *Lord's Supper* 5-6, 16-17; Schweizer, *Lard's Supper* 12-14.

89) 바울이 "함께 모이다"라는 용어를 사용하는 것은 오직 여기 11장과 14장에서만이다.

90) 자세한 것은 필자의 "Responsible Congregation"(§21 n. 1) 205-16과 거기에 인용된

들어올 수 있게 해 두었던 것으로 보인다(14:24). 또 다른 모임은 공동식사, 즉 주의 만찬을 위한 것으로서 좀 더 은밀한 성격을 띠고 있었으므로 오직 초대받은 사람들이 참석하였다.[91] 이 두 모임은 두 부분으로 이루어진 동일한 모임이었다는 또 다른 주장[92]은 각각의 장(章)에 다른 활동에 대한 언급이 전혀 나오지 않는 점으로 미루어 별 설득력이 없는 것 같다.

그러므로 어떻게 바울이 그리스도의 한 몸에 관한 그의 두 가지 묘사들을 통합하였는가 하는 문제는 여전히 풀리지 않는 수수께끼로 남게 된다. 적어도 우리가 말할 수 있는 것은 바울은 주의 만찬을 먹든 안 먹든 회중이 그리스도의 몸으로 기능한다고 보았다는 것이다. 교회의 그리스도의 몸됨은 떡과 잔을 함께 먹느냐 여부에 좌우되지 않았다. 성령이 은사를 부어 주시는 곳에서는 회중은 그리스도의 몸으로 기능하고 있다고 할 수 있다. 그러나 이 둘 사이의 긴장관계나 이분법을 말하는 그 어떤 주장도 기각되어야 한다. 고린도 교회와 바울 간에는 많은 긴장들이 있었지만, 그 어느 것도 한 교회론의 이 두 가지 측면을 따로 떼어놓지는 않았다. 예를 들면, 몸의 성례전적 개념과 실천, 그리고 몸의 은사적 개념과 실천을 마치 그것들이 서로 독립되어 있고 서로 별개로 작용한다는 듯이 대립적으로 이해하는 것은 오도되고 위험스러운 것이라고 말하지는 않더라도 웃기는 일이 될 것이다. 은사/직임 논쟁에서보다 더 우리는 은사적 몸과 성찬의 몸은 바울에게 한 실체의 두 측면이었다고 역설해야 한다 — 함께 모여서 한 떡과 한 잔에 참여하는 것은 은사적 공동체로서 기능하는 그리스도의 몸만큼이나 근본적이다.

이 마지막 생각은 베드로가 이방인 신자들로부터 자기를 "구별한" 사건이 일어났던 안디옥 교회에서의 식사(주의 만찬?)와 다시 연결된다. 실제로 이 식사가 주의 만찬이었다면,[93] 베드로의 행동은 다른 그리스도인들과 함께 그리스도의 몸과 피에 참여하기를 거부한 것이 된다. 베드로의 행동에 대한 바울의 격분은 칭의 및

것들, 214 n. 58을 보라. 14장 전체의 관심은 오로지 말씀, 예언, 방언의 은사들, 거기에 수반되는 분별과 해석의 은사들에 대한 것이다.

91) 오직 세례 받은 자들만이 참여하는 성만찬은 이른 시기에 *Didache* 9.5와 Justin, *Apology* 1.66.1에서 확인된다.

92) Klauck, "Presence" 66; 그리고 그의 이전의 *Herrenmahl* 346-49를 참조하라.

93) 바울이 인용한 전승(안디옥에서 배운?)은 주의 만찬을 떡으로 시작해서 잔으로 끝나는 식사로 거행하였다는 점을 우리는 다시 밝혀 둔다(고전 11:23-25).

행위에 관한 문제에 초점이 맞춰져 있다(갈 2:14-16).[94] 그러나 바울이 제시한 원칙은 주의 만찬에도 그대로 적용된다: 하나님에 의해 받아들여지고 사람들 서로에 의해 받아들여지는 데 필요한 모든 것은 오직 그리스도에 대한 믿음뿐이다; 그리스도의 몸과 피에 참여하는 데 그것 이외의 것을 요구하는 것은 그 어떤 그럴 듯한 이유를 댄다고 해도 "복음의 진리"를 포기하는 것이다. 이러한 고찰이 오늘날의 에큐메니칼 운동에 대하여 가지는 결론들은 아직 충분히 고찰되지 않아 왔다.[95]

§ 22.7 바울의 주의 만찬 신학: 기독론

주의 만찬에 담겨져 있는 기독론도 따로 다룰 필요가 있다.

10:4에서 바울은 모형론적으로 또는 영적으로 광야에서 이스라엘에게 마실 물을 내었던 반석이 그리스도였다고 말한다. 바울은 그리스도를 "신령한 음료"의 원천("신령한 반석")으로 제시하면서 전승에 나오는 사건을 사용하는 데 주저하지 않는다. 그러나 바울은 그리스도를 "신령한 음식"의 원천으로 제시하고자 하는 시도는 전혀 하지 않는다. 또한 바울은 그리스도를 "신령한 음식" 그 자체라고도 하지 않는다(10:16과는 대조적으로). 그는 전승들에 해석을 가하려고 한 것이 아니라 단지 자기가 말하고자 하는 것의 연결고리로 사용하는 데 만족했음이 분명하다.[96] 여기서 "신령한"이라는 말은 앞에서의 여러 언급들(10:3-4)에서와 마찬가지로 모호한 말이다.

우리는 여기서 그저 바울이 축사된 잔과 뗀 떡이 그리스도의 피와 그리스도의 몸에 참여하는 것이라고 규정하고 있다는 것만을 말하면 된다(10:16-17). 그리고 우리는 §22.6에 나오는 몸에 관한 모든 언급들이 '그리스도의' 몸을 염두에 두고 있다는 것을 잊지 말아야 한다. 주의 만찬의 핵심은 공동체적 관계로서 그리스도와의 관계를 육성하고 유지하는 것이다. 주의 만찬에서 마치 주의 만찬이 개인에게 신령한 음식을 먹이려는 의도를 가지고 있는 양 개인주의화시키거나 공동체가

94) 위의 §14.5a을 보라.

95) 자세한 것은 필자의 "Should Paul Once Again Oppose Peter to His Face?" *HeyJ* 34 (1993) 425-28을 보라.

96) 위의 §22.5; 또한 §11.3b을 보라.

함께 하는 체험이라는 성격을 제거해 버리려는 시도는 바울의 의도에 역행하고 그리스도의 '몸'에 관한 바울의 기독론에 어긋난다.

공동식사의 식탁은 "주의 식탁"(10:21)이다: 사라피스(Sarapis)가 그의 이름으로 행해진 식사들의 주인이고,[97] 필로가 희생제사 식사들의 주인이 야훼라고 생각했듯이,[98] 주는 주의 만찬의 주인이다. "하나님의 교회"(10:32)를 다른 제의들과 첨예하게 구별시킨 것은 여호와께서 요구하신 충성의 독점이었음(10:21-22)을 우리는 상기한다.[99] 바울은 이스라엘의 특별한 성별(聖別)을 인용하여 말하는 데 주저하지 않는다: 그리스도의 회중은 과거 시대에 하나님의 교회가 그랬던 것처럼 우상숭배로 말미암아 하나님의 질투를 촉발시켜서는 안 된다(10:22).[100]

특히 11:23-25은 예수께서 최후의 만찬을 주재하신 것과 초대 교회들의 중요한 특징이었던 공동식사 간의 직접적인 연속성을 강조한다.[101] 주의 만찬을 거행할 때의 그리스도의 임재의 성격에 관한 오랜 논쟁의 역사에도 불구하고,[102] "이것은 내 몸이니"(11:24)라는 말의 의미는 주해상 앞서의 "신령한" 음식이라는 말(10:3)과 마찬가지로 모호하고 확정되어 있지 않다.

---

97) Cf. Klauck, "Presence" 69-70.

98) Philo, *Spec. Leg*. 1.221이 흔히 인용된다:

> 희생제사 식사들을 저장해 두어서는 안 되고, 필요한 모든 사람들에게 거저 주어야 한다. 왜냐하면 그러한 식사들은 이제 제물을 바친 자의 소유가 아니라 제물을 받은 자의 소유이기 때문이다. 그분은 은혜를 베푸는 관대한 자로서, 희생제사들을 드리는 자들로 이루어진 연회의 무리를 제단을 공유한 제단의 참여자들로 만들었다. 그는 그들에게 스스로를 흥을 돋우는 자들로 생각하지 말라고 명한다. 왜냐하면 그들은 연회의 주인들이 아니라 기분 좋은 청지기들이기 때문이다. 연회를 위해 제공된 음식이 바쳐진 그분이 바로 주인이다 …

99) 자세한 것은 위의 §22.2을 보라.

100) 10:20(신 32:17)과 10:22(신 32:21, 바울이 롬 10:19과 11:11, 14에서 핵심적으로 사용하는 구절)에서 모세의 노래가 의도적으로 반영되어 있다는 것은 분명하다.

101) Hofius, "Lord's Supper" 97-103은 축복/성별의 말씀의 구성력(構成力)을 강조하지만, 잔과 떡의 나눔 및 식사의 공동체적 성격에 대한 바울의 주된 강조점을 간과한다.

102) 예를 들어, P. Benoit and M. E. Boismard in Delorme et al., *Eucharist* 83-101, 126-37에 의한 강력한 진술들("그리스도의 실제 물리적인 몸 바로 그것인 이 떡"), Strecker, *Theologie* 183-84의 말들과 비교해 보라; 그리고 자세한 것은 Reumann, *Supper*("presence," "real presence"의 색인)를 보라.

또한 이 대목은 예수께서 새로운 교회들에 전해 준 주의 만찬 제정의 전승들의 중요성을 강조한다. 예수로부터 나온 예수에 관한 전승들은 그리스도와의 지금 여기에서의 관계와 관련된 의식의 거행에 매우 중요한 요소이다. 말씀을 중심으로 한 모임과 식사 모임이 따로 있었다고 할지라도,[103] 말씀/전승의 요소는 함께하는 떡과 포도주와 아울러 처음부터 성례전을 구성하였을 것임은 분명하다.

전승을 통해 전해 받은 말씀에 바울이 첨가한 말들은 주의 만찬을 회중이 뒤로는 교회 설립에 결정적이었던 사건을 돌아보고 앞으로는 대망의 완성의 날을 바라보는 아주 좋은 기회를 주는 의식(儀式)으로 만든다. "나를 기념하라"(11:24, 25)는 두 번 반복되는 표현의 정확한 의미는 계속해서 논쟁의 대상이 되고 있다.[104] 그러나 이 표현을 떡을 먹고 잔을 마시는 이들이 경건하게 주를 추모하라는 요구쯤으로 폄하시킬 수는 없다.[105] 그 핵심은 예수께서 직접 기념의 대상인 그의 죽음의 상징들로서 성별한 것을 함께 먹고 마시는 것, 즉 "단번에 … 일어난 일을 찬양으로 충만하여 재연(再演)하는 것"인 것 같다.[106] 바울의 두 번째 첨가문 — "너희가 이 떡을 먹으며 이 잔을 마실 때마다 주의 죽으심을 그가 오실 때까지 전하는 것이니라" — 은 확고하게 앞을 가리킨다. 그러므로 여기서 사실상 바울은 주의 만찬을 '이미-아직'의 긴장을 한데 묶어서 서로 떨어지지 않게 하는 끈으로 삼고 있다. 또는 다른 식으로 표현하자면, 주의 만찬은 여기서 신자들(개인으로서가 아니라 그리스도의 몸으로서)이 종종 만나는 종말론적 긴장의 성난 격류들을 건너는 일종의 다리로 묘사되고 있다고 할 수 있다.

특히 중요한 것은 주의 만찬이 이 의식(儀式)의 공동 거행을 통해서 그리스도

---

103) 위의 §22.6을 보라.

104) Jeremias, *Eucharistic Words* 237-55에 의해서 시작되었다; 특히 Reumann, *Supper* 27-34에 나오는 논쟁에 대한 개관을 보라.

105) 이것은 고인(故人)을 추모하여 거행되는 식사들이라는 종교사적인 유비(類比)와의 병행을 약화시킨다(Lietzmann, *Korinther* 57-58는 이에 반대); 위의 §22.2을 보라.

106) Hofius, "Lord's Supper" 103-9(특히 109). 또한 그는 유월절과의 특별한 연관성은 없다고 말한다(LXX에서 anamnesis가 5번 나오는 것이 확증해 주듯이 — 레 24:7; 민 10:10; 시 38편과 70편[표제들]; Wis. 16:6). Bornkamm은 일찍부터 고전 5:7에도 불구하고 바울은 주의 만찬을 유월절과 연결시키려고 하는 그 어떤 시도도 하지 않는다고 말했다("Lord's Supper" 133). 또한 우리는 고전 10:3-4의 "신령한 음식"이 유월절 식사를 구성하는 음식이 아니라 광야의 만나와 물을 가리킨다는 점을 지적할 수 있다.

의 죽음을 재연하는 일과 그 죽음을 선포하는 일을 함으로써 그것을 행한다는 사실이다. 그리고 주의 만찬이 담고 있는 것은 그 죽음의, "너희를 위한" 것이라는 성격과 은혜로 주어진 "새 언약"이다. 특히 고린도 교인들이 함께 모여 먹는 것을 그토록 방해하였던 이기적인 오용을 막아야 했던 것은 그들의 공동식사의 중심에 있던 주의 만찬이 지닌 "너희를 위한" 성격 때문이다. 그들의 공동의 먹고 마심이 서로를 위한 관심을 보이는 먹고 마심이 아니라면, 그것이 어떻게 주께서 죽음을 통해 자기를 주신 것을 기념하는 일이 될 수 있겠는가? "주의 식탁"은 각자가 자기 하고 싶은 대로 할 수 있는 사적인 자리일 수 없다. 주의 만찬은 공동체를 서로에 대한 책임 속에서 함께 묶지 못한다면 '주의' 만찬이 되지 않는다.[107]

바울이 주저 없이 표현하는 또 한 가지 내용은 의도적으로 은혜를 거부하는 자는 결국 심판을 받으리라는 계속된 경고이다(11:27-32). 그리스도의 죽음이 지니는 "너희를 위한" 성격을 대놓고 무시하고 부인하는 것은 회중의 부유한 신자들이 다른 이들에 대한 "너희를 위한" 책임에 의도적으로 눈을 감고 귀를 막을 때에만 가능하다. 따라서 주의 만찬을 욕되게 하는 것은 주의 심판을 자초하는 일이 된다.[108] 다른 문제들에서와 마찬가지로 여기에서도 분별력이 요구된다. 주의 만찬에서 해서는 안 될 일과 주의 만찬에서 해야 될 일을 잘 분별할(diakrino) 때에만[109] 단죄받는(katakrino) 것을 피할 수 있다. 바울의 책망을 받아들이면, 주의 심판은 단죄에서 징계로 바뀔 것이다(7:32). 이 모든 것 속에서 떡과 잔에 그들이 함께 참여함으로써 그 죽음이 재연되는 주님은 식사의 주이기도 하였다("주의 식탁," "주의 만찬"). 전자를 욕보임으로써 후자를 망각한 이들에게 화 있으라.

이렇게 주의 만찬을 신령한 음식과 심판, 그리스도의 죽음과 다시 오심과 결부시킴으로써 바울은 주의 만찬의 거행이 복음을 "선포하는" 것이고, '이미'와 '아직' 사이의 길고 힘든 시간 동안에 교훈과 양식을 제공해 주는 것임을 강조한다.

107) Hofius, "Lord's Supper" 113-14; Lampe, "Eucharist" 45.

108) 또한 C. F. D. Moule, "The Judgment Theme in the Sacraments," in W. D. Davies and D. Daube, eds., *The Background of the New Testament and Its Eschatology*, C. H. Dodd FS (Cambridge: Cambridge University, 1954) 464-81을 보라.

109) 특히 cf. 고전 6:5과 14:29; 또한 12:10(diakrisis). 또한 위의 §§21.5-6을 보라.

제 8 장

신자들은 어떻게 살아야 하는가?

§23 동기부여를 위한 원칙들[1]

§ 23.1 직설법과 명령법

바울 신학의 주된 특징은 그의 열렬한 윤리적 관심이다. 신학자이면서 목회자인 바울은 그의 복음의 실천에 관심을 가질 수밖에 없었다 — 구원의 시작과 과정(§§13-19), 예배와 사역(§§20-22)이라는 관점에서만이 아니라 신자들이 어떻게 살아야 하는가라는 관점에서도. 그의 서신들은 이러한 관심의 깊이를 증언해 준다. 바울의 서신들을 신학적 해설과 그에 뒤이은 실천적 적용이라는 두 부분으로 나누는 것이 전통이 되어 왔다. 그리고 일부 서신들은 다음과 같은 구조를 반영하고 있는 것이 사실이다: "~가 사실이기 때문에 … 그러므로 …" 이에 대해서 우리는 로마서에서는 11장에서 12장으로, 갈라디아서에서는 4장에서 5장으로, 골로새서에서는 2장에서 3장으로 넘어가는 부분을 생각해 보면 된다.

그러나 사실 "신학과 그 적용"이라는 이분법은 오해를 불러일으키기 쉽다. 바울은 결코 목회자 이외의 다른 그 무엇으로 말한 적이 없었다. 그의 신학은 철두철미 살아 있는 신학, 실천적인 신학이었다.[2] 예를 들어, 로마서 1~2장에 묵시적으로, 6~8장에 명시적으로 나와 있듯이, 해설 자체에 적용이 내재되어 있다. 로마서 9~11장과 고린도전서 15장 같은 다소 이론적인 것처럼 보이는 해설들조차도 전자의 경우에는 자기 자신에 대하여(롬 11:13), 후자의 경우에는 모든 신자들에 대하여(고전 15:29-34) 직접적인 실천적 결론들을 지니고 있다. 사실 바울의 모

1) 이 책 말미의 참고문헌을 보라.

2) 마찬가지로 Furnish, *Theology* 110.

든 서신들은 윤리적 관심들에 의해 생겨났다고 할 수 있다. 그리고 일부 서신들은 거의 전적으로 신자들이 어떻게 행해야 하는가라는 문제를 다룬다(고린도전서가 그 가장 대표적인 예이다).[3]

그러므로 더 특이한 것은 바울이 그의 신학의 이중적(~하기 때문에 … 그러므로) 측면을 경구적(警句的)으로 요약할 수 있었다는 사실이다. 예를 들어보자:

> 롬 6:4a-b — "그러므로 우리가 그의 죽으심과 합하여 세례를 받음으로 그와 함께 장사되었나니 이는 아버지의 영광으로 말미암아 그리스도를 죽은 자 가운데서 살리심과 같이 우리로 또한 새 생명 가운데서 행하게 하려 함이라."
>
> 고전 5:7a-b(역순으로) — "새 덩어리가 되기 위하여 묵은 누룩을 내버리라."
>
> 갈 5:1a-b — "그리스도께서 우리를 자유롭게 하려고 자유를 주셨으니 그러므로 굳건하게 서서 다시는 종의 멍에를 메지 말라."
>
> 갈 5:13a-b — "형제들아 너희가 자유를 위하여 부르심을 입었으나 그러나 그 자유로 육체의 기회를 삼지 말고 오직 사랑으로 서로 종 노릇 하라."
>
> 빌 2:12-13(역순으로) — "그러므로 나의 사랑하는 자들아 너희가 나 있을 때뿐 아니라 더욱 지금 나 없을 때에도 항상 복종하여 두렵고 떨림으로 너희 구원을 이루라 너희 안에서 행하시는 이는 하나님이시니 자기의 기쁘신 뜻을 위하여 너희에게 소원을 두고 행하게 하시나니."

이 경구들은 바울의 신학과 윤리가 서로 섞여짜여 있는 상태(Ineinander)를 잘 표현해 주고 있다.

물론 바울은 세상을 도피하는 것이 아니라 세상에서 살아갈 자원들을 제공하고자 하는 모든 종교들의 전형(典型)이다. 그러나 그의 신학의 기본적인 구성요소들과 특징들은 그가 신학적 윤리에 얼마나 깊은 관심을 가졌는지를 잘 보여 준다.

---

3) 예를 들어, 고린도후서 8~9장(연보); 빌립보서(상호관계들); 데살로니가전서(중간기의 윤리); 빌레몬(노예제도).

이것은 유형적인 몸, 공동체적인 것으로서의 "몸," 공동체에서 만날 수 있고 몸을 입은 채 구원받을 수 있는 구체적인 사람에 관한 그의 개념을 생각해 보면 곧 알 수 있다[4] — 구원을 영혼의 감옥인 물질적인 몸으로부터 탈출하는 것으로 생각한 다른 개념들과는 대조적으로. 방향설정이 잘못된 종교와 자기자신에 대한 몰두로 인해 욕구가 왜곡되어 있다는 견지에서 인간의 상태를 분석한 것(§§4-5)은 인간의 모든 협동작업과 계획에 대한 중대한 경고로서 즉시 적용 가능하다. 그리고 구원에 관한 생생한 은유들은 바울이 얼마나 현실 세계에 깊이 뿌리박고 있었는가를 잘 보여 준다(§13.4).

그러므로 바울의 윤리가 신학자들에게 다소 문제가 있는 것으로 흔히 생각되어 왔다는 것은 다소 의외이다. 지난 백여 년 동안을 살펴보면, 이를 보여 주는 여러 예들이 있다. 임마누엘 칸트(Immanuel Kant)의 궤적을 따른 자유주의적 개신교는 도덕적 삶이라는 문제에 깊은 관심을 보였다. 그들이 행한 역사적 예수상의 복원은 지속적인 타당성을 지니는 도덕 가치들을 가르친 자로서 예수의 모습에 초점을 맞추고 있는 것이 가장 큰 특징이었다. 문제는 이와는 대조적으로 그들이 바울에 대해서는 예수의 윤리적 가르침을 희생제사와 구속(救贖)의 종교로 변질시킨 인물로 보고 이를 극복하고자 했다는 것이다.[5] 양차 세계대전 사이의 기간 동안에 실존주의적 신학도 마찬가지로 조금 다른 방식이긴 하지만 매일 매일의 삶에 관심을 가졌다.[6] 그러나 이에 수반되어 발전한 양식비평은 바울의 권면은 단지 전승 자료들을 관습적인 형태로 취해 온 것이라는 결론을 강화시키는 경향을 보여 주었다.[7]

이와 비슷하게 오늘날의 바울 연구에서도 우리는 한편으로는 바울에 대한 사회학적 관점이 적어도 부분적으로는 바울 시대의 사회와 사회 집단들이 서로와 관

---

4) 특히 위의 §3.2과 §20.4을 보라.

5) 고전적인 표현은 "하나님의 아버지되심과 인간의 형제됨이었다"; 고전적인 진술은 Harnack, *What Is Christianity*?의 것이었다(위의 §8 n. 10을 보라).

6) 물론 Bultmann은 고전적인 주창자(主唱者)였다; 예를 들어, M. Parsons, "Being Precedes Act: Indiacative and Imperative in Paul's Writing," in Rosner, ed., *Understanding* 217-47(특히 222-24)에 나오는 비판을 보라.

7) 고전적인 진술은 M. Dibelius, *From Tradition to Gospel* (London: Nicholson and Watson, 1934 = New York; Scribner, 1965), 특히 238이었다.

련하여 기능한 방식에 관하여 우리가 알고 있는 모든 것에 비추어 볼 때에 바울의 가르침이 실제 어떻게 작용하였는지를 알아보고자 하는 관심에 의해 촉발되었다고 말할 수 있다.[8] 그러나 다른 한편으로 바울 서신들에 대한 수사학적 분석이 발달하면서, 디터 베츠(Dieter Betz)가 말한 대로 "권면은 수사학 자체에는 아닐지라도 적어도 고대의 수사학 지침서들에서는 단지 주변적인 역할만을 하고" 있기 때문에, 즉각적으로 문제가 야기되었다.[9] 특히 우리는 로마서를 우리의 서술의 원판(原版)으로 사용하고 있기 때문에, 오직 최근에 와서야 로마서가 단순히 교의(教義)를 설명해 놓은 책이 아니라 로마 회중 가운데 있었던 실제 문제들을 다룬 진정한 서신임이 인식되어 왔다는 점을 주목할 필요가 있다.[10]

이러한 여러 장애들에도 불구하고 바울의 윤리는 '직설법과 명령법'으로 요약될 수 있다는 것이 지금까지의 정설(定說)이었다. 이것은 바울의 윤리에 대한 19세기와 20세기의 해석사를 검토하여 얻은 빅터 퍼니쉬(Victor Furnish)의 주된 결론이었고, 그는 이것을 자신의 연구의 주요 전제들 가운데 하나로 삼았다: "직설법과 명령법의 관계, '신학적' 선포와 '도덕적' 권면의 관계는 바울의 윤리를 해석하는 데 가장 결정적인 문제이다."[11]

---

8) 위의 §1 n. 31을 보라.

9) Betz, *Galatians* 254. 또한 위의 §1.2과 n. 36을 보라.

10) 예를 들어, Donfried, *Romans Debate*와 A. J. M. Wedderburn, *Reasons*에 나오는 논의를 보라. 이전의 태도를 반영하고 있는 것은 Nygren과 Murray의 주석서들인데, 그들은 로마서 12~16장에 대한 관심이 상대적으로 결여되어 있다; 그리고 지금은 cf. Stowers, *Rereading*. Rosner, *Understanding* 1-2도 Hübner의 "Paulusforschung seit 1945"을 인용하면서 바울의 윤리에 대한 관심의 상대적인 결여를 지적하고, 160쪽이 넘는 글에서 오직 6쪽만을 윤리에 할애하고 "하나님의 의"에 대해서는 15쪽을 할애하는 대조적인 면을 언급한다.

11) Furnish, *Theology* 9, 특히 242-79에 나오는 개관. 이 정형문은 여전히 인기를 누리고 있다: Ridderbos, *Paul* 253-58; Beker, *Paul* 257-78; Schrage, *Ethics* 167-72; Marxsen, *New Testament Foundations* 180-224; Schnackenburg, *Botschaft* 2.27-29; Parsons, "Being Precedes Act" (n. 6 above); Strecker, Theologie 206-8을 보라. Bultmann's 논문인 "The Problem of Ethics in Paul" (1924; ET in Rosner, ed., *Understanding* 195-216)은 바울 신학에서 직설법-명령법의 신학적 논리를 확립하는 데 결정적인 역할을 한 것으로 널리 인정받는다(Schrage, *Ethics* 169; Rosner, ed., *Understanding* 18). 또한 Penna, *Paul* 2.163-73을 보라.

이것은 분명히 바울 자신의 신학에 대한 구조화를 철저히 반영하고자 한 본서에서의 바울 신학의 체계화와 일치한다. 따라서 '직설법'은 두 가지 중요한 계기를 갖고 있었다. 첫째는 그리스도 사건, 즉 그리스도의 생애, 그러나 특히 그리스도의 죽음과 부활(§§8-11)이다. 둘째는 구원의 시작, 즉 우리가 5장에서 분석한 모든 것이다. 이 두 계기는 모두 위에 인용한 로마서 6:4a에 잘 포착되어 있다. 마찬가지로 '명령법'도 두 가지 상응하는 강조점들, 구원의 시작의 일회적인 부정과거(aorist)들에 상응하는 한 세트의 현재진행시제들 중의 하나라 할 수 있다. 첫번째의 것은 은사와 성례전은 말할 것도 없고[12] 고전적으로 성화(聖化)라는 견지에서 표현되는 하나님의 붙드시는 은혜(의)를 강조한다.[13] 두 번째의 것은 이와 관련된 인간의 책임, 곧 명령법을 강조한다. 지속적인 구원 과정의 이 두 요소는 위에 인용된 빌립보서 2:12-13에 잘 나타나 있다. 빌립보서 1:6과 갈라디아서 3:3도 동일한 표현을 사용해서 구원 과정의 두 측면(하나님과 인간)을 잘 요약하고 있다. 빌립보서 1:6 : "너희 안에서 착한 일을 시작하신 이가 그리스도 예수의 날까지 이루실 줄을 우리는 확신하노라." 갈라디아서 3:3 : "너희가 이같이 어리석으냐 성령으로 시작하였다가 이제는 육체로 마치겠느냐."[14]

또한 바울이 예민하게 의식하고 있었던 구원 과정의 불가피한 특징인 종말론적 긴장도 직접적인 관련이 있다(§18). 왜냐하면 현세와 내세 사이에서의 '이미-아직'의 삶은 곧바로 바울의 윤리의 직설법과 명령법으로 변환되기 때문이다.[15] 앞에서 살펴보았듯이(§18.6(5)), 바울의 윤리를 인간 개인과 제도들(교회도 예외가 아니다)에서 현실적으로 예상할 수 있는 문제에서 그토록 현실적이게 만드는 것은 죄와 사망의 권세의 지속적인 활동 및 육체의 지속적인 연약함에 대한 그의 인식이다. 현세와 내세가 중첩되는 시기에 모든 행위는 크든 작든 결함이 있을 수

12) Cf. Schrage, *Ethics* 174-81.

13) Furnish는 롬 6:12ff.와 관련하여 이렇게 말한다: "의는 그들이 '행할' 수 있는 권능 속에 있다는 것이 아니라 그들이 서 있는 바 하나님의 권능이다"(*Theology* 196).

14) 또한 위의 §18.1과 n. 2를 보라.

15) Sampley, *Walking* 7-24, 108-9; "Reasoning from the Horizons of Paul's Thought World: A Comparison of Galatians and Philippians," in Lovering and Sumney, *Theology and Ethics* 114-31을 보라. 이러한 긴장은 로마서 13장과 고후 4:16~5:10에서의 일련의 논의가 잘 보여 준다.

밖에 없다. 현세에서 완전할 가능성이 없듯이, 바울은 여러 교회들과의 체험을 통해서 자신의 어떤 방침이나 결정이 동료 그리스도인들 모두의 찬성을 받을 가능성은 현실적으로 거의 없다는 것을 알았을 것이다. 타협(바울은 아마도 '원칙에 의거한' 타협이라는 말을 선호했을 것이다)은 두 시대 사이에서 살아가는 자들의 윤리적 결정들의 불가피한 특징이다. 그러한 타협이 정말 불가피했는지, 그것이 무엇을 의미하지 않았는지, 실제로 그것은 무엇이었는지, 또는 다른 식으로 표현하자면 '아직'의 현실들이 '이미'의 윤리적 작용들을 어떻게 제약했는지를 입증하는 것이 §23의 주된 과제들 중의 하나가 될 것이다.

그러므로 직설법은 명령법을 위한 필수적인 전제요 그 출발점이라는 것이 널리 인정받고 있다. 그리스도께서 행하신 일은 신자가 해야 할 일의 토대가 된다. 구원의 시작은 새로운 생활방식의 시작이다. 신자는 "새로운 피조물"이 됨으로써 "새 생명 가운데" 행하는 것이 가능해졌다.[16] 직설법 없이는 명령법은 불가능한 이상(理想)이요 결단과 소망의 원천이 아니라 절망의 근원이 된다.[17] 명령법은 직설법의 소산(所産)이어야 한다. 쿨만(Cullmann)의 말을 빌면, "원시 기독교에서 신학 없는 윤리는 결코 생각할 수 없다. 모든 '당위'(Ought)는 '존재'(Is)에 의거한다. 명령법은 직설법에 굳게 닻을 내리고 있다."[18] 여기서 다시 한 번[19] 바울의 윤리에서 종말론적 동기가 단지 '아직'이 아니라 일차적으로 '이미'로부터 나온다는 것을 주목할 필요가 있다.[20]

또한 이와 아울러 명령법도 강조할 필요가 있다. 바울의 권면을 보충의 글 정도로 여기는 것은 바울의 신학을 오해하는 것이다. 명령법은 직설법의 필연적인 소산(所産)이다. 명령법 없이는 그리스도인은 교회와 세상 안에서 책임 있는 인간이

---

16) "새로운 피조물" — 고후 5:17; 갈 6:15. "새 생명" — 롬 6:4; cf. 7:6.

17) 이것은 자유주의적 도덕이 실패한 이유였다: 그것이 현실적인 모델을 제공하려 한 것이라면, "예수의 윤리"는 실제로 "바울의 복음"에 의존한다.

18) Cullmann, *Christ and Time* 224.

19) §18.1에서처럼.

20) 롬 13:11-14; 고전 7:29-31; 그리고 살전 5:1-11에도 불구하고. 예를 들어, 롬 14:7-12; 고전 7:32-35; 갈 5:16-26과 비교해 보라. 바울의 윤리의 "종말론적 기초"를 말하면서, Schrage는 종말론을 지나치게 미래 기대라는 견지에서 정의한다(*Ethics* 181-86; cf. Schnackenburg, *Botschaft* 2.23-26). 또한 위의 §18.1을 보라.

될 수 없다. 명령법 없이는 그리스도의 몸은 그리스도의 분량으로 자랄 수 없다. 명령법을 표현하는 가장 흔한 길은 핀다르(Pindar)의 옛 말을 빌면 "네 본연의 모습이 되라"이다.[21] 이런 식으로 직설법/명령법을 아주 간결하게 요약하고자 하는 시도는 칭찬할 만하다. 그것이 종말론적 긴장을 충분히 표현하고 있느냐의 여부는 별개의 문제이다.[22] "네가 되어가고 있는 모습으로 되어라"도 로마서 6:11 등의 권면의 '이미-아직'의 모습을 더 효과적으로 포착한 꽤 쓸 만한 정식(定式)일 것이다. 또한 "하나님께서 너희 안에서 이루어 내셨고 계속해서 이루어 내시는 것을 이루어 내어라"[23]는 말도 좋은 표현이다.

어쨌든 우리의 논의에서 직설법/명령법의 강조점을 반영하는 것이 좋을 것인데, 이 일은 바울의 권면의 근거가 되는 원칙들을 5장에서 분석한 결정적 전환의 세 측면들 — 이신칭의, 그리스도에의 참여, 성령의 은사 — 과 결부시킴으로써 가장 잘 행해질 수 있다.[24] 예비적인 논의에서 이미 밝혀졌듯이, 바울의 윤리는 그의 복음으로부터 직접적으로 나오고, 그의 복음과의 직접적인 연속성을 표현하고 있다. 따라서 우리는 §23에서는 바울의 윤리의 원칙들에 초점을 맞추고, §24에서는 그의 윤리적 가르침이 실제 어떻게 실천되었는지를 살펴보고자 한다.

§23.2 다시 한 번, 율법

그러나 우리가 아직 다루지 않은 바울의 윤리와 관련된 한 가지 중요한 문제가 있다. 그것은 직설법과 명령법이라는 문제보다 더 깊은 근저에 있는 문제이고, 다른 어떤 것들보다 더 골치 아프고 끈질긴 것으로 밝혀진 문제인데, 바로 율법, 모

21) Pindar, *Pythian* 2.72; 이 금언의 온전한 형태는 genoi' hoios essi mathon("너희가 배워온 것이 되어라")이다(이 표현은 나의 동료 Gordon Cockburn의 도움을 받은 것이다).

22) Cf. Merk, *Handeln* 37; Schrage, *Ethics* 170.

23) Schnackenburg, *Botschaft* 2.29.

24) Cf. "바울의 윤리 사상의 틀을 이루는 Hays의 세 가지 밀접하게 연관된 주제들": "현세와 충돌하는 새로운 창조물, 행동을 위한 모범으로서의 십자가, 하나님의 구원하시는 능력이 역사하는 장소로서의 공동체"(*Moral Vision* 19-36[특히 36]). 이것들은 "세 가지 중심 이미지들"을 구성하고, Hays는 이것들을 신약의 빛 아래에서의 윤리를 성찰하는 데 초점과 지침을 삼는다 — "공동체, 십자가, 새로운 창조"(196-98). 또한 교회에서 은사들을 분별하고 평가하는 판별 기준들을 참조하라(위의 §21.6).

세의 법, 토라의 문제가 그것이다. 왜냐하면 율법은 바울의 서신들에서 바울의 권면이 행한 역할과 동일한 것을 역사적 이스라엘의 종교에서 행했음이 분명하기 때문이다. 이스라엘의 계약신학에서 율법은 합의한 것들 중 이스라엘이 행할 몫이었고, 하나님의 택하신 은혜에 이스라엘이 어떻게 응답할지를 지시해 놓은 내용들이었다. 바울이 직설법에서 명령법으로 넘어갔듯이, 사실 토라도 그렇다. 달리 말하면, 토라/오경은 율법이 되기 이전에 복음이었다. 그렇지만 바울은 율법과 복음을 아주 첨예하게 대립시키고 있는 것처럼 보이고,[25] 따라서 복음/율법이라는 대비는 개혁신학을 요약하는 근본적인 것이 되었다. 따라서 바울의 윤리에서 율법이 계속해서 어떤 역할을 한다는 것은 생각할 수도 없게 되었다 — 특히 이방인 신자들에게.[26]

그러나 바울에 대한 새로운 관점은 바울의 율법 비판이 과연 신중하게 다루어졌느냐 하는 문제를 새롭게 제기하였다. 그리고 이것이 이 분야로의 우리의 앞선 두 번의 출격에서 우리가 발견한 바로 그것이다.[27] 바울의 율법 비판은 일차적으로 죄에 의한 율법의 오용(誤用), 율법이라는 방패막이가 하나님 앞에서 다른 민족들과는 다른 특권적인 지위를 계속해서 제공해 준다는 이스라엘 사람들의 생각을 향한 것이었다. 이것이 사실이고, 바울에게 율법/복음의 대비가 그렇게 전면적인 것이 아니라면, 그리스도인의 행실을 지도하면서 율법의 지속적인 기능이라는 문제가 다시 한 번 제기된다. 율법의 그 밖의 다른 기능들 — 죄를 정의하고 범죄를 단죄하는[28] — 은 여전히 신자들에게 작용하는가? 달리 말하면, "언약적 율법주의"가 기독교적 성격을 지닌다면, 바울의 윤리 자체가 일종의 언약적 율법주의라는 결론이 도출되는 것은 아닌가?[29]

---

25) 다시 한 번 롬 3:28; 4:13-16; 10:4; 갈 2:16, 21; 3:2, 10, 12-13; 5:4을 참조하라.

26) Rosner, *Understanding* 5-7에 나오는 Harnack, Lindemann, Hamerton-Kelly로부터 가져온 인용문들을 보라. 또한 예를 들어, J. Knox, *The Ethic of Jesus in the Teaching of the Church* (London: Epworth, 1962) 97-102; Westerholm, *Israel's Law* 205-16; cf. Penna, *Paul* 2.129-30, 146, 157-62. 그리고 Finsterbusch, *Thora* 11 n. 3에 나오는 이들.

27) 위의 §§6.5, 7과 14.4-6. 특히 cf. Finsterbusch, *Thora* chs. 3-5.

28) 위의 §6.3을 보라.

29) 나는 "언약적 율법주의"에 관한 Sanders의 해석에 대한 Hooker의 논평을 반영하였다: "많은 점에서 Sanders가 팔레스타인 유대교의 토대라고 주장하는 패턴은 바울이 말하는 그리스도인의 체험의 패턴과 정확히 들어맞는다: 하나님의 구원의 은혜는 인간의 응답으로

이러한 논쟁은 바울이 로마서와 갈라디아서에서 사용한 세 가지 어구를 중심으로 잘 이루어질 수 있다 — "믿음의 법"(롬 3:27), "성령의 법"(롬 8:2), "그리스도의 법"(갈 6:2).[30] 물론 문제는 이 세 구절에 나오는 '노모스'(nomos)를 율법이라고 번역하는 것이 옳은 것인지, 각각의 어구에 표현되어 있는 긍정적인 의미가 "율법"에 그대로 적용될 수 있는 것인지 하는 것이다. 이러한 질문들을 중심으로 열렬한 논쟁이 벌어지고 있다는 사실은 이러한 질문들을 제기하는 배경과 그에 주어진 답변들 간의 상호관계, 또 거기에 관련된 신학적 전제들과 민감성들을 보여 준다. 왜냐하면 흥미롭게도 이 대목에서 주석자들의 의견이 명백히 갈리기 때문이다. 한편으로 이 문제를 윤리라는 관점에서 접근하는 학자들은 별 어려움 없이 이 구절들에 나오는 "법"을 "율법"으로 해석하여 왔다. 그러나 이 문제를 바울과 율법에 관한 연구라는 관점에서 접근하는 학자들은 바울이 "율법"에 대하여 이토록 긍정적으로 말했다는 것은 상상할 수 없는 일이라고 생각하는 경향을 보여왔다.

예를 들어보자. 한편 우리는 빅터 퍼니쉬(Victor Furnish)가 "생명의 성령의 법"과 "그리스도의 법"이 "모세 율법의 총체이자 요체(要諦)"라고 너무 쉽게 결론을 내리고 있다고 본다.[31] 마찬가지로 에두아르트 로제(Eduard Lohse)도 이 세 구절들에 나오는 "율법"이 "토라의 원래의 의미"라고 말하고는, 이에 따라 율법은 "다시 한 번 '하나님의 거룩하고 의로우며 선한 의지'(롬 7:12)를 증거하는 그 원래의 목적을 담당할" 수 있게 되었다고 말한다.[32] 볼프강 슈라게(Wolfgang Schrage)의 논의도 마찬가지로 짧고, "그리스도의 법"이 어떤 식으로든 토라를 가리킨다는 것을 당연하게 받아들인다.[33] 그리고 루돌프 슈나켄부르크(Rudolf

---

서 순종을 불러일으킨다"(*Adam* 157).

30) 이 단원 및 다음 세 단원에서 나는 나의 " 'The Law of Faith,' 'the Law of the Spirit' and 'the Law of Christ,' " in Lovering and Sumney, *Theology and Ethics* 62-82을 많이 활용하였다.

31) Furnish, *Theology* 235; 또한 59-65, 191-94를 보라; 마찬가지로 *Love Command* 100.

32) Lohse, *Theological Ethics* 161-62.

33) Schrage, *Ethics* 206-7: "구약의 율법은 먼저 '그리스도의 법'이 되어야 하고 그 진정한 의도에 따라 해석되어야 한다(갈 6:2); 오직 그럴 때에만 율법은 그리스도인의 삶의 척도가 될 수 있다."

Schnackenburg)도 훨씬 더 신중한 태도를 취하긴 하지만 어쨌든 "그리스도의 법"을 "율법의 완성"(롬13:10)으로서 사랑의 계명과 동일시하는 일반적인 견해를 따른다.[34)]

이와는 대조적으로 초점이 바울과 율법이라는 문제에 맞춰지게 되면, 앞의 세 구절들은 특히 문제가 있는 것으로 보아져왔다. 율법과 복음을 대립적으로 보는 전통적인 관점에서 이 구절들을 보는 학자들은 여기서 다른 법을 염두에 두고 있다거나 '노모스'(nomos)라는 말을 "율법"으로 번역해서는 안 된다는 입장을 취해 왔다. 예를 들어, 가장 최근의 논의에서 스티븐 웨스터홈(Stephen Westerholm)은 바울에게 모세 율법은 또 다른 율법이 아닌 성령으로 대체되었다고 주장하고, "그리스도의 법"이라는 표현은 "모세 율법이라는 표현을 원용(援用)하여 그리스도인에게 합당한 생활방식을 표현하기 위해 느슨하게 사용된" 것이라고 추론한다.[35)] 그리고 프랭크 틸만(Frank Thilman)은 "믿음의 법," "성령의 법"은 모세 율법과는 다른 법으로서 그리스도의 속죄 사역 — "그리스도의 희생제사로 말미암아 세워진 새 계약" — 을 가리킨다고 주장한다.[36)] 그러나 가장 중요하고 영향력 있는 대안(代案)은 헤이키 레이제넨(Heikki Räisänen)의 저작에서 제기되었다. 그는 로마서의 두 핵심 구절(3:27; 8:2)에 나오는 '노모스'는 일종의 단어유희로서 "믿음의 질서," "성령의 질서"로 번역되어야 한다고 주장했다.[37)] 마찬가지로 갈라디아서 6:2에 대해서도 그는 '노모스'는 "로마서 3:27 또는 8:2에서와 마찬가지로 느슨하게, 거의 은유적으로 사용되고 있으며, 그리스도의 '노모스'를 이루라는 것은 그리스도 안에서의 삶에 합당한 방식을 따라 살라는 것으로서 … 그리스도의 '법'은 문자 그대로의 율법이 아니다"라고 생각한다.[38)]

이러한 의견 차이가 보여 주듯이, 바울의 권면에서 모세 율법의 지속적인 타당성에 관한 논의를 "법"이라는 단어가 등장하는 이 세 구절에만 초점을 맞춰 진행

---

34) Schnackenburg, *Botschaft* 2.43-44: 롬 8:2의 "법"은 "죄와 사망을 불러오는 모세의 강제적인 법이라는 의미에서가 아니라 자유케 하고 하나님의 뜻을 행하도록 이끌며 성령을 통해서 가능해지는 삶의 행실이라는 의미에서의 법"이다.

35) Westerholm, *Israel's Law* 214 n. 38.

36) Thielman, *Paul* (§6 n. 1) 201-2. 하지만 또한 210쪽에 있는 제한조건에 유의하라.

37) 위의 §6.2 n. 30을 보라.

38) Räisänen, *Law* 80-81; Penna, *Paul* 2.141-42, 144-45도 이를 따른다.

하는 것은 잘못일 것이다. 앞으로 보게 되겠지만, 이 구절들을 잘 검토하면, 더 큰 문제들이 꽤 효과적으로 밝혀지게 된다. 그러나 이러한 "법" 어구들에만 관심을 집중시키게 되면, 논란이 되는 주해(註解)에 지나치게 의존하게 됨으로써 논의를 지나치게 왜곡시키고 오도하게 될 위험성이 있다. 그러나 우리는 바울의 윤리의 근본적인 원칙들은 그의 복음의 강조점들을 직접적으로 반영하는 용어들로 요약될 수 있다고 이미 말한 바 있다 — '믿음'에 의한 의인(義認, 즉 이신칭의), '그리스도'에의 참여, '성령'의 은사.[39] 세 개의 "법" 어구가 이 세 강조점과 아주 긴밀하게 대응된다는 것은 우연의 일치로 보기 힘들다 — "'믿음'의 법," "'성령'의 법," "'그리스도'의 법." 따라서 바울의 윤리적 원칙들을 간단히 "믿음," "성령," "그리스도"로 요약하는 것도 중요하겠지만, 각각의 원칙 아래에서 이에 대응하는 "법" 어구에 대해서도 논의하는 것이 적절할 것이다. 앞으로 보게 되겠지만, 이 세 가지 "법" 어구들의 가치는 바울이 이 세 가지 강조점(믿음, 성령, 그리스도)을 복음에 제시된 의(義)만이 아니라 윤리의 의도 핵심이 된다고 보았다는 사실을 이 것들이 특히 선명하게 보여 준다는 것이다.

§23.3 믿음과 "믿음의 법"

바울 서신들에서 믿음은 지금까지 대체로 구원론적 개념, 그러니까 개인과 교회가 하나님의 구원하시는 은혜를 받는 수단으로만 생각되어온 것이 사실이다. 바울의 신학에 관한 논의들에서 "이신칭의"라는 정식(定式)이 확고하게 정립되어 있었던 것도 그러한 인상을 강화하는 데 일조해 왔다. 실제로 바울은 칭의를 다루는 대목들에서 이 용어를 매우 집중적으로 사용하였다.[40] 그러나 사실 믿음은 바울에게 윤리적 개념, 신자들이 살아나가는 것과 관련된 개념으로도 아주 중요하다. 바울에게 믿음은 모든 하나님의 은혜에 대한 인간의 응답으로서 하나님의 변화시키는 능력이 개인과 교회의 삶으로 흘러들게 하는 접합점(junction box)이다. 이 점은 별 어려움 없이 입증된다.

로마서에서 믿음에 대한 첫 번째와 마지막 언급[41]이 그리스도인의 책임 있는

39) §§14-16. 우리가 순서를 다르게 배열한 것은 이 세 원칙에 관한 명시적인 가르침의 양을 반영한 것이다. 특히 cf. Merk, *Handeln* 4-41.

40) 위의 §14.7과 n. 153을 보라.

삶을 위한 수단이라는 의미를 지니고 있다는 것은 놀라운 사실이지만 그리 주목받지 못한 사실이기도 하다. 바울은 로마서 1:5에서 자기 자신을 소개하면서 자신의 사도직의 목적을 "믿음의 순종을 위한 것"으로 묘사한다. "순종"(hypakoe — 휘파코에)이라는 말은 바울 당시에 어느 정도 알려져 있던 단어였다.[42] 그러나 이 단어가 기독교 용어로 정립된 것은 특히 바울이 이 용어를 자신의 신학에 적극적으로 활용하면서부터인 것 같다.[43] 이 단어가 동사 "듣다"(akouo)에서 파생되었다는 사실은 이 단어가 히브리어 '샤마아'(shama', "응답하여 듣다")의 풍부한 의미를 보유하고 있음을 의미한다[44] — 응답의 들음으로서의 "순종." 그러므로 "믿음의 순종"이라는 표현은 믿음을 단순히 수동적으로 받아들인다는 뜻(receptive)이 아니라 적극적으로 응답한다는 뜻(responsive)으로 특징짓고 있는 것이다. 짧은 형태인 '아코에 피스테오스'(akoe pisteos)가 "믿음으로 듣는 것"을 의미한다면,[45] 긴 형태인 '휘파코에 피스테오스'(hypakoe pisteos)는 그러한 들음이 필연적으로 낳게 되는 응답을 의미한다. 따라서 그러한 응답은 처음 결단의 순간만이 아니라 그 후의 순종에서도 이루어진다.[46] 바울은 신자를 "노예, 종"으로 묘사하는 이미지를 좋아하지 않았고,[47] 따라서 노예처럼 순종한다는 개념도 품지 않았을 것이다.[48]

로마서에서 마지막에 나오는 믿음에 대한 세 번의 언급(14:22-23)도 특히 시사하는 바가 크다:

---

41) 롬 1:5; 14:22-23(3번). 롬 16:26은 일반적으로 나중에 이 서신에 첨가된 것으로 여겨지는 짧은 단락(16:25-27)의 일부이다(필자의 *Romans* 912-13 n. a를 보라).

42) LSJ와 MM, hypakoe.

43) 롬 1:5; 5:19; 6:16(2번); 15:18; 16:19, (26); 고후 7:15; 10:5-6; 살후 1:8; 몬 21; 신약의 다른 곳에서는 오직 상대적으로 "바울적인" 서신들에서만(히 5:8; 벧전 1:2, 14, 22).

44) BDB, shama' 1.k-n.

45) 갈 3:2, 5(위의 §14 n. 107을 보라). Cf. "순종"과 "믿음"을 어느 정도 동의어로 취급하는 롬 10:16-17: "그들이 다 복음을 순종하지(hypekousan) 아니하였도다 이사야가 이르되 주여 우리가 전한 것(akoe)을 누가 믿었나이까(episteusen) 하였으니 그러므로 믿음(pistis)은 들음(akoe)에서 나며 …"

46) 자세한 것은 Furnish, *Theology* 182-87; 특히 Nanos, *Mystery* 222-37을 보라.

47) 롬 1:1; 고전 7:22; 고후 4:5; 갈 1:10; 빌 1:1.

48) 롬 6:16-17; 골 3:22; 엡 6:5.

네게 있는 믿음을 하나님 앞에서 스스로 가지고 있으라 자기가 옳다 하는 바로 자기를 정죄하지 아니하는 자는 복이 있도다 의심하고 먹는 자는 정죄되었나니 이는 믿음을 따라 하지 아니하였기(ek pisteos) 때문이라 믿음을 따라 하지 아니하는 것은(ek pisteos) 다 죄니라.

이 구절은 식사를 할 때에 편을 가르는 관행에 관한 바울의 권면의 결론부에 온다. 바울에게서 흔히 그렇듯이, 여기서 "믿음"은 하나님에 대한 신뢰 또는 의지(依支)인데,[49] 여기서는 특히 이것이 이 문제에 대한 개인의 처신과 관련되어 있다(오직 채소만을 먹든지, 아니면 자유롭게 아무것이나 먹든지에 관한).[50] 바울은 신자들마다 믿음의 강도(强度)가 서로 다르다고 생각한다 — 그러므로 "믿음이 연약한"(14:1) 사람도 있고 "믿음이 강한"(15:1) 사람도 있다.[51] 그러나 믿음은 언제나 동일한 성격을 갖는다. 여기에서 우리에게 중요한 것은 두 가지다. 첫째는 개인의 행위를 결정짓는 것이 바로 이 믿음이라는 것이다. 바울은 여기서 믿음의 개인적이고 사적인 성격을 강조한다: 따라서 하나님에 대한 자신의 믿음이 얼마나 깊은지를 공개적으로 과시해서는 안 된다(14:22a). 둘째는 이 믿음은 특히 미묘하고 의견이 분분한 문제들에서의 행위를 판단하고 규율하는 기준이라는 것이다. 행위는 그 믿음과 합치하여야 한다. 즉, 행위는 하나님에 대한 신뢰 관계로부터 나와야 하고, 그 신뢰관계를 표현하는 것이어야 한다는 말이다. 그러한 기본적인 신뢰와 상반되는 방식으로 행하는 것은 스스로를 단죄하는 것이다(14:22b-23a).[52] 사실 하나님에 대한 그러한 기본적인 신뢰로부터 나와서(ek pisteos) 그

49) 앞서의 빈번한 사용을 반영하고 있는 거의 전문적인 어구인 ek pisteos를 주목하라(1:17; 3:26, 30; 4:16; 5:1; 9:30, 32; 10:6). 이 견해는 다수설에 배치된다(예를 들어, 필자의 *Romans* 827-29에 인용된 이들을 보라).

50) 자세한 것은 아래의 §24.3을 보라.

51) 마찬가지로 12:3 — 서로 다른 믿음의 분량들; §위의 §20 n. 137을 보라.

52) 바울은 개인들이 어떤 문제에 대하여 의심을 품었을 때에 행동하지 말아야 한다는 일반적인 규칙을 말하고 있는 것이 아니다; 그러면 대부분의 행위들은 마비되고 말 것이다. 그는 미묘하고 의견이 갈릴 수 있는 상황들 속에서 무분별하게 행동할 위험성을 염두에 두고 있다 — 여기에서는 음식법의 준수는 여전히 그의 신앙의 일부라고 확신하면서도 그러한 확신을 거슬러 행동하도록 다른 사람들의 꾐에 넘어갈 수 있는 구체적인 예(마찬가지로 고전 8:10-12). 바울 서신에서는 오직 여기와 4:20에만 나오는 "의심"(diakrinomai)은 "자기 자신

신뢰를 표현하는 것이 아닌 행위는 모두 죄이다(14:23b).

이것은 인간의 상태에 관한 바울의 앞서의 분석과 일치한다. 인간의 타락에 관한 바울의 진단은 창조주가 인간을 창조주와 피조물의 관계를 가지도록 창조했다는 이해에 토대를 두고 있기 때문이다. 인간의 죄와 불의의 뿌리와 핵심은 하나님을 하나님으로 인정하지 않고(1:21) 하나님께서 주신 것으로 살아가지 않는 것이다.[53] 그러나 이것은 단지 "믿음"이 무엇인가를 말하는 또 다른 방식일 뿐이다. 아담은 하나님을 믿지 않았고, 하나님께서 창조주로서의 책임에 신실하시다는 것을 신뢰하지 않았기 때문에 범죄하였다. 그리고 아브라함은 구원과 관련된 믿음만이 아니라 피조물로서의 믿음과 관련해서도 아담과 대비되는 모범을 보여 준다: 그는 하나님이 "죽은 자를 살리시며 없는 것을 있는 것으로 부르시는 이"(4:17)임을 믿었다.[54] 여기서 말하는 믿음은 믿는다는 단번의 행위가 아니라 살아가는 것 전체를 포괄하는 지속적인 관계로서 생명의 능력이 흘러들어오는 "통로"인 믿음이다.

또한 믿음에 대한 이러한 이해는 특히 칭의와 관련하여 우리가 살펴보았던 것과도 일치한다. §14에서 우리는 하나님의 의를 단순히 신자와 관련된 단번의 행위가 아니라 하나님의 최후의 완성에 이르기까지의 지속적인 은혜로 이해해야 한다는 점을 지적한 바 있다.[55] 바로 이러한 인식으로 말미암아 우리는 칭의에 관한 바울의 가르침을 2:12-16에서 최후의 심판에서 의롭다고 여김을 받을 것이라는 다소 수수께끼처럼 들릴 수 있는 말을 결부시켜서 잘 파악할 수 있게 된다. 왜냐하면 우리는 믿음으로 말미암는 의의 관계가 믿음에서 나오는 행위("믿음의 순종")를 포함하는 것으로 볼 수 있고, "행위에 따른" 심판[56]을 이신칭의와 관련하여 고찰할 수 있기 때문이다.

게다가 성경에 나오는 계약의 의(義)라는 개념이 수직적 차원만이 아니라 수평적 차원도 지닌다고 말하는 것도 틀리지 않을 것이다. 십계명이 두 돌판으로 되어 있다는 사실 — 하나님에 대한 책임과 사람들에 대한 책임 — 이 이것을 상징한

과 불화하다, 주저하다, 의심하다"라는 의미를 갖는다(BAGD 2b).

53) 자세한 것은 위의 §4.4을 보라.

54) 필자의 *Romans* 217-18을 보라.

55) §14.2과 §18.2을 보라.

56) 위의 §§2.4, 6.3, 18.6을 보라.

다.[57] 그리고 이것은 과부, 고아, 객, 가난한 자들에 대한 특별한 관심,[58] 종교적 의무와 사회적 의무는 서로 얽혀 있다는 예언자들의 거듭된 경고들에 의해 표현된다.[59] 바울은 이 점을 따로 서술하지는 않으나, 그의 의(義) 개념 자체가 이러한 성경적 개념에 의해 결정되고 있기 때문에, "의의 열매"(고후 9:10)로서 연보(捐補)에 대한 그의 언급이 보여 주듯이 그것은 이신칭의에 관한 그의 신학에 함축되어 있다고 해야 한다.[60]

우리가 잠시 범위를 넓혀서 이신칭의에 관한 바울의 다른 중요한 서술을 포함시킨다면, 두 개의 구절을 특히 주목할 필요가 있다. 갈라디아서 2:20에서 바울은 자기 자신이 "하나님의 아들을 믿는 믿음 안에서 사는 것이라"고 말한다.[61] 이 구절은 율법의 행위로 사는 생활양식과 대비되는 차원에서 등장하기 때문에(2:11-18; 3:2, 5),[62] 바울은 이 말을 하면서 매일매일의 삶을 생각하고 있었을 것이 틀림없다. 그는 믿음 안에서, 그리고 믿음으로 삶을 살았다. 이 말에 덧붙여진 표현("나를 사랑하사 자기 자신을 버리신")은 바울이 예수의 삶을 자신의 삶을 위한 본(本)으로 보았다는 뜻을 함축하고 있다. 하나님의 아들을 믿는 믿음으로 산다는 것은 하나님의 아들이 주는 자원(資源)들과 하나님의 아들이 스스로를 드리신 것에 의해 고무된 동기를 따라 살아간다는 것을 의미한다.[63]

이러한 추론은 갈라디아서 5:6에 의해 어느 정도 확증된다 — "그리스도 예수 안에서는 할례나 무할례나 효력이 없으되 사랑으로써 역사하는[64] 믿음 뿐이라." 여기서 대비되고 있는 것도 할례에 의해 특징지워지고 율법 전체에 의해 결정되는 생활양식이다(5:3). 믿음은 삶을 위한 다른 동기와 수단을 제공한다는 점에서 이것과 대비된다 — "사랑으로써 역사하는 믿음." 할례 → 율법 전체는 믿음 →

57) 출 20:2-17; 신 5:6-21.

58) 예를 들어, 신 10:17-18; 24:10-22; 슥 7:9-10.

59) 예를 들어, 사 5:3-7; 겔 18:5-9; 암 5:21-24; 미 3장. 자세한 것은 필자의 "Justice of God" (§14 n. 1)를 보라.

60) 또한 아래의 §24.8a을 보라.

61) 위의 §14.8을 보라.

62) 위의 §§14.4-5을 보라.

63) 자세한 것은 아래의 §§24.5-6을 보라.

64) energoumene. "능력을 행하는"으로 번역할 수 있다(cf. 갈 2:8과 3:5).

사랑과 대응된다. 우리는 마치 믿음은 시작이고 사랑은 그 결과라도 되는 양 이 두 개념을 따로 분리하지 않도록 주의해야 한다.[65] 바울 서신의 다른 곳에서 이 두 개념이 밀접한 연관하에서 사용되는 것이 보여 주듯이,[66] 이 어구는 단일 개념처럼 사용된다 — 사랑으로써 역사하는 믿음, 사랑에 의해 원동력을 얻는 믿음. 그렇다고 해서 (후대의 용어를 사용하여 표현한다면) 바울이 믿음을 "행위로" 변질시켰다거나 '오직 믿음'(sola fide)이라는 원칙에 타협을 가했다는 뜻은 아니다. 이와는 반대로 이것은 '오직 믿음'의 원칙이 바울의 신학 전반에 걸쳐 — 그의 윤리 전체에도 — 얼마나 철저하게 관철되었는가를 보여 준다. 왜냐하면 사랑 속에서 표현되는 것은 하나님의 은혜에 대한 철저한 의뢰와 열린 마음으로서의 믿음이기 때문이다. 믿음을 통해서 이미 받은 의(3:6-9)로부터 아직 경험하지는 않았으나 열렬히 대망하는 의(5:5)에 이르기까지 이신칭의의 전 영역을 이어 주는 것은 바로 이 사랑으로써 역사하는 믿음이다.

바울을 믿음과 율법을 대비시킨 자로 보게 만든 갈라디아서 2:17-21과 5:2-6은 또 하나의 중요한, 그렇지만 골치 아픈 문제를 불러일으킨다. 이와 관련하여 우리는 바울에 의해 사용된 "법" 어구들 중 첫 번째의 것 — "믿음의 법"(롬 3:27) — 을 인용할 수 있는가? 이 구절을 다시 인용한다면, 그 장의 끝 부분까지 계속해서 인용하는 것이 중요하다 — 3:27-31:[67]

> 그런즉 자랑할 데가 어디냐 있을 수가 없느니라 무슨 법으로냐 행위로냐 아니라 오직 믿음의 법(nomos)으로니라 그러므로 사람이 의롭다 하심을 얻는 것은 율법(nomos)의 행위에 있지 않고 믿음으로 되는 줄 우리가 인정하노라 하나님은 다만 유대인의 하나님이시냐 또한 이방인의 하나님은 아니시냐 진실로 이방인의 하나님도 되시느니라 할례자도 믿음으로 말미암아 또한

65) 이론으로서 믿음과 실천으로서 사랑이 아니라(Betz, *Galatians* 264와 n. 100을 보라).

66) Cf: 고전 13:13; 16:13-14; 골 1:4; 살전 1:3; 3:6; 5:8; 살후 1:3; 몬 5-7; 엡 1:15; 3:17; 6:23. 그러나 갈 5:6은 믿음을 사랑이라는 견지에서 정의한다는 점에서 바울 서신 중에서 독특하다.

67) 롬 3:31은 3:27-31의 결론임이 분명하기 때문에, 그 앞의 문맥에서 분리하여 4장의 도입부로 해석해서는 안 된다. 이 잘못된 주장을 Fitzmyer, *Romans* 366는 바르게 거부하고 있다.

무할례자도 믿음으로 말미암아 의롭다 하실 하나님은 한 분이시니라 그런즉 우리가 믿음으로 말미암아 율법(nomos)을 파기하느냐 그럴 수 없느니라 도리어 율법(nomos)을 굳게 세우느니라.

우리의 이전의 논의에 비추어 보면, 바울의 논증의 흐름은 분명하다.[68] 바울이 말하는 "행위의 법"은 이스라엘에게 행위들을 요구했다는 관점에서 이해된 토라(Torah)를 의미함에 틀림없다. 행위의 '노모스'는 2:17-23(3:27)의 자랑을 배제하지 않았다. 이와는 반대로 하나님은 오직 유대인만의 하나님이라는 결론을 내리게 만든 것은 바로 이러한 토라/'노모스'에 대한 협소한 이해였다(3:29). 그러나 그러한 결론은 잘못된 것이기 때문에('쉐마'[Shema]가 확인해 주듯이 — 3:29-30), 그 전제도 잘못된 것이다: '노모스'를 행위라는 관점에서 이해하는 것은 '노모스'를 오해하는 것이다. 만유의 하나님은 모든 이들을 믿음이라는 관점에서 다루시기 때문에, 연결점은 오히려 믿음에 의해 주어진다(3:30). 따라서 믿음은 '노모스'를 무효로 만드는 것이 아니라 도리어 '노모스'를 굳게 세운다(3:31). 이렇게 3:31이 3:27에서 시작된 논증을 완결하고 있고, 따라서 믿음에 의해 굳게 세워진 '노모스'가 "믿음의 '노모스'"에 대한 대답이라는 것은 국어 실력이 별로 없어도 금방 알 수 있다. 사실 3:31은 서두의 질문에 대한 바울의 대답이다: "어떤 유의 '노모스'에 의해서 자랑이 배제되느냐?" 바울의 대답은 "믿음의 '노모스'에 의해서," 즉 믿음에 의해 세워진 '노모스'에 의해서이다. 이 두 '노모스'는 동일하다.[69]

게다가 각 경우의 '노모스'를 율법/토라 이외의 어떤 것으로 이해하게 되면 바울의 논증의 통일성은 상실되고 만다.[70] 왜냐하면 바울이 율법과 믿음에 관한 질

---

68) 위의 §14.5e을 보라.

69) 이러한 결론은 놀라울 정도로 보기 드물다; 그러나 Furnish, *Theology* 160-61, 191-94; Schnabel, *Law and Wisdom* 286-87; Osten-Sacken, *Heiligkeit* 23-33; Stuhlmacher, *Romans* 66-67; *Romans* 186에 나오는 다른 참고문헌들을 보라. 바울이 믿음과 모세 율법을 "분명하게 구별"하는 Moo, *Romans* 249와 비교해 보라. 3:27과 9:31-32의 비교가 확증해 주듯이, 이 주장은 '행위의' 율법에만 적용될 수 있다.

70) Räisänen(위의 n. 37)을 따라 여기서의 '노모스'(nomos)를 "질서"로 번역하는 Schreiner, *Law* 34-36와 여기서의 '노모스'를 "원칙"으로 번역하는 또 다른 가장 인기 있는

문을 3:31에서 제기하는 이유는 "행위의 법"에 대한 반박으로 말미암아 율법의 긍정적인 역할이 전혀 들어설 여지가 없는 것처럼 보이는 것을 그가 우려했기 때문이다. 그러므로 바울의 관심은 믿음과 율법은 서로 상반되지 않는다는 것을 재천명하는 것이었다: 율법은 행위의 관점에서 이해해서는 안 되고, 믿음의 관점에서 이해될 수 있고 또 이해되어야 한다.[71] 따라서 믿음은 율법을 폐하지 않고, 도리어 굳게 세웠다. 요컨대 바울은 '믿음'이 '율법'을 굳게 세운다고 믿었기 때문에 "믿음의 법"이라는 말을 사용할 수 있었다는 말이다.

이러한 결론은 9:30-32에 나오는 이와 비슷한 논리에 의해서 강화된다:

> 그런즉 우리가 무슨 말을 하리요 의를 따르지 아니한 이방인들이 의를 얻었으니 곧 믿음에서 난 의요 의의 법(nomos)을 따라간 이스라엘은 율법(nomos)에 이르지 못하였으니 어찌 그러하냐 이는 그들이 믿음을 의지하지 않고 행위를 의지함이라 부딪칠 돌에 부딪쳤느니라.

우리가 여기서 주목할 것은 학자들이 흔히 그 의미를 놓치는 대목인데, 그것은 바로 이스라엘이 "의의 '노모스'를 따라"갔으나 그 '노모스'에 이르지 못하였다고 바울이 말할 수 있었다는 것이다. 여기서 바울이 율법, 즉 토라를 염두에 두고 있었음이 분명하지 않다고 한다면, 이 문제는 이후의 해설인 10:4-5을 통해 명확하게 해명된다.[72] 우리의 논의와 관련이 있는 내용은 두 가지다. 첫째, 바울은 율법을 철저히 긍정적으로 언급한다: 이스라엘은 율법을 따라갔고, 그것은 따라갈 만한 선하고 합당한 목표였다 — "의의 법." 율법에 "의"라는 전적으로 긍정적인 말이 붙어서 "의의 법"이 되었다. 이스라엘은 그 율법에 이르지는 못했으나, 이러한 바울의 말 속에는 율법에 대한 그 어떤 비판도 담겨 있지 않다. 둘째, 이스라엘의 잘못은 율법을 따르는 데 있었던 것이 아니라 잘못된 방향으로 율법을 따랐다는

번역을 따르는 Fitzmyer, *Romans* 363은 이에 반대한다.

71) Cf. Hübner, *Law* 137-44.

72) 의외로 NRSV는 9:31에 대한 RSV의 잘못되고 역전된 번역을 그대로 유지하였다 — "율법을 토대로 한 의를 추구한 이스라엘은 그 율법을 성취하는 데 성공하지 못했다" — "율법"이 아니라 "의"를 이스라엘이 추구한 대상으로 번역한 것. 이 분명한 의미를 약화시키는 다른 시도들에 대해서는 필자의 *Romans* 581과 Fitzmyer, *Romans* 578을 보라.

데 있었다. 율법이라는 목표는 "믿음으로 말미암아"서만 다다를 수 있는 것인데도 불구하고, 이스라엘은 행위를 통해 율법에 이르고자 했다. 이스라엘은 결국 율법에 이르지 못했다. 왜? 그들은 믿음이 아니라 행위로써 의의 법을 따랐기 때문이다. 따라서 이 구절은 "믿음의 법"이란 믿음을 따라 추구된 율법을 다른 식으로 표현한 말이다.[73)]

이것은 로마서 9:30에서 시작되어 이어지는 논증에서 확인된다. 왜냐하면 로마서 10:6-8에서 바울은 "믿음으로 말미암는 의"에 대한 자신의 이해를 설명하기 위하여 의도적으로 신명기 30:12-14을 인용하기 때문이다. 그러나 바울은 신명기 30:11-14이 율법을 순종하는 것이 얼마나 '쉬운' 일인지에 관하여 말하는 내용인 줄을 아주 잘 알고 있었다.[74)]

> 내가 오늘 네게 명령한 이 명령은 네게 어려운 것도 아니요 먼 것도 아니라 하늘에 있는 것이 아니니 네가 이르기를 누가 우리를 위하여 하늘에 올라가 그의 명령을 우리에게로 가지고 와서 우리에게 들려 행하게 하랴 할 것이 아니요 이것이 바다 밖에 있는 것이 아니니 네가 이르기를 누가 우리를 위하여 바다를 건너가서 그의 명령을 우리에게로 가지고 와서 우리에게 들려 행하게 하랴 할 것도 아니라 오직 그 말씀이 네게 매우 가까워서 네 입에 있으며 네 마음에 있은즉 네가 이를 행할 수 있느니라.

그러나 로마서 10장에서 바울은 이 구절을 가져다가 "믿음의 말씀"(10:8)과 연결시켜서 해석한다. 여기서 중요한 것은 바울의 이 해석이 이 구절의 원래의 의미를 철저히 왜곡시킨 것으로 보아서는 안 된다는 것이다.[75)] 바울은 분명히 믿음

---

73) 로마서의 이 두 구절에서 바울의 요지는 다음과 같이 가시적으로 나타내 볼 수 있다:

롬 3장 — 율법 {
- 행위 → 자랑 → 오직 유대인만의 하나님(→ 무효화된 율법?)
- 믿음 → 자랑이 배제됨 → 이방인들의 하나님이기도 함 → 확고히 세워진 율법

롬 9장 {
- 이스라엘 → 행위 → 의의 율법
- 이방인 → 믿음 → 의의 율법

74) LXX 본문은 위의 §19.4b에 인용되어 있다.

의 말씀과 율법을 대립적인 것으로 보지 않았다. 분명히 그는 믿음의 말씀과 "마치 행위로부터 나오는 것으로"(9:32; 10:5) 이해된 율법을 대비시키고 있는 것이지 믿음의 말씀과 "믿음에서 난 것"(9:32; 10:6)으로 이해된 "의의 법"을 대비시키고 있는 것은 아니다. 바울이 신명기 30:11-14에서 말한 율법과 믿음의 말씀 사이에 쐐기를 박고자 하였다면, 바울이 이런 식으로 이 구절을 인용하여 해석한 것은 즉시 거부당했을 것이다.[76] 따라서 이 구절을 바울이 사용하였다는 것 자체가 바울에게 믿음의 말씀은 사실 올바르게 이해된 율법이었다는 것을 확증해 주는 것이다.

이로부터 도출되는 결론들은 분명한 것 같다. (1) 바울에게 율법은 의의 척도로서의 기능을 여전히 보존하고 있었다.[77] 그러나 (2) 그 척도는 오직 믿음으로 말미암아서만 "도달할" 수 있었다. 오직 하나님 앞에서 믿음으로, 그리고 믿음 안에서 살아가는 것만이 하나님이 구하시는 의(義)가 될 수 있었다. 이미 언급했듯이, 아브라함은 그러한 믿음이 무엇인지를 보여 준 훌륭한 모범이었다(4:18-21). 바울도 분명히 이를 제시하고자 하였다: 로마서 4장은 믿음이 굳게 세우는 율법, 즉 "믿음의 법"(3:31)을 예시하기 위한 것임이 분명하다. 달리 말하면, 바울에게 믿음은 하나님에 대한 전적인 신뢰(信賴), 아브라함 같이 하나님이 하실 수 있다는 것에 대하여 전적으로 의뢰(依賴)하는 것을 의미하였다. 바로 '이것'이 바울에게 순종의 뿌리였다. 순종이 이것으로부터 나오지 않았다면, 그 순종은 방향설정이 잘못된 것이다. "믿음의 순종"은 아브라함이 보여 준 하나님에 대한 신뢰와 의뢰로부터 나오는 순종이다.

그러므로 믿음의 법은 아브라함이 살았던 바 하나님에 대한 신뢰를 요구하고 촉진시키는 역할을 하는 율법이다. 이것은 율법의 어떤 부분들을 가리키는 것이 아니라 율법 전체의 기능을 서술하는 것이다. 이렇게 해서 우리는 바울이 율법의

75) 바울이 신 30:11-14에 대해 잘 확립되어 있던 유대적 해석 노선을 알고 있었고 활용하였을 것이라는 것(Bar. 3.39-40; Philo, *Post.* 84-85; *Targum Neofiti* on Deut. 30.11-14)은 잘 알려져 있다(예를 들어, 필자의 *Romans* 603-5; 위의 §19.4b을 보라).

76) 이와 같은 유대적 해석 노선(n. 75)은 신 30:11-14이 단순히 유대 율법이 아니라 좀 더 보편적인 원칙(하나님의 지혜, 선)을 염두에 두었다는 것을 기꺼이 인정하고 있음을 보여 준다. 또한 위의 §11.3c과 §19.4b을 보라.

77) 위의 §6.3과 §18.6을 보라.

전체 또는 특정내용의 타당성을 판단할 때 사용했던 판별기준을 알 수 있다. 하나님에 대한 의뢰를 지향하거나 중개하는 계명 또는 그러한 의뢰가 일상 생활에서 표현될 수 있게 돕는 계명은 다 여전히 하나님의 뜻을 표현하는 율법이었다. 역으로 믿음 이외의 것을 요구하는 율법, 하나님에 대한 신뢰를 표현하는 것만으로는 충족시킬 수 없는 계명, 그러한 믿음을 방해하고 훼방하는 율례는 다 그리스도의 오심에 의해서 폐기된 율법이었다. 복음이 '모든 사람'으로 하여금 그리스도를 믿음을 통해서 하나님에 대한 믿음을 표현할 수 있게 해 주게 된 지금, 그러한 믿음 이외의 것을 요구하는 것으로 이해된 율법은 사실상 그러한 믿음의 적이요, 불필요한 것으로 간주되어야 했다. 여기서 우리는 현세와 내세가 중복되는 시기가 계속되고 죄와 사망이 여전히 힘을 발휘하는 동안에는(§18) 생명을 위한 율법의 선한 목적이 사망을 위한 세력으로 계속해서 악용될 것임(롬 7:7-11)을 바울은 명확히 알고 있었다는 말을 덧붙여야 할 것 같다.

요컨대 하나님에 대한 믿음(그리스도 안에서 및 그리스도로 말미암은)은 바울에게 "의롭다 칭함을 받는" 것만이 아니라 올바르게 살아가는 것을 위한 토대이자 수단이었다. 하나님에 대한 이러한 피조물로서의 신뢰와 의뢰는 "믿음의 법"이라는 말로 표현될 수 있는데, 이는 오직 이러한 신뢰로 살아야만 율법이 원래 의도했던 하나님 앞과 사람들을 위한 삶을 살아갈 수 있기 때문이다. 그러한 신뢰 이외의 것을 요구하고 그러한 믿음의 특정한 실천을 요구하는 것은 율법과 관련한 과거의 실패를 반복하고 믿음의 율법을 행위의 율법으로 변질시키는 것이 된다. 하나님으로부터 약속을 받고 이타적인 사랑으로 매일매일을 살아갈 수 있게 해 주는 것은 바로 아브라함의 꾸밈 없는 믿음이다.

§ 23.4 성령과 "성령의 법"

바울의 윤리적 명령 중 가장 두드러지는 것은 말할 것도 없이 "성령을 따라 행하라"는 요구이다. 바울은 성령 장(롬 8장)에서 그리스도인들을 "육신을 따르지 않고 영을 따라 행하는"(롬 8:3) 자들로 묘사한다. 앞서 그는 신자들의 의무에 대해 말할 때에도 "새 생명 가운데서 행하는 것"(6:4)이라고 말했었다. 그 중간에 나오는 7:6은 그리스도인들은 "영의 새로운 것으로 섬길 것이요 율법 조문의 묵은 것으로 아니할지니라"는 말로써 이 두 구절을 이어 주는 역할을 한다. 마찬가지로 갈라디아서에서도 바울은 자신의 권면을 반은 명령이고 반은 약속인 "성령을 따라 행하라 그리하면 육체의 욕심을 이루지 아니하리라"(갈 5:16)는 말로 요약한다. 로마서와 갈라디아서를 서로 연결시키는 또 하나의 내용은 바울이 신자들을 "성령의 인도하심을 받는 자들"로 묘사하고 있다는 것이다.[78] 그리고 갈라디아서에서 몇 구절 앞으로 더 나아가서 바울은 "만일 우리가 성령으로 살면[79] 또한 성령으로 행할지니[80]"(갈 5:25)라고 강권함으로써 성령으로 시작한 것과 신자들의 지속적인 윤리적 의무가 얼마나 분명하게 연관되어 있는지를 보여 준다. 분명히 이것은 3:3에 표현된 구원론적 관심을 권면의 관점에서 다시 표현한 것이다: "성령으로 시작한" 자들은 성령으로써만 "마칠(완결될) 수" 있다. 이것이 바울의 권면에서 일정한 전개 방향이라는 것은 갈라디아서 6:8과 로마서 8:13의 병행을 통해서 다시 확인된다. 갈라디아서 6:8: "자기의 육체를 위하여 심는 자는 육체로부터 썩어질 것을 거두고 성령을 위하여 심는 자는 성령으로부터 영생을 거두리라." 로마서 8:13: "너희가 육신대로 살면 반드시 죽을 것이로되 영으로써 몸의 행실을 죽이면 살리니."[81]

삶을 매일매일 "걷는" 행위라는 은유로 표현하는 것은 헬라적 사고에서는[82] 전형적인 것이 아니었고 유대인 특유의 것이었다.[83] 바울은 이 관용표현을 자주 사용하는데,[84] 이 표현이 자주 사용되고 있다는 것은 바울의 윤리적 사고가 히브리

---

78) 롬 8:14; 갈 5:18; 자세한 것은 위의 §16.5 n. 119를 보라.

79) 틀림없이 갈 3:2-3에 대한 인유(引喩)이다. NEB와 REB는 "성령이 우리 생명의 근원이라면"으로 번역한다. 물론 "~이라면"(if)이라는 표현 속에 의심이 있는 것은 아니다(BDF §371.1).

80) 이 동사의 기본적인 의미는 "일렬로 나란히 서다"이다; 따라서 "보조를 맞추다"(NIV), "고수하다, 일치하다, 따르다"(BAGD, stoicheo). 자세한 것은 필자의 *Galatians* 317-18을 보라.

81) 이 권면들에 함축되어 있는 종말론적 긴장에 대해서는 위의 §18을 보라; cf. Schnackenburg, *Botschaft* 2.40-42.

82) BAGD, *peripateo*; H. Seesemann, *TDNT* 5.941.

83) 예를 들어, 출 18:20; 신 13:4-5; 왕상 9:4; 왕하 22:2; 시 86:11; 잠 28:18; 사 33:15. 율법을 후대의 문제들과 상황들에 적용하고 해설하는 재정(裁定)들과 해석들을 가리키는 데 사용되는 '할라카'라는 용어는 히브리어 '할라크'("걷다")에서 나왔다.

84) 롬 6:4; 8:4; 13:13; 14:15; 고전 3:3; 7:17; 고후 4:2; 5:7; 10:2-3; 12:18; 갈 5:16; 빌 3:17-18; 골 1:10; 2:6; 3:7; 4:5; 살전 2:12; 4:1(2번) 12; 살후 3:6, 11. 여기서는 특히 고후 12:18과 골 1:9-10을 참조하라.

적 색채를 지속적으로 띠고 있다는 것을 보여 준다. 그러나 느닷없이 나오는 이러한 권면들은 즉흥적이거나 카리스마적인 "상황 윤리"를 권장하는 것으로 읽혀지기 쉽다. 게다가 성령과 '그람마'(gramma, "문자")를 대립시키고,[85] '그람마'와 율법을 동일시하는 경향이 있음을 감안하면, 바울의 성령 윤리는 이스라엘의 토라 윤리와 대립되고 대체되는 것이라는 결론을 내리기 쉽다.[86] 그러므로 바울의 성령 윤리의 내용을 밝히는 작업이 무엇보다 중요하다.

이스라엘의 성경에서 윤리를 얼마나 중시했는지를 생각해 보는 것으로 우리의 논의를 시작하는 것이 좋겠다. 왜냐하면 이를 통해 먼저 우리는 율법이 피상적으로 다루어질 수 있었다는 것을 알아볼 수 있기 때문인데, 여기서 우리는 단지 절기와 금식의 단순한 준수(遵守)는 율법을 지키는 전적으로 부적절한 방식이라는 8세기 대선지자들의 반복된 경고들을 떠올리기만 하면 된다.[87] "하나님 앞에서는 율법을 듣는 자가 의인이 아니요 오직 율법을 행하는 자라야 의롭다 하심을 얻으리니"(롬 2:13)라는 바울 자신의 경고도 사실 성경과 유대인들의 특유한 관심을 철저히 따르고 있는 것이라 할 수 있다.[88] 달리 말하면, 바울은 율법에 대한 여러 태도들 및 율법 준수의 여러 "수준들"을 구별한 최초의 유대인이 결코 아니었다는 말이다.

이러한 성경적이고 유대적인 관심이 가장 강력하게 표현된 방식들 중의 하나는 율법은 마음에까지 침투해야 한다는 인식이었다. 야훼가 요구한 율법에 대한 순종은 마음으로부터의 순종이었다. 따라서 "마음에 할례를 행하라"[89]는 반복된 요구와 "네 하나님 여호와께서 네 마음과 네 자손의 마음에 할례를 베푸사 네게 마음을 다하며 뜻을 다하여 네 하나님 여호와를 사랑하게 하실 …"(신 30:6) 것이라는 약속 등이 등장하게 된다. 물론 이러한 소망을 표현하고 있는 가장 유명한 구절은 예레미야 31:31-34에 나오는 새 언약에 관한 예언과 에스겔 36:26-27에

85) 롬 2:28-29; 7:6; 고후 3:3, 6.

86) Westerholm, *Istael's Law* 209-16.

87) 사 1:12-14; 호 6:6; 미 6:8.

88) 예를 들어 cf. 신 4:1, 5-6, 13-14; 30:11-14; 1 Macc. 2:67; 13.48; Philo, *Cong*. 70; *Praem*. 79; Josephus, *Ant*. 20.44; *m. Aboth* 1.7; 5.14.

89) 신 10:16; 렘 4:4; 9:25-26; 겔 44:9; 1*QpHab*. 11.13; 1QS 5.5; 1QH 2.18; 18.20; Philo, *Spec. Leg*. 1.305.

나오는 새 마음에 관한 예언이다.

여기에서 우리에게 중요한 것은 바울에게 이 소망은 성령의 수여를 통해 성취되었다는 것이다. 사실 바울이 '그람마'(gramma)와 성령을 구별할 때에 염두에 두고 있었던 것은 바로 이것이었다.

> 롬 2:28-29 — "무릇 표면적 유대인이 유대인이 아니요 표면적 육신의 할례가 할례가 아니니라 오직 이면적 유대인이 유대인이며 할례는 마음에 할지니 영에 있고 율법 조문에 있지 아니한 것이라"
>
> 고후 3:3, 6 — "너희는 우리로 말미암아 나타난 그리스도의 편지니 이는 먹으로 쓴 것이 아니요 오직 살아 계신 하나님의 영으로 쓴 것이며 또 돌판에 쓴 것이 아니요 오직 살아 계신 하나님의 영으로 쓴 것이며 또 돌판에 쓴 것이 아니요 오직 육의 마음판에 쓴 것이라 … 그가 또한 우리를 새 언약의 일꾼 되기에 만족하게 하셨으니 율법 조문으로 하지 아니하고 오직 영으로 함이니 …"

바울이 사용하는 '그람마'(gramma)라는 말은 "율법"의 단순한 동의어가 아니고 아주 좁게(인종적 관점에서)[90] 이해된 율법을 가리킨다는 우리의 앞서의 결론을 생각하면, 이 구절들의 요지는 분명해진다. 이 구절들은 성령의 수여를 통해서 초기 그리스도인들은 신명기에서 약속했던 마음의 할례, 예레미야가 소망했던 새 언약, 에스겔이 바라던 새 마음과 새 영을 체험하였다는 바울의 확신을 표현하고 있다.[91] 이것이 바울이 바로 이 시점에서 놀라울 정도의 담대함으로 자신의 생각을 표현하고자 했던 이유일 것이다: "하나님의 성령으로 봉사하며 그리스도 예수로 자랑하고 육체를 신뢰하지 아니하는 우리가 곧 할례파라"(빌 3:3).

이 점을 좀 더 살펴보도록 하자. 왜냐하면 바울이 성령 안에서 성취된 것으로 보았던 소망은 또 다른 율법이나 다른 토라에 대한 소망이 아니었다는 것을 상기하는 것이 중요하기 때문이다. 이 이전의 소망이 성취됨으로써 개인이나 공동체가

---

90) 위의 §6.5을 보라.

91) Deidun은 이러한 통찰을 기반으로 자신의 논제 전체를 구성한다(*New Covenant Morality*, 특히 3-84). 고후 3:3, 6에서 렘 31:31-34의 반영에 관해서는 위의 §6.5을 보라.

율법을 지키는 것을 면제받았다고 인식되지 않았다. 반대로 이전의 소망은 율법을 더 효과적으로 지키는 수단에 대한 소망이었다. 오직 마음에 할례를 받아야 율법을 제대로 지킬 수 있을 것이었다(신 30:8-10).

통속적인 견해와는 반대로, 예레미야서에서의 새 언약에 관한 약속은 새롭거나 다른 율법에 대한 것이 아니었다. 약속의 내용은 아주 분명하다: "내가 나의 법을 그들의 속에 두며 그들의 마음에 기록하리라"(렘 31:33). 마찬가지로 에스겔서에서 약속한 새 마음과 영도 율법을 좀 더 효과적으로 지키는 것을 염두에 둔 것이었다: "내 신을 너희 속에 두어 너희로 내 율례를 행하게 하리니 너희가 내 규례를 지켜 행할지라"(겔 36:27). 바울이 메시아 예수를 믿는 자들에 대한 성령의 수여를 통해서 성취되었다고 주장한 것은 바로 이 소망이었다.[92] 그리스도께서 오시고 그리스도에 대한 믿음이 옴으로써 잠정적이고 구속(拘束)적인 기능을 하는 율법으로부터 해방이 이루어졌다(갈 3:19~4:7).[93] 이것은 여전히 사실이었다. 그러나 바울이 말하는 그 어떤 것도 그리스도께서 옳고 그름에 관한 하나님의 잣대, 행실들을 위한 하나님의 지침들인 율법으로부터의 해방을 인간들에게 가져다주었다는 것을 보여 주지 않는다.

바로 이러한 바울의 사고의 흐름으로부터 우리가 다루는 두 번째 "법" 구절인 "성령의 법"이 등장한다. 이 구절은 로마서 7:7~8:4에서 바울이 율법을 변호하는 대목의 일부로 등장한다. 이미 보았듯이, 거기에서 바울은 율법을 죄의 봉으로 묘사함으로써 율법을 변호한다. 그리고 바울의 율법 변호는 "나"와 율법 양자는 모두 둘로 분열되어 있다는 것을 보이는 것으로 나아간다.[94]

이 시점에서 논란 많은 두 번째 "법" 구절이 나온다: "그리스도 예수 안에 있는 생명의 성령의 법이 죄와 사망의 법에서 너를 해방하였음이라"(롬 8:2). "믿음의 법"의 경우와 마찬가지로 여기에서도 대부분의 주석자들은 바울이 율법, 즉 토라를 그렇게 긍정적으로 말한다고 생각하기는 불가능하다고 본다. 어떻게 바울이 율법을 신자들이 놓여난 바 그 사망을 위한 세력으로 묘사한 후에(7:5-6) 지금 와서 율법을 "생명의 성령의 법"으로 묘사할 수 있단 말인가? 무엇보다도 어떻게

92) 바울이 롬 10:6-8에서 신 30:12-14을 사용하고 있는 것에 대해서는 위의 §23.3을 보라.

93) 위의 §§6.4-5을 보라.

94) 위의 §6.7과 §18.3을 보라.

바울이 신자들을 율법으로부터 해방시키는 일에 결정적인 역할을 율법에 돌릴 수 있었겠는가?[95] 그리고 여기서 '노모스'는 단어유희로 여겨서 "준칙"이나 "원리" 등으로 이해해야 한다고 그들은 주장한다.

그러나 그러한 해석은 로마서 8:2-4에서의 바울의 논증의 흐름을 저해할 뿐이다:

> 이는 그리스도 예수 안에 있는 생명의 성령의 법이 죄와 사망의 법에서 너를 해방하였음이라 율법이 육신으로 말미암아 연약하여 할 수 없는 그것을 하나님은 하시나니 곧 죄로 말미암아 자기 아들을 죄 있는 육신의 모양으로 보내어 육신에 죄를 정하사 육신을 따르지 않고 그 영을 따라 행하는 우리에게 율법의 요구가 이루어지게 하려 하심이니라.

여기서 주목할 것은 바울이 율법에 대한 언급을 이 세 절 전체에 걸쳐서 엮어 짜고 있는 방식이다.[96] 사실 이 대목은 7:7에서 시작된 바울의 율법 변호의 절정에 해당한다. 논증의 흐름상 "죄와 사망의 법"(8:2)은 분명히 죄에 의해 악용되고 오용되어 사망을 불러오는 율법을 가리키는 표현이다(7:7-13에 묘사된).[97] 육체로 말미암아 약화된 율법(8:3)은 죄의 권세와 분열된 "나"의 연약함의 결합으로 인해 좌절된 하나님의 선한 율법이다. 그렇다면 "나"처럼 죄와 사망의 권세에서 해방된 율법은 어떠한가? "생명의 성령의 법"이라는 어구가 바로 그러한 율법을 나타내는 가장 분명한 표현이다 — 즉, 이 어구는 더 이상 인간의 연약함과 죄의 권세라는 그물에 붙잡혀 있지 않은 하나님의 율법, 사망의 권세로부터 해방되어 다시 생명의 준칙으로서 기능을 하는 율법에 대한 언급이라는 말이다(7:10).[98] 율

95) 특히 Räisänen, "Law" (§6 n. 30) 66; *Law* 51-52; Moo, *Romans* 474-75도 이를 따른다. 논쟁과 자세한 참고문헌은 Räisänen, "Law"; Dunn, *Romans* 416-18; Moo, *Romans* 473-77을 보라. 앞으로 보겠지만, "생명의 성령의 법"(롬 8:2)은 9:31의 "의의 법"과 마찬가지로 바울의 신학에서 문제를 일으키는 표현이 아니다.

96) 이하의 서술에 대해서는 특히 Osten-Sacken, *Heiligkeit* 19-23; Reinmuth, *Geist und Gesetz* 48-74 (here 66-69); 필자의 *Romans* 417에 나오는 다른 문헌들을 참조하라.

97) 그러나 분명한 귀결로 보이는 것에 대해 논란이 많다(필자의 *Romans* 392-93과 416-19를 보라).

법은 성령의 도구가 될 수 있기 때문에 "신령하다"(pneumatikos, 7:14). 3:31이 3:27에 대하여 대답하고 있듯이,[99] 8:2은 7:14에 대한 대답이다.[100] 다른 말로 하면, "성령의 법"은 바울이 우리가 분열된 율법의 긍정적 측면이라 부를 수 있는 것을 가리키는 방식들 중의 하나라는 말이다.[101]

무엇보다도 가장 눈에 띄는 것은 하나님께서 그 아들을 보내신 목적이 율법의 요구를 이루기 위한 것이 명시적으로 언명되고 있다는 것이다(8:4).[102] 바울에게 그리스도 안에서 하나님의 구원 행위의 목적은 율법 준수를 가능하게 하는 것이었다! 무엇이 차이를 만들었고, 무엇이 죄의 권세와 육신의 연약함을 극복하게 하였는가? 그것은 바로 성령이다. "율법의 요구는 육신을 따르지 않고 그 영을 따라 행하는 우리 안에서 이루어진다"(8:4). 그러므로 "성령의 법"은 성령을 따라 걷는 자들에 의해 성취되는 율법의 요구를 요약적으로 말하는 표현에 지나지 않는 것 같다.[103]

---

98) 위의 §6.6을 보라.

99) 위의 §23.3.

100) Hübner, *Law* 144-46, 149.

101) 특히 Hahn, "Gesetzesverständnis" (§6 n. 1) 47-49. 여기서의 '노모스'(nomos)를 "율법" 이외의 것으로 번역한다면, 그것은 8:2에서 '제3의 율법'을 염두에 두고 있었다는 뜻이 되는데(Fee, *Empowering Presence* [§16 n. 1] 522), 그런다고 해서 바울의 의도가 더 투명해지는 것은 절대 아니다.

102) "이루다"의 정확한 의미는 불분명하지만, 바울은 13:8과 갈 5:14에서 이와 동일한 동사를 사용한다. 율법을 한 조목 한 조목 이룬다는 뜻이 아니라 좀 더 심오한 의미로서 "이룬다"는 뜻이 담겨 있을 것이다. 바울이 "요구"를 단수형으로 사용한다는 사실은 그가 염두에 두고 있는 것이 율법의 개별 요구들 배후에 있는 본질적인 요구, 개별 요구들에 표현되어 있는 율법의 성격과 목적이라는 것을 시사해 준다(자세한 것은 필자의 *Romans* 423-24를 보라). 우리는 아래에서(§23.5) 바울은 (신자들이) "계명들을 지키는"(고전 7:19) 일의 중요성에 대해서도 말하고 있음을 지적할 것이다. 그리스도인들이 "율법을 이루는 것"에 관한 바울의 개념이 지니는 문제점들에 대한 다양한 논구(論究)들을 비교해 보라 — Hübner, *Law* 83-87; Räisänen, *Paul* 62-73; Barclay, *Obeying* 135-42; Westerholm, *Israel's Law* 201-5; Schreiner, *Law* 145-78; Finsterbusch, *Thora* 97-107.

103) 롬 7:7~8:4에서 바울이 율법을 옹호하는 두 방향의 사고를 두 가지 방식으로 예시해 볼 수 있다:

요컨대 율법이 "성령의 법"일 때, 성령의 인도하심을 받는 행실을 위한 지침으로 이해된 율법일 때, 죄의 권세에 지렛대를 제공해 준 잘못된 개념들로부터 해방되고 율법으로부터 힘을 앗아가 버린 육신의 연약함으로부터 해방된 율법일 때, 율법은 해방의 권세, 살기 위한 율법으로 경험될 수 있다.[104] 이렇게 올바르게 인식되고 경험된 율법은 우리를 "죄와 사망의 법"으로부터 해방시킨다.

그렇다면 이것은 바울에게 실제 무엇을 의미하였는가?[105] 바울은 하나님의 뜻에 대한 직접적이고 즉각적인 인식에서 나온 행실을 염두에 두었던 것 같다. 이것은 이미 그의 가장 초기 서신에 함축되어 있다: "너희들 자신이 하나님의 가르침을 받아 서로 사랑함이라"(살전 4:9).[106]

더 두드러지는 것은 바울이 로마서에서 보여 준 대비(對比)이다. 한편으로는 바울이 부정하는 유대인들의 자랑의 일부로서 하나님의 뜻을 안다는 주장이 나온다 — 로마서 2:18:

> "유대인"이라 불리는 네가 율법을 의지하며 하나님을 자랑하며 율법의 교훈을 받아 하나님의 뜻(to thelema)을 알고 지극히 선한 것(dokimazeis ta diapheronta)을 분간하며.

다른 한편으로는 하나님의 뜻을 아는 것은 새로워진 마음으로부터 온다는 내용이 나온다 — 12:2:

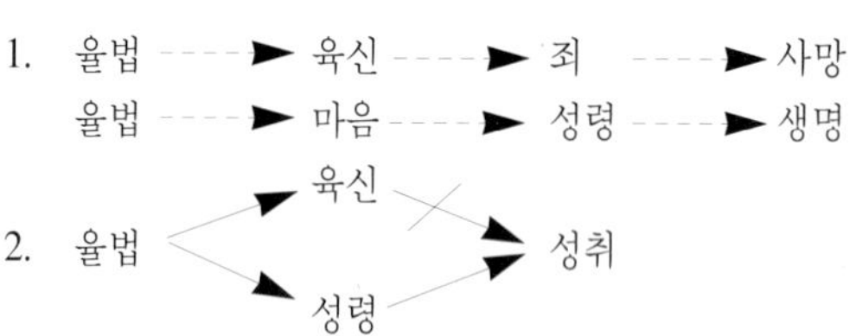

104) 하지만 바울은 여전히 생명을 주는 능력이라고 말하지 않는다; 위의 §6.6을 보라.

105) 구체적인 상황 속에서 인도하심을 주는 성령의 기능은 바울 서신에서 명시적으로 표현되는 경우가 극히 드물기 때문에, 이 문제는 중요하다; Furnish는 고전 7:40을 그 유일한 예라고 생각한다(*Theology* 231).

106) 아마도 사 54:13(cf. 요 6:45)의 반영인 것 같다. 자세한 것은 Deidun, *New Covenant Morality* 57-58; E. J. Schnabel, "How Paul Developed His Ethics: Motivations, Norms and Criteria of pauline Ethics," in Rosner, ed., *Understanding* 267-97(특히 278-79)을 보라.

너희는 이 세대를 본받지 말고 오직 마음을 새롭게 함으로 변화를 받아 하나님의 선하시고 기뻐하시고 온전하신 뜻이 무엇인지 분별하도록 하라(eis to dokimazein hymas ti to thelema tou theou).

여기서 바울은 율법의 교훈을 받은 순종과 새로워진 마음에 의한 순종을 대비시킨다. 그러나 이것은 하나님의 뜻을 방해하는 죄의 율법과 하나님의 뜻을 성취하게 해 주는 성령의 법 간의 대비와 마찬가지임이 분명하다.

이와 같은 내용은 성령에 대한 구체적인 언급은 없지만 빌립보서 1:9-10에 나오는 바울의 기도에서 비슷한 용어들을 사용하여 서술된다: "내가 기도하노라 너희 사랑을 지식과 모든 총명으로 점점 더 풍성하게 하사 너희로 지극히 선한 것을 분별하며(eis to dokimazein hymas ta diapheronta)."[107] 여기서 바울이 염두에 두고 있는 것은 오스카 쿨만(Oscar Cullmann)의 표현을 빌면 "각각의 주어진 순간에서 올바른 윤리적 판단을 형성할 수 있는 능력,"[108] 즉 주어진 상황 속에서 무엇이 옳고 합당한지를 아는 감각 또는 본능이다. "무엇이 진정으로 중요한지"를 분별하는 이 능력[109]도 성령의 은사 또는 능력 주심이라 할 수 있다.[110] 바울에게 하나님의 뜻에 대한 이러한 지식은 율법전이나 율례서로부터 읽어낼 수 있는 그런 것이 아니었다. 그것은 훨씬 더 많은 영적(성령의 능력 주심에 따른) 감수성 — 골로새서 1:9-10이 "신령한(pneumatike) 지혜와 총명"이라고 말하는 것[111] — 이 필요하였다. 그렇지만 그렇게 말하면서 바울은 율법이 지닌 목적과 동

107) 빌 1:10의 단어 사용이 실제로 롬 2:18과 12:2의 결합이라는 것을 주목하라.

108) Cullmann, *Christ and Time* 228; 또한 cf. Bultmann, *Theology* 1.341-42.

109) ta diapheronta — 문자적으로는 "서로 다른 것들"인데, 진정으로 중요한 것이 아닌 것들을 가리킬 때에 스토아 학파의 윤리에서 사용한 전문용어인 '아디아포라'(adiaphora, "선하지도 나쁘지도 않은 것들"이라는 표현 때문에 잘 알려져 있었다(LSJ, adiaphoros Ⅱ; K. Weiss, *TDNT* 9.63; Jaquette, *Discerning* ch. 2).

110) dokimazein("시험하다, 검사하다, 승인하다")은 통상적으로 예언의 말씀을 시험하는 것을 가리키는 데 사용되는데(살전 5:21; 요일 4:1; *Didache* 12:1; Hermas, *Mandate* 11.7, 16), 따라서 고전 14:29(cf. 고전 2:13-15; 12:10; *Didache* 11:7)에서 사용된 diakrinein(또한 고전 12:10의 diakrisis)과 그 의미가 중복된다. 또한 바울이 dokimazo를 다른 용법들로도 사용한 것을 보라(특히 롬 14:22; 고전 11:28; 13:5; 갈 6:4). 위의 §20 n. 136을 보라.

일한 목적을 염두에 두고 있었다 — 하나님의 뜻을 행하는 것. 따라서 다시 한 번 우리는 바울은 하나님께서 율법을 주심을 통해 의도하셨던 것을 원하였다고 말할 수 있다: 하나님의 뜻이 행해지는 것. 하나님의 율법(아무리 왜곡되고 부패하였다고 해도)과 하나님의 성령은 동일한 목적을 가졌다.[112]

또한 우리는 "성령의 법"과 "믿음의 법" 간의 연관관계를 주목해야 한다. 이 두 경우에 바울이 "법"이라는 용어를 사용한 이유는 하나님의 뜻을 행하고 순종하는 일의 결정적 중요성을 강조하기 위함이었을 것이다.[113] 그리고 이 두 경우에서 수식어("믿음의," "성령의")는 순종이 어떻게 가능한지를 요약적으로 보여 준다. 인간의 연약함과 죄의 권세라는 문제에 대한 바울의 해법에서 믿음과 성령은 동전의 양면이었다. 인간의 믿음은 성령의 능력으로 화답된다. 하나님이 요구하시고 가능하게 하시는 순종은, 한마디로 말하면, 하나님의 능력 주심(성령)에 대한 인간의 적극적 응답(믿음)이다.[114]

이 점을 약간 다른 시각에서 표현한다면, "믿음의 법"과 "성령의 법"이라는 두 어구는 이것들과 대비를 이루는 어구들을 통해서 정의될 수 있다. 믿음의 법은 행위의 관점에서 이해된 율법과 다르듯이, 성령의 법은 '그람마'(gramma, "문자")로 이해된 율법과 다르다. "행위"와 "문자"는 둘 다 요구되고 행해지는 것의 가시적이고 공공적인 성격을 강조한다. 그러한 상황에서는 그 가시적인 요소가 순종의 지배적인 특징이 됨으로써 순종이 마음으로부터의 순종과 괴리되는 경향이나 위험성이 상존한다. 자기 스스로도 과거에 그러한 위험성에 빠져 있었다고 믿었던 바울이 믿음의 법과 성령의 법을 강조한 것은 하나님이 요구하시는 순종이 무엇

---

111) 지혜와 총명이 성령을 통하여 위로부터 온다는 인식은 유대 신학에서 잘 정립되어 있었고(출 31:3; 35:31; 사 11:2; Sir. 39:6; Wis. 9:9-10, 17-19; Philo, *Gigant*. 22-27; 4 Ezra 14:22, 39-40), 그러한 지혜와 총명은 토라에 대한 구체적인 해석이라는 의미로 쿰란 공동체에서도 주장되었다(예를 들어, 1QH 4.9-12; 6.10-12; 11.7-10; 12.11-13; 16.11-12; 1QS 5.8-10; 9.13; 11.15-18).

112) Schnabel, *Law and Wisdom* 331 n. 475의 말과는 반대로, 필자의 이전의 표현(*Jesus and the Spirit* [§20 n. 1] 233) 속에는 성령과 외적인 규범을 대립시키려는 의도가 없었다.

113) 여기서 우리는 레 18:5에 대한 좀 더 주의깊게 한계를 그은 해석(위의 §6.6)이 사실 바울의 구원론 및 윤리와 양립할 수 있다는 것을 상기시키고자 한다.

114) Deidun: 바울의 신학에서 "'솔라 피데'(sola fide)의 정확한 상관물(correlate)은 성령의 활동이다"(*New Covenant Morality* 45).

인지를 재천명하는 방식이었다. 이와 동시에 바울은 성령의 능력 주심에 의한 믿음의 산물인 순종만이 실제로 하나님의 뜻을 행하고 하나님의 율법을 성취하는 순종이라고 역설한다.

§ 23.5 그리스도와 "그리스도의 법"

여기서 문제는 그리스도께서 과연 어떤 의미로 바울의 윤리에서 모범이자 동기부여자 역할을 하였는가 하는 것이다. 우리는 이미 앞서의 논의에서 이 절의 논의를 위한 토대를 닦아 두었다. §8에서 우리는 바울은 수난(受難) 이전의 예수의 사역을 알고 있었고 또 관심을 갖고 있었으며, 그의 신학과 실천 속에서 예수 전승의 중요한 특징들을 상기하고 인급하고 영향을 빋았다는 결론을 얻은 바 있다. §15.2에서 우리는 "그리스도 안에서"와 "주 안에서"라는 어구들이 바울의 서신들에서, 특히 자신의 활동에 관한 묘사와 특정한 태도나 처신을 취하라고 독자들에게 권면하는 내용에서 주된 동기(動機) 역할을 하였다는 것을 살펴보았다. 그리고 §18.2에서 우리는 바울의 구원론에서 변화(transformation), 특히 "그리스도로 옷입는 것"(롬 13:14)이라는 이미지와 그리스도 안에서 하나님의 형상을 따라 지식이 날로 새로워진다는 이미지(골 3:10) 등을 포함하여 그리스도와 같이 되어가는 변화라는 개념의 중요성을 살펴본 바 있다.

바울의 윤리에 관한 한, 이러한 것들 중 두 번째와 세 번째는 비교적 별 문제가 없었다. 바울이 그리스도인의 삶을 주(主)이신 예수의 권위 아래에서 예수를 닮아 살아가야 하는 것으로 보았다는 것은 그의 복음의 필연적인 결론이다. 그리고 그것이 실제로 의미했던 것은 특히 그리스도의 자기희생적인 죽음을 통한 하나님의 사랑이라는 불변의 척도(尺度)와 동기부여에 의해 추동(推動)된 믿음(§23.3)과 직접적인 영감(§23.4)의 결합, 그리스도의 몸 안에서 결정되는 윤리(ethos)와 실천의 결합이었을 것이다. 그러나 첫 번째, 특히 예수 자신의 윤리적 가르침이 바울의 권면의 자료였거나 그 자신의 행동을 위한 모범이었는가 하는 문제는 상당한 논란이 있어 왔다. 예수의 죽음과 부활의 케리그마(kerygma, 선포)로부터 끊임없이 자극과 격려를 받은 것은 별개로 치더라도, 예수 전승이 바울의 윤리에 많은 역할을 했다는 것을 학자들은 인정하려 들지 않았다.[115]

115) 예를 들어, W. Michaelis, *mimeomai, TDNT* 4.672; H. D. Betz, *Nachfolge und*

이 문제는 바울의 권면이 예수의 가르침에 대한 반영(反映, echo)이나 인유(引喩, allusion)들을 담고 있느냐 하는 문제로 요약될 수 있다.[116] 사실 바울의 권면 속에 이러한 반영이 8-9군데 정도 나오는 것으로 널리 인정되고 있다.[117] 가장 두드러지는 것은 다음과 같은 것들이다:[118]

롬 12:14 — "너희를 박해하는 자를 축복하라 축복하고 저주하지 말라";
눅 6:27-28 — "너희 원수를 사랑하며 … 너희를 저주하는 자를 위하여 축복하며";
마 5:44 — "너희 원수를 사랑하며 너희를 박해하는 자를 위하여 기도하라."
롬 14:14 — "내가 주 예수 안에서 알고 확신하노니 무엇이든지 스스로 속된(ouden koinon) 것이 없으되";
막 7:15 — "무엇이든지 밖에서 사람에게로 들어가는 것은 능히 사람을 더럽게 하지 못하고(ouden estin … ho dynatai koinonsai)."

Nachahmung Jesu Christi im Neuen Testament (Tübingen: Mohr, 1967); Schrage, *Ethics* 208; Strecker, *Theologie* 111-12를 보라. 예를 들면, 롬 15:7에 대해서 Schrage는 "그리스도는 일차적으로 모범(exemplum)이 아니라 성례(sacramentum)이다"(*Ethics* 173)라고 주장한다. 그러나 "일차적으로 성례(sacramentum)이고 또한 모범(exemplum)"이라고 말하는 것이 더 낫지 않을까? 물론 "단순한 회상 이상의 것이 연관되어 있다"(고후 10:1을 거론하는 174); 그러나 이것은 우리가 "단순한 회상"이 연관되어 있었다는 것을 부인해야 한다는 것을 의미하는가?

116) 단지 세 가지 구체적인 전승들이 명시적으로 예수께 돌려질 수 있다는 것은 사실이다 — 아주 놀랍게도 모두 한 서신에(고전 7:10-11; 9:14; 11:12-25). 처음 두 전승에 대해서는 아래(이 단락)를 보고, 세 번째 전승에 대해서는 위의 §22.3을 보라.

117) Furnish, *Theology* 53-54; 자세한 것은 D. C. Allison, "The Pauline Epistles and the Synoptic Gospels: The Pattern of the Parallels," *NTS* 28 (1982) 1-32(특히 10), 또한 n. 47에 나오는 참고문헌을 보라. Davies는 로마서, 데살로니가전서, 골로새서에서 25개 대목의 인유(引喩)들을 발견할 수 있다고 자신하였다(*Paul* 138-40). 이제는 Wenham, *Paul* (§8 n. 1)은 바울과 예수 전승의 접촉을 극대화시키고 있는 학자로서 A. Resch, *Der Paulinismus und die Logia Jesu in ihrem gegenseitigen Verhätnis untersucht* (TU 12; Leipzig: Hinrichs, 1904)를 대신하고 있다.

118) 다른 것들은 롬 12:17과 살전 5:15(마 5:38-48/눅 6:27-36); 롬 13:7(막 12:17 pars.); 롬 14:13(막 9:42 pars.)이다.

고전 13:2 — "산을 옮길 만한 믿음이 있을지라도";

마 17:20 — "만일 너희에게 믿음이 겨자씨 한 알 만큼 만 있어도 이 산을 명하여 여기서 저기로 옮겨지라 하면 옮겨질 것이요."

살전 5:2, 4 — "주의 날이 밤에 도둑 같이 이를 줄 너희 자신이 자세히 알기 때문이다 … 너희는 어둠에 있지 아니하매 그날이 도둑 같이 너희에게 임하지 못하리니";

마 24:43 — "너희도 아는 바니 만일 집 주인이 도둑이 어느 시각에 올 줄을 알았더라면 깨어 있어 그 집을 뚫지 못하게 하였으리라."

살전 5:13 — "너희끼리 화목하라(eireneuete en heautois)";

막 9:50 — "서로 화목하라(eireneuete en allelois)."

그러나 이러한 인유(引喩)들이 의미하는 것이 무엇이냐를 놓고는 의견이 분분하다. 이것은 부분적으로는 바울이 예수에 대하여 명시적으로 언급하는 내용이 주로 예수의 죽음과 부활에 집중되어 있는 것과 동시에 바울은 수난(受難) 이전의 예수의 사역에 대해서는 별 관심을 갖지 않았다는 것이 분명해 보이기 때문이고,[119] 또한 부분적으로는 이 문제가 이러한 인유(引喩)들이 예수의 '본래의 말씀'(ipsissima verba)을 복원하는 데 도움이 되느냐 하는 신학적으로 좀 더 절실한 문제에 밀려서 가려져 왔기 때문이다.[120] 그러나 주된 원인은 위에 열거한 가르침을 바울이 직접적으로 예수의 가르침이라고 명시하지 않은 데 있다. 바울이 예수 전승을 알고 또 그 전승을 인유한 것이라면, 왜 바울은 자신의 가르침이 예수의 것이었다고 밝히지 않았을까? 자신의 권면이 예수의 말씀을 인용한 것이라고 그 출처를 밝혔다면 바울의 가르침은 좀 더 권위와 무게를 갖게 되지 않았겠는가?[121]

그러나 이러한 반문들은 전승이 공동체 안에서 어떻게 작용하고, 인유(引喩)의 기능이 무엇인지를 제대로 인식하는 데 결정적으로 실패하고 있음을 보여 주는

119) 그러나 위의 §8을 보라.

120) 특히 cf. F. Neirynck, "Paul and the Sayings of Jesus," in Vanhoye, ed., *L'Apotre Paul* 265-321.

121) 바울이 자기가 예수의 말씀들을 언급하고 있다는 인식을 드러내 보이지 않고 있는 것 같다는 것을 결정적인 고려 사항으로 여기는 N. Walter, "Paul and the Early Christian Jesus-Tradition." in Wedderburn, *Paul and Jesus* (§8 n. 1) 51-80을 보라.

것이다. 정의상 공동체는 언어와 은유들, 전문용어들과 기억들을 공유하고 있다. 이러한 것들은 공동체 내에서 대화를 할 때에 그대로 통용된다. 이것들은 공동체 내에서의 담론(談論)을 일종의 약어처럼 축약시켜 표현하는 것을 가능하게 해 주기 때문에, 공유된 지식에 대한 인유(引喩)들은 그대로 통용이 되어서 매번 그 출처를 밝힐 필요가 없게 된다.[122]

그 공동체가 친밀하면 친밀할수록, 대화에서는 인유들이 더욱 더 많이 사용된다. 실제로 이러한 인유적인 성격을 지니는 대화는 공동체를 끈끈하게 묶어 주는 일종의 접착제 역할을 한다. 공유된 전승을 알고 있어야 인유들을 이해할 수 있고, 따라서 인유들을 이해한다는 것은 그 사람이 그 공동체의 일원임을 확인해 준다. 따라서 인유들을 알아듣지 못하는 사람들은 그들이 공동체 밖의 외부인임을 여실히 입증해 준다. 사실 공동체에 들어가면, "그 언어를 배운다." 즉, 공동체 내에서의 인유(引喩)들을 사용하고 알아듣고 공동체의 담론 내에서 기능하기 위하여 공동체의 전승을 배우게 된다.[123]

요지는 분명하다. 우리는 이미 바울은 자기가 세운 교회들에 전승들을 전했고, 거기에는 예수의 사역(말씀과 행위)에 관한 전승들도 포함되어 있었을(많이는 아니지만) 가능성이 높다는 것을 밝힌 바 있다(§8.2).[124] 따라서 바울은 예수의 사역과 가르침을 상당한 정도로 알고 있었을 것이다. 그리고 그것들은 공통의 지식이었기 때문에, 바울은 그것들을 인유할 때에 일일이 그 출처를 예수의 말씀이라고 인용할 필요가 없었다. 만약 바울이 예수께서 하신 말씀이나 행위를 언급할 때마다 그 출처를 매번 밝혔다면, 오히려 그 인유(引喩)는 인유로서의 힘이 '약화되었을' 것이다 — 이 점이 중요하다. 출처를 밝히고 해설이 덧붙은 인유는 공동체를 하나로 묶는 효과를 상실한다. 그런 인유는 더 이상 그 인유를 알아듣는 자들, 그

122) 또한 인유(引喩)의 본질에 대해서는 위의 §11.4을 보라.

123) 이러한 고찰들에 대한 "전거(典據)"를 인용할 필요는 없을 것이다. 학회나 대학(또는 교회)에 속하여 활동하는 회원들은 그러한 집단들의 "내부 언어"의 특징을 이루는 약어의 예들을 생각해 보면 될 것이다.

124) 또한 인유(引喩)로 인정된 것들 중 아주 많은 수가 바울이 자기가 세우지 않은 교회에 보낸 편지(로마서)에 나온다는 것을 주목하라. 달리 말하면, 바울은 교회를 세우는 과정의 일부로서 전승들을 전수해 주는 자신의 관행이 모든 교회의 창립자들의 공통된 관행이었다는 것을 전제할 수 있었다.

러니까 기독교의 "언어"를 구사할 줄 아는 자들을 그 인유를 알아듣지 못하는 자들, 그러니까 "불신자들"이나 "믿지 아니하는 자들"(참조. 고전 14:23-24)로부터 구별해내는 기능을 하지 못한다.[125)]

이와는 대조적으로 바울이 명시적으로 예수의 가르침이라고 밝힌 두 번의 권면과 관련해서 바울이 그렇게 출처를 밝힌 이유는 그 권면들의 권위를 '제한하기' 위해서였다는 것이 주목할 만하다 — 이 점도 중요하다. 한 번의 경우(고전 7:10-16)에 바울이 그렇게 출처를 밝힌 것은 자신의 가르침이 예수께서 가르치신 것(이혼에 관한 가르침)을 '넘어섰다'는 것을 분명히 하기 위해서였다. 또 한 경우(고전 9장)에 바울이 그렇게 출처를 밝힌 것은 자신의 행위가 예수께서 명하신 것(복음을 전하는 자는 교회로부터 금전적인 지원을 받아 마땅하다)을 '무시했다'는 것을 분명히 하기 위해서였다. 그러므로 역으로 바울의 다른 모든 언급들이 인유(引喩)들, 즉 직접인용이 아닌 간접인용이라는 사실은 바울이 그것들의 권위를 '받아들이고' 있다는 것과 그의 독자들도 그 인유들을 알아듣고 그것들의 권위가 강화될 것이라는 바울의 생각을 보여 주는 것이다. 달리 말하면, 인유적 표현은 예수 전승의 권위를 약화시키는 것이 아니라는 말이다. 이와는 반대로 그것은 예수의 공동체 내에서 그 권위를 강화시킨다.

이 시점에서 우리는 세 번째 "법" 어구인 "그리스도의 법"을 거론할 필요가 있다. 다른 "법" 어구들과 마찬가지로 이 어구도 바울 서신에서 오직 한 번 또는 두 번 나온다. 갈라디아서 6:2에서 바울은 갈라디아 교인들에게 "너희가 짐을 서로 지라 그리하여 그리스도의 법을 성취하라(ton nomon tou Christou)"고 요구한다.[126)] 그리고 고린도전서 9:20-21에서 바울은 자신의 개인적인 방침을 이렇게 서술한다:

> 율법 아래에 있는 자들에게는 내가 율법 아래에 있지 아니하나 율법 아래에 있는 자 같이 된 것은 율법 아래에 있는 자들을 얻고자 함이요 율법 없는

---

125) 어떤 집단에 처음 온 사람이 그 집단의 "내부 언어"의 인유(引喩)들 때문에 당황해 하는(또는 의도적으로 배제되는) 공통의 경험을 들 수 있다.

126) 자연스러운 이독(異讀)은 이 절의 하반절을 전반절의 명령형에 덧붙여진 약속이 아니라 권면의 연속으로 취급하여 명령법으로 읽는 것이다("그리고 이루라").

> 자에게는 내가 하나님께는 율법 없는 자가 아니요 도리어 그리스도의 율법 아래에 있는 자나 율법 없는 자와 같이 된 것은 율법 없는 자들을 얻고자 함이라.

위에서 다룬 다른 "법" 어구들의 경우와 마찬가지로 여기에서도 바울이 "그리스도의 법"이라고 했을 때 이 "법"이 토라를 가리킬 가능성은 없다는 인식이 널리 퍼져 있다. 자기가 "율법에 대하여 죽었나니"(갈 2:19)라고 말했고, 성령을 받은 자들은 "율법 아래"로부터 구속되었다고 천명했고(갈 4:4-7), 독자들에게 율법의 멍에를 메고 그 종노릇을 하지 말라고 그토록 격렬하게 경고했던(갈 5:1) 바울이 어떻게 율법에 대하여 이렇게 긍정적으로 말할 수 있었겠는가? 따라서 학자들이 내놓는 통상적인 해법은 이 어구가 무엇을 의미하든 여기서 "법"은 토라를 가리킬 수 없고, 바울은 여기서도 또 다시 '노모스'라는 단어를 가지고 말장난을 하고 있는 것이라고 주장하는 것이다.[127)]

그러나 여기서도 율법에 관한 바울의 가르침의 긍정적 흐름이 간과되거나 지나치게 무시되어 왔다. 이 경우에 우리는 특히 로마서와 갈라디아서 간의 사고에서의 두드러진 병행(parallel, 유사성)에 주목하여야 한다. 로마서 13:8-10에서 바울은 이러한 취지의 자신의 윤리적 가르침을 다음과 같은 말로 요약한다:

> 피차 사랑의 빚 외에는 아무에게든지 아무 빚도 지지 말라 남을 사랑하는 자는 율법을 다 이루었느니라 간음하지 말라, 살인하지 말라, 도둑질하지 말라, 탐내지 말라 한 것과 그 외에 다른 계명이 있을지라도 네 이웃을 네 자신과 같이 사랑하라 하신 그 말씀 가운데 다 들었느니라 사랑은 이웃에게 악을

127) 예를 들어, Lietzmann, *Galater* 41과 Lührmann, *Galater* 97을 보라. 따라서 Betz, *Galatians* 300-301의 서술은 다소 앞뒤가 맞지 않는다: "바울은 이 개념을 대적자들로부터 가져와서 … 여기서 변증을 위하여 사용하였다"; 마찬가지로 J. L. Martyn, "A Law-Observant Mission to Gentiles: The Background of Galatians," *SJT* 38 (1984) 307-24(특히 315). E. Bammel, "Nomos Christou," in F. L. Cross, ed., *Studia Evangelica* Ⅲ (TU 88; Berlin: Akademie, 1964) 12-28은 "그리스도의 법"이라는 어구는 "거의 장난기가 발동되어" 만들어진 것이라고 주장한다. 또한 Hübner, *Theologie* 2.103-5와 nn. 37과 70에 인용된 것들을 보라.

행하지 아니하나니 그러므로 사랑은 율법의 완성이니라.

그런 다음에 15장에서 바울은 이번에는 음식에 관한 율법의 문제를 폭넓게 다루면서 다시 이웃에 대한 이와 비슷한 관심을 다음과 같이 요약한다 — 로마서 15:1-3:

> 믿음이 강한 우리는 마땅히 믿음이 약한 자의 약점을 담당하고 자기를 기쁘게 하지 아니할 것이라 우리 각 사람이 이웃을 기쁘게 하되 선을 이루고 덕을 세우도록 할지니라 그리스도께서도 자기를 기쁘게 하지 아니하셨나니 …

이 구절은 바울이 "이웃"에 관한 관심에 관하여 말하는 또 다른 유일한 대목이기 때문에,[128] 로마서의 이 두 대목을 관통하여 흐르는 사고의 흐름을 알아내기는 그리 어렵지 않다. 바울은 예수께서 자기를 기쁘게 하지 아니하셨다는 것을 이웃을 기쁘게 하는 것의 모범으로 묘사하였는데, 여기서 이웃을 기쁘게 하는 것은 율법의 강령이기도 한 "네 이웃을 네 자신과 같이 사랑하라"는 말의 다른 표현이기도 하다.

우리에게 눈에 띄는 것은 바울은 갈라디아서에서도 동일한 사고의 흐름을 따랐던 것으로 보인다는 점이다. 갈라디아서 5:14에서 바울은 로마서 13:8-10과 매우 비슷한 것을 말한다: "사랑으로 서로 종 노릇 하라 온 율법은 네 이웃 사랑하기를 네 자신 같이 하라 하신 한 말씀에서 이루어졌나니[129]"(갈 5:13-14). 그런 다음에 얼마 안 가서 바울은 청중들에게 "너희가 짐을 서로 지라 그리하여 그리스도의 법을 성취하라"(갈 6:2)고 요구한다. 여기서 우리는 앞에서와 동일한 추론을 할 수 있을 것이다. 그리스도의 법을 성취하는 것은 율법의 성취이기도 한 이웃 사랑의 구체적인 예로서 서로의 짐을 지는 것이다. 요지는 분명하다: 유사한 사고의 흐름들 속에서 "그리스도의 법"(갈라디아서)은 예수께서 자기를 기쁘게 하지 아니한 것(로마서)과 그 내용이 같다.[130] 이것은 바울이 "그리스도의 법"이라

128) 현재의 논의의 일부인 갈라디아서의 병행 구절 — 갈 5:14 — 을 제외하고.

129) 위의 n. 102를 보라.

130) 이 구절들에 대한 더 자세한 해석은 필자의 *Galatians*와 *Romans*를 보라.

고 말할 때에 예수 자신의 모범을 어느 정도 염두에 두었다는 것을 의미할 것이다.

아울러 두 번째로 생각해 보아야 할 것이 있는데, 그것은 이와 같이 이웃 사랑을 온 율법을 이루는 것으로 반복해서 강조하고 있는 것은 두 가지 큰 계명에 관한 예수의 가르침을 의도적으로 반영한 것일 가능성이 있다는 것이다: "네 마음을 다하고 … 주 너의 하나님을 사랑하라 하신 것이요 … 네 이웃을 네 자신과 같이 사랑하라 … 이보다 더 큰 계명이 없느니라"(막 12:30-31). 또는 마태복음의 판본을 따른다면, "이 두 계명이 온 율법과 선지자의 강령이니라"(마 22:40). 율법을 "요약하거나" 하나 또는 몇몇 계명들로 압축할 수 있다는 생각은 기독교에만 특유한 것이 아니다.[131] 그러나 로마서와 갈라디아서에 나오는 여러 구절들은 이웃 사랑이 온 율법을 요약하는 강령이라고 강조하는 것은 바울의 권면에서 확고한 특징이 되었다는(일반적으로 기독교의 권면은 말할 것도 없고) 것을 보여준다.[132] 그리고 만약 예수 전승에서도 이와 동일한 강조가 분명하게 확인된다고 한다면, 이 점에 대한 초기 기독교의 강조의 다른 출처를 찾는 것은 좀 잘못일 것이다. 달리 말하면, 갈라디아서 5:14과 로마서 13:8-10은 예수의 가르침을 간접 인용하고 있는 것들 중의 하나일 가능성이 높다는 말이다.[133]

따라서 결론은 분명하다: 바울은 "그리스도의 법"이라는 표현을 통해서 특히 사랑의 계명을 생각하고 있었을 것이다. 다른 사람의 짐을 지라는 것은 버거운 짐을 진 이웃을 사랑하라는 것이 분명하다. 그리고 다른 사람의 짐을 지는 것은 그리스도의 법을 성취하는 것이기 때문에, "그리스도의 법"은 이웃을 사랑하라는 계

131) 자세한 것은 필자의 *Romans* 778-79를 보라.

132) 레 19:18은 신약에 가장 많이 인용된 성경들 중의 하나이다 — 마 5:43; 19:19; 22:39; 막 12:31, 33; 눅 10:27; 롬 12:19; 13:9; 갈 5:14; 약 2:8.

133) 갈 5:14의 율법을 "하나님의 원래의 율법 — 시내 산 이전의 율법" = "율법의 약속의 목소리"(4:21) = 3:8의 약속으로 해석하려는 J. L. Martyn의 시도("The Crucial Event in the History of the Law [Gal. 5.14]," in Lovering and Sumney, *Theology and Ethics* 48-61)는 3:14-29에서 바울이 "약속"과 "율법"을 명확히 구별한 것과 모순되는 것 같다. 롬 8:2(생명의 성령의 법은 "토라의 긍정적 대형[對型]"이다)과 갈 6:2(그리스도의 법은 "모형론적으로" 이해되어야 한다)에 대한 Merklein의 해석을 참조하라(*Studien* 88-89와 104-5).

134) 적어도 이 점에 관해서는 폭넓은 합의가 존재한다; 예를 들어, Hahn, "Gesetzesverständnis" (§6 n. 1) 57; Barclay, *Obeying* 126-35; 그리고 Schrage의 정교한 해석(*Ethics*

명을 다른 식으로 표현한 것이라는 결론이 나온다.[134] 이 점을 앞에서 언급한 것과 아울러 살펴보면, 우리는 다음과 같은 결론을 도출해낼 수 있다: 그리스도의 법이라고 말할 때에 바울은 사랑의 계명에 관한 예수의 가르침과 그 사랑의 계명을 몸소 실천에 옮기신 예수의 모범을 염두에 두고 있었다.[135]

이러한 결론들은 중요하다. 첫째, 그 결론들은 바울은 율법을 전적으로 버리거나 폐기해야 한다고 가르치지 않았다는 것을 다시 한 번 확증해 준다. 바울의 율법 비판은 구체적인 것이었고, 사실상 율법으로부터 더 이상 작용하지 않는 기능들을 벗겨냄으로써 율법이 여전히 지니는 기능을 한층 더 분명하게 밝혀 놓았다. 갈라디아서 5:13-14과 로마서 13:8-10에서 바울은 율법을 "이루는 것"은 율법의 요구들을 충족시키는 것으로서(롬 8:4) 신자들에게 여전히 바람직하고 꼭 필요한 것이라고 말한다. 그렇게 함으로써 바울은 자기가 온 율법을 염두에 두고 있음을 분명하게 보여 준다. 십계명 내에 있는 윤리적 계명들만이 아니라 "다른 계명"(롬 13:9)도 말이다. 바울의 관심은 사랑의 계명을 다른 계명들로부터 따로 떼어내고자 한 데 있었던 것이 아니라 신자들은 여전히 "온 율법"을 성취해야 한다고 강조하는 데 있었다(갈 5:14). 그리스도의 법을 성취하는 것은 율법을 성취하는 것이었다.[136]

둘째, 사랑의 계명은 온 율법의 요약이자 정수(精髓)이고, 온 율법을 압축해 놓

211-17)을 보라. 그의 이전의 연구에서 Schrage는 "모든 [바울의] 권면은 궁극적으로 사랑의 계명의 예(例)요 표현이요 정교하게 다듬은 것이다"라고 결론을 내렸다(*Einzelgebote* 269).

135) 자세한 것은 특히 H. Schürmann, "'Das Gesetz des Christus' (갈 6.2). Jesu Verhalten und Wort als letztgüitige sittliche Norm nach Paulus," in J. Gnilka, ed., *Neues Testament und Kirche*, R. Schnackenburg FS (Freiburg: Herder, 1974) 282-300; R. B. Hays, "Christology and Ethics in Galatians: The Law of Christ," *CBQ* 49 (1987) 268-90; cf. C. H. Dodd, "*Ennomos Christou*," *More New Testament Studies* (Manchester: Manchester University, 1968) 134-48; Strecker, *Theologie* 154. "따라서 그리스도의 법은 그리스도의 십자가에 못 박히심에 의해 변화되고 그리스도께서 행동으로 그 범례를 보인 율법이다"(Boyarin, *Radical Jew* 134).

136) Cf. Schnabel, *Law and Wisdom* 274-77.

137) 하나님 사랑은 암묵적인 전제였다고 할 수 있다(Deidun, *New Covenant Morality* 141). 그러나 이 구절들 속에서 바울의 관심의 초점은 수평적 차원에서의 상호적인 관계들

은 것이다. 온 율법은 이웃을 사랑함으로써 성취된다.[137] 갈라디아서에서 특히 주목할 만한 것은 동일한 장(章)에서 바울은 "온 율법을 행하는 것"이 이방 그리스도인들에게 전혀 바람직하지 않은 것이라고 말했다가 조금 후에는 "온 율법을 성취하는 것"이 그리스도인들에게 전적으로 바람직한 것으로 말하고 있다는 사실이다(갈 5:3, 14).[138]

> 5:3 — "내가 할례를 받는 각 사람에게 다시 증언하노니 그는 율법 전체를 행할 의무를 가진 자라 … 너희는 그리스도에게서 끊어지고 …";
> 5:14 — "온 율법은 네 이웃 사랑하기를 네 자신 같이 하라 하신 한 말씀에서 이루어졌나니."

이 두 구절은 서로 모순되지만, 바울도 그러한 모순을 분명히 알고 있었을 것이다. 바울은 오늘날 우리가 익숙해져 있는, 율법을 바라보고 율법과 관련하여 살아가는 두 가지 이중적 방식을 염두에 두었을 것이 틀림없다. 그중 하나는 바울이 "행위"와 "의문(儀文)"이라는 용어를 사용하여 요약했던 모든 것, 즉 이스라엘과 관련된 율법의 역할에 대한 오해였다. 그러나 다른 하나는 율법의 지속적인 중요성에 대한 전적으로 수용될 수 있고 꼭 필요한 인식이었다 — 이웃을 사랑하라는 계명으로 요약되고 그 계명을 통하여 성취될 수 있는 것으로서의 온 율법. 율법의 요구들이 사랑의 계명이라는 기본적인 원칙과 상반되는 방식으로 해석되는 경우에, 바울은 그러한 율법의 요구들은 효력이 없다고 생각했다. 그러나 다른 한편으로 바울은 '온' 율법, 율법의 '모든' 계명들을 사랑의 계명과 상반되지 않는 방식

에 대한 것이다.

138) 갈 5:14의 "온 율법"(ho pas nomos)과 5:3의 "온 율법"(holos ho nomos)을 Hübner가 구별하는 것(*Law* 36-42)은 타당성이 없다(필자의 *Galatians* 290을 보라). 위의 n. 102를 보라.

139) Cf. Ridderbos: "여기서 사랑은 기독교의 새로운 이상(理想)이 아니라 율법을 대신하거나 율법을 불필요하게 만드는 새로운 규범으로서 기능을 한다. 사랑은 여기서 율법의 강령으로서 요구된다....달리 말하면 율법은 사랑 속에서 그 판별 기준을 발견하는 것이 아니라, 오히려 정반대로 사랑 안에는 율법의 강령이 들어있기 때문에, 사랑의 요구는 아주 단호하다"(*Paul* 282).

으로 성취하는 것이 가능하다고 보았다.[139]

한편 학자들이 거의 주목하지 않고 있는 바울 서신들 간의 상호관계의 한 측면을 통해서도 이 점은 비슷하게 확인된다. 바울은 "할례나 무할례나 효력이 없으되 … "라는 정형구를 세 번이나 사용한다.[140] 이 정형구를 사용하고 있는 여러 구절들을 비교해 보면, 시사하는 바가 있다.

갈 5:6 — "그리스도 예수 안에서는 할례나 무할례나 효력이 없으되 사랑으로써 역사하는 믿음뿐이니라";
갈 6:15 — "할례나 무할례가 아무것도 아니로되 오직 새로 지으심을 받는 것만이 중요하니라";
고전 7:19 — "할례 받는 것도 아무것도 아니요 할례 받지 아니하는 것도 아무것도 아니로되 오직 하나님의 계명을 지킬 따름이니라."

새로운 창조에서는 할례(받았든 안 받았든)는 중요치 않은 것, 즉 그 자체로 선한 것도, 악한 것도 아닌 것들에 속한다. 사랑으로써 역사하는 믿음은 하나님의 계명들이 어떻게 지켜져야 하는가를 보여 주는 말이다. 즉, 사랑의 계명은 하나님의 계명들인 율법에 대한 대안(代案)이 아니다. 오히려 사랑의 계명은 하나님의 계명들을 어떻게 지켜야 하는지를 보여 준다 — 할례 문제를 포함해서![141] 달리 말하면, 사랑의 계명은 율법의 정신을 성취하는 것으로서, 이웃 사랑이라는 구체적인 상황 속에서 진정으로 무엇이 중요하고 무엇이 중요하지 않은 것(adiaphora)인지를 보여 주기 때문에, 온 율법을 성취하는 것이 된다.[142]

셋째, 우리의 분석을 통해서 예수는 바울에게 율법에 규정된 행위를 위한 모범을 제공하였다는 결론이 나온다. 율법을 사랑의 계명으로써 요약한 것은 바로 예

140) 필자의 "'Neither Circumcision nor Uncircumcision, but …' (갈 5:2-12; 6:12-16; cf. 고전 7:17-20)," in A. Vanhoye, ed., *La foi agissant par l'amour* (*Galates 4.12-6.16*) (Rome: Abbaye de S. Paul, 1996) 79-110 (110-22에 나오는 논의)을 보라.

141) 고전 7:19에 대한 Sanders의 경악 — "바울이 이제까지 쓴 가장 경이로운 문장들 중의 하나"(*Paul, the Law and the Jewish People* [§6 n. 1] 103) — 은 단지 그가 바울의 율법관의 뉘앙스들을 제대로 파악하지 못했음을 보여 줄 뿐이다.

142) 자세한 것은 Jaquette, *Discerning* ch. 3을 보라.

수의 가르침이었다. 그러나 예수 전승을 통해 교회들에게 전해진 예수의 모범도 사랑의 계명을 통해서 율법에 순종하는 것이 구체적인 상황들 속에서 무엇을 의미했는지를 보여 주는 데 기여하였다. 예를 들면, 예수의 안식일 논쟁들(막 2:23-3:5 및 병행본문들)에 관한 기사(記事)들은 이웃을 사랑하라는 원칙을 따라 안식일을 지킨다는 것이 무엇을 의미하는지를 예시해 준 사례들이었음은 거의 의심의 여지가 없다. 마찬가지로 정함과 부정함, 식탁교제와 관련된 예수의 가르침과 마찬가지로 예수의 실천 자체[143]도 바울에게 결정적인 영향을 미쳤을 것이다.[144] "그리스도께서 우리를 받아 하나님께 영광을 돌리심과 같이 너희도 서로 받으라"(롬 15:7), "서로 용납하여 피차 용서하되 주께서 너희를 용서하신 것 같이 너희도 그리하고"(골 3:13) 등과 같은 바울의 말들은 용납과 용서에 대한 바울 자신의 경험만이 아니라 공생애 사역 동안에 죄인들을 받으시고 용서하셨던 예수에 관한 전승들의 영향도 받았다. 물론 예수의 "이웃 사랑"의 가장 좋은 예는 "우리(죄인들)를 위한" 그의 죽음이었지만(롬 5:8),[145] 복음서들은 우리에게 십자가는 예수의 이웃 사랑에 대한 유일하게 소중한 기억이 아니었음을 일깨워 준다.[146]

요컨대 분명한 증거들이 소수이긴 하지만, 우리는 "그리스도 예수를 본받아"(롬 15:5) "그리스도의 법"(갈 6:2)으로 살아가는 것이 바울 및 그의 청중들에게 무엇을 의미했는지를 분명히 알 수 있다. 이 두 구절은 각 교회가 그 교회를 설립한 사도로부터 받은 예수 전승, 각 교회가 스스로를 예수 그리스도의 교회로 세워나가는 데 도움을 주었던 예수 전승에 대한 인유(引喩)를 포함하고 있다. 그리스도의 법을 따라 살아가고자 하는 신자는 교회들 가운데서, 특히 예수 전승을 공동체에서 보존하고 알리는 역할을 담당했던 교사들에게 널리 알려져 있던 이 예수 전

143) 막 2:15-17과 7:15-19; 위의 §8.3(3)을 보라.

144) 그 당연한 귀결은 여기서 바울은 자신의 기사(마 5:17-20)를 통해서 예수께서 어떻게 율법과 선지자를 "성취하였는가"(롬 8:4; 13:8; 갈 5:14에 나오는 것과 동일한 단어)를 보여 주고자 한 의도를 지녔던 마태와 별반 다르지 않다는 것이다 — 물론 정함과 부정함에 관한 예수의 가르침에 대한 바울의 반영은 마가 본문에 더 가깝긴 하지만(막 7:15/롬 14:14).

145) 십자가를 "하나님에 대한 신실함을 위한 모범"으로 읽음으로써, Hays(*Moral Vision* 197)는 바울의 해석이 보여 주는 것보다 더 많은 비중을 신실한 삶을 위한 모범으로서의 십자가에 둔다(롬 1:17; 3:25-26; 5:8; 8:31-39; 15:8; 고후 5:20-21).

146) 또한 위의 §21.6b을 보라.

승을 거론할 수 있었다. 이 전승은 사랑의 계명으로 요약된 율법을 따라 살아가는 것이 무엇을 의미하는지에 대한 모델을 제공해 주었다. 그러므로 "그리스도의 법"이라는 구절을 통해서 우리는 율법이 초기 그리스도인들에게 윤리적 명령으로서의 힘을 계속해서 가지고 있었다는 것을 다시 한 번 확인하게 된다. 그러나 그 율법은 예수에 의해 가르쳐지고 실천에 옮겨졌던 율법, 교회 창립자에 의해 개 교회에 알려졌던 율법이었다.

§ 23.6 자유와 사랑

이 장에서 우리가 다루고 있는 것의 주해상의 문제들은 모두 구원 과정에 관한 바울의 신학에서의 종말론적 긴장 탓으로 돌려질 수 있다. 왜냐하면 그 문제들은 모두 외적인 준칙과 내적인 동기, 전통적인 진리들과 새로운 통찰, 창조로부터 시작된 계시와 이제는 그리스도 안에서 좀 더 뚜렷한 초점을 갖게 된 계시 간의 긴장을 표현하는 것이기 때문이다. 옛 성품과 새 성품, 육과 영, 이스라엘과 교회, 제도와 은사, 개인과 공동체 간의 긴장들은 풀 수 없을 정도로 얽혀 있다. 이 긴장은 특히 자유와 사랑 간의 서로 밀고 당기는 줄다리기를 통해 아주 잘 표현된다. 그 이유는 이미 대체로 언급되었지만, 자유라는 원칙과 사랑이라는 유보조건은 바울에게 매우 중요했기 때문에, 이것들은 간략하게나마 따로 살펴볼 필요가 있다.

§14과 §16의 끝 부분에서 이미 살펴보았듯이, 그리스도인의 자유라는 원칙은 분명히 바울의 심정에 가장 가까운 것이었다.[147] 로마서 8:2이나 갈라디아서 5:1을 읽어본 사람이라면, 누가 그것을 의심할 수 있겠는가? 로마서 8:2 — "이는 그리스도 예수 안에 있는 생명의 성령의 법이 죄와 사망의 법에서 너를 해방하였음이라." 갈라디아서 5:1 — "그리스도께서 우리를 자유롭게 하려고 자유를 주셨으니 그러므로 굳건하게 서서 다시는 종의 멍에를 메지 말라." 그러나 우리는 이 본문들을 처음 인용하였을 때에 두 가지 중요한 유보조건을 살펴본 바 있다.

하나는 '이미-아직' 이라는 유보조건이다. "썩어짐의 종노릇하는 데서의 해방"과 "하나님의 자녀들의 영광의 자유"는 '아직' ("우리 몸의 속량," 롬 8:21-23)에 속한다. 생명의 성령의 자유는 여전히 사망의 몸에 의해 제약을 받는다(롬 8:10). 이것은 각 신자가 아직 옛 성품인 육(肉)에서 구원받지 못하였고, 여전히 우리를

147) §14.9d과 §16.5a을 보라.

정욕에 빠뜨리려고 끌어당기는 욕심에 종속되어 있다는 것을 의미한다. 바울이 이러한 위험을 너무도 잘 알고 있었다는 것은 그가 갈라디아서 5장에 끼워넣은 유보조건이 잘 보여 준다: "형제들아 너희가 자유를 위하여 부르심을 입었으나 그러나 그 자유로 육체의 기회를 삼지 말고 오직 사랑으로 서로 종 노릇 하라"(5:13). 바울은 자유가 자아를 만족시키고자 하는 이기적인 목적을 위한 외투 역할을 하기가 쉽고, 자유는 신속하게 방종으로 타락할 수 있다는 것을 너무도 잘 알고 있었다. 이러한 위험을 효과적으로 통제할 수 있는 유일한 요소는 사랑 — 서로를 섬기려고 하는 관심으로 정의된 사랑 — 뿐임을 그는 암시한다.[148]

개인의 자유를 제약하는 또 하나의 유보조건은 공동체의 일원으로서의 개인의 삶의 복합성이다. 그리스도의 몸이라는 바울의 개념에서 지체들의 다양성과 지체들 상호간의 상호의존성은 근본적인 요소였다(§20.4). 이것은 전체에 대한 개인의 책임, 개인에 대한 전체의 책임을 의미하기도 한다. 서로를 진정으로 돌보는 것뿐만 아니라[149] 전체의 유익을 위해서 자신의 은사에 대한 확신을 기꺼이 제약하는 것이 그것이다(고전 14:28, 30). 여기서 다시 한 번 고린도전서 13장이 12장과 14장 사이에 놓여 있다는 것을 깨닫는 것이 중요하다: 그리스도의 은사적 몸의 비전(12장)을 실천(14장)으로 옮기는 유일한 길은 사랑을 통해서(13장)이다.

고린도전서 8~10장은 바울이 자유/사랑의 긴장을 다루고 있는 특별한 대목이다. 그는 우상을 무시할 권한(exousia)을 주장하는 자들의 신학에 동의한다(고전 8:9). 그는 그들의 자유를 인정한다 — "모든 것이 가하나(exestin)"(고전 8:9). 그러나 그는 그 자유가 동료 신자에게 미치는 영향을 생각할 때마다 그 자유를 제한한다: 그러한 자유는 자칫 약한 자들에게 걸림돌이 될 수 있고(8:9), 교회의 덕을 세우는 것이 되지 않을 수 있다(10:23). 자유의 행사(行使)는 언제나 사랑에 의한 제약을 받아야 한다.[150] 또한 우리는 그 중간의 장(章)에서 바울이 자신의 사

148) 바울의 권면 전체에 걸쳐 "사랑"의 중요성을 주목하라 — 롬 12:9; 13:8-10; 14:15; 15:30; 고전 8:1; 13:1-4, 8, 13; 14:1; 16:14; 고후 2:8; 8:7-8, 24; 갈 5:6, 13, 22; 빌 1:9; 2:1-2; 골 2:2; 3:14; 살전 3:12; 5:8, 13; 또한 엡 4:2, 15-16; 5:2; 딤전 4:12; 6:11; 딤후 2:22; 딛 2:2.

149) 예를 들어, 롬 12:16; 고전 12:25-26; 빌 2:2-3을 보라.

150) 바울은 이것이 실천 속에서 어떻게 나타날 것으로 보았는지를 예시해 주는 자세한 것은 아래의 §24.7을 보라.

도로서의 실천을 사랑의 제약을 받는 자유를 보여 주는 모범으로 제시하고 있다는 것을 잊어서는 안 된다: 그는 자신의 권리들을 강조하지만(9:1-14), 이는 그가 그 권리들을 주장하기를 거부한 이유를 설명하기 위해서일 뿐이다(9:15-27).[151]

지나치게 꼼꼼한 율법주의와 제멋대로인 방종 사이를 걸어가는 것으로서 그리스도인의 자유에 관한 바울의 신학은 다음과 같이 간단하게 도표로 나타낼 수 있다:

그리스도인의 자유는 그 자체가 상당한 다양성을 포괄하는 하나의 스펙트럼이다. 그러나 그 자유는 "믿음 더하기 그 무엇"(즉, 그들의 전통이 믿음에 반드시 더해져야 한다고 여겨온 그 무엇)을 주장하는 자들에 의해 항상 위협받는다. 그리고 그 자유는 모든 전통과 지침들에 반기를 들어 뛰어나고 칭송받을 만한 많은 것들을 거부해 버리는 자들에 의해서도 위협을 받는다. 한편으로 자유와 율법주의, 다른 한편으로 자유와 방종 간의 좁은 간격은 오직 적극적이고 밖으로 뻗쳐나가는 사랑을 통해서만 유지될 수 있다.

그러므로 바울은 그리스도인의 자유를 정의한 최초의 인물이었다는 칭찬을 받을 만하다. 바울이 그리스도인의 자유를 정의한 방식은 개인의 자유에 관한 고전적인 진술(陳述)들 중의 하나와 비교해 보면 흥미롭고 시사해 주는 바가 크다. 존 스튜어트 밀(John Stuart Mill)에 의하면,[152]

> 자유라는 이름으로 불릴 만한 유일한 것은 다른 사람들에게서 그들의 것을 빼앗거나 그들의 것을 얻으려는 노력들을 방해하지 않는 한 우리 자신의 방식으로 우리 자신의 선(善)을 추구하는 자유이다.

151) 자세한 것은 위의 §21.2c과 §23.5을 보라.

152) J. S. Mill, *On Liberty* (1859; Harmondsworth: Penguin, 1985) 72.

밀(Mill)의 정의에 결여되어 있는 것은 '다른 사람들을 위하여' 사용되는 것으로서의 자유의 의미이다.[153] 이와는 대조적으로, 바울은 자유를 단지 스스로의 이익을 추구할 개인의 권리가 아니라 공동체 속에서 개인의 권리로 보았는데, 공동체 속에서 그 권리는 다른 사람들의 권리에 의해서만이 아니라 다른 사람들에 대한 적극적인 책임에 의해서도 제약을 받는다. 자유에 관한 바울의 윤리의 특징을 이루고, 그 자유의 윤리를 정치적 원칙을 넘어서 아주 강력한 사회적 원칙으로 만드는 것은 이러한 책임과 결합된 권리 의식, 이웃 사랑 속에서 행사되는 자유라는 인식이다.

§ 23.7 전통적인 지혜

우리가 지금까지 부각시켜온 여러 강조점들을 시야에서 놓치지 않도록 하기 위해서, 한 가지 더 말해 둘 것이 있는데, 그것은 믿음과 성령, 그리스도와 사랑에 관한 바울의 새로운 윤리는 전혀 새롭고 전대미문의 사조(思潮)나 윤리를 의미하지 않았다는 사실을 다시 한 번 말하고자 하는 것이다. 사실 우리는 이 장 전체를 통해서 바울의 윤리에서 율법의 지속적인 역할을 강조함으로써 이 점을 강조하여 왔다. 그러나 좀더 확실히 해 두기 위해서 우리는 바울의 윤리적 가르침의 얼마나 많은 부분이 그 내용과 형태에서 이전의 가르침을 반영하고 있는지를 상기할 필요가 있다.

a) 우리는 이방인들의 윤리에 대한 바울의 단죄 중 많은 부분이 전통적인 유대의 지혜 가르침을 반영하고 있는 것임을 누차 언급한 바 있다.[154] 또한 우리는 곧 바울이 그밖의 다른 권면들 속에서도 그와 같은 유대 지혜를 활용하였음을 보게 될 것이다(§24.2). 그리고 바울의 윤리가 몇몇 근본적인 율법들은 이방인들에게도 적용될 수 있다는, 유대교에서 이미 잘 정립되어 있던 사고들(앞으로 나올 노아

153) Hillel의 소극적인 "황금률"("너희가 미워하는 것을 너희 동료들에게 행하지 말라; 이것이 온 율법이니라" — *b. Shabbath* 31a)과 예수 전승에 나오는 이 황금률의 적극적인 형태("그러므로 무엇이든지 남에게 대접을 받고자 하는 대로 너희도 남을 대접하라" — 마 7:12)의 대비점을 비교하라. 자세한 것은 필자의 간략한 글인 *Christian Liberty: A New Testament Perspective* (1991 Didsbury Lectures; Carlisle: Paternoster, 1993/Grand Rapids: Eerdmans, 1994)를 보라.

154) 위의 §4 n. 23과 §4.4을 보라.

계명들에 관한 랍비들의 가르침의 기초가 됨)의 영향을 받았다는 것도 입증될 것이다.[155] 그래서 바울은 음행(porneia)과 우상에게 바쳐진 음식에 대하여 자신의 의견을 굽히려 들지 않았다.[156] 사람들의 행실과 책임의 방기(放棄)는 공정한 심판자이신 하나님에 의해 판단받을 것이라고 바울이 역설한 것도 마찬가지로 유대교의 유산에서 직접 가져온 주제였다.[157] 아울러 바울이 가급적 포괄적인 용어들("선"과 "악" — 롬 2:7-10)을 사용하여 심판의 근거들을 표현하고자 한 것[158]도 옳고 그름에 대한 인간의 근본적인 인식에 호소하고자 하였음을 보여 준다. 바울이 비그리스도인들의 반응을 그리스도인의 행동에 영향을 미치는 요소로 언급한 것도 같은 맥락에서 해석될 수 있다.[159]

이와는 대조적으로 바울의 권면이 당시의 성경(구약)에 의존하고 있음을 인정하지 않으려는 경향은 20세기의 주해에서 이상한 일들 중의 하나다.[160] 물론 그 이유는 부분적으로는 개혁신학에서 강조했던 율법/복음의 첨예한 대립 때문이고, 부분적으로는 바울 서신의 특징을 이루고 있던 성경에 대한 인유(引喩)들과 반영(反映)들을 제대로 인식하지 못한 때문이다.[161] 사실 위에서의 논증이 타당하다면, 바울은 오직 논란이 되는 경우에만 자신의 권면이 성경에서 나온 것임을 밝혔고, 논란이 되지 않는 경우에는 명시적으로 그 출처가 성경임을 밝히지 않았고, 단지 인유(引喩)로써 충분했다고 할 수 있다. 달리 말하면, 그리스도인의 행위를 위한

155) Segal, *Paul* 187-223; M. Bockmuehl, "The Noachide Commandments and New Testamnent Ethics," *RB* 102 (1995) 72-101 (here 96-100).

156) 아래의 §§24.4, 7; Tomson, *Paul and the Jewish Law* chs. 3-5를 보라.

157) 위의 §2.4과 §18.6을 보라. 또한 Finsterbusch, *Thora* 15-30을 보라.

158) 자세한 것은 필자의 *Romans* 85-86을 보라.

159) 예를 들어, 롬 14:16; 고전 10:31-33; 살전 4:11-12; 5:15. W. C. van Unnik, "Die Rücksicht auf die Reaktion der nicht-Christen als Motiv in der altchristlichen Paränese," *Sparsa Collecta* (NovTSup 30; Leiden: Brill, 1980) 2.307-22; J. M. G. Barclay, "Conflict in Thessalonica," *CBQ* 55 (1993) 512-30(특히 520-25)을 보라. 또한 아래를 보라.

160) 위의 n. 26을 보라.

161) Aland판 헬라어 본문의 난외(欄外)에 나오는 수많은 구절 표시들을 훑어보기만 하면 된다. 또한 Finsterbusch, *Thora* 108-84를 보라: 바울의 권면의 "의미장"(意味場)은 "토라의 장(場)"이다(특히 peripateo, phroneo, aresko/euarestos, agathos, teleios, thelema, pneuma 등을 거론함); 그리고 아래의 §24.2b을 보라.

지속적인 판별기준으로서 성경의 권위는 대부분 그저 전제되었다는 말이다.[162] 그 성경은 그리스도의 빛 아래에서 이해된 성경이었지만,[163] 여전히 권위를 지닌 성경이었다.

b) 전승에 의한 표현들을 반영하고 있는 바울의 권면의 가장 분명한 특징들은 그의 악덕과 미덕 목록들이다. 악덕 목록들이 더 일반적이었고,[164] 미덕 목록들은

---

162) 예를 들어, Furnish, *Theology* 28-44; Schrage, *Ethics* 205; T. Holtz, "The Question of the Content of Paul's Instructions," in Rosner, ed., *Understanding* 51-71; Rosner, *Paul, Scripture and Ethics* (§24 n. 1); R. B. Hays, "The Role of Scripture in Paul's Ethics," in Lovering and Sumney, *Theology and Ethics* 30-47.

163) 위의 §7.2을 보라.

164) 롬 1:29-31 — 의, 추악, 탐욕, 악의, 시기, 살인, 분쟁, 사기, 악독이 가득한 자, 수군수군하는 자, 비방하는 자, 하나님께서 미워하시는 자, 능욕하는 자, 교만한 자, 자랑하는 자, 악을 도모하는 자, 부모를 거역하는 자, 우매한 자, 배약하는 자, 무정한 자, 무자비한 자.

롬 13:13 — 방탕, 술 취함, 음란, 호색, 다툼, 시기.

고전 5:10-11 — 음행, 탐욕, 속여 빼앗는 자, 우상 숭배하는 자, 모욕하는 자, 술 취하는 자.

고전 6:9-10 — 음행하는 자, 우상 숭배하는 자, 간음하는 자, 탐색하는 자, 남색하는 자, 도적, 탐욕을 부리는 자, 술 취하는 자, 모욕하는 자, 속여 빼앗는 자.

고후 12:20 — 다툼, 시기, 분냄, 당 짓는 것, 비방, 수군거림, 거만함, 혼란.

갈 5:19-21 — 음행, 더러운 것, 호색, 우상 숭배, 주술, 원수 맺는 것, 분쟁, 시기, 분냄, 당 짓는 것, 분열함, 이단, 투기, 술 취함, 방탕함.

골 3:5, 8 — 음란, 부정, 사욕, 악한 정욕, 탐심=우상 숭배, 분함, 노여움, 악의, 비방, 너희 입의 부끄러운 말.

또한 특히 Wis. 14:25-26; *4 Macc.* 1:26-27; 2:15; 1QS 4.9-11; CD 4.17-19; Philo, *Sac.* 32; *T. Reub.* 3.3-6; *T. Levi* 17.11; *2 Enoch* 10.4-5; *3 Baruch* 8.5; 13.4; 막 7:21-22; 딤전 1:9-10; 딤후 3:2-5; 딛 3:3; 벧전 4:3; 계 22:15; *1 Clement* 35:5; *Didache* 2~5; *Barnabas* 18-20을 보라. 자세한 것은 Lietzmann, *Römer* 35-36; A. Vögtle, *Die Tugend- und Lasterkataloge im Neuen Testament* (Münster: Aschendorff, 1936); S. Wibbing, *Die Tugend- und Lasterkataloge im Neuen Testament und ihre Traditionsgeschichte unter besonderer Berücksichtigung der Qumran-Texte* (BZNW 25; Berlin: Töpelmann, 1959); E. Kamlah, *Die Form der katalogischen Paränese im Neuen Testament* (Tübingen: Mohr, 1964); 그리고 Malherbe, *Moral Exhortation* 138-41에 나오는 악덕 및 미덕 목록들에 대한

흔히 그리 폭넓지 못했다.[165] 각 목록의 끝에 나오는 말들이 보여 주듯이, 이 목록들은 신약성경 내에서 바울에게 특유한 것도 아니었고, 기독교, 유대교 또는 헬라에 특유한 것이 아니었다.[166] 이것은 단지 동부 지중해 지역에서 이런 형식이 어느 정도 보편화되어 있었다고 말하는 것이 아니라, 바울이 이 목록들에서 보여 주는 윤리적, 도덕적 관심들은 다른 곳에서 윤리 및 도덕과 관련된 목록들에서도 전형적으로 찾아볼 수 있다는 말이다. 그러므로 기독교가 전혀 새로운 고상한 윤리를 세상에 들여왔다고 말하는 것은 잘못이다.[167] 기독교 윤리의 상당 부분은 당시 세계에서 관례적인 것이었다. 만약 그리스도인들이 자기들이 유일무이한 도덕의식을 부여받았다고 믿거나 자기들의 윤리적 가르침이 그 밖의 다른 모든 윤리적 가르침들과 전적으로 구별되지 않는다고 하여 당황해 한다면, 그것은 정말 터무니없는 교만이 될 것이다. 이와는 대조적으로 바울은 비싼 대가를 치르고 유대인들과 헬라인들에게서 배운 이전 세대들의 지혜를 활용하는 데 아무런 주저함도 없었다.

좀 더 정확히 이야기하자면, 바울은 당시 사람들과 마찬가지로 여러 악덕들을 혐오하였다. 예를 들면, '플레오넥시아'(pleonexia, 직역하면 "더 많이 가지려는 욕구," 따라서 "탐욕, 만족할 줄 모름")는 널리 단죄된 악덕으로서 스토아 학파를 비롯한 여러 악덕 목록들에 공통으로 포함되어 있던 악덕이었다.[168] 로마서 13:13에 나오는 목록에 들어 있는 대부분의(전부는 아니더라도) 항목들은 사람들로부

다른 도표들을 보라.

165) 고후 6:6 — 깨끗함, 지식, 오래 참음, 자비함, 사랑, 진리의 말씀.
갈 5:22-23 — 사랑, 희락, 화평, 오래 참음, 자비, 양선, 충성, 온유, 절제.
빌 4:8 — 참됨, 경건함, 옳음, 정결함, 사랑 받을만함, 칭찬 받을만함.
골 3:12 — 긍휼, 자비, 겸손, 온유, 오래 참음, 서로 용납함, 피차 용서함.

또한 예를 들어, 1QS 4.2-8; Philo, *Sac.* 27; *Virt.* 182; Josephus, *Ap.* 2.146을 보라. 그리고 신약의 다른 곳에서는 엡 4:2; 딤전 4:12; 6:11; 딤후 2:22; 3:10; 벧후 1:5-7.

166) "당시의 관습적인 도덕"(Betz, *Galatians* 282-83).

167) Furnish: "바울의 관심은 '독창적인' 또는 오로지 '기독교에서만 볼 수 있는' 내용을 담은 도덕을 만들어내는 것이 아니었다"(*Theology* 72).

168) 롬 1:29; 고후 9:5; 골 3:5; 살전 2:5; 또한 엡 4:19과 5:3. BAGD, pleonexia; G. Delling, *TDNT* 6.267-70을 보라.

터 널리 비난받아온 것들이었을 것이다.[169] 마찬가지로 빌립보서 4:8-9의 목록도 일반적으로 "미덕" 또는 "칭찬할 만한 것"으로 여겨져온 것들을 의도적으로 언급한다; "미덕"(arete)이라는 말만이 거론되고, 다른 목록들에서 아주 높이 평가되는 '유다이모니아' (eudaimonia, "행복")라는 말이 전혀 나오지 않는다는 것은 바울의 우선순위가 다른 것들과는 달랐음을 보여 준다.[170] "절제"(enkrateia)라는 덕목은 헬라의 철학 윤리에도 등장하고,[171] "온유"도 높이 평가된 덕목이었으나, 헬라 사상에서는 그러한 것들이 지나쳐서는 안 된다고 생각하였다.[172] 바울이 동성애적 행위들을 단죄한 것은 스토아 학파의 "적합성"(fitting)이라는 판별기준을 사용한 것이지만,[173] 이러한 단죄 자체는 헬레니즘과는 구별되는, 철저히 유대적인 것이다.[174] 마찬가지로 바울이 반복해서 표명한 우상숭배에 대한 혐오감도 유대 특유의 것이다.[175] 좀 더 기독교적인 것은 고린도전서 13장과 갈라디아서 5:22에서 사랑을 미덕 중 최고의 자리에 올려놓은 것[176]과 "겸손"을 높이 평가한 것이다.[177] 게다가 바울의 목록들의 다양성은 그가 다른 데서 만들어진 기존의 목록들을 단지 그대로 가져온 것이 아니었음을 분명히 보여 준다. 오히려 갈라디아서 5:19-21과 골로새서 3:5 같은 개별 목록들이 각각 나름대로의 강조점들을 갖고 있다는 것은 바울이 공동체를 위협할 수 있는 잠재적인 위험들로 인식한 악덕들

---

169) '유스케모노스' (euschemonos, "고상한")는 일반적으로 책임 있는 사회 속에서 예의 바르고, 합당하고, 교양 있는 것으로 여겨질 수 있는 것을 가리킨다(자세한 것은 BAGD; H. Greeven, *TDNT* 2.771을 보라); 또한 고전 14:40과 살전 4:12.

170) Keck, "Rethinking" 9-10.

171) Socrates는 '엔크라테이아' (enkrateia)를 주요한 덕목으로 여겼고, Aristotle의 Ethics에서 자세히 다뤄졌다(W. Grundmann, *TDNT* 2.340). Stowers는 극기(克己)를 로마서의 해석에서 중심적인 것으로 보지만(*Rereading* 42-82), 증거가 아주 빈약하고(5:3-4; 7:18; 12:3), 결국에는 하나님의 주도권에 대한 강조로 엉거주춤 주저앉는다(예를 들어, 1:16-17과 5:6-10에서).

172) F. Hauck and S. Schulz, *TDNT* 6.646.

173) BAGD, katheko; 자세한 것은 위의 §2 n. 101, §5 nn. 102와 103을 보라.

174) 필자의 *Romans* 65-66을 보라.

175) 필자의 *Romans* 61과 위의 §2.2을 보라.

176) 위의 §13 n. 15와 §21.6b을 보라.

177) 빌 2:3; 골 3:12. 헬라 사상에서 일반적으로 "겸손"은 노예근성과 아주 밀접하게 결부되었기 때문에 긍정적인 덕목이 되지 않았다(W. Grundmann, *TDNT* 8.1-4, 11-12).

을 선별했다는 것을 강력히 시사해 준다 — 갈라디아서에서는 편을 가르는 당파주의,[178] 골로새서에서는 음행.[179]

그러므로 바울의 윤리적 가르침의 많은 부분은 전통적인 지혜를 활용한 것이었다. 바울이 "선"은 상을 받고 "악"은 벌을 받을 것이라는 관점에서 최후의 심판에 관하여 말할 수 있었던 것(롬 2:6-11)도 당시의 선한 사람들과 그가 도덕의식과 윤리적 태도에서 상당한 정도의 공감대를 형성하고 있다는 것을 알았기 때문이었다. 그래서 바울은 자신 있게 "양심"에 호소할 수 있었고, "본성으로 율법의 일을 행하는"(롬 2:14-15) 자들에 대하여 말할 수 있었다.[180] 바울은 자기가 섞여 살았던 사회들이 옳고 그름에 대한 성숙한 의식을 갖고 있음을 확신하였다. 아울러 사랑을 자신의 윤리적 가르침에서 최고의 위치에 올려놓고, 항상 "그리스도의 법"이라는 생각을 그의 마음 속에 지님으로써, 바울은 극히 드물게만 성취되는 질적으로 성숙한 인간관계와 공동체를 추구하였다.

c) 바울의 후기 서신들의 권면 속에 자주 나오는 그 밖에 흔한 형태[181]는 가정율(家政律, Haustafel)이다. 이 서신들은 우리의 검토 대상이 아니지만, 바울의 초기 가르침의 강조점들과 연관이 있기 때문에, 우리는 여기서 이 가정율들에 대해서 간략하게 언급하지 않을 수 없다. 최초이자 최고의 예는 골로새서에 나오는 것

178) "원수 맺는 것, 분쟁, 시기, 분냄, 당 짓는 것, 분열함, 이단, 투기." 예를 들어, 이후의 금언들은 "'성령 안에서 행하라'는 말이 무엇을 의미하는지를 갈라디아 교인들에게 실제적인 견지에서 구체적인 가르침을 주고자 하는 바울의 욕구를 보여 주는" 것이라고 말하는 Barclay, *Obeying* 153을 보라.

179) "음란, 부정, 사욕, 악한 정욕."

180) 자세한 것은 Schnackenburg, *Botschaft* 2.48-58(참고문헌과 함께)을 보라.

181) 특별히 윤리에만 초점을 맞추지 않는다면, 고생(苦生) 목록을 예로 들 수도 있을 것이다; 특히 J. T. Fitzgerald, *Cracks in an Earthen Vessel: An Examination of the Catalogues of Hardships in the Corinthian Correspondence* (SBLDS 99; Atlanta: Scholars, 1988)를 보라. D. Balch, et al., eds., *Greeks, Romans and Christians*, A. J. Malherbe FS (Minneapolis: Fortress, 1990)는 초기 그리스도인들과 그리스-로마 문화의 상호작용에 대한 광범위한 논의를 보여 준다. Malherbe의 글들 중에서는 특히 *Paul and the Thessalonians: The Philosophic Tradition of Pastoral Care* (Philadelphia: Fortress, 1987) — "바울은 독자적인 정체성을 지닌 공동체를 형성하면서 당시의 관습들을 의도적으로 사용하였고, 상당한 독창성을 가지고 그렇게 하였다" — 와 "'Pastoral Care' in the Thessalonian Church," *NTS* 36 (1990) 375-91을 보라.

으로서, 이 문제에 관한 바울 자신의 발전된 생각을 표현한 것일 수 있다 — 골로새서 3:18~4:1:[182]

> 아내들아 남편에게 복종하라 이는 주 안에서 마땅하니라 남편들아 아내를 사랑하며 괴롭게 하지 말라. 자녀들아 모든 일에 부모에게 순종하라 이는 주 안에서 기쁘게 하는 것이니라 아비들아 너희 자녀를 노엽게 하지 말지니 낙심할까 함이라. 종들아 모든 일에 육신의 상전들에게 순종하되 사람을 기쁘게 하는 자와 같이 눈가림만 하지 말고 오직 주를 두려워하여 성실한 마음으로 하라 무슨 일을 하든지 마음을 다하여 주께 하듯 하고 사람에게 하듯 하지 말라 이는 기업의 상을 주께 받을 줄 아나니 너희는 주 그리스도를 섬기느니라 불의를 행하는 자는 불의의 보응을 받으리니 주는 사람을 외모로 취하심이 없느니라 상전들아 의와 공평을 종들에게 베풀지니 너희에게도 하늘에 상전이 계심을 알지어다.

이러한 가정율들의 출처에 관한 오랜 논쟁은 최근에 와서 해결되었다. 지난 20여 년 동안 몇몇 학자들은 연달아서 기독교의 가정율들의 모델은 '오이코노미아' (oikonomia, "가정 경영")에 관한 규율임을 확인하였다.[183] 요지는 가정이 국가의 기본 단위라는 것이 널리 인식되어 있었다는 것이다. 그러므로 국가는 국가 질서의 일부로서 가정의 기본적인 관계들 — 즉, 남편과 아내, 아버지와 자녀들, 주인

---

182) 특히 엡 5:22~6:9; 벧전 2:18~3:7; 그러나 또한 딤전 2:8-15; 6:1-2; 딛 2:1-10; *Didache* 4:9-11; *Barnabas* 19:5-7; *1 Clement* 21:6-9; Ignatius, *Polycarp* 4:1-5:2; Polycarp, *Philippians* 4:2-3을 보라. 이하의 서술에서 나는 나의 "The Househlod Rules in the New Testament," in S. C. Barton, ed., *The Family in Theological Perspective* (Edinburgh: Clark, 1996) 43-63을 활용하였다.

183) 특히 D. Lührmann, "Wo man nicht mehr Sklave oder Frei ist. Überlegungen zur Struktur frühchristlicher Gemeinden," *Wort und Dienst* 13 (1975) 53-83(특히 76-80); "Neutestamentliche Haustafeln und antike Ökonomie," *NTS* 27 (1980-81) 83-97; K. Thraede, "Zum historischen Hintergrund der 'Haustafeln' des NT," in E. Dassmann and K. S. Frank, eds., *Pietas*, B. Kötting FS (Münster: Aschendorff, 1980) 359-68; and especially D. Balch, *Let Wives Be Submissive: The Domestic Code in 1 Peter* (SBLMS 26; Chico: Scholars, 1981)을 보라.

과 종의 관계 — 을 다룰 필요가 있었다.[184]

그렇다고 해서 골로새서와 그 이후의 기독교 저술가들이 표준적인 표현형식들을 그대로 따랐다는 말은 아니다. 골로새서 3:18~4:1은 그 자체가 가정율(Haustafel) "형식"의 가장 순수한 예이다. 그리고 가정 내의 관계들에 대한 관심은 흔히 더 넓은 범위의 사회적 관심들의 일부라는 특징을 지닌다. 그럼에도 불구하고 당시의 윤리적, 정치적 사상가들 사이에서는 가정 경영과 관련된 공통의 관심들이 있었고, 이것을 초기 기독교 저술가들도 공유하였음이 분명하다. 또한 우리는 이러한 일반적인 관심 속에서 스토아 학파의 특징이라 할 수 있는 것들을 볼 수 있다.[185] 그리고 종들에게 말하는 긴 부분은 유대교에 자주 등장하는 소재들을 사용한 것이다.[186] 그러나 아울러 우리는 기독교 특유의 특징들도 찾아볼 수 있는데, "주"를 일곱 번이나 언급한 것이 특히 그렇다.[187]

이 모든 것은 초기 기독교의 윤리에 대한 비판적 평가와 관련하여 중요한 문제들을 불러일으킨다. 무엇보다 그러한 '가정율'들은 기독교 윤리가 반대해온 세상, 특히 보수적인 사회 구조들과 어느 정도나 영합하고 있었는가? 우리는 바울의 윤리가 실제로 어떻게 작용하였는가를 살펴볼 때(§24)에 이러한 문제들 중 일부를 다룰 수 있을 것이다. 그러나 지금으로서는 가정 경영의 영역에서도 초기 그리스도인들 가운데에서는 "선한 관행"에 대한 인식이 있었고, 가정과 국가에서 선한

184) 예를 들어, Aristotle, *Politics* 1.1253b 1-14; Dio Chrysostom 5.348-51 (Loeb); Seneca, *Epistles* 94.1; Dionysius of Halicarnassus, *Roman Antiquities* 2.25.4-26.4 (모두 Balch, *Wives* [above n. 183]에 인용되어 있음).

185) "마땅한"(aneken — 골 3:18) 것이 무엇이고 "기쁘게 하는"(euarestos — 골 3:20) 것이 무엇인지에 대한 개념. 아내들의 복종에 대해서는 위의 §21.4과 n. 129를 보라.

186) "주를 두려워하여 성실한 마음으로 하라 … 이는 기업의 상을 주께 받을 줄 아나니 … 불의를 행하는 자는 불의의 보응을 받으리니 주는 사람을 외모로 취하심이 없느니라"; 예를 들어, K. Müller, "Die Haustafel des Kolosserbriefes und das antike Frauenthema: Eine Kritische Rückshau auf alte Ergebnisse," in G. Dautzenberg, et al., *Die Frau im Urchristentum* (QD 95; Freiburg: Herder, 1983) 263-319 (특히 273-750); 필자의 *Colossians* 254-59를 보라.

187) "이는 주 안에서 마땅하니라"(3:18); "이는 주 안에서 기쁘게 하는 것이니라"(3:20); "주를 두려워하여"(3:22); "주께하듯 하고"(3:23); "주께 받을 줄 아나니"(3:24); "너희는 주 그리스도를 섬기느니라"(3:24); "너희에게도 하늘에 상전이 계심을 알지어다"(4:1).

질서를 기꺼이 지원하고자 하는 태도가 있었다는 것을 아는 것이 중요하다.

§ 23.8 결론들

바울의 윤리의 바탕에 깔린 원칙들을 찾아내고 입증하는 일은 비교적 쉽다. 이미 논의한 몇몇 뚜렷한 특징들 중에서 결론부에서 다시 언급해 둘 필요가 있는 것이 하나 있다. 그것은 바울은 내적 동기와 외적 규범 간의 균형을 유지하고자 했다는 것이다.[188]

외적 규범은 여러 가지로 정의될 수 있다. 그것은 전통적인 지혜, 일반적으로 인정된 악덕과 미덕들, 선한 뜻을 지닌 모든 자들에 의해 받아들여진 옳고 그름에 관한 개념들, 사회 속에서의 상호의존성과 선한 질서라는 개념들 등 여러 가지 관점에서 정의될 수 있다. 그러나 각각의 경우에 그리스도의 사랑과 자기희생에 대한 기독교적 관점과 기억은 독특한 또 하나의 요소로서 전체를 물들이고 있다. 다시 말하면, 바울의 기독교의 철두철미 유대적인 배경을 감안할 때에, 외적 규범도 율법으로 정의될 수 있다는 말이다.

그러나 그것은 믿음을 표현하는 것으로서의 율법, 그리스도, 즉 그의 가르침과 모범에 의해 강화된 율법이다. 또한 이것은 믿음과 이웃 사랑이라는 원칙들에 따라 실천되는 율법, 믿음과 사랑의 우위성이 인정되는 가운데 주장되는 율법을 의미한다.[189] 이것은 도덕법과 의식법(儀式法)이라는 단순한 이분법을 의미하지 않는다. 왜냐하면 그리스도의 잣대인 믿음과 사랑은 둘 모두를 강화하는 동시에 둘 모두를 상대화시키기 때문이다.

최종 결과는 비슷하지만, 구체적인 사건들 속에서 하나님의 뜻을 분별하기 위한 원칙들은 온 율법에 적용된다. 사례에 따라 그것은 "율법 아래에서"의 삶을 가져올 수도 있고 "율법 밖의" 삶을 가져올 수도 있지만, 언제나 "그리스도의 법 안

---

188) 또한 Schrage, *Einzelgebote* 71-93; Longenecker, *Paul* ch. 8; Deidun, *New Covenant Morality* Part IV를 보라.

189) Cf. Hays, *Moral Vision* 43: "윤리 규범은 … 행위를 위해 미리 결정된 규칙이나 일련의 규칙의 형태로 주어지지 않는다; 도리어 공동체의 필요를 고려하여 기독론적인 패러다임을 토대로 올바른 행위를 분별해야 한다." "바울의 윤리의 근본적인 규범은 그리스도를 닮아 형성되는 삶이다"(46).

에서"(ennomos Christou, 고전 9:21)의 삶이다. 또한 율법에 대한 이러한 재정의는 하나님의 심판의 잣대로서 율법의 근본적인 기능을 배제하거나 축소시키지 않는다.[190] "그리스도의 법"이라는 새로운 체제 안에서 율법은 여전히 다른 사람들에 대한 책임과 하나님 앞에서의 의무(accountability)를 보여 준다. 또한 율법에 따른 심판은 "(바울의) 복음을 따른" 것이기도 하다(롬 2:12-16).

내적 동기는 신뢰에 의한 내적 평강과 성령의 내적 강권(强勸)을 결합한 것이다. 새로워진 마음, 그리고 그 출발점인 계시의 비춰(illumination)과 지혜를 위한 하나님에 대한 의뢰는 하나님의 뜻, 그리스도의 마음을 알고자 추구한다. 이 과정을 통해서 바울이 의도하는 것은 그의 윤리적 사고에서의 다른 핵심적인 주제들이 잘 보여 준다 — "그리스도 안에서" 살고, "주 안에서" 행하고자 하며, 마음에 새겨진 하나님의 법을 알고자 진지하게 원하고, 자유 안에서 기뻐하되 율법주의와 방종의 교묘한 잠식에 맞서 그 자유를 지키려고 기꺼이 맞서는 것. 특히 바울은 독자들에게 신자는 다른 사람들에 대하여 권리만 있고 책임은 없는 고립된 개인이 아님을 항상 기억할 것을 기대한다. 이와는 반대로 하나님께로부터 받은 은혜는 바울에게 다른 사람들의 유익을 위한 은사(恩賜)를 의미했고, 자유는 다른 사람들을 섬길 기회를 의미했다. 이웃을 자신만큼 사랑한다는 것은 실제로 자신의 유익에 앞서 남의 유익을 구하는 것을 의미하였다.

특히 중요한 것은 외적 규범과 내적 동기는 둘 다 윤리적 삶에 필수적이라는 바울의 인식이었다. 자발적인 내적 충동이 없다면, 외적 규범은 급속히 "문자"로, 또 율법주의로 전락해 버릴 것이고, 스스로를 규율하는, 아니 몸을 규율하는 은사(恩賜)의 원칙은 진부한 규칙으로 전락해 버릴 것이다. 그러나 마찬가지로 외적 규범이 없다면, 내적 충동은 그 자체가 법이 되어, 그리스도인의 행위는 반(反)규범적이고 영감에 의존하는 것이 될 것이다. 따라서 둘 다 필요하다.

그리스도인은 성령의 인도가 필요하다. 행위도 은사와 마찬가지로 성령의 나타남일 필요가 있다. 그러나 그것이 사랑의 나타남이 아니라면, 그것은 그리스도의 영이 아니다. 아울러 성령이 없이는 진정으로 중요한 것이 무엇인지를 분별하는 것이 불가능하다. 그리고 사랑이 없다면, 가장 자기희생적이고 영적이고 심지어 믿음에 충만한 행위들조차도 아무런 소용이 없다(고전 13:1-3).

---

190) 위의 §6.3과 §18.6을 보라.

이제 원칙에 대한 얘기는 충분히 한 것 같다. 그렇다면 바울은 이 원칙이 실제로 현실에서 어떻게 작용하기를 기대했는가?

§24 윤리의 실제(實際)[1]

§ 24.1 사회적 배경

바울의 교회론이 현실에서는 어떻게 실천이 되었을까를 묻는 것이 중요했듯이, 그의 윤리와 관련해서 그러한 질문은 한층 더 중요하다. 사람들의 공동복리를 증진시킬 것이라고 주장했던 수많은 이데올로기들이 인간의 탐욕, 기득권, 변화에 대한 두려움, 완고함이라는 암석들에 부딪쳐 현실에서 실패하여 왔다. 바울의 신학에 대한 비판이라는 견지에서 그 대안으로 제시된 이러한 이데올로기들은 죄의 권세라는 현실(現實)과 종말론적 긴장이라는 불가피한 제약(制約)을 제대로 인식하지 못해 왔다. 자유방임주의와 동유럽의 공산주의는 둘 다 동일한 장애물에 걸려 넘어졌다. 기독교의 성적도 기껏해야 중간 정도이다. 그렇다면 바울의 윤리 원칙들은 현실에서 어떻게 작용하였는가? 그러한 원칙들은 언제나 그 원칙들이 낳은 실제의 결과로 판단을 받게 된다. 그리고 그 실제의 결과가 그 원칙들을 제대로 반영한 것이라고 할 수는 없지만, 어쨌든 그 결과는 우리에게 당시의 사회적 배경 속에서 그 원칙들이 얼마나 현실적이었는지를 말해 줄 것이다.

물론 바울의 윤리는 앞으로 물려받을 나라[2]와 앞으로 맞게 될 최후의 심판[3]에 관한 말이 보여 주듯이 약속과 위협이라는 두 가지 궁극적인 제약들 속에서 작용하였다. 그러나 이것은 당시의 어려운 윤리적 문제들을 회피하려는 것이 아니었다. 오히려 그것들은 현재의 행위에 주의하라는 유인책들이었다.[4] 그리고 바울 자신의 시기 구분 속에는 현세 및 내세 등 여러 세대에 걸친 윤리적 또는 사회적 강령에 대한 구상이 없었다.[5] 따라서 바울이 그가 직면한 직접적인 상황들 속에서 자신의 이상(理想)들과 원칙들을 단기간에 어떻게 실천에 옮겼는가를 묻는 것이

---

1) 이 책 말미의 참고문헌을 보라.

2) 고전 6:9-10; 15:50; 갈 5:21.

3) 위의 §2.4과 §18.6을 보라.

4) 특히 고전 3:12-15을 보라.

5) 자세한 것은 위의 §12.4을 보라. 여기서 우리는 특히 롬 13:11-14을 주목해야 한다.

좋다. 어쨌든 예수는 "그들의 열매로 그들을 알리라"(마 7:16, 20)는 금언(金言)을 주시지 않았는가.

또 하나 우리가 생각해야 할 것은 바울의 윤리는 단순히 개인 윤리라는 측면에서만 다뤄질 수 없다는 것이다. 매번 바울의 관심은 사회적인 상호작용에 관한 것이었다. 우리는 이미 구원 과정에 관한 바울의 이해가 성격상 공동체적이고, 바울은 믿음의 공동체에 의존하지 않고 신앙의 성숙을 이룰 수 있다는 그 어떠한 생각도 거부하였다는 것을 살펴본 바 있다. 그러므로 공동체를 떠나서 개인은 독자적으로 바울의 윤리 원칙들을 실천해낼 가망이 별로 없다고 할 수 있다. 신앙의 너무도 많은 것들이 전승이든 새로운 통찰이든, 특히 그 해석과 관련하여 공동체적인 성격을 띠는 지혜에 의존되어 있다. 바울이 그리스도의 몸에 관한 해설을 그의 권면의 시작 부분인 로마서 12장에 두었다는 사실은 그 자체가 상호의존의 이미지가 오직 예배 문제에만 적용될 수 있다고 생각하지 않았다는 것을 보여 준다. 그리고 바울이 이 이미지가 정치 영역에서 기원했다는 것을 알고 있었다면 — 알고 있었을 가능성이 크다 — 바울은 그리스도의 교회를 모든 사회적(단순히 종교적이 아닌) 공동체의 모델로 생각했을 수도 있다.

그러므로 바울의 윤리 원칙들이 현실에서 어떻게 작용했을까를 질문하면서 바울이 살았던 세상 및 사회의 현실, 그리고 바울의 교회들의 현실을 상기할 필요가 있다. 바울은 다양한 인종적 배경, 종교적 전통, 사회적 지위를 지닌 개인과 가정들로 구성된 작은 사회집단들(교회들)을 다루고 있었다. 이 집단들의 정체성은 여전히 형성과정 중에 있었기 때문에, 그 경계는 대체로 유동적이었다. 핵심적인 신앙내용들, 공유된 경험, 세례와 성찬의 시행은 교회들에서 한결같이 공통적인 것이어서, 교회들의 정체성 표지와 교회들을 묶는 강력한 요소 역할을 하였다. 그러나 앞에서 보았듯이, 신앙내용들과 경험에 대한 해석, 실천의 다양성은 그 경계를 다소 모호하게 만들었다. 게다가 이 집단들은 흔히 구성과 성격에서 훨씬 더 다양성을 지닌 큰 도시들 내에서 활동하였고, 강력한 정치적, 경제적 관심들에 의해 형성된 사회 내에서 아주 작은 단위들이었다. 교회와 그 교회를 둘러싸고 있는 사회와의 접촉 영역, 경계를 넘나드는 움직임, 교회 자체 내의 긴장들은 모두 바울의 윤리의 실제(實際)를 언급할 때에 염두에 두어야 할 요소들이다.

이 모든 것들이 부각되는 이유는 실제로 첨예하게 부딪치는 윤리적인 문제의 대부분이 교회 내에서 및 그 경계를 넘어서서 일어나는 전승 공동체들에서 지체들 간의 전승의 충돌에 의해 야기되기 때문이다. 그 어떤 경우에도 문제는 곧바로 현실에 적용될 원칙에 관한 단순한 진술(陳述)로 해결될 수 없다. 왜냐하면 원칙이라는 것 자체가 전승 및 공동체에 대한 고려 없이는 진술될 수 없고, 원칙의 적용이 흔히 논쟁의 중심에 있기 때문이다. 그 어느 곳에서보다도 여기에서 우리는 바울 신학의 '이미-아직'의 현실을 보게 되는데, 원칙과 실제(實際)는 필연적으로 그 긴장을 반영할 수밖에 없었고, '아직'의 요소로 말미암아 불만족스런 타협이 불가피한 경우도 흔히 있었다.

그러므로 우리의 논의를 진행하기에 가장 좋은 방식은 바울이 처리해야 했던 힘든 사례들 중 일부를 직접 다루는 것이다. 이때 구체적이면 구체적일수록 더 좋을 것이고, 사회적 배경에 대한 정보는 많으면 많을수록 좋을 것이다. 이러한 목적에 두 서신, 즉 로마서와 고린도전서가 특히 적합하다. 로마서는 언제나 바울과 관련하여 우리의 주된 본문이었고, 우리는 이 시기의 로마 제국의 다른 어떤 곳들보다도 로마의 사회적 상황을 더 많이 알고 있다. 고린도전서는 성격상 일련의 윤리적, 사회적 문제들을 다루고 있기 때문에 당시의 사회적 상황 속에서의 초대 교회에 관한 상세한 모습을 우리에게 전해 준다. 사실 이 두 서신 말고도 우리는 가능한 한 광범위한 바울의 윤리적 문제들을 다룰 것이다. 그리고 여러 문제에서 다른 서신들의 자료를 가져와 비교하게 되면, 그 결과는 우리가 바랄 수 있는 한 가장 포괄적인 것이 될 것이다.

§24.2 적대적인 세상에서 사는 삶 — 로마서 12:9~13:14

로마서의 권면을 보면, 모종의 이원론이 뚜렷하게 드러나는데, 그 모습은 밤과 "어둠의 일"(13:11-13)에 둘러싸여 위협을 받고 있는 가운데 중무장한 채 임박한 그날을 기다리는 거류민의 모습이다. 주변 세계와의 접촉의 긍정적 측면을 염두에 두고 있다고 할지라도, 일차적인 관심은 성공적으로 살아남아야 한다는 것이다. 그렇기 때문에 바울이 이러한 상황을 두고 밝게 얘기하는 것은 한층 더 주목할 만하다. 여기서는 몇 가지 주된 특징들만 살펴보기로 하자.[6]

a) 사회적 현실. 이 단락에서 바울의 권면은 주로 로마의 회중과 주변 지역사회, 시민 당국들과의 관계를 다룬다(특히 12:14~13:7). 바울은 로마 제국의 여러 도

6) 자세한 주석은 필자의 *Romans* 736-94을 보라.

시들 내에 있던 새로운 작은 신자 집단들이 직면했던 정치적 현실을 상기시킬 필요가 없었다. 특히 이 경우에 바울은 분명히 제국의 수도 내에 있던 작은 가정 교회들이 유대인들에 대한 통치를 강화하려는 당국의 목적 및 여러 소집단들에 대한 중앙 정부의 감시로 인해 위험에 처해 있다는 사실을 잘 알고 있었다.[7] 로마서 9~11장에서 12장으로의 전환이 함축하는 바 정체성의 변화[8]는 교회들의 입장을 더욱 위태롭게 하였다. 교회는 더 이상 유대인("이스라엘")이라는 인종적 토대 위에 있지 않았기 때문에, 회당에 특별히 허용된 보호막을 지닐 수 없게 되었다. 교회가 성격상 비인종적인 것으로서 그 '신학적' 정체성이 날카롭게 규정되면 될수록 교회의 '정치적' 지위는 위태로워졌다.

바울의 교훈의 상세한 내용을 통해 이러한 교회의 모습은 한층 더 뚜렷하게 드러난다. 12:14-21에서 바울은 로마의 작은 가정교회들이 당국으로부터 핍박과 악의적인 행위들을 받는다는 것을 당연시한다. 이것 자체가 로마의 신자들이 제자도를 따라 살아갈 때에 직면해야 했던 위협과 협박의 분위기를 웅변적으로 말해준다. 아울러 바울은 로마의 가정교회들의 지체들과 지역사회 구성원들 간에 상당한 정도의 접촉이 실제로 매일매일 일어날 것임을 기정사실화하고 있다 — 그래서 바울은 그들과 좋은 관계를 맺도록 권면할 필요가 있었다. 바울은 로마의 그리스도인들이 지역사회로부터 고립되어 분파적인 삶을 산다는 것은 생각조차 할 수 없었다.

마찬가지로 13:1-7의 논의는 세금 문제를 다루고 있다는 사실은 전혀 우연이 아닐 것이다. 사실 우리는 당시의 자료들을 통해서 간접세의 악용으로 인해 당시에 수도 내에서 사회적 불안이 야기되었다는 것을 알고 있다.[9] 바울은 로마 상황

7) 예를 들어, *Romans* xlvi, xlviii-li에 나오는 자세한 내용. 고고학 및 금석문 자료들은 로마의 유대인들이 대체로 가난했고 사회적 지위도 낮았음을 보여 준다(Walters, *Ethnic Issues* 53-54). 상당수의 신자들이 세속사회에 잘 적응하고 있었던 고린도 교회와 대비된다(아래의 §§24.4-7을 보라).

8) 위의 §20.1을 보라.

9) Tacitus, *Annals* 13(필자의 *Romans* liii-liv에 자세한 내용이 나옴). 여기서의 권세들은 로마에 있던 회당의 권세들이라는 주장(Nanos, *Mystery* ch. 6)은 별 타당성이 없다: 바울이 이방인 신자들에게 불신자들인 유대교 지도층에 복종하고(13:1) 성전세를 바치라고 했단 말인가(13:7)? 바울은 회당의 지도층에게 사형의 권한이 있다고 말했을 리가 없다(13:4; 필자의 *Romans* 764를 보라).

을 잘 알고 있었고, 따라서 유대교의 "미신"과 결부되었던 그리스도인 상인들과 무역업자들이 특히 아무 보호를 받지 못하는 상황에 처해 있었다는 것을 잘 알고 있었을 것이다. 상당수의 그리스도인들이 증가된 세금을 제대로 내지 못한 것도 로마 당국이 이 작은 회중을 주시하게 된 요인이었을 것이고, 교회들은 심각한 위험에 빠지게 되었다. 로마 당국은 잘 발달된 탐정과 정보원 체계를 갖추고 있었다. 따라서 우리는 적어도 바울의 권면의 일부는 "벽에도 귀가 있다"는 속담을 염두에 두고 씌어졌을 가능성을 배제해서는 안 된다.

b) 원칙들. 이러한 상황 속에서 바울은 어떤 원칙들을 근거로 권면을 행하였던 것인가? 두 가지 특징이 두드러진다.

첫 번째 특징이자 가장 주목할 만한 것은 바울이 일련의 권면 전체를 사랑이라는 표제 아래 배열하고 있다는 사실이다: "사랑에는 거짓이 없나니"(12:9).[10] 그리스도의 몸이 어떻게 기능하는가에 관한 서술(12:3-8) 다음에 바울이 이전에 고린도전서 12~14장에서 다루었던 것과 동일한 주제를 제시하고 있는 것은 의도적인 것이라 아니할 수 없다. 바울은 은사적 공동체에 관한 비전(vision)이 사랑 없이는 실현될 수 없다는 것을 알고 있었다.[11] 그러나 또한 바울은 사랑 자체도 형식화되어서, 남을 판단하고 서로 파당을 이루는 마음을 은폐하는 외적인 명분이 되고, 개인의 야심을 숨기는 외투, 은사적 권위를 강제하는 것과 마찬가지로 남들을 조종하는 위선적인 도구가 될 수 있다는 것을 알고 있었다. 사랑의 원칙은 더 높은 실천, 즉 고린도전서 13:4-7의 질서를 요구하였다.

마찬가지로 중심적인 단락(롬 12:14~13:7)이 사랑을 요구하는 두 개의 권면(12:9; 13:8-10)으로 둘러싸여 있다는 것은 우연이 아니다. 이미 보았듯이,[12] 후자는 윤리적 행위를 위한 지침으로서 율법의 풍부함을 재차 단언하고 그것을 기반으로 할 뿐만 아니라 이웃 사랑(예수께서 가르치시고 사셨던 바대로)이라는 관점에서 율법을 해석하는 것이 어떤 것인지를 보여 준다. 그러므로 모든 행위의 일

---

10) '아뉘포크리토스'(anypokritos, "가식 없이, 진정한, 진실한")는 고후 6:6과 벧전 1:22에서는 사랑과 관련하여, 딤전 1:5과 딤후 1:5에서는 믿음과 관련하여 사용된다; 그 밖에 성경 헬라어에서는 오직 Wis. 5:18; 18:16; 약 3:17에만 나온다. '휘포크리테스'(hypocrites)는 이미지를 투영하고 자신의 진짜 정체는 가면 뒤에 숨기는 "연극배우"였다.

11) 위의 §21.6b을 보라.

12) 13:8-10에 대해서는 위의 §23.5을 보라.

차적 원칙으로서의 사랑은 이하의 모든 권면을 포괄하고자 하는 의도로 제시된다고 할 수 있다.

둘째로, 우리는 바울이 "열심을 품고"와 "주를 섬기라"를 얼마나 밀접하게 연관시키고 있는지도 주목해야 한다(12:11). 전자의 이미지는 감정을 온통 집중시켜서 들끓어오르고 불타오르는 열심을 의미한다.[13] 후자는 의도의 확고성과 끈질긴 실천을 암시한다. 이 두 이미지는 서로 합쳐져서 그리스도인의 행위를 결정하고 유지하는 데에 두 측면의 중요성을 보여 준다 — 외적 규범을 통로로 하는 내적 동기.[14]

셋째로, 이 단락은 어떻게 바울이 전통적인 지혜를 활용하고 더 널리 인정된 표준들을 근거로 제시하는지를 잘 보여 준다. 12:14-21의 권면은 주로 인간 관계에 관한 유대의 전통적인 지혜에 뿌리를 두고 있다.[15] 이 부분에 성경의 인유(引喩)들이 이례적으로 집중되어 있다는 것은 윤리적 의무들 중에서도 가장 중(重)한 이것을 유대 성경 및 경험의 검증된 지혜에 근거지우고자 하는 바울의 강한 관심을 보여 준다.[16] 마찬가지로 13:1-7에서 정치 권력은 하나님께로부터 온 것이라는 기본적인 명제는 유대의 지혜에서 오래전부터 친숙한 것이었다.[17] 그리고 무엇보다 중요한 것은 이 명제는 선지자와 선견자들이 느부갓네살의 엄청난 권력에 직면하거나 수리아의 압제에 직면했을 때에 고수하였던 원칙이었다는 것이다. 다니엘은 여러 번 반복해서 다음과 같이 선언하였다: "지극히 높으신 이가 사람의 나라를 다스리시며 자기의 뜻대로 그것을 누구에게든지 주시며."[18] 마찬가지로 "두려워 하는 것"이 하나님이 임명한 권세에 대한 합당한 반응이라는 뜻의 말(13:7)은 의식적이든 무의식적이든 수 세대에 걸친 오래된 지혜를 반영하고 있

13) 자세한 것은 필자의 *Romans* 742를 보라.

14) 위의 §23.8을 보라.

15) 12:15 — Sir. 7:34; 12:16 — 잠 3:7과 사 5:21; 12:17 — 잠 3:4; 12:18 — 시 34:14; 12:19 — 레 19:18과 신 32:35; 12:20 — 잠 25:21-22; 12:21 — T. Ben. 4:3.

16) Cf. Piper, "Love Your Enemies" 113-14; 자세한 것은 Wilson, *Love without Pretense*를 보라.

17) 삼하 12:8; 잠 8:15-16; Sir. 10:4; 17:17; Wis. 6:3; *Ep. Arist.* 224; Josephus. *War* 2.140.

18) 단 4:17, 25, 32. 또한 사 41:2-4; 45:1-7; 렘 21:7, 10; 27:5-6; 단 2:21, 37-38; 5:21; *1 Enoch* 46:5; *2 Baruch* 82:9을 보라.

다.[19] 이러한 단언들은 이방 권세 아래에서 우거(寓居)하는 객으로, 흔히 노예와 무산자(無産者)로 살아갔던 디아스포라 유대인들에게 특히 의미심장했을 것임에 틀림없다.

이 단락 전체에 걸쳐 나타나는 예수의 전승의 반영들도 주목할 가치가 있다. (1) 이것은 12:14에서 특히 강하게 나타나지만,[20] 이 절은 이하에 나오는 내용의 주제를 제시하는 대목이기 때문에, 예수 전승의 반영은 전체에 퍼져 있다고 할 수 있다 — 12:17과 21에서는 암묵적으로, 12:18에서는 좀 더 명시적으로. (2) 또한 13:7에 나오는 예수의 가르침의 반영도 빼놓을 수 없다(막 2:17과 그 병행문들).[21] 주제는 동일하다: 세금을 바쳐야 한다는 것. 내용에서 13:7, 8-10의 순서는 마가복음 12:13-17, 18-34의 순서와 병행을 이룬다.[22] 그리고 누가복음 20:22, 25은 이 전승을 바울이 여기에서 사용하는 것과 동일한 용어들로 표현한다.[23] 그러므로 이것은 예수의 이 중요한 실천적 권면을 디아스포라 유대인들이 기억하고 있던 형태였을 가능성이 크다. (3) 우리는 이미 13:8-10이 사랑 계명에 관한 예수의 가르침을 의도적으로 반영해서 씌어졌을 가능성을 논의한 바 있다.[24] "주 예수 그리스도로 옷 입고"(13:14)라는 마지막 권면이 이 반영을 뒤따라 곧 나오고, 또한 일련의 권면의 결론부를 이루고 있다는 사실[25]은 예수 자신의 삶과 사역의 성격이 그리스도인의 삶에 관한 바울의 개념에서 불변하는 규범이자 영감이었음을 확증해 준다.

아울러 넷째로 우리는 바울이 널리 인정되고 상찬(賞讚)받는 표준들에 호소하는 데 주저하지 않았다는 것도 주목해야 한다. "악"과 "선"이라는 범주들(12:9, 21)은 일반적으로 사용된 것들이다.[26] "형제애"와 "가족애"(12:10)라는 덕목들은

19) 잠 24:21; *Ep. Arist.* 194. 신학은 우주적 적대와 악에 대한 인식을 포함할 수 있었던 것과 마찬가지로 적대적이고 억압적인 정부의 현실을 포괄할 수 있었다(위의 §2.3을 보라).

20) 위의 §23.5을 보라.

21) 막 12:17 — "가이사의 것은 가이사에게 … 바치라"; 롬 13:7 — "모든 자에게 줄 것을 주되 조세를 받을 자에게 조세를 바치고." 여기서 예수 전승에 대한 인유(引喩)를 주장하는 학자들에 대해서는 필자의 *Romans* 768을 보라.

22) Allison, "Pattern" (§23 n. 116) 16-17.

23) phoron (apo)didomi("공세를 바치다") — 눅 22:22, 25/롬 13:7.

24) 위의 §23.5을 보라.

25) 또한 위의 §8.3(5)과 n. 58, §18.2을 보라.

사람들이 널리 권장하는 덕목들이었다.[27] 마찬가지로 나그네를 대접할 의무(12:13)는 고대 사회에서 깊이 뿌리박힌 마땅한 행위였다.[28] "모든 사람 앞에서 선한 일(kalos)[29]을 도모하라"(12:17)는 권면은 사실 로마 그리스도인들이 스토아 학파나 견유학파 사람들의 비판을 받는 행동을 하지 말라는 권면이었다. 여기서 다시 한 번 바울은 도덕적으로 옮고 그름에 대한 당시 사람들의 인식을 기꺼이 활용하고자 한 의도를 보여 준다.[30] 또한 13:2-5의 논증도 사람들이 널리 동의하고 있던 원칙들에 호소한 것이었다: 본성 및 하나님의 섭리에 따라 권장되는 것으로서 본성에 순응과 사회의 질서; "선"을 확보하기 위하여 사회에는 제약들이 필요하다는 것; 관원들은 그러한 제약들을 운용하여 "선"을 권장하고 "악"을 응징한다는 것. 그리고 13:13에 거론된 극단적인 행동들("방탕하거나 술취함," "음란하거나 호색함," "다투거나 시기함")은 누구도 옹호하지 못할 악덕들이었다.[31]

c) 실제(實際). 그 결과 나온 지침은 원칙과 현실의 흥미로운 혼합물이다. 여기에는 몇 가지 주목할 만한 특징들이 있다.

첫째, 12:9~13:10에서 바울은 교회 내부에서의 윤리적 행위를 외부에서의 행위와 구별하지 않는다. 신자들 간의 관계나 신자와 불신자 간의 관계나 동일한 원칙이 지배한다.

12:9-21에 대한 분석은 바울이 미리 형성되어 있던 자료를 이용하고 있느냐라는 문제와 교회 내부의 관계들에 대한 권면(12:9-13)으로부터 외부와의 관계에

---

26) 또한 롬 1:26, 28; 2:7, 10; 5:7; 13:3-4; 15:2; 16:19을 보라. 바울의 '포네로스'(poneros, "악한")의 사용은 더욱 제한되어 있다(그 밖에 고전 5:13=신 17:7; 갈 1:4; 골 1:21; 살전 5:22; 살후 3:2-3).

27) 일반 헬라어에서 '필라델피아'(philadelphia)는 언제나 문자 그대로 "형제애"를 가리킨다(E. Plümacher, *EDNT* 3.424). 하지만 '필라델포스'(philadelphos)가 왕들에 대한 호칭으로 자주 사용된다는 것(LSJ)은 이 단어가 더 폭넓은 의미를 지니고 있음을 보여 준다. 어느 쪽으로든 이 단어의 사용은 "형제애"라는 덕목이 얼마나 소중한 것으로 여겨졌는지를 보여 준다.

28) 필자의 *Romans* 743-44에 나오는 자세한 내용.

29) kalos("아름다운, 훌륭한, 좋은, 굉장한").

30) 특히 cf. 빌 4:8과 살전 4:12.

31) 위의 §23 n. 169를 보라.

대한 권면(12:14-21)으로 전환하려는 의도가 바울에게 분명히 있었느냐라는 문제로 인해서 논란이 되어 왔는데,[32] 문제는 12:14, 17-21이 핍박과 적대의 상황을 염두에 두고 있고, 12:15-16은 그리스도의 몸의 지체들의 서로에 대한 의무를 상기시키고 있는 것으로 보인다는 것인데,[33] 분명히 12:16은 앞서 11:20의 경고를 상기시킨다.[34] 그러나 바울이 자신의 일련의 권면들을 통일적이고 일관되게 배열하지 못하였다는 추론은 핵심을 놓치는 것이다. 핵심은 "내부인들"과 "외부인들"에 대한 의무들은 정확하게 꼭 집어서 가려낼 수 없다는 것이다. 12:15-16은 바울이 기독교회들의 삶을 더 넓은 도시의 삶 속에 통합되어 있는 것으로 본 정도를 보여 주는 것이라고 해야 한다. 웃는 자들과 함께 웃고 우는 자들과 함께 울고(12:15), 마음을 낮춰 겸손하며, 회중 내에서 낮은 지위에 있거나 소외된 자들과 진정으로 함께 하는 것(12:16)은 자기를 핍박하는 자를 축복하고(12:14) 욕하고 조롱하는 자를 선대(善待)하고자(12:17) 하는 적극적인 의지와 일맥상통한다. 바울은 신자의 삶이 두 종류의 태도와 의무 — 동료 신자들에 대한 것과 불신자들에 대한 것 — 로 깔끔하게 나누어진다고 보지 않았음이 분명하다. 로마의 작은 교회들이 처해 있던 지속적인 위협의 상황을 감안하면, 이러한 조언의 철저히 긍정적인 성격은 주목할 만하다.

비록 권면 자체는 내부인에 대한 의무와 외부인에 대한 의무로 구분되어 있긴 하지만, 여기서 다시 한 번 사랑(12:9)이라는 덕목이 이 모든 권면을 포괄하고 있다는 것을 주목하는 것이 중요하다. 동일한 연민과 관심, 적극적으로 찾아나서는 사랑이 이 두 경우 모두를 지배하는 준칙이 되어야 한다. 아울러 우리는 12:18에서 감지되는 바울의 현실 감각도 놓쳐서는 안 된다: "할 수 있거든 너희로서는." 완강한 반대에 직면한 사랑은 그 정도만큼만 성취될 가능성이 있을 뿐이다. 마찬가지로 사랑하라는 요구(13:8-10)가 권면 전체를 앞뒤로 둘러싸고 있는 것으로

32) 예를 들어, Piper, "Love your Enemise" 4-18, 119-22; Fitzmyer, *Romans* 651-53에 나오는 논의를 보라.

33) 12:15 — "즐거워하는 자들과 함께 즐거워하고 우는 자들과 함께 울라"; 고전 12:26 — "만일 한 지체가 고통을 받으면 모든 지체가 함께 고통을 받고 한 지체가 영광을 얻으면 모든 지체가 함께 즐거워하느니라."

34) 12:16 — "서로 마음을 같이 하며 높은 데 마음을 두지 말고 도리어 낮은 데 처하며"; 11:20 — "높은 마음을 품지 말고 도리어 두려워하라."

보아, 여기에 나오는 이웃은 그리스도인 형제 자매만이 아니라 사회 전체에 속한 자들도 포함하는 것으로 보아야 한다.[35] 여기서도 우리는 바울의 권면의 현실성을 주목하게 된다. 단지 동료 신자들만이 아니라 그 누구도 이웃이 될 수 있었다. 그러나 모든 사람이 이웃인 것은 아니었다. 여기서 염두에 둔 이웃은 일상의 삶의 과정 속에서 만나기 때문에 신자의 도움이 필요한 사람, 진짜 이웃이었다.[36] 그리고 신자가 옮겨야 할 사랑의 행위에는 "네 자신 같이"라는 수식어가 붙는다. 이것은 개인의 한계를 넘어서는 사랑이 아니라 현실적으로 하나님께로부터 받은 은사와 능력의 범위 내에서 베푸는 사랑을 요구하고 있음을 보여 준다.

둘째로, 바울이 주장했던 방책은 정치적 현실주의, 또는 달리 표현하자면 정치적 정적주의(靜寂主義)였다. 이것은 권세의 악용은 있을 수 없다(13:1-7)는 식으로 부정적으로 들릴 수 있고, 심지어 경멸스러운 태도로 보일 수도 있다 — 골치 아픈 일을 피하고, 도발에 맞서 응수하기를 거부하며(12:14-21), 시민 당국이 하나님이 주신 권세를 행사한다고 인정하는 보신주의(補身主義). 이것은 힘 없는 소시민들의 현실이다. 그러나 바울이 보여 주는 것처럼, 우리는 이것을 좀 더 긍정적으로 보아야 한다. 악에 대하여 적극적으로 대응하라는 바울의 요구는 사실 12:14-21을 통합시키는 주제로서 여러 모양으로 4번 이상 반복되며(14, 17, 19, 21절), 처음과 끝에서 강조되고 있다(14, 21절). 그리고 13:1-7의 조언은 사실 사회의 무질서와 분쟁은 누구에게도(특히 소시민들에게) 유익이 되지 못한다는 전제 아래에서 시민으로서의 선한 태도를 요구하고 있는 것이다.[37] 그러니까 바울은 시민으로서의 선한 태도를 갖는 것은 복음을 선한 의지를 지닌 자들에게 전파하

---

35) 원래의 맥락 속에서 레 19:18은 동포 이스라엘 사람들을 가리킨다. 그러나 그 밖의 다른 유대 문헌들 속에는 상당한 정도의 개방성을 보여 주는 몇몇 지표들이 나타난다: 레 19:34!; 잠 6:1; Sir. 13:15; *1 Enoch* 99:15; Philo, *Spec. Leg*. 2.63; *Virt.* 116; Josephus, *War* 7.260; *T. Iss*. 7.6. 자세한 것은 필자의 *Romans* 779-80; 위의 §2 n. 86을 보라.

36) 바울 서신에서 사랑의 계명의 독보적 위치가 예수 전승을 알고 있었다는 것을 보여 주는 것이라면(위의 §23.5을 보라), 바울은 이 계명을 선한 사마리아인의 노선을 따라 해석하는 것을 환영하였을 것이다(눅 10:29-37).

37) 이와 동시에 우리는 13:1-7에서 하나님에 대한 반복적인 언급(6번)은 질서가 잘 잡힌 사회를 만들 책임이 있는 자들의 권세를 강화할 뿐만 아니라 그들에게 그 책임에 대하여 그들이 실제적으로 회계(會計)해야 한다는 것을 일깨워 준다는 것을 주목해야 한다.

는 데 도움이 되는 선교 전략도 된다는 것을 누구보다 잘 알고 있었다.[38]

여기서 다시 한 번 우리는 이 최초의 기독교회들이 헤쳐나가야 했던 정치 현실들을 인정하지 않으면 안 된다. 그들에게는 20세기의 민주주의 국가에서 당연시되는 정치 권력을 행사할 가능성이 존재하지 않았다. 고대 정부의 책무(責務)들은 신분, 인맥, 부(富)를 지니거나 어떤 식으로든 출세한 소수에 의해 행사되었다. 나머지 대다수의 사람들에게는 정치 권력이나 그 권력을 획득할 수 있는 현실적인 가능성이 없었다. 그러므로 바울은 로마 교회의 사람들이 사회적, 정치적 구조를 변화시킬 수 있다거나 변화시켜야 한다는 생각을 할 수 없었을 것이다. 또한 팔레스타인에서의 소요가 바울이나 로마 교회들에 영향을 주었다거나 열심당 같은 대안이 그의 마음을 스쳐 지나갔다는 것을 보여 주는 그 어떤 단서도 존재하지 않는다.[39] 아울러 바울은 쿰란 공동체가 그리스도인 전체, 특히 로마 그리스도인들을 위한 모델로 생각하여 대도시의 타락한 현실로부터 물러나야 한다는 생각을 하지도 않았다. 바울에게 정치적 현실주의는 비록 현재의 정치 체제에 의해 상당한 정도로 삶이 규정을 받는다고 할지라도 그 정치 체제 '내에서' 살아가는 것을 의미하였는데,[40] 이것은 또한 종말론적 긴장의 일부이기도 하였다.

---

38) L. Schottroff, "Non-Violence and the Love of Enemies," *Essays on the Love Commandment* (Philadelphia: Fortress, 1987) 9-39(특히 23-24); R. Heiligenthal, "Strategien konformer Ethik im Neuen Testament am Beispiel von Röm. 13.1-7," *NTS* 29 (1983) 55-61. 또한 우리는 그러한 전략은 장기적으로 제도화된 폭력을 통해 유지되는 정치 체제를 타도하는 것이라고 말할 수 있다 — 물론 바울이 이러한 목적을 염두에 두고 이런 조언을 했다는 것을 보여 주는 단서는 없지만. 그러나 D. Georgi, *Theocracy in Paul's Praxis and Theology* (Minneapolis: Fortress, 1991)의 자세하지만 그러나 다소 편향적인 주장을 참조하라.

39) M. Borg, "A New Context for Romans 13," *NTS* 19 (1972-73) 205-18은 이에 반대. 로마에 대한 유대인의 반란들 중 그 어느 것에도 로마에 살던 유대인들은 참여하지 않았다.

40) 다른 1세기 기독교 문헌들과의 병행들(특히 벧전 2:13-17)은 정치적으로 현명한 이러한 정책은 초기 그리스도인들 사이에 널리 퍼져 있었다는 것을 보여 준다(Wilckens, "Römer 13.1-7" 212-13). 핵심 개념들 — "권세"(1-3절), "복종하다"(1, 2, 5절), "선한/악한"(3-4절), "두려워하다"(3, 4, 7절), "진노"(4, 5절) — 의 반복은 "독자에게 그리스도인은 더 큰 사회에 기꺼이 속하려 하고 사회 질서를 회피하려 해서는 안 된다고 말해 준다"(Perkins, *Love* 98).

§ 24.3 근본원리가 서로 다른 사람들과 함께 하는 삶 — 로마서 14:1~15:6

로마서의 권면 부분의 후반부에서 바울은 세상과의 관계로부터 회중 내부의 관계로 눈을 돌린다. 바울이 이 단원을 그의 권면의 절정으로 삼고서 거기에 지면을 할애하고 있다는 사실은 두 가지 중요한 점을 보여 준다. 첫째는 이 단원에서 바울이 염두에 두고 있는 상황은 로마 회중의 전부 또는 대다수와 관련된 실제 상황이었다는 것이다. 지금 일반적으로 인정되고 있듯이,[41] 여기서 우리 모두는 대부분 바울이 단순히 일반적인 조언을 하는 것이 아니라 로마 교회들의 실제 상황을 염두에 두고 조언하고 있다는 것을 확신할 수 있다.[42] 둘째로, 우리는 쟁점이 되고 있는 문제들은 모든 부류들에게 상당히 중요한 것들로서, 바울은 복음에 대한 자신의 이해와 그 구체적 실천으로부터 그 해법을 찾았다고 추론할 수 있다.

a) 신학적 쟁점. 로마 그리스도인들 가운데 꽤 깊은 우려와 분쟁을 불러일으켰던 쟁점이 14:2에 간략하게 언급되어 있다: "어떤 사람은 모든 것을 먹을 만한 믿음이 있고 믿음이 연약한 자는 채소만 먹느니라." 그 다음에 나오는 말들이 분명히 보여 주듯이, 이것이 논쟁의 주요 골자였다. 그러나 14:5은 분쟁의 부차적인 요인을 보여 준다: "어떤 사람은 이 날을 저 날보다 더 낫게 여기고 어떤 사람은 모든 날을 같게 여기나니." 20세기의 독자들에게 이러한 표현은 건강식과 안식일 준수와 관련된 현대인들의 의견 차이를 생각나게 한다. 그러나 그런 식의 비교는 큰 오해를 불러일으키기 쉽다. 여기서 문제되고 있는 것은 성격상 그런 것보다 훨씬 더 깊고 근본적인 것이었다.

지금은 대부분의 사람들이 동의하는 바와 같이, 여기서의 쟁점은 음식 및 안식일에 관한 전통적인 율법들의 중요성에 대한 유대인들의 인식에 초점이 맞춰져 있었다. 본문의 표현은 그 정도까지 매우 구체적이지 않은 것이 사실이고, 일부 학자들은 이 본문이 다루고 있는 문제는 다른 좀 더 일반적인 종교적 관행들에 대해서라고 주장하여 왔다.[43] 그러나 로마서 전체는 유대인과 이방인의 문제를 다룬다. 그러므로 이 마지막 단원이 전혀 다른 문제를 다루고 있다면, 그것은 이상

---

41) 예를 들어, 필자의 *Romans* lvii에 인용된 것들; Wedderburn, *Reasons*에 나오는 논의를 보라.

42) 로마에서의 몇 차례의 접촉을 통해서 얻은 정보로부터(롬 16:3-15).

43) 예를 들어, Rauer, *Schwachen*; Kümmel, *Introduction* 310-11; Ziesler, *Romans* 322-27을 보라.

한 일이 될 것이다. 반대로 이 단원(14:1~15:6)에서 유대인과 이방인을 다시 한 번 다루는 마지막 마무리 단락(15:7-13)으로 이어지는 것은 너무나 자연스럽고 분명하다.[44] 그리고 이 문제는 14:20과 14:14에 나오는 "깨끗함"과 "속됨"에 관한 말들로 표현되어 있음이 확실하다. 왜냐하면 전자(katharos)는 유대적 특징을 지닌 용어이고, 후자(koinos)도 유대인들의 용어이기 때문이다.[45] 그러므로 바울이 식사 관습을 규율하는 중요한 율법들인 정함과 부정함에 관한 전통적인 유대인들의 인식을 염두에 두고 있었다는 것은 거의 확실하다.[46] 이렇게 유대인들이 전통적으로 거리끼는 것들은 전통적인 유대 절기들, 일곱 날들 중에서 하루를 안식일로 지키는 유대인 특유의 관습[47] 등과 아울러 고대 세계에 잘 알려져 있었다.[48]

---

44) 특히 15:7이 14:1의 호소를 다시 거론하고 있다는 것을 주목하라: "믿음이 연약한 자를 너희가 받되"(14:1); "그러므로 … 너희도 서로 받으라"(15:7).

45) '코이노스'(koinos)에 대해서는 위의 §8 n. 45을 보라. '카다로스'(katharos)는 분명히 '코이노스'의 반대말로서 정하고 부정한 음식에 관한 문제를 염두에 둔 것이다 — 성경, 특히 토라에서 '카다로스'의 통상적인 용법(창 7:2-3, 8; 8:20; 레 4:12; 6:11; 7:19 등). 순수성의 보존은 당시 유대교 내에서 특별한 관심사였다(예를 들어, *Judith* 12:7; *Jub.* 3:8-14; *Pss. Sol.* 8:12, 22; 1QS 3:5; CD 12.19-20). 다른 점에서는 바리새인들이 어떤 사람들이든, 그들은 결례(潔禮) 분파였다(위의 §8 n. 44를 보라). 에세네파에 대해서는 특히 Newton, *Concept of Purity* (§20 n. 1) ch. 2을 보라. "거룩한 땅" 외부에 살았지만, 디아스포라 유대인들 사이에서도 음식법에 관한 관심을 포함해서(*Ep. Arist.* 142; 갈 2:11-14; 골 2:21) 결례(潔禮)에 관한 비슷한 관심이 존재했다(Philo, *Spec. Leg.* 3.205-6; *Sib. Or.* 3.591-92).

46) 물론 토라의 음식법들은 고기를 먹는 것을 허용하였다; 그러나 우상숭배에 의해 더럽혀진 음식을 먹어서 율법을 범할 가능성을 피하기 위해서, 많은 유대인들은 채식주의자들이 되었다(예를 들어, 단 1:16; 2 Macc. 5:27; *Joseph and Aseneth* 8.5; Josephus, *Vita* 14); 테라퓨타파(the Therapeutae; Philo, *Vit. Cont.* 37), 예수의 동생 야고보(Eusebius, *HE* 2.23.5), 에비온파(Origen, *In Matt.* 11.12)가 채식주의자들이었다고 한다. 마찬가지로 14:21을 보건대, 포도주를 마시는 것이 토라에서는 금지되어 있지 않았지만, 많은 사람들이 비슷한 이유로 포도주를 피했다 — 만일에 신들에게 제주(祭酒)로 바쳐진 후에 시장에서 팔릴 경우를 생각해서(특히 cf. 단 1:3-16; Add. Esth. 14.17; *Joseph and Aseneth* 8.5; *T. Reub.* 1.10; *T. Jud.* 15.4; *m. Abodah Zarah* 2.3; 5.2).

47) 이방인들이 유대인의 안식일 전통에 매력을 느꼈다는 것은 유대인들의 변증(비록 과장되어 있지만; Philo, *Mos.* 2.21; Josephus, *Ap.* 2.282), 갈 4:10, 골 2:16에서 확인된다; 특히 cf. Juvenal, *Satires* 14.96, 105-6.

그렇다고 해서 로마 교회 내의 파당들이 단순히 유대인과 이방인으로 분류될 수 있다는 것은 아니다. 당시의 문헌들은 이방인들 중에서 유대인 특유의 전통들을 매력적으로 느낀 이들이 많았음을 보여 주기 때문이다.[49] 그리고 바울은 전통적인 유대교의 이러한 특이한 관습들에 무관심했던 유일한 유대인 출신 그리스도인이 결코 아니었다. 그럼에도 불구하고 로마 회중 사이에서 음식과 성일(聖日)들을 둘러싸고 벌어진 논쟁에서 쟁점이 되었던 것은 유대인들의 유산의 일부로서의 전통적 중요성을 감안할 때에 이러한 것들을 준수하는 것이 여전히 중요한가라는 것이었다.

로마의 가정교회들이 직면한 위기의 심각성 — 위기는 그리 강력한 단어가 아니다 — 을 파악하기 위해서는 이러한 전통들이 유대인들의 정체성에 얼마나 근본적인 것이었는지만을 생각해 보는 것으로 충분하다. 정함과 부정함에 관한 율법들은 토라의 주요 부분(레 12~13장), 이스라엘의 거룩과 구별됨의 핵심(레 20:22-26), 순교자들의 피로 말미암아 거룩해진 계약 백성의 정체성 표지(마카베오1서 1:62-63)였다. 마찬가지로 안식일도 계약 백성의 헌신과 야훼에 소속됨을 표현해 주는 중요한 역할을 하였다.[50] 그러므로 쟁점이 되었던 것은 이스라엘과 하나님의 교회 간의 연속성, 그러한 연속성의 관점에서 정의된 교회의 정체성, 그들의 거룩한 유산에 대한 유대계 그리스도인들의 충성과 관련된 복합적인 문제였다. 이 문제는 이미 새로운 기독교 운동 내부에서 주된 논쟁의 중심에 있어 왔으나,[51] 아직 모두가 수긍할 만한 방식으로 해결되지 않고 있었다.[52] 요컨대, 논쟁은 개인의 정체성 및 공동체 형성과 관련된 근본적인 문제들에 대한 것이었다. 바울이 이 문제를 어떻게 다루었는지는 로마 기독교의 장래에 대단히 중요하였다.

---

48) 예를 들어, Philo, *Legat.* 361, 그리고 *GLAJJ* §§63, 196, 258, 281, 301에 인용된 본문들을 보라.

49) 앞의 두 주(註)를 보라.

50) 자세한 것은 위의 §14.4을 보라.

51) 행 10:1~11:18; 갈 2:11-14; 4:10: 또한 골 2:16, 21.

52) 다수설은 바울이 안디옥에서의 그의 자유주의적인 식탁교제 관행을 재개하는 것과 관련하여 베드로를 설득하는 데 실패했고(갈라디아서 전체는 말할 것도 없고, 갈 2:15-21은 실제로 그때에 성공하지 못했던 논증의 되풀이였다), 행 15:20, 29의 "사도 칙령"은 예루살렘 공의회 이후 한참 동안 등장하지 않았고, 디아스포라 교회들 전체에서 확립된 관행이 되기까지는 상당한 시간이 걸렸다는 것이다.

b) 사회적 배경. 우리는 작은 탐구 활동의 도움을 받아서 이 논쟁의 사회적 배경을 채워 넣을 수 있다. 우리는 당시에 로마에는 상당히 많은 유대인들이 거주하고 있었음을 알고 있다.[53] 초기의 교회들은 여러 회당들 주변에서 시작되었고, 처음에는 유대적인 성격을 많이 띠고 있었다는 것이 통설이다.[54] 또한 우리는 유대계 그리스도인들을 비롯한 많은 유대인들이 주후 55년의 클라우디우스 황제의 칙령에 따라 로마에서 추방되었다는 것을 알고 있다.[55] 특히 한때 로마에 살았던 브리스길라와 아굴라(16:3-5) 같은 인물들의 존재로부터 추론해낼 수 있는 사실은 클라우디우스가 죽고 난 후(주전 54년)에 이 칙령의 시행은 느슨해졌고, 유대인들은 자기들이 남겨놓고 간 것들을 추스리기 위해서 다시 로마로 돌아오기 시작했으리라는 것이다.

이 시점에서 우리의 본문을 살펴볼 필요가 있다. 왜냐하면 바울의 권면 서두에 나오는 문장은 음식 관행의 차이에 관한 것이 아니기 때문이다. 그것은 "믿음이 연약한 자를 너희가 받되 그의 의견을 비판하지 말라"(14:1)는 것이다. 이 말이 함축하고 있는 것은 원래의 유대계 지도자들이 없는 사이에 로마 교회들의 성격이 상당히 변했다는 것이다.[56] 로마 교회들은 이제 이방인들이 주류를 이루고 있었고, 이방 그리스도인들의 정서가 지배하고 있었다.[57] 그 결과 로마로 돌아온 유대계 그리스도인들은 새로운 상황에 적응하기도 어렵고, 그들(그리고 바울)이 진정으로 받아들여지는 것이 어렵다는 것을 알았다.[58] 그래서 바울은 주요한 신학적

53) 일반적으로 40,000에서 50,000명으로 추산된다(필자의 *Romans* xlvi를 보라).

54) 롬 16:3-16에 나오는 안부인사 명단에서 세 사람은 구체적으로 유대인으로 거명되는데(안드로니고, 유니아, 헤로디온 — 16:7, 11), 브리스길라와 아굴라, 마리아, 루포와 그의 어머니(16:3, 6, 13)도 유대인이었을 가능성이 크다. 우리는 이미 안드로니고와 유니아가 로마 교회의 창립자들이었을 가능성을 지적한 바 있다(위의 §21.4).

55) 자세한 내용은 필자의 *Romans* xlviii-xlix를 보라. Nanos, *Mystery* 372-87는 이와 다르다.

56) 로마서는 아마도 주후 56년경에 씌어졌을 것이다 — 즉, 아굴라와 브리스길라가 추방된 후 7년 정도가 흐른 뒤였다.

57) 이와는 대조적으로 Nanos는 이방인 신자들이 여전히 전적으로 로마 회당들의 관할하에 있었다고 생각한다(*Mystery* 30-31, 72-75); 그러나 위의 n. 9와 아래의 n. 59를 보라.

58) '프로스람바노마이' (proslambanomai, 14:1; 15:7)는 "어떤 협회, 가정, 친목회에 받아들이다"(BAGD; 2 Macc. 10:15; 행 28:2; 몬 17)라는 의미를 갖는다. 여기서 염두에 둔 것

문제만이 아니라 사회적 문제도 다루어야 했다. 문제는 바로 믿음과 실천이 어떻게 상호작용하고, 어떻게 그리고 어디에서 믿음이 단호해야 하며, 어떻게 그리고 어디에서 교회의 상황이 믿음의 표현만이 아니라 믿음 자체를 약화시키고 있는가 하는 것이었다.

c) 원칙들. 바울이 내세운 첫 번째 원칙은 얼핏 보아도 명백하다 — 믿음이라는 원칙. 이 점은 여러 파당들에 관한 바울의 맨처음의 서술에서 드러난다. 이 파당들은 흔히 간략하게 "연약한 자"(14:1-2)와 "강한 자"(15:1)로 지칭된다. 그러나 이들을 설명하면서 바울은 신경을 써서 전자를 "믿음이 연약한 자"(14:1)로, 후자를 "모든 것을 먹을 만한 믿음이 있는"(14:2) 자들로 좀 더 자세하게 묘사한다.[59] 그리고 바울은 자신의 논의의 끝 부분에서 그리스도인의 행실의 밑바탕이 되는 기본 원칙을 요약적으로 천명하면서도 이와 동일한 요지의 말을 한다: 그리스도인의 행실은 믿음의 표현이다(14:22-23).[60] 그러므로 우리의 예상과는 달리, "강한 자"는 그들의 전통적인 유산과 정체성 표지(標識)들, 또는 그들의 전통적인 믿음과 실천의 근본적인 요소들을 강력하게 고수하는 자들을 가리키는 것이 아니었다. 반대로 바울은 그러한 사람들을 다소 경멸적으로 "약한 자," 그러니까 "믿음이 약한 자"로 여겼다. 바울의 관점에서 볼 때에 그들은 하나님 외에 다른 것을 의지하고 있었다. 그들은 하나님에 '더하여' 정함과 부정함에 관한 규례, 특별한 성일(聖日)들을 준수하는 행위를 의지하고 있었다. 그들은 그들이 택한 우선순위들을 통해서 은연중에 그러한 것들을 준수하는 일을 떠나서는 하나님에 대한 진정한 의뢰는 있을 수 없다는 입장을 표현하고 있었다.[61] 이와는 반대로 "강한 자"는 옛적의 아브라함 같이(4:18-21) 하나님과 그리스도만을 의지하는 "믿음이 강한" 자들이었다.

은 공식적으로 받아들이는 행위가 아니라 일상적으로 알고 지내며 교제하는 것이었다(자세한 것은 필자의 *Romans* 798을 보라).

59) "믿음이 연약한 자"는 그리스도인이 아닌 유대인이었다는 주장(Nanos, *Mystery* ch. 3)은 받아들이기 힘들다. 바울이 인식한 문제점은 그의 동포 유대인들의 상당수가 "믿음이 연약한" 것이 아니라 그들이 믿지 않았다는 것이었다(롬 9:32-33; 10:16-21; 11:20, 23).

60) 자세한 것은 위의 §23.3을 보라.

61) 여기에 함축된 논리가 갈 2:14-16의 명시적인 변증을 어떻게 반영하고 있는지는 분명하다. 자세한 것은 특히 §14.7을 보라.

두 번째로 중요한 원칙은 주님에 대한 개인적인 관계의 우선성이다. 각자는 그의 주님 앞에서 받아들여지거나 칭찬을 받거나 심판을 받는다(14:4-12). 이와 비교할 수 있는 고린도전서 8~10장의 논의에서 바울은 양심의 원칙을 상기시킨다.[62] 그러나 여기에서는 그리스도와 성령에의 참여의 직접성을 염두에 두고 있다(14:17). 구원의 시작의 세 가지 측면(믿음, 주, 성령)을 반영하고 있는 이 단원은 다시 한 번 바울에게 복음과 실천이 서로 얽혀 있다는 것을 상기시켜 준다.

마찬가지로 중요한 세 번째 원칙은 예수 자신의 가르침과 실천에 대한 인유(引喩)들이다. 바울 자신의 행위의 밑바탕에 있는 기본적인 공리(公理)가 명확하게 개진된다: 바울은 "내가 주 예수 안에서 알고 확신하노니 무엇이든지 스스로 속된 것이 없으되"(14:14)라고 말하면서, 아울러 14:23을 예상이라도 한 양 "다만 속되게 여기는 그 사람에게는 속되니라"(14:14)는 말을 덧붙인다. 우리는 이미 마가복음 7:15에 대한 반영을 주목한 바 있다.[63] 14:17도 마찬가지로 하나님 나라에 관한 예수의 가르침에 대한 인유(引喩)일 가능성이 크다.[64] 14:14과 17의 사고의 연관성은 예수의 성령 체험에도 반영되어 있는 다가올 하나님 나라에 대한 전조(前兆)로서 예수께서 식탁교제에서 정함과 부정함에 관한 율법들을 폐기한 것에 대한 바울의 회상을 보여 주는 것일 가능성이 높다.[65] 주목해야 할 것은 바울에게 이전에 권위 있던 성경과 전승(정함과 부정함에 관한 율법들)을 폐기하는 것에 대한 정당한 근거를 제공해 준 것은 바로 이러한 예수 전승과 예수의 선례(先例)였다는 사실이다. 특히 중요한 것은 권면의 절정을 이루는 것으로서 명시적으로 그리스도를 본받으라고 호소한 것(15:1-3)과 "그리스도 예수를 본받아 서로 뜻이 같게 하라"(15:5)는 호소,[66] "그리스도께서 우리를 받아 하나님께 영광을 돌리심과 같이 너희도 서로 받으라"(15:7)는 호소이다.

동일한 맥락에서 우리는 사랑의 원칙에 대한 명시적인 호소를 빼놓을 수 없다: "만일 음식으로 말미암아 네 형제가 근심하게 되면 이는 네가 사랑으로 행하지

---

62) syneidesis — 고전 8:7, 10, 12; 10:25, 27-29.

63) 위의 §23.5을 보라.

64) 위의 §8.3(2)와 (3)을 보라.

65) 이러한 연관성은 마 11:19/눅 7:34; 마 12:28/눅 11:19-20; 마 22:2-10/눅 14:16-24 같은 일련의 본문들에서 볼 수 있다.

66) 위의 §23.5을 보라.

아니함이라"(14:15). 바울은 계속해서 이렇게 말한다: "그리스도께서 대신하여 죽으신 형제를 네 음식으로 망하게 하지 말라"(14:15). 따라서 우리는 바울이 예수의 희생제사적 죽음을 "연약한 자"(5:6)를 위한 사랑의 모범으로 보았다고 할 수 있다.[67] 달리 말하면, 바울은 여기에서 분석한 몇 가지 원칙들을 서로 별개의 것으로 취급하지 않았을 것이라는 말이다. 이 경우에 그리스도의 죽음과 부활에 대한 두 번의 언급(14:9, 15)은 자기를 부인하는 행위에 대한 동기를 부여하는 말(14:15-21)인 동시에 심판에서 그리스도의 역할을 찬탈하지 말라는 경고의 말(14:10-12)이다.

또 한 가지 주목해야 할 것은 신자들의 "선한 것"이 널리 인정받게 하라고 두 번이나 호소하고 있다는 것이다. 14:16에서 바울은 "그러므로 너희의 선한 것이 비방을 받지 않게 하라"고 강권한다. 이 말에 담긴 뜻은 로마 회중의 지체들 가운데에서 분별 없는 행위는 이웃들을 비롯하여 안면이 있는 사람들에게 나쁜 인상을 줄 수 있다는 것이다. 여기에는 낯선 제의 및 모임들이 로마 당국의 감시를 받을 수 있다는 것이 암시되어 있다. 그러나 여기에 표현된 주된 생각은 기독교회에 대한 외인들의 나쁜 인상이 그리스도를 증거하는 데 방해가 될 것이라는 것이다. 끝으로 15:2에서 바울은 다시 한 번 "우리 각 사람이 이웃을 기쁘게 하되 선을 이루고 덕을 세우도록 할지니라"고 역설한다. 여기에서의 전제는 교회의 덕을 세우는 것이 바로 "선"이라는 것이다. 종말에 사회적 행위와 관계를 분별할 때의 기준은 은사들을 분별할 때의 기준과 동일하다.[68]

d) 실제(實際). 로마에서 기독교 공동체에 대한 위협은 서로 상반된 두 근본원리(fundamentals)의 충돌이었다 — 기존의 전통과 관습이라는 근본원리와 그리스도 안에서 믿음의 자유라는 근본원리. 이러한 충돌의 징후들은 분명하였다. 첫 번째 징후는 서로 다른 진영을 받아들이거나 환영하려 하지 않았다는 것이다. 이것은 일차적으로 "믿음이 강한 자들"(14:1)의 책임으로 돌려진다. 그러나 바울의 최종적이고 요약적인 권면은 "그리스도께서 우리를 받으심과 같이 너희도 서로 받으라"(15:7)는 것이다. 따라서 쌍방이 다 책임이 있다는 말이다.

---

67) 로마서에서 "연약함"에 관한 바울의 말은 "연약함"과 "믿음"(4:19; 14:1-2), 십자가에 의해 해결된 연약함(5:6; 8:3)이라는 주제들에 국한된다.

68) 위의 §21.6c을 보라.

두 번째 징후는 서로에 대한 태도였다: "먹는 자는 먹지 않는 자를 업신여기지 말고 먹지 않는 자는 먹는 자를 비판하지 말라"(14:3).[69] 이 표현은 매우 주목할 만한 것으로서 집단 갈등의 심리(心理)를 꿰뚫어보는 바울의 통찰을 보여 준다. 기독교 역사 내에서의 반복된 경험이 우리에게 상기시켜 주듯이, 그리스도인의 자유라는 근본원리에 서 있는 자들은 더 전통적인 편에 선 자들을 "경멸하기" 쉽다[70] — "강한 자들"은 그들이 마음이 편협해서 여러 가지를 거리낀다고 여기고 그들을 경멸한다.[71] 또한 전통이라는 근본원리에 서 있는 자들은 더 자유로운 자들을 "판단하거나" 단죄하는 경향이 있다 — 그들이 이렇게 저들을 판단하는 것은 "강한 자들"이 기독교 전통과 정체성의 본질(esse) 또는 선한 것을 버리거나 결정적으로 타협하였다고 생각하기 때문이다.[72]

이러한 분명한 위협에 대응하여 바울은 먼저 "믿음이 연약한 자들"(14:3-12)을 향해 말한 다음에 "믿음이 강한 자들"(14:13~15:6)을 향해 말한다.

유대계 보수주의 그리스도인들을 향한 바울의 즉각적인 반응은 그들이 다른 사람들을 정죄하는 것과 그 신학적 기초에 도전하는 것이었다. 다시 말하면, 바울은 그들이 신봉하는 신앙은 그 신앙에 대한 그들 자신의 정의(定義)보다 더 크고 더 근본적이라는 것을 깨달으라고 그들에게 도전을 주었다. 바울은 하나님께서 받으시는지의 여부를 결정하는 것은 신앙에 대한 그들의 정의가 아니라 모든 이들이 믿는 바로 그 하나님이시라는 것을 깨달으라고 그들에게 도전을 주었다. 바울은 하나님께서 '그들이 불가(不可)하다고 여긴 견해와 관습을 지닌 사람들을 받으셨다'는 것을 깨달으라고 도전을 주었다. 바울은 이 점을 반복해서 역설하였다

69) 바울은 '블라스페메오'(blasphemeo, "욕하다, 헐뜯다, 경멸하다")를 14:16의 "판단하다, 정죄하다"와 같은 의미로 사용한다. 바울이 자신의 진정한 서신들에서 이런 식으로 3번 이 동사를 사용할 뿐이라는 것은 주목할 만하다(롬 3:8, 롬 14:16과 병행인 고전 10:30).

70) 여기서 사용된 동사 '엑수데네오'(exoutheneo)는 멸시의 뜻을 함축하고 있다(cf. 왕하 19:21; 대하 36:16; 겔 22:8; Wis. 4:18; 눅 23:11).

71) 바울은 자신의 견해들을 "믿음이 강한" 것으로, 다른 사람들의 견해들을 "믿음이 약한" 것으로 지칭할 때에도 보여 주는 동일한 태도와 별반 다르지 않다; 그러나 적어도 그는 믿음의 공통성을 인정한다.

72) 이것은 유대교 분파들이 다른 사람들을 "죄인들," 즉 하나님의 정죄를 받아 마땅한 자들이라고 비방하는 것과 마찬가지이다(필자의 "Jesus and Factionalism" [§14 n. 56]을 보라).

(14:3-4):

> 하나님이 그를 받으셨음이라 남의 하인을 비판하는 너는 누구냐 그가 서 있는 것이나 넘어지는 것이 자기 주인에게 있으매 그가 세움을 받으리니 이는 그를 세우시는 권능이 주께 있음이라.

다음은 바울의 목회 전략에 중요한 조치였다: 보수주의자들로 하여금 그들이 근본원리로 여기는 것에 자기들과 다른 자가 진정으로 하나님의 그리스도를 믿을 수 있고 하나님에 의해 받아들여질 수 있다는 것을 실제로 인정하게 하는 것. 바울이 분명하게 본 위험성은 그들이 자신의 신념들을 따라 하나님에 대한 개념을 형성하고(원래는 그 반대여야 한다), 그들의 개념을 따라 만들어진 신을 섬기며, 오직 그리스도에게만 속한 권리인 심판권을 찬탈하는 것이었다. 오직 믿음이라는 근본원리는 그것 외에 그 어떠한 것들을 더할 필요가 없었고, 따라서 믿음은 그러한 제한들이나 "보완들"에 의해서 강화되기보다는 손상될 위험이 더 컸다.

바울의 두 번째 권면은 "각각 자기 마음으로 확정할지니라"(14:5)는 것이었다.[73] 이 말에 분명하게 함축되어 있는 의미는 사회적 행위를 규율하는 소중하지만 논란되는 몇몇 전통들과 관련해서조차도 무엇이 합당한 행동인지를 하나님 앞에서 스스로 결정할 권리가 있다는 것이다. 또한 바울은 이것으로부터 도출되는 필연적인 결론을 분명히 받아들였다: 그 결과 서로 다른 실천이 나올 수 있다는 것. 바울이 말하고자 한 요지는 정확히 두 명의 신자가 무엇이 합당한 행위인가에 관한 상반되거나 대조적인 확신들을 가질 수 있고, '둘 다' 하나님께 열납될 수 있다는 것이다. 한 사람은 틀리고, 또 한 사람은 옳다는 식의 논리는 필요하지 않았다. 어떤 사람의 확신은 다른 사람을 재는 잣대나 다른 사람을 강제하는 몽둥이여서는 안 되지만, 적어도 그 사람의 행위의 옳고 그름을 결정하는 잣대가 된다는 말이다(14:22-23).

바울의 세 번째 조언은 이러한 전통들에 무관심한 자들이 실제로 그들의 신앙

73) 아브라함을 믿음의 모범으로 교차 참조하는 말은 바울의 진정한 서신들에서는 오직 여기(14:5)와 4:21에만 나온다. 4:20과 14:23 간에도 교차 참조가 존재한다는 것은 우연이 아닐 것이다.

을 버린 것이 아니냐고 보수주의자들이 의심하는 것은 자연스러운 것이라는 것이다. 왜냐하면 바울은 믿음에 의해 결정된 행위를 분별하는 중요한 경험칙(經驗則)을 제시하고 있기 때문이다(14:6):

> 날을 중히 여기는 자도 주를 위하여 중히 여기고 먹는 자도 주를 위하여 먹으니 이는 하나님께 감사함이요 먹지 않는 자도 주를 위하여 먹지 아니하며 하나님께 감사하느니라.

이 경험칙은 자신이 행한 행위에 대하여 하나님께 감사를 돌리느냐 하는 것이다. 겸손하게 감사함으로 하나님께로부터 받거나 하나님께 드려질 수 있는 것만이 그리스도인의 합당한 행위로 여겨질 수 있다.[74] 이것은 행위를 제약하는 요소였지만, 행위에 자유를 부여해 주는 요소가 되기도 하였다. 이하의 서술에서 전제하고 있는 것은 하나님과 "주를 위한" 이러한 삶은 하나님께서 심판하실 때에 사용된 잣대라는 것이다(14:7-12). 그러므로 이 잣대는 다른 규범들 및 전통들에 따른 온갖 인간적 판단을 불필요하게 만들고 금지하며 또한 대신한다(14:10, 12).

"믿음이 연약한 자들"에 대한 도전이 주로 오직 믿음이라는 원칙에 바탕을 두고 있었다면, "믿음이 강한 자들"에 대한 도전은 좀 더 직접적으로 그리스도께서 가르치시고 모범을 보이셨던 사랑이라는 원칙에 토대를 두었다. 바울이 이렇게 역설한 태도는 자유주의자들이 보수주의자들을 경멸하고 무시하는 것의 대극(對極)이었다.

먼저 그것은 "믿음이 연약한 자들"을 위압하지 않는 것을 의미하였다: "(믿음이 연약한 자를) 너희가 받되 그의 의견을 비판하지 말라"(14:1).[75] 신앙의 의미를 충분히 숙고하지 않은("강한 자들"이 보기에) 자들을 존중한다는 것은 그들의

---

74) 주목할 것은 1:21의 반영이다; 인간이 하나님을 상실한 것의 특징을 이루는 것은 "감사하지"(동일한 동사) 않는다는 것이다.

75) diakrisis dialogismon은 문자적으로는 "구별되는(서로 다른) 의견들"이다. 여기에서 염두에 두고 있는 것은 "영들을 분별하는" 과정(고전 12:10; 14:29; 위의 §21.6을 보라), 즉 논의를 통해서 그리스도의 뜻에 대한 공통의 견해에 도달하고자 하는 시도(예언을 통해서든 다른 것을 통해서든)와 비슷하다. 여기서 복수형(diakriseis)은 새로 온 사람들이 그들의 견해들에 관한 그러한 일련의 논의들에 복종할 것을 함축한다.

확신이 좀 더 본능적으로 이루어진 것으로서 말로 분명히 표현될 수 없는 것일 수 있다는 것을 인정하는 것이었다. 14장의 끝 부분에서 강한 자들에게 하나님 앞에서 스스로의 믿음을 굳게 지키라는 권면(14:22)은 서두의 권면에 대응한다. 왜냐하면 그러한 권면은 자신의 확신을 남들에게 강요하지 말라는 또 다른 경고이기 때문이다.

둘째로, 바울은 "믿음이 강한 자들"에게 그들의 자유로운 행위가 보수적인 사람들에게 얼마나 심각한 영향을 끼칠 수 있는지를 일깨워 준다. 보수주의자들은 "몹시 당혹스러워(개역에서는 '근심하게')" 하거나 심지어 신앙이 "파괴될(개역의 '망하게')" 수 있다(14:15, 20). 바울은 "강한 자들"이 "약한 자들"이 인정할 수 없는 방식으로 행하는 것을 보고 "약한 자들"이 느끼는 감정상의 상처나 우울함 이상의 것을 염두에 두고 있음이 분명하다. 바울이 염두에 둔 것은 "강한 자들"의 행동이 실제로 "약한 자들"로 하여금 넘어지게 할 수도 있다는 것이었다(14:21). 즉, "약한 자들"이 "강한 자들"의 행동을 보고 용기를 얻어서 우상에게 바쳐진 음식을 "거리낌으로 먹음"(14:20)으로써,[76] 즉 확신이 불분명할 때에 그들이 여전히 신앙적으로 인정할 수 없는 것을 행함으로써 "믿음을 따라 하지 아니하는 것"(14:23)이 될 수 있다는 말이다.

그러나 바울이 가장 강조하는 것은 "강한 자들"이 다른 사람들에 대한 사랑으로 말미암아 그들의 자유를 제한해야 한다는 것이다(14:13~15:3):

> 그런즉 … 거칠 것을 형제 앞에 두지 아니하도록 주의하라 … 만일 음식으로 말미암아 네 형제가 근심하게 되면 이는 네가 사랑으로 행하지 아니함이라 … 고기도 먹지 아니하고 포도주도 마시지 아니하고 무엇이든지 네 형제로 거리끼게 하는 일을 아니함이 아름다우니라 … 믿음이 강한 우리는 마땅히 믿음이 약한 자의 약점을 담당하고 자기를 기쁘게 하지 아니할 것이라 우리 각 사람이 이웃을 기쁘게 하되 선을 이루고 덕을 세우도록 할지니라 그리스도께서도 자기를 기쁘게 하지 아니하셨나니 …

---

76) 이 절은 다소 불분명하지만, 거리끼는 안 좋은 양심을 가지고 먹는 "약한 자"를 가리킬 것이다; 자세한 것은 필자의 *Romans* 826을 보라. 이러한 관심은 고전 8:10에서 한층 명시적으로 표현된다.

이 말의 취지는 분명하다: 자유주의자들은 자신의 실제적인 행동을 결정할 때에 자신의 확신만이 아니라 그들의 행동이 같은 그리스도인들인 보수주의자들에게 어떤 영향을 미칠지도 고려해야 한다는 것. 그 본은 그리스도이다. 그리스도인의 자유는 낡은 제약으로부터의 자유만이 아니라 자기부인(自己否認)으로도 표현된다. 따라서 우리는 그리스도인의 자유에 대한 앞서의 예시를 다음과 같이 좀 더 자세하게 나타낼 수 있다:

자유

강한 자 약한 자

방종 ———————— 율법주의

사랑

믿음

요약해 보자. 바울은 틀림없이 자기가 로마 회중 앞에 제시하고 있는 도전이 얼마나 만만치 않은 것인지를 알고 있었을 것이다. 한편으로 그것은 성경에 뿌리를 두고 역사에 의해 신성시된 전통들이 하나님께서 받으시는지의 여부를 판단하는 결정적 요소가 될 수 없다는 것을 인정하라는 도전이었고, 다른 한편으로는 가장 기본적인 토대 — 하나님과 그리스도에 대한 믿음 — 와 관련된 타협 없이 다른 사람들의 다른 견해들을 가급적 받아들이라는 도전이었다. 이 두 경우에 바울이 요구한 것은 여러 빛깔의 믿음과 자유를 넘어선 진정한 존중, 중요한 점들에서 서로 다른 이들을 받아들일 뿐만 아니라 전체를 위하여 서로 다른 관행들을 기꺼이 옹호하고자 하는(바울이 이 경우에 행하고 있는 것처럼) 그런 존중의 태도였다.[77]

§ 24.4 두 세계 사이에서의 삶: 성 윤리(고린도전서 5~6장)

로마서와 고린도전서의 권면 부분은 서로 많은 공통점들이 있다. 그러나 차이점도 두드러진다. 로마서는 주변 사회 및 문화와 아무리 접촉한다고 할지라도 그

77) 14:14의 말씀에 요약되어 있다: "내가 주 예수 안에서 알고 확신하노니 무엇이든지 스스로 속된 것이 없으되 다만 속되게 여기는 그 사람에게는 속되니라."

것들로부터 상당 정도 구별되어 있었던 교회들을 염두에 두고 있는 것 같다. 로마서 12:9~13:14의 주된 관심사들은 극히 적대적인 세계에 직면한 교회를 위한 것이다. 로마서 14:1~15:6의 관심사들은 본질적으로 교회 내부에서의 내적 관계들의 역학(力學)에 관한 것이다. 이와는 대조적으로 고린도전서는 주변세계와의 경계선이 분명하지 않아서 신자들이 주변사회의 다수의 도덕적 가치들을 공유하거나 교회와 사회의 상반되는 가치관들에 끼어 있어서 여러 가지 윤리적 문제들이 야기되었던 교회를 다루고 있다.[78] 두 세계 사이에서의 삶과 관련된 윤리는 고린도전서에서 바울의 권면에 다른 성향을 부여하였다. 여기서는 고린도전서 5~6장에 나오는 성윤리로부터 비롯된 몇 가지 예를 통해서 이 점을 단지 예시만 하고자 한다.

우리는 이미 '포르네이아' (porneia, "음행"), 곧 "불법적인 성행위"에 대한 바울의 철저한 적대감을 살펴본 바 있다(§5.5). 앞으로 보겠지만, 그렇다고 해서 바울이 성관계 자체에 대하여 적대적이었다는 것은 아니다(§24.5). 바울이 반대했던 것은 성(性)의 오용이었고, 이러한 성의 오용은 동성애 및 일반적인 음행을 비롯한 불법적인 성적 행위 전반을 포괄하는 것이었다.[79] 이것이 중요한 것은 기독교회들을 다른 종교 제의들 및 당시의 일반적인 정서로부터 구별해 준 여러 특징들 중의 하나였기 때문이다. 헬레니즘 세계에서는 성도덕이 일반적으로 상당히 느슨했다.[80] 그러나 로마서 1:24-27이 보여 주듯이, 바울은 의도적으로 유대 전승 내

78) 고린도전서 8~10장을 로마서 14:1~15:6과 비교해 보면, 이 차이는 아주 분명해진다; 문제의 유사성(음식과 식탁교제)에도 불구하고 두 서신에 묘사된 상황은 이 점에서 두드러지게 다르다; 자세한 것은 아래의 §24.7을 보라.

79) 특히 B. Malina, "Does Porneia Mean Fornication?" *NovT* 14 (1972) 10-17에 답하고 있는 Jensen, "Porneia"를 보라; 그리고 자세한 것은 위의 §5.5.

80) 헬라의 인생관에서 성생활은 남자에게 먹고 마시는 것처럼 자연스럽고 필수적이고 정당한 것이었다. 오직 과도할 때만 비난받았다. 남편들은 일상적으로 간통을 저지를 수 있었지만, 아내에게는 모든 혼외정사가 금지되었다. 여자 노예들은 특히 그들의 남자 주인의 성적 요구의 대상이 되었다. 특히 Musonius에 의해 표현된 스토아 학파의 항의는 바울의 견해와 유사하다. F. Hauck and s. Schulz, *TDNT* 6.582-84, S. B. Pomeroy, *Goddesses, Whores, Wives and Slaves: Women in Classical Antiquity* (New York: Schocken, 1975) 149-89를 보라.

에 견고하게 서 있었다.[81]

왜 바울은 인간 관계들에 영향을 미치는 다른 많은 점들에서는 제한하고 포기했던 그 유대 전통을 이 점에서는 그토록 굳건하게 견지했던 것인가라는 의문이 저절로 생겨난다. 세상과의 활발한 교류를 염두에 둔(5:10) 이 서신에서 바울은 왜 느슨한 성적 행위를 수용하지 않았는가? 이에 대한 대답은 바울은 유대인으로 양육을 받으면서 정당한 "욕구"인 '에피뒤미아'(epithymia)를 제대로 제어하지 않으면 "욕정"으로 쉽게 변질될 수 있는 위험성을 잘 알고 있었다는 것이다.[82] 이것은 생명을 창조하고 관계를 굳건히 하는 힘(7:3-5)인 동시에 부패시키고 멸망시키는 힘(참조. 롬 7:7-11)이기도 한 성적 충동의 강력함에 대한 현실적 인식이었다고 말할 수 있다.[83]

이러한 굽힘 없는 태도를 감안하면, 바울이 고린도전서에서 맨먼저 다룬 윤리적 문제가 '포르네이아'(porneia, "음행"), "이방인 중에서도 없는" 그런 유의 '포르네이아' — 남자가 자기 아버지의 아내와 함께 사는 것(5:1) — 였다는 것은 별로 의외라 할 수 없다(5:1-5). 바울의 태도는 분명했다: 그 사람을 그들 가운데서 제거해야 한다(5:2). 이 상황의 전모(全貌)는 다소 불분명하다. 바울은 그 사람이 누구인지를 밝히지 않는다. 바울은 그 사람 개인이 아니라 교회를 더 책망한다. 그리고 합당한 치리(治理)를 행하면서 바울의 관심은 교회로 하여금 그 책임을 스스로 지라고 권하는 데 있었다. 이것은 그 관련된 인물이 교회에서 중요했던 사람, 아마도 회중의 최초의 후원자들 중의 하나였을 흥미로운 가능성을 제기한다.[84] 만약 그렇다면, 바울이 그 어떤 타협도 허용하지 않은 것은 한층 더 놀랍

81) 위의 §5.5을 보라. 자세한 것은 특히 Rosner, *Paul, Scripture and Ethics* chs. 3-5을 보라.

82) 위의 §5.5을 보라.

83) 자세한 것은 M. Douglas, *Purity and Danger: An Analysis of the Concepts of Pollution and Taboo* (London: Routledge and Kegan Paul/New York: Praeger, 1966)의 사회인류학적 연구를 보라.

84) 특히 Chow, *Patronage* 139-40과 Clarke, *Secular and Christian Leadership* ch. 7(둘 다 §21 n. 25에 인용되어 있음). 사회적 지위가 높은 사람들에게 많이 유리했던 사법제도에서 돈이 많이 드는 일인 법정에 호소하는 것(Clarke 62-68)에도 교회의 부유한 후원자들이 개입되어 있었다면(Chow 123-30; Clarke ch. 5), 그것은 왜 6:1-8이 주로 성윤리에 관한 논의에 삽입되었는가를 설명해 줄 것이다. 또한 B. W. Winter, "Civil Litigation in Secular

다. 또한 바울이 제시한 판결도 그 사람의 최선의 이익을 목적으로 한 것이긴 하지만 모호하다고 할 수 있다(5:5).[85] 그러나 윤리적 관심은 분명하다: 그러한 행위를 단죄하지 않고 그냥 두면, 윤리 표준이 전반적으로 무너지는 결과를 초래하게 된다. 그리스도의 몸의 상호의존성을 감안하면(§20.4), 한 지체가 병들게 되면, 그 질병은 몸 전체로 퍼지게 되고, 공동체 전체의 영적 건강은 심각한 위험에 빠지게 된다(5:6-8).[86] 그리고 최종적인 명령은 단호하다: "이 악한 사람은 너희 중에서 내쫓으라"(5:13).[87]

그리스도인의 여러 빛깔의 자유를 감안하더라도, 분명히 용납될 수 없는 방종으로 멀리 나아간 행위가 있다. 관련 당사자를 사랑으로 배려해야 한다고 바울은 여전히 주장하고, 이러한 정책은 성공했던 것 같다(고후 2:5-11).[88] 그러나 단죄받을 이유가 없는 그리스도인의 행위의 자유를 분명히 뛰어넘는 사건이 있다. 그리스도인의 행위를 위한 지속적인 지침인 율법에 대한 범법은 지나치게 뻔뻔스럽고 뚜렷한 것이었다.

고린도 교인들 중 일부는 분명히 과거의 성 도덕을 견지하고 있었고(6:11), 노예나 매춘부들을 통해 성적 욕구를 해소하고 쾌락을 즐기는 것을 기꺼이 정당화하고자 하였다(6:12).[89] 바울은 그러한 행위는 그리스도인으로서 전적으로 용납

Corinth and the Church: The Forensic Background to 1 Corinthians 6.1-8," in Rosner, ed., *Understanding* (§23 n. 1) 85-103에 의한 논의를 보라.

85) 5:5 — "… 이런 자를 사탄에게 내주었으니 이는 육신은 멸하고 영은 주 예수의 날에 구원을 받게 하려 함이라." 여기서 염두에 두고 있는 것은 바울이 다른 곳에서 죄의 몸을 멸하기 위해 옛 사람을 십자가에 못 박는 것(롬 6:6) 또는 몸의 행실을 죽이는 것(8:13)으로 묘사한 것을 이룰 수 있는 일종의 대대적인 영적 수술이었을 것이다. 예를 들어, Fee, *1 Corinthians* 210-13; G. Harris, "The Beginnings of Church Discipline: 1 Corinthians 5," in Rosner, ed., *Understanding* (§23 n. 1) 129-51(특히 144-50)에 나오는 논의를 보라.

86) 특히 Martin, *Corinthian Body* 168-70을 보라; 그러나 "구원받아야 할 영(5:5)은 그 사람의 영이자 교회의 영"이라는 그의 주장은 억지다(170-74).

87) 바울의 신 17:7의 말("너는 이와 같이 하여 너희 중에서 악을 제할지니라")을 명령으로 해석하는 것은 지극히 옳다.

88) 그러나 Furnish, *2 Corinthians* 164-68에 나오는 논의를 보라.

89) Apollodorus(주전 4세기 중반)의 말이 자주 인용된다: "우리는 쾌락을 위해 고급 매춘부를, 몸을 매일매일 돌보기 위해 처첩들을, 합법적인 자녀를 낳고 가정사를 잘 돌보게 하기 위하여 부인들을 갖고 있다"(Pseudo-Demosthenes, *Orations* 59.122).

될 수 없는 것임을 단호하게 말하였다. 이 경우에 그 이유는 두 가지였다. 그러한 방종은 사람을 신속하게 일종의 노예상태 — 육체와 욕정의 노예상태 — 에 빠지게 만든다(6:12). 이것은 세상은 덧없다는 사실에 뿌리를 둔 관점이다(6:13-14). 더 정확하게 말하면, 신자에게 일차적인 관계는 내주하시는 성령을 통한 그리스도와의 관계이다. 그 관계를 약화시키거나 흐리게 만드는 모든 것은 신자들이 생각조차 하지 말아야 한다(6:15-20).

요컨대, 바울의 다른 어느 교회들보다도 여러 부류의 충성들과 관계들이 더 많이 각축을 벌이고 있는 상황에서, 바울은 고린도 교회는 용납될 수 있는 성적 행위와 용납될 수 없는 성적 행위를 가려서 확고하고 분명한 경계선을 그어야 한다고 역설하였다. 이때 성경과 전승의 분명한 가르침, 어떤 방종도 배제하는 그리스도에 대한 헌신과 성령에의 의지의 성격이 그 기준이 되었다.

§ 24.5 두 세계 사이에서의 삶: 결혼과 이혼(고린도전서 7장)

피터 브라운(Peter Brown)은 고린도전서 7장이 "천 년 이상 동안 결혼과 독신에 대한 모든 기독교적 사상을 결정해온 장(章)"이라고 말한다.[90] 그러므로 이 단락에 대한 과거와 현재의 그토록 많은 논의들이 바울의 성 윤리는 기본적으로 금욕적인 성격을 지녔고[91] 결혼과 성 관계는 차선책이라는 생각을 갖고 있었다[92]는 전제에 의해 주도되어 왔다는 것은 불행한 일이다.

이러한 통념은 이 단락의 두 가지 분명한 특징들을 근거로 하고 있음이 분명하

90) Brown, *Body* (§3 n. 1) 54.

91) 특히 Niederwimmer, *Askese* 80-124를 보라: 고린도전서 7장 배후에 있는 취지는 "금기(禁忌) 금욕주의"이다; cf. 7:29-35을 "영적인 초연(超然)" = 스토아 학파의 '아파데이아'(apatheia, "감정으로부터의 자유")라는 견지에서 이해하고자 하는 Wimbush, *Worldly Ascetic*.

92) 특히 이전의 연구들에 대한 Deming의 비판(*Paul* ch. 1)을 보라: "이 견해에 의하면, 사도는 결혼을 대수롭지 않게 여겼고, 따라서 더 거룩해지고 하나님께 더 가까이 다가가기 위하여 성욕을 거부하는 성적 금욕주의의 방향으로 독자들을 몰고 갔다"(*Paul* 1). 바울이 그에게 서신을 보낸 사람들의 견해들[7.1b을 가리킴]을 흔쾌히 받아들였다는 Brown의 전제(*Body* [§3 n. 1] 56)는 지나치다. Martin의 서술도 마찬가지로 일방적이다(*Corinthian Body* 209-12; 먼저 바울은 이 논의를 "연약한 자"와 "강한 자"라는 관점에 두지 않는다).

다. 그중 하나는 바울이 명시적으로 결혼하지 않은 상태를 선호한다고 선언하고 있다는 것이다: "나는 모든 사람이 나와 같기를 원하노라"(7:7);[93] "장가 가도 죄 짓는 것이 아니요 처녀가 시집 가도 죄 짓는 것이 아니로되 이런 이들은 육신에 고난이 있으리니[94] 나는 너희를 아끼노라"(7:28); "결혼하는 자도 잘하거니와 결혼하지 아니하는 자는 더 잘하는 것이니라"(7:38); "그러나 내 뜻에는 [과부가] 그냥 지내는 것이 더욱 복이 있으리로다"(7:40). 다른 하나는 현세가 오래도록 지속되지 않을 것이라는 바울의 인식이다: "그때가 단축하여진 고로"(7:29);[95] "이 세상의 외형은 지나감이니라"(7:31).[96] 그 중간기에는 "아내 있는 자들은 없는 자같이 하며"(7:29)라고 바울은 말한다. 또한 7:25-35의 취지로 볼 때에 이 두 가지 관심은 서로 결합되어 있음이 분명하다. 바울이 결혼하지 않고 지내는 상태를 선호한 이유 중 많은 부분은 종말의 때가 얼마 남지 않았다는 그의 확신이었다. 이 단원 전체는 "내 생각에는 이것이 좋으니 곧 임박한 환난(ananke)[97]으로 말미

93) 문맥으로나 이하의 논의로 보나 바울은 결혼한 사람이 지니는 염려들로부터 자유로운 독신 상태를 염두에 두었던 것 같다(7:32-35).

94) 이 어구(thlipsin te sarki)는 통상적으로 "현세에서의 고뇌"(NRSV) 같은 것을 가리키는 것으로 해석된다. 또한 성 생활의 신체적 기능은 흔히 육체적 고통과 위험(특히 아이를 낳는 부인에게)을 수반한다거나 항상 육신에 의해 굴복당할 위험성이 있다는 의미로도 해석될 수 있다.

95) '카이로스'(kairos, "때")는 그리스도의 오심과 함께 시작된 종말론적 때를 가리킬 것이다(롬 3:26; 8:18; 11:5; 13:11; 고후 6:2). 그때가 "압축되고 응축되었다, 즉 단축되었다(synestalmenos)." 자세한 것은 J. Baumgarten, *EDNT* 2.233; H. Balz, *EDNT* 3.313을 보라.

96) Baumert, *Ehelosigkeit* 228-36는 '스케마'(schema)를 "외형"이 아니라 "행실"로 번역해야 하고, 여기서 '파라게인'(paragein)은 "지나가다"가 아니라 "(영적으로) 사로잡다"를 의미한다고 주장함으로써 가장 자연스러운 의미를 억누른다. "바울은 여기서 곧 다가올 세상의 종말에 수반되는 어떤 유의 '곧 다가올' 환난들이 아니라 그리스도인이 '날마다' 견뎌야 하는 '긴장에 찬 세상과의 관계'를 생각하고 있다"(Baumert, *Woman* 95-96).

97) "고전문헌에서 '아낭케'(ananke)는 인간이 그 속에서 살아가야 하고 자유로운 결정을 불가능하게 만드는 '제약'을 상징한다"(자세한 것은 A. Strobel, *EDNT* 1.78-79를 보라); E. Baasland, "Ananke bei Paulus im Lichte eines stoischen Paradoxes," in H. Cancik et al., eds., *Geschichte Band III Fühes Christentum* 357-85 [here 367-71]). 그러나 고통이 적어도 부분적으로는 신자들이 불신의 세상에서 살면서 "아직"에 여전히 붙잡혀 있는 "이미"의 긴장감 때문이라는 인상을 피하기 어렵다(§18). 사도의 고난이라는 맥락 속에서 이 단어가 사

암아 사람이 그냥 지내는 것이 좋으니라"(7:26)는 서두의 말 아래 놓여 있다.

그러나 이와 아울러 학자들은 다른 두 가지 요인에 대해서는 거의 비중을 두지 않아 왔다. 그중 하나는 바울은 고린도 교인들이 제기한 일련의 질문들에 대하여 답변하고 있다는 것이다 — 7:1에서 처음으로 나오고 7:25에서 반복되고 있는 '페리 데'(peri de, "~에 대하여는")라는 표현이 보여 주듯이. 이것은 고린도 교인들이 바울에게 편지를 보내어 일련의 질문들, 즉 첫 번째로는 기혼자들과 관련하여(7:1-24), 두 번째로는 처녀들[98] 및 미혼자들과 관련하여 질문을 했다는 것을 보여 준다. 이 점이 중요한 것은 이 점을 고려하게 되면 우리는 바울의 논의의 범위가 고린도 교인들이 제기한 쟁점에 의해 결정되었다는 것을 인정하지 않을 수 없게 된다는 데 있다.[99] 달리 말하면, 바울은 결혼에 관한 신학을 제시하고자 하지 않았다는 말이다. 이것은 바울이 당연시했던 성경의 가르침의 또 한 가지 요소였음이 틀림없다(참조. 고전 6:16). 이 때문에 바울은 결혼의 일차적인 목적 — 자녀를 낳는 것 — 으로 일반적으로 여겨지는 것에 대해서 전혀 언급하지 않는다 — 14절에서의 자녀에 대한 언급은 바울이 그것을 고린도 교인들이 이미 이해하고 있는 것으로 여기고 있음을 보여 준다.

바울이 다루는 내용은 이미 고린도 교인들의 질문에 의해 정해져 있었다는 인식은 바울의 논의가 고린도 교인들의 편지가 말하고 있는 내용으로부터 취해졌다

용되고 있는 것(살전 3:7; 고후 6:4; 12:10)은 분명히 "종말론적 긴장"의 고난이라는 모티프와 구별될 수 있는가(§18.5)? 그러나 특히 동일한 장에서 바울의 다른 용례들도 주목하라(고전 7:37; 9:16; 고후 9:7; 몬 14).

98) 바울은 이 장에서 '파르데노스'(parthenos, "처녀")를 반복적으로 사용한다 — 25, 28, 34, 36-38절. 또한 그는 8, 11, 32, 34절에서 미혼 여성을 가리키거나 포함하는(34절) '아가모스'(agamos, "결혼하지 않은")를 사용한다. 두 가지 구별되는 상태를 염두에 두고 있기 때문에, 우리는 '파르데노스'가 미혼 여성만이 아니라 약혼한 여자도 가리킨다고 보아야 한다; 이것이 7:36과 38의 분명한 함의(含意)인 것 같다. 이 둘이 결혼해도 좋다고 바울이 말한 것(7:36)은 이미 결혼하였지만 독신 생활을 하기로 합의한 부부라는 생각을 배제하는 것 같다(REB는 "독신생활을 하는 부부"라는 NEB의 불만족스러운 번역을 포기하였다). 특히 W. G. Kümmel, "Verlobung und Heirat bei Paulus (1 Kor. 7.36-38)," *Heilsgeschehen* 310-27에 나오는 자세한 논의를 보라; 또한 BAGD, *gamizo*; Fee, *1 Corinthians* 325-27; Deming, *Paul* 40-47을 보라.

99) Schrage, *Ethics* (§23 n. 1) 226-27.

는 의미도 지닌다. 특히 서두의 진술("남자가 여자를 가까이 아니함이 좋으나" — 7:1)이 고린도 교인들의 편지에서 따온 인용문일 가능성이 지금은 널리 인정되고 있다.[100] 바울의 조언이 고린도 교인들의 견해들에 맞춰져 있었다는 사실을 우리는 바울 자신의 견해가 무엇이었는지를 결정하는 데 두지 않으면 안 된다. 적어도 이것은 금욕주의적인 분위기가 바울의 견해가 아니라 고린도 교인들의 견해를 반영한 것일 수 있다는 것을 의미한다.

우리가 염두에 두어야 할 다른 한 가지 요소는 §24.4의 시작 부분에 암시되어 있는 요소이다. 고린도에 있던 공동체는 기독교적 성격을 발전시켜 가고 있는 상태에 있었다. 그 지체들이 속해 있던 여러 가지 관계들은 교회와 사회 간에 아직 제대로 형성되지 않은 경계들을 넘나들었다. 그리스도에 대한 새로운 충성과 (믿지 않는) 배우자나 주인에 대한 여전히 계속된 충성들 간의 긴장과 압박들(종말론적 긴장)은 아주 심했다. 그러한 상황에서 바울은 실제 상황과 무관한 결혼에 관한 신학을 개진할 수는 없었다. 반대로 바울은 고린도 교인들이 그에게 호소한 실제적인 절박한 애로사항들에 대하여 조언을 주지 않을 수 없었다.

이러한 배경을 염두에 두게 되면, 우리는 바울이 얼마나 주의깊고 세심하게 조언하고 있는지를 좀 더 분명하게 볼 수 있다. 바울은 주님에 대한 관계가 무엇보다도 우선이라는 점을 재차 강조한다.[101] 바울은 자기가 어떤 권위 있는 예수 전승을 갖고 있는지를 언급한다(7:10-11). 그는 성령에게 인도하심을 구한다(7:40). 그는 "하나님의 계명을 지키는 것"(7:19)의 중요성을 당연한 것으로 여긴다. 그는 전통적인 유대 지혜와 합치하는 한 스토아 학파의 전통 중에서 최고의 것들을 활용한다.[102] 그는 "현세와 내세 사이에" 그리고 두 세계 사이에 끼어 있는 고린도 교인들의 현실을 고려한다. 따라서 고린도 교인들의 질문에 답변하면서, 바울은

100) 예를 들어, 이러한 가능성을 이미 Tertullian과 Origen이 지적했다고 말하는 Schrage, *1 Korinther* 53 n. 11에 의해 인용된 것들을 보라. 문맥상으로 볼 때, 성 관계를 언급하고 있다는 것은 의심의 여지가 없다(Fee, *1 Corinthians* 275에 의해 인용된 본문들을 보라; 또한 창 20:6과 잠 6:29).

101) 7:17, 22, 32, 34-35, 39.

102) 스토아 학파의 영향에 대해서는 특히 Deming, *Paul* ch. 3(212-13에 요약이 있음)을 보라. 유대교의 영향에 대해서는 Dautzenberg, "Pheugete"; Rosner, *Paul, Scripture and Ethics* ch. 6을 보라.

자기가 결혼하지 않음으로써 주의 일에 전적으로 헌신할 수 있었다고 자신의 개인적인 견해를 주저 없이 표현한다. 그러나 그는 이것이 자신의 "의견"[103](7:25)이지 주의 "명령"(7:6)은 아니라는 점을 분명히 한다.[104] 그는 한 걸음 뒤로 물러나서 다른 대안들도 마찬가지로 주께 용납될 수 있다고 말한다. 그리고 바울이 실제로 제시하는 권면을 보면, 그의 일차적인 관심은 결혼이나 결혼 관계에 대한 특정한 태도나 금욕주의를 장려하려는 것이 아니라 우선순위들과 그 우선순위들이 추구되는 현실적 상황에 있다는 것이 분명해진다.

따라서 첫 번째 단락(7:1-7)에서 바울은 자신의 견해를 따르게 될 때에 생기는 '포르네이아' (porneia, "음행")의 위험성을 인정한다(6:12-20): 사실 결혼관계는 성 행위를 위한 유일하게 합당한 배경이다; 또는 결혼은 '에피뒤미아' (epithymia)로 하여금 "욕구"로서의 그 긍정적 역할을 유지하게 해 주고 "욕정"(7:2)으로 타락하지 않게 해 주는 매개물이라고 말할 수도 있다.[105] 그러나 바울의 결혼관은 결혼을 적극적인 성 관계들이 당연시되는(7:3-4) 진정한 동반자관계로 보는 견해이다.[106] 잠시 동안 기도를 우선시해야 되는 경우에는 상호간에 합의가 있어야 하고, 기한도 제한되어야 한다(7:5).[107] 바울은 은사가 사람마다 다르다는 것을 명시적으로 인정한다(7:7). 이 말을 기도와 관련시켜 본다면, 특별히 기

103) gnome(7:25, 40); syngnome, "허락"(7:6).

104) epitage(7:6, 25).

105) 여기서 결혼에 대한 다소 제한적인 견해는 부분적으로는 이전의 5~6장에서의 사고의 흐름에 의해서, 부분적으로는 고린도 교인들의 질문들(즉, 그들이 바울에게 질문한 방식으로)에 의해서 결정되었다. Martin이 7:9b("불 같이 타는 것보다 결혼하는 것이 나으니라")을 근거로 바울이 정욕을 사전에 완전히 차단하고자 했다고 결론을 내리는 것은 다소 의외이다(*Corinthian Body* 212-17): "그리스도인들은 정욕을 철저히 피해야 한다 … 바울에게 결혼의 기능은 정욕을 끄는 것이다"(216; 이 장은 epithymia라는 말을 명시적으로 언급하지는 않지만). 그러나 7:5, 9a, 36의 함의는 결혼에서 성적 욕구는 너무도 자연스럽고 당연하다는 것이다. 살전 4:5에서 정욕의 억제할 수 없는 성격을 염두에 두고 있음을 보여 주는 것은 욕구를 뜻하는 두 용어를 겹쳐서 사용하고 있다는 것("색욕을 따라"[in passion of desire])이다.

106) 또한 Furnish, *Moral Teaching* 35-37; Baumert, *Woman* 36-43을 보라. 스토아적인 병행들에 대해서는 Deming, *Paul* 119-22를 보라.

107) 여기서 주목할 만한 것은 *T. Naph.* 8:7-10과의 두드러진 병행이다. 또한 위의 §5 n. 96을 보라.

도에 헌신하여(영적 피정[retreat]?) 성적 욕구를 자제하는 일은 결코 아무나 하는 것이 아니라 성령의 능력 주심이 있어야 한다는 말과 같다.[108] 그러한 은사가 없는 사람들은 마치 예언의 은사를 받지 못한 사람들과 마찬가지로 결코 잘못이 아니다.[109]

두 번째 단락(7:8-16)에서 바울은 먼저 이와 동일한 논리를 결혼하지 않은 자들과 재혼을 고려하는 과부들에게 적용시킨다: 현세에서 결혼은 여전히 성적 관계들을 위한 필수적이고 합당한 매개가 된다(7:8-9).[110] 불행하거나 실패하는 결혼을 한 자들을 향하여,[111] 바울은 예수께서 가르치신 규범을 인용한다: 이혼은 허용되어서는 안 되고, 만약 이혼을 할 수밖에 없는 상황이라면 다른 사람과의 재혼은 불가하다(7:10-11). 그러나 바울은 곧 고린도 교회 신자들 중 일부는 이러한 예수의 명령이 예상치 못했던 새로운 요소에 직면해 있다는 것을 인정한다. 즉, 배우자 중 한쪽이 그리스도인이 아니라는 사실이 차이를 가져왔다는 말이다. 그러한 상황 속에서 결혼관계의 지속은 배우자 중 불신자인 쪽의 동의 여부에 달려 있었다. 이 경우에 우선순위는 배우자들이 교회의 울타리를 넘어서서 심하게 다투는 것을 피하는 데 있었다(7:15). 이러한 결혼관계에서 낳은 자녀들이 거룩한 자의 반열("성도") 속에 있다는 상태는 우선순위가 되지 못했는데, 그것은 믿지 않

---

108) *T. Naph.* 8:7-10은 "기도를 위한 금욕"을 "주의 명령"이라는 견지에서 보고, 바울은 은사로 본다; 또한 위의 §20.5과 n. 120을 보라.

109) 정반대의 전제들에도 불구하고, 바울은 결혼 상태나 독신 상태를 은사라 부르지 않는다(은사에 대해서는 위를 보라 — §20.5; 또한 필자의 *Jesus and the Spirit* 206-7; Deming, *Paul* 127-28).

110) 바울이 특정한 질문(고린도 교회의 여러 부류의 미혼인 지체들이 결혼하지 않고 그대로 지내야 하는지에 관한)에 답하고 있는 것이라면, 부정적인 어감은 다소 줄어들게 된다(Baumert, *Woman* 28-29, 48-49; "바울이 보기에 젊은이들이 결혼하는 것은 너무도 자연스러운 일이어서, 이 장 전체에서 그는 이 '정상적인 경우'를 언급조차 하지 않는다"[49]).

111) 불신자와 결혼한 그리스도인인 부인들이 받는 고통에 대해서는 MacDonald, "Early Christian Women"를 보라.

112) 7:14에 대해서는 위의 §17.4을 보라. 여기에는 "거룩한 것"을 고전 11:30에서처럼 거의 가시적인 영향력으로 보는 의미가 있는가? 위의 §22.4을 보고, Hays, *Moral Vision* (§23 n. 1) 359-60을 참조하라. 이와는 반대로, 병행문인 롬 14:14을 토대로 신자의 눈에 거룩한 것으로 보이면, 그것으로 충분한 것인가(Baumert, *Woman* 58-59가 주장하듯이)?

는 배우자의 불신앙에 의해 영향을 받지 않았기 때문이다(7:14).[112]

바울은 현재의 상태(할례를 받았든 안 받았든, 노예이든 자유자이든)는 하나님 앞에 서는 것을 결정하는 요인이 아니라고 상기시키는 말을 덧붙인다(7:17-24). 우선순위는 "하나님의 계명을 지키는 것"(7:19)이고, 우선적인 관계는 그리스도(7:22-23) 및 하나님(7:24)과의 관계이다. 그 밖의 다른 모든 정체성 요소들과 관계들은 이 우선적인 것들에 비하면 상대적이다. 따라서 이 상태에서 저 상태로 바꿀 필요가 없다: 어느 상태이든 우선순위는 동일하다.[113]

두 번째 부류의 질문들(7:25-38)에 대답하면서, 바울은 동일한 사고의 흐름을 따른다. 현재의 위기와 종말의 때가 얼마 남지 않았다는 사실(7:26, 29)은 우선순위들을 변경시키는 것이 아니라 오히려 강화시킨다.[114] 현재의 관계들은 더 상대화된다. 그러나 길은 두 갈래로 나 있다: 결혼을 해도, 결혼하기를 거부해도, 어느 쪽이나 죄를 범하는 것이 아니다(7:27-28). 바울은 결혼한 사람들은 "육신에 고난이 있을"(7:28) 수 있다고 말하지만, 금욕주의를 장려하려는 그 어떤 시도도 하지 않는다. 또한 이러한 윤리 원칙을 단순히 "과도기적 윤리"로 규정지어서도 안 된다.[115] 그 밖의 다른 모든 관심들을 상대화시키는 것(폐하거나 소멸시키는 것이 아니라)은 주께서 오실 날이 임박했다는 사실이 아니라 주의 일의 우선성이다.

바울의 관심이 그리스도와의 관계를 유지하는 것의 우선성에 있다는 것은 7:32-35에도 분명하게 나타난다. 바울이 염려하는 것은 결혼관계에 수반되는 책임들로 인해서 그리스도와의 관계가 어느 정도 방해를 받거나 소홀해지리라는 것

---

113) 자세한 것은 아래의 §24.6을 보라.

114) 교부들 및 종교개혁의 성경 주해에서 세상에서의 그리스도인의 합당한 실존 방식을 해설하면서 전거(典據)로 거론되는 7:29-31의 '호스 메' (hos me, "아닌 것처럼")에 대해서는 특히 후대의 6 Ezra(2 Esdras) 16:40-44과의 병행을 주목하라; 자세한 것은 W. Schrage, "Die Stellung zur Welt bei Paulus, Epiktet und in der Apokalyptik. Ein Beitrag zu 1 Kor. 7.29-31," *ZTK* 61 (1964) 125-54를 보라.

115) D. J. Doughty, "The Presence and Future of Salvation in Corinth," *ZNW* 66 (1975) 61-90(특히 68-69)을 보라. "아닌 것처럼"이라는 표현은 스토아 학파의 이상(理想)인 '아타락시아' (ataraxia, "안온함, 초연함")과 흡사하다; Deming, *Paul* 190-97에 나오는 논의를 보라; 그리고 cf. Penna, *Paul* 1.181-90. '아낭케' (ananke)에 대해서는 위의 n. 97을 보라.

116) '브로코스' (brochos)는 누구를 붙잡거나 꼼짝 못하게 하기 위하여 던지거나 놓은 (epiballo) 올가미를 가리킨다 — 전쟁이나 사냥에서 유래한 은유(BAGD).

이다. 그러나 그의 관심은 그 책임들에 어떤 제한(brochon)을 가하거나[116] 특정한 생활양식을 주장하는 것이 아니라 신자들의 우선순위가 분명히 지켜지도록 하자는 데 있다고 바울은 명시적으로 말한다.[117] 남자와 그의 약혼녀에 대해서도 마찬가지이다(7:36-38). 물론 그들은 원한다면 결혼해야 한다.[118] 그렇게 결혼하는 것이 죄는 아니다; 그것은 괜찮은 일이다. 바울이 개인적으로 선호하는 것은 이와 다르겠지만, 바울은 여전히 그들에게 그들의 확신을 따라 행하라고 권한다.

이 모든 것을 통해서 바울이 애정어린 목회자의 심정으로 말하고 있다는 것이 분명해진다. 바울은 주께로부터 받은 말씀이 있는 경우에는 그 말씀을 인용하고, 그 말씀을 따르도록 권한다. 그는 유대적인 것이든 스토아 학파의 것이든 전통적인 윤리적 통찰들을 활용한다. 그는 성령을 따라 이루어진 선택의 중요성을 지적하지만(7:40), 신자들의 은사가 각각 다르다는 사실도 인정한다(동일한 성령에 의해, 7:7). 그는 주께로부터 신실한 자로 인정받은 자로서 자신이 선호하는 것들을 분명히 밝힌다(7:25). 그는 때가 급박함을 느낀다. 그는 우선순위들을 계속해서 분명히 하고 존중할 필요성을 강조한다. 그러나 다른 면에서 바울은 한 걸음 물러나서 고린도 교인들의 상황의 복잡성을 인정하고 자기에게 조언을 구한 자들의 합당한 욕구들을 수용한다. 그는 결혼을 부정하거나 결혼관계 내에서의 성 생활에 어떤 제약을 가한다거나 상당한 정도의 금욕주의를 권장하지 않는다. 고린도전서의 다른 곳에서의 그의 권면과는 달리,[119] 여기에서의 바울의 조언은 놀라울 정도로 문제에 대해 어떤 특정한 처방을 하지 않는다. 권위 있는 전통, 개인의 의견, 실제 생활 현실을 감안한 실천적인 조언을 믿음을 최우선시하는 가운데 혼합하고자 하는 바울의 섬세한 시도는 칭찬받을 만하다.

§ 24.6 두 세계 사이에서의 삶: 노예제도(고전 7:20-23)

바울은 고린도전서에서 이 주제에 관하여 거의 말하고 있지 않지만, 다른 서신

---

117) 또한 Cartlidge, "1 Corinthians 7," 특히 226-27을 보라. 바울이 결혼한 신자를 "반만 그리스도인"으로 생각했다는 견해(Niederwimmer, *Askese* 114)는 전혀 근거가 없다.

118) '휘페르아크모스'(hyperakmos, "혈기왕성한" 또는 "강한 욕구를 지닌")에 대해서는 BAGD와 Martin, *Corinthian Body* 219-26을 보라.

119) 특히 11:16 및 14:37-38과 비교하라.

들(특히 빌레몬서)이 보여 주듯이, 노예제도 문제는 초기 기독교 윤리에서 중요한 문제들을 야기시켰다. 이 주제를 다루는 바울의 태도는 비판을 받아 왔는데, 이는 그가 노예제도에 대하여 지나치게 수용적이고 아무런 문제제기도 하지 않는 듯이 보이기 때문이다. 그러므로 세 가지 점을 우리는 분명히 해명하지 않으면 안 된다.

첫째, 노예제도는 당시에 아직은 부도덕하거나 타락한 제도로 인식되지 않았다.[120] 노예제도는 단순히 경제체제의 최하위단위에서 노동력을 공급하는 수단이었을 뿐이다.[121] 둘째, 노예제도는 고대 세계에서 삶의 기정사실이었다. 대부분의 큰 도시 주민 중에서 1/3이나 되는 사람들이 노예였다. 고대 세계의 경제는 노예제도 없이는 운용될 수 없었을 것이다. 따라서 노예제도의 관행에 대한 책임 있는 도전은 경제체제의 완전한 재편과 사회 체계의 완전히 새로운 정립을 요구해야 하는 것이었는데, 이것은 이상주의적이거나 무정부주의적인 관점에서가 아니라면 당시에는 거의 생각조차 할 수 없는 일이었다. 셋째, 원칙적으로 노예제도는 자유에 관한 헬라의 이상(理想)과 모순되는 것으로서,[122] 자기 자신을 노예로 파는 것은 채무자가 빚을 갚기 위하여 최후로 선택하는 수단이었다. 이와 동시에 노예들은 교육을 받을 수 있었고, 주인이 상당한 사회적 지위와 권력을 지닌 인물인 경우에는 그의 노예들도 상당한 책임을 부여받을 수 있었다.[123] 게다가 자유민의 경제적 상태는 노예보다 못할 수 있었다: 헬라법 아래에서 자유는 고용 및 거주이전과 관련해서 주어진 부분적이고 제한적인 것이었다;[124] 그리고 이전의 주인을 보조적으로 돕는 빈곤한 자유민은 자기가 이전에 노예로서 안전한 삶을 살았던

---

120) 노예제도는 부도덕한 것이라는 통찰을 서구 "문명"에 가져다 준 것은 노예 매매였다.

121) 노예들은 처음에는 패배한 적군들로부터 충원되었으나, 바울 시대에는 주로 출생에 의해서 결정되었다. 자세한 것은 필자의 *Colossians* 302 n. 6에 인용된 것들을 보라.

122) 예를 들어, K. H. Rengstorf, *TDNT* 2.261-64; Meeks, *First Urban Christians* 20-21을 보라. 노예는 고전적으로 "자기 자신이 아니라 남에게 속해 있는 자"(Aristotle, *Politica* 1.1254a.14), "거절할 힘을 갖지 못한" 자(Seneca, *De Beneficiis* 3.19)로 정의되었다.

123) 특히 Martin, *Slavery* ch. 1을 보라. 또한 주목할 것은 바울은 노예제도를 그의 권면에서 강력한 은유로 사용한다는 것이다(롬 6:16-17; 고전 7:22; 고후 4:5; 빌 2:7).

124) S. S. Bartchy, *ABD* 6.71을 보라; 필자의 *Colossians* 335 n. 30에 나오는 자세한 내용도 보라.

때를 회상하며 동경하곤 했다.

그러므로 우리는 노예들에 대한 바울의 조언이 겉보기에 양면적이라는 것에 놀라지 않아야 한다. 고린도전서 7:20-24에서 바울은 독자들(노예들을 포함해서)에게 "각 사람은 부르심을 받은 그 부르심 그대로 지내라"(7:20, 24)고 권한다.[125] 노예들은 노예로서의 그들의 처지를 "염려하지"(meleto)[126] 말고, 자유할 수 있다면, "그것을 이용하라"(7:21)고 바울은 말한다.[127] 중요한 것은 주님과의 우선적인 관계이다. 이 관계는 그 밖의 다른 모든 관계를 상대화시킨다. 주와의 관계에서 노예는 자유인이고, 자유민은 그리스도의 노예(종)이다(7:22). 노예든 자유민이든 다른 사람들에 대한 의존 및 의무를 그리스도에 대한 의존 및 의무보다 더 중요한 것으로 만들어서는 안 된다(7:23).

우리는 빌레몬을 향한 바울의 조언에서도 이와 비슷한 양면성을 발견한다. 바울은 빌레몬이 그의 노예인 오네시모를 자유롭게 해 줄 것을 기대했던 것인가 아니면 그런 기대를 하지 않았던가?[128] 바울의 주된 관심은 두 사람이 긍정적인 방향으로 화해하는 것이었음은 분명하다. 바울은 분명히 빌레몬이 오네시모를 처벌

125) 바울이 그들의 현재의 삶의 처지를 그들의 "부르심"에 포함시키려 했는지("그대로 지내라" — 7:25), 아니면 "부르심"을 그리스도를 믿으라는 호출에 국한시키려 했는지는 최종적으로 분명하게 결정할 수는 없다; 7:21-22에서는 "종/자유자가 되도록 부르심을 받았느냐"가 아니라 "종으로 있을 때에 부르심을 받았느냐"라고 말한다.

126) '멜레이'(melei, "~에게 관심사이다"; BAGD). "명령은 '그냥 지내라'가 아니라 '걱정하지 말라'이다 … 누구나 자신을 노예로 팔 수는 있었으나, 노예들은 자유를 선택할 수 없었다"(Fee, *1 Corinthians* 316).

127) 특히 Bartchy, *MALLON CHRESAI*; Baumert, *Ehelosigkeit* 114-51; Fee, *1 Corinthians* 316-18; Horrell, *Social Ethos* 162-66을 보라. 노예에서 해방되는 것은 모든 노예의 목표였다: "즉각 자유로워지게 해 달라는 것이 노예들의 기도였다"(Epictetus 4.1.33). 그리고 그것은 주기적으로 이루어졌다: 상당수의 노예들이 30세 이전에 주인에 의해 해방되었다(Bartchy, *ABD* 6.71).

128) 위의 §21 n. 57을 보라.

129) 빌레몬이 오네시모를 도망 노예로 여겼다면, 그가 매질, 족쇄, 낙인 등 가혹한 형벌로 그를 처벌하는 것은 지극히 합당한 것이었을 것이다. 특히 Bellen, *Studien*17-31; 또한 Bartchy, *ABD* 5.307-8(참고문헌과 함께)을 보라. 그러나 오네시모는 도망을 친 것이 아니라 주인에게 잘못을 저지르고(어떤 잘못을 저질렀는지는 나와 있지 않다) 바울에게 자기를 위해서 주인에게 말 좀 잘해 달라고 부탁하기 위하여 바울에게 갔을 것이다; 특히 P. Lampe,

하지 않기를 바랐다 — 빌레몬에게는 그렇게 할 권리를 갖고 있었겠지만.[129] 그리고 바울은 빌레몬에게 그의 명예를 지키고 나타내 보이는 방식으로 위엄과 관용으로써 처리할 길을 열어 놓았다.[130] 그러나 마찬가지로 분명한 것은 바울이 가장 중요하게 고려했던 것은 비록 두 사람 사이에 주인과 노예의 관계가 계속 유지된다고 할지라도, 동일한 주님에 대한 빌레몬과 오네시모의 관계가 서로에 대한 관계를 전적으로 상대화시킨다는 것이었다 — "이후로는 종과 같이 대하지 아니하고 종 이상으로 곧 사랑 받는 형제로 둘 자라 내게 특별히 그러하거든 하물며 육신과 주 안에서 상관된 네게랴"(몬 1:16).

골로새서 3:18~4:1의 가정율(家庭律)에 나오는 그 다음의 조언에서도 노예제도에 관한 바울의 견해의 본질적인 내용은 바뀌지 않는다. 임박한 위기에 대한 인식이 이제는 많이 느슨해진 상황에서, 가정율(Haustafeln)은 기독교 가정의 선한 질서를 보여 주고, 이에 따라 사회의 질서 있는 체계를 유지하는 데 그 관심이 있는 것 같다(§23.7). 그리고 노예들을 인도주의적으로 대우하라는 호소는 철학적인 논의에서 아주 흔하게 등장하였다.[131] 그러나 다시 한 번 여기서 분명한 가르침은 그리스도에 대한 우선적인 관계는 다른 모든 관계를 상대화한다는 것이다. 이 원칙은 이미 3:11에 서술된 바 있다("종이나 자유인이 차별이 있을 수 없나니 오직 그리스도는 만유시요 만유 안에 계시니라"). 교회의 지체이자 책임있는 개개 그리스도인으로서의 노예들을 향해 직접 말하는 대목(3:22-25)에서, 바울의 조언은 주인들에게 조언하거나 노예들을 어떻게 교육시켜야 하는가를 논했던 당시의 경

"Keine 'Sklavenflucht' des Onesimus," *ZNW* 76 (1985) 135-37; B. M. Rapske, 'The Prisoner Paul in the Eyer of Onesimus," *NTS* 37 (1991) 187-203(특히 195-203); Bartchy, *ABD* 5.307-8을 보라.

130) 자세한 것은 위의 §21.2b을 보라. 특히 cf. Barclay, "Paul" 170-75. 하지만 그의 분석은 오네시모가 도망 노예였다는 전통적인 가설(자세한 것은 위의 n. 129를 보라)을 계속해서 전제함으로써 약화된다.

131) 예를 들어, 노예들을 인간으로 대접하라는 Seneca의 유명한 연설(*Epistle* 47)과 노예에게 "온유함과 친절함"을 보이라고 주인들에게 말한 Philo의 권면(*Decal.* 167)을 참조하라.

132) 네 절이 회중의 노예들을 향한 것이라는(오직 한 절만이 주인들에게 한 말이다) 사실은 노예들이 골로새 교회 회중에서 높은 비율을 차지했다는 것을 보여 준다. 이 조언(네게 요구하는 일을 잘 하라)은 노예들에게 아무 힘도 없는 전형적인 현실을 반영하고 있다.

향을 뛰어넘는다.[132] 주인들에게 노예를 "의와 공평"으로 대우하라는 요구(4:1)는 당시에 평균보다 더 높은 정도의 평등성을 전제한다.[133] 그리고 무엇보다도 주님에 대한 우선적인 관계(노예이든 자유자이든)에[134] 대한 반복적인 언급은 장기적으로 노예제도 자체를 무너뜨리게 될 수밖에 없는 인간 관계들에 대한 근본적인 판단기준을 부각시킨다.

§ 24.7 두 세계 사이에서의 삶: 사회 관계들(고전 8~10장)

우리는 고린도전서 8~10장의 세 가지 측면을 이미 다룬 바 있다.[135] 그러나 이 장들을 둘러싸고 있는 논의(8:1-13과 10:23~11:1)는 좀 더 자세한 설명이 필요하다.

문맥상으로 볼 때, 본문이 직접적으로 다루고 있는 문제는 신자들이 "우상의 제물"(eidolothyta)을 먹어도 되는냐 하는 것이었음이 분명하다. 한편으로 "우상은 세상에 아무것도 아니다"(8:4)라고 말하며, 우상의 제물을 먹어도 된다고 생각한 이들이 있었고, 다른 한편으로 주님에 대한 그들의 헌신에 모순되는 행위라고 생각하는 사람들도 있었다(8:7-13). 후자를 "연약한 자들"로 지칭하고 있다는 것[136]은 여기서의 상황이 로마서 14장에서 그리고 있는 상황과 비슷했다는 것을 보여준다. 그리고 우상숭배에 대한 구체적이고 반복적인 언급[137]은 유대인들의 신앙과 정체성의 핵심을 이루고 있던 우상들에 대한 유대인 특유의 적대감을 강하게 상

---

133) 필자의 *Colossians* 259-60에 나오는 '이소테스'(isotes, "평등, 공평, 공정")에 관한 논의를 보라.

134) "주를 두려워하여"(3:22); "주께 하듯 하고"(3:23); "주께 받을 줄 아나니"(3:24); 너희의 상전은 그리스도이다(3:24); 주인들에게도 하늘에 상전이 계시다(4:1). 이 어구들에 대해서 자세한 것은 필자의 *Colossians* 252-60을 보라.

135) 8:4-6(§§2.3c, 10.5a, 11.2a), 9(§21.2c), 10:1-22(§22).

136) astheneo — 롬 14:1-2; 고전 8:11-12; asthenes — 고전 8:7, 9, 10; 9:22.

137) eidolothytos — 고전 8:1, 4, 7, 10; 10:19; eidololatria — 고전 10:14; eidololatres — 고전 10:7; eidolon — 고전 8:4, 7; 10:19.

138) 위의 §2.2을 보라.

139) 마찬가지로 Heil, *Ablehnung* 234. Söding, "Starke und Schwache"은 이러한 배경을 충분히 고려하지 않는다.

기시킨다.[138] 다시 말하면, "연약한 자들"은 우상숭배에 의해서 더럽혀진 음식을 먹기를 꺼리는 유대인 특유의 정서를 공유했던 자들이었을 것이다.[139]

그러나 여기에서도 우리는 사회적 긴장관계들이 이 문제에 개입되어 있었을 것임을 인정하지 않으면 안 된다. "연약한 자들"의 다수는 매일매일의 식탁에서 고기를 제대로 먹을 수 없었던 사회적으로 낮은 계층에 속하였을 것이다. 이들에게 질 좋은 고기를 먹을 기회는 대체로 공적인 예식(禮式)들에서 신들에게 바쳐진 고기를 사람들에게 나눠 주는 때에 국한되어 있었을 것이다. "연약한 자들"에게 가난한 자로서 고기를 먹지 말고 살 것이냐 아니면 양심에 반하여 행동할 것이냐를 결정하는 일은 무척이나 힘겨운 일이었을 것이다.[140] 이 문제의 또 다른 측면은 사회적으로 높은 지위에 올라서 도시의 공적 생활에 더 깊이 관여된 그리스도인들은 그러한 공적인 예식들에 참여를 기피하는 일이 어렵다는 것을 알았으리라는 것이다.[141] 사실 상황은 이보다 더 복잡했음이 분명하다. 공적 생활에 더 깊이 연루된 자들은 그것이 불러올 파장을 고려했을 것이기 때문에 "우상은 아무것도 아니다"라고 선언했을 가능성이 적다. 그리고 이방인으로서 하나님을 공경하는 자들은 이미 과거에 우상들에 대한 유대인들의 적대감에 매력을 느낀 자들이기 때문에 이미 어느 쪽이든 선택을 했을 것이다. 달리 말하면, 우리는 고린도 교회의 실제 상황과 관련된 바울의 가르침을 제대로 들으려면 좀 더 복합적인 역사적 현실(사회적 위화감과 계층간의 갈등 같은 긴장들을 포함한)을 고려하지 않으면 안 된다는 말이다.[142]

바울은 이런 상황에서 어떻게 대응하였는가? 이 문제와 관련된 바울의 조언에 대한 통상적인 이해는 바울은 전통적인 유대인들의 감수성을 버렸다는 것이다: 고린도 교인들에게 식탁에 차려져 나온 고기가 어디에서 나온 것인지를 묻지 말라(meden anakrinontes)고 조언한(10:25, 27) 바울은 더 이상 유대인들의 정체성에 아주 근본적인 요소였던 우상숭배에 대한 유대인 특유의 적대감에 의해 지

---

140) 그러나 이 점에 대한 Theissen의 묘사("Strong and Weak")는 품질이 낮은 고기는 "요리점들," 포도주 가게 등에서 좀 더 쉽게 구입할 수 있었을 것이라는 Meggitt의 고찰("Meat Consumption")에 의해서 제한할 필요가 있다.

141) "성의 재무"인 에라스도(롬 16:23)을 언급하는 Theissen, "Strong and Weak" 130,

142) Meeks, *First Urban Christians* 70; 또한 J. M. G. Barclay, "Thessalonica and Corinth: Social Contrasts in Pauline Christianity," *JSNT* 47 (1992) 48-74와 비교해 보라.

배받지 않았다는 말이다.[143] 그리스도인의 자유[144]와 그리스도인들이 사회적 참여와 책임을 유지하는 것이 바람직하다는 것에 관한 문제(10:23-30)는 그 전례가 있기 때문에, 로마서 14장에 나오는 병행문이 이 문제를 해결해 주는 것처럼 보인다.

그러나 두 대목 간의 차이들에 대해서 학자들은 충분한 고려를 하지 않아 왔다. 우선 로마서 14:1~15:6은 주로 '부정한' 음식에 관한 것인 반면에, 고린도 교회에서의 문제는 '우상' 제물(eidolothyta)에 관한 것이었다. 또 한 가지는, 이미 살펴보았듯이, 로마 회중 내에서의 긴장들은 위협적인 사회에 직면하여 그들 자신의 테두리 안에서 일어난 순전히 내부적인 것이었던 반면에, 고린도 교회의 긴장들은 여러 다양한 지체들이 교회의 테두리를 넘어선 여러 관계들을 지속하고 지역사회에 참여를 계속하는 것이 중요하다고 생각했기 때문에 생겨났다는 것이다.[145] 그리고 다른 한 가지는 바울이 두 대목의 논의에서 서로 다른 기준들을 사용한다는 사실이 통설에서 생각하는 것보다 더 중요할 수 있다는 것이다: 로마서 14장에서 매우 핵심적인 개념인 "믿음"[146]은 고린도전서 8~10장에는 등장하지 않는다; 그리고 고린도전서 8~10장에서 결정적인 역할을 하는 "양심"[147]은 로마서 14장에 나오지 않는다. 왜 이런 것인지는 불분명하다. 아마도 "양심"은 고린도 교인들이 바울에게 보낸 편지에서 사용된 단어였던 것 같다. 그리고 "믿음"에 관한 이해와 관련하여 로마서 14장을 위해 이미 로마서 4장에서 믿음에 관한 논의가 이루어지고 있는 것과는 달리, 고린도전서의 이전의 논의에서는 독자들이 "믿음"을 적절한 방식으로 이해할 수 있도록 해 주는 조치가 취해지지 않았다. 그리스도와의 생생한 관계가 분별 없는 행위로 말미암아 손상을 입었다는 인식을 불러일으켰다는 점에서는 "양심"이 그 자리를 대신 메우고 있다는 것은 사실이다.[148] 그러나 "믿

143) 흔히 Barrett의 요약이 인용된다: "이 '묻지마' 라는 말에서보다 바울이 비유대적인 곳은 없다" — "극히 이례적인 자유주의적 태도"("Things Sacrificed" 49, 50).

144) eleutheros — 고전 9:1, 19; eleutheria — 10:29.

145) Meeks는 "경계들"에 있는 "문들"을 얘기하고, 좀 더 내부지향적인 요한 집단들과 대비시킨다(*First Urban Christians* 105-7). 또한 그는 "그러나 바울의 권면에서의 강조점은 경계들의 유지가 아니라 내부의 결속에 두어져 있다"(100)고 말한다.

146) 롬 14:1, 22-23(4번).

147) 고전 8:7, 10, 12; 10: 25, 27-29(모두 8번). "양심"에 대해서 자세한 것은 위의 §3 n. 16을 보라.

148) 롬 14:23("믿음을 따라 하지 아니하는 것은 다 죄니라")와 고전 8:12("너희가 형제에

음"은 내부 문제에 적합한 판별기준이었던 반면에 "양심"은 교회 외부와의 문제에서 적합한 기준으로 여겨졌다는 것은 의미심장하다(참조. 롬 2:15).

그러나 우리에게 더 중요한 것은 우상 제물에 대하여 바울이 취한 태도에 대한 통설적인 견해는 사실상 우상숭배에 대한 이스라엘의 전통적인 적대감을 포기한 것으로 보고 있느냐 하는 것이다. 이러한 통설적 견해는 폐기되어야 한다.

(1) 통설은 신자들이 유일하게 먹을 수 있었던 고기는 그 지역의 신전들로부터 나왔고, 따라서 우상숭배로 불가피하게 "더럽혀져" 있었을 것이라고 전제한다. 이러한 상황에서 바울이 그리스도인들이 그러한 고기를 먹어도 괜찮다고 말한다면 (10:25, 27), 그것은 우상숭배에 대한 유대인들의 전통적인 반감에 정면으로 도전하는 것이 될 것이다. 그러나 고기가 어디에서 난 것인지를 묻지 말라는 바울의 권면(10:25, 27)은 고기가 우상 제물이 아닌 다른 출처에서 나온 것이었음을 보여 주는 충분한 근거가 될 수 있는 것으로서, 메깃(Meggitt)의 개략적인 연구는 이 점을 확증해 준다.[149)]

(2) 통설은 우상숭배에 대한 바울의 적대감이 그의 서신들의 다른 곳에서 분명하게 입증된다는 사실을 무시하고 있다.[150)] 즉, 다른 곳에서 바울은 이 점과 관련해서 확고하게 유대 전통에 서 있다. 그리고 고린도전서 8~10장의 본론에서 우상들에 대한 바울의 태도도 사실 동일한 전통에 서 있다: 특히 우리는 이미 고린도전서 10:20-21이 신명기 32:17, 21의 반영임을 살펴본 바 있다.[151)] 그런데 몇

게 죄를 지어 그 약한 양심을 상하게 하는 것이 곧 그리스도에게 죄를 짓는 것이니라") 간의 병행에 주목하라.

149) "Meat Consumption." H. J. Cadbury, "The Macellum of Corinth," *JBL* 53 (1934) 134-41; Barrett, "Things Sacrificed" 47-49를 보라.

150) 위의 §2.2과 n. 20을 보라.

151) 위의 §2.3c을 보라. 우상들이 아무것도 아님에 대해서는 시 115:4-8; 135:15-18; 사 40:19-20; 44:9-20도 보라.

152) Cheung, *Idol Food* ch. 4. 마찬가지로 Tomson, *Paul* 177-85. J. Brunt, "Reuected, Ignored, or Misunderstood? The Fate of Paul's Approach to the Problem of Food Offered to Idols in Early Christianity," *NTS* 31 (1985) 113-24와 비교해 보라. Cheung이 주장하듯이, 그와 같은 증거는 '에이돌로뒤톤' (eidolothyton)을 '히에로뒤톤' (hierothyton)을 구별하려는(전자는 성전에서 먹었고, 후자는 성전에서 나온 것이지만 성전에서 먹지는 않았다고 한다) B. Witherington의 시도("Not So Idle Thoughts about Eidolothuton," *TynB* 44 [1993]

절 후에 바울의 조언이 이 주제와 관련된 그의 일관된 태도와 모순된다면, 그것은 이상한 일이 아닐 수 없다. 바울이 우상 제물을 먹었다는 것을 암시해 주는 말이 다른 곳에서는 전혀 나오지 않는다.

(3) 몇 가지 점에서 가장 두드러지는 사실은 이후의 초기 교회 저술가들이 바울이 우상 제물을 먹는 것을 묵인했다거나 우상 제물을 먹는 것을 전혀 문제시하지 않았던 자들에 맞서 자신을 변호할 필요를 느꼈다는 것을 알지 못하고 있다는 것이다.[152] 달리 말하면, 당시에는 바울이 우상 제물을 먹는 것에 불을 붙였다는 오늘날의 통설을 알지 못했다는 말이다. 바울의 사상 세계에 더 가까웠고, 우상 제물의 문제에 더 근접해 있었던 사람들이 오늘날과 같은 해석을 전혀 알고 있지 못하고 있었다면, 그러한 해석은 잘못일 것이다.

그렇다면 바울의 조언과 가르침의 내용은 도대체 무엇이었을까? 가장 직설적인 설명은 바울은 우상 제물이 나올 것임을 미리 알고 있는 그런 식사는 피하라고 조언하였다는 것이다.[153] 이것은 신전 경내에서의 공적이거나 사적인 식사를 배제하는 효과를 갖는다: 사람들은 신전 식사에 참여하는 것을 신전의 우상숭배 행위에 동의하는 것으로 볼 것은 뻔한 일이다.[154] 또한 개인 집에서 우상 제물이 나올 것을 미리 알고 있는 식사도 배제된다.[155] 아울러 우리는 바울의 조언(10:25-28)은 신자들이 실제로 우상 제물을 먹을(알지 못하고) 가능성을 상정했다는 것을 주목해야 한다. 따라서 우상 제물 자체가 "위험한 음식"이 아니라,[156] 우상 제물임을 '알고' 먹는 것이 위험한 일이었다고 할 수 있다. 바울은 신자들에게 무슨 수

237-54)를 결정적으로 훼손시킨다.

153) Cheung, *Idol Food*.

154) Willis는 "신전 경내에서 열린 다양한 '친목 모임들'에 참여하는 것"을 일반적으로 "이교 숭배"로 여겼는지 의문을 제기한다(*Idol Meat* 63). 그러나 Gooch는 그 대답이 '그렇다' 임을 분명하게 보여 준다: 신전 내에서의 식사들을 순수하게 세속적인 것으로 여기거나 신전의 존재 이유였던 종교 의식들로부터 그 식사들을 분리하는 것은 불가능했을 것이다(*Dangerous Food*).

155) 우리는 Sarapis와 함께 식사를 하자는 초대들이 개인 집들을 그 개최지로 삼을 수 있었다는 것을 기억한다(위의 §22 n. 27). Fee, "Eidolothyta"는 8:1-13(신전 내에서의 공적인 식사)과 10:27(사적인 식사들)에서 다루는 문제들이 상당히 달랐고 바울은 전자만을 금지했다고 주장함으로써 이 문제를 해결하려는 통상적인 시도의 최근판이다.

156) Martin, *Corinthian Body* 191은 이에 반대.

를 써서라도 우상 제물을 피하라거나 사전에 꼼꼼히 따져 물어서 이 문제에 대한 그들의 양심을 과시하라는 의무를 부과하지 않았다는 점에서 우상숭배에 대한 유대인들의 전통적인 반감을 수정하였다.[157] 그런 점에서 시편 24:1의 인용문(10:26에서)[158]은 유대인 아닌 자들과 활발하게 사회적 교류를 행하였던 디아스포라 유대인들의 자유로운 관행으로서 로마서 14:14, 20의 좀 더 자유로운 견해를 반영하고 있다.[159] 그렇게 조언함으로써 바울은 사실상 고린도 교회 신자들에게 지역사회와의 사회적 접촉을 유지하도록 권장한 셈이다.

이 미묘한 문제와 관련하여 바울에게 중요했던 그 밖의 다른 요소들도 분명하게 드러나는데, 그의 확고하고도 사려 깊은 목회적 관심도 마찬가지로 드러나 있다. (1) 하나님[160] 및 그리스도[161]와의 관계의 우선성이 전제된다. 연약한 자들에게는 직접적으로 말하지 않고 있지만(롬 14~15장과는 달리), 바울은 식사에서의 감사의 태도를 모두가 받아들여야 할 행위의 시금석으로 삼는다(롬 14:6에서처럼).[162] 마찬가지로 바울은 모든 인간의 행위의 일차적인 토대는 하나님께 영광을 돌리는 것임을 강조한다(10:31).[163] (2) 또한 로마서에서처럼 바울은 그리스도의 죽음과 그리스도의 모범에 호소한다(11:1).[164] "사랑"이라는 동기와 잣대에 최우선적인 지위가 부여된다(8:1, 3). 이 주제를 재개하는 지점에서 거론되는 "남들"(10:24)에 대한 관심은 사랑의 계명을 반영한 것이다(롬 13:8에서처럼). (3) 그리스도인의 자유는 단호히 천명되어야 하지만, 남들에게 미치는 영향을 고려하여

---

157) 10:28에서 누가 양심의 문제를 제기하였는지는 불분명하다(Fee, *1 Corinthians* 483-84에 나오는 논의를 보라). 오늘날까지 유대 분파들에서 식탁은 정함과 부정함의 규례들을 어떤 사람이 얼마나 잘 지키는지를 살필 기회가 된다.

158) 또한 시 50:12에 대한 인유(引喩)의 가능성도 있다.

159) 특히 cf. Tomson, *Paul* 208: 바울의 조언은 의심스러운 경우에 무엇이 우상 음식인지를 정의한다는 점에서 할라카적이다(208-20).

160) 8:3, 4-6, 8; 10:26, 31.

161) 8:6, 11-12.

162) 10:30 — "만일 내가 감사함(charis)으로 참여하면 어찌하여 내가 감사하는 것에 대하여 비방을 받으리요(blasphemoumai)?" 롬 14:16과의 병행을 주목하라; 위의 n. 69를 보라.

163) 롬 1:21을 상기시키는 15:6을 참조하라.

164) 고전 8:11 = 롬 14:15; 고전 11:1 = 롬 15:3.

제한되지 않으면 안 된다.[165] 바울은 공동체의 덕을 세우려 하지 않고 "연약한 자들"의 양심상의 거리낌들을 너무도 경솔하게 무시해 버리고 자신의 통찰을 높게 평가하며 자랑하는 태도를 책망한다(8:1-3, 7-13). (4) "공동체의 덕을 세우는 것"이라는 판별 기준은 두 대목 모두에서 또 다시 우선적인 고려 사항으로 제시된다.[166] (5) 그리스도인들끼리 트집을 잡고 흠집을 들추어내는 행위가 주변 사회에 영향을 미쳐서 그리스도를 전하는 선교 사역에 해를 끼치는 결과를 가져온다는 점이 로마서(14:16)에서보다 더 명시적으로 강조되고, 최종적이고 결론적인 고려 사항으로 제시된다(10:31-33).

타이센(Theissen)은 여기에서의 바울의 전략을 "사회적 불평등이 지속되도록 허용하지만 거기에 관심, 존중, 개인적 배려의 정신을 불어넣는" "사랑 제일주의"로 묘사한다.[167] 그러나 이것은 바울이 사회적 강자들이 사회적 약자들의 필요를 존중하여 그들의 행위를 수정할 것을 어느 정도 기대했는지를 충분히 고려하지 않고 있다.[168] 또한 타이센의 견해는 동일한 주님에 대한 진정한 헌신, 동일하게 헌신한 자들 사이의 끈끈한 유대,[169] 교회의 덕세움에 대한 공유된 관심을 강력하게 호소할 수 있었던 교회 공동체 조직의 역학(力學)을 충분히 고려하지 않은 것이기도 하다. 여기서 우리는 특히 주의 만찬에 공동 참여가 신자들을 하나로 묶는

165) 여기서 염두에 둔 결론은 단순히 "약한 자"에 대한 비난이 아니라 그들로 하여금 양심에 반하여 행동하도록 부추겨서는 안 된다는 것이라는 점을 다시 한 번 우리는 지적한다.

166) 8:1, 10; 10:23; cf. 위의 §21.6c.

167) Theissen, "Strong and Weak" 139.

168) 고전 8:13; 10:28-29, 32; 또한 6:1-8과 11:33-34. 자세한 것은 Theissen의 "사랑-가부장제"에 대한 Horrell의 비판(*Social Ethos*, 특히 ch. 4)을 보라.

169) 바울은 8:11-13에서 반복해서 "형제"라는 말을 사용하고, 10장을 동일한 호소("형제들아")로 시작한다.

170) 갈 2:10이 연보 자체를 가리킬 것 같지는 않다; 다른 곳에서 연보를 가리키는 구절들은 표현과 어조에서 유사성을 지니는데, 갈 2:10은 그렇지 않다. 바울은 연보를 그의 선교활동과 안디옥에서의 그의 실패 이후의 예루살렘 또는 유대 교회들 간에 벌어진 간격을 메우는 시도로 생각했을 것이다(갈 2:11-14). 그러나 갈 2:10에 언급된 합의가 연보를 촉구하는 말의 일부였을 가능성은 매우 크다; 그가 "가난한 자를 기억하라"고 말한 것은 예루살렘 사도들이 애초부터 요청했던 것이었다; 이 연보가 특히 "예루살렘 성도들 중 가난한 이들을 위한" 것이었다는 것은 바울 자신의 의도였다(롬 15:26).

효과를 지닌다는 것에 대한 언급이 10장의 핵심에 있고(10:16-17), 교회 내에서 및 교회 외부에서의 사회적 관계들을 결정하면서 중요한 요소로 바울이 호소하고 있는 것(10:23-24)은 주의 만찬에 참여의 결과로 나타나는 동일한 몸에 속한 지체들로서 서로에 대한 책임감이라는 것을 상기해야 한다.

§ 24.8 연보(捐補)

마지막으로 연보 문제를 언급함으로써 바울이 다룬 윤리 문제들에 대한 개관을 마무리하는 것이 좋을 것 같다. 이 일은 바울이 더 일찍은 아니라도 적어도 소아시아 선교 때에 한동안 마음을 쏟았던 일이었는데,[170] 그 목적은 바울이 세운 주요한 이방 교회들이 연보를 해서 예루살렘에 있는 가난한 동료 그리스도인들을 구제하자는 데 있었다. 이 문제를 여기서 다루는 것이 몇 가지 이유에서 적절하다.

첫째, 이 연보 문제는 소아시아 선교가 끝나갈 무렵에 바울에게 점점 더 절실한 일이 되었다. 바울은 그가 주창한 다른 어떤 선한 일들보다도 더 자주 이 연보 문제를 언급한다.[171] 바울은 그 결과가 어떨지에 대해서는 무척 염려를 했으면서도 이 연보를 전해 주기 위해서 마지막으로 예루살렘을 방문하였다(롬 15:31). 그리고 결국 이 방문(그리고 연보?)이 발단이 되어 바울은 로마로 끌려와 재판을 받고 마침내 처형당하게 되었다.[172]

둘째, 바울이 로마서의 본론 부분을 이 문제로 끝내고 있는 것은 결코 우연이 아니다(15:25-32). 이것은 연보 문제가 바울에게 특별히 중요했음을 확인해 준다. 그리고 본서의 연구 목적이 로마서가 보여 주는 바울의 신학의 구조를 해명하는 데 있기 때문에, 바울이 로마서에서 마지막으로 관심을 가진 문제를 다룸으로써 본서의 연구를 마무리하는 것은 적절하다.

셋째이자 가장 중요한 것은 연보 문제는 바울의 신학, 선교 사역, 목회적 관심

---

171) 롬 15:25-32; 고전 16:1-4; 고린도후서 8~9장. 고린도후서 8~9장이 원래 독립적이었던 두 개의 편지들로 이루어진 것이든, 또는 긴 편지의 두 장들로 이루어진 것이든, 그런 것은 별 상관이 없다; 이 문제에 대해서는 예를 들어, Kümmel, *Introduction* 287-93과 Betz, *2 Corinthians* 8 and 9를 보라.

172) 연보에 대한 침묵(24:17에서의 인유를 제외하면)으로 인해 불길한 느낌을 주는 사도행전(21~28장)의 마지막 단원을 보라; 예를 들어, Meeks, *First Urban Christians* 110; 필자의 *Partings* 85를 보라.

이 단일한 전체로서 결합되어 있는 방식을 독특하게 요약하고 있다는 것이다. 이 점은 좀 더 자세하게 설명할 필요가 있다. 각각의 경우에 우리는 바울의 세 개의 주요 서신들(로마서, 고린도전서, 고린도후서)을 관통하는 언어표현과 사고의 일관성을 주목하여야 한다. 우리의 예상대로, 이 문제를 가장 자세하게 다루고 있는 부분(고린도후서 8~9장)이 이 문제에 대하여 가장 잘 해명해 준다.

a) 가장 두드러지는 것은 "은혜"에 관한 바울의 신학이다. '카리스'(charis)라는 단어는 고린도후서 8~9장에서 열 번 이상 나오고, 고린도전서 16:3에도 나온다. 이 단어의 일련의 용례는 매우 주목할 만하고 많은 것을 가르쳐 준다.[173] 물론 바울은 예수께서 자신을 아낌 없이 내어주신 행위와 관련하여 "우리 주 예수 그리스도의 은혜"(고후 8:9)라는 표현을 쓴다.[174] 그러나 바울은 그러한 은혜에 대한 고린도 교인들의 체험과 관련하여 은혜를 그들이 상기하는 것이 마땅하고(8:1; 9:14) 장래에도 기대해야 할 그 무엇(9:8)이라고 말한다. 그리고 바울은 8:6-7과 19에서 연보 자체를 "은혜," "자비로운 일," "은사"(고전 16:3)로 지칭하는데, 여기에서 '카리스'(charis, "은혜")는 어느 정도 '카리스마'(charisma, "은사")와 동일한 의미로 사용되었다.[175] 그러므로 분명히 바울에게 은혜라는 것은 아낌 없이 내어준다는 성격을 지니고 있었다. 은혜를 진정으로 체험하게 되면, 자비로운 사람들이 생겨난다고 우리는 말할 수 있다. 8:4에서 우리는 과도기적인 용법이라 할 수 있는 것을 만난다 — "이 은혜(charis)와 성도 섬기는 일(diakonia)에 참여함(koinonia)에 대하여 우리에게 간절히 구하니." 여기서 '카리스'는 마케도니아 교인들이 힘에 넘치도록 연보를 하도록 촉발시켰던(8:2-3) 은혜받음(engracement)을 의미하는 것으로서,[176] 그들 자신이 은혜를 받았다는 의미와 간절히 구한 특권으로서 연보에 참여라는 의미를 둘 다 지니는 것으로 보인다. 이와 연관된 "감사," 즉 하나님께서 그들에게 그런 일을 할 수 있는 간절함(8:16)과 하나님의 "말할 수 없는 은사"(9:15)로 인한 감사라는 '카리스'의 용법이 여기에

173) 자세한 것은 위의 §13.2을 보라.

174) 위의 §11.5c을 보라.

175) 은사 신학에 대해서는 위의 §20.5을 보라.

176) 또한 8:2과 9:11, 13에서 '하플로테스'(haplotes, "후함")가 사용되고, 성경 헬라어에서는 오직 8:3과 17에서만 잘 쓰이지 않는 '아우다이레토스'(authairetos, "자발적으로")가 사용되고 있음을 주목하라.

더해지면 은혜의 순환은 완결된다 — 은혜가 하나님께로부터 인간에게 오고, 인간을 통하여 자비로운 행위로 나타나고, 다시 하나님에 대한 감사로 표현된다.[177]

9:9-10에서 "의"에 대한 두 번의 강조[178]는 바울이 수직적인 연관과 수평적인 연관에 대한 성경의 강조를 공유하고 있음을 확증해 준다: 창조주로서의 하나님의 의는 남들을 위한 자비로운 섬김의 행위를 통해 의를 수확한다는 것(참조. 빌 1:11), 또는 선지자들이 역설한 바 대로 의로운 행위들은 하나님의 의의 경험으로부터 나오는 필연적인 결과라는 것.[179] 또한 주목할 만한 것은 바울은 고린도 교인들이 연보에 참여한 것을 "그리스도의 복음을 진실히 믿고 복종하는 것"(고후 9:13)이라고 주저 없이 말하고 있다는 사실인데, 여기서 "진실히 믿고 복종하는 것"(he hypotage tes homologias hymon, "너희 신앙고백의 순종")은 "믿어 순종하는 것(믿음의 순종)"(롬 1:5)을 다른 식으로 표현한 말인 것이 분명하다.

b) 이스라엘에 관한 바울의 신학의 예시도 마찬가지로 생생하다. 세 구절을 관통하는 가장 일관된 특징은 연보의 수혜자들을 "성도"로 지칭한다는 것이다.[180] 여기서 성도는 예루살렘 교회를 가리키는 것으로서, 연보는 그 가난한 지체들을 위해 사용될 것이다(롬 15:26). 바울이 예루살렘 교회를 그토록 일관되게 "성도"로 지칭한다는 것[181]은 예루살렘 교회가 과거의 이스라엘 "성도"와 디아스포라 교회들의 "성도"를 이어 주는 역할 속에서 모든 교회들 가운데 중심적인 위치를 차지하고 있었음을 함축하고 있음이 분명하다.[182]

---

177) Harrison은 바울이 당시의 통상적인 자선 이데올로기를 얼마나 효과적으로 활용하여 변화시키고 있는가를 말해 준다: 은혜를 받았으면 베푼 자에게 답례("감사")를 해야 하는 것이 아니라 다른 사람들에게 "은혜"를 베풀어야 한다 — 은혜에 관한 바울의 "3차원적인" 이해(*Paul's Language of Grace* §7.2).

178) 9:9-10 — "기록된 바 그가 흩어 가난한 자들에게 주었으니 그의 의가 영원토록 있느니라[시 112:9] 함과 같으니라 심는 자에게 씨와 먹을 양식[사 55:10]을 주시는 이가 너희 심을 것을 주사 풍성하게 하시고 너희 의의 열매를 더하게 하시리니."

179) Cf. 롬 6:13, 16, 19; 그리고 위의 §23.3과 n. 59를 보라.

180) 롬 15:25, 26, 31; 고전 16:1; 고후 8:4; 9:1, 12.

181) 고린도전후서에서; 그리고 로마서에서는 그들은 "예루살렘에 있는 성도들"로 소개된다.

182) 바울이 '하기오이' (hagioi, "성도들")를 사용하는 것의 의미에 대해서는 위의 §2 n. 90, §13 n. 74, §20.3을 보라.

이것은 안디옥 사건 이후에 더욱 불거진 바울과 예루살렘 간의 긴장관계를 고려할 때에 한층 주목할 만하다.[183] 그러나 그것이 바로 연보가 바울에게 그토록 중요했던 이유였음에 틀림없다. 하지만 단지 서로간의 갈라진 틈을 치유하기 위해서만이 아니었다; 연보가 "성도들이 받을만 하지"(롬 15:31) 않으면 어쩌나 하는 염려 속에 함축되어 있긴 하지만, 그 목적은 명시적으로 언급되지 않는다. 그러나 일차적인 목적은 이방 교회들이 예루살렘에 영적으로 빚진 것을 갚는다는 것이었다: "만일 이방인들이 그들의 영적인 것을 나눠 가졌으면 육적인 것으로 그들을 섬기는 것이 마땅하니라"(15:27).[184] 다른 상황들에서는 바울이 이방인들에게 전한 복음이 직접 그리스도로부터 왔다는 것을 즉각적으로 강조했던 반면에(갈 1:12), 여기에서 그는 예루살렘이 없어서는 안 되었던 매개체였었다는 것을 강조한다.

이것이 바로 이방 교회들에 전해진 '프뉴마티카'(pneumatika, "영적 축복들")가 예루살렘 교회의 영적 축복들, "예루살렘의 성도들"인 그들의 유산의 일부였던 "영적 축복들"인 이유이다.[185] 여기서 다시 한 번 우리는 "영적인 것들"을 받고 그 보답으로 "육적인 것들"을 주는 것 사이에 존재하는 바울이 보았던 상호보완성을 엿볼 수 있다.

c) 교회론이기도 한 바울의 실천신학은 이 장들 곳곳에서 관철된다. '카리스'(charis)의 경우와 마찬가지로 바울은 '코이노니아'(koinonia)의 실천적 성격을 강조한다. 은혜/성령에 공동의 "참여"는 "공동의" 사역 속에서 상대적인 부의 "나눔"(sharing)를 통해 표현되어야 한다.[186] 그리스도인들이 서로를 "섬기고자" 하는 것을 바울은 당연한 것으로 여긴다.[187] 다른 곳에서와 마찬가지로 제사장 사역과

183) 예를 들어, 필자의 *Partings* 130-35를 보라.

184) 연보는 이방인 선교의 성공을 과시함으로써 이스라엘을 시기나게 하려는 바울의 전략의 일환이었을 가능성이 있다(특히 Munck, *Paul* 302-3; 또한 위의 §19.8을 보라). 그러나 이 점은 연보를 명시적으로 다루는 그 어느 구절에도 분명하게 표현되어 있지 않다(또한 필자의 Partings 84-85를 보라).

185) Cf. 롬 9:4-5; 11:29.

186) 롬 15:26; 고후 8:4; 9:13.

187) diakonia — 롬 15:31; 고후 8:4; 9:1, 12-13; diakoneo — 롬 15:25; 고후 8:19-20.

188) 위의 §20.3을 보라.

관련된 표현은 다른 사람들을 위한 실천적인 섬김의 행위들을 가리킨다(9:12).[188] 여기서 특히 주목할 것은 나눔과 섬김은 개교회나 한 지역의 교회들에 국한되는 것이 아니라 대양(大洋) 너머에 있는 미묘한 관계에 있는 교회에까지 미친다. 그리스도의 몸의 상호의존성은 개별 회중 내에서의 관계들에 국한되지 않는다.[189]

특히 흥미로운 것은 바울이 전체 과정의 일부로서 "시험"의 과정을 여러 차례에 걸쳐 넌지시 언급하고 있다는 것이다.[190] 바울은 마케도니아 교인들이 "환난의 많은 시험"(8:2)을 당한 것에 관하여, "너희의 사랑의 진실함(gnesios)"[191]의 시험(고후 8:8)에 관하여, 그가 보낸 형제가 "시험을 받아 검증된" 자라는 것(8:22)에 관하여, 연보 자체도 "시험"(9:13)이라고 말한다. 섬김의 은사(恩賜)의 효과는 어느 정도 시험에 달려 있다. 동일한 맥락에서 우리는 여러 다양한 행위들이 받아들여질 수 있는 것인지 여부를 결정하는 데에 로마서 14:6에서 사용된 판별기준이 다시 등장하는 것에 주목한다: 연보는 "하나님께 드리는 감사"와 "하나님께 영광을 돌리는 것" 속에서 넘쳐나게 된다(9:12-13).[192]

d) 특히 재미 있는 것은 바울이 그리스도인의 행위를 지배하는 여러 원칙들을 이 마지막 문제에 적용하고 있다는 것이다. 이미 지적하였듯이, 바울은 연보를 사람들이 받은 은혜 체험으로부터 흘러나오게 되는 관심과 행위로 보았다. 여기서 우리는 다시 한 번 마케도니아 교인들이 주를 기뻐하였다는 것을 상기시키는 말(8:2),[193] 주에 대한 헌신의 우선성을 상기시키는 말(8:5), 후히 주는 것(haplotes, 8:2; 9:11, 13)에 대한 반복적인 강조를 볼 수 있다. 이미 살펴본 대로, '카리스'(charis, "은혜")라는 개념이 사실상 고린도후서 8~9장 전체를 지배하고 있다. "믿음"은 단지 8:7에서만 암시되고 있지만, 그 이후로 "믿음"은 바울에게 "은혜"와 같은 의미로 전제된다. 우리는 이미 "너희가 그리스도의 복음을 진실히 믿고 복종하는 것"(9:13)이 "믿어 순종하는 것(믿음의 순종)"과 동일하다는 것을 말한

189) 불행히도 여기서 바울은 이 점을 "평등"(isotes)의 관점에서 표현한다 — 8:13-14을 제외한다면, 신약에서는 오직 골 4:1에서만(위의 n. 133을 보라); 예를 들어, Furnish, *2 Corinthians* 407을 보라.

190) 위의 §21.6을 보라.

191) Furnish, *2 Corinthians* 404를 보라.

192) 롬 14:6에 대해서는 위의 §24.3d을 보라.

193) "기쁨"은 고린도후서에서 꽤 두드러지는 특징이다 — 1:24; 2:3; 6:10; 7:4, 7, 9, 13, 16.

바 있다. "성령"은 9:15에 암시되어 있는 것 같지만 명시적으로 언급되지는 않는다;[194] 그러나 그 이후로 "성령"과 "은혜"는 바울에게 거의 동의어나 마찬가지이다. 달리 말하면, "은혜"라는 말을 통해 역설되고 있는 태도는 다른 곳에서 믿음에 의한 일들이라는 말과 성령을 따라 살아가라는 권면을 통해 역설된 바로 그것이라는 말이다.

그리스도의 모범과 그 정신에 대한 호소는 8:9에 명시적으로 나오고,[195] 사랑하라는 호소와 연관되어 있다(8:8; 또한 8:24). 더욱 주목할 만한 것은 성경에 호소하고 있는 것이다 — 8:14과 9:9, 10에서는 명시적으로, 8:20과 9:6-7에서는 인유(引喩)들을 통해서.[196] 우리가 이미 살펴본 내용에 비추어 보건대, 우리는 바울이 이 서로 다른 호소들을 모두 한 가지로 보았다는 것을 의심할 필요가 없는 것 같다. 간과하지 말아야 할 것은 바울도 당시의 수사학적이고 문학적인 기법들을 어느 정도 사용하였다는 것[197]과 그의 계획들이 더 많은 사람들이 칭찬할 만한 것(kalos)으로 받아들이도록 애를 썼다는 것이다(8:21).

고린도전서 7~10장과 관련된 우리의 결론들에 비추어 볼 때, 여기서 특히 흥미로운 것은 바울이 고린도 교인들에게 연보에 전적으로 자발적인 참여를 하도록 권장하면서 보여 주는 목회적 감수성이다. 8장에서 바울은 마케도니아 교회들의 모범(8:1-5), 다른 이들 — 특히 디도(8:6, 16-17),[198] 익명의 형제(8:22) — 의 열심을 그들에게 권고하는 것으로 시작한다. 9장(9:1-3, 13-14)에서 아주 두드러지게 나타나는 고린도 교인들에 대한 바울의 신뢰의 강력한 표현들도 동일한 취

194) "하나님의 선물"은 신약에서 성령을 가리키는 거의 전문적인 용어이다(요 4:10; 행 2:38; 8:20; 10:45; 11:17; cf: 엡 3:7과 4:7; 또한 위의 §16 n. 17을 보라). 그러나 바울의 다른 진정한 서신의 용례들(롬 5:15, 17)은 좀 더 두리뭉실하다: "은혜로 말미암은 선물"(5:15), "의의 선물"(5:17); 그러나 바울은 특정한 용어들, 특히 charis/charisma(5:12-21에서 7번)를 지나치게 많이 사용하는 것을 피하기 위해서 이 단락에서 어휘를 의도적으로 바꿔 사용한다.

195) 위의 §11.5c을 보라.

196) 8:14 — "많이 거둔 자도 남음이 없고 적게 거둔 자도 부족함이 없이"(출 16:18); 9:9-10 — "기록된 바 그가 흩어 가난한 자들에게 주었으니 그의 의가 영원토록 있느니라[시 112:9] 함과 같으니라 심는 자에게 씨와 먹을 양식[사 55:10]을 주시는 이 …"; 8:20(잠 3:4); 9:6(잠 11:24); 9:7(신 15:10; 잠 22:8 LXX).

197) Betz, *2 Corinthians* 8-9.

지를 지닌다. 바울은 그들에게 강력히 권하고(8:7, 24), 올바른 태도를 장려하며(9:7), 성경의 약속들을 근거로 자신의 권면을 설득한다(9:6-11). 아울러 바울은 고린도전서 7:25에서와 마찬가지로 자기가 하는 말들이 "명령"(8:8)이 아니라 자신의 "조언/의견"(gnome, 8:10)일 뿐임을 분명히 하는 데 신경을 쓴다. 바울은 그들이 억지로 하는 행위(pleonexia)가 아니라 아낌 없이 베푸는 행위(eulogia)로서 연보를 하기를 원한다(9:5).[199]

전체적으로 바울은 고린도 교인들의 재정상태(8:12-15)와 그러한 재정적인 일들을 둘러싸고 항상 불거질 수 있는 의심들(8:19-21; 9:5)에 민감성을 보인다. 바울은 다른 곳에서 정확한 해결책이 무엇인지에 대하여 불확실성을 표현하고(고전 16:4)[200] 모든 일이 결국 수포로 돌아갈까봐 염려하는 것(롬 15:30-31)과 마찬가지로 여기에서도 계속해서 자신의 확신이 잘못된 것이 아니기를 바라는 염려를 표현한다(9:3-5). 그 결과 바울의 모습은 자신만만하게 앞으로 활보해 나가면서 다른 사람들의 감정과 의견을 거칠게 짓밟는 그런 모습이 아니라, 연보의 중요성에 관한 기본적인 확신은 갖고 있되 이 일의 여러 측면들에 대해서는 잘 알지 못하는 면도 보이고 그 최종적인 결과에 대하여 염려하면서 사람들과 함께 이 일을 추진할 필요성을 느끼는 그런 모습이다. 바울이 마지막으로 자신의 심정을 토로하는 모습(롬 15:30-32)은 단지 신학자이자 목회자인 바울만이 아니라 인간 바울을 우리에게 보여 준다.

§ 24.9 결론

이 마지막 단원에서 우리는 §23에서 개략적으로 서술한 원칙들을 바울이 현실에 어떻게 적용하였는지를 알아보기 위하여 바울이 직면했던 일련의 윤리적 문제들을 선별하여 살펴보았다. 결국 가장 일관되고 가장 인상적인 특징은 바울이 세

198) '스푸데'(spoude, "열심")에 대한 반복적인 언급을 보라 — 8:7, 8, 16.

199) 여기서 대비되고 있는 용어들의 의미는 각각 다소 이례적이다 — '율로기아'(eulogia)는 통상적으로 "축복"의 의미를, '플레오넥시아'(pleonexia)는 "탐욕, 탐심"의 의미를 지닌다; 예를 들어, BAGD; Furnish, *2 Corinthians* 428; Betz, *2 Corinthians 8-9*, 96-97을 보라.

200) "만일 … 합당하면(axion) …" — '악시오스'(axios)는 "가치 있는, 적합한, 합당한"이라는 확장된 의미를 갖는다(BAGD 1c).

심한 배려를 가지고 이러한 원칙들을 상황에 비추어 적용하였다고 말할 수 있다. 분명히 그는 권면을 행하는 과정에서 내내 원칙들을 근거로 삼았다. 그럼에도 불구하고 획일적이거나 형식적인 방식으로가 아니라 분명하고 주의깊게 말이다. 한편으로는 내적 통찰과 동기(믿음, 성령, 자유, 사랑), 다른 한편으로는 외적 규범(성경, 예수 전승, 일반적으로 선하고 고상한 것으로 인정되는 것) 간의 긴장과 균형은 끝까지 철저히 유지된다.

종말론적 긴장은 특히 분명하게 나타나고, 권면의 취지를 형성하였다. 이것은 로마 제국의 도시들 내에서 작은 회중의 무력함, 선한 시민의식을 나타내 보일 필요성, 교회 내부에서의 관계들이 외인들에게 주는 인상을 염두에 두는 것의 중요성을 바울이 잘 알고 있었음을 의미한다. 다른 경우에 그것은 두 세계 사이에서 살아가는 교회의 지체들이 때때로 처하는 미묘한 상황들을 바울이 알고 있었다는 얘기도 된다. 여기서 권면의 목적은 교회의 지체들이 구원 과정의 '이미-아직'의 단계에서 불가피할 수밖에 없는 타협들과 옛 세계의 가치들과 우선순위들에 속하여 지나치게 행해진 타협들 사이로 난 가파른 길을 주의깊게 올라가는 데 도움을 주고자 하는 것이었다.

바울은 내내 여러 빛깔의 그리스도인의 자유를 뛰어넘어 진정한 존중을 장려하고자 하였다. 그리고 자신의 권면 속에서 바울은 초창기의 제자도와 초기 교회들이 여전히 깨어지기 쉬운 성질을 지니고 있다는 데 대하여 상당한 정도의 목회적 감수성을 나타내 보였다. 어떤 경우들에는 명확한 선을 긋는 것이 중요하였다 — 불법적인 성적 관행과 우상숭배가 그 가장 분명한 예들이다. 그러나 어떤 경우들에서 두드러지는 것은 분명히 개진된 개인적인 의견, 감명 깊은 견해들과 기존의 전통에 대한 인정, 스스로 합당한 행위를 분별하고 이루라는 권면의 혼합이다. 바울이 때로 화를 내고, 그 조언이 때로 복잡하다는 것은 그가 처리해야 했던 상황들과 인물들의 복잡성과 다양성을 보여 줄 따름이다. 결국 우리에게 남는 마지막 인상이 단지 바울이 그리스도인의 행위를 결정하기 위하여 명확히 밝힌 원칙들이 아니라 바울이 세심한 배려로 그 원칙들을 살아내려고 했던 것과 그에 수반된 복잡한 문제들이라면, 그것은 아마도 바울 스스로 원했던 바일 것이다.

제 9 장

후기

§25 바울 신학에 대한 후기(後記)

§ 25.1 대화로서 바울의 신학

§1에서 언급한 바울의 신학을 서술하는 과제를 위한 여러 모델들 중에서 가장 권장할 만한 것은 대화(對話) 모델이다. 본서에서 지금까지 우리는 사실 바울의 신학이기도 한 그 대화를 경청하고 어느 정도는 그 대화에 참여하고자 시도하여 왔다. 그 결과 알게 된 대화의 복잡성과 바울 신학의 풍부함을 담기에는 "대화" 모델이 부적합하다는 것을 이제는 한층 더 분명히 해야 한다.

본서는 적어도 세 가지 차원에서 대화로서 바울의 신학을 인식하는 것의 유용성을 확증했다. 가장 깊은 차원은 모든 당연시된 것들을 포함하여 바울이 물려받은 확신들이라는 차원이었다. 축을 이루는 중층 차원은 흔히 상투적이거나 암시적인 말투로 언급되곤 하는, 다메섹 도상에서 바울에게 임한 믿음이었다. 가장 직접적인 차원은 바울의 신학의 대화적 성격이 가장 분명하게 나타나는 서신들이었다.

그것은 매우 개인적인 대화라는 것이 입증되었다. 왜냐하면 그것은 바울 자신 — 바리새인 사울, 그리스도인 바울, 사도 바울을 포함한 — 의 내부에서의 대화였기 때문이다. 다시 말하면, 그것은 과거의 바울이자 여전히 어느 정도는 아직도 남아 있는 바울 자신, 자기를 가르쳤던 자들로부터 그가 먼저 받은 복음을 표현하는 다메섹 도상의 바울 자신, 선교사와 교사와 목회자로서 믿음이 성장하고 발전된 바울 자신 간의 대화였다. 바울 자신도 그 내적인 대화 속에 담겨진 모든 요소들을 낱낱이 다 인식하지는 못하였을 것이다. 그러나 전후 맥락을 주의깊게 살핌으로써 우리는 우리의 서술이 적어도 바울 자신이 행한 신학화의 실존적 성격의 일부를 포착한 것이었기를 희망한다.

이 대화의 다면적인 성격도 더 분명해졌다. 왜냐하면 각각의 차원에서는 그 밖의 다른 대화들도 진행 중이었기 때문이다 — 그 각각은 정도 차이는 있지만 바울의 신학의 대화에 기여한다. 바울이 선천적으로 물려받은 유대교는 헬레니즘 및 로마 세계의 한층 폭넓은 문화와 대화를 하였다 — 이에 대한 예로는 로마서 1:18-32 또는 골로새서 1:15-20 같은 구절들의 배경을 들 수 있다. 바울의 바리새파 정신은 그 종교적, 민족적 유산과 대화를 하였다 — 이런 까닭에 바울의 신학에서 율법 문제가 두드러지게 부각된다. 바울의 열심당적 요소는 제2성전 시대 후기의 유대교 내에서 통용되던 그 유산에 대한 다른 이해들과 대화를 하였다(갈 1:14).

또한 바울의 기독교 신앙은 동일한 유산과 대화를 하였다: 그는 유대교의 한 분파의 지체가 되었으나,[1] 그 대화는 비슷한 유의 것이었다. 따라서 자신의 새로운 신앙에 대한 그의 해석("내 복음") 또는 복음을 만국에 전할 사명을 받았다는 그의 인식은 흔히 그보다 앞서 그리스도인과 사도들이 된 사람들과 격렬한 대화(격론이라는 말이 더 어울린다)를 불러일으켰다. 그리고 자신의 복음을 헬레니즘 세계에 전파하고자 했을 때, 바울은 양심과 정치체제 같은 다른 통찰들과 이미지들을 활용하였고, 폭넓은 동의를 얻고 있었던 도덕적 감수성들과 정서들에 호소하였다.

무엇보다도 분명한 것은 가장 표면에 있어서 쉽게 접근할 수 있는 바울 신학의 표층 차원은 그가 쓴 교회 지체들과의 대화라는 것이다. 아니 좀 더 정확히 말해서, 이 교회들 내의 여러 개인들 및 이익 집단들, 특히 유대인들과 이방인들, 그러나 그들이 대표하는 파당들 또는 그들이 이 교회들에 미친 영향들과의 몇몇 대화들이다.

그러한 대화를 통하여 표현된 신학은 이미 확정되어 있었던 것이 아니라 신학화의 과정으로서 역동적일 수밖에 없었다. 한편으로 그것은 고정되고 불변한 입장들 간의 대화, 귀 먹은 자들의 대화가 아니었고, 다른 한편으로는 확고함과 안정성이 결여된, 끊임없이 변동하는 입장들 간의 대화도 아니었다. 사실 그러한 대화를 경청하는 자의 과제를 그토록 흥미진진하게 만드는 것은 그것이 무엇이 비교적 확정적인 내용들이고, 무엇이 변화와 혁신의 요소들이며, 무엇이 변화가 일어

---

1) 행 24:5, 14; 28:22.

난 점들인가, 그리고 그 변화의 성격과 정도를 분별하려는 시도라는 데 있다.

여기서 특히 우리는 가장 깊은 심층 차원은 동시에 가장 확고한 것이고 가장 표면에 있는 표층 차원은 바울 신학 중에서 가장 우연적인 요소들을 포함하고 있다고 전제할 위험성에 대하여 경고를 받아 왔다. 분명히 그의 회심의 묵시론적 혁명 속에서도 지속된 바울의 물려받은 신앙의 특징들은 그의 확신들 중에서 가장 확고하고 안정적인 것임에 틀림없다. 그러나 중층 차원과 심층 차원 간의 대화는 그 유산에 대한 근본적인 재평가를 계기로 시작된 실제적인 대화였고(빌 3:7-8), 바리새인 사울이 근본적인 것으로 여겼던 것들 중 많은 부분을 버리거나 격하하는 일이었다. 마찬가지로 가장 표면적인 차원에서는 바울은 과연 특정한 문제와 관련하여 어느 만큼이나 자신의 가장 깊은 확신들을 적용하고 있는 것인가, 아니면 단지 일시적인 조언으로 만족하고 있느냐(다른 대안들을 극단적으로 표현하자면)를 물어야 한다는 의문이 존재한다.

이 모든 것은 바울 신학의 대화는 실제적인 대화였다고 말하는 것이다 — 서로 다른 시기에 서로 다른 상대방들과 서로 다른 정도로 서로 다른 기여를 한 대화. 어떤 의미에서 우리는 바울의 신학은 다른 신학들과 대화를 하고 있었다고 말해야 할 것이다. 그러나 또 어떤 의미에서는 바울의 신학 그 자체가 바로 대화였다. 또는 바울의 신학은 여러 차원에서 행한 대화였기 때문에 그 자체가 대화에 의해 결정적으로 형성되었다고 말할 수도 있다. 그 균형을 바르게 유지하고자 한 것이 본서에서 우리가 심혈을 기울인 것들 중의 하나였다.

이제까지 우리가 서술한 모든 것은 단지 바울의 신학을 서술하고자 도전한 시도 중의 일부에 불과하다. 왜냐하면 §1에서 밝혔듯이 대화 모델은 무엇보다도 바울의 신학을 서술하는 과제를 단순히 "기술적(記述的)인 것"으로 보는 것에 대한 대안으로 제시된 것이기 때문이다. 우리는 최종적으로 여러 실들을 꿰기에 앞서 먼저 이 점을 다시 한 번 말해 둘 필요가 있다. 대화는 정의상 결코 기술적일 수 없고, 더 상호작용적일 수밖에 없다. 20세기의 독자들이 자신의 역할을 1세의 복잡한 대화를 엿듣거나 베끼는 것으로 한정하고 싶어한다고 할지라도, 그것은 불가능하다. 듣는 자도 참여자이기 때문이다. 본문에 대하여 던지는 질문들은 바울이 아니라 바로 우리 자신의 질문들이다 — 아무리 우리가 우리의 질문들이 바울이 그의 서신들에서 답변하고자 했던 바로 그 질문들에 근접하기를 희망한다고 할지라도 말이다. 전통과 훈련, 개인적인 경험, 기존의 관심은 독자들의 귀를 조율하여 모종의 소재들과 주제들을 포착하여 특정한 방식을 따라 인유(引喩)들과 공백들을 메우고 독자가 시시하다고 생각하는 것들이나 독자를 방해하는 것들을 걸러내게 만든다. 나는 앞서 과거의 해석들이나 대안적인 해석들에 대하여 제기된 의문들과 도전들을 통해서 이러한 몇 가지 예를 지적한 바 있다. 그리고 내 자신의 해석도 적어도 어느 정도는 이와 비슷한 비판에서 벗어나기 힘들 것이다. 그러나 바로 그것이 또한 대화의 본성이다. 다른 사람들이 판단해야 하는 문제는 본서의 면면(面面)들이 바울 자신의 목소리와 확신들과 강조점들을 충분히 명료하게 드러나게 했느냐, 또는 이 특정한 대화 상대자(바로 나!)가 바울의 것이 아닌 패턴(pattern)을 바울의 신학에 강제하여 바울의 신학을 다른 모습으로 변형시키거나 왜곡시켰느냐 하는 것이다.

또한 나는 사도 바울 당시의 신학을 서술하고자 하는 시도에서 그로 인하여 생겨나는 대화는 20세기의 한 개인에 의해 수행될 수 없다는 것을 너무도 잘 알고 있다. 수 세기에 걸쳐서 바울의 신학은 수많은 신학들과 신학자들에게 도전을 주어왔고, 그들의 기여는 바울의 신학에 대한 이후의 인식을 풍부하게 해 왔다. 20세기에 맞는 바울 신학은 그 대화 속에 기독교 역사상의 모든 바울 연구자들을 포괄하지 않으면 안 된다 — 신약성경 내의 후기 바울 서신들로부터 시작해서 초대 교회의 교부들(마르키온도 빼놓지 말고), 아우구스티누스, 루터, 칼빈 등등을 거쳐.[2] 그러나 이러한 것들을 제대로 다루려면, 적어도 한 권을 더 써야 했을 것이고, 그 대화에 대한 여러 중요한 기여들을 평가하는 일은 내 능력을 벗어나는 일이 되었을 것이다. 나는 내가 그래도 해낼 수 있었던 19세기와 20세기의 주석자들(그리고 어느 정도는 그들이 대변하는 바울 해석의 전통들)과의 제한된 대화조차도 완전함과는 거리가 멀다는 것을 잘 알고 있다.

그럼에도 불구하고 사도 바울이라는 인물은 너무도 커서 가급적 바울을 그 자신의 견지에서 다시 들으려는 제한된 시도조차 어느 정도 가치를 지닐 것임에 틀림없다. 내가 본서에서 했던 일은 거의 40년에 걸친 바울 및 그의 서신들과의 학문적이지만 개인적인 대화의 결실을 제시하는 것, 바울 및 그가 썼던 글에 대하여 공감하는 느낌을 말로 표현하는 것, 바울의 속마음, 적어도 이 서신들을 탄생시킨 상황들과 사고 과정들 내부로 들어가 보는 것, 바울의 신학을 이루는 이 대화 속

2) Morgan, *Romans* 128-52은 매우 간략하긴 하지만 가장 최근의 개관을 보여 준다.

으로 들어가서 그 대화의 여러 차원을 느껴보고 이 책을 읽을 독자들을 대신하여 그 대화에 참여하며 설명하고 명확히 하며 어느 정도는 그대로 살아보는 것이었다. 나의 시도가 얼마나 성공했는지는 독자들의 판단에 맡긴다.

그렇다면, 이제 우리가 발견한 결론들을 어떻게 요약할 것인가? 우리가 수백 쪽에 걸쳐 엿듣고 반응해 왔던 이 대화의 핵심을 어떤 식으로 제시할 것인가? 단순히 과거로부터의 메아리가 아니라 강의실과 교회와 일상의 삶 속에서 신학을 행하는 자들이 귀기울여 들어야 하는 대화를 어떻게 요약할 것인가? 이에 대한 분명한 대답은 바울 자신의 대화의 세 가지 차원을 개관하고, 그것들이 바울의 신학에 얼마나 기여하였는지, 그의 신학화의 어떤 특징들이 여전히 지속적인 중요성을 지니면서 계속적인 신학적 대화에서 목소리를 내고 복음을 정의하며 기독교의 정체성을 규정하는 특징을 제시하고 있는지를 가능한 한 많이 해명해야 한다는 것이다.

§ 25.2 바울 신학의 견고한 토대

바울의 신앙은 많은 부분 그의 조상들의 신앙과 경건에 머물러 있었다 — 많은 바울 주석가들이 알고 있는 것보다 훨씬 더. 바울은 예수 그리스도에 대한 자신의 새로운 신앙을 그 오래된 신앙과의 결별로가 아니라 그 성취로 생각하였다. 그리고 그의 신앙의 실천은 곧 그의 이전의 실천과는 다른 모양를 띠게 되었지만, 그는 그것을 다른 신앙이라고 생각하지 않았다. 이방인의 사도였음에도 불구하고 바울은 여전히 유대인 바울, 이스라엘 사람 바울로 남아 있었다. 제2성전 시대의 유대교를 네 가지 중요한 기둥들 — 유일신론, 선택, 토라, 성전[3] — 위에 세워진 것으로 본다면, 바울의 입장을 간략하게 묘사하는 일은 아주 신속하게 이루어질 수 있다.

a) 하나님. §2의 끝부분에서 내려진 결론들은 이하의 장(章)들에서 주목할 만한 정도로 그대로 유지되었다. 바울의 계속된 대화 전체에 걸쳐서 하나님은 계속해서 그의 신학의 근저(根底)이자 토대였다. 바울은 십계명의 첫 두 계명을 결코 놓친 적이 없었다 — 한 분 하나님 외에 다른 신을 두지 말 것이며 목숨을 다하여 우상숭배를 혐오하라는 것.

3) 필자의 *Partings* ch. 2을 보라.

바울이 계속해서 '쉐마'(Shema)를 날마다 고백했는지는 알 수 없다. 그러나 그의 서신들은 분명히 그가 쉐마의 신앙고백을 계속해서 믿었음을 확인해 주고, 그의 신학도 이를 확증해 준다. 바울의 기독론에 의해 제기된 문제 — 그것이 과연 그의 유일신론을 수정한 것인지, 수정했다면 어느 정도였는지 — 는 §10에서 분명하게 답변되었다. 예수께서 한 분 주님으로 높이 들리우셨을 때, 하나님 아버지는 여전히 한 분으로 고백되었다(고전 8:6). 모든 무릎이 주님이신 예수 그리스도 앞에 꿇게 될 때, 영광은 하나님 아버지께 속하게 될 것이다(빌 2:10-11). 모든 원수가 그리스도에게 복속될 때, 하나님께서 만유의 주가 되시도록 하기 위하여 아들 자신도 만물을 그에게 복속시키신 하나님께 복속될 것이다(고전 15:28). 유일신론은 예수로 말미암아 수정되었다. 아니 더 정확히 말해서 한층 분명하게 정의되었다고 할 수 있다. 방금 인용한 어구들에서 그 요지는 분명하다. 하나님은 단순히 창조주이자 최후의 심판자, 이스라엘의 하나님이 아니라 "하나님 우리 주 예수 그리스도의 아버지"로 알려지게 될 것이다.[4] 그러나 바울의 신학과 신학화 속에서 하나님은 여전히 한 분 하나님이자 최후의 준거점(準據点)이었다.

하나님의 성령과 관련해서도 이와 비슷한 특징이 드러났다. 성령, 생명을 주고 영감을 불어넣는 신비로운 힘으로서 하나님에 대한 바울의 체험은 모세(고후 3:16)와 그보다 앞선 선지자들에 의해 확인되는 '루아흐'(ruach)의 체험과 일맥상통하는 것이었다. 이 체험은 그리스도를 준거로 삼아 '그리스도의 영'으로 좀 더 분명하게 정의되고 인식될 수 있었다.[5] 그러나 그것은 다른 영이 아니라, 바로 하나님이 주신 영, 하나님의 영이었다. 그리스도의 성격이 성령의 성격을 규정했다고 하더라도, 그렇게 규정된 것은 바로 하나님의 영이었다.

바울 신학에서의 핵심 개념인 "하나님의 의"(§14.2)도 마찬가지다. 바울에게 그것은 '그리스도의' 의가 아니라 언제나 '하나님의' 의였다. 그리스도는 그 용어에 의해 지칭된 행위와 과정의 일부였다 — 그리스도는 하나님에 의해 의(義)가 되었고(고전 1:30), 최후의 심판에 참여할 것이며(고후 5:10), 신자들은 그리스도 안에서 하나님의 의가 될 것이다(고후 5:21) — 그러나 하나님은 처음부터 끝까지 그 의의 원천이자 잣대였다. 이 점을 다른 식으로 표현한다면, 하나님의 심판

4) 위의 §10 n. 100을 보라.

5) 위의 §10.6과 n. 157을 보라.

의 의를 칭의의 의로 바꾼 분은 그리스도가 아니었다. 오히려 구원 행위로서 그리스도의 죽음은 한 분 하나님이 처음부터 이스라엘에게 보이셨던 구원의 의를 근거로 해서 그러한 정의를 획득한 것이었다(롬 3:21-26). 바울이 이신칭의라는 기본 원칙(하나님께서 우리를 받으시는 것은 공로가 아니라 은혜를 기초로 한다는 것)을 처음으로 발견한 것은 그가 그리스도인이 되었던 때가 아니었다; 자랑할 만한 것이 아무것도 없었던 백성을 하나님께서 은혜로 선택하셨다는 고백은 이스라엘의 신앙의 핵심에 자리잡고 있었다.

요컨대, 로마서 11:33-36의 위대한 송영(頌榮)을 쓴 바울에게는 한 분 하나님에 대한 그의 물려받은 믿음을 버릴 생각이 추호도 없었다는 것은 분명하다. 우리는 더 첨예하게(그리고 더 논란을 불러일으키는 방식으로) 정의된 믿음을 본다. "기독론적 유일신론"[6]이라는 식의 재정의는 믿음이 이후의 지속적인 대화에 여전히 한 항목이었다는 것을 잘 표현하는 것이다. 우리는 이렇게 정의된 유일신론 내에서 긴장들을 본다. 그러나 다른 신들에 대한 신앙들과 같이 대항해서 물리쳐야 하는 그런 긴장들은 없었다. 오히려 이 긴장들은 초월적인 창조주 하나님과 내재하는 하나님의 영 간의 예전의 긴장을 좀 더 정밀하게 가다듬는 과정, 기독교가 하나님을 삼위일체로 개념화하는 결과를 가져온 과정을 촉진시키는 역할을 하였다. 그러나 여기에서 말하고자 하는 요지는 이 긴장들이 유일신론을 파괴하는 것이 아니라 유일신론 '내에서의' 긴장이었다는 것이다. 바울은 하나님이 한 분이시라는 근본적인 단언을 부인하는 그 어떤 것도 자신의 신학을 설명하는 것이라고 받아들이지 않았을 것이다.

b) 이스라엘. 하나님이 이전에 이스라엘의 하나님으로 알려져 왔었다는 것은 바울의 신학에서 조금은 의외인 또 하나의 안정적인 특징을 이루고 있다. 의외라는 것은 사도 바울은 스스로를 "이방인의 사도"(롬 11:13)로 보았기 때문이다. 게다가 바울은 유대교라는 민족종교의 거푸집으로부터 기독교를 해방시킨 장본인이라는 말을 듣는다. 그러나 이 모든 것에도 불구하고 유대교의 두 번째 기둥, 아니 좀 더 정확히 말해서 이스라엘의 두 번째 기둥인 이것은 바울의 신학에서 손상됨이 없이 그대로 유지되었다 — §19에서 보았듯이.

기본적으로 이것은 바울의 사고를 표현하는 언어와 그의 신학의 흐름이 철두철

6) 위의 §2 n. 6을 보라.

미 히브리적인 것을 고수하였음을 의미한다. 나는 단순히 그의 인간학적 이해(§3)만이 아니라 그가 사용한 분석 도구들 및 범주들 — 특히 아담 이야기들(§4), 속죄제사와 구속(救贖) 이미지(§9), 하나님의 지혜라는 표현(§11), 하나님의 의(§14), 묵시론적 계시 및 절정이라는 관점에서 본 역사(§18), 하나님의 교회(§20) — 을 가리켜 하는 말이다. 또한 이스라엘 및 하나님의 경륜 속에서 이스라엘의 운명에 관한 이해도 마찬가지이다. 로마서 9~11장의 통렬한 싸움은 단순히 민족적 자존심의 문제가 아니라 바울이 이스라엘 사람으로서 자신의 정체성을 그대로 보존하는 것과 관련된 문제였다. 또한 그것은 신학적 우선순위의 문제이기도 했다: 이 땅의 모든 민족들 가운데 자신의 특별한 선민으로 이스라엘을 선택하신 하나님에 대한 믿음을 유지하는 것; 이스라엘의 이야기는 이 땅에서의 하나님의 경륜에 관한 이야기라는 것을 인정하는 것; 하나님은 이스라엘과 관련하여 정의되고, 이스라엘은 하나님과 관련하여 정의되었다: 바울이 이 둘을 초점으로 삼아서 그 둘레에 자신의 신학을 계속해서 그려나갔다.

물론 바울의 복음은 그의 동료 유대인들을 지배하고 있던 이스라엘에 대한 이해에 도전하였다. 바울은 모세의 배후에 있는 아브라함, 아브라함 배후에 있는 아담, 이스라엘의 선택 배후에 있는 하나님의 창조행위, 죽은 자를 살리시는 하나님, 없는 것을 있는 것으로 부르시는 하나님을 상기시킨다(롬 4:17). 이스라엘의 하나님은 단지 유대인만의 하나님으로 정의될 수 없었다(롬 3:29). 그러나 이것은 이스라엘이 선택받았다는 생각을 포기한 것이 아니라, 이스라엘의 그러한 지위가 처음부터 끝까지 하나님의 은혜로운 부르심에 의해 결정되었다는 사실을 이스라엘에게 깨우치고(롬 9:6-13; 11:6), 또한 한 분 창조주 하나님께서 그들을 부르신 것이 이스라엘과 열방들의 관계에 어떤 의미를 갖는가를 이스라엘에게 상기시키고자 한 것이었다.

마찬가지로 바울은 이스라엘에게 그들이 무시해 왔던 아브라함에 대한 약속을 일깨워 주었다 — 아브라함을 통해 모든 민족들이 축복을 받을 것이라는 약속(갈 3:8). 그리고 이방 민족들에 대한 사도로서 바울 자신의 소명은 이방 민족들의 빛이 되라는 야훼의 종의 소명과 선지자 이사야의 부름에 비추어 형성된 것이었다.[7] 따라서 다시 한 번 우리는 바울이 자신의 사명을 이스라엘에 등을 돌리는 것이

7) 갈 1:15-16에 나타나는 렘 1:5과 사 49:1-6의 분명한 반영을 주목하라.

아니라 이스라엘 자신의 사명을 성취하는 것으로 보았다는 것을 말하지 않을 수 없다.

이것은 바울과 그가 물려받은 유산과의 신학적 대화의 일부였다. 그것은 이내 이후의 여러 세기에 걸쳐 랍비 유대교와 교부 기독교가 형성되면서 그 주도적인 목소리에 눌려 실패한 것 같이 보인 대화였다. 그러나 그 대화는 여전히 바울 자신의 신학화의 중심에 자리 잡고 있었고(§6.3), 바울 신학을 토대로 스스로를 정의하는 모든 기독교의 중심에 자리잡고 있다. 그리고 그것은 바울을 자신의 대화 상대자들 중의 하나로 삼는 모든 신학에서 여전히 진행되고 있는 일의 일부이다.

c) 토라. 바울의 신학에서 다루는 또 하나의 줄기가 있다면, 그것은 율법과의 씨름이다. 우리가 특히 §§6, 14, 23에서 이 주제를 반복해서 다룬 것은 이 주제(바울과 율법)가 개혁신학의 전통에서 중요할 뿐만 아니라 이 주제에 대한 바울의 서술의 복합성을 반영한 것이었다.

결국 우리는 바울 신학에서 율법의 역할을 제대로 파악하기 위해서는 율법의 여러 다른 기능들을 구별할 필요가 있다는 것을 알았다.

(1) 죄를 정의하고 범죄를 단죄하는 율법의 기능은 바울의 신학 전체에 걸쳐 여전히 변함이 없는 것 같다(§6.3). 바울은 양심의 가르침을 받는 이방인에게도 이 기능을 확대하기까지 했다(롬 2:12-16).

(2) 물론 율법의 이 기능은 복음 및 복음 체험에 비추어서 재정의되었다(§23.5). 그것은 믿음으로 향하게 하는 것(믿음의 법), 그리스도의 가르침과 모범에 의거하여(그리스도의 법) 성령에 따라 행하는 행위의 척도로 이해되었다. 그러나 이러한 이해는 율법이 마음에 씌어질 것이고 새 마음과 새 영이 주어질 것이라는 선지자들의 소망과 전적으로 일맥상통한 것이라고 말하는 것이 옳을 것이다. 이 경우에 대화는 쿰란 공동체, 바리새파, 랍비들에 의해 인정된 것과는 다른 결과를 가져왔다. 바울은 그의 가르침을 율법의 이 기능을 계속해서 온전하게 긍정하는 것이라고 보았다. 바울은 그의 동료 바리새인들과의 대화가 곧 쌍방에 의해서 깨어질 것이라는 사실을 알았다면 애석해 했을 것이다. 이 점에 관한 바울의 신학을 서술할 때에는 율법의 긍정적 역할을 보존하고 바울 자신의 신학화에 그토록 근본적이었던 바울이 물려받은 유산과의 대화를 재개하지 않으면 안 된다.

(3) 율법에 관한 바울의 신학에서 복잡한 분쟁의 대상이 된 것은 율법의 세 번째 기능이었다 — 특히 이스라엘을 보호하고 치리(治理)하는 율법의 사회적 기능.

이 기능은 그리스도께서 오실 때까지 수행된 한시적인 것이었다는 주장(§6.5)은 논란거리가 되지 않을 수 없었다. 왜냐하면 사실 그러한 주장은 하나님의 경륜과 하나님의 백성의 일차적인 정의이자 보증인 율법의 자리에 그리스도를 앉히는 것이기 때문이다. 그리고 그것은 바울이 율법의 계명들을 구별하여 어떤 것들은 폐기하거나 평가절하하고 어떤 것들은 긍정하는 기준이 되었다. 왜냐하면 결국 바울의 신학에서 평가절하되거나 폐기된 계명들은 좋든 나쁘든 이스라엘을 다른 열방들로부터 구별시키는 특징을 이루는 것들(특히 할례, 음식법들, 절기들)(§14.4), 그리스도께서 불필요한 것으로 만드신 것들(성전 제사)이었기 때문이다. 아울러 이런 식으로 토라 내의 계명들에 등급을 매기거나 위계를 세우는 일은 바울 당시의 유대교에서 드문 일이 아니었다 — 원칙들의 충돌은 한 계명의 엄격성을 다른 계명에 비추어서 완화시키는 해석(ruling)을 통해 해결되었다.[8] 이에 따라 적어도 우리는 바울 자신의 할라카(halakah, "해석")는 이미 당시 유대교 내부에서 이미 행해지고 있던 대화의 일부였다고 말할 수 있다. 문제는 이 점에 관한 해설을 통해서 바울은 유대인/이스라엘의 정체성과 관련된 급소를 건드렸기 때문에, 계속해서 이스라엘을 인종적 관점 및 토라라는 울타리에 비추어서 정의했던 자들과의 지속적인 대화가 불가능하게 된 것이냐의 여부이다.

(4) 바울의 신학에서 가장 논란되는 율법의 기능은 죄의 앞잡이로서 율법의 역할이다 — 즉, 죄를 깨닫게 하는 율법의 기능을 넘어서서 죄의 권세에 이끌려 실제로 범죄를 야기시키는 역할을 하는 율법(§6.7). 바울은 그러한 역할을 율법에 돌리는 것은 율법을 죄 자체와 동일시함으로써 율법을 철저하게 단죄하는 것임을 잘 알고 있었다. 그러므로 바울은 바로 그러한 비난에 맞서 율법을 애써서 옹호하였다(롬 7장). 사실 바울이 말하고자 한 요지는 율법은 그러한 세력이 아니라는 것이었다. 율법은 삶을 위한 지침이다(§6.6). 율법은 하나님의 진노의 척도이다

8) 예를 들어: (1) 재판정에 의해서 채무를 연부(捐補)로 돌림으로써 이스라엘 사람들 간의 채무(신 15:1-3은 공적인 채무가 아니라 사적인 채무를 가리키는 것으로 이해된다)에 대한 안식년 실효(失效)를 교묘히 빠져나가기 위해 고안된 법적 문구인 Hillel의 *prosbul*. (2) 막 3:4 및 그 병행문들을 놓고 주석자들은 생명을 구하기 위해서 안식일 규례들이 어느 정도까지 유보되어 왔는지에 관하여 논쟁한다(cf. *m. Yoma* 8.6); 그리고 동일한 맥락 속에서, CD 11.13-14과 비교할 때에 마 12:11에 반영되어 있듯이 안식일 율법이 어느 정도까지 완화될 수 있는지에 대한 바리새파와 쿰란 분파 간의 의견 불일치를 보라.

(§6.3). 그러나 율법 자체는 생명의 세력도 사망의 세력도 아니다. 오직 율법은 더 큰 세력 — 죄의 권세(죄와 사망의 율법) 또는 하나님의 성령(생명의 성령의 법) — 에 의해 제어될 때에만 사망의 수단이나 생명의 수단이 될 수 있다. 육체의 연약함과 죄의 권세가 지속되는 한, 율법은 계속해서 사망을 위한 세력이 될 것이다. 그러나 성령의 능력 아래에서 율법은 여전히 하나님의 거룩하고 선한 지침이자 척도가 된다. 요컨대, 로마서 7:7~8:4은 사실 율법의 이 네 번째 기능을 두 번째 기능(2)에 의해 재정의된 첫 번째 기능(1) 안에 그 합당한 위치로 되돌리고자 하는 것이다.

d) 성전. 제2성전 시대에 유대교의 네 번째 기둥은 '성전' 자체였다. 바울이 전적으로 또는 거의 완전히 폐기했다고 할 수 있는 그의 전통적 신앙의 어떤 기둥이 있다고 한다면, 그것은 바로 이 성전이다. §20에서 보았듯이, 바울은 그의 재정의된 신앙이 거룩한 땅, 특히 거룩한 장소에 부착되어 있어야 한다는 그 어떤 인식으로부터도 거리가 먼 것 같다. 성전과 제사장 제도, 거룩과 정결 같은 범주들은 바울의 신학화의 요소들로 여전히 사용되고 있긴 하지만, 오직 공동체화되고 탈신성화(脫神聖化)된 형태로만 등장한다 — 모든 신자들은 "거룩한 자들"이자 성전이며 복음을 섬기는 제사장들이라는 식으로. 거룩한 땅의 백성이라는 범주는 그리스도의 몸이라는 이미지로 대체된 것으로 보인다.

바울의 신학에서 가장 아리송한 문제들 중의 하나는 이것이 어느 정도나 바울의 근본적인 신학의 일부였는가 하는 것이다. 바울은 제의 및 거룩이라는 범주들에 대한 이러한 개작을 통해서 그러한 제도들을 불필요하게 만들어 버린 하나님 앞에서 종말론적 긴급성에 관한 인식을 표현한 것인가? 아니면, 이 모든 것은 성전과 거룩한 땅이라는 견지에서 지나치게 좁게 정의된 이스라엘의 정체성에 대한 반발의 일부였는가? 이러한 질문들은 흔히 기독교 신학의 지금까지의 대화 속에서 답변이 회피되거나 만족스럽게 다루어지지 못해 왔다.

그러나 바울이 물려받은 유대적 유산과의 대화에 관한 한, 우리는 바울이 계속해서 예루살렘을 구원과 자유의 이미지로 생각했다는 것을 주목해야 한다(갈 4:26). 그는 계속해서 자신의 교회들이 예루살렘과 접촉을 유지하는 것이 근본적으로 중요하다고 확신하였다(연보). 그는 계속해서 구원자가 시온에서 나올 것이라는 자기 백성의 소망을 공유하였다(롬 11:26). 아울러 우리는 랍비 유대교도 예루살렘 및 그 성전과의 생생한 접촉의 상실을 감수해야만 했다는 사실을 상기해야 한다. 이 점에서 대화는 양쪽 모두에게 고통스러운 것이다. 그리고 이전 시대로부터의 이러한 기억들과 이미지들이 이 둘의 신학화 내에서 안정된 요소들을 형성하고 있다는 것은 지속적인 대화의 일부이다.

더 중요한 것은 네 번째 기둥의 초점이 성전에서 '성경'으로 옮겨졌다는 것이다. 왜냐하면 이러한 변동이 랍비 유대교의 출현을 가져왔음이 분명하기 때문이다 — 그 자신의 대화의 새로운 단계의 대표자가 제사장에서 랍비로 변경된 것. 그리고 바울도 마찬가지라고 할 수 있다. 바울의 신학에 또 하나의 안정적인 요소를 제공한 것은 이스라엘의 성경(토라 그 자체에 덜 초점이 맞춰진)이었기 때문이다. 나는 여기서 바울이 이 성경을 어떻게 다루고 해석했는지에 대해서는 말하지 않겠다. 우리가 염두에 두어야 할 것은 더 기본적인 사실 — 바울이 성경을 토대로 자신의 신학을 구축하는 것이 필수적이라고 여겼다는 사실 — 이다. 우리는 이 특징에 대해서는 오직 간략하게만 살펴보았지만(§7.2), 바울에게 성경은 자신의 주된 개념들과 용어들과 주제들을 끌어다 쓴 원천(源泉)으로서 역할을 하였다는 것은 분명하다. 그 예로는 좁은 의미에서의 그의 신학(§2), 인간의 상태에 관한 그의 분석(§4), 그가 그리스도의 의미를 설명하는 데 사용한 범주들과 이미지들(4장), 이신칭의에 대한 그의 이해 및 해설(§14), 생명을 주는 성령에 대한 그의 이해(§16), 이스라엘의 이야기에 대한 그의 재구술(§19), 주의 만찬에 대한 그의 해설(§22), 권면 부분에서 성경을 전제하거나 간접 인용한 것(§24) 등을 열거하는 것만으로도 충분할 것이다. 이 점에서 토라, 타낙(Tanach), 미쉬나로 이루어진 랍비 유대교는 율법, 선지자, 복음에 관한 바울의 신학과 그리 멀리 떨어져 있지 않다.

여기서 다시 한 번 우리는 바울의 신학을 진지하게 다루고 그 신학과 대화를 하고자 하는 그 어떤 시도도 바울의 신학 및 기독교 신학에서 이스라엘의 성경이 토대를 이루고 있다는 사실을 인정하지 않으면 안 된다고 말할 수 있다(마르키온과는 반대로). 기독교 신학에서의 지속적인 대화의 주된 특징은 이 성경의 지속적인 지위, 이스라엘의 성경으로서 이 성경에 대한 합당한 인정, 이스라엘의 성경으로서 성경과 새 언약의 성경(바울 서신들을 포함한) 간의 대화의 지속적인 모색이 되어야 한다. 자신이 물려받은 유산인 성경과 바울 자신의 대화는 그의 신학이 촉발시킨 지속적인 대화의 일부이다.

§ 25.3 바울 신학의 지렛목

물론 바울 신학의 중층 차원은 그리스도에 의해 지배된다. 여기서 나는 거대한 전체를 새로운 차원이나 방향으로 옮겨놓을 때 그 중심이 되는 지렛목이라는 이미지를 좋아한다. 대화, 서로 다른 여러 차원들, 중심축 같은 이미지들이 정확하게 서로 맞물려 있지 않다는 사실은 별로 중요하지 않다. 반대로 이 이미지들은 우리가 부적합할 수밖에 없는 하나의 이미지에 갇히게 되는 것을 막아 준다. 그리고 이 이미지들 간의 마찰은 각 이미지가 농축해서 지니고 있는 활기와 역동성을 유지하는 데 도움을 준다. 이 점과 관련하여 바울은 적합한 선례 이상의 것을 우리에게 제공해 주고 있다(§13.4).

이 이미지는 바울 자신의 회심과 관련해서도 매우 효과적인 역할을 한다. 왜냐하면 바울의 신학은 그의 회심을 지렛목으로 해서 회전하였기 때문이다 — 우리가 방금 살펴보았듯이(§25.2), 이스라엘이라는 차원으로부터 벗어난 것은 아니지만, 분명히 다른 방향을 향하여. 그리고 이 경우에 의심할 여지 없이 그리스도는 결정적인 요인이었다 — 이 사건에 대한 바울의 몇몇 회상들이 분명하게 보여 주듯이.[9] 우리는 여기서 바울의 신학이 얼마나 신속하게 어떤 순서로 재정립되었는지에 관한 토론을 계속할 필요는 없다. 더 중요한 것은 그리스도는 바울의 신학의 성장과 완숙에 계속해서 이러한 중심축 역할을 하였다는 사실이다. 다시 말하면, 바울의 신학화 과정에서 지렛목을 중심으로 한 회전은 일회적인 사건이 아니었다는 말이다. 그리스도는 바울의 신학이기도 한 지속적인 대화 속에서 계속해서 중심축 역할을 하였다. 다른 식으로 표현해서, 우리의 이미지를 좀 더 잘 정렬시켜 보면, 그리스도는 계속해서 바울이 무엇이 중요하고 무엇이 덜 중요한지를 분별하고 판단하는데 중심적인 판별기준으로 작용하였다고 할 수 있다. 또는 그리스도는 바울이 과거로부터 물려받은 안정된 토대 위에 세운 것이 제대로 정렬되어 있는지를 재는 다림추였다고 말할 수도 있다.

a) 바울의 유산의 재정렬. 우리는 이미 그 유산의 연속성이라는 관점에서 이에 대하여 논한 바 있다. 여기서는 바울의 신학에서 그리스도는 그 유산을 좀 더 분명하게 정의할 수 있게 해 주었다는 것을 상기하는 것이 좋겠다.

바울은 이제 그리스도를 준거로 삼아서 하나님을 명확하게 알 수 있게 되었다.

9) 갈 1:15-16; 빌 3:7-8; 고후 4:4-6.

내가 옳다면, 선재(先在)라는 표현을 비롯하여 그리스도를 묘사하는 데 지혜 언어를 사용한 것은 처음에는 창조를 통한 하나님의 자기계시가 이제 그리스도 안에서 가장 분명하게 드러났다는 것을 말하고자 하는 시도였다(§11). 하나님은 그리스도를 통해서 행하셨을 뿐만 아니라 스스로 또한 그 성품을 가장 온전하게 계시하셨다. 창조에의 참여라는 표현이 그리스도의 인격적 선재(先在)를 말하는 것인지에 관한 논쟁 때문에 일차적인 취지가 실제로 흐려질 수 있다: 바울에게 그리스도의 계시는 하나님의 계시였다는 것, 바울에게 하나님은 그리스도 안에 스스로를 계시하였기 때문에 그리스도는 하나님의 정의(定義, 그러나 "정의"는 지나치게 학문적인 용어이다)가 되었다는 것. 창조주로서 하나님, 이스라엘의 하나님으로서 하나님은 이제 우리 주 예수 그리스도의 아버지로 더 분명하게 정의되었고, 더 잘 규정되었다.

비슷한 방식으로 마지막 아담인 그리스도는 바울의 신학에서 인간을 창조한 하나님의 목적을 성취한 원형(archetype)이다(§10.2). 여기에서도 신학적으로 일차적인 취지는 무시되고, 바울의 신학의 대화에 덜 중요한 여러 갈래의 곁가지로 빗나갈 수 있다 — 바울의 아담 신화의 사용이 창조에서 제일 먼저 나신 자이자 집단 인격으로서 그리스도에 관하여 무엇을 말하는가. 일차적인 취지는 그리스도가 그의 인격과 사역, 특히 그의 죽음과 부활을 통해서 원래 하나님이 의도하신 인간의 모습이 어떤 것이었는지를 보여 주는 것이다 — 이웃을 사랑하고 죽은 자의 부활을 소망하는 것.

바울의 신학을 제대로 인식하는 데 특히 중요한 것은 지혜와 아담이라는 두 가지 이미지가 창조와 구원을 효과적으로 결합시키고 있다는 것을 주목하는 것이다. 바울은 하나님을 이원론적인 방식으로 창조로부터 분리시켜야 한다고 생각했던 자들이나 구원을 육신과 육신의 세상으로부터의 구원으로 이해하였던 자들과 상종을 하지 않았을 것이다. 지혜로서 그리스도, 아담으로서 그리스도는 하나님의 형상인 그리스도, 그의 인격과 사역을 통해 하나님이 어떤 분이고 어떻게 하나님의 선한 목적이 창조 안에서 그리고 하나님 아래에서 모든 피조물들에 대한 책임을 지고 있는 인류를 포용하고 있는지를 계시하는 그리스도이다.

위에서 잠깐 언급한 다른 두 경우에 대해서도 마찬가지로 말할 수 있다(§25.2a). 왜냐하면 "살려 주는 영"(고전 15:45)으로서 부활하신 그리스도/마지막 아담은 바울의 신학에서 하나님의 영의 정의(定義)가 되기도 하기 때문이다(§10.6).

하나님의 영은 그리스도로 성육(成肉)된 것이 아니었다(바울은 결코 그런 암시조차 하지 않는다). 또한 하나님의 영은 단순히 그리스도에게 영감을 불어넣은 것도 아니었다. 그러나 그 중간의 어느 지점에서(그리고 영감과 성육을 가르는 선은 아주 미세할 수 있다), 성령은 바울에게 그리스도의 영으로 알려지게 된다. 성령은 이제 그리스도를 준거(그의 사역의 영)로 해서만이 아니라 어떤 의미에서는 그리스도의 지속적인 임재의 매개로도 인식될 수 있다. 여기서 다시 한 번 중요한 것은 지속적인 신학적 대화는 아버지로서 하나님만이 아니라 하나님의 영을 규정하는 데에도 그리스도의 지렛목 역할을 견지하고 실체(substance)와 위격(person)에 관한 논의에서 이 점을 잊지 않아야 한다는 것이다.

하나님의 의(義)도 마찬가지이다. 하나님의 의가 창조주이자 이스라엘의 하나님으로서 하나님의 신실하심을 의미한다면, 하나님의 의로서 그리스도는 그 신실하심이 실제 무엇을 의미하는지를 나타내고 있다고 할 수 있다 — 십자가와 부활를 통해서. 그리스도의 죽음은 하나님의 의를 처음으로도 아니고 유일하게도 아니고 마지막으로도 아니지만, 명확하게 드러낸다.

이스라엘에 대하여 우리는 그리스도는 아브라함의 약속을 성취할 씨(자손)라는 갈라디아서 3장의 바울의 논증을 상기하기만 하면 된다. 여기에서도 우리는 바울이 그의 취지를 말하기 위해 사용하는 겉보기에 인위적인 해석으로 인해서 헷갈려서는 안 된다(갈 3:16). 바울이 말하고자 하는 취지는 그리스도는 모든 민족들을 축복하시려는 하나님의 목적을 구현하고 실현했기 때문에, 아브라함의 약속의 성취가 그리스도 안에 다 이루어졌다고 할 수 있다는 것이다. 그리스도에 대한 믿음은 이방인들이 아브라함의 유업(遺業)에 들어가는 문이 되었다. 그리스도의 죽음과 부활에 함께 하면, 아브라함의 씨, 이스라엘의 유업에 온전한 참여자들로 여겨지게 될 것이다.

우리는 여기서 이스라엘을 그 주된 부르심에 비추어 새롭게 정의하고자 한 이러한 시도가 바울의 신학의 통일성에 준 부담 — 바울 스스로도 하나님의 궁극적인 목적의 신비에 호소함으로써만 해결할 수 있었던 그런 부담(롬 11:25-32) — 을 재론할 필요는 없을 것이다. 우리가 앞서 말한 이미지들을 사용하자면, 바울은 그의 신학의 두 초점인 하나님과 이스라엘을 그리스도를 준거로 재정의하였다 — 그리스도 안에서 계시된 하나님, 그리스도 안에서 성취된 이스라엘. 바울은 공통의 요소인 그리스도가 이 세 요소를 굳게 결합시켜서, 그로 하여금 그의 신학을 완전한 타원으로 완성할 수 있게 해 주리라고 확신하였다. 아직 그렇게 되지 않았다는 사실은 이 점과 관련된 바울의 소망의 종말론적 성격과 그의 신학이 시작한 대화가 여전히 진행중이라는 것을 보여 줄 따름이다.

바울의 신학의 안정적인 토대에 속하는 그 밖의 다른 요소들에 대하여서는 우리는 단지 여기에서도 바울에게 그리스도가 토라와 성경의 의미를 재정립하는 데 결정적인 잣대가 되었다는 것만을 말하는 것으로 충분할 것이다. 비유를 바꾸어서 다시 한 번 말해 본다면, 그리스도는 바울이 토라와 성경이 그 자신 및 교회의 신앙과 삶에서 지니는 여러 차원의 의미들을 평가할 수 있게 해 준 결정적인 삼각측량점이 되었다고 말할 수 있다. 이미 언급했듯이, 토라는 여전히 그리스도인의 삶을 지도하고 인도하는 지침이었다; "하나님의 계명들을 지키는 것"은 여전히 바울에게 중요했다(고전 7:19). 그러나 바울이 염두에 두었던 것은 율법 자체가 아니라 "그리스도의 법"(갈 6:2)으로서 율법, 그리스도 안에 있는 법으로서 율법(고전 9:21)이었다. 피조물 속에서의 하나님의 자기계시로서 그리스도, 인간의 원형으로서 그리스도, 하나님의 영의 특성을 규정하는 자로서 그리스도, 하나님의 의를 실현하는 자로서 그리스도는 하나님의 토라에서 무엇이 중요한지를 가리는 척도로서 그리스도, 율법을 어떻게 성취해야 하는 것을 보여 주는 모범으로서의 그리스도이기도 하였다.

성경도 마찬가지였다. 다메섹 도상에서 "예수 그리스도의 계시"(갈 1:12)는 바울이 나중 옛 계약과 그 성경을 제대로 이해하는 것을 방해했던 베일이라고 말했던 것을 벗겨 주었다(고후 3:14). 바울이 그리스도를 인격적으로 알지 못한 가운데 초기 그리스도인들이 선포했던 그리스도 같은 인물을 성경도 말하고 있다고 스스로 깨달았을 가능성은 없다. 그러나 바울은 그리스도를 자처한 분과 맞닥뜨렸을 때 그가 그토록 오랫동안 깊이 연구해 왔던 성경에 대한 눈이 열리는 것을 깨달았다. 다른 곳에서와 마찬가지로 여기에서도 그리스도는 분명히 바울의 전 신학의 지렛목, 성경이 그토록 많은 수수께끼들을 풀어 준 열쇠(물론 또 다른 수수께끼들을 만들긴 했지만), 성경의 어두운 곳들을 비춰 준 빛(물론 새로운 빛과 그림자를 다시 만들긴 했지만)의 역할을 하였다.

이것은 바울의 해석이 자의적이라고 비난하는 것이 아니다; 적어도 성경에 대한 다른 그 어떤 해석보다 더 자의적인 것은 결코 아니다. 또한 이것은 바울의 해석이 그가 자신의 신학을 정당화하기 위하여 많은 성경 구절들의 의미를 견강부회한 것이라고 말하는 것도 아니다. 왜냐하면 바울은 자신의 해석이 성경 구절의 의미 자체를 이끌어내어 부각시킨 것에 불과하다고 힘주어 주장했을 것이기 때문이다. 그리고 여러 군데에서 우리는 오늘날 그의 해석 기법들이 낯설고 설득력이 덜하다는 것을 느끼긴 하지만, 그런 것들은 바울 당시에 받아들여졌던 기준들에 전적으로 합치한 것이었다고 말하는 것이 옳을 것이다. 또한 우리는 바울의 신학에서 그리스도-성경의 대화가 실제로 일방적인 독백이었다는 인상을 준다는 것을 그냥 지나쳐서는 안 된다. 왜냐하면 여기서 우리는 바울이 예수의 의미를 분명히 하기 위하여 활용하였던 범주들(특히 아담과 지혜, 그리스도와 희생제사, 부활과 주되심)이 성경에서 직접 끌어온 것이었고, 그 범주들이 성경의 내용을 반영하고 있는 한에서만 타당하였을 것임을 반복해서 보아 왔기 때문이다. 바울에게 성경을 보는 눈을 뜨게 해 준 것은 바로 그리스도였다. 그러나 바울이 믿고 전했던 분은 성경의 그리스도였다.

요컨대, 우리는 사실 바울의 신학의 두 차원, 두 이야기, 즉 이스라엘 이야기와 그리스도 이야기라는 말을 할 수 있다. 이 둘 간의 상호작용(대화)은 바울의 신학에서 가장 매력적인 특징들 중의 하나이다. 전자는 후자를 압도하지 않고, 후자는 전자를 손상시키지 않는다. 또한 각각은 다른 쪽에게 정보를 주고 의미를 부여하기 때문에 다른 쪽이 없이는 제대로 이해될 수 없다. 바울의 신학에서 이 둘은 공생관계(바울이 틀림없이 인정했을 '쉰'[syn]이라는 복합어 중의 하나)에 있다. 이 둘이 서로에게 생명을 불어넣는 것은 바울의 신학화의 핵심에 자리잡고 있다.

b) 기독교는 그리스도이다. 바울의 신학에서 그리스도의 중심성은 그의 유산을 분명히 하고 좀 더 정확하게 정의한 데서만 분명하게 드러나는 것은 아니다. 그리스도는 이 모든 것을 꿰는 실이요, 이 모든 것들의 초점을 정확하게 잡아 주는 렌즈이며, 이 여러 부분들을 하나의 통일적인 전체로 엮는 접착제이다. 바울이 쓴 서신들의 형식 자체가 우리에게 이 점을 보여 주는데, 서신들의 처음과 끝에서 바울은 거의 예외 없이 그리스도의 은혜를 그의 독자들에게 상기시킨다. 그리고 바울의 신학의 본론 부분에서도 그리스도의 이름이 얼마나 많이 고동치며 맥동하고, 그리스도의 삶, 죽음, 부활이 바울에게 미친 영향의 흔적이 곳곳에 나타나는지를 알기는 어렵지 않다.

우리는 단지 바울에 대한 그리스도의 계시가 바울에게 전적으로 새로운 세계 — 부활 생명, 곧 이미 효과를 발휘중인 "새 창조"의 신기원(新紀元, §10) — 를 의미하였다는 것만을 상기하면 된다. 이러한 묵시론적 시각, 이러한 종말론적 변화는 바울의 신학에서 가장 특징적인 것들을 만들어냈다. 과거와의 단절을 통해서가 아니라 현재에 대한 과거의 관계의 변화, 미래에 대한 현재의 관계의 변화를 통해서. 바울이 인식하고 있었듯이, 개인의 역사(§7.4)만이 아니라 인간의 역사 전체가 그리스도의 죽음과 부활이라는 중간점과 그리스도의 파루시아(재림)라는 끝점 사이에 매달려 있었다(§18).

사실 그의 묵시론적 시각의 일부로서, 바울은 그리스도가 역사 전체를 처음부터 끝까지 포괄하고 있는 것으로까지 생각할 수 있었다 — 하나님의 창조의 지혜로서 그리스도(§11.2), 인간의 모든 행위에 대한 최후의 심판자로서 그리스도(§12). 물론 이렇게 역사를 포괄하는 그리스도는, 인간의 말로 개념화하기 불가능하지만, 만유를 창조하시는 하나님과 만유의 주로 드러나실 종말의 하나님이라는 더 넓은 범주에 속해 있다. 그러나 이런 것들을 인간으로 하여금 알 수 있게 해주고, 신학을 통해서 그런 것을 좀 더 의미 있는 방식으로 말할 수 있게 해 주는 것은 그리스도라는 견지에서 바라본 처음과 끝이다.

이러한 포괄적인 전망 내에서 중심이 되는 것은 그리스도의 십자가와 부활이다. 이것은 바울이 초대 교회의 전승 속에서 이미 확립되어 있던 것으로 물려받은 강조점이었다. 그러나 바울은 이것을 그의 신학에서 독자적이고도 근본적인 것(또는 중심축이라고 말하는 것도 좋을 것이다)으로 만들었다. 이것은 바울 특유의 기독론적 계기(契機)가 되었다. 바울의 신학에서 성육신 사상에 관하여 말할 수 있다면, 그것은 아들의 사명인 그의 죽음과 부활을 통한 구원 행위를 중심에 두는 것이었다.[10] 그리고 구원의 과정에서 그리스도의 다시 오심이 정점(頂点)이긴 하지만, 바울의 신학에서 확고한 구심점은 여전히 그리스도의 이전의 사역(십자가와 부활)이었다. 이런 이유로 임박한 재림에 대한 바울의 기대("주께서 가까우시니라" — 빌 4:5)가 좌절되었어도 그것은 바울의 신학에 치명적인 결함이 되지 않았다는 것을 우리는 이미 살펴본 바 있다(§12). 바울의 신학은 그리스도께서 아직 할 일이 남아 있다는 의미에서가 아니라 그리스도께서 이미 행하신 일로 인하여서 종말적이었다. 그리스도께서 창조에 참여하셨다는 바울의 말이 창조와 구원을 결합시켜 놓았듯이, 종말의 완성에 그리스도께서 참여하실 것이라는 바울의 말

10) 롬 8:3; 갈 4:4-5; 빌 2:6-9.

은 구원이라는 중심 행위에 비중을 실어 주고, 궁극적인 신원(伸冤)에 관한 엄청난 약속을 지탱시키는 말이었다. 그러나 이 두 강조점 중 그 어느 쪽도 기독론적 계기(契機)라는 중심으로부터 떨어져나간 것이 아니었다.

그리스도의 중심성은 좀 더 개인적으로 인식된 복음과 구원 과정에서도 분명하게 드러난다. 복음은 믿음만이 아니라 그리스도에 대한 믿음을 요구한다. 왜 그래야 하는지, 왜 단순히 하나님에 대한 믿음이 아니라 그리스도에 대한 믿음이어야 하는지에 대해 바울은 속 시원하게 설명해 주지 않는다. 그리스도는 하나님의 구원 경륜의 종말론적 화신(化身)이었다는 확신 — 유대인과 이방인들이 복음에 대하여 믿음으로 응답할 때에 하나님께로부터 칭의와 성령을 선물로 받음으로써 거듭거듭 확증된 확신 — 은 바울에게 너무도 당연한 것이었다. 바울은 이방인들이 율법을 모르지만 그들 자신이 율법이라고 생각했던 것과 마찬가지로 그리스도 자체에 초점이 맞춰지지 않는 구원의 신앙을 생각했을 수도 있다. 그러나 사도이자 선교사이며 복음전도자, 교사와 목회자였던 바울에게 그리스도의 이야기는 누구에게나 가능한 믿음을 불러일으킬 수 있다고 생각했고, 이것은 변함없이 그의 초점이 되었다.

동일한 맥락에서 우리는 바울에게 구원 과정의 시작의 세 가지 주요한 측면들 중 하나를 주목할 수 있는데, 그의 서신들 내에서 가장 보편적이고 일관되게 나오는 것은 그리스도에의 참여라는 측면이었다(§15). "그리스도 안에서," "그리스도와 함께," "그리스도로 말미암아"라는 모티프(motif)들은 바울의 신학에 의해 촉발된 지속적인 대화 내에서 가장 다루기 어려운 것 중의 하나로 입증되어 왔다. 우리는 앞에서[11] 여러 번 그리스도를 집단적 인격을 나타내는 이미지라고 주장하는 언어 신학 — 이 신학의 최대 무기는 개념화이다 — 에 의해 제기된 개념적 문제들을 다룬 바 있다. 그러나 여기에서 우리는 신학화하기가 어렵다고 하여 바울이 그토록 단언했던 그리스도의 중심성을 모호하게 해서는 안 되고, 오히려 은유적 언어의 모호성을 인정하고, 그러한 언어가 "모호성"을 불가피하게 지니고 있다고 해서 그것이 곧 그 언어를 거부할 이유가 되는 것처럼 결론을 내려서는 안 된다. 무엇보다도 우리는 이 언어가 바울이 오직 그리스도에 대한 체험 — 그리스도 안에서, 그리스도와 함께, 그리스도로 말미암아 — 으로밖에는 묘사할 수 없다

11) 위의 §11.6, §12.5(4), §§20.4, 7을 보라.

고 느꼈던 은혜와 믿음의 체험을 표현하고 있음을 인정해야 한다. 이렇게 그리스도라는 견지에서 체험의 특질과 성격을 표현하고자 바울이 애쓰고 있는 것은 우리에게 신학의 대화가 체험적 차원을 지니고, 바울에게 그리스도는 이 둘에서 중심적이었다는 것을 일깨워 준다.

이후의 지속적인 대화에서 성례전이 바울의 신학에서 차지하는 위치보다 훨씬 더 부각된 것은 그러한 언어표현을 다루기 어려웠다는 이유도 한 몫을 했음이 틀림없다. 성례전 신학은 "그리스도 안에서"라는 표현과 체험에 초점을 맞추는 신학보다 더 만만하게 다룰 수 있음이 입증되었다. 아울러 세례(§17)와 주의 만찬(§22)에 관한 바울의 신학의 가장 두드러진 특징은 그것들도 복음과 교회에 대한 바울의 이해에 그리스도의 중심성을 부각시켰다는 것이다. 세례는 그리스도의 "이름으로" 행해졌다. 개개인들은 그리스도 및 그의 죽음, 그의 몸과 합하여 세례를 받았다. 떡과 잔은 그리스도의 몸과 피에 참여하는 것이었다. 주의 만찬은 주님의 만찬이었고, 그리스도를 "기념하여" 행해졌다. 주의 만찬은 그리스도의 죽음을 재현하는 것이었고, 거기에 참여함으로써 신자들은 "주가 오실 때까지" 그리스도의 죽음을 매번 새롭게 선포하였다. 바울이 성례전 신학 및 예식(禮式)의 이후의 발전을 어떻게 보았을지는 모르지만, 바울은 이 중심적인 특징들이 모호해지는 것을 바라지 않았을 것임이 분명하다.

무엇보다도 가장 심오한 것은 바울이 구원 과정을 그리스도, 특히 그의 죽음을 본받아가는 것이라고 생각한 것이었을 것이다(§18.5). 여기서 다시 한 번 바울의 생각은 일종의 신비주의, 부분적으로는 성례전적 신비주의라고 할 수 있는 신비주의를 생각나게 한다. 그리고 바울은 이 이미지를 특히 자신의 사도적 고난과 역경의 의미를 이해시킬 목적으로 사용했지만, 그것을 순전히 개인적인 신비주의로 개작하는 것을 달가워하지 않았을 것이 분명하다. 왜냐하면 바울은 그것을 모든 신자들, 아니 피조물 전체가 공유하는 구원 과정의 일부로 보았기 때문이다(롬 8:17-23). 육(肉)이 죽고 육신에 대하여 죽는 것은 예배를 통해서만 경험될 수 있는 것이 아니라, 매일 성령을 따라 살아가면서 받는 훈련 속에서도 표현되어야 한다. 그러한 맥락 안에서 그것이 담고 있는 고난의 신학, 그리스도의 고난에 동참하는 것으로서 고난의 신학은 아주 강력한 목회적 잠재력을 지니지만, 그러한 맥락 밖에서는 한낱 진지함이 결여된 관념적인 것이 될 수 있을 따름이다.

끝으로, 우리는 바울이 그리스도인의 믿음의 공동체적 차원에 관하여 말할 때에 강조했던 중요한 이미지는 그리스도의 몸으로서의 교회, 그리스도 안에서 한 몸으로서의 교회에 관한 것이었음을 상기할 필요가 있다(§20.4). 여기서 매우 흥미로운 것은 바울이 몸의 이미지와 관련된 여러 용법들을 서로 관련시키고 있다는 것이다. 바울은 지중해 북동쪽의 사분면(四分面) 여기저기에 퍼져 있던 작은 교회들을 각 지역에서의 그리스도의 화신(化身)으로 생각했던 것일까? 바울은 분명히 각각의 작은 교회를 그리스도의 부활의 영광의 몸으로 여길 수 없었을 것이다. 그렇다면 바울은 그리스도의 화신들인 이러한 교회들이 인간의 몸과 같이 깨어지기 쉬운 것으로서 여전히 공동체적 몸의 부활과 그리스도의 영광의 몸으로의 변화를 기다리고 있다고 생각했던 것일까? 이러한 문제들은 다시 한 번 바울과의 지속적인 대화에서 다루어져야 할 문제들이다. 이 대화의 취지가 무엇이든, 바울의 주된 강조점은 분명하다: 현세에서 그리스도인의 존재는 공동체적일 수밖에 없고, 이 공동체의 헌장(憲章)은 그리스도의 성품 자체였다.

요컨대, 바울에게 기독교는 그리스도이다. 바울의 신학을 서술하거나 바울과의 대화를 계속하고자 하다면, 이것을 인정하지 않으면 안 될 것이다. 하나님이 누구신지를 보여 주는 것, 하나님의 영을 정의하는 것, 이스라엘의 축복을 모든 민족들에게 전해 주는 통로, 토라를 순종하는 것이 무엇을 의미하는지를 보여 주는 것, 이스라엘의 성경의 의미를 밝혀 주는 빛, 창조와 종말의 패러다임(paradigm)을 구현하는 것으로서 그리스도의 중심성, 그리고 시간의 중심점, 신앙을 위한 자석, 모든 성례전의 초점, 그리스도인들의 개인적, 공동체적 정체성을 결정하는 것, 구원 과정을 보여 주는 이미지로서 그리스도의 죽음과 부활은 사도 바울의 신학에서 빼놓아서는 안 된다. 기독교 신학의 지속적인 대화의 후기 단계들에서 이것들에 대하여 개념화하는 데 어려움을 느낀다고 해서, 이것들로부터 그 중심적인 위치를 박탈해서는 안 되고, 오히려 대화를 그 시초인 바울의 표현으로 거슬러 올라가서 진행시킬 필요가 있다.

§ 25.4 중심과 발전

그리스도가 바울 신학의 초점이자 중심축이라고 말하는 것은 실제로 §1에서 남겨 놓은 문제들 중의 하나에 대한 답을 제공해 준다: 바울 신학의 '중심'이 과연 있는가. "중심"이라는 이미지가 신학이라는 과목에서 여전히 유용하다면, 그리스도는 바울의 신학의 중심이라고 해야 한다 — 그러나 단순히 정적(靜的)인 신학체계의 개념적 중심이라는 의미로서가 아니라 바울의 신학화의 살아 있는 중심이라는 의미에서. 또는 "통일성"이라는 범주가 좋다면(Beker), 그리스도(그리스도 체험 및 그 체험과 상징적 관계에 있는 기독론)는 신학자, 선교사, 목회자로서 바울의 전 사역에 통일성을 부여하는 것이라 해야 한다.

이것이 이미 말한 요지들(§§25.2-3)을 흐려놓아서는 안 된다: 바울이 선교를 하거나 서신을 쓰면서 표현한 자신의 신학이 역동적 성격을 지니게 된 것은 바울의 기독론과 그가 물려받은 확신들의 상호작용과 통합의 결과이다. 따라서 우리는 중심 또는 통일성이라는 좁은 개념을 좀 더 넓은 개념, 예를 들면 그리스도 안에서 행하시는 하나님 같은 표현으로 좀 더 폭넓게 표현해볼 수 있다. 그러나 표현이 포괄적일수록, 표현도 더 다양해지게 되고, 따라서 그 의미를 좀 더 세밀하게 재정의할 필요성이 높아진다.[12] 그러므로 더 지혜롭고 간단한 방법은 바울의 신학의 핵심에 있는 기본적인 요소들에 초점을 맞추는 것이다 — 이 기본적인 요소들의 상호작용에서 나오는 역동성이 다양한 표현들로 표현되었다고 보고 말이다. 이런 이유로 나는 대화, 토대, 지렛목이라는, 서로 깔끔하게 맞물리지 않는 이미지들을 의도적으로 사용하여 왔다.

§1.4에서 제기된 다른 문제 — 바울의 신학의 '발전'에 관하여 말할 수 있는가라는 문제 — 는 어떠한가? 본서는 로마서를 대본(臺本)으로 사용하고 로마서 이전과 이후 바울의 신학에서 발전이 있었을 가능성을 염두에 두는 가운데 바울이 로마서를 썼을 당시의 그의 신학을 상세하게 규명해 보고자 하였다는 것을 나는 독자들에게 먼저 상기시키고자 한다. 그렇다면 본서의 연구는 바울의 여러 서신들을 통해서 바울의 신학화 과정에서 중요한 발전의 계기들을 과연 보여 주었는가?

본서의 연구에 국한시켜 얘기하자면, 이 문제와 관련하여 우리는 서신들이 씌어진 시기 — 데살로니가전서를 쓴 때로부터 빌레몬서 또는 골로새서를 쓴 때까지[13], 그러니까 겨우 10여 년에 걸친 시기에 초점을 맞출 수밖에 없다. 기간이 짧다고 해서 이 문제에 결정적인 답을 할 수 없는 것은 아니다. 오늘날의 신학자들이 40대와 50대에 걸친 10여 년의 기간 동안에 자신의 신학을 극적으로 수정하

12) 자세한 것은 필자의 *Unity* 369-74를 보라.

13) 그러나 물론 옥중서신들(빌립보서, 빌레몬서, 골로새서)의 저작 연대와 관련해서 논쟁이 있다. 골로새서에 대해서는 위의 §11 n. 7을 보라.

는 경우는 드물다. 그러나 오늘날의 신학자들 중에는 바울의 서신들이 보여 주는 그러한 선구적인 선교 사역이나 엄청난 체험을 하는 이들이 극히 드물다.

그럼에도 불구하고 상황의 다양성과 표현의 다양성을 고려하여 우리가 지금까지 밝혀낸 바를 살펴보면, 바울의 모든 서신들을 통일적인 전체로 묶어 주는 주목할 만한 연속성과 동질성이 존재하는 것으로 보인다. 서로 다른 강조점들이 보이는 것은 분명하지만, 그것이 과연 중요한 발전이라고 말할 수 있는지는 의심스럽다. 바울은 이전의 통찰들을 더 분명히 해명하거나 좀 더 온전한 의미와 함의(含意)들을 제시하기도 한다; 그러나 "진화"라는 말은 이런 데 사용하기에는 별로 적절하지 못한 용어인 것 같다. 기껏해야 우리는 몇몇 사건들과 체험들(네 가지 정도를 들 수 있다)로 인해서 바울은 강조점들을 바꾸거나 좀 더 자세하게 해명하였으나 그의 신학의 주된 요소들이나 전체적인 성격은 별반 수정되지 않았다고 말할 수 있다.

첫 번째는 데살로니가 교회의 사건들로 인해서 바울은 파루시아(재림)에 관한 자신의 가르침을 수정했을 가능성이 있다는 것이다. 다시 한 번 강조하지만, 만약 그렇다면, 그것은 강조점을 변경한 것이지 내용을 변경한 것이 아니다. 또한 우리는 데살로니가전서와 후서에서 몇 가지 이례적인 특징들("주 예수 그리스도 안에," "하나님 안에" 같은 어구들)을 보게 되는데,[14] 이것은 바울이 그에게 특유한 모티프(motif)들로 입증된 내용 중 일부를 어떻게 표현할지를 여전히 실험하는 중에 있었음을 암시해 준다.

두 번째는 갈라디아 교회들이 위협을 받고 있다는 소식에 접하자 바울은 "사도"로서 자신의 지위와[15] "율법의 행위로가 아니라 믿음으로 의롭다 하심을 받는다는 것"에 초점을 맞춘 "복음의 진리"를 강조하게 되었을 가능성이 있다. 다시 한 번 말하지만, 그렇다고 해서 이 요소들이 갈라디아서를 쓰기 이전에는 존재하지 않았다고 말하는 것은 아니다; 갈라디아서 2:1-16과 3:1에서의 언급들이 이 점을 충분히 증언해 준다. 그러나 어떤 일로 인해서 갈라디아서가 씌어지게 되었고, 그 일 때문에 그러한 특징들이 바울의 신학에서 좀 더 두드러지고 보편적인 특징으로 자리잡게 된 것으로 보인다.[16]

---

14) 위의 §15 n. 31을 보라.
15) 위의 §21 n. 29를 보라.

세 번째는 고린도전서를 쓴 때와 고린도후서를 쓰게 된 그 사이에 에베소 교회에 큰 위기가 있었을 가능성이 있다는 것이다 — 이것은 고린도후서 1:8에 가장 분명하게 언급된다. 이와 관련하여 겪은 개인적인 고난은 고린도후서의 두드러진 특징인 고난에 관한 바울의 신학(특히 사도로서의 고난이긴 하지만 단순히 사도적 고난만은 아닌)에 기여하였을 것이다.[17] 다시 한 번 말하지만, 우리는 새로운 특징이라거나 새로운 강조점이라는 말을 써서는 안 된다 — 갈라디아서 2:19과 6:17, 고린도전서 4:9-13 같은 구절들이 확증해 주듯이. 그러나 고난의 신학의 가장 심오한 표현들은 후기 서신들(고린도후서, 로마서, 빌립보서)에서 찾아볼 수 있다는 것은 사실이다.

또한 우리는 바울의 사역과 신학화에서 네 번째 전환점에 관하여 말할 수 있을 것이다. 그것은 바울로 하여금 로마서를 써야 하겠다고 결심하게 한 깨달음이었을 것이다 — 바울이 그의 사역에서 중대한 전기(轉機)를 맞이했다는 깨달음. 바울은 지중해 북동쪽 사분면(四分面)에서의 선교를 완료한 상태였다(롬 15:18-23); 이제는 예루살렘에 연보를 전달하고 새로운 선교를 시작해야 할 시기였다(15:24-29). 이러한 사역의 전환에 대한 인식이 곧 그의 신학에서 발전을 뜻하는 것은 아니다. 이 전환기가 바울에게 낳았던 것은 복음에 관한 자신의 이해를 좀 더 자세하고, 어떤 의미에서는 명확하고 결정적인 방식으로 기록하려는 욕구였다. 로마서는 그 결과물이었고, 이후의 세대들은 그 이후 바울에게 빚을 져 왔다.

§1에서 시사했듯이, 바울 신학에서 가장 중요한 발전은 그가 자신의 말로 구술하거나 기록한 서신들의 전후에 일어났다. 바울이 갈라디아서 1~2장에 적어 놓은 개인적인 이력(履歷)의 간략한 개요는 바울의 신학적 발전에 중대한 계기가 되었던 세 가지 사건을 보여 준다. 물론 첫 번째는 그의 회심이었다 — 이에 대해서는 앞에서 충분히 얘기했다.[18] 두 번째는 예루살렘에서 기둥인 사도들과 만나 협의한 사건이었다(갈 2:1-10). 물론 바울은 이 만남이 그의 복음에 아무런 영향도 미치지 않았다는 점을 분명하게 말하였다(2:6). 그러나 그의 말투를 보면, 예루살렘 교회 지도자들과의 합의가 그의 선교의 성패(成敗), 그리고 예루살렘에 의

---

16) 나는 여전히 갈라디아서가 데살로니가전후서 직후에 씌어졌을 것이라고 확신한다; 필자의 *Galatians* 5-19를 보라.

17) 위의 §12.2a을 보라.

18) §7.4과 §14.3.

해 대변되는 영적 유산과의 연속선상에서 자신의 복음을 전하려는 그의 소망(예를 들어, 롬 15:27)에 결정적이었다는 것이 분명하게 드러난다. 그리고 세 번째는 "율법의 행위" 문제로 첨예하게 부딪쳐서 더 이상 예루살렘의 지원을 받아 선교하는 일이 힘들어지게 만든 안디옥 사건이었다.[19]

그러나 여기서 다시 한 번 우리는 이와 관련된 바울의 신학의 변화들을 과장해서는 안 된다. 특히 바울이 이미 전승으로 굳어진 기독교적 표현들을 인용하고 예수 전승을 간접인용할 수 있었다는 것은 바울이 그의 신학을 자기보다 앞서 믿고 부르심을 받은 자들의 복음(참조. 예를 들어, 고전 15:11) 및 예수 자신의 가르침과 사역과의 직접적인 연속선상에서 이해하였음을 명백하게 보여 준다. 예수와 바울 간에는 건널 수 없는 간격이 있었고, 바울은 예수의 메시지와 선교를 왜곡하였으며, 바울은 어떤 의미에서 예수에 견줄 수 있는 기독교의 제2의 창시자라는 주장은 가당치 않다.

바울의 선교의 결과로 우리는 바울의 신학에서 매우 중요한 또 하나의 발전을 말하지 않을 수 없다 — 즉, 바울 자신에 의해 형성된 신학과 그의 "학파"에 의해 그의 이름으로 형성된 신학 사이의 발전. 골로새서가 바울의 진정한 서신들의 가장자리에 있다고 할지라도,[20] 거기에는 발전이라고 말할 만한, 바울의 이전의 서신들과는 구별되는 여러 편차(variations)들이 존재한다. 예를 들자면, 골로새서 1:15-20과 2:15에서 전개되고 있는 만개(滿開)한 우주적 기독론, "교회"와 "몸"이라는 두 개념으로 표현된 발전된 교회론(특히 1:18), 가정율(家庭律, Haustafel)이 권면 부분에 관행처럼 등장하는 특징(3:18~4:1) 등이 있다. 이 모든 점들과 관련하여 에베소서는 골로새서를 활용하여 바울의 신학을 새로운 차원들로 진척시킨다. 이 두 경우에 그 연속성은 뚜렷하게 드러난다.[21] 그러나 이 서신들 및 목회서신들이 사도 바울의 신학을 표현한 것이라고 말할 수 있는지는 점점 더 의문시되고 있다.

그러므로 우리는 바울의 신학 및 바울적인 신학 내에서의 발전을 말할 수 있다

---

19) 위의 §14.5a을 보라.

20) 위의 §11 n. 7을 보라.

21) 나는 바울이 디모데가 그의 메시지를 데살로니가 교인들에게 쓰는 것까지도 허락했을 것이라고 본다(골 4:18).

— 이런저런 정도의 발전들. 그러나 바울의 신학의 성격과 주요한 주제들은 주목할 만큼 일관되고 통일되어 있었다. 위에서 약술한 발전들의 주된 의미는 바울의 신학은 신학이자 신학화로서 성격상 역동적이고 살아 있는 특성을 지녔다는 것을 우리에게 상기시켜 준다는 것이다.

§ 25.5 혁신적인 특징들과 지속적인 특징들

바울의 신학에서의 세 차원에 관한 모델을 사용하여, 우리는 이제까지 심층 및 중층 차원에 대해서 집중적으로 논의하였다. 바울 신학의 표층 차원에 대해서는 그 밖의 다른 설명이 필요한가? 물론 서신들을 통한 바울과 그의 여러 교회들과의 대화와 관련된 이야기는 이스라엘에 관한 이야기와 그리스도에 관한 이야기, 그리고 그것들의 상호작용에 관한 이야기에 의해서 주로 신학적 형태를 띠고 진행된다. 그러나 바울 신학의 모든 강조점들이 그의 기독론과 아주 긴밀하게 결합되어 있는 것은 아니고, 적어도 일부는 별도로 언급할 필요가 있다. 그중 어떤 것들은 기독교 신학에 지속적인 영향을 미쳐왔음에도 불구하고, 우리는 그것들과 관련하여 바울에게 빚지고 있다는 사실을 까맣게 잊고 있는 경우가 있다. 또 어떤 것들은 기독교 신학의 계속된 대화 속에서 사라지거나 더 이상 들리게 되지 않았다. 그러나 이 모든 것은 새롭게 밝혀낼 필요가 있다.

바울이 도입한 핵심 용어들은 모든 기간 내내 기독교 신학을 형성한 가장 혁신적인 특징들이다. 무엇보다도 "복음," "은혜," "사랑"이라는 말을 생각해 볼 수 있다 — 그의 죽음과 부활에 초점이 맞춰진 그리스도의 좋은 소식으로서 복음, 하나님께서 인류를 다루시는 성격을 농축한 말로서 은혜, 하나님의 후히 주심의 동기이자 인간의 삶을 위한 동기로서 사랑. 이 세 단어는 그 기독교 특유의 용법을 통해서 다른 단어들로는 불가능한 기독교의 범위와 성격을 요약하고 정의한다. 그리고 이 세 단어의 기독교 특유의 용법은 모두 전적으로 바울에게 빚진 것이다.

바울이 도입한 그 밖의 다른 단어들의 특별한 용법은 앞에서 말한 것과 같은 지속적인 영향을 미치지 못하였다. 그런 것들로는 "몸"과 "육신"을 주의깊게 구별한 것(§3.4), "은사"라는 용어를 만들어낸 것(§20.5) 등이 있다. 전자를 통해서 기독교 신학은 육체적인 몸의 긍정적 성격에 대한 인식과 인간의 육신의 연약성과 부패성에 대한 인식을 결합할 수 있었다. 이 구별이 없어지면서 기독교 신학에서는 고통스러운 시기가 시작되었고, 그 시기는 여전히 계속되고 있다. 후자는 은사적 공동체로서 몸인 교회에 관한 바울의 비전(vision)의 역학(力學)의 일부였다; 그러나 그것은 신속하게 바울 특유의 힘을 상실했던 것으로 보인다. 나중에 우리는 이 점에 대해서 다시 살펴볼 것이다.

바울의 신학에서 살펴볼 필요가 있는 또 다른 요소들로는 특히 인간의 상태에 대한 그의 분석 — 아담 이미지의 사용 및 죄와 사망의 권세에 대한 인식과 관련해서 — 을 들 수 있다(§§4,5). 우리는 바울의 이러한 분석을 원시적인 신화와 우주론에 지나치게 의존하고 있다는 이유로 쉽게 폐기해 버릴 수도 있다. 그러나 그렇게 한다면, 그것은 인간 깊은 곳에서의 본능과 인식들을 알려 주는 그러한 신화와 은유의 힘을 깨닫지 못하는 빈곤한 문화 속에 살고 있다고 고백하는 꼴밖에 되지 않을 수 있다. 또한 바울의 이러한 분석은 부당하게 염세적이라는 비판을 받아 왔다. 하지만 나는 오히려 현실적이라고 말하고 싶다. 왜냐하면 자아와 공동체를 궁극적으로 파괴하는 내적, 외적 세력으로 이끌려 들어가는 인간의 극히 현실적인 체험을 진지하게 다루는 신학을 염세적이라고 말하는 것은 옳지 않기 때문이다. 그리고 극히 부정적인 것으로 인식된 죽음이라는 실존적 현실에 정면으로 대응하는 신학은 인간의 보편적 정서에 어긋나는 것이 아니다. 무엇보다도 이러한 현실들에 대하여 말을 거는 복음은 우리에게 지속적인 관심을 요구한다.

마찬가지로 인간 실존의 영적 차원에 대한 바울의 이해는 극히 물질주의적인 생물학과 인류학에 끊임없이 도전을 준다. 그러나 그보다 더 주목할 필요가 있는 것은 하나님과 인간, 창조와 구원이 본질적으로 서로 연관되어 있다는 바울의 인식이다 — 하나님은 그 자체로가 아니라 그가 창조한 피조물과 인간에 대한 관계 속에서 알려지게 되고, 인간은 그들의 창조주이신 하나님과의 관계 속에서만 스스로를 잘 알 수 있으며, 인간과 인간 사회는 서로 얽혀 있고 서로를 규정한다는 것. 이것은 의(義)에 대한 바울의 이해에 아주 분명하게 나타난다 — 자신의 피조물 및 자기 백성에 대한 하나님의 신실하심, 하나님과 다른 사람들을 향한 인간의 책임으로서의 의.

또 하나의 중요한 특징은 이신칭의에 관한 바울의 신학을 검토할 때에 나타났다(§14). 이 특징은 하나님이 허락하신 특권을 "신적인 권리"로 착각하고 이방인들은 이방인으로 남아 있는 한 아브라함의 축복에 참여할 소망이 없다고 본 인종주의 또는 협소한 민족주의에 바울이 대항하는 것이었다. 그것은 칭의를 개인이 하나님과의 화평을 추구하는 것으로 본 가르침을 통해 너무나 오랫동안 시야에서 사라졌던 바울의 가르침의 한 차원이었다. 이렇게 말한다고 해서 이 가르침의 개인적 차원을 일획이라도 축소시킬 의도는 없고, 그 어떤 인간도 자신의 노력으로 하나님께 받아들여질 수 없다(이미 말했듯이, 이스라엘 자신의 정체성에 대한 근본적인 통찰)는 그 근저에 있는 통찰을 약화시킬 의도는 더더욱 없다. 단지 이것은 바울이 이신칭의의 메시지를 처음으로 정식화했을 때 지니고 있었던 공동체적이고 국제적인 성격을 다시 부각시키고자 하는 것일 뿐이다 — 하나님께서는 유대인이나 이방인이나 동일하게 오직 믿음을 보시고 기꺼이 받아들이실 준비가 되어 있다는 것을 말해 주고 싶을 뿐이다. 이신칭의 교리의 이 차원은 인종주의와 적대적인 민족주의가 국제적 긴장관계를 야기시키는 잠재적 요인이 되고 있는 세계를 향하여 뭔가를 말해 준다.

마찬가지의 맥락에서 말로 명료하게 표현된 신학과 아울러 체험된 신학도 중요하다는 것이 이제까지의 서술에서 반복하여 나타난 특징이었다. 은혜에 관한 바울의 언어표현을 형성시킨 것은 특히 바울 자신의 은혜 체험이었다. 바울은 체험과 합리성, "영"과 "이성"을 상반되는 것으로 보지 않았다. 고린도전서 14장에서 바울이 예언과 방언에 대하여 서술한 내용이 우리에게 보여 주듯이, 오히려 그 정반대라 할 수 있다. 그러나 바울은 신학을 단순히 합리적 분석과 추론활동으로 보지도 않았고 교리적 명제들에 대한 진술로 보지도 않았다. 바울이 말로 명료하게 표현하고자 했고, 독자들도 충분히 그 실존적인 진리를 깨닫고 살아갈 수 있는 구원론과 교회론을 발전시키고자 했던 것은 그와 그의 개종자들이 믿음으로 말미암아 그리스도 안에서 성령에 의해서 체험했던 것이었다(§16.4). 체험된 신학과 말로 표현된 신학 간의 상호작용과 연관성은 바울을 지속적인 대화상대로 여기는 신학적 대화라면 그 핵심에 자리잡고 있지 않으면 안 된다.

여기에서도 우리는 이미 이루어진 일과 아직 이루어지지 않은 일 사이의 종말론적 긴장으로서 구원의 과정이라는 바울의 개념을 특별히 언급하지 않으면 안 된다(§18). 바울은 육신의 연약함이라는 약점을 여전히 지니고 있는 신자들, 끊임없이 잘못된 경건과 자기추구에 의해서 이런저런 정도로 부서지는 교회들, 해방과 구속을 기다리며 절망 속에서 신음하는 세상이라는 현실에 정직하게 맞섰다. 이러한 정직성은 신학이 현세와 내세 사이에서 살아가면서 생기는 문제들과 씨름할 때에 정직할 수 있게 해 준다. 바울 특유의 용어로 한 번 말해 보자: 믿음, 소망, 사랑은 서로 아주 밀접하게 연결되어 있기 때문에, 우리는 소망이 아직 성취되지 않는 한 믿음과 사랑은 흔히 불완전할 수밖에 없다는 것을 이상히 여기지 말아야 한다. 또는 바울 자신의 표현을 빌면, 그리스도인의 실존은 소망이라는 특징을 갖는다 — 복음의 '이미-아직'의 긴장을 구체적으로 표현하고 있는 확신하는 소망의 체험.

바울의 교회론에서 그리스도의 몸이라는 이미지는 모든 지체들이 은혜를 받아서 전체의 유익에 기여한다는 점, 몸의 건강과 하나됨에 필수적인 사역의 다양성, 사역들은 종류가 아니라 범위만 다를 뿐이라는 점, 모든 사역이 한 지체에게 집중되는 것을 허락하지 않는다는 점, 권위는 성격상 카리스마적이지만 항상 공동체의 인정과 확인을 통한 시험과 타당성 인증을 받아야 한다는 인식 등에 비추어 볼 때에 언제나 강력한 이미지라 하겠다(§§20.5, 21.6). 아울러 바울이 각기 다른 부르심과 관심들을 지닌 다양한 개인들로 구성된 공동체의 본질을 나타내기 위해서 "몸"이라는 정치적 은유를 빌려와 사용하고 있다는 것으로부터 다음과 같은 결론이 도출될 수 있다: 그리스도의 몸으로서 교회는 더 넓은 사회를 위한 공동체 모델이 되어야 한다 — 통합과 상호의존, 배려와 나눔, 존중과 책임의 모델. 두 경우 모두 오늘날과 마찬가지로 그때에도 현실은 언제나 전혀 다른 문제이지만 비전(vision)을 말하기는 쉽다. 그럼에도 불구하고 이상(理想)은 여전히 거듭 말할 가치가 있는데, 이는 이상이야말로 현실을 재는 척도이기 때문이다.

또한 중요한 것은 바울이 자신의 권면에서 균형을 유지하고자 하였다는 것이다(§23) — 내적 동기와 외적 규범 간의 균형: 전적으로 하나님을 신뢰한 믿음, 사랑과 찾아가는 관심을 세차게 불러일으켰던 성령, 그리스도께서 친히 제시하였던 규범 간의 균형. 여기에서도 바울은 믿음을 여러 정식(定式)들로 축소하거나 성령을 명목상으로만 들먹이거나 그리스도의 법을 일련의 규칙들로 변질시키려는 그 어떤 시도에 대해서도 강력하게 항의하며 불만을 나타내었을 것이다. 바울이 요구한 믿음은 너무도 단순하고 직접적인 것이었다. 생명을 주시는 성령은 이와 같이 어디에 갇혀 있을 수 없다. 예수 전승과 사랑의 계명 속에 농축되어 있는 그리스도에 대한 기억을 봉해 놓는 일은 불가능하다. 이 점에 대한 바울의 신학의 중요성은 그것이 신뢰와 능력 주심이라는 결정적인 체험과 기독교의 규범적 전승들 간의 균형이 완전히 전복되는 것을 막는 데 도움이 된다는 데 있다.

특히 우리는 단지 그리스도인이자 신학자로서가 아니라 교사와 목회자로서, 또는 한마디로 사도로서 바울 자신의 모범의 지속적인 가치를 고려하지 않으면 안 된다. 이 점과 관련해서 우리는 바울이 섬세하게 배려하는 마음을 가지고 자신의 사도적 권위를 행사하고, 그의 교회들에게 그들 자신의 일들을 스스로 책임지고 처리하도록 권하면서도(§21.5), 교회들의 구체적인 상황들과 그들이 직면했던 특정한 윤리적, 도덕적 문제들을 고려하여 교회들에게 조언한 것만을 예로 들어도 충분할 것이다(§24). 이 후자와 관련해서 더욱 놀라운 것은 바울은 교회들이 적대적인 세상 속에서 살아가고 두 세계 사이에서 살아간다는 현실을 충분히 고려했다는 것, 또한 효과적인 행동준칙들을 제시하고 공동체를 파괴할 잠재력을 지닌 균열들에 대한 대책들을 세우기 위하여 여러 원칙들과 선례들을 교회들의 구체적 현실에 따라 각각 다르게 조합했다는 것 — 어떤 경우에는 단호한 입장을 보이고(성 윤리와 우상숭배 문제들에 대해서), 어떤 경우에는 그리스도인의 자유의 중요성을 존중하며, 어떤 경우에는 단호하게 거부하며 준엄하게 가르치고, 어떤 경우에는 호소하며 설득하려고 애를 쓰는 등 — 이다. 특히 주목할 만한 것은 바울은 상호 존중을 바탕으로 한 상호 신뢰, 책임을 수반하는 자유, 그리고 무엇보다도 그리스도께서 친히 본을 보이셨던 사랑에 호소함으로써 교회들 내에서 서로 다른 의견들과 파당들을 수습하려고 거듭거듭 시도하였다는 것이다. 신학자이자 목회자였던 바울은 이 점에서 실천을 통한 신학이 무엇을 의미하는지를 보여 주는 영속적인 모범을 보여 준다 — 바울이 실제로 행한 조언에서보다도 자신의 의견을 형성하고 조언을 준 방식 속에서.

마지막으로 우리는 다시 한 번 바울은 서신들을 씀으로써 신학을 하였다는 점을 말해 두고 싶다. 이것은 바울의 신학이 항상 인사와 감사, 서두의 기도들, 여행 계획들, 개인적인 사정의 설명들, 서신 말미의 작별인사로 둘러싸여 있었다는 것을 의미한다. 또는 바울의 신학 작업은 언제나 실제적인 일들과 인간 관계의 작은 일들로 시작되고 끝났다고 말할 수 있다. 바울의 신학은 아무리 복잡하고 야심적이라 할지라도 결코 상아탑에 갇혀 있지 않았다. 그의 신학은 처음부터 끝까지 일상 생활의 열쇠인 복음의 뜻을 밝히고 철두철미 그리스도인다운 매일의 삶을 가능하게 하려는 시도였다.

참고문헌

§ 1 바울의 신학서설

1. **Bibliography: P. J. Achtemeier**, "The Continuing Quest for Coherence in St. Paul: An Experiment in Thought," in Lovering and Sumney, eds., *Theology and Ethics* (§23 n. 1) 132-45; **A. K. M. Adam**, *Making Sense of New Testament Theology: 'Modern' Problems and Prospects* (Macon: Mercer University, 1995); **Berger**, *Theologiegeschichte* 440-47; **H. Boers**, *What Is New Testament Theology?* (Philadelphia: Fortress, 1979); **H. Braun**, "The Problem of a New Testament Theology," *JTC* 1 (1965) 169-85; **R. E. Brown**, *Biblical Exegesis and Church Doctrine* (London: Chapman, 1982 = New York: Paulist, 1985); *The Critical Meaning of the Bible* (London: Chapman, 1986 = New York: Paulist, 1981); **R. Bultmann**, *Theology* 2.237-51; "Is Exegesis without Presuppositions Possible?" *Existence and Faith* (London: Collins Fontana, 1964; New York: Meridian, 1960) 342-51; **B. S. Childs**, *The New Testament as Canon: An Introduction* (Philadelphia: Fortress, 1985); **C. Dohmen and T. Söding**, eds., *Eine Bibel — zwei Testamente. Positionen Biblischer Theologie* (Paderborn: Schöningh, 1995); **J. R. Donahue**, "The Changing Shape of New Testament Theology," *TS* 50 (1989) 314-35; **J. D. G. Dunn**, *The Living Word* (London: SCM/Philadelphia: Fortress, 1987); "Prolegomena to a Theology of Paul," *NTS* 40 (1994) 407-32; "In Quest of Paul's Theology: Retrospect and Prospect," in D. M. Hay and E. E. Johnson, eds., *Pauline Theology* 4 (Atlanta: Scholars, 1997) 95-115; **J. D. G. Dunn and J. Mackey**, *New Testament Theology in Dialogue* (London: SPCK/ Philadelphia: Westminster, 1987); **V. P. Furnish**, "On Putting Paul in His Place," *JBL* 113 (1994) 3-17; **F. Hahn**, *Historical Investigation and New Testament Faith* (Philadelphia: Fortress, 1984); **G. F. Hasel**, *New Testament Theology: Basic Issues in the Debate* (Grand Rapids: Eerdmans, 1978); **J. L. Houlden**, *Patterns of Faith: A Study in the Relationship between the New Testament and Christian Doctrine* (London: SCM/Philadelphia: Fortress, 1977); **H. Hübner**, "Pauli Theologiae Proprium," *NTS* 26 (1979-80) 445-73; *Biblische Theologie des Neuen Testaments* I: *Prolegomena* (Göttingen: Vandenhoeck, 1990); **R. Jewett**, "Major Impulses in the Theological Interpretation of Romans since Barth," *Int* 34 (1980) 17-31; **E. Käsemann**, "The Problem of a New Testament Theology," *NTS* 19 (1972-73) 235-45; **L. E. Keck**, "Toward the Renewal of New Testament Christology," *NTS* 32 (1986) 362-77; **K. Kertelge**, "Biblische Theologie im Römerbrief," in S. Pedersen, ed., *New Directions in Biblical Theology* (NovTSup 76; Leiden: Brill, 1994) 47-57; **E. Lohse**, "Changes of Thought in Pauline Theology? Some Reflections on Paul's Ethical Teaching in the Context of his Theology," in Lovering and Sumney, eds., *Theology and Ethics* (§23 n. 1) 146-60;

O. Merk, *Biblische Theologie des Neuen Testaments in ihrer Anfangszeit* (Marburg: Elwert, 1972); **R. Morgan**, *The Nature of New Testament Theology* (London: SCM/Naperville: Allenson, 1973); "New Testament Theology," in S. J. Kraftchick, et al., eds., *Biblical Theology: Problems and Perspectives*, J. C. Beker FS (Nashville: Abingdon, 1995) 104-30; **J. Plevnik**, "The Center of Pauline Theology," *CBQ* 51 (1989) 461-78; **H. Räisänen**, *Beyond New Testament Theology* (London: SCM, 1990); **T. Söding**, "Inmitten der Theologie des Neuen Testaments. Zu den Voraussetzungen und Zielen neutestamentlicher Exegese," *NTS* 42 (1996) 161-84; **G. Strecker**, ed., *Das Problem der Theologie des Neuen Testaments* (Darmstadt: Wissenschaftliche Buchgesellschaft, 1975); **P. Stuhlmacher**, *How to Do Biblical Theology* (Allison Park: Pickwick, 1995); **A. J. M. Wedderburn**, "Paul and 'Biblical Theology,' " in S. Pedersen, ed., *New Directions in Biblical Theology* (NovTSup 76; Leiden: Brill, 1994) 24-46; **N. T. Wright**, *The New Testament and the People of God* (London: SPCK/Minneapolis: Fortress, 1992).

2. This, of course, is not to dispute that the memories of Jesus' teaching and ministry were already subject to considerable theological reflection during the first generation of Christianity. But who was doing the theologizing, who were the theologians, is not at all clear. And if other NT writings are as early as Paul's letters (possibly James), they have hardly been as significant as Paul's letters.

§ 2 하나님

1. **Bibliography: E. Baasland**, "Cogitio Dei im Römerbrief," *SNTU* 14 (1989) 185-218; **M. N. A. Bockmuehl**, *Revelation and Mystery in Ancient Judaism and Pauline Christianity* (WUNT 2.36; Tübingen: Mohr, 1990 = Grand Rapids: Eerdmans, 1997); **G. Bornkamm**, "The Revelation of God's Wrath (Romans 1–3)," *Early Christian Experience* 47-70; **Childs**, *Biblical Theology* 351-412; **R. Bultmann**, "What Does It Mean to Speak of God?" *Faith and Understanding: Collected Essays* (London: SCM/New York, Harper and Row, 1969) 53-65; **N. A. Dahl**, "The One God of Jews and Gentiles (Romans 3.29-30)," *Studies* 178-91; "The Neglected Factor in New Testament Theology," in D. H. Juel, ed., *Jesus the Christ: The Historical Origins of Christological Doctrine* (Minneapolis: Fortress, 1991) 153-63; **G. Delling**, "MONOS THEOS," and "Geprägte partizipiale Gottesaussagen in der urchristlichen Verkündigung," *Studien zum Neuen Testament und zum hellenistischen Judentum. Gesammelte Aufsätze 1950-1968* (Göttingen: Vandenhoeck, 1970) 391-400, 401-16; **J. D. G. Dunn**, "Biblical Concepts of Revelation," in P. Avis, ed., *Divine Revelation* (London: Darton/Grand Rapids: Eerdmans, 1997) 1-22; **J. Dupont**, *Gnosis. La connaissance religieuse dans les Épitres de Saint Paul* (Louvain: Nauwelarts/Paris: Gabalda, 1949); **Feine**, *Theologie* 296-343; **Fitzmyer**, *Paul* 41-49; **Gnilka**, *Paulus* 193-201; **R. M. Grant**, *Gods and the One God* (Philadelphia: Westminster, 1986); **F. Hahn**, "The Confession of the One God in the New Testament," *HBT* 2 (1980) 69-84; **T. Holtz**, "Theo-logie und Christologie bei Paulus," in E. Grässer and O. Merk, eds., *Glaube und Eschatologie*, W. G. Kümmel FS (Tübingen: Mohr, 1985) 105-21; **P.-G. Klumbies**, *Die Rede von Gott bei Paulus in ihrem zeitgeschichtlichen Kontext* (FRLANT 155; Göttingen: Vandenhoeck, 1992); **A. Lindemann**, "Die Rede von Gott in der paulinische Theologie," *Theologie und Glaube* 69 (1979) 357-76; **D. Lührmann**, *Das Offenbarungsverständnis bei Paulus und in paulinischen Gemeinden* (WMANT 16; Neukirchen-

Vluyn: Neukirchener, 1965); **R. MacMullen**, *Paganism in the Roman Empire* (New Haven: Yale, 1981) 73-94; **Morris**, *Theology* 25-38; **H. Moxnes**, *Theology in Conflict: Studies in Paul's Understanding of God in Romans* (Leiden: Brill, 1980); **R. M. Ogilvie**, *The Romans and Their Gods* (London: Chatto and Windus/New York: Norton, 1969); **Schlier**, *Grundzüge* 25-54; **H. J. Wicks**, *The Doctrine of God in the Jewish Apocryphal and Apocalyptic Literature* (New York: Ktav, 1915, reissued 1971).

§ 3 인류

1. **Bibliography**: **Barrett**, *Paul* 65-74; **Boyarin**, *Radical Jew* ch. 3; **E. Brandenburger**, *Fleisch und Geist. Paulus und die dualistische Weisheit* (WMANT 29; Neukirchen-Vluyn: Neukirchener, 1968); **P. Brown**, *The Body and Society: Men, Women and Sexual Renunciation in Early Christianity* (New York: Columbia University, 1988/London: Faber and Faber, 1989); **Bultmann**, *Theology* 1.191-246; **Conzelmann**, *Outline* 173-84; **J. D. G. Dunn**, "Jesus — Flesh and Spirit: An Exposition of Romans 1.3-4," *JTS* 24 (1973) 40-68; *Paul for Today* (Ethel M. Wood Lecture; London: University of London, 1993); **Gnilka**, *Theologie* 43-57; *Paulus* 205-20; **R. H. Gundry**, SOMA *in Biblical Theology with Emphasis on Pauline Anthropology* (SNTSMS 29; Cambridge: Cambridge University, 1976); **R. Jewett**, *Paul's Anthropological Terms: A Study of Their Use in Conflict Settings* (Leiden: Brill, 1971); **E. Käsemann**, "On Paul's Anthropology," *Perspectives* 1-31; **W. G. Kümmel**, *Man in the New Testament* (1948; London: Epworth, 1963); **D. B. Martin**, *The Corinthian Body* (New Haven: Yale, 1995); **Ridderbos**, *Paul* 115-21; **H. W. Robinson**, *The Christian Doctrine of Man* (Edinburgh: Clark, [3]1926); **J. A. T. Robinson**, *The Body: A Study in Pauline Theology* (London: SCM, 1952 = Philadelphia: Westminster, 1977); **A. Sand**, *Der Begriff "Fleisch" in den paulinischen Hauptbriefen* (Regensburg: Pustet, 1967); **Schlier**, *Grundzüge* 97-106; **U. Schnelle**, *Neutestamentliche Anthropologie* (Neukirchen-Vluyn: Neukirchener, 1991); **W. D. Stacey**, *The Pauline View of Man in Relation to Its Judaic and Hellenistic Background* (London: Macmillan, 1956); **Strecker**, *Theologie* 132-36; **Stuhlmacher**, *Theologie* 1.273-78; **Whiteley**, *Theology* 31-44.

§ 4 아담

1. **Bibliography**. **C. K. Barrett**, *From First Adam to Last: A Study in Pauline Theology* (London: Black/New York, Scribner, 1962); **G. Bornkamm**, "Sin, Law and Death: An Exegetical Study of Romans 7," *Early Christian Experience* 87-104; **E. Brandenburger**, *Adam und Christus. Exegetisch-religionsgeschichtliche Untersuchungen zu Röm. 5.12-21 (1 Kor. 15)* (WMANT 7; Neukirchen: Neukirchener, 1962); **Gnilka**, *Paulus* 201-5; **M. D. Hooker**, "Adam in Romans 1," *NTS* 6 (1959-60) 297-306; "A Further Note on Romans 1," *NTS* 13 (1966-67) 181-83; **J. Jervell**, *Imago Dei: Gen. 1.26f. im Spätjudentum, in der Gnosis und in den paulinischen Briefen* (FRLANT 76; Göttingen: Vandenhoeck, 1960); **Laato**, *Paulus* ch. 4; **J. R. Levison**, *Portraits of Adam in Early Judaism From Sirach to 2 Baruch* (JSPS 1; Sheffield: Sheffield Academic, 1988); **B. J. Malina**, "Some Observations on the Origin of Sin in Judaism and St. Paul," *CBQ* 31 (1969) 18-34; **R. Scroggs**, *The Last Adam: A Study in Pauline Anthropology* (Philadelphia: Fortress/Ox-

ford: Blackwell, 1966); **Strecker**, *Theologie* 63-69; **F. R. Tennant**, *The Sources of the Doctrines of the Fall and Original Sin* (Cambridge: Cambridge University, 1903); **A. J. M. Wedderburn**, "The Theological Structure of Romans 5.12," *NTS* 19 (1972-73) 339-54; "Adam in Paul's Letter to the Romans," in E. A. Livingstone, ed., *Studia Biblica 1978* III (Sheffield: JSOT, 1980) 413-30; **Whiteley**, *Theology* 48-58; **N. P. Williams**, *The Ideas of the Fall and of Original Sin* (London: Longmans, 1927).

§ 5 죄와 사망

1. **Bibliography**. **Barrett**, *Paul* 56-64; **Beker**, *Paul* 213-34; **H. Bietenhard**, *Die himmlische Welt im Urchristentum und Spätjudentum* (WUNT 2; Tübingen: Mohr, 1951); **C. C. Black**, "Pauline Perspectives on Death in Romans 5-8," *JBL* 103 (1984) 418-33; **Bultmann**, *Theology* I, 246-59; **G. B. Caird**, *Principalities and Powers: A Study in Pauline Theology* (Oxford: Clarendon, 1956); **W. Carr**, *Angels and Principalities: The Background, Meaning and Development of the Pauline Phrase* HAI ARCHAI KAI HAI EXOUSIAI (SNTSMS 42; Cambridge: Cambridge University, 1981); **Conzelmann**, *Outline* 192-98; **Eichholz**, *Theologie* 63-100; **Elliott**, *Rhetoric* particularly 167-223; **Gnilka**, *Theologie* 62-69; *Paulus* 220-23; **T. Ling**, *The Significance of Satan* (London: SPCK/New York: AMS, 1961); **S. Lyonnet**, "The Notion of Sin," in S. Lyonnet and L. Sabourin, *Sin, Redemption, and Sacrifice: A Biblical and Patristic Study* (AnBib 48; Rome: Biblical Institute, 1970) 3-57; **G. H. C. MacGregor**, "Principalities and Powers: The Cosmic Background of Paul's Thought," *NTS* 1 (1954-55) 17-28; **H. Merklein**, "Paulus und die Sünde," in H. Frankemölle, ed., *Sünde und Erlösung im Neuen Testament* (Freiburg: Herder, 1991) 123-63; **G. Röhser**, *Metaphorik und Personifikation der Sünde. Antike Sündenvorstellungen und paulinische Hamartia* (WUNT 2.25; Tübingen: Mohr, 1987); **H. Schlier**, *Principalities and Powers in the New Testament* (Herder: Freiburg, 1961); *Grundzüge* 64-77, 107-21; **Strecker**, *Theologie* 136-42; **W. Wink**, *The Powers* 1: *Naming the Powers: The Language of Power in the New Testament* (Philadelphia: Fortress, 1984); 2: *Unmasking the Powers: The Invisible Forces That Determine Human Existence* (Philadelphia: Fortress, 1986); 3: *Engaging the Powers: Discernment and Resistance in a World of Domination* (Minneapolis: Fortress, 1992).

§ 6 율법

1. **Bibliography**. **Barrett**, *Paul* 74-87; **Becker**, *Paul* 392-98; **Beker**, *Paul* 235-54; **P. Benoit**, "The Law and the Cross according to St Paul: Romans 7.7–8.4," *Jesus and the Gospel* II (London: Darton, Longman, and Todd, 1974) 11-39; **Bornkamm**, *Paul* 120-29; **Boyarin**, *Radical Jew* ch. 6; **Bultmann**, *Theology* I, 259-69; **Conzelmann**, *Outline* 220-35; **Cranfield**, *Romans* 845-62; **W. D. Davies**, "Paul and the Law: Reflections on Pitfalls in Interpretation," *Jewish and Pauline Studies* 91-122; **C. H. Dodd**, "The Law," *Bible* 25-41; **A. van Dülmen**, *Die Theologie des Gesetzes bei Paulus* (Stuttgart: Katholisches Bibelwerk, 1968); **J. D. G. Dunn**, "Was Paul against the Law? The Law in Galatians and Romans: A Test-Case of Text in Context," in T. Fornberg and D. Hellholm, eds., *Texts and Contexts: Biblical Texts in Their Textual and Situational Contexts,* L. Hartman FS (Oslo: Scandinavian University, 1995) 455-75; **J. D. G. Dunn**, ed., *Paul and the Mosaic Law*

(WUNT 89; Tübingen: Mohr, 1996); **Finsterbusch**, *Thora* (§23 n. 1) 39-55; **Fitzmyer**, "Paul and the Law," *To Advance the Gospel* 186-201; *Paul* 75-82; **L. Gaston**, *Paul and the Torah* (Vancouver: University of British Columbia, 1987); **Gnilka**, *Theologie* 69-77; *Paulus* 224-28; **K. Haacker**, "Der 'Antinomismus' des Paulus in Kontext antiker Gesetzestheorie," in Cancik, et al., eds. *Geschichte Band III Frühes Christentum* 387-404; **S. J. Hafemann**, *Paul, Moses, and the History of Israel* (WUNT 81; Tübingen: Mohr, 1995); **F. Hahn**, "Das Gesetzesverständnis im Römerbrief und Galaterbrief," *ZNW* 67 (1976) 29-63; **I.-G. Hong**, *The Law in Galatians* (JSNTS 81; Sheffield: Sheffield Academic, 1993); **Howard**, *Paul* ch. 4; **H. Hübner**, *Law in Paul's Thought* (Edinburgh: Clark, 1984); **K. Kertelge**, ed., *Das Gesetz im Neuen Testament* (Freiburg: Herder, 1986); **Kümmel**, *Theology* 181-85; **Ladd**, *Theology* 538-54; **Merklein**, "Paulus und die Sünde" (§5 n. 1); "Der (neue) Bund" (§19 n. 1); **H. Räisänen**, *Paul and the Law* (WUNT 29; Tübingen: Mohr, 1983); *Jesus, Paul and Torah: Collected Essays* (JSNTS 43; Sheffield: Sheffield Academic, 1992); **P. Richardson and S. Westerholm**, *Law in Religious Communities in the Roman World: The Debate over* Torah *and* Nomos *in Post-Biblical Judaism and Early Christianity* (Waterloo: Wilfrid Laurier University, 1991); **Ridderbos**, *Paul* 130-58; **E. P. Sanders**, *Paul, the Law and the Jewish People* (Philadelphia: Fortress, 1983); **Schlier**, *Grundzüge* 77-97; **Schoeps**, *Paul* 168-218; **T. R. Schreiner**, *The Law and Its Fulfillment: A Pauline Theology of Law* (Grand Rapids: Baker, 1993); **R. B. Sloan**, "Paul and the Law: Why the Law Cannot Save," *NovT* 33 (1991) 35-60; **Strecker**, *Theologie* 150-56; **Stuhlmacher**, *Theologie* 253-68; **F. Thielman**, *Paul and the Law: A Contextual Approach* (Downers Grove: InterVarsity, 1994); **S. Westerholm**, *Israel's Law and the Church's Faith: Paul and His Recent Interpreters* (Grand Rapids: Eerdmans, 1988) particularly ch. 9; **Whiteley**, *Theology* 76-86; **U. Wilckens**, "Zur Entwicklung des paulinischen Gesetzesverständnisses," *NTS* 28 (1982) 154-90; **M. Winger**, *By What Law? The Meaning of* Nomos *in the Letters of Paul* (SBLDS 128; Atlanta: Scholars, 1992); **Ziesler**, *Pauline Christianity* 107-15.

§ 7 복음

1. **Bibliography**: §7.1 — **J. A. Fitzmyer**, "The Gospel in the Theology of Paul," *To Advance the Gospel* 149-61; **Goppelt**, *Theology* 2.110-18; **L. A. Jervis and P. Richardson**, eds., *Gospel in Paul: Studies on Corinthians, Galatians and Romans,* R. N. Longenecker FS (JSNTS 108; Sheffield: Sheffield Academic, 1994); **E. Lohse**, "*Euangelion Theou:* Paul's Interpretation of the Gospel in His Epistle to the Romans," *Bib* 76 (1995) 127-40; **Merklein**, "Zum Verständnis des paulinischen Begriffs 'Evangelium,'" *Studien* 279-95; **P. T. O'Brien**, *Gospel and Mission in the Writings of Paul* (Carlisle: Paternoster, 1995); **Penna**, "The Gospel as 'Power of God' according to 1 Corinthians 1.18-25," *Paul* I, 169-80; **Strecker**, "Das Evangelium Jesu Christi," in *Eschaton* 183-228; **P. Stuhlmacher**, *Das paulinische Evangelium* (Göttingen: Vandenhoeck, 1968); "The Pauline Gospel," in Stuhlmacher, ed., *The Gospel and the Gospels* (Grand Rapids: Eerdmans, 1991) 149-72; *Theologie* 311-26.

§7.2 — **J. W. Aageson**, *Written Also for Our Sake: Paul and the Art of Biblical Interpretation* (Louisville: Westminster/John Knox, 1993); **Dunn**, *Unity* ch. 5; **E. E. Ellis**, *Paul's Use of the Old Testament* (Grand Rapids: Eerdmans, 1957); **C. A. Evans and J. A. Sanders**, eds., *Paul and the Scriptures of Israel* (JSNTS 83; Sheffield: JSOT, 1993); **A. T. Hanson**, *Studies in Paul's Technique and Theology* (London: SPCK/Grand Rapids: Eerdmans, 1974); **Hays**, *Echoes of Scripture;* **M. D. Hooker**, "Beyond the Things That Are Written? St Paul's Use of Scripture," *Adam* 139-54; **D. Juel**, *Messianic Exegesis: Christological Interpretation of the Old Testament in Early Christianity* (Philadelphia: Fortress, 1988); **D.-A. Koch**, *Die Schrift als Zeuge des Evangeliums* (Tübingen: Mohr, 1986); **B. Lindars**, *New Testament Apologetic* (London: SCM, 1961); **H.-J. van der Minde**, *Schrift und Tradition bei Paulus* (Paderborn: Schöningh, 1976); **Penna**, "Paul's Attitude toward the Old Testament," *Paul* 2.61-91; **D. M. Smith**, "The Pauline Literature," in D. A. Carson and H. G. M. Williamson, eds., *It Is Written: Scripture Citing Scripture*, B. Lindars FS (Cambridge: Cambridge University, 1988) 265-91; **C. D. Stanley**, *Paul and the Language of Scripture: Citation Techniques in the Pauline Epistles and Contemporary Literature* (SNTSMS 74; Cambridge: Cambridge University, 1992).

§7.3 — **Dunn**, *Unity* ch. 4; **Gnilka**, *Theologie* 16-30; also *Paulus* 229-37; **A. M. Hunter**, *Paul and His Predecessors* (London: SCM/Philadelphia: Westminster, revised 1961); **W. Kramer**, *Christ, Lord, Son of God* (London: SCM/Naperville: Allenson, 1966);

§ 8 사람 예수

1. **Bibliography**: **R. Bultmann**, "The Significance of the Historical Jesus for the Theology of Paul," *Faith and Understanding: Collected Essays* (London: SCM/New York: Harper and Row, 1969) 220-46; **J. D. G. Dunn**, "Jesus Tradition in Paul," in B. Chilton and C. A. Evans, eds., *Studying the Historical Jesus: Evaluation of the State of Current Research* (Leiden: Brill, 1994) 155-78; **J. W. Fraser**, *Jesus and Paul* (Abingdon: Marcham Manor, 1974); **V. P. Furnish**, *Jesus According to Paul* (Cambridge: Cambridge University, 1993); **E. Jüngel**, *Paulus und Jesus. Eine Untersuchung zur Präzisierung der Frage nach dem Ursprung der Christologie* (Tübingen: Mohr, [3]1967); **J. Klausner**, *From Jesus to Paul* (London: Allen and Unwin, 1943); **H.-W. Kuhn**, "Der irdische Jesus bei Paulus als traditionsgeschichtliches Problem," *ZTK* 67 (1970) 295-320; **Kümmel**, "Jesus und Paulus," *Heilsgeschehen* 439-56; **Ladd**, *Theology* 448-55; **O. Michel**, "Der Christus des Paulus," *ZNW* 32 (1933) 6-31; **E. Reinmuth**, "Narratio und argumentatio — zur Auslegung der Jesus-Christus-Geschichte im ersten Korintherbrief. Ein Beitrag zur mimetischen Kompetenz des Paulus," *ZTK* 92 (1995) 13-27; **R. Riesner**, "Paulus und die Jesus-Überlieferung" in Ådna et al., eds., *Evangelium* 347-65; **Strecker**, *Theologie* 102-12; **P. Stuhlmacher**, "Jesustradition im Römerbrief," *Theologische Beiträge* 14 (1983) 240-50; *Theologie* 300-305; **M. Thompson**, *Clothed with Christ: The Example and Teaching of Jesus in Romans 12.1–15.13* (JSNTS 59; Sheffield: Sheffield Academic, 1991); **A. J. M. Wedderburn**, ed., *Paul and Jesus: Collected Essays* (JSNTS 37; Sheffield: Sheffield Academic, 1989); **D. Wenham**, *Paul: Follower of Jesus or Founder of Christianity?* (Grand Rapids: Eerdmans, 1995); **S. G. Wilson**, "From Jesus to Paul: The Contours and Consequences of a Debate," in Richardson and Hurd, eds., *From Jesus to Paul* 1-21.

§8.4-5 — **J. H. Charlesworth**, ed., *The Messiah: Developments in Earliest Judaism and Christianity* (Minneapolis: Fortress, 1992); **J. J. Collins**, *The Scepter and the Star: The Messiahs of the Dead Sea Scrolls and Other Ancient Literature* (New York: Doubleday, 1995); **N. A. Dahl**, "The Messiahship of Jesus in Paul" and "The Crucified Messiah," *Jesus the Christ: The Historical Origins of Christological Doctrine* (Minneapolis: Fortress, 1991) 15-25 and 27-47; **J. A. Fitzmyer**, "The Christology of the Epistle to the Romans," in A. J. Malherbe and W. A. Meeks, eds., *The Future of Chris-*

tology, L. E. Keck FS (Minneapolis: Fortress, 1993) 81-90; **I. Gruenwald** et al., eds., *Messiah and Christos: Studies in the Jewish Origins of Christianity,* D. Flusser FS (Tübingen: Mohr, 1992); **F. Hahn**, *Christologische Hoheitstitel* (Göttingen: Vandenhoeck, [5]1995), earlier ET, *The Titles of Jesus in Christology* (London: Lutterworth, 1969) 136-239; **M. Hengel**, " 'Christos' in Paul," *Between Jesus and Paul* 65-77, 179-88; **M. Karrer**, *Der Gesalbte. Die Grundlagen des Christustitels* (FRLANT 151; Göttingen: Vandenhoeck, 1991); **J. E. Keck**, " 'Jesus' in Romans," *JBL* 108 (1989) 443-60; **S. V. McCasland**, " 'Christ Jesus,' " *JBL* 65 (1946) 377-83; **J. Neusner** et al., eds., *Judaisms and Their Messiahs at the Turn of the Christian Era* (Cambridge: Cambridge University, 1987); **Wright**, *Climax* 41-55.

§ 9 십자가에 못 박히신 그리스도

1. **Bibliography**: **G. Aulén**, *Christus Victor: An Historical Study of the Three Main Types of the Idea of Atonement* (London: SPCK, 1931, new edition 1970); **Barrett**, *Paul* 114-19; **G. Barth**, *Der Tod Jesu Christus im Verständnis des Neuen Testaments* (Neukirchen-Vluyn: Neukirchener, 1992); **M. Barth**, *Was Christ's Death a Sacrifice?* (Edinburgh: Oliver and Boyd, 1961); **Becker**, *Paul* 399-411; **Beker**, *Paul* 182-212; **C. Breytenbach**, *Versöhnung. Eine Studie zur paulinischen Soteriologie* (WMANT 60; Neukirchen-Vluyn: Neukirchener, 1989); "Versöhnung, Stellvertretung und Sühne. Semantische und traditionsgeschichtliche Bemerkungen am Beispiel der paulinischen Briefe," *NTS* 39 (1993) 59-79; **Bultmann**, *Theology* I, 292-306; **D. A. Campbell**, *The Rhetoric of Righteousness in Romans 3.21-26* (JSNTS 65; Sheffield: Sheffield Academic, 1992); **J. T. Carroll and J. B. Green**, *The Death of Jesus in Early Christianity* (Peabody: Hendrickson, 1995) 113-32; **Cerfaux**, *Christ* (§10 n. 1) 118-60; **C. B. Cousar**, *A Theology of the Cross: The Death of Jesus in the Pauline Letters* (Minneapolis: Fortress, 1990); **R. J. Daly**, *Christian Sacrifice* (Washington: Catholic University of America, 1978); **Davies**, *Paul* ch. 9; **G. Delling**, "Der Tod Jesu in der Verkündigung des Paulus," *Studien zum Neuen Testament und zum hellenistischen Judentum* (Göttingen: Vandenhoeck, 1970) 336-46; **Dodd**, "Atonement," *Bible* 82-95; **J. D. G. Dunn**, "Paul's Understanding of the Death of Jesus as Sacrifice," in S. W. Sykes, ed., *Sacrifice and Redemption: Durham Essays in Theology* (Cambridge/New York: Cambridge University, 1991) 35-56; **J. A. Fitzmyer**, "Reconciliation in Pauline Theology," *To Advance the Gospel* 162-85; *Paul* 54-55, 62-66; **G. Friedrich**, *Die Verkündigung des Todes Jesu im Neuen Testament* (Neukirchen-Vluyn: Neukirchener, 1982); **Gese**, "Atonement," *Biblical Theology* 93-116; **Goppelt**, *Theology* II, 90-98; **K. Grayston**, *Dying, We Live: A New Inquiry into the Death of Christ in the New Testament* (London: Darton/New York: Oxford University, 1990); **R. G. Hamerton-Kelly**, *Sacred Violence: Paul's Hermeneutic of the Cross* (Minneapolis: Fortress, 1992); **M. Hengel**, *The Atonement: The Origins of the Doctrine of Atonement in the New Testament* (London: SCM/Philadelphia: Fortress, 1981); **D. Hill**, *Greek Words and Hebrew Meanings: Studies in the Semantics of Soteriological Terms* (London: Cambridge University, 1967) 23-81; **Hofius**, "Sühne und Versöhnung. Zum paulinischen Verständnis des Kreuzestodes Jesu," *Paulusstudien* 33-49; **M. D. Hooker**, "Interchange in Christ" and "Interchange and Atonement," *Adam* 13-25, 26-41; *Not Ashamed of the Gospel: New Testament Interpretations of the Death of Christ* (Carlisle: Paternoster/Grand Rapids: Eerdmans, 1994) 20-46; **A. J. Hultgren**, *Christ and His Benefits: Christology and Redemption in the New Testament* (Philadelphia: Fortress, 1987); *Paul's Gospel* 47-81; **B. Janowski**, *Sühne als Heilsgesche-*

hen (Neukirchen-Vluyn: Neukirchener, 1982); **Käsemann**, "The Saving Significance of the Death of Jesus in Paul," *Perspectives* 32-59; **K. Kertelge**, "Das Verständnis des Todes Jesu bei Paulus," in Kertelge, ed., *Der Tod Jesu. Deutungen im Neuen Testament* (Freiburg: Herder, 1976) 114-36; **W. Kraus**, *Der Tod Jesu als Heiligtumsweihe. Eine Untersuchung zum Umfeld der Sühnevorstellung in Römer 3.25-26a* (WMANT 66; Neukirchen-Vluyn: Neukirchener, 1991); **Ladd**, *Theology* 464-77; **J. D. Levenson**, *The Death and Resurrection of the Beloved Son* (New Haven: Yale University, 1993); **E. Lohse**, *Martyrer und Gottesknecht* (Göttingen: Vandenhoeck, [2]1963); **S. Lyonnet and L. Sabourin**, *Sin, Redemption, and Sacrifice* (AnBib 48; Rome: Biblical Institute, 1970) 61-296; **B. H. McLean**, *The Cursed Christ: Mediterranean Expulsion Rituals and Pauline Soteriology* (JSNTS 126; Sheffield: Sheffield Acadamic, 1996); **I. H. Marshall**, "The Development of the Concept of Redemption in the New Testament" (1974) and "The Meaning of 'Reconciliation' " (1978), *Jesus the Saviour: Studies in New Testament Theology* (London: SPCK, 1990) 239-57, 258-74; **R. P. Martin**, *Reconciliation: A Study of Paul's Theology* (London: Marshall, Morgan and Scott/Atlanta: John Knox, 1981) Part II; **Merklein**, *Studien* 15-39; **L. Morris**, *The Apostolic Preaching of the Cross* (3rd ed.; Grand Rapids: Eerdmans/London: Tyndale, 1965); *The Cross in the New Testament* (Exeter: Paternoster/Grand Rapids: Eerdmans, 1965); *Theology* 66-74; **Moule**, *Origin* (§10 n. 1) 111-26; **Penna**, "The Blood of Christ in the Pauline Letters," *Paul* II, 24-22; **S. E. Porter**, Katallassō *in Ancient Greek Literature, with Reference to the Pauline Writings* (Córdoba: Ediciónes El Almendro, 1994); **Ridderbos**, *Paul* 182-97; **Schlier**, *Grundzüge* 128-40; **D. Seeley**, *The Noble Death: Graeco-Roman Martyrology and Paul's Concept of Salvation* (JSNTS 28; Sheffield: JSOT, 1990); **G. S. Sloyan**, *The Crucifixion of Jesus: History, Myth, Faith* (Mineapolis: Fortress, 1995); **Strecker**, *Theologie* 112-18; **P. Stuhlmacher**, "Eighteen Theses on Paul's Theology of the Cross," *Reconciliation* 155-68; "Sühne oder Versöhnung," in U. Luz and H. Weder, eds., *Die Mitte des Neuen Testaments,* E. Schweizer FS (Göttingen: Vandenhoeck, 1983) 291-316; *Theologie* 294-300; **V. Taylor**, *The Atonement in New Testament Teaching* (London: Epworth, [3]1958); **R. de Vaux**, *Studies in Old Testament Sacrifice* (Cardiff: University of Wales, 1964); **H. Weder**, *Das Kreuz Jesu bei Paulus. Ein Versuch, über den Geschichtsbezug des christlichen Glaubens nachzudenken* (FRLANT 125; Göttingen: Vandenhoeck, 1981); **Whiteley**, *Theology* 130-51; **S. K. Williams**, *Jesus' Death as Saving Event: The Background and Origin of a Concept* (Missoula: Scholars, 1975); **Witherington**, *Narrative* 160-68; **F. M. Young**, *Sacrifice and the Death of Christ* (London: SPCK/Philadelphia: Westminster, 1975); **Ziesler**, *Pauline Christianity* 91-95.

§ 10 부활하신 주

1. **Bibliography**: **Beker**, *Paul* 135-81; **W. Bousset**, *Kyrios Christos* (1921; Nashville: Abingdon, 1970) chs. 3-4; **R. E. Brown**, *Introduction to New Testament Christology* (London: Chapman/New York: Paulist, 1994); **Bultmann**, *Theology* I, 121-33; **D. B. Capes**, *Old Testament Yahweh Texts in Paul's Christology* (WUNT 2.47; Tübingen: Mohr, 1992); **P. M. Casey**, *From Jewish Prophet to Gentile God: The Origins and Development of New Testament Christology* (Cambridge: James Clarke/Louisville: Westminster/John Knox, 1991); **L. Cerfaux**, *Christ in the Theology of St. Paul* (Freiburg: Herder, 1959); **O. Cullmann**, *The Christology of the New Testament* (London: SCM, 1959); **C. J. Davis**, *The Name and Way of the Lord: Old Testament Themes, New*

Testament Christology (JSNTS 129; Sheffield: Sheffield Academic, 1996); **J. D. G. Dunn**, "1 Corinthians 15.45 — Last Adam, Life-Giving Spirit," in B. Lindars and S. S. Smalley, eds., *Christ and Spirit in the New Testament,* C. F. D. Moule FS (Cambridge: Cambridge University, 1973) 127-42; "Christology as an Aspect of Theology," in A. J. Malherbe and W. A. Meeks, eds., *The Future of Christology,* L. E. Keck FS (Minneapolis: Fortress, 1993) 202-12; **G. D. Fee**, "Christology and Pneumatology in Romans 8.9-11," in J. B. Green and M. Turner, eds., *Jesus of Nazareth, Lord and Christ: Essays on the Historical Jesus and New Testament Christology,* I. H. Marshall FS (Grand Rapids: Eerdmans/Carlisle: Paternoster, 1994) 312-31; **J. A. Fitzmyer**, "The Semitic Background of the New Testament *kyrios*-Title," *A Wandering Aramean: Collected Aramaic Essays* (Missoula: Scholars, 1979) 115-42; *Paul* 51-58; **Goppelt**, *Theology* 2.79-87; **Hahn**, *Titles* (§8 n. 1) 68-135; **M. J. Harris**, *Jesus as God: The New Testament Use of Theos in Reference to Jesus* (Grand Rapids: Baker, 1992); **M. Hengel**, *The Son of God: The Origin of Christology and the History of Jewish-Hellenistic Religion* (London: SCM, 1976); *Studies in Early Christology* (Edinburgh: Clark, 1995); **I. Hermann**, *Kyrios und Pneuma. Studien zur Christologie der paulinischen Hauptbriefe* (Munich: Kösel, 1961); **L. W. Hurtado**, *One God, One Lord: Early Christian Devotion and Ancient Jewish Monotheism* (Philadelphia: Fortress, 1988); **K. T. Kleinknecht**, *Der leidende Gerechtfertigte. Die alttestamentlich-jüdische Tradition vom "leidenden Gerechten" und ihre Rezeption bei Paulus* (WUNT 2.13; Tübingen: Mohr, 1984); **L. J. Kreitzer**, *Jesus and God in Paul's Eschatology* (JSNTS 19; Sheffield: Sheffield Academic, 1987); **D. R. de Lacey**, " 'One Lord' in Pauline Theology," in H. H. Rowdon, ed., *Christ the Lord: Studies in Christology,* D. Guthrie FS (Leicester: Inter-Varsity, 1982) 191-203; **Morris**, *Theology* 46-50; **C. F. D. Moule**, *The Origin of Christology* (Cambridge: Cambridge University, 1977); **C. F. D. Moule**, ed., *The Significance of the Resurrection for Faith in Jesus Christ* (London: SCM/Naperville: Allenson, 1968); **G. W. E. Nickelsburg**, *Resurrection, Immortality, and Eternal Life in Intertestamental Judaism* (Cambridge: Harvard University, 1972); **G. O'Collins**, *Christology: A Biblical, Historical and Systematic Study of Jesus* (London: Oxford University, 1995); **P. Pokorný**, *The Genesis of Christology: Foundations for a Theology of the New Testament* (Edinburgh: Clark, 1987); **K. Rahner and W. Thüsing**, *A New Christology* (London: Burns and Oates, 1980); **P. A. Rainbow**, "Jewish Monotheism as the Matrix for New Testament Christology: A Review Article," *NovT* 33 (1991) 78-91; **N. Richardson**, *Paul's Language about God* (JSNTS 99; Sheffield: Sheffield Academic, 1994); **Schlier**, *Grundzüge* 140-54; **E. Schweizer**, *Erniedrigung und Erhöhung bei Jesus und seinen Nachfolgern* (Zurich: Zwingli, [2]1962), earlier ET, *Lordship and Discipleship* (London: SCM/Naperville: Allenson, 1960); **D. M. Stanley**, *Christ's Resurrection in Pauline Soteriology* (AnBib 13; Rome: Pontifical Biblical Institute, 1961); **Strecker**, *Theologie* 87-98, 118-24; **Stuhlmacher**, *Theologie* 305-11; **V. Taylor**, "Does the New Testament call Jesus 'God'?" *New Testament Essays* (London: Epworth, 1970) 83-89; **W. Thüsing**, *Per Christum in Deum. Studien zum Verhältnis von Christozentrik und Theozentrik in den paulinischen Hauptbriefen* (Münster: Aschendorff, 1965); **Whiteley**, *Theology* 99-123; **Witherington**, *Narrative* 169-85; **Wright**, "Monotheism, Christology and Ethics: 1 Corinthians 8," *Climax* 120-36; **Ziesler**, *Pauline Christianity* 35-48.

§ 11 선재(先在) 하신 이

1. **Bibliography**: **Barrett**, *Paul* 105-14; **Cerfaux**, *Christ* (§10 n. 1) 247-74, 419-38; **F. B. Craddock**, *The Pre-Existence of Christ in the New Testament* (Nashville: Abingdon, 1968); **C. E. B. Cranfield**, "Some Comments on Professor J. D. G. Dunn's *Christology in the Making*," in L. D. Hurst and N. T. Wright, eds., *The Glory of Christ in the New Testament,* G. B. Caird FS (Oxford: Clarendon, 1987) 267-80; **Davies**, *Paul* ch. 7; **J. D. G. Dunn**, *Christology;* "Pauline Christology: Shaping the Fundamental Structures," in R. F. Berkey and S. A. Edwards, eds., *Christology in Dialogue* (Cleveland: Pilgrim, 1993) 96-107; "Why 'Incarnation'? A Review of Recent New Testament Scholarship," in S. E. Porter, et al., eds., *Crossing the Boundaries: Essays in Biblical Interpretation,* M. D. Goulder FS (Leiden: Brill, 1994) 235-56; **Eichholz**, *Theologie* 132-63; **A. Feuillet**, *Le Christ sagesse de Dieu d'apres les épîtres Pauliniennes* (ÉB; Paris: Gabalda, 1966); **S. E. Fowl**, *The Story of Christ in the Ethics of Paul: An Analysis of the Function of the Hymnic Material in the Pauline Corpus* (JSNTS 36; Sheffield: Sheffield Academic, 1990); **R. H. Fuller**, *The Foundations of New Testament Christology* (London: Lutterworth/ New York: Scribner, 1965); **D. Georgi**, "Der vorpaulinische Hymnus Phil. 2.6-11," in E. Dinkler, ed., *Zeit und Geschichte,* R. Bultmann FS (Tübingen: Mohr, 1964) 263-93; **Goppelt**, *Theology* 2.72-79; **J. Habermann**, *Präexistenzaussagen im Neuen Testament* (Frankfurt: Lang, 1990); **R. G. Hamerton-Kelly**, *Pre-Existence, Wisdom, and the Son of Man: A Study of the Idea of Pre-Existence in the New Testament* (SNTSMS 21; Cambridge: Cambridge University, 1973); **A. T. Hanson**, *The Image of the Invisible God* (London: SCM, 1982); **O. Hofius**, *Der Christushymnus Philipper 2.6-11* (Tübingen: Mohr, 1976, [2]1991); **M. D. Hooker**, "Philippians 2.6-11," *Adam* 88-100; **M. de Jonge**, *Christology in Context: The Earliest Response to Jesus* (Philadelphia: Westminster, 1988); **J. Knox**, *The Humanity and Divinity of Christ* (Cambridge: Cambridge University, 1967); **Kümmel**, *Theology* 151-72; **K.-J. Kuschel**, *Born before All Time? The Dispute over Christ's Origin* (London: SCM, 1992); **Ladd**, *Theology* 457-63; **E. Larsson**, *Christus als Vorbild. Eine Untersuchung zu den paulinischen Tauf- und Eikontexten* (Uppsala: Almqvist and Wiksells, 1962) 2. Teil; **H. von Lips**, *Weisheitliche Traditionen im Neuen Testament* (WMANT 64; Neukirchen-Vluyn: Neukirchener, 1990); **J. Macquarrie**, *Jesus Christ in Modern Thought* (London: SCM/Philadelphia: TPI, 1990) 48-68; **I. H. Marshall**, "Incarnational Christology in the New Testament," *Jesus the Saviour: Studies in New Testament Theology* (London: SPCK, 1990) 165-80; **R. P. Martin**, *Carmen Christi: Philippians 2.5-11 in Recent Interpretation and in the Setting of Early Christian Worship* (SNTSMS 4; Cambridge: Cambridge University, 1967); **Merklein**, "Zur Entstehung der urchristlichen Aussage vom präexistenten Sohn Gottes," *Studien* 247-76; **Morris**, *Theology* 42-46; **C. F. D. Moule**, "Further Reflexions on Philippians 2.5-11," in W. W. Gasque and R. P. Martin, *Apostolic History and the Gospel,* F. F. Bruce FS (Exeter: Paternoster/Grand Rapids: Eerdmans, 1970) 264-76; **J. Murphy-O'Connor**, "Christological Anthropology in Phil. 2.6-11," *RB* 83 (1976) 25-50; "1 Cor. 8.6: Cosmology or Soteriology?" *RB* 85 (1978) 253-67; **C. C. Newman**, *Paul's Glory-Christology: Tradition and Rhetoric* (NovTSup 69; Leiden: Brill, 1992); **O'Collins**, *Christology* (§10 n. 1); **J. A. T. Robinson**, *The Human Face of God* (London: SCM/Philadelphia: Westminster, 1973); **J. T. Sanders**, *The New Testament Christological Hymns: Their Historical Religious Background* (SNTSMS 15; Cambridge: Cambridge University, 1971); **E. J. Schnabel**, *Law and Wisdom from Ben Sira to Paul* (WUNT 2.16; Tübingen: Mohr, 1985); **E. Schweizer**, "Zum religionsgeschichtlichen Hintergrund der 'Sendungsformel' Gal. 4.4f., Röm. 8.3f., John 3.16f., 1 John 4.9," *ZNW* 57 (1966) 199-210 = *Beiträge* 83-95; **Stuhlmacher**, *Theologie* 287-93; **C. A. Wanamaker**, "Philippians 2.6-11: Son of God or Adamic Christology?" *NTS* 33 (1987) 179-93; **B. Witherington**,

Jesus the Sage: The Pilgrimage of Wisdom (Minneapolis: Fortress/Edinburgh: Clark, 1994); *Narrative* 94-128; **N. T. Wright**, "Jesus Christ Is Lord: Philippians 2.5-11," and "Poetry and Theology in Colossians 1.15-20," *Climax* 56-98, 99-119.

§ 12 주께서 오실 때까지

1. **Bibliography**: **W. Baird**, "Pauline Eschatology in Hermeneutic Perspective," *NTS* 17 (1970-71) 314-27; **J. Baumgarten**, *Paulus und die Apokalyptik* (WMANT 44; Neukirchen-Vluyn: Neukirchener, 1975); **J. C. Beker**, *Paul* 135-81; *Paul's Apocalyptic Gospel: The Coming Triumph of God* (Philadelphia: Fortress, 1982); **V. P. Branick**, "Apocalyptic Paul?" *CBQ* 47 (1985) 664-75; **Cerfaux**, *Christ* (§10 n. 1) 31-68; **C. H. Dodd**, "The Mind of Paul," *New Testament Studies* (Manchester: Manchester University, 1953) 67-128; **J. D. G. Dunn**, "He Will Come Again," *Int* 51 (1997) 42-56; **W. Harnisch**, *Eschatologische Existenz. Ein exegetischer Beitrag zum Sachanliegen von 1 Thessalonischer 4.13–5.11* (FRLANT 110; Göttingen: Vandenhoeck, 1973); **R. Jewett**, *The Thessalonian Correspondence: Paul's Rhetoric and Millenarian Piety* (Philadelphia: Fortress, 1986); **E. Käsemann**, "The Beginnings of Christian Theology" (1960), *New Testament Questions* ch. 4; **L. E. Keck**, "Paul and Apocalyptic Theology," *Int* 38 (1984) 229-41; **R. N. Longenecker**, "The Nature of Paul's Early Eschatology," *NTS* 31 (1985) 85-95; **J. Marcus and M. L. Soards**, eds., *Apocalyptic and the New Testament,* J. L. Martyn FS (JSNTS 24; Sheffield: Sheffield Academic, 1989); **A. L. Moore**, *The Parousia in the New Testament* (NovTSup 13; Leiden: Brill, 1966); **C. F. D. Moule**, "The Influence of Circumstances on the Use of Eschatological Terms," *Essays* 184-99; **J. Plevnik**, *Paul and the Parousia: An Exegetical and Theological Investigation* (Peabody: Hendrickson, 1996); **Ridderbos**, *Paul* 486-537; **J. A. T. Robinson**, *Jesus and His Coming: The Emergence of a Doctrine* (London: SCM/New York: Abingdon, 1957; Philadelphia: Westminster, ²1979); **T. E. Schmidt and M. Silva**, eds., *To Tell the Mystery: Essays in New Testament Eschatology,* R. H. Gundry FS (JSNTS 100; Sheffield: Sheffield Academic, 1994); **Schweitzer**, *Paul and His Interpreters;* **G. Vos**, *The Pauline Eschatology* (Grand Rapids: Eerdmans, 1961); **B. Witherington**, *Jesus, Paul and the End of the World: A Comparative Study of New Testament Eschatology* (Exeter: Paternoster/Downers Grove: InterVarsity, 1992); *Narrative* 186-204.

§ 13 결정적 전환

1. **Bibliography**: **Barrett**, *Paul* 87-91; **Bultmann**, *Theology* 1.288-92; **D. J. Doughty**, "The Priority of *CHARIS*," *NTS* 19 (1972-73) 163-80; **B. R. Gaventa**, *From Darkness to Light: Aspects of Conversion in the New Testament* (Philadelphia: Fortress, 1986); **Gnilka**, *Paulus* 248-55; **M. Goodman**, *Mission and Conversion: Proselytizing in the Religious History of the Roman Empire* (Oxford: Clarendon, 1994); **J. R. Harrison**, *Paul's Language of Grace* (charis) *in Its Graeco-Roman Context* (Macquarie University Ph.D. thesis, 1996); **S. McKnight**, *A Light among the Gentiles: Jewish Missionary Activity in the Second Temple Period* (Minneapolis: Fortress, 1991); **W. Manson**, "Grace in the New Testament," in W. T. Whitely, ed., *The Doctrine of Grace* (London: Hodder and Stoughton, 1932) 33-60; **J. Moffatt**, *Grace in the New Testament* (London: Hodder and

Stoughton, 1931); **A. D. Nock**, *Conversion* (London: Oxford University, 1933); **M. Theobald**, *Die überströmende Gnade. Studien zu einen paulinischen Motivfeld* (Würzburg: Echter, 1982); **G. P. Wetter**, *Charis. Ein Beitrag zur Geschichte des ältesten Christentums* (Leipzig: Brandsetter, 1913).

§ 14 이신 칭의

1. **Bibliography**: **Barrett**, *Paul* 91-103; **Becker**, *Paul* 279-304, 356-72; **Beker**, *Paul* 255-71; **Berger**, *Theologiegeschichte* 491-97; **H. Boers**, *The Justification of the Gentiles: Paul's Letters to the Galatians and Romans* (Peabody: Hendrickson, 1994); **Bornkamm**, *Paul* 135-56; **Bultmann**, *Theology* I, 270-87; **L. Cerfaux**, *The Christian in the Theology of St. Paul* (London: Chapman, 1967) 373-466; **Conzelmann**, *Outline* 171-73, 213-20; **H. Cremer**, *Die paulinische Rechtfertigungslehre im Zusammenhange ihrer geschichtlichen Voraussetzungen* (Gütersloh: Bertelsmann, [2]1900); **A. von Dobbeler**, *Glaube als Teilhabe. Historische und semantische Grundlagen der paulinischen Theologie und Ekklesiologie des Glaubens* (WUNT 2.22; Tübingen: Mohr, 1987); **van Dülmen**, *Theologie* (§6 n. 1); **J. D. G. Dunn**, "The Justice of God: A Renewed Perspective on Justification by Faith," *JTS* 43 (1992) 1-22; "Paul and Justification by Faith," in R. N. Longenecker, ed., *The Road from Damascus: The Impact of Paul's Conversion on His Life, Thought and Ministry* (Grand Rapids: Eerdmans, 1997) 85-101; **Eckstein**, *Verheißung*; **Fitzmyer**, *Paul* 59-61; **Gnilka**, *Theologie* 78-96; *Paulus* 237-47; **Goppelt**, *Theology* 2.124-41; **F. Hahn**, "Gibt es eine Entwicklung in den Aussagen über die Rechtfertigung bei Paulus?" *EvT* 53 (1993) 342-66; **Howard**, *Paul* ch. 3; **E. Käsemann**, " 'The Righteousness of God' in Paul," *New Testament Questions* 168-82; *Perspectives* 60-101; **K. Kertelge**, *"Rechtfertigung" bei Paulus* (Münster: Aschendorff, 1967, [2]1971); **Kümmel**, *Theology* 193-203; **R. Liebers**, *Das Gesetz als Evangelium. Untersuchungen zur Gesetzeskritik des Paulus* (Zürich: Theologischer, 1989); **E. Lohse**, "Die Gerechtigkeit Gottes in der paulinischen Theologie, wieder abgedruckt," *Einheit* 209-27; *Paulus* 199-214; **Martin**, *Reconciliation* (§9 n. 1) 127-54; **A. E. McGrath**, *Iustitia Dei: A History of the Christian Doctrine of Justification,* 2 vols. (Cambridge: Cambridge University, 1986); **Merklein**, *Studien* 39-64; **C. Müller**, *Gottes Gerechtigkeit und Gottes Volk. Eine Untersuchung zu Römer 9–11* (Göttingen: Vandenhoeck, 1964); **Penna**, "The Problem of the Law in Paul's Letters," *Paul* 2.115-34; **J. Reumann**, *Righteousness in the New Testament* (Philadelphia: Fortress/New York: Paulist, 1982); **Ridderbos**, *Paul* 159-81; **Sanders**, *Paul, the Law and the Jewish People* (§6 n. 1); **Schlier**, *Grundzüge* 48-50, 158-73; **M. A. Seifrid**, *Justification by Faith: The Origin and Development of a Central Pauline Theme* (NovTSup 68; Leiden: Brill, 1992); **K. R. Snodgrass**, "Justification by Grace — to the Doers: An Analysis of the Place of Romans 2 in the Theology of Paul," *NTS* 32 (1986) 72-93; **K. Stendahl**, "The Apostle Paul and the Introspective Conscience of the West," *HTR* 56 (1963) 199-215 = *Paul among Jews and Gentiles* (London: SCM/Philadelphia: Fortress, 1977) 78-96; **Strecker**, "Befreiung und Rechtfertigung," *Eschaton* 229-59; *Theologie* 147-66; **P. Stuhlmacher**, *Gerechtigkeit Gottes bei Paulus* (Göttingen: Vandenhoeck, 1965); "The Apostle Paul's View of Righteousness," *Reconciliation* 68-93; *Theologie* 326-48; **Whiteley**, *Theology* 156-65; **S. K. Williams**, "The 'Righteousness of God' in Romans," *JBL* 99 (1980) 241-90; **M. Winninge**, *Sinners and the Righteous: A Comparative Study of the Psalms of Solomon and Paul's Letters* (ConB New Testament Series 26; Stockholm: Almqvist and Wiksell, 1995); **Witherington**, *Narrative* 245-72; **M. Wolter**,

Rechtfertigung und zukünftiges Heil. Untersuchungen zu Röm. 5.1-11 (BZNW 43; Berlin: de Gruyter, 1978); **J. A. Ziesler**, *The Meaning of Righteousness in Paul: A Linguistic and Theological Inquiry* (SNTSMS 20; Cambridge: Cambridge University, 1972); *Pauline Christianity* 87-91, 103-7.

§14.3 — see the bibliography on §§7.4-5 (§7 n. 1).

§§14.4-5 — **M. Bachmann**, *Sünder oder Übertreter. Studien zur Argumentation in Gal. 2.15ff.* (WUNT 59; Tübingen: Mohr, 1992); "Rechtfertigung und Gesetzeswerke bei Paulus," *TZ* 49 (1993) 1-33; **C. Burchard**, "Nicht aus Werken des Gesetzes gerecht, sondern aus Glauben an Jesus Christus — seit wann?" in Cancik, et al., eds., *Geschichte Band III Frühes Christentum* 405-15; **C. E. B. Cranfield**, " 'The Works of the Law' in the Epistle to the Romans," *JSNT* 43 (1991) 89-101; **M. Cranford**, "Abraham in Romans 4: The Father of All Who Believe," *NTS* 41 (1995) 71-88; **J. D. G. Dunn**, "Works of the Law and the Curse of the Law (Gal. 3.10-14)," *Jesus, Paul and the Law* 215-41; "Yet Once More — 'The Works of the Law': A Response," *JSNT* 46 (1992) 99-117; "4QMMT and Galatians," *NTS* 43 (1997) 147-53; **Finsterbusch**, *Thora* (§23 n. 1) ch. 4; **D. Flusser**, "Die Gesetzes werke in Qumran und bei Paulus," in Cancik, et al., eds., *Geschicht Band I Judentum* 395-403; **Hahn**, "Gesetzesverständnis" (§6 n. 1); **C. Heil**, *Die Ablehnung der Speisgebote durch Paulus* (Weinheim: Beltz Athenäum, 1994); **R. Heiligenthal**, *Werke als Zeichen* (WUNT 2.9; Tübingen: Mohr, 1983); **Hübner**, *Law* (§6 n. 1); **C. G. Kruse**, *Paul, the Law and Justification* (Leicester: Apollos, 1996); **D. J. Moo**, " 'Law,' 'Works of the Law,' and Legalism in Paul," *WTJ* 45 (1983) 73-100; **Räisänen**, *Paul* (§6 n. 1), particularly ch. 5; **Sanders**, *Law* (§6 n. 1); **Schreiner**, *Law* (§6 n. 1) chs. 2 and 4; **Thielman**, *Paul* (§6 n. 1); **Westerholm**, *Israel's Law* (§6 n. 1), particularly ch. 8.

§14.8 — **J. D. G. Dunn**, "Once More, *PISTIS CHRISTOU,*" in D. M. Hay and E. E. Johnson, eds., *Pauline Theology* 4 (Atlanta: Scholars, 1997) 61-81; **R. A. Harrisville**, "*PISTIS CHRISTOU:* Witness of the Fathers," *NovT* 36 (1994) 233-41; **R. Hays**, *Faith of Jesus Christ;* "*PISTIS* and Pauline Christology: What Is at Stake?" in D. M. Hay and E. E. Johnson, eds., *Pauline Theology* 4 (Atlanta: Scholars, 1997) 35-60; **M. D. Hooker**, "*Pistis Christou,*" *Adam* 165-86; **G. Howard**, "On the 'Faith of Christ,' " *HTR* 60 (1967) 459-65; **A. Hultgren**, "The Pistis Christou Formulations in Paul," *NovT* 22 (1980) 248-63; **L. T. Johnson**, "Romans 3.21-26 and the Faith of Jesus," *CBQ* 44 (1982) 77-90; **I. G. Wallis**, *The Faith of Jesus Christ in Early Christian Traditions* (SNTSMS 84; Cambridge: Cambridge University, 1995); **S. K. Williams**, "Again *Pistis Christou,*" *CBQ* 49 (1987) 431-47.

2. P. Collinson, "The Late Medieval Church and Its Reformation (1400-1600)," in J. McManners, *The Oxford Illustrated History of Christianity* (New York: Oxford, 1990) 258-59. McGrath expresses the point in characteristic Protestant terms: "The Christian doctrine of justification . . . constitutes the real centre of the theological system of the Christian church. . . . There never was, and there never can be, any true Christian church without the doctrine of justification . . . the *articulus stantis et cadentis ecclesiae* (*Iustitia Dei* 1-2).

§15 그리스도에의 참여

1. **Bibliography**: **Bousset**, *Kyrios Christos* (§10 n. 1) 153-210; **M. Bouttier**, *En Christ. Étude d'exégèse et de théologie paulinienne* (Paris: Presses Universitaires de

France, 1962); *Christianity according to Paul;* **F. Büchsel**, " 'In Christus' bei Paulus," *ZNW* 42 (1949) 141-58; **Cerfaux**, *Christian* (§14 n. 1) 312-72; **Conzelmann**, *Outline* 208-12; **Davies**, *Paul* 13-15, 86-110; **A. Deissmann**, *Die neutestamentliche Formel "in Christo Jesu"* (Marburg: Elwert, 1892); *Paul,* particularly 135-57; **M. Dibelius**, "Paulus und die Mystik," *Botschaft und Geschichte: Gesammelte Aufsätze* II (Tübingen: Mohr, 1956) 134-59 = Rengstorf, ed., *Paulusbild* 447-74; **J. Dupont**, *SYN CHRISTO. L'union avec le Christ suivant saint Paul* (Bruges: Nauwelaerts, 1952); **Fitzmyer**, *Paul* 88-90; **Gnilka**, *Theologie* 96-101; *Paulus* 255-60; **O. Kuss**, "Mit Christus," *Römerbrief* 319-81; **E. Lohmeyer**, " *'Syn Christǭ,'* " in *Festgabe für Adolf Deissmann* (Tübingen: Mohr, 1927) 218-57; **B. McGinn**, *The Presence of God: A History of Western Christian Mysticism* 1: *The Foundations of Mysticism: Origins to the Fifth Century* (London: SCM/New York: Crossroad, 1991); **Moule**, *Origin* (§10 n. 1) ch. 2; **F. Neugebauer**, "Das Paulinische 'in Christǭ,' " *NTS* 4 (1957-58) 124-38; *In Christus:* En Christǭ. *Eine Untersuchung zum paulinischen Glaubensverständnis* (Göttingen: Vandenhoeck, 1961); **Penna**, "Problems and Nature of Pauline Mysticism," *Paul* 2.235-73; **Ridderbos**, *Paul* 57-64; **Schlier**, *Grundzüge* 173-77; **A. Schweitzer**, *The Mysticism of Paul the Apostle* (London: Black, 1931); **G. Sellin**, "Die religionsgeschichtlichen Hintergründe der paulinischen 'Christusmystik,' " *TQ* 176 (1996) 7-27; **Strecker**, *Theologie* 125-32; **A. J. M. Wedderburn**, "Some Observations on Paul's Use of the Phrases 'in Christ' and 'with Christ,' " *JSNT* 25 (1985) 83-97; **A. Wikenhauser**, *Pauline Mysticism: Christ in the Mystical Teaching of St. Paul* (Freiburg: Herder/Edinburgh: Nelson, 1960); **Ziesler**, *Pauline Christianity* 49-72.

§ 16 성령을 받음

1. **Bibliography**: **L. L. Belleville**, "Paul's Polemic and Theology of the Spirit in Second Corinthians," *CBQ* 58 (1996) 281-304; **H. Bertrams**, *Das Wesen des Geistes nach der Anschauung des Apostels Paulus* (Münster: Aschendorff, 1913); **F. Büchsel**, *Der Geist Gottes im Neuen Testament* (Gütersloh: Bertelsmann, 1926); **Bultmann**, *Theology* 1.153-64; **B. Byrne**, *"Sons of God" — "Seed of Abraham"* (AnBib 83; Rome: Biblical Institute, 1979); **Cerfaux**, *Christian* (§14 n. 1) 239-311; **Y. Congar**, *I Believe in the Holy Spirit* 1: *The Experience of the Spirit,* 2: *Lord and Giver of Life,* 3: *The River of Life Flows in the East and in the West* (New York: Seabury/London: Chapman, 1983); **J. D. G. Dunn**, *Baptism in the Holy Spirit: A Re-Examination of the New Testament Teaching on the Gift of the Spirit in Relation to Pentecostalism Today* (London: SCM/Naperville: Allenson, 1970); "2 Corinthians 3.17 — 'The Lord is the Spirit,' " *JTS* 21 (1970) 309-20; **G. D. Fee**, *God's Empowering Presence: The Holy Spirit in the Letters of Paul* (Peabody: Hendrickson, 1994); **Gnilka**, *Theologie* 101-8; *Paulus* 260-66; **Goppelt**, *Theology* 2.118-24; **H. Gunkel**, *Die Wirkungen des Heiligen Geistes nach der populären Anschauung der apostolischen Zeit und der Lehre des Apostels Paulus* (Göttingen: Vandenhoeck, 1888); **A. Heron**, *The Holy Spirit* (London: Marshall, 1983); **F. W. Horn**, *Das Angeld des Geistes: Studien zur paulinischen Pneumatologie* (FRLANT 154; Göttingen: Vandenhoeck, 1992); **M. E. Isaacs**, *The Concept of the Spirit: A Study of Pneuma in Hellenistic Judaism and Its Bearing on the New Testament* (London: Heythrop College, 1976); **F. S. Jones**, *"Freiheit" in den Briefen des Apostels Paulus* (Göttingen: Vandenhoeck, 1987); **O. Knoch**, *Der Geist Gottes und der neue Mensch. Der Heilige Geist als Grundkraft und Norm des christlichen Lebens in Kirche und Welt nach dem Zeugnis des Apostels Paulus* (Stuttgart: KBW, 1975); **D. J. Lull**, *The Spirit in Galatia: Paul's Interpretation of* Pneuma *as Divine Power* (SBLDS 49;

Chico: Scholars, 1980); **J. Moltmann**, *The Spirit of Life: A Universal Affirmation* (Minneapolis: Fortress, 1992); **G. T. Montague**, *The Holy Spirit: Growth of a Biblical Tradition* (New York: Paulist, 1976); **C. F. D. Moule**, *The Holy Spirit* (London: Mowbrays, 1978 = Grand Rapids: Eerdmans, 1979); **P. von der Osten-Sacken**, *Römer 8 als Beispiel paulinischer Soteriologie* (FRLANT 112; Göttingen: Vandenhoeck, 1975); **Ridderbos**, *Paul* 197-204, 214-23; **Schlier**, *Grundzüge* 179-85; **K. L. Schmidt**, *Das Pneuma Hagion bei Paulus als Person und als Charisma* (Eranos Jahrbuch 13; Zürich: Rhein, 1945); **E. Schweizer**, *The Holy Spirit* (Philadelphia: Fortress, 1980); **E. F. Scott**, *The Spirit in the New Testament* (London: Hodder and Stoughton, 1923); **J. M. Scott**, *Adoption as Sons of God: An Exegetical Investigation into the Background of* HUIOTHESIA *in the Pauline Corpus* (WUNT 2.48; Tübingen: Mohr, 1992); **M. Turner**, *The Holy Spirit and Spiritual Gifts Then and Now* (Carlisle: Paternoster, 1996), particularly 103-35; **H. Weinel**, *Die Wirkungen des Geistes und der Geister im nachapostolischen Zeitalter bis auf Irenäus* (Tübingen: Mohr, 1899); **M. Welker**, *God the Spirit* (Minneapolis: Fortress, 1994); **Whiteley**, *Theology* 124-29.

§ 17 세례

1. **Bibliography**: **G. R. Beasley-Murray**, *Baptism in the New Testament* (London: Macmillan/Grand Rapids: Eerdmans, 1963); **G. Braumann**, *Vorpaulinische christliche Taufverkündigung bei Paulus* (BWANT; Stuttgart: Kohlhammer, 1962); **R. D. Chesnut**, *From Death to Life: Conversion in Joseph and Asenath* (JSPS 16; Sheffield Academic, 1995); **E. J. Christiansen**, *The Covenant in Judaism and Paul: A Study of Ritual Boundaries as Identity Markers* (Leiden: Brill, 1995); **Conzelmann**, *Outline* 271-73; **G. Delling**, *Die Zueignung des Heils in der Taufe. Eine Untersuchung zum neutestamentlichen "Taufen auf den Namen"* (Berlin: Evangelische, 1961); **E. Dinkler**, *Die Taufaussagen des Neuen Testaments,* in K. Viering, ed., *Zu Karl Barths Lehre von der Taufe* (Gütersloh: Gütersloher, 1971) 60-153; **J. D. G. Dunn**, *Baptism* (§16 n. 1); "The Birth of a Metaphor — Baptized in Spirit," *ExpT* 89 (1977-78) 134-38, 173-75; **Fee**, *Empowering Presence* (§16 n. 1); **A. George**, et al., *Baptism in the New Testament* (London: Chapman, 1964); **Gnilka**, *Theologie* 115-20; *Paulus* 272-77; **W. Heitmüller**, *Taufe und Abendmahl* (Göttingen: Vandenhoeck, 1903); **Hengel and Schwemer**, *Paul between Damascus and Antioch* 291-300; **Horn**, *Angeld* (§16 n. 1); **Keck**, *Paul* 56-59; **Kümmel**, *Theology* 207-16; **G. W. H. Lampe**, *The Seal of the Spirit* (London: SPCK, [2]1967); **F. Lang**, "Das Verständnis der Taufe bei Paulus," in Ådna, et al., eds., *Evangelium* 255-68; **Larsson**, *Christus als Vorbild* (§11 n. 1) 1. Teil; **E. Lohse**, "Taufe und Rechtfertigung bei Paulus," *Einheit* 228-44; **L. De Lorenzi**, ed., *Battesimo e Giustizia in Rom. 6 e 8* (Roma: Abbazia S. Paolo, 1974); **K. McDonnell and G. T. Montague**, *Christian Initiation and Baptism in the Holy Spirit: Evidence from the First Eight Centuries* (Collegeville: Liturgical, 1991); **Penna**, "Baptism and Participation in the Death of Christ in Rom. 6.1-11," *Paul* 1.124-41; **M. Pesce**, " 'Christ Did Not Send Me to Baptize, but to Evangelise' (1 Cor. 1.17a)," in Lorenzi, ed., *Paul de Tarse* 339-63; **M. Quesnel**, *Baptisés dans l'Esprit* (Paris: Cerf, 1985); **Ridderbos**, *Paul* 396-414; **R. Schnackenburg**, *Baptism in the Thought of St. Paul* (Oxford: Blackwell/New York: Herder and Herder, 1964); **U. Schnelle**, *Gerechtigkeit und Christusgegenwart. Vorpaulinische und paulinische Tauftheologie* (Göttingen: Vandenhoeck, 1983); **Stuhlmacher**, *Theologie* 350-55; **G. Wagner**, *Pauline Baptism and the Pagan Mysteries* (Edinburgh: Oliver and Boyd, 1967); **A. J. M. Wedderburn**, *Baptism and Resurrection: Studies in Pauline Theology against Its Graeco-Roman Background* (WUNT 44; Tübingen: Mohr, 1987); **Whiteley**, *Theology* 166-78.

§ 18 종말론적 긴장

1. **Bibliography**: **O. Cullmann**, *Christ and Time: The Primitive Christian Conception of Time and History* (London: SCM/Philadelphia: Westminster, revised 1962); *Salvation in History* (London: SCM/New York: Harper and Row, 1967); **J. D. G. Dunn**, *Jesus and the Spirit* ch. 10; "Rom. 7.14-25 in the Theology of Paul," *TZ* 31 (1975) 257-73; **Fee**, *Empowering Presence* (§16 n. 1); **J. M. Gundry Volf**, *Paul and Perseverance: Staying In and Falling Away* (WUNT 2.37; Tübingen: Mohr, 1990); **N. Q. Hamilton**, *The Holy Spirit and Eschatology in Paul* (*SJT* Occasional Papers 6; Edinburgh: Oliver and Boyd, 1957); **M. J. Harris**, *Raised Immortal: Resurrection and Immortality in the New Testament* (London: Marshall, Morgan and Scott, 1983); **J. Holleman**, *Resurrection and Parousia: A Traditio-Historical Study of Paul's Eschatology in 1 Corinthians 15* (NovTSup 84; Leiden: Brill, 1996); **Keck**, *Paul* 78-81; **L. De Lorenzi**, ed., *The Law of the Spirit in Rom. 7 and 8* (Rome: St. Paul's Abbey, 1976); **I. H. Marshall**, *Kept by the Power of God: A Study of Perseverance and Falling Away* (London: Epworth, 1969; Carlisle: Paternoster, [3]1995); **C. M. Pate**, *The Glory of Adam and the Affliction of the Righteous: Pauline Suffering in Context* (Lewiston: Mellen, 1993); **W. Pfister**, *Das Leben im Geist nach Paulus. Der Geist als Anfang und Vollendung des christlichen Lebens* (Freiburg: Üniversitätsverlag, 1963); **E. Schweizer**, "Dying and Rising with Christ," *NTS* 14 (1967-68) 1-14; **R. C. Tannehill**, *Dying and Rising with Christ: A Study in Pauline Theology* (Berlin: Töpelmann, 1967); **P. Tachau**, *"Einst" und "Jetzt" im Neuen Testament* (FRLANT 105; Göttingen: Vandenhoeck, 1972); **G. Theissen**, *Psychological Aspects of Pauline Theology* (Philadelphia: Fortress/Edinburgh: Clark, 1987) 177-265; **S. H. Travis**, *Christ and the Judgment of God: Divine Retribution in the New Testament* (Basingstoke: Marshall, 1986); **Ziesler**, *Pauline Christianity* 95-102.

§ 19 이스라엘(로마서 9~11장)

1. **Bibliography**: **M. Barth**, *The People of God* (JSNTS 5; Sheffield: JSOT, 1983); **Becker**, *Paul* 457-72; **Beker**, *Paul* 328-47; **R. H. Bell**, *Provoked to Jealousy: The Origin and Purpose of the Jealousy Motif in Romans 9–11* (WUNT 2.63; Tübingen: Mohr, 1994); **W. S. Campbell**, "The Freedom and Faithfulness of God in Relation to Israel," *Paul's Gospel* 43-59; **M. Cranford**, "Election and Ethnicity: Paul's View of Israel in Romans 9.1-13," *JSNT* 50 (1993) 27-41; **N. A. Dahl**, "The Future of Israel," *Studies* 137-58; **W. D. Davies**, "Paul and the People of Israel," *NTS* 24 (1977-78) 4-39 = *Jewish and Pauline Studies* 123-52; **E. Dinkler**, "The Historical and Eschatological Israel in Romans 9–11: A Contribution to the Problem of Predestination and Individual Responsibility," *JR* 36 (1956) 109-27; **Eichholz**, *Theologie* 284-301; **J. G. Gager**, *The Origins of AntiSemitism* (New York: Oxford University, 1985); **Gaston**, *Paul* (§6 n. 1) chs. 5, 8, and 9; **M. A. Getty**, "Paul and the Salvation of Israel: A Perspective on Romans 9–11," *CBQ* 50 (1988) 456-69; **Gnilka**, *Theologie* 124-32; *Paulus* 281-89; **E. Grässer**, *Der Alte Bund im Neuen. Exegetische Studien zur Israelfrage im Neuen Testament* (Tübingen: Mohr, 1985); **D. J. Harrington**, *Paul on the Mystery of Israel* (Collegeville: Liturgical, 1992); **G. Harvey**, *The True Israel: Uses of the Names Jew, Hebrew and Israel in Ancient Jewish and Early Christian Literature* (Leiden: Brill, 1996); **O. Hofius**, "Das Evangelium und Israel. Erwägungen zu Römer 9–11," *Paulusstudien* 175-202; **E. E. Johnson**, *The Function of*

Apocalyptic and Wisdom Traditions in Romans 9–11 (Atlanta: Scholars, 1989); **B. W. Longenecker**, "Different Answers to Different Issues: Israel, the Gentiles and Salvation History in Romans 9–11," *JSNT* 36 (1989) 95-123; *Eschatology and the Covenant: A Comparison of 4 Ezra and Romans 1–11* (JSNTS 57; Sheffield: Sheffield Academic, 1991); **L. de Lorenzi**, ed., *Die Israelfrage nach Römer 9–11* (Rome: Abtei von St. Paul, 1977); **H.-M. Lübking**, *Paulus und Israel im Römerbrief. Eine Untersuchung zu Römer 9–11* (Frankfurt: Lang, 1986); **U. Luz**, *Das Geschichtsverständnis des Paulus* (Munich: Kaiser, 1968); **B. Mayer**, *Unter Gottes Heilsratschluss: Prädestinationsaussagen bei Paulus* (Würzburg: Echter, 1974); **H. Merklein**, "Der (neue) Bund als Thema der paulinischen Theologie," *TQ* 176 (1966) 290-308; **J. Munck**, *Christ and Israel: An Interpretation of Romans 9–11* (Philadelphia: Fortress, 1967); **P. von der Osten-Sacken**, *Christian-Jewish Dialogue: Theological Foundations* (Philadelphia: Fortress, 1986) 19-40; **Penna**, "The Evolution of Paul's Attitude toward the Jews," *Paul* 1.290-321; **J. Piper**, *The Justification of God: An Exegetical and Theological Study of Romans 9.1-23* (Grand Rapids: Baker, 1983); **H. Räisänen**, "Römer 9–11: Analyse eines geistigen Ringens," *ANRW* 2.25.4 (1987) 2891-2939; **F. Refoulé**, "Cohérence ou incohérence de Paul en Romains 9–11," *RB* 98 (1991) 51-79; **P. Richardson**, *Israel in the Apostolic Church* (SNTSMS 10; Cambridge: Cambridge University, 1969); **Ridderbos**, *Paul* 327-61; **D. Sänger**, *Die Verkündigung des Gekreuzigten und Israel. Studien zum Verhältnis von Kirche und Israel bei Paulus und im frühen Christentum* (WUNT 75; Tübingen: Mohr, 1994); **R. Schmitt**, *Gottesgerechtigkeit-Heilsgeschichte: Israel in der Theologie des Paulus* (Frankfurt: Lang, 1984); **Schoeps**, *Paul* 235-45; **Stowers**, *Rereading* 285-316; **Strecker**, *Theologie* 215-22; **P. Tomson**, "The Names Israel and Jew in Ancient Judaism and in the New Testament," *Bijdragen* 47 (1986) 120-40, 266-89; **N. Walter**, "Zur Interpretation von Römer 9–11," *ZTK* 81 (1984) 172-95; **Watson**, *Paul* 160-73; **Zeller**, *Juden* 108-37.

§ 20 그리스도의 몸

1. **Bibliography**: **R. Banks**, *Paul's Idea of Community: The Early House Churches in their Historical Setting* (Exeter: Paternoster/Grand Rapids: Eerdmans, 1980; Peabody: Hendrickson, [2]1994); **S. C. Barton**, "Christian Community in the Light of 1 Corinthians," *Studies in Christian Ethics* 10 (1997) 1-15; **Becker**, *Paul* 420-30; **Beker**, *Paul* 303-27; **E. Best**, *One Body in Christ: A Study of the Relationship of the Church to Christ in the Epistles of the Apostle Paul* (London: SPCK, 1955); **L. Cerfaux**, *The Church in the Theology of St. Paul* (New York: Herder, 1959); **Conzelmann**, *Outline* 254-65; **N. A. Dahl**, *Das Volk Gottes. Eine Untersuchung zum Kirchenbewußtsein des Urchristentums* (1941; Darmstadt: Wissenschaftliche Buchgesellschaft, 1962) 209-78; **H. Doohan**, *Paul's Vision of Church* (Wilmington: Glazier, 1989); **Dunn**, *Jesus and the Spirit* (§18 n. 1) ch. 8; " 'The Body of Christ' in Paul," in M. J. Wilkins and T. Paige, *Worship, Theology and Ministry in the Early Church*, R. P. Martin FS (JSNTS 87; Sheffield: Sheffield Academic, 1992) 146-62; **Fee**, *Empowering Presence* (§16 n. 1) 146-261, 604-11; **Fitzmyer**, *Paul* 90-93, 95-97; **B. Gärtner**, *The Temple and the Community in Qumran and the New Testament* (SNTSMS 1; Cambridge: Cambridge University, 1965); **Gnilka**, *Theologie* 108-15; *Paulus* 266-72; **M. Goguel**, *The Primitive Church* (London: George Allen and Unwin, 1964) 51-64; **J. Hainz**, *Ekklesia. Strukturen paulinischer Gemeinde-Theologie und Gemeinde-Ordnung* (BU 9; Regensburg: Pustet, 1972); **F. J. A Hort**, *The Christian Ecclesia* (London:

Macmillan, 1897); **Jewett**, *Anthropological Terms* (§3 n. 1) ch. 5; **E. Käsemann**, *Leib und Leib Christi: Eine Untersuchung zur paulinischen Begrifflichkeit* (Tübingen: Mohr, 1933); "The Theological Problem Presented by the Motif of the Body of Christ," *Perspectives* 102-21; "Worship in Everyday Life: A Note on Romans 12," *New Testament Questions* 188-95; **Keck**, *Paul* 59-61; **W. Klaiber**, *Rechtfertigung und Gemeinde. Eine Untersuchung zum paulinische Kirchenverständnis* (FRLANT 127; Göttingen: Vandenhoeck, 1982); **H.-J. Klauck**, *Hausgemeinde und Hauskirche im frühen Christentum* (SBS 103; Stuttgart: KBW, 1981); **W. Kraus**, *Das Volk Gottes: Zur Grundlegung der Ekklesiologie bei Paulus* (WUNT 85; Tübingen: Mohr, 1996); **A. Lindemann**, "Die Kirche als Leib. Beobachtungen zur 'demokratischen' Ekklesiologie bei Paulus," *ZTK* 92 (1995) 140-65; **R. J. McKelvey**, *The New Temple: The Church in the New Testament* (London: Oxford University, 1969); **Meeks**, *First Urban Christians* 74-110; **Merklein**, "Die Ekklesia Gottes. Der Kirchenbegriff bei Paulus und in Jerusalem" and "Entstehung und Gehalt des paulinischen Leib-Christi-Gedankens," *Studien* 296-318, 319-44; **J. J. Meuzelaar**, *Der Leib des Messias. Eine exegetische Studie über den Gedanken vom Leib Christi in den Paulusbriefen* (Kampen: Kok, 1979; **P. S. Minear**, *Images of the Church in the New Testament* (Philadelphia: Westminster, 1960); **E. Nardoni**, "The Concept of Charism in Paul," *CBQ* 55 (1993) 68-80; **M. Newton**, *The Concept of Purity at Qumran and in the Letters of Paul* (SNTSMS 53; Cambridge: Cambridge University, 1985); **A. Oepke**, *Das Neue Gottesvolk* (Gütersloh: Gütersloher, 1950); **Penna**, "Christianity and Secularity/Laicity in Saint Paul: Remarks," *Paul* 2.174-84; **E. Percy**, *Der Leib Christi* (Sōma Christou) *in den paulinischen Homologoumena und Antilegomena* (Lund: Gleerup, 1942); **Ridderbos**, *Paul* 362-95; **Robinson**, *Body* (§3 n. 1); **J. Roloff**, *Die Kirche im Neuen Testament* (Göttingen: Vandenhoeck, 1993); **J. P. Sampley**, *Pauline Partnership in Christ: Christian Community and Commitment in Light of Roman Law* (Philadelphia: Fortress, 1980); **S. Schatzmann**, *A Pauline Theology of Charismata* (Peabody: Hendrickson, 1987); **S. Schulz**, "Die Charismenlehre des Paulus. Bilanz der Probleme und Ergebnisse," in J. Friedrich, et al., eds., *Rechtfertigung,* E. Käsemann FS (Göttingen: Vandenhoeck, 1976) 443-60; **H. Schürmann**, "Die geistlichen Gnadengaben in den paulinischen Gemeinden," *Ursprung und Gestalt* (Düsseldorf: Patmos, 1970) 236-67; **Schweizer**, "Die Kirche als Leib Christi in den paulinischen Homologoumena," *Neotestamentica* 272-92; **Strecker**, *Theologie* 190-98; **Stuhlmacher**, *Theologie* 356-63; **Turner**, *The Holy Spirit* (§16 n. 1) 261-85; **A. J. M. Wedderburn**, "The Body of Christ and Related Concepts in 1 Corinthians," *SJT* 24 (1971) 74-96; **Whiteley**, *Theology* 186-204.

§ 21 직임과 권한

1. **Bibliography**: **Barrett**, *Paul* 119-27; **N. Baumert**, "Charisma und Amt bei Paulus," in A. Vanhoye, ed., *L'Apôtre Paul* 203-28; *Woman and Man in Paul: Overcoming a Misunderstanding* (Collegeville: Liturgical/Glazier, 1996) 174-212; **A. Bittlinger**, *Gifts and Graces* (London: Hodder and Stoughton, 1967); *Gifts and Ministries* (Grand Rapids: Eerdmans, 1973); **U. Brockhaus**, *Charisma und Amt. Die paulinische Charismenlehre auf dem Hintergrund der frühchristlichen Gemeindefunktionen* (Wuppertal: Brockhaus, 1972); **J. T. Burtchaell**, *From Synagogue to Church: Public Services and Offices in the Earliest Christian Communities* (Cambridge: Cambridge University, 1992); **R. A. Campbell**, *The Elders: Seniority within Earliest Christianity* (Edinburgh: Clark, 1994); **H. von Campenhausen**, *Ecclesiastical Authority and Spiritual Power in the*

Church of the First Three Centuries (1953; London: Black, 1969); **H. Doohan**, *Leadership in Paul* (Wilmington: Glazier, 1984); **Dunn**, *Jesus and the Spirit* (§18 n. 1) ch. 9; "The Responsible Congregation (1 Cor. 14.26-40)," in L. de Lorenzi, ed., *Charisma und Agape (1 Kor. 12–14)* (Rome: Abbey of St. Paul, 1983) 201-36; **E. E. Ellis**, *Pauline Theology: Ministry and Society* (Grand Rapids: Eerdmans/Exeter: Paternoster, 1989); **E. S. Fiorenza**, *In Memory of Her: A Feminist Theological Reconstruction of Christian Origins* (London: SCM/New York: Crossroad, 1983); **G. Friedrich**, "Das Amt im Neuen Testament," in J. Friedrich, ed., *Auf das Wort kommt es an* (Göttingen: Vandenhoeck, 1978) 416-30; **H. Greeven**, "Propheten, Lehrer, Vorsteher bei Paulus," *ZNW* 44 (1952-53) 1-43; **F. Hahn**, "Charisma und Amt," *ZTK* 76 (1979) 419-49 = *Exegetische Beiträge zum ökumenischen Gespräch: Gesammelte Aufsätze* (Göttingen: Vandenhoeck, 1986) 201-31; **A. Harnack**, *The Constitution and Law of the Church in the First Two Centuries* (London: Williams and Norgate, 1910); **G. Hasenhüttl**, *Charisma. Ordnungsprinzip der Kirche* (Freiburg: Herder, 1969); **B. Holmberg**, *Paul and Power: The Structure of Authority in the Primitive Church as Reflected in the Pauline Epistles* (Lund: Gleerup, 1978 = Philadelphia: Fortress, 1980); **E. Käsemann**, "Ministry and Community in the New Testament," *Essays* 63-94; **Kertelge**, "Der Ort des Amtes in der Ekklesiologie des Paulus," *Grundthemen* 216-34; **K. Kertelge**, ed., *Das Kirchliche Amt im Neuen Testament* (Darmstadt: Wissenschaftliche Buchgesellschaft, 1977); **H. Küng**, *The Church* (London: Burns and Oates/New York: Sheed and Ward, 1967); **T. M. Lindsay**, *The Church and the Ministry in the Early Centuries* (London: Hodder and Stoughton, 1902); **R. P. Martin**, *The Spirit and the Congregation* (Grand Rapids: Eerdmans, 1984); **M. Y. MacDonald**, *The Pauline Churches: A Socio-Historical Study of Institutionalization in the Pauline and Deutero-Pauline Writings* (SNTSMS 60; Cambridge: Cambridge University, 1988); **Meeks**, *First Urban Christians* 111-39; **P.-H. Menoud**, *L'Église et les ministères selon le Nouveau Testament* (Neuchâtel/Paris: Delachaux et Niestlé, 1949); **Ridderbos**, *Paul* 429-86; **J. H. Schütz**, *Paul and the Anatomy of Apostolic Authority* (SNTSMS 26; Cambridge: Cambridge University, 1975); **E. Schweizer**, *Church Order in the New Testament* (London: SCM/Naperville: Allenson, 1961); **G. Shaw**, *The Cost of Authority: Manipulation and Freedom in the New Testament* (London: SCM/Philadelphia: Fortress, 1983); **R. Sohm**, *Kirchenrecht* I (1892; Munich/Leipzig: Duncker und Humblot, 1923); *Wesen und Ursprung des Katholizismus* (Leipzig/Berlin: Teubner, [2]1912); **Strecker**, *Theologie* 198-206; **Theissen**, *Social Setting;* **W. Trilling**, "Zum 'Amt' im Neuen Testament. Eine methodologische Besinnung," in U. Luz and H. Weder, eds., *Die Mitte des Neuen Testament. Einheit und Vielfalt neutestamentlicher Theologie,* E. Schweizer FS (Göttingen: Vandenhoeck, 1983) 319-44; **A. C. Wire**, *The Corinthian Women Prophets: A Reconstruction through Paul's Rhetoric* (Minneapolis: Fortress, 1990).

§ 22 주의 만찬

1. **Bibliography**: **M. Barth**, *Rediscovering the Lord's Supper: Communion with Israel, with Christ, and among the Guests* (Atlanta: John Knox, 1988); **Bornkamm**, "Lord's Supper and Church in Paul," *Early Christian Experience* 123-60; **Bultmann**, *Theology* 1.144-52; **W. Burkert**, *Ancient Mystery Cults* (Cambridge: Harvard University, 1987); **J. Delorme**, et al., *The Eucharist in the New Testament* (London: Chapman/Baltimore: Helicon, 1964); **Gnilka**, *Theologie* 120-24; *Paulus* 277-81; **Goppelt**, *Theology* 2.147-50; **F. Hahn**,

"Herrengedächtnis und Herrenmahl bei Paulus," *Exegetische Beiträge zum ökumenischen Gespräch* (Göttingen: Vandenhoeck, 1986) 303-14; **Heitmüller**, *Taufe und Abendmahl* (§17 n. 1); **O. Hofius**, "Herrenmahl und Herrenmahlsparadosis. Erwägungen zu 1 Kor. 11.23b-25," *Paulusstudien* 204-40 = "The Lord's Supper and the Lord's Supper Tradition: Reflections on 1 Corinthians 11.23b-25," in Meyer, ed., *One Loaf* (below) 75-115; **J. Jeremias**, *The Eucharistic Words of Jesus* (London: SCM, 1966); **R. Jewett**, "Gospel and Commensality: Social and Theological Implications of Galatians 2.14," in L. A. Jervis and P. Richardson, eds., *Gospel in Paul* (§7 n. 1) 240-52; **Käsemann**, "The Pauline Doctrine of the Lord's Supper," *Essays* 108-35; **Keck**, *Paul* 61-64; **H.-J. Klauck**, *Herrenmahl und hellenistischer Kult. Eine religionsgeschichtliche Untersuchung zum ersten Korintherbrief* (Münster: Aschendorff, 1982); "Presence in the Lord's Supper: 1 Corinthians 11.23-26 in the Context of Hellenistic Religious History," in Meyer, ed., *One Loaf* (below) 57-74; **P. Lampe**, "The Eucharist: Identifying with Christ on the Cross," *Int* 48 (1994) 36-49; **X. Léon-Dufour**, *Sharing the Eucharistic Bread: The Witness of the New Testament* (New York: Paulist, 1987); **I. H. Marshall**, *Last Supper and Lord's Supper* (Exeter: Paternoster, 1980 = Grand Rapids: Eerdmans, 1981); **W. Marxsen**, *The Lord's Supper as a Christological Problem* (Philadelphia: Fortress, 1970); **Meeks**, *First Urban Christians* 157-62; **B. F. Meyer**, ed., *One Loaf, One Cup: Ecumenical Studies of 1 Cor. 11 and Other Eucharistic Texts* (Macon: Mercer University, 1993); **J. Murphy-O'Connor**, *St. Paul's Corinth: Texts and Archaeology* (Collegeville: Liturgical/Glazier, 1983); **P. Neuenzeit**, *Das Herrenmahl. Studien zur paulinischen Eucharistieauffassung* (Munich: Kösel, 1960); **A. D. Nock**, "Early Gentile Christianity and Its Hellenistic Background" and "Hellenistic Mysteries and Christian Sacraments," in *Essays on Religion and the Ancient World,* ed. J. Z. Stewart (Oxford: Clarendon, 1972) 1.49-133 and 2.791-820; **Neyrey**, *Paul in Other Words,* particularly ch. 5; **B. I. Reicke**, *Diakone, Festfreude und Zelos, in Verbindung mit der altchristlichen Agapenfeier* (Uppsala: Lundequistka, 1951); **J. Reumann**, *The Supper of the Lord: The New Testament, Ecumenical Dialogues, and Faith and Order on Eucharist* (Philadelphia: Fortress, 1985); **Ridderbos**, *Paul* 414-28; **E. Schweizer**, *The Lord's Supper according to the New Testament* (Philadelphia: Fortress, 1967); **Strecker**, *Theologie* 176-85; **Stuhlmacher**, *Theologie* 363-70; **Theissen**, "Social Integration and Sacramental Activity: An Analysis of 1 Cor. 11.17-34," *Social Setting* ch. 4; **Wedderburn**, *Baptism* (§17 n. 1); **Whiteley**, *Theology* 178-85; **W. L. Willis**, *Idol Meat in Corinth: The Pauline Argument in 1 Corinthians 8 and 10* (SBLDS 68; Chico: Scholars, 1985).

§ 23 동기 부여를 위한 원칙들

1. **Bibliography**: **J. Barclay**, *Obeying the Truth: A Study of Paul's Ethics in Galatians* (Edinburgh: Clark, 1988); **Barrett**, *Paul* 134-41; **Becker**, *Paul* 430-40; **Beker**, *Paul* 272-94; **E. Best**, *Paul and His Converts* (Edinburgh: Clark, 1988); **Berger**, *Theologiegeschichte* 498-507; **Betz**, "Das Problem der Grundlagen der paulinischen Ethik (Röm. 12.1-2)," *Paulinische Studien* 184-205; **W. P. de Boer**, *The Imitation of Paul: An Exegetical Study* (Kampen: Kok, 1962); **Bornkamm**, *Paul* 196-219; **Bultmann**, *Theology* I. 330-45; **Conzelmann**, *Outline* 275-86; **H. Cruz**, *Christological Motives and Motivated Actions in Pauline Paraenesis* (Frankfurt: Lang, 1990); **Cullmann**, *Christ and Time* (§18 n. 1); **Davies**, *Paul* 111-46; **T. J. Deidun**, *New Covenant Morality in Paul* (AnBib 89; Rome: Biblical Institute, 1981); **M. S. Enslin**, *The Ethics of Paul* (Nashville: Abingdon, 1957); **K. Finsterbusch**, *Die Thora als Lebensweisung für Heidenchristen. Studien zur Bedeutung der Thora für die paulinische Ethik* (Göttingen: Vandenhoeck, 1996); **Fitzmyer**,

Paul 97-107; **V. P. Furnish**, *Theology and Ethics in Paul* (Nashville: Abingdon, 1968); *The Love Command in the New Testament* (Nashville: Abingdon, 1972 = London: SCM, 1973); **D. B. Garlington**, *Faith, Obedience and Perseverance: Aspects of Paul's Letter to the Romans* (WUNT 79; Tübingen: Mohr, 1994); **B. Gerhardsson**, *The Ethos of the Bible* (Philadelphia: Fortress, 1981) 63-92; **G. Haufe**, "Das Geistmotiv in der paulinischen Ethik," *ZNW* 85 (1994) 183-91; **R. B. Hays**, *The Moral Vision of the New Testament: A Contemporary Introduction to New Testament Ethics* (San Francisco: HarperCollins, 1996); **F. W. Horn**, "Wandel im Geist. Zur pneumatologischen Begründung der Ethik bei Paulus," *KuD* 38 (1992) 149-70; **J. L. Houlden**, *Ethics and the New Testament* (Harmondsworth: Penguin, 1973); **Hübner**, *Law* (§6 n. 1); **J. L. Jaquette**, *Discerning What Counts: The Function of the* Adiaphora Topos *in Paul's Letters* (SBLDS 146; Atlanta: Scholars, 1995); **Keck**, *Paul* 88-98; also "Rethinking 'New Testament Ethics,'" *JBL* 115 (1996) 3-16; **E. Lohse**, *Theological Ethics of the New Testament* (Minneapolis: Fortress, 1991); **R. N. Longenecker**, *Paul: Apostle of Liberty* (New York: Harper and Row, 1964); **L. De Lorenzi**, ed., *Dimensions de la vie chrétienne (Rom. 12–13)* (Rome: Abbaye de S. Paul, 1979); **E. H. Lovering and J. L. Sumney**, eds., *Theology and Ethics in Paul and His Interpreters*, V. P. Furnish FS (Nashville: Abingdon, 1996); **A. J. Malherbe**, *Moral Exhortation: A Greco-Roman Sourcebook* (Philadelphia: Westminster, 1986); **W. Marxsen**, *New Testament Foundations for Christian Ethics* (Minneapolis: Fortress, 1993); **W. A. Meeks**, *The Moral World of the First Christians* (Philadelphia: Westminster, 1986); *The Origins of Christian Morality: The First Two Centuries* (New Haven: Yale University, 1993); **O. Merk**, *Handeln aus Glauben: Die Motivierungen der paulinischen Ethik* (Marburg: Elwert, 1968); **Moule**, "Obligation in the Ethic of Paul," *Essays* 261-77; **P. von der Osten-Sacken**, *Die Heiligkeit der Torah. Studien zum Gesetz bei Paulus* (Munich: Kaiser, 1989); **R. F. O'Toole**, *Who Is a Christian? A Study in Pauline Ethics* (Collegeville: Liturgical/Glazier, 1990); **Penna**, "Dissolution and Restoration of the Relationship of Law and Wisdom in Paul" and "Problems of Pauline Morality: The Present State of the Question," *Paul* 2.135-62, 163-73; **Räisänen**, *Law* (§6 n. 1); **E. Reinmuth**, *Geist und Gesetz. Studien zu Voraussetzungen und Inhalt der paulinischen Paränese* (Berlin: Evangelische, 1985); **P. Richardson**, *Paul's Ethic of Freedom* (Philadelphia: Westminster, 1979); **Ridderbos**, *Paul* 253-326; **B. S. Rosner**, ed., *Understanding Paul's Ethics: Twentieth-Century Approaches* (Grand Rapids: Eerdmans/Carlisle: Paternoster, 1995); **J. P. Sampley**, *Walking between the Times: Paul's Moral Reasoning* (Minneapolis: Fortress, 1991); **J. T. Sanders**, *Ethics in the New Testament: Change and Development* (Philadelphia: Fortress/London: SCM, 1975); **Schnabel**, *Law and Wisdom* (§11 n. 1); **R. Schnackenburg**, *Die sittliche Botschaft des Neuen Testaments* 2: *Die urchristlichen Verkündiger* (Freiburg: Herder, 1988) 13-71; **W. Schrage**, *Die konkreten Einzelgebote in der paulinischen Paränese* (Gütersloh: Gütersloher, 1961); *The Ethics of the New Testament* (Philadelphia: Fortress/Edinburgh: Clark, 1988); **Schreiner**, *Law* (§6 n. 1); **S. Schulz**, *Neutestamentliche Ethik* (Zurich: Theologischer, 1987); **T. Söding**, *Das Liebesgebot bis Paulus. Die Mahnung zur Agape im Rahmen der paulinischen Ethik* (Münster: Aschendorff, 1991); **Strecker**, *Theologie* 49-54, 111-12, 206-15; **Stuhlmacher**, *Theologie* 371-91; **P. J. Tomson**, *Paul and the Jewish Law: Halakha in the Letters of the Apostle to the Gentiles* (CRINT 3.1; Assen: Van Gorcum/Minneapolis: Fortress, 1990); **C. M. Tuckett**, "Paul, Tradition and Freedom," *TZ* 47 (1991) 307-25; **Westerholm**, *Israel's Law* (§6 n. 1) 198-218; **Whiteley**, *Theology* 205-32; **M. Wolter**, "Ethos und Identität in paulinischen Gemeinden," *NTS* 43 (1997) 430-44; **Ziesler**, *Pauline Christianity* 116-26.

§ 24 윤리의 실제

1. **Bibliography**: §24.2 — **J. D. G. Dunn**, "Romans 13.1-7 — A Charter for Political Quietism?" *Ex Auditu* 2 (1986) 55-68; **O. Cullmann**, *The State in the New Testament* (New York: Scribner/London: SCM, 1956); **J. Friedrich, W. Pöhlmann, and P. Stuhlmacher**, "Zur historischen Situation und Intention von Röm. 13.1-7," *ZTK* 73 (1976) 131-66; **V. P. Furnish**, *The Moral Teaching of Paul: Selected Issues* (Nashville: Abingdon, 1979) 115-41; **H. Merklein**, "Sinn und Zweck von Röm. 13.1-7," in H. Merklein, ed., *Neues Testament und Ethik,* R. Schnackenburg FS (Freiburg: Herder, 1989) 238-70; **F. J. Ortkemper**, *Leben aus dem Glauben: Christliche Grundhaltungen nach Römer 12–13* (Münster: Aschendorff, 1980); **P. Perkins**, *Love Commands in the New Testament* (New York: Paulist, 1982); **J. Piper**, *"Love Your Enemies": Jesus' Love Command in the Synoptic Gospels and the Early Christian Paraenesis* (SNTSMS 38; Cambridge: Cambridge University, 1979); **A. Strobel**, "Zum Verständnis von Röm. 13," *ZNW* 47 (1956) 67-93; **U. Wilckens**, "Röm. 13.1-7," *Rechtfertigung* 203-45; **W. T. Wilson**, *Love without Pretense: Romans 12.9-21 and Hellenistic Jewish Wisdom Literature* (WUNT 2.46; Tübingen: Mohr, 1991).

§24.3 — **J.-M. Cambier**, "La liberté chrétienne est et personnelle et communautaire (Rom. 14.1–15.13)," in L. de Lorenzi, ed., *Freedom and Love: The Guide for Christian Life (1 Cor. 8–10; Rom. 14–15)* (Rome: Abbey of St. Paul, 1981) 57-84; **R. Jewett**, *Christian Tolerance: Paul's Message to the Modern Church* (Philadelphia: Westminster, 1982); **R. J. Karris**, "Romans 14.1–15.13 and the Occasion of Romans," in Donfried, ed., *Romans Debate* 65-84; **W. A. Meeks**, "Judgment and the Brother: Romans 14.1–15.13," in G. F. Hawthorne and O. Betz, eds., *Tradition and Interpretation in the New Testament,* E. E. Ellis FS (Grand Rapids: Eerdmans/Tübingen: Mohr, 1987) 290-300; **M. Rauer**, *Die "Schwachen" in Korinth und Rom nach den Paulusbriefen* (Freiburg: Herder, 1923).

§24.4 — **B. Byrne**, "Sinning against One's Own Body: Paul's Understanding of the Sexual Relationship in 1 Corinthians 6.18," *CBQ* 45 (1983) 608-16; **L. W. Countryman**, *Dirt, Greed and Sex: Sexual Ethics in the New Testament and Their Implications for Today* (Philadelphia: Fortress, 1988); **G. Dautzenberg**, "*Pheugete porneian* (1 Kor. 6.18). Eine Fallstudie zur paulinischen Sexualethik in ihren Verhältnis zur Sexualethik des Frühjudentums," in H. Merklein, ed., *Neues Testament und Ethik,* R. Schnackenburg FS (Freiburg: Herder, 1989) 271-98; **B. N. Fisk**, "*PORNEUEIN* as Body Violation: The Unique Nature of Sexual Sin in 1 Corinthians 6.18," *NTS* 42 (1996) 540-58; **J. Jensen**, "Does *Porneia* Mean Fornication?" *NovT* 20 (1978) 161-84; **Martin**, *Corinthian Body* (§3 n. 1) 168-79; **B. S. Rosner**, *Paul, Scripture and Ethics: A Study of 1 Corinthians 5–7* (Leiden: Brill, 1994).

§24.5 — **D. Balch**, "1 Cor. 7.32-35 and Stoic Debates about Marriage, Anxiety and Distraction," *JBL* 102 (1983) 429-39; **N. Baumert**, *Ehelosigkeit und Ehe im Herrn. Eine Neuinterpretation von 1 Kor. 7* (Würzburg: Echter, 1984); *Woman and Man* (§21 n. 1) 25-131; **R. Cartlidge**, "1 Corinthians 7 as a Foundation for a Christian Sex Ethic," *JR* 55 (1975) 220-34; **W. Deming**, *Paul on Marriage and Celibacy: The Hellenistic Background of 1 Corinthians 7* (SNTSMS 83; Cambridge: Cambridge University, 1995); **Furnish**, *Moral Teaching* (as above) 30-51; **Keck**, *Paul* 112-15; **M. Y. MacDonald**, "Early Christian Women Married to Unbelievers," *Studies in Religion/Sciences Religieuses* 19 (1990) 221-34; **Martin**, *Corinthian Body* (§3 n. 1) 198-228; **Merklein**, " 'Es ist gut für den Menschen, eine Frau nicht anzufassen': Paulus und die Sexualität nach 1 Kor. 7," *Studien* 385-408;

K. Niederwimmer, *Askese und Mysterium: Über Ehe, Ehescheidung und Eheverzicht in den Anfängen des christlichen Glaubens* (FRLANT 113; Göttingen: Vandenhoeck, 1975); **V. L. Wimbush**, *Paul the Worldly Ascetic: Response to the World and Self-Understanding according to 1 Corinthians 7* (Macon: Mercer University, 1987); **L. O. Yarbrough**, *Not Like the Gentiles: Marriage Rules in the Letters of Paul* (SBLDS 80; Atlanta: Scholars, 1985).

§24.6 — **J. M. G. Barclay**, "Paul, Philemon and the Dilemma of Christian Slave-Ownership," *NTS* 37 (1991) 161-86; **S. S. Bartchy**, *MALLON CHRESAI: First-Century Slavery and the Interpretation of 1 Corinthians 7.21* (SBLDS 11; Missoula: Scholars, 1973); **H. Bellen**, *Studien zur Sklavenflucht im römischen Kaiserreich* (Forschungen zur antiken Skaverei 4; Wiesbaden: Steiner, 1971); **R. Gayer**, *Die Stellung des Sklaven in den paulinischen Gemeinden und bei Paulus. Zugleich ein sozialgeschichtlich vergleichender Beitrag zur Wertung des Sklaven in der Antike* (Bern: Lang, 1976); **Horrell**, *Social Ethos;* **D. B. Martin**, *Slavery as Salvation: The Metaphor of Slavery in Pauline Christianity* (New Haven: Yale University, 1990); **S. C. Winter**, "Paul's Letter to Philemon," *NTS* 33 (1987) 1-15.

§24.7 — **C. K. Barrett**, "Things Sacrificed to Idols," *Essays* 40-59; **A. T. Cheung**, *Idol Food in Corinth: An Examination of Paul's Approach in the Light of Its Background in Ancient Judaism and Legacy in Early Christianity* (JSNTS; Sheffield: Sheffield Academic, 1997); **G. D. Fee**, "*Eidōlothuta* Once Again: An Interpretation of 1 Corinthians 8–10," *Bib* 61 (1980) 172-97; **P. W. Gooch**, *Dangerous Food: 1 Corinthians 8–10 in Its Context* (Waterloo: Wilfrid Laurier University, 1993); **Heil**, *Ablehnung* (§14 n. 1) 177-235; **R. A. Horsley**, "Consciousness and Freedom among the Corinthians: 1 Corinthians 8–10," *CBQ* 40 (1978) 574-89; **Jaquette**, *Discerning What Counts* (§23 n. 1) 137-53; **J. J. Meggitt**, "Meat Consumption and Social Conflict in Corinth," *JTS* (1994) 137-41; **J. Murphy-O'Connor**, "Freedom or the Ghetto (1 Cor. 8.1-13; 10.23–11.1)," in L. de Lorenzi, ed., *Freedom and Love: The Guide for Christian Life (1 Cor. 8–10; Rom. 14–15)* (Rome: Abbey of St. Paul, 1981) 7-38; **T. Söding**, "Starke und Schwache. Der Göttzenopferstreit in 1 Kor. 8–10 als Paradigma paulinischer Ethik," *ZNW* 85 (1994) 69-92; **Theissen**, "The Strong and the Weak in Corinth: A Sociological Analysis of a Theological Quarrel," *Social Setting* 121-43; **Tomson**, *Paul* (§23 n. 1) 151-220; **Willis**, *Idol Meat* (§22 n. 1); **B. W. Winter**, "Theological and Ethical Responses to Religious Pluralism — 1 Corinthians 8–10," *TynB* 41 (1990) 209-26.

§24.8 — **R. D. Aus**, "Paul's Travel Plans to Spain and the 'Full Number of the Gentiles' of Rom. 11.25," *NovT* 21 (1979) 232-62; **J. M. Bassler**, *God and Mammon: Asking for Money in the New Testament* (Nashville: Abingdon, 1991) ch. 4; **D. Georgi**, *Remembering the Poor: The History of Paul's Collection for Jerusalem* (1965; Nashville: Abingdon, 1992); **Harrison**, *Paul's Language of Grace* (§13 n. 1) ch. 7; **Munck**, *Paul* 282-308; **K. F. Nickle**, *The Collection: A Study in Paul's Strategy* (London: SCM, 1966); **Zeller**, *Juden und Heiden* 224-36.

국내 번역 도서

42쪽 7) 루돌프 불트만,「신약성서신학」, 허혁 옮김(성광문화사)

42쪽 8) 한스 콘첼만,「신약성서신학」, 박두환 옮김(한국신학연구소)(개정판임)
퀌멜,「신약성서신학」, 박창건 옮김(성광문화사)
레온하르트 고펠트,「신약신학 Ⅰ, Ⅱ」, 박문재 옮김(크리스챤다이제스트)

42쪽 12) F. F.브루스,「바울」, 박문재 옮김(크리스챤다이제스트)
도날드 거쓰리,「신약신학」, 정원태 옮김(기독교문서선교회)

43쪽 16) 화이틀리,「바울 신학」, 한의신 옮김(나단)

46쪽 20) 큄멜,「신약정경개론」, 박익수 옮김(대한기독교출판사)

47쪽 23) 바르트,「로마서 강해」, 조남홍 옮김(한들출판사)
슈툴마허,「성서해석과 성서신학」, 전경연 옮김(대한기독교서회)

47쪽 25) 씨슬톤,「두 지평」, 권성수 옮김(총신대 출판부)

50쪽 31) 웨인 믹스,「바울의 목회와 도시사회」, 황화자 옮김(한국장로교출판사)

53쪽 36) 벳츠,「갈라디아서」, 한국신학연구소번역실 옮김(한국신학연구소)

64쪽 56) 하젤,「현대 신약신학의 동향」, 장상 옮김(대한기독교출판사)

64쪽 61) 오스카 쿨만,「그리스도와 시간」, 김근수 옮김(나단)

67쪽 76) 김세윤,「바울복음의 기원」, 홍성희 옮김(엠마오)

68쪽 80) 크리스찬 베커,「사도 바울」, 장상 옮김(한국신학연구소)

88쪽 52) 제임스 던,「로마서」, 김철 옮김(솔로몬)

93쪽 80) 헤르만 리델보스 ,「바울 신학」, 박영희 옮김(개혁주의신행협회)

110쪽 17) 귄터 보른캄,「바울」, 허혁 옮김(이화여대 출판부)

114쪽 30) 바레트,「고린도전서」, 한국신학연구소번역실 옮김(한국신학연구소)

149쪽 14) 고든 웬함,「창세기(상)」, 박영호 옮김(솔로몬)

165쪽 76) 조지 래드,「신약신학」, 신성종 · 이한수 옮김(대한기독교서회)

190쪽 58) 라인홀드 니이버,「도덕적 인간과 비도덕적 사회」, 이병섭 옮김(현대사상사)

202쪽 100) 플라톤,「향연, 파이돈, 니코마코스 윤리학」, 최명관 옮김(을유문화사)
203쪽 104) 플라톤,「국가, 정체」, 박종현 옮김(서광사)
239쪽 123) 페터 슈툴마허,「로마서 주석」, 장흥길 옮김(장로회신학대학교 출판부)
245쪽 147) 스탕달,「바울」, 강혜란 옮김(순신대학교 출판부)
264쪽 63) 로즈메리 류터,「신앙과 형제살인」, 장춘식 옮김(대한기독교서회)
270쪽 83) 크리스티안 디츠펠빙거,「사도바울의 회심사건」조경철 옮김(감신)
278쪽 10) 아돌프 하르낙,「기독교의 본질」, 윤성범 옮김(삼성출판사)
282쪽 23) 게르트 타이쎈,「갈릴래아 사람의 그림자」, 차봉희 옮김(한국신학연구소)
284쪽 32) 비슬리-머리,「예수와 하나님 나라」, 박문재 옮김(크리스챤 다이제스트)
289쪽 52) 데이비드 웬햄,「바울: 예수의 추종자인가 기독교의 창시자인가」, 박문재 옮김(크리스챤다이제스트)
291쪽 64) 케제만,「로마서」, 한국신학연구소번역실 옮김(한국신학연구소)
309쪽 7) 마르틴 헹겔,「십자가 처형」, 김명수 옮김(대한기독교서회)
312쪽 17) 켈리,「고대기독교교리사」, 김광식 옮김(한글)
313쪽 21) 마르틴 헹겔,「신약성서의 속죄론」, 전경연 옮김(대한기독교서회)
314쪽 24) 르네 지라르,「폭력과 성스러움」, 김진식 · 박무호 옮김(민음사)
르네 지라르,「희생양」, 김진식 옮김(민음사)
320쪽 53) 오스카 쿨만,「신약의 기독론」, 김근수 옮김(나단),
323쪽 71) 발터 아이히로트,「구약성서신학 Ⅰ, Ⅱ」, 박문재 옮김(크리스챤다이제스트)
334쪽 120) 안셀름,「인간이 되신 하나님」, 이은재 옮김(한들출판사)
339쪽 141) 위르겐 몰트만,「십자가에 달리신 하나님」, 김균진 옮김(한국신학연구소)
409쪽 98) 레온 모리스,「신약신학」, 황영철 옮김(생명의말씀사)
423쪽 23) 헬무트 쾨스터,「신약성서 배경 연구」, 이억부 옮김(은성)
426쪽 29) F. F. 브루스,「데살로니가전후서」, 김철 옮김(솔로몬)
432쪽 51) 제임스 던,「신약성서의 통일성과 다양성」, 김득중 · 이광훈 옮김(나단)
54) 게할더스 보스,「바울의 종말론」, 이승구 옮김(엠마오)
443쪽 96) 베커,「바울의 묵시사상적 복음」, 장상 옮김(한국신학연구소)
459쪽 48) 샌더스,「바울」, 김승철 옮김(시공사)(소책자임)
468쪽 4) 루돌프 불트만,「예수 그리스도와 신화론」, 유동식 옮김(신양사)
469쪽 9) 루돌프 불트만,「학문과 실존」, 허혁 옮김(성광문화사)

474쪽 27) 폰 라트, 「구약성서신학 1」, 허혁 옮김(분도출판사)

500쪽 109) 샌더스, 「바울, 율법, 유대인」, 박문재 옮김(크리스찬다이제스트)

541쪽 13) 루돌프 오토, 「성스러움의 의미」, 길희성 옮김(분도출판사),
버나드 맥긴, 「서방기독교의 신비주의의 역사」, 방성규 · 엄성욱 옮김(은성)

541쪽 14) 윌리엄 제임스, 「종교체험의 여러 모습들」, 김성민 · 정지련 옮김(대한기독교서회)(한길사 번역도 있슴)

583쪽 77) 미하엘 벨커, 「하나님의 영」, 신준호 옮김(대한기독교서회)

627쪽 17) 오스카 쿨만, 「구원의 역사」, 김광식 옮김(대한기독교출판사)

659쪽 17) 오스카 쿨만, 「영혼불멸과 죽은 자의 부활」, 전경연 옮김(한신대학출판부)

756쪽 14) 한스 큉, 「교회란 무엇인가」, 이홍근 옮김(분도출판사)

756쪽 16) 세계교회협의회, 「BEM문서: 세례,성만찬,직제」, 이형기 옮김(한국장로교출판사)

784쪽 126) 엘리자벳 피오렌자, 「크리스찬 기원의 여성신학적 재건」, 김애영 옮김(종로서적, 태초)

825쪽 2) 빅터 퍼니쉬, 「바울의 신학과 윤리」, 김용옥 옮김(대한기독교출판사)

831쪽 24) 리처드 헤이스, 「신약의 윤리적 비전」, 유승원 옮김(IVP)

869쪽 152) 존 스튜어트 밀, 「자유론」, 김형철 옮김(서광사)

옮긴이 박문재

역자는 서울대학교 법과대학, 장로회신학대학교 신대원 및 대학원(Th.M.)을 졸업하였다. 역서로 비슬리 머리의 「예수와 하나님 나라」, 존 브라이트의 「이스라엘 역사」, F. F. 브루스의 「바울」, B. S. 차일즈의 「구약신학」 및 아이히로트의 「구약성서신학 I, II」 외에 다수 있다.

독자 여러분들께 알립니다!

'CH북스'는 기존 **'크리스천다이제스트'**의 영문명 앞 2글자와 도서를 의미하는 **'북스'**를 결합한 출판사의 새로운 이름입니다.

바울 신학

1판 1쇄 발행 2003년 3월 15일
2판 1쇄 발행 2024년 2월 1일
2판 2쇄 발행 2025년 1월 3일

지은이 제임스 던
옮긴이 박문재
발행인 박명곤 **CEO** 박지성 **CFO** 김영은
기획편집1팀 채대광, 이승미, 김윤아, 백환희, 이상지
기획편집2팀 박일귀, 이은빈, 강민형, 이지은, 박고은
디자인팀 구경표, 유채민, 윤신혜, 임지선
마케팅팀 임우열, 김은지, 전상미, 이호, 최고은

펴낸곳 CH북스
출판등록 제406-1999-000038호
전화 070-4917-2074 **팩스** 0303-3444-2136
주소 서울시 강서구 마곡중앙6로 40, 장흥빌딩 10층
홈페이지 www.hdjisung.com **이메일** support@hdjisung.com
제작처 영신사